GOLDMANN

Buch

Einer der erstaunlichsten Wissenschaftsskandale unserer Zeit ist die ideologische Korrumpierung der Krebsforschung in den Vereinigten Staaten. Nach einer intensiven Untersuchung amerikanischer Krebsvorsorge kam die Autorin zum Ergebnis, daß die Erforschung des umweltbedingten Krebses in falsche Bahnen gelenkt und die Öffentlichkeit in den USA mit spekulativen Krebsursachen und -theorien verschreckt wurde. Dieses Buch liest sich wie ein Kriminalroman. Neben der in der wissenschaftlichen Literatur bisher einmaligen Zusammenstellung und Diskussion natürlich vorkommender und industriell hergestellter krebserregender Substanzen enthält das Buch explosive Informationen über wissenschaftliche Fehldarstellungen und Skandale bundesstaatlicher Gesundheitsbehörden der letzten fünfzig Jahre. Selbst wenn man berücksichtigt, daß die Situation in den USA mit der in Europa nicht ohne weiteres zu vergleichen ist, bietet dieses Buch Informationen, die jeder kennen sollte, der sich mit der Krebsproblematik auseinandersetzt.

Autorin

Edith Efron ist Journalistin und international angesehene Autorin, die unter anderem für *The New York Time Magazine, Time, Life* und *Look* schreibt. Sie ist außerdem Autorin mehrerer amerikanischer Bestseller. Das vorliegende Buch hat sie nach jahrelangen Studien und unter Mithilfe international anerkannter Wissenschaftler geschrieben.

Edith Efron

Die Apokalyptiker

Krebs und die große Lüge

Deutsche Erstveröffentlichung

GOLDMANN VERLAG

Titel des amerikanischen Originals: The Apocalyptics
Aus dem Amerikanischen übersetzt von Helmut Gerstberger

Made in Germany · 11/86 · 1. Auflage
Genehmigte Taschenbuchausgabe

Umschlaggestaltung: Design Team München
Satz: IBV Satz- und Datentechnik, Berlin
Druck: Presse-Druck, Augsburg
Verlagsnummer: 11418
Herstellung: Martin Strohkendl
ISBN 3-442-11418-7

Inhalt

Vorwort 7

Einleitung 13

Danksagung – und einige Zusatzinformationen 23

TEIL I: DIE APOKALYPSE 29

1. Die apokalyptische Bewegung 31
2. Das apokalyptische Erbe 103

TEIL II: DER PLANET VERSCHWINDET 119

3. Die todbringende Industrie 121
4. Die gütige Natur 180

TEIL III: DIE GRUNDLAGENWISSENSCHAFT 263

5. Das Rätsel der bösartigen Zellen 265
6. Die Mutationstheorie der Krebsentstehung 290
7. Die Brücke zur Reglementierungspolitik 314

TEIL IV: DIE »REGLEMENTIERUNGS-WISSENSCHAFT« 329

8. Die nicht zu beantwortende Frage 331
9. Der Fall der nichtexistenten Nichtkanzerogene 403
10. Der Fall der nichtexistenten Kanzerogene 425
11. Der Fall der nichtexistenten Prognosen 447
12. Der Fall der nichtexistenten Schwellen 481
13. Der Fall der nichtexistenten Risikoeinschätzung 509
14. Die Entdeckung des Paradigmas 535

TEIL V: DER PLANET ERSCHEINT 551

15. Ein Paradigma in der Krise 552

EPILOG 597

ANHANG 669

A. Industriell hergestellte Kanzerogene 671
Quellennachweise

B. Natürlich vorkommende Kanzerogene 689
Quellennachweise

C. Datenkatalog: Krebsatlas USA 1950–1969 720

Anmerkungen 723

Vorwort

In dem vorliegenden Buch hat Edith Efron ein heißes Eisen angepackt, nämlich die Schilderung der Situation während der siebziger Jahren in den USA bezüglich der Auffassungen über die Ursachen des menschlichen Krebses und die Maßnahmen, die zur Prävention dieser Krankheit *behördlicherseits* ergriffen werden können. Mit spitzer Feder und vielfach durchaus polemisch nimmt die Autorin zu vielen Fragen der Krebsursachenforschung Stellung, wobei sie die in den USA von den offiziellen Institutionen und Personen vertretenen Anschauungen z. T. heftig attackiert. Efron hat ein sehr umfangreiches Material durchgearbeitet, um zu ihren Schlußfolgerungen zu kommen. Man ist erstaunt und überrascht zugleich, daß eine nicht naturwissenschaftlich oder medizinisch ausgebildete Journalistin imstande war, ein derartiges Buch zu schreiben, denn auch der seit langer Zeit auf dem Gebiet der Krebsursachenforschung Tätige liest das Buch mit Gewinn und kann eine Menge davon profitieren.

Worum geht es der Autorin? Sie will mit dem in den USA besonders in den sechziger und siebziger Jahren nach ihrer Meinung verbreiteten Unsinn aufräumen, daß der Krebs vorwiegend »umweltbedingt« durch Industriechemikalien verursacht sei, während die meisten relevanten »Umweltchemikalien« natürlicher oder lebensstilbedingter Art demgegenüber in den Hintergrund treten. Wenn man so will, könnte man dieses Buch als ein Gegenstück zu dem 1962 in Deutschland erschienenen Buch von Rachel Carson »Der stumme Frühling« bezeichnen.

Efron vertritt die Auffassung, daß die in den sechziger Jahren in den USA entstandene Umweltschutzbewegung, deren extreme Exponenten sie als »Apokalyptiker« bezeichnet, die Ursache dafür sei, daß die Krebsforschung in den Vereinigten Staaten falsche Bahnen eingeschlagen habe und den »umweltbedingten Industriekrebs« zu Unrecht in den Mittelpunkt der Forschungen rückte. Das hatte zur Folge, daß in den amerikanischen Behörden eine »Reglementierungswissenschaft« entstand, die mittels gesetzlicher Auflagen vor allem Industriechemikalien reglementierte und der Öffentlichkeit weiszumachen versuchte, daß durch diese Reglementierung eine wirksame allgemeine Krebsprophylaxe möglich sei. Diese These betrachtet sie mittlerweile als widerlegt.

Mit Sachkenntnis, aber auch mit Emotion setzt sich Edith Efron mit dem Sinn von Tierversuchen in der Krebsforschung auseinander. Sie bespricht die in der Toxikologie bis heute umstrittene »Schwellenwerttheorie« bei der chemischen Karzinogenese, und sie bespricht den Sinn oder Unsinn statistischer Berechnungsverfahren für eine Risikoabschätzung bei der Bewertung chemischer Karzinogene. Diese Methodenkritik zu lesen ist ungemein anregend, weil manche Schwächen der heute verwendeten Methoden bloßgelegt werden. Das gilt insbesondere auch für die Frage, ob Mutagenitätsuntersuchungen an bakteriellen Systemen Voraussagen über ein karzinogenes Risiko der betrachteten Chemikalien erlauben. Sie bezweifelt dies, wie wir heute wissen, zu Recht.

Das Buch stellt an den Leser teilweise erheblich intellektuelle Ansprüche. Er muß sich nicht nur in die in den USA üblichen Gesetzgebungsverfahren hineindenken, sondern er muß auch ein gewisses Grundlagenwissen mitbringen, um die im vorigen Abschnitt angedeuteten Probleme, die von Efron zum Teil sehr ausführlich besprochen werden, zu verstehen. Insoweit ist dieses Buch nicht für den auf diesem Gebiet völlig Ungebildeten gedacht, sondern es wird nur dann mit Gewinn gelesen werden können, wenn entsprechende biologische Kenntnisse bei dem Leser vorhanden sind.

Efron vertritt die Auffassung, daß nur aufgrund von Daten am Menschen Rückschlüsse auf Krebsursachen gezogen werden können. Die Epidemiologie, also die Wissenschaft, die diese Fragen untersucht, hat dabei aber auch methodische Probleme und Schwächen, um eine solche Ursachenforschung treiben zu können; auch diese werden in dem Buch klar angesprochen. Sosehr der Autorin zugestimmt werden kann, daß Humandaten eine ganz wesentliche Grundlage für die Beurteilung karzinogener Risiken sind, so sehr muß natürlich gefragt werden, welche Alternative zur Erarbeitung von Humandaten besteht, denn diese sind ja immer nur post festum, niemals aber ante festum erkennbar. Derjenige, der präventivmedizinisch denkt, wird sich aber bemühen müssen, ante festum wirksam zu werden. Wenn Tierversuche oder andere biologische Verfahren mit der genügenden Kritik und Sachkenntnis durchgeführt und ausgewertet werden, so hat die Erfahrung zweifellos gelehrt, daß in vielen Fällen Übertragungen tierexperimenteller Ergebnisse auf die Humansituation möglich sind und zu präventivmedizinischen Erfolgen geführt haben. Viele heute als karzinogen beim Menschen anerkannte Stoffe sind zuerst im Tierexperiment identifiziert worden. Der Autorin ist aber zuzustimmen, daß eine *kritiklose* Verallgemeinerung experimenteller Ergebnisse für die Humansituation nicht zulässig ist.

Am Ende ihres Buches geht Edith Efron auf die Bedeutung der Ernährung für die Krebsentstehung ein, der sie einen hohen Stellenwert zumißt. Dabei stützt sie sich aber im wesentlichen ebenfalls auf Ergebnisse aus experimentellen Systemen, und sie wird sich dadurch letztlich selbst untreu. Bedenkt man nämlich, was wir aus Humandaten über Krebs und Ernährung wirklich wissen, dann müssen wir feststellen, daß das sehr wenig ist, und der bekannte englische Epidemiologe Sir Richard Doll hat am 4. Juli 1986 bei einem Vortrag in Heidelberg zu diesem Thema erklärt, daß die Humandaten »frustratingly inconclusive« sind.

Eine wesentliche Erkenntnis der Krebsforschung der letzten Jahre ist, daß wir von »dem Krebs« eigentlich überhaupt nicht reden können, sondern daß wir einige hundert unterschiedliche Krebsformen beim Menschen zu unterscheiden haben. Selbst in einem bestimmten Organ, wie etwa im Magen oder in der Lunge, können ganz unterschiedliche Krebstypen wachsen, die sich sehr wahrscheinlich auch hinsichtlich ihrer Ätiologie voneinander unterscheiden. Daraus können wir lernen, daß es eine einheitliche Krebsätiologie, sei sie chemischer, physikalischer oder viraler Art, überhaupt nicht gibt, sondern daß wir verschiedene Ursachen und Mechanismen in Rechnung zu stellen haben. Diese Mechanismen auf biochemischer, molekularbiologischer und auch toxikologischer Ebene sind bis heute weitgehend unverstanden, und wir bewegen uns vielfach nur im spekulativen, gelegentlich im theoretischen Raum. Soweit chemische Substanzen als Ursachen für bestimmte Krebsformen in Frage kommen, können wir für manche Krebse in der Mundhöhle, im Atemtrakt, in der Harnblase oder in der Leber eine solche Ätiologie nachweisen. Für Tumoren der Haut ist vornehmlich ein physikalisches Karzinogen (das Sonnenlicht) verantwortlich. Für den Gebärmutterkrebs nimmt man an, daß bestimmte Virusarten ihn auszulösen vermögen. Werden wir nach den Ursachen für den Magenkrebs oder den Darmkrebs gefragt, dann müssen wir, wenn wir ehrlich sind, unsere Unkenntnis eingestehen. Das gleiche gilt für die Gehirntumoren oder auch für manche Krebsformen der Niere. Diese kurze, bei weitem nicht vollständige Aufzählung mag zeigen, wie differenziert die Ursachenforschung zu betrachten ist. Chemische Karzinogene, mit denen das Buch von Efron sich im wesentlichen auseinandersetzt, können in der Tat industriell produziert werden, sie sind aber auch zahlreich in der Natur vorhanden, und sie werden in den Menschen vor allem durch seinen Lebensstil in seinen Körper eingebracht. Das gravierendste Beispiel dafür ist die exzessive Inhalation von Tabakrauch, die die Ursache der meisten Lungenkrebse ist, oder der Alkoholismus, der Speiseröhrenkrebs und Leberkrebs zur Folge haben kann. Gemessen an den durch den Lebensstil bedingten Krebsen nehmen die anderen durch chemische Stoffe verursachten Tumoren eine quantitativ weit geringere Rolle ein. Wie auch immer diese Situation zu bewerten sein mag, der präventivmedizinisch tätige Toxikologe muß sich darum bemühen, die chemischen Substanzen, die für diese eben erwähnten Krebsbildungen verantwortlich sein mögen, zu identifizieren und nach Maßgabe der vorhandenen Möglichkeiten in den inkriminierten Medien zu reduzieren. Aus der geschichtlichen Erfahrung wissen wir, daß das Tierexperiment dabei unverzichtbar war und wertvolle Hilfe zum Schutz des Menschen geleistet hat. Wie bereits erwähnt, muß die Planung und Auswertung derartiger Versuche aber mit der gebotenen Kritik erfolgen.

Das vorliegende Buch hat bei der Rezension durch führende amerikanische Krebsforscher, wie etwa John Weisburger, Bruce Ames oder Michael Shimkin, eine durchaus positive Wertung erfahren. Dies ist um so erstaunlicher, als Edith Efron den amerikanischen Wissenschaftsbetrieb massiv angreift. Für mich war es ein Schock zu lesen, daß, wie Efron auf den Seiten 23ff. ausführt, sie ihr Buch an eine Reihe führender amerikanischer Krebsforscher vor dem Druck zur Bewertung geschickt hatte; als diese Wertungen für sie positiv ausfielen, baten die Reviewer keine Danksagung mit ihren Namensnennungen niederzuschreiben, da sonst die Befürchtung bestand, daß diese Kollegen keine Förderung ihrer wissenschaftlichen Arbeiten in den USA mehr erfahren würden, wenn sie ein Buch, das die amerikanischen Institutionen angreift, positiv bewerten. In dieser Hinsicht stellt das vorliegende Buch nicht nur ein Dokument über den amerikanischen Wissenschaftsbetrieb dar, sondern es ist darüber hinaus auch ein Sittengemälde. Ich kann mir glücklicherweise nicht vorstellen, daß bei uns eine ähnliche Situation möglich wäre.

Wie soll denn nun die Zukunft aussehen, und wie soll es weitergehen? Edith Efron sieht für die Zukunft voraus, daß in den USA die »Apokalyptiker« und die »Reglementierungswissenschaftler« sich hinsichtlich ihres Einflusses auf die Forschung auf dem Rückzug befinden. Sie beklagt zu Recht, daß die Wissenschaft vielfach »ideologisiert« worden sei und daß die Ideologisierung zu falschen Grundpositionen und Fehlschlüssen geführt hat. Wenn dies aber so ist, dann ist die Entideologisierung der Wissenschaft das oberste Gebot der Stunde. Dies sollte natürlich auch bei uns gelten. Efron beklagt weiter, daß die Medien unkritisch eine Panikmache betreiben würden, die natürlich die Bevölkerung verunsichert. Wenn das so ist, dann sollte man die Medien um eine sehr seriöse Berichterstattung zu den Fragen der Krebsätiologie bitten. Das gilt natürlich auch bei uns. Wie ich oben ausgeführt habe, müssen wir in der Krebsforschung künftig eine höhere Individualisierung auch im Rahmen der Krebsätiologie betreiben. Wenn dies so ist, dann ist das Gebot der Stunde, daß jede mögliche Krebsursache und die ihr zugrundeliegenden Mechanismen möglichst wertfrei und je nach Tumorart individuell betrachtet werden. Der Gesetzgeber wäre daher gut beraten, wenn er sich vor simplen Verallgemeinerungen hütet und sich durch kompetente Gremien beraten läßt. Nach Meinung von Efron haben in den siebziger Jahren für diese Beratungen die »Apokalyptiker« in den USA einen zu großen Einfluß gehabt.

Wie immer man zu diesem Buch stehen mag: Es ist ganz sicher eine Herausforderung für jeden in der Krebsforschung Tätigen, und viele Passagen dieses Buches sind es wert, nicht nur einmal, sondern zweimal gelesen zu werden. Wenn dieses Buch zum Nachdenken angeregt und auch dem gebildeten Laien klargemacht hat, wie schwierig und komplex sich die Probleme der Ursachenforschung maligner Tumoren darstellen, dann hat es seinen Zweck erfüllt.

Heidelberg, 22. Juli 1986

Prof. Dr. med. Dietrich Schmähl

Einleitung

Das vorliegende Buch ist gleichsam ein wissenschaftspolitischer Kriminalroman. Mir selbst habe ich darin die Rolle des Detektivs zugewiesen, das Ergebnis meiner Nachforschungen werde ich Ihnen jedoch vorerst nicht verraten. An dieser Stelle sage ich nur so viel: Ich bin einem Verbrechen gegen die Gesellschaft, einer weitverzweigten wissenschaftlichen Korruption, einer fortgesetzten Täuschung der Öffentlichkeit auf die Spur gekommen, Verhältnissen, die in einem freien Land eigentlich undenkbar sein sollten. Das Verbrechen findet statt auf den Gebieten der Krebsvorsorge und der Bekämpfung umweltbedingter Krebserkrankungen, und es weist alle typischen Merkmale des »Purloined Letter«* auf. Das Verbrechen geschieht tagtäglich direkt vor unseren Augen, wird vor der breiten Öffentlichkeit in allen Details dokumentiert und ist dennoch für die meisten Menschen, die ihm letztlich zum Opfer fallen, unsichtbar. Daß es unsichtbar bleibt, dazu trägt vor allem eines bei: nämlich das Phänomen der »zwei Kulturen«, beziehungsweise der fast unüberbrückbare Abgrund, der sich zwischen dem Selbstverständnis der klassischen Naturwissenschaften einerseits und dem von den Geistes- und Gesellschaftswissenschaften propagierten Weltbild auf der anderen Seite aufgetan hat. Aus diesem Grunde ist es selbst überdurchschnittlich gebildeten Laien heutzutage kaum mehr möglich, zwischen seriöser Naturwissenschaft und wissenschaftlich verbrämter Ideologie zu unterscheiden. Der von mir entdeckte gigantische Schwindel ist das Resultat einer solchen sich wissenschaftlich aufputzenden Ideologie. Mehr möchte ich an dieser Stelle jedoch noch nicht verraten. Denn der nicht einschlägig vorgebildete Leser wird den ganzen Schwindel erst dann durchschauen, wenn er Schritt für Schritt den wahren Sachverhalt kennenlernt und mit dem Spürsinn des Detektivs die Spurensicherung mitvollzieht.

Die Korrumpiertheit der zeitgenössischen Naturwissenschaft weist einen Aspekt auf, der schon vor Beginn der eigentlichen Darstellung einer Klärung bedarf. Gemeint ist ein Problem, das unsere gesamte Gesellschaftsordnung gefährdet, nämlich der heimlich geführte Angriff, dem die wissenschaftliche Rationalität und der Begriff der wissenschaftlichen Ob-

* Vermerk des Übersetzers: »Der entwendete Brief« von Edgar Allan Poe

jektivität seit den sechziger Jahren in fast allen Bereichen der Forschung ausgesetzt sind. Auf allen Feldern der Geistes- und Sozialwissenschaften ist inzwischen wissenschaftliche Disziplin einem Subjektivismus gewichen, der offen oder geheim der Verbreitung ideologisch gefärbter Wertvorstellungen Vorschub leistet. Diese Tendenz ist zu einem festen Bestandteil des Wissenschaftsbetriebs geworden und allen geisteswissenschaftlich Arbeitenden wohlvertraut, egal ob sie bereits vor den Protagonisten des Irrationalismus kapituliert haben oder ihnen noch Widerstand entgegensetzen. Den meisten Geisteswissenschaftlern ist hingegen noch nicht bewußt geworden, daß die gleiche Entwicklung auch innerhalb der naturwissenschaftlichen Disziplinen rasante Fortschritte macht. In der umfangreichen Literatur, die ich im Zusammenhang mit der allgemeinen Umweltproblematik, insbesondere aber hinsichtlich der Frage nach der Entstehung umweltbedingter Krebserkrankungen durchgearbeitet habe, stieß ich immer wieder auf ein solches Maß an Wissenschaftsfeindlichkeit und eine derartige Ablehnung des empirischen Verfahrens der Faktengewinnung und überhaupt jeglicher wissenschaftlicher Beweisführung, daß ich meinen Augen kaum noch traute. Ich fing daher an, mich mit diesem Phänomen zu beschäftigen, ungefähr wie jemand, der unversehens mit dem Auftreten der Beulenpest in einer als völlig gesund geltenden menschlichen Gemeinschaft konfrontiert wird.

Ich brachte allmählich in Erfahrung, daß führende Wissenschaftler sich bereits mit diesem Problem beschäftigten. So erfuhr ich beispielsweise von Ernest Nagel, einem Wissenschaftstheoretiker, daß sich in den sechziger Jahren zahlreiche Biologen geweigert hatten, die analytisch-abstrakten Verfahren der Naturwissenschaften noch anzuwenden.[1] In einer Besprechung des von Ina Spiegel-Rosing und Derek DeSolla Price herausgegebenen Buches *Science, Technology and Society* las ich, daß auch in den siebziger Jahren viele Biologen die Anerkennung der grundlegenden Normen jeglicher Naturwissenschaft rundheraus verweigerten. Es handelte sich dabei um solche Grundelemente des wissenschaftlichen Ethos wie »Allgemeingültigkeit, Einheitlichkeit des methodischen Ansatzes, Wahrhaftigkeit, das Prinzip des methodischen Zweifels, Eigenständigkeit der wissenschaftlichen Leistung und Bescheidenheit«.[2] Ich entdeckte einen Aufsatz von Bernard Davis, einem prominenten Genetiker von der Harvard Universität, in dem er feststellt, daß »einige Wissenschaftler offenbar den Glauben an die objektive Gültigkeit wissenschaftlicher Erkenntnis verlieren...«[3] Einer von Philip Abelsons, dem Herausgeber von *Science,* vehement geführten Verteidigung des Prinzips der innerwissenschaftlichen Öffentlichkeit und Diskussion entnahm ich, daß es Ende der siebziger Jahre notwendig geworden war, diese beiden Grundsätze seriöser wissenschaftlicher Arbeit zu schützen, da andernfalls für Integrität und Objektivität innerhalb des Wissenschaftsbetriebes überhaupt nicht mehr zu garantieren sei.[4] Ich entdeckte eine von Philip Handler, dem damaligen Präsidenten der National Academy of Sciences, 1980 gehaltene Rede, in der er vor dem »antiwissenschaftlichen« und »antirationalistischen« Geist warnte, der sich in den Geistes- wie in den Naturwissenschaften zunehmend breitmache. Er rief die Wissenschaftler auf, sich dieser Entwicklung entgegenzustellen und die »Scharlatane« in ihren Reihen zu identifizieren.[5] Die vorstehend genannten sowie eine Reihe hier nicht erwähnter Analysen zeigten ganz klar, daß der Aufstand gegen Rationalität und Objektivität, von dem ich geglaubt hatte, er beschränke sich auf die Geistes- und Gesellschaftswissenschaften, auch in allen Forschungsbereichen der Biologie stattfand.

Nahezu identische Strukturen hatte ich auch in der staatlich gelenkten Krebsvorbeugung aufgedeckt. Auch auf diesem Feld kamen verschiedene Wissenschaftler zu ähnlichen Analysen und setzten sich gegen starke antirationalistische und wissenschaftsfeindliche Strömungen in ihren eigenen Reihen zur Wehr. Als ich mir sicher war, daß der schreiende Irrationalismus, den ich entdeckt hatte, kein zufälliger Irrweg einer kleinen Zahl von Wissenschaftlern, sondern bereits im politischen System selbst verankert war, erhob ich diese Problematik zum Hauptthema meines Buches. Ein »Kriminalroman« ist es deshalb geworden, weil ich, als ich mit der Arbeit begann, selbst noch ziemlich ahnungslos war; es ist daher die Geschichte meiner schrittweisen Entdeckung der vorstehend skizzierten Zusammenhänge.

Ich habe mich immer wieder gefragt, warum die Fakten, die ich Ihnen in diesem Buch unterbreiten werde, von der Presse kaum oder gar nicht an die Öffentlichkeit gebracht worden sind, obwohl die entsprechenden Informationen – in einigen Fällen sogar bereits seit Jahrzehnten – allgemein zugänglich sind. Wenn auch die Zwei-Kulturen-Theorie die tiefgreifendste Erklärung dieses Phänomens bietet, so ist sie dennoch nicht die einzige. Es gibt noch andere Gründe, die hinsichtlich des speziellen Wissenschaftsgebietes, mit dem sich dieses Buch beschäftigt, von Bedeutung sind. Die Wissenschaft, die sich mit der Krebsvorbeugung beschäftigt, ist dem Einblick des Durchschnittsbürgers durch eine fast unübersteigbare Mauer entzogen, obwohl das den meisten gar nicht bewußt ist. Da ich im Laufe meiner Recherchen gewisse Fragen stellen mußte, die – fast ohne meine Absicht – jene Mauer zum Einsturz brachten, bin ich jetzt imstande, einige ihrer Komponenten zu beschreiben.

Was einen Laien zunächst einmal in einen Zustand chronischer Unwissenheit versetzt, ist seine Unfähigkeit, zwischen den verschiedenen Bereichen der Krebsforschung und ihrer jeweiligen Informationspolitik zu unterscheiden. Zwar ist diese Unwissenheit nicht schlechthin allgemein, sie ist jedoch weitverbreitet, und in der Mehrzahl der Fälle kann der Laie und selbst der Durchschnittsarzt nicht genau jene Kriterien nennen, durch die das Spezialgebiet der »Krebsvorbeugung« definiert ist. Das liegt zum Teil darin begründet, daß alle Forschungszweige, die sich mit Krebserkrankungen beschäftigen, letzten Endes der Vorbeugung dienen wollen. Ganz gewiß hat sich die Grundlagenforschung, die sich mit den Mechanismen der Entstehung von Krebserkrankungen beschäftigt, dieses Ziel gesetzt; doch trotz unaufhörlicher brillanter Fortschritte gilt auch heute noch, was James Watson 1982 feststellte: Was die Krebsvorbeugung anbelangt, so ist unser Wissen nach wie vor »hoffnungslos unzureichend«, und die Mechanismen der Krebsentstehung sind noch immer »in ihrem Wesen völlig unbekannt«.[6] Der Krebsvorbeugung dient auch die Epidemiologie, die die Sterblichkeits- beziehungsweise Erkrankungsrate innerhalb für bestimmte Krebserkrankungen besonders anfälliger Gruppen von Menschen untersucht. Die Epidemiologie hat alle bisher bekannten Faktoren der Krebsentstehung beim Menschen nachgewiesen (z. B. Tabakgenuß, Asbest, Vinylchlorid) und wird im allgemeinen fälschlich mit präventiver Krebsforschung überhaupt gleichgesetzt. Der Epidemiologe kann jedoch seine Untersuchungen erst nach dem Tod eines Krebskranken anstellen. Hat die Epidemiologie jedoch erst einmal einen die Entstehung von Krebserkrankungen begünstigenden Risikofaktor definitiv nachgewiesen, so kann dieses Wissen zukünftig der Krebsvorbeugung dienstbar gemacht werden; aber diese Wissenschaft als solche ist zunächst immer auf Krebstote angewiesen, sie kann die Krebsentstehung nicht von vornherein verhindern. Tatsächlich gibt es nur eine Wissenschaft, deren Ziel es ist, die Entstehung von Krebs von vornherein zu verhindern: Diese Forschungsrichtung behandelt Versuchstiere (oder Bakterien- oder Zellkulturen) mit chemischen Substanzen, identifiziert auf diesem Wege »potentielle« oder »wahrscheinliche« Kanzerogene beziehungsweise krebserregende Substanzen und überträgt ihre Ergebnisse auf den Menschen. Die Anwendung von im Tierversuch gewonnenen Ergebnissen auf den Menschen ist tatsächliche Krebsvorbeugung und wird deshalb auch staatlich gefördert. Der Laie, der Schwierigkeiten hat, die politisch legitimierte Erforschung »wahrscheinlicher« Krebsursachen von anderen Richtungen der Krebsforschung zu unterscheiden, hat weder einen Überblick über Krebsvorbeugung noch eine Vorstellung von dem Establishment, dem die Krebsvorbeugung obliegt.

Des weiteren erschwert wird ein Verständnis des Laien durch die Art und Weise, wie die Presse das Problem der in unserer Umwelt vorhandenen Kanzerogene darstellt. Die Prozedur verläuft immer in drei Schritten: 1. Ein »wahrscheinliches« Karzinogen und die von ihm ausgehenden Gefahren werden bekanntgemacht; 2. die Presse berichtet von einer Kontroverse zwischen den zuständigen Behörden und der in Verdacht geratenen Industrie; 3. eine behördlich verfügte Lösung des Problems wird der Öffentlichkeit unterbreitet. Für den Laien ist dies praktisch die einzige Form der Auseinandersetzung mit in unserer Umwelt vorhandenen krebserregenden Substanzen. Seit zwanzig Jahren, insbesondere jedoch während der vergangenen zehn Jahre hat er diesen Vorgang immer wieder verfolgen können. Immer handelte es sich dabei um ganz bestimmte Substanzen: um ein krebserzeugendes pharmazeutisches Präparat (Diäthylstilböstrol); um einen kanzerogenen Lebensmittelzusatz (Red Dye #2); um ein krebserzeugendes Pestizid (DDT); um ein kanzerogenes Umweltgift (Dioxin); um eine Kanzerogene verströmende Abfallhalde (Love Canal). Die einzelnen Kanzerogene sind kaum noch unterscheidbar, ebensowenig die gegen die »Industrie« erhobenen Anklagen und die Rufe nach staatlich und behördlich verfügten Lösungen. Schließlich weiß niemand mehr genau, worum es eigentlich geht, nur der Mechanismus als solcher funktioniert weiterhin: »Krebserregende Substanz! Die böse Industrie! Ein Gesetz muß her!« Das Denken erstarrt, der Mund steht ratlos offen, und dazugelernt hat niemand etwas.

Dieses Buch orientiert sich nicht an diesem Drei-Schritte-Mechanismus. Im Gegenteil, es vertritt einen so gänzlich anderen Standpunkt, daß ich für den Laien die wichtigsten Gesichtspunkte bereits an dieser Stelle referieren möchte. Anders als die staatlichen Gesundheitsdienste und die Presse werde ich auf alle Kategorien von Kanzerogenen zu sprechen kommen, die in der Literatur ihren Niederschlag gefunden haben. In diesem Buch wird der Laie mit einer größeren Zahl von Kanzerogenen konfrontiert, die er bisher überhaupt für möglich gehalten hat. Entsprechend unterscheidet sich der hier vertretene Standpunkt von der üblicherweise von der Presse und den Gesundheitspolitikern eingenommenen Position so gründlich, daß der Leser etwas ihm bisher völlig Unbekanntes erfährt: Er erfährt nämlich, daß er bisher über das Problem der in unserer Umwelt vorhandenen kanzerogenen Stoffe völlig falsch informiert worden ist.

Im übrigen werde ich im Gegensatz zur Presse und den Gesundheitsbehörden nicht monoton die ewige Kontroverse zwischen der Industrie und eben jenen Behörden wiederkäuen. Es wird davon nicht einmal die Rede sein. Von der Industrie selbst produziertes Datenmaterial hat gar nicht erst Eingang in dieses Buch gefunden, weil diese Daten nicht selten Anlaß zu erheblichen Zweifeln an ihrer Richtigkeit bieten. Zwar gibt es auch in der Industrie eine Reihe von hervorragenden Wissenschaftlern, die ich von dieser Aussage ausdrücklich ausnehmen möchte, aber wir sind auf die von der Industrie veröffentlichten Daten gar nicht angewiesen, um zu einer sauberen wissenschaftlichen Analyse zu gelangen, weil nämlich die industrieabhängige wissenschaftliche Literatur das ganze Spektrum einschlägiger wissenschaftlicher Standpunkte ohnehin enthält. Da ich auf jegliches von der Industrie bereitgestellte Datenmaterial verzichtet habe, sah ich mich um so mehr auf die Ergebnisse des akademischen Forschungsbetriebes verwiesen. Dabei stellte ich fest, daß in diesem Bereich eine Reihe völlig anderer Kontroversen ausgefochten wird – und zwar genau jene Meinungsverschiedenheiten in theoretischen Fragen, die dem ganzen staatlich-bürokratischen Verordnungswesen unausgesprochen zugrunde liegen. Auch hieraus kann man wiederum eine ganze Menge lernen, und zwar vor allem, daß die amerikanische Regierung der Öffentlichkeit des Landes systematisch nur den Standpunkt einer ganz bestimmten Richtung innerhalb des akademischen Spektrums verkauft hat, während andere Ansichten weitgehend unterdrückt wurden. Diese offizielle Selektionspolitik ist die Ursache dafür, daß ein völlig falscher Eindruck der Krebsforschung und ihrer Ergebnisse entstanden ist.

Im Gegensatz zu den Gesundheitspolitikern und der Presse werde ich im folgenden keiner politisch motivierten oder bürokratischen Lösung des Problems das Wort reden. Ich werde eine solche Lösungsmöglichkeit nicht einmal in Erwägung ziehen. Ich habe schon ziemlich früh herausgefunden, daß ein sinnvolles System gesetzlicher Bestimmungen und behördlicher Verordnungen – sozusagen der »präventive« Teil der Krebsvorbeugung – im Grunde genommen gar nicht existiert und daß dessen Nichtexistenz vor der Öffentlichkeit geheimgehalten wird. Erst nachdem ich dieses Buch bereits abgeschlossen hatte, stieß ich auf eine Veröffentlichung, in der das hoffnungslose Chaos und die völlige Ineffizienz der staatlich-bürokratischen Krebsvorbeugungspolitik eingestanden wurde. Ihr Verfasser war Roy Albert, der Vorsitzende eines Teams zur Erforschung kanzerogener Stoffe innerhalb der US-Umweltschutzbehörde (Environmental Protection Agency). Nach einer auf niedrigstem Niveau geführten öffentlichen Kontroverse über die Gesundheitspolitik der Reagan-Administration sagte dieser Wissenschaftler schließlich vor einem Forum von Experten die ungeschminkte Wahrheit. 1983 wies er in *Science* darauf hin, daß es überhaupt nicht darum gehe, ob die gegenwärtige amerikanische Regierung eine mehr oder weniger konservative Politik der Krebsverhütung betreibe, sondern daß noch keine amerikanische Regierung jemals eine wirkungsvolle Politik der Krebsvorbeugung verfolgt habe. Das auffallendste Merkmal der Gesundheitspolitik der vergangenen zwölf Jahre sei es vielmehr gewesen, so sagte er, daß so wenig für die Krebsverhütung getan worden sei. Das Hauptproblem bestand während dieser Zeit nach Alberts Ansicht darin, daß eine ganze Reihe aufeinanderfolgender Kongresse, in denen jeweils verschiedene Theorien über den Umgang mit Kanzerogenen dominierten, ein »völliges Chaos an gesetzlichen Bestimmungen« produziert habe. Albert erwähnte zur Untermauerung seiner These eine Liste derartiger Theorien, beispielsweise das völlige Verbot krebserregender Substanzen, das Abwägen zwischen Nutzen und Risiko, den Schutz der Menschen durch die Anwendung der höchstentwickelten Technologien, die Notwendigkeit des Schutzes für jedermann und so weiter. Angesichts dieses in sich völlig widersprüchlichen »Chaos an gesetzlichen Bestimmungen« waren die ausführenden Organe nach seiner Aussage ohne jegliche Orientierung. Aus diesem Grunde habe es von jeher nur eine geringe Zahl von Kanzerogenen gegeben, die überhaupt von den gesetzlichen Bestimmungen erfaßt worden seien.[7]

Diese Darstellung entwirft ein realistisches Bild des Systems gesetzlicher Bestimmungen, die in Amerika die Krebsverhütung regeln sollen, und demzufolge ist die Krebsverhütung in diesem Land fast so etwas wie eine institutionalisierte öffentliche Illusion. Im Gegensatz zu den Organen der Presse möchte ich diese Illusion jedoch nicht verewigt wissen, indem ich mechanisch immer neue gesetzliche Bestimmungen fordere. Statt dessen möchte ich an der Wurzel der ganzen Begriffsverwirrung ansetzen, nämlich bei der Übertragung von im Tierversuch gewonnenen Ergebnissen auf den Menschen.

Schließlich verstärken die unaufhörlichen Forderungen der Presse nach gesetzlichen Regelungen die Unwissenheit der medizinischen Laien auch noch in anderer Hinsicht. Dieser Laie hat kaum je, wenn überhaupt einmal, die Chance, eine neutrale Darstellung der auf diesem Gebiet ausgetragenen Meinungsverschiedenheiten in die Hände zu bekommen. Vor dem Hintergrund des Streites zwischen den Fetischisten einer restriktiven Gesetzgebung einerseits und den industriellen Interessenverbänden auf der anderen Seite ist Neutralität kaum mehr möglich. Es bietet sich dem Beobachter das Bild eines Polizisten, der einen in die Defensive gedrängten Verdächtigen festnimmt, dessen einziges Interesse wiederum eine positive Jahresbilanz ist. Umgekehrt ist es jedoch sozusagen unmöglich, angesichts der auf akademischer Ebene ausgetragenen Kontroversen *nicht* neutral zu bleiben. Nur ein pathologischer Ignorant beharrt starr auf seiner Meinung, wenn seriöse Wissenschaftler dezidiert anderer Ansicht sind. Ich werde in diesem Buch keine wissenschaftlichen Urteile abgeben. Meine Darstellung der auf wissenschaftlicher Ebene geführten Kontroverse ist von einer unerbittlichen Neutralität getragen. Nur wo beide an einem Meinungsstreit beteiligten Seiten hinsichtlich eines umstrittenen Sachverhalts schließlich zu einer Übereinstimmung gelangen oder wenn ein Ergebnis allgemeine Anerkennung findet, akzeptiere ich die entsprechende Schlußfolgerung oder bezeichne eine Entdeckung als »wissenschaftlich gesichert«. Paradoxerweise lernt man wesentlich mehr, wenn man den Standpunkt einer geradezu militanten Neutralität einnimmt, als wenn man aus einer Position der Parteilichkeit heraus urteilt. Plötzlich entdeckt man dann, daß der ganze Wissenschaftsbetrieb in sich zutiefst polarisiert und in ideologische Lager zerfallen ist.

Genau diese Tatsachen werden durch das in den Medien und in der Politik so beliebte Drei-Stufen-Schema verdeckt. Niemand, dessen Denken von diesem Schema beherrscht wird, kann derartige Entdeckungen machen. Dieses Buch ist in erheblichem Maße das Resultat des Verzichts auf die in den Medien verbreitete konventionelle Einstellung. Das Ergebnis ist ein Bericht über eine ganze Serie geradezu erschütternder Fehldarstellungen.

Viele dieser Fehldarstellungen haben ihre Ursache ganz einfach in einer profunden Gleichgültigkeit der mit der Krebsverhütung Befaßten gegenüber jeglicher Aufklärung der Öffentlichkeit; des weiteren sind sie auf fehlerhafte Kommunikationsabläufe, nicht jedoch auf eine bewußte Betrugsabsicht zurückzuführen. Das trifft natürlich nicht in jedem Fall zu. Gelegentlich sind auch gezielt Fehlinformationen ausgestreut worden. Regierungsstellen haben brisante Informationen absichtlich zurückgehalten und so falsche Schlußfolgerungen begünstigt. Fehlinformationen sind an die Öffentlichkeit gelangt, weil bewußt unausgereifte Forschungsergebnisse lanciert wurden. Schließlich ist das gesamte öffentliche Bewußtsein in den westlichen Ländern systematisch mit verzerrenden und mystifizierenden Darstellungen der Wissenschaftsgeschichte durchtränkt worden. An allen diesen Vorkommnissen waren Regierungsstellen und hochrangige Vertreter der Wissenschaftsbürokratie beteiligt. Sie sind nicht die einzigen, die die Öffentlichkeit irreführen, aber sie sind die Hauptquelle derartiger Fehlinformationen, weil ihnen die Massenpresse blindlings vertraut. Die Entdeckung, daß eine ungewöhnlich große Zahl von Unwahrheiten von den offiziellen Repräsentanten mit der Krebsvorbeugung befaßter Stellen in Umlauf gebracht worden sind, hat im Verein mit der Aufdeckung eines äußerst wehrhaften wissenschaftlichen Irrationalismus die in diesem Buch vorgetragene Argumentation wesentlich mitbestimmt. Es hat daher unter anderem auch die Funktion, Mythen und wissenschaftlich gesicherte Tatsachen voneinander zu scheiden.

Vor der Abfassung dieses Buches war ich als Fernsehkritikerin tätig, und in dieser Funktion beschäftigte ich mich mit der Krebsforschung und der Bedeutung von Umwelteinflüssen auf die Krebsentstehung. Mein Ziel war es, herauszufinden, ob das Fernsehen diesem Themenkreis die gebührende Aufmerksamkeit widmete. Deshalb galt mein besonderes Interesse der Rolle, die die Medien hinsichtlich der Verbreitung gewisser Mythen, die heute die Diskussion über die Frage der Kanzerogene so völlig beherrschen, gespielt hatten. Die Haltung der Presse ist nicht Gegenstand dieses Buches, aber an seinem Ende werde ich in einem Epilog die erwähnten Mythen entlarven und auch kurz auf die Rolle der Presse eingehen. An dieser Stelle möchte ich nur bemerken, daß Wissenschaftler, und vor allem von staatlichen Stellen beschäftigte Wissenschaftler, die Presse in einer Weise manipuliert haben, daß unser Interesse dieser Manipulation und nicht eigentlich der Presse gelten sollte.

Es gibt aber noch ein paar andere Details, auf die ich die Aufmerksamkeit des Lesers lenken möchte:

Das diesem Buch zugrundeliegende Datenmaterial umspannt einen Zeitraum von fünfzig Jahren. Das Hauptgewicht habe ich jedoch auf das erste Jahrzehnt der aktiven Krebsvorbeugung gelegt, also auf die Zeit von 1970 bis 1980. Besonders intensiv habe ich mich mit den Jahren von 1975 bis 80 beschäftigt. Damals ist das Fundament für jene grundlegend falschen Vorstellungen gelegt worden, die gegenwärtig die Auffassung der amerikanischen Öffentlichkeit über die für die Krebsentstehung maßgeblichen Umweltfaktoren bestimmen.

Die notwendigen Recherchen und die Niederschrift des Buches selbst nahmen mehrere Jahre in Anspruch. Nachdem ich 1975 und 1976 den Rahmen des Buches abgesteckt und durch entsprechende Recherchen abgesichert hatte, schrieb ich unter Einbeziehung des neuesten Datenmaterials zwischen 1978 und 81 den ersten Entwurf dieses Buches. Es dauerte dann ein weiteres Jahr, bis kompetente Wissenschaftler das Manuskript gelesen hatten und ich ihre Verbesserungsvorschläge und Korrekturen in den Text einarbeiten konnte. Das fertige Manuskript ging in den USA schließlich 1983 in Druck. Da die Entstehung dieses Buches sich über einen langen Zeitraum erstreckt hat, stehen häufig die zu einem gegebenen Zeitpunkt während seiner Niederschrift gerade aktuellen Ergebnisse im Vordergrund, und das Datenmaterial wird um so aktueller, je weiter die Darstellung voranschreitet. Die verschiedenen Teile des Buches sind zu verschiedenen Zeiten abgeschlossen worden, die entsprechenden Jahreszahlen finden sich sowohl im laufenden Text als auch im Anhang. Wer sich jedoch über das allerneueste Datenmaterial informieren möchte, sollte die entsprechenden Fachzeitschriften heranziehen. Einem Leser, dessen Interesse es ist, alle zur Zeit erreichbaren Informationen zu sammeln, wird mit diesem Buch vielleicht zum erstenmal ein Bezugsrahmen geboten, der es ihm ermöglicht, neue Informationen systematisch zu erfassen.

Während der Arbeit an diesem Buch habe ich mit rund zweihundert Wissenschaftlern gesprochen, aber ich habe mich ihrer – häufig vertraulichen – Informationen nur ausnahmsweise bedient. Es gehört zum Charakter der von mir vorgenommenen Analyse, daß ich mich nur auf nachprüfbare Dokumente stütze.

Ich zitiere eine große Zahl von Wissenschaftlern. Was ich zu ihrer Charakterisierung über die Funktion und Stellung, die sie jeweils einnehmen, schreibe, bezieht sich auf den Zeitpunkt, da sie die von mir zitierte Stellungnahme abgegeben haben. Das gleiche gilt für öffentliche Einrichtungen. Auch sie werden mit dem Namen genannt, den sie trugen, als sie die von mir zitierten Dokumente veröffentlichten. An diese Regel halte ich mich selbst dort, wo ich aus stilistischen Gründen in der Gegenwartsform schreibe. In der Wissenschaft tätige Leser dieses Buches, die die Angaben über den weiteren Werdegang bestimmter Kollegen auf den neuesten Stand bringen möchten, können die entsprechenden Daten natürlich jederzeit an den Rand der jeweiligen Seite kritzeln. Laien, die sich über den gegenwärtigen Aufenthalt eines bestimmten Wissenschaftlers informieren möchten, seien auf die neueste Ausgabe des *Current Bibliographic Directory of the Arts and Sciences* verwiesen. Viele der dortigen Eintragungen sind allerdings bereits veraltet. Für den Leser ist es weit wichtiger, zu wissen, für welche Institution ein Wissenschaftler tätig war, als er eine bestimmte, in diesem Buch zitierte Aussage gemacht hat, als über seinen letzten Karrieresprung informiert zu sein.

Nach diesen einleitenden Worten muß ich nun den Leser mit meinem »Kriminalroman« allein lassen. Wer an »Wissenschaftsscheu« leidet, den kann ich beruhigen: Dieses Buch ist von einer Geisteswissenschaftlerin für ein breites Publikum verfaßt worden, und es ist in einer allgemeinverständlichen Sprache geschrieben. Sein Thema ist natürlich ein wissenschaftliches Großunternehmen, aber letztlich handelt es sich um ein soziokulturelles Phänomen, um eine Geschichte, die schon allzu lange darauf wartet, erzählt zu werden.

Edith Efron (Research Associate, Center for Research
in Government Policy and Business Graduate School of Management
University of Rochester Rochester, N. Y.) März 1983

Danksagung – und einige Zusatzinformationen

Im Laufe einer gründlichen Überarbeitung meines Manuskripts, die sich über ein ganzes Jahr hinzog, haben mich zwanzig Wissenschaftler mit Rat und konstruktiver Kritik unterstützt, aber öffentlich bedanken kann ich mich nur bei vier von ihnen – sie alle sind hervorragende Forscher auf den Gebieten der Kanzerogenese und der Genetik:

Isaac Berenblum vom Weizmann-Institut in Israel; Takashi Sugimura, der Direktor, und Takashi Kawachi, der Vizedirektor des Japanischen Nationalinstituts für Krebsforschung; und Lee Wattenberg von der Universität von Minnesota.

Diesen Wissenschaftlern kann ich an dieser Stelle deshalb meinen Dank aussprechen, da sie nur in sich abgeschlossene, mit spezifischen Fragen befaßte Ausschnitte meines Manuskripts zu Gesicht bekommen haben – das heißt sie haben lediglich die grundlegenden Wissenschaftskapitel teilweise oder ganz gelesen. Im Falle des japanischen Instituts ging es um die Prüfung der von mir im vierten Kapitel dieses Buches präsentierten Zusammenstellung krebserregender Substanzen. Es ist sogar möglich, daß Dr. Sugimura diesen Überblick nicht einmal selbst gelesen hat. Natürlich kannte er die Kriterien, von denen ich mich bei dieser Aufstellung habe leiten lassen, und er sorgte freundlicherweise dafür, daß Dr. Kawachi meine diesbezüglichen Ausführungen las. Die genannten Forscher wußten allesamt nicht, wie das restliche Buch aussehen würde, sie kannten weder seine übergeordnete Fragestellung noch die von mir gezogenen Schlußfolgerungen, so daß ihnen in keiner Weise eine pauschale Unterstützung meiner Thesen und Ergebnisse unterstellt werden kann.

Darüber hinaus habe ich das *ganze* Manuskript von sechzehn anderen Wissenschaftlern lesen lassen, die seine übergeordnete Fragestellung sowie die von mir gezogenen Schlußfolgerungen kennen und für richtig befunden haben. Ihnen kann ich jedoch nicht namentlich danken, da sie ausdrücklich ihre Anonymität gewahrt wissen wollten oder ganz offensichtlich erwarteten, ungenannt zu bleiben. Es ist so ungewöhnlich, anonymen Rezensenten Dank auszusprechen, wie es ungewöhnlich ist, ihre Meinung auf einem Buchumschlag zu zitieren, daß dieses Verhalten einer Erklärung bedarf.

Dieses Buch selbst ist die beste Erklärung. An dieser Stelle möchte ich nur so viel sagen: Nach dem Abschluß meines Manuskripts war ich ziemlich sicher, daß es schwierig sein würde, öffentliche Stellungnahmen herausragender Forscher zu meinem Buch zu erhalten. Auch wenn es dem Laien nur selten bewußt ist, in Amerika sind Naturwissenschaftler die am leichtesten verwundbare Spezies unter allen Geistesschaffenden. Wenn sie nicht in der Industrie arbeiten wollen, sind sie völlig auf staatliche Stipendien oder Anstellungsverträge angewiesen, und ich wußte, daß mein Buch nicht gerade dazu angetan sein würde, den offiziellen Repräsentanten der amerikanischen Biologie Freude zu bereiten. Diese Annahme bestätigte sich unmittelbar, als ich die ersten Resonanzen auf mein Manuskript erhielt. Mir wurde sogleich eine bizarre Mischung aus überschwenglichem Lob und der Bitte um Anonymität zuteil. Um Ihnen diese Situation zu verdeutlichen, möchte ich Ihnen ein paar Beispiele geben:

Ein Fachmann auf den Gebieten der Kanzerogenese und des Tierversuchs sprach meinem Buch den Rang eines »wissenschaftlichen Kunstwerks« zu. Als ich ihn um eine schriftliche Stellungnahme bat, stimmte er zwar zu, aber er bestand darauf, ungenannt zu bleiben. Ich fragte ihn nach dem Grund für diese Bitte: »Ihr Buch wird noch vor meiner Pensionierung erscheinen«, sagte er.

Ein Krebsepidemiologe sagte, mein Buch sei ein »intellektueller Gewaltmarsch«. Er erklärte mir dann jedoch, daß weder er selbst noch irgendein anderer »etablierter« Wissenschaftler sich öffentlich für die in meinem Buch vertretenen Thesen einsetzen würde. Er war gerade noch bereit, meinem Verleger sein Lob ins Ohr zu flüstern.

Ein hervorragender Genetiker schrieb in einem Brief, mein Buch sei »insgesamt sehr gut und bemerkenswert gründlich recherchiert«. Er hatte sich viel Mühe mit der Arbeit an dem Manuskript gemacht. Er bat jedoch darum: »Bitte machen Sie meine Mitarbeit nicht öffentlich bekannt.«

Ein anderer renommierter Krebsforscher erklärte in einem Brief, mein Buch sei »phantastisch«, und lud mich zu einem Gespräch ein, in dessen Verlauf er meine vernichtendsten Schlußfolgerungen über die wissenschaftliche Krebsvorbeugung bestätigte. Daraufhin sah er mir tief in die Augen und sagte: »Sie haben natürlich Verständnis dafür, daß ich Ihnen nicht öffentlich beistehen kann.« Ich nickte starr. Doch dann verstand ich ihn.

Und ich verstand ihn auch tatsächlich – bis zu einem gewissen Grad. Während meiner Recherchen hatte ich das Phänomen des in der Öffentlichkeit verschwiegenen Wissenschaftlers kennengelernt und in meinem Buch davon berichtet. Ich hatte einen Ausspruch Philip Handlers zitiert (auf den ich im Vorwort angespielt habe und auf den ich am Ende des Buches näher eingehen werde). In einem Vortrag hatte er einmal gesagt, in den vergangenen zehn Jahren seien viele Wissenschaftler »eingeschüchtert« worden. Im Laufe des Jahres hörte ich von vier weiteren meiner wissenschaftlichen Mitarbeiter – davon drei Grundlagenforscher – ähnliche Aussagen. Einer sprach von »Verfolgung«, ein anderer von einem »McCarthyismus der Umweltschutzfraktion«, ein dritter von der »Zerstörung wissenschaftlicher Reputation« und ein vierter schließlich von »Lysenkoismus«. Das alles war mir nicht neu, was ich jedoch nicht begriff, war, wie diese »Verfolgung« oder »Einschüchterung« denn eigentlich vonstatten gehen sollte. Was hatte denn ein Wissenschaftler konkret zu befürchten, wenn er die von mir entdeckten Zustände öffentlich bestätigte?

Wiederum ein anderer Grundlagenforscher erklärte es mir schließlich. Er erläuterte mir die entsprechenden Zusammenhänge in Anlehnung an Thomas Kuhns Paradigmentheorie. Ein Leser, der in diese Theorie tiefer eindringen möchte, sollte daher *Die Struktur wissenschaftlicher Revolutionen* durcharbeiten. Dieser Mann erklärte mir nun genau, was ein an exponierter Stelle tätiger Wissenschaftler, der sich öffentlich zu meinem Buch bekennt, zu erwarten habe. Dieser Schritt sei gleichbedeutend mit der Ablehnung des herrschenden Paradigmas oder Selbstverständnisses des ganzen Forschungsgebietes – und daher für einen Wissenschaftler äußerst gefährlich. Es ist einem Wissenschaftler freigestellt, innerhalb der einmal abgesteckten Grenzen des jeweils herrschenden Paradigmas so viel Kritik zu üben, wie es ihm beliebt, und gelegentlich sogar einmal auf kleine Schwachstellen des Modells selbst hinzuweisen, aber er ist schlecht beraten, wenn er das Modell selbst in Frage stellt. Wir aßen gerade zu Mittag, und der Grundlagenforscher kritzelte eine durchnumerierte Liste fälliger Strafmaßnahmen auf eine Serviette. Sie sah folgendermaßen aus:

1. Ausschluß aus der »In-Gruppe« amerikanischer Wissenschaftler.
2. Prestigeverlust, Entzug der Unterstützung und Achtung Gleichrangiger.
3. Zunehmende Kritik an seinen Ergebnissen, Widerstand gegen die Veröffentlichung seiner Arbeiten.
4. Ausbleiben von Einladungen: (a) zu Symposien, (b) vor wissenschaftlichen Kongressen zu sprechen, (c) als Gastprofessor zu fungieren, (d) Reisen zu unternehmen.
5. Einkommenseinbußen. Wenn ein Wissenschaftler einen festen Vertrag hat, bezieht er im allgemeinen 30 bis 50 Prozent seines Einkommens aus unter Punkt 4 aufgezählten Aktivitäten.

6. Schließlich: (a) Schwierigkeiten, in Zeiten knapper Geldmittel eigene Forschungsvorhaben zu finanzieren; (b) Versickern für den Forschungsbetrieb notwendiger Geldmittel, folglich Fernbleiben der Studenten und der wissenschaftlich qualifizierten Nachwuchskräfte; berufliche Isolation, Identitätsverlust.

Dann stellte er noch fest, dieser Strafenkatalog sei schon »normalerweise« in den Naturwissenschaften üblich, und dort hätten die herrschenden Paradigmen der »In-Gruppe« im allgemeinen keine politische Bedeutung. Sobald diese Paradigmen jedoch mit politischen Fragen verquickt seien, sagte er – wie beispielsweise im Fall der Krebsvorbeugung –, sei noch eine zusätzliche Strafmaßnahme fällig. Der Grundlagenforscher versah Punkt 2 mit einem schriftlichen Zusatz und hielt mir die Serviette schweigend entgegen. Die Hinzufügung lautete: »Politische Verunglimpfung.«

Das war die fehlende Erklärung. Als Geisteswissenschaftlerin hatte ich von alledem nichts gewußt. Mein ebenfalls ahnungsloser Verleger und ich waren einer Fehleinschätzung aufgesessen, die nicht ganz frei war von ironischen Implikationen. Wir waren der Meinung, mein Buch bedürfe der Unterstützung durch »In-Gruppen«-Wissenschaftler, und erfuhren nun, daß die »In-Gruppen«-Wissenschaftler der Unterstützung durch mein Buch bedurften.

Unter diesen schwierigen Bedingungen wäre es mir lieber gewesen, ich hätte meine wissenschaftlichen Gewährsleute in Frieden und unerwähnt lassen können. Das ist jedoch leider nicht möglich. Da ich als Laie gegen die offizielle Wissenschaftspolitik des Staates in die Schranken getreten bin, muß ich den Leser einfach wissen lassen, daß mein Buch Gegenstand einer sehr sorgfältigen wissenschaftlichen Überprüfung gewesen ist und daß meine Abhandlung der einzelnen Spezialgebiete von kompetenter wissenschaftlicher Seite ausdrücklich für seriös erklärt worden ist. Die einzige Möglichkeit, sowohl meine wissenschaftlichen Gewährsleute als auch mein Buch vor ungerechtfertigten Angriffen zu schützen, besteht darin, ihr jeweiliges Spezialgebiet und ihr wissenschaftliches Renommee zu umschreiben, ohne ihre Namen preiszugeben. Eben das versuche ich an dieser Stelle.

Dreizehn der sechzehn Wissenschaftler, die das gesamte Manuskript gelesen und kritisiert haben, sind Amerikaner, drei stammen aus anderen Ländern (England und Kanada). Sieben von ihnen sind international anerkannte Kapazitäten, sechs durch wissenschaftliche Veröffentlichungen bekannt. Acht sind in verschiedenen Bereichen der Biologie in der Grundlagenforschung tätig, und zwar auf den Gebieten der Krebsentstehung, Genetik, Immunologie, Molekularbiologie und Biochemie. Zwei sind Toxikologen, einer ist Pathologe, ein anderer Strahlungsexperte, ein dritter schließlich Spezialist für Nuklearmedizin. Ansonsten gehörten noch drei Krebsepidemiologen dazu.

In der Zeit, als sie mein Manuskript begutachteten, nahmen sie folgende berufliche Stellungen ein: Acht waren an amerikanischen Universitäten tätig (z. B. Harvard, Cornell, New York University, University of California in Berkeley), sieben von ihnen als ordentliche Professoren und einer auf Vertragsbasis in einem berühmten Forscherteam. Fünf arbeiteten in bundesstaatlichen, nationalen oder internationalen Gesundheitsbehörden (z. B. dem Nationalen Krebsforschungsinstitut und der Internationalen Krebsforschungsbehörde). Drei waren für auf Krebsforschung spezialisierte Institutionen tätig gewesen, beziehungsweise kurz zuvor aus solchen Organisationen ausgeschieden (z. B. dem Memorial Sloan-Kettering). Ein Forscher aus dieser Gruppe arbeitet inzwischen für eine ausländische Regierung. Vierzehn der sechzehn sind als wissenschaftliche Berater tätig gewesen. Zwölf waren in der Vergangenheit beziehungsweise sind noch immer wissenschaftliche Berater amerikanischer Gesundheitsbehörden und der bekanntesten wissenschaftlichen Einrichtungen der Vereinigten Staaten (z. B. der Nationalen Akademie der Wissenschaften, des Nationalen Forschungsrates, des Nationalen Krebsforschungsinstituts der Umweltschutzbehörde, des Staatlichen Instituts für Umwelthygienische Wissenschaften) sowie internationaler Behörden (z. B. der Weltgesundheitsorganisation oder der Internationalen Krebsforschungsbehörde). Drei sind auch für die Industrie beratend tätig geworden.

Ihnen allen schulde ich Dank für Rat und Kritik, ganz besonders dankbar bin ich jedoch den fünf Wissenschaftlern – drei Grundlagenforschern, einem Toxikologen und einem Epidemiologen, ausschließlich Spezialisten auf den Gebieten der Kanzerogenese und der Genetik –, die bereitwillig als meine wissenschaftlichen Redakteure fungierten und die Entstehung meines Buches Schritt für Schritt mit Rat und Tat begleitet haben.

Die Richtigkeit der vorstehenden Angaben über diese Wissenschaftler, ihre Position und ihre Spezialgebiete, können meine beiden Verleger Erwin Glikes und Bob Bender vom Verlagshaus Simon and Schuster bezeugen: des weiteren Professor William Meckling, der Dekan der Graduate School of Management an der Universität von Rochester, Professor Karl Brunner, der Leiter des Center für Research in Government Policy and Business innerhalb der genannten Graduate School, und schließlich mein Agent Owen Laster von der William Morris Agentur. Die Genannten sind sämtlich im Besitz einer Kopie der von mir mit jedem einzelnen Wissenschaftler geführten Korrespondenz, und sie alle werden das den betreffenden Wissenschaftlern zugesicherte Schweigen über deren Identität bewahren. Die Genannten allein wissen um die Identität der Wissenschaftler; sie allein mußten eingeweiht werden.

Ich komme nun auf die Nichtbiologen zu sprechen, die ebenfalls an diesem Projekt mitgewirkt haben. Zunächst möchte ich Allen Wallis, dem ehemaligen Kanzler und Vorsitzenden der Universität von Rochester danken sowie den bereits erwähnten Professoren Meckling und Brunner, die mir die Möglichkeit geboten haben, in Zusammenarbeit mit dem Center for Research in Government Policy and Business der Graduate School of Management dieses Buch zu verfassen.

Meinen Dank aussprechen möchte ich auch jenen, die dieses Projekt wirtschaftlich unterstützt haben. Ich danke dem Verlagshaus Simon and Schuster für hilfreiche Vorschußzahlungen. Weiterhin danke ich einer Gruppe von Stiftungen, die es durch ihre Zuwendungen der Graduate School of Management überhaupt erst ermöglicht haben, die Forschungsarbeiten zweieinhalb Jahre lang zu unterstützen: der Schultz Foundation, Sarah Scaife Foundation, dem Scaife Family Charitable Trust, der Olin Foundation und der Pepsico Foundation. Ich danke den Lesern meiner früheren Bücher, da ich mit Hilfe der erhaltenen Tantiemen dieses Projekt fast vier Jahre lang allein finanzieren konnte.

Ich möchte auch all meinen Mitarbeitern danken. Besonders verbunden fühle ich mich Judith Engerman, die während unserer Zusammenarbeit Doktorandin der Ökologie war und für mich äußerst wertvolle Recherchenarbeit geleistet und im Laufe unseres außergewöhnlichen gemeinsamen Abenteuers eine ähnliche Wandlung durchlaufen hat wie ich selbst. Ich danke meinen ehemaligen Assistenten Henry Constantin und Pamela Blanpied; den Bibliothekaren der medizinischen Fakultät an der Universität von Rochester, die uns mit viel Geduld geholfen haben; des weiteren den damaligen Doktoranden James Newman, Arlene Shaner und Christine Brudevold, die mir dabei behilflich waren, ungefähr hundert Seiten Fußnoten zu ordnen; den Teilzeitkräften John Blanpied, Lisa Kunitz, Nan Wood, Nancy Cornmesser und Nancy Mitchell, die unermüdlich Material geheftet, geklebt, kopiert, sortiert und systematisch erfaßt haben. Und schließlich möchte ich mich ganz herzlich bei meinen drei Sekretärinnen-Assistentinnen Lynn McCoy, Holly Goldseth und Amy Gunn bedanken, die unzählige Manuskriptentwürfe produziert und dafür gesorgt haben, daß meine Welt nicht völlig aus den Fugen geraten ist.

Teil I

DIE APOKALYPSE

Kapitel 1

Die apokalyptische Bewegung

Der Mensch ist der eigentliche und wesentliche Umweltverschmutzer.[1]

J. O'M. Bockris, Hsg.,
Environmental Chemistry, 1977

Beim jüngsten Jahreskongreß der American Association for the Advancement of Science (Amerikanische Gesellschaft zur Förderung der Wissenschaft)... fanden u.a. auch Diskussionen grundsätzlicher Art statt, die sehr leidenschaftlich und divergent geführt wurden und deren Echo noch immer nicht verklungen ist... Was bringt Wissenschaftler dazu, sich mit sozialen und politischen Kontroversen zu befassen, die im wesentlichen nichts mit ihrer Suche nach Wissen und der Anwendung dieses Wissens zu tun haben? Was hat Politik im Hause der Wissenschaft zu suchen?[2]

William D. Carey,
Science, 1978

Am 12. Dezember 1975 hielt Dr. Irving Selikoff, allgemein anerkannte Autorität für asbestinduzierte Krebserkrankungen, auf einem Kongreß des Scientific Committee on Occupational Medicine (Wissenschaftliches Komitee für Arbeitsmedizin) in Mailand einen Vortrag, in welchem er u.a. auf das »Rehnsche Paradoxon«, wie er es nannte, zu sprechen kam: Anfang des 20. Jahrhunderts hatte man die Theorie entwickelt, daß von der Industrie verwendete Chemikalien beim Menschen einen wesentlichen Anstieg der Krebserkrankungen verursachen – eine Theorie, die sich bisher allerdings nicht bestätigt hat. Dr. Selikoff äußerte sich hierzu wie folgt:

Im Jahre 1895 beschrieb Rehn die ersten drei Fälle von Harnblasenkrebs bei Anilinarbeitern. Als in den darauffolgenden 15 Jahren in Deutschland und in der Schweiz weitere Fälle dieser Art von Krebs bekannt wurden, schloß man daraus, daß die aufstrebende chemische Industrie und die dadurch bedingte steigende Zahl von synthetischen chemischen Verbindungen, die für den Menschen und seine Umwelt völlig unbekannt waren, eine Vielzahl von Problemen und einen unheilvollen

Anstieg der Krebserkrankungen mit sich bringen. In den folgenden Jahrzehnten schien sich diese düstere Vorhersage zu bewahrheiten, denn die Kollegen in den chemischen Labors wiesen in Tierversuchen die Kanzerogenität von Hunderten chemischer Verbindungen nach. Im wesentlichen jedoch hat sich in der ersten Hälfte des 20. Jahrhunderts diese Prognose nicht erfüllt. Die von chemischen Substanzen verursachten Krebserkrankungen beim Menschen sind bisher relativ selten, und wie es scheint, auf einige wenige Krebsarten beschränkt geblieben; im besonderen auf Betanaphthylamin- und Benzidin-Harnblasenkrebs, Radium-Neoplasmen, Steinkohlenteer-Hautkrebs etc.

Bis vor kurzem waren wir also mit einer Art Paradoxon konfrontiert: Rehn und seine Zeitgenossen hatten bewiesen, daß Substanzen, die in der chemischen Industrie gebräuchlich sind, Krebs verursachen, und die Laborversuche an Tieren wiesen ebenfalls darauf hin, daß eine Vielzahl von chemischen Substanzen tatsächlich eine kanzerogene Wirkung haben – doch bisher hat sich Krebs nicht als das prognostizierte zentrale Problem der Menschheit erwiesen. Im Laufe der letzten Jahre jedoch wurde die Problematik mit neuer Eindringlichkeit aufgeworfen.

Beweisen die Erfahrungen mit Vinylchlorid, Dichlormethyläther, Chromaten usw. die Richtigkeit der Vorhersagen, oder waren diese tatsächlich voreilig? Wir wissen die Antwort noch nicht, doch die Frage ist äußerst brisant und muß erneut gestellt werden.[3]

Einen Monat später, am 12. Januar 1976, veranstaltete die Arbeitskonferenz für Umweltfragen – ein durch Privatinitiative ins Leben gerufenes Gremium des Repräsentantenhauses, mit etwa 160 Mitgliedern – ein Symposion, in dessen Verlauf verschiedene Experten ihre Ansichten zu diesem Thema äußerten. Inhalt und Akzentuierung der Beiträge unterschieden sich auffallend von den Äußerungen Dr. Selikoffs. Sie erweckten beim Zuhörer den Eindruck, als sei ein bisher der Öffentlichkeit nicht bekannter Durchbruch in der Erforschung der Kanzerogenität chemischer Substanzen gelungen. Dr. Samuel Epstein, damaliger Leiter des Projekts zur Erhaltung der Umwelt an der Case Western Reserve University in Cleveland, wartete mit einer Flut statistischer Zahlen auf; unter anderem erklärte er, daß nach Meinung der Experten jeder fünfte Amerikaner an Krebs stirbt, daß 70 bis 90 Prozent der Krebserkrankungen umweltbedingt sind und überwiegend »von kanzerogenen chemischen Substanzen, die die Umwelt belasten, verursacht werden«. Des weiteren behauptete er, daß die meisten Formen von Krebs »vermeidbar« seien; und er forderte die Bundesbehörden auf, unverzüglich gegen die die Umwelt belastenden Industrien einzuschreiten.[4] Konsumentenanwalt Ralph Nader erwies sich als zorniger Prophet: Er versicherte den Kongreßabgeordneten, daß die Welt eindeutig in das »kanzerogene Jahrhundert« eintrete; eine Tatsache, die auf den »historisch beispiellosen Mißbrauch« zurückzuführen sei, den die

Industrieunternehmen mit der Umwelt – dem Boden, der Luft und dem Wasser – getrieben hätten. Nader bezeichnete deshalb den umweltbedingten Krebs als »Industriekrebs«.[5] Auf welche Weise innerhalb eines Monats aus Selikoffs relativ zurückhaltender Darstellung Epsteins Prozentzahlen entstanden und aus Selikoffs »Rehnschen Paradoxon« Naders »kanzerogenes Jahrhundert« wurde, verriet keiner der Beteiligten.

Wiederum einen Monat später erschienen Epstein und Nader, verglichen mit Russel E. Train geradezu als gemäßigt: Am 26. Februar 1976 gab der damalige Leiter der Environmental Protection Agency (Umweltschutzbehörde) im Nationalen Presseklub in Washington, D.C., vor den versammelten Vertretern der Presse eine überraschende Erklärung ab. Er behauptete, daß die toxischen chemischen Substanzen, die in der Industrie verwendet werden, unser aller Leben potentiell bedrohen. Es sei an der Zeit, erklärte er, daß die staatlichen Institutionen »zu präventiven Maßnahmen greifen, anstatt Krankheiten zu behandeln«; den Gefahren, die die Industrialisierung mit sich bringe, müsse begegnet werden, ehe sie – und nicht nachdem sie – die Umwelt zerstören. Die Analyse der Gefahren, die unserer Gesellschaft drohen, beendete er mit folgenden Worten:

> Noch bis vor kurzem hatten die meisten Menschen keine Ahnung, daß sie derart gefährlich leben. Sie wußten nicht, daß sie am Morgen, wenn sie frühstücken und zur Arbeit gehen – wenn sie also all die normalen und alltäglichen Tätigkeiten verrichten wie Essen, Trinken, Zähneputzen, Waschen und Atmen – unter Umständen ihr Leben aufs Spiel setzen. Sie hatten keine Ahnung, daß sie sich dabei auf ein chemisches Roulette einlassen, dessen Ausgang und Folgen sich unter Umständen erst nach vielen Jahren zeigen.
>
> Es ist an der Zeit, daß wir die Chemikalien einer Prüfung unterziehen – und nicht die Menschen. Es ist an der Zeit, daß wird den Menschen unseres Landes die Angst nehmen, sich bei jedem Atemzug, den sie tun, bei jedem Bissen oder bei jedem Schluck, den sie zu sich nehmen, zu vergiften.[6]

Diese letzten Passagen von Trains Darlegungen wurden vom Gesetzgeber für so wichtig erachtet, daß sie durch ihre Aufnahme in das Gesetz zur Kontrolle toxischer Substanzen (Toxic Substances Control Act) von 1876 geradezu historische Bedeutung gewannen. Trains Erklärung verdient in der Tat einen Platz in der Geschichte, denn es war das erste Mal, daß ein amerikanischer Regierungsbeamter der gesamten Nation verkündete, daß die Bedrohung unserer Gesundheit durch die Industrie zahllose Ursachen hat und wir uns alle am Rande der schleichenden physiologischen Zerstörung und auf der Schwelle des Todes befinden. Welche Rolle dem Krebs in dieser düsteren Prognose zugemessen wurde, konnte damals noch niemand abschätzen. Laut Bericht des EPA hatte Train den versammelten Pressevertretern erklärt, daß »von den mehr als 2 Millionen bekannten chemischen Verbindungen bisher nur wenige tausend auf ihre Kanzerogenität hin untersucht worden sind...« Das »Rehnsche Paradoxon« war noch immer in Kraft.

Im gleichen Jahr wurde das »Rehnsche Paradoxon« endgültig aufgehoben. Die aus dem Jahr 1959 stammende »Delaney Klausel«, die die Beimischung von im Tierversuch nachgewiesenen Kanzerogenen in Lebensmittel verbot, bezog hinsichtlich der von Rehn aufgeworfenen Problematik nicht eindeutig Stellung. Das neue Gesetz zur Kontrolle toxischer Substanzen hingegen, welches sowohl den Bürger als auch die Umwelt vor Industriechemikalien, die ein »unverhältnismäßig großes Risiko« darstellten, schützen sollte, nahm die Existenz des »Rehnschen Paradoxons« gar nicht mehr zur Kenntnis. Die »Umwelt« wurde darin als Wasser, Luft und Boden definiert sowie als »die wechselseitigen Beziehungen, die zwischen Wasser, Luft und Boden und sämtlichen lebenden Wesen existieren«. Von diesem Zeitpunkt an wurde die amerikanische Öffentlichkeit ohne Unterlaß mit Entdeckungen »potentieller« Krebsgefahren industrieller Provenienz bombardiert. Das »kanzerogene Jahrhundert« war nun tatsächlich angebrochen; allerdings in einer Form, die der Kongreß nicht erwartet haben dürfte; in Form einer diffus-emotionalen Bedrohung.

Es handelte sich dabei um eine Bedrohung, die die Menschen nicht auf geistiger Ebene ansprach, die keine intellektuelle Herausforderung darstellte, sondern in erster Linie emotionale Reaktionen auslöste. Die Ängstlichen waren zutiefst betroffen und versuchten verzweifelt, Listen von dem anzufertigen, was sie ohne Risiko essen, trinken und tun konnten. Andere kümmerten sich überhaupt nicht um diese diffus-emotionale Bedrohung, sobald sie festgestellt hatten, daß sie intellektuell nicht zu fassen sei. Manche nahmen Zuflucht zu dem morbiden Zynismus: »Alles verursacht Krebs.« Wieder andere hielten sich für besonders informiert und wiederholten blind die neuesten Verlautbarungen bezüglich der drohenden Gefahren. Und einige wenige schließlich hegten den Verdacht, daß die Bedrohung lediglich die emotionalen Instinkte ansprechen sollte, denn diejenigen, die sie zum Gegenstand der öffentlichen Diskussion gemacht hatten, verstanden sie selbst nicht.

Das, vom Standpunkt des Laien aus betrachtet, verwirrendste Phänomen der gesamten Problematik der Kanzerogenität der von der Industrie produzierten chemischen Substanzen, waren die zänkischen Diskussionen der Wissenschaftler, die schon bald rituellen Charakter annahmen. Kam ein Wissenschaftler zu dem Ergebnis, daß die Substanz X kanzerogen sei, so dauerte es in der Regel nicht lange, und ein zweiter bewies das Gegenteil. Geschah es, daß sich mehrere Wissenschaftler auf die »potentielle« Kanzerogenität einer Substanz einigten, dann bildeten sich sehr bald zwei Gruppen, von denen die eine überzeugt war, daß die Substanz extrem kanzerogen sei und unverzüglich verboten werden sollte, während die andere Gruppe gesundheitsschädigende Folgen bestritt – selbst wenn man die Substanz einatme, trinke oder sich darin bade. Wurde eine besonders eindringliche Warnung bezüglich der tödlichen Eigenschaften einer solchen Substanz veröffentlicht, war es nur eine Frage der Zeit, bis eine berufene Stimme darauf hinwies, daß eben diese Substanz in natürlicher Form in der Leber oder in der Lunge des Menschen produziert wird. Nach einer Weile verstummten die Kontroversen schließlich, und zahlreiche der angeblich für die Zukunft des Menschen entscheidenden Streitfragen, an denen sich zuvor die Gemüter erhitzt hatten, gerieten in Vergessenheit. Weshalb? Der unbedarfte Laie hatte nicht die leiseste Ahnung. Er war vollauf damit beschäftigt, den neuesten Stand der wissenschaftlichen Kontroverse zu verfolgen.

Es war ihm unmöglich, die Gefährlichkeit eines bestimmten Kanzerogens zu beurteilen, doch gänzlich verloren war der Laie, wenn er begann, Fragen nach dem größeren Zusammenhang zu stellen. Wandte er sich an Behörden oder Experten, um sich über die brisante Problematik des industriell-induzierten Krebses zu informieren, stellte er sehr bald fest, daß auch dort größte Konfusion herrschte. Konsultierte der interessierte Laie zum Beispiel Dr. Thomas H. Corbett, einen Beamten der Gesundheitsbehörde, der für die Aufdeckung der Umweltverseuchung durch PBB in Michigan von der EPA mit einem Preis ausgezeichnet worden war, erfuhr er, daß »mindestens 80 Prozent der Krebserkrankungen«[7] durch synthetische chemische Substanzen verursacht werden. Wandte sich der Laie hingegen an Dr. John Cairns, einen Molekularbiologen und ehemaligen Direktor des Cold Spring Harbor Laboratory für quantitative Biologie in New York, der zu dieser Zeit Direktor des Imperial Cancer Research Fund's Mill Hill Laboratory in London war, erfuhr er, daß »es wenig Anhaltspunkte und kaum Beweise dafür gibt, daß die chemische Industrie für eine Vielzahl der gegenwärtigen Krebserkrankungen verantwortlich gemacht werden kann« und daß »mit Ausnahme des Lungenkrebses keine der landläufig bekannten Krebsarten häufiger vorkommt als vor 50 Jahren ...«[8]

Auch die Prognosen der Experten brachten kein Licht in die Angelegenheit. Versuchte man durch das Studium der einschlägigen Literatur herauszufinden, ob sich das Krebsproblem nun verschlimmerte oder das Gegenteil der Fall sei, stieß man früher oder später auf Arbeiten wie *The Politics of Cancer* und *Cancer and Chemicals* von Dr. Samuel Epstein beziehungsweise von Dr. Thomas H. Corbett. Dr. Epstein stellt die Behauptung auf, wir befänden uns im Würgegriff einer Krebsepidemie, die gar nicht ernst genug genommen werden könne und die laut Corbett bis zum Jahr 2000 katastrophale Ausmaße annehmen werde.[9] Andererseits konnte der Interessierte auch Arbeiten finden, wie *Preventing Cancer* von Dr. Elisabeth Whelan, damals wissenschaftliche Assistentin an der Harvard School of Public Health. In dieser Arbeit konnte man lesen, daß von einer Krebsepidemie nicht die Rede sein könne, daß im Gegenteil »seit 1950 die Inzidenzziffern leicht gefallen sind«.[10]

Der Laie, der den bescheidenen Versuch unternahm, sich zu informieren, bemerkte sehr bald, daß sich die Diskussion über das »kanzerogene Jahrhundert« in einem für die exakte Wissenschaft bedenklichen Stadium befand: Sie hatte all die Charakteristika eines Kongresses von Geisteswissenschaftlern angenommen und war hoffnungslos in verschiedene, einander bekämpfende theoretische und ideologische Lager gespalten. Ein paar zusätzliche Recherchen bestätigten, daß dies von Anfang an so gewesen war und lediglich eine Zuspitzung der Positionen stattgefunden hatte; eine Tatsache, die Wissenschaftler aus allen Lagern insgeheim verzweifeln ließ.

Für die Öffentlichkeit wurde diese Ideologisierung der Wissenschaft 1975 und 1976 sichtbar, als Ralph Nader und Dr. Samuel Epstein versuchten, Kongreßabgeordnete davon zu überzeugen, daß die politischen und wirtschaftlichen Institutionen eine klare Diagnose des Krebsproblems verschleiern. Russel E. Train ging sogar so weit, zu erklären, daß inzwischen bereits das Atmen, Essen und Trinken lebensgefährlich sei. 1975 initiierte Ralph Naders »Center for the Study of Responsive Law« eine Untersuchung über das von der National Academy of Sciences, dem erhabensten Gremium der amerikanischen Wissenschaft, propagierte Objektivitätsverständnis. Mit dieser Aufgabe wurde Phillip Boffey, ein junger Autor der Zeitschrift *Science* betraut. Das Buch, das er schrieb hieß: *The Brain Bank of America: An Inquiry into the Politics of Science.* Boffey führte Anklage gegen die Akademie und ihren Präsidenten Philip Handler und erhob den Vorwurf, diese Institution sei zu häufig einseitig und zugunsten der Regierungspolitik sowie der Interessen der Wirtschaft orientiert. Er stützte sich dabei in erster Linie auf Gespräche, die er mit Kritikern und Angestellten, aber auch mit einigen wissenschaftlichen Mitarbeitern an Projekten der Akademie geführt hatte, sowie auf Analysen der Mitgliederstruktur und der wissenschaftlichen Arbeit der Akademie. Boffey kam zu dem Schluß, daß die Mehrzahl der politischen Entscheidungen, die auf wissenschaftlichen Gutachten der »Beratergruppen« der Akademie basierten, einer objektiven Überprüfung nicht standhalten:

Die Öffentlichkeit geht von der Annahme aus, daß die Experten in den Beratungsgremien so etwas wie die objektive Wahrheit vertreten und stets die »richtige« Antwort auf die zur Diskussion stehenden Fragen finden. Doch ein solch blindes Vertrauen ist fehl am Platze. Nur relativ wenige der anstehenden politischen Entscheidungen können auf einer rein verfahrenstechnischen und wertfreien Ebene getroffen werden. In fast allen Fällen wird ein sachverständiges Urteil benötigt, und was sich schließlich als »objektive« Wahrheit präsentiert, ist in Wirklichkeit nichts als die subjektive Meinung derjenigen, die im Beratergremium sitzen.[11]

Drei Jahre später – nachdem sich Naders Ansichten bereits auf einer ganzen Reihe von politischen und gesetzgeberischen Entscheidungsebenen durchgesetzt hatten, nachdem sich Präsident Jimmy Carter als ein Bewunderer Naders bekannt und mehrere von Naders Gefolgsleuten in entscheidende Stellungen berufen hatte und nachdem Boffey leitender Redakteur bei der *New York Times* geworden war – wartete Philip Handler, der Präsident der National Academy of Sciences, mit einer verblüffend ähnlich klingenden Stellungnahme auf. Wie Boffey verwies er auf den subjektiven Charakter politischer Entscheidungen, die aufgrund wissenschaftlicher Gutachten getroffen werden.

Wir sind inzwischen mit einer ganzen Reihe einschlägiger Verordnungen und gesetzlichen Regelungen konfrontiert. Sie wurden in der gewiß guten Absicht konzipiert, uns vor irgendwelchen größeren oder kleineren Gefahren zu schützen, und vielleicht könnte man auch mit jeder einzelnen dieser gesetzlichen Regelungen leben. Doch in ihrer Gesamtheit betrachtet sind sie ein Ausdruck der Angst und des Wunsches, dem technologischen Fortschritt Einhalt zu gebieten... Es läßt sich nicht verleugnen, daß in einigen Bereichen der Diskussion – vor allem, wenn die Atomenergie zur Debatte steht – die Argumentation achtbarer und kompetenter Wissenschaftler eindeutig ideologisch verbrämt ist; ein Umstand, der es dem interessierten Leser nicht leichtmacht zu erkennen, wo das sachliche Argument aufhört und die Idelogie beginnt.[12]

David L. Sills vom Social Research Council (Sozialwissenschaftlicher Forschungsrat) äußerte sich 1978 auf dem Jahreskongreß der American Association for the Advancement of Science in ähnlicher Weise. Auch er ging auf die ideologischen Diskussionen ein, die die »Umweltschutzbewegung« charakterisieren:

...die Umweltschutzbewegung rekrutiert ihre Anhänger aus zwei anderen zeitgenössischen gesellschaftskritischen Gruppierungen: der *Bewegung für bürgerliche Mitsprache* (citizens movement), die sich in erster Linie mit Verbraucher- und Datenschutz befaßt, und der *Antiwissenschafts- und Antitechnologiebewegung*. Von der zuletzt genannten Gruppe fühlen sich alle angezogen, die den Eindruck haben, daß wir die Kontrolle über die Technologie und über die Komplexität gesellschaftlicher Entwicklung verloren haben...

Oberflächlich betrachtet, sind viele der für die Umweltschutzbewegung typischen Diskussionen »rein technischer« Natur. Macht man sich jedoch die Mühe, genauer hinzuhören, stellt sich oft heraus, daß es sich eigentlich um Diskussionen über Werte handelt. Doch Wissenschaftler wissen im allgemeinen nicht, wie man über Werte diskutiert oder auf welche Weise man diese Werte messen und gegeneinander abwägen kann. Sie benutzen also die Sprache der Fakten und der Technologie, um ihre ideologische Position zu beschreiben. (An dieser Stelle sollte ich darauf hinweisen, daß der Begriff »Ideologie« hier neutral gebraucht wird. Unser aller Worte und Handlungen entspringen einer gewissen ideologischen Überzeugung...)

Die Werte, die Einzug in die Umweltdiskussion halten, haben in der Regel mit dem Wunsch nach einer idelalen (oder zumindest besseren) Gesellschaft zu tun.[13]

Vergleichbare Äußerungen existierten auch damals bereits von Paul Ehrlich und Anne H. Ehrlich von der Stanford University und von John P. Holdren von der University of California in Berkeley. In der Ausgabe ihres Buches *Ecoscience* von 1977 wiesen sie darauf hin, daß dringend eine Methode erforderlich sei, die es der Öffentlichkeit und den Politikern ermögliche, zwischen den fachlichen Aussagen von Wissenschaftlern und deren ethischen und politischen Meinungen klar zu differenzieren:

Ein Denkanstoß, wie der Prozeß ethischer Entscheidungen im wissenschaftlichen Bereich transparenter gestaltet werden könne, wurde von dem Physiker Arthur Kantrowitz formuliert. Er schlug vor, bei wissenschaftlichen Diskussionen mit politischer Relevanz zunächst die technischen Aspekte des Falls von einem rein wissenschaftlich orientierten Gremium untersuchen zu lassen. In erster Instanz wäre hierbei die wissenschaftliche Problematik von den ethischen und politischen Aspekten zu trennen, und erst wenn dies geschehen ist, sollten Vertreter aus den verschiedenen wissenschaftlichen Lagern ihre fachspezifische Einschätzung des Problems vor dem »richterlichen« Gremium darlegen...

Heute dreht sich die Diskussion in vielen Fällen um die negativen direkten oder indirekten Folgen der technologischen Expansion für Mensch und Umwelt. Der Graben, den diese Problematik im Lager der Wissenschaftler aufgeworfen hat, ist breit und tief, und sehr oft dürfte es äußerst schwierig sein, »Richter« zu finden, die sowohl von den Technologen als auch von den Umweltschützern – wie wir die beiden Lager aus Mangel an einer besseren Bezeichnung nennen wollen – akzeptiert werden.

Trotz dieser Schwierigkeiten unterstützen wir Kantrowitz' Vorschlag, eine Institution ins Leben zu rufen, die wissenschaftliche Entscheidungen von der oben erwähnten Art treffen kann, denn die gegenwärtig praktizierten Methoden, solche Entscheidungen zu treffen, sind derart unbefriedigend, daß jede erfolgversprechende Alternative eine Chance verdient.[14]

Wie aus dieser Äußerung klar hervorgeht, liegt das eigentliche Problem für den Laien, aber auch für den Wissenschaftler nicht in der Fage begründet, welche ideologische Fraktion er unterstützen soll, sondern in dem Umstand, daß es nicht mehr möglich ist, zwischen Ideologie und Wissenschaft zu unterscheiden. Es liegt auf der Hand, daß sich der Laie gänzlich verloren vorkommen muß – in einer Situation, in der sowohl der Präsident der National Academy of Sciences als auch der Ökologe Paul Ehrlich oft nicht in der Lage waren, klar zu erkennen, wo die Wissenschaft endet und die Politik beginnt. Erwartete der Laie, daß die für diese verworrene Situation Mitverantwortlichen in der Lage seien, Klarheit und Transparenz in die Problematik zu bringen, mußte er alsbald erkennen, daß diese Hoffnung vergebens war. Ihm blieben nur zwei vernünftige Alternativen: Entweder glaubte er gar nichts mehr, oder er versuchte, die Situation auf eigene Faust zu klären.

1978 entschloß ich mich, selbst eine Möglichkeit zu finden, um die Problematik der Kanzerogenität zu verstehen und zu beurteilen. Ich beschloß, die juristischen und bürokratischen Diskussionen außer acht zu lassen und mich direkt mit der wissenschaftlichen Literatur auseinanderzusetzen, um herauszufinden, was die Wissenschaftler zu diesem Problem zu sagen hatten und was der eigentliche Kernpunkt ihrer Auseinandersetzung sei – noch *bevor* irgendeine Problematisierung politischer Art stattgefunden hatte. Gleichzeitig konnte ich auf diese Weise Einblick in die für die amerikanische Regierungspolitik charakteristischen Selektionsmechanismen gewinnen. Ich beabsichtigte deshalb, die Information, die ich von Regierungsstellen und aus den Medien erhalten hatte, mit den in der wissenschaftlichen Fachliteratur zugänglichen Aussagen zu vergleichen. Mir war natürlich klar, daß ich gar nicht die Möglichkeit besaß, über die Kanzerogenität einer bestimmten Substanz zu befinden, doch ich konnte in Erfahrung bringen, was Wissenschaftler ihren Kollegen mitteilen, ehe sie mit ihrem Standpunkt an die Öffentlichkeit gehen. Sobald ich ins Innere des Elfenbeinturms vorgedrungen war, bemerkte ich sehr schnell, daß sich hier die kontroversen Diskussionen beträchtlich von den Zänkereien in der politischen Arena unterschieden und im übrigen wesentlich aufschlußreicher waren. Das vorliegende Buch ist ein Bericht über die Erkenntnisse, die ich bei diesem Vorhaben gewinnen konnte. Ich habe mich dabei auf die Jahre unmittelbar vor und nach der Verabschiedung des Gesetzes zur Kontrolle toxischer Substanzen (Toxic Substances Control Act) konzentriert. Die Spur, die ich verfolgte, führte mich schließlich zu Entdeckungen, die bereits fünfzig Jahre alt sind. Mir wurde klar: Wenn man nicht weiß, was in der Vergangenheit geschehen ist, kann man auch nicht verstehen, was heute geschieht, und ebensowenig wird man verstehen, was in der Zukunft geschieht.

* * *

Am Anfang der Analyse muß die Darstellung des Ideologiestreits stehen; zum einen, weil er die tatsächliche Situation verschleiert, und zum anderen, weil seine Entwirrung uns den Zusammenhang klarmacht, in welchem das Problem des durch die Industrie verursachten Krebses zu sehen ist. Worum geht es bei diesem ideologisch bedingten Streit? Die oben zitierten Autoren haben es bereits mit ihren eigenen Worten formuliert. Noch bevor das Gesetz zur Kontrolle toxischer Substanzen verabschiedet wurde, definierten Nader und Boffey das Problem als die Tendenz der Wissenschaftler des »Establishments«, sich der Tatsache zu verschließen, daß die amerikanische Industrie gefährliche und tödliche Substanzen produziert. Für Handler, den Präsidenten der National Academy of Sciences, stellte sich das Problem als das Bestreben anonymer Kräfte dar, »unseren technologischen Fortschritt zum Stillstand zu bringen«. Sills brachte große Teile der Bewegung der sechziger und siebziger Jahre in Zusammenhang mit der Zuspitzung der Situation, doch später bezeichnete er die Bewegung, die die Diskussion anheizte, als »Environmentalismus« (Umweltschutzbewegung) und brachte sie in Verbindung mit der »Antiwissenschafts-/Antitechnologie-Bewegung«. Für Ehrlich und Holden war das Zerwürfnis klar zu erkennen: Sie konstatierten einen »tiefreichenden und heftigen Zwist unter den Wissenschaftlern – zwischen »Technologen und Environmentalisten« (aus Mangel an besseren Bezeichnungen).

Es fällt nicht sonderlich schwer, die Ziele der »Technologen« in dieser ideologischen Auseinandersetzung zu verstehen. Ob man sie nun als Förderer und Protektoren der Industrie bezeichnet, als Befürworter des technischen Fortschritts, als Fürsprecher der Wissenschaft und der Technologie oder als »Technologen«; es ist stets klar, daß es sich um Wissenschaftler handelt, die die industrielle Zivilisation befürworten und deren Fortschritt wünschen. Sie werden wahrscheinlich sehr vorsichtig sein, eine von der Industrie produzierte chemische Substanz oder irgendein anderes Produkt der Industrie als Ursache menschlicher Krankheiten zu bezichtigen. – Doch wer genau steht hinter den »Environmentalisten«? Es ist keineswegs klar, was der »Antiwissenschafts-/Antitechnologie-Standpunkt« bedeutet – *besonders wenn er von einem Wissenschaftler vertreten wird.* Auch der Inhalt des Begriffs »Umweltschutzbewegung« bleibt unklar. Es erhebt sich der Verdacht, daß wir es hier mit dem verwaschensten und nichtssagendsten Begriff der zeitgenössischen Sprache zu tun haben, denn er trifft auf die große Mehrheit der Bürger aller Industrienationen zu. Ist ein »Umweltschützer« jemand, der sauberes Trinkwasser will, klare Flüsse, eine nicht verpestete Luft und unvergiftete Nahrung, jemand, der sich gegen die Absicht zur Wehr setzt, am Rande des Grand Canyon Fabriken und Casinos zu errichten, dann sind fast alle Amerikaner »Umweltschützer«. Ist ein »Umweltschützer« jemand, der sich für die Erhaltung der Wale in unseren Ozeanen einsetzt, der die reizenden Robbenbabys beschützen möchte, dann ist die Mehrheit der Amerikaner »Umweltschützer«. Ist ein »Umweltschützer« jemand, der möchte, daß von der Industrie verursachte Krebserkrankungen nicht mehr auftreten, dann sind alle Amerikaner »Umweltschützer«.[15] Man kann also durchaus all diese Forderungen der »Umweltschutzbewegung« vertreten und trotzdem für »Wissenschaft und Technologie« und für die industrielle Zivilisation eintreten. Was also sonst steckt noch hinter der Systemkritik der Umweltbewegung? Von wem sprach Ehrlich, als er die »Environmentalisten« (Umweltschützer) erwähnte?

Versucht man die Identität dieser »Umweltschützer« zu entschleiern, begreift man sehr bald, warum es Paul Ehrlich so schwer fiel, diese Gruppen genauer zu benennen. Diese Männer und Frauen, die so besorgt sind wegen der Zerstörung des biologischen Lebens durch die Industrie, wollen viel mehr, als das Wort »Umweltschützer« ausdrücken kann – so unglaublich viel mehr, daß ein ganzes Kapitel nötig ist, dies zu beschreiben. Ohne Ausnahme beschäftigen sich die »Umweltschützer« mit Fragen, die strukturell mit dem Problem des durch die Industrie verursachten Krebses identisch sind: All diese Probleme katastrophalen Ausmaßes zeichnen sich dadurch aus, daß sie von der Industrie verursacht und als immense Bedrohung des Lebens dargestellt werden. Um zu verstehen, was die »Umweltschützer« zu diesen Problemen zu sagen haben und was an dem, was sie sagen, so besonders ist, sollen im folgenden einige »Umweltschützer«, die während der letzten zwanzig Jahre ihre Ansichten verbreitet haben, zitiert werden:

> Nicht der Krieg, sondern eine Vielzahl vom Menschen erschaffener Dinge ist es... die uns im Würgegriff hat, die uns zu ersticken droht und uns unter dem Müll und den Abfallprodukten dieser technologisch so erfinderischen und verantwortungslosen Zeit zu begraben scheint.[16]
>
> – Margaret Mead, Anthropologin,
> in einer Buchbesprechung von
> Rachel Carson »Der stumme Frühling«, 1962

In meiner Eigenschaft als Biologe bin ich zu folgendem Ergebnis gekommen: In bezug auf die Besiedlung der Erde sind wir an einem Wendepunkt angelangt. Unsere Umwelt bildet ein komplexes und empfindlich ausbalanciertes System, und es ist dieses integrale Ganze, welches die gesamten Schadwirkungen von umweltverschmutzenden Substanzen auffangen muß. Noch nie zuvor in der Geschichte dieses Planeten war seine lebensspendende und lebenserhaltende Oberfläche solch einer Vielzahl von verschiedenen, ganz neu entstandenen und extrem starken Agenzien ausgesetzt. Ich bin davon überzeugt, daß die kumulative Wirkung dieser Schadstoffe, ihre wechselseitige Beeinflussung und Verstärkung, fatal für das komplexe Gefüge der Biosphäre sein kann. Und da der Mensch nun einmal ein abhängiger Teil dieses gesamten Systems ist, wird eine fortgesetzte und unkontrollierte Verschmutzung der Erde früher oder später dazu führen, daß unser Planet kein geeigneter Ort mehr für das Überleben der Menschen sein wird.[17]

– Barry Commoner, Biologe, 1963

... und ganz sicherlich ist es nie einem anderen Geschöpf außer dem Menschen gelungen, sein Nest in solch kurzer Zeit so gründlich zu verschmutzen... Mehr Wissenschaft und mehr Technologie werden uns nicht aus der gegenwärtigen Ökologischen Krise führen können; was wir brauchen, ist eine neue Religion, eine neue Lebensart oder zumindest ein Überdenken der alten Standpunkte. Die Beatniks, die die eigentlichen Revolutionäre unserer Zeit sind, beweisen mit ihrer Neigung zum Zen-Buddhismus einen gesunden Instinkt, der das Verhältnis zwischen Mensch und Natur in einer sehr ähnlichen Weise begreift wie das Christentum.[18]

– Lynn White, Historiker, 1967

Es erscheint mir durchaus möglich, daß die technologische Entwicklung, die über unsere übervölkerte Welt hereingebrochen ist, vermutlich jedes System überlasten wird, das wir zu ihrer Kontrolle entwerfen. Die Gefahr eines endgültigen und apokalyptischen Untergangs unserer Zivilisation darf nicht als morbides Phantasieprodukt abgetan werden.[19]

– Don K. Price, Dekan der John F. Kennedy
School of Government, Harvard University;
ehemaliger Präsident der AAAS, 1969

Wissenschaftler aus allen Lagern warnen uns eindringlich davor, daß wir durch den exzessiven Gebrauch der Technologie auf eine Katastrophe zusteuern, daß wir sämtliche Rohstoffe der Erde plündern ... daß wir das biochemische Gleichgewicht des Bodens verändern und ungeheuere Mengen von Reinigungsmitteln verwenden, die unser Wasser vergiften. Sie warnen weiterhin davor, daß wir aufgrund des medizinischen Fortschritts die Erde hoffnungslos überbevölkern und auf dem besten Wege sind, unseren Kampf gegen die Natur zu gewinnen – und zwar so, daß wir schließlich unseren eigenen vollständigen Untergang herbeiführen.[20]

– Alan Watts, Philosoph, 1969

Nur noch eine vollständige Neuorientierung – weg von unserem hochtechnisierten »Way of Life«, auf den wir uns so viel einbilden – kann diesen Planeten davor retten, zu einer unbelebten Wüste zu verkommen ... Um die Erde vor dem Untergang zu bewahren, muß die Menschheit eine Art religiöser Bekehrung durchleben, in deren Verlauf das mechanistische durch ein organisches Weltbild ersetzt wird, welches dem Menschen als der am weitesten entwickelten Manifestation organischen Lebens den Vorrang einräumt, den er im Augenblick den Maschinen und Computern überläßt.[21]

– Lewis Mumford, Mythos der Maschine, 1974

... vom Menschen herbeigeführte Veränderungen der Biosphäre bedrohen die Unversehrtheit des lebenserhaltenden Systems, dessen Balance die Voraussetzung für das Überleben der Menschheit ist ... Ich bin der Überzeugung, daß die gegenwärtige Bedrohung dieses lebenswichtigen Ökosystems einen Wandel unserer Werte, Institutionen und unserer gesellschaftlichen Ziele erforderlich macht ...[22]

– Robert Disch, Herausgeber,
The Ecological Conscience, 1970

Die natürlichen Konditionen für Gesundheit und Wohlfahrt des Menschen sind vielfältigen und ernst zu nehmenden Angriffen ausgesetzt ... Sie bedrohen bereits die physiologische Unversehrtheit des Menschen ... Im Verlauf der letzten zehn Jahre ist offenkundig geworden, daß wir unsere Gesellschaft fahrlässig von innen heraus selbst zerstören können.[23]

– Ralph Nader, 1970

Die Institutionen, die wir ins Leben gerufen haben, sind im Begriff, die Erde unbewohnbar zu machen. Die Jüngeren unter uns sind sich dessen bewußt. Sie mögen vielleicht nicht in der Lage sein, dies in angemessener Weise zu artikulieren, doch sie fühlen es genau.[24]

– Senator Gaylord Nelson, 1970

Die moderne Gesellschaft ist im weitesten Sinne des Wortes dabei, das Werk der natürlichen Evolution ungeschehen zu machen. Wenn sich diese Entwicklung ungehindert fortsetzt, kann es passieren, daß die Erde auf eine Stufe biotischer Simplizität zurückgeworfen wird, auf der die Menschheit ... nicht länger in der Lage sein wird, sich als lebensfähige Spezies zu behaupten ... Diese seit Jahrhunderten andauernde Tendenz findet ihre extremste Entfaltung im modernen Kapitalismus, einer sozialen Ordnung, die völlig von der Maxime »Produktion um der Produktion willen« beherrscht wird ... Die Verwüstung des menschlichen Geistes durch die Marktwirtschaft geht Hand in Hand mit der Verwüstung der Erde durch das Kapital.[25]

– Murray Bookchin,
Ramparts, 1970

Viele Menschen... kommen aufgrund sich häufender objektiver Beweise zu der Erkenntnis, daß heute die Lebensspanne unserer Biosphäre als bewohnbarer Region für Lebewesen nicht mehr in Hunderten von Millionen Jahren, sondern in Jahrzehnten gemessen werden muß. Dies ist ausschließlich unsere eigene Schuld.[26]

– G. Evelyn Hutchinson, Biologin, 1970

Verantwortungsbewußte Wissenschaftler vertreten die Ansicht, daß es nicht genügt, die gegenwärtige Entwicklung zu bremsen; sie muß in die Gegenrichtung verlaufen, soll nicht innerhalb der nächsten 35 bis 100 Jahre alles menschliche Leben auf der Erde erloschen sein.[27]

– Lee Loevinger, Commissioner of
the Federal Communication Commission, 1970

Das ökologische Gleichgewicht des gesamten lebensspendenden Systems der Erde ist im Begriff zu zerfallen.[28]

– Michael McCloskey, Executive Director,
Sierra Club, 1970

Es steht außer Frage, daß der steten Verwüstung und Vergewaltigung der Erde Einhalt geboten werden muß... Der Bevölkerungsdruck steigt, Abfall und Verschmutzung sind eine Geißel, die mächtigen Lobbys scheinen entschlossen, unsere letzten Freistätten zu zerstören.

Um die Dinge zu ändern, ist ein geistiges Erwachen dringend erforderlich. Wir alle – die Jungen und die Alten – müssen zu echten und entschlossenen Aktivisten werden, wenn wir – und die Biosphäre, von der wir abhängig sind – überleben wollen.[29]

– Richter William O. Douglas, 1972

Eine ständig zunehmende Zahl von Hinweisen deutet daraufhin, daß die Menschheit auf ein Desaster zusteuert. Verschiedene Formen der Katastrophe liegen im Bereich des Möglichen, und sollten wir die eine vermeiden können, wird uns eine andere ereilen. Bei der gegenwärtigen Zuwachsrate der Weltbevölkerung werden in einem weiteren Jahrhundert 40 Milliarden Menschen auf der Erde leben – zu viele, als daß sie ernährt werden könnten. Hat während der nächsten hundert Jahre die industrielle Produktion dieselben Zuwachsraten zu verzeichnen wie zur Zeit, wird der Rohstoffbedarf um das Tausendfache steigen. Wie einige Wissenschaftler behaupten, wird die Energieemission – über einen längeren Zeitraum gesehen – die Temperaturen auf der Erde derart in die Höhe treiben, daß sie für uns unbewohnbar wird. Diese düsteren Prognosen gehen natürlich davon aus, daß sich der Mensch nicht durch eine atomare Katastrophe das Schicksal seines langen und schmerzlichen Niedergangs selbst erspart.[30]

– Charles Lindblom, Volkswirt, Yale University, 1977

Die moderne Wissenschaft... machte den Menschen zum Herren über kosmische Kräfte und Geschwindigkeiten, die außerhalb seiner eigenen natürlichen Proportionen liegen. Dies hat zur Folge, daß das herkömmliche Denken und die landläufigen Institutionen antiquiert geworden sind. Der Mensch befindet sich an einem Scheideweg; ein Weg führt zu Gesundheit und Wohlstand, während der andere in der Selbstvernichtung endet...

Entweder passen wir uns dieser neuen Situation an – wagen ein radikales Umdenken und bringen unsere zwischenmenschlichen Beziehungen in Ordnung, verwerfen unsere veralteten Vorstellungen von Ruhm, Stärke, Macht und Ausbeutung zugunsten von gegenseitigem Verständnis, Achtung, Hilfe und Zusammenarbeit – oder wir sind zum Untergang verdammt.

Gegenwärtig sind wir im Begriff, uns selbst auszurotten. Doch wer wird um uns weinen? Wer bedauert schon den Dinosaurier?[31]

– Albert Szent-Györgyi, Nobelpreisträger
in Biochemie, 1975

Trotz all ihres erschreckenden Ächzens und Ratterns funktioniert die große Weltmaschine noch immer. Soll sie nicht gänzlich außer Takt geraten, müssen wir endlich begreifen, daß das langfristige Wohlergehen der Menschheit nicht durch eine Politik gewährleistet werden kann, die die Interessen einiger weniger über die der Mehrheit, und die Interessen der Menschen über die der anderen Lebewesen stellt. Die Einheit und Ganzheit der Natur ist kein Schlagwort, sondern ein Prinzip, von dessen Gültigkeit sämtliche Naturprozesse zeugen. Für einige Tier- und Pflanzenarten kommt diese Erkenntnis bereits zu spät, doch vielleicht bleibt uns noch genügend Zeit, den Rest der Schöpfung zu retten.[32]

– P. B. Medawar,
Nobelpreisträger der Biologie, 1977

Dies sind – wie der Leser bemerkt haben wird – die Stimmen einer intellektuellen Bewegung, die vor allem in der zweiten Hälfte der sechziger und in der ersten Hälfte der siebziger Jahre in den gebildeten Schichten der Bevölkerung der Vereinigten Staaten und anderer Länder en vogue war und bis heute anhält. Ganz sicher ist es die gleiche Bewegung, die das allgemeine Interesse an der »Umwelt« auslöste. Allerdings ist die Bezeichnung »Umweltschutzbewegung«, wie sie heute oft gebraucht wird, irreführend, denn diese Bewegung besitzt auch zahlreiche andere Attribute, die durch den Terminus »Umweltschutzbewegung« im Grunde genommen verschleiert werden. Wie aus den vorstehenden Zitaten ersichtlich ist, existieren eine ganze Reihe ungewöhnlicher und nicht »umweltbezogener« Themenbereiche, die sich durch das Gedankengut dieser Bewegung ziehen. Ganz offensichtlich ist ein Element der Verärgerung, ja sogar des Spotts vorhanden, das sich gegen verschiedene Ziele richtet. Eines dieser Ziele ist eindeutig Amerika – jenes Amerika, das sich »selbst zerstört« – sowie die amerikanischen »Institutionen«, die »die Bewohnbarkeit der ganzen Welt gefährden«. Eine weitere Zielscheibe für die Attacke seitens der »Umweltschutzbewegung« ist die Konstellation von Wissenschaft, Technologie, industrieller Produktion, Marktwirtschaft und Kapitalismus. Auch der »Mensch« ist Angriffen aus der gleichen Richtung ausgesetzt, denn es sind seine erfinderische Intelligenz, seine Produktivität, sein Appetit auf materielle Güter und die Bevölkerungsexplosion, die für diese Zerstörung verantwortlich gemacht werden. Doch das eigentliche Ziel der Kritik ist die Unmoral des »Menschen«: Es ist seine eigene »Schuld«, wenn der Mensch die Lebensgrundlagen auf der Erde zerstört – einschließlich seiner eigenen. Und will der Mensch überleben, muß er sich einer unverzüglichen intellektuellen, geistigen, moralischen und politischen Wandlung unterwerfen. Ihm wird Errettung verheißen, falls er bereit ist, den Wegen des Bösen abzuschwören; ist er dies jedoch nicht, erwartet ihn unweigerlich die endgültige Vernichtung. Dies ist nicht mehr nur Umweltschutz – dies ist die Stimme der Apokalypse in neuem, weltlichem Gewand.

Nun wird auch verständlich, weshalb es Paul Ehrlich schwerfiel, die Bewegung der »Umweltschützer« zu definieren. In dem vorliegenden Buch werde ich diejenigen, die solche Ansichten vertreten, nicht als »Umweltschützer«, sondern als »Apokalyptiker« bezeichnen, und wenn von ihnen als Organisation oder als Gruppe die Rede ist, werde ich sie die »apokalyptische Bewegung« nennen. Nicht allein der Inhalt, sondern bereits der Stil einschlägiger Veröffentlichungen verrät, daß es sich weder bei Ralph Naders Feldzug gegen den »industriell verursachten Krebs« und seiner Prophezeiung des »kanzerogenen Jahrhunderts« noch bei Russel Trains Vision einer von der Industrie hervorgerufenen physiologischen Desintegration des Menschen um etwas Außergewöhnliches handelt. Diese beiden Autoren fügen sich völlig nahtlos in den apokalyptischen Tenor der gesamten Bewegung.

Nun ist eine apokalyptische Bewegung nicht gerade ein Phänomen, das man so ohne weiteres übersehen könnte – insbesondere wenn es sich unter den gebildeten Schichten der Bevölkerung ausbreitet. Darüber hinaus unterscheidet sich die Bewegung, von der hier die Rede ist, durch einen wesentlichen Aspekt von anderen historisch belegten, apokalyptischen Bewegungen: Sie wurde von Wissenschaftlern initiiert und propagiert. Der Laie, der sich ihren apokalyptischen Prophezeiungen anschloß, ist ausnahmslos auf Informationen seitens der Wissenschaftler angewiesen. Es ist ausschließlich die »umweltbewußte« Wissenschaft, die die apokalyptische Bewegung intellektuell legitimiert, und da wir uns in diesem Buch mit einem Zweig dieser Wissenschaft, der Erfassung von »umweltbedingtem Krebs« beschäftigen, erscheint es angebracht, die Wissenschaftler selbst einer genaueren Betrachtung zu unterziehen. Zunächst werden wir uns mit ihrer apokalyptischen Philosophie und den wissenschaftlichen Grundannahmen, auf welche sich letztendlich diese Philosophie gründet, auseinandersetzen; erst im Anschluß daran sollen das konkrete Datenmaterial und die wissenschaftlichen Ergebnisse betrachtet werden. Mit diesen Voraussetzungen sind wir in der Lage, die apokalyptische Bewegung, ihre kritiklose Übernahme durch den gebildeten Laien und die Folgen, die dies für die amerikanische Nation hatte, einzuschätzen; und letzten Endes werden wir zu einem besseren Verständnis der Problematik des »industriell verursachten Krebses« gelangen.

Im folgenden sollen die Ansichten fünf führender Wissenschaftler der apokalyptischen Bewegung, Rachel Carson, Paul Ehrlich, Barry Commoner, René Dubos und George Wald sowie die Forschungsergebnisse einer Gruppe von Mitarbeitern des MIT (Massachusetts Institute of Technology), die im Auftrag des Club of Rome eine Studie erstellte, einer näheren Betrachtung unterzogen werden. Hierbei folge ich der Chronologie ihrer Veröffentlichungen, die durchweg einen tiefgreifenden Einfluß auf das öffentliche Bewußtsein in den USA hatten und bis auf zwei Ausnahmen Bestseller waren.

Rachel Carson: 1962

Der erste Apokalyptiker von nationaler Bedeutung war eine Frau; die Biologin Rachel Carson, Mitarbeiterin des »Fish and Wildlife Service«, einer Organisation, dessen Interessen eindeutig ökologisch orientiert waren. Ihr Buch *Stummer Frühling* zeichnet sich durch lyrische Leidenschaft aus und wurde von Millionen gelesen. In diesem Werk, das heute als Klassiker gilt, warnt Carson davor, daß der Mensch die Biosphäre und damit sich selbst zerstören könnte. Obwohl Carson nicht die erste war, die zu dieser Schlußfolgerung kam – eine Gruppe von Ökologen war bereits vor ihr zu denselben Ergebnissen gekommen –, war sie doch die erste, die diese These einem breiten Publikum zugänglich machte. Auf der ersten Seite ihres Buches steht nur ein Satz, ein Zitat von Albert Schweitzer: »Der Mensch hat die Fähigkeit der Voraussicht und des Planens verloren. Er wird damit enden, daß er die Erde zerstört.«[33] Carsons eigener Text beginnt mit einer apokalyptischen Vision. Ihr erstes Kapitel ist eine Fiktion und beschreibt das plötzliche und schaudererregende Verschwinden aller

Lebewesen vom Angesicht der Erde. Die Menschen werden von Krankheiten heimgesucht. Die Vögel verschwinden, Hühner legen keine Eier mehr, und die Ferkel verenden. Es gibt keine Bienen mehr, die die Apfelblüten bestäuben. Die Fische in den Flüssen sind schon lange ausgestorben. Dies alles ist nicht die Folge einer Gottesstrafe oder irgendeiner übernatürlichen Kraft – sagt Carson –, sondern einzig und allein von den Menschen selbst verschuldet.[34]

Die Menschen selbst haben die Katastrophe verursacht, wahrscheinlich durch das Versprühen von Pestiziden. Carson beabsichtigt mit ihrer Geschichte die Vergiftung der Nahrungskette, von der das Überleben des Menschen abhängt, anzuprangern. Ohne Vögel, ohne Fische, ohne Insekten und Nutztiere sterben auch die Menschen. Wenn alles vergiftet ist, werden auch die Menschen an dem Gift zugrunde gehen. Carson skizzierte lediglich den Beginn der Erkrankung der Menschen. Anders als so mancher ihrer Epigonen übergeht sie taktvoll und zartfühlend die Toten. Doch implizit und stillschweigend sind sie trotzdem gegenwärtig. Diese Fiktion – so mahnt Carson – könne leicht wahr werden.

Obwohl Carsons primäres Anliegen ökologischer Natur ist, sieht sie in der Problematik, die sie diskutiert, doch eindeutig auch politische Aspekte, denn die Ursachen der Fiktion vom Untergang der Menschheit sucht sie in unserem profitorientierten Wirtschaftssystem. Ihre Kritik richtet sich gegen Unternehmertum und Werbung, gegen »die sanften Überredungskünstler und die geheimen Verführer«, die die Menschen manipulieren und sie somit indirekt zum Kampf und Gebrauch von gefährlichen Giftstoffen zwingen. Sie macht die Industrie dafür verantwortlich, daß die Menschen die Warnungen, die auf den Verpackungen giftiger Substanzen gedruckt sind, nicht richtig lesen.[35] Und sie bezeichnet die verantwortlichen Behörden als stillschweigende Erfüllungsgehilfen der Industrie und beschuldigt sie, die Öffentlichkeit mit der unrichtigen Beteuerung, daß alles in Ordnung sei, zu täuschen.[36] Sie formuliert diese Ansichten knapp, doch mit Nachdruck und webt in jedes ihrer Kapitel, in welchem sie die todbringenden Produkte der menschlichen Intelligenz anprangert, eine moralische Anklage. Die Industrie – so behauptet sie – produziere eine endlose Reihe von Tod und Verderbnis; wobei sie zwei »unheilvollen« Faktoren die Hauptschuld an der Zerstörung des Lebensraums gibt: der vom Menschen verursachten radioaktiven Strahlung und den vom Menschen produzierten chemischen Substanzen, die beide »unnatürlichen« und »synthetischen« Ursprungs sind und die Luft, das Wasser und den Boden vergiften.[37] Besonders die chemischen Substanzen seien eine lebensbedrohliche Gefahr, behauptet sie und weist immer wieder darauf hin, daß mittlerweile unser aller Leben auf dem Spiel steht. Zum erstenmal seit der Mensch die Erde bevölkert, sei er – vom Augenblick der Geburt bis zu seinem Tod – gefährlichen chemischen Substanzen ausgesetzt.[38]

Vor allem gegen die Pestizide richtet sich Carsons Kritik. Sie erwähnt eine ganze Reihe hochgiftiger Pestizide und zitiert Berichte über vergiftete Fische, vergiftete Vögel und über durch das Gift geschädigte Tiere und Menschen. Größte Sorge bereitet ihr DDT, das, wie sie behauptet, die unheilvolle Eigenschaft besitze, ungehindert alle Zwischenglieder der Nahrungskette zu passieren, wobei es sich ständig in der Konzentration vervielfache, um schließlich im Körper des Menschen seine größte Wirkungsintensität zu erreichen.[39] Ein weiterer zentraler Gegenstand ihrer Angriffe ist die Nahrungsmittelindustrie in den USA. Wir sind, so weiß Carson zu berichten, einer ständig zunehmenden Vergiftung durch die Nahrungsmittel von den Bauern, Märkten und Lebensmittelläden ausgesetzt, die mit chemischen Pestiziden, Konservierungsstoffen und anderen Zusätzen verunreinigt werden und im menschlichen Körper in unbekannter Weise miteinander reagieren. Aus diesem Grunde sei es auch unbillig, von unschädlichen Mengen toxischer Substanzen zu sprechen; denn genau dies sei die große Lüge, deren sich die verantwortlichen staatlichen Stellen schuldig machten.[40] Sie geht sogar soweit, die Situation der amerikanischen Bürger mit der der Opfer der Borgias zu vergleichen.[41]

Carson hat auch eine politische Lösung für das von ihr aufgeworfene Technologieproblem bereit: Sie fordert strengere gesetzliche Auflagen für die Industrie. Allerdings verlangt sie nicht das Verbot sämtlicher toxischer Substanzen, und wiederholt weist sie darauf hin, daß eine Schädlingsbekämpfung durchaus notwendig sei. Sie sei nicht der Meinung, so betont sie, daß chemische Insektizide generell abgeschafft werden sollten.[42] Sie bestreitet auch keineswegs die Notwendigkeit einer Schädlingsbekämpfung, doch sollten die Methoden einer solchen Bekämpfung kritisch geprüft werden, um nicht mit den Insekten auch gleich den Menschen auszurotten.[43] Nichtsdestoweniger ist Carson erfüllt von einer tiefempfundenen Sorge um die ökologische Balance der Natur, und sie macht kein Hehl aus ihrer tiefen Abneigung gegen die moderne Technologie. Für sie ist die Vorstellung des Menschen, der Herr der Schöpfung zu sein, nichts als eine verabscheuenswürdige Anmaßung und Ausdruck einer sowohl philosophischen als auch biologischen Primitivität.[44] Im wesentlichen ist ihr Buch eine leidenschaftliche Anklage der lebenszerstörenden Übel der industriellen Technologie von heute.

Gegen Ende des Buches warnt sie erneut vor der Möglichkeit, daß die Technologie unter Umständen binnen zwanzig Jahren die gesamte

Menschheit auslöschen könnte. Um die Gefahr zu belegen, der Mensch könne mit einer von ihm selbst hergestellten chemischen Substanz die Umwelt in einem solchen Maße zerstören, daß er in dieser Welt ebensowenig Chancen hat zu überleben wie die Dinosaurier, zitiert sie den Wissenschaftler Dr. David Price vom US Public Health Service (Gesundheitsamt). Besonders beängstigend – so erklärt Dr. Price mit Bezug auf eine Krankheit mit langer Latenzzeit, ohne den Krebs konkret zu erwähnen – sei die Möglichkeit, daß die Vernichtung der menschlichen Spezies bereits zwanzig Jahre vor dem Zeitpunkt, an dem die ersten Symptome auftauchen, irreversibel festgelegt sein könnte.[45]

Der Einfluß Carsons auf die geistigen Strömungen unserer Zeit kann gar nicht hoch genug eingeschätzt werden. So ist Trains Mahnung, die Menschheit stünde am Rande der Vernichtung durch toxische und karzinogene chemische Substanzen, nichts als eine Wiederholung von Rachel Carsons Worten, und das Gesetz zur Kontrolle toxischer Substanzen, mit dem wir heute leben, ist eine Manifestation ihres Gedankenguts.

Paul Ehrlich: 1968

Paul Ehrlich war der zweite Apokalyptiker, der die Öffentlichkeit aufschreckte. 1968 trat der Entomologe und Ökologe, der sich auch eingehend mit Populationstheorien befaßt hatte, mit einer außergewöhnlichen Behauptung an die Öffentlichkeit. In etwa neun Jahren, doch spätestens Anfang der achtziger Jahre – so behauptet er – werde eine bisher unvorstellbare, weltweite Hungersnot die Erde erschüttern.[46] Nicht nur die industrielle Technologie gefährde alles natürliche Leben auf Erden, auch der Mensch selbst werde bis dahin die Erde in solchem Maße übervölkert haben, daß ihn die Natur unweigerlich eliminieren werde – falls dies der Mensch nicht vorher selbst besorgt. Ehrlich veröffentlichte diese Thesen in seinem überaus erfolgreichen Bestseller *Die Bevölkerungsbombe,* der gemeinsam von »Sierra Club« und den »Ballantine Books« herausgegeben wurde und dessen Vorwort von David Brower, dem damaligen Präsidenten des »Sierra Clubs« und einem der angesehensten Naturschützer des Landes, stammte.

Bei gleichbleibender Geburtenrate wird sich die Erdbevölkerung alle siebenunddreißig Jahre verdoppeln, warnt Ehrlich. »Sollte das Bevölkerungswachstum während der nächsten 900 Jahre unverändert fortschreiten, werden dann etwa 60000000000000000 Menschen auf der Erde leben. Sechzig Millionen Milliarden. Das sind ungefähr 100 Menschen pro

Quadratmeter der Erdoberfläche – die Ozeane eingeschlossen.«[47] Natürlich sei eine solche Rechnung absurd, stellt Ehrlich fest, denn der Mensch werde dann schon längst ausgestorben sein. Doch stünden Hungersnot und Massensterben bereits unmittelbar bevor, denn das Bevölkerungswachstum übersteige bei weitem die Zuwachsrate der Nahrungsmittelproduktion. 1966 produzierten laut Ehrlich lediglich zehn Länder mehr Nahrungsmittel, als sie konsumierten: die USA, Kanada, Australien, Argentinien, Frankreich, Neuseeland, Burma, Thailand, Rumänien und Südafrika. China, Indien und die Sowjetunion waren 1966 nicht in der Lage, ihre Bevölkerung ohne Importe zu ernähren. Die Nahrungsmittel, die einen Großteil der Welt vor dem Verhungern bewahren, stammen aus drei Ländern: aus den USA, aus Kanada und aus Australien.[48] Ehrlich folgert daraus nicht etwa, daß eine hochtechnologisierte Landwirtschaft unter kapitalistischen Produktionsbedingungen die Lösung des Ernährungsproblems sein könnte; er kam lediglich zu dem Schluß, daß »die Menschheit« im Kampf gegen den Hunger eine vernichtende Niederlage erlitten habe.[49]

Die Bevölkerungsexplosion ist jedoch nur eines der Themen, die Ehrlich aufgreift. Ein anderes Ziel seiner Kritik stellt für ihn die herkömmliche Überzeugung dar, das Problem sei mit Hilfe der Technologie zu lösen. Nach Ehrlichs Überzeugung zerstört die moderne technologisierte Landwirtschaft durch Einsatz von Kunstdüngern und Pestiziden den Boden und ist verantwortlich für die Beimischung von tödlichen Giften und Kanzerogenen in die Nahrungskette. Er wiederholt die wesentlichsten Punkte aus Carsons Botschaft an die Welt und illustriert seine Thesen anhand einiger neuerer Beispiele industrieller Gefahren für die Biosphäre: der steigenden Kohlendioxidkonzentration, die durch die Verbrennung von Erdöl verursacht wird und die Gefahr eines Treibhauseffekts heraufbeschwört, der Existenz von Überschallflugzeugen, die die Atmosphäre zerstören, sowie anhand der Tatsache, daß der Eriesee biologisch tot ist.[50] Im Anschluß an seine Aufzählung der durch die Industrie verursachten Gefahren verfolgt Ehrlich die »Kausalkette dieser katastrophalen Entwicklung« zu ihren Anfängen und kommt zu dem Ergebnis, daß es zu viele Fabriken, zu viele Maschinen und vor allem »zu viele Menschen« gibt.[51] In letzter Konsequenz betrachtet Ehrlich die hohe Bevölkerungszahl der Menschen auf der Erde als die eigentliche und entscheidende Ursache der Zerstörung. Der Mensch selbst ist es, der die Biosphäre verunreinigt und zerstört. Ehrlich fordert dringlichst politische Lösungen für diese Probleme. Er vergleicht das Bevölkerungswachstum mit der Wucherung eines Krebsgeschwürs und verlangt einen chirurgischen Eingriff. Krebs, so argumentiert er, sei »eine unkontrollierte Vermehrung der Zellen« und die Bevölkerungsexplosion »eine unkontrollierte Vermehrung der Menschen«. Er sieht die Lösung des Problems in einer »Operation«, in einem »Herausschneiden des Geschwürs«, was, wie er bemerkt, »zahlreiche scheinbar brutale und herzlose Entscheidungen« erfordert.[52] Die Regierung, so sagt er, habe dabei die Rolle des Chirurgen zu übernehmen. Ehrlich fordert die Schaffung einer »einflußreichen Regierungsbehörde«, die in der Lage sei, Lösungen durchzusetzen, wie etwa die »zwangsweise Geburtenkontrolle«, »Beimischung von Verhütungsmitteln in das Trinkwasser oder in Grundnahrungsmittel«, »die Einführung von Geldprämien bzw. -strafen, um die Geburtenziffern zu senken«, oder »Luxussteuern ... auf Babykleidung, Kinderbetten, Windeln usf.«[53] Das Ziel, so fordert Ehrlich, müsse zunächst eine Reduzierung der Bevölkerungszuwachsrate auf Null sein und später dann eine »Reduzierung der hohen Bevölkerungszahlen«.[54] Auch im Bereich der Außenpolitik plädiert Ehrlich für die Strategie des chirurgischen Eingriffs und empfiehlt, die Staaten, die potentielle Empfänger von Nahrungsmitteln sind, in drei Kategorien einzuteilen: Staaten, die eigene Ressourcen besitzen, sollten keine Nahrungsmittel mehr erhalten; Staaten, in welchen die Menschen überleben können, wenn sie Unterstützung erhalten, sollten Nahrungsmittel erhalten; doch Staaten – wie zum Beispiel Indien –, die hoffnungslos überbevölkert sind, sollten keine Nahrungsmittelhilfe mehr erhalten.[55] Wie diese »scheinbar brutalen« Ziele ohne grausame Brutalität erreicht werden sollen, erwähnt Ehrlich jedoch mit keinem Wort.

Hinsichtlich der Zerstörung der Biosphäre durch die Technologie des Menschen erklärt Ehrlich, eine geistige Revolution in unserem Verhältnis zur Natur sei unumgänglich – vorausgesetzt, wir wollen die Erde überhaupt retten. Er teilt Carsons Abneigung gegen die selbstherrliche Überzeugung des Menschen, er beherrsche die Natur, und sieht darin den eigentlichen Ursprung der drohenden ökologischen Katastrophe. Ehrlich macht sich die Ansicht des Historikers Lynn White zu eigen, der die Idee, der Mensch sei der Beherrscher der Natur, auf die jüdisch-christliche Tradition zurückführt, und wie dieser, erklärt auch Ehrlich: »Die Hippie-Bewegung, die sich zum Zen-Buddhismus, der körperlichen Liebe und der Verachtung des Reichtums verschrieben habe«..., besitze... »eine Antwort; vielleicht sogar die einzige Antwort«.[56] 1968 formulierte Ehrlich lediglich seinen Zweifel, daß die ökologische Krise mit Hilfe der Wissenschaft und der Technologie gelöst werden kann. Inzwischen ist er nicht mehr so vorsichtig. In der 1977 erschienenen Ausgabe seines 1000 Seiten umfassenden Buches *Ecoscience,* das er gemeinsam mit Anne H. Ehrlich – ebenso wie Paul Ehrlich Inhaberin eines Lehrstuhls an der Stanford University – und John P. Holdren von der University of California in Berkeley verfaßte, empfiehlt er »wirtschaftliches Nullwachstum« und fügt hinzu, daß der Wohlstand gerecht und zu gleichen Teilen neu verteilt werden müsse.[57] An anderer Stelle geht er genauer darauf ein: »Das Wirtschaftswachstum der Zukunft sollte auf die unterentwickelten Länder konzentriert und dort einer vorsichtigen Kontrolle und Lenkung unterworfen werden.«[58] 1977 zitierte Fred Warshofsky, Wissenschaftsjournalist bei CBS, Ehrlich wie folgt: »Für die Probleme, vor denen wir stehen, existieren keine – ich betone keine – denkbaren technologischen Lösungen.«[59]

Ehrlich, der extrem politisch ist und dessen politische Position nur als ökologischer Totalitarismus (aus Mangel an einem besseren Ausdruck) bezeichnet werden kann, spielte beim Ausbruch des apokalyptischen Fiebers in unserem Land eine zentrale und sehr aktive Rolle. Nahezu im Alleingang lancierte er die Bewegung für das »Nullwachstum der Bevölkerungszahl« und überzeugte viele Familien der Mittelschicht, daß es unmoralisch sei, Kinder in die Welt zu setzen. Vor allem der Mensch war Ehrlichs Feind. In den Jugendbewegungen der sechziger Jahre war er bald kein Unbekannter mehr; vor allem seine düsteren und sehr detaillierten Beschreibungen des Sterbens von Millionen von Menschen, die in *Die Bevölkerungsbombe* und im September 1969 auch in der von jungen Radikalen herausgegebenen Zeitschrift *Ramparts* unter dem Titel »Ökokatastrophe« erschienen, machten ihn in der »Szene« bekannt. Die erwähnte Ausgabe von *Ramparts* war ein lupenreines Dokument der Apokalypse. Eine Fotomontage auf dem Titelbild zeigte einen Grabstein in einer endlosen Sandwüste. Auf dem Stein stand:

Die Ozeane

Geboren: etwa
3500000000 v. Chr.
Gestorben: 1979 n. Chr.

Der Herr gab's,
und der Mensch hat's genommen.
Verflucht sei der Name des Menschen.

Barry Commoner: 1969

1969 war die ökologische »Krise« fester Bestandteil des Repertoirs nahezu aller, die sich selbst als liberal und aufgeklärt betrachteten. Auch Senator Edmund Muskie, einer der wichtigsten Kandidaten der Demokratischen

Partei für die damals bevorstehende Präsidentschaftswahl, machte die Apokalypse zu seinem persönlichen Anliegen. Mit der Absicht, den gegen die amerikanische Industrie erhobenen Vorwurf, sie zerstöre die Biosphäre der Erde, genauer zu beleuchten, organisierte er im Senat eine ganze Reihe von Hearings. Einer der geladenen Experten, der großes Aufsehen erregte, war der Biologe Barry Commoner von der Washington University in St. Louis. Bereits seit den frühen sechziger Jahren hatte Commoner eine Umweltkatastrophe vorausgesagt und – da er Wissenschaftler war – damit auch weitgehendes Interesse erregt. Doch dies war sein erster Auftritt vor Amerikas angesehenstem politischen Forum. Gemeinsam mit W. H. Ferry, dem Vizepräsidenten des Center for the Study of Democratic Institutions, ebenfalls einem Apokalyptiker[60], legte Commoner Senator Muskie seine Ansichten dar. Der Bericht der beiden erschien am 28. April 1968 in der *New York Times* unter der Überschrift »Technologie und Umwelt: Düstere Prognosen im Senatshearing«. Das Wort »düster« gibt allerdings nicht ganz den an sich revolutionären Charakter des Berichts wieder – weder in bezug auf seinen wissenschaftlichen noch auf seinen politischen Inhalt. Es folgt der Artikel von Robert H. Phelps, der den Sachverhalt annähernd exakt wiedergibt:

Steuern die USA einen Kurs ohne Umkehr, der die natürlichen Grundlagen, auf welchen wir den Staat mit dem höchsten Lebensstandard der Welt errichtet haben, unwiederbringlich zerstören wird?

Dies ist eine der Fragen, die das »Senate Subcommittee on Intergovernmental Affairs« unter Vorsitz von Senator Edmund S. Muskie seit Monaten zu ergründen versucht. Es sind zwar noch weitere Hearings anberaumt, doch die bisher gehörten Berichte sind durchweg pessimistisch.

Die düsterste aller bisherigen Prognosen hörten die Senatoren letzte Woche von Barry Commoner, dem Direktor des Center for the Biology of Natural Systems an der Washington University in St. Louis, und W. H. Ferry, dem Vizepräsidenten des Center for the Study of Democratic Institutions in Santa Barbara, Kalifornien.

Beide Experten waren sich darin einig, daß allein ein tiefgreifender Wandel der politischen und sozialen Systeme – einschließlich einer Revision der Verfassung – notwendig sei, um eine Zerstörung unserer natürlichen Umwelt zu verhindern.

Beide stimmten auch darin überein, daß die Gefahr vor allem von seiten einer unkontrollierten Technologie drohe. Im Zuge der Herstellung und Entwicklung neuer Güter und Dienstleistungen zerstöre die Technologie nicht nur das »Kapital« des Landes – den Boden, das Wasser und andere Ressourcen –, sondern auch die Gesundheit der Menschen.

Unter anderem erklärte Dr. Commoner: »Unser gegenwärtiges technologisches System zehrt nicht nur dieses ›Kapital‹ auf, es droht auch – wahrscheinlich schon innerhalb der nächsten 50 Jahre – dieses ›Kapital‹ unwiederruflich zu zerstören.«

Und Mr. Ferry... erklärte: »Möglicherweise haben wir den Punkt, an dem es keine Umkehr mehr gibt, in einigen Bereichen bereits überschritten.«

Als Beispiele eines »Fortschritts«, der die Umwelt zerstöre, führte Dr. Commoner die Auswirkungen von anorganischen Kunstdüngern, von Verbrennungsmotoren unserer Automobile und von Insektiziden ins Feld.

Mr. Ferry hatte diese Ausführungen Dr. Commoners im Sinn, als er die rhetorische Frage stellte: »Von welchem Nutzen werden ein Farbfernseher in jedem Zimmer oder ein Außenposten auf dem Mond für unsere Enkel sein, wenn ihre Luft nicht mehr zu atmen, ihr Wasser ungenießbar geworden ist und ihre Behausungen unter ihrem Abfall halb begraben sind?...«

Mr. Ferry unterbreitete den – wie er es nannte – »höchst absurden« Vorschlag eines zweijährigen Moratoriums für die meisten technologischen Forschungsprojekte und Innovationen. Er empfahl die Bildung eines internationalen Gremiums, um der Verschmutzung der Meere Einhalt zu gebieten, und auf nationaler Ebene regte er die Organisation einer Umweltbehörde an, die weitgehende Entscheidungsbefugnisse über sämtliche größere Bauvorhaben und technologische Projekte besitzt.

Da eine Realisierung dieser Empfehlungen nicht verfassungskonform sei, schlug Mr. Ferry die Änderung der Verfassung vor...

In Übereinstimmung mit Mr. Ferry erklärte Dr. Commoner, die Probleme seien derart gravierend, daß »gesetzgeberische Maßnahmen nicht mehr ausreichten, sondern eine neue konstitutionelle Basis nötig sei«.

In seiner Stellungnahme zu Dr. Commoners und Mr. Ferrys Ausführungen bezeichnete Senator Muskie die Technologie als »das Trojanische Pferd unserer Tage« und versicherte, ihre Darstellungen und Empfehlungen würden sicherlich »vielen Menschen, die die Problematik noch nicht erkannt haben, die Augen öffnen«.

Dieser Zeitungsartikel veranschaulicht, in welchem Maße bereits 1969 apokalyptisches Gedankengut in die höchsten politischen Ebenen unseres Landes vorgedrungen war. Obwohl Senator Muskie bemüht war, sich von der Absicht, die Verfassung zu ändern, zu distanzieren, hatte er dennoch Dr. Commoner und Mr. Ferry den Zugang zu einem der wichtigsten politischen Foren unseres Landes ermöglicht und ihre Ausführungen als »äußerst aufschlußreich« bezeichnet.

Dr. Commoners Überzeugung, die amerikanische Verfassung stehe einer Lösung der ökologischen Probleme im Wege, steht im Einklang mit seiner Überzeugung, unser »Produktionssystem« verhindere eine Lösung. Noch im gleichen Jahr wurde er gebeten, eine Dokumentation für die »13. National Conference of the US. National Commission for UNESCO« zu verfassen. Die Zusammenfassung einer ausführlichen Analyse der von ihm bereits oben angesprochenen Problematik soll hier wiedergegeben werden:

In der Produktion materieller Güter ist unsere Technologie überaus erfolgreich, doch nur zu oft ist sie in katastrophaler Weise unverträglich mit unserer natürlichen Umwelt, die nicht nur für das Überleben der Menschen, sondern auch für die Technologie selbst Voraussetzung ist. Darüber hinaus sind diese Technologien inzwischen derart massiv in die Produktionsweisen unserer Industrie und Landwirtschaft integriert, daß jeder Versuch, sie den Anforderungen der Umwelt gerecht zu machen, ernsthafte wirtschaftliche Erschütterungen mit sich brächte. Ist die Zerstörung der Umwelt ein Anzeichen für eine wesentliche und ernstzunehmende Unverträglichkeit zwischen unserem Produktionssystem und dem System unserer natürlichen Umwelt – wovon ich überzeugt bin –, dann müssen wir, wenn wir überleben wollen, uns den wirtschaftspolitischen Herausforderungen stellen – wie tiefgreifend und provokativ dies für unser soziales System auch sein mag.[61]

Es dauerte allerdings bis 1976, ehe Commoner in seinem Buch *Energieeinsatz und Wirtschaftskrise* die politische Lösung, die ihm vorschwebte, explizit beim Namen nannte. Um zu überleben – schrieb er –, müsse unsere Gesellschaft bereit sein, ihr gegenwärtiges Produktionssystem zu verwerfen und es durch ein System zu ersetzen, welches in Harmonie mit dem globalen Ökosystem steht; wobei das zweite Gesetz der Thermodynamik als Richtlinie gelten sollte: »... und zwar aus der Perspektive einer sozialistischen Alternative«.[62]

1978 bezeichnete Rae Goodell in einer Studie des MIT Dr. Commoner als einen Wissenschaftler, der es versteht, sich stets »in den Mittelpunkt zu stellen«.[63]

1979 gab Dr. Commoner seine bisherige Tätigkeit als Wissenschaftler auf und gründete eine neue Linkspartei in den USA, die sich die »Citizens Party« (Bürgerpartei) nannte und deren wesentlichster Programmpunkt eine striktere Kontrolle der Industrie durch die Regierung im Sinne des Umweltschutzes war. 1980 war er Präsidentschaftskandidat dieser Partei.

René Dubos: 1972

René Dubos schloß sich der apokalyptischen Bewegung unter ganz anderen Perspektiven an als seine weiter oben erwähnten Vorgänger. Er war ein hochkarätiger Wissenschaftler, der als Mikrobiologe und Experimentalpathologe 44 Jahre lang an der Rockefeller University tätig war und einen makellosen akademischen Werdegang vorwies. Allerdings zeichnete er sich auch durch ein zusätzliches Charakteristikum aus: Er war ein ausgesprochener Mystiker und Utopist. Langfristig betrachtet, übte er von allen Theoretikern den wahrscheinlich größten und dauerhaftesten Einfluß auf die apokalyptische Bewegung aus. Der einzige Grund, weshalb er hier dem Jahr 1972 zugeordnet wird, ist dem Umstand zuzuschreiben, daß in diesem Jahr Dubos' damals bereits ein Jahrzehnt währende Karriere als Apokalyptiker insofern ihren Höhepunkt fand, als seine apokalyptischen Visionen selbst in das Konzept der amerikanischen Außenpolitik Einzug hielten.

Da Dubos ein überaus talentierter und produktiver Autor ist – 1967 wurde er für sein Buch *Der entfesselte Fortschritt* mit dem Pulitzer Preis ausgezeichnet –, ist es in dem vorgegebenen Rahmen gar nicht möglich, alle seine Ansichten zusammenfassend wiederzugeben, doch die spezifisch apokalyptischen Elemente seines Denkens können durchaus herausgearbeitet werden. Bereits in den frühen sechziger Jahren war Dubos zu der Überzeugung gelangt, daß die moderne Technologie eine Bedrohung für das biologische Leben darstellt. In seinem 1965 erschienenen Buch *Man Adapting* betonte er, daß die biologischen und psychischen Eigenschaften des Menschen im wesentlichen unveränderbar seien, da sie im Verlauf der Evolution im genetischen Code festgelegt wurden und somit der menschlichen Anpassungsfähigkeit strikte Grenzen gesetzt seien.[64] In einem späteren Essay *The Limits of Adaptability* verfolgte er diesen Gedankengang weiter und beschrieb den Menschen als ein Opfer seiner eigenen technologischen Erfindungen. Der Mensch – so sagte er –, könne sich an seine »technologische Umwelt« nur insoweit anpassen, als Anpassungsmechanismen »potentiell« in seinem genetischen Code festgelegt sind. Es könne »beinahe als gesichert« angenommen werden – so Dubos weiter –, daß sich Adaptionsmechanismen, mit deren Hilfe sich der Mensch besser der Lärmbelästigung durch die moderne Technik und den synthetischen Substanzen, die die Luft, das Wasser und unsere Nahrungsmittel verunreinigen, anpassen könne, nicht entwickelt haben. Laut Dubos müssen die Grenzen der technologischen Entwicklung von der »potentiellen« genetischen Struktur der Menschen bestimmt werden.[65]

1969 betrachtete Dubos es bereits »als gesichert«, daß die Zeit gekommen sei, diese Grenzen festzulegen, und erklärte, dies könne nur ein neues Wirtschafts- und ein neues Gesellschaftssystem auf der Grundlage des Nullwachstums bedeuten. Um zu überleben, müsse der Mensch neue soziale und ökonomische Systeme entwickeln, die eindeutig von der »Philosophie des unbeschränkten quantitativen Wachstums« Abstand nehmen, die unsere westliche Zivilisation beherrscht. Diese Forderung Dubos' findet sich auch als Zitat am Beginn eines Kapitels in *Ecoscience* von Ehrlich.[66]

1972 äußerte Dubos die Überzeugung, daß eine technologische Lösung der ökologischen Probleme aussichtslos sei und daß für die meisten der fundamentalen menschlichen Bedürfnisse die »technologische Magie« auch nicht nützlicher sei als die »primitive Magie«.[67] Im gleichen Jahr veröffentlichte er *A God Within;* eine eloquente Aufforderung an die Menschheit, die »faustische Zivilisation« zugunsten eines »arkadischen Lebens« aufzugeben – eine utopische Vision einer Gesellschaft, die einer »Theologie der Erde« folgt, deren Strukturen mit dem Ökosystem konform sind und in der sich die Menschen als die Bewahrer der Natur verstehen. Leidenschaftlich attackiert er das Selbstverständnis des Menschen der westlichen Zivilisation, Beherrscher der Natur zu sein; diese Haltung bezeichnete er als den Ausdruck einer an »Kriminalität grenzenden Eitelkeit«, die die Natur lediglich als ein Reservoir von Rohstoffen zur Befriedigung der Bedürfnisse des Menschen betrachtet. Dies sei – so erklärt Dubos – »eine Perversion«, die, wenn sie ungehindert weiter betrieben werde, sich zu »einer tödlichen Krankheit der technologischen Gesellschaften auswachsen werde«.[68] Dubos wird nicht müde, davor zu warnen, daß die westliche Gesellschaft, die auf Wissenschaft, Technologie und wirtschaftlichem Wachstum basiert und die »faustische und individualistische Lebensart« zu ihrer Maxime gemacht hat, direkt auf den »kollektiven Untergang« zusteuere.[69] Er betrachtet es als »gewiß«, daß das unbegrenzte ökonomische und technologische Wachstum im Endeffekt mit »kollektivem Selbstmord« gleichzusetzen ist.[70]

Als Dubos' Ansichten in der Öffentlichkeit immer mehr Aufmerksamkeit erregten, erhielt er, genau wie Barry Commoner, die Gelegenheit, Einfluß auf die internationale Intelligentia der Vereinten Nationen zu nehmen. Doch war die Aufgabe, die Dubos angeboten wurde, wesentlich bedeutsamer: Maurice F. Strong, der Generalsekretär der UN-Konferenz über den »Lebensraum des Menschen« bat ihn, ein Rahmenprogramm für die Umweltkonferenz in Stockholm im Juni 1972 zu entwerfen. Es sollte eine Studie über globale Umweltprobleme angefertigt werden, und Dubos nahm den Auftrag an. Als Koautorin wurde die englische Wirtschaftswissenschaftlerin Barbara Ward (Lady Jackson), damals Inhaberin der Albert-Schweitzer-Professur für Internationale Wirtschaftsentwicklung an der Columbia University, bestimmt.[71] Falls Maurice Strong die Absicht hatte, eine objektive Studie über die globalen Umweltprobleme zu erhalten, dann kann man die Wahl der Autoren nur als bemerkenswert bezeichnen, denn nicht nur René Dubos war ein bekannter Apokalyptiker, der seit 1969 das Ende des technologischen und wirtschaftlichen Wachstums in den hochentwickelten Industriestaaten gefordert hatte, auch Barbara Ward war eine Anhängerin des apokalyptischen Gedankenguts und forderte die Umverteilung des Reichtums der Industriestaaten zugunsten der unterentwickelten Länder. Ihre Ansichten und Überzeugungen summierten sich zu einer explosiven politischen Studie – dem Äquivalent auf internationaler Ebene zu Paul Ehrlichs Forderungen an der nationalen Front. Dubos' und Wards politische Position kam auch in der Studie selbst, die später unter dem Titel *Wie retten wir unsere Erde? Umweltschutz, Bilanz und Prognose* veröffentlicht wurde, sehr deutlich zum Ausdruck. Auf die wissenschaftlichen Aspekte der Untersuchung des weltweit durch die Industrialisierung verursachten Schadens soll erst weiter unten genauer eingegangen werden. Im Augenblick erscheint die seitens der Autoren der Studie vermittelte Philosophie von größerer Relevanz:

Bereits auf den ersten Seiten der Studie formuliert Dubos seine Warnung, daß der »technologische Mensch« einen Weg eingeschlagen habe, der unter Umständen die »natürlichen Systeme« des Planeten, die schließlich Grundlage allen menschlichen Lebens seien, zerstören könnte.[72] In diesem Zusammenhang betont er mit Nachdruck die Wichtigkeit zweier Aspekte: die Einheit und Ganzheit des Lebens sowie die akute Gefahr, in der diese Ganzheit schwebt. Das Leben, so erklärt Dubos, bestehe aus einer weitvernetzten Nahrungskette, und er weist darauf hin, daß die »plötzliche Eliminierung einer einzigen kleinen Komponente einer Nahrungskette« tragische Folgen haben könne, daß »die Einheiten dieses dynamischen Gleichgewichts, das wir Ökosystem nennen, eine unbegrenzte Überlastung und Mißwirtschaft nicht überstehen könne und daß zahllose Möglichkeiten bestehen, einen Punkt zu erreichen, an dem der Schaden irreversibel geworden ist«. Er erklärt weiter, daß diesem »sensiblen Gleichgewicht« der Ökosysteme von nahezu allen Seiten Gefahr drohe: durch natürliche Störungen, wie Vulkanausbrüche oder Eiszeiten, aber auch durch menschliche Eingriffe: »Eine neue Substanz wird eingeführt, ein chemisches Gleichgewicht zerstört...« Die Erforschung der Erde und des Universums habe uns gelehrt, so fährt Dubos fort, wie außerordentlich komplex diese natürlichen Systeme seien und wie verwundbar ihr »fragiles Gefüge« ist.[73]

Diese »Einheit und Ganzheit« und ihr »fragiles Gefüge« beweisen, so erklärt Dubos, daß die Morallehren der »Philosophen« – womit er eindeutig die Philosophen des Ostens meinte – die eigentlichen wissenschaftlichen Wahrheiten sind. Sie haben uns gelehrt, daß »wir ein Teil eines größeren Ganzen sind, das über unsere subjektiven Wünsche und Bedürfnisse hinausreicht«. Wenn diese Philosophen Aggression und Gewalt verdammen und sie als Wege zum Tod bezeichnen, dann sei dies eine »den Tatsachen entsprechende Beschreibung« der Gesetze des Universums.[74]

Folgerichtig verurteilt Dubos das »arrogante und rücksichtslose Machtstreben« im Menschen der westlichen Zivilisation und führt als Warnung vor einem solchen Machtmißbrauch Beispiele aus den Überlieferungen der Kulturgeschichte des Westens an:

Bei den Griechen war es Prometheus, der Mann, der den Göttern das Feuer stahl und dafür an den Felsen gekettet wurde. Nemesis, die Personifikation des sittlichen Rechtsgefühls, strafte in der Gestalt der kreischenden und Vernichtung bringenden Harpien Selbstüberhebung und Frevelmut. In der Bibel sind es die Stolzen, die vor dem Fall kommen, und die Demütigen, die den Lohn Gottes erhalten. Und ganz zu Beginn des Zeitalters der Wissenschaft wird im Faustdrama der Wissenschaftler beschrieben, der als Gegenleistung für Allwissenheit und Macht seine Seele verkauft.[75]

Die Wissenschaft – so erklärt der Mann der Wissenschaft – ist die Wurzel allen Übels.

Schließlich formuliert Dubos seine eigenen Prophezeiungen: »Wenn es dem Menschen nicht gelingt, seine Vereinzelung, die gegenseitige Feindseligkeit und seine Gier zu überwinden, wird er schließlich das sensible Gleichgewicht seiner Umwelt auf diesem Planeten zerstören. Ist die Balance das Ökosystems zerstört, so bedeutet dies das Ende allen menschlichen Lebens.«[76] Dubos scheut auch nicht davor zurück, ein Zeitlimit für die Lösung der Umweltprobleme festzusetzen. Gelingt es der Menschheit nicht, ihren »wissenschaftlichen Ehrgeiz«, ihre materialistische Unersättlichkeit und ihr nationalistisches Denken zu korrigieren, schreibt Dubos, »dann sind die Chancen nicht sehr groß, daß auch im Jahr 2000 unser Planet noch die sichere Basis für den Fortbestand der menschlichen Rasse sein wird«.[77] Dubos veranschlagt also fünfundzwanzig Jahre bis zum Beginn der Apokalypse.

Aus der wissenschaftlichen und ethisch-moralischen Problemanalyse leiteten Dubos und Ward schließlich eine ganze Reihe politischer Forderungen ab. Dabei standen – was revolutionäre Kampfbereitschaft und Leidenschaft anging – ihre politischen und wirtschaftspolitischen Ansichten ihren ethisch-moralischen Überzeugungen in nichts nach. Sie führten Klage gegen die Industrielle Revolution, gegen die »schändlichen Slums« der europäischen und amerikanischen Großstädte des 19. Jahrhunderts.[78] Vor allem aber kritisierten die Autoren der Studie das produktions- und konsumorientierte Marktwirtschafts- und Profitsystem, das von Anfang an »privaten Reichtum« und »öffentliches Elend« hervorgebracht habe.[79]

Die einzige Lösung dieser Problematik liegt nach Überzeugung Dubos' darin, daß die Reichen der Welt nach »nicht-konsumorientierten Freuden« streben; wie z. B. »Beschäftigung mit den schönen Künsten, die die Umwelt nicht belasten«, und »Spiele und sportliche Betätigung, die keine nachteiligen Auswirkungen auf die Umwelt haben«. Die Armen der Welt jedoch müssen vor der »schlimmsten aller Umweltkatastrophen« bewahrt werden – wobei Dubos hier »Umweltkatastrophe« als soziologische Metapher begreift –, nämlich vor der »bitteren, hoffnungslosen und beiseite geschobenen Armut«.[80]

Aus der konstatierten »Einheit und Ganzheit« des Lebens bzw. aus dem ihr zugesprochenen »fragilen Gefüge« auf unserem Planeten war plötzlich der Standpunkt erwachsen, daß alles Leben auf der Erde erlöschen könnte, wenn sich die Reichen nicht den Armen opferten; was – wie Barbara Ward ganz offen in einer Rede während der Konferenz in Stockholm erklärte – bedeute, daß die Industrienationen ihren Reichtum an die unterentwickelten Länder abzugeben haben. Dies ist im wesentlichen die Essenz von Dubos' Beitrag zu den internationalen Beziehungen. In Zusammenarbeit mit Barbara Ward erstellte er ein politisches Grundsatzprogramm für die Protestbewegungen in der Dritten Welt, die bereits seit geraumer Zeit eine Umverteilung des Reichtums der westlichen Welt fordern. Der sanfte Mystiker, aus dessen Feder *A God Within* stammte, hatte sein Bestes getan, den sozialen und wirtschaftlichen »Wandel«, den er 1969 prophezeit hatte, zum Ausbruch zu bringen.

MIT (Massachusetts Institute of Technology): 1972

Auch andere Apokalyptiker machten sich für ein Einfrieren der Wachstumsraten und für die Umverteilung des Reichtums der Industrienationen zugunsten der unterentwickelten Länder stark. Etwa zur gleichen Zeit wie Dubos kam am MIT eine Gruppe von Apokalyptikern zu den gleichen Ergebnissen wie dieser. Siebzehn relativ unbekannte Wissenschaftler – darunter zehn Amerikaner – waren von einer Organisation, die sich »Club of Rome« nannte, beauftragt worden, eine Studie über »Die Krisensituation der Menschheit« anzufertigen. Der Club of Rome war 1968 von dem italienischen Geschäftsmann Dr. Aurelio Peceii ins Leben gerufen worden und rekrutierte sich aus Internationalisten vieler Länder. Sie hatten sich zusammengefunden, um ihre gemeinsame Überzeugung, die Menschheit stehe derart ernsten Problemen gegenüber, daß sie von den bestehenden Institutionen nicht mehr bewältigt werden können, zu diskutieren.[81] Eine der vielen Fragen, die der Club of Rome beantwortet haben wollte, war die: Wann werden bei den gegenwärtigen Wachstumsraten die begrenzten

Ressourcen unseres Planeten erschöpft sein? Zu untersuchen waren folgende Faktoren: Bevölkerungswachstum, landwirtschaftliche Produktion, natürliche Ressourcen, industrielle Produktion und Umweltbelastung. Die Daten sollten mit Hilfe des riesigen Computers des MIT durch Systemanalyse ausgewertet werden.

Die Ergebnisse der Gruppe von Wissenschaftlern am MIT wurde 1972 unter dem Titel *Die Grenzen des Wachstums* veröffentlicht. Die Autoren waren Dennis L. Meadows, der Leiter des Projekts, Donella H. Meadows, Jørgen Randers und William W. Behrens III. Da das MIT in der ganzen Welt einen ausgezeichneten wissenschaftlichen Ruf genießt, erregte die Studie weltweites Aufsehen und wurde in drei Millionen Exemplaren verkauft. Die wichtigsten Prognosen der Studie waren mit Absicht in einer nüchternen und emotionslosen Sprache formuliert:

> Setzen sich die gegenwärtigen Wachstumstrends der Weltbevölkerung, der Industrialisierung, der Umweltverschmutzung, der Nahrungsmittelproduktion und der Rohstoffverknappung unverändert fort, werden innerhalb der nächsten hundert Jahre auf diesem Planeten die Grenzen des Wachstums erreicht sein. Die zu erwartende Folge wird ein plötzlicher und unkontrollierbarer Rückgang der Bevölkerungszahlen und der industriellen Produktion sein.[82]

Eine der dem nüchternen Text beigefügten graphischen Darstellungen – Bild 35 – veranschaulicht den »unkontrollierbaren Rückgang« genauer. Die Zeitkoordinate des Diagramms beginnt dreißig Jahre in der Zukunft und demonstriert die Entwicklung der Rohstoffressourcen, der industriellen Produktion, der Nahrungsmittelversorgung und der Bevölkerungszahlen, die etwa um das Jahr 2005 einen dramatischen Rückgang verzeichnen, der über Jahre hinweg andauert. Parallel zu den in die Höhe schießenden Sterblichkeitsziffern erreicht um das Jahr 2003 die Kurve der Umweltverschmutzung ihren Höhepunkt. Die Computer des MIT hatten somit die haarsträubenden Vorhersagen der Apokalyptiker erhärtet.

Vor dem Hintergrund dieser Ergebnisse fordert die MIT-Studie in Anbetracht der begrenzten Ressourcen der Erde den sofortigen Stopp des Wirtschaftswachstums; wie alle apokalyptischen Untergangsvisionen, ist diese Forderung mit dem Ruf nach einer ethisch-moralischen Veränderung des Menschen verknüpft:

> Wir sind davon überzeugt, daß ein Bewußtsein der quantitativen Begrenztheit unserer Umwelt sowie der unheilvollen Konsequenzen einer etwaigen Überschreitung dieser Grenzen unabdingbare Voraussetzung für die Entwicklung neuer Denkweisen ist. Denkweisen, die zu einer fundamentalen Korrektur des mensch-

lichen Verhaltens und in der Folge davon auch zu einer Veränderung der gesamten gegenwärtigen Gesellschaftsstruktur führen werden...

Zum erstenmal in der Geschichte der Menschheit besteht ein lebhaftes Interesse, nach dem Preis eines ungehemmten materiellen Wachstums zu fragen und Alternativen zu dieser Entwicklung in Betracht zu ziehen... Es sind weltweite Anstrengungen nötig, wenn wir verhindern wollen, daß das bereits heute zwischen Nord und Süd existierende Gefälle noch explosiver wird. Versäumen wir dies, ist die Katastrophe vorprogrammiert – heraufbeschworen entweder durch den Egoismus einzelner Staaten, die weiterhin ausschließlich nach ihren eigenen Interessen handeln, oder durch einen Machtkampf zwischen den Entwicklungsländern und den Industriestaaten. Das Ökosystem der Erde ist nun einmal nicht unerschöpflich. Es ist nicht länger in der Lage, das egozentrische und kontroverse Verhalten der Menschen aufzufangen. Je näher wir an die Grenzen des materiellen Reichtums unseres Planeten vorstoßen, desto schwieriger wird dieses Problem zu lösen sein.[83]

Die in der Studie veröffentlichten Daten und Prognosen gaben zu heftigen Diskussionen Anlaß, auf die erst weiter unten im Zusammenhang mit anderen Untersuchungen genauer eingegangen werden soll. Ein Ergebnis dieser kontrovers geführten Diskussion soll jedoch vorweggenommen werden: Der Club of Rome sah sich veranlaßt, seine Politik zu ändern, und vier Jahre später forderte er nicht mehr wie bis dahin absolutes Nullwachstum, sondern beschränkte sich auf die Forderung nach »selektivem Wachstum«. Die wichtigsten Industrieländer sollten ihre Wachstumsraten reduzieren, so schlug man vor, während die der Dritten Welt expandieren sollten, bis schließlich ein Gleichgewicht erreicht sei.[84] Dies unterschied sich in nichts von den Lösungsvorschlägen Dubos' und Wards.

Die unterentwickelten Länder, die nicht das geringste Interesse an einem ethisch-moralischen Wandel hatten, sondern vor allem an materiellen Veränderungen interessiert waren, verstanden die Botschaft nur zu gut. Auf einer 1976 in Lima tagenden Konferenz beschworen sie das Konzept der »begrenzten Ressourcen der Erde« und forderten, daß bis zum Jahre 2000 fünfundzwanzig Prozent der gesamten industriellen Kapazität in ihrem Besitz sein müsse.[85] Diese Forderung hatte nicht mehr nur politischen Charakter, denn die Ergebnisse der Untersuchungen von Dubos und Ward sowie des MIT hatten ihr auch einen wissenschaftlichen Status verliehen.

George Wald: 1975

Bereits seit geraumer Zeit konnte sich die revolutionäre Bewegung der Apokalyptiker – sowohl auf nationaler als auch auf internationaler Ebene – der Sympathie von George Wald sicher sein. Wald ist Inhaber der »Higginson-Professur« für Biologie an der Harvard University, 1968 Nobelpreisträger für Physiologie und Medizin und einer der brillantesten Wissenschaftler des Landes. Darüber hinaus ist er ein prominenter Linksintellektueller, der das kapitalistische System verabscheute und ebenso wie seine hier bereits zitierten Kollegen gegen die lebensfeindlichen, vom »Christentum« ausgehenden Impulse der westlichen Zivilisation ins Feld zog.

1975 veröffentlichte Wald in der Zeitschrift *The Progressive* einen Artikel mit dem Titel »There Isn't Much Time«, in welchem er mit größter Vehemenz seine apokalyptischen Thesen formuliert. Er prophezeit eine Reihe von Katastrophen, die alle gleichzeitig über die Menschheit hereinbrechen würden. Es sei überaus schwierig, so schreibt er, »einen Weg zu finden, wie die Menschheit das Jahr 2000 überstehen könnte«. Darüber hinaus konstatiert er, daß noch nie eine menschliche Gesellschaft eine derart potente Technologie »des Tötens und Zerstörens« geschaffen habe wie die westliche vom Christentum geprägte Zivilisation. Er nennt die seiner Meinung nach größten Gefahren, die der Menschheit unter den Auspizien des Christentums erwachsen sind: Atomwaffen, Atomenergie, Plutonium 239, Atommüll; Ölrückstände in den Oberflächenschichten der Meere, die einer Schätzung zufolge »mengenmäßig die in den Weltmeeren lebenden photosynthetisierenden Organismen bereits übersteigen«; weiterhin die Zerstörung der Ozonschicht durch Treibgase; die Schadstoffemission von Kraftfahrzeugen; durch Unfälle in Industriebetrieben ausgelöste Giftgaskatastrophen; Krebs mit einer Vielzahl von möglichen Ursachen; die Bevölkerungsexplosion; und schließlich die Hungersnöte. Diese Hungersnöte könnten – wie Wald behauptet – abgewendet werden, wenn der Haus- und Nutztierbestand in den USA nicht ebensoviel Nährstoffe verbrauchte, wie für die Ernährung von 1,3 Milliarden Menschen benötigt werden, und wenn der Haus- und Nutztierbestand aller Nationen nicht ein Äquivalent an Nährstoffen verbrauchte, mit dem sogar 15 Milliarden Menschen ernährt werden könnten. Würden die Menschen in den Industrieländern darauf verzichten, Fleisch zu essen und sich statt dessen von Getreide und Körnern und Früchten ernähren, könnte damit eine weltweite Hungersnot abgewendet werden.[86]

Wald weist darauf hin, daß eine Lösung der Probleme nicht von seiten der Wissenschaft, sondern von seiten der Politik erwartet werden müsse. Wissenschaftliche Forschung allein sei nicht die Antwort. Es sei vielmehr notwendig, die Gesellschaft neu zu organisieren. Die politische Macht, so Wald, müsse von den »aufbegehrenden Menschen« ausgeübt werden, »die darauf bestehen, ihr Leben wieder in die eigenen Hände zu nehmen«.[87] Das Haupthindernis einer sozialen Revolution solcher Art – erklärt Wald – sei der Umstand, daß die Welt von einer Handvoll mächtiger Konzerne regiert werde. Die »sogenannte freie Welt« werde heute von einigen multinationalen »Superkonzernen« völlig kontrolliert. Unter ihrer Herrschaft sei es die Rolle und Aufgabe der Mittelschicht, diesen Herren zu dienen; »durch Ausbildung, Unterricht und religiöse Ermahnung« allseitig die Anerkennung ihrer Machtposition zu fördern und jede Art von ernstzunehmender Opposition zu spalten und zu zerschlagen. Dies, so behauptet Wald, sei das politische System, unter dem wir leben; ein System, welches von »einer besessenen Jagd nach schnellem Profit« regiert werde und »die Eigeninitiative des Menschen« für immer auszulöschen drohe. Wald fordert die Mittelschicht auf, der »Machtelite« fürderhin ihre Dienste zu verweigern, aufzubegehren und endlich in den Dienst der Menschheit zu treten. Auf einen Nenner gebracht, konstatiert Wald weiter, sei der amerikanische Kapitalismus eine Bedrohung für die Existenz des Menschen; allein durch eine von der oberen Mittelschicht angeführte Revolution gegen die Konzerne könne das Überleben auf diesem Planeten gesichert werden.[88]

Obwohl George Wald die Argumentation all der anderen apokalyptischen Wissenschaftler vor ihm nicht um eine einzige wissenschaftliche Erkenntnis bereichert hat, ist er der eifrigste und besessenste von allen. In einer Hinsicht jedoch unterscheidet er sich von seinen Gesinnungsgenossen: in seiner Einschätzung der Zeitspanne, die der Mensch noch zu leben habe, ehe er vom Angesicht der Erde verschwinden werde. Auch andere haben eine solche Schätzung gewagt: Carson hat angedeutet, daß bereits binnen der nächsten zwanzig Jahre eine chemische Substanz die gesamte Menschheit auslöschen könnte. Evelyn Hutchinson hat erklärt, daß das Leben unserer Biosphäre bereits innerhalb von »Jahrzehnten« vernichtet sein könnte. Ehrlich hat für das Ende der siebziger Jahre ein Massensterben vorhergesagt. Commoner hat in dem Senatshearing eine Zeitspanne von fünfzig Jahren veranschlagt, bis eine irreversible Zerstörung der Erde einsetzen werde. Die Systemanalytiker des MIT haben unserer Zivilisation noch etwa dreißig Jahre gegeben, ehe sie der schreckliche Zusammenbruch ereilen wird. Und Dubos hat erklärt, es sei nicht mehr gewährleistet, daß die Menschheit auch noch in 25 Jahren die Erde bevölkert. Doch Wald – möglicherweise der hervorragendste Wissenschaftler der gesamten Gruppe – erwartet »das Ende« sogar noch früher. Am Anfang seines Artikels gibt er der Menschheit noch fünfundzwanzig Jahre, doch je weiter seine Mahnschrift gedieh, desto weniger Zeit verblieb den Menschen. Im Verlauf seiner Darlegungen erlaubt er sich eine persönliche Bemerkung. Seine eigenen Kinder seien noch nicht erwachsen, erklärt er, und er unterrichte etwa zweihundert »prächtige junge Menschen in Harvard«, doch er könne keinen Anlaß entdecken, daran zu glauben, daß sie eine »Zukunft« hätten; er könne keinen Anlaß entdecken, daran zu glauben, »daß sie auch noch in zehn, zwanzig, fünfundzwanzig Jahren im Besitz ihrer körperlichen Unversehrtheit sind«.[89] Mit dieser Bemerkung erweist sich George Wald als der extremste Apokalyptiker von allen. Nach seiner Schätzung hätte das Leben auf der Erde möglicherweise schon 1985 erloschen sein können.

Soviel in Kürze zu den Ansichten der führenden Wissenschaftler der apokalyptischen Bewegung. Und nur ein Leser, der zu jung ist, um sich zu erinnern, oder ein Leser, der an Gedächtnisschwund leidet, wird in diesen »wissenschaftlichen« Werken nicht einige der zentralen philosophischen und politischen Ansätze wiedererkennen, die schon seit der Explosion der ersten Atombombe in den vierziger Jahren in Amerika kursieren und während der letzten zwanzig Jahre einen Höhepunkt erreichten. Wie die kurzen Auszüge aus ihren Arbeiten bereits belegen, unterscheiden sich die führenden Apokalyptiker beträchtlich voneinander. Auch der berufliche und philosophische Werdegang, der sie zu ihren Schlußfolgerungen führte, war unterschiedlich; wobei das Spektrum ihrer philosophischen Ausgangspunkte sehr weit gestreut ist und von der Vorstellung, der Mensch sei ein schändlicher Eindringling in die Harmonie der Biosphäre, über die Ideen der östlichen Mystiker von der Einheit des Lebens bis zu dem Gedankengut eines revisionistischen, jüdisch-christlichen Pantheismus und einem konventionellen Marxismus reicht. Trotz dieser Verschiedenheiten sind ihnen doch gewisse Ansichten gemeinsam: Sie alle sind der Wissenschaft und der Technologie, die das Leben der Biosphäre zu zerstören drohen, feindlich gesinnt; sie alle betrachten die industrielle Zivilisation in erster Linie als verantwortlich für eine Flut von toxischen und karzinogenen Substanzen, die das Leben auf der Erde ernsthaft gefährden. Die meisten der Apokalyptiker sind ausgesprochene Gegner des Kapitalismus und seiner profitorientierten Denkweise. Und alle – außer Carson, die starb, ehe diese Gedanken zum apokalyptischen Allgemeingut wurden –

legen sich schließlich auf eine Verpflichtung der Industrienationen fest, die wirtschaftlichen Wachstumsraten einzufrieren und ihren Reichtum an die Entwicklungsländer der Dritten Welt zu verteilen. Schließlich – und dies erscheint als der wichtigste Punkt – sind sich alle darin einig, daß wissenschaftliche Ergebnisse sie auf direktem Wege zu ihren politischen Schlußfolgerungen geführt haben.

Dies ist ein an sich doch ziemlich erstaunlicher Umstand, vor allem, wenn er in den Arbeiten einer ganzen Reihe von Wissenschaftlern gleichermaßen sichtbar wird; denn normalerweise führt wissenschaftliche Forschung zu wissenschaftlichen Schlußfolgerungen und nicht zu metaphysischen Manifesten, prophetischen Ausbrüchen, Gesellschaftsutopien oder politischen Überzeugungen und schon gar nicht zu einer konzentrierten Aktion von Internationalisten, mit der Forderung nach einer Umverteilung des Reichtums der wohlhabenden Länder auf die Entwicklungsländer; ein Standpunkt, der eindeutig am äußersten linken Flügel des politischen Spektrums beheimatet ist. Obwohl natürlich nirgends geschrieben steht, daß ein Wissenschaftler aufhört, ein Wissenschaftler zu sein, sobald er eine religiöse Überzeugung oder eine politische Meinung vertritt, sollten wir nichtsdestoweniger diesem Phänomen gebührende Aufmerksamkeit schenken. Sicherlich ist es keine Vorbedingung für einen guten Wissenschaftler, ein Bewunderer des kapitalistischen Systems zu sein, und es gibt hervorragende Wissenschaftler in kommunistischen, sozialistischen und kapitalistischen Ländern. Die einzige angemessene Frage, die hier zu stellen ist, ist die, weshalb sich diese Wissenschaftler ihrer Aussage, die Biosphäre sei unmittelbar gefährdet und ihr Ende müsse innerhalb von Jahrzehnten erwartet werden, so sicher sind. Wir müssen also die Daten, die ihrer kollektiven Voraussage der Apokalypse zugrunde liegen, genauer in Augenschein nehmen.

Abgesehen von der Bevölkerungsexplosion, die in erster Linie die Dritte Welt betrifft, beruht die gesamte Argumentation der Apokalyptiker auf einigen wenigen Thesen:

- das Leben auf der Erde sei als eine Einheit und Ganzheit zu betrachten,
- die Ressourcen unseres Planeten seien begrenzt,
- die industrielle Technologie verwüste und plündere die Ressourcen der Erde,
- die industrielle Technologie zerstöre die Balance der Einheit und Ganzheit des Lebens.

Der dringliche Ruf nach Lösungen wäre verständlich und sicherlich berechtigt, würde die industrielle Technologie tatsächlich die Ressourcen des Planeten plündern und das Leben auf der Erde zerstören. Doch entspricht es den Tatsachen, daß Industrie und Technik das globale Ökosystem und die Biosphäre der Erde zerstören? Welche wissenschaftlichen Erkenntnisse standen den Apokalyptikern zur Verfügung, daß sie derart massive Anschuldigungen erheben konnten? Die im wesentlichen dem Zufall zuzuschreibenden Beispiele industriell bedingter Umweltzerstörung, beziehungsweise die ins Reich der Spekulation gehörenden, doch lautstark proklamierten Gefahren reichen dafür ganz sicher nicht aus. Allein eine Reihe von systematischen Untersuchungen könnten zu wirklich gesicherten wissenschaftlichen Erkenntnissen führen, die eine Aussage dieser Tragweite rechtfertigen würden. Zwischen 1970 und 1972 wurden tatsächlich mehrere globale Untersuchungen – zumeist von der apokalyptischen Bewegung selbst initiiert – durchgeführt. Ein kurzer Überblick über die wichtigsten Ergebnisse dieser Studien gibt uns in etwa eine Vorstellung vom Wissensstand der Apokalyptiker.

Die erste, doch sehr bemerkenswerte Tatsache, die man beim Studium der Quellen feststellt, ist, daß ein auffallend großer Teil der Informationen über die Komplexität der globalen ökologischen Wechselwirkungen den Vereinten Nationen zugespielt wurde und von einer relativ geringen Zahl von Autoren stammt, die am MIT arbeiteten und in Beziehung zum Club of Rome standen. Die erste dieser Studien wurde vom MIT 1970 publiziert und darf nicht mit der ebenfalls vom MIT im Jahre 1972 veröffentlichten Studie *Die Grenzen des Wachstums* verwechselt werden. Der vollständige Titel dieser Studie lautet *»Man's Impact on the Global Environment: Assessment and Recommendations for Action«;* sie wurde wegen ihres Untertitels »Report of the Study of Critical Environmental Problems« als SCEP bekannt. Für die Veröffentlichung zeichnete Professor Carroll Wilson von der Alfred P. Sloan School of Management am MIT, ein Mitglied des Club of Rome, verantwortlich. Im Vorwort der Studie wird erklärt, daß »einige von uns« der Ansicht sind, daß eine solche Studie für die Vereinten Nationen erarbeitet werden solle. Bei den so bezeichneten Personen handelt es sich um Mitglieder eines Lenkungsausschusses, dessen Vorsitzende Carroll Wilson, Mitglied des Club of Rome, war und von dessen elf Mitgliedern sechs zum Lehrkörper des MIT gehörten. Vierzig Gelehrte und Wissenschaftler – darunter Vertreter der Fakultäten Technik, Physik, Geologie, Ozeanographie, Ökologie, Luftfahrt, Astrogeophysik, Meteorologie und atmosphärische Wissenschaften – machten sich mit Hilfe der Computer-Analyse an die Arbeit. Des weiteren wird der Leser im Vorwort darüber in Kenntnis gesetzt, daß die Mitarbeiter an dem Projekt ihre Beiträge zu der Studie nicht in ihrer Eigenschaft als Mitglieder oder Mitarbeiter irgendwelcher Institute oder Institutionen, sondern als Privatpersonen verstanden wissen wollen.[90] Viele von ihnen waren Apokalyptiker, die mit ihren Visionen vom Untergang und von »irreversiblen globalen Schäden« die Seiten der Studie füllten. Trotz dieser Voraussetzungen finden sich in dem breit und ausführlich angelegten Kapitel »Zusammenfassung« einige aufschlußreiche Passagen. Sie sollten aufmerksam gelesen werden, denn sie werfen ein erhellendes Licht auf den Kenntnisstand der Wissenschaft, der die Basis für die Schlußfolgerung, die Erde befinde sich am Rande des Untergangs, darstellte.

Die Qualität der verfügbaren Daten und Hochrechnungen

Ehe wir uns der Diskussion der Ergebnisse, Schlußfolgerungen und Empfehlungen der Studie zuwenden, erscheint es wichtig, auf die Unvollständigkeit und Mangelhaftigkeit der Daten und Hochrechnungen hinsichtlich globaler Umweltprobleme hinzuweisen. Während der Durchsicht und Beurteilung der uns verfügbaren Daten stellten wir fest, daß die Angaben lückenhaft, widersprüchlich und in einigen Fällen gar nicht verfügbar waren. Diese Einschränkungen trafen auf sämtliche von uns benötigten Arten von Daten zu – insbesondere auf Daten aus den Bereichen der Naturwissenschaft, Technik, Ökonomie, Industrie und Gesellschaft. Diese unbefriedigenden Arbeitsbedingungen waren gegeben, obwohl der Studie ein Jahr intensiver Projektplanung und eine umfangreiche Aufarbeitung von Hintergrundmaterial vorausgegangen waren, obwohl einige der führenden Wissenschaftler der Welt zu den Mitarbeitern zählten und sämtliche zuständigen Bundesbehörden großzügigen Zugang zu allen Daten gewährten.

Hinsichtlich der statistischen Daten und Hochrechnungen aus den Bereichen Wirtschaft und Industrie, die den Trendanalysen zur Umweltverschmutzung zugrunde lagen, mußten wir feststellen, daß verläßliche Angaben für die USA lediglich bis 1967 bzw. 1968 existierten. Internationale Dokumentationen solcher Daten sind oft unvollständig und von fragwürdiger Zuverlässigkeit, da ihre Genauigkeit und Konsistenz nicht immer gewährleistet ist und es an Methoden mangelt, welche die Ergebnisse aus den beteiligten Ländern zu verifizieren und zu standardisieren geeignet wären. Für die Zuwachsraten verschiedener Industriebereiche, häuslicher und landwirtschaftlicher Arbeit und des Energiebedarfs existieren nur sehr wenige Hochrechnungen, und die wenigen verfügbaren basieren oft auf unterschiedlichen und manchmal fragwürdigen Annahmen und Methoden.

Auch die hinsichtlich bedeutender physikalischer, chemischer und ökologischer Phänomene und Parameter verfügbaren Daten sind oft keine sichere Basis und ebenfalls ungeeignet, eine definitive Aussage über die Folgen für die Umwelt zu treffen. Spezifische Empfehlungen, auf welche Weise man zuverlässige und allgemeingültige Daten ermitteln könnte, werden in der vorliegenden Studie immer wieder erwähnt. Die gegenwärtig zur Verfügung stehenden Daten über globale Umweltprobleme sind in einem Maße unzureichend, daß hier drei konkrete Empfehlungen angesprochen werden sollen.

Empfehlungen:

1. Wir empfehlen die Entwicklung neuer Methoden zur weltweiten Erhebung und Zusammenstellung von Informationen aus der Wirtschaft und statistischer Daten, mit deren Hilfe eine Systematisierung der Daten aus traditionellen Bereichen des Umweltschutzes wie Luftverschmutzung oder Wasserverunreinigung ermöglicht wird. Darüber hinaus schlagen wir vor, eine Standardisierung der Datenerhebung zu propagieren, um eine vergleichbare Genauigkeit und Erfassungsweise der erhobenen Daten – zum Beispiel der jährlichen Industrieproduktionsraten aller Staaten – zu gewährleisten.
2. Wir empfehlen die Erarbeitung einer Studie über die Entwicklungsmöglichkeit von international gültigen Meßnormen für physikalische, chemische und ökologische Größen, die von einer zentralen Meßbehörde überwacht und angewandt werden könnten, welche darüber hinaus über die Möglichkeit verfügt, »Echt-Zeit«-Datenanalysen durchzuführen: Damit wäre die Möglichkeit eines direkten Vergleichs erhobener Meßwerte mit Meß- und Beobachtungsparametern, Genauigkeitsgraden, Beobachtungshäufigkeiten und anderer Faktoren gegeben.
3. Wir empfehlen die unverzügliche Erarbeitung einer Studie über weltweite Datenerfassung, um die wissenschaftliche und politische Integrationsmöglichkeit bereits existierender oder geplanter Meßvorhaben zu prüfen und gegebenenfalls die notwendigen Schritte für die Errichtung eines optimalen Systems einzuleiten.[91]

Mit anderen Worten bedeutet dies, daß die Grundlagen und Voraussetzungen für eine wissenschaftliche Analyse »der weltweiten Belastung der

Umwelt durch den Menschen« nicht existieren. In den verschiedenen Passagen der »Ergebnisse und Empfehlungen« der Studie wiederholt sich immer wieder der Refrain: Daten existieren nicht.

- Zum möglichen Anstieg der durchschnittlichen Erdoberflächentemperatur aufgrund erhöhter Konzentration von CO_2 in der Erdatmosphäre: »Es scheint, als habe die Konzentration von CO_2 allgemein um 0,2 Prozent pro Jahr bzw. um 0,7 v. M. von 320 v. M. zugenommen... doch die Meßergebnisse sind noch zu unvollständig, um dieser Abweichung vom linearen Trend großes Gewicht beizumessen.«[92]
- Zu der möglichen Abkühlung oder Erwärmung der Erde aufgrund industriell bedingter Partikelemissionen in die Troposphäre: »Der größte Unsicherheitsfaktor in bezug auf die Auswirkungen von Partikeln auf den Wärmehaushalt der Atmosphäre, ist unser akuter Mangel an Wissen über die optischen Eigenschaften dieser Partikel bezüglich der Streuung oder Absorption der Strahlung, die von der Sonne oder von der Erde ausgeht.«[93]
- Zur Bildung von Kondensstreifen: »Es existieren nur sehr wenige statistisch erfaßte Daten, die eine konkrete Aussage darüber erlauben, ob der kommerzielle Einsatz von Düsenflugzeugen die Bildung von Cirruswolken beeinflußt oder deren Eigenschaften verändert. Ebensowenig wissen wir, ob der geplante vermehrte Einsatz von Flugzeugen, die mit Unterschallgeschwindigkeit fliegen, irgendwelche Auswirkungen auf das Klima haben wird.«[94]
- Zu den Schäden, die eine geplante Flotte von 500 Überschall-Transportflugzeugen (SSTs) in der Stratosphäre verursachen könnte: »...wir sind zu dem Ergebnis gelangt, daß sich keine Probleme aus einer erhöhten CO_2-Konzentration ergeben dürften und daß eine Verminderung des Ozongehalts aufgrund einer Reaktion mit Wasserdampf oder anderen Abgasen als unerheblich betrachtet werden kann...« Doch – so fügte die SCEP hinzu – »ist sehr wenig über die Art und Weise bekannt, in der sich Partikel aus den SST-Abgasprodukten bilden«.[95]
- Zu der Erschöpfung des Sauerstoffvorrats: Die SCEP bezeichnete dies als ein »nichtexistentes Problem«.[96]
- Zu der Wärmebelastung: »Obwohl bis zum Jahre 2000 der Ausstoß der Wärmekraftwerke auf das Sechsfache des gegenwärtigen Umfangs steigen wird, ist nicht damit zu rechnen, daß dadurch die globalen klimatischen Verhältnisse beeinflußt werden.«[97]
- Zur Ölverschmutzung in den Weltmeeren und den Folgen für die Lebewesen der Meere: »Über die Auswirkungen der Ölverschmutzung in

den oberen Schichten der Weltmeere auf die Flora und Fauna der Meere ist wenig bekannt. Die im Augenblick verfügbaren Daten sind widersprüchlich.«[98]

- Zur Versenkung von Industrieabfällen in den Ozeanen sowie zu den in die Meere einfließenden Abfallstoffen, Auswaschungen und Emissionen im Vergleich mit natürlichen Ablagerungen: »Bessere quantitative Schätzungen der natürlichen Ablagerungsprozesse sowie der vom Menschen verursachten Verschmutzung ... wären äußerst hilfreich. Sind die industriellen Gesamtproduktionsraten von Schadstoffen, die ins Meer gelangen, nur gering im Vergleich mit natürlichen Ablagerungen, kann es regional begrenzt zwar zu größeren Problemen kommen, doch weltweit betrachtet, ist dies nicht der Fall. In Gebieten, in welchen die technologische Nutzung und die Produktionsraten der Industrie hoch sind, werden Daten über den Schadensumfang für die Umwelt dringend benötigt. Ohne die Existenz solcher Daten ist es nicht möglich, die Auswirkungen der Technologie auf die Umwelt genauer zu bestimmen.«[99]
- Zur weltweiten Datenerfassung globaler Umweltprobleme und deren Analyse: »Wie wir feststellen müssen, besitzen wir über alle bisher identifizierten globalen Umweltprobleme nur ungenügende Informationen hinsichtlich der Funktion und des gegenwärtigen Zustands des gesamten Biosystems ... Dieser Umstand erschwert die Einführung eines Meß- und Überwachungssystems, welches nicht nur dramatische Veränderungen anzeigen, sondern auch Informationen für sinnvolle und wirksame Abhilfemaßnahmen liefern könnte ... Am dringlichsten benötigt werden Forschungsergebnisse, die exaktere und spezifischere Daten über den gegenwärtigen Stand der Umweltverschmutzung erbringen, sowie die Erarbeitung eines umfassenderen Verständnisses der wechselseitigen Wirkungsmechanismen zwischen Atmosphäre, Ozeanen und Ökosystem ... Unser Kenntnisstand hinsichtlich der komplexen Funktionsweisen einzelner Ökosysteme reicht nicht aus, sämtliche Auswirkungen einer bestimmten, umweltschädigenden Substanz, die z. B. eine Spezies oder auch mehrere des Ökosystems auszurotten droht, quantitativ zu erfassen. Dies bedeutet mit anderen Worten, daß es uns an Informationen und Daten fehlt, die als Basis für Hochrechnungen und Modelle für umwelterhaltende Maßnahmen geeignet wären. Darüber hinaus wirft dies ein Licht auf die Umstände, unter welchen die Organisation und Zusammenstellung von Daten für die vorliegende Analyse der globalen Umweltprobleme eine langwierige, oft nur ungenau durchführbare und manchmal sogar unmögliche Aufgabe war.«[100]

Diese Zitate allein widerlegen die Argumente, welche die Apokalyptiker für ihre Behauptung ins Feld führen, die industrielle Technologie zerstöre rücksichtslos alles Leben auf Erden und die Technologie als solche sei kein geeignetes Mittel, das Problem der Umweltzerstörung zu lösen. Doch laut der SCEP existieren keine ausreichenden, wissenschaftlich fundierten Daten, die die Schlußfolgerungen der Apokalyptiker rechtfertigen. Es ist unbestreitbar, daß die Wissenschaftler, die die SCEP-Studie erstellt haben, hinreichende Beweise für ernstzunehmende Umweltprobleme entdeckt haben: Sie brachten ihre »aufrichtige Besorgnis« in bezug auf die SST zum Ausdruck und empfahlen eine »drastische Einschränkung« in der Anwendung von DDT.[101] Doch nirgendwo erwähnten sie auch nur ein einziges Umweltproblem, das von der technologischen Zivilisation nicht zu lösen wäre. Vor allem jedoch konnten die Verfasser der Studie keinerlei verbindliche Aussagen über den gegenwärtigen Zustand des globalen Ökosystems treffen, da der Wissenschaft noch zu wenig Faktoren über dessen komplexe Funktionsmechanismen bekannt waren, da Computermodelle globaler Ökosysteme äußerst unzulänglich waren[102] und da – last not least – viele wichtige Daten gar nicht existierten. Dies hielt jedoch die Mitarbeiter der SCEP-Studie nicht davon ab, sich in apokalyptischen Spekulationen zu ergehen: Sie veröffentlichten eine ganze Reihe wilder Vermutungen darüber, welche katastrophalen Ereignisse über die Menschheit hereinbrechen würden, wenn die Folgen mutmaßlicher, jedoch völlig unbekannter chemischer Reaktionen in noch nicht-verstandenen Bereichen irgendwelcher Ökosysteme so ablaufen würden, wie befürchtet – und nicht anders. Hätten die Verfasser der SCEP auf dieses Geflecht von Spekulationen verzichtet, hätte eine Postkarte ausgereicht, die Studie zu veröffentlichen. Trotz der lang und breit aufgeführten Katastrophentheorien kehrte das Pamphlet jedoch immer wieder auf den Boden der realen Fakten zurück, und zum aktuellen Stand aller wichtigen Umweltprobleme lautete das Resümee der SCEP übereinstimmend: keine oder ungenügende Daten. Es kann keine wissenschaftliche Erkenntnis geben ohne adäquate Daten und Fakten, das heißt ohne objektiv nachprüfbare Aussagen. Und was die MIT-Studie von 1970 anbelangt, so standen ihre apokalyptischen Postulate hinsichtlich der Folgen der Eingriffe der Menschen in das Ökosystem unseres Planeten auf äußerst tönernen Füßen.

1972, zwei Jahre später, wurde die zweite MIT-Studie veröffentlicht. Diese Computerstudie war vom Club of Rome in Auftrag gegeben worden, und trägt den Titel *Die Grenzen des Wachstums*. Wie bereits angedeutet, klären ihre Verfasser die interessierte Öffentlichkeit dahingehend auf, daß die Bevölkerungskrise, die Ernährungskrise und die Rohstoffkrise ineinandergreifen und sich gegenseitig verstärken und in etwa dreißig Jahren einen Höhepunkt erreichen, der direkt in den Zusammenbruch der Zivilisation und in ein Massensterben von unvorstellbarem Ausmaß führen würde. Anders als die SCEP-Studie, die sämtliche ihrer spekulativen Vorhersagen relativiert, indem sie darauf hinweist, daß unzureichende oder keine Daten verfügbar seien, präsentiert die Studie *Die Grenzen des Wachstums* ihre Ergebnisse als die absolute Wahrheit. Unmittelbar nach ihrer Veröffentlichung war die Studie heftiger Kritik ausgesetzt. Wie die Sympathisanten Ehrlich, Ehrlich und Holdren es formulierten, lieferte die Verwendung eines Computer-Rechenmodells »ein willkommenes Angriffsziel für entrüstete Wirtschaftswissenschaftler und andere, die das Resultat der Computerstudie als ein typisches Beispiel des in der Computerbranche als ›Mist rein – Mist raus‹ bekannten Syndroms« bezeichneten.[103] Norman Macrae, stellvertretender Herausgeber der englischen Zeitschrift *Economist,* zielte in dieselbe Richtung, als er erklärte, daß »mit einer Extrapolation aktueller Trends und ohne einen möglichen Wandel in der Technologie einzukalkulieren, es in jeder Generation der Menschheitsgeschichte möglich gewesen wäre, mit einem Rechenmodell solch unabwendbare Katastrophen vorherzusagen«. Ein Engländer aus dem Pferde- und Droschkenzeitalter des ausklingenden 19. Jahrhunderts wäre mit Hilfe einer Trendanalyse durch Extrapolation wahrscheinlich zu dem Ergebnis gelangt, daß die englischen Städte um das Jahr 1970 unter Bergen von Pferdedung begraben sein würden.[104]

Vernichtende Kritik war 1972, als die weltweite Diskussion über die MIT-Studie ihren Höhepunkt erreicht hatte, auch aus Stockholm seitens des Nobelpreisträgers für Wirtschaftswissenschaften Gunnar Myrdal zu vernehmen. Als Sozialist war Myrdal von der Richtigkeit einer umfangreichen, zentralen Planung durch die Regierung überzeugt – auf dem Gebiet des Umweltschutzes ebenso wie in anderen Bereichen des sozialen Zusammenlebens. Auch er war der Ansicht, daß es Grenzen gäbe für »ein Wachstum, dessen Komponenten einer Exponentialkurve folgen«. Eigentlich hätte man erwarten können, daß er von der Studie begeistert sein würde, doch das Gegenteil war der Fall: Er war empört und übte scharfe Kritik an der »unentschuldbar nachlässigen Art und Weise, in der heutzutage oft sogenannte Zukunftsforschung betrieben wird«, und er wies darauf hin, daß »die Schätzwerte der Studie, auf welchen die Prognosen einer irreversiblen Verschmutzung der Umwelt und einer Erschöpfung der Rohstoffquellen basierten, äußerst zweifelhaft seien...« Er bekräftigte seinen Standpunkt mit einem Zitat René Dubos', eines uns bereits bekannten apokalyptischen Wissenschaftlers: »Unser heutiger Kenntnisstand in den naturwissenschaftlichen Disziplinen reicht nicht aus, wirksame Aktionsprogramme zu entwickeln.«[105]

Entschieden wies Myrdal die Behauptung der MIT-Systemanalytiker, diese Art von Rechenmodell sei ein neues Instrument in der Hand des Menschen, zurück. Dies entspreche nicht der Wahrheit, stellte Myrdal fest, und es »zeugt lediglich von einer Quasi-Gelehrtheit...«.

1973, ein Jahr nach der Veröffentlichung der *Grenzen des Wachstums*, wurde auch von vier britischen Wissenschaftlern Kritik an der MIT-Studie geübt. Die von ihnen veröffentlichte Untersuchung trug den Titel *Models of Doom.*[106] Erneut waren die wesentlichen Punkte der Kritik an der MIT-Studie, daß das der Hochrechnung zugrundeliegende Modell fehlerhaft und simplifizierend sei und daß die Autoren versäumt hätten, die komplexe und dynamische Anpassungsfähigkeit des Menschen und seiner sozialen Systeme an die technologischen Gegebenheiten in Betracht zu ziehen. 1974 unternahmen zwei andere Systemanalytiker den Versuch, ein komplexeres Modell als das den *Grenzen des Wachstums* zugrundeliegende zu konstruieren. Sie veröffentlichten ihre Ergebnisse in einer Studie mit dem Titel »Mankind at the Turning Point: *The Second Report to the Club of Rome*«.[107] Auch die Verfasser dieser Arbeit bemängelten den fehlerhaften methodischen Ansatz der *Grenzen des Wachstums* sowie die daraus abgeleiteten Prognosen einer globalen Katastrophe und kamen ihrerseits zu dem Ergebnis, daß in der Zukunft regional begrenzte und voneinander unabhängige Konflikte, die sich eventuell zu Kriegshandlungen ausweiten könnten, wahrscheinlicher seien. Auch die Ergebnisse dieser Studie waren alles andere als erfreulich, doch verstiegen sich ihre Verfasser nicht zu politischen und metaphysischen Forderungen; ebensowenig konnten sie auf der Grundlage ihres erweiterten Rechenmodells die Gefahr, die Erde und »die Menschheit« stünden unmittelbar vor ihrem Untergang, diagnostizieren.

Der klarste und aufschlußreichste Ansatzpunkt zur Kritik an den *Grenzen des Wachstums* war die Feststellung, daß bei der MIT-Computeranalyse ein Faktor gänzlich übersehen worden war. Es war Lord Zuckermann, ehemaliger wissenschaftlicher Berater der britischen Regierung, der auf der Konferenz von Stockholm diese Feststellung traf. Lord Zuckermann – Anatom, ehrenamtlicher Schriftführer der Zoologischen Gesellschaft in London und überzeugter Umweltschützer – versetzte der MIT-Studie einen empfindlichen Stoß, als er konstatierte, daß *Die Grenzen des Wachstums* vor allem von »wissenschaftlich unbedarften« Laien gepriesen worden war. Voller Spott faßte er die Thesen der Studie wie folgt zusammen: »Nach ihrer Irrfahrt durch die Schaltkreise eines Computers gelangten die

Verfasser schließlich zu der Schlußfolgerung, daß für die Menschheit der einzige Weg aus dem Dilemma über eine sofortige Reduzierung des Wirtschaftswachstums und über eine drastische Veränderung der menschlichen Natur führt.« Er verwarf diese These als »unwissenschaftlichen Nonsense«. Sein Haupteinwand gegen die Ergebnisse der MIT-Studie war, daß »die einzige Art des exponentiellen Wachstums, mit der sich die Studie nicht befaßt, ... das Wachstum des menschlichen Wissens ist«, und er stellte die Frage: »Was sind wir eigentlich – Ameisen, Lemminge oder vernunftbegabte menschliche Wesen?«[108]

In der Hitze des Gefechts um die Veränderung der menschlichen Natur hatten die MIT-Wissenschaftler völlig die Existenz des menschlichen Geistes vergessen.

Schließlich soll an dieser Stelle noch eine weitere wissenschaftliche Arbeit, die Aufschluß über den Wissensstand der apokalyptischen Bewegung gewährt, erwähnt werden: die Studie *Wie retten wir unsere Erde?*, die René Dubos und Barbara Ward 1972 im Auftrag der Vereinten Nationen erstellten.[109] Aufgrund der Ansichten der Autoren war die Studie, wie bereits im Titel erkennbar, ein apokalyptisches Meisterwerk. Dubos erörterte die selben globalen Umweltprobleme wie bereits zuvor die SCEP-Studie, und er kam auch zu den gleichen Ergebnissen. Tatsächlich benutzte Dubos in gewissem Umfang Datenmaterial aus der SCEP-Studie, da nichts Besseres verfügbar war. Er berichtete über Umweltverschmutzung im allgemeinen und ging dann gleichfalls auf die verschiedenen Mutmaßungen ein, wie z. B. den möglicherweise drohenden Anstieg beziehungsweise Abfall der durchschnittlichen Erdoberflächentemperatur, die drohende Zerstörung der Ozonschicht durch die SST-Flotte oder die Vermutung, Öl könne die photosynthetisierenden Organismen der Weltmeere vernichten usf. Wiederholt räumte auch Dubos ein, daß die Wissenschaft beträchtliche Informationslücken hinsichtlich der überaus komplexen Funktionsweisen der wichtigsten globalen Systeme aufzuarbeiten hat. Zum Beispiel, so führte Dubos u. a. aus, nutze die Natur die Ozeane als Abladeplatz für Mineralien und toxische Abfallprodukte. Doch was mit diesen natürlichen Ablagerungen geschehe, sei ebenso unbekannt wie das, was mit den vom Menschen direkt oder indirekt ins Meer geleiteten Substanzen geschieht.[110] Kein Mensch wisse, fuhr er fort, was mit all dem Kohlendioxid geschehe, das in der Biosphäre produziert wird[111], oder welche Folgen die in die Atmosphäre geleiteten Industrieemissionen für das Klima der Erde heraufbeschwören könnten.[112]

Größere Schwierigkeiten bereitete es jedoch, unter den Wissenschaftlern der Welt einen Konsens bezüglich der – aus der Sicht der Apokalyptiker – wichtigsten Umweltprobleme herzustellen. Laut Dubos waren sich die Wissenschaftler darüber einig, daß überall auf der Welt – sowohl in präindustriellen Ländern als auch in den Industriestaaten – die Umwelt in ernstzunehmendem Maße verschmutzt sei; so herrschte z. B. uneingeschränkte Übereinstimmung darüber, daß die Ableitung von Abwässern und Öl in das Meer unterbunden werden müsse. Bereits vor der Konferenz von Stockholm waren die Regierungen der Welt übereingekommen, keinen Atommüll mehr in den Ozeanen abzuladen. Doch bezüglich vieler anderer Umweltprobleme konnte keine Übereinstimmung erzielt werden. Wie Dubos weiter berichtete, gab vor allem das Thema Atomenergie Anlaß zu ernsten Kontroversen, denn manche betrachteten die Nuklearenergie als eine Gefahr für die Biosphäre, während andere argumentierten, die atomare Gefahr werde übertrieben dargestellt.[113] Ähnlich divergierend waren die Standpunkte hinsichtlich der Problematik der Pestizide: Die Befürworter ihrer Anwendung zur Schädlingsbekämpfung sagten für Millionen von Menschen einen schnellen Tod durch Infektionskrankheiten oder Unterernährung voraus, falls ihre Anwendung drastisch eingeschränkt würde, während die Gegner der Pestizide prophezeiten, daß die Erde bei weiterhin ungehemmtem Einsatz von Pestiziden in zunehmendem Maße zu einem unwirtlichen Ort für das Leben werde.[114] Zum Thema der künstlichen Düngemittel entbrannte laut Dubos die Diskussion der Wissenschaftler darüber, bis zu welchem Grad ihre Anwendung die Gefahr einer Erschöpfung des Bodens mit sich bringe.[115]

Ihren dramatischen Höhepunkt jedoch erreichten die Meinungsverschiedenheiten bei Streitfragen, die gar nicht naturwissenschaftlichen Inhalts waren: Wie Dubos andeutet, entzündeten sich die Kontroversen unter den Wissenschaftlern am Manuskript von *Wie retten wir unsere Erde?,* da es manche als »Gruselgeschichte« abtaten, während andere bemängelten, es veranschauliche in ungenügendem Maße, daß das Leben auf der Erde bereits am Rande der Vernichtung steht. Darüber hinaus herrschte unter den Wissenschaftlern größte Uneinigkeit über den Bedeutungsgehalt mancher Begriffe. Zwei dieser vom Autor wiedergegebenen Streitfragen erscheinen von besonderem Interesse: Bei der einen geht es um den Bedeutungsgehalt des Begriffs »Leben«, bei der anderen um den des Begriffs »Mensch«. Die Kontroverse um den Begriff »Leben« spaltete die Wissenschaftler in zwei Lager: in die, die das Leben als etwas Stabiles und Robustes betrachten, und in jene, die es als ein überaus empfindliches und verletzliches Phänomen begreifen. Dubos, ein leidenschaftlicher Verfechter der zweiten Anschauung, umschrieb diese Kontroverse mit folgenden Worten: »Manche sind von der Stabilität und Anpassungsfähigkeit von Ökosystemen mehr beeindruckt als von deren Zerbrechlichkeit.«[116]

Die Debatte über den Begriff »Mensch« bezog sich im wesentlichen auf dessen metaphysischen Status. Welche Rolle spielt der Mensch in der Natur? Ist er lediglich ein höher entwickelter Verwandter des Affen, oder sind ihm tatsächlich metaphysische Eigenschaften zuzuschreiben? Die Ökologen, so berichtet Dubos, fordern, daß wir uns auf das Ökosystem als Ganzes konzentrieren und »den Menschen vor allem als das Element betrachten sollten, welches Unordnung in das System trägt«. Auch Dubos vertrat die Meinung, daß das ökologische »Fehlverhalten« des Menschen die Ursache für die meisten Umweltprobleme sei.[117] Für viele Ökologen ist ökologisches »Fehlverhalten« gleichbedeutend mit menschlicher Aktivität schlechthin. Nach Ansicht der Ökologen, der sich auch Dubos anschloß und die auch in Lehrbüchern der Ökologie wiederzufinden ist, kann *jeder* Schaden, sei er auch noch so gering, der *irgendeinem* Aspekt der ineinandergreifenden Einheit und Ganzheit des Lebens zugefügt wird, katastrophale Folgen haben. Da jedoch der Mensch weder einen Weg bahnen noch ein Haus bauen, eine Straße pflastern oder das Land pflügen kann – von der Entwicklung einer technologischen Zivilisation ganz zu schweigen –, ohne daß er dabei verschiedene Aspekte des ineinandergreifenden Ökosystems verletzt, ist diese These der Ökologen durchaus geeignet, zumindest in manchen Menschen ein Gefühl auszulösen, welches nur als »Menschenhaß« bezeichnet werden kann. Dieses Gefühl wurde selten explizit in Worte gefaßt. Nur die jungen Apokalyptiker gingen so weit, auf Grabsteine das Epitaph »Verflucht sei der Name des Menschen!« zu setzen. Ihren geistigen Vätern war es denn doch lieber, den Platz des Menschen im Ökosystem zu verteidigen, und sie begnügten sich damit, ihn moralisch zu diskreditieren und die Abkehr von seiner intellektuell am weitesten entwickelten Zivilisation zu fordern. Letzten Endes war die befremdlich anmutende Diskussion über das »Leben« und den »Menschen« ein höchst subjektiver Streit um die grundsätzlichen Prämissen der Apokalyptiker: daß das Leben ein äußerst zerbrechliches und empfindliches Phänomen sei und daß der technologische Mensch im Begriff sei, dies zu zerstören.

Die Studie Dubos' konnte keinerlei neue wissenschaftliche Erkenntnisse zur Unterstützung der Apokalyptiker bieten. Er verfaßte sie kurz nachdem die SCEP-Studie erschienen war, und die Zeit war zu kurz gewesen, neuere Erkenntnisse über die Funktionsmechanismen globaler Ökosysteme zu gewinnen. Als dringlichste Aufgabe bezeichnete Dubos deshalb die Entwicklung einer globalen Strategie unter Mitwirkung aller Nationen, um die weltumspannenden Ökosysteme und ihre Belastung durch den Menschen zu erforschen.[118] Da eine solche Strategie jedoch de facto nicht existierte und folglich auch kein entsprechendes Datenmaterial, füllte Dubos die Studie lediglich mit den bereits hinlänglich bekannten apokalyptischen Prophezeiungen.

Alle diese Studien veranschaulichen sehr deutlich den tatsächlichen Stand der wissenschaftlichen Erkenntnis zu einem Zeitpunkt, als das apokalyptische Gedankengut seinen Siegeszug durch alle Bereiche unserer Kultur antrat. Niemand bestritt, daß ernstzunehmende Umweltprobleme existieren und etwas dagegen unternommen werden müsse. Niemand bestritt auch, daß eine Erforschung der Wirkungsweisen globaler Ökosysteme sowohl wünschenswert als auch notwendig sei. Doch um wissenschaftlich ernstzunehmende Vorhersagen zu erlauben, reichten die Kenntnisse über die Funktionsweisen der Biosphäre als komplexe Einheit bei weitem nicht aus. Niemand unter den Wissenschaftlern besaß zu dieser Zeit das Wissen und die Befähigung, die ihn dazu berechtigt hätten, apokalyptische Prophezeiungen von der Art zu formulieren, wie sie damals allenthalben in den USA und der gesamten Welt verbreitet wurden. Vor allem jedoch hatten sich die Methoden, auf welchen solche Vorhersagen basierten – insbesondere das Extrapolieren mit Hilfe des Computers – als gänzlich unzulänglich erwiesen. Den apokalyptischen Visionen fehlte schlichtweg jegliche Basis.

Als besonders befremdlich muß jedoch die Tatsache bezeichnet werden, daß sich manche der einflußreichsten Apokalyptiker durchaus darüber im klaren waren, daß für ihre Prognosen keine wissenschaftliche Basis existierte. Auf der Konferenz von Stockholm, also kurz nach der Veröffentlichung von *Grenzen des Wachstums,* wiederholte Barbara Ward die Aussage, daß die Kapazität der Erde begrenzt sei und ihre Rohstoffe sich folglich irgendwann erschöpfen würden. Sie erklärte, man könne den Computer mit irgendwelchen beliebigen Daten füttern und man werde »ein Ergebnis erhalten, das den eingegebenen Daten entspricht«. Niemand könne also wirklich genau wissen, wann die todbringende Katastrophe über uns hereinbreche; und sie stellte die rhetorische Frage in den Raum: »Werden wir unseren Zusammenbruch im Jahre 2010 erleben oder erst im Jahre 2050? Oder werden wir durch die menschliche Erfindungskraft einen Spielraum bis zum Jahr 3000 oder vielleicht sogar darüber hinaus gewinnen?«[119]

Im übrigen stützte sich Ward auf die – später systematisch widerlegten – Daten der MIT-Studie sowie auf deren Trendprognosen, die sich nachträglich als unbrauchbar erwiesen haben, da die Programmierer des Computers Faktoren wie die menschliche Intelligenz und technologische Innovationen völlig außer acht gelassen hatten. Diese Versäumnisse waren der Professorin für Wirtschaftswissenschaften von der Columbia University gänzlich entgangen. Wäre ihr dieser Fehler nicht unterlaufen, hätte ihre rhetorische Frage auch lauten können: Wird die menschliche Zivilisation in einer Million Jahren zusammenbrechen oder erst in einer Milliarde Jahren? Doch selbst ihr Wissen um das bei Computeranalysen nicht unübliche »Mist rein – Mist raus«-Phänomen hinderte Barbara Ward nicht daran, die globale Katastrophe zu prophezeien.

Auch Dubos war sich der mangelnden Datengrundlage seiner apokalyptischen Prognosen durchaus bewußt. Myrdal zitierte ihn in Stockholm wie folgt: »Die verfügbaren Erkenntnisse der Naturwissenschaften reichen für die Entwicklung eines wirksamen Aktionsprogramms nicht aus.«[120] In seinem Buch *A God Within,* das er im selben Jahr schrieb, ließ Dubos keinen Zweifel daran, daß er sich nicht auf die Hilfe des Computers verließ: »Die modernen Zukunftsforscher... programmieren verschiedene Kombinationen bekannter Daten zur gegenwärtigen Lage und lesen dann aus den Computeranalysen die sozialen und wirtschaftlichen Auswirkungen bestimmter Handlungsweisen und Maßnahmen ab. Doch die tatsächliche Zukunft wird sich sehr wahrscheinlich erheblich von den vorausberechneten Zukunftsmodellen unterscheiden.«[121] Er erklärte ziemlich deutlich, worauf die Position, die er bezog, beruhte: »Ebenso wie in der Vergangenheit werden die grundlegenden und zukunftsweisenden Entscheidungen von heute nicht auf der Basis abstrakter Computermodelle getroffen werden, sondern aufgrund von Einsicht und Weitblick der Individuen, die das Vertrauen in die Menschheit und den holistischen Sinn für das Machbare nicht verloren haben und die darüber hinaus den Mut besitzen, die Ereignisse nach ihrem Willen zu gestalten.«[122] Mit anderen Worten: Dubos verkündete ganz freimütig, daß Einsicht, Weitblick und Vertrauen in die Menschheit der Wissenschaft kognitiv überlegen seien.

Auch Ehrlich, Ehrlich und Holdren ließen in ihrem Buch keinen Zweifel darüber, daß sie sich über die begrenzte Gültigkeit von Computermodellen durchaus im klaren waren:

> Die Systemökologie befaßt sich vor allem mit der Erstellung von Computermodellen der Ökosysteme... Das bekannteste Modell dieser Art ist das globale Modell, das von Donella und Denis Meadows und ihren Kollegen am Massachusetts Institute of Technology entwickelt und in der Studie *Die Grenzen des Wachstums* veröffentlicht wurde...
>
> Die Computermodelle der Systemökologen zeichnen sich durch eine hohe spezifische Genauigkeit aus, besitzen jedoch wenig Allgemeingültigkeit; je allgemeiner

sie konzipiert sind, desto weiter zielen sie an der Realität vorbei... Es ist einer der wesentlichsten Nachteile der Systemökologie, daß nur in ungenügendem Maße Datenmaterial zur Verfügung steht, das zur Entwicklung und zur Überprüfung von Modellen benötigt wird.[123]

Sein Wissen um das »in ungenügendem Maße zur Verfügung stehende Datenmaterial« hielt Ehrlich jedoch nicht davon ab, in monotoner Regelmäßigkeit die globale Katastrophe zu verkünden.

Inwieweit sich auch andere Apokalyptiker solche Konzessionen erlaubten, sei dahingestellt, doch ist es offenkundig, daß keiner der Apokalyptiker auf wissenschaftlich korrekte Art und Weise zu seinen Schlußfolgerungen gelangte und alle in eben dieser Haltung auf ihren Ansichten beharrten. Als noch keinerlei globale Untersuchungen existierten – und auch später – hatten sie sich großzügig und gelassen über den Mangel an wissenschaftlich fundiertem Datenmaterial hinweggesetzt und ihre Prognosen der globalen Katastrophe verkündet. Dies kann nur als eine erhebliche Verletzung der klassischen Regeln der Wissenschaft interpretiert werden. In der Tat scheint es sich dabei um totalen Wissenschaftsnihilismus zu handeln. Dies bedarf einiger Erläuterungen. Es wäre nur zu einfach, zu behaupten, die apokalyptischen Wissenschaftler hätten das wenige zur Verfügung stehende – und darüber hinaus falsch interpretierte – Datenmaterial nur dazu benutzt, um ihre philosophischen und politischen Positionen zu rechtfertigen. Gänzlich auszuschließen ist diese Möglichkeit jedoch nicht. Vor allem Dubos hatte äußerst freimütig über sein Mißtrauen gegenüber der Wissenschaft gesprochen, und seiner »holistischen« Sichtweise der Problematik den Vorrang gegeben.

Wie es jedoch den Anschein hat, war es nicht Dubos allein, der sich auf die »holistische« Sichtweise berief. In der modernen Biologie ist der »holistische« Trugschluß seit mindestens zwanzig Jahren zu einem Gemeinplatz geworden; dies entspricht im übrigen genau dem Zeitraum, seit die »wissenschaftlichen« Apokalyptiker in Erscheinung getreten sind. Der hervorragende Wissenschaftsphilosoph Ernest Nagel analysierte den »holistischen« Trugschluß wie folgt:

Ganzheitsbiologen äußern sich des öfteren dahingehend, als habe jede Analyse der Lebensprozesse, die die Funktion von unterscheidbaren und isolierbaren Teilen von Lebewesen untersucht, eine ernsthaft entstellende Sichtweise dieser Prozesse zur Folge. So behauptete zum Beispiel E. S. Russell, daß durch die analytische Zergliederung der Funktionen eines Organismus in seine elementaren Prozesse »etwas verlorengeht, denn die Funktion des Ganzen zeichnet sich durch eine gewisse Einheitlichkeit und Vollständigkeit aus, die in dem Verfahren der Analyse nicht berücksichtigt ist«. Analog hierzu konstatierte J. S. Haldane, daß es nicht angehe, mathematisches Denken zur Erforschung von Prozessen des Lebens anzuwenden, da ein mathematischer Denkansatz von einer Trennbarkeit der Ereignisse im Raum ausgeht, »welche für das Leben als solches nicht existent ist. Vielmehr haben wir es, sobald wir uns mit Lebendigem befassen, mit einem unteilbaren Ganzen zu tun.« Und der Philosoph H. Wildron Carr, der sich den organizistischen Standpunkt zu eigen machte und als einer seiner Verfechter an die Öffentlichkeit getreten ist, erklärte: »Das Leben ist individuell; es existiert nur in lebenden Wesen; jedes Lebewesen ist unteilbar. Es ist ein Ganzes und nicht aus Teilen zusammengesetzt.«

Äußerungen dieser Art zeugen von einer geistigen Haltung, die für den Fortschritt in der biologischen Forschung ein ebensolch ernstliches Hindernis darstellt, wie der Dogmatismus der mechanistischen Schule. Zur Erkenntnis gelangt man in der Biologie ebenso wie in anderen Bereichen der Wissenschaft jedoch nur über die Analyse, oder mit Hilfe der sogenannten »abstrahierenden Methode«: durch die Konzentration auf eine begrenzte Anzahl von Merkmalen des zu untersuchenden Gegenstands, unter gleichzeitiger Vernachlässigung (zumindest vorübergehend) anderer Merkmale und Eigenschaften; wobei die zu prüfenden Merkmale unter kontrollierbaren Bedingungen untersucht werden müssen. Auch Ganzheitsbiologen gehen auf diese Weise vor – was immer sie auch behaupten mögen –, denn eine Alternative existiert nicht... Wie jeder andere, der zum Fortschritt der Wissenschaft beiträgt, können Ganzheitsbiologen nicht umhin, bei ihrer Forschungsarbeit abstrahierend und analytisch vorzugehen. Auch sie sind gezwungen, die Funktionsweisen von getrennt betrachteten Teilen lebender Organismen unter genau bestimmten und oft künstlich geschaffenen Versuchsbedingungen zu untersuchen. *Dabei befinden sie sich stets in der Gefahr, unverständliche Argumentationen, die hemmungslos mit Ausdrücken wie »Ganzheit«, »Einheitlichkeit« und »unteilbare Einheit« übersät sind, fälschlicherweise für den Beweis der wahren Erkenntnis zu halten.*[124]

Diese Analyse des holistischen Trugschlusses erschien in Nagels Buch *The Structure of Science: Problems in the Logic of Scientific Explanation* aus dem Jahre 1961. Dieser Trugschluß, der durchaus dem legitimen Wunsch nach einer integrierenden Sichtweise der Phänomene entstammen mag, wurde offenbar pauschal vom individuellen, einzelnen Organismus auf das gesamte Ökosystem übertragen, das von den Ökologen als »Netzwerk« oder »Kette« des Lebendigen bezeichnet und von manchen Wissenschaftlern (Loren Eiseley[125] und J. P. Lovelock[126]) hypothetisch als ein einziger, riesiger lebender Organismus verstanden wird. Auch im Fachbereich Ökologie nahmen die Wissenschaftler der holistischen Schule offensichtlich an, die Aussage, »das Leben ist eine Ganzheit und Einheit« sei der Wahrheit letzter Schluß. Sie wiederholten diese Formel unaufhörlich und waren schließlich überzeugt, sie könnten auf der Basis dieser »Wahrheit« zu Erkenntnissen gelangen, ohne auf die analytische oder abstrahierende

Methode zurückgreifen zu müssen. Doch sobald sie sich über die Analyse beziehungsweise die Abstraktion hinweggesetzt, das heißt die fundamentalen Methoden der Vernunft und der Wissenschaft übergangen hatten, blieb ihnen nicht viel mehr als Emotionen, vage Gefühle zum Thema »Menschheit« und die Doktrin der »Verletzlichkeit« des Lebens, bedeutungslose Extrapolationen falsch interpretierter Daten, apokalyptische Phantasien und schließlich »Einsicht, Weitsicht und Vertrauen« hinsichtlich ihrer eigenen religiösen und politischen Lösungsvorschläge. Sie waren überzeugt, sie hätten konkretes Wissen erlangt, als sie verkündeten, »das Leben ist ein einheitliches Ganzes«. Doch das hatten sie nicht.

Die kritische Betrachtung des Begriffs »Einheit und Ganzheit des Lebens« erfordert eine etwas eingehendere Erläuterung, denn in einem gewissen Sinne hat dieser Begriff durchaus seine Gültigkeit; Gültigkeit allerdings nur unter einem ganz bestimmten Aspekt betrachtet. Es ist genau so, als würde man sagen, »alle Menschen sind sterblich«, was ebenfalls richtig ist. Unglücklicherweise entbehren solch ungeheuer weitgreifende Verallgemeinerungen jeglichen substantiellen Inhalt und sind nicht, oder nur äußerst diffus, auf die konkrete Wirklichkeit anwendbar. Die Aussage »alle Menschen sind sterblich« besagt lediglich, daß jeder der geboren wird, eines Tages sterben muß, doch erlaubt sie keinesfalls eine Differenzierung zwischen einem vierjährigen Kind, das einen Schnupfen hat und ein Taschentuch braucht, einem Fünfzigjährigen mit Nierenversagen, der einen Dialyseapparat benötigt, oder einem Neunzigjährigen, der einen Herzinfarkt erleidet und der nichts mehr braucht, was die Menschen ihm geben könnten. Es ist zwar wahr, daß alle Menschen sterblich sind, doch ist diese Wahrheit kein Ersatz für die medizinische Wissenschaft. Die Aussage »das Lebendige ist ein einheitliches Ganzes« ist in einem ähnlich weitgefaßten Sinne zwar ebenfalls wahr, doch ist sie kein Ersatz für eine glaubwürdige Wissenschaft von den globalen ökologischen Systemen. Wenn wir gezwungen sind, Maßnahmen zu ergreifen, dann ist es unerläßlich zu wissen, welche spezifischen technischen Maßnahmen welche spezifischen Aspekte der Biosphäre beeinflussen. Es geht nicht an, zu skandieren: »Das Leben ist ein einheitliches Ganzes« und sich quasi im gleichen Atemzug über das Fehlen von spezifischen Analysen hinwegzusetzen.

Eine zweite dieser verschwommenen und hohlen Wahrheiten ist die Aussage »die Ressourcen unseres Planeten sind begrenzt«. In dem Sinne, daß alles Stoffliche in begrenztem Umfang vorhanden ist, ist diese Aussage wahr; doch kann sie kein Ersatz für die Wissenschaft der Geologie sein – für Forschung und die Suche nach Bodenschätzen, für den erfinderischen Geist des Menschen.

Unter dem Deckmantel wissenschaftlicher Terminologie jonglierten die Apokalyptiker mit leeren Begriffen und erzeugten in den Köpfen derer, die dies für wissenschaftliche Erkenntnis hielten, eine Reihe anderer gleichermaßen leerer Begriffe, die dann als Basis für politische Lösungen apostrophiert wurden. Die Rede ist von politischen Aussagen wie »unser Gesellschaftssystem muß durch ein System ersetzt werden, welches den Anforderungen des globalen Ökosystems entspricht«, oder »unser Gesellschaftssystem muß durch ein System ersetzt werden, welches sich mit dem zweiten Gesetz der Thermodynamik in Harmonie befindet«, oder »das industrielle Wachstum muß unverzüglich gestoppt, und der Reichtum der Welt unter allen Menschen gerecht verteilt werden«.

Es existiert allerdings eine weitere und eindeutig wohlwollendere Erklärung für den Hang der Apokalyptiker zu hohlen Begriffen und ihre befremdende Gleichgültigkeit gegenüber exakten Daten. Sie stammt von einem aus ihren eigenen Reihen: von Lord Eric Ashby, einem der einflußreichsten Environmentalisten Englands. Nach zwanzigjähriger Tätigkeit als Botaniker avancierte Lord Ashby zu einem der höchsten akademischen Verwaltungsbeamten Großbritanniens. Er ist Mitglied der Royal Society und hat einundzwanzig Auszeichnungen für seine Verdienste um die Wissenschaft erhalten. Der ehemalige Vizekanzler der Universität Cambridge ist heute Kanzler der Queens University in Belfast und hat unter anderem auch in Harvard gelehrt. In den Jahren des apokalyptischen Booms war er Privatdozent an der Cornell University (1967–1972) und Professor für Human Understanding an der University of Michigan (1976–77). In einer Reihe von Vorlesungen an der Stanford University, die unter dem Titel *Reconciling Man with the Environment* veröffentlicht wurde, bezeichnete Ashby die Umweltbewegung als den erfreulichen Beweis für die Rückbesinnung des modernen Menschen auf die den animistischen Glaubensinhalten seiner Vorfahren entsprechenden Wertvorstellungen. Obwohl Ashby stets betonte, das »Netzwerk der Natur« sei widerstandsfähiger, als »manche uns glauben machen möchten«, entsprachen seine übrigen Ansichten durchaus dem Standard: das Leben ist eine Einheit, die Ressourcen der Erde sind begrenzt, die Menschen müssen in Brüderlichkeit miteinander leben, Zerstörung eines Ökosystems ist Vandalismus, weder der industrielle Kapitalismus noch der industrielle Sozialismus sind in Einklang zu bringen mit den Bedürfnissen des Ökosystems, der Wohlstand muß gerecht umverteilt werden usf.[127] In einer Empfehlung an den Gesetzgeber machte Ashby deutlich, welche Bestandteile des Umweltschutzgedankens er als wesentlich erachtete:

Es ist bezeichnend, daß die effizientesten Naturschützer unserer Tage keine Geisteswissenschaftler sind, sondern Naturwissenschaftler, die von einigen wenigen Sozialwissenschaftlern unterstützt werden. Die Botschaft, die Blake und Wordsworth uns mitzuteilen hatten, wird heute (mit geringerer Beredsamkeit) von Autoren wie Dubos, Schumacher und Thorpe verkündet. Der Grund dafür ist leicht einzusehen: Einige Naturwissenschaftler haben den Weg zu einer Ich-Du-Beziehung mit der Natur eingeschlagen.

Die Wegweiser, die sie auf diesen Weg geführt haben, sind nicht schwer zu identifizieren. Je tiefer die Wissenschaftler in die Materie eindrangen, desto stärker waren sie beeindruckt – von Ehrfurcht ergriffen ist vielleicht eine treffendere Bezeichnung – von dem Ineinandergreifen der Phänomene in der Natur; Tiere, Pflanzen, Insekten und Bakterien sind Partner des Menschen innerhalb desselben Ökosystems. Niemand vermag die Summe der Auswirkungen vorherzusagen, die ein Herumpfuschen in einem Bereich des Ökosystems nach sich ziehen wird. Selbst die unbelebte Natur besitzt Eigenschaften, ohne die das Leben, wie wir es verstehen, undenkbar wäre. In der Sichtweise der Wissenschaft ist an die Stelle der Idee, der Mensch sei der Herr der Schöpfung, die Vorstellung einer zwischen Mensch und Natur bestehenden Symbiose getreten. Hamlets Bemerkung: »Wir mästen alle anderen Kreaturen, um uns zu mästen; und uns selber mästen wir für Maden«, ist eine knappe, doch treffende Beschreibung der Rolle des Menschen in der Biosphäre.[128]

Ashby schloß sich der Ansicht Justice Douglas' an, daß »die Rechte der Natur« durch das Gesetz geschützt werden sollten. Solche Gesetze, zitierte er Harvey Brooks, »besitzen eine soziale Funktion, die mit den Tabus und religiösen Anschauungen in traditionellen Kulturen zu vergleichen sind«.[129]

Doch Ashby stellte auch unmißverständlich fest, daß die bisher der Wissenschaft zur Verfügung stehenden Methoden nicht ausreichen, um irgendeine Aussage über die Funktionsweisen des gesamten Ökosystems zu erlauben – wie es manche Wissenschaftler versuchen, die angeblich eine »Ich-Du-Beziehung« mit der Natur erworben haben: »Die in der Wissenschaft gebräuchliche Methode der Reduktion – obwohl an sich äußerst erfolgreich – ist nicht geeignet (und kann es nicht sein), das Verhalten komplexer, ineinandergreifender Systeme zu erfassen. Für die Analyse höchst komplexer Zusammenhänge werden neue Methoden entwickelt: Informationstheorie, Katastrophentheorie, Systemanalyse. Noch sind diese Methoden nicht in der Lage, Phänomene von solch immenser Komplexität wie Ökosysteme zu erfassen, doch die Methoden der Reduktion sind für eine Komplexität dieser Größenordnung irrelevant.«[130] Da teleologische Erklärungen seit langem »von der konventionellen wissenschaftlichen Forschung exkommuniziert wurden«, so Ashby weiter, »ist in der Methodologie der Erforschung des Gesamtverhaltens komplexer biologischer Systeme eine irritierende Lücke entstanden«.[131]

Obwohl Ashby diese Darlegungen als Rechtfertigung der Argumente seiner apokalyptischen Kollegen verstand, verteidigte er sie im Grunde genommen mit der bemerkenswerten Begründung, daß sie der Wissenschaft *nicht* vertrauten, daß sie zweitklassige Mystiker seien, die Blake und Wordsworth nicht das Wasser reichen könnten, und daß es auch ihnen nicht möglich sei, durch Induktion vom Einzelfall auf allgemeine Gesetzmäßigkeiten zu schließen, da die teleologische Auffassung vom Endzweck und der Zweckmäßigkeit – einer mutmaßlich göttlichen Zwecksetzung – von der Wissenschaft »exkommuniziert« worden sei. Ashbys Kritik an den Apokalyptikern war gleichermaßen bemerkenswert. Sie bezog sich auf den Bereich, in welchem Ashby selbst jahrzehntelang gearbeitet hatte, nämlich auf hochbrisante Fragen der Wissenschaftspolitik. Ashby stellte fest, daß sich die Apokalyptiker, sobald sie auf politische Maßnahmen zu sprechen kommen, nur noch in »leerer Rhetorik« ergehen:

Wenn ich einen besonders tiefen Argwohn gegen Bücher über die sogenannte ökologische Krise hege, dann bezieht sich dies auf das in diesen Büchern ständig wiederkehrende Wort »muß«. »Wirtschaftliche und technologische Erwägungen«, schreibt René Dubos, »müssen den Bedürfnissen, Eigenschaften und Bestrebungen, die in die Struktur der menschlichen Natur eingeflochten sind, untergeordnet werden.« – »Wir müssen lernen«, so schreibt E. F. Schumacher, »differenzierter zu denken, um das feinmaschige Netzwerk von Wechselbeziehungen in der Natur begreifen zu können.« – »Langfristige Ziele«, schreiben Meadows und seine Mitarbeiter, »müssen spezifiziert werden und kurzfristige Ziele mit ihnen in Einklang gebracht werden.« Und Paul und Anne Ehrlich schreiben: »Der heutige Mensch muß möglichst bald zu einem besseren Verständnis der Erde gelangen und begreifen, was er ihr angetan hat.« – Diese Gedanken sind nicht verfehlt; nur sind sie leere Rhetorik, wenn sie nicht von präzisen und politisch machbaren – ich betone: von *präzisen und politisch machbaren* – Vorschlägen begleitet sind. Entscheidend ist, wie sich das »Muß« in ein »Kann« umsetzen läßt. Daß die Politik die Kunst des Machbaren ist, ist ein Klischee, doch diejenigen, die diese Kunst nicht beherrschen, dürfen auch nicht erwarten, daß ihre politischen Forderungen ernstgenommen werden.[132]

In der Tat sind die fieberhaften Versuche, ohne Datenmaterial die »Begrenztheit der Ressourcen der Erde« zu beschreiben, die »holistische« Sichtweise, die das Leben als eine »Einheit« sieht, sowie die »leere Rhetorik« im politischen Bereich epistemologisch gesehen identisch. Auf allen Gebieten operieren die Apokalyptiker mit inhaltslosen, abstrakten Begriffen, nahezu ohne festen Halt in der Realität.

Ob man dieses Jonglieren mit leeren Begriffen als logischen Trugschluß interpretiert, der eine Ersatzwissenschaft hervorbringt, oder etwas freundlicher als »Ich-Du-Beziehung« mit der Natur, als einen modischen Ersatz für Animismus, Religion und Tabu, macht keinen wesentlichen Unterschied. Wesentlich ist jedoch – wie immer man die Grundannahmen der apokalyptischen Bewegung, in deren vorderster Front Wissenschaftler stehen, interpretiert –, daß diese Annahmen auf Glauben und keinesfalls auf analytischer Wissenschaft beruhen – dies zeigt sich immer wieder. Das kann man nur als Untergrabung der Wissenschaft durch Wissenschaftler bezeichnen.

1977 erlitten zwei Rechtshistoriker einen ernsthaften Schock. Es waren James E. Krier von der UCLA (University of California in Los Angeles) und Edmund Ursin von der University of San Diego, beide überzeugte Anhänger der Umweltschutzbewegung und Verfasser eines gelehrten Buches mit dem Titel *Pollution and Policy*. Ihre Arbeit, in der sie die Entwicklung der Rechtsordnung im Bereich der Luftverschmutzung untersuchten, wurde von der Environmental Protection Agency (Umweltschutzbehörde) großzügig unterstützt. Als sie im Rahmen ihres Buches den Versuch unternahmen, den Ursprüngen der angeblichen »großen Umweltkrise«, die in den Jahren 1969–70 die USA beunruhigte, auf die Spur zu kommen, mußten sie feststellen, daß dies ein vergebliches Unterfangen war. Die Gründe dafür seien, so erklärten sie irritiert, daß es nie eine »große Umweltkrise« gegeben habe.

Was die »große Umweltkrise« betrifft, so ist sie in erster Linie ein Mysterium. Daß diese Krise – wie andere Krisen in der Vergangenheit – Interventionen nach sich zog, ist noch kein Grund zur Beunruhigung; doch hier enden auch schon alle Parallelen. Bei Krisen in der Vergangenheit ging es um ganz bestimmte Umweltskandale, und sie hatten eindeutig bezogene und klar gesicherte Reaktionen zur Folge. Auf die große Umweltkrise von 1969–70 trifft dies jedoch nicht zu: Ihre Ursprünge sind nicht an einer bestimmten Ursache festzumachen, und sie löste auch keine regional oder sachlich begrenzte Reaktion aus, sondern eine ganze Bewegung (oder löste die Bewegung die Krise aus? Ursache und Wirkung sind nicht eindeutig auszumachen). *Einige Beobachter führen die große Umweltkrise offenbar auf die gleichen Umstände zurück, die auch als Auslöser der früheren Krisen zu identifizieren waren: Bevölkerungswachstum, Produktion, Konsumption, Wohlstand und Umweltverschmutzung. Sicherlich spielen diese Faktoren eine Rolle, doch müssen auch andere Umstände beteiligt sein, denn wie gesagt, diese Krise wurde von keinem konkreten Ereignis ausgelöst (es sei denn, man führt alles auf ein paar Öllachen zurück). Wenn Wachstumsfaktoren tatsächlich die Ursache gewesen sind, weshalb sind dann die Umweltkrise und die -bewegung nicht schon früher entstanden?* Wir können diese Frage nicht beantworten, und wir wissen nicht, welche anderen Umstände noch beteiligt waren. Wir wissen lediglich, daß diese Umweltkrise eine ganz andere politische Dimension besaß. In der Vergangenheit verlangten Krisen konkrete Aktionen und Maßnahmen – etwa derart, daß von der Regierung konkrete Schritte gefordert wurden. Die große Umweltkrise ist eher als eine Krise des Bewußtseins zu interpretieren, und zwar in dem Sinne, daß sie lediglich ein Aspekt eines umfassenderen Phänomens ist: der Ausdruck eines allgemeinen »Vertrauensverlusts des Bürgers in die politischen Institutionen«... Die Frage, ob sich die Umweltkrise nun aus diesem allgemeinen Gefühl der Verunsicherung entwickelt hat oder Folge einer gezielten Kampagne ist, läßt sich in diesem Rahmen nicht beantworten.[133]

Tatsächlich hat es nie eine »große Umweltkrise« gegeben. Selbst Lord Ashby hatte sie – trotz seines Gefallens an der Rückkehr des Menschen zum primitiven Animismus – als die »sogenannte« ökologische Krise bezeichnet. Die apokalyptische Bewegung beruht im Grunde genommen auf Halluzinationen. Die Wissenschaftler, die diese Bewegung anführen und als ernstzunehmenden Standpunkt legitimieren, verfügen nicht einmal über ein Minimum an ernstzunehmenden Daten.

Hieraus lassen sich für uns eine Reihe von äußerst wichtigen und wesentlichen Einsichten über die Gruppe von Wissenschaftlern gewinnen, die die Meinung der Bürger bezüglich der Bedrohung der Umwelt und des Menschen durch die industrielle Zivilisation entscheidend geprägt hat. Vor diesem Hintergrund können wir nun fünf wesentliche Feststellungen treffen, die ein erhellendes Licht auf die weiter oben angesprochenen ideologischen Auseinandersetzungen werfen:

1. Es gibt heutzutage tatsächlich Wissenschaftler, die von einem tiefen Mißtrauen, ja sogar von Feindseligkeit gegenüber Wissenschaft und Technologie erfüllt sind. Sie lassen sich von der Überzeugung leiten, die industrielle Zivilisation der westlichen Welt zerstöre das Leben auf der Erde und müsse gebremst und zur Umkehr gezwungen werden.
2. Die apokalyptische Idee besitzt größeren Einfluß auf diese Wissenschaftler als alle klassischen Grundsätze der Wissenschaft. Sie sind bereit, im Namen dieser Vorstellung alle Regeln der Wissenschaft zu verwerfen. Selbst wenn ihnen völlig klarsein muß, daß das zur Verfügung stehende Datenmaterial nicht ausreicht, die apokalyptische Idee aufrechtzuerhalten, sind sie nicht bereit, die von der Vernunft diktierten Grenzen ihrer Verallgemeinerungen zu akzeptieren. Sie erheben Unkenntnis zu einer Art von Pseudowissen, welches Myrdal einmal als »Quasi-Gelehrtheit« bezeichnet und das Nagel ein »verschleierndes Surrogat echten Wissens« genannt hat. Dieses Pseudowissen ziehen sie immer wieder heran, um ihre Erwartung der Katastrophe rational zu erklären. Die Charakteristika dieses Pseudowissens – inhaltlose Be-

griffe, unzulässige Extrapolationen, Schlußfolgerungen auf der Basis nichtexistierenden oder unzureichenden Datenmaterials, Absage an die Logik, Integration von moralisch-ethischen Positionen in »wissenschaftliches« Denken – sind in einem Maße standardisiert, daß sie bereits ein pseudo-wissenschaftliches Paradigma darstellen. Im folgenden werde ich es als das »apokalyptische Paradigma« bezeichnen.

3. Seit dieses »apokalytische Paradigma« existiert, besteht ein unvereinbarer Widerspruch zwischen der »traditionellen« und der apokalyptischen Wissenschaftsauffassung, die sich an eben diesem »apokalyptischen Paradigma« immer wieder neu entzündet.

4. Dieser Kontroverse begegnen wir in zahlreichen Diskussionen, die die tatsächliche beziehungsweise die angebliche Zerstörung der Umwelt durch die industrielle Technologie zum Gegenstand haben. Die Exponenten der kontroversen Positionen sind einerseits die Umweltschützer und auf der anderen Seite die Befürworter der Technologie; dabei bekämpfen die Anhänger der »Antiwissenschaft/Antitechnologie-Bewegung« die Verfechter von Technologie und Wissenschaft, die Anhänger des Wirtschaftswachstums die Befürworter eines »Wachstumsstopps«.

5. Die gleiche ideologische Kontroverse beherrscht inzwischen die Diskussion über das Thema der »industriell verursachten Krebserkrankung«.

Wir sind nun endlich in der Lage, einen kritischen Überblick über die »Umweltschutzbewegung« zu geben, der eine notwendige Voraussetzung für die Untersuchung des Phänomens »umweltbedingter Krebserkrankungen« darstellt. Ein Aspekt der Bewegung ist klar verständlich und exakt faßbar. Er bezieht sich auf ein real existierendes Problem: auf die Umweltverschmutzung, die sowohl in den Industrieländern wie auch in der Dritten Welt zu einem durchaus ernstzunehmenden Problem geworden ist. Als man sich dessen bewußt wurde, erhob sich weltweit und nahezu unisono die Forderung nach einer Korrektur dieser Mißstände. Eine nicht unerhebliche Rolle im Prozeß dieser Bewußtwerdung spielte die für Millionen von Fernsehzuschauern in allen Industrieländern der Welt emotional wirksam in Szene gesetzte erste Reise zum Mond. Diese neue Perspektive erlaubte dem Menschen einen Blick von außerhalb auf seinen Planeten auf »das Raumschiff Erde«, das winzig, in Dunst gehüllt und bläulich-grün vor dem schwarzen, gähnenden Nichts des Weltraums erschien. In den Vereinigten Staaten fand die Forderung nach Korrektur der Mißstände ihren Ausdruck in einer Reihe von sogenannten »Earth Days«. Sie waren für Millionen von Bürgern Anlaß, ihre unmittelbare Umgebung von Müll und

Unrat zu säubern und nachdrücklich die Forderung zu erheben, die Regierung müsse die Industrie auf gesetzlichem Wege zwingen, ihren giftigen und ungiftigen Müll zu beseitigen und keine Abwässer mehr in Flüsse und Seen pumpen, oder den Abfall auf irgendwelchen abstoßenden und gefährlichen Deponien zu lagern. Für die breite amerikanische Öffentlichkeit war das Umweltproblem ganz augenfällig ein Problem der Müllbeseitigung, und es bedurfte offenbar einer akademischen Bildung, dem Müll eine metaphysische Bedeutung beizumessen. Das Interesse der Öffentlichkeit wurde auch sichtbar im Engagement für die Erhaltung der außergewöhnlich reizvollen Naturlandschaften der Vereinigten Staaten sowie für den Schutz der Tierwelt – für Menschen in Wohlstandsgesellschaften ein besonders wertvolles Gut, da sie sich nicht mehr in direktem Konkurrenzkampf mit den Tieren um die Nahrung befinden. Dies waren die anfänglichen Anliegen der Umweltbewegung, der sich die meisten Bürger verpflichtet fühlten. Sie war zunächst eine überparteiliche Bewegung, deren Anhänger sich aus allen nur erdenklichen politischen und nichtpolitischen Lagern rekrutierten. Was *diese* Umweltschutzbewegung betrifft, hat es nie ein Mysterium gegeben – weder begrifflich noch anderweitig.

Doch wie der Leser inzwischen weiß, existiert auch ein »mystifizierender« Aspekt der Umweltschutzbewegung; ein Aspekt, den selbst Paul Ehrlich nicht zu definieren wußte. Für Kritiker ist dieses mystifizierende Element nichts weiter als die nur vage begründete Forderung nach Wachstumsstopp. Zur Rekapitulation: Dieser Aspekt der environmentalistischen Ideologie besteht aus einer ganzen Palette von Verunglimpfungen und simplifizierenden Lösungsvorschlägen. Gegenstand dieser Verunglimpfung waren der Mensch schlechthin, die amerikanische Gesellschaft, die Wissenschaft, die Technologie, die industrielle Produktion, die Marktwirtschaft und das Profitdenken, das Wirtschaftswachstum und der Kapitalismus. Die Lösungsvorschläge lauteten: Entwicklungsstopp für Technologie und Wirtschaft, Umverteilung des Reichtums von den Industrienationen auf die unterentwickelten Länder. Es handelte sich also um eine rein politische Bewegung, die sowohl von der Gegenkultur wie auch von der neuen Linken beeinflußt wurde. Und ihr wesentliches Merkmal war das immer wieder verblüffend dürftige moralische Patentrezept der Linken: das absolut gesetzte biblische Gebot, die Reichen müssen den Armen von ihrem Reichtum etwas abgeben. Neu war, daß es diesmal um eine globale Umverteilung der Reichtümer der Erde ging. Offenbar sollten alle Menschen im Elend leben; die in den Industrieländern eventuell neu aufkeimende Produktivität sollte für immer unterbunden werden. Hinter diesen biblisch-utopischen Forderungen stand der harte Kern der Apokalyptiker: eine Gruppe von Wissenschaftlern, zum größten Teil Amerikaner, die fieberhaft damit beschäftigt war – ohne sich über existierendes oder nichtexistierendes Datenmaterial den Kopf zu zerbrechen –, dem staunenden Leser und den Vereinten Nationen zu versichern, die Biosphäre sei in Gefahr, die industrielle Technologie plündere die beschränkten Ressourcen der Erde, das Überleben der Menschheit sei bedroht und die einzige mögliche Lösung sei ... siehe oben.

Verschiedenen Autoren, Apokalyptikern wie auch außenstehenden Betrachtern, ist es gelungen, den apokalyptisch-utopischen Aspekt der Bewegung in den unterschiedlichen Stadien seiner Entwicklung zu analysieren. Ihre Beobachtungen hinsichtlich der Dynamik dieser Entwicklung sind äußerst aufschlußreich. Eine der frühesten Darstellungen stammt aus den Reihen der Bewegung selbst: von Barbara Ward, der englischen Wirtschaftswissenschaftlerin, die an der Columbia University lehrte und sich nur zu bereitwillig in den Dienst der apokalyptischen Wissenschaft stellte. In einem Vortrag, den sie 1972 anläßlich einer wissenschaftlichen Tagung zum Thema Apokalypse in Stockholm hielt, erklärte sie (wobei sie sich auf das gemeinsam mit René Dubos verfaßte Buch *Wie retten wir unsere Erde?* bezog), daß sie die Empfänglichkeit der Öffentlichkeit für die Botschaft der Apokalyptiker faszinierend finde:

> Als ich letztes Jahr im Vorentwurf unseres Buches einige der Gedanken und Ansichten formulierte, fragte ich mich, wie weit ich wohl der Entwicklung gedanklich voraus sei. Doch heute sprechen bereits Politiker diese Gedanken aus – und mehr »in« kann man wohl schwerlich sein ...

Noch vor einem Jahr, so sagte sie, sei der Gedanke, die Weltmeere seien in Gefahr, eine Novität gewesen, doch:

> Heute ist dies bereits ein Gemeinplatz, fast schon eine Platitüde ... Diese Entwicklung beweist ganz klar, daß diese Gedanken unglaublich schnell in das Bewußtsein der Menschen dringen.[134]

Es entspricht zwar den Tatsachen, daß auf der Titelseite der radikalen Zeitschrift *Ramparts* (1979) der Tod der Meere verkündet wurde, doch existiert keinerlei Hinweis, daß das unmittelbar bevorstehende Sterben der Ozeane auch in das »Bewußtsein der Menschen gedrungen« ist – weder in Amerika noch in irgendeinem anderen Land. Das »Bewußtsein«, das Barbara Ward (Lady Jackson) – selbst ein Mitglied der britischen Oberschicht – im Sinne hatte, und das angeblich so schnell von den neuen apokalyptischen »Platitüden« durchdrungen worden war, war lediglich das Bewußtsein einer privilegierten Oberschicht. Ihre so geistreiche Sprache verrät mehr über die Dynamik dieses Phänomens, als sie möglicherweise beabsichtigt hat. Offenbar war es in ihren Kreisen chic, Apokalyptiker zu sein – ähnlich wie es einmal chic gewesen war, radikal zu sein.

Ein zweiter »Bericht« aus den Reihen der Bewegung, fast ein kulturgeschichtliches Dokument zu nennen, ist ein Song von John Denver über Das Ende. Das Lied wurde 1973 komponiert und ist im Grunde genommen lediglich eine Vertonung der Gedanken Paul Ehrlichs. In den Kreisen der Gegenkultur war es ein großer Hit:

And one is a teacher and one a beginner
Just wanting to be there and wanting to know
And together they're trying to tell us a story
That should have been listened to long, long ago
How the life in the mountains is living in danger
From too many people, too many machines
And the time is upon us, today is forever
Tomorrow is just one of yesterday's dreams[135]

Dieses Lied, ebenso wie Barbara Wards Formulierungen, macht deutlich, daß viele die apokalyptische Bewegung lediglich als eine Möglichkeit des Protests verstanden und daß Statusdenken eine große Rolle dabei spielte. Es fällt ein wenig schwer, die Vorstellung zu akzeptieren, daß angesichts einer als authentisch empfundenen Überzeugung, das Leben auf diesem Planeten neige sich dem Ende zu, eine britische Aristokratin bemüht ist, ihren sozialen Status aufzupolieren, oder dem letzten Schrei verpflichtete »Hippies« herumsitzen, an ihren Gitarren zupfen und um einen harmonischen und von Selbstmitleid triefenden Abschied bemüht sind. Es ist durchaus möglich, daß »apokalyptischer Chic« wesentlich weiter verbreitet war als der tatsächlich empfundene Glaube an die Apokalypse.

1975 formulierte Daniel Moynihan, während der frühen 70er Jahre Botschafter bei den Vereinten Nationen, seine Ansichten zu dem Phänomen. Wie er berichtet, hatte er, als er seine Arbeit bei der UNO antrat, dort eine relativ kleine Gruppe von Amerikanern angetroffen, die einen großen Teil der UN-Intellektuellen dazu gebracht haben, ihre Vorstellung, die Erde schwebe in höchster Gefahr, zu übernehmen. Er behauptet, Amerikas »Elite« kreiere die globale Krise, um sie zu exportieren: ». . . wir sind zu erfolgreichen Produzenten und Verteilern von Krisen geworden: Die Umweltkrise, die Bevölkerungskrise und die Ernährungskrise sind im wesentlichen amerikanische Entdeckungen – oder Erfindungen; allerdings gehen die Meinungen diesbezüglich auseinander.«[136] Aus dem Zusammenhang geht eindeutig hervor, daß Moynihan überzeugt ist, daß es sich um Erfindungen handelt. Weshalb die »Elite« Amerikas eifrig mit der Erzeugung und Verteilung einer erfundenen globalen Krise beschäftigt war, erklärt Moynihan allerdings nicht.

1977, also zwei Jahre später, versuchte der ehemalige Herausgeber des *New Statesman,* Paul Johnson, eine solche Erklärung:

> Die Apokalyptiker und Chiliasten (der Vergangenheit)... sagten stets die exakten Umstände und den genauen Verlauf des Untergangs voraus, doch – und diese Neigung existiert nun mal im Wesen des Menschen – selbst als sich die exakten Prophezeiungen des Untergangs in schöner Regelmäßigkeit immer wieder als Irrtümer erwiesen, hielt dies die Menschen nicht im geringsten davon ab, neue apokalyptische Vorstellungen zu ersinnen und an sie zu glauben. Was jedoch in diesem Zusammenhang bemerkenswert erscheint, ist die Tatsache, daß apokalyptische Prophezeiungen auch die Heraufkunft des säkularisierten Zeitalters überdauert und lediglich eine materialistische Form angenommen haben. Marx mit seiner detaillierten und phantasievollen Eschatologie des Kapitalismus kann als der letzte jüdisch-christliche Prophet bezeichnet werden – oder aber als der erste des säkularisierten Zeitalters. Wie nicht anders zu erwarten, konnte auch die Widerlegung der Marxschen Vision vom Untergang des Kapitalismus – durch den tatsächlichen Verlauf der Geschichte – neue Generationen von millenaristisch Gesinnten nicht im geringsten davon abhalten, seine Lehre zu modifizieren und zu aktualisieren oder neue säkulare Eschatologien zu ersinnen. Jegliches unerwartete und ominöse Zusammentreffen von schrecklichen Ereignissen reicht aus, neue Visionen vom Untergang heraufzubeschwören...
>
> In marktwirtschaftlich geprägten Gesellschaften nehmen diese Visionen (heute) die Sonderform einer ökologischen Eschatologie an. Die vier Reiter der Apokalypse von heute nehmen eine neue Gestalt an: die Luftverschmutzung, die Erschöpfung des Bodens, die Erschöpfung der Rohstoffe und das prognostizierte Massensterben auf einem übervölkerten Planeten.[137]

Dies erscheint als eine angemessene und verständliche Interpretation des von Teilen der Umweltbewegung vertretenen Gedankenguts; einer Fraktion der Umweltschutzbewegung, der gleichermaßen der »radikale Kern« der Wissenschaftler, leichtgläubige Laien und die »apokalyptische Schikkeria« angehören. Anstelle der diskreditierten marxistischen ist offensichtlich eine ökologische Eschatologie getreten. Und da ein Großteil der gebildeten Schichten in allen Industrieländern von marxistischem Gedankengut übersättigt ist – oft ohne zu wissen, daß es sich um marxistische Ideologie handelt –, mag in vielen Menschen das dringende Bedürfnis nach einem neuen gedanklichen Modell entstanden sein, an welchem sich die Sehnsucht und das Verlangen nach dem verheerenden Zusammenbruch des amerikanischen Kapitalismus festmachen läßt; in der Hoffnung, aus der Asche würde sich Phönix in Gestalt eines jüdisch-christlich egalitären Utopia erheben. 1979 formulierte Charles Frankel, Präsident des National Humanities Center in North Carolina und Professor für Philosophie an der Columbia University, eine Diagnose zur Situation der amerikanischen Universitäten, die Johnsons Analyse bekräftigt:

> Unsere Zitadellen des Geistes stehen Seite an Seite mit gewissen fundamentalistischen Sekten in der Hoffnung, die menschliche Natur könnte durch eine neue Offenbarung der Wahrheit von ihrer Verderbtheit befreit und die Gesellschaft – so wie sie eigentlich sein sollte – neu gestaltet werden.[138]

Daß die apokalyptische Bewegung ihren Ursprung in den amerikanischen »Zitadellen des Geistes« hatte, ist unbestreitbar und führt uns zum entscheidenden Punkt der hier erörterten Problematik. Wie groß die politische Verbitterung und das Verlangen nach Veränderung in dieser historischen Phase auch gewesen sein mag – einer Zeit, in welcher Amerikas technologische Kultur von den Linken und Anhängern der Gegenkultur vor allem mit der Atombombe, mit chemischen Kanzerogenen, mit dem technologischen Wettlauf zur Eroberung des Weltraums und mit Menschen, die im Napalmfeuer verbrennen, gleichgesetzt wurde –, so dürfen wir doch nicht außer acht lassen, daß eine große Zahl hochgebildeter Geistes- und Sozialwissenschaftler, die von einigen wenigen Naturwissenschaftlern verbreitete These, die *Biosphäre* sei in ihrer Existenz gefährdet, für bare Münze nahm. Obwohl nirgendwo in der Welt Daten existierten, die eine solche Behauptung gerechtfertigt hätten, übernahmen auch viele, die ganz bestimmt keine Apokalyptiker waren, die Vorstellung, eine »schreckliche Umweltkrise« stehe bevor.

Ein wesentlicher Grund dafür – und wie wir sehen werden, existieren noch zahlreiche weitere –, weshalb diese Gedanken so unkritisch und blind übernommen wurden, ist in dem Umstand zu suchen, daß alle geisteswissenschaftlich Orientierten – ob nun empfänglich für apokalyptisches Gedankengut oder nicht – naturwissenschaftlich völlig unbedarft und deshalb nicht in der Lage waren, die einseitige Interpretation von wissenschaftlichen Ergebnissen zu erkennen. Wie Lord Zuckerman schon 1972 bemerkte, waren es in erster Linie die »wissenschaftlich Unbedarften«, welche die jeglicher Basis entbehrenden Globalanalysen zum Thema »weltweite Katastrophe« unverdaut schluckten. Die literarisch und politisch gebildeten Intellektuellen waren bereits Ende der fünfziger Jahre von C. P. Snow in dessen international beachteten Essay »Zwei Kulturen« darauf hingewiesen worden, daß ihre Unkenntnis auf dem Gebiet der Naturwissenschaften verantwortlich und gefährlich sei. Doch niemand hatte seinen Warnungen große Beachtung beigemessen. Tatsächlich hatten die literarisch und politisch gebildeten Intellektuellen alle Naturwissenschaftler und Technologen stets als eine Art hochspezialisierter Installateure betrachtet. Man vertraute ihnen blind, machte sich, ohne darüber nachzudenken, ihr Können zunutze und sah auf sie herab, denn sie wurden nicht als »Intellektuelle« betrachtet. 1972 veröffentlichte Charles Kadushin in der Zeitschrift *The Public Interest* eine Liste der 172 führenden amerikanischen Intellektuellen, die seiner Meinung nach den größten Einfluß auf die gesamte amerikanische Gesellschaft ausübten. Das 20. Jahrhundert war zu diesem Zeitpunkt bereits weit fortgeschritten, doch auf der Liste fand sich nur ein Naturwissenschaftler.[139] Edward O. Wilson, Professor of Science und Direktor des Museums für Vergleichende Zoologie an der Harvard Universität, beurteilte die meisten »Intellektuellen« mit beißender Treffsicherheit:

> Die amerikanischen Intellektuellen rekrutieren sich in erster Linie aus Sozial- und Geisteswissenschaftlern. In ihrem Denken spielen naturwissenschaftliche Zusammenhänge keine Rolle. Sie tun so, als sei die Menschheit noch immer in gewisser Weise lediglich passiver Betrachter einer numinosen Wirklichkeit. In literarischen Zeitschriften wie *The New York Review of Books, Commentary, The New Republic, National Review, Saturday Review* u. a. finden sich vor allem Artikel, die sich lesen, als seien die Naturwissenschaften über das 19. Jahrhundert nicht hinausgekommen. Ihr Inhalt besteht weitgehend aus historischen Anekdoten, der Aneinanderreihung alter Hüte, wortreich aufgebauschten Theorien über das menschliche Verhalten und ideologisch gefärbten Ansichten zur Tagespolitik. Das Ganze wird aufbereitet und konsumierbar gemacht unter Zuhilfenahme der eindrucksvollen, doch im Endeffekt frustrierenden Technik der Schaumschlägerei. Die moderne Naturwissenschaft wird noch immer als eine Technik der Problemlösung und als Kollektion technischer Wunder betrachtet, deren Bedeutung von einem Ethos außerhalb der Naturwissenschaft beurteilt werden muß.[140]

In ihrer eigenen Welt aus Kunst und sozialen Theorien befangen, waren die »Intellektuellen« nicht in der Lage, das Ausmaß ihrer eigenen Beschränktheit zu erkennen. Viele von ihnen wurden vom apokalyptischen Ansturm einfach überrollt oder zumindest eingeschüchtert. In jedem Falle nahmen sie jedoch an, die Naturwissenschaftler wüßten mehr, als diese tatsächlich wußten. Doch vor allem waren sich die »Intellektuellen« nicht der strengen Regeln bewußt, welchen sich jede naturwissenschaftliche Erkenntnis unterwerfen mußte, um als authentisch und beweiskräftig anerkannt zu werden. In ihrer Welt existierten solch strenge Maßstäbe nicht – oder schlimmer: Sie wurden auf plumpe Weise imitiert. Und da sie, wie Wilson richtig bemerkte, glaubten, sie seien in der Lage, die Bedeutung der Naturwissenschaft mit Hilfe eines außerhalb der Wissenschaft stehenden Ethos richtig einzuschätzen, beurteilten sie die Behauptungen der Apokalyptiker nach derselben Strategie, nach der sie gegenseitig ihre Prosa sowie ihre soziale und politische Stellung bewerteten: nämlich entsprechend »der persönlichen Ideologie«. Nur wenige kamen auf den Gedanken, die Behauptungen der Naturwissenschaftler an den Maßstäben der Wissenschaft selbst zu messen. Und deshalb entdeckten nur wenige die Lücken in der wissenschaftlichen Beweisführung, die Trugschlüsse im logischen Vorgehen und die Mißachtung wichtigster wissenschaftlicher Grundsätze, die der apokalyptischen Rhetorik zugrunde liegen.

In dieser intellektuellen Grauzone wurde für viele die apokalyptische Botschaft durch das Engagement von Autoritäten aus Kultur und Politik, wie zum Beispiel Margaret Mead, Don Price und Senator Edward Muskie entscheidend sanktioniert. Bereits in den Jahren 1969 und 1970 wurden die apokalyptischen Ansichten weithin als avantgardistisches Gedankengut betrachtet und fanden somit nahezu automatisch Eingang in die Kommunikationskanäle des Landes. Auf diese Weise wurde die vom wissenschaftlichen Standpunkt gegenstandslose und unhaltbare Behauptung, das Ökosystem der Erde befinde sich in akuter Gefahr, binnen kürzester Zeit zu einem festen Bestandteil des Wissens der »Elite«.

Und dieses Wissen wurde eilends in Gesetzen festgeschrieben. Wie die damals verabschiedeten Gesetze deutlich beweisen, haben die Auffassungen der intellektuellen Meinungsbildner einen tiefgreifenden Einfluß auf den Gesetzgeber ausgeübt. Ab 1969 setzte eine wahre Flut von Gesetzen* zum Umweltschutz ein:

1969 National Environmental Policy Act
[Umweltschutzgesetz]
1970 Environmental Protection Agency Reorganization
[Gesetz zur Umstrukturierung der Umweltschutzbehörde]
1970 Poison Prevention Packaging Act
[Gesetz zur Kontrolle giftiger Verpackungsmaterialien]

* Anmerkung des Übersetzers: Die in eckige Klammern gesetzten deutschen Übersetzungen können nur eine sinngemäße Übertragng der US-Gesetze und ihrer Bestimmungen wiedergeben, da sich Terminologie, Systematik und Sprachgebrauch grundlegend von der deutschen Praxis unterscheiden.

1970 Amended Federal Hazardous Substances Act
[Bundesgesetz zur Kontrolle gefährlicher Substanzen]
1970 Clean Air Act Amendments
[Erweiterung des Gesetzes zur Luftreinhaltung]
1970 Recource Recovery Act
[Gesetz zur Erhaltung der Naturschätze]
1970 Occupational Safety and Health Act
[Gesetz für Sicherheit und Gesundheit am Arbeitsplatz]
1971 Federal Boat Safety Act
[Bundesgesetz zum Schutz der Meere]
1972 Amended National Traffic and Motor Vehicle Safety Act
[Erweitertes Gesetz zur Regelung verkehrsbedingter Schadstoffemissionen]
1972 Technology Assessment Act
[Gesetz zur Klassifizierung technologisch bedingter Umweltrisiken]
1972 Amended Federal Water Pollution Control Act
[Erweitertes Bundesgesetz zur Reinhaltung der Gewässer]
1972 Marine Protection, Research, and Sanctuaries Act
[Gesetz zum Schutz der Meeresfauna und -flora]
1972 Noise Control Act
[Lärmschutzgesetz]
1972 Drug Listing Act; Amended Federal Food, Drug and Cosmetic Act
[Erweiterung zum Lebensmittel- und Arzneimittelgesetz]
1972 Federal Insecticide, Fungicide and Rodenticide Act
[Bundesgesetz zur Kontrolle der Anwendung von Insektiziden, Fungiziden und Rodentiziden]
1972 Consumer Product Safety Act
[Verbraucherschutzgesetz]
1973 Endangered Species Act
[Gesetz zum Schutz gefährdeter Arten]
1974 Safe Drinking Water Act
[Trinkwasserschutzgesetz]
1975 Federal Coal Leasing Act
[Kohleförderungsgesetz]
1975 Amended Federal Insecticide, Fungicide and Rodenticide Act
[Erweitertes Bundesgesetz zur Kontrolle der Anwendung von Insektiziden, Fungiziden und Rodentiziden]
1976 National Science and Technology Policy, Organization and Priorities Act
[Gesetz zur Regelung der Wissenschafts- und Technologieplanung]

1976 Amended Federal Food, Drug and Cosmetic Act
[Erweiterung zum Lebensmittel- und Arzneimittelgesetz]
1976 Amended Public Health Services Act
[Erweitertes Gesundheitsschutzgesetz]
1976 Medical Device Amendments
[Gesetz zur Kontrolle der Medizintechnologie]
1976 Toxic Substances Control Act
[Gesetz zur Kontrolle toxischer Substanzen]
1976 Resource Conservation and Recovery Act
[Gesetz zur Erhaltung der Naturschätze]
1976 Amended Solid Waste Disposal Act
[Erweitertes Gesetz zur Abfallbeseitigung]
1977 Amended Clean Air Act
[Erweitertes Gesetz zur Luftreinhaltung]
1977 Amended Federal Water Pollution Control Act
[Erweitertes Bundesgesetz zur Kontrolle der Wasserverunreinigung]
1977 Amended Federal Mine Safety and Health Act
[Erweitertes Bundesgesetz zur Sicherheit im Bergbau]
1977 Surface Mining Control and Reclamation Act
[Gesetz zur Regelung der Tagebaugewinnung von Bodenschätzen]

Diese Gesetze waren durchweg Reaktionen auf konkrete Probleme. Liest man sie jedoch genauer, fällt es schwer, die aufrichtige und klare Absicht zu entdecken, sich diesen Problemen tatsächlich zu stellen und sie zu lösen; vielmehr stößt man immer wieder auf die hysterische Überzeugung, daß das Leben in seiner Gesamtheit in Gefahr sei und in dieser Gefahr unterzugehen drohe. Die zahllosen Dokumente, welche die Entstehungsgeschichte dieser Gesetze begleiten – angefangen bei den Protokollen der Senatshearings bis hin zu den gesetzlichen Verfügungen selbst (einschließlich der Beratungsprotokolle der Ausschüsse, der parlamentarischen Debatten der Präambeln und Durchführungsverordnungen) –, belegen eindeutig folgendes: Die große Mehrheit unserer gewählten Abgeordneten – beziehungsweise die Abgeordneten, die in den Ausschüssen die eigentliche Arbeit leisteten – fühlten sich als »aufgeklärte« Menschen zu der Überzeugung verpflichtet, sämtliche 222000000 amerikanische Bürger schwebten in Lebensgefahr, und diese Gefahr, die durch unser industrielles Produktionssystem heraufbeschworen werde, nehme ständig zu. Es genügt, an dieser Stelle nur ein paar wenige Beispiele des in diesen Gesetzestexten zur Anwendung gekommenen Jargons wiederzugeben, um zu verdeutlichen, wie überstürzt und bereitwillig unsere Abgeordneten furchteinflößende Spekulationen mit wissenschaftlicher Erkenntnis gleichsetzten.

In der Dokumentierung der Entstehungsgeschichte des Gesetzes zur Sicherheit und Gesundheit am Arbeitsplatz von 1970 heißt es:

Was das Problem »Gesundheit am Arbeitsplatz« anbelangt, stellt sich die Situation als besonders problematisch dar, und da Informationen und Unterlagen nicht in ausreichendem Umfang zur Verfügung stehen, erscheint es möglich, daß die Situation kritischer ist, als wir gegenwärtig wissen.

Berufskrankheiten, die bereits zu Beginn der Industriellen Revolution die Aufmerksamkeit der Wissenschaft erregten, gefährden auch heute noch die Gesundheit der Arbeiter. In beträchtlicher Zahl fallen Menschen noch immer altbekannten industriellen Giften wie Blei und Quecksilber zum Opfer. Arbeiter in Berufen mit hoher Staubentwicklung ziehen sich noch immer Erkrankungen der Atemwege zu. Andere Substanzen, die bereits seit langem in der Industrie verarbeitet werden, werden erst heute als Substanzen mit toxischer Wirkung erkannt. Darüber hinaus bringen technologischer Fortschritt und neue Verfahrenstechniken in der Industrie zahlreiche neue Gefahren am Arbeitsplatz mit sich. Kanzerogene chemische Substanzen, Lasertechnik, Ultraschallenergie, Berryliumlegierungen, Epoxidharze, Pestizide etc. sind potentielle Gefahren für die Gesundheit der Arbeiter. Neue Materialien und Verfahrenstechniken werden von der Industrie in einem solchen Umfang entwickelt, daß die begrenzten finanziellen Mittel der Arbeitsmedizin gegenwärtig nicht ausreichen, damit Schritt zu halten.[141]

In der Ergänzung zum Clear Air Act von 1977 stellte der Kongreß fest:

... die durch Urbanisierung, industrielle Entwicklung und ständig steigende Kraftfahrzeugzahlen hervorgerufene Luftverschmutzung hat inzwischen einen Grad erreicht, der sie zu einer Gefahr für die Volksgesundheit und das Gemeinwohl sowie für Ackerbau und Viehzucht werden läßt ... Die Fluorchlorkohlenstoffe, die in die Umwelt gelangen, drohen die Ozonkonzentration in der Stratosphäre zu reduzieren. Dieser Abbau des Ozons führt zu erhöhtem Einfall ultravioletter Strahlung von der Sonne auf die Erdoberfläche. Der erhöhte Einfall von UV-Licht hat möglicherweise ein vermehrtes Auftreten von Krankheiten beim Menschen (unter anderem vermehrtes Auftreten von Hautkrebs) zur Folge und stellt darüber hinaus eine Gefahr für die Landwirtschaft und die natürliche Umwelt dar ...[142]

Im Toxic Substances Control Act von 1976 heißt es, daß:

... die Umwelt und die Menschen jährlich einer großen Anzahl von chemischen Substanzen und Verbindungen ausgesetzt sind; darunter viele, deren Herstellung, Verarbeitung, Vertrieb durch den Handel, Gebrauch und Beseitigung ein übermäßiges Risiko für Gesundheit und Umwelt darstellen ... Der Begriff »Umwelt« umfaßt das Wasser, die Luft, den Boden und die Wechselbeziehungen, die zwischen Wasser, Luft, Boden und allen Lebewesen existieren.[143]

Im 1973 verabschiedeten Endangered Species Act heißt es:

> ... mehrere Fisch-, Wildtier- und Pflanzenarten sind in den Vereinigten Staaten infolge des wirtschaftlichen Wachstums und aufgrund mangelnder Schutz- und Erhaltungsmaßnahmen bereits ausgestorben. Darüber hinaus sind einige Fisch-, Wildtier- und Pflanzenarten in einem Umfang dezimiert, daß sie ebenfalls vom Aussterben bedroht sind... Die Vereinigten Staaten haben sich als souveräner Staat der internationalen Völkergemeinschaft verpflichtet, alle vom Aussterben bedrohten Fisch-, Wildtier- und Pflanzenarten in größtmöglichem Umfang zu erhalten.[144]

Viele der angeführten Punkte entsprechen der Wahrheit, doch zeugt der gesamte Bezugsrahmen, in dem sie stehen, von metaphysischer Hysterie. Binnen weniger als zehn Jahren war der Kongreß zu der kollektiven Einsicht gelangt, daß die gesamte produzierende und konsumierende Bevölkerung der Vereinigten Staaten, die Pflanzen, Fische, Vögel und Tiere, die Luft, das Wasser und der Boden sowie deren »wechselseitige Beziehungen« zu allen Lebewesen in Gefahr seien. Und als Ursache dieser weltweiten Gefährdung wurden – ich zitiere die oben erwähnten vier Gesetze – der »technologische Fortschritt«, »neue Verfahrenstechniken in der Industrie« und die »industrielle Entwicklung« hingestellt. Offenbar hatte der Kongreß die zentralen Thesen der apokalyptischen Bewegungen übernommen und in die Gesetzgebung einfließen lassen. Die Auffassung, daß die industrielle Zivilisation und das wirtschaftliche Wachstum eine ernsthafte Bedrohung für alles Leben sei, war in den Gesetzen Amerikas verewigt worden, und der Staat hatte, so unglaublich dies klingen mag, die Verpflichtung übernommen, das in seiner Funktionsweise weitgehend unbekannte globale Ökosystem, das heißt »die wechselseitigen Beziehungen, die zwischen Wasser, Luft und Boden und allen Lebewesen bestehen«, zu schützen! Welcher Art die zahlreichen Klauseln und Modifikationen auch sein mögen, die der Kongreß diesen Gesetzen hinzugefügt hat, es bleibt eine unbestreitbare Tatsache, daß ein ganzes Jahrzehnt amerikanischer Gesetzgebung von den Auffassungen der Apokalyptiker geprägt wurde.

Während desselben Zeitraums konnten sich einige Behörden und Regierungsinstanzen eine außerordentliche Machtposition sichern. Die Food and Drug Administration [Nahrungs- und Arzneimittel Verwaltungsbehörde] sowie die drei mächtigen Behörden Environmental Protection Agency [Umweltschutzbehörde], Occupational Safety and Health Administration [Amt für Sicherheit und Gesundheit am Arbeitsplatz] und Consumer Product Safety Commission [Verbraucherschutzkommission] wurden damit betraut, den Menschen, die Luft, das Wasser, den Boden und alle Lebewesen vor den industriellen Gefahren zu schützen. Sie arbeiteten Hand in Hand mit dem Kongreß, schöpften ihre Vollmachten reichlich aus, zeigten »potentielle« Gefahren en gros auf, lieferten dem Kongreß immer wieder neue Anlässe zur Besorgnis, neue Gründe für Untersuchungen, für neue Gesetze und für Zehntausende von neuen Verordnungen und Verfügungen. Zwischen 1967 und 1977 warnten die FDA, die EPA, das OSHA und die CPSC die Öffentlichkeit vor den potentiellen Gefahren, die etwa 2000 Produkte und Verfahrenstechniken aus allen Bereichen der Schwer- und Konsumgüterindustrie für Gesundheit und Leben mit sich brächten.[145] Darüber hinaus warnte die FDA die Öffentlichkeit vor möglichen Gesundheitsschäden durch etwa 10000 Nahrungsmittelzusätze.[146] Die EPA erklärte in ihren Berichten, daß 35000 Pestizidverbindungen potentiell gefährlich seien und einer Untersuchung bedürften.[147] Ein ständig weiterwucherndes Netz von »Umweltverordnungen«, die alle von der Vorstellung diktiert waren, jegliche Art von menschlicher Tätigkeit könne einen entscheidenden Aspekt des Biosystems gefährden, verzögerte oder blockierte ungezählte Industrieprojekte.

Im Laufe der Jahre rückte eine der angeblich von der Industrie heraufbeschworenen potentiellen Gefahren in den Mittelpunkt. Macht man sich die Mühe, die gesamte Liste aller Warnungen, die zwischen 1967 und 1977 von den Aufsichtsbehörden veröffentlicht wurden, zu überprüfen, wird eines offenkundig: Wie auch immer die nahezu 50000 gesundheitsgefährdenden Industrieprodukte, Nebenprodukte und chemischen Substanzen kategorisiert wurden (zum Beispiel als »Nahrungsmittel«, »Arzneimittel«, »Kosmetika«, »Pestizide«, »Kfz-Abgase«, »industrielle Lösungsmittel«, »elektrische Kondensatoren«, »Atomenergie«, »Kohlestaub«), die überwältigende Mehrheit wurde deshalb als gesundheitsgefährdend klassifiziert, weil sie toxische Substanzen enthielten oder freisetzten oder weil nachgewiesen worden war – in der Regel im Tierexperiment –, daß sie kanzerogen seien. Die Problematik des von der Industrie verursachten Krebses rückte unaufhaltsam in den Mittelpunkt der öffentlichen Diskussion. Das »kanzerogene Jahrhundert« war angebrochen – wie es der Apokalyptiker Ralph Nader prophezeit hatte –, und der Krieg gegen den »Industriekrebs« hatte begonnen.

Doch gleichzeitig mit diesem Krieg war auch ein anderes beunruhigendes Phänomen aufgetaucht, welches bis vor kurzem nur mit Ländern wie der Sowjetunion oder Nazi-Deutschland assoziiert worden war: die Gepflogenheit, daß Wissenschaftler sich gegenseitig der ideologisch bedingten Entstellung von Tatsachen bezichtigten. Doch die Vorwürfe ideologisch gefärbter Entstellung bezogen sich nicht mehr allein auf eine halluzinierte Apokalypse, sondern auf eine schreckliche und verheerende Krankheit, die jeden vierten Bewohner Amerikas dahinzuraffen drohte. Der Laie stand dem fassungslos gegenüber, und ihm blieb nichts anderes übrig, als sich entweder auf gut Glauben einer der zerstrittenen Parteien anzuschließen oder keinen von beiden zu glauben – oder aber das Problem unabhängig und eigenständig zu beleuchten. Aus diesem Impuls entstand dieses Buch.

Kapitel 2

Das apokalyptische Erbe

Häufig tödlich verlaufende Krebserkrankungen treten heutzutage in den Vereinigten Staaten in epidemischem Ausmaß auf. Mehr als 53 Millionen Menschen (über 25 Prozent der US-Bevölkerung) werden in ihrem Leben von irgendeiner Krebserkrankung betroffen sein, und etwa 20 Prozent werden daran sterben... Die Zahl der 1975 an Krebs gestorbenen war annähernd fünfmal so hoch wie die Gesamtzahl der in Korea und Vietnam gefallenen US-Soldaten.[1]

– Samuel S. Epstein, Krebsforscher,
Bulletin of the Atomic Sciences, 1977

Es ist außergewöhnlich, daß wir gerade jetzt zu der Überzeugung gelangt sind, der durchschnittliche Gesundheitszustand der Bevölkerung sei schlecht und wir seien ständig von Krankheiten und Tod bedroht... während doch harte Fakten das genaue Gegenteil beweisen. In einer rationaleren Welt würden wir vermutlich Zweihundertjahrfeiern wegen unseres allgemeinen Wohlbefindens veranstalten. Im Jahre 1976 sind von ungefähr 220 Millionen Amerikanern nur 1,9 Millionen gestorben oder weniger als 1 Prozent. Das ist wahrlich keine schlechte Bilanz, es sei denn, man stellt die menschliche Sterblichkeit selbst bereits in Frage.[2]

– Lewis Thomas, Krebsforscher,
Die Medusa und die Schnecke, 1979

Wenn man sich einmal bewußt macht, daß das Problem des umweltbedingten Krebses nur im Zusammenhang mit der »Umweltschutzbewegung« insgesamt zu sehen ist, so erhebt sich sogleich eine unangenehme Frage: Ist nicht vielleicht die gesamte Auseinandersetzung mit industriell verursachten Krebserkrankungen inzwischen von der apokalyptischen Ideologie infiziert? Wenn man die Geschichte der Umweltschutzbewegung in Betracht zieht, ist diese Frage durchaus vernünftig, und trotzdem weiß man, schon bevor man sie auch nur ausgesprochen hat, daß es eine Reihe signifikanter Unterschiede zwischen der allgemeinen »Umweltschutzbewegung« und der wissenschaftlichen Erforschung umweltbedingter Krebserkrankungen gibt.

Einen dieser Unterschiede habe ich bereits beim Namen genannt. Die Behauptung, alles Leben auf der Erde sei in Gefahr und das Ende der Welt stehe unmittelbar bevor, ist eine im großen Stil propagierte Halluzination, deren realen Hintergrund die Probleme bei der Beseitigung industriellen Mülls bilden. Die Vernichtung menschlichen Lebens durch Krebs ist hingegen eine Tatsache. Es gibt noch einen anderen wichtigeren Unterschied: Die wissenschaftliche Disziplin der Ökologie, deren Repräsentanten die unmittelbaren Urheber der Endzeitdrohung sind, ist noch so jung, daß die Öffentlichkeit vor der Veröffentlichung von *Der stumme Frühling* sie noch kaum zur Kenntnis genommen hatte. Die Krebsforschung ist hingegen ein alter, fest etablierter Zweig der Wissenschaft. Außerdem war das Phänomen exogener Kanzerogene – also das Vorhandensein von Substanzen außerhalb des menschlichen Körpers, die bei Menschen, die mit ihnen in Berührung gekommen sind, Krebs verursachen können – bereits lange bevor irgendwer auch nur in seinen kühnsten Träumen an eine Umweltkatastrophe gedacht hätte, bekannt: Ruß und Steinkohlenteere wurden erstmals von Sir Percival Pott, der im späten achtzehnten Jahrhundert beobachtete, daß viele seiner unter Hodenkrebs leidenden Patienten Kaminkehrer waren, als mögliche Kanzerogene bezeichnet. Auch wenn also die Auseinandersetzung um die in unserer Umwelt vorhandenen Kanzerogene nicht frei von Ideologie geführt werden mag, so ist das Problem als solches dennoch real.

Oberflächlich betrachtet steht ein Laie, der herausfinden möchte, ob ein bestimmter Zweig der Wissenschaft ideologisch infiziert ist, vor unüberwindlichen Problemen. Wie kommt ein Laie schließlich dazu, sich anzumaßen, er sei imstande, die Integrität eines komplexen Wissenschaftsbereiches zu beurteilen, wenn er auf diesem Spezialgebiet noch nicht einmal Experte ist? Die Antwort lautet: Er ist dazu tatsächlich nicht imstande. Er kann jedoch, wie dieses Buch noch zeigen wird, indirekt eine ganze Menge in Erfahrung bringen. Beispielsweise kann er denen sehr genau zuhören, die ihm unmittelbar vor, aber auch nach der Annahme des Toxic Substances Control Act (TSCA) immer wieder versichert haben, das apokalyptische Denken habe jetzt auch den Wissenschaftsbetrieb erreicht. Hätte ich nicht schon vorher über die Standardargumente der apokalyptischen »Umweltschützer« Bescheid gewußt, so wäre mir manches von dem, was ich damals erfuhr, vermutlich unverständlich geblieben. Da ich diese Argumente jedoch bereits kannte, verstand ich sehr genau, was man mir erzählte. Seit der Verabschiedung des TSCA wurde sogleich eine mächtige apokalyptische Tendenz auf dem Gebiet der Erforschung umweltbedingter Krebserkrankungen sichtbar; und diese Tendenz nahm zusehends den

Charakter einer Modeströmung an. Sie kündigte sich auch in einem neuen Sprachgebrauch an, der selbst dem Laien nicht verborgen bleiben konnte, weil diese neue »wissenschaftliche« Sprache entweder in der Presse auftauchte oder der Öffentlichkeit direkt durch die mündlichen oder schriftlichen Ausführungen bestimmter Wissenschaftler nahegebracht wurde. Ich werde in diesem Kapitel nur auf einige dieser der Öffentlichkeit zugänglichen Informationsquellen verweisen.[3] Diese Ausführungen können natürlich keinesfalls den Anspruch einer systematischen Untersuchung erheben. Aber der Charakter und der Bekanntheitsgrad dieser Quellen unterstützen doch die Berechtigung der Annahme, daß sich in ihnen relativ verläßlich widerspiegelt, mit welcher Art von Informationen die amerikanische Öffentlichkeit damals berieselt wurde.

Krebsapokalyptiker: Die Presse

Im Jahre 1976 wurde das TSCA verabschiedet, und zwischen 1975 und 1978 vermittelten die Medien der amerikanischen Öffentlichkeit die in der Folge verbindliche Grundeinstellung hinsichtlich der Problematik umweltbedingter Krebserkrankungen. Die Journalisten verbreiteten unter Berufung auf das Nationale Krebsforschungsinstitut [National Cancer Institute] und auf im Staatsdienst tätige Wissenschaftler die apokalyptische Ideologie. Der Grundtenor entsprach dabei genau dem Ton, den wir bereits aus den im vorstehenden Kapitel wiedergegebenen Zitaten kennen, nur daß es diesmal um die Krebsfrage ging. Hier einige Beispiele:

Die amerikanische Gesellschaft sei für ihre Krebskranken selbst verantwortlich. Diese Nachricht verkündete Dan Rather von der CBS den Fernsehzuschauern als Ergebnis einer Lagebesprechung des National Cancer Institute. Seinen »The American Way of Death« betitelten Bericht, der am 15. Oktober 1975 gesendet wurde, eröffnete er unter Berufung auf nicht näher identifizierte NCI-Quellen mit den sensationellen Worten: »Die Nachricht des Tages lautet: Die Vereinigten Staaten liegen bei Krebserkrankungen an erster Stelle. Nach Schätzungen des National Cancer Institute ist die Gefahr, Krebs zu bekommen, in Amerika größer als irgendwo sonst in der Welt.«[4]

Der Mensch selbst habe die meisten menschlichen Krebserkrankungen verursacht, sagte James Bishop, der Energie- und Umweltexperte des *Newsweek*-Magazins, am 18. April 1976 in dem CBS-Fernsehprogramm »Face the Nation«. Im übrigen, behauptete er, sei das öffentlich bekannt: »... es besteht inzwischen allgemein Einigkeit darüber, daß 60 bis 90 Prozent aller menschlichen Krebserkrankungen durch vom Menschen erzeugte giftige Chemikalien verursacht sind.«[5] Bishop nannte keine bestimmte Quelle für seine Behauptung. Der Journalist Larry Agran hingegen verwies auf eine solche Quelle. In seinem 1977 erschienenen Buch *The Cancer Connection* schrieb er die Neunzig-Prozent-Schätzung – wiederum – anonymen Informanten im National Cancer Institute zu: »Die Eigenverantwortung des Menschen für dieses Problem wird auch vom National Cancer Institute betont. Dort schätzt man, daß die große Mehrzahl aller Krebserkrankungen – vielleicht bis zu 90 Prozent – auf in unserer Umwelt vorkommende Kanzerogene zurückzuführen ist.«[6]

Es sei die faustische Sünde von Wissenschaft und Technik, Chemikalien entwickelt zu haben, die jetzt das Leben der Menschen in Amerika bedrohen, so in einem am 21. August 1978 in *Newsweek* unter dem Titel »Die Chemikalien, die uns umgeben« erschienenen Artikel zu lesen. Der Artikel beschäftigte sich mit der kleinen, in der Nähe der Niagarafälle gelegenen Gemeinde Love Canal, die durch giftigen, krebserzeugenden Müll verseucht war. Das *Newsweek*-Team erklärte: »Gewiß ist nur, daß die Menschen in Love Canal nur die derzeit letzten Opfer einer wachsenden Bedrohung des technologisch so versierten Menschen sind – und diese Bedrohung heißt: chemische Giftstoffe. In einer grausamen Aktualisierung des Faustdramas bedrohen heutzutage die Produkte und Nebenprodukte der von der Industrie unternommenen Bemühungen, den allgemeinen Lebensstandard noch weiter zu steigern, das Leben und die Gesundheit der Menschen, in deren Interesse diese Anstrengungen angeblich unternommen werden. Für die Herstellung von Verpackungen, Farben, Parfüms, Plastik und Konservierungsmitteln sind bestimmte Chemikalien unentbehrlich, die Beschwerden und Krankheiten wie Kopfschmerzen, Hautausschläge, Unfruchtbarkeit oder gar Krebs erzeugen.«[7]

Die chemische Industrie sei für den Großteil aller Krebserkrankungen verantwortlich, erklärte in einem am 22. Juni 1976 unter dem Titel »The Politics of Cancer« ausgestrahlten CBS-Bericht ein Gewerkschaftsführer dem Reporter Lesley Stahl. Anthony Mazzocchi von der Oil, Chemical and Atomic Workers Union bezeichnete die chemische Industrie pauschal als »wahnsinnige Giftspritzer« und erklärte: »Das ist das alltägliche Verbrechen in unserem Land. Nicht der kleine Straßenräuber ist das eigentliche Übel, sondern eine Industrie, die das Leben Tausender von Menschen gefährdet.«[8]

Wir seien Zeugen einer langsam (oder schnell) um sich greifenden Krebsepidemie, die in nicht allzu ferner Zukunft zum Ausbruch kommen werde, verbreiteten Journalisten im ganzen Land. 1975 sagte Dan Rather in der

CBS-Sendung »The American Way of Death« unter Berufung auf das National Cancer Institute: »Inzwischen schreitet die schleichende Krebsepidemie unaufhörlich weiter fort... Es heißt, daß wir von einer im Zeitlupentempo ablaufenden Krebsepidemie heimgesucht werden.«[9] 1976 teilte Lesley Stahl in dem CBS-Report »The Politics of Cancer« mit, die Inzidenzraten der industriebedingten Krebserkrankungen seien »in einem unaufhörlichen Anstieg begriffen«.[10] Im Jahre 1976 erklärte Betty Furness in der von NBC ausgestrahlten Dokumentation »Was ist das eigentlich – unsere Nahrung?«, der gesamten menschlichen Gattung stehe möglicherweise eine große Katastrophe bevor: »Einige Wissenschaftler sind ernstlich über die heute üblichen Sicherheitstests besorgt. Man spricht in diesen Kreisen bereits über eine genetische Katastrophe.«[11] Und 1977 informierte der Journalist Larry Agran in »The Cancer Connection« seine Leser darüber, daß die drohende Epidemie bereits erschreckende Ausmaße annehme: »Was wir in Wahrheit miterleben, ist ganz eindeutig die ständige Ausweitung einer nationalen Krebsepidemie, und zwar einer Epidemie erschreckenden Ausmaßes – eine Krebsseuche. Die Zahlen und Trends belegen bereits ganz klar die katastrophalen Zustände, unter denen wir leben.«[12]

Während die meisten der vorstehend zitierten Analysen von Journalisten ohne Quellenverweise an die Öffentlichkeit gebracht wurden – abgesehen einmal von Hinweisen auf das anonyme National Cancer Institute – läßt sich jedoch in den meisten Fällen aus dem Zusammenhang ganz eindeutig schließen, daß besagte Journalisten sich in ihren Aussagen auf Wissenschaftler bezogen. Journalisten mögen ihre Schwächen haben, aber gigantische Krebsepidemien aus dem Nichts zu erfinden ist wohl doch nicht ganz ihre Art. Wer aber waren dann die Wissenschaftler, die der Presse die Überzeugung von der Krebsapokalypse einflüsterten? Noch einmal, wenn man die Aussagen einiger der Wortführer der umweltorientierten Krebsforschung miteinander vergleicht, so fällt auf, daß sie alle die gleichen Lieblingsthemen haben.

Krebsapokalyptiker: Die Wissenschaftler

Es sei der – produzierende und konsumierende – Mensch, der für die etwa 80 Prozent aller Krebserkrankungen verursachende chemische Umweltvergiftung verantwortlich sei. Das behauptete Thomas Corbett in einem der ersten für ein Laienpublikum geschriebenen Bücher über Krebs. Dieses Buch, *Cancer and Chemicals,* erschien 1977. Corbett galt vielen seiner Studenten und Mitarbeiter an der Universität von Michigan geradezu als das Symbol des idealistischen wissenschaftlichen Streiters gegen die Gefahren chemisch verursachter Krebserkrankungen. Auf dem Umschlag seines Buches konnte man lesen, er habe einen Preis von der EPA [Umweltschutzbehörde] erhalten, und zwar »weil er eine große Teile des Staates Michigan betreffende skandalöse Massenvergiftung von handelsüblichen Nahrungsmitteln durch PBB (polybrominierte Biphenyle) aufgedeckt hatte«. Corbett erklärte, »daß die Rate der durch Umweltverseuchung bedingten Krebserkrankungen in den USA höher sei als irgendwo sonst in der Welt«. Die Hauptursache dieser Katastrophe sah er darin, »daß wir einfach zu viele sind«. Die große Masse der Menschen trägt seiner Ansicht nach nichts zur Entwicklung unserer Zivilisation bei: Diese Menschen »existieren nur und behindern langfristig gesehen die gesellschaftliche Entwicklung. Sie essen, produzieren Abfälle, und wenn sie sterben, lassen sie auch noch einen der Verwesung preisgegebenen Leichnam hinieden.« Die Menschen selbst seien die Ursache der krebserzeugenden chemischen Umweltvergiftung, weil sie »moderne Maschinen oder deren Produkte benutzen«. Man »sei heute der Meinung«, fuhr er fort, »daß mindestens 80 Prozent aller Krebserkrankungen auf synthetische Chemikalien mit so seltsamen Namen wie Polyvinylchlorid, Styroloxid, Urethan, Diäthylstiböstrol und Methylcholanthren zurückzuführen sind«. Solche chemischen Substanzen, sagte er, fänden sich in den alltäglichen Haushaltsprodukten ebenso wie in Industriemüll und verursachten »Geburtsfehler, Tumore und manchmal gar den Tod«. Die Abermillionen nutzloser Menschen, stellte er fest, »verschmutzen unsere Umwelt in einem Ausmaß, daß dadurch die Existenz der Gattung insgesamt bereits gefährdet ist«.[13]

Das kapitalistische System habe es der chemischen Industrie in Amerika seit dem Zweiten Weltkrieg gestattet, die Mehrzahl aller Krebserkrankungen zu verursachen, denen Bürger des Landes schließlich erlegen sind. Diese Ansicht vertrat Barry Commoner 1977 auf einer ungewöhnlichen, sich an Laien wendenden Konferenz über Krebskrankheiten. Da eine Reihe der Wissenschaftler, die auf dieser Konferenz Vorträge hielten, in diesem Kapitel zitiert werden, möchte ich diese Versammlung kurz beschreiben. Vor der in erster Linie vom National Cancer Institute – das sich hinsichtlich der zur Diskussion stehenden Sachstandpunkte für strikt neutral erklärte – finanzierten Konferenz traten eine Reihe hochkarätiger Wissenschaftler auf, beispielsweise Marvin Schneiderman und Robert Hoover vom National Cancer Institute, David Rall vom NIEHS und Eula Bingham von der OSHA. Auch Samuel Epstein (der bei der Vorbereitung der Konferenz geholfen hatte), Barry Commoner, Irving Selikoff und John Higginson, der Gründungsdirektor der Internationalen Krebsforschungsbehörde [IARC] waren anwesend. Es gab aber auch Teilnehmer ohne wissenschaftliche Vorbildung wie den Abgeordneten Andrew Maguire aus New Jersey und Richter Miles Lord vom US-Distriktgericht in Minnesota. Schließlich fand sich noch eine ganze Schar weniger bekannter Wissenschaftler und Laien ein, einschließlich einiger Vertreter des Sierra Club und des Environmental Defense Fund. Dafür daß zum damaligen Zeitpunkt in der Erforschung umweltbedingter Krebserkrankung nur relativ wenige Menschen tätig waren, war die Konferenz prominent besetzt. Die Abschlußrede, in der er noch einmal die in der Diskussion unterbreiteten Grundideen und die daraus abgeleiteten Schlußfolgerungen zusammenfaßte, hielt Barry Commoner. Commoner hatte dabei ganz einfach seine ursprüngliche Idee von der Zerstörung des Lebens auf Erden in die Vorstellung von der Zerstörung des Menschen durch Krebs umgewandelt. Er erklärte, die »Problematik des umweltbedingten Krebses sei mehr oder weniger mit dem Krebsproblem überhaupt identisch«. Krebs entstehe in den Vereinigten Staaten aufgrund der in der Umwelt reichlich vorhandenen kanzerogenen Substanzen, und die »meisten dieser Substanzen sind synthetische organische Chemikalien«. Das Krebsproblem sei identisch, so Commoner, mit dem Problem der chemischen Industrie: »Wer über Kanzerogene redet, spricht zugleich auch über die ökonomische Situation der petrochemischen Industrie, die heutzutage in der amerikanischen Industrie eine dominierende Rolle spielt.« Die Grundhaltung, die dieses lebensbedrohliche Problem verursache, sei »das Prinzip der Marktwirtschaft«, das es jedem Unternehmer gestatte, unter Berufung auf ein »heiliges und unantastbares Recht« zu produzieren, was immer ihm gefällt, und dieses Recht basiere auf dem Prinzip des »Privateigentums«.[14] So endete die Konferenz mit einem stürmischen Angriff auf den Kapitalismus.

Es seien von der Industrie angestellte Wissenschaftler, die um der Profite willen die Krebsvorbeugung behinderten. Das war der Tenor der Rede, die Samuel Epstein von der University of Illinois auf der von ihm selbst mitorganisierten Konferenz für Umweltprobleme in Ballungsgebieten hielt. Epstein hat sich als einer der ersten für die Verabschiedung des Toxic Substances Control Act eingesetzt. Einen Großteil seines 1978 erschienenen Buches *The Politics of Cancer* hat er dieser Thematik gewidmet. Auf der Konferenz für Umweltprobleme in Ballungsgebieten erklärte Epstein: »Krebs ist in hohem Maße umweltbedingt und daher zu verhindern.« Das wichtigste Gesundheitsschutzgesetz, sagte er, sei das TSCA, und der Dachverband der chemischen Industrie sowie die Dow-Chemical-Gesellschaft hätten es mit »Händen und Füßen« zu verhindern versucht. Aber noch schlimmer sei es, vermeldete er, daß sich das TSCA auf Daten stütze, die von der Industrie bereitgestellt worden seien und »in Zweifel gezogen werden müßten, solange ihre Korrektheit nicht bewiesen sei«. Epstein zufolge war »die große Mehrheit des von der Industrie bereitgestellten Datenmaterials«, das er im Auftrag von »Kongreßausschüssen, staatlichen Behörden und Medien« überprüft hatte, fehlerhaft gewesen. Dabei rangierten die Fehler von der »Unterdrückung bestimmter Informationen bis zu schwerwiegenden Manipulationen des Datenmaterials«. Er fuhr fort, es gäbe keine wirklichen »Geheimnisse oder Probleme« hinsichtlich einer Senkung der Zahl der Krebserkrankungen; die diesbezüglichen »Schwierigkeiten sind in erster Linie wirtschaftlicher und politischer Natur«. Die handelnden Personen in dem Drama der Krebsvorbeugung seien zwar von Branche zu Branche jeweils andere, sagte er, aber das Vorgehen sei immer das gleiche. Diese Strategie lasse durchgehend ein Desinteresse an der Langzeitwirkung industriell verursachter Umweltverseuchung auf die menschliche Gesundheit erkennen, dagegen ein großes Einfühlungsvermögen für kurzfristige wirtschaftliche Vorteile.[15] Wiederum wurde den zu dieser Konferenz der Leuchten der Krebsforschung geladenen Laien klargemacht, daß diese Krankheit politische Ursachen habe – und nur politisch geheilt werden könne.

Wegen des großen Anstiegs der Zahl der industriell hergestellten chemischen Substanzen sind wir bereits heute Opfer einer verheerenden Krebsepidemie oder werden in Zukunft von ihr heimgesucht werden. Einige Wissenschaftler wollten uns glauben machen, eine Krebsepidemie sei absolut gewiß, andere behaupteten, sie sei möglich oder sie sei bereits Wirklichkeit geworden. 1977 prophezeite Corbett eine fürchterliche Epidemie, als deren Ursache er »die Tausende von neuen Chemikalien, die alljährlich ungeprüft in unsere Umwelt gelangen«, bezeichnete. Die Krebshäufigkeit »werde gegen Anfang des einundzwanzigsten Jahrhunderts wie eine Rakete nach oben schießen«, erklärte er.[16] In einem Interview mit dem Vorsitzenden der Umweltschutzbehörde [EPA], Douglas Costle, das *Newsweek* 1978 veröffentlichte, warnte dieser vor einer »chemischen Seuche«. Die Einführung des Begriffs »Seuche« ist Costles Verdienst. Costle, der im Namen der EPA sprach, sagte weiterhin: »Wir blicken zurück auf das Mittelalter, und wir sagen: ›Kein Wunder, daß sie damals die Beulenpest hatten – schließlich haben sie ihren Abfall einfach auf die Straße geworfen.‹« Er hoffe nur, daß im Jahre 2025 unsere »Enkel nicht auf die gegenwärtige Generation zurückblicken« und sagen, unsere Probleme seien nur allzu verständlich gewesen, da wir schließlich »leichtfertig und unkontrolliert unsere Umwelt mit chemischen Substanzen belastet hätten«.[17] 1978 verkündete Samuel Epstein schließlich, die Epidemie sei bereits ausgebrochen. Es sei »erwiesen«, erklärte Epstein in seinem neuen Buch, daß die Zahl der Krebserkrankungen und der krebsbedingten Todesfälle in den letzten hundert Jahren angestiegen sei. Diese Tatsache lasse sich auch dadurch nicht aus der Welt schaffen, daß man diesen Anstieg der Zahl der Krebserkrankungen auf das Rauchen zurückführe. Er verkündete, daß die Krebsmortalitätsziffer »deutlich zunehme«.[18]

Die vorstehend zitierten Wissenschaftler waren repräsentativ für jene Experten, die die Öffentlichkeit über die grundlegenden Ursachen der Krebsentstehung aufklärten. Sie alle waren Apokalyptiker, und sie beherrschten zu jener Zeit die Krebsdiskussion in den Medien und auf dem Büchermarkt. Aber nicht allein die Presse sog die apokalyptische Botschaft begierig auf, sondern auch ein gewisser Teil der »Elite«. Es gibt über diesen Sachverhalt zwar keine systematische Untersuchung, aber man muß nur die auf den Buchumschlägen abgedruckten überschwenglichen Rezensionen lesen, um einen Eindruck von der begeisterten Zustimmung zu erhalten, auf die diese neue Variante der Apokalypse bei manchen stieß. In seinem Buch *The Cancer Connection* erklärte Larry Agran, daß Krebs eine größtenteils vom Menschen verursachte Krankheit sei, daß 90 Prozent der in Amerika verbreiteten Krebskrankheiten auf Industriegifte zurückzuführen seien und daß eine Krebsepidemie »grauenhaften Ausmaßes« bevorstehe. Auf der Rückseite des Buchumschlags finden sich Zitate aus begeisterten Rezensionen aus *Publishers Weekly* (Jane Fonda), *The Nation, Columbia Journalism Review* und von David Cohen, dem Vorsitzenden von »Common Cause«. Sie alle fanden Agrans Analyse völlig vernünftig, »klar und einleuchtend«, wie Jane Fonda schrieb. Der Präsident von »Common Cause« ließ die Welt wissen, daß er bei der Lektüre von Agrans Buch »traurig und zornig geworden« sei.[19] Ähnlich wurde Corbetts Buch auf der rückwärtigen Umschlagseite über den grünen Klee gelobt. Er führte in diesem Buch den drohenden Untergang der menschlichen Gattung auf die vielen nutzlosen Menschen und 80 Prozent aller Krebsfälle auf synthetische Chemikalien zurück. Corbett sprach die Befürchtung aus, die Zahl der Krebserkrankungen würde bis zum Beginn des 21. Jahrhunderts im »Raketentempo« zunehmen. Auf der rückwärtigen Umschlagseite fand sich auch ein Zitat aus dem *Library Journal,* einem wichtigen amerikanischen Bibliotheksführer, in dem es hieß, es handle sich um ein »äußerst wichtiges Buch«. Außerdem drückte Richter Miles W. Lord aus Minnesota seine volle Zustimmung aus und erklärte: »Wenn wir die Menschheit retten wollen, müssen wir uns die Arbeit von Männern und Frauen wie Dr. Corbett zu Herzen nehmen.«[20] Miles Lord beschränkte sich mit dem Ausdruck seiner begeisterten Zustimmung nicht auf die Umschlagrückseite von Corbetts Buch. Wie sich der Leser vielleicht erinnert, trat er auch als Redner auf der 1977 abgehaltenen Konferenz für Umweltprobleme in Ballungsgebieten in Erscheinung. Bei diesem Anlaß denunzierte er die korrupten, von der Industrie bezahlten Wissenschaftler und Gutachter, »die Söldner der wissenschaftlichen Welt«, die, wie er sagte, dafür bezahlt werden, »Fehlinformationen zu verbreiten, Tatsachen zu verdrehen oder zu erfinden«. Er verlangte eine »neue Magna Charta der Menschenrechte«, die Amerikas Bürger davor schützen müsse, »im Namen des Profits auf dem Altar der Technologie geopfert zu werden«.[21]

Schließlich brachte sich ein anderer Führer der »Elite« auf der Titelseite eines Buches in Erinnerung. Es war George Wald, der Apokalyptiker aus Harvard. Obwohl kein Krebsexperte, überschüttete er die 1979 erschienene Taschenbuchausgabe von Epsteins *The Politics of Cancer* mit Lobeshymnen.[22] Diese Unterstützung war zweifelsohne eine große Hilfe für Epstein, da Walds Anhängerschaft nun wußte, daß es sich lohne, das Buch zu kaufen. Den Leser des vorliegenden Buches könnte Walds Werbeeinsatz für Epsteins Buch vielleicht ein wenig verwirren, weil Wald die Ansicht vertrat, bis 1985 werde bereits alles Leben auf der Erde erloschen sein. Dabei hat es, wenn man die lange Latenzzeit von Krebserkrankungen in Betracht zieht, unter solchen Umständen wenig Sinn, sich über Krebs überhaupt noch Gedanken zu machen. Vor diesem logisch unlösbaren Problem stand nicht nur Wald, sondern auch Barry Commoner, der so kurz vor dem Ende unseres Planeten noch für die Präsidentschaft kandidierte.

Alles in allem fiel es dem Großteil der Elite in der Entstehungszeit des TSCA und nach dessen Inkrafttreten nicht schwerer, an die Krebsapokalypse zu glauben als zuvor an die allgemeine Umweltkatastrophe. Beide galten eigentlich als ein Problem. Die führenden wissenschaftlichen Apokalyptiker und einige nie näher identifizierte Gewährsleute innerhalb des National Cancer Institute hatte ganz einfach die bereits etablierte Ideologie an eine neue Front geworfen. Die Krebsapokalypse galt nun ebenfalls als wissenschaftlich bewiesen.

Genauer ausgedrückt, bestimmte Wissenschaftler hatten sich hinsichtlich der von der Industrie verursachten Krebserkrankungen das Recht angemaßt, ohne den geringsten Grund eine Krebsapokalypse an die Wand zu malen. Es gab da noch ein anderes Problem, über das die Wissenschaftler die Presse und die »Elite« immer wieder aufgeklärt hatten, aber da die Wissenschaftler ihre eigenen Einwände nicht berücksichtigten, interessierte sich auch die Öffentlichkeit nicht weiter für besagte Frage. Es handelt sich dabei um das Problem der extremen Knappheit wissenschaftlich gesicherter Daten. Genau darauf wiesen die erwähnten Wissenschaftler sogar hin, während sie zugleich ihre Horrorspekulationen und ihre prophetischen Visionen zum Besten gaben. 1976, dem Jahr der Verabschiedung des TSCA, erklärte Russell E. Train der Presse, daß wegen der Omnipräsenz industriell erzeugter chemischer Substanzen die Amerikaner bereits ihr Leben riskieren, wenn sie nur atmen, essen, trinken und die alltäglichen Dinge berühren; gleichzeitig verkündete er jedoch, die meisten von der Industrie hergestellten chemischen Substanzen seien noch nie einer systematischen Prüfung unterzogen worden. Als Corbett 1977 ein »raketenschnelles« Ansteigen der durch Chemikalien verursachten Krebserkrankungen prophezeite, wußte er gleichzeitig zu berichten, daß es »buchstäblich Tausende« von Chemikalien gebe, die niemals einem Test unterzogen worden seien.[23] 1978 wiederum spekulierte der Vorsitzende der Umweltschutzbehörde [EPA], Douglas Costle, in *Newsweek* einerseits über die Möglichkeit einer chemisch verursachten »Seuche« und ließ zugleich verlauten, daß es »eine irrsinnige Menge chemischer Substanzen« gebe, »über die wir so gut wie nichts wissen«.[24] In demselben Jahr schließlich hielt Samuel Epstein den Mangel an gesicherten Daten über die Wirkungen industriell erzeugter Chemikalien für so wichtig, daß er diesem Problem sogar eine Fußnote widmete. Die Mehrzahl der Industrien sei hinsichtlich der krebserzeugenden Wirkungen ihrer Aktivitäten noch gar nicht »wissenschaftlich erfaßt«. Er fuhr fort: »Allein deshalb ist es schon nicht möglich, die Zahl der Krebserkrankungen, die in einem Zusammenhang mit den Aktivitäten der Industrie stehen, richtig einzuschätzen.«[25]

Hinsichtlich durch synthetische Chemikalien verursachter genetischer Schäden stoßen wir auf die gleichen Koexistenzen von Horrorspekulationen und Eingeständnissen der Unwissenheit. In dem NBC-Dokumentarbericht »Was ist das eigentlich – unsere Nahrung?« vertrat Marvin Legator, ein prominenter Genetiker, die Ansicht, daß in unserer Nahrung enthaltene mutagene chemische Substanzen Krankheiten wie Schizophrenie, Diabetes und geistige Behinderungen verursachen können. Als der Reporter Jim Polk ihn fragte: »Haben die Tausende von chemischen Substanzen, die wir täglich mit unserer Nahrung zu uns nehmen, gefährliche Auswirkungen?« erwiderte Legator: »Also, die große Mehrzahl dieser Nahrungsmittelzusätze sind hinsichtlich ihrer genetischen Nachwirkungen bis heute nicht einschlägig erforscht.«[26]

Um das Ganze auf die Spitze zu treiben: Zum damaligen Zeitpunkt wußte niemand etwas darüber, in welchem Maße Menschen überhaupt der

Einwirkung synthetischer Chemikalien ausgesetzt sind. Auf der 1977 veranstalteten Konferenz für Umweltprobleme in Ballungsräumen hielt David Rall, der Direktor des staatlichen Instituts für Umwelthygienische Wissenschaften [NIEHS], einen Vortrag. Während er seinen Zuhörern plausibel zu machen versuchte, daß die Verträglichkeit chemischer Substanzen bei Ratten und Menschen ungefähr gleich sei, erklärte er, daß hinsichtlich der Auswirkungen synthetischer Chemikalien erst für »sechs derartige Substanzen« wissenschaftliche Erkenntnisse vorliegen.[27]

Woher konnte unter diesen Umständen irgend jemand wissen, daß von der Industrie freigesetzte Stoffe im allgemeinen und insbesondere synthetische Chemikalien den Großteil (60, 80, 90 Prozent) der beim Menschen auftretenden Krebserkrankungen verursachen? Niemand konnte das wissen. Zweifellos war das auch der Grund dafür, weshalb die anonymen NCI-Gewährsleute immer anonym blieben. Irgendwer oder eine ganze Gruppe von Wissenschaftlern im NCI ließ der Presse diese Schätzungen zukommen, und die Gewährsleute hatten offensichtlich um strenge Vertraulichkeit gebeten. Es gab genügend Gründe für diese bei der Weitergabe wissenschaftlicher Informationen geübte Geheimnistuerei; es handelte sich nämlich gar nicht um wissenschaftliche Informationen. Wegen des Mangels an zuverlässigen Daten konnte überhaupt kein Wissenschaftler verläßliche Berechnungen darüber anstellen, wie hoch der Anteil der Industrie an der Verursachung von Krebserkrankungen wirklich ist. Noch konnte irgendein Wissenschaftler aus der Beschaffenheit einer chemischen Substanz allein auf ihre krebsverursachende Wirkung schließen. Alle Berechnungen des Anteils chemischer Substanzen an der Krebsentstehung entbehrten jeglicher wissenschaftlicher Grundlage, da die diesbezüglichen Auswirkungen der allermeisten Industriebereiche auf den Menschen noch niemals von Epidemiologen untersucht worden waren. Um noch einmal Samuel Epstein zu zitieren: »Allein deshalb ist es schon nicht möglich, die Zahl der Krebserkrankungen, die in einem Zusammenhang mit den Aktivitäten der Industrie stehen, richtig einzuschätzen.«

Genau wie die wissenschaftlichen Repräsentanten der allgemeinen Umweltapokalypse wußten auch die Krebsapokalyptiker um die Datenknappheit und ließen sich davon nicht beirren. Sie ließen sich ausschließlich von ihren Gefühlen und ihrer Intuition leiten und gelangten auf dieser Grundlage zu ihrer apokalyptischen Vision einer Krebsepidemie. Und so finden wir uns jetzt unmittelbar mit dem »apokalyptischen Paradigma« konfrontiert, jenem geheimnisvollen »wissenschaftlichen« Paradigma, das gegen logische Einwände, Fakten und wissenschaftliche Grundanforderungen immun ist und auf diese Weise Phantasiezahlen produziert und die ungeheuerlichsten Schlußfolgerungen auf der Basis äußerst unzulänglichen Datenmaterials gestattet. Dieses Paradigma ist schließlich dafür verantwortlich, daß dem amerikanischen Volk die schrecklichsten und unbegründetsten »wissenschaftlichen« Prognosen unterbreitet werden konnten, und hat maßgeblich die öffentliche Meinungsbildung bestimmt.

Nur einen Aspekt dieses Paradigmas habe ich bisher unerwähnt gelassen – und zwar die Ersetzung wissenschaftlich gesicherter Daten durch moralische Kategorien. Mit diesen moralischen Grundbegriffen des Paradigmas wurde die Presse und damit die Öffentlichkeit von einigen im Staatsdienst stehenden Wissenschaftlern und den Leitern einiger Forschungseinrichtungen indoktriniert. Diese Kategorien schienen die Lösung des Problems der durch die Industrie verursachten Krebserkrankungen zu garantieren. Zwei moralische Forderungen wurden der Öffentlichkeit vor allem eingeimpft.

Die erste dieser Forderungen besagte, daß es unmoralisch sei, mit der Krebsvorbeugung so lange zu warten, bis die Epidemiologie, nämlich jene Wissenschaft, die die Menschen erst untersucht, wenn diese bereits unter Krebs leiden, gesicherte wissenschaftliche Ergebnisse vorlegen könne. Die moralisch richtige Lösung sei es, Krebserkrankungen bereits vor ihrer Entstehung zu verhindern. Die genannten Wissenschaftler behaupteten auch, dies sei möglich: Man könne Tierversuche durchführen, um besondere Krebsgefahren für den Menschen vorherzusagen. Man habe seit Jahrzehnten in der biologischen Forschung, in der Pharmakologie, der Medizin und der Toxikologie Tierversuche durchgeführt, und die dabei gewonnenen Ergebnisse seien deshalb relevant, weil die physiologische Struktur aller Säugetiere weitgehend identisch sei. Über Nacht wollte man der Öffentlichkeit plötzlich weismachen, Tierversuche seien geeignet, die Krebsentstehung auch beim Menschen zu prognostizieren und letztendlich zu verhindern. Am 18. April 1976 vertrat Russell Train, der damalige Vorsitzende der Umweltschutzbehörde [EPA], in der CBS-Sendung »Face the Nation« genau die vorstehend wiedergegebenen Ansichten.[28] Und ebenfalls 1976 erklärte David Rall, der Direktor des Staatlichen Instituts für Umwelthygienische Wissenschaften [NIEHS], in der CBS-Sendung »The Politics of Cancer« dem Reporter Lesley Stahl: »Die an Mäusen und Ratten gewonnenen Testergebnisse sind durchaus geeignet, Entstehungsursachen und Verlauf von Krebserkrankungen auch beim Menschen vorherzusagen. Wenn wir das an Ratten und Mäusen gewonnene Datenmaterial nicht akzeptieren, so bleibt uns nur ein Ausweg: Wir müssen die Menschen etwa 25 Jahre lang den entsprechenden Bedingungen aussetzen, und sollte sich dann herausstellen, daß die jeweiligen chemischen Verbindungen krebserzeugend sind, so haben wir halt nach 25 Jahren eine chemisch bedingte Krebsepidemie beim Menschen. Meiner Meinung nach gibt es daher keine Alternative. Wir müssen die an Mäusen und Ratten gewonnenen Daten als auch für den Menschen verbindlich ansehen.«[29] Rall erläuterte nicht, warum wir »die an Mäusen und Ratten gewonnenen Daten als auch für den Menschen verbindlich ansehen« *müssen,* wenn »diese Daten durchaus geeignet« *sind,* die Entstehungsursachen von Krebserkrankungen auch beim Menschen vorherzusagen. Das gleiche moralisch-wissenschaftliche Doppelargument trug er 1977 auf der Konferenz für Umweltprobleme in Ballungsräumen vor. Nachdem er wiederholt hatte, daß »Tierversuche und mikrobiologische Tests durchaus auch für den Menschen verbindlich sind«, fügte er hinzu: »Es gibt noch andere zwingende Argumente für Tierversuche. Der epidemiologische Ansatz bewährt sich erst, wenn Menschen etwa dreißig bis vierzig Jahre lang unter exakt definierten Bedingungen gelebt haben; er ist jedoch ungeeignet, geringfügige quantitative Schwankungen festzustellen und bietet keine Gewähr dafür, daß nicht wesentliche Faktoren in unzulässiger Weise vermischt werden. Darüber hinaus ist es nach meiner Ansicht schlicht und einfach unmoralisch, Menschen als Versuchskaninchen zu benutzen.«[30] Wiederum blieb offen, wie bestimmte moralische Werte wissenschaftlich saubere Ergebnisse gewährleisten können. Normalerweise dient nicht gerade die Moral als »zwingendes Argument« dafür, daß Wasser bei einer bestimmten Temperatur zu kochen anfängt oder daß die Gesetze der Schwerkraft gelten. Ralls moralische Haltung in Ehren, sie allein jedoch ist bei weitem nicht hinreichend, um wissenschaftlich unanfechtbare Ergebnisse zu garantieren.

Die zweite moralische Frage, mit der sich die regierungsamtlichen Wissenschaftler beschäftigten, lautete: Welche Dosis eines Kanzerogens ist für den Menschen gefährlich? Im folgenden möchte ich nun eine Reihe von Antworten zitieren, wie sie von den CBS-TV-Nachrichten und auf der Konferenz für Umweltprobleme in Ballungsräumen gegeben wurden:

1975: Marvin Schneiderman vom National Cancer Institute erklärte Dan Rather von der CBS: »Es ist sicher möglich, daß bereits minimale Dosen gefährlich sind.«[31]

1976: CBS-Reporterin Lesley Stahl faßt zusammen, was sie von ungenannten NCI-Wissenschaftlern erfahren hat: »Aber Wissenschaftler am National Cancer Institute sagen, daß ein Molekül vielleicht schon ausreicht, um Krebs zu erzeugen, und daß jedes Risiko, das sich vermeiden läßt, ausgeschaltet werden muß.«[32]

1977: Wiederum auf der Konferenz für Umweltprobleme in Ballungsräumen erklärte Marvin Schneiderman: »Wir haben die verschiedensten Risikokalkulationen in Betracht gezogen und auch angewandt, heute sind wir jedoch der Meinung, es sei am klügsten, für die Wirkung von Kanzerogenen überhaupt keine Schwelle anzunehmen (d. h. keinerlei ›sichere‹ Dosis)...«[33]

1977: Eula Bingham, Assistant Secretary of Labor am Amt für Sicherheit und Gesundheit am Arbeitsplatz [Occupational Safety and Health Agency], sagte auf derselben Konferenz: »Die zur Zeit diskutierten Theorien der Kanzerogene gehen davon aus, daß bereits ein Molekül einer Substanz krebserzeugend wirken kann, obwohl normalerweise viele Moleküle notwendig sind, um eine bestimmte Zelle zu erreichen.«[34]

Obwohl einige NCI-Wissenschaftler sich ungehalten zeigten, als ihnen anhand eigener Aussprüche nachgewiesen wurde, sie seien aus moralischen Gründen der Meinung, daß bereits ein Molekül eines Kanzerogens ausreiche, um Krebs zu erzeugen, wurde genau diese Annahme Grundlage der offiziellen Politik. Es handelt sich dabei um die sogenannte »Ein-Molekül-Theorie« der Kanzerogenese, und der Leser sollte schon jetzt gewahr sein, daß diese Theorie für die Krebsvorbeugung von äußerster Wichtigkeit ist und deshalb in diesem Buch immer wieder auftauchen wird. Ob ein Wissenschaftler behauptet, es gebe »keine ungefährliche Dosis« oder »keine Schwelle« oder sich auf die »Ein-Molekül-Theorie« beruft, gemeint ist immer genau das gleiche – daß nämlich bereits die geringste Dosis, selbst ein einziges Molekül tödliche Veränderungen in einer Zelle auslösen kann, so daß eine bösartige Zellwucherung die Folge ist. Dabei handelt es sich jedoch – wie Eula Bingham es sehr klar ausdrückte – nur um »die zur Zeit diskutierten Theorien der Kanzerogenese«. Ebenso klar brachte Marvin Schneiderman zum Ausdruck, daß diese Annahme am »vernünftigsten« sei. Dabei kann von einer bewiesenen Annahme überhaupt keine Rede sein, vielmehr handelt es sich um einen Versuch, wissenschaftlich nicht beweisbare Behauptungen moralisch zu rechtfertigen.

Jetzt also steht das »apokalyptische Paradigma« in aller Klarheit vor unseren Augen, und wir haben soeben eine ganze Parade sogenannter wissenschaftlicher Äußerungen an uns vorbeiziehen lassen, wie sie die Öffentlichkeit in der Zeit vor und nach der Verabschiedung des Toxic Substances Control Act pausenlos zu hören bekam.

1975, ein Jahr vor der Verabschiedung des TSCA, wütete der apokalyptische Taifun noch immer in den Köpfen der Presseleute und der »Elite«.

Die vorstehenden Zitate belegen ganz eindeutig, daß die Apokalypse sozusagen den geistigen Rahmen dafür bot, eine ganze Flut von chemischen Substanzen das Prädikat »kanzerogen« anhängen zu können. Und diese Flut ging über uns nieder, und um es noch einmal zu wiederholen: Wissenschaftler aller Kategorien waren dabei behilflich, diese Interpretation zu legitimieren. Damals hat die Apokalypse in der Tat die wissenschaftliche Erforschung umweltbedingter Krebserkrankungen im Sturm erobert.

Diese Entdeckung hat den Kurs meiner Nachforschungen, aber auch meine gesamte Zielsetzung bestimmt. Ich wollte die eigentlich wissenschaftliche Dimension der Krebsforschung sichtbar machen; ich wollte feststellen, welche wissenschaftlich nachgewiesenen Kanzerogene es tatsächlich gibt; ich wollte herausfinden, welchen Wert das regierungsamtlich verkündete Programm der Krebsprognose und -vorbeugung auf der Basis von Tierversuchen eigentlich hat; und ich wollte schließlich das »apokalyptische Paradigma« ergründen und seinen Ursprung und seinen Zweck nachweisen.

Teil II

DER PLANET VERSCHWINDET

Kapitel 3

Die todbringende Industrie

Anders ausgedrückt, eine voraussehende Gesundheitspolitik geht davon aus, daß jede chemische Substanz als »schuldig« zu gelten hat, solange ihre »Unschuld« nicht bewiesen ist.[1]

– Umberto Saffiotti, National Cancer Institute, Mai 1976

In der Tat ist es der Regierung jetzt gestattet, Chemikalien als »schuldig« zu betrachten, solange ihre »Unschuld« nicht erwiesen ist.[2]

– *Newsweek,* August 1978

Am Anfang meiner intellektuellen Reise beschäftigte ich mich mit dem Phänomen der Kanzerogenität chemischer Substanzen, denn wie fast alle Laien hatte ich immer wieder davon gehört. Mein unmittelbares Ziel war es, mir einen unabhängigen Eindruck der kanzerogenen Chemikalien zugeschriebenen Eigenschaften zu verschaffen, was mir auch bis zu einem gewissen Grad gelungen ist. Die entsprechenden Untersuchungen machen etwa die Hälfte dieses Kapitels aus. Aber die Reise selbst brachte mir so manche Überraschung. Ich stieß auf unerwartete Hindernisse und machte zwei eigenartige Entdeckungen.

Der Hindernislauf

Das Hauptproblem lag im Wesen der experimentellen Wissenschaft selbst begründet. In dieser Disziplin isolieren Menschen gleich einer Armee fleißiger Bienen mikroskopisch kleine Bruchstücke eines Problems, untersuchen diese Bruchstücke und teilen in Publikationen mit, was sie gefunden haben. Man hat es folglich mit den kleinsten Details auf den Höhepunkt getriebener Spezialisierung zu tun. Der für die Erforschung der Kanzerogenese charakteristische Grad an Arbeitsteilung läßt sich dem Leser vermutlich am besten vermitteln, wenn man ihm einen Eindruck davon verschafft, welche Vielzahl von Veröffentlichungen allein über eine einzige chemische Substanz erschienen ist. Es handelt sich hier um PCB [polychlorierte Biphenyle], aber es könnte genausogut eine andere chemische Verbindung sein. Im folgenden finden Sie nur ein paar bibliographische Hinweise, die alle aus einer Quelle stammen – und zwar aus dem 7. Band der von der IARC [Internationale Krebsforschungsbehörde] herausgegebenen Monographienreihe von 1974:

Curley, A., Burse, V. W., & Grim, M. E. (1973a) Polychlorinated biphenyls: evidence of transplacental passage in Sherman rat. *Fd Cosmet. Toxicol., 11,* 471–476

Dahlgren, R. B., Greichus, Y. A., & Linder, R. L. (1971) Storage and excretion of polychlorinated biphenyls in the pheasant. *J. Wildlife Management, 35,* 823–828

Fries, G. F., Marrow, G. S., Jr., & Gordon, C. H. (1973) Long-term studies of residue retention and excretion by cows fed a polychlorinated biphenyl (Arochlor 1254). *J. agric. Fd. Chem., 21,* 117–120

Gardner, A. M., Chen, J. T., Roach, J. A. G., & Ragelis, E. P. (1973) Polychlorinated biphenyls: hydroxylated urinary metabolites of 2,5,2',5'-tetrachlorobiphenyl identified in rabbits. *Biochem. Biophys. Res. Commun., 55* 1377–1384

Goto, M., Sugimura, K., Hattori, M., Miyagawa, T., & Okamura, M. (1973) *Hydroxylation of dichlorobiphenyls in rats:* In: Coulston, F., Korte F., & Goto, M., eds., *New Methods in Environmental Chemistry and Toxicology,* Tokyo, Academic Scientific Book Inc., pp. 299–302

Grant, D. L., Villeneuve, D. C., McCully, K. A., & Phillips, W. E. J. (1971) Placental transfer of polychlorinated biphenyls in the rabbit. *Environm. Physiiol., 1,* 61–66

Ito, N., Nagasaki, H., Makiura, S., & Arai, M. (1974) Histopathologic studies on liver tumorigenesis in rats treated with technical polychlorinated biphenyls. *Gann* (im Druck)

Kimbrough, R. D., & Linder, R. E. (1974) The induction of adenofibrosis and hepatomas of the liver in mice of the BALB/cj strain by polychlorinated biphenyls (Arochlor 1254). *J. nat. Cancer Inst.* (im Druck)

Kimura, N. T., & Baba, T. (1973) Neoplastic changes in the rat liver induced by polychlorinated biphenyls. *Gann, 64,* 105–108

Nagasaki, H., Tomii, S., Mega, T., Marugami, M., & Ito, N. (1972) Hepatocarcinogenicity of polychlorinated biphenyls in mice, *Gann, 63,* 805

Norbach, D. H., & Allen, J. P. (1972) Chlorinated aromatic hydrocarbon induced modifications of the hepatic endoplasmic reticulum: concentric membrane assays. *Environm. Hlth Perspect., 1,* 137–143

Um das Problem noch weiter zu komplizieren – solche Veröffentlichungen existieren zu Tausenden, und jede einzelne beschäftigt sich immer nur mit einer chemischen Substanz. Man hat es also nicht nur mit einigen wenigen Details zu tun, sondern sieht sich einem wahrhaften Berg an Spezialuntersuchungen gegenüber. Kurz nach der Verabschiedung des TSCA hätte der Laie, um sich ein Bild von der Höhe des Berges zu machen, nur einmal eine Publikation mit dem Titel *Suspected Carcinogens* überfliegen müssen, die das Staatliche Institut für Sicherheit und Gesundheit am Arbeitsplatz [NIOSH] 1976 herausgegeben hatte. Dieses Nachschlagewerk verzeichnet sämtliche Substanzen, die zum damaligen Zeitpunkt – zu Recht oder Unrecht – als Kanzerogen galten, erweitert um eine Gruppe »verdächtiger« Substanzen – insgesamt 2413. In dieser Aufstellung sind die eine einzige Substanz (z. B. PCB) betreffenden bibliographischen Angaben auf ein oder zwei Veröffentlichungen reduziert und noch um einige kodierte Angaben über die jeweiligen Forschungsergebnisse ergänzt. Die Aufstellung ist sehr umfangreich: Sie umfaßt 238 kleingedruckte Seiten, auf denen die Substanzen in ihrer alphabetischen Reihenfolge aufgelistet sind. Um dem Leser einen Einblick in den Inhalt dieses Nachschlagewerkes zu geben, findet sich auf der folgenden Seite eine – unvollständige – Aufzählung der unter dem Buchstaben A aufgelisteten Substanzen.

Diese Parade chemischer Substanzen setzt sich in dieser Weise Buchstabe für Buchstabe fort – und berührt doch nur die Oberfläche des Problems der Kanzerogenität. Wie bereits Samuel Epstein konstatierte: »Die Mehrzahl der Industriezweige sind hinsichtlich ihres kanzerogenen Risikos wissenschaftlich noch nicht hinreichend erforscht ...«[3]

Für den Laien stellt die unübersehbare Zahl der Veröffentlichungen zunächst ein ernstes Problem dar, bis er dann begreift, daß Wissenschaftler chronisch unter diesem Problem leiden und folglich eine Reihe von Mechanismen entwickelt haben, die es ihnen gestatten, aus der »Explosion des Wissens« die grundlegenden Erkenntnisse herauszufiltern. Sie geben »Literaturbesprechungen« heraus, in denen Forscher einzeln oder in Gruppen das für bestimmte Arbeitsgebiete besonders relevante Datenmaterial nach seiner Wertigkeit ordnen; sie arbeiten mit Hilfe von »Zusammenfassungen«, in denen sie die wichtigsten Ergebnisse ihrer Experimente mitteilen; sie veranstalten Konferenzen, zu denen die renommiertesten Wissenschaftler eines Forschungsgebietes eingeladen werden, um

ABIÄTTHYLAMIN; BIS(DEHYDRO-,ACETAT*ABIÄTHYLAMIN; DEHYDRO-,ACETAT*ACENAPHTEN*ACENAPHTEN,5-NITRO-*ACETAMID*ACETAMID,N-ACETYL-N-(2-METHYL-4-((2-METHYLPHENYL)AZO)PHENYL)-*ACETAMID,2-AMINO-N-FLUOREN-2-YL-*ACETAMID,N,O-BIS-(TRIMETYLÖSILYL)-*ACETAMID,N-(CARBAMYLMETYL)-2-DIAZO-*ACETAMID,N-(7-CHLORO-2-FLUORENYL)*ACETAMID,N-3DIBENZOFURANYL-*ACETAMID,N-2-DIBENZOTHINYL-*ACETAMID,N-3-,DIBENZOTHTENYL-*ACETAMID,N-3-DIBENZOTHIENYL-,5-OXID*ACETAMID,2,2-DICHLORO-N-(beta-HYDROXY-alpha-(HYDROXYMETHYL)-p-NITROPHENÄTHYL-D-(-)-threo-*ACETAMID,N,DIÄTHYL-*ACETAMID,N-(9,10-DIHYDRO-2-PHENANTTHRYL)-*ACETAMID,N,N-DIMETHYL-2,2DIPHENYL-*ACETAMID,N-3-FLUORANTHENYL-*ACETAMID,N-FLUOREN-1-YL-*ACETAMID,N-FLUOREN-2-YL-*ACETAMID,N-FLUOREN-4-YL-*ACETAMID,N-FLUOREN-2-YLDI-*ACETAMID,N,N'-FLUOREN-2,5-YLENEBIS-*ACETAMID,N,N'-FLUOREN-2,7-YLENEBIS-*ACETAMID,N,N'-FLUOREN-2,7-YLENEBIS(TRIFLUORO-*ACETAMID,N-FLUOREN-2-YL-2,2,2-TRIFLUORO-*ACETAMID,N(1-FLUOROFLUOREN-2-YL)-*ACETAMID,N-(3-FLUOROFLUOREN-2-YL)-*ACETAMID,N-(4-FLUOROFLUOREN-2-YL)-*ACETAMID,N-(5-FLUOROFLUOREN-2-YL)-*ACETAMID,N-(6-FLUOROFLUOREN-2-YL)*ACETAMID,N-(7-FLUOROFLUOREN-2-YL)*ACETAMID,N-(8-FLUOROFLUOREN-2-YL)-*ACETAMID,N(9-HYDROXY-FLUOREN-2-YL)-*ACETAMID,N-(4-((2-HYDROXY-5-MATHYLPHENYL)AZO)PHENYL)-*ACETAMID; N-(3-JODO-2-FLUORENYL)-*ACETAMID,N-(1-METHOXYFLUOREN-2-YL)-*ACETAMID,N-(7-METHOXYFLUOREN-2-YL)-*ACETAMID,N-METHYL-N-NITROSO-*ACETAMID,5-(3-(5-NITRO-2-FURYL)-6H-1,2,3-OXADIAZINYL)-*ACETAMID,N-((3-5-NITRO-2-FURYL)-1,2,4-OXADIAZOL-5-YL)METHYL)-*ACETAMID,N-(5-(5-NITRO-2-FURYL)-1,3,,4-THIADIAZOL-2-YL)-*ACETAMID,N-(4-(5-NITRO-2-FURYL)-2-THIAZOLYL)-*ACETAMID,N-(4-(5-NITRO-2-FURYL-2-THIAZOLYL)-*ACETAMID,N-(4-(5-NITRO-2-FURYL-2-THIAZOLYL)-2,2,2-TRIFLUORO-*ACETAMID,N-(9-OXO-2-FLURENYL)-*ACETAMID,N-2-PHENANTRYL-*ACETAMID,N-3-PHENANTRYL-*ACETAMID,N-9-PHENANTRYL-*ACETAMID,N-PYREN-2-YL-*ACETAMID,p-TERPHENYL-4-YL-*ACETAMID,THIO-*ACETAMID,2,2,2-TRIFLUORO-N-(9-000FLUOREN-2-YL)-*ACETANILID,3'-AMINO-4'-ÄTHOXY-*ACETANILID,4'-(CHLOROACETYL)-*ACETANILID,4-((p-(DIMETHYLAMINO)PHENYL)AZO)-N-METHYL-*ACETANILID,N,N'-DIMETHYL-4,4'-AZODI-*ACETANILID,2'-FLUORO-4'-PHENYL-*ACETANILID,4'-(m-FLUOROPHENYL)-*ACETANILID,4'-(p-FLUOROPHENYL)-*ACETANILID,4'-(p-HYDROXYSTRYRYL)-*ACETANILID,4-(p-METHYLAMINOPHENYLAZO)-N-METHYL-*ACETANILID,2'-PHENYL-*ACETANILID,3'-PHENYL-*ACETANILID,4'-PHENYL-*ACETANILID,4'-PHENYLAZO-*ACETANILID,4'-STYRYL-*ACETANILID,4'4'''-SULFONYLBIS-*ACETANILID,m-TOLYL

dort ihre Ergebnisse vorzustellen. Die Verfasser von Zeitschriftenbeiträgen fügen ihren Veröffentlichungen kurze Überblicke über ihre Ergebnisse bei; es erscheinen Anthologien, in denen die Veröffentlichungen, die von ihrem Ansatz her besonders interessant erscheinen, zusammengestellt sind. All dieser Hilfsmittel kann sich natürlich auch der medizinische Laie bedienen. Der Großteil des weiter hinten in diesem Kapitel referierten Datenmaterials entstammt solchen von Wissenschaftlern erstellten Literaturübersichten.

Die erste Entdeckung

Materialfülle und Detailreichtum waren die größten materiellen Hindernisse auf dieser Reise, aber das gravierendste Problem war eine intellektuelle Entdeckung: Es gab schlechthin keine Möglichkeit, hinsichtlich der im Tierversuch gewonnenen Daten zu allgemeineren Schlußfolgerungen über ihre Geltung für den Menschen zu gelangen, ohne in der Kontroverse, die zu durchleuchten ich mir doch vorgenommen hatte, Partei zu ergreifen. Das Dilemma läßt sich zwar in Kürze darstellen, obwohl es des ganzen Buches bedarf, um es in seinen Bestandteilen sichtbar werden zu lassen. Es beruht auf der Tatsache, daß es bezüglich chemisch bedingter Krebserkrankungen zwei verschiedene Kategorien von Datenmaterial gibt – und zwar eine relativ geringe Anzahl von Untersuchungen am Menschen und dafür jedoch eine Unmenge von Tierversuchen. Die Bedeutung der am Menschen gewonnenen Erkenntnisse für den Menschen ist evident, die Bedeutung der Tierversuche für den Menschen hingegen nicht; diese Ergebnisse sind interpretationsbedürftig. Jedes Verständnis einer solchen Interpretation setzt jedoch voraus, daß man zunächst Einblick in die Welt der gesetzlichen Bestimmungen gewinnt und die diesen gesetzlichen Bestimmungen immanente Theorie nicht aus den Augen verliert. Was die praktische Seite des Problems anbelangt, so ist jede systematische Argumentation hinsichtlich der Gültigkeit im Tierversuch gewonnener Erkenntnisse für den Menschen unausgesprochen bereits eine politisch-legislative Argumentation. Die ursprüngliche Grundannahme dieser Argumentation war es gewesen, daß sich mehr oder weniger alle Krebserkrankungen verhindern lassen, wenn es im Tierversuch gelinge, Kanzerogene zu identifizieren und solche Stoffe entweder ganz zu verbieten oder den Industrien, die solche Substanzen produzieren, entsprechende Auflagen zu machen. Die in den Vereinigten Staaten geschaffenen Einrichtungen zur Krebsvorbeugung sind Ausdruck eben dieses Glaubens. Und dieser

Glaube besagt ganz pauschal, daß »umweltbedingte« Krebserkrankungen »durch die Industrie verursacht sind« und daß folglich Krebsvorbeugung identisch mit der Reglementierung der Industrie sei. Das heißt: Genau jene intellektuelle Welt, die wir im folgenden kritisch durchleuchten wollen, ist identisch mit der Welt politisch motivierter Reglementierung, über die wir gerade bestrebt waren, ein objektives Urteil abzugeben. Aber wir können vor dieser Frage nicht davonlaufen. Wenn wir überhaupt einige Leitideen aufdecken möchten, die uns die Bedeutung im Tierversuch gewonnener Ergebnisse für den Menschen aufschließen können, so müssen wir uns an die »offizielle« Theorie halten.

In diesem Kapitel werden wir daher das im Tierversuch gewonnene Datenmaterial mit den Augen der »offiziellen« Wissenschaft betrachten. Das ist eine ziemlich eigentümliche Situation und entspricht in etwa dem Versuch, die Übersetzung eines Dokuments in eine fremde Sprache mit Hilfe eines von demselben Mann verfaßten Wörterbuchs zu überprüfen, dessen Übersetzung wir eigentlich auf ihren Wert hin untersuchen wollten. Wir haben uns daher offenbar selbst eine intellektuelle Falle gestellt. Das wäre tatsächlich der Fall, gäbe es da nicht noch zwei Tatsachen zu berücksichtigen: Die Haltung maßgeblicher Regierungsstellen selbst läßt sich bis zu einem gewissen Grade analysieren und bewerten; und im übrigen kann uns im weiteren Verlauf des Buches noch zu unterbreitendes Datenmaterial bisher nicht genannte Gesichtspunkte verdeutlichen. Aber im Augenblick gibt es keine andere Wahl. Wir müssen die im Tierversuch gewonnenen Daten sozusagen mit den Augen derjenigen betrachten, die die »Theorie der Reglementierung« entwickelt haben, beziehungsweise sich an ihr orientieren, und das heißt, kurz gesagt, wir müssen lernen, in ihren Kategorien zu denken.

Wir müssen uns also mit einigen der Grundannahmen vertraut machen, auf deren Basis die offiziellen Regierungstheoretiker und die Wissenschaftler, die deren Ansicht teilen, das im Tierversuch gewonnene Material interpretieren. Der Mann, den wir uns diesbezüglich als ersten Lehrmeister aussuchen wollen, ist Umberto Saffiotti vom National Cancer Institute; er hat wahrscheinlich mehr als irgendein anderer zeitgenössischer Wissenschaftler zur Übersetzung des Problems der Kanzerogenese in eine systematische Theorie beigetragen. Saffiotti ist nur einem kleinen Kreis von »Eingeweihten« bekannt. Die breite Öffentlichkeit weiß nichts von ihm; er ist kein »sichtbarer Wissenschaftler« und auch keine Kultfigur der Medien, daher sind an dieser Stelle einige Worte darüber angebracht, wie er seinen Einfluß überhaupt gewinnen konnte. Es gibt zahlreiche Versionen seiner Geschichte, wir halten uns hier an einen Bericht seiner Bewunderin Jacqueline Verrett von der Food and Drug Administration [FDA]. Laut Verrett war Saffiotti ein prominenter Teilnehmer der Wissenschaftlerrevolte, die in den sechziger Jahren innerhalb der Wissenschaftsbürokratie der US-Administration stattfand. Diese Rebellion konnte von Anfang an auf Unterstützung aus der akademischen Welt rechnen und war auch mit den Umwelt- und den Verbraucherschutzbewegungen sowie mit gewissen Politikern verbündet. Diese »Gruppe unbeugsamer Nonkonformisten«, wie Verrett sie nennt, bestand aus solchen »Wissenschaftlern..., die der offiziellen Politik des ›Establishments‹ starken Widerstand entgegensetzten, sobald diese Politik wissenschaftlich unhaltbar wurde«.[4] Am National Cancer Institute gehörten Wilhelm Hueper, ehemals Chef der Abteilung für umweltbedingte Krebserkrankungen, und Saffiotti zu den führenden Köpfen der Revolte. In der FDA sympathisierten mit dieser Bewegung Dr. Marvin Legator, Dr. Herman Kraybill und Dr. Kent Davis. Unter den Alliierten aus anderen Bereichen der Forschung waren die herausragenden Gestalten der Genetiker Joshua Lederberg, Samuel Epstein und Matthew Meselson, ein Biologe aus Harvard. Auch die gesellschaftlichen Interessengruppen waren durch die Vorsitzenden der wichtigen Verbraucherschutzorganisationen und anderer Interessenverbände zahlreich vertreten. Im Kongreß fand die Gruppe Unterstützung durch die Senatoren Edward M. Kennedy, Gaylord Nelson und Abraham A. Ribicoff sowie den Abgeordneten H. L. Fountain.[5]

Alles in allem gesehen muß Saffiotti als einer der Gründerväter der derzeitigen Kampagne gegen die von der Industrie verursachten Krebserkrankungen gelten; er spielte eine entscheidende Rolle in dieser starken politisch-wissenschaftlich motivierten Bewegung der sechziger Jahre, und der Erfolg dieser Bewegung in der Öffentlichkeit insgesamt sowie innerhalb des staatlich-bürokratischen Apparats vergrößerte seinen Einfluß ganz maßgeblich. Er spielte bei der Formulierung des ersten Krebsvorbeugungsprogramms eine entscheidende Rolle. 1970 war er Präsident eines »Ad-hoc-Komitees zur Ermittlung der Kanzerogenitätsschwelle chemischer Substanzen«. Dieses Komitee informierte den Surgeon General [den höchsten beamteten Arzt im amerikanischen Gesundheitswesen] darüber, daß sich »die Masse« aller Krebsfälle auf legislativem Weg verhindern lasse. Das entsprechende Dokument ist sozusagen die ursprüngliche Bibel der Krebsvorbeugung, und es ist im Anhang von Samuel Epsteins *The Politics of Cancer* vollständig abgedruckt. Es gibt in Amerika kaum eine Veröffentlichung eines der Reglementierungsapostel, die sich mit im Tierversuch getesteten Kanzerogenen befaßt und Saffiotti nicht zitiert, in Fußnoten auf ihn verweist oder nicht – jedenfalls historisch gesehen – von seinem

Gedankengut beeinflußt wäre: Er ist einer der Autoren der 1976 vom National Cancer Institute herausgegebenen Schrift *Guidelines for Carcinogenesis Bioassay in Small Rodents* [Leitlinien für die Erforschung der Kanzerogenese bei Kleinnagern][6], wiederum der offiziellen Bibel für die Durchführung von Tierversuchen. Samuel Epstein beschreibt in seinem Buch in aller Ausführlichkeit Saffiottis Rolle als treibende Kraft hinter der regierungsamtlichen Behandlung des Problems der kanzerogenen Industrieschadstoffe. Die ganze Art der Darstellung drückt Epsteins tiefe Bewunderung für Saffiotti aus.[7] Ganz sicher hat Saffiotti die Philosophie der Reglementierung maßgeblich mitgestaltet – und da wir eben diese Philosophie zu verstehen bemüht sind, können wir uns einen besseren Lehrer gar nicht wünschen.

Saffiottis Grundannahme zufolge sind Industriegifte die Hauptursache aller in Amerika verbreiteten Krebskrankheiten. Als er 1976 für die Annahme des Toxilogical Substances Control Act kämpfte, unterbreitete er einer in Kanada tagenden Konferenz über Krebserkrankungen ein Papier über die Sünden des industriellen Systems, und dieses Papier nimmt inzwischen den Rang eines Klassikers ein. Er bezeichnete sich darin als Fürsprecher der Krebsvorbeugung, nannte Krebs »großteils vermeidbar« und fuhr fort:

> Ich betrachte Krebs als eine soziale Krankheit, die primär von äußeren Faktoren verursacht wird. Diese Faktoren leiten sich aus unserer Technologie und unserem Lebensstil her, und ihre Kontrolle ist eine Frage gesellschaftlichen Handelns und angemessener politischer Entscheidungen.[8]

Saffiotti zufolge sind enorme Investitionen in Produkte und Technologien geflossen, die wiederum »künstlich geweckte Bedürfnisse« in uns ausgelöst hätten und derart zu »mächtigen wirtschaftlichen und sozialen Faktoren« geworden seien. Aber Wissenschaft und Technik hätten auch die Mittel bereitgestellt zu erkennen, daß »gewisse Aspekte des technischen ›Fortschritts‹ Schmerz, Krankheit und Tod« verursachen können. Die Lösung sei daher, »weniger gefährliche technologische Alternativen« zu entwickeln.

Saffiottis Originalität gründete sich nicht auf seine Gesellschaftstheorie. An seinem Bild der modernen Technik, des in Anführungszeichen gestellten »Fortschritts« oder der mächtigen Wirtschaftsinteressen, die mittels »künstlich geweckter Bedürfnisse« die Verbraucher manipulieren und in Abhängigkeit halten, war nichts Neues. Diese Überzeugung war bereits seit den fünfziger Jahren Gemeingut aller Kritiker der amerikanischen Gesellschaft, das alles hatte Rachel Carson bereits zehn Jahre früher festgestellt. Seit den späten sechziger und frühen siebziger Jahren gehörten diese Ideen zum Gemeingut der radikalen Gegenkultur der Umweltschutzbewegung. Genausowenig neu war Saffiottis Glaube, daß Krebs eine politische Krankheit sei, deren Ursachen »größtenteils« in unserem Wirtschaftssystem zu suchen seien. Diese Idee war ebenfalls bereits Jahrzehnte alt und, wie wir noch sehen werden, von Wilhelm Hueper vom National Cancer Institute an Rachel Carson weitervermittelt worden. Saffiottis unglaubliche Originalität bestand darin, diese Ideen öffentlich und schriftlich zu propagieren. Wie wir bereits im letzten Kapitel gesehen haben, fand die von anonymen Gewährsleuten im National Cancer Institute flüsternd in Umlauf gesetzte Theorie, daß die meisten Krebsfälle in Amerika durch die Industrie verursacht seien, in allen Medien enorme Resonanz und wurde wie eine Offenbarung aufgenommen. Saffiotti verbreitete seine Ideen nicht im Flüsterton, er erhob sich und sprach sie laut aus. Sein Ausspruch, Krebs sei eine »soziale Krankheit«, wurde der Öffentlichkeit durch solche Autoren wie Agran in *The Cancer Connection* (1977)[9] und Bil Gilbert in *Audubon* (1979)[10] vermittelt.

Im Gegensatz zu zahlreichen seiner wissenschaftlichen und journalistischen Anhänger wußte Saffiotti jedoch, daß die von ihm getroffene Feststellung, Industriegifte seien die primäre Ursache aller beim Menschen auftretenden Krebserkrankungen, nicht bedingungslos gültig sei. Er hatte niemals eine wissenschaftlich gesicherte Schlußfolgerung präsentiert, die sich auf eine systematische Erforschung der Fakten stützen konnte. Das war zu diesem Zeitpunkt aber auch noch gar nicht möglich, da er gerade für die Durchsetzung eines Forschungsprogramms kämpfte, das die Fakten liefern sollte. Im übrigen wußte er, daß die meisten von der Industrie produzierten oder an die Umwelt abgegebenen Substanzen noch niemals einer Prüfung unterzogen worden waren. Er hatte die Idee, die moderne Technik und Wirtschaft seien die Hauptverursacher aller Krebserkrankungen, als seine persönliche Überzeugung – »Ich betrachte ...« – vorgetragen und damit ihren Stellenwert absolut korrekt dargestellt. In seinem in Kanada vorgetragenen Papier ging er jedoch noch einen – gewagten – Schritt weiter. Er schlug faktisch vor, seine persönliche Überzeugung in den Status eines wissenschaftlichen Axioms zu erheben. Unter der Voraussetzung seiner eigenen Theorie der Krebsentstehung konzipierte Saffiotti auch einen ganzen Katalog politischer Maßnahmen, die er streng logisch aus seinen Annahmen herleitete. Das Hauptproblem, erklärte er, sei es, die Kanzerogenität solcher Substanzen nachzuweisen, die sich zur Zeit noch in einer »Grauzone« befänden. Saffiotti unterteilte – zur Erläuterung dieser Problematik – das gesamte Datenmaterial in drei Gruppen, wobei er sich in seinen politischen Schlußfolgerungen ausschließlich auf die dritte Gruppe stützte – eine trockene akademische Übung, die Sprengstoff barg. Hier nun Saffiottis drei Kategorien von Daten:

1. Daten seien als positiv anzusehen, so Saffiotti, wenn erwiesen sei, daß Tiere oder Menschen, die der betreffenden Substanz ausgesetzt gewesen sind, Tumoren entwickeln.
2. Daten seien negativ, wenn eine Substanz kein Tumorwachstum verursache, jedoch gelte diese Feststellung »nur unter den Bedingungen der jeweiligen Versuchsanordnung« (es seien also andere Versuchsanordnungen denkbar, die die Kanzerogenität einer Substanz dennoch erweisen).
3. Daten seien »ohne Beweiskraft«, wenn sie nicht experimentell gesichert seien, wenn sie eine »schlechte Qualität aufweisen« oder wegen ihres »extrem begrenzten Geltungsbereiches«; dies sei, so Saffiotti, die »Grauzone«, in der bestimmte Ergebnisse von »nichts- bis äußerst vielsagend« rangieren könnten.

Das meiste Datenmaterial, einschließlich des »experimentell nicht gesicherten«, gehörten laut Saffiotti der Kategorie drei an. Er kommt dann auf die politischen Maßnahmen zu sprechen, die er aus seiner Kategorisierung herleitet und sagt:

> Eine »vorausschauende« Politik wird alles »Datenmaterial«, das unter den allgemein akzeptierten Minimalbedingungen wissenschaftlicher Beobachtung nicht eindeutig als negativ klassifiziert werden konnte, so behandeln, als seien die entsprechenden Daten positiv... Mit anderen Worten, eine vorausschauende Politik der Krebsvorbeugung wird eine chemische Substanz so lange mit dem Prädikat »giftig« versehen, wie das Gegenteil nicht ganz eindeutig bewiesen ist.[11]

In dem von ihm vorgelegten Papier sagte Saffiotti nichts über die Zahl der chemischen Substanzen, die unter die Kategorie drei fallen, aber etwa zum gleichen Zeitpunkt bezifferte David P. Rall, der Direktor des National Institute of Environmental Health Sciences [NIEHS], diese Zahl mit 10000.[12] Nur ein Bruchteil dieser Substanzen waren hinsichtlich ihrer Kanzerogenität je wissenschaftlichen Tests unterzogen worden. Die Annahme also, daß »von außen wirkende Substanzen..., die Produkte der Technologie sind«, die Hauptursache aller Krebserkrankungen seien, und das Prinzip, alle Substanzen hätten als giftig zu gelten, solange nicht das Gegenteil bewiesen sei, bedeutete folglich 1976, daß in den USA etwa 10000

Chemikalien als krebserzeugend zu gelten hatten und daß es kaum eine Substanz gab, die das Prädikat »harmlos« verdient hätte. Was Saffiotti mit seiner Forderung zum Ausdruck brachte, war also wirklich, sowohl wissenschaftlich als auch politisch betrachtet, geradezu revolutionär. Er postulierte, daß eine Krankheit, die in ihrem Ursprung noch von niemandem verstanden wurde, 10000 mögliche Ursachen habe. Und dieses ungewöhnliche biologische Postulat erklärte indirekt die Mehrheit der amerikanischen Industriellen zu potentiellen Krebsverursachern. Saffiotti war sich bewußt, daß seine eigene Philosophie in sein wissenschaftliches Postulat mit eingeflossen war. Obwohl er sich zu den gesellschaftlichen Implikationen seines Postulats nicht äußerte, gab er doch zu, daß die politische Umsetzung seines Modells der Krebsverhütung eines gewissen »Utopismus« nicht entbehre.[13]

Egal wie ungewöhnlich und utopisch diese Ideen in biologischer Hinsicht auch sein mochten, sie überschwemmten die USA. 1976 meldete die gesamte Presse aufgeregt, Industriegifte seien für 90 Prozent aller Krebsfälle in Amerika ursächlich. Die Idee, daß chemische Substanzen als »giftig« zu gelten hätten, solange das Gegenteil nicht bewiesen sei, verkam zum Schlagwort der »Aktivisten«. In der Dokumentation »The Politics of Cancer« kam die CBS 1976 mit der Exklusivmeldung heraus, daß drei aufgebrachte juristische Mitarbeiter der Umweltschutzbehörde [EPA] ihren Dienst quittiert hätten, weil, wie es in der Sendung hieß, »auf dem Markt befindliche Chemikalien die gleichen Rechte genießen wie Bürger, sie können erst dann als ›schuldig‹ gelten, wenn ihre ›Schuld‹ nachgewiesen ist«.[14] 1978 meldete *Newsweek* beifällig, daß die Regierung Chemikalien, deren Ungefährlichkeit nicht ausdrücklich nachgewiesen sei, nun als krebserzeugend einstufen könne.[15] Fast über Nacht, so schien es, war Saffiottis persönliche Vorstellung davon, wie chemische Substanzen hinsichtlich ihrer Kanzerogenität einzustufen seien, zum offiziellen Gesetz des Landes und zum Gemeinplatz unter den Aufgeklärten geworden. Inwieweit diese Entwicklung Saffiotti selbst zuzuschreiben ist, müssen zukünftige Wissenschaftshistoriker erforschen. Gut informierte Gewährsleute aus jener Zeit behaupten, er sei damals extrem einflußreich gewesen. Und das zu wissen, genügt für unseren Zweck.

Obwohl die Grundidee – daß nämlich industriell erzeugte Chemikalien a priori als krebserzeugend zu gelten hätten – niemals explizit in Verordnungen oder gesetzlichen Bestimmungen ausgesprochen wurde, akzeptierten die in der Krebsvorbeugung Tätigen die aus dieser Grundannahme sich herleitenden politischen und gesellschaftlichen Konsequenzen ohne weiteres. Die wichtigsten dieser Bestimmungen bezogen sich auf die Interpretation von im Tierversuch gewonnenem Datenmaterial. Fünf dieser Bestimmungen waren besonders kritisch; sie sind Konkretisierungen von Ideen, die der Leser bereits in Form kurzer Überschriften kennengelernt hat, und sie bilden die theoretische Basis für die Beurteilung von im Tierversuch gewonnenen Daten, sofern eine solche theoretische Begründung überhaupt vorgenommen wird. In den meisten Fällen wird ihr hypothetischer Charakter von ihren Verfechtern überhaupt nicht geleugnet. Sie sind also keine wissenschaftlichen Prinzipien; ihr Hauptzweck ist es, in jener auch durch Tierversuche nicht zu beseitigenden »Grauzone« der Unwissenheit dennoch Schlußfolgerungen zu ermöglichen. So gesehen handelt es sich um fünf freischwebende Postulate. Dennoch sind sie nicht frei von wissenschaftlichem Gehalt, denn die Formulierungen selbst, mit denen das Unbekannte umschrieben wird, verdanken sich den neuesten Ergebnissen der Krebsforschung. Es handelt sich daher um sehr elegante Eingeständnisse der Unwissenheit.

Einige dieser Annahmen überschneiden sich bis zu einem gewissen Grade; sie beziehen sich jedoch alle auf wichtige Probleme. Jede dieser Annahmen werde ich zunächst umgangssprachlich und dann in wissenschaftlicher Terminologie umschreiben. Trotz einer gewissen Unbestimmtheit in ihrer sprachlichen Darstellung sind die fünf Postulate für sich genommen nicht sonderlich kompliziert. Ich zitiere Originaltexte, damit der Leser nicht auf wenige präzise – aber auch weniger erschreckende – Visionen aus zweiter Hand angewiesen ist. Es werden zu jedem Postulat verschiedene Autoren zitiert, weil außerdem die zwischen verschiedenen Autoren bestehenden Unterschiede interessant sind und wir uns nicht auf eine – noch so große – Autorität allein verlassen wollen. Die neben Saffiotti zitierten Wissenschaftler sind allesamt aktiv auf dem Feld der Krebsvorbeugung tätig. Viele Zitate sind sogar direkt von staatlichen Stellen herausgegebenen Dokumenten entnommen.

Postulat 1: Da es Beweise dafür gibt, daß die meisten beim Menschen Krebs erzeugenden Substanzen bei Tieren die gleiche Wirkung haben, werden wir trotz mangelnder Beweise annehmen, daß kleine Gruppen von Labortieren als biologische »Stellvertreter« dienen können.

1972 konstatierte Saffiotti, daß trotz bestehender Mensch-Tier-Korrelation die im Tierversuch gewonnenen Ergebnisse keine zwingenden Rückschlüsse auf die Krebsentstehung beim Menschen zuließen. Aber, fügte er hinzu, Tierversuche seien dennoch unverzichtbar:

Mehr als tausend chemische Substanzen konnten im Tierversuch als kanzerogen identifiziert werden (obwohl einige in der Literatur erwähnte »positive« Testergebnisse – insbesondere die älteren – nach heutigen Maßstäben nicht mehr ganz zufriedenstellend sind). Eine Reihe chemischer Substanzen, aber auch Gemische chemischer Substanzen konnten unmittelbar am Menschen als kanzerogen nachgewiesen werden... Außer Arsen, dessen Wirkung noch experimentell geprüft wird, erwiesen sich alle wichtigen Substanzen, deren kanzerogene Wirkung sich unmittelbar am Menschen beweisen ließ, auch bei Tieren als krebserregend. *Andererseits würde der Beweis, daß eine im Tierversuch als kanzerogen identifizierte Substanz auch beim Menschen krebserregend wirkt, in den meisten Fällen äußerst komplizierte und langwierige epidemiologische Studien erfordern. In manchen Fällen ist es vielleicht sogar ganz unmöglich, diesen Beweis zu erbringen, weil die experimentelle Demonstration dieses Zusammenhangs einfach zu verwickelt wäre. Deshalb ist es bei unserem heutigen Wissensstand am klügsten, anzunehmen, daß Substanzen, deren Kanzerogenität im Tierversuch bewiesen ist, auch beim Menschen krebserzeugend wirken, auch wenn sich die Richtigkeit dieser Annahme nicht unmittelbar am Menschen demonstrieren läßt.*[16] (Hervorhebung durch die Autorin)

Im wesentlichen die gleiche Feststellung findet sich in einem 1979 für die Mitarbeiter des Office of Sciences and Technology verfaßten Papier, das in redigierter Form im *Journal of the National Cancer Institute* erschien:

Praktisch jede chemische Substanz, deren Kanzerogenität für den Menschen nachgewiesen ist, wirkt bei allen Säugetieren krebserzeugend (offenbar mit Ausnahme von Arsen und Benzol). *Obwohl sich die Umkehrung dieser Aussage nicht beweisen läßt, erscheint es dennoch angeraten, ein in einem sorgfältig und gewissenhaft durchgeführten Experiment an Säugetieren erzieltes positives Testergebnis auch als verbindlich für den Menschen zu betrachten.*[17] (Hervorhebung durch die Autorin)

Einige Absätze weiter unten konstatieren die OST-Wissenschaftler, daß verschiedene Arten von Tieren nicht auf jede Substanz notwendig gleich reagieren und daß die Wissenschaftler im unklaren darüber seien, welche Tierarten die zuverlässigsten Extrapolationen auf den Menschen zulassen. So gewonnenes Datenmaterial sei daher interpretationsbedürftig, da es die häufige Nichtübereinstimmung zwischen verschiedenen Tierarten sowie die Frage nach der für die Extrapolation von Ergebnissen auf den Menschen geeignetsten Tierart zu berücksichtigen gelte.[18]

(David Rall vom Staatlichen Institut für Umwelthygienische Wissenschaften [NIEHS] erklärte 1976 der CBS, aber auch vor der Konferenz für Umweltfragen in Ballungsgebieten etwas ganz anderes. Er behauptete ganz einfach, im Tierversuch erzielte Ergebnisse seien auch für den Menschen verbindlich, und verbreitete diese Neuigkeit im ganzen Land. Wir haben für diese Gegensätzlichkeit der Standpunkte noch keine Erklärung, wir nehmen sie nur zur Kenntnis.)

Postulat 2: Da wir nicht wissen, welche Menge eines Kanzerogens ein bösartiges Zellwachstum auslöst, müssen wir davon ausgehen, daß es überhaupt keine Schwellendosis gibt, daß also selbst die geringste Dosis eines Kanzerogens bereits gefährlich ist.

Diese Idee war für die in den entsprechenden Regierungsstellen arbeitenden Wissenschaftler von immenser Bedeutung, denn sie wurde in der Periode vor der Verabschiedung des TSCA [Toxic Substances Control Acts] im ganzen Land herumposaunt. Normalerweise kursierten sie in ihrer von Marvin Schneiderman vom NCI in Umlauf gebrachten einfachsten Form. Schneiderman hatte erklärt, solange ein Krebsrisiko bestehe, sei es unter den heutigen Umständen ratsam, für die Wirksamkeit eines Kanzerogens überhaupt keine Schwelle (das heißt keine »sichere« Dosis) anzunehmen. Was angesichts völliger Ungewißheit »ratsam« ist, läßt sich der Öffentlichkeit natürlich problemlos vermitteln. Aber nicht allein aus diesem Grund nahmen die Wissenschaftler an, daß es unmöglich sei, die Schwellendosis eines Kanzerogens exakt zu ermitteln. Es gibt in der Tat noch eine Reihe andere Gründe für diese Annahme, wie wir im weiteren Verlauf dieses Buches noch sehen werden. Aber einige der Argumente, die begründen sollen, weshalb Kanzerogene keine Wirksamkeitsschwelle haben [»No-Threshold-Theory«], möchte ich bereits an dieser Stelle vortragen, denn ein solch kurzer Abriß ist ausreichend, um die Problematik aufzuzeigen. Wenn wir uns eine biologische Annahme zu eigen machen, müssen wir zunächst eine Ahnung davon haben, worauf diese Annahme eigentlich basiert. Im folgenden möchte ich Ihnen die drei grundlegenden wissenschaftlichen Argumente vorstellen, auf die sich diese Theorie stützt. Sie sind oftmals in den gleichen Dokumenten abgedruckt, erscheinen jedoch der Deutlichkeit halber hier getrennt.

Das erste dieser Argumente ist statistischer Natur. Es bezieht sich auf die geringe Aussagekraft, die Tierversuchen mit einer geringen Zahl von Tieren hinsichtlich eines *einzigen* Kanzerogens zuerkannt werden kann. Die Standardversion dieser Erklärung findet sich in einer 1972 vom Komitee für die Erforschung der biologischen Auswirkungen atmosphärischer Schadstoffe [Committee on Biologic Effects of Atmospheric Pollutants] herausgegebenen Schrift:

Obwohl bereits viele Chemikalien in Dosis-Reaktions-Tests untersucht worden sind und der quantitative Aspekt der Kanzerogenese hinsichtlich einiger ausgewählter Kanzerogene bereits ausgiebig studiert wurde, gibt es auch heute keine Einigkeit darüber, ob es eine Schwellendosis gibt, jenseits derer die Kanzerogenese beginnt. Das Dilemma hängt mit dem Verlauf der Dosis-Reaktions-Kurve zusammen... *Da es bei der Verabreichung sehr niedriger Dosen unmöglich ist, ohne eine sehr große Zahl von Tieren verläßliche Daten zu erhalten..., ist der Begriff der Schwellendosis vielleicht sogar völlig bedeutungslos, und es wäre wegen dieser Unsicherheiten in der Messung klug, die Dosis-Reaktions-Kurve von vornherein bei Null verlaufen zu lassen.*[19] (Hervorhebung durch die Autorin)

Das zweite Argument ist allgemeinerer Natur. Es bezieht sich nicht auf die Schwellendosis eines Kanzerogens als solche, sondern betont die Begrenztheit unseres Wissens über die menschliche Reaktion. 1973 umriß Saffiotti dieses Problem wie folgt. Wiederum nahm er die zur Zeit bestehende Ungewißheit beziehungsweise unser Nichtwissen zum Ausgangspunkt:

...wenn jedes *Individuum* eine eigene Schwelle haben sollte (auch ein starker Raucher bekommt nicht notwendig Lungenkrebs), können wir diese nicht mit Sicherheit vorherbestimmen; noch weniger können wir sie auf die gesamte Bevölkerung extrapolieren.[20]

Das dritte Argument ist noch komplizierter, denn diesmal beruht die Ablehnung einer Schwelle nicht auf den durch die Unmöglichkeit der Extrapolation von Mäusen auf Menschen gesetzten Grenzen und auch nicht auf unserem unvollkommenen Verständnis der menschlichen Reaktion, sondern auf dem Phänomen der chemischen Wechselwirkungen – und diese Ablehnung bezieht sich sowohl auf *Nicht*kanzerogene als auch auf Kanzerogene hinsichtlich der Wirkung beider auf *die Zelle.* Im folgenden möchte ich Ihnen einige Beispiele geben, die dieses Problem verdeutlichen und unser Verständnis der Bedeutung der *nicht*kanzerogenen Substanzen für die Krebsentstehung gewiß verändern werden.

In dem bereits vorstehend mehrfach zitierten Papier von 1973 rührte Saffiotti für einen kurzen Moment an die Möglichkeit kanzerogener Wirkungen *nicht*kanzerogener Substanzen, als er nämlich feststellte, das weite Gebiet des Synergismus sei fast völlig unerforscht:

Unser Wissen über die Bedeutung der Wechselwirkung verschiedener chemischer Substanzen für die Kanzerogenese ist noch ziemlich dürftig... Unseren derzeitigen Wissensstand auf diesem Gebiet kann ich am besten zusammenfassen, indem ich eingestehe, daß der Grad, in dem verschiedene chemische Substanzen sich in ihrer kanzerogenen Wirkung gegenseitig potenzieren, heute im wesentlichen noch nicht berechenbar ist und auch von einer Reihe von Faktoren im Wirtsorganismus abhängt. Trotzdem haben Tierversuche, aber auch die Beobachtung krebskranker Menschen eine zunehmende Zahl von Beispielen dafür geliefert, daß solche Wechselwirkungen als Auslösemechanismen bestimmter Krebserkrankungen durchaus eine potenzierende Wirkung ausüben können. Außerdem *kann diese Potenzierung sogar zwischen Substanzen auftreten, von denen nicht bekannt ist, daß sie – jeder für sich genommen – kanzerogen sind.* (Hervorhebung durch die Autorin)

In diesem Absatz hatte Saffiotti etwas Ungewöhnliches ausgesprochen – nämlich daß Krebs auch durch die Interaktion von zwei oder mehr Substanzen entstehen kann, von denen keine kanzerogen ist. Er ging auf diesen faszinierenden Gedanken nicht weiter ein, sondern fuhr unmittelbar fort:

Die heute verfügbaren wissenschaftlichen Daten gestatten es nicht, eine Schwelle anzugeben, unterhalb derer ein Kanzerogen für den Menschen unschädlich wäre.[21]

In einer 1977 abgegebenen Erklärung über die Gefahren selbst geringster Dosen kanzerogener Substanzen erläuterte Roy Albert, der Vorsitzende der von der Umweltschutzbehörde [EPA] eingesetzten »Forschungsgruppe krebserregender Substanzen«, die Bedeutung nichtkanzerogener Chemikalien als Krebsauslöser:

Untersuchungen über die kanzerogene Wirkung von Umweltgiften legen die Vermutung nahe, daß die konventionelle Methode der Berechnung des innerhalb einer bestimmten Bevölkerung bestehenden Krebsrisikos nicht ganz akkurat sein könnte. Diese Berechnungen schließen von einer Dosis-Tumorhäufigkeits-Relation auf die Wahrscheinlichkeit einer Tumorbildung unter den Bedingungen einer geringfügigen Kanzerogeneinwirkung. Vermutlich ist es realistischer, davon auszugehen, daß, auch wenn *der Kanzerogenspiegel sehr niedrig gehalten werden kann, es aufgrund einer Reihe anderer Komponenten, die normalerweise unschädlich sind, einen zusätzlichen Risikofaktor gibt, der auch eine erhöhte Anfälligkeit für die Krebsinduktion einschließt...*

Die Verabreichung einer subtumorigen Dosis eines Kanzerogens induziert Mutationsvorgänge. Dieser Vorgang vollzieht sich abrupt und ist irreversibel; *er schreitet nicht fort, sondern bleibt so lange latent, wie er nicht von einem anderen Agens, das selbst nichtkanzerogen sein kann, einen Anstoß erhält...*

Daher kann die Einwirkung niedriger Dosen eines Kanzerogens, die den konventionellen Extrapolationsmodellen zufolge nur in seltenen Fällen zu Krebserkrankungen führen dürfte, durchaus eine wesentlich größere Zahl von irreversiblen und latenten Schäden anrichten, als man bisher angenommen hat. *Obwohl also das aus der Kanzerogeneinwirkung als solcher resultierende Risiko sehr niedrig sein mag, kann das reale Krebsrisiko durchaus wesentlich höher liegen, je nachdem in welchem Maße und auf welche Weise ein Organismus Substanzen ausgesetzt ist, die fähig sind, die latenten Genveränderungen in ein neoplastisches Krankheitsbild zu übersetzen... Die Einwirkung geringer Dosen eines Kanzerogens kann daher durchaus die Gesundheit angreifen, indem dieser Einfluß die Anfälligkeit für eine Krebsinduktion durch andere – normalerweise – nichtkanzerogene Substanzen erhöht.*[22] (Hervorhebung durch die Autorin)

In seinem 1978 erschienenen Buch *The Politics of Cancer* legte Samuel Epstein, dieser Kanzerogenesefachmann und Berater der Regierung, gleich großes Gewicht auf die Gefahren der *Nicht*kanzerogene wie auf die Risiken der Kanzerogene. Hier nun seine Version des Arguments gegen eine Schwellendosis:

...es gibt außerdem Beweise dafür, daß einzelne Kanzerogene, wenn sie in Wechselwirkung miteinander treten, gemeinsam wesentlich stärker sind, als sie es einzeln wären. *Außerdem kann auch die Interaktion zwischen Kanzerogenen und einem weiten Spektrum nichtkanzerogener Substanzen die Potenz der Kanzerogene verstärken. Wenn man zum Beispiel Forellen eine geringe Dosis des Kanzerogens Aflatoxin (0,4 Teile per Milliarde) verabreicht, so erhöht sich dessen Wirkung unverhältnismäßig stark, wenn man der Nahrung noch zusätzlich eine Reihe nichtkanzerogener Öle beimischt. Ähnlich erhöht sich die kanzerogene Wirkung, die in niedriger Konzentration auf die Haut von Mäusen aufgebrachtes Benzo(a)pyren ausübt, um das Tausendfache, wenn man das nichtkanzerogene N-Dodekan als Lösungsmittel benutzt.* Wenn man ausgewachsenen Nagern Benzo(a)pyren und Eisenoxid in die Luftröhre injiziert, so kommt es zu einer besonders hohen Lungentumorinzidenz nur dann, wenn die Tiere schon unmittelbar nach der Geburt mit einer niedrigen Dosis eines anderen Kanzerogens, nämlich mit Diäthylnitrosamin behandelt worden sind. *Die dosisabhängige Reaktion auf ein bestimmtes Kanzerogen wird von einer ganzen Reihe von Faktoren substanziell beeinflußt, beispielsweise der Interaktion mit anderen Kanzerogenen beziehungsweise Nichtkanzerogenen.* Daher erschweren diese sognannten synergistischen Wirkungen die Bemühungen um die Festlegung »sicherer« Dosen eines Kanzerogens ganz erheblich. Derartige Interaktionsstudien bestätigen eindeutig, daß sich die Risikoschwelle kanzerogener Substanzen unmöglich vorhersagen läßt, wenn man Berechnungen auf der Grundlage einer Dosis anstellt, die willkürlich irgendwo unterhalb der in einer bestimmten Reihe von Tierversuchen ermittelten Kanzerogenitätsschwelle liegt. *Wir verdanken der Epidemiologie wichtige Aufschlüsse über die zwischen solchen Kanzerogenen, wie z. B. durch das Rauchen inhalierten Schadstoffen und Asbest oder Uran, oder zwischen kanzerogenen oder nichtkanzerogenen chemischen Substanzen wie Arsen und Schwefeldioxid stattfindenden Wechselwirkungen.* Es besteht daher zur Zeit ein dringender Bedarf nach umfassenden Interaktionsstudien, um solche zusätzlichen synergistischen Wirkungen zu durchleuchten, wie sie im täglichen Leben ständig ausgelöst werden. Das gilt besonders dann, wenn epidemiologische

Beobachtungen solche Untersuchungen nahelegen.[23] (Hervorhebung durch die Autorin)

Es ist klar, daß nach einer solchen Einstimmung durch Epstein spätestens 1978 fast alle Wissenschaftler, die ihre Ansichten über umweltbedingte Krebserkrankungen aus Tierversuchen und einigen wenigen Untersuchungen am Menschen herleiten, unsere gesamte, durch Chemikalien belastete Umwelt für ein potentielles kanzerogenes Pulverfaß hielten.

Das also sind einige der biologischen Argumente dafür, warum es eine »sichere« Schwellendosis eines Kanzerogens nicht geben kann. Im Augenblick wollen wir diese Annahme als Arbeitshypothese akzeptieren. Wir sollten jedoch nicht übersehen, daß einige der Verfechter dieser Theorie sich aus »Gründen der Vernunft« zu ihr bekennen, das heißt, weil wissenschaftliche Beweise nicht existieren, während andere Wissenschaftler wissenschaftliche Argumente vorbringen, um ihren Standpunkt zu begründen. Wir können nur neuerlich den Widerspruch konstatieren.

Postulat 3: Vorausgesetzt, chemische Substanzen haben die Fähigkeit, mit Kanzerogenen zusammenzuwirken und deren Wirkungen zu komplizieren, und vorausgesetzt weiter, daß wir in unserer Umwelt einem zunehmenden Sperrfeuer an kanzerogenen Molekülen ausgesetzt sind, so müssen wir annehmen, daß bereits ein Molekül eines beliebigen Kanzerogens eine potentielle Gefährdung unserer Gesundheit darstellt.

Die »Ein-Molekül-Theorie« wurde von der Öffentlichkeit erstmals Anfang der siebziger Jahre zur Kenntnis genommen, als der Kongreßabgeordnete H. L. Fountain ein Hearing über DES (Diäthylstilböstrol) veranstaltete. Dieses Mittel zur Verhinderung von Frühgeburten wirkte nachgewiesenermaßen transplazental und hatte bei einigen der Töchter von Frauen, die es eingenommen hatten, Vaginalkrebs verursacht. DES fand auch als Wachstumsstimulans Anwendung in der Tierhaltung und führte zu einer Kontroverse zwischen der Federal Drug Administration (FDA) und dem National Cancer Institute (NCI). Die FDA fand die Verwendung von DES in der Tierhaltung für Menschen so lange bedenkenlos, wie die DES-Rückstände im Rindfleisch sich auf zwei Teile per Milliarde beschränkten. Die Wissenschaftler vom NCI hingegen, zu denen auch Umberto Saffiotti gehörte, betrachteten auch diese Menge bereits als gefährlich und plädierten für ein Verbot der Substanz. 1975 berichtete Jacqueline Verrett von der FDA, die sich bei Saffiotti über die theoretischen Grundlagen des Problems informiert hatte und ebenfalls für ein Verbot eintrat, über die Kontroverse. Dieser Bericht ist eine der ersten auch dem Laien verständliche Darstellungen des Ein-Molekül-Risikos.

Soweit Krebsspezialisten wissen, bedarf es vielleicht nur eines oder weniger Moleküle, um auf der Ebene der Zelle jenes unkontrollierte Wachstum anzuregen, das wir Krebs nennen. Wenn man sich die Aufnahme einiger weniger DES-Moleküle in den Körper vorstellt, so darf man nicht etwa davon ausgehen, daß dieser Körper zuvor niemals der Einwirkung von Kanzerogenen ausgesetzt gewesen wäre, sondern daß er im Laufe der Jahre auch andere Kanzerogene aufgenommen und »gespeichert« hat. Es ist also wahrscheinlich nicht eine einzige unendlich kleine Dosis eines Kanzerogens, die ganz alleine Krebs verursacht, sondern ein kumulativer Effekt, wie es während der DES-Kontroverse von Wissenschaftlern so eindeutig dargelegt wurde. *Eine »Prädisposition« für Krebs, wenn man es einmal so nennen will, entwickelt sich erst im Laufe der Zeit, vermutlich aufgrund der kontinuierlichen Einwirkung kanzerogener Substanzen und einer besonderen individuellen Empfänglichkeit für diese Einflüsse, und dann kommt vielleicht der Tag, da jenes zusätzliche Molekül eines Kanzerogens das ganze System überlastet und das Krebswachstum beginnt. Wissenschaftler vom National Cancer Institute haben vor Kongreßabgeordneten versichert, daß bereits ein DES-Molekül unter den 340 Billionen Molekülen, die in einem Viertelpfund Rindsleber enthalten sind, ausreichen könnte, um beim Menschen Krebs auszulösen.*[24] (Hervorhebung durch die Autorin)

Die »Ein-Molekül-Theorie« wird uns in diesem Buch noch in anderem Zusammenhang wiederbegegnen. Vor dem Hintergrund einer behaupteten allgemeinen Zunahme der Bedrohung durch kanzerogene und synergistische Effekte läßt sich diese Theorie nicht nur auf Nahrungsmittel anwenden, sondern auf jedes einzelne Molekül eines beliebigen Kanzerogens, egal auf welchem Weg es in den Körper gelangt. Die »Ein-Molekül-Theorie« ist die letzte Konsequenz der Annahme, es gäbe keine Risikoschwelle [der »No-Threshold-Theory«]. »Keine Risikoschwelle« heißt keine risikofreie Dosis, nicht einmal die geringste Dosis, nicht einmal ein Molekül. Wissenschaftler drücken sich diesbezüglich jedoch unterschiedlich aus, je nachdem ob sie über den »kumulativen« Aspekt der Kanzerogenese sprechen oder über die Wirkung eines beliebigen Kanzerogens. Daher tendieren Saffiotti (und viele andere Wissenschaftler, die ihn paraphrasieren und zitieren)[25] und Roy Albert, ein Berater der Umweltschutzbehörde, dazu, auf breiter Ebene davor zu warnen, daß die Langzeiteinwirkung niedriger Dosen kanzerogener Substanzen möglicherweise im Bevölkerungsdurchschnitt die meisten Krebserkrankungen verursacht. Im Gegensatz dazu heißt es in einer FDA-Studie von 1980: »Es bedarf vieler Hypothesen, wenn man auf der Basis von Tierversuchen quantitative Schätzungen hinsichtlich des Krebsrisikos anstellen möchte, dem der Mensch ausgesetzt ist.« Eine dieser Hypothesen ist, so das General Accounting Office, die Vorstellung, daß *jede Einwirkung* eines Kanzerogens auf den menschlichen Organismus bereits Krebs verursachen kann.[26] Letztlich ist unabhängig von der jeweiligen Formulierung immer eines gemeint: Es gibt keine risikolose Dosis, und schon eine beliebig geringe Dosis eines Kanzerogens, ja bereits ein einziges Molekül ist hinreichend, um das tödliche Krebswachstum auszulösen.

Postulat 4: Da niemand weiß, welches oder welche Moleküle bei einem Menschen Krebs auslösen, muß man davon sprechen, daß alle kanzerogenen Moleküle eine Bedrohung darstellen und daß man sie daher entweder verbieten oder eine technische Barriere errichten muß, um Industriearbeiter, aber auch die Öffentlichkeit im allgemeinen zu schützen.

Diese Annahme bildet die Brücke von der Ein-Molekül-Theorie zur Praxis der bürokratischen Reglementierung. Sie ist allen Wissenschaftlern gemeinsam, die sich eine Ausweitung der »Delaney-Klausel« wünschen. Diese Klausel verbietet im Prinzip alle kanzerogenen Zusätze in Lebensmitteln, und ein entsprechendes Verbot verlangen die genannten Wissenschaftler auch für alle anderen Bereiche unseres Produktionssystems. Das Expertengremium für Kanzerogenese, das 1970 unter Saffiottis Vorsitz tagte und das die Risiken von in geringen Dosen in unserer Umwelt enthaltenen Kanzerogenen ermitteln sollte, empfahl dem Surgeon General unter anderem ein solches Verbot – seinen Empfehlungskatalog insgesamt kann man in den Protokollen des Senatshearings von 1971 nachlesen:

Das Prinzip einer Nulltoleranz gegenüber jeglichen kanzerogenen Einflüssen sollte in all jenen Bereichen, für die es jetzt bereits gesetzliche Gültigkeit besitzt, strikte Anwendung finden und auf andere Risikobereiche ausgedehnt werden. *Nur in Fällen, in denen die Verseuchung bestimmter Erzeugnisse oder künstlich erzeugte Umweltbedingungen durch Kanzerogene unvermeidlich sind, sollte es gestattet sein, von dem Prinzip der Nulltoleranz abzuweichen.* Solche Abweichungen sollten jedoch nur in absoluten Ausnahmefällen und nach Vorlage ausführlicher chemischer und biologischer Analysen und einem spezifischen Gutachten über mögliche Gefahren für den Menschen gestattet sein. Im übrigen sollten keine Mühen gescheut werden, um das Verseuchungsrisiko so niedrig wie möglich zu halten. Regelmäßige Berichte über den Grad der Verseuchung und des geschätzten Risikos sollten verbindlich vorgeschrieben sein.[27] (Hervorhebung durch die Autorin)

In einem zwei Jahre später von Saffiotti veröffentlichten Aufsatz zitierte er die Empfehlung und unterstrich noch einmal deren Bedeutung.[28]

Diesen Standpunkt nehmen noch heute viele in der Krebsvorbeugung tätige Wissenschaftler ein: »Nulltoleranz« heißt völlige Ausschaltung aller Kanzerogene bis zum letzten Molekül. Diese Forderung muß bedingungslos eingehalten werden, solange nicht der »unstreitige Beweis« dafür vorliegt, daß der Kontakt mit Kanzerogenen in bestimmten Situationen unumgänglich ist.

Postulat 5: Da auf dem Feld der Erforschung der Kanzerogenität bestimmter chemischer Substanzen häufig sich widersprechende wissenschaftliche Ergebnisse erzielt werden, müssen Daten mit dem Prädikat »schuldig« ernster genommen werden als solche, die eine bestimmte Substanz für »unschuldig« erklären.

Dies ist das letzte der Postulate, die der Leser kennen sollte, und dieses Postulat wird immer dann beschworen, wenn wissenschaftliche Ergebnisse in Widerspruch zueinander geraten. Wie es häufig der Fall ist, ergeben manche Experimente, daß eine bestimmte Substanz Krebs verursacht, während andere das genaue Gegenteil beweisen – doch in allen diesen Fällen behaupten die Reglementierungsfetischisten, daß es ein Gebot der »Vernunft« sei, das »Schuldig«-Resultat zu akzeptieren. Das 1970 unter Saffiottis Vorsitz gebildete Gremium drückte diese Forderung folgendermaßen aus:

> Unter bestimmten experimentellen Bedingungen erzielte negative (also die Nichtkanzerogenität beweisende) Ergebnisse sollten als widerlegt gelten, wenn andere Experimente zu positiven Resultaten geführt haben. Positive Ergebnisse hingegen sollten so lange als absolut gültig betrachtet werden, wie nicht neue Beweise eindeutig belegen, daß die ursprünglichen Resultate zu der betreffenden Substanz nur in einem Zufallsverhältnis stehen.[29]

Die Ausgewogenheit dieser Feststellung könnte den Leser zu der Annahme führen, hier werde nichts anderes gesagt, als daß Ergebnisse, ob nun positiv oder negativ, so lange als gültig anerkannt werden müssen, wie sie nicht widerlegt sind. Aber das ist mit dieser Feststellung nicht gemeint. Gemeint ist vielmehr, daß bereits Indizien- und nicht eindeutige Beweise für die Kanzerogenität einer bestimmten Substanz als »verbindlich« zu gelten haben. Der Nachweis der Nichtkanzerogenität einer Substanz hingegen gilt erst als »definitiv« erbracht, wenn eindeutige Beweise vorliegen. Die beiden Gruppen von Datenmaterial gelten nicht als gleichwertig.

Noch ausdrücklicher konstatierte vier Jahre später Jacqueline Verret von der FDA die zwischen positivem und negativem Datenmaterial bestehende Ungleichwertigkeit. Sie bezieht sich dabei auf Saffiotti. Die Rede ist ausschließlich von wissenschaftlich unangreifbaren Tierversuchen:

Negative Ergebnisse können einfach nicht als mit positiven gleichwertig behandelt werden. Wie Dr. Saffiotti erklärt, erscheinen in Krebstests schwach kanzerogen wirkende Agenzien als negativ, weil man mittels der gegenwärtig angewandten Testverfahren eine Krebsinzidenz von 5 bis 10 Prozent gar nicht feststellen kann. Daher müssen wir, wie er betont, den »im Tierversuch gewonnenen positiven Ergebnissen um so mehr Beachtung schenken«.[30]

Spätestens 1979 galt es allgemein als ausgemacht, daß ein positiver Befund höher zu bewerten sei als ein negativer. Die Wissenschafts- und Technologiebehörde [OST] stellte damals fest:

Zu divergierenden Testergebnissen kann es entweder bei an verschiedenen Tierarten durchgeführten Untersuchungsreihen oder bei verschiedenen an einer Tierart durchgeführten Testreihen kommen. *Ein schlecht konzipierter oder durchgeführter Tierversuch ist natürlich weniger aussagekräftig als ein ordnungsgemäß verlaufener. Vorausgesetzt, die Testprozeduren werden ordnungsgemäß ausgeführt, so empfiehlt es sich im allgemeinen, wenn verschiedene Tierspezies an den Testreihen beteiligt waren, positive Resultate höher zu bewerten als negative.* Dabei gilt es zu berücksichtigen, daß verschiedene Tierarten auf die gleiche Substanz nicht selten unterschiedlich reagieren und daß es im übrigen schwierig ist zu entscheiden, welche Tierart hinsichtlich ihrer Reaktion auf bestimmte Substanzen dem Menschen am nächsten kommt. Wenn verschiedene an einer Tierart durchgeführte Testreihen divergierende Ergebnisse erbringen, so ist es notwendig, bei der Interpretation dieser Ergebnisse sämtliche Daten zu berücksichtigen.[31] (Hervorhebung durch die Autorin)

1980 schrieben die Verfasser der von der FDA herausgegebenen GAO-Studie sogar:

Die derzeit von der FDA verfolgte Politik trägt Sorge dafür, daß die Ergebnisse einer technisch schlecht durchgeführten Studie niemals dazu dienen dürfen, ein Sicherheitsrisiko zu bestreiten, während sie umgekehrt jedoch durchaus zur Konstatierung einer bisher unbekannten Gefahrenquelle herangezogen werden dürfen.[32]

Alles in allem fand die 1970 von Saffiotti in Umlauf gesetzte Auffassung allgemeine Anerkennung: In der »Grauzone« hat das Verdikt »schuldig« den absoluten Vorrang. Aber es war noch etwas hinzugekommen. In Übereinstimmung mit der Politik der FDA bedurfte nun nicht einmal mehr die Diagnose »schuldig« eines seriösen experimentellen Nachweises.

Diese kurze Aufzählung ihrer Grundannahmen erschöpft natürlich das Thema Reglementierung bei weitem nicht, auch gibt sie uns nur einen oberflächlichen Eindruck von dem in der Grundlagenforschung verbreiteten Denken. Aber wir können ziemlich sicher sein, daß die in öffentlichen Institutionen sitzenden Wissenschaftler der Allgemeinheit diese Grundannahmen besonders nachdrücklich nahebringen wollten, andernfalls hätten sie sich nicht so intensiv um die Popularisierung dieser Ideen bemüht. Der einzig bedeutungsvolle Unterschied zwischen den in diesem Kapitel dargestellten Vorstellungen und jenen, die wir im letzten Kapitel kennengelernt haben, besteht darin, daß wir in diesem Kapitel einige der Gründe dafür erfahren haben, weshalb diese Ideen mit solchem Nachdruck in die Öffentlichkeit getragen wurden.

Wenn man diese Grundideen kennt, so kann man bereits in etwa abschätzen, welche erklärtermaßen kanzerogenen chemischen Substanzen der auf den folgenden Seiten dargebotene Überblick enthält. Mit diesen Informationen ausgestattet, kann auch der angesichts der Fülle des in Tierversuchen angefallenen Datenmaterials hilflose Laie die drei folgenden Grundannahmen nachvollziehen:

1. Wo immer im Tierversuch eine Substanz als möglicherweise, wahrscheinlich oder nachgewiesenermaßen kanzerogen (oder als kokanzerogen oder als Kanzerogenität begünstigender Faktor) identifiziert wird, darf man annehmen, daß diese Substanz den Tod von Menschen bereits verursacht hat oder in Zukunft verursachen wird.
2. Der Beweis der Kanzerogenität bedarf keiner übermäßigen wissenschaftlichen Genauigkeit; denn im Tierversuch gewonnene positive Ergebnisse können als »aussagekräftig« gelten und sollten unsere Wachsamkeit für bestimmte Krebsrisiken schärfen, selbst wenn die entsprechenden Experimente wissenschaftlichen Ansprüchen nicht standhalten.
3. Wenigstens zwischenzeitlich kann ein Wissenschaftler davon absehen, daß bestimmte andere Tierversuche zu seinen eigenen positiven Ergebnissen widersprechenden Resultaten geführt haben. Diese Möglichkeit liegt in dem Umstand begründet, daß der Befund »schuldig« generell höher bewertet wird als das Resultat »unschuldig«.

Es mag den Apokalyptikern zwar nicht gerade schmeicheln, doch die vorstehend aufgeführten Grundsätze ergeben sich zwangsläufig aus den fünf Postulaten, wenn man sich von ihrer pseudowissenschaftlichen Fassade nicht blenden läßt. In anderen Bereichen der Wissenschaft würde man dieses Vorgehen als unseriös bezeichnen.

Die zweite Entdeckung

Der in diesem Unterkapitel dargebotene Überblick enthält aber noch eine zweite Entdeckung. Sie wurde mir bewußt, als ich aufhörte, Chemikalien immer nur in alphabetisch gegliederten Auflistungen zu betrachten. Das Alphabet mag zwar für die Erstellung von Karteien und Datensammlungen unerläßlich sein, eine alphabetische Anordnung ist jedoch ungeeignet, uns einen Eindruck von der Rolle zu vermitteln, die industriell erzeugte Chemikalien in unserem Leben spielen. Ich durchbrach deshalb das alphabetische Schema und suchte nach anderen Gesichtspunkten, die den Einfluß industriell erzeugter Chemikalien auf die amerikanische Gesellschaft transparent machen können. Nachdem ich umfangreiches Datenmaterial gesammelt hatte, stellte ich fest, daß ich es nicht nur mit der chemischen Industrie zu tun hatte, sondern mit allen bedeutenden Industrien, auf denen unsere Zivilisation beruht. Wir wollen die Implikationen dieser Entdeckung jedoch zunächst einmal außer acht lassen. Die folgende Übersicht nennt jede der betroffenen Industrien und präsentiert eine systematische Erfassung aller Kanzerogene, die von den jeweiligen Industrien angeblich erzeugt werden. Wie es sich auch das Staatliche Institut für Sicherheit und Gesundheit am Arbeitsplatz hinsichtlich der von ihm veröffentlichten Liste krebserregender Substanzen vorbehalten hat, übernehme ich keinerlei Garantie für die Richtigkeit des von mir publizierten Datenmaterials. Ich versichere jedoch, daß ich mein Datenmaterial von industrieunabhängigen Wissenschaftlern übernommen habe. Es finden sich in dem Überblick auch einige Informationen über Mutagene – chemische Substanzen, die in Bakterien und Körperzellen Mutationen auslösen –, da viele Wissenschaftler die Meinung vertreten, daß Mutationen, das heißt vererbliche Veränderungen in der DNS eines Mikroorganismus oder einer Körperzelle, Krebs verursachen. Eine Reihe von Agenzien, die beim Menschen angeblich ebenfalls Krebs auslösen, finden gleichermaßen Erwähnung. In erster Linie werde ich in dem Überblick jedoch solche Substanzen auflisten, deren Kanzerogenität erklärtermaßen im Tierversuch nachgewiesen wurde.

Der Überblick ist soweit wie möglich umgangssprachlich gehalten: Außer in den Bezeichnungen der chemischen Substanzen selbst kommen Fachausdrücke nicht vor. Das Wort »Kanzerogen« bedeutet, falls nicht anderweitig vermerkt, immer im Tierversuch als Kanzerogen nachgewiesen. Wenn Zahlen genannt werden, dann immer nur, um klar verständlich quantitative Beziehungen zu verdeutlichen. Obwohl der Darstellung gelegentlich Erläuterungen eingefügt sind, besteht das Unterkapitel doch hauptsächlich aus Listen, Tabellen und Darstellungen. Viele dieser Listen und Darstellungen stammen von Wissenschaftlern, die sie angefertigt haben, um sich auf ihrem eigenen Arbeitsgebiet einen Überblick zu verschaffen. Nur solche schematischen Darstellungen ermöglichen heutzutage einen Überblick über die Berge von Daten, und wie vereinfachend auch immer diese Art der Zusammenfassung sein mag, Wissenschaftler arbeiten ständig mit dieser Technik. Ich habe mich bemüht, so viel in der Fachliteratur veröffentlichtes Material in diesen Überblick aufzunehmen, wie es der begrenzte Raum zuläßt. Erst wenn man eine Vorstellung davon hat, was Wissenschaftler sozusagen an der Basis unseres industriellen Systems entdeckt haben wollen, kann man beginnen, über das Problem realistisch nachzudenken.

Industriell hergestellte Kanzerogene: Eine Übersicht

I Chemische Verbindungen
II Energie
III Metalle und Mineralien
IV Transport und Verkehr
V Baugewerbe
VI Medienindustrie und angeschlossene Branchen
VII Nahrungsmittel: Unbeabsichtigte Schadstoffrückstände
VIII Nahrungsmittel: Beabsichtigte Zusatzstoffe
IX Arzneimittel
X Kleidung
XI Luft
XII Wasser
XIII Müll

Anmerkung

Der Begriff »Übersicht« bezeichnet in unserem Kontext eine umfassende Zusammenstellung von bekanntgewordenen Kanzerogenen, die in Tieren Krebs erzeugen, von Kanzerogenen und Mutagenen, die im Menschen wirken, sowie von einigen Teratogenen (chemische Verbindungen, die dem Fötus Schaden zufügen), Auswahl und Anzahl der Quellennachweise sind notgedrungen unsystematisch und sind kein Maßstab für die Gültigkeit der Ergebnisse.

Die Mehrzahl der Berichte ist fachwissenschaftlichen Kompendien entnommen. Im übrigen besteht keine Gewähr – außer wenn explizit darauf hingewiesen wird, daß das National Cancer Institute [Staatliches Institut für Krebsforschung], die National Academy of Science [Staatliche Akademie der Wissenschaften], die International Agency for Research on Cancer [Internationale Behörde für Krebsforschung] oder irgendeine andere Forschungsinstitution oder Behörde sich für die Richtigkeit des hier präsentierten Datenmaterials verbürgen. Wenn in dieser Übersicht gewisse Substanzen als Kanzerogene, Mutagene und Teratogene bezeichnet werden, dann bedeutet dies lediglich, daß sie von Wissenschaftlern in der Fachliteratur als solche klassifiziert wurden.

Im Anhang B dieses Buches wird der Leser eine ausführliche Bibliographie mit genauer Quellenangabe sämtlicher im Text zitierter Ergebnisse finden. Ich habe mich – um der Lesbarkeit willen – bemüht, die Literaturnachweise im Text so kurz wie möglich zu halten. In der Regel ist bei Quellenangaben lediglich der Name des erstgenannten Autors wiedergegeben. Ich bitte hiermit um das Verständnis aller Koautoren, die nicht namentlich genannt werden. Verwenden der Autor, der Herausgeber oder der Übersetzer in verschiedenen Veröffentlichungen unterschiedliche Schreibweisen eines Namens, werden diese hier ebenfalls wiedergegeben.

I. Chemische Verbindungen

Die Summe aller bekannten chemischen Substanzen

1976: Russel Train von der EPA bezifferte die Zahl der existierenden chemischen Verbindungen mit 2000000.

1977: In *Potential Industrial Carcinogens and Mutagens,* einem von der EPA veröffentlichten Papier, wird die Anzahl der chemischen Substanzen auf 3500000 geschätzt.

1978: Die Zahl der im Computer des *Chemical Abstracts Service* gespeicherten chemischen Verbindungen beträgt über 4000000. Laut Angaben des Chemical Abstracts Service wächst diese Zahl pro Woche um etwa 6000 Verbindungen.

1978: Joseph E. Califano, damals Minister für Gesundheit, Bildung und Soziales, bezifferte die Zahl mit 7000000.

Die Summe der im Handel befindlichen chemischen Substanzen

1975: David P. Rall, Direktor des NIEHS, bezeichnete die Zahl der im Handel befindlichen chemischen Verbindungen mit ungefähr 10000, und er fügte hinzu, daß jährlich etwa 500 bis 1000 neue Chemikalien auf den Markt kommen.

1977: Die EPA (in: *Potential Industrial Carcinogens and Mutagens*) gab die Zahl der für den Markt produzierten chemischen Verbindungen mit 25000 an und nannte einen jährlichen Zuwachs von etwa 700 Chemikalien.

1977: David S. Sundin vom National Institute of Occupational Safety and Health [NIOSH] erklärte, sein Institut habe etwa 46000 im Handel erhältliche Chemikalien registiert.

1978: Samuel S. Epstein berichtete, der Chemical Abstracts Service habe der EPA eine Computerliste von etwa 33000 im Handel erhältlichen chemischen Substanzen unterbreitet.

1979: R. Jeffrey Smith zitierte Douglas Costle von der EPA, der die Zahl der im Gebrauch befindlichen Chemikalien mit 70000 bezifferte.

Kanzerogene und mutagene Klassen

1977 veröffentlichte die Umweltschutzbehörde [EPA] die Studie *Potential Industrial Carcinogens and Mutagens,* die 90 in der Industrie gebräuchliche organische Verbindungen nannte, deren chemische Struktur als kanzerogen oder mutagen identifiziert worden war. 52 der 90 Verbindungen wurden als kanzerogen und mutagen bezeichnet, 31 als mutagen und nichtkanzerogen und 7 als kanzerogen und nichtmutagen.

Die EPA stellte fest: »Die meisten der als kanzerogen und/oder mutagen identifizierten von der Industrie produzierten Substanzen sind *Alkylierungs- und Acylierungsmittel,* die sich folgenden 12 verschiedenen Gruppen von chemischen Verbindungen zuordnen lassen: *Epoxide, Lactone, Aziridine, Alkylsulfate, Sulfone, Aryldialkyltriazene, Diazoalkane, Phosphorsäureester, Alkanhalogenide, halogenierbare Alkanole, halogenierbare Äther und Aldehyde.* Die Gruppe mit den meisten als kanzerogen und/oder mutagen identifizierten chemischen Verbindungen sind die *Halogenkohlenwasserstoffe,* sowohl ihre gesättigten wie auch ungesättigten Derivate wie zum Beispiel: *Alkane, Alkanole, Äther, Vinyl- und Vinylidenanaloge, Alkyl-, Aryl- und polyaromatische Derivate.*« (Hervorhebung durch die Autorin)

Chemische Kanzerogene in Zahlen

Im Verlauf der letzten Jahre wurde mehrmals der Versuch unternommen, eine vollständige Liste aller als kanzerogen identifizierten chemischen Substanzen zu erstellen. Im folgenden einige Zahlen, die zwischen 1967 und 1979 veröffentlicht wurden:

1967: Berenblum gab in seinem Buch *Cancer Research Today* die Zahl der im Tierversuch Krebs erzeugenden synthetischen chemischen Substanzen mit 500 an.

1975: Maugh und Marx bezifferten in ihrem in der Zeitschrift *Science* veröffentlichten Bericht *Seeds of Destruction* die Zahl der kanzerogenen Substanzen mit 1000 und fügten hinzu: »Ein Vielfaches dieser Zahl von Substanzen muß darüber hinaus als kanzerogenverdächtig bezeichnet werden.«

1976: In dem vom NIOSH veröffentlichten Bericht *Suspected Cancerogens* wird die Zahl der tumorerzeugenden (benigne Tumoren) und kanzerogenen (maligne Tumoren) chemischen Substanzen mit 1905 und die Zahl der kanzerogenverdächtigen Substanzen mit 510 angegeben.

1977: In dem von der EPA herausgegebenen Buch *Potential Industrial Carcinogens and Mutagens* werden 1000 chemische Substanzen als tumorerzeugend (gutartige Tumoren) und 100 als »eindeutig« kanzerogen (bösartige Tumoren) genannt.

1979: Der Bericht der amerikanischen Gesundheitsbehörde *The Surgeon General's Report on Health Promotion and Disease Prevention* gibt die Zahl der kanzerogenverdächtigen synthetisch hergestellten chemischen Substanzen mit »mehr als 2300« an.

Kanzerogene in Prozentzahlen

1976: Das Ministerium für Gesundheit, Erziehung und Soziales nannte in einer seiner Veröffentlichungen *(Survey of Compounds)* 7000 chemische Substanzen, die zwischen 1974 und 1976 hinsichtlich ihrer Kanzerogenität untersucht wurden; davon waren 17 Prozent kanzerogen.

1979: Davis and Magee gaben an, daß 7000 chemische Verbindungen getestet worden seien und daß 20 Prozent der untersuchten Substanzen als kanzerogen identifiziert wurden.

1979: Smith erklärt (5. Januar), wobei er sich auf eine Aussage von Douglas Costle von der EPA beruft, daß von sämtlichen im Auftrag der Umweltschutzbehörde jemals getesteten chemischen Substanzen 20 Prozent kanzerogene Eigenschaften besitzen.

II. Energie

Energie: Kohle

Bei der Verbrennung von Kohle entstehende Kanzerogene

Kanzerogene chemische Elemente: *Arsen, Beryllium, Blei, Cadmium, Chrom, Kobalt, Nickel, Quecksilber, Selen, Uran, Zink* (Falk et al., 1979; Young et al., 1978).
Polyzyklische aromatische Substanzen: *Benz(a)anthracen, Chrysen, Pyren, Benzo(a)pyren, Benzo(e)pyren, Perylen, Benzo(b)fluoranthen, Benzo(j)fluoranthen, Benzo(ghi)perylen, Indeno(1,2,3-cd)pyren, Coronen* (Falk et al., 1979; Young et al., 1978). Die kanzerogene Wirkung einiger dieser Substanzen wird durch bestimmte andere chemische Verbindungen potenziert.
Polyzyklische und heterozyklische aromatische Verbindungen: *Benzo(f)chinolin, Benzo(h)chinolin, Benz(a)acridin, Benz(c)acridin, 11H-Indenol(1,2-b)chinolin, Dibenz(a,j)acridin* (Falk et al., 1979).
Radioaktive Substanzen: Bei der Verbrennung von Kohle wird *Uran* frei in der durchschnittlichen Konzentration von 1,5 : 1000000 (Cohen, »Disposal«, 1977). Auch die Zerfallsprodukte von Uran und Thorium, vor allem *Radium-226* und *Radium-228* sind radioaktiv. Kohlenflugasche enthält zehnmal so viel Radium wie Ölflugasche (WHO, *Health Implications,* 1977).
Schwefelpartikel: Bei der Kohleverbrennung freiwerdende Flugasche und Abluftpartikel enthalten *Dimethyl- und Monomethylsulfat* in einer Konzentration von 1 : 1000. Beide Verbindungen sind als Kanzerogene und Mutagene identifiziert (Druckrey et al., 1966; Druckrey et al., 1970; A. Hollaender, 1971; P. D. Lowley, 1976; D. B. Couch et al., 1978; zitiert aus: Lee et al., 1980).
Nitrosamine: Diese Verbindungen, die als extrem kanzerogen gelten, entstehen, wenn Substanzen, die sich in der Abluft konventioneller Kohlefeuerungsanlagen befinden, mit anderen Substanzen in der Luft oder im Gewebe von Säugetieren reagieren (Falk et al., 1979). Sie fallen in potentiell hohen Konzentrationen v. a. bei der Vergasung und Verflüssigung von Kohle an (Bridbord et al., 1978).

Kanzerogene bei der Kohlevergasung bzw. -verflüssigung
Bei der Analyse der bei der Kohlevergasung bzw. -verflüssigung entstehenden »Wirbelschicht« identifizierten K. Bridbord und seine Kollegen am NIOSH (1978) folgende Kanzerogene:

Diäthylamine	Chrysen	Beryllium
Methyläthylamine	Benzo(a)anthracen	Cadmium
Pyridine	Benzo(a)anthron	Arsen
Pyrrole	Dibenzo(a,l)pyren	Nickelcarbonyl
Benzene	Dibenzo(a,n)pyren	Schwefelpartikel
Kresole	Dibenzo(a,i)pyren	Koks
Alkylcresole	Ideno(1,2,3-cd)-pyren	Kohlestaub
Anthracen	Benzoacridin	
Benzo(a)pyren	Nickel	

In der Kohle nachgewiesene Mutagene
Partikel in Kohleflugasche, die so klein sind, daß sie mit der Atemluft in den Körper gelangen, besitzen mutagene Eigenschaften (Chrisp et al., 1978). Die kleinsten dieser Partikel, die am leichtesten einzuatmen sind, besitzen die größte kanzerogene Potenz (Fischer et al., 1979).

Auch in den bei der Kohlevergasung anfallenden Abgasen sind zahlreiche Mutagene festgestellt worden. Im einzelnen handelt es sich um *Benz(a)anthracen, Benz(b)anthracen, 1,2,3,4-Dibenzanthracen, 1,2,5,6-Dibenzanthracen, Benzo(a)pyren, Chrysen, 2,3-Benzofluoren, 2-Aminoanthrazen, Acridin, a-Naphtylamin, 2,5-Dimethylanilin, Chinolin, 7-Methylchinolin, 8-Hydroxychinolin, 8-Aminochinolin, 8-Nitrochinolin* (Epler et al., 1978).

Energie: Fossile Brennstoffe

Wissenschaftliche Studien über Gesundheitsrisiken bei der Erdölgewinnung und -verarbeitung subsumieren Erdöl meist unter der umfassenderen Kategorie »Fossile Brennstoffe«. In diese Kategorie fällt im übrigen auch die Kohle und manchmal auch Holz, Torf und Lignit. Oftmals beziehen sich die Aussagen der Untersuchungen auf die gesamte Kategorie der »Fossilen Brennstoffe«, manchmal aber nur auf Kohle, Erdöl oder Erdgas allein.

Kanzerogene chemische Elemente in Erdöl- bzw. Kohleasche
Bei Eisenbud et al. (1971) findet sich ein Vergleich der Konzentrationen verschiedener metallischer Spurenelemente in Erdölasche und Kohle. Unter den genannten Metallen befanden sich auch die als Kanzerogene identifizierten *Nickel, Chrom und Blei* (vgl.: Energie: Kohle). Darüber hinaus berichten die Autoren über geringe *Beryllium- und Quecksilber*konzentrationen, Stoffe, deren kanzerogene Wirkung bekannt ist (NIOSH, 1976). Vor allem Nickel wurde in Konzentrationen von

maximal 7 Prozent in Erdölasche gefunden. Die Internationale Krebsforschungsbehörde (IARC) bezeichnet Nickel als eine Substanz, die nachweislich sowohl beim Menschen als auch bei Tieren kanzerogen wirkt. Die IARC zitierte auch mehrere Studien, die Nickel als einen der »wesentlichen« Schadstoffe in unserer Luft bezeichneten: »Nickelverbindungen wie z. B. Nickelsulfide, Nickeloxide und Nikkelcarbonyl gelangen infolge von Kohle-, Dieselöl- und Heizölverbrennung in die Atmosphäre.« Nickelsulfide, Nickeloxide und Nickelcarbonyl wurden allesamt als Kanzerogene identifiziert (IARC, Bd. 11, 1976; NIOSH, 1976).

Radioaktivität in Erdöl- und Kohlenasche

Zwei Studien, die unabhängig voneinander in Amerika und Europa durchgeführt wurden, kommen übereinstimmend zu dem Ergebnis, daß bei der Kohleverbrennung größere Mengen radioaktiver Substanzen in die Atmosphäre gelangen als bei der Verbrennung von Öl.

1964: Merril Eisenbud und Henry G. Petrow veröffentlichen »Radioactivity in the Atmospheric Effluents of Power Plants that use Fossil Fuels«. Die Analyse der bei der Verbrennung von Appalachen-Kohlestaub anfallenden Flugasche ergab, daß ein Kohlekraftwerk mit einer Leistung von 1000 Megawatt pro Jahr zwischen 28 Millicurie und 1 Curie in Form von Radium-226 und Radium-228 ausstößt. Die jährliche Radiumemission eines Kraftwerks mit derselben Leistung, das jedoch mit Öl betrieben wird, beträgt lediglich 0,5 Millicurie.

1977: Das Europäische Büro der WHO kam auf der Basis weltweit erhobenen Datenmaterials zu einem ähnlichen Ergebnis: »Die Flugasche aus kohle- und ölbetriebenen Kraftwerken enthält kleine Mengen von Uran und Thorium sowie deren radioaktive Zerfallsprodukte Radium-226 und Radium-228. Die konkret gemessenen Emissionsmengen sind abhängig von der Zusammensetzung der Kohle und der Wirksamkeit der Flugascheabfilterung. Bei ölbetriebenen Kraftwerken ist die Radiumemission wesentlich geringer, da zum einen die Ölflugasche nur etwa ein Zehntel des Radiumsgehalts der Kohlenflugasche enthält und zum anderen bei Kohleverbrennung größere Mengen Asche anfallen als bei der Ölverbrennung.«

Kanzerogene Substanzen in fossilen Brennstoffen

Öl enthält das Lösungsmittel *1,4-Dioxan,* das bei Ratten Krebswucherungen in der Nasenhöhle und der Leber hervorruft und bei Meerschweinchen Tumoren der Leber und Gallenblase verursacht (IARC, Bd. 11, 1976).

Verbleites Benzin enthält *Äthylendibromid.* Carter erklärte (in: *Science,* vom 9. 2. 1979), daß die kanzerogene Wirkung von Äthylendibromid im Tierversuch nachgewiesen sei.

Raketentreibstoff enthält verschiedene Verbindungen der *Hydrazin-Gruppe,* die bei Mäusen Lungen- und Leberkrebs verursachen, bei Mäusen und Hamstern die Entstehung von Angiosarkomen hervorrufen und bei Ratten zu Darmkrebs führen (Hoffman et al., 1978).

Raketentreibstoff enthält als Zwischenstufe das Lösungsmittel *2-Methylaziridin;* 2-Methylaziridin wird auch als Zusatzmittel für Öle, v. a. als Oxidationshemmer, zur Viskositätskorrektur sowie als Flockungsmittel in Erdölraffinerien verwendet, 2-Methylaziridin verursacht bei Ratten eine Reihe maligner Karzinome (IARC, Bd. 9, 1975).

Überblick über die Kanzerogene in fossilen Brennstoffen

1978: Nach umfassenden Recherchen in der Fachliteratur veröffentlichte D. F. S. Natusch von der Colorado State University die Arbeit »Potentially Cancerogenic Species Emitted to the Atmosphere by Fossil-Fueled Power Plants«, in der er alle potentiell kanzerogenen Substanzen auflistete, die von mit fossilen Brennstoffen betriebenen Kraftwerken in die Atmosphäre abgegeben werden. In seiner Veröffentlichung klassifizierte Natusch die chemischen Verbindungen als bekannte bzw. »identifizierte« Kanzerogene, als »kanzerogen-verdächtig« und als »Reaktionspartner« bei der Kanzerogenese; wobei er als »Reaktionspartner« jene Substanzen definierte, die zur Bildung von Kanzerogenen führen oder mit bekannten Kanzerogenen synergetisch reagieren. Im folgenden eine aus Natuschs Studie entnommene Tabelle:

Identifizierte Kanzerogene und kanzerogenverdächtige Substanzen, die in den Emissionen mit fossilen Brennstoffen betriebener Kraftwerke enthalten sind

Substanz	Klassifizierung
Anorganische Elemente und Verbindungen	
SO_x	Reaktionspartner
NO_x	Reaktionspartner
O_3	Reaktionspartner
Hg	kanzerogenverdächtig
Anorganische Partikel	
Arsen	identifiziert
Asbest	identifiziert
Beryllium	identifiziert
Blei	kanzerogenverdächtig
Cadmium	identifiziert
Chrom	identifiziert
Eisen	kanzerogenverdächtig
Fluor	kanzerogenverdächtig
Kobalt	kanzerogenverdächtig
Kupfer	kanzerogenverdächtig
Nickel	identifiziert
Selen	kanzerogenverdächtig

Substanz	Klassifizierung
Uran	identifiziert
Vanadium	kanzerogenverdächtig
Gesamtpartikel	Reaktionspartner
Radionuklide	
^{210}Pb (Blei)	identifiziert
^{212}Pb (Blei)	identifiziert
^{226}Ra (Radium)	identifiziert
^{222}Ra (Radon)	identifiziert
^{228}Th (Thorium)	identifiziert
^{230}Th (Thorium)	identifiziert
^{232}Th (Thorium)	identifiziert
^{234}U (Uran)	identifiziert
^{238}U (Uran)	identifiziert
Organische Verbindungen	
Alkane	
n-Butane	Reaktionspartner
n-Pentane	Reaktionspartner
2-Methylbutane	Reaktionspartner
Alkene	
2-Butene	Reaktionspartner
1,3-Butadiene	Reaktionspartner
Propene	Reaktionspartner
Aldehyde und Ketone	
Formaldehyd	kanzerogenverdächtig
Acrylaldehyd	kanzerogenverdächtig
Nitrosamine	
Dimethylnitrosamin	identifiziert
Peroxide	
Peroxyacylnitrate	kanzerogenverdächtig
Aromatische Kohlenwasserstoffe	
Benzol	identifiziert
Toluol	Reaktionspartner
1,2-Dimethylbenzol	kanzerogenverdächtig
1,3-Dimethylbenzol	kanzerogenverdächtig
1,4-Dimethylbenzol	kanzerogenverdächtig
Polyaromatische Kohlenwasserstoffe	
Anthracen	Reaktionspartner
Benzo(a)pyren	identifiziert
Benzo(e)pyren	kanzerogenverdächtig
1,2-Benzanthracen	identifiziert
1,12-Benzperylen	Reaktionspartner

Substanz	Klassifizierung
Coronen	Reaktionspartner
Chrysen	kanzerogenverdächtig
Pyren	Reaktionspartner
Polyzyklische Stickstoffverbindungen	
Acridin	kanzerogenverdächtig
Fluorenkohlenstoffnitril	kanzerogenverdächtig
Bleitetraalkyle	
Bleitetraäthyl	kanzerogenverdächtig
Benzo-löslische organische Substanzen	identifiziert

Energie: Elektrizität

Verschiedenen bei der Erzeugung und Transmission von Elektrizität gebräuchlichen Elementen und Verfahrenstechniken werden krebserzeugende Eigenschaften zugeschrieben. Im folgenden sollen drei Beispiele genannt werden:

Kondensatoren

Trimmkondensatoren, Starkstromkondensatoren, Transformatoren, Klimaanlagen und fluoreszierende Lichtquellen geben PCB [polychlorierte Biphenyle] in ihr Umfeld ab (Eisenbud, 1978). PCB wurde als potentielles Kanzerogen identifiziert (WHO, 1976; Douglas Costle, 1977; Allen et al., 1977).

Gleichrichter

Bis vor kurzem enthielten Hochspannungsgleichrichter *Selen,* das als Kanzerogen identifiziert wurde. In der Schwerindustrie wird anstelle von Selen heute Silizium verwendet (IARC, Bd. 9, 1975).

Stromkreise

Spannungsregler in Siliziumstromkreisen enthalten *N-Phenyl-2-Naphtylamin.* 1976 wies das NIOSH darauf hin, daß diese Verbindung das bekannte Kanzerogen 2-Naphtylamin enthält. Eine Studie der IARC (Bd. 16, 1978) belegte die Kanzerogenität dieser Substanz anhand von Tierversuchen.

Kernenergie

Ionisierende Strahlung ist ein bekanntes kanzerogenes Agens. 1979 veröffentlichte die Interagency Task Force des HEW [Ministerium für Gesundheit, Erziehung und Soziales] eine Schätzung der Strahlendosis, der die Gesamtbevölkerung ausgesetzt ist. An dieser Stelle sollen lediglich die Werte der vom Menschen hergestellten Strahlungsquellen wiedergegeben werden:

Geschätzte Kollektivdosis, der die Gesamtbevölkerung der USA ausgesetzt ist – 1978

Strahlungsquelle	Person-rems pro Jahr (in Tausend)
Technologisch verstärkt	1 000
Medizinische Heilverfahren	18 000
Atomwaffen	
– Radioaktiver Niederschlag	1 000 – 1 600
– Entwicklung, Produktion und Tests der Atomwaffen	.165
Nuklearenergie	56
Gebrauchsgüter	6

Solarenergie

Bezüglich der mit der Solartechnik verbundenen kanzerogenen Risiken existiert nur sehr wenig Datenmaterial, da die theoretischen Grundlagen wie auch die praktische Anwendung dieser Energiequelle noch in den Kinderschuhen stecken. Doch es gibt bereits ernstzunehmende Hinweise, daß die Solartechnologie kanzerogene Risikofaktoren birgt.

Solarzellen

In der Ausgabe vom 10. Februar 1978 der Zeitschrift *Science* berichtete Henry Kelly vom Office of Technology Assessment [OTA], daß in einigen im Handel befindlichen Sonnenbatterien *Cadmium-* und *Arsenverbindungen* (CdS, Cu_2S und GaAs) enthalten sind. Cadmium und Arsen besitzen kanzerogene Eigenschaften (vgl. Punkt III., Metalle, dieses Kapitels). Kelly stellte fest, daß »sowohl CdS wie auch GaAs toxische Bestandteile enthalten«. Er wies darauf hin, daß »die implizierten Gesundheitsrisiken zwar möglicherweise auf ein vertretbares Maß reduziert werden können, doch sei es unbedingt notwendig, die Angelegenheit mit Sorgfalt zu prüfen, ehe die Verwendung solcher Elemente in Solarbatterien zunimmt«.

III. Metalle und Minerale

Folgende Metalle oder Minerale (und/oder ihre Verbindungen) wurden im Tierversuch als kanzerogene oder kanzerogenverdächtige Substanzen identifiziert:

Antimon (T. Norseth, 1977)
Arsen (Dutra et al., 1950; Oswald und Goerttler, in: Suderman, 1976; Bencko, 1977; Norseth, 1977; Wildenberg, 1978)
Asbest (Anderson et al., 1976; Selikoff, 1977; IARC, Bd. 14, 1977; Nicholson, 1977; Vianna et al., 1978)
Beryllium (Dutra et al., 1950; Janes et al., 1954; Kelly et al., 1961; Higgins et al., 1964; IARC, Bd. 1, 1972; Sunderman, 1978; Reeves, 1978)
Blei (Sunderman, 1971; IARC, Bd. 1, 1972; WHO, 1977; New York Academy of Sciences, 1977; Shimkin et al., 1978; Sunderman, 1978, 1979)
Cadmium (Heath et al., 1962; Sunderman, 1971; Norseth, 1977; IARC, Bd. 11, 1976; Sunderman, 1978)
Chrom (Sunderman, 1971, 1978)
Hämatil-Eisenoxid, Eisenerz (Sunderman, 1971, 1978)
Kobalt (Heath et al., 1962; Sunderman, 1971; Norseth, 1977)
Mangan (Shimkin et al., 1978)
Molybdän (Shimkin et al., 1978)
Nickel (Sunderman, 1973; IARC, Bd. 11, 1976; Sunderman, 1978)
Palladium (Brubaker et al., 1975)
Selen (Sunderman, 1971; NAS, *Drinking,* 1977)
Titan (Sunderman, 1971, 1978)
Yttrium (Battelle Memorial Institute, Dartmouth Medical School, 1972)
Zink (Sunderman, 1971, 1978)

Mutagene Metalle und Minerale

C. Peter Flessel (1978) identifizierte folgende Metalle und Minerale (und/oder ihre Verbindungen) als Mutagene oder Agenzien, die Chromosomenaberrationen verursachen: *Aluminium, Antimon, Arsen, Blei, Cadmium, Chrom, Hämatit (Eisenoxid, Eisenerz), Kupfer, Mangan, Molybdän, Nickel, Platin, Quecksilber, Selen, Tellur.* F. W. Sunderman jr. (1978) erweiterte diese Liste mutagener Metalle um *Rhodium* und *Ruthenium.* Philip H. Abelson (*Science,* 1972) wies darauf hin, daß *Quecksilber* Chromosomenaberrationen und pränatale Schäden verursacht.

IV. Transport und Verkehr

Unser gesamtes Verkehrswesen ist abhängig von der Nutzung und Verarbeitung potentiell kanzerogener Energiequellen, Metalle und Mineralstoffe. Im folgenden einige weitere kanzerogene Faktoren, die in diesem Bereich der Wirtschaft bekannt geworden sind:

Flugzeuge

Turbojet- und Turbopropmotoren stoßen polyaromatische Kohlenwasserstoffe aus; z. B. das als Kanzerogen identifizierte *Benzo(a)pyren* (Shabad et al., UdSSR, 1976).

Schiffahrt

Einer der wichtigsten in der Schiffbauindustrie verwendeten Stoffe ist *Asbest,* dessen kanzerogene Wirkung auf den Menschen als erwiesen betrachtet wird (Selikoff et al., 1978).

Kraftfahrzeuge

Batterien: *Blei* wird sowohl bei der Herstellung von Batterien wie auch als Antiklopfmittel in Benzin verwendet. Bei der Verbrennung wird es zu Bleisalzen umgewandelt, die im Tierversuch mit Ratten und Mäusen zum Teil als kanzerogen identifiziert wurden (IARC, Bd. 1, 1972).
Katalysatoren: Platin und *Palladium* werden in Katalysatoren verwendet, um die Kohlenmonoxid- und Kohlenwasserstoffemission der Kraftfahrzeuge zu reduzieren. Im Tierversuch haben Palladiumsalze bei Mäusen malignes Tumorwachstum ausgelöst (Brubaker et al., 1975).
Luftkissen: *Natriumazid* wird als gastreibendes Agens zum Aufblasen von Luftkissen verwendet, die zum Schutz gegen Verletzungen im Innenraum von Kraftfahrzeugen angebracht werden. Natriumazid wurde als »potentes Mutagen« identifiziert (EPA, *Potential Industrial,* 1977).
Auspuffgase: *Schwefeldioxid,* das in Kfz-Auspuffgasen enthalten ist, potenziert die kanzerogenen Eigenschaften polyzyklischer Kohlenwasserstoffe. Dies wurde im Tierversuch mit Ratten nachgewiesen (Brubaker et al., 1975).

Dieselmotoren

Im Dieseltreibstoff enthaltene Partikel verursachen bei Labortieren Hautkrebs und wurden darüber hinaus als Mutagene identifiziert (EPA, »Precautionary Notice«, 1977).

Verkehrswege

Asphalt und *Teer,* die beim Straßenbau verwendet werden, besitzen kanzerogene Wirkung; v. a. wegen ihres Gehalts an polyaromatischen Kohlenwasserstoffen (Sawicki, 1976).

In Auspuffgasen bzw. an Orten, an denen hohe Auspuffgaskonzentrationen die Regel sind (z. B. in Tunnels), wurden hohe Konzentrationen an *Benzo(a)pyren* gemessen. Benzo(a)pyren wurde als Kanzerogen identifiziert (Sawicki, 1976).

V. Baugewerbe

Stoffe, die in der Bauwirtschaft eine wichtige Rolle spielen, wie zum Beispiel Zement, Gestein, Fiberglas und Kunststoffe, wurden im Tierversuch als kanzerogen identifiziert.

Gestein
Serpentinhaltiges Gestein, das als Schotter oder Split beim Straßenbau verwendet wird, enthält *Asbest* (EPA, 20. Nov. 1977). Asbest ist erwiesenermaßen ein Tier- und Humankanzerogen, das für die Entstehung von Mesotheliomen verantwortlich gemacht wird und bei Asbestarbeitern, die zusätzlich rauchen, Larynxkarzinome verursacht (IARC, Bd. 14, 1977; Selikoff et al., 1978; Morgan et al., 1976).

Kunststoffe
Kunststoffe, insbesondere Polyvinylchlorid-Harze finden im Baugewerbe häufig Verwendung. 1972 wurden in den USA 42 Prozent der industriellen Gesamtproduktion an PVC in der Bauindustrie verarbeitet (IARC, Vol. 7, 1974). Inzwischen dürfte der Prozentsatz bereits höher liegen. PVC-Harze werden vor allem bei der Verlegung von Rohr- und Kanalleitungen, bei Wasserinstallation und Fußbodenverlegung, bei Außenanstrichen und für die Isolierung von Stromkabeln verwendet.

Vinylchloridgas (Monomer) ist ein bekanntes Humankanzerogen (IARC, Bd. 7, 1974), das für die Bildung von Angiosarkomen in der Leber verantwortlich gemacht wird. Wie Kenneth Bridbord vom IOSH (1978) berichtet, erkranken in der Kunststoffherstellung tätige Arbeiter überdurchschnittlich oft an Gehirnturmoren. Eine andere Studie stellt fest, daß PVC-Arbeiterinnen überdurchschnittlich häufig an Brustkrebs und Tumoren der Harnorgane erkranken (Chiazze et al., 1977). Das Vinylchloridmonomer wirkt möglicherweise auch mutagen und kanzerogen (Heath et al., 1977).

Zement
Asbestzement wird in großen Mengen beim Bau von Decken, Dachstühlen, Hochdruckleitungen und Wasserleitungsanlagen sowie für Isolierungs- und Schallschutz-Konstruktionen verwendet. Asbestzement kommt in Form von Platten in den Handel und muß, ehe er verarbeitet wird, zersägt oder zerschnitten werden. Dabei entsteht Asbeststaub, der in die Lungen gelangt. Goldstein et. al., (1978) berichten, daß Paviane, die im Tierversuch Asbeststaub ausgesetzt waren, atypische Mesoplasien des Bronchialepithels und Bronchialkarzinome entwickelten.

Fiberglas
Die Ergebnisse von Tierversuchen lassen darauf schließen, daß Fiberglas, das im Baugewerbe vor allem als Isolierungsmaterial Verwendung findet, kanzerogene Eigenschaften besitzt. Bei Ratten verursachen feinste Fasern von Fiberglas die Bildung von Mesotheliomen (Pott et al., 1974; Wagner et al., 1974).

VI. Medienindustrie und angeschlossene Branchen

In den Industriezweigen, die Radio-, Fernseh- und Radargeräte produzieren, bei der Herstellung von Zeitungen, Zeitschriften und Büchern, im graphischen Gewerbe und bei der Farben- und Schallplattenproduktion werden ebenfalls chemische Substanzen und Stoffe verwendet, die Krebs verursachen.

Papierproduktion und Druckereien
Die folgende Tabelle gibt einen Überblick über kanzerogene und kanzerogenverdächtige chemische Substanzen, die bei der Herstellung von Zeitungen, Zeitschriften und Büchern verwendet werden.

Verwendung	Substanz bzw. chemische Verbindung	Kanzerogen	Mutagen
Pulpe			
Papierbrei	Hydroxylamin		EPA, 1977*
Papier			
Leimungsmittel	Epichlorhydrin	IARC, Bd. 11, 1976	EPA, 1977
Zusätze	Aziridine	IARC, Bd. 9, 1975	EPA, 1977
Entkeimungsmittel	Wasserstoffperoxyd		EPA, 1977
Lösungsmittel	Acetaldehyd		EPA, 1977
Verarbeitung	Acrolein (Acrylaldehyd)		EPA, 1977
Färbung	Azofarbstoffe	EPA, 1977	EPA, 1977
Druck			
Kopierpapier	PCB	WHO, 1976	EPA, 1977
Druckerschwärze	Azofarbstoffe, PCB	EPA, 1977	EPA, 1977
Photographie			
Farbphotographie	Azofarbstoffe	EPA, 1977	EPA, 1977
Farbentwickler	Hydroxylamin		EPA, 1977
Entwicklung	Chloroform	EPA, 1977	

* EPA, *Potential Industrial Carcinogens and Mutagens,* 1977

Fernsehgeräte

In Fernsehgeräte installierte Bildröhren, Hochspannungsendstufenröhren und Gleichrichterröhren geben geringe Mengen *ionisierender Strahlung* ab. Die amerikanische Regierung hat einschlägige Rechtsverordnungen erlassen, die die Toleranzgrenzen dieser Strahlenemission regeln (National Council an Radiation Protection [NCRP], 1960; Neill et al., 1971; HEW, *Television,* 1976; Committee on the Biological Effects of Ionizing Radiation [BEIR], 1980).

Radio-, Fernseh-, Radar- und Mikrowellengeräte

Elektrische Felder und *elektromagnetische Strahlung* verursachen in allen Organismen Wachstumsstörungen und tumoröse Zellwucherungen (Cleary, 1977; James H. McElhaney, in: Marino et al., 1978; Solon 1979). Hochfrequenzstrahlung wurde als Ursache von Chromosomenanomalien bei Hamstern und Fruchtfliegen erkannt; bei Mäusen wirkt sie mutagen (Solon, 1979).

Kunst und Graphik

Maler und Graphiker arbeiten mit einer Vielzahl toxischer Substanzen, die z. T. als kanzerogen und mutagen identifiziert wurden: *Asbest, Benzol, Vinylchlorid, Blei, Cadmium, Metallstaub und Kieselerde* (McCann, 1978). Farben enthalten u. a. Pigmente der bekannten Kanzerogene *Chrom, Cadmium, Nickel, Arsen und Vinylchlorid,* das – bis es schließlich verboten wurde – auch Bestandteil der Treibgase in Farbspraydosen war (Epstein, 1978). Vinylchlorid besitzt auch mutagene Eigenschaften (Heath et al., 1977; EPA, *Potential Industrial,* 1977).

Musikindustrie

Die Musikindustrie ist ohne Kunststoffe nicht denkbar. *Vinylchloridmonomer (VCM)* und seine wichtigsten Endprodukte *Polyvinylchlorid(PVC)-Harze* sind für die Herstellung von Schallplatten äußerst wichtig. Bei Arbeitern, die mit dem Umwandlungsprozeß von VCM in PVC beschäftigt sind, wurde eine signifikant erhöhte Inzidenz von Angiosarkomen in der Leber (EPA, *Potential Industrial,* 1977;, IARC, Bd. 7, 1974) und von Leber- und Gehirntumoren beobachtet (Bridbord, 1978).

Plattenspieler

Noch bis 1975 waren *Selen*gleichrichter Bestandteil der meisten im Handel befindlichen Stereoanlagen (IARC, Bd. 9, 1975).

VII. Nahrungsmittel: unbeabsichtigte Schadstoffrückstände

In unseren Nahrungsmitteln sind zahlreiche unbeabsichtigte Schadstoffe enthalten; es handelt sich in erster Linie um Rückstände von Düngemitteln, pharmazeutischen Präparaten, die der Tiernahrung beigemischt werden, oder um Substanzen, die aus den Verpackungsmaterialien des Tierfutters entweichen. Vielen dieser chemischen Substanzen werden mutagene Eigenschaften zugeschrieben.

Kanzerogene Pestizide in Nahrungsmitteln

Besonders hinsichtlich der Pestizidrückstände wurden in den letzten Jahren Untersuchungen des Schadstoffgehalts unserer Nahrungsmittel durchgeführt. Kanzerogene Bestandteile wurden vor allem bei den Pestizidgruppen der *Chlorkohlenwasserstoffe,* der *Organophosphate* und der *Carbamate* festgestellt (Turk et al., 1978).

1977: Samuel Epstein veröffentlichte nach eingehendem Studium der Fachliteratur eine umfangreiche Zusammenstellung der in der Landwirtschaft gebräuchlichen Chlorkohlenwasserstoffpestizide. Im folgenden die Liste der damals als kanzerogen identifizierten 18 Chlorkohlenwasserstoffpestizide:

Chlorbenzilat	DDT	Chlordan
Dieldrin	Lindan	Äthylendichlorid
Endrin	Pentachlornitrobenzol	Heptachlor
Kepon	Perthan	Mirex
Methoxychlor	TDE	Stroban
BHC	Aldrin	Toxaphen

1978: Ein Jahr später wurde die Zahl der kanzerogenhaltigen Pestizide bereits auf 30 geschätzt (Robert Chambers, GAO, 1978).

1972–1979: Auch in anderen in der Landwirtschaft gebräuchlichen chemischen Substanzen, wie z. B. in Herbiziden, Desinfektionsmitteln und Düngemitteln, wurden im Laufe der Jahre kanzerogene Bestandteile entdeckt:

Substanz	**Quelle**
Tetrachlorkohlenstoff	IARC, Bd. 1, 1972
Uran	Eisenbud, 1973
Vinylchloridgas	EPA, MAi 1974
Monuron	IARC, Bd. 12, 1976
Diallat	IARC, Bd. 12, 1976
Cadmium	IARC, Bd. 11, 1976
Oxychlordan	NAS, *Drinking,* 1977
TCDD	Nebert et al., 1979

1979: In der am 5. Januar erschienenen Ausgabe der Zeitschrift *Science* zitiert R. Jeffrey Smith Douglas Costle von der EPA, der etwa 25 Prozent der 1500 chemisch aktiven Bestandteile der Pestizide als kanzerogen bezeichnet.

Mutagene Pestizide in Nahrungsmitteln

1977: Shirasu et al. bezeichneten folgende Pestizide als mutagen:

Captafol	ETU	NNN
Captan	Ferbam	TMTD
Dexon	Folpet	TTCA
Dichlorfluanid	HEH	Vamidothion
Dichlorvos	NBT	Ziram
EMSC		

1978: Das General Accounting Office (GAO, 1978) veröffentlichte eine Liste mutagener Pestizide, die aufgrund von Stichprobenuntersuchungen identifiziert wurden. Außer den von Shirasu et al. bereits genannten Mutagenen (vgl. vorstehende Liste) wurden folgende Pestizide genannt:

Altrazin	Guthion	Paraquat
Benifin	Kakodylsäure	Piperonylbutoxid
Carbophenothion	Lanstan	Pyrazon
Dalapon	Malathion	Rogor
Diazinon	Methoxychlor	Silvex
Diuron	Natriumtrichlor-acetat	Thiodemeton
		Thiram
Endrin	Norea	Zineb

1979: Hooper et al. (1979) und Schuphan et al. (1979) identifizieren zwei weitere mutagene Pestizide: *Toxaphen* bzw. *Diallat.*

Bei der Schlachtviehhaltung verwendete kanzerogene pharmazeutische Präparate

1978: Bei einem Kongreßhearing über krebsverursachende chemische Substanzen wiesen Vertreter des GAO darauf hin, daß als kanzerogen identifizierte pharmazeutische Präparate bei der Mästung von Schlachtvieh (u. a. Rinder und Hühner) eingesetzt werden. Folgende Rückstände solcher Präparate wurden in Fleisch, das bereits im Handel war, entdeckt: *Arsen, Carbadox, Diäthylstilböstrol* (von der FDA am 2. 8. 1972 verboten), *Ipronidazol, Sulfamethazin, Sulfadiazol, Chlormadinonacetat, Dimetridazol, Östradiolbenzoat, Östradiolmonopalmitat, Furazolidon, Gentianaviolett, Melengastrolacetat, Progesteron, Testosteron.*

Kanzerogenes und mutagenes Verpackungsmaterial

Einige der in der Nahrungsmittelindustrie gebräuchlichen Verpackungsmaterialien geben nachweislich kanzerogene und mutagene Substanzen in die Nahrung ab.

Polychlorierte Biphenyle, die als Kanzerogene und Mutagene identifiziert sind, treten aus Kartonpappe und anderen Verpackungsmaterialien aus und sind infolgedessen in verschiedenen Lebensmitteln, v. a. in Meeresfrüchten, geschrotetem Weizen und Cashewnüssen nachgewiesen worden (IARC, Bd. 7, 1974).

Polyvinylchloridgas, ebenfalls ein bekanntes Kanzerogen, tritt nachweislich aus Kunststoffcontainern aus und wurde in alkoholischen Getränken, die auf diese Weise verpackt in den Handel kommen, festgestellt (FDA, 9. Mai 1973).

S. I. Shibko (1974) führte den Nachweis, daß *Phthalatester* als Bestandteil von Kunststoffverpackungsmaterialien in Nahrungsmittel und Getränke übertreten. Phthalatester wurden als Kanzerogene identifiziert (NIOSH, 1976).

Aus Blechdosen gelangen *Blei, Cadmium, Eisen, Kupfer, Mangan* und *Zink* – allesamt bereits vorstehend als kanzerogene Substanzen identifiziert – in die darin enthaltenen Nahrungsmittel (Murthy et al., 1971).

In Großbritannien wurden v. a. *Blei* und *Cadmium* in Babynahrung, die in Dosen auf den Markt kommt, gefunden (Snodin, 1973). In den USA entdeckte man Blei und Cadmium in Nahrungsmitteldosen unterschiedlichen Inhalts: Tomaten, Korinthen, Ananas, Aprikosen, Pflaumen, Grapefruit, Äpfel, Pfirsiche, Orangen, Rhabarber, Spinat, Bohnen (Thomas et al., 1973, 1975).

Aus glasierter Keramik gelangt *Blei* in Fruchtsäfte und andere Getränke (Gegiou et al., 1975); aus glasierten Tassen, Krügen und anderen glasierten im Handel gebräuchlichen Behältern gelangt es in Fruchtsaftgetränke, Coca Cola, Bier, Kaffee, Tee und Milch (Yoon et al., 1976; EPA, 15. Juli 1977), und schließlich gelangt es in unsere Nahrung, weil es aus Aluminiumfolien, Aluminiumschalen und -kuchentellern und aus Keramikgeschirr (Henderson et al., 1975) sowie aus allen versilberten Haushaltsgegenständen austritt (FDA, »Holloware«, 1975).

Weitere kanzerogene Schadstoffe in unserer Nahrung

Trichloräthylen wurde als Extraktionslösungsmittel in entkoffeiniertem Instantkaffee verwendet, bis es von der NCI als Kanzerogen identifiziert wurde (FDA, 27. September 1977).

Bis vor kurzem waren *Asbestfilter* bei der Herstellung und Verarbeitung von Lebensmitteln, besonders von Zucker, pflanzlichen Ölen und Schweineschmalz, weit verbreitet (IARC, Bd. 14, 1977).

Polychlorierte Biphenyle wurden als Schadstoffe in Milch und anderen Molkereiprodukten, in Geflügel, Eiern, in Schellfisch und in Süßwasserfischen wie Forellen und Barschen entdeckt. PCB verursachen im Tierversuch tumoröse Wucherungen in der Leber (FDA, *Talk Paper,* 25. Mai 1977).

Kraybill (1974) erwähnt – außer den bereits genannten Schadstoffen, die ungewollt und mittelbar in unsere Nahrung gelangen – noch eine ganze Reihe solcher »sekundärer« Nahrungsmittelschadstoffe: *Schwermetalle, radioaktives Tritium sowie dessen Zerfallsprodukte, Nitrate und Nitrite als Bestandteile von Kunstdüngern, polyzyklische Kohlenwasserstoffe* »und andere mehr, die zu zahlreich seien, sie zu nennen«. Die genannten Schadstoffe wurden bereits vorstehend als Kanzerogene identifiziert und werden im Rahmen dieser Arbeit noch des öfteren genannt.

VIII. Nahrungsmittel: beabsichtigte Zusatzstoffe

Abgesehen von den ungewollt in die Nahrung gelangenden Schadstoffen, befinden sich in unseren Nahrungsmitteln auch bewußt beigefügte kanzerogene Substanzen. Vor allem sind dies Zusatzstoffe in Form von Konservierungsmitteln, Antioxidantien, Stabilisatoren, Verdickungs- und Geliermitteln, Emulgatoren, Gärmitteln, Farbstoffen, Nährstoffzusätzen und »verschiedenen anderen« Substanzen wie Sorbit, Antiklumpmittel und Hefeextrakt (Miller, 1977).

FDA-Liste kanzerogener Nahrungsmittelzusätze

Die Delaney-Klausel verbietet die Verwendung von Substanzen als Lebensmittelzusätze, deren Kanzerogenität im Tierversuch bewiesen wurde. Im folgenden gebe ich die vollständige Liste wieder, wie sie 1979 von der EPA veröffentlicht wurde. Sie umfaßt Substanzen, die zum damaligen Zeitpunkt entweder bereits verboten waren oder deren Genehmigung für den Gebrauch wieder rückgängig gemacht wurde oder die eine Freigabe für den Markt nie erhielten. Die Reihenfolge, in der sie hier genannt werden, entspricht der Reihenfolge, in der sie verboten wurden.

Chroanalin
DES (Rinder und Schafe)
Diäthylpyrocarbonat
Mercaptin
Violett Nr. 1
FD&C Red No. 2
Chloroform
DES
Dulcin und P-4000
Cumarin
Safrol
Flectol H
Kalmuswurzelöl
Cyclamat
Nitrofurane
Acrylnitril Copolymer (zur Herstellung von Getränketüten)
Orange B
Saccharin
Polyvinylchlorid (wenn es in Kontakt mit Nahrungsmitteln kommt)

1977 äußerte die FDA die Absicht, auch *Trichloräthylen (TCE)* zu verbieten. TCE, das bei Mäusen im Tierversuch Leberkrebs verursachte, war in erster Linie dazu verwendet worden, die Geschmacksstoffe des Hopfens zu extrahieren, um den Geschmack des Biers zu verbessern; darüber hinaus wurde es zur Herstellung von Gewürzen und Instantkaffee sowie zur Produktion von Verpackungsmaterialien in der Lebensmittelindustrie verwendet (FDA, 27. September 1977).

Weitere kanzerogene Nahrungsmittelzusätze

Verschiedene Zusatzstoffe in Lebensmitteln, die im Tierversuch als kanzerogen identifiziert wurden:

Zusatzstoffe	Quelle
Geschmacksstoffe	
Menthol	NIOSH, 1976
Farbstoffe	
Fast green FCF	IARC, Bd. 16, 1978
Light green SF	IARC, Bd. 16, 1978
Rhodamin B	IARC, Bd. 16, 1978
Guinea green (verboten)	IARC, Bd. 16, 1978
Gärungshemmstoffe	
Diäthylpyrocarbonat (DEPC) (reagiert synergistisch mit anderen Zusatzstoffen und bildet ein Urethan, »ein bekanntes Kanzerogen«)	FDA, 10. Februar 1972
Konservierungsmittel	
Nitrit	Newberne, 1979
Süßstoffe	
Xylit Saccharin	Smith, in: *Science* (10. Februar) 1978; P. Handler, NAS, in einem Brief an J. Califano 1978

Mutagene Zusatzstoffe

In mikrobiologischen Tests konnten zahlreiche weitere chemische Zusatzstoffe in Lebensmitteln als Mutagene oder als Substanzen, die Chromosomenaberrationen verursachen, identifiziert werden. Epstein et al. (1971) nennen: *Butylhydroxytoluol, Butylhydroxyanisol, Cumarin, Sucaryl, Hexachlorcyclohexan, Isopropylphenylcarbamat.* Auch *Saccharin* wirkt mutagen (Batzinger et al., 1977; Wolff et al., 1978).

Synergistisch wirkende Zusatzstoffe in Lebensmitteln: Nitrit + Amine = N-Nitrosoverbindungen

Mit Nitritpökelsatz behandeltes Fleisch: In Fleisch, das mit Nitritpökelsalz behandelt wurde (Speck, Schinken, Würste, Corned beef), bilden sich kanzerogene *N*-Nitrosoverbindungen (Lijinsky, 1977).

Nitrit-behandeltes Fleisch plus Amine: Zusätzlich zu dem mit Nitritpökelsalzen behandelten Fleisch nehmen wir mit unserer Nahrung zahlreiche Aminverbindungen auf. Nitrite und Amine reagieren miteinander und bilden im Magen *N*-Nitrosoverbindungen (Lijinsky, 1977).

N-Nitrosoverbindungen erwiesen sich im Tierversuch bei sämtlichen Tierarten als kanzerogen: z. B. bei Ratten, Mäusen, Meerschweinchen, Kaninchen, Hunden, Affen, Sittichen, Schweinen, Igeln, Nerzen und Forellen (NAS, *Nitrates,* 1978). *N*-Nitrosoverbindungen verursachten nahezu jede Art von Tumoren in sämtlichen Organen der Versuchstiere (Lijinsky, 1977). So bewirkten sie zum Beispiel im Tierversuch mit Ratten kanzeröse Geschwülste in folgenden Organen und Körperteilen: Leber, Ösophagus, Pharynx, Nasenhöhlen, Atemwege, Nieren, Zunge, Magen, Blase, zentrales und peripheres Nervensystem, Gehörgang, Hoden, Eierstöcke, Brustdrüsen, Darmtrakt, Hämopoietin-System, Haut, Kinn, Uterus, Vagina (WHO, *Nitrates,* 1978). In anderen Tierexperimenten wurde darüber hinaus die Bildung von Tumoren in folgenden Organen beobachtet: Dickdarm, Bronchien, Pankreas, Gehirn, Rückenmark, Schilddrüse, Lymphknoten, Blutgefäße, Knochen (NAS, *Nitrates,* 1978).

N-Nitrosoverbindungen besitzen auch mutagene Eigenschaften (Olajos, 1977).

IX. Arzneimittel

Kanzerogene in Arzneimitteln

Arzneimittel und zu ihrer Herstellung verwendete chemische Substanzen, die im Tierversuch Krebs erzeugen

Arzneimittel	Quelle	Arzneimittel	Quelle
Actinomycin	Adamson et al., 1977; NIOSH, 1976	Diäthylstilböstrol	IARC, Bd. 6, 1974
Adriamycin	NIOSH, 1976	Griseofulvin	Adamson, 1979
Äthinylöstradiol	IARC, Bd. 6, 1974	Imuran	Adamson et al., 1977
Bis(2-chloräthyl)äther	IARC, Bd. 9, 1975	Isofluran	IARC, Bd. 11, 1976
Borsäure	NIOSH, 1976	Isoniazid	Goldman et al., 1977
Busulfan	Adamson et al., 1977; NIOSH, 1976	Melphalan	Adamson et al., 1977
Chlorambucil	NIOSH, 1976	6-Mercaptopurin	Adamson et al., 1977
Chloroform	EPA, »Potential Industrial«, 1977	Mitomycin-C	NIOSH, 1976
		Methapyrilen	FDA, 8. Juni 1979
Cytoxan	Adamson et al., 1977	Metronidazol	Goldman et al., 1977

Arzneimittel	Quelle	Arzneimittel	Quelle
Daunomycin	Adamson et al., 1977	Medroxyprogesteronacetat	FDA, 26. Juli 1979
Methylthiourazil (MTU)	IARC, Bd. 7, 1974	amid und andere Sulfa-Verbindungen	
Progesteron	IARC, Bd. 6, 1974	2,4,6-Tris(l-aziridinyl)-s-triazin	IARC, Bd. 9, 1975
Penicillin	NIOSH, 1976		
Propylthiourazil	IARC, Bd. 7, 1974	Tris(aziridinyl)-para-benzochinon	IARC, Bd. 9, 1975
Phenacetin	Vaught et al., 1979		
Stickstoffsenf	Adamson et al., 1977; NIOSH, 1976	Triäthylenmelamin (TEM)	Adamson et al., 1977; NIOSH, 1976
Streptozotocin	NIOSH, 1976	Thio-TEPA	Adamson et al., 1977; NIOSH, 1976
Sulfacombin (enthält Sulfathiazol, Sulfanilamid, Sulfon-	NIOSH, 1976	Trichloräthylen	IARC, Bd. 11, 1976; FDA, 27. September 1977

X. Kleidung

Unsere Kleidung besteht in der Regel aus Textilstoffen. Aus Textilstoffen werden Kleider, Anzüge, Mäntel, Regenmäntel und Unterwäsche hergestellt. Zahlreiche dieser Textilstoffe enthalten kanzerogene chemische Substanzen und werden als ein Gesundheitsrisiko sowohl für denjenigen, der mit ihrer Verarbeitung beschäftigt ist, wie auch für den, der die Kleidung trägt, erachtet.

Kanzerogene in Textilien

Bekannte Kanzerogene in Textilstoffen

Produktionsbereich	Quelle
Textilfasern	
Acrylonitril	OSHA, 16. Januar 1978
Asbest	(vgl. Metalle und Minerale)
Beryllium	(vgl. Metalle und Minerale)
Fiberglas	(vgl. Baugewerbe)

Produktionsbereich	Quelle
Chemische Substanzen, die bei der Bearbeitung und/oder Färbung der Textilfasern und -stoffe verwendet werden	
Auraminfarbstoffe	IARC, Bd. 1, 1972
Azofarbstoffe	EPA, 1977*
Benzidinfarbstoffe	IARC, Bd. 1, 1972; EPA, 1977
Kupfer-8-hydroxychinolin	EPA, 1977
2-Methylaziridin	EPA, 1977
Gewebeimprägnierung und Appretur, z. B. Verbesserung der Halbarkeit. Herstellung von wasser- und knitterfesten Stoffen etc.	
2-(1-Aziridinyl)-äthanol	EPA, 1977
Bis(chlormethyl)äther (BCME)	EPA, 1977
Epichlorhydrin	EPA, 1977
Lactone (β-Propiolacton)	EPA, 1977
N-propylcarbamat	IARC, Bd. 12, 1976
Urethan	EPA, 1977
Feuerschutzbeschichtung	
Pyroset TKP (kanzerogener Promoter)	Loewengart et al., 1977
Tetrakis (hydroxymethyl)phosphonium-chlorid (THPC) (kanzerogener Promoter)	Loewengart et al., 1977
Tris(2,3-dibrompropyl)phosphat (TRIS)	CPSC (verboten) 1977
Trockenreinigung	
Chloroform	EPA, 1977
Perchloräthylen	EPA, 1977
Trichloräthylen	EPA, 1977

* EPA, *Potential Industial Carcinogens and Mutagens,* 1977

Mutagene in Textilien

Einige der vorstehend genannten kanzerogenen Substanzen besitzen auch mutagene Eigenschaften. In der Textilindustrie werden darüber hinaus auch noch weitere Mutagene verwendet:

Chemische Substanzen, die zur Bearbeitung und/oder Färbung von Textilien und Textilfasern verwendet werden: *Acetaldehyd* (Zellulose), *Chloropren, Diäthyl- und Dimethylsulfat* (Zellulose), *Äthylenoxid* (Polyester), *Formaldehyd, Hydrazin, Semicarbazid* (Acryl) (EPA, *Potential Industrial, 1977).*

Bleichen, Entkeimen, Färben und Antipilzbehandlung von Textilien: verschiedene *Anthrachinone* und *Nitroanthrachinone, Azobenzol-azo-Farbstoffe, Benzidinfarbstoffe, Äthylendichlorid, Wasserstoffperoxid, Hydroxylamin, Peressigsäure* (EPA, *Potential Industrial,* 1977).

Gewebeimprägnierung und Appretur (z. B. Verbesserung der Haltbarkeit, Herstellung von wasser- und knitterfesten Stoffen etc.): *Acrolein, Aziridin, Bis-(chlormethyl)äther (BCME), Epichlorhydrin, Glycidol, Lactone (z. B. β*-Propiolacton), Styroloxid, Urethan (EPA, *Potential Industrial,* 1977).

Bei Trockenreinigung verwendete chemische Substanzen: *Trichloräthylen* (EPA, *Potential Industrial,* 1977).

Feuerfeste Beschichtung der Textilien: Tris-(2,3-Dibrompropyl)phosphat (TRIS) ist ein bekanntes Mutagen (Prival et al., 1977). 1978 berichteten Gold et al., daß Tris-(2,3-Dichlorpropyl)phosphat mutagene und kanzerogene Eigenschaften besitzt und durch die Haut in den Körper gelangen kann. Beide chemischen Substanzen werden u. a. bei der Herstellung von Kinderschlafanzügen verwendet.

XI. Luft

In einer technologisierten Welt, die voll von kanzerogenen Substanzen ist, ist es nicht verwunderlich, daß sich selbst in der Luft eine Vielzahl von Kanzerogenen befindet. Im folgenden einige Ergebnisse der wissenschaftlichen Forschung:

Aus Energieträgern freiwerdende Kanzerogene in der Luft

Sämtliche im Teil II dieses Kapitels erwähnten Kanzerogene, kanzerogenverdächtige Substanzen und kanzerogene Promoter wurden auch als Bestandteile unserer Atemluft identifiziert. In der 1978 erschienenen Studie nennt D. F. S. Natush 50 weitere kanzerogene Substanzen, die in der Luft festgestellt wurden.

Anorganische Verbindungen: *Schwefeloxide, Stickoxide, Ozon, Quecksilber.*

Anorganische Partikel: *Arsen, Asbest, Beryllium, Blei, Cadmium, Chrom, Eisen, Kobalt, Kupfer, Nickel, Selen, Uran, Vanadium.*

Radioaktive Partikel: *Blei, Radium, Thorium, Uran.*

Organische Substanzen (feststofflich und gasförmig): *Alkane (n-Butan, n-Pentan, 2-Methylbutan), Alkene(2-Buten, 1,3-Butadien), Propen, Aldehyde und Ketone (Formaldehyd, Acrolein), Nitrosamine (Dimethylnitrosamin), Peroxide (Peroxyacylnitrate), aromatische Kohlenwasserstoffe (Benzol, Toluol, 1,2-Dimethylbenzol, 1,2-Dimethylbenzol, 1,4-Dimethylbenzol), polyaromatische Kohlenwasser-*

stoffe (Anthracen, Benzo(a)pyren, Benzo(e)pyren, 1,2-Benzanthracen, 1,12-Benzpyrilen, Coronen, Chrysen, Pyren), polyzyklische Schwefelverbindungen (Acridin, Fluorencarbonitril), Bleitetraalkyle (Bleitetraäthyl), benzollösliche organische Substanzen.

Weitere Kanzerogene in der Luft

Stickoxide (NO_x) gehören zu den gefährlichsten Schadstoffen in der Luft. Stickoxide sind kanzerogene Promoter. Oft werden sie in der Literatur als besonders großer Risikofaktor beurteilt, weil sie mit Aminen reagieren und Nitrosamine bilden. Nitrosamine sind extrem kanzerogen und ebenfalls Bestandteil unserer Atemluft (Padgett, 1975; Fine et al., 1977; Althoff et al., 1977; Natush, 1978). In einer Reihe von Tierversuchen haben Nitrosamine in mehr als 20 Tierarten Krebs verursacht (Epstein, 1978).

Schwefeloxide tragen ebenfalls in großem Umfang zur Schadstoffbelastung der Luft bei. Schwefeloxide unterstützen die kanzerogenen Eigenschaften der polyzyklischen aromatischen Kohlenwasserstoffe (Brubaker et al., 1975).

Ozon, ein photochemisch wirkendes Oxidationsmittel, kommt in beträchtlicher Konzentration in der Luft vor. Seine kanzerogenen Eigenschaften wurden in zahlreichen Untersuchungen belegt (WHO, *Photochemical Oxidants,* 1979).

Vinylchlorid, das vom Vinylchloridmonomer, von Polyvinylchlorid-Harzen und in Fabriken, die Polyvinylchlorid herstellen, produziert wird, ist als gefährlicher Schadstoff unserer Atemluft bekannt (EPA, 16. September 1974). Als Bestandteil von Aerosolen ist es bereits verboten (CPSC, 16. August 1974).

Palladium wird von Kfz-Katalysatoren abgegeben. Palladium potentierte im Tierversuch mit Mäusen die Kanzerogenität anderer Substanzen (Brubaker et al., 1975).

Chloroform, das im Tierversuch als Kanzerogen identifiziert wurde (vgl. weiter oben), ist als Schadstoff auch in der Luft enthalten (EPA, Office of Water Supply, 1978).

Zigarettenrauch ist ein Schadstoff, der vor allem in der Luft geschlossener Räume in höheren Konzentrationen gemessen wird. F. W. Sunderman jr. stellte bereits 1970 fest, daß *Nickel* ein wesentlicher Bestandteil des Zigarettenrauchs ist. 1972 berichtete die NAS (in: *Particulate Polycyclic*), daß im Zigarettenrauch auch andere kanzerogene Substanzen wie *Polyzyklische Kohlenwasserstoffe* (z. B. Benzo(a)pyren), *Arsen, Polonium* und *Nitrosamine* enthalten sind.

Kanzerogene Schadstoffe in der Luft geschlossener Räume

Die meisten Menschen gehen davon aus, daß geschlossene Räume Schutz vor Umweltgiften bieten. Doch häufig stauen sich gerade in geschlossenen Räumen zum einen die Schadstoffe, die von außen eingedrungen sind, und zum anderen können die im Raum entstandenen Schadstoffe nicht entweichen.

Die Schadstoffbelastung der Luft ist in geschlossenen Räumen deshalb oft größer als im Freien. Zu den gefährlichen Schadstoffen in der Luft in geschlossenen Räumen sind die schwerflüchtigen *Kohlenwasserstoffe* zu zählen. Aromatische Kohlenwasserstoffe, zum Beispiel das kanzerogene Benz(a)pyren, entstehen beim Kochen. Aber auch Farbanstriche, Reinigungsmittel, Kunstleder, Linoleum, Gummi, Kunststoffkitt und Schnellzement geben Kohlenwasserstoffe ab (Sterling et al., 1977).

Kanzerogene Staubpartikel in der Wohnung: Bei der Verbrennung von Heizöl oder Kohle entstehen zahlreiche kanzerogene Schadstoffe, die Bestandteile der Luft in geschlossenen Räumen sind. Bei allen Untersuchungen der Luft in geschlossenen Räumen wurden durchweg Bleipartikel festgestellt. An den Staubpartikeln in der Luft von Wohnräumen haften in der Regel benzollösliche organische Substanzen und gelangen über die Atemwege in den Körper. Auch *Asbestfasern* und *Beryllium* wurden als Bestandteil der Staubpartikel in geschlossenen Räumen festgestellt. Kanzerogene Schadstoffpartikel gelangen in Form von Zigarettenrauch in die Luft geschlossener Räume (Sterling et al., 1977; Cuddeback et al., 1976).

Formaldehyd, von der EPA als Mutagen und vom NIOSH als Kanzerogen identifiziert (vgl. weiter oben), wurde häufig in der Luft geschlossener Räume gemessen. Wie Vertreter der Gesundheitsbehörden erklärten (in: *Wall Street Journal,* vom 15. August 1979), müssen die hohen Formaldehydkonzentrationen, die in Wohnmobilen festgestellt wurden, als ernstzunehmendes Gesundheitsrisiko betrachtet werden.

Kanzerogene Substanzen in der Atemluft

1970 veröffentlichte F. W. Sunderman jr. eine Liste von kanzerogenen Substanzen, die, wie anhand einer Serie von Tierversuchen mit Mäusen, Ratten, Hamstern, Meerschweinchen, Kaninchen, Enten, Hunden und Affen bewiesen wurde, in den Körper gelangen:

Polyzyklische aromatische Kohlenwasserstoffe:
- Methylcholanthren
- Dimethylbenzanthracen

Nitrosodialkylamine:
- Dimethylnitrosamin
- Diäthylnitrosamin
- Diamylnitrosamin

N-Nitrosoverbindungen
- N-Nitrosopiperidin
- N-Nitrosomorpholin
- N-Nitrosomethylurethan

Aromatische Amine:
- Trifluoracetamidofluoren

Aflatoxin

Cyrasin

Andere organische Substanzen:
- Urethan
- Uracilsenf
- 4-Nitrochinolin-N-oxid

Nichtmetallische anorganische Substanzen:
- Diazomethan
- Hydrazin

Minerale:
- Asbest

Metalle:
- Nickel
- Chrom
- Beryllium

Radioaktive Substanzen:
- Strontium-90
- Cer-144

Plutonium-239

XII. Wasser

In den letzten zwanzig Jahren sind zahllose Studien veröffentlicht worden, die eine Untersuchung der Wasserverschmutzung durch Kanzerogene und kanzerogenverdächtige Schadstoffe zum Thema hatten. Einige der Untersuchungsergebnisse sollen hier exemplarisch genannt werden:

1962: Im Trinkwasser von 100 Städten der USA wurden u. a. folgende Elemente in Spuren festgestellt: *Blei, Chrom, Eisen, Mangan, Molybdän, Nickel* und *Titan* (Skougstad, 1971). Sämtliche genannten Elemente sind bekannte Kanzerogene (vgl. Teil II, Energie: Fossile Brennstoffe und Teil III, Metalle und Minerale).

1962–1967: Während dieser Jahre wurde das Trinkwasser von 380 Städten der USA untersucht; u. a. wurden dabei folgende Elemente in Spuren gefunden: *Zink, Cadmium, Eisen, Mangan, Blei, Chrom, Molybdän, Beryllium, Nikkel* und *Kobalt* (NAS, *Drinking,* 1977). Alle genannten Elemente sind krebserregend.

1971: Nach Skougstadt wurden folgende Radioisotope im Trinkwasser festgestellt: *Uran, Jod-131, Caesium-129 und Radon.*

1974: Die Reserve Mining Company in Minnesota leitete ihren Eisenerzabraum – v. a. Takonitflotationsabgänge mit hohen Asbestkonzentrationen – in den Oberen See, aus dem zahlreiche angrenzende Gemeinden ihr Trinkwasser bezogen. Da Asbest mit der Entstehung von Lungenkrebs in Verbindung gebracht wird, erklärte die EPA das Trinkwasser aus dem Oberen See als gesundheitsschädigend (EPA, 29. März 1974). Im April desselben Jahres erließ der Bundesbezirksrichter Miles Lord eine einstweilige Verfügung, die der Bergbaugesellschaft verbot, weiterhin ihre Flotationsabgänge in den See zu leiten (Epstein, 1978).

1975: Die EPA führte in 79 Städten der USA eine Untersuchung des Trinkwassers durch und nannte sechs kanzerogene Substanzen, die dabei festgestellt worden waren: *Chloroform, Bromdichlormethan, Dibromchlormethan, Bromoform, Tetrachlorkohlenstoff und 1,2-Dichloräthan.* Die vier erstgenannten Substanzen entstehen bei der Chlorierung des Trinkwassers, die notwendig ist, um eventuell im Wasser enthaltene Typhus-, Cholera- und Ruhrerreger zu vernichten (EPA, 18. April 1975; NAS, »Chloroform«, 1978).

1977: In *Potential Industrial Carcinogens and Mutagens* berichtete die EPA, daß Vinylchlorid aus PVC-Wasserleitungen in das Trinkwasser gelangt.

1977: In einem in *Science* erschienenen Artikel wurde darauf hingewiesen, daß in den USA Tausende von Wassertanks und Wasserleitungen mit *Asbest* und *Kohlenteer* isoliert sind. Beide Substanzen sind krebserregend (Ford, 30. September 1977).

1977: PBB wurde im Trinkwasser entdeckt. Die EPA bezeichnete PBB als kanzerogenverdächtige Substanz (EPA, 17. Juni 1977; 13. September 1977).

1978: PCB wurde im Trinkwasser entdeckt (DHEW Subcommittee on PCBs, 1978). Die WHO (1976) und die EPA (22. Mai 1977) identifizierten PCB als kanzerogenverdächtige Substanz.

1978: Larsen et al. (1978) weisen darauf hin, daß Plutonium in chloriertem Trinkwasser oxidiert wird und deshalb leichter in den Gastrointestinaltrakt absorbiert wird.

1978: Arthur Upton, Direktor des NCI (National Cancer Institute) stellte in einem Brief vom 10. 4. 1978 an Costle fest, daß im Trinkwasser der USA folgende 23 Kanzerogene, 11 kanzerogene Promoter und 28 Mutagene bzw. mutagenverdächtige Substanzen festgestellt worden seien:

Kanzerogene und kanzerogenverdächtige Substanzen im Trinkwasser der USA	
Benzo(a)pyren	DDE
Chloroform	DDT
Tetrachlorkohlenstoff	Chlordan
Vinylchlorid	Lindan
1,4-Dioxan	Dieldrin
Methyljodid	Benzol
Vinylidenchlorid	Tetrachloräthylen
Heptachlor	Heptachlorepoxid
1,1,2-Trichloräthan	Acrylonitril
1,1,2-Trichloräthylen	Aldrin
Bis(2-chloräthyl)-äther	Butylbromid
Simazin	

Kanzerogene Promoter im Trinkwasser der USA	
Orthokresol	n-Decan
2,4-Dimethylphenol	Limonen
Phenol	Oktadecan
n-Dodecan	n-Tetradecan
Eikosan	n-Undecan
2,3-Dichlorphenol	

Mutagene und mutagenverdächtige Substanzen im Trinkwasser der USA	
1,1,1-Trichloräthan	2,6-Dinitrotoluol
Bromomethan-(methylbromid)	Dichloracetonnitril
Methylchlorid	Methylenbromid
Bromchlormethan	Chlordan
Methylenchlorid	Vinylidenchlorid
Bromoform	n-Butylbromid
Bromdichlormethan	Bis(2-chloräthyl)-äther
2-Chlorpropan	Acrylnitril
1,2-Dichlorpropan	Benzo(a)pyren
1-Chlorpropen	Methyljodid
1,2-Dichloräthan	Vynilchlorid
Bis (2-chlorisopropyl)äthan	1,3-Butadien
Chlordibromomethan	1,2-Bis(chloräthoxy)äthan
1,3-Dichlorpropen	Pyren

XIII. Müll

Das eigentliche Problem der Entsorgung von Giftmüll ist nicht die Luft- oder Wasserverschmutzung, sondern die Belastung des Bodens mit toxischen Substanzen. Einer Schätzung der EPA zufolge werden in den USA jährlich etwa 30–40 Millionen Tonnen Giftmüll produziert (EPA, 21. November 1978). In den Vereinigten Staaten gibt es etwa 18500 städtische Mülldeponien, 23000 Deponien für Klärschlamm und etwa 100000 von der Industrie betriebene Deponien. Maugh (1979) nimmt an, daß etwa 10–15 Prozent der Industrieabfälle toxisch sind; davon wiederum besitzt ein unbekannter Prozentsatz kanzerogene Eigenschaften.

Radioaktiver Müll

Etwa ein Drittel des schwachaktiven Atommülls stammt aus den Versuchslabors der biochemischen Industrie und aus den Abteilungen für Strahlenmedizin der Krankenhäuser (Marshall, 1979). Zwei Drittel des radioaktiven Mülls kommt aus Kernkraftwerken. Nur ein relativ kleiner Teil des Atommülls ist äußerst langlebig. Der Physiker Bernard L. Cohen (»High Level«, 1977) weist darauf hin, daß manche Zerfallsprodukte noch 100 Jahre, manche sogar noch 4×10^{10} Jahre, nachdem sie deponiert wurden, radioaktive Strahlung abgeben.

Langlebige und nichtabbaubare Schadstofflasten – ein Vergleich

In der Ausgabe der Zeitschrift *Science* vom 25. Mai 1979 veröffentlichte Thomas Maugh die Ergebnisse einer vergleichenden Studie über die Umweltbelastung durch schwachaktiven Atommüll bzw. durch Chemiemüll. Er kommt u. a. zu dem Resultat, daß »... einige der deponierten chemischen Substanzen bereits nach wenigen Wochen oder Monaten abgebaut werden. Andere chemische Substanzen jedoch, wie z. B. polychlorierte Biphenyle (PCB), sind wesentlich stabiler und sind noch nach Jahrzehnten, unter Umständen nach Jahrhunderten genauso toxisch wie zum Zeitpunkt ihrer Herstellung. Wiederum andere toxische Sonderabfälle stellen ein permanentes Umweltproblem dar, denn ein kanzerogenes Cadmiumatom oder Berylliumatom wird für alle Zeiten ein kanzerogenes Atom bleiben. Von diesem Gesichtspunkt aus betrachtet erscheint das vieldiskutierte Problem der Halbwertszeiten radioaktiver Abfallstoffe aus Atomkraftwerken als relativ gering. Auch die Menge des anfallenden Atommülls ist im Vergleich zu der des chemischen Mülls wesentlich geringer. Seit Beginn des Atomzeitalters wurden bisher etwa 5000 Tonnen Atommüll produziert; etwa ein Zehntausendstel des in einem Jahr anfallenden gesamten Giftmülls.«

Nicht abbaubare Schadstoffe

Die amerikanische Umweltschutzbehörde (EPA) veröffentlichte bereits mehrere Untersuchungen über die Zusammensetzung des Industriegiftmülls. Eine dieser Untersuchungen (SW-115, 1974) soll hier zitiert werden. Acht der elf genannten kanzerogenen Schadstoffe sind Metalle, d. h. nicht abbaubare, in Elementarform existierende Kanzerogene.

Gesundheitsgefährdende Substanzen im Industriemüll*

Industrie	**Gesundheitsgefährdende Substanzen**										
	As	***Cd***	***Chlorierte Kohlenwasserstoffe***	***Cr***	***Cu***	**Cyanide**	***Pb***	***Hg***	**Verschiedene organische Verbindungen**	***Se***	***Zn***
Bergbau und Metallgewinnung	×	×		×	×	×	×	×		×	×
Farben und Farbstoffe		×		×	×	×	×	×	×	×	
Pestizide	×		×			×	×	×	×		×
Elektro- und elektronische Industrie			×		×	×	×	×		×	
Druck und Vervielfältigung	×			×	×		×		×	×	
Galvanisation und Metallveredelung		×		×	×	×					×
Chemikalienproduktion			×	×	×			×	×		
Sprengstoffe	×				×		×	×	×		
Gummi und Kunststoffe			×			×		×	×		×
Batterien		×					×	×			×
Parmazeutische Industrie	×							×	×		
Textilwaren				×	×				×		
Erdöl und Kohle	×		×				×				
Pulpe und Papier								×	×		
Leder				×					×		

* Alle *schräg gedruckten Substanzen* und/oder deren Verbindungen sind als Kanzerogene identifiziert.

* * *

Wir sind nun in der Lage, einige Folgerungen, die sich aus dem vorstehend präsentierten Datenmaterial ergeben, genauer zu betrachten. Als Laien ist es uns zwar nicht möglich, die Gültigkeit der wissenschaftlichen Untersuchungsergebnisse zu beurteilen, doch können wir immerhin zwei wichtige Feststellungen treffen:

Wenn das Datenmaterial oder zumindest ein signifikanter Teil der Daten den Tatsachen entspricht, denn nimmt das Problem der durch industrielle Substanzen verursachten Krebserkrankungen alarmierende Dimensionen an. Geht der Leser von denselben Annahmen aus, wie es die Verfechter der Krebsvorsorgepolitik tun – insbesondere von den Hypothesen, daß jede chemische Substanz, die im Tierversuch Krebs erzeugt, auch beim Menschen kanzerogen wirkt und daß jeder Kontakt mit einem Kanzerogen, sei die Dosis auch noch so gering, Tumorbildung auslösen kann –, dann kann das Ergebnis seiner Überlegungen nur eine Schreckensvision sein. Die präsentierten Forschungsergebnisse erwecken den Anschein, daß wir mit jedem Atemzug, jedem Schluck Wasser, jeder Berührung mit der Erde, auf der wir leben, und mit jedem Bissen unserer Nahrung unter Umständen eine winzige und doch entscheidende kanzerogene oder mutagene Substanz in unseren Körper aufnehmen. Überall, so lassen die Aussagen der Wissenschaftler befürchten, lauert die Krebsgefahr: am Arbeitsplatz, in der Kleidung, die wir tragen, in den Zeitungen und Büchern, die wir lesen, in Fernsehgeräten, Photographien, Gemälden und Schallplatten, in dem Wagen, den wir fahren, in der Tankstelle, an der wir tanken, in Kosmetika und Arzneimitteln, in der benachbarten Fabrik, in den Wänden des Hauses, in dem wir leben, im Heizöl oder in der Kohle, mit der wir unsere Häuser heizen, in den Essensdämpfen der Küche, in fluoreszierenden Lichtquellen und in den winzigen Staubpartikeln in der Luft unserer Wohnzimmer.

Das Datenmaterial gibt zwar keinen Aufschluß darüber, wie intensiv der Kontakt der Versuchstiere mit der jeweils untersuchten chemischen Substanz war, bzw. wie hoch im einzelnen der Risikofaktor einer chemisch induzierten Krankheitsgenese letztlich veranschlagt wurde, doch die Annahme, daß bereits die kleinste Dosis einer kanzerogenen Substanz tumoröse Zellwucherungen auslösen kann, ist in Anbetracht der Tatsache, daß wir permanent und überall mit kanzerogenen chemischen Substanzen in Berührung kommen, Anlaß genug, eine Katastrophe zu befürchten. Legt man der Interpretation des Datenmaterials die Maßstäbe der »offiziellen« Krebsvorsorgepolitik zugrunde, muß man zwangsläufig zu derselben Überzeugung gelangen wie die Apokalyptiker, nämlich daß wir in einer kanzerogenen Hölle leben. Unter diesen Voraussetzungen betrachtet, ist es nicht verwunderlich, daß Barry Commoner 1978 eine landesweite, die gesamte US-Bevölkerung umfassende Untersuchung des »umweltbedingten Gesundheitsverfalls«[33] forderte, daß Samuel Epstein erklärte, die Arbeitsplätze in unserer Gesellschaft seien »Brustätten der chemischen Kanzerogenese«[34] und daß sich Irving Selikoff zu der Prophezeiung verstieg, in naher Zukunft würden »Millionen« von einer durch die Industrie heraufbeschworenen Krebsepidemie dahingerafft werden.[35] Sieht man sich mit der erschreckenden Zahl der industriell hergestellten und im Tierversuch als kanzerogen identifizierten chemischen Substanzen konfrontiert, wird auch verständlich, weshalb Umberto Saffiotti und andere Apokalyptiker die Hypothese aufstellten, daß Krebs in erster Linie von der Industrie verursacht werde. Mit anderen Worten: Die ungeprüfte Übernahme der Thesen der »offiziellen« und behördlichen Krebsvorsorgepolitik und eine Interpretation der Forschungsergebnisse über industriell hergestellte Kanzerogene anhand dieser Thesen, führt ganz unvermeidbar zu den von den Apokalyptikern vertretenen Ansichten und Folgerungen.

Ein weiterer sehr wichtiger Punkt darf bei der Interpretation der Forschungsergebnisse über industriell synthetisierte chemische Kanzerogene nicht übersehen werden: der irreführende Gebrauch der Bezeichnung »chemische Substanz«. In der Beweisführung der apokalyptischen Wissenschaftler wird diese Bezeichnung oft insofern unkorrekt benutzt, als sie zum einen die von der Industrie synthetisch hergestellten chemischen Substanzen bezeichnet und zum anderen für *jede* in der Industrie gebräuchliche chemische Verbindung, also auch für natürlich vorkommende Substanzen, die in der Industrie Verwendung finden, gebraucht wird. Dieser zweifelhafte Umgang mit wissenschaftlicher Terminologie kann nur als ein haarsträubender Fehler oder als bewußte Irreführung der Öffentlichkeit interpretiert werden.

Es ist nicht abzustreiten, daß die chemische Industrie eine Vielzahl von synthetischen chemischen Substanzen produziert, doch empfand ich es als bestürzend, in den Auflistungen industriell hergestellter Kanzerogene chemische Substanzen wiederzufinden, die Bestandteil fossiler Brennstoffe wie Erdöl, Kohle, Torf oder Lignit sind. Ich entdeckte in den Tabellen Gesteinsarten, Minerale und Metalle. Auch Tabak, unbestritten ein Produkt der Natur, war vertreten; ebenso wie Progesteron, ein im Körper des Menschen synthetisiertes Sexualhormon. Aus nahezu allen Studien über industriell synthetisierte Kanzerogene »lugte« die Natur hervor und deutete die Existenz einer zweiten Kategorie kanzerogener Substanzen an.

Zwar hatte ich bis dahin – beeinflußt von den behördlichen Richtlinien zur Krebspolitik und bedingt durch die einseitig betriebene und besonders auf die Kanzerogenität synthetischer chemischer Substanzen gerichtete Forschung – in erster Linie industriell produzierte kanzerogene Substanzen zusammengetragen, doch wurde mir allmählich klar, daß die zum Zeitpunkt der Verabschiedung des Gesetzes zur Kontrolle toxischer Substanzen der Öffentlichkeit präsentierten Auflistungen natürlich vorkommender Kanzerogene unvollständig waren. Ich erweiterte daher das Spektrum meiner Untersuchungen und stellte fest, daß die Natur selbst in weitaus größerem Umfang als angenommen kanzerogen ist.

Dies warf einige interessante Fragen auf. Waren in der Veröffentlichung alphabetisch aufgelisteter kanzerogener chemischer Substanzen nicht vielleicht weitaus mehr natürlich vorkommende chemische Substanzen enthalten, als der Laie auf den ersten Blick erkennen konnte? Zu welchem Ergebnis würde ich kommen, wenn ich mit dem gleichen Eifer, mit dem ich nach synthetisch produzierten chemischen Kanzerogenen fahndete, nach natürlichen kanzerogenen Substanzen forschen würde? Ich stellte mich dieser Aufgabe und entdeckte inmitten der von apokalyptischen Wissenschaftlern, von Regierungsbehörden und Theoretikern veröffentlichten Studien über industriell produzierte chemische Kanzerogene eine Vielzahl natürlich vorkommender Substanzen. Der einzige Unterschied war, daß sich im Verlauf der hitzigen Diskussion um die kanzerogenen »chemischen Substanzen« und der lautstark intonierten Aufklärung der Öffentlichkeit, die Wissenschaft, die Technologie, die Industrie und das kapitalistische System seien für 90 Prozent der Krebserkrankungen verantwortlich, niemand die Mühe gemacht hatte, die natürlich vorkommenden kanzerogenen Substanzen zusammenzustellen und zu veröffentlichen.

Im folgenden Kapitel werde ich diese längst überfällige Zusammenstellung der in der Natur vorkommenden kanzerogenen chemischen Substanzen präsentieren. Auf diese Weise eröffnet sich uns eine ganz neue Perspektive auf die gesamte hier diskutierte Problematik. Die wissenschaftlichen Methoden bleiben zwar dieselben, und die »offizielle« Krebsvorsorgepolitik ändert sich deshalb ebenfalls nicht, doch eine der für die Diskussion wichtigen Variablen ändert sich sehr wohl: Die im folgenden Kapitel genannten Kanzerogene sind für eine ideologisch gefärbte Argumentation nicht geeignet, denn sie sind allesamt integrale und natürliche Bestandteile der Erde oder des Universums. Weder der Faustsche Sündenfall der Menschheit noch irgendein Wirtschaftssystem kann für ihre Existenz verantwortlich gemacht werden. Kein Reformer, will er ernstgenommen werden, kann ein Verbot dieser Substanzen fordern. Und niemand kann sie als Argument für die unerläßliche Änderung des Status quo im Sinne des arkadischen Ideals verwenden, denn diese natürlichen Substanzen sind sozusagen elementare Aspekte des »endgültigen Status quo«, sind Kanzerogene direkt aus der Idylle Arkadiens. Im folgenden Kapitel werde ich die

Themen der institutionalisierten Krebsvorsorgepolitik an den in der Natur existierenden Kanzerogenen messen. Ich werde versuchen, die Frage zu beantworten, aus welchem Grund die »amtliche« Wissenschaft auf einem Auge blind war und versäumt hat, die so einfach zu identifizierenden natürlich vorkommenden Kanzerogene in das Gefüge der von ihr propagierten Krebsvorsorgepolitik zu integrieren.

Kapitel 4

Die gütige Natur

Die Natur weiß es besser[1]

Barry Commoner, Wachstumswahn und Umweltkrise, 1971

Die Ansichten der Apokalyptiker wie auch die der »offiziellen« Wissenschaft über kanzerogene Substanzen lassen sich ohne weiteres von ihren übrigen Überzeugungen ableiten, die sie etwa zu der Zeit vertraten und publizierten, als das Gesetz zur Kontrolle toxischer Substanzen in Kraft trat. Diese Überzeugungen lassen sich im wesentlichen zwei Themenbereichen zuordnen, die bereits in Kapitel 2 bzw. Kapitel 3 genauer erörtert wurden. In einen dieser Themenbereiche fällt das Problem der Krebsverursachung: Die Apokalyptiker behaupteten, in 90 Prozent aller tödlich verlaufenden Krebserkrankungen sei die Ursache in kanzerogenen, seit Ende des Zweiten Weltkriegs synthetisch hergestellten chemischen Substanzen zu suchen, während sie, quasi im gleichen Atemzug, zugeben mußten, daß konkretes Datenmaterial, auf welches sich diese Behauptung stützen konnte, nicht existent war. Der Zweite Themenbereich umfaßt Strategien zur Lösung des Problems bzw. vorbeugende Maßnahmen gegen Krebserkrankung: Die »offizielle« Wissenschaft fordert als präventive Strategie gegen die meisten Krebserkrankungen eine Untersuchung aller in der Industrie verwendeten chemischen Substanzen hinsichtlich ihrer Kanzerogenität. Sie fordert weiterhin, die verdächtigen Substanzen aus dem Verkehr zu ziehen und die Menschen vor dem Kontakt mit auch nur einem einzigen kanzerogenen Molekül zu schützen. Diese Sichtweise des Problems und seiner Lösung impliziert, daß Kanzerogene im wesentlichen synthetisch hergestellte Substanzen sind, die in der Natur nicht vorkommen.

Dies ist eine simplifizierende Schlußfolgerung, deren Richtigkeit nicht anzuzweifeln ist – vorausgesetzt, man geht von dem Standpunkt aus, daß

Kanzerogene per se Produkte der chemischen Industrie sind. Wer davon überzeugt ist, muß folglich auch annehmen, daß der Beitrag der Natur zum Pool der Kanzerogene vergleichsweise bedeutungslos ist. Ebenso wird derjenige, der davon überzeugt ist, daß die Mehrzahl der Kanzerogene während oder nach dem Zweiten Weltkrieg produziert wurden, annehmen, daß natürliche kanzerogene Substanzen eine nur unwesentliche Rolle spielen, denn die Natur ist schließlich um einiges älter als der Zweite Weltkrieg. Daß die Apokalyptiker diesen Standpunkt beziehen, steht außer Frage; versucht man jedoch zu ergründen, weshalb – mit welcher Begründung – sie dies tun, stößt man auf ein Problem: Es existiert keine solche Begründung. Man kann kiloweise apokalyptische Bücher, Studien, Artikel und Vorträge durcharbeiten, und alles, was man entdeckt, ist, daß die Apokalyptiker ebenso wie die »offizielle« Wissenschaft, in der Regel implizit, der Meinung sind, daß die Natur kaum Kanzerogene produziert. Vergeblich suchte ich nach Veröffentlichungen über die Kanzerogenität natürlicher Substanzen – im Umfang etwa jenen vergleichbar, wie sie über die Kanzerogenität industriell produzierter chemischer Substanzen verfügbar sind. Auf welche Weise, so fragte ich mich, waren die Apokalyptiker und Regierungsstellen zu dem Ergebnis gekommen, daß natürlich vorkommende Kanzerogene äußert selten sind? Handelte es sich nicht möglicherweise auch hier um eine weitere »amtliche« Annahme?

Diese Möglichkeit bereitete mir Kopfzerbrechen, denn ich hatte mich bereits zur Genüge mit »amtlichen« Vermutungen auseinandergesetzt. Doch die folgende Frage war unvermeidlich: Wie war die Hypothese, die Natur sei in nur unerheblichem Maße kanzerogen, entstanden?

Während ich mit der Untersuchung dieser Frage beschäftigt war, erhielt ich weder von der Regierung noch von seiten der Apokalyptiker irgendeine Unterstützung. Ich war also gezwungen, die renommiertesten Vordenker des apokalyptischen Standpunkts heranzuziehen. Hierfür boten sich Rachel Carson und Barry Commoner an, deren intellektueller Einfluß nahezu zwanzig Jahre zurückreichte. Und tatsächlich: In ihren Werken entdeckte ich die Antwort auf meine Frage. Sowohl Carson als auch Commoner formulierten ziemlich deutlich ihre Ansichten über natürlich vorkommende Kanzerogene. Ihre Meinungen zu diesem Phänomen erklärten im wesentlichen auch die Ansichten ihrer Epigonen. In diesem Kapitel sollen zunächst die Vorstellungen der ersten Apokalyptiker über die in der Natur vorkommenden Kanzerogene näher beleuchtet werden. Anschließend soll die Entwicklung dieser apokalyptischen Ansichten bis etwa zum Zeitpunkt der Verabschiedung des Gesetzes zur Kontrolle toxischer Substanzen verfolgt werden. Im Anschluß daran werden wir das Datenmaterial über natürliche Kanzerogene genauer betrachten, und schließlich – mit den Informationen und Daten über natürliche sowie über industriell hergestellte Kanzerogene in Händen – werden wir in der Lage sein, einige Schlußfolgerungen zu treffen und einige neue Fragen aufzuwerfen.

Wir werden mit der Darstellung von Rachel Carsons Ansichten bezüglich der im wesentlichen nicht existenten Kanzerogenität der Natur beginnen. Sie sprach sie sehr deutlich in ihrem Buch *Der stumme Frühling* aus. Die Vorstellung, die sie von der Problematik entwickelte, besitzt noch heute eine zentrale Bedeutung, denn sie erreichte als erste ihrer Art ein breites Publikum und prägte entscheidend den Verlauf und Stil der öffentlichen Diskussion. Im allgemeinen werden die in *Der stumme Frühling* geäußerten Ansichten Rachel Carson zugeschrieben, und da es ihr Buch ist, werden wir hier ebenso verfahren. Im Grunde genommen jedoch waren es nicht Carsons eigene Gedanken über Kanzerogenität, die sie präsentierte, denn sie war zwar Biologin und Ökologin, doch keine Expertin der Kanzerogenese. In ihrem Kapitel über Kanzerogene lehnt sie sich sehr eng an Wilhelm Hueper an, den damaligen Leiter der Abteilung für umweltbedingte Krebserkrankungen am NCI (Staatliches Krebsforschungsinstitut), einen hervorragenden Toxikologen auf dem Gebiet der Arbeitsmedizin, dessen führende Position unter den Wissenschaftlern, die in den sechziger Jahren gegen die Regierungspolitik aufbegehrten, bekannt ist. Carson zitierte und interpretierte Hueper in extenso; vor allem hinsichtlich des Problems einer denkbaren, die gesamte Menschheit bedrohenden chemischen Katastrophe sowie bezüglich der Notwendigkeit politischer Lösungen. Außerdem war Hueper einer der Wissenschaftler, die Carsons Datenmaterial über Krebs und Krebsvorsorge vor der Veröffentlichung redigierten.[2] In gewissem Umfang sind deshalb die Aussagen Carsons als repräsentativ für die etablierte Wissenschaft in den USA zu werten, ehe diese den ihr heute eigenen politischen Einfluß erlangte. Allein aus diesem Grund fordern Carsons Ansichten unsere ungeteilte Aufmerksamkeit.

Carsons Aussagen über die Rolle der Natur bei der Verursachung von Krebserkrankungen sind schnell wiedergegeben: Nach ihrer Überzeugung spielen natürliche Substanzen bei der Kanzerogenese keinerlei Rolle. Die Darstellung und Erläuterung dieser Behauptung ist derart knapp gehalten, daß zwei Absätze[3] dafür ausreichen und ein dritter Absatz[4] für die Wiederholung des bereits Gesagten genügt. Um die Erläuterung ihrer Hypothese zu verstehen, müssen zunächst 90 Prozent der wortreichen Darlegungen entfernt werden, denn Rachel Carson war eine begabte und eloquente Schriftstellerin, die es meisterlich verstand, eindrucksvolle Bilder mit relativ wenig Substanz zu entwerfen. An konkreten Fakten hatte sie ihren Lesern lediglich diese eine Information zu bieten: Natürliche Kanzerogene sind »äußerst selten«. Sie erwähnt einige radioaktive Gesteinsarten, Arsen und die ultraviolette Strahlung der Sonne. Carson verrät mit keinem Wort, wie sie zu diesem Ergebnis gekommen ist und unterläßt es gänzlich, konkretes Datenmaterial anzuführen, welches ihre Aussage rechtfertigen würde. Die verblüffende Behauptung, in der Natur gäbe es keine krebserzeugenden Substanzen, belegt sie mit Hilfe der Evolutionstheorie: Die Umwelt formte und entwickelte sich, das Leben paßte sich den Gegebenheiten an; Äonen verstrichen, ein Gleichgewicht wurde erreicht. Und ein Ergebnis dieses gesamten Prozesses und des daraus folgenden Gleichgewichts sei die kaum nennenswerte Zahl von Kanzerogenen in der Natur.

Dies ist Carsons Prämisse, und ohne zu zögern leitet sie daraus die Folgerung ab, daß der Mensch der Schöpfer seiner eigenen kanzerogenen Welt sei, denn er ist das einzige Lebewesen, das in der Lage ist, krebserregende Substanzen herzustellen.[5] Das größte Unheil, so behauptet Carson weiter, sei seit dem Beginn der vierziger Jahre angerichtet worden. Damals habe der Mensch begonnen, die Erde einer »nicht natürlichen« Strahlenbelastung auszusetzen und sie mit »unheilvollen« chemischen Substanzen zu belasten, die die Zusammensetzung der Biosphäre verändern.[6] Der Grund, weshalb diese chemischen Verbindungen derart »unheilvolle« und gefährliche Eigenschaften besitzen, ist nach Carson in dem Umstand zu suchen, daß sie »synthetisch hergestellte« Produkte der menschlichen Intelligenz sind. Sie werden in Reagenzgläsern entwickelt und besitzen kein Äquivalent in der Natur; deshalb kann sich das Leben auch nicht an diese »synthetisch geschaffenen« Gegebenheiten anpassen.[7] Dieser Gedanke ist die zweite Prämisse, von der Carson ausgeht. So eloquent sie ihren Standpunkt auch darstellt, bei genauerem Hinsehen ist ihre zweite Prämisse lediglich eine Umformulierung der ersten. Synthetische chemische Verbindungen – so die eigentliche Aussage Carsons – sind gefährlich, weil sie synthetisch hergestellt sind. Und das Leben kann sich nur an natürliche Gegebenheiten anpassen...

Soviel zu Carsons »Axiomen«, die die Grundlage ihrer Analyse darstellen. Durch die Herstellung von »nicht-natürlichen« Substanzen habe der Mensch, so behauptete sie, die Erde mit einer »Flut von Kanzerogenen« überschwemmt, die bereits für 25 Prozent aller Todesfälle ursächlich seien. Der Mensch nehme diese krebserzeugenden Substanzen mit der Luft, dem Wasser und vor allem in Form von Pestizidrückständen in der Nahrung in seinen Körper auf, erklärt Carson und bekräftigt Huepers

Warnung, die Menschen seien auf dem besten Wege, sich durch in Nahrungsmitteln enthaltene synthetische chemische Verbindungen selbst auszurotten. Hueper begründet seine Warnung an die Menschheit mit einer seinerzeit bekanntgewordenen epidemiehaften Erkrankung von Forellen an Leberkrebs, als deren Ursache die Verunreinigung der Gewässer durch chemisch verseuchte Abwässer wissenschaftlich nachgewiesen worden war.[8] Carson geht sogar noch einen Schritt weiter und vertritt die Ansicht, daß der Mensch bereits das Schicksal der Forellen teile. Wir vergiften uns mit unseren Nahrungsmitteln selbst; in erster Linie durch in den Pestiziden enthaltene chlorierte Kohlenwasserstoffe.[9]

Chlorierte Kohlenwasserstoffverbindungen sind nicht die einzigen chemischen Substanzen, die Carson als kanzerogen identifiziert, doch für sie sind sie ein zentrales Symbol der Gefahr, in der die Menschheit schwebt. Chlorierte Kohlenwasserstoffe und DDT im besonderen sind für Carson wichtige Faktoren für die Dramatisierung ihrer Ansicht, daß Natur und synthetische chemische Verbindungen grundsätzlich unvereinbar seien. In einem der Kapitel ihres Buches entwirft sie für den Leser ein detailliertes Bild der Chemiker, die in ihren Labors die gefährlichen synthetischen Verbindungen herstellen.[10] Eingehend beschreibt sie die Synthetisierung der chlorierten Kohlenwasserstoffe im Labor. Dabei geht sie vom Methan aus, einer natürlich vorkommenden Verbindung mit relativ einfacher Struktur, die sich aus einem Kohlenstoffatom und vier Wasserstoffatomen zusammensetzt. Carson gibt die Molekularstruktur wie folgt wieder:

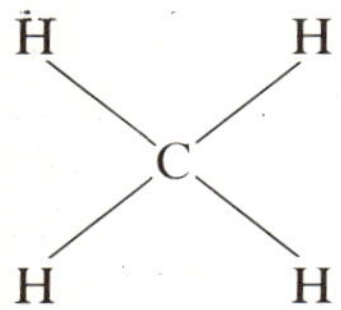

Ersetzt man eines der Wasserstoffatome durch ein Chloratom, so erhält man Methylchlorid. Ersetzt man drei Wasserstoffatome durch drei Chloratome, erhält man das Anästhetikum Chloroform. Und ersetzt man schließlich alle vier Wasserstoffatome durch Chloratome, hat man das flüssige Reinigungsmittel Tetrachlorkohlenstoff synthetisiert. Die Wahl ihrer Beispiele ist überaus interessant, denn alle drei erwähnten Substanzen werden vom NIOSH (in: *Suspected Carcinogens,* 1976) als kanzerogen bezeichnet. Weitaus komplexere Manipulationen, so Carson, liegen der Herstellung von DDT zugrunde. Die organische Chemie, die die Basis aller Lebensprozesse in der Natur darstellt, ist nach Carsons Dafürhalten in ein tödliches Instrument verwandelt worden.[11] Und Rachel Carson engagiert sich für das Leben. Ihr sei der Anblick von Kleefeldern, Lilien und wildem Farnkraut am Straßenrand lieber als eine vom Menschen und seinen Pestiziden verwüstete Erde, erklärt sie und fordert ihre Leser auf, eine moralische Entscheidung zu treffen; eine Entscheidung zwischen der Natur einerseits, die uns mit solch wunderschönen Dingen wie dem Farnkraut, das »sein prächtiges Spitzenmuster der Sonne entgegenstreckt«[12], und solchen »unnatürlichen« Chemikalien wie Methylchlorid und Tetrachlorkohlenstoff andererseits, die eine Ausgeburt der »scheußlichen« und künstlichen Welt der modernen Technologie seien.[13]

Mit dem »Menschen«, der seine Umwelt zerstört, meint Carson vor allem ganz bestimmte Menschen: die Chemiker, die manipulierend in die Strukturen der Natur eingreift und tödliche Substanzen produziert, den Geschäftsmann, der diese tödlichen Substanzen aus Gewinnsucht verkauft, den Werbefachmann, der die Bürger zum Kauf dieser Substanzen verführt, und schließlich den Gesetzgeber, der die Bürger damit beruhigt, daß diese tödlichen Substanzen in kleiner Dosierung unschädlich seien. Ohne dies explizit beim Namen zu nennen, summieren sich Carsons Vorwürfe gegen Angehörige gewisser Berufe zu der massiven Anklage, daß es das westliche Wirtschaftssystem sei, das für die meisten Krebserkrankungen verantwortlich zu machen ist. Erkennt man das »Axiom«, daß die Natur im Prinzip nonkanzerogen ist, als Ausgangspunkt an, ist Carsons Schlußfolgerung nicht von der Hand zu weisen: Wenn natürliche Substanzen schuldlos an der Krebsepidemie sind, kann die Ursache dieser Epidemie nur bei den synthetisch hergestellten chemischen Verbindungen zu suchen sein. Schuld sind also die Erfinder, Hersteller und Verkäufer der tödlichen Substanzen, das politische und wirtschaftliche System, welches dieser lebensbedrohenden Entwicklung Vorschub leistet. In dieser Hinsicht ist Carsons »Axiom« von der »gütigen Natur« alles andere als eine private Meinungsäußerung, denn es bildet das Fundament für eine politische Theorie der Krebsentstehung und für eine massive politische Anklage gegen »das System«.

Mithin sind auch Carsons Lösungsvorschläge politischer Natur. Sie war die erste, die der breiten Öffentlichkeit die Ansicht näherbrachte, daß politische Maßnahmen – in Form einer Krebsvorsorge – die Lösung des gesamten Krebsproblems seien. Sie zitiert zu diesem Punkt Hueper in extenso und erläutert die von ihm entwickelte »Erregertheorie« der Krebsentstehung. Nach Hueper können Kanzerogene durchaus mit Krankheitserregern verglichen werden: Ebenso wie es im 19. Jahrhundert gelungen ist, mittels präventiver Maßnahmen, beispielsweise einer hygienischen

Wasserversorgung, das Problem der pathogenen Mikroorganismen zu lösen, ließe sich auch das Problem der Kanzerogene durch präventive Maßnahmen lösen.[14] In gewissem Sinne, so Rachel Carson, sei das Krebsproblem leichter zu lösen als das durch Mikroorganismen verursachte Problem der Infektionskrankheiten; denn im Gegensatz zu den Bazillen und Bakterien ist die »überwiegende Mehrzahl der Kanzerogene« von Menschen selbst geschaffen, und deshalb ist es auch leichter, sich ihrer wieder zu entledigen.[15] Es sei unumgänglich, die Kanzerogene zu eliminieren, denn – so Carson – auch die kleinste Dosis eines vom Menschen produzierten kanzerogenen »Erregers« birgt bereits ein unkalkulierbares Risiko. Deshalb empfiehlt sie, wo immer es praktikabel sei, diese kanzerogenen Substanzen zu verbieten. Die Begründung, die sie dafür anführt, ist genau die gleiche, die als Rechtfertigung der »No-Threshold-Theorie«, mit der die heutigen Krebsvorsorgeverordnungen steht und fällt, herangezogen wird: Da sich die kleinsten kanzerogenen Dosen im menschlichen Körper addieren und die zunehmende Gesamtdosis zu einer ernsthaften Bedrohung unseres Lebens führt (Summationstheorie), fordert Rachel Carson das radikale Verbot aller Kanzerogene, die unsere Nahrung, das Wasser und die Luft verseuchen.[16]

Ganz offensichtlich entspricht die heute innerhalb der zuständigen Behörden in Amerika vorherrschende Interpretation des Problems der Kanzerogenese genau Rachel Carsons Darstellungen. So ist es auch nicht weiter verwunderlich, daß sich während der letzten zwanzig Jahre bei einigen Mitarbeitern des National Cancer Institute die Überzeugung herausgebildet hat, daß Krebs eine politische Krankheit ist, die eine politische Lösung erfordert. Von entscheidender Wichtigkeit ist in diesem Zusammenhang jedoch die Feststellung, daß die apokalyptische Interpretation des Krebsproblems im Grunde auf Carsons »Axiom« einer »gütigen Natur« beruht; auf der Vorstellung nämlich, die Natur sei ein Garten Eden, frei von kanzerogenen Stoffen, der durch die Gier und den Hochmut des Menschen zerstört wird.

Die gleichen Vorstellungen von der Natur finden sich in den Veröffentlichungen des Biologen Barry Commoner. Tatsächlich haben er und Carson während der letzten zwanzig Jahre stets die gleichen Standpunkte vertreten, mit dem Unterschied allerdings, daß Commoners Einfluß auf die öffentliche Meinung erst 1971, nach der Veröffentlichung von *Wachstumswahn und Umweltkrise,* seinen Höhepunkt erreichte. In diesem Buch wie auch in seinen folgenden Werken macht sich Commoner zu einem engagierten Verfechter der Vorstellung, daß sich das Leben von jeher an die in der Natur herrschenden Bedingungen angepaßt habe und daß jede Abweichung von der Natur gefährlich sei. Er geht allerdings weiter als Carson und definiert ein »Gesetz der Ökologie«, welches diese Ansicht zum Inhalt hat. Dieses Gesetz nennt er »die Natur weiß es besser« [17] und kleidet es in den Jargon der Evolutionstheorie. Die Evolution, so klärt Commoner seine Leser auf, sei ein gewaltiges Experiment mit »R« und »D«, das bereits seit zwei oder drei Milliarden Jahren stattfinde. Während dieser Zeitspanne hat sich laut Commoner eine unvorstellbare Zahl von Bioformen entwickelt, die alle ohne Ausnahme über die Möglichkeit verfügten, mit dem Faktor der zufälligen genetischen Veränderung zu experimentieren. Führte diese Veränderung des genetischen Codes zum Aussterben einer bestimmten Gattung von Lebewesen, wurden ihre spezifischen genetischen Besonderheiten nicht an nachfolgende Generationen weitervererbt. »Auf diese Weise«, erklärt Commoner, »entwickelt die Gesamtheit der Bioformen ein komplexes System von miteinander verträglichen Elementen, und die möglichen Variationen, die mit dem Gesamtsystem nicht im Einklang stehen, werden im Verlauf der Evolution durch dieses Ausleseverfahren ausgelöscht.«[18] In Anbetracht dieses von der Evolution diktierten Anpassungsdrucks, so stellt Commoner fest, sei jede Veränderung der natürlichen Ordnung gefährlich: »Die Einführung vom Menschen geschaffener organischer Verbindungen, wie sie in der Natur selbst nicht vorkommen und die dennoch aktiv in das natürliche System eingreifen, ist mit großer Wahrscheinlichkeit äußerst schädlich.«[19] »Künstlich hergestellte Substanzen«, so Commoner weiter, »sind in der Regel toxisch und häufig kanzerogen.«[20] Konkrete Daten über die »Häufigkeit« der Kanzerogenität synthetischer chemischer Substanzen hat Commoner nicht anzubieten; ebensowenig wie er Daten über die Nichtkanzerogenität natürlicher Substanzen zur Verfügung hat. Wie Carson greift auch er auf die Evolutionstheorie zurück, um sein »Gesetz der Ökologie« zu erklären. Die Überzeugung, »die Natur weiß es besser« ist Commoners »Axiom«.

Dieses »Axiom« impliziert dieselben Folgerungen wie Carsons »Axiom«: Wenn nicht die Natur für die überwiegende Mehrzahl der existierenden Kanzerogene verantwortlich ist, liegt die Verantwortung dafür zwangsläufig beim Menschen. Allerdings hält sich Commoner nicht damit auf, den Menschen ganz allgemein oder die Pestizidhersteller zu beschuldigen, er kommt gleich auf den Ursprung aller synthetischen chemischen Substanzen zu sprechen, nämlich die chemische Industrie. Diese Industrie, so erklärt Commoner, floriert seit dem Zweiten Weltkrieg und hat seither mit in Massen produzierten synthetischen organischen Substanzen unsere Gesellschaft überschwemmt.[21] Während der gesamten siebziger Jahre führte Commoner seine unerbittliche Kampagne gegen die chemische Industrie und die von ihr synthetisch hergestellten Stoffe, wobei er immer wieder ein sozialistisches System als mögliche Lösung der Energie- und Verschmutzungsprobleme zur Sprache brachte.[22] Auf der bereits früher erwähnten Krebskonferenz von 1977 faßte Commoner seine wesentlichen Thesen wie folgt zusammen: Die chemische Industrie, so erklärte er, verursache Krebs, da es ihr Ziel sei, Substanzen zu produzieren, die gegen die Gesetze der Evolution verstoßen. Sie produziere nämlich »organische Verbindungen, die in der Natur nicht existieren«. Doch das Problem, so stellte Commoner klar, sei in erster Linie ein wirtschaftspolitisches: »Wenn man sich mit Kanzerogenen befaßt, befaßt man sich zwangsläufig mit der wirtschaftlichen Entwicklung der petrochemischen Industrie, die inzwischen weitgehend Amerikas Wirtschaftsleben beherrscht.« Die Lösung dieses Problems, so Commoner weiter, sei politischer Natur: Die Alternative sei ein Verbot aller Kanzerogene oder die Verstaatlichung der chemischen Industrie. »Entscheiden wir uns für eine Risiko-Nutzen-Analyse und verwerfen die in der Delaney-Klausel festgelegte Strategie (Verbot), muß die petrochemische Industrie verstaatlicht werden, d. h., die Bürger und nicht der Eigentümer der Fabrik entscheiden darüber, wie und was die Fabriken produzieren.«[23]

Wir sehen also, daß beide Theoretiker die Apokalypse von dem »Axiom« der Nichtkanzerogenität der Natur zu einer politischen Auffassung des Krebsproblems gelangen und folglich auch eine politische Lösung des Problems propagieren. Obwohl eineinhalb Jahrzehnte zwischen Carsons und Commoners Veröffentlichungen liegen, sind beide Darstellungen weitgehend identisch. Während dieses Zeitraums ist die Entwicklung der Wissenschaft allerdings nicht stehengeblieben, doch eines blieb unangetastet: die deskriptive Evolutionstheorie, die beide Autoren als Erklärung für die Nichtkanzerogenität der Natur bemühten.

Carson und Commoner waren nicht die einzigen, die diese Ansicht über Kanzerogene vertraten, doch ihre Darstellung zeichnete sich besonders durch die Direktheit und das Engagement aus, mit welchem sie von ihrem evolutionistischen Ausgangspunkt zu politisch-moralischen Schlußfolgerungen gelangten. Ihre Arbeiten gaben zwar zu Kontroversen unter den Wissenschaftlern Anlaß, doch entbrannten diese Kontroversen stets um technische Details; das ihnen gemeinsame »Axiom« der gütigen Natur jedoch wurde nicht in Frage gestellt.[24] Es war sogar das Gegenteil der Fall: Mit nahezu atemberaubender Geschwindigkeit wurde ihre Behauptung, daß die überwiegende Mehrzahl der Kanzerogene synthetischer Natur sei, von großen Teilen der gebildeten Laien in aller Welt übernommen. Hinzu kam, daß die Tatsachen ihnen scheinbar recht gaben. Es existierten tatsächlich synthetisch hergestellte kanzerogene chemische Substanzen, und die Zahl der als kanzerogen identifizierten und verdächtigten Verbindungen nahm in beängstigendem Umfang zu. Vieles deutete darauf hin, daß Menschen an chemisch induziertem Krebs gestorben waren, und mit großer Wahrscheinlichkeit würden noch viele Menschen der prophezeiten Krebsepidemie zum Opfer fallen. Angesichts dieser neuen, erschreckenden Perspektive waren nur wenige daran interessiert, die Gültigkeit der Theorie, die dieses Phänomen angeblich erklärte, kritisch zu beleuchten. Das ihr zugrundeliegende »Axiom« der Nichtkanzerogenität der Natur wurde stillschweigend akzeptiert, und die von diesem »Axiom« abgeleiteten Folgerungen wurden bald zur weitverbreiteten »Wahrheit«: »Der Mensch« und nicht die Natur war für alles Übel verantwortlich ...; und gemeint waren die Hersteller chemischer Substanzen..., die chemische Industrie selbst. Die Krankheit Krebs war im Grunde genommen als politisches Problem etabliert.

Ein politisches Problem fordert eine politische Lösung, und zu den zahlreichen Lösungsversuchen, die der amerikanische Kongreß unternahm, gehörte u. a. auch das Gesetz zur Kontrolle toxischer Substanzen. Es war nicht weiter verwunderlich, daß sich die Verfechter dieses Gesetzes sowohl auf das »Axiom« der unschuldigen Natur als auch auf die daraus abgeleitete Schuld »des Menschen« beriefen. Mitte der siebziger Jahre waren das »Axiom« und die sich daraus ergebenden politischen Folgerungen fest institutionalisiert. Es formierten sich zwei organisierte Gruppen von Anhängern, die auf verschiedenen politischen Ebenen operierten: Die »Umweltschützer« und Ökologen, deren politische Plattform die EPA war, forderten im Namen der Unschuld der Natur die staatliche Kontrolle der Industrie, während Experten in chemischer Kanzerogenese und Toxikologen des Fachbereiches Arbeitsmedizin, deren politische Plattform die OSHA war, die staatliche Kontrolle der Industrie angesichts der Schuld »des Menschen« forderten. Überall entstanden Gruppierungen, die vorgaben, im »Interesse der Öffentlichkeit« zu reden und die die genannten Forderungen unablässig wiederholten. Oft entstand der Eindruck, daß die Befürworter des Gesetzes direkt aus den Veröffentlichungen Carsons und Commoners zitierten, ja die gesamte Argumentation der Umweltschützer zeichnete sich durch den engen Bezug auf evolutionistisches Gedankengut aus. So begann 1975 John R. Quarles, jr., Deputy Administrator der EPA, seinen Bericht über synthetische Substanzen vor dem Kongreß mit den folgenden Worten:

Seit Darwin wissen wir um die Fähigkeit aller Lebewesen, sich an ihre Umwelt anzupassen. Die große Vielfalt des Lebens innerhalb der Biosphäre spiegelt die erfolgreiche Existenz des Menschen und anderer Spezies wider, die sie gegen die zahllosen chemischen Verbindungen entwickelt haben, die in der Natur existieren. Doch hat während der letzten Jahrzehnte die Chemotechnik zahllose Substanzen in ungeheueren Mengen neuentwickelt, die der Umwelt fremd und nicht abbaubar sind und deren Wechselwirkung mit der lebenden Natur uns unbekannt ist.[25]

Auch nach der Verabschiedung des Gesetzes zur Kontrolle toxischer Substanzen blieb die evolutionistische Terminologie en vogue. In einer 1976 im *Environmental Law Reporter* erschienenen Analyse des Gesetzes war zu lesen:

Hinsichtlich der synthetisch hergestellten chemischen Verbindungen ist vom evolutionistischen Standpunkt aus betrachtet äußerste Vorsicht geboten. Denn jedes chemische Molekül, das in natürlicher Form nicht existiert, kann potentiell die Fähigkeit besitzen, biologischen Organismen – sei es nun der Mensch oder ein unscheinbares Bakterium – Schaden zuzufügen. Der Grund dafür ist, daß die internen Abwehr- und Ausscheidungssysteme lebender Organismen vermutlich nicht geeignet sind, mit Substanzen zurechtzukommen, mit denen weder sie noch ihre evolutionären Vorläufer im natürlichen Universum jemals in Berührung gekommen sind.[26]

Carson, Commoner und all die anderen, die »den Menschen« als den Urheber der Krankheit Krebs entdeckt hatten, machten die Politik und die Wirtschaft für diese Krankheit verantwortlich. Samuel Epstein brachte Krebs mit dem Profitdenken in Zusammenhang. Umberto Saffiotti vom NCI erklärte Krebs zu einer »gesellschaftlich bedingten Krankheit«, die von »mächtigen sozialen und wirtschaftlichen Interessen« ermöglicht wird. Und Ralph Nader schließlich bezeichnete Krebs schlicht und ergreifend als »Industriekrebs«.

Diese beiden Gruppierungen – zum einen jene, die in erster Linie vom Standpunkt der Evolutionstheorie aus argumentierten, und zum anderen jene, die in ihrer Argumentation von einer politisch-wirtschaftlichen Auffassung ausgingen – stammen vordergründig betrachtet aus völlig verschiedenen intellektuellen Lagern. Dem ist jedoch nicht so. Sämtliche der oben erwähnten politisch motivierten Kritiker sind gleichzeitig »Environmentalisten« im Carsonschen Sinne. Samuel Epstein profilierte sich als einer der entschlossensten Gegner des DDT und unterstrich anläßlich der DDT-Hearings dessen Kanzerogenität. Folge dieser Hearings war schließlich das Verbot dieses Pestizids durch den Leiter der EPA, William D. Ruckelshaus.[27] Umberto Saffiotti, damals Leiter der Abteilung »Krebsätiologie« am National Cancer Institute (NCI), hatte bei diesen Hearings ebenfalls gesprochen und wurde von Ruckelshaus im Federal Register als ein »Experte in der Krebsforschung« bezeichnet, dessen »Expertise« schließlich nicht unerheblich zu Ruckelshaus' Entscheidung beigetragen habe.[28] Auch Ralph Nader war ein Schüler Rachel Carsons, dessen Engagement für die Umwelt nach eigener Aussage geweckt wurde, als er eines Tages über das Universitätsgelände ging und beobachtete, wie Bäume mit Gift besprüht wurden, während die Studenten desinteressiert vorbeischlenderten.[29] Die Interessen und Aktivitäten dieser beiden Gruppierungen haben sich schon seit jeher berührt, und hinsichtlich ihrer philosophischen Überzeugung sind sie kaum mehr voneinander zu unterscheiden.

Schließlich läßt auch das Gesetz zur Kontrolle toxischer Substanzen selbst die beiden ineinandergreifenden Konzeptionen erkennen: Seine Zielsetzung ist in erster Linie politischer Natur, und es legt unter anderem gesetzliche Normen für den Vertrieb von chemischen Substanzen fest, während die Begründung eindeutig evolutionstheoretischen Ursprungs ist. Wie es in dem Gesetz selbst heißt, dient es dem Ziel, die Umwelt zu schützen. Die Umwelt wird dabei definiert als »Wasser, Luft und Boden sowie als die wechselseitigen Beziehungen, die zwischen dem Wasser, der Luft, dem Boden und allen Lebewesen existieren«. Niemand, der diese Beschwörung der so vollkommen ineinander verwobenen Harmonie der Biosphäre las, konnte sich vorstellen, daß das Wasser, die Luft, der Boden und die Lebewesen selbst möglicherweise todbringende kanzerogene Substanzen in sich tragen könnten. Das Gesetz zur Kontrolle toxischer Substanzen war somit zu einem Ehrfurcht heischenden Monument des »Axioms« von der gütigen Natur geraten.

Diese Darstellung der Natur fand nicht nur im Kongreß der Vereinigten Staaten, sondern in der öffentlichen Meinung ihren Niederschlag. Das National Resources Defense Council, Inc., eine der einflußreichsten Interessengruppen des Landes, veröffentlichte einen Artikel mit dem Titel: »Ist Krebs der Preis des technologischen Fortschritts?« In diesem Artikel bestritt der NRDC die Möglichkeit, daß die Natur überhaupt im geringsten für die hohen Krebsinzidenzziffern beim Menschen verantwortlich zu machen sei. Er versicherte den Lesern, daß – von der chemischen Industrie abgesehen – alle übrigen Verursacher von Krebs nur geringfügige Bedeutung hätten. Weiter wurde in dem Artikel behauptet, »wenn 8 von 10 Krebserkrankungen auf Umweltfaktoren zurückzuführen sind, ist Krebs offenbar – von wenigen Fällen abgesehen – nicht unvermeidbar«. Die primäre Krebsursache, so der NRDC, sei »die ›chemische Revolution‹ der letzten fünfzig Jahre«. Dieser »chemischen Revolution« sei »der rapide

Anstieg der Inzidenzziffern von Krebs« zuzuschreiben. Doch dabei ließ es der NRDC-Artikel nicht bewenden: »Möglicherweise«, so hieß es dort weiter, »erkennen wir erst die Spitze des Eisbergs, denn der Großteil der als kanzerogen verdächtigen Substanzen ist erst seit Ende des Zweiten Weltkriegs in Gebrauch...«[30] Dies ist im Prinzip eine umfassende Wiedergabe des apokalyptischen Standpunkts, der nun von der Presse und den Fernsehgesellschaften in jedes Haus Amerikas getragen wurde.

Zu dieser Zeit begannen auch Wissenschaftler auf »umwelthygienischem« Gebiet das Carsonsche »Axiom« in ihre Arbeiten zu übernehmen. Einige waren so vorsichtig, es als eine Meinung zu bezeichnen, doch andere übernahmen es einfach als eine Tatsache. Hierzu soll jeweils ein Beispiel angeführt werden. 1976 veröffentlichte Lawrence Fishbein vom National Center for Toxicological Research (Staatliches Forschungszentrum für Toxikologie) im *Journal of Toxicology and Environmental Health* einen Aufsatz, in welchem er darauf hinwies, daß sowohl natürliche als auch synthetisch produzierte Kanzerogene existieren. Ein kurzer Ausschnitt, dessen Quellenangaben interessanter sind als der Text selbst, soll hier zitiert werden.

Obwohl die Ätiologie der beim Menschen beobachteten Neoplasien weitgehend unbekannt ist, existieren Schätzungen, wonach 50–90 Prozent der Krebserkrankungen durch den Kontakt mit chemischen Substanzen verursacht werden (Anon., 1975 a; Epstein, 1974; Hammond, 1975). *Die meisten der bekannten chemischen Kanzerogene sind Produkte der industriell betriebenen Landwirtschaft und der Technologie.* (Anon., 1975 a).[31] [Hervorhebungen von der Autorin].

Wenn zwei der vier Quellenangaben anonym sind, dann ist dies ein alarmierender Prozentsatz, und wenn Fishbein die Überzeugung, daß die meisten chemischen Kanzerogene Produkte der Technologie sind, lediglich mit dem Quellennachweis »anonym« belegen kann, dann ist dies mehr als alarmierend. Manche Wissenschaftler scheinen davon auszugehen, daß die »Nichtkanzerogenität der Natur« eine wissenschaftlich gesicherte Tatsache ist. In dem 1977 von Norton Nelson, Direktor des Instituts für Umweltmedizin am Medical Center der Universität New York, verfaßten Bericht an das National Institute of Environmental Health Sciences (Staatliches Institut für Umwelthygienische Wissenschaften) wird diese Überzeugung deutlich. In diesem Bericht diskutiert Nelson das volksgesundheitliche Problem der Gewebe verändernden Krankheiten (u. a. Krebs), und er erklärt, daß diese Krankheiten »von chemischen Substanzen und physikalischen Faktoren in der Umwelt« verursacht werden: »Nur wenige dieser Agenzien sind natürlichen Ursprungs; die Mehrzahl sind Nebenprodukte unserer hochentwickelten Industriegesellschaft.«[32] Nelson gibt weder Quellennachweise an, noch bemüht er sich um konkrete Daten, die diese Behauptung belegten; er formuliert sie schlichtweg so, als handele es sich um feststehende Tatsachen.

Das »Axiom« der Nichtkanzerogenität der Natur hinterließ im Bewußtsein großer Teile der amerikanischen Öffentlichkeit einen tiefen Eindruck. Die Unkenntnis des Laien auf wissenschaftlichem Gebiet schloß eine Überprüfung der in den Medien veröffentlichten Details quasi aus. Nach jahrelanger Indoktrination durch die Umweltschützer klang für viele die Behauptung, daß die »Natur« gut und die »Chemie« schlecht sei, durchaus plausibel. Besonders in den Kreisen der gehobenen Mittelschicht verschrieben sich viele der »Natur« und änderten ihre Eßgewohnheiten, ihre Freizeitgestaltung, ja ihren gesamten Lebensstil. Zwei Jahre nach der Verabschiedung des Gesetzes zur Kontrolle toxischer Substanzen veröffentlichte Gene Lyons in *Harpers* einen sarkastischen Essay, in dem er feststellte: »Das Wort ›natürlich‹ ist auf dem besten Wege, das Schlagwort unseres Jahrzehnts zu werden und das Wort ›menschlich‹ als das Charakteristikum der moralischen Rechtschaffenheit dessen, der es gebraucht, abzulösen.«[33]

Auf dem Höhepunkt des Erfolgs der von Carson und Commoner verbreiteten Doktrin wurden die ersten Bücher über Kanzerogene veröffentlicht. Sie stammten von Apokalyptikern und waren für den Laien geschrieben. Die Veröffentlichungen von Corbett, Epstein und Agran, die bereits weiter oben erwähnt wurden, sollen im folgenden etwas genauer betrachtet werden. Sämtliche dieser frühen apokalyptischen Bücher über Kanzerogene stimmen darin überein, daß Krebs in erster Linie von industriell hergestellten chemischen Substanzen verursacht wird. Ebenso propagieren sie ausnahmslos Carsons und Commoners Ansichten über die Natur. Doch diese Eintracht existierte nur an der Oberfläche. Liest man diese Bücher aufmerksam, wird man feststellen, daß ihnen allen eine Besonderheit eigen ist, zu der sich die Autoren nicht bekennen oder – genauer – die sie im Verlauf ihrer abstrakten Erklärungen und Argumentationen einfach unter den Tisch fallen lassen: Alle die genannten Bücher enthalten Hinweise darauf, daß die Natur in weitaus größerem Maße kanzerogen ist, als die apokalyptischen Theoretiker bisher angenommen hatten. Corbett war noch am offensten bezüglich dieses Phänomens. Offensichtlich erregte dieses Thema seine Neugierde, und er stellte Untersuchungen in dieser Richtung an. Er entdeckte eine überraschend große Zahl von natürlichen Kanzerogenen und widmete dieser Tatsache auch ein kurzes Kapitel seines Buches.[34] In dem weiter unten folgenden Überblick über natürliche

Kanzerogene sind Corbetts diesbezügliche Ergebnisse berücksichtigt. Im Gesamtkontext seiner Analyse der Kanzerogenität jedoch nimmt sich seine Darstellung der natürlichen Kanzerogene sehr eigentümlich, fast exotisch aus.

Epsteins Buch wirkt noch befremdlicher. Auch er veröffentlicht eine knappe Aufzählung natürlich vorkommender Kanzerogene, besonders in der zweiten revidierten Auflage von 1979, die sich im wesentlichen auf die ersten und letzten Seiten des Buches beschränken. Doch Epstein war nicht wirklich an natürlichen Kanzerogenen interessiert; er widmete ihnen nur ein paar Seiten seines 500 Seiten umfassenden Buches. Nachdem er die Existenz kanzerogener Pflanzen, Pilze und Bakterien kurz erwähnt und ein paar in der Natur vorkommende Substanzen aufgezählt hatte, die bei den Bantu in Afrika sowie in Asien, in Guam und in einem bestimmten Gebiet Frankreichs Krebs verursachen – ein Beispiel, das den Gedanken nahelegte, solche Probleme existierten allenfalls weit weg von Amerika –, ließ Epstein dieses Thema fallen und wandte sich der Kanzerogenität industriell produzierter Chemikalien zu.[35] Doch Epsteins Verständnis des Wortes »Chemikalie« ist reichlich eigentümlich. In einer Aufzählung besonders gefährlicher »Chemikalien« zitiert er eine Studie, die behauptet, daß während der kommenden dreißig Jahre auf diese Substanzen 38 Prozent der tödlich verlaufenden Krebserkrankungen zurückzuführen sein werden.[36] Es handelte sich im einzelnen um folgende »Chemikalien«: Asbest, Arsen, Benzol, Chrom, Nickeloxide und Erdölfraktionen. Asbest ist ein in der Natur vorkommendes Mineral, Arsen und Chrom sind Elemente und natürlich vorkommende Metalle. Diese Kanzerogene, die im vorhergehenden Kapitel als industriell hergestellte Kanzerogene kategorisiert sind, werden zwar von der chemischen Industrie verarbeitet, doch im Grunde genommen sind sie natürliche Substanzen. Es erübrigt sich auch, auf Epsteins Feststellung, Elemente, Metalle, Minerale und Erdöl seien »Chemikalien«, näher einzugehen. Sie sind Chemikalien, wie alles aus Chemikalien besteht – auch Epstein.

Epstein war nicht der einzige, der natürlich vorkommende Substanzen – manche so alt wie die Erde selbst – vieldeutig als »Chemikalien« bezeichnete. Agran tat genau dasselbe. Er informierte die Leser über die Entwicklung der Industrialisierung während des Zweiten Weltkriegs und der folgenden zehn Jahre; ein Zeitraum, während dessen die Produktion von krebserzeugenden Substanzen wie Kunststoffen, Metallen (er erwähnte Nickel und Chrom!), fibrösen Mineralen (er erwähnte Asbest) und radioaktiven Substanzen rapide zugenommen habe. Diese Substanzen, so erklärte Agran, sind kanzerogen und rufen in den Zellen des menschlichen

Körpers maligne Entartungen hervor, die das Leben zerstören.[37] Agrans historische Argumentation war korrekt: Die kanzerogene Wirkung von Metallen und Mineralen ist zwar erst seit den vierziger und fünfziger Jahren bekannt, doch älter als diese Erkenntnis sind diese Substanzen allemal. Diese Metalle, Minerale und radioaktiven Substanzen als »vom Menschen produzierte« Kanzerogene einzustufen, allein weil sie vom Menschen be- und verarbeitet werden, ist schlichtweg eine Wortverdreherei. Agran hatte offenbar auch entsprechende Bedenken, denn im Anschluß an die oben erwähnte Passage räumte er die Existenz von zumindest einigen natürlichen Kanzerogenen ein. Es waren genau dieselben, die Carson genannt hatte: Arsen, ultraviolette Strahlung und radioaktives Gestein.[38]

Zusammenfassend läßt sich feststellen, daß für die drei Autoren, deren Bücher zwischen 1977 und 1978 erschienen – also ein bzw. zwei Jahre nach der Verabschiedung des Gesetzes zur Kontrolle toxischer Substanzen –, die Existenz von natürlichen Kanzerogenen offenbar eine traumatische Belastung darstellte. Der erste tat so, als seien die von ihm genannten natürlichen Kanzerogene nicht existent, der zweite nannte einige, verschwieg aber den Rest, und der dritte nahm Zuflucht zu Wortverdrehereien, um den Eindruck zu erwecken, die chemische Industrie habe einige der ältesten und wichtigsten natürlichen Substanzen der Erde erfunden. Alle drei veröffentlichten Datenmaterial, das auf eine beträchtliche natürliche Kanzerogenität hinwies, doch keiner bekannte sich dazu.

Doch es war nur eine Frage der Zeit, bis sich diese Geheimniskrämerei von selbst erübrigte. Bereits während die erwähnten Bücher geschrieben wurden, wurde in den Laboratorien neues Datenmaterial über natürlich vorkommende Kanzerogene gefunden, welches im krassen Widerspruch zu dem »Axiom« der Apokalyptiker stand. Die chemische Forschung konnte sich allerdings nur in begrenztem Umfang der Untersuchung natürlicher Kanzerogene widmen, da die apokalyptische Betrachtungsweise der Problematik nicht nur die öffentliche Meinung und die Gesetzgebung beeinflußte, sondern auch eindeutig die Prioritäten in der Forschung bestimmte. Viele Wissenschaftler hatten subventionierte Forschungsaufträge für die Untersuchung industriell produzierter Substanzen, v. a. synthetisch hergestellter chemischer Verbindungen erhalten. Manche der Wissenschaftler stießen im Verlauf dieser Untersuchungen auf eine Reihe natürlicher kanzerogener Substanzen. Veröffentlichungen in Fachzeitschriften enthüllten, daß im besonderen ausländischen Wissenschaftlern ungewöhnliche Entdeckungen zur potentiellen Kanzerogenität der Natur gelungen waren. Gezielt durchgeführte Forschungsprojekte nahmen nun zu, und die Zahl der in der Natur identifizierten Kanzerogene wuchs zusehends. In *Annual Review of Genetics* von 1978 erschien unter dem Titel »Environmental Mutagens and Carcinogens« eine Bibliographie, die Veröffentlichungen über die Kanzerogenität der Natur zusammenfaßte. Sie war vom National Cancer Institute (NCI) in Auftrag gegeben und von Minako Nagao, Sugimura Takashi und Taijiro Matsushima, drei bekannten japanischen Krebsforschern, verfaßt worden. Folgender Passus ist der Einleitung ihrer Publikation entnommen:

> Die moderne Industrie hat viele Mutagene und Kanzerogene in Umlauf gebracht, doch auch die Natur selbst produziert zahlreiche mutagene und kanzerogene Substanzen, die zum Beispiel in Schimmelpilzen, in Pflanzen und im Erdreich vorkommen. Darüber hinaus wurden in letzter Zeit Mutagene und Kanzerogene entdeckt, die seit der Entdeckung des Feuers durch den Menschen produziert werden. Der folgende Artikel versucht, einer ausgewogenen Darstellung all dieser Faktoren gerecht zu werden.[39]

Die Autoren definierten zwar nicht genauer, was sie unter einer »ausgewogenen Darstellung« verstanden, doch ist es überaus interessant, daß sich die Zahlen der von ihnen erwähnten synthetisch hergestellten und der natürlichen Kanzerogene in etwa die Waage hielten. Bemerkenswert ist, daß kaum drei Jahre nach der Verabschiedung des Gesetzes zur Kontrolle toxischer Substanzen, das die Natur vor dem Faustischen Streben des Menschen beschützen sollte, der Natur selbst eine beträchtliche Kanzerogenität attestiert werden mußte.

Auf dem Hintergrund dieser Informationen können wir beginnen, das vorhandene Datenmaterial einer genaueren Betrachtung zu unterziehen. Zuvor jedoch noch eine Bemerkung zu der folgenden Übersicht über die natürlichen Kanzerogene. Hinsichtlich der Gliederung folge ich der Einteilung der Natur, wie sie bereits die griechischen Philosophen vorgenommen haben. Ich unterscheide *Erde, Feuer, Luft* und *Wasser;* wobei die *Erde* in *Belebtes* und *Unbelebtes* unterteilt wird.

Der Leser sei darauf hingewiesen, daß zur Untersuchung natürlicher und synthetisch hergestellter Kanzerogene ein und dieselbe wissenschaftliche Methode angewandt wird. Auch zur Erforschung natürlicher Kanzerogene sind Tierexperimente und in einigen Fällen Mutagentests unerläßlich.

DIE KANZEROGENE DER ERDE
EINE ÜBERSICHT

I Ein Überblick
II Strahlung
III Die Erdkruste
IV Voraussetzungen für die Entstehung des Lebens
V Viren, Bakterien, Pilze, Pflanzen, Bäume
VI Nahrungsmittel
VII Nahrungsmittelzubereitung
VIII Luft
IX Wasser
X Feuer
XI Mensch

Anmerkung

Der Begriff »Übersicht« bezeichnet in unserem Kontext eine umfassende Zusammenstellung von bekanntgewordenen Kanzerogenen, die in Tieren Krebs erzeugen, von Kanzerogenen und Mutagenen, die im Menschen wirken, sowie von einigen Teratogenen (chemische Verbindungen, die dem Fötus Schaden zufügen). Auswahl und Anzahl der Quellennachweise sind notgedrungen unsystematisch und kein Maßstab für die Gültigkeit der Ergebnisse.

Die Mehrzahl der Berichte ist fachwissenschaftlichen Kompendien entnommen. Im übrigen besteht keine Gewähr – außer wenn explizit darauf hingewiesen wird –, daß das National Cancer Institute (Staatliches Institut für Krebsforschung), die National Academy of Sciences (Staatliche Akademie der Wissenschaften, die International Agency for Research on Cancer (Internationale Behörde für Krebsforschung) oder irgendeine andere Forschungsinstitution oder Behörde sich für die Richtigkeit des hier präsentierten Datenmaterials verbürgen. Wenn in dieser Übersicht gewisse Substanzen als Kanzerogene, Mutagene und Teratogene bezeichnet werden, dann bedeutet dies lediglich, daß sie von Wissenschaftlern in der Fachliteratur als solche klassifiziert wurden.

In Anhang B dieses Buches wird der Leser eine ausführliche Bibliographie mit genauen Quellenangaben sämtlicher im Text zitierter Ergebnisse finden. Ich habe mich – um der Lesbarkeit willen – bemüht, die Literaturnachweise im Text so kurz wie möglich zu halten. In der Regel ist bei Quellenangaben lediglich der Name des erstgenannten Autors wiedergegeben. Ich bitte hiermit um das Verständnis aller

Autoren, die nicht namentlich genannt werden. Verwenden der Autor, der Herausgeber oder der Übersetzer in verschiedenen Veröffentlichungen unterschiedliche Schreibweisen eines Namens, werden diese hier ebenfalls wiedergegeben.

I. Ein Überblick

Die universale Krankheit

Die Forschungsergebnisse zahlreicher wissenschaftlicher Disziplinen lehren uns, daß von Anbeginn der Zeit in jeder Spezies, die lebt und Wachstumsprozessen unterworfen ist, Krebs vorgekommen ist. Doch nur der Krebs, der unvergängliche Spuren hinterlassen hat – an Knochen zum Beispiel – kann heute noch identifiziert werden; Organe und Gewebe sind längst vergangen.

200 000 000 v. Chr.: Riesensaurier und -reptilien

1968: In seiner *Kurzen Geschichte der Medizin* berichtet Erwin H. Ackerknecht, Direktor des Instituts für Geschichte der Medizin in Zürich, daß in fossilen Funden von Riesenreptilien – wie Dinosaurier, Mesosaurien und Krokodilen –, die vor 200 000 000 Jahren die Erde bevölkerten, Spuren von Tumoren wie Osteomen und Hämangiomen entdeckt wurden.

1977: In einem der ersten Bücher über natürliche Kanzerogene wurde auf einen Artikel von H. P. Burchfield und Eleanos E. Storrs vom Gulf South Research Institute in Louisiana verwiesen, der von krebsähnlichen Veränderungen in »Jahrmillionen alten Dinosaurierknochen« berichtet.

1979: Anläßlich einer Krebstagung begann James Cleaver vom Laboratorium für Radiobiologie an der University of California seinen Vortrag mit folgenden Worten: »Im National History Museum in London ist das Skelett eines Tyrannosaurus Rex zu sehen, dessen Schwanz ein Osteosarkom aufweist.«

6000 Jahre v. Chr.: Der Mensch

1968: Ackerknecht berichtet in seiner oben erwähnten *Kurzen Geschichte der Medizin,* daß bisher mindestens 36 000 ägyptische Mumien untersucht worden sind, viele von ihnen älter als 6000 Jahre. An ihnen wurden Tumoren festgestellt, u. a. Osteome und Osteosarkome. Auch an peruanischen Mumien aus präkolumbianischer Zeit entdeckte man Spuren von Knochentumoren, Osteosarkomen und multiplen Myelomen.

Pflanzen

1970: Nach F. W. Went (1970) existieren zahlreiche Arten von Pflanzentumoren. Sie werden »Galläpfel« genannt und sind abnormale Wucherungen, die an Knospen, Stamm, Blättern und Wurzeln von so verschiedenen Pflanzen wie Eichen oder Rosen auftreten. Sie werden von verschiedenen Lebewesen verursacht: von Bakterien, Fadenwürmern, Pilzen und verschiedenen

Insekten (Wespen, Mücken, Psyllidae und Blattwespen), die ihre Eier im Gewebe der Pflanze ablegen. Der Autor plädiert für eine intensivere Erforschung der Pflanzentumoren, um möglicherweise die fundamentalen Mechanismen der Krebsentstehung besser zu verstehen.

1977: F. Meins, vom Botanischen Institut der Universität von Illinois berichtet von solchen Forschungen. In seinem Aufsatz analysiert er »die neoplastische Phase« in Pflanzen, vor allem die Mechanismen der Gewebswucherungen in Galläpfeltumoren.

Fische

1978: Der deutsche Genetiker A. Anders berichtet, daß bestimmte wild lebende Schwertfische spontan verschiedene Neoplasmen entwickeln, u. a. Melanome, Neuroplastome, Schilddrüsenkarzinome, Nierenkarzinome und Retikulumzellensarkome.

Tiere

1979: L. A. Griner, Pathologe bei der Zoological Society in San Diego berichtet, daß bei manchen Tierarten eine hohe Wahrscheinlichkeit der Krebserkrankung beobachtet wurde. In einem Zoo wurden bei achtzehn Tasmanischen Teufeln (Sarcophilus harrisi) Nekropsien durchgeführt, und bei neun Exemplaren stellte man spontane Neoplasmen und präneoplastische Hyperplasien fest. Dies, so erklärte der Autor, sei eine »bei Säugetieren ungewöhnlich hohe Inzidenzziffer«.

Insekten

1977: Eine Veröffentlichung der Staatlichen Akademie der Wissenschaften mit dem Titel *Drinking Water and Health* konstatiert, daß Insekten, Fische, Pflanzen und Tiere an Krebs erkranken. Die Krankheit, so stellen die Autoren fest, befällt »jede Erscheinungsform von multizellulären Organismen«.

Über die Allgegenwärtigkeit von Kanzerogenen

Im Verlauf der letzten Jahren sind Wissenschaftler immer mehr zu der Ansicht gelangt, daß Kanzerogene allgegenwärtig sind. Hier eine Auswahl einschlägiger Beobachtungen:

1978: Kanzerogene sind omnipräsent, berichtet die südafrikanische Toxikologin Elizabeth F. Rose in einer Arbeit über Pflanzen und Bodenstruktur: »Potentielle Kanzerogene sind überall leicht zu finden... Die Omnipräsenz von Kanzerogenen ist sehr wahrscheinlich.«

1979: »Das Ziel, alle Kanzerogene zu eliminieren, ist unrealistisch«, erklärte der Genetiker Bruce Ames in einem in *Science* veröffentlichten Artikel über antürliche Kanzerogene. »Die Menge der natürlichen und synthetischen Kanzerogene und Mutagene in unserer Umwelt ist derart groß, daß ein Verbot bzw. eine Eliminierung zum Scheitern verurteilt ist.«

1979: »Kanzerogene existieren bereits seit Anbeginn der Erdgeschichte und haben möglicherweise eine gewisse Rolle für die Evolution der Lebensformen gespielt«, berichtet James A. Miller, Krebsforscher an der Universität von Wisconsin. In einem Vergleich der in der Natur vorkommenden Kanzerogene mit den vom Menschen produzierten erklärt Miller: »Es gibt mehr natürliche als synthetisch hergestellte Kanzerogene, wobei der Terminus ›natürliche Kanzerogene‹ im weitesten Sinne verstanden wird. Die meisten dieser Wirkstoffe waren zweifellos bereits während der gesamten Evolution existent, und einige haben möglicherweise zur Entwicklung von organischen Systemen beigetragen.« Miller faßt die natürlichen Kanzerogene in Gruppen zusammen:

1. Physikalische Agenzien (z. B. Strahlung)
2. Anorganische Substanzen
3. Organische Substanzen
4. Mischungen von anorganischen und organischen Substanzen
5. Natürliche Abbauprodukte organischer Substanzen

Die folgende Übersicht orientiert sich im wesentlichen an Millers Einteilung der natürlichen Kanzerogene.

II. Strahlung

Der Ursprung

Die Entstehung des Universums

Das Universum wird von einer 3K-Mikrowellenstrahlung durchdrungen. Diese Entdeckung gelang A. A. Penzias und R. W. Wilson, die 1978 dafür den Nobelpreis erhielten. Sie lieferten den kosmologischen Wissenschaften den Beweis für die Richtigkeit der Urknalltheorie. Wie der Physiker Paul S. Henry 1980 in der Zeitschrift *Science* erklärte, expandierte nach dieser Theorie ein urzeitlicher Feuerball unbekannter Herkunft. Die dabei stattfindenden Atomexplosionen schleuderten einen Regen von Protonen, Elektronen und Photonen in alle Richtungen des Raums, und die Bestandteile der Galaxis – u. a. unser Sonnensystem und die Erde – entstanden.

Die Entstehung der Erde

Wie auf anderen Sternen herrschen auch auf unserer Sonne extrem hohe Temperaturen. Die sich dort ständig ereignenden Eruptionen schleudern glühende Protuberranzen in den Raum. Wie der Physiker James S. Trefil 1978 in *Smithsonian* erklärt, ist die Sonne ein gigantischer »Atomreaktor«, der durch Kernfusion ungeheure Energien freisetzt, die als nukleare Energie und als Licht ständig von der

Sonnenoberfläche abgegeben werden. Durch eine dieser Atomexplosionen im Zentrum der Sonne entstand die Erde, die als radioaktiver Feuerball in den Raum geschleudert wurde und im Laufe von Äonen auskühlte.

Die permanente kosmische Hintergrundstrahlung

Die Erde ist also durch eine sich in der Sonne ereignende Atomexplosion entstanden. Die Sonne ihrerseits ist wiederum wahrscheinlich aufgrund der Explosion eines urzeitlichen Feuerballs entstanden. Als Folge dieser Ereignisse ist die Erde einerseits einer ständigen Strahlung aus dem interstellaren Raum ausgesetzt, andererseits gibt sie ständig Strahlung ab. Dies bedeutet, daß der Mensch in einer Welt lebt, in der eine zwar niedrige, doch permanente radioaktive Strahlung ständig wirksam ist. Sowohl die kosmische Strahlung wie auch die erdeigene Strahlung wirken auf den Menschen ein und werden im folgenden genauer beschrieben.

Galaktische Strahlung

Unsere Galaxis ist eine permanente Strahlenquelle, die unser Sonnensystemi in Form von primären kosmischen Strahlen durchdringt. Nach Beninson et al. 1977, besteht diese Strahlung aus energiereichen Protonen. Treten diese Partikel in die Erdatmosphäre ein, lösen die besonders energiereichen Protonen eine Kernreaktion aus, während die mit niedrigerem Energiepotential geladenen Protonen ihre Energie durch Ionisation verlieren.

Listen der verschiedenen Radionuklide, die beim Eintritt kosmischer Strahlung in die Erdatmosphäre entstehen, sind Bestandteil aller Arbeiten über natürliche Radioaktivität. Diese Listen unterscheiden sich je nach Datum der Veröffentlichung nur geringfügig voneinander. Es folgt hier die Liste der von kosmischer Strahlung freigesetzten Radionuklide, wie sie vom National Council on Radiation Protection and Measurement 1975 veröffentlicht wurde.

Radionuklid	**Halbwertszeit**
^{10}Be (Beryllium)	$2,5 \times 10^6$ Jahre
^{26}Al (Aluminium)	$7,4 \times 10^5$ Jahre
^{36}CI (Chlor)	$3,08 \times 10^5$ Jahre
^{81}Kr (Krypton)	$2,1 \times 10^5$ Jahre
^{14}C (Kohlenstoff)	5730 Jahre
^{32}Si (Silizium)	280 Jahre
^{39}Ar (Argon)	269 Jahre
^{3}H (Wasserstoff) Tritium	12262 Jahre
^{22}Na (Natrium)	2,62 Jahre
^{35}S (Schwefel)	87,9 Tage
^{7}Be (Beryllium)	53,6 Tage
^{37}Ar (Argon)	35,1 Tage
^{33}p (Phosphor)	24,4 Tage
^{34}p (Phosphor)	14,28 Tage

Radionukleid	Halbwertszeit
^{28}Mg (Magnesium)	21,2 Stunden
^{24}Na (Natrium)	14,96 Stunden
^{38}S (Schwefel)	2,87 Stunden
^{31}Si (Silizium)	2,62 Stunden
^{18}F (Fluor)	109,7 Minuten
^{39}Cl (Chlor)	55,5 Minuten
^{38}Cl (Chlor)	37,29 Minuten
^{34m}Cl (Chlor)	31,99 Minuten

Laut NCRP sind die einzigen kosmogenen Radionuklide, die eine meßbare Strahlenbelastung für den Menschen darstellen, Kohlenstoff-14, Tritium (^{3}H), Beryllium-7 und Natrium-22.

Kosmische Strahlung und Höhe

Die Wirkungsintensität der kosmischen Strahlung ist abhängig von der Höhe. Ein Bericht der Vereinten Nationen aus dem Jahre 1962 erklärt hierzu: »Die Zunahme der Strahlungsdosis je nach Höhe ist die Ursache dafür, daß in einer Höhe von etwa 2000 m und darüber die kosmische Strahlung den größten Teil der gesamten den Menschen treffenden radioaktiven Strahlung ausmacht.«

Auch Beninson et al. (1977) stellen fest, daß Menschen, die in großen Höhen über dem Meeresspiegel leben oder einen »beträchtlichen Teil« ihrer Zeit in Flugzeugen verbringen, einer signifikant höhren kosmischen Strahlendosis ausgesetzt sind als Menschen, die in geringen Höhen über dem Meeresspiegel leben. Starken Strahlenbelastungen sind z. B. die Einwohner von Brasilia, Nairobi und Teheran ausgesetzt, die 1000 bis 2000 m über dem Meeresspiegel leben, die Einwohner von Mexico City und Quito, die in einer Höhe von 2000 bis 3000 m leben, und die Bewohner von La Paz, das 3700 m über dem Meeresspiegel liegt.

Für die USA gilt natürlich die gleiche Korrelation. Merril Eisenbud schreibt dazu: »Wer z. B. in Brooklyn lebt, ist 20 Prozent weniger radioaktiver Strahlung ausgesetzt als jemand, der in Washington Heights im Norden Manhattans wohnt. Dies ist zum einen darauf zurückzuführen, daß Washington Heights höher liegt und zum anderen, daß das Eruptivgestein auf dem das nördliche Manhattan gebaut wurde, eine größere Radioaktivität aufweist als der sandige Untergrund von Brooklyn. Auf Höhe des Meeresspiegels sind wir einer Strahlendosis von etwa 10 Milliröntgen pro Stunde ausgesetzt. In Denver, Colorado, ist die Strahlungsintensität bereits doppelt so hoch wie an der Ostküste... Die jährliche Strahlendosis beträgt in New York etwa 100 Milliröntgen, in Denver etwa 200 Milliröntgen...« (Eisenhud, persönliche Mitteilung, 1979).

Sonnenstrahlung

»Der Anteil der Sonnenstrahlung an der gesamten kosmischen Strahlung ist vor allem nach chromosphärischen Eruptionen in Verbindung mit der Aktivität von Sonnenflecken, die einem Elf-Jahres-Zyklus folgen, besonders signifikant. Abgesehen von diesen zyklischen Höhepunkten werden auch gelegentlich außergewöhnlich heftige chromosphärische Eruptionen beobachtet, die in einer Höhe von 20000–25000 Metern, also an der oberen Grenze der für Langstreckenflugzeuge (z. B. SST) erreichbaren Höhe, eine Erhöhung der Strahlungsintensität von 1–10 rem/h und einen Anstieg auf 5 rem während der ersten Stunde dieser Sonnenaktivitäten zur Folge haben können. Während einer solchen heftigen chromosphärischen Eruption wurde im Jahr 1956 eine Strahlenbelastung von mehr als 100 mrem/h in der relativ geringen Höhe von 10000 Metern gemessen. Unter normalen Umständen sind Belastungen von hoch fliegenden Flugzeugen einer Strahlendosis von 1 bis 2 mrem/h durch galaktische Strahlung und Sonnenstrahlung ausgesetzt« (Eisenbud, 1973).

UV-Strahlung ist weltweit als eine der Ursachen von Hautkrebs bekannt, der bei hellhäutigen Menschen weitaus häufiger ist, als bei dunkelhäutigen Rassen, da die Pigmente der Haut UV-Strahlen ausfiltern. Die Inzidenzziffer von Hautkrebs steht in Korrelation zur Dauer und Intensität der Sonneneinstrahlung. Somit besteht auch eine Korrelation zwischen der Häufigkeit von Hautkrebs bei Kaukasiern und der Entfernung ihres Wohnorts vom Äquator (Upton, 1972; Scott et al., 1977; NAS, *Nitrates,* 1978; Branda et al., 1978; Galvan Aguilera, 1978).

UV-Strahlung verursacht verschiedene Arten von Hautkrebs: Keratosen, Basalzellenkarzinome, Epithelioma, Stachelzellenneoplasmen und maligne Melanome (Suskind, 1977).

In den letzten Jahren konnte eine Reihe von epidemiologischen Studien dazu beitragen, den Zusammenhang zwischen Intensität der Sonneneinstrahlung und malignen Melanomen zu erhellen (Anaisse et al., 1978, in Israel; Eklund et al., 1978, in Schweden; Herrmann, 1978, in Deutschland).

UV-Strahlung ist mutagen (Ames, 1971; Herroitt, 1971).

Erdeigene Strahlung

Der Mensch kann dem Einfluß der Radioaktivität nicht entgehen

1973: Merrilo Eisenbud berichtet, daß natürlich vorkommende Radioaktivität allgegenwärtig ist: in den Ozeanen, in der Atmosphäre, in der Luft, im Wasser, im Gestein und im Boden, im Gewebe von Pflanzen, Tieren und Menschen.

1975: Der NCRP erklärt ebenfalls: Radioaktivität ist ein allgegenwärtiges Phänomen und kann in der Luft, im Wasser, im Gestein, im Boden sowie im Gewebe von Pflanzen, Tieren und Menschen festgestellt werden.

1977: Auch Beninson et al. berichten:
»Seit seinem ersten Auftreten auf der Erde ist der Mensch natürlicher Strahlung ausgesetzt ... Die erdeigene Strahlung wird von radioaktiven Nukliden verursacht, die in unterschiedlicher Menge in allen Gesteins- und Bodenarten, in der Atmosphäre und der Hydrosphäre gefunden werden, sowie von

den Radionukliden, die der Mensch über die Nahrungsketten und die Atemwege aufnimmt. Die erdeigene radioaktive Strahlung hat also sowohl eine externe wie auch eine interne Strahlenbelastung des Menschen zur Folge...«

Auswirkungen auf den Menschen

Der Geologe John A. S. Adams stellte 1977 fest, daß der Großteil der ionisierenden Strahlung, die auf die Organismen der Erde einwirkt, von drei primordialen Nukliden stammt, die bereits vor 5 Milliarden Jahren entstanden sind: Kalium-40, Thorium-232 und Uran-238.

Nach Beninson et al. (1977) ist der Mensch sowohl einer *externen* Strahlenbelastung durch kosmische Strahlung und erdeigene Strahlung, als auch einer *internen* Strahlenbelastung ausgesetzt, die von dem durch kosmische Strahlung erzeugten Nuklid Kohlenstoff-14 und von den primordialen Radionukliden Kalium-40, Rubidium-87, Blei-210, Polonium-210, Radon-220, Thallium-208, Radon-222, Polonium-214, Radium-226, Radium-228, Radium-234, Uran-238, Uran-234 und Thorium-232 erzeugt wird. Geschlechtsdrüsen, Lunge, Knochenhautzellen und Knochenmark sind in verschiedenem Umfang von der Strahlung betroffen.

Strahlenbelastung: Natürliche und nichtnatürliche Strahlenquellen

Alle Arbeiten über natürliche Radioaktivität stellen übereinstimmend fest, daß die Belastung des Menschen durch natürliche wesentlich höher ist als durch künstliche Strahlung.

Der NCRP erklärte 1975 hierzu: »Radioaktive Strahlung, die auf natürliche Ursachen zurückzuführen ist, stellt die für den Menschen größte Strahlenbelastung dar. Deshalb wird sie oft als Vergleichsgröße für die Strahlenbelastung durch verschiedene, künstlich geschaffene Quellen ionisierender Strahlung herangezogen.«

Beninson et al. schrieben 1977: »Trotz des ständig steigenden Gebrauchs von Geräten mit radioaktiver Strahlenemission, der wachsenden radioaktiven Verseuchung durch die Atomwaffentests und der zunehmenden Anwendung von Nuklearenergie und Radioisotopen sind auch heute noch die natürlichen radioaktiven Strahlungsquellen für den weitaus größten Prozentsatz der Strahlenbelastung der meisten Menschen verantwortlich. Dies wird sich aller Voraussicht nach auch in absehbarer Zukunft nicht ändern.

Das amerikanische Ministerium für Gesundheit, Erziehung und Soziales (HEW, *Summary*) veröffentlichte 1979 eine Schätzung der Kollektivdosis, der die Gesamtheit aller Amerikaner ausgesetzt ist. Die Graphik wurde bereits im Kapitel über die industriell hergestellten Kanzerogene zitiert, doch sind dort die Daten der natürlichen Strahlungsquellen nicht berücksichtigt. Hier die Graphik, inklusive der natürlichen Strahlung als Vergleichsgröße:

Geschätzte Kollektivdosis, der die Gesamtbevölkerung der USA ausgesetzt ist – 1978

Strahlenquelle	**Person-rem pro Jahr (in tausend)**
Natürlichen Ursprungs	20000
Technologisch verstärkt	1000
Medizinische Heilverfahren	18000
Atomwaffen:	
Radioaktiver Niederschlag	1000–1000
Entwicklung, Produktion und Test der Atomwaffen	165
Nuklearenergie	56
Gebrauchsgüter	6

Aus dieser Darstellung geht klar hervor, daß – von Unfällen in Atomkraftwerken abgesehen – die einzige technologisch bedingte Strahlenquelle, die eine mit der natürlichen Radioaktivität vergleichbar hohe Strahlenbelastung für den Menschen darstellt, bestimmte medizinische Heilverfahren sind... Besonders der Vergleich zwischen der von der Gesamtheit der amerikanischen Bevölkerung aufgenommenen Kollektivdosis natürlicher Strahlung und der Kollektivdosis, die von Atomkraftwerken freigesetzt sind, ist bemerkenswert: *natürliche Strahlung 20000, Strahlung durch Nuklearenergiegewinnung 56.*

III. Die Erdkruste

Metalle

Metallische Kanzerogene

Chrom war das erste Metall, das 1935 als kanzerogen identifiziert wurde (Hueper, 1978). In den vierziger Jahren folgte Berryllium (Dutra et al., 1950). Während der fünfziger und sechziger Jahre bewiesen Wissenschaftler die Kanzerogenität weiterer Metalle. Eine Durchsicht der Literatur zeigt, daß in den siebziger Jahren die Zahl bekannter kanzerogener Metalle bereits beträchtlich war und bis heute ständig zunimmt.

Kanzerogene Metalle

Der Großteil der Forschung über die Kanzerogenität von Metallen gilt der Untersuchung industriell produzierter metallischer *Verbindungen.* In manchen Arbeiten werden Metalle als Kanzerogene identifiziert, weil entweder 1. das Metall an sich im Tierversuch Krebs erzeugt, 2. das Metall in so vielen Formen und Verbindungen als kanzerogen erkannt worden ist, daß manche Wissenschaftler es als das allen diesen Verbindungen gemeinsame kanzerogene Element bezeichnen, oder 3. das Metall als krebserzeugend beim Menschen bekanntgeworden ist. Es folgt eine der Fachliteratur entnommene Aufstellung von Metallen, die als kanzerogen identifiziert wurden:

Das NIOSH veröffentlichte 1976 folgende Liste metallischer Kanzerogene: *Arsen, Beryllerz* und *Beryllium, Cadmium, Chromeisenerz, Chrom, Kobalt, Quecksilber, Silber* und verschiedene eisenhaltige Substanzen: *Limonit (brauner Hämatit, Brauneisenerz, brauner Eisensteinlehm), Magnetit, Eisenglimmer, Eisenmohr, Eisenschwarz und Eisenoxid (Bauxitrückstände, Siena, gebrannte Siena, Ocker, gebrannte Umbra, Polierrot, gelbe Eisenoxide,* alle natürlich vorkommenden *Eisenoxide*); *Hämatit* (Eisenerz).

In der Fachliteratur erwähnte kanzerogene Metalle

kanzerogenes Metall	**Quelle**
Aluminium	Furst, 1977.
Antimon	Norseth, 1977.
Arsen	Battelle Memorial Institute-Dartmouth Medical School, 1972; NIOSH, 1976; Hernberg, 1977; Norseth, 1977, Hopps 1978; Rawson, 1978, Sunderman, 1979.
Beryllium	Battelle Memorial Institute-Dartmouth Medical School, 1972; NIOSH, 1976; Weisburger, 1976; Hernberg, 1977; Norseth, 1977; Hopps, 1978, Rawson, 1978; Hueper, 1979; Sunderman, 1979.
Blei	Sunderman, 1971; Weisburger, 1976; Hopps, 1978; Rawson, 1978; Hueper, 1979; Sunderman, 1979.
Cadmium	Weisburger, 1976; Hernberg, 1977; Norseth, 1977; Rawson, 1978; Hopps, 1978; Furst, 1978; Hueper, 1979; Sunderman, 1979.
Chrom	NIOSH, 1976; Weisburger, 1976; Hernberg, 1977; Hopps, 1978; Rawson, 1978; Shimkin et al., 1978; Sunderman, 1979.
Eisen (Hämatit)	NIOSH, 1976; Hernberg, 1977; Hopps, 1978.
Gold	Hueper, 1979.
Kobalt	Heath et al., 1962; NIOSH, 1976; Weisburger, 1976; Norseth, 1977; Furst, 1978; Shimkin et al., 1978; Hueper, 1979; Sunderman, 1979.
Kupfer	Hopps, 1978.
Magnesium	Weisburger, 1976; Sunderman, 1979.
Nickel	Battelle Memorial Institute-Dartmouth Medical School, 1972; Weisburger, 1976; Hernberg, 1977; Furst, 1978; Hopps, 1978; Rawson, 1978; Hueper, 1979; Sunderman, 1979.
Quecksilber	NIOSH, 1976; Furst, 1977; Hopps, 1978; Hueper, 1979.

kanzerogenes Metall	Quelle
Selen	Battelle Memorial Institute-Dartmouth Medical School, 1972; Norseth, 1977; Hopps, 1978; Shimkin et al., 1978; Hueper, 1979.
Silber	NIOSH, 1976; Furst, 1977; Hopps, 1978.
Titan	Weisburger, 1976; Hopps, 1978.
Yttrium	Battelle Memorial Institute-Dartmouth Medical School, 1972.
Zink	Hopps, 1978; Shimkin et al.,. 1978; Hueper, 1979; Sunderman, 1979.

Metalle: Mutagenese und Chromosomenaberrationen

Die Mutationstheorie der Krebsentstehung geht von der Hypothese aus, daß die Malignität der Zellen von einer erblichen Veränderung der Zellen-DNS induziert wird, also von einer Veränderung, Deletion (Fehlen eines Chromosoms) oder Umstrukturierung der ursprünglichen DNS-Struktur, die häufig von Chromosomenaberrationen begleitet ist oder solche verursacht. Die folgende Tabelle wurde 1979

Zusammenfassung der experimentellen Beobachtung von Mechanismen der Kanzerogenese durch Metalle

	Metalle, deren Verbindungen positive experimentelle Ergebnisse im System erbrachte									
	Metalle, deren kanzerogene Wirkung beim Menschen und/oder Tier bekannt ist									
Experimentelles System	As	Be	Cd	Co	Cr	Mn	Ni	Pb	Zn	Andere Metalle
1. Aberrationen bei der Nucleinsäure-Basen-Paarung oder Konformationsänderungen der Nucleinsäuren in vitro			×	×		×	×		×	Ca, Cu, Mg
2. Ungenauigkeit in der DNS-Replikation durch DNS-Polymerasen in vitro		×	×	×	×	×	×	×		Ag, Cu

Ag (Silber); As (Arsen); Be (Beryllium); Ca (Calcium); Cd (Cadmium); Co (Kobalt); Cr (Chrom); Cu (Kupfer); Fe (Eisen); Hg (Quecksilber); Mg (Magnesium); Mn (Mangan); Mo (Molybdän); Ni (Nickel); Pb (Blei); Pt (Platin); Rh (Rhodium); Ru (Ruthenium); Sb (Antimon); Sc (Scandium); Se (Selen); Te (Tellur); V (Vanadium); Zn (Zink).

Experimentelles System	As	Be	Cd	Co	Cr	Mn	Ni	Pb	Zn	Andere Metalle
3. Stimulierung der RNS-Kettenbildung trotz Verminderung der Gesamt-RNS-Synthese			×	×		×		×		Cu
4. Mutagenität bei E. coli	×		×		×					Hg, Mo, Se, Te, V
5. REC-Prüfung (chemische Mutagenität bezogen auf Strahlen-Mutagene) bei B. subtillis	×		×		×	×				Hg, Mo
6. Mutagenität bei S. typhimarium					×				×	Fe, Pt, Rh, Ru, Se
7. Chromosomenaberrationen in Gewebekulturzellen	×		×		×		×			Sb, Te
8. Abweichende DNS-Synthese oder -Reparatur in Gewebekulturzellen	×				×		×			
9. In vitro Transformation von Gewebekulturzellen	×	×	×		×		×	×		
10. Erhöhte Anfälligkeit für Virustransformation oder für Chromosomenschäden in vitro	×	×	×		×		×	×		
11. In vivo-Bindung an Makromoleküle oder an Organzellen des Zellkerns		×	×	×			×			
12. In vivo-Hemmung der DNS- oder RNS-Synthese		×					×			

Ag (Silber); As (Arsen); Be (Beryllium); Ca (Calcium); Cd (Cadmium); Co (Kobalt); Cr (Chrom); Cu (Kupfer); Fe (Eisen); Hg (Quecksilber); Mg (Magnesium); Mn (Mangan); Mo (Molybdän); Ni (Nickel); Pb (Blei); Pt (Platin); Rh (Rhodium); Ru (Ruthenium); Sb (Antimon); Sc (Scandium); Se (Selen); Te (Tellur); V (Vanadium); Zn (Zink).

von F. W. Sunderman jr. zusammengestellt. Sie setzt im Tierversuch gewonnene Erkenntnisse über die kanzerogene Wirkung von Metallen mit den Testergebnissen bei Bakterien- und Zellkulturen in Beziehung. Sunderman vertritt die Ansicht, daß dies ein Beweis für die Mutationstheorie der Krebsentstehung darstellt.

Metalle, die im Tierversuch pränatale Mißbildungen verursachen
Teratogene Substanzen, d. h. Substanzen, die pränatale Mißbildungen verursachen, sind 1976 von T. Shepard in einem *Catalogue of Teratogens* zusammengestellt und veröffentlicht worden. Obwohl von zahlreichen natürlich vorkommenden sowie von synthetisch hergestellten Substanzen angenommen wird, daß sie bei Tieren und beim Menschen pränatale Mißbildungen hervorrufen, soll in diesem Rahmen lediglich eine Gruppe dieser Substanzen erwähnt werden: die metallischen Elemente der Erde.

Antimon	Fluor	Nickel	Thallium
Arsen	Indium	Quecksilber	Wismut
Barium	Jod-131	Rhodium	Caesium-137
Blei	Cadmium	Kobalt	Selen
Chrom	Lithium	Tellur	

Unter den etwa 600 Substanzen und Verbindungen, deren Teratogenität bis heute erforscht ist, befinden sich laut Shepard »nur etwa zwanzig, die pränatale Mißbildungen beim Menschen verursachen«. Es existiert, so Shepard weiter, »eine große Lücke zwischen unserer experimentell fundierten Kenntnis und der tatsächlichen Rolle, die externe Agenzien für die Entwicklung pränataler Mißbildungen beim Menschen spielen«.

Minerale

Silikate
1976 veröffentlichte das NIOSH eine Liste natürlich vorkommender Minerale, die als kanzerogen bekannt sind. Einige dieser Minerale sind sehr selten, wie z. B. *Chlorit* und *Tantal.* Andere jedoch sind häufiger vorkommende Arten von *kristalliner Kieselerde: Sand, reiner Quarz, Rosenquarz, Achat, Amethyst, Chalcedon, Onyx und Feuerstein.* Von diesen kanzerogenen Mineralen kommt der Mensch am häufigsten mit Sand in Berührung.

Asbest
Die Kanzerogenität von Asbest gilt als erwiesen (vgl. hierzu auch das Kapitel über industriell hergestellte Kanzerogene). Asbest ist der Oberbegriff einer Reihe natürlich vorkommender mineralischer Silikatfasern der Serpentin- und Hornblendengruppe. Zahlreiche Arten fibröser Silikate werden als »Asbest« klassifiziert:

der fibröse Serpentin *Chrysolith,* die fibrösen Hornblenden *Aktinolith, Amesit, Anthophyllit, Krokydolith* und *Tremolit* (IARC, Vol. 14, 1977).

Asbest ist radioaktiv (Harley et al., 1978).

Asbest enthält hohe Konzentrationen von Metallen, die als kanzerogen identifiziert wurden: *Chrom, Blei* und *Nickel* – sowie *Titan* und *Mangan,* deren Kanzerogenität im Tierversuch erwiesen wurde (Schwartz, 1975). Auch F. W. Sunderman jr. (1970) erwähnt Nickel und andere krebserzeugende Metalle als Bestandteile von Asbest. Die erwähnten Autoren vertreten die Ansicht, daß die kanzerogenen Metalle möglicherweise die eigentliche Ursache für die kanzerogene Wirkung von Asbest sind oder diese verstärken.

Asbestartige Silikate

1972 wies Irving Selikoff darauf hin, daß ein Großteil der Erdkruste aus Silikaten besteht und daß eine beträchtliche Anzahl von Silikaten mit der Genese von Krankheiten in Verbindung gebracht wird. Er forderte eine wissenschaftliche Untersuchung der »Verbreitung von Silikatpartikeln in unserer Umwelt.«

Nahezu 8 Prozent der Erdkruste bestehen aus Silikaten der Hornblendengruppe. Aus diesem Grund besteht in allen Bergbaugebieten der Erde das Risiko eines Kontakts mit Asbest, und folglich sind solche Gebiete potentielle Gefahrenquellen für die Entstehung von Krebs. Asbest kommt als verunreinigender Stoff in den Talklagerstätten der USA vor und ist Bestandteil mineralhaltigen Gesteins (IARC, Vol. 14, 1977).

Das U.S. Bureau of Mines (Bergbaureferat) teilte mit, daß asbestartige Minerale im Grundgestein von nahezu der Hälfte der Fläche der USA vorkommen.

Bergbau

Die obengenannten kanzerogenen Metalle und Minerale stammen in erster Linie aus tief in die Erdkruste getriebenen Minen. Im Bergbau wird außerdem auch Radon, ein weiteres, bisher nicht erwähntes kanzerogenes Element abgebaut. Radon ist ein natürliches radioaktives Gas, das von felsigem Gestein abgesondert wird. Überall, wo Menschen nach Erzen und Mineralen graben, kommen sie mit Radon in Berührung.

Atmet man reines Radon ein, hat dies eine Strahlenbelastung für den gesamten Körper zur Folge. Tochternuklide des Radons wie *Polonium-218, Wismut-214, Blei-214* und *Polonium-214* besitzen eine kurze Halbwertszeit und verbinden sich leicht mit Staubpartikeln. Atmet man diese Partikel ein, hat dies eine Strahlenbelastung u. a. der Nase, des Pharynx und des Tracheobronchialsystems zur Folge (Archer et al., 1976; Wagoner et al., 1963).

Vulkane

Vulkanausbrüche hat es seit Anbeginn der Erdgeschichte gegeben. Ungefähr 80 Prozent der heute noch aktiven Vulkane liegen im pazifischen Raum. In den USA gibt es eine ganze Reihe aktiver Vulkane, v. a. im Kaskadengebirge im Nordwesten und auf Hawaii; allein in Alaska sind es etwa 25. Die gefürchteten Begleiterscheinungen von Vulkanausbrüchen sind Lavaströme, Glutwolken, Ascheregen, Flugstaub, pyroklastische Ströme und Schlammlawinen (Keller, 1976).

Vulkanische Aerosole

Die Erdatmosphäre ist permanent mit großen Mengen von Partikeln aus Vulkaneruptionen angereichert (Waldbott, 1978).

»Bei größeren Vulkanausbrüchen können Partikel und Gase mit solcher Wucht ausgeschleudert werden, daß sie bis in die Stratosphäre gelangen. Diese Partikel und Gase verteilen sich unter Umständen relativ schnell in der gesamten Atmosphäre. Die Schätzungen der Gesamtmasse der in der Atmosphäre vorhandenen vulkanischen Aerosole gehen auseinander, doch neuere Messungen deuten darauf hin, daß es sich um erhebliche Mengen handelt.« (NAS, *Tropospheric,* 1978)

Vulkanische Kanzerogene

Zahlreiche der bei Vulkanausbrüchen in die Atmosphäre geschleuderten Substanzen sind von Wissenschaftlern als kanzerogen identifiziert worden.

Seit Millionen von Jahren gelangen bei Vulkanausbrüchen Schwermetalle in die Atmosphäre. Wissenschaftler, die die in Schloten und Abzugsöffnungen von aktiven Vulkanen abgelagerten Substanzen untersucht haben, berichten, daß sie in der vulkanischen Lockermasse Kupfer, Arsen, Zink, Antimon, Blei und Quecksilber entdeckt haben (NAS, *Tropospheric,* 1978). Vulkanische Gase tragen »wahrscheinlich signifikant« zu der in der Atmosphäre vorhandenen Quecksilberkonzentration bei (WHO, *Mercury,* 1976). In vulkanischer Asche wurde Blei nachgewiesen (WHO, *Lead,* 1977); EPA, *Lead,* 1977). Vulkanische Tätigkeit erzeugt Stickoxide (NO_x) (WHO, *Oxides,* 1977); NAS, *Nitrates,* 1978). Darüber hinaus geben Vulkane enorme Mengen von Selen an die Umwelt ab. Man schätzt, daß im Verlauf der Erdgeschichte Vulkane umgerechnet etwa 0,1 g Selen pro Quadratzentimeter der Erdoberfläche ausgestoßen haben (Keller, 1976).

Kupfer, Arsen, Zink, Antimon, Quecksilber, Blei und Selen (vgl. weiter oben) sind als Kanzerogene identifiziert worden; NO_x wurde ebenfalls als krebsauslösendes Promoter-Agens erkannt (Natush, 1978). Stickoxide (u. a. also auch NO und NO_2) sind als mutagenesebegünstigende Faktoren und mögliche Mutagene bezeichnet worden (Fishbein, 1978); Friberg et al., 1978; von Nieding, 1978).

Die Lava der Vulkane Hawaiis besteht in der Regel aus Siliziumoxiden, Aluminium, Eisen, Magnesium, Calcium, Natrium, Kalium, Titan, Phosphor und Mangan (Mac Donald et al., 1970). *Eisenoxide, Titan* und *Mangan* wurden als Kanzerogene identifiziert (vgl. Darstellung weiter oben).

Vulkane stoßen auch *Schwefeldioxid* aus (Mac Donald et al., 1970; Lave et al., 1977; Turk et al., 1978). Schwefeldioxid wird als Kanzerogenpromoter bezeichnet (Natusch, 1978; Brubaker et al., 1976).

Beim Ausbruch des Kilauea stellte man im September 1977 die Emission von *Methylchlorid* fest. Dies berichtete Fr. Rasmussen vom Vulcanos National Park in Hawaii im Rahmen eines Interviews mit der *New York Times* vom 17. Dezember 1978. Methylchlorid gilt als Kanzerogen (NIOSH, 1976).

Vulkane stoßen auch Benzo(a)pyrene aus (Ilnitzky et al., USSR, 1976, 1977). Benzo(a)pyren wird als kanzerogene Verbindung eingestuft (vgl. hierzu auch das Kapitel über industriell hergestellte Kanzerogene.

IV. Voraussetzungen für die Entstehung des Lebens

Sauerstoff

Das Auftreten von Sauerstoff

Für die Lebewesen, die vor dem erstmaligen Auftreten von Sauerstoff die Erde bevölkerten, war Sauerstoff ein verheerender Schadstoff. Bis dahin waren die Formen des Lebens anaerobisch gewesen und hatten sich in einer methanreichen Atmosphäre ohne Sauerstoff entwickelt. Nach dem Auftreten des Sauerstoffs starben sie oder zogen sich für immer in tiefe Felsspalten zurück, in die der Sauerstoff nicht vordrang. Die Entwicklung von Mutanten, deren Stoffwechsel-System in der Lage war, Sauerstoff zu metabolisieren und später – auf dem Weg der Photosynthese – sogar selbst zu produzieren, muß als eines der entscheidendsten Ereignisse auf unserem Planeten während der präkambrischen Evolution betrachtet werden. Diese Mutanten waren die Urformen der aeroben Lebensform, aus denen in letzter Konsequenz sich auch der Mensch entwickelt hat (Ward et al., 1972; Lovelock et al., 1975; Thomas, 1975; Schopf, 1978).

Sauerstoff: ein langsam wirkendes Gift

In zunehmendem Maße erkennt die Wissenschaft, daß Sauerstoff für den Menschen eine giftige Substanz ist. Da wir jedoch ohne Sauerstoff nicht leben können, sind wir gezwungen, seine zerstörerischen Wirkungen hinzunehmen. Sauerstoff fungiert im menschlichen Körper als Rezeptor, quasi als »Ausguß« für Elektronen; im Verlauf seiner Metabolisierung verursacht er ernstzunehmende toxische Reaktionen: Es entstehen die biologisch gefährlichen Peroxidradikale; es entstehen Peroxide im Fett; es kommt zu Beeinträchtigungen der Enzymfunktionen und zu Schäden in der DNS-Struktur. Trotz der Abwehrmechanismen des Körpers führt Sauerstoff im Laufe der Jahre zu einer schleichenden Vergiftung und schließlich zum Tode. Der Mensch hat jedoch nur die Wahl zwischen dem sofortigen Tod ohne

Sauerstoff oder dem langsamen Tod durch Sauerstoff (Henderson et al., 1979, Bericht über die Internationale Konferenz von 1977 über Singulett-Sauerstoff; Debrunner, 1980, Bericht über die Konferenz von 1978 über biologische und chemische Aspekte des Sauerstoffs).

Sauerstoff: ein Kanzerogen

Bereits seit den zwanziger Jahren unseres Jahrhunderts nehmen Wissenschaftler an, daß Sauerstoff bei der Entstehung von Krebs eine Rolle spielt. Die kanzerogene Wirkung des Sauerstoffs konnte in Tierversuchen bereits bestätigt werden (DiPaolo et al., 1966).

Maligne Tumoren produzieren Peroxidradikale. Verminderte Enzymaktivität in Verbindung mit der Entstehung von Radikalen führt offenbar zu zahlreichen, auch für Krebszellen kennzeichnenden Charakteristika (Oberley et al., 1979).

Philip Handler, Präsident der Akademie der Wissenschaften, hält es für möglich, daß »Krebs im wesentlichen die Folge von ganz normalen Stoffwechselvorgängen ist, deren Produkt Peroxide sind« (Handler, 1979).

Sauerstoff: ein Mutagen

Wie eine Gruppe von Wissenschaftlern an der Oregon State University berichtete, konnten im Ames-*Salmonellen*-Test die mutagenen Eigenschaften von Sauerstoff eindeutig nachgewiesen werden (Handler, 1979).

Sauerstoff: ein Teratogen

Zahlreiche Forschungen auf dem Gebiet der Tiermedizin kommen zu dem Ergebnis, daß eine Überversorgung mit Sauerstoff (Hyperoxie) Mißgeburten bei Tieren, (Mäuse, Kaninchen, Hamster) zur Folge hat (Shepard, Catalog, 1976).

Blitze

»Unsere frühen Vorfahren«

Manche Wissenschaftler glauben, daß die Existenz einer gemeinsamen einzelligen Vorstufe aller Lebewesen postuliert werden muß, um die große Ähnlichkeit der physiologischen Eigenschaften aller existierenden Lebewesen zu erklären. Diese einzellige Lebensform wurde durch Einwirkung von Blitzen »befruchtet«. Lewis Thomas schrieb 1975 in *Lives of a Cell:* »Weitaus erstaunlicher als die Vielfältigkeit der Arten ist die Gleichförmigkeit allen Lebens auf Erden. Eine Erklärung für diese weitgehende Uniformität ist in dem Umstand zu suchen, daß sich alles Leben mit höchster Wahrscheinlichkeit aus Einzellern entwickelt hat, die während der Abkühlungsphase der Erde durch Blitze befruchtet wurden.«

Kanzerogene, die durch Einwirkung von Blitzen entstehen

Blitze verursachen die Bildung von NO_x (u. a. auch NO und NO_2). Mit der Luft atmet der Mensch die Stickoxide ein (WHO, *Oxide,* 1977). Einer Schätzung von Chameides et al. (1977) zufolge lassen sich bis zu 50 Prozent der globalen Stickoxidproduktion auf Blitzeinwirkung zurückführen (NAS, *Nitrates,* 1978). NO_x wurde als Kanzerogenpromoter identifiziert (Natush, 1978).

Blitzschlag führt auch zur Bildung von Ozon in erdnahen Luftschichten (NAS, *Nitrates,* 1978). Ozon besitzt kanzerogene Eigenschaften (NIOSH, 1976).

Mutagene, die durch Einwirkung von Blitzen entstehen

NO_x wurde als mutagener Promoter und mögliches Mutagen identifiziert (Fishbein, 1978; Friberg et al., 1978; von Nieding, 1978). NO_2 in wäßriger Lösung gilt ebenfalls als mutagen (Fishbein, 1978).

Auch *Ozon* wurde als mutagene Substanz erkannt (Fishbein, 1978; von Nieding, 1978; Henderson et al., 1979); das gleiche gilt für mit Ozon angereichertes Wasser (Gruener, 1978).

Erdboden

Radioaktiver Erdboden

Jede Art von Boden besitzt natürliche Radioaktivität. Die Radioaktivität des Erdreichs entspricht der Radioaktivität des Gesteins, aus welchem es entstanden ist – abzüglich der Auswaschungen durch Regen etc. und zuzüglich der nach Niederschlägen vom Boden aufgenommenen natürlichen Radionuklide aus der Atmosphäre (National Council on Radiation Protection and Measurements, 1975).

Alle Böden enthalten *Kalium-40, Uran-238* und *Thorium-232* (Beninson et al., 1977). Je näher man der Erdoberfläche ist, desto stärker ist die radioaktive Strahlung, der man ausgesetzt ist; verursacht u. a. durch Kalium-40, Uran-238 und Thorium-232 (Eisenbud, 1973).

Kanzerogener Erdboden

Polyzyklische aromatische Kohlenwasserstoffe wie *3,4-Benzpyren* und dessen Isomer *1,2-Benzpyren,* denen eine sehr starke kanzerogene Wirkung zugesprochen wird, sind natürliche Bestandteile des Bodens und des Meeresbodens. Sie entstehen durch natürliche Verbrennung und bei der Umwandlung organischer Materie in Torf und Braunkohle bzw. Lignit. Seit der Mensch die Erde bevölkert, ist er unaufhörlich mit solchen kanzerogenen Kohlenwasserstoffen in Berührung gekommen (Blumer, 1961).

Im Erdreich ist nahezu jedes chemische Element vertreten (Eisenbud, 1978). In der Bodenschicht, von der wir leben, befinden sich folglich die meisten, wenn nicht gar alle der als kanzerogen und mutagen identifizierten Metalle.

Lebenswichtige chemische Elemente

In den letzten Jahren wurden immer wieder neue Listen der chemischen Elemente zusammengestellt, die für die Aufrechterhaltung der Lebensprozesse von Pflanzen und Tieren notwendig sind. Die hier wiedergegebene Auflistung essentieller chemischer Elemente wurde 1971 von Fürst veröffentlicht (vgl. auch Schwartz, 1975; Ehrlich et al., 1977):

Grundbausteine
Wasserstoff
Kohlenstoff
Stickstoff
Sauerstoff
Makronährstoffe
Natrium
Magnesium
Phosphor
Schwefel
Chlor
Kalium
Calcium
Spurenelemente
Chrom
Eisen (Hämoglobinbildung)
Fluor
Jod
Kobalt
Kupfer
Mangan
Molybdän
Nickel
Selen
Silicium
Vanadium
Zink
Zinn

Neun dieser chemischen Elemente wurden als kanzerogen identifiziert: *Sauerstoff, Kobalt, Kupfer, Chrom, Eisen, Mangan, Nickel, Selen* und *Zink*.

Die Elemente unseres Planeten

Es folgt das vollständige Periodensystem der Elemente. Darin sind die im vorliegenden Rahmen bisher als kanzerogen oder teratogen identifizierten Elemente gekennzeichnet. Die Elemente sind in alphabetischer Reihenfolge geordnet. Die in Klammern gesetzten Elemente bezeichnen die häufigsten Isotope von Elementen, die nur in unstabiler Form existieren – einige davon nur jeweils für wenige Sekunden (Sorell, 1973). Radioaktive Elemente, die in diesem Überblick bereits erwähnt wurden, finden hier keine Berücksichtigung mehr.

Element	als kanzerogen identifiziert	als teratogen identifiziert
(Actinium) (Ac)		
Aluminium (Al)	×	
(Americium) (Am)		
Antimon (Sb)	×	×
Argon (Ar)		
Arsen (As)	×	×

Element	als kanzerogen identifiziert	als teratogen identifiziert
(Astatin) (At)		
Barium (Ba)		
(Berkelium) (Bk)		
Beryllium (Be)	×	
Blei (Pb)	×	×
Bor (B)		

Element	als kanzerogen identifiziert	als teratogen identifiziert
Brom (Br)		
Cadmium (Cd)	×	×
Caesium (Cs)		×
Calcium (Ca)		
(Californium) (Cf)		
Cer (Ce)		
Chlor (C1)		
Chrom (Cr)	×	×
(Curium) (Cm)		
Dysprosium (Dy)		
(Einsteinium) (Es)		
Eisen (Fe)	×	
Erbium (Er)		
Europium (Eu)		
Fermium (Fm)		
Fluor (F)		
(Francium) (Fr)		×
Gaadolinium (Gd)		
Gallium (Ga)		
Germanium (Ge)		
Gold (An)	×	
Hafnium (Hf)		
Helium (He)		
Holmium (Ho)		
Indium (In)		×
Iridium (Ir)		×
Jod (J)		×
Kalium (K)		
Kobalt (Co)	×	×
Kohlenstoff (C)		
Krypton (Kr)		
Kupfer (Cu)	×	
Lanthan (La)		
(Lawrencium) (Lr)		
Lithium (Li)		×
Lutetium (Lu)		
Magnesium (Ms)		
Mangan (Ma)	×	

Element	als kanzerogen identifiziert	als teratogen identifiziert
(Mendelevium) (Md)		
Molybdän (Mo)		
Natrium (Na)		
Neodym (Nd)		
Neon (Ne)		
(Neptunium) (Np)		
Nickel (Ni)	×	×
Niob (Nb)		
(Nobelium) (No)		
Osmium (Os)		
Palladium (Pd)		
Phosphor (P)		
Platin (Pt)		
(Plutonium) (Pu)		
Polonium (Po)		
Praseodym (Pr)		
(Promethium) (Pm)		
(Protactinium) (Pa)		
Quecksilber (Hg)	×	×
(Radium) (Ra)		
(Radon) (Rn)		
Rhenium (Re)		
Rhodium (Rh)	×	
Rubidium (Rb)		
Ruthenium (Ru)		
Samarium (Sm)		
Sauerstoff (O)	×	×
Scandium (Sc)		
Schwefel (S)		
Selen (Se)	×	×
Silber (Ag)	×	
Silicium (Si)		
Stickstoff (N)		
Strontium (Sr)		
(Tantal) (Ta)		
Technetium (Tc)		
Tellur (Te)		×

Element	als kanzerogen identifiziert	als teratogen identifiziert
Terbium (Tb)		
Thallium* (Tl)		×
Thorium (Th)		
Thelium (Tm)		
Titan (Ti)	×	
Wolfram Tungsten (W)		
Uran (U)		
Vanadium (V)		
Wasserstoff (H)		
Wismut (Bi)	×	
Xenon (Xe)		
Ytterbium (Yb)		
Yttrium (Y)	×	
Zink (Zn)		
Zinn (Sn)		
Zirkonium (Zr)		

Die mit den Elementen in ihrer metallischen Form (häufig auch in chemischen Verbindungen) durchgeführten Tests ergaben, daß:
- fast 20 Prozent der genannten Elemente kanzerogen waren;
- fast 24 Prozent der *stabilen* Elemente kanzerogen waren;
- mehr als 19 Prozent der Elemente teratogen waren;
- fast 24 Prozent der *stabilen* Elemente teratogen waren.

Wie bereits erwähnt, sind die radioaktiven Eigenschaften der Elemente in der Tabelle nicht berücksichtigt, doch sei noch einmal darauf hingewiesen, daß wir ständig natürlicher radioaktiver Strahlung ausgesetzt sind.

V. Viren, Bakterien, Pilze, Pflanzen und Bäume

Viren

Zahlreiche Viren wurden im Tierversuch als Kanzerogene identifiziert; einige davon stehen im Verdacht, auch beim Menschen Krebs hervorzurufen. Folgende im Tierversuch erhaltenen Ergebnisse gelten als wissenschaftlich gesichert (F. Rapp et al., 1976): Die *Oncorwa-Viren* verursachen bei Hühnern, Mäusen, Ratten, Katzen, Rindern und Affen Leukämie und Sarkome und darüber hinaus bei Mäusen auch Brustkrebs. Die *Papova-Viren des Polyomatyps* verursachen bei Mäusen eine ganze Reihe verschiedener Tumoren, bei Rhesusaffen Sarkome. Mitunter wirken sie bei Kaninchen kanzerogen, und sie verursachen die Entstehung von benignen Papillomen bei Pferden, Rindern, Hunden und auch beim Menschen. Das *Lucké-*

Frosch-Virus verursacht bei Fröschen Nierenkrebs. Das *Herpes-saimiri-Virus* verursacht bei verschiedenen Affenspezies Lymphome und Leukämie. Das *Virus der Marek-Krankheit* führt bei Hühnern zur Bildung von Tumoren des lymphatischen Gewebes in den Gonaden, in der Niere, der Lunge, dem Herzen, der Leber, der Milz und der Haut. Das *Herpes-Virus* verursacht bei Meerschweinchen Leukämie. Das *Cytomegalie-Virus* befällt sowohl Menschen als auch Mäuse; bei Hamstern verursacht er Fibrosarkome.

Bisher konnten in Tierversuchen mehr als 80 verschiedene Adenoviren isoliert werden, darunter 31 vom Serotyp des Menschen. Etwa zwei Drittel der 13 Adenoviren des Menschen verursachten bei Injektion in neugeborene Hamster Krebs (Green et al., 1977).

Bakterien

Nitrierende Bakterien

Verschiedene Bakterien, Pilze und Actinomyces (Strahlenpilze) oxidieren organischen Stickstoff und Ammoniak zu einer Reihe von Stickstoffverbindungen, u. a. zu NO_x (NO und NO_2) und zu N-Nitrosoverbindungen (NAS, *Nitrates,* 1978; WHO, *Oxides,* 1977).

Die Mehrzahl der N-Nitrosoverbindungen wurden als kanzerogen identifiziert; NO_x wurde sowohl als kanzerogener Promoter wie auch als mutagener Promoter nachgewiesen und ist möglicherweise auch ein Mutagen (vgl. Punkt IV, Blitze und Punkt VI, Gemüse und Krebs).

Antibiotische Bakterien

Bakterien, die im Boden vorkommen, besitzen antibiotische Eigenschaften. Der Mensch kultiviert diese Bakterien, um aus ihnen Medikamente herzustellen. Einige dieser Bakterienkulturen wurden als kanzerogen und mutagen identifiziert:

Streptozotocin, dessen Molekularstruktur Ähnlichkeiten mit N-Nitrosoverbindungen aufweist, wird von *Streptomyces achromogenes* produziert. Es gilt als kanzerogen und mutagen (Freese, 1971; IARC, Bd. 17, 1978).

Actinomycin D wird von verschiedenen Streptomyces produziert und ist der Hauptbestandteil der Actinomycinen, die von dem *Streptomyces parvullus* erzeugt werden. Sie wurden bei Ratten und Mäusen als kanzerogen identifiziert (Kraybill, 1977; IARC, Vol. 10, 1976).

Azaserin wird von *Streptomyces fragilis* produziert und wurde in Versuchen mit Ratten als Kanzerogen erkannt (IARC, Bd. 10, 1976).

Chloramphenicol wird von *Streptomyces venezuelae* produziert. Es soll beim Menschen aplastische Anämie, assoziiert mit subsekutiver Leukämie verursachen (IARC, Vol. 10, 1976).

Mitomycin C wird von *Streptomyces caespitosus* produziert. Seine kanzerogene Wirkung wurde bei Ratten und Mäusen nachgewiesen (Kraybill, 1977; IARC, Vol. 10, 1976).

Daunomycin wird von *Streptomyces-caeruleorubidus*-Kulturen und *Streptomyces-peucetius*-Kulturen produziert. Es wurde an Ratten und Mäusen als Kanzerogen identifiziert (IARC, Bd. 10, 1976; NIOSH, 1976).

Daunomycin, Mitomycin C und *Actinomycin D* sollen gleichermaßen mutagene Eigenschaften besitzen (Nagao, Sugimura et al., 1978).

Pilze

Auch in Pilzen sind Antibiotika entdeckt worden, doch sie produzieren auch kanzerogene Substanzen.

Chinesische Wissenschaftler haben entdeckt, daß der Fungus *Candida albicans* bei einem Drittel von 155 Patienten Speiseröhrenkrebs verursacht hat. Studien des Sloan-Kettering-Instituts in New York führten zu der Erkenntnis, daß Pilze verstärktes Epithelialwachstum bewirken und als Katalysatoren bei der Entstehung von Kanzerogenen aus anderen Substanzen fungieren (z. B. natürliche Amine aus Getreide und Nitriten, die die extrem kanzerogenen Nitrosamine bilden (Buys, 1980).

Penicillinsäure wird von folgenden Fungi produziert: *Penicillium puberulum, P. cyclopium, P. thomii, P. suaveolens, P. baarnense, Aspergillus ochraceus und A. melleus*. Penicillinsäure erzeugt bei Ratten und Mäusen Sarkome (IARC, Bd. 10, 1976).

Griseofulvin ist ein Stoffwechselprodukt vieler *Penicillium*pilze. Es soll bei Mäusen kanzerogen wirken (Kraybill, 1977; IARC, Bd. 10, 1976).

Eine ganze Reihe verschiedener Formen des *Penicillins,* dem aus den *Penicilliumpilz* gewonnenen Antibiotika, wirken bei Tieren kanzerogen (Kraybill, 1977; NIOSH, 1976).

Pflanzen und Bäume

Wissenschaftler behaupten, *alle* Pflanzen und Bäume seien in einem gewissen Ausmaß kanzerogen. Im folgenden einige der häufigsten kanzerogenen Substanzen, die in nahezu allen Pflanzen, Büschen und Bäumen der Erde vorkommen.

Phenole

Phenol und zahlreiche andere phenolische Verbindungen sind als kanzerogene Substanzen identifiziert worden (NIOSH, 1976). Phenolische Verbindungen gehören zu »der am weitesten verbreiteten Klasse ökologisch wichtiger pflanzlicher Sekundärverbindungen«. *Flavonoide* gehören ebenso zu dieser Gruppe wie *Polyphenole,* z. B. Tannine (McKey et al., 1978).

Tannin kommt praktisch in allen Bäumen und Pflanzen vor. Einen hohen Tanningehalt weisen vor allem die Rinde der *Eiche,* des *Eukalyptus,* der *Mangrove,* der

Pinie, der *Weide* und des *Schierlings,* das Holz der *Eiche* und der Kastanie, die Früchte der *Tropenwurz,* der *Myrobalanen* und des *Dividivi*-Strauchs, die Blätter des *Sumach* und des *Morgensterns* und die Wurzeln des *Palmetto.* Viele der in der Natur vorkommenden Tannine sind kanzerogen; ebenso die Tanninsäure (IARC, Bd. 10, 1976).

Flavonoide werden vor allem in der Haut und der Schale genießbarer Früchte sowie in Knollen und Wurzeln gefunden. Als extrem mutagen gelten die Flavonoide *Quercetin, Kaempferol, Rhamnetin, Galangin, Isorhamnetin* und *Fisetin* (Nagao, Sugimura et al., 1978). Vor allem Quercetin ist ein sehr potentes Mutagen, das in vaskulären Pflanzen weit verbreitet ist und in vielen Früchten, Gemüsearten und auch in Tee vorkommt (Bjeldanes, 1977).

Terpene

Terpene sind als kanzerogene Substanzen identifiziert und von der EPA als ein wesentlicher Schadstoff bezeichnet worden (NIOSH, 1976).

Terpene werden im Blattgewebe gebildet und von Büschen und Bäumen in die Luft abgegeben (Jones et al., 1975; Whittaker, 1970).

Diese von Bäumen abgesonderten Terpene sind eine der drei Hauptquellen natürlicher, in der Atmosphäre enthaltener Aerosole (NAS, *Particulate,* 1972).

Terpene wie *Isopren, α-Pinen, β-Pinen, δ-Caren, Myrcen, α-Limonin* und *Paracymen* werden vor allem von Lärchen, Espen und Kiefern abgesondert (Rasmussen et al., 1965).

Benzo(a)pyren

Auch Benzo(a)pyren, weltweit als Kanzerogen bekannt (vgl. hierzu das Kapitel über industriell hergestellte Kanzerogene, Energie: Fossile Brennstoffe; NIOSH, 1976), ist eine in der Natur vorkommende, von Pflanzen synthetisierte Substanz.

Benzo(a)pyren wird auch von zwei Bakterienarten *Cl. putrificum* und *E. coli* erzeugt, die sechs Monate lang bei Zimmertemperatur in sterilisierter Erde im Brutofen gehalten wurden (J. Miller, 1973).

»Es gilt inzwischen als wissenschaftlich gesichert, daß die Existenz solch potenter kanzerogener Substanzen wie 3,4-Benzo(a)pyren, 1,2-Benzanthracen und anderer polyzyklischer aromatischer Kohlenwasserstoffe (PAH) in Gemüsepflanzen in erster Linie nicht auf umweltbelastende, industriell bedingte Faktoren zurückzuführen ist, sondern daß diese Stoffe normale Produkte der pflanzlichen Biosynthese sind« (Panel on Chemicals and Health of the President's Science Advisory Committee, 1973).

»Die Tatsache, daß überall in unserer natürlichen Umwelt polyzyklische aromatischen Kohlenwasserstoffe vorkommen, läßt darauf schließen, daß sie von Pflanzen und Mikroorganismen selbst synthetisiert werden...« (NAS, *Petroleum,* 1975).

Man nimmt an, daß sieben verschiedene Arten von polyzyklischen aromatischen Kohlenwasserstoffen (PAH), darunter auch Benzo(a)pyren, von Phytoplankton synthetisiert werden. Auch in von Schadstoffen unberührten Algen hat man PAH in wesentlich höheren als den sonst in unserer Umwelt festgestellten Konzentrationen entdeckt. »Dies deutet darauf hin, daß die Pflanzen diese Substanzen selbst synthetisieren« (Grasso et al., 1976).

Morton (1977), berichtet, daß Sojabohnen und Linsen während der Keim- und Wachstumsphase Benzo(a)pyren synthetisieren.

Polyzyklische aromatische Kohlenwasserstoffe werden von Pflanzen während der Keimphase produziert (Shabad, USSR, 1979).

Zahlreiche polyzyklische aromatische Kohlenwasserstoffe, einschließlich Benzo(a)pyren, gelten sowohl als mutagen wie auch als kanzerogen (NIOSH, 1976; Fishbein, 1976). Vergleiche hierzu das Kapitel über industriell hergestellte Kanzerogene, Energie: Kohle und Energie: Fossile Brennstoffe.

Pyrrolizidin-Alkaloide

Pyrrolizidin-Alkaloide kommen in 50 Spezies der Familien der *Compositen,* der *Boraginaceen* und der *Leguminosen* vor. Aus Pflanzen (und aus Insekten) konnten bisher mehr als 1000 *Pyrrolizidin*-Alkaloide isoliert werden. Folgende Pyrrolizidin-Alkaloide wurden als kanzerogen identifiziert: *Jacobin, Monocrotalin, Riddelliin, Seneciphyllin* und *Retrorsin* (Nagao, Sugimura et al., 1978; IARC, Bd. 10, 1976).

Viele der Pyrrolizin-Alkaloide sind mutagen: *Heliotrin, Echinatin, Echimidin, Lasiocarpin, Senecionin, Supinin, Jacobin, Platyphyllin, Monocrotalin, Fulvin* und *Retrorsin* (Nagao, Sugimura et al., 1978; Vogel et al., 1976).

Diterpeneester

Diterpeneester sind in folgenden, weitverbreiteten Gartenpflanzen festgestellt worden: *Euphorbia splendens, Bleistiftbaum, Springwolfsmilch, Kandelaberkaktus* und *Korallenbaum.*

Diterpeneester wurden in Tierversuchen als Kokanzerogene identifiziert (Hekker, 1979, 1978; Corbett, 1977).

Einige kanzerogene Pflanzen

Extrakte aus bestimmten Teilen der folgenden Pflanzen haben bei Ratten die Entstehung von Tumoren ausgelöst: *Betelnuß* (getrocknete Samen), *Sumach* (Wurzel), *Eiche von Jerusalem* (gesamte Pflanze, außer der Wurzel), *Kakibaum* (Blätter) und der *Sassafrasbaum* (Wurzel und Rinde) (Kapadia et al., 1978).

Auch die folgenden Pflanzen bzw. pflanzlichen Substanzen wurden als kanzerogen identifiziert: *Fuchsschwanz, Irisch Moos* (Chondrus crispus), *Kroton* (Harz und Öl) (NIOSH, 1976).

Thioharnstoff, der in Laburnumbüschen vorkommt, wurde im Tierversuch ebenfalls als kanzerogen bestätigt (IARC, Bd. 7, 1974).

Der Milchsaft der *Euphorbia esula* enthält das Kokanzerogen *Ingenol-3-Dodecanoat* (Upadhyay et al., 1978).

Die Blütenstiele der *Petasites japonicus maxim* verursachen bei Mäusen und Hamstern Krebsgeschwüre (Fushimi et al., 1978).

Vegetation und Boden: Radioaktivität

In allen Lebewesen und in jedem Boden lassen sich radioaktive Isotope nachweisen (s. o.).

Vegetation und Boden: Metalle

Wie bereits erwähnt, finden sich in allen Lebewesen, in Tieren wie auch in Pflanzen, und in allen Böden der Erde Spuren von fast sämtlichen metallischen Elementen. Einige der häufigsten im Boden vorkommenden Elemente sollen noch einmal in der Reihenfolge ihrer Häufigkeit genannt werden: Fluor, Barium, Strontium, Schwefel, Vanadium, Chlor, Chrom, Rubidium, Zink, Kupfer, Kobalt, Scandium, Lithium, Gallium, Blei, Bor, Beryllium, Uran, Zinn, Arsen, Molybdän, Jod, Thallium, Cadmium, Quecksilber und Selen (Kubota et al., 1978). Als kanzerogen identifiziert wurden: *Arsen, Beryllium, Cadmium, Kupfer, Blei, Quecksilber, Selen und Zink* (s. o., Metalle).

Fossile Organismen
Im Verlauf der Jahrmilliarden der Erdgeschichte sind zahllose kanzerogene Pflanzen und andere Lebensformen vergangen und schließlich fossiliert worden. Alle Arten fossiler Substanzen enthalten Kanzerogene und verursachen Krebs bei Tieren und Menschen.

Fossile Kanzerogene	**Quelle**
Rohöl	NIOSH, 1976
Petroleum	Higginson, 1976, NIOSH, 1976
Schieferöl	Kalm, 1979; WHO, *Health Hazards,* 1972
Anthracenöl	Higginson, 1976
Mineral- und Lignitöl	Lewis et al., 1977, Higginson, 1976
Naphthalin	NIOSH, 1976
Kohle	Falk et al., 1979

Fossile Brennstoffe enthalten auch eine Reihe radioaktiver Substanzen. Beim Verbrennen werden die folgenden Radionuklide freigesetzt: *Blei-210, Blei-212, Radium-226, Radon-222, Thorium-228, Thorium-230, Thorium-232, Uran-234* und *Uran-238* (Natusch, 1978).

Synthetische chemische Substanzen werden im allgemeinen aus den obengenannten Substanzen hergestellt. »Achtundneunzig Prozent aller synthetischen Stoffe werden aus Öl und Erdgas (2% aus Kohle) hergestellt« (Holden, 1980).

VI. Nahrungsmittel

Kanzerogene pflanzliche Nahrungsmittel

Die folgenden elf Gruppen pflanzlicher Nahrungsmittel enthalten chemische Substanzen, die als Kanzerogene und/oder Mutagene identifiziert wurden:

Gruppe 1: Koffein in Getränken
Kaffeebohnen, Teeblätter, Kolanüsse und *Kakaobäume* enthalten Koffein (Greden, 1979). Koffeingaben führen bei Ratten zur Entstehung testikulärer Atrophie und verminderter Spermatogenese (Weinberger et al., 1978). Darüber hinaus wurde Koffein als mutagene Substanz identifiziert, die Chromosomenschäden verursacht (Nawar et al., 1978; Leonard, 1973; Kihlman, 1971; Kuhlmann et al., 1968; Sax et al., 1966).

Gruppe 2: andere chemische Substanzen in Kaffee und Tee
Kaffee enthält auch Fructose (Kröplein, 1974). Fructose ist kanzerogen (NIOSH, 1976). Außerdem enthält Kaffee Acetaldehyd (Rhodes, 1979). Acetaldehyd wurde als mutagener Wirkstoff identifiziert (EPA, *Potential Industrial,* 1977).

Tee (alle bei uns gebräuchlichen Sorten des schwarzen Tees sowie verschiedene Kräutertees) enthält Tannin, ein pflanzliches Phenol. Tannin wurde als Kanzerogen identifiziert (Der Marderosian, 1977; Singleton et al., 1973). Schwarzer Tee enthält darüber hinaus Φ-Toluidin und Anilin (Vizthum et al., 1975). Beiden Substanzen werden kanzerogene Eigenschaften zugesprochen (NIOSH, 1976). Kräutertees aus Pflanzen der Familien der Euphorbiaceae und der Thymelaeaceae enthalten verschiedene Diterpeneester, die als Kokanzerogene erkannt worden sind (Hecker, 1978).

Gruppe 3: Safrole in Gewürzen
Muskatnuß, Muskatblüten, Ingwer, Anis, Zimt und *schwarzer Pfeffer* enthalten safrolhaltige Öle. Safrol wurde als Kokanzerogen identifiziert (J. Miller et al., 1979; Nagao Sugimura et al., 1978; NIOSH, 1976; Wogan, 1974). Safrol besitzt auch mutagene Wirkung (Nagao, Sugimura et al., 1978; Dorange et al., 1977). Abraham et al., 1978, berichten von einer synergetischen Wirkung von Koffein mit manchen Gewürzen.

Gruppe 4: andere kanzerogene Essenzen und Aromastoffe
Natürlich vorkommende Essenzen und Aromastoffe werden häufig zum Würzen von Speisen verwendet. Die folgenden Geschmacksstoffe sind als Kanzerogene oder kanzerogene Promoter identifiziert worden: *Citral* (Seifter et al., 1979), *Menthol* (NIOSH, 1976) *Öle der Orange, Limone, Zitrone* und der *Grapefruit* (Homburger et al., 1968), *Sesamöl* (Szepsenwol et al., 1979), *S.-foetida-Öl* (Lee et al., 1968).

Gruppe 5: Cumarin in Obst und Wein

Datteln, Erdbeeren, Brombeeren, Aprikosen und *Kirschen* enthalten Cumarin (Goldberg, 1967); *Waldmeister,* der als Geschmacksstoff in Maiweinen und Bowlen Verwendung findet, Öle der *Tonkabohne* sowie die *Kassie* enthalten Cumarin (IARC, Vol. 10, 1976). Cumarin wurde als Kanzerogen (NIOSH, 1976) und als Mutagen (Grigg, 1978) identifiziert.

Gruppe 6: Acetaldehyd in Gemüse, Obst und alkoholischen Getränken

Äpfel, Grapefruit, Pfirsiche, Orangen, Weintrauben, Zitronen, Birnen, Ananas, Himbeeren und *Erdbeeren* enthalten Acetaldehyd (R. Winter, 1978). Acetaldehyd kommt in sämtlichen reifen Früchten vor und kann sich in Wein und anderen alkoholischen Getränken bilden, wenn sie mit der Luft in Berührung kommen (EPA, *Potential Industrial,* 1977). Acetaldehyd gilt als mutagene Substanz (EPA, *Potential Industrial,* 1977).

Acetaldehyd ist einer der wichtigsten Metaboliten des Äthylalkohols (alkoholische Getränke) (NAS, *Drinking,* 1977).

Gruppe 7: Flavonoide in Obst und Gemüse

»Zahlreiche *Gemüse- und Obstsorten* sowie Tee« enthalten Quercetin, eine in höheren Pflanzen häufig vorkommende Phenolverbindung (Bjeldanes et al., 1977). Viele Gemüse- und Obstsorten, wie z. B. *Zwiebeln, Gewürzsumach* und *Farnkraut* enthalten Quercetin und Kaempferol, ein weiteres weitverbreitetes pflanzliches Flavonoid (Nagao, Sugimura et al., 1978). Beide Verbindungen wurden als äußerst mutagene Substanzen identifiziert (Nagao, Sugimura et al., 1978; Seino et al., 1978; Macgregor et al., 1978; Hardigree et al., 1978; Bjeldanes et al., 1977).

Gruppe 8: Fette in Getreide und Körnerfrüchten

Zahlreiche pflanzliche Öle gelten als kanzerogen oder enthalten kanzerogene chemische Verbindungen, wie z. B. *Maisöl* oder *Mazolaöl* (NIOSH, 1976), *Baumwollsamenöl* (Hendricks et al., 1980) und *Sonnenblumenöl* (IARC, Bd. 11, 1976).

Auch autoxidierbare *pflanzliche Öle* wurden als mutagen erkannt (Ehrenberg, 1971). *Senföl* ist ein schwaches Mutagen (Auerbach, 1973).

Eine weitere als kanzerogen und mutagen bezeichnete Substanz ist *Malonaldehyd* (Shamberger, 1977, Nagao, Sugimura et al., 1978), das in *Rosinen, gehackten Walnüssen* und *Erdnußbutter* (wenn sie der Luft ausgesetzt wird) festgestellt wurde.

Eine fett- und ölreiche Ernährung hat bei Tieren kanzerogene Wirkung. Im Rahmen von Tierversuchen stellte man fest, daß fettreiche Nahrung die Entwicklung von Leberkrebs begünstigt (Hancock et al., 1969). Andere Versuche kamen zu dem Ergebnis, daß fettreiche Nahrung die Entstehung von Brustkrebs fördert (Nishizuka, 1978).

Gruppe 9: Östrogene in Getreide, Obst und Gemüse

Karotten, Sojabohnen, Weizen, Reis, Hafer, Kartoffeln, Äpfel, Kirschen, Pflaumen, Weizenkeime, Weizenkleie, Reiskleie, die Öle aus Baumwollsamen, Sonnen-

blumen, Mais, Erdnüssen, Oliven, Kokosnüssen und *Reiskleie* enthalten sämtlich chemische Verbindungen, die bei Versuchstieren zu östrogenen Reaktionen führten (Liener, 1969). Östrogene wurden auch in *beschädigten oder kranken Pflanzen,* z. B. in den *Blättern des Apfelbaums,* in *Karotten* und in *Kartoffeln* festgestellt (Stob, 1973).

Der östrogene Fungus *Zearalenon* führt zu ähnlichen Veränderungen der Vulva, des Uterus, der Ovarien, des Cervix und der Milchdrüsen bei Schweinen, wie sie das Steroidöstrogen Östradiol hervorruft (Stob, 1973). Es existieren Hinweise, daß sich pflanzliche Östrogene, wie sie in der Karotte vorkommen, ähnlich verhalten wie das synthetisch hergestellte Östrogen in Diäthylstilböstrol (J. und E. Miller, 1979; Jukes, 1977; Ferrando et al., 1961).

Sowohl die natürlichen, im Körper des Menschen produzierten wie auch die synthetischen Östrogene besitzen kanzerogene Eigenschaften (IARC, Bd. 6, 1974). Die mögliche Kanzerogenität pflanzlicher Östrogene scheint eine Folge der »zunehmend gebräuchlichen Behandlung der Pflanzen mit Hormonen zu sein« (Stob, 1973).

Gruppe 10: Pilzgiftstoffe in Nahrungsmitteln, Pflanzen und Tieren

Kanzerogene Mycotoxine (von Pilzen auf natürlichem Wege synthetisierte chemische Verbindungen) sind weitverbreitete Giftstoffe in unseren Nahrungsmitteln. Im folgenden einige der wichtigsten dieser Giftstoffe sowie die Nahrungsmittel, in welchen sie gefunden wurden:

Patulin: Spuren von Patulin entdeckte man in *im Handel befindlichen Apfelsäften* und in *faulenden Äpfeln* (Rodricks, 1978), in *selbstgepreßten Apfelsäften* und *Apfelgelee* (Lindroth et al., 1978) und in *Apfelsüßmost* (Pool, 1977; IARC, Bd. 10, 1976). Eine Untersuchung ergab, daß 37 Prozent der in den USA im Handel befindlichen Apfelsäfte Patulin enthielten (Rodricks, 1978). Patulin werden kanzerogene (Rodricks, 1978; NIOSH, 1976; IARC, Bd. 10, 1976) und mutagene (Mayer et al., 1969) Eigenschaften zugesprochen.

Sterigmatocystin: In *geräuchertem Schinken, Salami, grünen Kaffeebohnen* und *Weizen* wurden gewisse Konzentrationen von Sterigmatocystin festgestellt; einer als kanzerogen (IARC, Bd. 10, 1976) und mutagen (Kuczuk et al., 1978) identifizierten Substanz.

Mutterkorn: *Weizen, Gerste, Roggen* sowie eine Vielzahl anderer *Getreide-* und *Grasarten* werden vom Mutterkorn befallen. Mutterkorn wird in der Literatur als kanzerogene Substanz beschrieben (Weisburger, 1979; Wyllie et al., 1978; J. Miller, 1973).

Penicillium: *Penicillium islandicum,* das die Entstehung von Kanzerogenen begünstigt, wurde im *gelben Reis* gefunden (Bamburg et al., 1969).

Aflatoxine: »...in nahezu allen Nahrungsmitteln können sich toxische Substanzen (u. a. Aflatoxine) bilden, *die in jeder Phase der Lebensmittelproduktion oder -verarbeitung entstehen können«* (IARC, Bd. 10, 1976).

Überall auf der Erde hat man Aflatoxine in Nahrungsmittelpflanzen gefunden (sowohl vor der Ernte als auch in den verschiedenen Verarbeitungsstadien. Wyllie et al. (1977) veröffentlichten folgende Liste: *Erdnüsse, Keimöle und Keimölprodukte (z. B. aus Baumwoll- und Sojabohnenkeimlingen), Kopra, Kokosmuß, Sesam, Saflormehl, Sonnenblumenmehl, Sonnenblumensamen, Nüsse (Haselnüsse, Mandeln, Pistazien, Paranüsse), Getreide (Mais, Weizen, Weizenmehl, Mohrenhirse, Hafer, Gerste, Hirse, Roggen), Reis, Gewürze (Cayennepfeffer, Chilipfeffer, getrocknete Chili, schwarzer Pfeffer, Muskatnuß), Kakao und Kakaoprodukte, Wein, reine pflanzliche Öle, Gartenbohnen, Erbsen und Süßkartoffeln.*

1977 entdeckte man in Georgia, daß 500000 Hektar Mais von Aflatoxin befallen waren. In 90 Prozent der untersuchten Pflanzen ließ sich Aflatoxin nachweisen (McMillian et al., 1978)

Aflatoxin B_1 und Aflatoxin G_1 wurden im Tierversuch bei vier Spezies als kanzerogene Substanzen identifiziert, die die Bildung von Tumoren u. a. in der Leber und in anderen inneren Organen verursachen (Fishbein, 1978). Aflatoxin G_1, Aflatoxin G_2, Aflatoxin B und Aflatoxin B_1 und B_2 wurden als kanzerogen identifiziert (NIOSH, 1976). Auch Aflatoxin B_{2a}, G_{2a}, M_1 und M_2 wird eine kanzerogene Wirkung zugeschrieben (Ford et al., 1978). Aflatoxin B_1 wurde darüber hinaus als mutagen identifiziert (Kuczuk et al., 1978). Aflatoxin B_1 verursacht zudem eine hohe Inzidenzziffer von Chromosomenbrüchen (El-Zawahri et al., 1977).

Gruppe 11: Vitamine

Vitamin A begünstigt den Prozeß der Kanzerogenese (Sugimura, 1976) und Vitamin B_{12}, das in zahlreichen Lebensmitteln enthalten ist, wurde als kanzerogener Promoter identifiziert (Temcharoen et al., 1978).

Einige kanzerogene pflanzliche Nahrungsmittel

Wissenschaftliche Untersuchungen haben ergeben, daß in folgenden pflanzlichen Nahrungsmitteln kanzerogene chemische Substanzen enthalten sind:

Zitronen: Citrus-Pektin verstärkt bei Ratten die kanzerogene Wirkung bestimmter chemischer Verbindungen (Asp et al., 1979).

Honig: Honig, der aus Gänsefingerkraut oder Kreuzkraut gewonnen wird, enthält leberschädigende Pyrrolizidin-Alkaloide, die in den genannten Pflanzen vorkommen. Im einzelnen handelt es sich um die Alkaloide *Senecion, Seneciphyllin, Jacolin, Jaconin* und *Jacozin,* die als kanzerogen, mutagen und teratogen identifiziert wurden (Deinzer et al., 1977).

Pilze: Einige der wichtigsten Speisepilze sind als potentielle Kanzerogene eingestuft worden. Es sind dies *Gyromitra esculenta,* ein vor allem in Europa konsumierter Pilz, *Cortinellus shiitake,* ein in Japan beliebter Speisepilz, und *Agaricus bisporus,* der wichtigste Speisepilz in den USA. Alle diese Pilze enthalten oder produzieren, wenn sie verdaut und metabolisiert werden, verschiedene Hydrazine, die bei Mäusen und Hamstern kanzerogen wirken (Toth, 1979, 1977; Toth et al., 1978). Hydrazin und verschiedene Hydrazinderivate sind mutagen (Nagao, Sugimura et al., 1978).

Mais: Die kanzerogenen Eigenschaften von Maisöl (Mazola) wurden bereits erwähnt (NIOSH, 1976). Maispflanzen enthalten das Mutagen 4-Hydroxy-1,4-benzoxazinon (Sugimura, 1979).

Chili: Chili verursacht bei Ratten die Entstehung von Tumoren (Bababunmi, 1978; Lewis et al., 1977).

Salat: Echter Adlerfarn ist in Japan, Kanada, England (Wales) und den USA eine beliebte Salatpflanze. In Japan hat man den Farn in Verbindung mit der Entstehung von Oesophagustumoren gebracht. Im Tierversuch führte der Genuß des Farns bei Kühen, Mäusen, Ratten, Meerschweinchen und Wachteln zu Blasen- und Darmkrebs (Pamukcu, 1979; Yoshihira et al., 1978; Markus, 1978; NIOSH, 1976; Evans, 1976; Price et al., 1968). Extrakte des echten Adlerfarns wurden als mutagen identifiziert (Fukuoka et al., 1978). Die Milch von Kühen, die diesen Farn gefressen haben, sowie der Urin von Ratten, die ihn gefressen haben, besitzt mutagene Wirkung (Nagao, Sugimura et al., 1978).

Kartoffeln: Der Saft aus grünem Kartoffelkraut hat bei Ratten im Tierversuch Krebs erzeugt. In diesem Saft wurden mehrere N-Nitrosoverbindungen festgestellt (Ivankovic, 1978). N-Nitrosoverbindungen sind als potente Kanzerogene identifiziert worden (s. o., vgl. auch die Darstellung über N-Nitrosoverbindungen weiter unten).

Süßkartoffel: Die toxisch wirkende chemische Verbindung 4-Ipomeanol, ein Furanderivat, wurde in schimmelnden Süßkartoffeln entdeckt. Eine Untersuchung der verschiedenen Metabolisierungsstufen dieser Substanz veranlaßte Wissenschaftler zu der Warnung, sie könnte beim Menschen zur Manifestation von Krebs führen (Boyd, 1979).

Sojabohnen: In Sojabohnen wurden mehrere Kanzerogene identifiziert (Arenaz et al., 1978), ebenso mehrere Mutagene (Kimura et al., 1979).

Cycadales: Die Cycadales, eine Pflanzenfamilie mit neun Gattungen und etwa 100 Spezies, wachsen auf allen Kontinenten außer in Europa und der Antarktis. Auf den Philippinen, in Indonesien und auf der Malayischen Halbinsel werden ihre Blätter als Gemüse gegessen, und die Kerne, Stiele und die in der Erde wachsenden Fruchtknollen werden zum Eindicken von Suppen und zum Backen von Tortillas, Brot und Kuchen verwendet (Yang et al., 1969). Cycasin ist ein toxischer Bestandteil der Cycadales und wurde als starkes Kanzerogen und Mutagen identifiziert (Matsumoto, 1979; Burchfield et al., 1977; Laqueur, 1977, Laqueur et al., 1973, 1968; Yang et al., 1969). Cycasin wird im Darmtrakt von Bakterien aktiviert (Fishbein, 1978; Freese, 1971); seine kanzerogene Wirkung ist bei Mäusen, Ratten, Hamstern, Meerschweinchen, Kaninchen und Fischen nachgewiesen (IARC, Bd. 10, 1976). Bei Ratten wirkt Cycasin transplazental, das heißt, die Jungen entwikkeln Tumoren, wenn das trächtige Muttertier mit Cycasin gefüttert wird (Laqueur et al., 1973).

Carrageen: Carrageen ist auch unter dem Namen Galaktan des Irischen Mooses (ein sulphatiertes Polysaccharid) bekannt und ist ein Extrakt aus den Zellwänden verschiedener Rotalgen. Carrageen regt die Gelatinebildung an und wird auf der ganzen Welt in zahllosen Gerichten als Zutat verwendet. Es wurde bei Mäusen und Ratten als kanzerogenes Agens identifiziert (IARC, Bd. 10, 1976; NIOSH 1976).

Gemüsepflanzen und Krebs: N-Nitrosoverbindungen

Säugetiere, unter anderem auch der Mensch, konsumieren pflanzliche Nahrung. Pflanzen enthalten Nitrate und werden deshalb für die Entstehung von Nitrosaminen im Körper des Menschen und damit für die Entstehung von Krebserkrankungen verantwortlich gemacht. Um das zu verstehen, ist es notwendig, die einzelnen Phasen dieses Prozesses genauer darzustellen.

Pflanzliche Nitrate

Nitrate sind Bestandteile unserer pflanzlichen Nahrung. Etwa 90 Prozent der vom Menschen aufgenommenen Nitratmenge ist pflanzlichen Ursprungs (NAS, *Nitrates,* 1978). Die verschiedenen pflanzlichen Nahrungsmittel enthalten unterschiedliche Nitratkonzentrationen. Solche Pflanzen sind: *Spinat, Porree, Portulak* (Kroes, 1977), *Gurken, Spargel, Kopfsalat, Rettich, Rote Bete, Sellerie, Kartoffeln* (NAS, *Nitrates,* 1978), *Kohl, Brokkoli* (Office of Consumer Inquiries, FDA, 1978), *Paprika, Mais, Weiße Rüben, Blattgemüse, Grünkohl, Zwiebeln* (Lorenz et al., 1974), *Selleriesaft* (NAS, *Drinking,* 1977), *Karottensaft* und *Rote-Bete-Saft* (Marshall, »Scotch«, 1979).

Die Umwandlung pflanzlicher Nitrate zu Nitrit

In Pflanzen: Etwa 45 Arten von Bakterien und Pilzen verwandeln in Pflanzen Nitrat in Nitrit (NAS, *Nitrates,* 1978; WHO, *Nitrates,* 1978; Fishbein, 1978).
Im Handel und im Haushalt: Die chemische Reduktion von Nitrat zu Nitrit durch Bakterien findet auch während der Lagerung von frischem Gemüse statt. Besonders bei Zimmertemperatur erreicht die Nitritkonzentration ausgesprochen hohe Werte (WHO, *Nitrates,* 1978).
Im Speichel: Bakterielle Reduktion von Nitrat zu Nitrit findet auch in der Speichelflüssigkeit des Menschen statt. (Tannenbaum, Archer et al., 1978). Die Höhe der Nitrit-Konzentration im Speichel scheint von der Nitrataufnahme, in erster Linie in Form von pflanzlicher Nahrung, bestimmt zu werden (Stephany et al., 1978).
Im Magen: Auch im Magen wandeln Bakterien Nitrat in Nitrit um (Sander, 1973).
Im Darmtrakt: Im Darmtrakt des Menschen reduzieren Bakterien Nitrat zu Nitrit (Tannenbaum, Fett et al., 1978).

Nitrit + Amine = Nitrosoverbindungen

Der Mensch nimmt Nitrit nicht nur in Form von pflanzlicher Nahrung auf, er produziert es auch in seinem eigenen Stoffwechsel. Darüber hinaus nimmt der Mensch auch mit der pflanzlichen Nahrung, doch vor allem in Form von tierischem Eiweiß Amine zu sich, die in seinem Körper mit Nitrit reagieren. Aminhaltige Nahrungsmittel sind weit verbreitet (IARC, Bd. 17, 1978; Magee et al., 1976). Dies sind unter anderem *Fische, Gemüse, Tee, Wein, Bier* und andere *Alkoholika* (Magee et al., 1976). Auch in Form von *Getreide* und *Aminosäuren* (zum Beispiel Prolin, das beim Abbau von Proteinen entsteht) nimmt der Mensch Amine auf (Berenblum, 1974).

Bei gleichzeitiger Aufnahme von Nitrit und Aminen bilden sich im Magen des Menschen N-Nitrosoverbindungen (Endo et al., 1977; NAS, *Drinking,* 1977). Gleichzeitige Aufnahme von Nitrit und Aminen führt zur Entstehung von N-Nitrosoverbindungen im Darmtrakt (Wang et al., 1978). Das Zusammenwirken der Darmbakterien, Nitrosataminen und -amiden führt zur Bildung von kanzerogenen und mutagenen Verbindungen (Mandel et al., 1977; Grasso et al., 1976).

N-Nitrosoverbindungen sind kanzerogen und mutagen

Bisher wurden im Tierversuch etwa 100 N-Nitrosoverbindungen (Nitrosamine und Nitrosamide) untersucht; fast drei Viertel dieser Verbindungen wurden als Kanzerogene identifiziert (Tannenbaum et al., 1977, P. N. Magee et al., 1976). N-Nitrosoverbindung verursachen Krebs in jedem Organ und bei jeder im Tierexperiment untersuchten Spezies. Viele der N-Nitrosoverbindungen sind auch mutagen (NAS, *Nitrates,* 1978; WHO, *Nitrates,* 1978; Freese, 1971; Endo, 1977). Zahlreiche der kanzerogenen N-Nitrosoverbindungen wirken auch transplazental, d. h., sie verursachen Krebs im Foetus, wenn das Muttertier mit diesen N-Nitrosoverbindungen gefüttert wird (Magee et al., 1976, 1973; Ivankovic, 1973; Mohr, 1973).

Kanzerogene tierische Nahrungsmittel

Zahlreiche Nahrungsmittel tierischer Herkunft enthalten natürliche kanzerogene Substanzen; darüber hinaus besteht die Möglichkeit, daß sie durch den Befall von kanzerogenen Pilzen oder durch kanzerogene pflanzliche Nahrung, die das Tier gefressen hat, Träger kanzerogener Substanzen sind.

Fleisch und Geflügel

Fettsäureperoxid (Malonalaldehyd) wurde in einer ganzen Reihe *roher* tierischer Nahrungsmittel gefunden: *Lendensteak, Lendenbraten, Rumpsteak, Hacksteak, Kalbfleisch, Hackfleisch, Schweinekotelett, Hot Dogs (Rind- und Schweinefleisch), Truthahn- und Hähnchenfleisch.* Das untersuchte Fleisch war durchweg mager. »Fett enthielt wenig oder kein Malonalaldehyd« (Shamberger, 1977). Malonalaldehyd wurde als kanzerogene und mutagene Substanz identifiziert (Shamberger, 1977; Nagao, Sigimura et al., 1978).

Kanzerogenhaltiges Fleisch

Das Fleisch von Tieren, die kanzerogenhaltige Pflanzen (z. B. Adlerfarn) gefressen haben, ist ebenfalls kanzerogen (Rodricks, 1978). Unter den Pflanzen, die vor allem Rinder auf natürlich gewachsenen Weiden fressen, sind in der Regel auch Pflanzenarten, die Pyrrolizidin-Alkaloide enthalten, z. B. *Senecio, Crotalaria* und einheimischer *Heliotrop (Sonnenwende)*. In diesen Pflanzen finden sich potentielle Leberkanzerogene (Rodricks, 1978; IARC, Bd. 10, 1976; Newberne, 1968; Schoental, 1968). Pyrrolizidin-Alkaloide wurden als mutagene Substanzen identifiziert (Sugimura, 1979; Hirono et al., 1979; Auerbach, 1973).

Fleisch kann auch durch Östrogen produzierende Pilze oder aufgrund pflanzlicher Östrogene zu einem potentiellen Krebsrisiko werden (Rodricks, 1978). In geräuchertem Schinken und in Salami sind Aflatoxine gefunden worden.

Kanzerogenhaltige Milch

Die Milch von Kühen, die mit vorstehend als Träger kanzerogener oder mutagener Substanzen erwähnten Pflanzen gefüttert wurden, ist potentiell ebenfalls verseucht.

Milch kann kanzerogen sein, weil die Kühe Adlerfarn gefressen haben (Rodricks, 1978).

Milch kann aufgrund von Pflanzen- oder Pilzöstrogenen kanzerogen sein (Rodricks, 1978).

Milch kann aufgrund von Pyrrolizidin-Alkaloiden kanzerogen sein (Rodricks, 1978).

Milch kann aufgrund von Aflatoxinen kanzerogen sein (Nabney et al., 1967 und Mickelsen et al., 1964, beide von Golberg, 1967, zitiert; Wyllie et al., 1977).

Kanzerogenhaltiger Käse

In Proben von amerikanischem Käse, Schweizer Käse, Mozzarella und Ricotta wurde das Fettsäureperoxid Malonalaldehyd gefunden, das als kanzerogene und mutagene Substanz identifiziert wurde (Shamberger, 1977; Nagao, Sugimura et al., 1978).

Kanzerogenhaltige Eier

Im Tierversuch wurden Ratten mit Hühnereiern gefüttert; sowohl der Dotter als auch das Eiweiß verursachte die Entstehung von Tumoren (Szepsenwol, 1963).

In Hühnereiern hat man auch Aflatoxine festgestellt (Nesheim et al., 1978; Wyllie et al., 1977).

Allgemein verbreitete Kanzerogene als Bestandteile unserer Nahrung

Manche als kanzerogen identifizierten Substanzen kommen in allen lebenden Organismen – in Pflanzen wie auch in Tieren – vor; sie sind also in allen Nahrungsmitteln des Menschen vorhanden. Im folgenden einige der Fachliteratur entnommene Beispiele dieser allgemein verbreiteten chemischen Verbindungen.

Proteine

Alle pflanzlichen und tierischen Nahrungsmittel enthalten Proteine. Möglicherweise besteht ein Zusammenhang zwischen proteinreicher Kost und Krebserkrankungen beim Menschen (Kroes, 1977). Ein Rückgang der Krebsinzidenzziffer aufgrund einer Reduzierung des Proteingehalts der Nahrung konnte im Tierversuch nachgewiesen werden (McLean, 1973; Cummings, 1978).

Cholesterin

Cholesterin ist ein fester Bestandteil des körpereigenen Gewebes – vor allem des Gehirns und des Rückenmarks sowie des Fettgewebes – aller höheren Tierarten. In zahlreichen Tierversuchen wurde Cholesterin sowohl als Kanzerogen wie als kanzerogener Promoter identifiziert (Cruse et al., 1979, 1978; NIOSH, 1976; IARC, Bd. 10, 1976; Wogan, 1974).

Zucker

Zucker kommen in allen pflanzlichen und tierischen Nahrungsmitteln vor:

Sucrose (Saccharose) ist Bestandteil aller Pflanzen, Früchte- und Gemüsearten. Die im Handel erhältliche Sucrose wird aus Zuckerrüben bzw. Zuckerrohr gewonnen. Zuckergenuß, so wird behauptet, stelle ein potentielles Krebsrisiko dar; besonders Diabetiker sind bei Sucrosegenuß anfällig für Pankreaskrebs (Cranmer, 1978; Kraybill, 1975; Kessler, 1970; Yudkin, 1972).

Laktose (Milchzucker) ist Bestandteil der Milch aller Säugetiere; auch der Muttermilch des Menschen. Laktose wurde als kanzerogen identifiziert (NIOSH, 1976).

Fructose (Fruchtzucker) ist Bestandteil von Obst und Früchten. Sie wurde als kanzerogen identifiziert (NIOSH, 1976).

Maltose (Malzzuckere) ist ein Stärkezucker und ebenfalls kanzerogen (NIOSH, 1976).

Xylit ist ein Zuckeralkohol, der von pflanzlichen Zellen synthetisiert wird. Xylit wird als Süßstoff verwendet, der kommerziell aus Birken und Maiskolben gewonnen wird. Xylit wurde als kanzerogen identifiziert (Shubik, 1971; Smith, 1978).

Salz

Salz (Tafelsalz, Meersalz, Steinsalz) ist ein Bestandteil aller belebten und unbelebten Materie. Salz wurde als ein Kanzerogen identifiziert (NIOSH, 1976). Darüber hinaus verstärkt es, wie im Tierversuch bewiesen, die Kanzerogenität mancher N-Nitrosoverbindungen (Sugimura, 1976).

Kohlenwasserstoffe

Kohlenwasserstoffe sind Bestandteil aller Pflanzen. Einige der häufigsten Kohlenwasserstoffe wurden als Kanzerogene identifiziert:

Terpene kommen in allen Pflanzen vor und werden sowohl vom Menschen als auch von Mastvieh aufgenommen. Sie werden im Blattgewebe von Pflanzen synthetisiert und sind für einen Großteil der Kohlenwasserstoffaerosole in der Atmosphäre verantwortlich. Terpene wurden als Kanzerogene identifiziert (NIOSH, 1976). Pflanzliche Diterpene und verwandte Phorbolester sind als begünstigende Faktoren (kanzerogene Promoter) der Tumorbildung bekannt (Lee et al., 1978).

Benzo(a)pyren ist eine natürlich vorkommende, von Bakterien, Algen, Phytoplankton und von allen Pflanzen im Zustand der Keimung synthetisierte Substanz. Neben anderen polyzyklischen aromatischen Kohlenwasserstoffen wird Benzo(a)pyren auch in Gemüsesorten gebildet (Shabad, USSR, 1979; Morton, 1977; Grasso et al., 1976; NAS, *Petroleum*, 1975; J. Miller, 1973; Panel on Chemicals and Health, President's Science Advisory Committee, 1973; s. o., Pflanzen und Bäume).

Zahlreiche polyaromatische Kohlenwasserstoffe, unter anderem auch Benzo(a)pyran, wurden als kanzerogene und mutagene Wirkstoffe identifiziert (NIOSH, 1976; Fishbein, 1976; vgl. Energie: Kohle; Energie: Fossile Brennstoffe.

Metalle und Minerale

Alle Pflanzen und alle Tiere enthalten Metalle und Minerale in verschiedenen Verbindungen und unterschiedlichen Mengen als integrale Bausteine ihres Organismus. Hier einige Beispiele von Nahrungsmitteln, die kanzerogene Metalle und Minerale enthalten. Alle diese Metalle und Mineralstoffe sind lebenswichtig (aus Underwood 1971, 1973).

Blei ist natürlicher Bestandteil von *Pflanzen, Kuhmilch* und *Muskelfleisch.*

Chrom ist natürlicher Bestandteil von *Getreidekeimen* und *Rohzucker.*

Eisen ist natürlicher Bestandteil von pflanzlichen und tierischen Nahrungsmitteln; z. B. *Innereien (Leber, Nieren, Herz),* von *Eidotter,* von *getrockneten Hülsenfrüchten,* von *Kakao* und *Zuckersirup,* von *Schellfisch, Milch* und *Milchprodukten,* von *Zucker, Mehl, Brot, Kartoffeln* und von *frischem Obst.*

Kobalt ist natürlicher Bestandteil von *grünem Blattgemüse* (Kohl, Spinat), von *Kopfsalat, Mais* und *Milchprodukten.* Kobalt ist ein Baustein des *Vitamins* B_{12} und wurde als Kanzerogen identifiziert (vgl. Gruppe 11 oben).

Kupfer ist natürlicher Bestandteil von *pflanzlichem Gewebe;* darüber hinaus ist Kupfer in *Getreideähren, Nüssen, getrockneten Hülsenfrüchten, Rosinen, Kernobst, Kakao, Schalentieren, Schellfisch, Innereien (Leber, Niere), Milch, Butter, Käse, weißem Zucker, Honig* und *frischem Obst* enthalten.

Mangan ist natürlicher Bestandteil von *Nüssen, Getreide, frischem Blattgemüse, Fleisch, Fisch* und von *Milchprodukten.* Im *Tee* findet sich besonders viel Mangan.

Nickel ist natürlicher Bestandteil von *Obst, Knollenfrüchten, Körnerfrüchten, Fleisch, Eisen, Milchprodukten, Tee, grünem Blattgemüse* und *Austern.*

Quecksilber ist natürlicher Bestandteil von *Obst, Gemüse, Getreide, Fleisch, Milchprodukten* und *Fisch.*

Selen ist natürlicher Bestandteil von *Weizen, Milch, Eiern, Innereien* und *Fleisch.*

Zink ist natürlicher Bestandteil von *Weizenkeimen, Weizenkleie, Wurzelgemüse, Knollenfrüchten, Mehl, Brot, Milch, Blattgemüse, Fleisch, Fisch, Eiern, Nüssen, getrockneten Hülsenfrüchten. Austern* enthalten besonders viel Zink.

Kobalt, Nickel, Eisen und *Zink* (Underwood, 1973) wurden in besonders hoher Konzentration in Hülsenfrüchten, z. B. in Erbsen und Bohnen festgestellt.

Radioaktivität

Kalium-40: Der Mensch nimmt eine ganze Reihe natürlich vorkommender Radionuklide in verschiedener Form auf, doch die wesentlichste Ursache der *inneren* Strahlung des Menschen ist eindeutig Kalium-40. Kalium-40 ist Bestandteil zahlreicher Lebensmittel (Beninson et al., 1977; National Council on Radiation Protection and Measurements, 1975; NAS Committee on Food Protection, 1973).

Radium: Radium ist in unterschiedlicher Konzentration in allen Nahrungsmitteln enthalten. Der Radiumgehalt von Paranüssen ist etwa 1000 mal größer als der für Nahrungsmittel errechnet Durchschnittswert. Im folgenden nun eine Tabelle, die die Strahlungsaktivität von Radium in verschiedenen Lebensmitteln wiedergibt (zusammengestellt von Mayneord, 1958; entnommen aus Eisenbud, *Environmental Radioactivity,* 1973).

Nahrungsmittel	**maximale a-Aktivität pro 100 g (pCi)**
Paranüsse	1400
Getreide	60
Tee	40
Leber und Niere	15
Mehl	14
Erdnüsse, Erdnußbutter	12
Schokolade	8
Zwieback	2
Kondensmilch	1–2
Fisch	1–2
Käse und Eier	0,9
Gemüse	0,7
Fleisch	0,5
Obst	0,1

VII. Nahrungsmittelzubereitung

Erzeugung von Kanzerogenen durch Kochen

Manche Wissenschaftler betrachten die Entdeckung der Möglichkeit, mit Hilfe von Feuer Speisen zuzubereiten, als einen der wesentlichsten Schritte in der Geschichte der Evolution des Menschen, denn dies ermöglichte dem Menschen, eine Vielzahl von Pflanzen als Nahrungsmittel zu übernehmen, die im Rohzustand ungenießbar und toxisch sind. Offenbar, so bemerken Leopold et al., (1972), ist das Kochen eine relativ neue kulturelle Errungenschaft in der langen Menschheitsgeschichte.

Während der letzten fünfzehn Jahre häuften sich die Warnungen seitens der Wissenschaftler, daß jede Art des Kochens, einschließlich des Zubereitens von Speisen wie etwa Salzen, Räuchern und Gären die Bildung von kanzerogenen und mutagenen Substanzen begünstigt.

Beim Grillen, Braten und Kochen entstehen kanzerogene polyzyklische aromatische Kohlenwasserstoffe (PAH)

In Steaks, die auf Holzkohle gegrillt wurden, entdeckte man die folgenden polyzyklischen aromatischen Kohlenwasserstoffe: *Benzo(a)pyren, Benz(a)anthracen, Dibenz(a,h)anthracen* und *Chrysen* (Lijinsky et al., 1964). Diese Substanzen wurden ausnahmslos als Kanzerogene identifiziert; wobei Chrysen relativ schwach kanzerogen wirkt, Benz(a)anthracen als mäßig starkes und Dibenz(a,h)anthracen und Benzo(a)pyren als sehr starke Kanzerogene gelten (NAS, *Particulate,* 1972).

Drei der genannten PAH wurden auch in gegrilltem Fisch festgestellt: Benzo(a)pyren, Benz(a)anthracen und Chrysen (Yamazaki et al., 1977).

Polyzyklische aromatische Kohlenwasserstoffe wurden in gerösteten Kaffeebohnen und Teeblätterextrakt identifiziert (Grimmer, et al., 1966).

Auch in verbrannter Zwiebackkruste wurden Benzo(a)pyren gefunden (Kuratsune, 1956, zitiert in: J. W. Howard et al., 1969).

Wird Stärke (kohlehydratreiche Nahrungsmittel) ohne Luftzufuhr erhitzt, bildet sich Benzo(a)pyren; wobei die Menge des Benzo(a)pyrens proportional zur Höhe der Temperatur wächst (Howard et al., 1969).

Kohlehydrate, Aminosäuren und Fettsäuren wurden im Versuch unterschiedlich hohen Temperaturen ausgesetzt. Während bei 300° C keine polyzyklischen Verbindungen entstanden, konnten bei 500° C und 700° C bereits 19 verschiedene Kohlenwasserstoffverbindungen, unter anderem Benzo(a)pyren, in den untersuchten Nahrungsmitteln identifiziert werden. Bei 500° C wurden besonders in Kohlehydraten polyzyklische Verbindung freigesetzt, während bei einer Temperatur von 700° C vor allem in Fettsäuren polyzyklische Verbindungen entstanden. Solch hohe Temperaturen werden beim Backen von Brot und beim Kochen von Fett in Saucen erreicht (Howard et al., 1969).

Auch Aminosäuren und Amine – beide Bestandteile fast aller Speisen – bilden bei hohen Temperaturen das Kanzerogen Benzo(a)pyren (Patterson et al., 1978).

Beim Räuchern von Nahrungsmitteln bilden sich PAH
Werden Nahrungsmittel (Käse, Fleisch, Wurst, Fisch, Schinken) in Holz- bzw. Holzkohlerauch geräuchert, bildet sich Benzo(a)pyren und Benz(a)anthracen (Soos et al., 1978; Kroes, 1977; Howard et al., 1969, Lijinsky et al., 1965).

Der Benzo(a)pyrengehalt in geräuchertem Fisch ist fünfmal höher als der von geräuchertem Fleisch oder geräucherter Wurst (Fritz, 1977).

Beim Mälzen, Grillen, Braten und Kochen entstehen kanzerogene Nitrosamine
Das in Tierversuchen als äußerst potentes Kanzerogen identifizierte Nitrosamin N-Nitrosodimethylamin (NDMA) wurde in 6 von 7 untersuchten Scotchsorten und in 18 Biersorten gefunden. Bei der Herstellung von Scotch und beim Brauen von Bier werden ähnliche Mälzverfahren angewendet. Deutsche Wissenschaftler haben festgestellt, daß sich bei dem Verfahren, das die benötigte heiße Luft direkt vom Feuer bezieht, im Malz NDMA bilden (Marshall, 1979).

N-Nitrosopyrrolidin (NNP) entsteht beim Braten und Grillen von Speck. In rohem Speck ist NNP nicht enthalten und bildet sich erst unter den hohen Temperaturen des Grillens und Bratens (Tannenbaum, 1980; Bharucha et al., 1979; Coleman, 1978; Engel, 1977).

Beim Braten von Speck entsteht auch N-Nitrosodimethylamin (NDMA), das Nitrosamin, das auch in Bier und Scotch gefunden wurde (Mottram, et al., 1977).

Beim Schmoren, Braten, Grillen und Backen bildet sich das Kanzerogen Malonalaldehyd
Malonaldehyd ist ein Peroxidationsprodukt von Fett. Es wurde als Kanzerogen und Mutagen identifiziert (Shamberger, 1977; Nagao, Sugimura et al., 1978) und wird vor allem in magerem Fleisch und in Geflügel gebildet. Shamberger bestimmte den Malonaldehydgehalt von rohem und von zubereitetem Fleisch und kam zu dem Ergebnis, daß in der Regel das zubereitete Fleisch eine höhere Malonalaldehydkonzentration aufweist:

Malonaldehydkonzentrationen in verschiedenen Fleischsorten

Fleischsorte	Art der Zubereitung	µg/g
Filetsteak*	roh	1,2 ± 0,4
	geschmort**	5,8 ± 2,1
Lendenbraten*	roh	9,4 ± 3,1
	gebraten, 2 Std. bei 325°	27,0 ± 6,3
Hacksteak	roh	3,8 ± 0,4
	15 Minuten gegrillt bei 450°	10,4 ± 2,1
Schweinekotelett*	roh	1,3 ± 0,2
	gebraten, 1 Std. bei 425° (paniert)	8,1 ± 2,3
Hühnchen*	roh	7,7 ± 2,1
	gekocht (1 1/2 Std. bei 350°	39,0 ± 8,0
Hühnchen*	roh	4,0 ± 0,8
	gekocht (1 Std. bei 350°)	26,0 ± 5,2

Essensreste: Shamberger stellte fest, daß in manchen Fällen beim Kochen des Fleisches die Malonaldehydkonzentration vorübergehend reduziert wurde. Allerdings stiegen durch das Aufbewahren der Essensreste im Kühlschrank die Malonalalhydwerte wieder an.

Malonaldehydkonzentrationen in verschiedenen Fleischsorten

Fleischsorte	**Art der Zubereitung**	**µg/g**
Filetsteak*	roh	7,2 ± 1,0
	gekocht, (1½ Std. bei 325°	3,7 ± 0,2
	gekocht, einen Tag im Kühlschrank	5,4 ± 0,2
Rollbraten	roh	1,4 ± 0,2
	gekocht (4 Std. bei 250° im Wasser)	0,3 ± 0,1
	gekocht, zwei Tage im Kühlschrank	0,8 ± 0,1
Truthahn	roh	10,8
	gekocht (5 Std. bei 325°)	9,1
	gekocht (3 Std. bei 350°) eine Woche im Kühlschrank	13,5

* Mittelwert aus drei verschiedenen Experimenten

Beim Gärungsprozeß entstehen Kanzerogene und Mutagene. *Fermentierte Lebensmittel* und *Getränke* wie *Bier, Wein, Brot, Oliven* und *Yoghurt* enthalten Äthylcarbamat oder Urethan, das als Kanzerogen identifiziert wurde (Weisburger, 1979).

Wein, der an der Luft gestanden hat, enthält Acetamid. Acetamid besitzt kanzerogene Wirkung (IARC, Bd. 7, 1974). Auch Acetaldehydbildung ist beobachtet worden (EPA, *Potential Industrial,* 1977).

Äthylalkohol (Äthanol, Gährungsalkohol, Kornalkohol, Kartoffelalkohol, Melassealkohol, Weingeist) ist ein bekanntes Kanzerogen (NIOSH, 1976). Alkohol (Äthanol) wirkt bei Ratten als Prokanzerogen und als kanzerogen-aktivierender Faktor (Seitz et al., 1978).

Spirituosen: David Pearson (1977) identifizierte bei den im Handel befindlichen Spirituosen signifikante Mengen von *Äthanol, 2-Methylpropan-l-ol, 3-Methylbutan-l-ol, 2-Phenyläthanol, Aceton* und *Acetaldehyd.* Die ersten fünf dieser chemischen Substanzen wurden 1976 von NIOSH als kanzerogen eingestuft. Acetaldehyd ist ein bekanntes Mutagen (vgl. oben); es ist der Hauptmetabolit des Äthylalkohols (NAS, *Drinking,* 1977).

Fuselöle, die in alkoholischen Getränken gefunden werden, besitzen kanzerogene und mutagene Wirkung (Gibel et al., 1974).

Das Salzen von Speisen fördert die Bildung von kanzerogenen Nitrosaminen

Gesalzener Fisch enthält eine ganze Reihe von Nitrosaminen, die bei Ratten Tumoren im Nasal- und Nasopharyngealbereich verursachen. Gesalzener Fisch besitzt auch mutagene Wirkung (Ho et al., 1978).

Erzeugung von Mutagenen durch Kochen

Gegrilltes Fleisch und gegrillter Fisch sind mutagen. Die verkohlten äußeren Schichten von gegrilltem Fleisch oder gegrilltem Fisch wurden als mutagen identifiziert. Wissenschaftler sind der Ansicht, daß die mutagene Wirkung dieser verkohlten Schichten derart stark ist, daß sie nicht allein durch die Bildung von Benzo(a)pyren erklärt werden kann (Nagao, Sugimura et al., 1978; Sugimura, Nagao et al., 1977; Nagao, Honda et al., 1977).

Gebratene Hamburger und Rindfleischextrakt sind mutagen
In Hackfleisch (Hamburger) und Rindfleischextrakt wurden Mutagene entdeckt, die sich während des Bratens bzw. Kochens bilden. In rohem Rindfleisch wurden keine Mutagene gefunden. Die mutagene Wirkung steigt proportional mit der Höhe der Temperatur. Bei den im Hackfleisch enthaltenen Mutagenen handelt es sich nicht um Benzo(a)pyren, mutagene Aminosäuren oder Pyrolyseprodukte (Dolara et al., 1979; Commoner et al., 1978; Vithayathil et al., 1978).

Gekochte Proteine und Aminosäuren sind mutagen
Das Kochen von bestimmten Proteinen bei hohen Temperaturen führt zur Bildung von Mutagenen (Nagao, Sugimura et al., 1978; Sugimura, Kawachi et al., 1977; Sugimura, Nagao et al., 1977). Vor allem die Teere der Aminosäuren *Tryptophan, Serin, Glutaminsäure* und *Kreatinin* sind besonders stark mutagen (Nagao, Yahagi et al., 1977).

Gekochter Zucker ist mutagen
Zucker wie z. B. *Glucose, Arabinose, Fruktose* und *Sorbit* sind, wenn sie bei hohen Temperaturen gekocht werden, mutagen. In gekochter *Glucose* wurden zwei Verbindungen identifiziert, die als Mutagene bekannt sind: *Acetaldehyd* und *Glyoxal.* Allerdings, so erklären die Autoren, ist die mutagene Wirkung von gekochter Glucose so groß, daß sie durch die Anwesenheit der beiden erwähnten Mutagene allein nicht erklärt werden kann. Auch *Karamel* besitzt mutagene Eigenschaften (Nagao, Sugimura et al., 1978).

Gekochter Knoblauch und gekochte Zwiebeln sind ebenfalls mutagen
Sowohl Zwiebeln wie auch Knoblauch wurden als besonders starke Mutagene identifiziert, wenn sie bei hohen Temperaturen gekocht wurden. Knoblauch enthält Alliin und Allicin, Zwiebeln hingegen nur Allicin; die Pyrolyseprodukte beider chemischer Substanzen sind mutagen (Nagao, Sugimura et al., 1978).

Mutagene Gemüsesorten
Nagao und Sugimura (1978) weisen darauf hin, daß einige weitverbreitete Gemüsesorten beim Kochen mutagene Eigenschaften entwickeln. Die betreffenden Gemüsesorten nannten sie jedoch nicht.

Die Ausnahme von der »Regel«
Unter den zahlreichen von japanischen Wissenschaftlern untersuchten Nahrungsmitteln befanden sich auch solche, die beim Kochen keine mutagenen Eigenschaften entwickelten: Kohlehydrate und pflanzliche Öle (Nagao, Yahagi et al., 1978; Sugimura, Kawachi et al., 1977).

VIII. Luft

Der Mythos von der »sauberen« Luft

»... manche Umweltschützer vertreten den Standpunkt, daß die industrielle Produktion von Schadstoffen und jegliche Schadstoffemission verboten werden sollte. Viele Schadstoffe jedoch sind natürlicher Bestandteil der Luft... Es ist also gar nicht möglich, die Luft völlig schadstofffrei zu machen« (Lave und Seskin, 1977).

Sauerstoff
Sauerstoff wurde als Kanzerogen und Mutagen identifiziert.

Radioaktivität
Die gesamte Luft ist radioaktiv. Häufig wird die natürliche Radioaktivität durch eine Analyse der Luft bestimmt (Beninson et al., 1977; National Council on Radiation Protection and Measurements, 1975).

Der Mensch atmet ständig Radionuklide ein, die aus dem Boden, der Atmosphäre und dem Weltraum stammen (NAS, *Tropospheric*, 1978; NCRP, 1975).

Boden, Sand, Salz und Staub
In der Luft befinden sich ständig Erdreichpartikel, die der Mensch einatmet (Turk et al., 1978; Hopps et al., 1978). Jede Art von Erdreich ist radioaktiv.

Die Luft enthält auch kristalline Silikate, die wesentlichen Bestandteile von Sand (Waldbott, 1978). Sand werden kanzerogene Eigenschaften zugeschrieben (NIOSH, 1976).

In der Luft befinden sich stets Salzpartikel, die durch Verdunstung der Meeresgischt entstehen (Turk et al., 1978; Waldbott, 1978). Salz wurde als Kanzerogen identifiziert (NIOSH, 1976).

Die Luft enthält Staubpartikel, die von Vulkanausbrüchen stammen (Turk et al., 1978; Waldbott, 1978).

Metalle
Das Vorkommen von Metallen in der Luft hat zahlreiche Ursachen: Die permanent stattfindende Entgasung der Erdkruste setzt Metalle frei; auch aus den Meeren gelangen Metalle in die Luft; Land- und Wasserflora geben Metalle ab. Bei diesen

Metallen handelt es sich unter anderem um *Arsen, Blei, Cadmium, Eisen, Kupfer, Mangan, Quecksilber, Selen* und *Zink* (NAS, *Tropospheric,* 1978).

Pflanzen wie z. B. Erbsen und Saubohnen scheiden metallhaltige Partikel aus; Pinienschößlinge geben *Blei und Zink* an die Luft ab (NAS, *Tropospheric,* 1978; Beauford et al., 1977, 1975).

Unter anderem enthält die Luft *Blei,* das aus Silikatstaub, vulkanischen Aerosolen, Waldbränden, Meeressalz und Partikeln von Meteoren stammt oder durch den Zerfall von Radon entsteht (WHO, *Lead,* 1977; EPA, *Lead,* 1977).

Auch Meteore, die ständig in die Atmosphäre eindringen, geben Metalle und metallische Verbindungen ab; unter anderem *Chrom, Eisen, Kobalt, Mangan* und *Nickel* (Waldbott, 1978).

Alle genannten Metalle wurden als kanzerogen identifiziert.

Wälder

Wie bereits erwähnt, wurden Terpene als kanzerogene Substanzen identifiziert und von der EPA als Umweltproblem von größter Dringlichkeit bezeichnet (NIOSH, 1976).

In der Luft befinden sich Terpenkohlenwasserstoffe, die von den Blättern der Laubbäume abgegeben werden, die von Ölharztropfen und dem Harz an den Knospen stammen und die beim Zerfall von Zellen und während des Fäulnisprozesses von Laub, Rinde und Holz entstehen (Fribert, 1972).

Terpene – vor allem Isopren und α-Pinen – werden einer Untersuchung zufolge u. a. von der Weimutskiefer, der Gelbkiefer, der Strauchkiefer, der Loblollykiefer, der Hemlocktanne, der gelben Zypresse, der Lärche, der Rottanne, der Fichte, der Zypresse, der Douglasfichte, der Blautanne, von Eichen, Weiden, Espen, Amberbäumen, Platanen, Pappeln, Balsampappeln und vom Wegdorn ausgeschieden (Rasmussen, 1972).

Auch trockenes Heu gibt Terpene an die Luft ab (Rasmussen et al., 1965).

Terpene und andere ätherische organische Substanzen bilden über Waldgebieten einen blauen Schleier und sind nichts anderes als natürlicher photochemischer Smog. Im Oktober und im November, wenn die Anzahl der sterbenden Zellen in den Wäldern besonders groß ist, werden hohe Konzentrationen von Terpenen und ätherischen organischen Substanzen gemessen. Das verfaulende Laub, besonders wenn es durch Niederschläge feucht geworden ist, ist einer der wichtigsten Terpenproduzenten (Rasmussen et al., 1972, 1965; O'Sullivan, 1972; Went, 1960).

Feuer und Rauch: Benzo(a)pyren

Auch Benzo(a)pyren ist ein natürlicher Bestandteil unserer Luft. Wie bereits erwähnt, wird Benzo(a)pyren von Bakterien, Algen, allen Pflanzen im Zustand der Keimung und von einigen Gemüsesorten synthetisiert; es entsteht bei Waldbränden, beim Verbrennen von Holz und nahezu aller anderen Stoffe, und es wurde in gekochten Speisen und in Speisedämpfen festgestellt (s. o.).

Benzo(a)pyren ist ein bekanntes Kanzerogen (vgl. Punkt X; Kapitel 3, Punkt II, Energie: Fossile Brennstoffe). Unter im Labor simulierten atmosphärischen Bedingungen bilden sich aus Benzo(a)pyren »bereitwillig« mutagene Derivate. Im photochemischen Smog bilden sich aus Benzo(a)pyren aktive Mutagene (Pitts et al., 1978).

Stickstoffverbindungen

Das in der Luft enthaltene Stickstoffoxid (NO) entsteht durch:
- Einwirkung von Blitzen und ionisierender kosmischer Strahlung (NAS, *Nitrates,* 1978);
- Oxidation von natürlich vorkommendem Ammoniak durch photolytisch entstandene OH-Radikale sowie durch die
- Emissionen mikrobischer Organismen im Boden, in verfaulendem Laub und im Schlamm (Rasmussen, 1975).

Das in der Luft enthaltene Stickstoffdioxid wird von Mikroorganismen im Meerwasser gebildet und in die Atmosphäre abgegeben (Waldbott, 1978).

Die Stickoxide NO_x (einschließlich NO und NO_2) der Luft werden gebildet von:
- Bakterien (WHO, *Oxides,* 1977);
- Vulkanen (NAS, *Nitrates,* 1978; (WHO, *Oxides,* 1977; vgl. Punkt III., Vulkane);
- Blitzen (NAS, *Nitrates,* 1978; Chameides et al., 1977);
- einem Influx aus der Stratosphäre (NAS, *Nitrates,* 1978);
- Waldbränden und anderen Feuern (NAS, *Nitrates,* 1978).

NO und NO_2 werden stets als NO_x gemessen (NAS, *Nitrates,* 1978). NO_x ist als mutagener Promoter und als ein mögliches Mutagen identifiziert (s. Vulkane; s. Blitze). NO_x ist ein potentiell nitrosierendes Agens, das in der Luft kanzerogene Nitrosamine bilden kann (WHO, *Nitrates,* 1978). Theoretisch können sich auch im Körper des Menschen durch Reaktion des eingeatmeten NO_2 und NO mit H_2O kanzerogene Nitrosamine bilden (NAS, *Nitrates,* 1978).

Schwefelverbindungen

Die Luft enthält auch verschiedene von der Natur selbst synthetisierte Schwefelverbindungen, u. a. SO_2, das von Vulkanen ausgestoßen wird. SO_2 ist ein bekanntes Mutagen (Fishbein, 1978).

Ozon

Blitze verursachen die Bildung von Ozon (NAS, *Nitrates,* 1977).

Solare Strahlung verursacht – wenn Kohlenwasserstoffe und NO_x in der Atmosphäre vorhanden sind – die Bildung von Ozon (Henderson et al., 1979).

Ozon besitzt mutagene Eigenschaften (Fishbein, 1978; von Nieding, 1978; Henderson et al., 1979).

Tetrachlorkohlenstoff

Die Bildung von Tetrachlorkohlenstoff in der Luft ist eine Folge natürlicher atmosphärischer Prozesse (Ehrlich et al., 1977; Lovelock et al., 1975, 1973). Tetrachlorkohlenstoff wurde als Kanzerogen identifiziert (NIOSH, 1976; E. Miller et al., 1971).

Verschmutzungsfaktor Natur bzw. Verschmutzungsfaktor Mensch – eine Gegenüberstellung

Es ist nicht abzustreiten, daß die durch den Menschen verursachte Verschmutzung der Umwelt in manchen Regionen kritische Werte erreicht. Betrachtet man die Werte jedoch weltweit, wird man feststellen, daß die Natur die Luft in wesentlich größerem Umfang »verschmutzt« als der Mensch. Es folgt ein Vergleich der vom Menschen bzw. von der Natur erzeugten Gesamtmengen bestimmter luftverschmutzender Substanzen. *Sämtliche in diesem Zusammenhang erwähnten Substanzen wurden als Kanzerogene bzw. Mutagene oder als Promoter bzw. Enhancer (verstärkender bzw. begünstigender Faktor) der Kanzerogenität bzw. Mutagenität identifiziert.*

Salz und Sand: Natur als einzige Schadstoffquelle

Salz: Etwa eine Milliarde Tonnen Meeressalz, das in Form von Aerosolen von der Meeresoberfläche abgegeben wird, fallen als Bestandteil der Niederschläge auf die Erde (Waldbott, 1978).

Sand: Eine 1952 in der Nähe von London durchgeführte Messung ergab, daß in ländlichen Regionen 42,5 Prozent der in der Luft befindlichen Partikel Silikate, d. h. Bestandteile von Sand waren (Waldbott, 1978).

Kohlenwasserstoffe: Vergleich Natur–Mensch

Die pro Jahr allein von Wäldern in die Umwelt abgegebene Menge an Kohlenwasserstoffen wird auf etwa 175 Millionen Tonnen geschätzt; dies ist mehr als das Sechsfache der industriellen Kohlenwasserstoffemission (Rasmussen, 1972).

Stickoxide: Vergleich Natur–Mensch

Allein durch Blitze werden pro Jahr etwa 30–40 Millionen Tonnen NO_x gebildet. Schätzungen zufolge ist dies etwa die Hälfte der gesamten in der Atmosphäre befindlichen Stickoxidmenge (Chameides, 1977).

Die durch bakterielle Synthese, Vulkaneruptionen *und* Blitzeinwirkung in die Atmosphäre gelangende Stickoxid-Menge »ist bei weitem größer als die auf Aktivitäten des Menschen zurückzuführende Stickoxidemission« (WHO, *Oxides,* 1977).

»Weltweit betrachtet übersteigt die in der Natur erzeugte Menge der Stickoxide (NO_x) von 768×10^6 Tonnen pro Jahr die Industrieemission von Stickoxiden um das Fünfzehnfache« (Fishbein, 1976).

Schwefeloxide: Vergleich Natur–Mensch

Etwa 35 bis 40 Prozent der in der Luft befindlichen SO_2-Gesamtmenge sind auf die Schadstoffemissionen der Industrie zurückzuführen (NAS, *Tropospheric,* 1978).

Radioaktivität: Vergleich Natur–Mensch
Die natürliche Radioaktivität ist um ein Vielfaches größer als die vom Menschen verursachte radioaktive Strahlung (s. o.).

Metalle: Vergleich Natur–Mensch
Ein Großteil der in der Atmosphäre befindlichen Metalle stammt unmittelbar aus der Erdkruste bzw. aus dem Meeressalz. Die folgende Darstellung wurde von der National Academy of Sciences (NAS, *Tropospheric,* 1978) veröffentlicht:

Gesamtmenge, der in die Atmosphäre gelangenden Metalle

Element	aus der Erdkruste 10^9 g/Jahr	aus dem Meeressalz 10^9 g/Jahr	Verbrennungsprodukte fossiler Brennstoffe 10^9 g/Jahr
*Al	20000	0,15	1400
*Fe	14000	0,5	1400
Na	6000	300000	300
*Mn	200	0,005	7
Sc	6	0,000015	0,7
*Cu	14	0,04	2
V	30	0,05	12
*Se	0,013	0,003	0,5
*Pb	3	0,0002	150
*Cd	0,05	0,0008	–
*As	0,5	0,05	0,7
*Zn	18	0,08	0,5
*Sb	0,05	0,007	–
*Hg	0,02	0,0005	1,6

Metalle, die in der vorliegenden Darstellung als kanzerogen identifiziert wurden.

Diesen Berechnungen zufolge ist lediglich die vom Menschen verursachte Luftverschmutzung durch Quecksilber, Arsen, Blei und Selen größer als die entsprechenden naturbedingten »Verschmutzungswerte«; besonders gravierend ist dies bei Blei.

Aerosole: Vergleich Natur–Mensch
Auch die beiden folgenden Darstellungen sind einer Veröffentlichung der Akademie der Wissenschaften entnommen (NAS, *Particulate,* 1972):

Ursachen natürlicher Aerosole in der Atmosphäre

Ursache	Geschätzte Aerosolproduktion t/Tag
Primäre Ursache	
Staub (vom Wind aufgewirbelt)	20000–1000000
Meeresgischt	3000000
Waldbrände (periodisch)	400000
Vulkantätigkeit (periodisch)	10000
Extraterrestrisch (Meteoritenstaub)	50– 550
Sekundäre Ursachen	
Vegetation: Kohlenwasserstoffe	500000–3000000
Schwefelkreislauf: SO_4^{2-}	100000–1000000
Stickstoffkreislauf: NO_3^-	1000000
NH_4^+	700000
Vulkane: SO_2 und H_2S werden frei (periodisch)	1000
Maximale Gesamtmenge	~ 10000000

Einige wichtige Ursachen der vom Menschen verursachten Aerosolbelastung der Atmosphäre

Ursache	geschätzte Aerosolproduktion t/Tag
Primäre Ursachen:	
Heizung und Industrie (Gehalt von polyzyklischen organischen Substanzen* möglich)	100000–300000
Staubentwicklung durch Landwirtschaft (periodisch)**	100– 1000
Sekundäre Ursachen:	
Kohlenwasserstoffgemische (unvollständige Verbrennung etc.; möglicherweise mit Spuren von polyzyklischen organischen Substanzen*)	7000
Sulfate (SO_2, $H_2S \rightarrow SO_4^{2-}$)	300000
Nitrate ($NO_x \rightarrow NO_3^-$)	60000
Ammoniak	3000
Maximale Gesamtmenge	~ 700000

* 2,3. Benzo(a)pyren

** Nur auf die USA bezogen

IX. Wasser

Natürliche kanzerogene »Schadstoffe« in den Ozeanen

Radioaktivität, Metalle
Über die Ozeane wissen wir erst relativ wenig, doch hat man festgestellt, daß die Weltmeere zahlreiche natürliche »Schadstoffe« enthalten: radioaktive Nuklide kosmischen und erdeigenen Ursprungs in unterschiedlicher Konzentration sowie sämtliche chemischen Elemente in unterschiedlichen Mengen (Joseph et al., 1971; Goldberg et al., 1971). Über den Umfang der vom Menschen verschuldeten Ablagerung von Metallen in den Ozeanen ist bisher relativ wenig bekannt (NAS, Tropospheric, 1978).

Öl
Durch Felsspalten im Meeresboden sickert auf natürlichem Wege eine nicht bekannte Menge von Öl aus natürlichen Lagerstätten in die Ozeane. Die südkalifornische Küstenregion ist eine dieser neuralgischen Zonen, in welchen Erdöl in die Ozeane sickert (Kraybill, 1978).

Unser gegenwärtiges technologisches »Know-how« reicht nicht aus, die exakten Mengen an Öl, die auf diese Weise in die Ozeane gelangen, zu bestimmen. Erst vor kurzem wurde im Atlantik eine einhundert Meter dicke Öllache von 800 Seemeilen Länge und einer Seemeile Breite entdeckt. Es handelte sich um etwa eine Megatonne nicht raffinierten Öls, das aus einem Spalt im Meeresboden ausgetreten war. Allein diese durch Zufall entdeckte Öllache »war wahrscheinlich größer als die geschätzte Gesamtmenge des pro Jahr in die Meere geleiteten Öls« (Harvey et al., 1979).

Rohöl enthält die gleichen Kohlenwasserstoffverbindungen, die in raffiniertem Öl enthalten sind; u. a. auch kanzerogene polyaromatische Kohlenwasserstoffe (NAS, *Petroleum,* 1976).

Fossile Pflanzen
Auf dem Meeresboden wurden Sedimente entdeckt, die wahrscheinlich durch die Pyrolyse von Pflanzen entstanden sind und polyzyklische aromatische Kohlenwasserstoffe (PAH) enthalten. Wahrscheinlich sind diese PAH-haltigen Schichten in allen Ozeanen zu finden, so daß »es dringlich geboten scheint, die Bedeutung dieser Potentials an natürlichen Kanzerogenen und Mutagenen genauer zu untersuchen« (Blumer et al., 1977).

Natürlich vorkommende kanzerogene Schadstoffe in Quellen, Flüssen, Binnenseen und im Trinkwasser

Das Wasser ist nach der Luft und den Nahrungsmitteln die dritte wesentliche Quelle toxischer und kanzerogener Substanzen, der der Mensch ausgesetzt ist. Eine systematische Untersuchung des Trinkwassers auf natürlich vorkommende Kanzerogene hin ist bisher nicht in ausreichendem Umfang geleistet worden, doch können bereits einige dieser Substanzen genannt werden:

Radioaktivität

Die Radioaktivität verschiedener Trinkwasserproben differiert je nach der regional unterschiedlich starken radioaktiven Strahlung der Fels- und Gesteinsformationen. Überall auf der Welt hat man in Quellen und nicht verschmutzten Wasserläufen *Uran-238, Radium-226* und *Radon-222* in unterschiedlichen Mengen festgestellt (Comar et al., 1973).

In manchen Gebieten wurden ungewöhnlich hohe Konzentrationen von Radionukliden entdeckt; z. B. im südlichen Texas, wo etwa 5 Prozent der bekannten Uranlagerstätten der USA liegen. Mehrere hundert Brunnen – darunter zahlreiche Trinkwasserbrunnen – wurden dort untersucht, und man stellte sehr hohe Radonkonzentrationen fest (Gesell et al., 1977). Andere Regionen der USA, in deren Trinkwasser hohe Radionuklidkonzentrationen gemessen wurden (Radon-226), sind Nordillinois und das südliche Iowa (Eisenbud, 1973). Vor allem in Mineralquellen hat man sehr hohe Konzentrationen von Radium und Radon festgestellt. Überall auf der Welt ziehen Kurorte die Menschen an, die in radioaktivem Wasser baden und radioaktives Wasser trinken (Eisenhud, 1973).

Das häufigste in Trinkwasser identifizierte Radionuklid ist Kalium-40 (NAS, *Drinking,* 1977).

Metalle

Folgende Metalle wurden bei Trinkwasseranalysen in den USA gefunden: *Aluminium, Arsen, Barium, Beryllium, Blei, Cadmium, Chrom, Eisen, Kobalt, Kupfer, Mangan, Nickel, Quecksilber, Selen, Silber, Vanadium, Zink* und *Zinn* (NAS, *Drinking,* 1977). Außer Barium, Vanadium (Mutagen) und Zinn wurden alle diese Metalle als kanzerogen identifiziert (vgl. Metalle).

Verschiedene natürliche Prozesse, wie z. B. der Zerfallsprozeß von Pflanzen, die Metalle enthalten oder das Auswaschen von Metallen aus dem Boden durch Regenwasser, können die Metallkonzentration im Wasser erhöhen (NAS, *Drinking,* 1977). Als die Hauptursache erhöhter Metallkonzentrationen im Wasser muß die Bodenerosion betrachtet werden (EPA, *National Water Quality,* 1976).

Die Konzentration von Metallen in Flüssen hängt in erster Linie von der Beschaffenheit des Gesteins ab, in das der Fluß sein Bett gräbt. Flüsse, die in Gletscherregionen des nordamerikanischen Kontinents entspringen, führen mehr *Titan, Chrom, Nickel* und *Mangan* als andere Flüsse. Flüsse, die in den Pazifik münden, weisen einen hohen *Blei*gehalt auf. In manchen Regionen Oregons enthält das Quellwasser eine 30- bis 40fache der als gesundheitsschädigend erachteten *Arsen*konzentration. Man führt diesen extrem erhöhten Arsengehalt auf vulkanische Ablagerungen zurück (Whanger et al., 1977). Auch im Yellowstone River in Wyoming und Montana wurden hohe *Arsen*konzentrationen gemessen (EPA, *National Water Quality,* 1976).

Asbest
Die Konzentration von natürlich im Wasser vorkommenden Asbestfasern schwankt zwischen 10000 und 100000 Fasern pro Liter (NAS, *Drinking Water,* 1972).

X. Feuer

Feuer – das unbekannte »Element«

Über die chemischen Prozesse des Feuers und ihre Auswirkungen ist relativ wenig bekannt. 1978 schrieb Thomas F. Mancuso in einer Studie über das chemische Verhalten synthetisch hergestellter chemischer Substanzen im Feuer: »Für uns ergeben sich daraus ernstliche Probleme grundsätzlicher Art: ... unsere mikrochemische Umwelt enthält nicht nur die vielen Tausende von chemischen Verbindungen, die in der Arbeitswelt Eingang gefunden haben, *sondern darüber hinaus noch Abertausende von neuen und unbekannten Verbindungen, die entstehen, wenn die bekannten Chemikalien und Substanzen hohen Temperaturen ausgesetzt sind, deren toxikologische und kanzerogene Wirkungen jedoch noch nicht untersucht worden sind, weder in isolierter Form, noch im Zusammenwirken mit anderen chemischen Verbindungen.«* (Hervorhebung von der Autorin)

Diese Beobachtung trifft nicht nur auf die etwa 70000 in der Industrie verwendeten Chemikalien zu, sondern auch auf die Millionen von chemischen Verbindungen, die in der Natur existieren. Im folgenden sollen einige der kanzerogenen Substanzen, die sich unter hohen Temperaturen bilden, näher betrachtet werden.

Benzo(a)pyren
Benzo(a)pyren ist »ein weitverbreiteter Umweltschadstoff und möglicherweise eines der gefährlichsten chemischen Kanzerogene, denen der Mensch ausgesetzt ist« (W. Levin et al., 1977).

»In nahezu jedem Feuer – egal welche Substanz verbrannt wird – bildet sich Benzo(a)pyren« (E. Cuyler, Hammond, *Hearings: Occupational Diseases,* 1978).

»Obwohl kein endgültiger Beweis dafür existiert, daß Benzo(a)pyren das am häufigsten vorkommende und potenteste aller in der Natur existierender polyzyklischer Kanzerogene ist, wurde es doch öfter als andere Substanzen untersucht und in vielen Fällen als die einzige eindeutig kanzerogene Substanz identifiziert« (WHO, *Health-Hazards,* 1972).

Benzo(a)pyren: Eine Hypothese zur Evolution der Arten

Um zu bestimmen, bis zu welchen Schichten der Erdkruste polyzyklische aromatische Kohlenwasserstoffe vorkommen, haben sowjetische Wissenschaftler den Benzo(a)pyrengehalt in Permafrostböden untersucht. Benzo(a)pyren wurde auch in den tiefsten Schichten der Permafrostböden gefunden; ein Umstand, der auf ein natürliches Vorkommen von Benzo(a)pyren im Verlauf der gesamten Erdgeschichte schließen läßt (Ill'nitskii et al., 1979).

In seiner 1976 erschienenen Arbeit »Polycyclic Aromatic Compounds in Nature« formulierte Max Blumer die Vermutung, daß polyzyklische aromatische Kohlenwasserstoffe eine entscheidende Rolle bei der Entwicklung der Arten gespielt haben: »Polyzyklische aromatische Kohlenwasserstoffe als Pyrolyseprodukte existieren seit langem auf der Erde. Bei Wald- und Buschbränden sowie durch Reaktionen in Sedimenten entstanden polyzyklische aromatische Kohlenwasserstoffe, und zwar bereits lange bevor der Mensch die Erde bevölkerte. Der Mensch ist also während seiner gesamten Geschichte mit Verbrennungsprodukten in Berührung gekommen. Inzwischen wissen wir, daß Kohlenwasserstoffe, die sowohl als Verbrennungsprodukte wie auch in Niederschlägen, in Sedimenten und fossilen Brennstoffen vorkommen, kanzerogene und mutagene Wirkung besitzen. Dies wirft die Frage auf, inwieweit solche chemischen Verbindungen eine signifikante Rolle bei Mutationen innerhalb der Evolution der Arten gespielt haben, etwa den anderen natürlichen Mutagenen wie ultraviolette Strahlung oder natürliche radioaktive Strahlung vergleichbar.«

Waldbrände

Bis vor kurzem noch erachtete man den Anteil toxischer Substanzen in der Atmosphäre, der auf Waldbrände zurückzuführen ist, als minimal. Obwohl genaue Messungen nicht existieren, schätzt man, seit exaktes Datenmaterial über die immensen Vegetationsflächen zur Verfügung steht, die jährlich dem Feuer zum Opfer fallen, den Anteil der auf diese Weise in die Atmosphäre gelangten Schadstoffe wesentlich höher ein. Die meisten der Waldbrände ereignen sich in den präindustriellen Ländern der Tropen; so fallen z. B. in einigen Bundesstaaten Brasiliens pro Jahr etwa 3 Prozent des gesamten Waldgebiets dem Feuer zum Opfer (NAS, *Nitrates,* 1978). In Kanada und den USA wurden zwar die Präventivmaßnahmen zur Verhinderung solcher Umweltkatastrophen verbessert, doch vernichten auch dort Waldbrände noch immer immense Flächen natürlich gewachsenen Waldes. C. S. Wong veröffentlichte 1978 eine Studie, die zu dem Ergebnis kommt, daß mehr als die Hälfte aller Waldbrände in Kanada durch Blitzschlag und weniger als die Hälfte vom Menschen verursacht werden.

Chemische Verbindungen, die beim Verbrennen von Pflanzen entstehen

Im folgenden sollen einige der chemischen Verbindungen genannt werden, die durch Verbrennen von Pflanzen und anderer organischer Substanzen entstehen:

Beim Verbrennen von Holz bilden sich NO_x (NAS, *Nitrates,* 1978), *Nitrosamine, mehrkernige Arene* (Burchfield et al., 1977) und *Benzo(a)pyren* (WHO, *Health Hazards,* 1972). Wie bereits mehrfach erwähnt, wurden Stickoxide, Nitrosamine und Benzo(a)pyren als kanzerogen und mutagen identifiziert.

Beim Verbrennen von Pflanzen, Holz und fossilen organischen Substanzen, wie z. B. Torf und Braunkohle, bildet sich Methylchlorid, ein bekanntes Mutagen (Friberg et al., 1978).

Beim Verbrennen fossiler organischer Substanzen (fossile Brennstoffe) bilden sich zahlreiche, als kanzerogen und mutagen identifizierte Verbindungen. Eine detaillierte Darstellung findet sich im Kapitel über Energie: Kohle, fossile Brennstoffe. Im folgenden beschränke ich mich auf die Erwähnung der Klassen chemischer Verbindungen, die bei der Verbrennung fossiler organischer Substanzen entstehen: *zyklische Kohlenwasserstoffe, ungesättigte aliphatitische Kohlenwasserstoffe, Halogenkohlenwasserstoffe, aromatische Amine, polyzyklische Kohlenwasserstoffe, Aldehyde, Nitrosamine oder Substanzen (NO_x), die Nitrosamine bilden, Nitroolefine, Metalle und metallische Verbindungen, radioaktive Stoffe, O_3, Peroxide und Substanzen, die Peroxide bilden.* Alle genannten Kategorien chemischer Verbindungen enthalten Substanzen, die als kanzerogen bzw. mutagen identifiziert wurden (Friberg et al., 1978). Auch SO_2 entsteht bei der Verbrennung fossiler Brennstoffe (Carter, 1979). SO_2 wurde als Mutagen identifiziert (L. Fishbein, 1978).

Die bekannteste brennbare Pflanze

Die Gewohnheit des »Rauchens«, d. h. das Inhalieren des Rauchs verbrennender Tabakblätter, wird übereinstimmend als eine der Ursachen von Lungenkrebs und anderer tumoröser Geschwulste innerer Organe betrachtet. Wie kaum eine andere Pflanze war Tabak Gegenstand wissenschaftlicher Untersuchungen. Im folgenden einige der kanzerogenen und mutagenen Substanzen, die in der Pflanze oder im Rauch ihrer verbrennenden Blätter identifiziert wurden.

Radioaktive Elemente in der Tabakspflanze und in deren Rauch
Im Tabak und im Tabakrauch wurden mehrere radioaktive Substanzen festgestellt: *Kalium-40, Isotope des Rubidiums, Strontiums* und *Caesiums* sowie einige Radionuklide der *Radium* und *Thoriumreihe* (Stedman, 1968). In den Blättern der Tabakpflanze hat man darüber hinaus auch *radioaktives Plutonium* gefunden (Interagency Task Force on Ionizing Radiation, 1979; Ehrlich et al., 1977).

Kanzerogene Metalle in der Tabakpflanze und in deren Rauch
Zahlreiche der als kanzerogen identifizierten Metalle wurden sowohl in den Blättern als auch im Rauch des Tabaks festgestellt. Im einzelnen sind dies *Aluminium, Arsen, Beryllium, Blei, Chrom, Eisen, Kobalt, Kupfer, Mangan, Nickel, Quecksil-*

ber, Selen, Silber, Titan und *Zink* (Stedman, 1968). Auch *Cadmium* wurde in der Pflanze und im Rauch des Tabaks gefunden (IARC, Bd. 11, 1976). F. W. Sunderman jr. (1973) äußerte die Vermutung, daß Nickel eine der wesentlichen kanzerogenen Komponenten des Tabaks ist.

Kanzerogene und mutagene chemische Substanzen in der Tabakpflanze und in deren Rauch

Unter den zahlreichen im Rauch des Tabaks identifizierten chemischen Verbindungen wurden auch folgende Kanzerogene identifiziert:

Kanzerogene polyzyklische aromatische Kohlenwasserstoffe: 1964 bezeichnete der Bericht des Surgeon General (des höchsten Beamten des amerikanischen Gesundheitswesens) über Rauchen und dessen gesundheitliche Folgen sieben im Rauch des Tabaks enthaltene aromatische Kohlenwasserstoffverbindungen als kanzerogen: *Benzo(a)pyren, Dibenz(a,i)pyren, Dibenz(a,h)anthracen, Benzo(c)-phenantren, Dibenz(a,j)acridin, Dibenz(a,h)acridin* und *7-H-Dibenzo(c,g)carbazol.* Eine neuere Studie nannte darüber hinaus: *Chrysen, Benz(a)anthracen, Benzo(e)pyren, Benzo(b)fluoranthen, Benzo(j)fluoranthen* und *Indeno(1,2,3-cd)pyren,* die zum Teil als kanzerogene Promoter und nicht direkt als Kanzerogene wirken. (Beide Listen sind Van Duuren, 1968, entnommen.)

1977 berichteten Kakvan et al., daß 10 von 18 im Teer des Zigarettenrauchs nachgewiesene Kohlenwasserstoffverbindungen im Tierversuch kanzerogen wirkten.

Auch verschiedene kanzerogene Nitrosamine wurden im Nikotin, in der Tabakpflanze, im Tabak und im Tabakrauch festgestellt (Hoffmann et al., 1979; WHO, *Nitrates,* 1978; Magee, 1978; Hecht et al., 1978; Fine et al., 1977).

Einige Wissenschaftler sind der Ansicht, daß die Mutagenität des Tabakteers in erster Linie auf die Pyrolyse von Proteinen und Aminosäuren zurückzuführen ist (Nagao, Sugimura et al., 1978). Yoshida et al., 1978, berichten von einer positiven Korrelation zwischen der Mutagenität des Kondensats des Zigarettenrauchs und dem Proteingehalt in Tabakkrümeln.

In der Tabakpflanze wurden verschiedene Zucker identifiziert: *Arabinose*, Fructose*, Galaktose*, Glucose*, Maltose, Sorbit und Sucrose.* Die mit einem Stern bezeichneten Zucker können auch im Tabakrauch nachgewiesen werden (Stedman, 1968). *Fructose* und *Maltose* wurden als Kanzerogene identifiziert (NIOSH, 1976), und *Sucrose* wurde mit der Entstehung von Krebs beim Menschen in Zusammenhang gebracht (vgl. Allgemein verbreitete Kanzerogene als Bestandteil unserer Nahrungsmittel). *Arabinose, Fructose, Glucose* und *Sorbitol* entwickeln mutagene Eigenschaften, wenn sie verbrannt werden (Nago, Sugimura et al., 1978).

Zumindest ein aromatisches Amin mit kanzerogener Wirkung ist als Bestandteil des Zigarettenrauchs identifiziert. *2-Naphtylamin.* Im Tierversuch wurde es als Ursache von Blasenkrebs bestätigt, und man vermutet, daß es auch bei der Entwicklung von Blasenkrebs beim Menschen eine Rolle spielt (EPA, *Potential Industrial,* 1977).

Phenol, Eugenol und verwandte Verbindungen konnten ebenfalls im Zigarettenrauch nachgewiesen werden; sie bildeten sich in besonders hohen Konzentrationen während der Pyrolyse von zellulären Bestandteilen des Tabaks. Diese Verbindungen wurden als Kanzerogene identifiziert (Stedman, 1968). Phenol wurde zudem auch als Kanzerogen identifiziert (NIOSH, 1976).

Darüber hinaus wurde in den grünen Blättern und im Rauch des Tabaks eine ganze Reihe als kanzerogen bekannter Substanzen nachgewiesen: *Nikotin,* kanzerogen (NIOSH, 1976); *Methylchlorid,* mutagen (EPA, Potential Industrial, 1977; *Hydrazin,* kanzerogen und mutagen (Nagao, Sugimura et al., 1978); eine Hydrazin-Verbindung kanzerogen (Toth, 1977); *Acetaldehyd,* mutagen (EPA, Potential Industrial, 1977); *2-Nitropropan,* kanzerogen (NIOSH, zitiert in: EPA *Potential Industrial,* 1977).

Welche Ironie – Auch Tabak bekommt Krebs
Die Tabakpflanze entwickelt Gallapfelteratome, die von der Wissenschaft mit der Absicht intensiv studiert werden, mehr über die Mechanismen der Tumorentwicklung zu erfahren (Wood et al., 1978).

Weitere brennbare Pflanzen

Mohn: Beim Verbrennen von Opium entstehen Mutagene. Zwischen der Krebsentstehung und dem Rauchen und Inhalieren von Opium bzw. dem Kauen seiner Teere besteht möglicherweise ein Zusammenhang (Hewer et al., 1978; Sadeghi et al., 1979). *Marihuana:* Der Gehalt an kanzerogenen Kohlenwasserstoffen im Marihuanarauch ist größer als der im Tabakrauch (Karler, 1977). Die Kondensate des Marihuana wurden als mutagen indentifiziert (Bush et al., 1979).

XI. Der Mensch

Körpereigene chemische Substanzen

Lebenswichtige chemische Substanzen
Cholesterin, das im Gehirn des Menschen, im Rückenmark und im Fettgewebe vorkommt, wurde sowohl als kanzerogener Promoter wie auch als Kanzerogen identifiziert (Wogan, 1974; IARC, Bd. 10, 1976; NIOSH, 1976).

Auch Harnstoff hat kanzerogene Wirkung (NIOSH, 1976).

Blut
Beim Abbau von Zuckerverbindungen bildet sich im Blut Acetaldehyd. Acetaldehyd besitzt mutagene Wirkung (EPA, *Potential Industrial,* 1977).

Nach dem Genuß von Speisen lassen sich im Blut des Menschen Spuren von Nitrosaminen nachweisen (Fine et al., 1977).

Stoffwechsel
Beim Abbau von Kohlehydraten wird Insulin benötigt. Insulin besitzt kanzerogene Wirkung (NIOSH, 1976).

Verdauung
In der Speichelflüssigkeit des Menschen befinden sich Bakterien, die Nitrat zu Nitrit umwandeln. Aus Nitrit können sich kanzerogene Nitrosamine bilden (Tannenbaum, Archer et al., 1978; Tannenbaum et al., 1974).

Im Magen befinden sich Bakterien, die aus der aufgenommenen Nahrung kanzerogene Nitrosamine bilden können (Sander, 1973).

Darmbakterien verursachen die Bildung von kanzerogenen Nitrosaminen (Tannenbaum, Fett et al., 1978) sowie die Umwandlung von Sterinen in Kanzerogene (Moore et al., 1978) und schließlich die Entstehung von Kokanzerogenen aus Gallensäure und Cholesterin (B. Miller et al., 1979). Darmbakterien vom Typus *E. coli* produzieren Äthionin, ein als kanzerogen identifiziertes Stoffwechselprodukt (Lewis et al., 1977). Im Brutschrank bilden *E. coli* in sterilem Nährboden das bekannte Kanzerogen Benzo(a)pyren (J. Miller, 1973).

Im Stuhl gesunder Menschen wurden Mutagene (N-Nitrosoverbindungen und ätherische Nitrosamine) entdeckt (Bruce et al., 1977; Varghese et al., 1978; Wang, 1978).

Sexualität und Fortpflanzung
Auch einige Sexualhormone des Menschen – Oestradiol, Oestriol, Oestron, Progesteron und Testosteron – besitzen kanzerogene Wirkung (Clement Associates, 1978; IARC, Bd. 6, 1974). Diese Steroidhormone können unter Umständen die Krebsentwicklung begünstigen oder beschleunigen (IARC, Bd. 6, 1974).

Smegma (die Absonderung der Eichel- und Vorhautdrüsen) ist eine weitere körpereigene Substanz, die als kanzerogen identifiziert wurde. Pferdesmegma verursachte im Tierversuch bei Mäusen Krebs. Einige Wissenschaftler empfehlen dringend, die Kanzerogenität von Smegma genauer zu untersuchen; besonders im Zusammenhang mit der Genese von Penistumoren (Muir et al., 1979).

Sperma kann Hoden- und Prostatakrebs verursachen. Bei Ratten verursachte die Einführung von Sperma in das Gewebe und die Zellen des Hodens und der Prostata eine Krebserkrankung dieser Gewebe (Stein-Wertblowsky, 1978, 1978).

Muttermilch enthält Lactose (Milchzucker). Lactose besitzt kanzerogene Eigenschaften (NIOSH, 1976)

Der radioaktive Mensch
»Radioaktive Substanzen natürlichen Ursprungs befinden sich sowohl in der Luft, die wir atmen, wie auch in den Nahrungsmitteln, die wir zu uns nehmen. Diese radioaktiven Elemente werden in einer solchen Menge in unserem Gewebe aufgenommen, daß die Atome, aus denen sich unser Körper zusammensetzt, mit einer durchschnittlichen Rate von 500 000 pro Minute zerfallen; dies ist vor allem auf die Existenz natürlicher radioaktiver Isotope des Kohlenstoffs, Kaliums und anderer Elemente zurückzuführen« (Eisenbud, 1978).

So weit die Zusammenstellung natürlich vorkommender Kanzerogene; um diese Liste zu erstellen, war ich gänzlich auf die in der Literatur veröffentlichten Forschungsergebnisse angewiesen. Den wissenschaftlichen Wert dieser Ergebnisse zu beurteilen, darauf sei noch einmal hingewiesen, kann nicht Aufgabe des Laien sein; doch selbst wenn diese Ergebnisse richtig sind, so geraten wir sofort in ein neues Dilemma. Betrachten wir die natürlich vorkommenden Kanzerogene unter den gleichen Voraussetzungen, unter welchen industriell hergestellte Kanzerogene beurteilt werden – insbesondere unter dem Gesichtspunkt der »No-Threshold-Theorie«, derzufolge auch die winzigste Dosis eines Kanzerogens eine maligne Entartung von Normalzellen auslösen kann, dann sehen wir uns plötzlich mit einer zweiten kanzerogenen Hölle konfrontiert. Die wissenschaftliche Erkenntnis über industriell hergestellte Kanzerogene gibt zu der Befürchtung Anlaß, daß wir weder atmen, essen noch trinken können, ohne uns in die Gefahr zu begeben, mit einer kanzerogenen Substanz in Berührung zu kommen. Die Vielzahl natürlich vorkommender Kanzerogene gibt zu derselben Befürchtung Anlaß. Wie alarmierend die Zahl industriell synthetisierter Kanzerogene auch sein mag, zumindest unterschwellig ist sich jeder von uns stets der Tatsache bewußt, daß für diese Substanzen sozusagen der Hahn jederzeit zugedreht werden kann. Industriell produzierte kanzerogene Substanzen sind einer politischen Reglementierung unterworfen; man kann sie verbieten oder auch Fabriken schließen. Rein hypothetisch betrachtet, könnte sogar die gesamte industrielle Entwicklung gestoppt werden. Doch die in diesem Kapitel erwähnten, von der Natur selbst produzierten Kanzerogene können ganz gewiß nicht abgeschafft werden. Sie sind Ausdruck natürlicher Gesetzmäßigkeiten, die auch der amerikanische Kongreß nicht außer Kraft setzen kann. Dieser zweiten, von der Natur selbst geschaffenen »kanzerogenen Hölle« können wir nicht entkommen.

Wie die in diesem Kapitel zusammengestellten Ergebnisse wissenschaftlicher Forschung eindeutig belegen, sind Kanzerogene in allem und in jedem gegenwärtig, in belebten und unbelebten Dingen. Sie existieren im Tierreich und im Pflanzenreich ebenso wie im Mineralreich; sie sind in erstarrten Kristallen genauso zu finden wie in Flüssigkeiten oder in flüchtigen Gasen. Sie sind allgegenwärtig: Sie fallen vom Himmel auf uns herab, und sie strahlen uns aus dem Boden und dem Gestein entgegen; sie fließen in den Lebenssäften der Pflanzen und Bäume, und sie steigen in dichten Wolken aus den Wäldern empor. Sie leben und wachsen, sie blühen und gedeihen. Sie sind sogar in uns: Sie sind Bestandteil unserer physiologischen Lebensprozesse; sie fließen in unseren Adern, sind Teil unserer

Hormone, unserer Verdauungssäfte, unserer Speichelflüssigkeit. Wir atmen sie ein, wir trinken sie, und wir essen sie. Und wenn wir sie unserem Körper zuführen, tun wir dennoch nichts anderes, als die von unserem Körper benötigten Substanzen aufzunehmen, denn ohne sie könnten wir gar nicht leben. Wir selbst sind radioaktive, kanzerogene Wesen. Sogar im Tod produzieren wir noch kanzerogene Substanzen, denn die Verwesung organischer Substanzen erzeugt ebenfalls Kanzerogene. Selbst wenn wir uns einäschern ließen: Auch die kleinsten Partikel unserer Asche sind noch kanzerogen. Wenn die hier zusammengetragenen Forschungsergebnisse tatsächlich der Realität entsprechen, dann bedeutet dies, daß das gesamte Universum von kanzerogenen Stoffen durchflutet wird.

Wie das Studium der wissenschaftlichen Daten veranschaulicht, geben die Kanzerogene offenbar ein weitaus größeres Rätsel auf, als ursprünglich angenommen. Huepers Erregertheorie, die noch 1980 von Marvin Schneiderman vom National Cancer Institute bemüht wurde[40], ist nicht geeignet, der hier zugrundeliegenden Komplexität gerecht zu werden. Obwohl Kanzerogene als bestimmte chemische Substanzen identifizierbar sind, scheint es doch, daß es sich nicht um einzelne, isoliert vorkommende Verbindungen handelt. Vielmehr sind sie natürliche Bestandteile unseres Planeten, Bausteine organischer Prozesse, Voraussetzung für Geburt, Fortpflanzung und Überleben der Arten; sie sind Grundelemente des Lebens schlechthin.

Die uns vorliegenden Forschungsergebnisse aus nahezu allen Fachbereichen der Naturwissenschaft erlauben uns einen aufschlußreichen Einblick in die Rolle, die der Mensch im Gefüge der Natur einnimmt. Sie geben Anlaß zu der Annahme, daß der Mensch seit jeher Kanzerogene produziert hat, daß er – bedingt alleine durch die Notwendigkeit, Nahrung zu sich zu nehmen – gar nicht umhin kann, Kanzerogene zu produzieren; es sei denn, er kehrte auf die Subsistenzstufe der Jäger und Sammler zurück und verzichtete auf die primitivste aller Technologien: das Feuer. Die verfügbaren Daten legen den Schluß nahe, daß der Ursprung des Problems »Krebs« in der Beschaffenheit unseres Planeten selbst zu suchen ist, in der ihm immanenten kanzerogenen Dimension. Offenbar ist es bereits gefährlich, mit einer Hacke das Erdreich aufzulockern oder ein Loch in den Boden zu graben. Mineralien oder Pflanzen zu zerkleinern, zu schneiden, zu verbrennen oder in irgendeiner Form zu bearbeiten, denn stets setzt man dabei Kanzerogene frei. Und je komplexer die Verarbeitung natürlicher Stoffe wird – wie z. B. in der organischen Chemie –, desto größer ist die Zahl der freigesetzten Kanzerogene: Auf einem Planeten, dessen stabile chemische Elemente zu 25 Prozent als kanzerogen identifiziert wurden, dessen Vegetation tagtäglich offenbar Millionen von Tonnen kanzerogener Substanzen in die Atmosphäre abgibt, kann der »technologische Mensch« gar nicht umhin, ebenfalls Kanzerogene zu produzieren. Unbestreitbar hat der Mensch in erheblichem Maße zu der Fülle von Kanzerogenen, denen wir heute ausgesetzt sind, beigetragen, doch – besonders in Anbetracht der Ergebnisse von Tierversuchen mit natürlich vorkommenden kanzerogenen Substanzen und des Umstands, daß Mutagenität eine Ursache von Krebs sein kann – erscheint es unzulässig, Krebs ausschließlich auf den faustischen Sündenfall der Menschheit zurückzuführen.

Ganz im Gegensatz zum üblichen Trend der Krebsursachenforschung sehen wir uns mit zwei Kategorien von Kanzerogenen konfrontiert: zum einen mit den vom Menschen synthetisierten Kanzerogenen (synthetische chemische Verbindungen) und zum anderen mit den natürlich vorkommenden Kanzerogenen. Beide Kategorien von Kanzerogenen wurden mit derselben wissenschaftlichen Methode identifiziert und unterscheiden sich lediglich durch ihren Ursprung. Angesichts dieser Situation wollen wir den Versuch unternehmen, die Konsistenz und Gültigkeit der apokalyptischen Theorien zu überprüfen. Wenn die von den Apokalyptikern in der Öffentlichkeit verbreiteten Ansichten Anspruch auf Gültigkeit erheben wollen, müssen sie sowohl mit dem objektiven Datenmaterial über synthetisch hergestellte Kanzerogene als auch mit dem Datenmaterial über natürlich vorkommende Kanzerogene in Einklang stehen. Wäre dies gegeben, bedeutete dies zwar noch nicht notwendigerweise den Beweis ihrer Richtigkeit – falsche Behauptungen können sich in einem gegebenen Kontext durchaus als konsistent erweisen –, doch bei einer solchen Übereinstimmung wäre eine pauschale Ablehnung der apokalyptischen Ansichten nicht zulässig. Sollten die apokalyptischen Thesen jedoch nicht in Einklang mit beiden Kategorien des Datenmaterials stehen oder nur auf eine Kategorie von Kanzerogenen anwendbar sein, dann beweist dies, daß die Thesen nicht gültig sind. Denn wenn eine Substanz kanzerogen ist, ist sie dies unabhängig von ihrem Ursprung. Im folgenden werden wir also die zentralen Thesen der Apokalyptiker anhand des für beide Kategorien von Kanzerogenen zur Verfügung stehenden Datenmaterial prüfen. Zunächst sollen die Thesen der Apokalyptiker hinsichtlich der Entstehung und Verursachung von Krebs und daran anschließend der Standpunkt der offiziellen Regierungsstellen bezüglich der Krebsvorsorge untersucht werden.

These Nr. 1 der Apokalyptiker: Die Rolle der Natur als Krebsursache ist unerheblich, da sich Mensch und Tier im Laufe der Jahrtausende an die in der Natur vorhandenen kanzerogenen Substanzen angepaßt haben.

Besitzen die gegebenen Daten Gültigkeit, dann ist diese evolutionistische These falsch. Denn immer wieder wird berichtet, daß natürlich vorkommende Substanzen und Agenzien maligne Zellwucherungen bei Tieren und Menschen verursachen.

These Nr. 2 der Apokalyptiker: Jede Substanz, die nicht natürlichen Ursprungs ist, stellt eine gefährliche Verletzung der evolutionären »Balance« dar. Es darf angenommen werden, daß Kanzerogenität ein spezifisches Merkmal synthetisch hergestellter Substanzen ist.

Besitzt das Datenmaterial bezüglich industriell hergestellter Substanzen Gültigkeit, dann ist auch diese These falsch. Denn wie im Unterkapitel »Chemische Verbindungen« des Kapitels 3 nachzulesen ist, hat die EPA 1979 erklärt, nur 20 Prozent aller untersuchten chemischen Substanzen seien im Tierversuch als kanzerogen identifiziert worden. Dabei wurden laut Douglas Costle bevorzugt diejenigen Substanzen getestet, deren chemische Struktur als besonders »suspekt« eingeschätzt wurde.[41] 1980, während ich dieses Kapitel schrieb, veröffentlichte die EPA einen Artikel der Wissenschaftsjournalistin Judith Randal, der zuvor in der *Washington Post* erschienen war. In diesem Artikel berichtete die Journalistin, man habe sie informiert – die Informationsquelle wurde allerdings nicht genannt –, daß etwa 7 Prozent aller untersuchten synthetisch hergestellten chemischen Verbindungen kanzerogen seien; das heißt 6500 von 7000 industriell hergestellten Substanzen erhielten den »Unbedenklichkeitsstempel«.[42] Aus diesen Zahlen geht eindeutig hervor, daß industriell hergestellte Substanzen nicht notwendigerweise kanzerogen sind.

These Nr. 3 der Apokalyptiker: Etwa 90 Prozent der tödlich verlaufenden Krebserkrankungen sind auf synthetisch hergestellte chemische Substanzen zurückzuführen, wie sie seit Ende des Zweiten Weltkriegs von der chemischen Industrie produziert werden.

Wir wissen bereits, daß diese Behauptung aus der Luft gegriffen ist. Auch die apokalyptischen Wissenschaftler haben inzwischen klar zu verstehen gegeben, daß Daten, die eine solche Behauptung belegen könnten, nicht existieren. Zudem gibt es nur für wenige Industriezweige epidemiologische Untersuchungen, die eine Aussage über spezifische Gesundheitsrisiken für den Menschen erlauben.

These Nr. 4 der Apokalyptiker: Für die meisten Krebserkrankungen ist unser Wirtschaftssystem, d. h. die mächtigen multinationalen Konzerne, der hohe technologische Standard, das Profitdenken und die Werbung, die mit Hilfe von Manipulation beim Konsumenten unnatürliche Bedürfnisse weckt, verantwortlich zu machen.

Diese Behauptung ist falsch, denn wie anhand der im Kapitel 3 und 4 zitierten Literatur klar zu erkennen ist, setzen sich Wissenschaftler in allen politischen Systemen mit dem Problem der Kanzerogenität synthetisch hergestellter wie auch natürlich vorkommender Substanzen auseinander.

Im weiteren möchte ich näher auf die Hypothesen eingehen, die den staatlichen Behörden als Grundlage ihrer Krebsvorsorgepolitik dienen. Einige dieser hypothetischen Annahmen wurden auch bei der Zusammenstellung des Datenmaterials für Kapitel 3 und 4 übernommen und sollen an dieser Stelle nicht in Frage gestellt werden; gemeint ist die Hypothese, daß die im Tierversuch als kanzerogen identifizierten Substanzen auch für den Menschen als potentielles kanzerogenes Risiko betrachtet werden müssen. Alle weiteren Annahmen, auf welche sich die Richtlinien behördlicher Krebspolitik, insbesondere das Konzept der Krebsvorbeugung, stützen, lassen sich auf eine These reduzieren: auf die sogenannte »No-Threshold-Theorie«, derzufolge die minimalste Dosis eines Kanzerogens – unter Umständen bereits ein einziges Molekül – ausreicht, den Prozeß der Kanzerogenese auszulösen. Diese These soll im folgenden genauer beleuchtet werden.

Wir verfügen nicht über die Voraussetzungen, die Gültigkeit dieser Theorie objektiv zu beurteilen, doch können wir feststellen, daß diese Theorie unter Fachleuten umstritten ist: Manche Wissenschaftler behaupten, daß ernstzunehmende Anhaltspunkte für ihre Richtigkeit existieren, während andere der Ansicht sind, gerade *weil* es keinen wissenschaftlich eindeutigen Beweis für oder gegen diese Theorie gibt, sei es ein Gebot der Vernunft, ihre Gültigkeit zu unterstellen. Angesichts dieses Widerspruchs kann der Laie nur verwundert die Stirn runzeln, und unwillkürlich drängt sich ihm der Verdacht auf, die »No-Threshold-Theorie« bzw. die Annahme, schon ein einziges Molekül könne eine maligne Entartung von Zellen verursachen, wäre nie formuliert woren, wenn die Existenz natürlich vorkommender Kanzerogene bereits *vor* der Entdeckung der Kanzerogenität synthetisch hergestellter Substanzen bekannt gewesen wäre. Doch ist dieser Verdacht natürlich kein hinreichender Grund, die »No-Threshold-Theorie« zu verwerfen.

Als Laien können wir uns über diese Theorie nur dann ein Urteil bilden, wenn sie als ein Maßstab für »vernünftige« Richtlinien im Umgang mit kanzerogenen Substanzen gebraucht wird. Es scheint durchaus vernünftig, sie im Hinblick auf das Krebsrisiko in Industriebetrieben anzuwenden, wo manche Arbeiter über Jahre hinweg hohen Dosen kanzerogener Substanzen ausgesetzt sind. Doch ist es ganz sicher kein Gebot der »Vernunft«, die »No-Threshold-Theorie« auf die zahlreichen natürlich vorkommenden Kanzerogene anzuwenden. Wie in Kapitel 4 deutlich wird, existiert eine Fülle natürlicher Substanzen, die zwar als Kanzerogene identifiziert wurden oder die mit anderen natürlich vorkommenden Substanzen reagieren und so Kanzerogene bilden bzw. deren Entstehung begünstigen, ohne die aber die Menschen gar nicht leben könnten. So sind zum Beispiel Luft und Wasser notwendige Voraussetzungen für alles Leben auf Erden, doch wie wir gesehen haben, sind Luft und Wasser durch zahlreiche natürlich vorkommende Kanzerogene »verseucht«. Ohne Sauerstoff stirbt der Mensch, doch der Sauerstoff besitzt mutagene Wirkung und wird mit verschiedenen Formen maligner Zellentartung in Verbindung gebracht. Der Mensch ist auf eine Reihe von Grundnahrungsmitteln angewiesen, die zum Teil chemische Verbindungen enthalten, die als Kanzerogene, Kokanzerogene oder Mutagene erkannt worden sind. Viele dieser Nahrungsmittel enthalten kanzerogene Metalle oder sind radioaktiv. Ohne Speichelflüssigkeit und ohne die Bakterien des Verdauungstrakts kann der Mensch seine Nahrung nicht in Energie umwandeln, doch sowohl Speichel wie auch Darmbakterien besitzen kanzerogene Wirkstoffe oder können Kanzerogene bilden. Der Mensch ist ohne die Produktion von Geschlechtshormonen nicht fähig, sich fortzupflanzen, doch selbst Geschlechtshormone wurden als kanzerogene Substanzen identifiziert. Nahezu seit Anbeginn seiner Geschichte war der Mensch auf den Gebrauch des Feuers angewiesen (z. B. um Nahrungsmittel durch Kochen zu entgiften), doch beim Erhitzen oder Verbrennen natürlicher Substanzen entstehen Mutagene und Kanzerogene. Gehen wir davon aus, daß ein signifikanter Teil der in diesem Kapitel zitierten Aussagen der Wissenschaft über natürlich vorkommende kanzerogene Substanzen gültig ist, und versuchen wir dann, die »No-Threshold-Theorie« (als Gebot der »Vernunft«) anzuwenden, müßten konsequenterweise einige entscheidende physiologische Funktionen unseres Körpers verboten werden. Eine Theorie, deren Anwendung den sofortigen Tod der gesamten Menschheit zur Folge hätte, kann nicht als »vernünftig« hingenommen werden.

Hier endet der Versuch, die Konsistenz und Aussagegültigkeit der apokalyptischen Theorien anhand konkreten Datenmaterials zu überprüfen.

Alle vier zentralen apokalyptischen Theorien erweisen sich als falsch oder gegenstandslos. Die »No-Threshold-Theorie«, auf die sich die Krebsvorsorgepolitik der Bundesbehörden im wesentlichen gründet, ist als Maßstab für den Umgang mit natürlich vorkommenden kanzerogenen Substanzen absolut unbrauchbar, da sie die physiologischen Grundlagen unserer Existenz auf den Index setzen müßte.

Dieses Ergebnis zeigt eindeutig, daß die Thesen, die 1976 die Öffentlichkeit der USA erschütterten, nichts weiter als purer Mythos sind. Wir stellen fest, daß die ideologischen Grundlagen der Apokalypse nichts als ein religiös und politisch verbrämtes Märchen sind, daß sie jeglichen konkreten Inhalts entbehren, es sei denn, man ginge soweit, den Wissenschaftlern mit dem Übergang vom 3. zum 4. Kapitel *jegliche* fachliche Kompetenz abzuerkennen. Das konkrete Datenmaterial über natürlich vorkommende kanzerogene Substanzen widerlegt die apokalyptischen Thesen derart klar, daß sie beinahe lächerlich erscheinen. Unwillkürlich stellt man sich die Frage, was wohl in der Köpfen der apokalyptischen Wissenschaftler und der verantwortlichen Politiker des Landes vorgegangen sein mag, als sie der Öffentlichkeit die Angst einhämmerten, die Gesundheit der Menschen werde durch synthetisch hergestellte chemische Substanzen massiv bedroht, und explizit oder implizit die These verbreiteten, die Natur sei eine Alltagsversion des Paradieses.

Einige Wissenschaftler waren sich durchaus bewußt, daß den Bürgern Unsinn erzählt wurde. In einem Buch, das 1977 von Herman Kraybill und Myron A. Mehlman vom National Institute of Health herausgegeben wurde, heißt es:

> Es wird heute allgemein angenommen, daß ausschließlich die moderne Technologie für die Belastung der Umwelt durch eine Vielzahl von pyrolytischen Substanzen und andere chemische Verbindungen, die direkt oder indirekt auch dem Menschen Schaden zufügen, verantwortlich zu machen ist. Doch zahlreiche dieser Schadstoffe und potentiellen Schadstoffe sind Produkte natürlicher Prozesse.[43]

Im weiteren Verlauf des Buches vertraten die Autoren die Überzeugung, daß die Komplexität natürlich bedingter Gesundheitsrisiken weitgehend unterschätzt wird. Auf die Entstehungsgeschichte der These, »ausschließlich« die Technologie sei für die Bedrohung der Gesundheit des Menschen verantwortlich, gingen Kraybill und Mehlman nicht näher ein; ebensowenig auf den Grund, weshalb dies »allgemein angenommen wird«. Zwar erwähnten sie ganz zu Beginn ihrer Arbeit, mit welchem Eifer die »Environmentalisten« und »Aktivisten« nach einer gesetzlichen Lösung des Problems suchten; denn offenbar vermuteten auch die beiden Autoren in diesen Gruppierungen die Urheber der simplifizierenden Thesen über die Ursachen umweltbedingter Krebserkrankungen.[44] Doch mit keinem Wort erwähnten Kraybill und Mehlman, daß einige ihrer Kollegen vom NCI die Irreführung der Öffentlichkeit systematisch betrieben hatten.

Diese Fehldarstellung der Apokalyptiker bestand in der Behauptung, daß es in der Natur keine bzw. nur sehr wenige krebserregende Substanzen gebe. Tatsächlich existierten jedoch keinerlei wissenschaftlich fundierte Daten, die diese Annahme gerechtfertigt hätten, und so blieb nur der Rückgriff auf die Evolutionstheorie, um diese aus der Luft gegriffene Behauptung scheinbar zu belegen. Wie dünn das Eis war, auf das sich die Apokalyptiker begaben, wird anhand Rachel Carsons Darstellung deutlich, die chlorierte Kohlenwasserstoffe wie z. B. Methylchlorid und Tetrachlorkohlenstoff als synthetische und »widernatürliche« Übel bezeichnete, während sie das Farnkraut, das »stolz seine Blätter gen Himmel reckt«, als Inbegriff der gültigen Natur schilderte. Tatsächlich jedoch sind alle drei von ihr genannten chemischen Verbindungen Produkte der Natur; und alle drei wurden als kanzerogene Substanzen identifiziert. Methylchlorid wird aus den Meeren und bei Waldbränden, in weitaus größeren Mengen als sie der Mensch produziert, in die Atmosphäre abgegeben.[45] Tetrachlorkohlenstoff wird in der Atmosphäre gebildet; ebenfalls in weitaus größeren Mengen als sie der Mensch produziert.[46] Und was das »stolze Farnkraut« anbelangt, so sind seine gesundheitsschädigenden Wirkstoffe inzwischen bekannt.[47] Die Natur produziert eine Vielzahl von Kanzerogenen: Bakterien und Pilze bilden chlorierte Kohlenwasserstoffe[48], aus Wäldern steigen Tonnen von Isopren empor[49], im Tabak ist Vinylchlorid enthalten[50], und in zahlreichen Pflanzen bilden sich Phthalatester, die auch aus polyvinylchloridhaltigen Verpackungsmaterialien und Plastikflaschen austreten.[51] Dies sind nur einige der neuesten Forschungsergebnisse, die beweisen, daß manche »Synthetika« schon seit jeher von der Natur synthetisiert werden. Die Thesen der Apokalyptiker »die Natur ist gut« und »das Leben ist eine Einheit«, zu deren Rechtfertigung die Evolutionstheorie bemüht wurde, waren auf die Dauer offenbar nicht geeignet, wissenschaftliche Forschung und konkrete Beweisführung zu ersetzen. In Anbetracht der in diesem Kapitel dargelegten Forschungsergebnisse hat sich das apokalyptische »Axiom« der gütigen Natur als falsch erwiesen.

Der zweite Irrtum der Apokalyptiker bestand darin, bereits bekannte, in der Natur existierende Kanzerogene nicht berücksichtigt zu haben. Die kanzerogenen Eigenschaften von Tabak waren bereits in den 50er Jahren nachgewiesen worden, und schon in den 30er und 40er Jahren hatte man kanzerogene Metalle, Minerale, Viren und Pilze identifiziert. Lange bevor Carson und Commoner ihr Axiom von der gültigen Natur formulierten, existierten bereits Beweise dafür, daß wesentliche Bausteine der Erde, wie z. B. ein Großteil der chemischen Elemente, die Erdkruste, manche der auf ihr heimischen Lebensformen und eine Reihe natürlicher Prozesse kanzerogene Eigenschaften besitzen; und wo der Beweis noch nicht erbracht war, existierten konkrete Anzeichen dafür, daß kanzerogene Eigenschaften nicht auszuschließen waren. Diese Fakten waren auch schon damals in der wissenschaftlichen Fachliteratur jedermann zugänglich, doch offenbar ignorierten die Apokalyptiker ihre Existenz.

Der dritte Irrtum zeigt sich in der unbestreitbaren Tatsache, daß immer wieder mit zweierlei Maß gemessen wurde. Die apokalyptischen Wissenschaftler gingen davon aus, daß die Entdeckung einiger industriell hergestellter Kanzerogene nur die Spitze eines Eisbergs sichtbar machte und eine aggressiv betriebene Forschung in dieser Richtung notwendig sei. Bezüglich der bereits damals identifizierten natürlich vorkommenden Kanzerogene entwickelten die apokalyptischen Wissenschaftler keinen auch nur im entferntesten vergleichbaren Forschungseifer. Zu den potentiellen Risiken, die »nicht analysierte« chemische Substanzen in sich bergen, erklärte Irving Selikoff:

> Die Aussage: »es ist nicht bewiesen«, bedeutet in der Regel lediglich, daß noch niemand versucht hat, einen solchen Beweis zu erbringen. Leider geschieht es nur zu oft, daß dieser Terminus technicus dafür benutzt wird, die Unschädlichkeit einer bestimmten Substanz zu unterstellen, obwohl – oder gerade weil – sie noch nicht auf ihre Schädlichkeit hin untersucht wurde. Oft stellt sich dann bei einer experimentellen Untersuchung heraus, daß die Substanz doch gesundheitsschädigend ist, so daß ich überzeugt bin, der Terminus: »es ist nicht bewiesen«, kann in Zukunft kein gültiger Maßstab mehr sein, solange der Sachverhalt nicht definitiv geklärt ist.[52]

Selikoff bezog sich in dieser Passage auf die Praktiken der Industrie, doch sein Argument trifft gleichermaßen auf diejenigen apokalyptischen Wissenschaftler zu, die die Natur von jeglicher Kanzerogenität freisprachen, ohne dafür »einen Beweis zu erbringen«, und die sich im übrigen darauf beschränkten, die Öffentlichkeit davon zu überzeugen, Krebs sei im wesentlichen eine Folgeerscheinung unseres industriell orientierten Wirtschaftssystems.

In diesem Zusammenhang muß darauf hingewiesen werden, daß hier Unkenntnis und irrige Annahmen seitens der Wissenschaft nicht zum Problem erhoben werden sollen, denn die Wissenschaft nimmt für sich weder

Unfehlbarkeit noch Allwissenheit in Anspruch. Doch haben wir es hier mit einer Fehlerquelle von offenbar gesetzmäßiger Dimension zu tun, die in irritierender Regelmäßigkeit ständig aufs Neue auftaucht. Nahezu zwanzig Jahre lang wiederholte sich dieser Irrtum stets nur auf einem Gebiet der wissenschaftlichen Forschung; und zwar immer dann, wenn es darum ging, das »Axiom« der Apokalyptiker zu erhärten, die Beschaffenheit der Natur sei im wesentlichen nonkanzerogen, und Wissenschaft, Technik und Industrie seien folglich die alleinigen Urheber der »Krebsepidemie«. Das unvermeidliche Resultat einer Forschung, die auf einem solchen zur Regel erhobenen Irrtum basierte, war die zunehmende Politisierung der Krebsdiskussion.

Betrachten wir jedoch die einzelnen Faktoren der apokalyptischen Wissenschaft, die sich letztlich zu der identifizierten Fehlerquelle summierten – nämlich die Erhebung wissenschaftlich nicht gesicherter Erkenntnisse zur Doktrin, die Argumentation mit Hilfe leerer Abstraktionen anstatt anhand wissenschaftlicher Analyse, die Präferenz von Meinungen gegenüber konkreten Datenmaterials und die Verbreitung von moralischen und politischen Grundsätzen unter dem Deckmantel wissenschaftlicher Aussagen –, sehen wir uns mit einem Male mit einer durchaus bekannten Situation konfrontiert. Wir erkennen das »apokalyptische Paradigma« wieder, das wir bereits als Ausgangsposition der ideologischen Überlegungen der Apokalyptiker – der Mensch, die Wissenschaft und die Technik zerstörten alles Leben auf Erden – identifiziert haben. Dies ist nicht weiter verwunderlich, denn sowohl die »Environmentalisten« wie auch zahlreiche Experten für »umweltbedingten Krebs« stammen aus demselben politischen Lager, und so mancher Umweltschützer hat sich zu einem engagierten Verfechter der These vom »Industriekrebs« entwickelt.

Die Aufdeckung dieser quasi zur Regel erhobenen Fehlerquelle beeinflußt zwangsläufig die Meinung, die man sich von der wissenschaftlichen Disziplin der Krebsforschung macht – zumindest beeinflußte sie meine Meinung nachhaltig. Die Zusammenstellung des Datenmaterials über natürlich vorkommende Kanzerogene beweist, daß viele auf dem Gebiet der Krebsforschung tätige Wissenschaftler unabhängig von gängigen Mystifizierungen und Dogmatisierungen arbeiten. Andererseits jedoch bleibt unbestritten, daß die apokalyptische Fraktion der Wissenschaft großen intellektuellen Einfluß ausübt und während der letzten zwanzig Jahre eine entscheidende Rolle auf dem Gebiet der Erforschung der chemisch bedingten Kanzerogenese gespielt hat. In Anbetracht der erstaunlichen Fähigkeiten der Apokalyptiker, Schlußfolgerungen aus dem Nichts zu zaubern und anstatt konkreter Daten moralische und politische Ansichten zu liefern, sah ich mich zu der Frage veranlaßt, inwieweit solche Gepflogenheiten auch in die Laboratorien Einzug gehalten hatten. Es erschien mir unklug, auch nur *eine* der in diesem Bereich gängigen Annahmen, Folgerungen und Erkenntnisse zu akzeptieren, ohne sie zuvor einer genauen Prüfung unterzogen zu haben.

Es war also an der Zeit, den Forschungsbereich der Kanzerogenese und die dort üblichen theoretischen und praktischen Verfahren kritisch zu beleuchten. Obwohl es in erster Linie die Krebsvorsorgepolitik ist, also die in der Praxis zur Anwendung kommenden Erkenntnisse der Krebsursachenforschung, die uns direkt betrifft und Gegenstand der bisherigen Untersuchungen war, ist es für ein Verständnis der Krebsursachenforschung, der ihr zugrundeliegenden Tierversuche, der Extrapolation der Versuchsergebnisse auf den Menschen und der auf diese Weise gewonnenen Risikoeinschätzung notwendig, ein Bild von der Grundlagenforschung selbst zu gewinnen, auf die sich letztendlich jede Krebsvorsorgepolitik gründet. Ich hatte also bestimmte Fragen im Sinn, als ich mich näher der Grundlagenforschung zuwandte: Welche konkreten Fakten über die Ursachen von Krebs hatten die Grundlagenforscher eigentlich in der Hand, die sie zu der Überzeugung berechtigt hätten, eine Krebsvorsorge sei möglich? Beginnt die Krebswucherung mit einer Mutation, und können wir unterstellen, daß mutagene Substanzen Krebs verursachen? Wie ist die »No-Threshold-Theorie«/»Ein-Molekül-Theorie« der Kanzerogenese entstanden, und wie ist ihr wissenschaftlicher Stellenwert zu beurteilen? Inwieweit entspricht die amtliche Krebsvorsorgepolitik tatsächlich den Forschungsergebnissen? In den folgenden drei Kapiteln werde ich darstellen, was ich bei meiner Suche nach Beantwortung dieser Fragen in Erfahrung gebracht habe.

Teil III

DIE GRUNDLAGEN-WISSENSCHAFT

Kapitel 5
Das Rätsel der bösartigen Zelle

In vielerlei Hinsicht ähnelt die Erforschung der chemisch bedingten Kanzerogene dem Versuch, einen gordischen Knoten aufzulösen. Wenn man einen vielversprechenden Faden verfolgt, so sieht man sich unweigerlich mit einer beängstigenden Zahl von neuen Rätseln und Verwicklungen konfrontiert...[1]

– Frederick F. Becker, 1979

Das Vorgehen der Grundlagenforschung läßt sich kaum zu einem einheitlichen Gesamtbild zusammenfassen. Am erhellendsten beschreibt diesen Forschungsprozeß noch Lewis Thomas in der folgenden kurzen Passage:

Es gibt keine Möglichkeiten, das Schauspiel zu begreifen. Inmitten dessen, was wie eine kollektive Geistesverwirrung erscheint, in der Informationsfetzen wirr durcheinanderfliegen, die sich manchmal zu Bruchstücken des Wissens zusammenfügen, dann wieder auseinanderbrechen und in einem allgemeinen Aktivismus untergehen, der genauso zufällig und gehetzt erscheint wie das Verhalten von Bienen in einem aus den Fugen geratenen Bienenstock, taucht plötzlich mit der Reinheit eines musikalischen Motivs eine neue Erkenntnis über die Natur auf?[2]

Es ist einfach nicht möglich, den Informationsfluß in seiner Entstehung, Desintegration und schließlich Neuordnung begrifflich genau zu beschreiben. In diesem Kapitel werde ich mich auf die Beschäftigung mit grundlegenden Entdeckungen beschränken. Diese Entdeckungen wurden gemacht, kurz bevor und nachdem eine Gruppe amerikanischer Wissenschaftler dem Surgeon General konkrete Vorschläge zu einem Krebsverhütungsprogramm unterbreitete.

Ich werde daher im folgenden die Geschichte von vier Entdeckungen beschreiben. Alle namentlich genannten Wissenschaftler hatten natürlich wichtige Vorgänger, Mitarbeiter und Nachfolger, und fast alle Genannten arbeiteten zu irgendeinem Zeitpunkt auch einmal an allen anderen nachstehend beschriebenen Problemkreisen. Nichtsdestoweniger leisten manche Individuen innerhalb des »Bienenstocks« kollektiver Forschungsarbeit besonders wichtige Beiträge. Deshalb werden in den folgenden Geschichten im Zusammenhang mit bestimmten Entdeckungen nur ihre Namen genannt. Weil sich dieses Buch einer Laienautorin sich an ein Laienpublikum wendet, werden wir unser Augenmerk in erster Linie auf die Entdeckungen selbst und nicht auf die biologischen Erklärungsmechanismen richten, die im übrigen ausnahmslos spekulativer Natur sind.

Obwohl die meisten dieser Entdeckungen innerhalb weniger Jahre, also fast gleichzeitig gemacht wurden, werde ich die Geschichte jeder Entdekkung einzeln erzählen, damit der Leser eine Vorstellung von der Komplexität der Kanzerogenese gewinnt. Diese immer mehr zunehmende Komplexität war auch für die Wissenschaftler selbst erschreckend. Für dieses allgemeine Erstaunen gab es eine Hauptursache: Die meisten Erforscher der chemisch bedingten Kanzerogenese waren wie Rachel Carson davon ausgegangen, daß Krebs durch die chemischen Eigenschaften einer Substanz ausgelöst werde. Im Laufe weniger Jahre mußten sie jedoch erfahren, daß sie es nicht nur mit einem chemischen, sondern mit einem biologischen Rätsel zu tun hatten, das, je mehr sie sich damit beschäftigten, um so geheimnisvoller wurde.

1. Die Millers

Vor allem eine Entdeckung führte seit 1970 eine Reihe von Wissenschaftlern zu der Annahme, daß ihr Wissen ausreiche, um Krebs zu verhindern. Diese Entdeckung machten James und Elizabeth Miller von der University of Wisconsin. Um ihre Tragweite zu verstehen, muß man mit einem Problem vertraut sein, daß die Krebsforscher bereits seit den fünfziger Jahren beschäftigt hatte. Gary Flamm vom NCI drückte dieses Problem folgendermaßen aus: Die Krebsforscher seien darüber »bekümmert« gewesen, daß die von ihnen entdeckten Kanzerogene einer »verwirrenden Vielzahl« chemischer Klassen angehörten.[3] Dazu gehörten beispielsweise: polyzyklische aromatische Kohlenwasserstoffe, Azo-Farbstoffe, aromatische Amine, Carbamate, Nitrosamine, Nitrosamide, Nitrofurane, Hydrazine, Halogenkohlenwasserstoffe, Epoxide usw.[4] Da sie davon ausgegangen waren, Kanzerogenität sei eine Eigenschaft der chemischen Substanzen selbst, hatten sie sich verzweifelt bemüht, Kanzerogenität aufgrund der Molekularstruktur vorherzusagen, waren damit jedoch gescheitert. Die Strukturen dieser zahlreichen Klassen chemischer Substanzen waren grundverschieden, und ein gemeinsamer Nenner ließ sich einfach nicht feststellen.

Dann tauchte einige Jahre später eine Lösung auf. Einige Wissenschaftler kamen auf die Idee, daß der gemeinsame Nenner, den sie bis dahin in den Chemikalien selbst gesucht hatten, möglicherweise in den neuen Verbindungen zu finden sei, in die die ursprünglichen Chemikalien im Körper verwandelt werden. Zwei dieser Wissenschaftler, James und Elizabeth Miller, konnten schließlich in einer Reihe bemerkenswerter Experimente zwischen 1966 und 1970 nachweisen, daß dies tatsächlich die richtige Antwort sei. Kanzerogene Chemikalien, so erklärten sie, seien normalerweise nicht in der Form aktiv, in der sie durch Mund oder Nase in den Körper aufgenommen werden. Die ursprünglichen Chemikalien seien vielmehr sozusagen Präkanzerogene, die im Körper von den Enzymen in reaktive Formen sogenannte »approximative« oder »ultimale« Kanzerogene verwandelt werden. Diese verwandelten Elementarverbindungen seien die wirklich krebsverursachenden Agenzien. Die Millers behaupteten, daß diese ultimalen Kanzerogene sämtlich einen gemeinsamen Nenner aufweisen; sie seien alle positiv geladene elektrophile Substanzen, die imstande sind, mit den nukleophilen Wirkorten in der Zelle zu reagieren; durch diese Interaktionen würden nun normale Zellen in Krebszellen umgewandelt.[5] Diese »Konversion« der Zelle sei irreversibel[6], erklärten sie. Die Millers gingen also davon aus, eine solche Zellveränderung sei »quasi-permanent«.[7] Weitere Beweise für die Metabolisierung der Kanzerogene legten die Millers in den folgenden Jahren vor. Ihre Theorie wurde deshalb allgemein akzeptiert. Das chemische Rätsel schien gelöst.

Wie nach allen grundlegenden Entdeckungen gab es auch in diesem Fall ein vielstimmiges Echo. Auf der einen Seite schuf die Entdeckung ein neues Problem, auf der anderen Seite löste sie eine Lawine neuer Erkenntnisse aus. Ich möchte nun zunächst das neue Problem beschreiben. Es ergab sich aus den Unterschieden zwischen Mensch und Tier und zwischen den verschiedenen Arten von Tieren untereinander. Obwohl die Physiologie der Säugetiere von ziemlich einheitlicher Struktur ist und obwohl Tierversuche für jegliche biologische, medizinische und pharmazeutische Forschung unerläßlich sind, lassen sich an Tieren gewonnene Daten durchaus nicht immer auf den Menschen anwenden, und selbst zwischen verschiedenen Arten von Tieren sind Extrapolierungen in vielen Fällen nicht möglich. Auch variieren die jeweiligen Reaktionen von Tierart zu Tierart ganz erheblich, je nachdem ob toxische oder kanzerogene Substanzen getestet werden. Wie Norbert Page vom NCI beobachtet hat, gibt es »große Unterschiede« hinsichtlich der Reaktion verschiedener Arten auf kanzerogene Chemikalien.[8] In der pharmakologischen Forschung Tätige, die bezüglich der Extrapolierung von in Tierversuchen gewonnenem Datenmaterial auf den Menschen über die meiste Erfahrung verfügen, waren sich dieses Unsicherheitsfaktors schon immer bewußt. Wenn sie daher die Ergebnisse von Tierversuchen auf den Menschen übertragen, so drücken sie die Daumen und hoffen das Beste. Eine sehr aufrichtige Beschreibung dieser Situation liefert der Pharmakologe Stephen L. DeFelice. Er erklärt die zur Feststellung der tödlichen Dosis toxischer Chemikalien gebräuchlichen Testverfahren und sagt dann:

Gewöhnlich benutzt man zwei Arten von Nagetieren und eine andere Art von Tieren... Diese dritte Kategorie ist im allgemeinen durch Hunde, gelegentlich auch durch Affen vertreten. Diese Entscheidung ist willkürlich und basiert mehr auf wirtschaftlichen als wissenschaftlichen Erwägungen. Ratten sind im Gegensatz zu Gorillas billig. Wir können nur hoffen, daß die Reaktion der Ratte auf bestimmte Substanzen der menschlichen Reaktion näher ist als die des Orang Utans!«[9]

Diese »Hoffnung« wird um so verständlicher, wenn wir uns anhand einiger Beispiele vor Augen führen, wie höchst unterschiedlich die verschiedenen Tiergattungen und -arten auf toxische Chemikalien reagieren. Um diese Beispiele hat sich geradezu eine wissenschaftliche Folklore gerankt. Es gibt da die traurige Geschichte einer Gruppe von Wissenschaftlern. Diese Forscher hatten die Wirkung von LSD an Katzen studiert und wollten nun wissen, wie Elefanten auf diesen Wirkstoff reagieren. Von ihren Katzenexperimenten ausgehend, errechneten sie nun dem Körpergewicht des Elefanten entsprechend die Dosis und verabreichten sie dem gigantischen Tier. Knut Schmidt-Nielsen, ein Wissenschaftler von der Duke University beschrieb das Ergebnis so: »...nachdem er die Injektion erhalten hatte..., begann der Elefant sofort zu trompeten und herumzurennen, dann blieb er stehen und schwankte, fünf Minuten nach der Injektion brach er zusammen, lag zuckend da, defäkierte und starb.«[10] Dieses Bild des zuckenden und sterbenden Elefanten, der aufgrund einer durchaus vernünftig erscheinenden Extrapolation sein Leben verlor, hat sich dem Gedächtnis einer ganzen Generation von Wissenschaftlern eingeprägt, die sich mit Tierversuchen beschäftigen. Es gibt noch eine andere, nicht minder traurige Geschichte, die David P. Rall, der Direktor des NIEHS erzählt. Sie handelt von einem Tiger, dem Phenobarbital injiziert wurde, ein Anästhetikum, das sich bei kleinen Tieren bewährt hatte: »Der Tiger schlief prompt ein, wachte allerdings nie wieder auf.«[11] Aus alledem könnte man schließen, daß große Tiere auf chemische Substanzen empfindlicher reagieren als kleine. Es gibt da jedoch noch die Erfahrung mit Fluroxen, einem Wirkstoff, den Menschen, ohne Vergiftungserscheinungen aufzuweisen, mehr als zehn Jahre lang genommen haben. Für drei kleinere Tierarten – den Hund, die Katze und das Kaninchen, ist dieser Wirkstoff jedoch tödlich.[12] Und dann gibt es da noch die zur Vorsicht mahnende Geschichte des Penizillins, das Millionen von menschlichen Leben gerettet hat. Für Meerschweinchen und syrische Hamster ist es hingegen tödlich.[13]

Die gleiche Vielfalt an Reaktionen läßt sich feststellen, wenn man unterschiedliche Tiere mit den gleichen chemischen Kanzerogenen testet. Hier ein paar beliebig aus der wissenschaftlichen Literatur ausgewählte Beispiele. Über den wissenschaftlichen Wert der folgenden Aussagen kann ich als Laie nicht urteilen. In der Literatur liest man immer wieder: Katzen, Hunde, Ratten, Mäuse und Hamster bekommen von 2-Acethylaminofluoren Krebs – Meerschweinchen, Lemminge und Baumwollratten hingegen nicht.[14] Ratten, Mäuse, Kaninchen und kleine Affen bekommen Krebs von Beryllium – Meerschweinchen, Hamster, Hühnchen, Hunde, Katzen und Ziegen hingegen nicht.[15] Mäuse bekommen Krebs von Dieldrin – Hamster dagegen nicht.[16] Mäuse bekommen Krebs von Perchloräthylen – Ratten, Kaninchen, Meerschweinchen und Kleinaffen nicht.[17] Unter der Einwirkung von Aflatoxin B_1 entwickeln Ratten in vielen Fällen Krebs, während Mäuse und Kleinaffen gegen diesen Wirstoff »relativ resistent«[18] und japanische Wachteln gar genetisch resistent dagegen sind.[19] Der Mensch bekommt Krebs von β-Naphthylamin, die meisten Arten von Ratten hingegen nicht[20], und Hamster sind gegen diesen Wirkstoff angeblich sogar resistent.[21]

Was die ganze Frage noch kompliziert, ist die Tatsache, daß identische Kanzerogene bei verschiedenen Arten von Tieren auch ganz verschiedene Organe angreifen können. So soll Benhidin angeblich beim Menschen Blasentumoren verursachen, beim Hamster Lebertumoren und bei Ratten Tumoren im Gehörgang.[22] Und Oestrogen soll angeblich bei Mäusen Brusttumoren auslösen, bei Meerschweinchen Gebärmutter- udn Abdominaltumoren und beim Hamster Nierenkrebs.[23] Außerdem sind manche Spezies für manche Krebserkrankungen anfälliger als für andere. Nach Aussage verschiedener Wissenschaftler reicht die Brusttumorhäufigkeit von 0 Prozent bei Schweinen und Schafen bis zu 100 Prozent bei bestimmten Arten von Mäusen.[24] Schließlich beeinflußt auch das Geschlecht eines Tieres eine Reaktion auf ein Kanzerogen. Wie Benjamin van Duuren, ein prominenter Krebsforscher, feststellt: »Langzeitfütterungsexperimente haben ganz klar gezeigt, daß Tiere je nach Geschlecht und Gattung unterschiedliche Formen von Tumoren entwickeln. Das läßt sich auf zahlreiche Faktoren zurückführen, und zwar auf Unterschiede im Hormonhaushalt zwischen männlichen und weiblichen Tieren und auf Unterschiede in den Stoffwechselvorgängen in einzelnen Arten und Gattungen.«[25] Reptilien reagieren angeblich auf Kanzerogene völlig anders als Säugetiere.[26]

In den letzten Jahren hat die Wissenschaft einige der Ursachen für die unterschiedlichen Reaktionen der verschiedenen Säugetiere herausgefunden; von diesen Ursachen ist eine ganz besonders wichtig. Hier nun einige Erklärungen, die David Rall zu verschiedenen Zeiten abgegeben hat. Er ist Tierversuchsexperte und erforscht die Antikrebspräparate. In den sechziger Jahren war er Mitarbeiter des NCI, bevor er Direktor des NIEHS wurde – und bevor er 1976 die Öffentlichkeit wissen ließ, daß die an Mäusen und Ratten gewonnenen Testergebnisse durchaus auf den Menschen übertragbar seien:

1968: Ich glaube, die Reaktionen der verschiedenen Spezies sind weitgehend identisch, solange man in der Lage ist, die Variabilität des mikrosomalen Wirkstoffmetabolismus auszuschließen.[27]

1969: Die Verwandlung eines Wirkstoffes ist bei weitem nicht bei allen Spezies identisch, wie Dr. Williams und Dr. Burns gezeigt haben. Es werden nicht nur unterschiedliche Metaboliten gebildet, sondern selbst wenn die gleichen Metaboliten gebildet werden, dann je nach Spezies in verschiedenen Quantitäten. Gerade in diesem Bereich sind Vergleiche zwischen verschiedenen Spezies unmöglich.[28]

1973: Es zeigt sich jedoch immer mehr, daß für den risikoreichen Versuch, im Labortest gewonnene Resultate auf den Menschen zu übertragen, das Hauptproblem darin besteht, daß die Stoffwechselvorgänge in den verschiedenen Kategorien von Versuchstieren andere sind als beim Menschen. Diese Unterschiede können sowohl qualitativer Natur sein, das heißt, es werden unterschiedliche chemische Metaboliten produziert, als auch quantitative Aspekte betreffen, wenn beispielsweise unterschiedliche Mengen produziert werden.[29]

1974: Stoffwechselvorgänge gewinnen immer mehr an Bedeutung, weil immer deutlicher wird, daß der ursprüngliche Wirkstoff gar nicht schlechthin kanzerogen ist und daß es bestimmter Stoffwechselvorgänge im Körper bedarf, um eine aktiv-kanzerogene Verbindung herzustellen.[30]

Obwohl Rall als auf diesem Gebiet besonders qualifiziert galt, war er nicht der einzige Urheber der vorstehend aufgeführten Erkenntnisse. 1978 stellte der britische Biochemiker R. T. Williams ebenfalls fest, daß es »gewaltige Unterschiede« zwischen den Stoffwechselvorgängen innerhalb der verschiedenen Tierarten und -gattungen gebe, und das trotz weitgehender physiologischer Ähnlichkeiten.[31] Er erläuterte dann, wie unterschiedlich der Mensch und eine Anzahl verschiedener Tierarten eine Reihe von chemischen Verbindungen verwandelt. Unter den Tierarten befanden sich

Altwelt- und Neuweltaffen und Raub- und Nagetiere, und die Unterschiede und Widersprüche selbst innerhalb der einzelnen Gattungen waren so gravierend, daß Williams an einer Stelle bemerkt: »Tatsächlich wird das Gesamtbild um so komplizierter, je mehr Gattungen und Arten man untersucht.«[32]

In einem bereits früher in Amerika erschienenen wissenschaftlichen Aufsatz hatte Marcus M. Reidenberg von der medizinischen Fakultät der Cornell University eine Reihe von Tierspezies hinsichtlich ihres Stoffwechsels miteinander verglichen und dabei die gleichen Widersprüche festgestellt. Er beendete seinen Beitrag mit den Worten, daß sich »im Tierversuch über die Wirkung chemischer Substanzen eine Menge in Erfahrung bringen läßt, daß aber das eigentliche Studienobjekt des Menschen nur der Mensch sein kann«.[33]

Inzwischen wird der Leser vermutlich die Probleme erkannt haben, die sich in der Folge aus James und Elizabeth Millers Entdeckung ergeben haben. Durch die Entdeckung, daß die Kanzerogenität einer Substanz in vielen Fällen eigentlich nach der Kanzerogenität der chemischen Verbindung, in die sie verwandelt wird, bemessen werden müsse, hatten die Millers das Problem gerade auf jene Forschungsebene verschoben, auf der hinsichtlich der Vergleichbarkeit verschiedener Säugetiere die größte wissenschaftliche Unsicherheit herrscht – nämlich auf die Ebene des Stoffwechsels. Gerade »in diesem Bereich sind« jedoch David Rall zufolge »Vergleiche zwischen verschiedenen Spezies unmöglich«. Und um die ganze Frage noch weiter zu verwirren: Viele Wissenschaftler behaupten, daß es nur wenige direkt wirkende Kanzerogene gebe, dafür um so mehr kanzerogene Stoffwechselprodukte.[34] Wenn diese Aussage zutrifft, so ist eine Extrapolierung von einer Spezies auf die andere gerade auf der Ebene nicht möglich, auf der die meisten Kanzerogene ihr tödliches Werk vollbringen.

II. Die Millers und Bruce Ames

Aber James und Elizabeth Miller zeigten nicht nur die Probleme auf, die sich bei der Übertragung von im Tierversuch gewonnenen Ergebnisse auf den Menschen ergeben, sondern sie inspirierten auch die Lösung eines anderen Problems, mit dem sich die Wissenschaftler bereits seit langem herumgeschlagen hatten. Es gab im Bereich der Genetik eine sehr alte Theorie – die sich bis mindestens 1928 zurückverfolgen läßt[35] –, daß Krebs durch Mutation verursacht werde. Diese Theorie war das Lieblingskind vieler

Genetiker, aber die Beweislage war unbefriedigend. Wie unbefriedigend sie im einzelnen war, ist schwer zu sagen, da sich diesbezüglich die Aussagen widersprechen. Laut H. Bartsch von der Internationalen Krebsforschungsbehörde (IARC) tauchten seit den sechziger Jahren immer mehr Hinweise dafür auf, daß es einen Zusammenhang zwischen der Mutagenese und der Kanzerogenese geben müsse.[36] Charles Heidelberger vom Krebszentrum der Universität von Kalifornien (USC) in Los Angeles hingegen behauptet, daß Experimente die umgekehrte Korrelation zwischen den beiden Phänomenen ergeben haben.[37] Auf jeden Fall waren die von den Anhängern der Theorie vorgelegten Beweise ziemlich dürftig.

Nachdem die Millers die Bedeutung des Stoffwechsels für die Kanzerogenese entdeckt hatten, sahen einige Genetiker, in erster Linie jedoch H. V. Malling[38], eine mögliche Ursache für das Fehlschlagen der Laborversuche: Das bakterielle Testsystem, das zur Untersuchung der Mutagene entwickelt worden war, hatte einen völlig anderen Stoffwechsel als die Säugetiere. Ein Molekularbiologe namens Bruce Ames setzte diese theoretische Erkenntnis in genialer Weise »technisch« um: Er reicherte sein Bakteriensystem mit Leberhomogenat an und schuf auf diese Weise einen Miniaturstoffwechsel in der Petrischale. Dann testete er achtzehn Kanzerogene.

Die Resultate waren spektakulär. 1973 veröffentlichte Ames seine Ergebnisse triumphierend unter dem Titel »Kanzerogene sind Mutagene«.[39] Da er davon überzeugt war, daß er ein Schnellverfahren zur Untersuchung der Kanzerogenität gefunden habe, startete er ein systematisches Testprogramm. 1975 erklärten Joyce McCann, Bruce Ames und einige ihrer Mitarbeiter, sie hätten 174 Kanzerogene getestet; 90 Prozent davon seien zugleich Mutagene.[40] Daraufhin erschienen sofort einflußreiche Veröffentlichungen – beispielsweise von P. N. Magee von der Temple University[41] sowie von Thomas Maugh II[42] –, in denen behauptet wurde, es bestehe inzwischen die allgemeine Überzeugung, »alle« Kanzerogene seien Mutagene. »Alle« war übertrieben, aber in den kommenden Jahren wurden die von Ames erzielten Daten in zahlreichen Test bestätigt. Barry Commoner erzielte mit Hilfe des Ames-Tests sogar noch bessere Ergebnisse als Ames selbst; er behauptete, der Korrelationsgrad zwischen Kanzerogenen und Mutagenen betrage bis zu 97 Prozent.[43] Takashi Sugimura, der Direktor des japanischen Krebsforschungsinstituts, teilte mit, man habe 400 Chemikalien getestet, und 80 bis 90 Prozent der Kanzerogene hätten sich als Mutagene erwiesen, und 70 bis 80 Prozent der Nonkanzerogene seien zugleich auch nonmutagen gewesen.[44] Er und zahlreiche seiner Kollegen erklärten, obwohl sie ihre Schlußfolgerung später relativieren mußten: »Trotz zahlreicher Gegenargumente gilt es jetzt allgemein als ausgemacht, daß die meisten Kanzerogene mutagen sind und umgekehrt.«[45]

Es gab nun eine imponierende Menge statistischer Belege dafür, die die Mutationstheorie der Krebsentstehung stützten; es fehlte jedoch noch die Erklärung der Ursache. Um zu erklären, daß Mutationen tatsächlich Krebs erzeugen, bedurfte es biologischer, nicht nur statistischer Argumente. Bei der Verfolgung verschiedener Argumentationsketten gruben die Anhänger der Mutationstheorie schließlich in der Literatur einige biologische Argumente aus. Die Logik, der sie sich verschrieben, findet sich bei J. E. Trosko und Chiang-Cheng Chang ausdrücklich erläutert, und ich werde die entscheidenden deduktiven Schritte, die sie unternahmen, im folgenden darlegen. Wenn Krebs durch Mutationen verursacht wird, so überlegten die Wissenschaftler, dann müßten – da eine Mutation ein erbliches, sich aus sich selbst fortsetzenden Phänomen ist – logischerweise die Zellen eines beliebigen Tumors Abkömmlinge einer einzigen Zelle sein. Daraufhin durchkämmten sie die Literatur nach Hinweisen, die zur Untermauerung ihrer Theorie geeignet seien, und sie wurden auch fündig: Zahlreiche Transplantationsexperten hatten berichtet, daß bereits eine Zelle ausreiche, um ein bösartiges Krebswachstum anzuregen. Und weitere Belege für die Richtigkeit der Ein-Zellen-Theorie ergab die Untersuchung eines seltenen Krankheitsbildes. Im übrigen, da Mutationen bei Bakterien auf nicht reparierte Schäden an der DNS zurückzuführen sind, so die weitere Überlegung der Wissenschaftler, müßte es auch möglich sein nachzuweisen, daß auch Krebserkrankungen des Menschen auf nicht reparierte Schäden an der DNS zurückgehen. Sie suchten nach Belegen für diese Theorie und fanden auch einige Indizien. Einige Jahre zuvor hatten J. E. Cleaver und J. E. Trosko (auf deren Analyse ich mich hier stütze) entdeckt, daß in den Hautzellen von Patienten, die unter einer seltenen Krankheit namens Xeroderma pigmentosum leiden, ein bestimmtes Enzym fehlt. Dieses Enzym ist notwendig, um durch ultraviolette Strahlen entstandene DNS-Schäden zu reparieren. Die unter dieser Krankheit Leidenden sind daher in akuter Gefahr, Hautkrebs zu entwickeln. Folglich, so schlossen die Wissenschaftler, bestehe sowohl beim Menschen als auch bei Bakterien ein Zusammenhang zwischen Defekten an der DNS und Krebs.[46] Von den beiden Kategorien von Indizien betrachteten eine Reihe von prominenten Wissenschaftlern die zweite als vielversprechender. Richard B. Setlow von den Brookhaven Laboratorien[47] und P. N. Magee von der Temple University[48] betrachteten die Xeroderma pigmentosum als Hauptbeleg für die These, daß DNS-Schäden die Hauptursache für Krebserkrankungen seien.

So wurde eine neue Theorie der Krebsentstehung etabliert. Allerdings fand diese Theorie, wie schon die japanischen Genetiker feststellten, keine allgemeine Anerkennung. Die Gegenargumente werde ich später besprechen. Aber die Kombination der beiden von den Millers und von Ames gemachten Entdeckungen stellten für viele Genetiker und Kanzerogeneseforscher eine ungeheure Herausforderung dar. Damit war laut Gary Flamm vom NCI die Theorie einer Krebsentstehung durch die Mutation somatischer Zellen mit der Theorie von der Krebsverursachung durch elektrophile chemische Substanzen verschmolzen.[49]

Noch eine Idee wurde zu jener Zeit publik gemacht, und sie sollte in der Krebsforschung große Resonanz finden: die Ein-Molekül-Theorie. In einer 1971 erschienenen Veröffentlichung hatte Bruce Ames behauptet:

> Es ist jedoch nur billig, darauf hinzuweisen, daß bereits ein Molekül eines Mutagens ausreicht, um eine Mutation auszulösen... Ich bin grundsätzlich der Ansicht, daß Menschen vor einer chemischen Verbindung, die sich im Tierversuch als mutagen erwiesen hat, geschützt werden müssen, es sei denn, die Verbindung konnte im Tierversuch definitiv als nonmutagen beziehungsweise nonkanzerogen nachgewiesen werden, oder wenn der Nutzen mögliche Risiken bei weitem überwiegt.[50]

Ob Ames tatsächlich als erster darauf hingewiesen hat, daß bereits ein Molekül einer mutagenen chemischen Substanz die Kraft besitzt, Mutationen auszulösen, ist nicht ganz klar. Aber nachdem er diese Idee erst einmal nachdrücklich verteidigt hatte, wurde sie bald zum Gemeingut aller in der Krebsvorbeugung Tätigen. Mitte der siebziger Jahre hatte, wie wir gesehen haben, die Idee, bereits ein Molekül einer industriell erzeugten chemischen Substanz reiche aus, um ein irreversibles Krebswachstum auszulösen, schon den Kongreß, die Presse und die allgemeine Öffentlichkeit erreicht. Verbreitet wurde sie von den Befürwortern des Gesetzes zur Kontrolle toxischer Substanzen (TSCA).

III. Isaac Berenblum (erster Teil)

Die von den Millers und von Ames gemachten Entdeckungen wirbelten in den Vereinigten Staaten viel Staub auf und führten schließlich zu dem Reglementierungs- und Krebsvorbeugungsprogramm. Dabei wurde eine Entdeckung fast übersehen, die auf Isaac Berenblum, einen Wissenschaftler vom Weizmann Institut in Israel, zurückgeht. Berenblum, dessen Beschäftigung mit der Kanzerogenese fast so weit zurückreicht wie die wissenschaftliche Forschung auf diesem Gebiet selbst, hatte verschiedene wichtige Beiträge zur Krebsforschung geleistet. An dieser Stelle soll jedoch nur von seiner frühesten Entdeckung und von jenen Wissenschaftlern, die sich auf seine Erkenntnisse stützten, die Rede sein.

1929 teilte Berenblum in einer Publikation mit, daß er wiederholt kanzerogenen Teer auf die Haut von Mäusen aufgetragen und so in allen Fällen Krebs verursacht habe. Als er jedoch gleichzeitig eine chemische Verbindung namens Dichloräthylsulfid auftrug, entwickelte sich kein Krebs. Diese zweite chemische Verbindung verhinderte die Krebsentstehung.[51] Niemand hatte bis dahin gewußt, daß es chemische Antagonisten gegen die Kanzerogenese gebe. Berenblum hatte das erste Antikanzerogen entdeckt – die erste chemische Substanz, die ein Krebswachstum verhinderte.

Zunächst wuchsen die Erkenntnisse auf diesem Gebiet nur langsam. Lee W. Wattenberg von der University of Minnesota, einer der führenden amerikanischen Spezialisten auf diesem Gebiet berichtet, daß während der nachfolgenden dreißig Jahre nur in vier Klassen chemischer Verbindungen weitere chemische Antikanzerogene gefunden wurden, deren Wirkung sich auf der Haut von Mäusen nachweisen ließ.[52] Aber aufgrund der Entdeckung, daß chemische Substanzen erst durch Stoffwechselvorgänge zu Kanzerogenen werden, machte die Forschung einen großen Schritt vorwärts. 1976 teilte Wattenberg mit, man habe eine große Zahl neuer Antikanzerogene gefunden, die auf viele tierische Organe einen positiven Einfluß hätten und nicht nur auf die Haut von Mäusen.[53] 1978 berichtete er, man habe inzwischen in so vielen Klassen chemischer Substanzen Antikanzerogene gefunden, daß es kaum mehr möglich sei, vorherzusagen, wo man sie als nächstes entdecken werde.[54] Und 1979 schließlich erklärte er, sie gehörten den verschiedensten Klassen an: Es gebe ebenso natürliche wie synthetische Substanzen mit antikanzerogener Wirkung, und sie seien unter einfachen anorganischen Verbindungen ebenso zu finden wie unter komplizierten organischen Molekülen.[55] Diese Mannigfaltigkeit, so Wattenberg, sei ein Indiz dafür, »daß diese Fähigkeit, die Krebsentstehung zu unterbinden, nicht auf eingeschränkte chemische Charakteristika zurückzuführen ist, und legt die Vermutung nahe, daß es eine beträchtliche Anzahl anderer, bisher nicht bekannter, Faktoren gibt, die ein Krebswachstum verhindern«.[56]

In dieser kurzen Zusammenfassung kann ich nicht ausführlich auf das äußerst komplexe Phänomen der Antikanzerogenese eingehen, aber ein Faktor sollte nicht unerwähnt bleiben, und zwar der Zeitfaktor – wissenschaftlich ausgedrückt, das Zeitintervall zwischen der Verabreichung des Kanzerogens und der Hemmsubstanz. Hans Falk vom NCI erklärt in diesem Zusammenhang, daß die hemmende Wirkung gewöhnlich dann am stärksten ist, wenn das Versuchstier das Kanzerogen und das Antikanzerogen gleichzeitig verabreicht erhält, und daß diese Wirkung bei einer Ausdehnung des Intervalls immer mehr abnimmt. In manchen Fällen erreichen Antikanzerogene ihre größere Wirkung jedoch gerade dann, wenn das Versuchstier innerhalb einer Periode, die von einer Woche vor bis einen Monat nach der Verabreichung des Kanzerogens reichen kann, damit behandelt wird. Je nach der Substanz und dem Zeitpunkt ihrer Anwendung kann ein Antikanzerogen das Auftreten von Tumoren entweder verzögern, ihre Zahl entweder leicht oder drastisch reduzieren oder eine Tumorentwicklung gänzlich unterbinden.[57]

Manche Antikanzerogene besitzen aber noch eine andere Fähigkeit von besonderer Wichtigkeit. Sie können die frühen Wirkungen kanzerogener Chemikalien rückgängig machen. 1971 schloß Hans Falk in einer Publikation in den Begriff der Antikanzerogenese die Fähigkeit gewisser chemischer Substanzen, »initiiertes« Zellwachstum zum Stillstand zu bringen, ein.[58] Spätere Darstellungen beziehen sich jedoch auf Zellen, die bereits präkanzeröse und kanzeröse Veränderungen durchlaufen haben. 1974 richtete das NCI einen Forschungskongreß über Möglichkeiten der Umkehrung in einem frühen Stadium befindlicher zellulärer Veränderung aus.[59] 1976 redete Wattenberg gar von der »Umkehrung früher Stadien der Neoplasie«[60], und 1978 berichtete Michael Sporn vom NCI von einer Umkehrung »präkanzeröser Läsionen der Epithelialzellen« einer Organkultur.[61] Alles dies konfrontiert uns mit einem höchst seltsamen Phänomen: Zur gleichen Zeit, da einige Erforscher der Kanzero- und Mutagenese die Öffentlichkeit davon in Kenntnis setzten, daß chemisch bedingter Krebs »irreversibel« sei, entdeckten die wissenschaftlichen Erforscher der Antikanzerogenese (bei denen es sich teilweise um die gleichen Leute handelte), daß die Krebsentwicklung in einem frühen Stadium – zumindest zeitweilig – gestoppt oder gar rückgängig gemacht werden kann.

Nach Wattenbergs Aussage ist das am besten bekannte und besonders wirksame Antikanzerogen das Vitamin A und seine Retinoide genannten synthetischen Analoge.[62] Der von Michael Sporn berichtete Umkehrungsprozeß in Zellkulturen beruhte auf der Anwendung von Retinoiden[63], und der NCI-Kongreß über Umkehrungsprozesse von Neoplasien konzentrierte sich in erster Linie auf das Vitamin A und seine Analoge.[64] Vitamin A gilt als das einzige Antikanzerogen, das sich auch beim Menschen anwenden läßt, jedoch nicht in seiner natürlichen, in hohen Dosen hochgradig toxischen Form, sondern eher in synthetischer Form. Neben seiner Fähigkeit, in einem frühen Krebsstadium die entsprechenden zellulären Veränderungen umzukehren, besitzt das Vitamin A die weitere Fähigkeit, die Kanzerogenese zu hemmen. Es hat Vormagen- und Gebärmutterhalstumoren bei syrischen Hamstern, die zuvor mit kanzerogenen polyzyklischen Kohlenwasserstoffen behandelt worden waren, in ihrem Wachstum gehemmt[65]; es hat bei Mäusen, die zuvor mit dem kanzerogenen Methylcholanthren behandelt worden waren, Prostatatumoren am Wachstum gehindert[66]; und das synthetische Analog 13-cis-Retinsäure hat bei zuvor mit dem N-Methyl-N-Nitrosoharnstoff behandelten Ratten Blasenkrebs verhindert.[67] Außerdem sollen Retinoide angeblich durch Asbest verursachte präkanzeröse Gewebeveränderungen unterbunden[68] und verhindert haben, daß durch Strahlung und chemische Substanzen verursachte Malignität von Mäusebindegewebszellen zum Ausbruch kommen konnte.[69] Tierversuche haben im übrigen wahrscheinlich gemacht, daß ein Mangel an Vitamin A die Wirkung der Kanzerogene stark erhöht.[70] Alles in allem ist natürliches und synthetisches Vitamin A also ein Beispiel für ein wirkungsvolles vielseitiges Antikanzerogen.

Man weiß heute nur sehr wenig über die Kanzerogenesehemmung, obwohl es einige Hypothesen gibt. Der erste Einblick in diesen Mechanismus gelang 1956, als Wissenschaftler feststellten, daß sich die Wirkung eines kanzerogenen Azofarbstoffes durch das Kanzerogen 3-Methylcholanthren aufhalten lasse. Sie fanden heraus, daß das eine Kanzerogen die Bildung von Enzymen auslöste, die das andere Kanzerogen in wirkungslose, nonkanzerogene Metaboliten verwandelte. Das war in der Tat eine Pionierleistung auf dem Gebiet der Stoffwechselforschung, und erst sie ermöglichte eine wissenschaftliche Erforschung der Enzyminduktion, deren Verständnis für die Kanzero- wie die Antikanzerogenese gleichermaßen grundlegend ist.[71] Bis 1978 hatten die Wissenschaftler schließlich genügend Beweise dafür erbracht, daß die Kanzerogenhemmer ihre Wirkung einer Vielzahl von Mechanismen verdanken. Wattenberg hat diese Möglichkeiten folgendermaßen zusammengefaßt: (1) Antikanzerogene verändern möglicherweise den Metabolismus des Kanzerogens, indem sie seine Aktivierung reduzieren und den Detoxifizierungsprozeß steigern oder beides gleichzeitig veranlassen; (2) möglicherweise reinigen sie auch die in Kanzerogenen aktive Molekularspezies und hindern sie so daran, kritische Angriffsstellen in der Zelle zu erreichen; und (3) treten sie möglicherweise miteinander in Konkurrenz und hemmen so die kanzerogene Wirkung. Nach seiner Aussage gibt es auch Mechanismen, die »die Umkehrung früher Stadien des kanzerogenen Prozesses einschließen«.[72]

Dem Laien, insbesondere wenn er ausschließlich in chemischen Kategorien denkt, mag es paradox erscheinen, wenn er liest, daß Kanzerogene angeblich Antagonisten haben, aber ein in den Begriffen der Biologie denkender Wissenschaftler findet das ganz und gar nicht paradox. So schrieb Berenblum 1978:

> Wir alle wissen, daß sich biologische Prozesse in zwei entgegengesetzten Richtungen beeinflussen lassen – also entweder stimulieren, erweitern und beschleunigen oder hemmen, verzögern oder sogar blockieren lassen. Diese modifizierenden Einflüsse können natürliche Ursachen haben (z. B. Alter, Geschlecht, hormonale oder immunologische Ursachen), sie können das Ergebnis von Umweltfaktoren (Eßgewohnheiten, Infektionen, Beruf etc.) sein, oder sie können unter experimentellen Bedingungen systematisch herbeigeführt werden, um analytischen Zwecken zu dienen.[73]

Diese Feststellung eröffnet uns eine hilfreiche Perspektive auf die Kanzerogenese ebenso wie auf die Antikanzerogenese. Sie erst ermöglicht es uns zu begreifen, daß die Wissenschaftler sozusagen die zwei Seiten ein und derselben Münze erforscht haben: Sie haben entdeckt, daß physiologische Prozesse chemische Substanzen in Kanzerogene umwandeln können und daß physiologische Prozesse gleichermaßen chemische Kanzerogene »entschärfen« können. Die Entdeckung dieser Doppelgesichtigkeit des gesamten Problemkomplexes stellt jene Wissenschaftler, die die genauen Auswirkungen chemischer Substanzen auf den Menschen abzuschätzen versuchen, vor enorme Probleme. Wiederum ist das Vitamin A ein gutes Beispiel:

1980, als bereits zahllose Beweise für die antikanzerogene Wirkung des Vitamin A vorlagen, äußerte sich Sanford A. Miller von der FDA auf einer MIT-Konferenz folgendermaßen: »In kleinen Dosen ist Vitamin A ein lebenswichtiger Nährstoff, in hohen Dosen hingegen eine stark wirkende toxische Substanz, das heißt ein Teratogen und unter gewissen Umständen sogar ein Kanzerogen. Wie es in extrem niedrigen Dosierungen wirkt... ist nicht bekannt. Wenn Vitamin A tatsächlich ein Kanzerogen ist, welchen gesetzlichen Bestimmungen sollen wir es dann unterwerfen?«[74] Verursacht nun Vitamin A Krebs, oder verhindert es ihn, oder hat es beide Wirkungen? Das ist eine verwirrende Frage. Und ganz sicher könnte man auch hinsichtlich der Wirkung anderer Substanzen ähnliche Fragen aufwerfen.

Auch auf dem Gebiet der Mutagenese stehen wir vor ähnlich verwirrenden Fragen, seit die Existenz von Antimutagenen nachgewiesen werden konnte. Dieser Verwirrung brachten auch zehn der angesehensten japanischen Krebsforscher zum Ausdruck, die 1979 gemeinsam einen Aufsatz über das Verhältnis von Mutagenen und Kanzerogenen veröffentlichten.

M. Nagoa und seine Koautoren berichten darin von zahlreichen Experimenten, in denen in der Natur vorhandene chemische Verbindungen die mutagenen Eigenschaften natürlicher und industriell hergestellter chemischer Substanzen einmal potenziert, dann reduziert oder gar ausgelöscht hatten. Sie klagten deshalb: »Dieses Gleichgewicht zwischen der Aktivierung und der Detoxifizierung genotoxischer Kanzerogene erschwert eine Bewertung der in unserer Umwelt vorhandenen Mutagene ungemein.«[75]

Sie erschwert aber auch die Vorstellung einer voll und ganz erfolgreichen Krebsvorbeugung. John Higginson, ein Gründungsmitglied der Internationalen Krebsforschungsbehörde (IARC), stellte daher fest, daß selbst wenn eines Tages alle Mechanismen der Krebsentstehung bekannt seien, noch immer keine Garantie dafür gegeben sei, daß sich die Zahl der Krebserkrankungen tatsächlich auf ein Minimum drücken ließe, weil »es möglich ist, daß Faktoren, die eine Art von Krebs begünstigen, vor anderen Krebserkrankungen gerade schützen.«[76]

Am ausführlichsten setzte sich 1979 Wattenberg auf einer Krebskonferenz mit den Implikationen der Frage auseinander, daß wir Menschen zugleich von Kanzerogenen und Antikanzerogenen bombardiert werden. Er löste diese Frage in mehrere Unterfragen auf:

...welche Wirkung üben diese chemischen Verbindungen zur Zeit auf den Menschen aus?... Gibt es also ein klar erkennbares Gleichgewicht zwischen der Kanzerogenese und der Antikanzerogenese? Oder, um es einmal anders auszudrücken: Wenn epidemiologische Untersuchungen je nach Bevölkerungsgruppe oder verschiedenen geographischen Gebieten unterschiedliche Krebshäufigkeiten konstatieren, sind solche Differenzen dann auf unterschiedlich intensive Kanzerogeneinwirkung zurückzuführen oder nicht gelegentlich auch auf den Umstand, daß einige Gruppen besser geschützt sind?

Er beantwortete dann seine eigenen Fragen folgendermaßen:

Auf alle drei Fragen können wir nur ganz klar antworten: Wir wissen es nicht! Die Tatsache, daß es zahlreiche krebshemmende Substanzen gibt, und daß sie unterschiedliche chemische Strukturen aufweisen, läßt es in der Tat wahrscheinlich erscheinen, daß der Mensch ihrem Einfluß ausgesetzt ist. Aber meiner Ansicht nach gibt es zum gegenwärtigen Zeitpunkt keine solide und sichere Beweisgrundlage für diese Behauptung.[77]

Unter einer »soliden und sicheren Beweisgrundlage« wollte Wattenberg die Erfüllung der höchsten epidemiologischen Standards der Beweisführung verstanden wissen. Diese Beweiskraft erkannte er nur solchen Ergebnissen zu, die für den Menschen gültig nachgewiesen und auch im Laborversuch bestätigt worden sind. Es gebe, so sagt er, sorgfältig durchgeführte Fallstudien und auf indirektem Weg gewonnene Laborergebnisse, die den Schluß nahelegen, der Mensch werde von den gleichen Antikanzerogenen (nämlich den in Kohlgewächsen enthaltenen Indolen) beeinflußt wie bestimmte Versuchstiere. Aber im striktesten wissenschaftlichen Sinne ist diese Behauptung noch nicht bewiesen.

Aber selbst ein paar verifizierte Beispiele würden noch nichts über die »Balance« zwischen Kanzerogenen und Antikanzerogenen insgesamt aussagen. Auf diese Frage gibt es noch keine Antwort. Es gibt jedoch eine Gegenfrage. Auf einem anderen Krebskongreß, der ebenfalls 1978 stattfand, jedoch einige Monate bevor Wattenberg erklärte, es sei offenkundig und wahrscheinlich, wenn auch nicht bewiesen, daß der Mensch durch Antikanzerogene geschützt werde, stellten zwei andere Wissenschaftler Spekulationen über die andere Seite des Problems an. Sie dachten laut über das kanzerogene Sperrfeuer nach, dem der Mensch sowohl von seiten der Natur als auch der modernen Industrie ausgesetzt ist. Diese beiden Wissenschaftler waren Joseph Rodricks von der FDA und Gary Flamm vom NCI. Rodrick führte aus, daß die ständig wiederholte Behauptung, es gebe »vier Millionen Chemikalien«, irreführend sei. Die meisten bekannten chemischen Verbindungen, sagte er, hätten »ihren Ursprung in der Natur«, und »die meisten chemischen Verbindungen kommen in der Natur vor«. Dann fügte er hinzu: »Meiner Schätzung nach gibt es in der Natur Hundert von Millionen chemischer Verbindungen.«[78] Flamm, der seinerseits ebenfalls Einzelheiten über natürliche Kanzerogene mitteilte, schätzte, daß es »... Hunderte, ja Tausende von natürlichen kanzerogenen Substanzen gibt«. Als er dann auf die infolge der petrochemischen Revolution zusätzlich in unsere Umwelt gelangten Kanzerogene zu sprechen kam, rief er aus: »Wie konnten wir das nur überleben? Als Biologe hätte ich fest damit gerechnet, die Menschheit müsse inzwischen ausgestorben sein. Warum ist es jedoch dazu nicht gekommen?«[79] Ja, warum eigentlich nicht? Das ist die Gegenfrage. Und warum sterben drei Viertel aller Amerikaner an anderen Krankheiten als an Krebs? Ein Teil der Antwort liegt vielleicht in dem begründet, was sowohl die japanischen Wissenschaftler als auch Wattenberg als »Balance« zwischen der Aktivierung und der Detoxifizierung natürlicher und auch industriell hergestellter Kanzerogene bezeichnen.

IV. Isaac Berenblum (Teil zwei)

Berenblum entdeckte nicht nur die Antikanzerogenese, sondern trug gemeinsam mit einigen anderen Wissenschaftlern noch einige andere grundlegende Erkenntnisse zur Krebsforschung bei, die das Verständnis der Kanzerogenese revolutionierten. Um die Bedeutung dieser Revolution richtig würdigen zu können, muß man wissen, daß noch bis vor kurzem unter Krebsforschern allgemein die Ansicht verbreitet war, daß Krebserkrankungen in drei Stadien zum Ausbruch kommen. Diese Stadien heißen: Initiation, Präneoplasie und Transformation. Thomas Maugh II hat diese Termini 1974 in *Science* folgendermaßen definiert: Der Begriff Initiation bezieht sich auf Veränderungen in Zellen, unmittelbar nachdem sie der Einwirkung eines Kanzerogens ausgesetzt gewesen sind; Präneoplasie heißt jene lange und geheimnisvolle »Latenzphase«, die beim Menschen angeblich zwanzig Jahre und länger betragen kann; und die Transformation ist schließlich jener abrupte Beginn einer ganzen Reihe zellulärer Veränderungen, der nach jener langen Latenzperiode eintritt und schließlich in ein malignes Tumorwachstum einmündet. Unter Zugrundelegung eines solchen Prozesses hatten sich die Wissenschaftler nun bemüht, Krebserkrankungen entweder in der ersten oder in der letzten Phase zu bekämpfen: Einige wollten mit Hilfe einer Chemotherapie versuchen, die malignen Zellen nach deren Erscheinen zu zerstören, und andere suchten nach Mitteln und Wegen, den Kontakt der Zellen mit dem Kanzerogen vor Beginn der ersten Phase zu unterbinden. Aber was während der langen Präneoplasie genannten Latenzperiode geschah, das wußte laut Maugh niemand, und niemand hatte je ernstlich versucht, es herauszufinden.[80]

Diese letzte Behauptung stimmte jedoch nicht ganz. Einige Wissenschaftler hatten doch versucht, es herauszufinden, und dabei – vor inzwischen mehr als 30 Jahren – ein Phänomen entdeckt, das in direktem Zusammenhang mit der geheimnisvollen Latenzphase steht. Diese Forschungsrichtung war nach übereinstimmender Meinung der ganzen wissenschaftlichen Gemeinde ohne Perspektive; und aus diesem Grund hatte *Science* sie auch völlig übersehen. Tatsächlich irrte sich die wissenschaftliche Gemeinde gründlich, und es sollte nicht mehr lange dauern, bis die Ergebnisse dieser Forschungsrichtung die gesamte traditionelle Vorstellung von der Kanzerogenese erschütterten und *Science* zu der Schlagzeile veranlaßten: »Die Kanzerogenese wird immer komplizierter.«[81] – Im übrigen eine meisterhafte Untertreibung.

Die Geschichte der »Komplizierung« der Kanzerogenese begann in den frühen vierziger Jahren, und es ist die faszinierende Geschichte von der Konvergenz zweier Forschungsrichtungen, die durch eine außerordentlich große Zahl von Irrtümern und Kontroversen miteinander zusammenhängen. Der Begründer der ersten Forschungsrichtung war Berenblum. Er entdeckte nicht nur als erster die Antikanzerogenese, also die Fähigkeit bestimmter Substanzen, die Wirkung der Kanzerogene zu hemmen; er entdeckte auch als erster die Kokanzerogenese, das heißt, die Fähigkeit bestimmter chemischer Substanzen, die Wirkung kanzerogener Stoffe zu *potenzieren* oder zu *verstärken*.[82] Er hatte eine eigenartige natürliche Substanz, das sogenannte Krotonöl, entdeckt, die, wenn man sie gleichzeitig mit einer niedrigen Dosis des Kanzerogens Benzo(a)pyren auf die Haut von Mäusen aufträgt, viel mehr Tumoren hervorbringt als Benzo(a)pyren allein. Die Entdeckung, daß Krotonöl eine derartige verstärkende Wirkung ausübt, veranlaßte Berenblum, gemeinsam mit seinem Mitarbeiter Philippe Shubik zwischen 1941 und 1949 eine lange Reihe anderer Experimente durchzuführen. Zweck dieser Experimente war es, laut Berenblum, den Wirkungsmechanismus des soeben entdeckten Kokanzerogens Krotonöl zu erforschen und die Art der Veränderungen zu untersuchen, die sich während der langen Latenzzeit der Kanzerogenese in den Hautzellen der Versuchsmäuse entwickelten.[83]

Eines der Ergebnisse dieser Experimente war die Entdeckung, daß Krotonöl noch eine zusätzliche Fähigkeit besitzt: Es kann die Kanzerogenese nicht nur verstärken, wenn es *zugleich* mit dem Kanzerogen angewandt wird, sondern gleichermaßen, wenn es erst *nach* dem Kanzerogen zur Anwendung gelangt.[84] Ob Berenblum und Shubik als einzige diese »nachträgliche« Wirkungskraft des Krotonöls entdeckt haben, ist nicht ganz klar. Jean Marx nennt Berenblum in *Science* den Entdecker des allgemeinen Phänomens[85]; das National Cancer Advisory Board Subcommittee on Environmental Carcinogenesis behauptet, J. C. Mottram habe das Phänomen entdeckt und Berenblum und Shubik hätten die wissenschaftliche Auswertung »merklich beschleunigt«.[86] Andererseits gibt Benjamin van Duuren von der New York University allein J. C. Mottram das Verdienst an Berenblums Entdeckung[87], und Erich Hecker von der Universität Heidelberg behauptet, Mottram »habe« eine wichtige Modifikation »an Berenblums Experimentalverfahren« vorgenommen.[88]

In dieser historischen Unsicherheit scheint sich die Unsicherheit von Mottrams eigenem Datenmaterial zu spiegeln. In einer von Berenblums Veröffentlichungen aus den vierziger Jahren heißt es in einer Fußnote:

Die von Mottram veröffentlichten Ergebnisse, die er kurz vor seinem Tode erzielt hat, stützen sich auf eine relativ kleine Zahl von Tierversuchen. Wir können seine Schlußfolgerungen vorläufig nur provisorisch akzeptieren, und auf ihre Bestätigung durch andere, umfassendere Experimente warten.[89]

Sicher ist trotz der erwähnten Konfusion, daß das neue Phänomen der Wirkungsverstärkung ursprünglich von Berenblum erforscht wurde. Schließlich stellte sich heraus, daß Krotonöl nicht nur bei *gleichzeitiger* oder *nachträglicher* Anwendung als Kanzerogenverstärker dienen kann, sondern daß es völlig wirkungslos ist, wenn man es *vorzeitig* aufträgt. Diese Ergebnisse interpretierte Berenblum dahingehend, daß der Beginn des Kanzerogeneseprozesses und sein Abschluß durch verschiedene, getrennt ablaufende Mechanismen und Entwicklungsstufen gekennzeichnet ist.[90]

Die zweite Forschungsrichtung vertrat Peyton Rous. Und auch hier stoßen wir wieder auf einen Gutteil historischer Unklarheit. Rous galt gelegentlich als der kreativste Experimentator auf diesem Forschungsgebiet[91], aber aus irgendeinem Grund taucht in dem vom Amt für Sicherheit und Gesundheit am Arbeitsplatz herausgegebenen NAS-Dokument sein Name überhaupt nicht auf.[92] Berenblum selbst hingegen weist Rous eine entscheidende Rolle zu.[93] Rous arbeitete an einem anderen Problem als Berenblum. Er wollte herausfinden, warum die gutartigen Papillome, die entstehen, wenn man Kaninchenhaut mit einem bestimmten Kanzerogen behandelt, sich anschließend wieder zurückbilden, und ob diese unstabilen Tumoren als echte Krebsvorläufer zu betrachten seien. Zwischen 1941 und 1944 führte Rous zusammen mit mehreren Mitarbeitern eine Reihe von Experimenten an Kaninchenhaut durch und konnte zeigen, daß gutartige Papillome, die sich offensichtlich völlig zurückgebildet hatte, am Ort ihrer ursprünglichen Entstehung wieder zu wachsen begannen, wenn man die entsprechenden Hautstellen irritierte – sei es durch Anwendung ätzender Substanzen wie Terpentin oder indem man kleine Löcher in die Haut des Kaninchens stach. Daraus folgerte Rous, daß die von dem Kanzerogen ursprünglich induzierten Tumorzellen niemals verschwunden gewesen waren, sondern im Zustand der Latenz gewissermaßen schlafend immer anwesend geblieben waren und nur einer Reaktivierung bedurften. Er schloß weiter, daß es sich bei dem ursprünglichen Induzierungsvorgang und dem späteren Reaktivierungsprozeß um zwei verschiedene Mechanismen handle.[94]

Obwohl die an der Haut von Mäusen und Kaninchen vorgenommenen Experimente ganz verschiedenartig waren, waren doch die Schlußfolgerungen in beiden Fällen letztlich die gleichen: Beide Arten von Experimenten führten zu der Schlußfolgerung, daß Kanzerogene zunächst nur ein latentes zelluläres Phänomen verursachen, das sich verstärken oder reaktivieren läßt, und daß beide Vorgänge unterschiedliche Schritte darstellen.

Auf diese historischen Experimentalreihen folgte eine ziemlich chaotische Phase, denn die verschiedenen Forschungsgruppen hatten ihre Entdeckungen gleichsam in unterschiedlichen Sprachen niedergelegt. Berenblums Gruppe hatte das erste Stadium als »Präkanzerogenese« bezeichnet und das zweite als »Epikanzerogenese« und die dann folgende Umwandlung gutartiger Papillome in bösartige Tumoren als »Metakanzerogenese«. Rous hatte andererseits die beiden ersten Stadien »Initiation« und »Promotion« genannt. Mottram hatte wieder andere Termini benutzt. Unter diesen Umständen war jegliche Kommunikation gleichsam ausgeschlossen. Rous schlug daher vor, die von ihm entwickelte präzise Terminologie zu verwenden, und die anderen erklärten ihre diesbezügliche Bereitschaft.[95] So wurde inmitten eines terminologischen Chaos, das die Verwirrung hinsichtlich des Erstentdeckers des Phänomens nur noch vermehrte, die Initiations-Promotions-Theorie oder die Zwei-Stadien-Theorie der Kanzerogenese geboren.

Unter experimentellen Gesichtspunkten betrachtet, erwiesen sich die beiden Faktoren, Dosierung und Zeit als die beiden wichtigsten Aspekte der Zwei-Stadien-Theorie der Kanzerogenese. Hier nun einige der quantitativen Aussagen, die Berenblum und van Duuren zu dieser Frage gemacht haben:

- Die tatsächliche Zahl von Tumoren, die auftreten, wenn man nach der Initiation einen Promoter anwendet, hängt von der Dosierung des Kanzerogens ab.[96]
- Andererseits ist die Zeit, die es dauert, bis nach Anwendung des Promoters Tumoren entstehen, von der Dosis des Kanzerogens unabhängig: Unabhängig von der Größe dieser Dosis erscheinen die Tumoren unabänderlich innerhalb von fünfunddreißig Tagen. Daraus kann man schließen, daß eine ganz bestimmte Zeitdauer notwendig ist, bis die promovierende Wirkung ein sichtbares Wachstum kanzerogen initiierter Zellen auslöst.[97]
- Obwohl es keine Datenbasis für die Berechnung des Zeitpunktes der Initiationswirkung eines Kanzerogens gibt, muß man doch damit rechnen, daß dieser Zeitpunkt bereits »nach Stunden und nicht erst nach Wochen oder Monaten« gegeben ist.[98]

- Die Wirkungen von Initiatoren sind extrem konstant. Eine einzige Behandlung mit einem Initiator, auf den wiederholte Anwendungen eines Promoters folgen, bringt in jedem Fall Tumoren hervor, ob nun das Intervall zwischen den beiden Anwendungen zwei Wochen beträgt, sechsunddreißig oder sechsundfünfzig Wochen. Nur wenn der Promoter nach Intervallen von achtundfünfzig beziehungsweise zweiundsechzig Wochen angewandt wurde, traten deutlich weniger Tumoren auf.[99]

Es ließen sich also für die Latenzphase eindeutige quantitative Beziehungen erkennen: »Berenblums Experimente« bedeuteten daher für die Erforschung der Kanzerogenese einen wichtigen Schritt.

Komischerweise spielten die Initiations-Promotions-Experimente für die Zunft der Kanzerogeneseforscher eher eine untergeordnete Rolle. Der Grund dafür ist unschwer zu erkennen. Auf diesem Forschungsgebiet gab es einige Rätsel, und zwei dieser Rätsel waren besonders befremdlich. Erstens: Innerhalb von zwanzig Jahren war es nicht gelungen, außer Berenblums Krotonöl noch einen anderen Promoter zu finden. Die chemischen Bestandteile dieses Öls, die tatsächlich für die promovierende Wirkung ausschlaggebend sind, wurden erst in den sechziger Jahren entdeckt.[100] Es bedurfte dazu außergewöhnlicher analytischer Anstrengungen von seiten zahlreicher Wissenschaftler in vielen Ländern, von denen sich insbesondere Benjamin van Duuren von der New York Universität und Erich Hecker von der Universität Heidelberg auszeichneten. Daher lebte eine ganze Generation von Wissenschaftlern in der Überzeugung, Krotonöl sei die einzige existierende Verstärkersubstanz; viele hielten diese ganze Forschungsrichtung gar für einen Irrweg. Die zweite Eigentümlichkeit dieser Experimente war die Tatsache, daß sich der promovierende Effekt des Krotonöls nur an einer Spezies nachweisen ließ, und zwar an Mäusen. Kroton war also gleichsam »spezies-spezifisch«. 1950 fand Shubik heraus, daß es auf Mäusehaut zwar wirkte, nicht jedoch bei Ratten, Meerschweinchen oder Kaninchen.[101] Diese Entdeckung wiederum verleitete viele zu der Schlußfolgerung, das ganze Phänomen der Zwei-Stadien-Kanzerogenese sei eine chemisch-genetische Kuriosität und lasse daher weiterreichende Schlüsse nicht zu. Tatsächlich war die Zwei-Stadien-Kanzerogenese zwischen den frühen vierziger und den siebziger Jahren nur anhand der Wirkungen des Krotonöls auf die Haut von Mäusen wissenschaftlich erforscht worden. Noch 1976 wies van Duuren darauf hin, daß die Erforschung der Kokanzerogenese und der Promotion sich fast ausschließlich auf Mäuse beschränkt habe.[102] Und 1977 erklärte Roy Albert von der New York University, das Phänomen der Promotion sei zwar experimentell eindeutig nachgewiesen, jedoch nur an Mäusen.[103] Es überrascht daher nicht, daß viele Wissenschaftler dem Phänomen nur geringe Bedeutung beimaßen. In einem Artikel des *British Medical Journal* hieß es über Rous und Berenblum, die experimentelle Erforschung der einzelnen Stadien der Kanzerogenese sei wenig mehr als eine Laboratoriumsspielerei und von Bedeutung nur für Kaninchen und Mäuse.[104]

Dieser Standpunkt wurde jedoch nicht von jedermann geteilt. Berenblum studierte das Phänomen weiterhin systematisch, aber nicht nur er, sondern auch eine Reihe anderer Wissenschaftler, die aus dieser Entdekkung von offenbar begrenzter Bedeutung weitreichende Schlußfolgerungen ableiteten. Dann wurde in den siebziger Jahren zur Überraschung aller Skeptiker das Phänomen der Promotion in einer ganzen Reihe verschiedener biologischer Systeme nachgewiesen: Es hatte sich, wenn auch nicht mit dem letzten Grad der Gewißheit, in der Schilddrüse, der Leber, der Lunge, den weiblichen Brüsten und dem Dickdarm nachweisen lassen[105] und schließlich in Zellkulturen.[106] Ganz plötzlich war die Tatsache, daß die Kanzerogenese in zwei unterscheidbaren Stadien verlaufen könne, nicht mehr komisch. Die Theorie war plötzlich respektabel geworden. 1978 stellte sogar ein begeisterter Wissenschaftler fest, sie sei »allgemein akzeptiert«.[107]

Noch in dem gleichen Jahr erhielten – wie vor ihnen die Millers – der damalige Mittsiebziger Isaac Berenblum und Philippe Shubik, sein Mitarbeiter, für ihre Verdienste in der Krebsforschung den Bertner Preis.[108] Berenblum hatte auf diesem Feld eine besonders wichtige Rolle gespielt: Er hatte krebsverhindernde Substanzen entdeckt, er hatte das Phänomen der Kokanzerogene entdeckt, er hatte den ersten chemischen Promoter entdeckt, und er gehörte zu den Mitentdeckern des Initiations- und des Promotions-Phänomens. Das war in der Tat eine außergewöhnliche Leistungsbilanz. 1980 gewannen Berenblum und die Millers zum Dank für ihre fundamentalen Entdeckungen Preisgelder in einer Höhe von mehr als 100000 Dollar.[109] Der alte, in Israel arbeitende Wissenschaftler, der den allgemeinen Wert seiner Mäusehautexperimente gleich erkannt und stur an seiner nicht eben populären Fragestellung festgehalten hatte, hatte eine Revolution auf dem Feld der Krebsforschung ausgelöst. Das Resultat war, wie *Science* es tiefsinnig ausdrückte, daß das Phänomen der Kanzerogenese plötzlich noch »komplizierter« geworden war.

Es war plötzlich so kompliziert geworden, daß die Wissenschaftler nicht mehr wußten, wie sie die Begriffe »Initiationsagens«, »Promoter« und »Kokanzerogen« genau verwenden sollten. Wieder einmal sahen sie sich einem Strudel terminologischer Verwirrung gegenüber. Wie van Duuren 1976 feststellte, werden die Begriffe »Kokanzerogen« und »Promoter« häufig synonym gebraucht.[110] Und noch 1978 erklärte Berenblum seinen wissenschaftlichen Kollegen mit Engelsgeduld den Unterschied zwischen beiden Termini. Grundsätzlich, so Berenblum, sei ein Kokanzerogen ein »permissiver« Wirkstoff oder physiologischer Zustand – und er illustrierte diese »permissive« Wirkung am Beispiel von Hormonen, Kalorienaufnahme und Eßgewohnheiten. Im Gegensatz dazu, sagte er, seien Promotoren echte »Komponenten« der kanzerogenen Wirkung.[111]

Der von Berenblum vertretenen Forschungsrichtung entsprang eine ganz neue Sicht der chemisch bedingten Kanzerogense: Der Mensch ist nicht nur einem Bombardement »unmittelbarer« Kanzerogene ausgesetzt, sondern gleichermaßen einem stetigen Beschuß durch Kokanzerogene, kanzerogene Promotoren und Antikanzerogene, einmal ganz abgesehen von jenen kapriziösen chemischen Substanzen, die je nach Dosierung, Zeitpunkt und dem Vorhandensein anderer chemischer Substanzen in verschiedenen Teilen des Körpers und sogar in entgegengesetzten Wirkungsrichtungen eine oder mehrere dieser Funktionen gleichzeitig ausüben. Außerdem wirkt dieses Bombardement nicht nur von außen her auf den Körper, sondern auch von innen und hat sowohl einen natürlichen Ursprung als auch industriell bedingte Ursachen.

Dieses unvorstellbare Geflecht von Wechselwirkungen bereitete der Komplexität des Problems jedoch kein Ende. Die aus der Zwei-Stadien-Theorie sich ergebenden Konsequenzen komplizierten das Problem der Krebsentstehung sogar noch zusätzlich. Im Laufe der Jahre hatten sich im übrigen immer mehr Indizien dafür angesammelt, daß die Theorie ihren Namen zu früh erhalten habe und daß es wesentlich mehr als nur zwei Stadien gebe. Schon 1949 waren sich Berenblum und Shubik dieser Möglichkeit bewußt. Ihre Erfahrungen mit der Promotion ließen sie schlußfolgern, daß »die Kanzerogenese mindestens zwei Stadien« aufweist.[112] Shubik verfolgte diese Spur in den frühen fünfziger Jahren mittels einer Reihe von Experimenten und gelangte zu der Schlußfolgerung, daß der Umschlag eines gutartigen Papilloms in einen bösartigen Tumor mindestens einen, wenn nicht gar eine Reihe verschiedener Schritte einschließe.[113] In Kenntnis dieser Experimente benutzte Sir Richard Doll von der Oxford University, der bekannteste englische Epidemiologe, am Menschen gewonnenes Datenmaterial, um die Viel-Stadien-Hypothese zu verifizieren. Er analysierte Sterblichkeitsraten im Hinblick auf siebzehn verschiedene Krebserkrankungen und gelangte zu dem Schluß, daß sich die auf diesem Weg gefundenen Ergebnisse nur durch »einen komplizierten, in sechs oder sieben

Schritten verlaufenden Prozeß« erklären lassen.[114] In den frühen sechziger Jahren gelangten zahlreiche Wissenschaftler zu dem Schluß, daß auch der Initiationsvorgang als solcher bereits mehr als ein Stadium umfasse.[115] 1964 kam ein Wissenschaftler zu der Erkenntnis, daß auch der Promotionsvorgang zwei unterscheidbare Schritte umfasse.[116] Die Epidemiologen Irving Selikoff und E. Cuyler Hammond konnten 1975 nachweisen, daß Rauchen die kanzerogene Wirkung von Asbest promoviert und daß die beiden Agenzien in zwei ganz verschiedenen Stadien des kanzerogenen Prozesses wirksam werden.[117] Richard Peto aus Oxford behauptete, daß entscheidende Stadium der Lungenkanzerogenese erreichten Raucher erst ein paar Jahre vor ihrem Tod.[118] Als die Zwei-Stadien-Theorie 1978 allgemeine Anerkennung gefunden hatte, handelte es sich im Grunde genommen gar nicht mehr um eine Zwei-Stadien-Theorie, sondern um eine Viel-Stadien-Theorie. Im August jenes Jahres erklärte das *British Medical Journal,* daß gutartiges Zellwachstum offenbar in drei oder sogar mehr Stadien in bösartiges Zellwachstum umschlage.[119] Im gleichen Monat hieß es in der amerikanischen Zeitschrift *Science:* »Die meisten Wissenschaftler gehen inzwischen davon aus, daß die Kanzerogenese fünf oder sechs unterscheidbare Schritte umfaßt.«[120] Offensichtlich wußte niemand so recht, um wie viele Schritte es sich nun eigentlich handelte – aber es bestand anscheinend allgemein die Überzeugung, es gebe viele Stadien, für die jeweils verschiedene Mechanismen charakteristisch seien.

Aber auch damit haben wir die damals auftauchende völlig neue Sicht der Kanzerogenese noch lange nicht in ihrer ganzen Komplexität erfaßt. Inzwischen hatten nämlich die Untersuchung menschlicher Krebserkrankungen ebenso wie Tierversuche gezeigt, daß aus verschiedenen Stadien der Kanzerogenese sowohl eine Entwicklung zu malignem Tumorwachstum als auch eine Rückbildung der Malignität stattfinden kann. Es stand außer Frage: Der geheimnisvolle Prozeß konnte auch rückwärts verlaufen. Ende der siebziger Jahre lagen die klinischen Beweise dafür vor, daß fortgeschrittene Krebserkrankungen (wie Neuroblastome, Choriokarzinome, Teratome und Burkittsche Lymphome) sich gelegentlich zurükkentwickeln können.[121] Es lagen klinische Beweise dafür vor, daß im menschlichen Körper (in der Prostata, der Lunge, Niere und der Schilddrüse) latente Krebserkrankungen vorhanden sein können, die weder fortschreiten noch Schaden anrichten und einfach in einem Zustand der Ruhe verharren.[122] Es konnte statistisch nachgewiesen werden, daß sich das virulente Zellwachstum in der Lunge eines Rauchers unterbinden läßt, wenn der Betreffende das Rauchen rechtzeitig aufgibt.[123] Es wurde im Tierversuch der Beweis erbracht, daß die Aktivierung latenter Tumorzellen sich stoppen läßt, wenn man nur Vorsorge dafür trägt, daß die Zufuhr der Auslösersubstanz unterbunden wird.[124] Es konnte im Tierversuch der Nachweis dafür erbracht werden, daß antikanzerogene chemische Substanzen die frühen Stadien der Geschwulstbildung stoppen, unterbinden oder gar umkehren können.

1978, also acht Jahre nachdem der Surgeon General die Öffentlichkeit davon in Kenntnis gesetzt hatte, daß Krebsvorbeugung möglich sei, und zwei Jahre nach der Verabschiedung des Gesetzes zur Kontrolle toxischer Substanzen, hatte sich die Auffassung der Kanzerogenese im Vergleich zu älteren Theorien bis zur Unkenntlichkeit verändert. Und natürliche physiologische Vorgänge und natürliche Substanzen waren absurderweise in den höchst komplexen Vorgang der Krebsentstehung unauflöslich verwikkelt.

Kapitel 6

Die Mutationstheorie der Krebsentstehung

»Kanzerogene sind Mutagene«[1]

– Bruce Ames et al., 1973.

Obwohl die Hypothese als solche vernünftig erscheint, gibt es keine Beweise dafür, daß eine Mutation des Zellchromatins Bestandteil der Kanzerogenese ist...[2]

– William Lijinsky, 1978

Das Hauptproblem, das die unmittelbare Bedeutung aller auf diesem Forschungsfeld (der Kanzerogenese) durchgeführten Experimente in Frage stellt und alle unsere Beobachtungen in ein Licht der Ungewißheit taucht, ist die Tatsache, daß wir nicht wissen, wie wir die Malignität der Zelle überhaupt definieren sollen...[3]

– Frederick F. Becker, 1978

Wir haben uns entschieden, daß die Initiation per definitionem irreversibel ist...[4]

– John Higginson, 1979

Von allen Entdeckungen der Grundlagenforschung hat für unser Leben die Mutationstheorie der Kanzerogenese und ihre technische Umsetzung durch Bruce Ames die größte Bedeutung gewonnen. Ames entwickelte ein einfaches Testverfahren. Wenn die Mutationstheorie der Krebsentstehung richtig ist, dann sind die Genetiker im Prinzip tatsächlich dabei, den wichtigsten Mechanismus der Kanzerogenese aufzudecken; und wenn Mutagentests geeignet sind, die Kanzerogenese bei Tieren vorherzusagen (vorausgesetzt, Tierversuche haben auch für den Menschen Gültigkeit), dann haben wir einen verläßlichen »Krebstest«. Dieser Test ließe sich schnell durchführen, und mit seiner Hilfe ließen sich kanzerogene Substanzen in unserer Umwelt ermitteln, so daß wir entweder dafür sorgen könnten, sie loszuwerden, oder wenn das unmöglich wäre, uns vor ihnen schützen könnten. Mittels dieses Testverfahrens könnte man innerhalb relativ kurzer Zeit Zehntausende von industriell erzeugten Chemikalien untersuchen und feststellen, welche davon kanzerogen sind. Ames' Entdekkung schien damals eine außerordentliche Bedeutung sowohl für die Kontrolle über exogene Kanzerogene als auch über das Wirtschaftssystem zu haben. Deshalb habe ich es bisher sowohl vermieden, mich ausführlich mit dem Test selbst, der die Richtigkeit der Mutationstheorie der Kanzerogenese zu bestätigen schien, als auch mit der Mutationstheorie auseinanderzusetzen.

Unsere erste Frage lautet daher: Hält dieser Mutagentest tatsächlich wissenschaftlichen Anforderungen stand – das heißt, läßt sich mit seiner Hilfe tatsächlich die Kanzerogenität bestimmter Substanzen für Tiere und Menschen vorhersagen? Und die zweite Frage lautet: Ist die Mutationstheorie der Krebsentstehung tatsächlich richtig, und läßt sie sich biologisch ausreichend begründen? Um diese beiden Fragen entspann sich eine Kontroverse, und ich werde beide Fragen eingehend diskutieren.

Der Test

Gleich nachdem die wissenschaftliche Welt von dem Test erfahren hatte, als also sämtliche Krebsforscher zu ihrer großen Überraschung vernahmen, daß ein erstaunlich hoher Korrelationsgrad zwischen Kanzerogenen und Mutagenen bestehe, begann auch schon der Ärger mit der Entdekkung. Verursacht wurde dieser Ärger zum einen durch die Vieldeutigkeit der Testergebnisse selbst und zum anderen durch die Frage, welche Vorhersagen diese Ergebnisse gestatteten. Ich möchte den Leser, während ich diese Unstimmigkeiten in Ames' Testverfahren im einzelnen darlege, bitten, sich immer vor Augen zu halten, daß Ames und andere Mutagentester an Bakterien gewonnenes Datenmaterial mit im Tierversuch erzielten Ergebnissen in Beziehung setzen. Wenn also im folgenden von einem »Mutagen« die Rede ist, so ist damit immer eine chemische Substanz gemeint, die in wissenschaftlichen Tests nachweislich eine dauerhafte und erbliche Veränderung in der DNS einer *Zelle* (z. B. einer Bakterienart wie Salmonellen oder E.coli) verursacht hat. Wann immer das Wort »Kanzerogen« auftaucht, so ist damit eine chemische Substanz gemeint, die sich im *Tierversuch* bei einer oder mehreren Spezies als krebserzeugend hat nachweisen lassen.

Mutagene und Kanzerogene

Das erste Problem bezog sich auf die 90-Prozent-Korrelation zwischen Mutagenen und Kanzerogenen. Eine Reihe angesehener Wissenschaftler – in erster Linie der Engländer Ian Purchase und der Japaner Takashi Sugimura – hatten diesen Korrelationsgrad bestätigt. Andere Wissenschaftler hingegen entdeckten ganz andere Korrelationen, als sie den Ames-Test anwandten, aber auch mittels anderer Mutagentestverfahren. Diese Korrelationen ließen Zweifel an der Verläßlichkeit des Ames-Tests aufkommen. Die zwischen 1976 und 1979 bekanntgegebenen Korrelationsgrade waren meistens ziemlich hoch und lagen bei etwa 85 Prozent, aber die Spannbreite insgesamt – zwischen 55 und 60 bis hin zu 97 Prozent – gab doch Anlaß zu einiger Verwirrung.[5]

Es gab eine ganze Reihe von Gründen für diese höchst unterschiedlichen Korrelationsgrade zwischen den Ergebnissen der Bakterientests und der Tierversuche. Zum einen sind die Resultate der Biologie nur selten exakt, und auf eine gewisse Variationsbreite muß man immer gefaßt sein. Außerdem gab es geradezu eine Tyrannei der Prozentzahlen. Die Zahlen der in den einzelnen Untersuchungsreihen getesteten Substanzen waren höchst unterschiedlich, und so waren die Prozentangaben nicht in allen Fällen von gleicher Signifikanz. Die Vielzahl widersprüchlicher Ergebnisse hatte aber auch noch eine andere Ursache. Marvin Legator von der Universität von Texas schrieb 1978 in *Science,* daß die Ergebnisse der Kurzzeitstudien deshalb so unterschiedlich ausfallen, weil jedes Laboratorium eigene Methoden und Experimentalanordnungen anwendet.[6] Möglicherweise sind aber auch Fehler in der Auswertung der Daten selbst unterlaufen. Ames' Kollege Kim Hooper behauptet, die von diesem errechnete 55-Prozent-Niedrigstkorrelation sei falsch.[7] Aber die genannten Faktoren waren nicht die einzigen Ursachen der beschriebenen Unstimmigkeiten. Die beste Erklärung für diese Unstimmigkeiten lieferte Marvin Legator, der in einer umfassenden Testreihe 494 Chemikalien, die 45 strukturellen Klassen angehörten, untersuchte, und herausfand, daß eine Korrelation zwischen Mutagenität und Kanzerogenität nur innerhalb bestimmter Klassen existierte.[8] Der Genetiker Gary Flamm erklärte das Problem auf einer Krebsforschungstagung so: »Der Korrelationsgrad hängt davon ab, welche Klasse chemischer Kanzerogene wir jeweils betrachten. Wenn wir beispielsweise nur die Östrogene betrachten, werden wir voraussichtlich keinerlei Korrelation feststellen, während sich für die Nitrosamine eine 100prozentige Korrelation nachweisen läßt.«[9] Takashi Sugimura konnte ebenfalls beobachten, daß diese Korrelation ganz eindeutig von der chemischen Klasse abhängig ist, der eine bestimmte Substanz angehört.[10]

Nach seiner jubilierenden Verkündigung – »Kanzerogene sind Mutagene« – mußte Ames später die nur relative Richtigkeit dieser Aussage eingestehen. 1979 vermeldete er in *Science,* daß etwa 90 Prozent (158 von 176) der von Joyce McCann, ihm selbst und seinen Mitarbeitern getesteten Kanzerogene mutagen gewesen seien. Er betonte, daß andere Forscher unabhängig von ihm zu den gleichen Ergebnissen gekommen seien. Unter den drei Wissenschaftlern, die er namentlich nannte, waren auch Ian Purchase und Takashi Sugimura. Er erläuterte dann sein 90-Prozent-Ergebnis und räumte ein, daß bei einigen Klassen von Kanzerogenen, beispielsweise den Hydrazinen und chlorierten chemischen Substanzen die Erfolgsrate »deutlich niedriger« liege.[11] Gleichermaßen gestand auch Joyce McCann ein, daß der Ames-Test nur von begrenztem Wert sei. Vor einer arbeitsmedizinischen Kommission des OSHA bestätigte sie, daß die Testergebnisse bei einigen Klassen von Kanzerogenen »eher dürftig« ausfallen.[12]

Mutagene und Nichtkanzerogene

Ein zweites Problem bestand in der Frage, ob der Mutagentest geeignet sei, Nichtkanzerogene zu identifizieren, ob also Chemikalien, deren Nichtmutagenität sich an Bakterien hatten nachweisen lassen, sich im Tierversuch auch automatisch als nonkanzerogen erweisen würden. Das war der entscheidende Punkt. Denn wenn Mutagentests den Zweck erfüllen sollen, Kanzerogenität vorauszusagen, dann müßten sie auch geeignet sein, Kanzerogene von Nichtkanzerogenen zu unterscheiden. Die Internationale Krebsforschungsbehörde (IARC) verlangt von solchen Kurzzeittestverfahren, daß sich der Test in Tierversuchen hinsichtlich kanzerogener Substanzen bewährt haben und erwiesenermaßen geeignet sein muß, zwischen Kanzerogenen und Nichtkanzerogenen zu unterscheiden«.[13] Gerade diesbezüglich gab es jedoch neuerlich Ärger. Das von Ames entwickelte, aber auch andere Testverfahren hatten verschiedentlich mutagene Aktivitäten in chemischen Substanzen nachgewiesen, deren Nichtkanzerogenität sich im Tierversuch erwiesen hatte. Gemessen an Ames' theoretischem Anspruch waren diese Ergebnisse daher »falsch-positiv«. Um die Bedeutung eines falsch-positiven Befundes zu ermessen, muß man sich als Laie nur einmal vorstellen, welche Folgen es hätte, wenn Schwangerschaftstests in schöner Regelmäßigkeit Frauen, die *nicht* schwanger sind, eine Schwangerschaft attestieren beziehungsweise Blutzuckertests Menschen, die *nicht* unter Diabetes leiden, besonders hohe Blutzuckerwerte zuschreiben würden. Falsch-positive Befunde sind in biologischen Tests nie ganz auszuschließen. Die Frage ist daher nur, wie häufig ein Testverfahren solche Ergebnisse produziert. Zwischen 1975 und 1979 gaben Wissenschaftler die Zahl der mit Hilfe des Amestests erzielten falsch-positiven Ergebnisse mit 24 bis 35 Prozent an. Ames selbst meldete die geringste Zahl falsch-positiver Befunde.[14]

Hinsichtlich der Nichtkanzerogene waren sich McCann und Ames der Schwierigkeiten voll bewußt. Sie führten diese Schwierigkeiten jedoch auf die Tierversuche selbst zurück. 1977 zeigten sie sich konsterniert darüber, daß die im Tierversuch nachgewiesene Nichtkanzerogenität mancher Substanzen nicht mit ihrer Theorie übereinstimmte. Sie erklärten daher, es bestehe ein »dringender Bedarf nach Kriterien zur Bestimmung der Nichtkanzerogenität bestimmter Substanzen. Mutagentests seien nämlich nur dann von Wert, wenn sie geeignet seien, zwischen Kanzerogenen und Nichtkanzerogenen zu unterscheiden. Über die von ihnen untersuchten Substanzen, die sich im Tierversuch als nichtkanzerogen erwiesen hatten, sagten sie:

Das National Cancer Institute hat vor kurzem (vor 1975) eine Reihe von Kriterien veröffentlicht, die für sämtliche Kanzerogenitätstests gelten sollen... Die Anwendung dieser Kriterien auf Nichtkanzerogenitätsbefunde würde bedeuten, daß praktisch keine in unserer Studie als »nichtkanzerogen« klassifizierte chemische Substanz mit auch nur einiger Sicherheit als nichtkanzerogen eingestuft werden kann.[15]

In einem vom OSHA veranstalteten Hearing erklärte Joyce McCann gleichermaßen, daß die im Tierversuch gewonnenen Nichtkanzerogenitätsbefunde unzureichend und Ursache »einiger sogenannter falsch-positiver Ergebnisse« seien. Sie sagte:

Tatsächlich hatten wir einige Nichtkorrelationsfälle. Mit Chemikalien, die sich im Tierversuch als kanzerogen erwiesen, hatten wir bei Salmonellen einige falsch-negative Ergebnisse. Wir hatten aber auch einige falsch-positive Befunde, die entsprechenden Chemikalien wirkten auf Salmonellen positiv, im Tierversuch hingegen negativ.

Wir sahen uns also in allen diesen Fällen das in beiden Versuchsreihen gewonnene Datenmaterial an, und stellten fest, daß wir hinsichtlich der Chemikalien, deren Mutagenität wir nachgewiesen hatten, die jedoch im Tierversuch negativ gewirkt hatten, im allgemeinen nur über unzureichendes Tierversuchsdatenmaterial verfügten. Die meisten dieser Tests waren ganz eindeutig unzulänglich gewesen, weil sie zu wenige Tiere eingeschlossen hatten oder zeitlich zu begrenzt gewesen waren.[16]

Daß ein Großteil ihres Datenmaterials »unzulänglich« sei, hatten McCann und Ames immer gewußt. In ihrer 1975 vorgelegten Veröffentlichung berichteten sie von ihrem Bemühen, an das verläßlichste Datenmaterial jener Zeit heranzukommen. In erster Linie stützten sie sich dabei auf Korrespondenzen mit anderen Wissenschaftlern. Sie hatten auch vor der ganzen wissenschaftlichen Welt offen die Fragwürdigkeit ihres Datenmaterials zugegeben – vorausgesetzt, die wissenschaftliche Welt hätte sich der Mühe unterzogen, im Anhang die letzte mit Fußnoten vollgepackte Seite der Veröffentlichung zu lesen. Dort wurde die Bedeutung der kodierten Symbole erklärt, die in den Datentabellen verzeichnet waren. In einer Fußnote hieß es wörtlich, Kanzerogenitätstests seien im Tierversuch schon schwierig und daß es besonders schwierig sei, »Nichtkanzerogene« zu identifizieren. Die Kategorisierung der Kanzerogene zeigt schon, wo das Problem ihrer Klassifizierung liegt. Die Autoren arbeiteten eigentlich mit *drei* Kategorien von Kanzerogenen: 1. »Kanzerogenen«, 2. »schwachen Kanzerogenen« und 3. »Kanzerogenen, deren Status wegen mangelnder Daten wissenschaftlich noch nicht eindeutig geklärt ist«. Hinsichtlich der Nichtkanzerogene arbeiteten McCann und Ames sogar mit vier Kategorien: 1. »Nichtkanzerogenen«, 2. »Nichtkanzerogenen, deren Status wegen mangelnder Daten wissenschaftlich noch nicht geklärt ist; 3. »in den meisten Testreihen als nichtkanzerogen identifizierte Stoffe, die jedoch in anderen Versuchsreihen leicht kanzerogene Aktivitäten entfalteten«, und 4. »mit einer zusätzlichen Gruppe von sechsundvierzig Chemikalien, die als ›nichtkanzerogen oder wahrscheinlich nichtkanzerogen‹« beschrieben wurden. Schließlich gab es noch eine Kategorie von Daten, die so »unzulänglich« waren, daß sich überhaupt nicht mehr sagen ließ, ob die entsprechenden chemischen Substanzen kanzerogen oder nichtkanzerogen sind.[17]

Trotz dieser Klassifizierungsprobleme hatte Ames 1975 verkündet, er und seine Mitarbeiter hätten nur »wenige« Falsch-Positive entdeckt, das heißt, daß es einen hohen Korrelationsgrad zwischen Nichtmutagenen und Nichtkanzerogenen gebe. Und drei Jahre später erklärte Joyce McCann: »...ich glaube nicht, daß sich unter den Substanzen, die wir in unseren Testreihen als positiv klassifizierten, die sich jedoch im Tierversuch als nichtkanzerogen erwiesen, sich auch nur ein einziges Beispiel eines echten Falsch-Positivs findet.« Im Grunde genommen hielt McCann das Problem falsch-positiver Befunde für bedeutungslos und räumte nur ein, daß diese Möglichkeit immerhin bestehe.[18]

Es ist verständlich, daß die Genetiker mehr Vertrauen in ihr eigenes Fach setzen als in Kanzerogenitätstests. Man kann auch noch annähernd nachvollziehen, warum Ames und McCann, wann immer Mutagentest-

mit Kanzerogenitätstestergebnissen kollidierten, intuitiv den Mutagentests eine größere Verläßlichkeit zuerkannten. Dennoch, falls die im Tierversuch gewonnenen – besonders die auf Nichtkanzerogenität hindeutenden – Daten wirklich so unzuverlässig sind, wie McCann und Ames es behaupten, so sind sie wohl kaum geeignet, die Konstatierung von Korrelationen zu stützen. Spätestens 1978 war in bestimmten wissenschaftlichen Kreisen bekannt, daß der Mutagentest für ganze Klassen von Kanzerogenen keine Erklärung zu bieten hatte und Substanzen als kanzerogen auswies, auf die dieses keinesfalls zutraf. So geriet der Ames-Test unvermeidlich in das Zentrum der wissenschaftlichen Kontroverse.

Fragen der wissenschaftlichen Gültigkeit

Während der 1978 vom Amt für Sicherheit und Gesundheit am Arbeitsplatz (OSHA) veranstalteten Hearings entbrannte eine Kontroverse über den wissenschaftlichen Wert des Ames-Tests, aber auch anderer Mutagentestverfahren. Hauptstreitpunkt war die Bedeutung des Terminus »wissenschaftlich verbindliches Testverfahren«, und das veröffentlichte Material reflektierte diese Uneinigkeit. So hieß es in dem vom OSHA publizierten Bericht:

Die unterschiedlichen Argumente machten deutlich, daß die Vorstellungen über die wissenschaftliche Verbindlichkeit eines Testverfahrens von Wissenschaftler zu Wissenschaftler variierten. Manche verstanden unter »Verbindlichkeit« Reproduzierbarkeit, während für andere der Begriff mit Standardisierung identisch war. Wieder andere verstanden unter dem Terminus den Grad der Korrelation zwischen den Ergebnissen von Mutagenitäts- und Kanzerogenitätstests. Aber selbst die Verwendung dieser Begriffe war wiederum mehrdeutig. So bezeichneten beispielsweise einige Wissenschaftler mit dem Begriff Reproduzierbarkeit die Möglichkeit, die Ergebnisse eines Kurzzeittests in anderen gleichartigen Tests zu wiederholen; andere Wissenschaftler wiederum verwendeten diesen Terminus, um in verschiedenen an Tieren durchgeführten Langzeitversuchen erzielte übereinstimmende Ergebnisse zu kennzeichnen. Noch andere verstanden unter Reproduzierbarkeit die Möglichkeit, innerhalb eines Laboratoriums mittels ein und desselben Testverfahrens immer wieder das gleiche Ergebnis zu erzielen. Der Begriff der Standardisierung bezog sich im Verständnis der meisten Wissenschaftler auf Kriterien der Protokollierung von Testergebnissen. Dann wiederum verwandten die gleichen Wissenschaftler den gleichen Begriff in anderen der vorstehend beschriebenen Zusammenhänge.[19]

Für das OSHA war es »klar«, daß ein Großteil der hinsichtlich der Verbindlichkeit von Testverfahren herrschenden Unstimmigkeiten eher semantischen als sachlichen Ursprungs sei. Noch klarer war allerdings eines: Die genannten Unstimmigkeiten reflektierten nur den Umstand, daß die umstrittenen Testverfahren selbst niemals einer gründlichen Prüfung unterzogen worden waren. Wenn Wissenschaftler aufrichtig den Wert eines Testverfahrens feststellen möchten, dann werfen sie sich nicht in aller Öffentlichkeit gegenseitig beliebige Definitionen an den Kopf oder bringen – wie Joyce McCann – ihre persönlichen Gefühle zum Ausdruck, sondern sie führen seriöse Untersuchungen durch. In diesen Untersuchungen werden standardisierte Substanzen von Wissenschaftlerteams »blind« getestet, das heißt, die Tester haben keine Ahnung, was sie eigentlich testen, und können folglich auch nicht bewußt oder unbewußt Einfluß darauf nehmen, daß die Testergebnisse ihrer Meinung oder ihren Wünschen entsprechen. Laut H. V. Malling, jenem Genetiker, der das erste Buch über die metabolischen Aktivitäten der Mutagene publiziert hat, lag bis 1977 keine vollständige Blindstudie über Mutagentests vor.[20]

1978 wurde schließlich vom »Internationalen Forschungsprogramm zur Auswertung von Kanzerogenitäts-Kurzzeittests« eine entsprechende Blindstudie angestellt.[21] Es handelte sich dabei um eine klassische Blindstudie: Man ließ 25 im Tierversuch nachgewiesene Kanzerogene beziehungsweise 17 Nichtkanzerogene in Laboratorien verschiedener Länder untersuchen, und keiner der beteiligten Wissenschaftler wußte vor dem Abschluß der Studie, welche chemischen Substanzen Gegenstand des Testverfahrens seien. Das Forschungsprojekt hatte in England begonnen und wurde vom Nationalinstitut für Umwelthygienische Wissenschaften (NIEHS) und der Umweltschutzbehörde (EPA) in Amerika und dem Nationalen Krebsforschungsinstitut in Japan übernommen.[22] Der Koordinationsausschuß bestand entsprechend aus hervorragenden wissenschaftlichen Repräsentanten aller drei Länder. Die Amerikaner waren Frederick J. de Serres und Michael D. Shelby vom NIEHS. Japan war durch Takashi Sugimura vertreten, Großbritannien schließlich durch Bryn Bridges von der Universität von Sussex, Peter Brooks vom Institut für Krebsforschung am Royal Cancer Hospital und John Ashby und Ian Purchase von der ICI (Imperial Chemical Industries). Takashi Sugimura und Ian Purchase, zwei der Wissenschaftler, auf deren Aussage sich McCann und Ames in erster Linie gestützt hatten, arbeiteten somit an der Bewertungsstudie mit.[23]

Im Dezember 1979 fand am Nationalinstitut für Umwelthygienische Wissenschaften eine Veranstaltung statt, auf der Mitglieder des Koordinationsausschusses – de Serres, Shelby, Ashby und Purchase – das Projekt erläuterten und erste Ergebnisse mitteilten. Ein Großteil des Berichts war sehr spezifisch, die Hauptschlußfolgerungen hingegen nicht; die meisten davon bezogen sich sowohl auf Tierversuche als auch auf Mutagentests.

Die Entdeckung, daß es auf dem Feld der Tierversuche erhebliche Schwierigkeiten gebe, fand in dem Bericht ihre Bestätigung. Weiter wurde darauf verwiesen, daß die Klassifizierung von Kanzerogenen und Nichtkanzerogenen Probleme bereitet habe. Der Ausschuß erklärte, hinsichtlich gewisser Substanzen lägen sich widersprechende Tierversuchsergebnisse vor; gewisse Stoffe seien von den einen als kanzerogen, von anderen hingegen als nichtkanzerogen bezeichnet worden. Der Ausschuß hatte ein »Expertengremium« zusammengerufen; dieses Gremium sollte eine »unabhängige Meinung« über die Begriffe Kanzerogenität und Nichtkanzerogenität abgeben. Es bestand aus Lorenzo Tomatis von der Internationalen Krebsforschungsbehörde (IARC) in Lyon, R. Preussmann vom Deutschen Zentrum für Krebsforschung in Heidelberg und D. B. Clayson vom Eppley Krebsforschungsinstitut in Omaha. Dieses Expertengremium setzte fest, was per definitionem unter einem Kanzerogen zu verstehen sei, und das, obwohl es bestimmte chemische Substanzen gibt, die in der Literatur einmal als kanzerogen, ein andermal als nichtkanzerogen bezeichnet werden. Die Definition eines Nichtkanzerogens erwies sich jedoch als äußerst schwierig. Das Expertengremium hatte keine Publikation finden können, in der Nichtkanzerogenität definiert oder Kriterien einer solchen Definition angegeben worden wären. Es bereitete den Experten daher große Probleme zu entscheiden, was denn nun eigentlich ein Nichtkanzerogen sei. Sie unterteilten die Nichtkanzerogene deshalb schließlich in drei Klassen – solche, für die der Nachweis eindeutig ist, solche, über die kaum etwas bekannt ist, und eine Zwischenkategorie. Der Koordinationsausschuß erklärte: »... diese Schwierigkeit, Kanzerogenität angemessen zu definieren, gilt auch für alle bisher angestellten Studien über den wissenschaftlichen Wert von Kanzerogenitäts-Kurzzeitstudien«.[24]

Auch die Entdeckung, daß Mutagentests trotz bemerkenswert hoher Korrelationsgrade bei der Bestimmung ganzer Klassen chemischer Kanzerogene (Falsch-Negative) versagen, fand Bestätigung. John Ashby, ein Mitglied des Koordinationsausschusses, stellte die Schätzung auf, daß »etwa ein Viertel bis ein Drittel aller Kanzerogene im Salmonellentest unentdeckt bleiben«.[25]

Die Entdeckung von Falsch-Positiven – das heißt die Tendenz, daß in Bakterientests auch Nichtkanzerogene mutagen reagieren – wurde ebenfalls bestätigt.

Eine Kategorie von Kurzzeittestverfahren, die Erforschung der Eigenreparaturfähigkeit von Bakterienkulturen, warf »ernsthafte Probleme«

auf. Solche Bakterien reagieren auch positiv auf Kanzerogene, die normalerweise einen Stoffwechsel verlangen, und zwar auch dann, wenn es gar kein Äquivalent eines Stoffwechsels gibt. Diese Bakterientests signalisierten Kanzerogenität; die Gründe dafür verstand jedoch niemand. Deshalb bereitete dieser Umstand dem Komitee große »Sorge«.[26]

Vier Bakterienpunktmutationstests, einschließlich Ames' Salmonellentest, erwiesen sich als gleichermaßen geeignet, Kanzerogenität vorherzusagen. Die Zahl der von ihnen produzierten Falsch-Positive war jedoch »ausreichend hoch«, um den Ausschuß zu der Schlußfolgerung zu veranlassen, daß diese Tests allein nicht ausreichend seien, sondern durch an Zellen höherer Organismen durchgeführte Testverfahren ergänzt werden müßten. »Wir können uns nicht auf isolierte Bakterientests allein verlassen, sondern dürfen sie nur im Rahmen einer umfassenderen Testanordnung verwenden.« Eine Erklärung für die relativ zahlreichen Falsch-Positive wurde nicht gegeben.[27]

Letztlich gelangte der Ausschuß zu der Auffassung, es gebe zwar zur Kanzerogenitätsbestimmung geeignete Kurzzeittests, aber es gebe kein einzelnes Testverfahren und ebenfalls keine einzelne Versuchsanordnung, die diesem Zweck optimal angemessen seien.[28] Fast alle diese Tests – so der Ausschuß – produzieren Falsch-Negative beziehungsweise Falsch-Positive[29], und je mehr Testverfahren man anwendet, um so größer wird die Zahl der Irrtümer. Wollte man ein ausgeklügeltes System solcher Testverfahren anwenden, so käme das nach Ansicht des Ausschusses einem Roulette mit den zwei Kategorien des Irrtums gleich.[30]

Diese erste Blindstudie bestätigte einige der in den Ames-Test gesetzten Hoffnungen, kollidierte jedoch mit anderen. Sie erwies zwar auf der einen Seite die Effizienz des Tests, zeigte aber auch deutlich die Grenzen seiner Anwendbarkeit. Während die Blindstudie den Nutzen von Mutagentests eindeutig belegte – jedenfalls solange diese fehleranfälligen Testverfahren in eine sie gegebenenfalls korrigierende größere Versuchsordnung eingebettet sind –, machte sie die Illusion, diese Tests lieferten auch für sich genommen akkurate Ergebnisse, zunichte.

Zwar ging der Ames-Test aus all diesen Stürmen als immer noch bemerkenswertes wissenschaftliches Verfahren hervor, aber zwischen Muta- und Kanzerogenese hatte sich eine geheimnisvolle Kluft aufgetan. Außerdem hatten die Genetiker, die sich mit diesem Problem auseinandersetzten, inzwischen herausgefunden, daß im Tierversuch gewonnene Daten für die Bestimmung der Kanzerogenität chemischer Substanzen nicht jenen Zuverlässigkeitsgrad besaßen, wie man ursprünglich angenommen hatte.

Die Prognose

Die erwähnten Probleme sind jedoch im Vergleich zu einer anderen Frage geradezu von zweitrangiger Bedeutung – es handelt sich um die Frage des prognostischen Wertes der verschiedenen Mutagentests. Zwar hatten die Genetiker Beweise dafür gefunden, daß viele im Tierversuch als kanzerogen nachgewiesene Substanzen zugleich auch Mutagene seien, sie wußten jedoch nicht, ob die Kanzerogen-Mutagen-Korrelation auch *umgekehrt* gelte. Sie standen also vor der Frage, ob die Mutagene selbst im allgemeinen Kanzerogene seien. Nur unter Voraussetzung dieser Annahme kann man behaupten, daß aufgrund der Mutagenität einer chemischen Substanz, die nicht im Tierversuch erprobt worden ist, eine Prognose hinsichtlich ihrer Kanzerogenität möglich ist. Dem Laien möchte ich diesen Zusammenhang wiederum mit Hilfe einer Analogie verdeutlichen. Wenn man beispielsweise eine Gruppe von Kriminellen untersucht und bei sämtlichen dieser Personen das Enzym X entdeckt, darf man dann daraus schließen, daß man, wenn man in Zukunft bei einem Menschen das Enzym X entdeckt, mit Sicherheit einen Kriminellen vor sich hat? Das sind ganz eindeutig zwei verschiedene Fragen, die sich ohne langwierige Untersuchungen so nicht beantworten lassen. Obwohl also die allgemeine Überzeugung bestand, daß die meisten im Tierversuch als Kanzerogen nachgewiesenen Substanzen mutagen seien, war die umgekehrte Frage, ob nämlich die meisten Mutagene auch Kanzerogene seien, noch völlig ungeklärt.

1977 erklärte Frederick J. de Serres vom NIEHS, es gebe hinsichtlich dieser Problematik zwei Schulen. Viele Verfechter von Mutagentests seien der Überzeugung, so sagte er, weil wenigstens 90 Prozent aller chemischen Kanzerogene Mutagene seien, müsse auch der Umkehrungsschluß zutreffen. Auf der anderen Seite »gibt es eine ähnlich starke Gruppierung, die den Standpunkt vertritt, daß der tatsächliche Korrelationsgrad weit niedriger liegt«. De Serres verwarf beide Betrachtungsweisen: »Tatsächlich verfügen wir nicht über genügend Datenmaterial, um den Grad der Korrelation zwischen mutagenen und kanzerogenen Aktivitäten zu bestimmen. Nur wenige der mutagenen chemischen Substanzen sind bisher überhaupt hinsichtlich ihrer Kanzerogenität untersucht worden ...« Er warnte davor, sich ausschließlich auf ein einziges Testverfahren, wie etwa den Salmonellentest, zu verlassen, da andernfalls »falsche Beschuldigungen und ein verfrühtes Verbot wirtschaftlich wichtiger chemischer Substanzen« die Folge sein könnten.[31]

Anläßlich der 1978 vom OSHA veranstalteten Hearings äußerte sich Joyce McCann ebenfalls zu diesem Thema: »Es liegen inzwischen ziemlich eindeutige Beweise dafür vor, daß alle auf Mensch und Tier kanzerogen wirkenden Substanzen zugleich auch mutagen sind. Es ist jedoch eine andere Frage, ob Chemikalien, die sich in Kurzzeittests als mutagen erwiesen haben, auch als kanzerogen zu gelten haben (d. h., sind Mutagene kanzerogen?). Hinsichtlich einer Bewertung von Kurzzeittests als Kanzerogenitätsindikatoren ist diese letzte Frage von besonderer Bedeutung.« Die Gewinnung solcher Daten ist, wie sie einräumte, zeitaufwendiger, da man ohne Tierversuche an solches Material nicht herankommt. Obwohl sie der Überzeugung Ausdruck verlieh, daß nur wenige Falsch-Positive zu erwarten seien, und dafür eintrat, auch in staatlichen und behördlichen Zulassungsverfahren für chemische Substanzen Mutagentests anzuwenden, sprach sie dennoch die Empfehlung aus, man solle etwaige Korrelationen genau beobachten.[32]

Die Genetiker sahen sich aber auch noch mit einem anderen prognostischen Problem konfrontiert. Sie wußten nicht, mit welcher Kategorie von Mutationen Krebs letztlich zusammenhing. Einige Jahre früher war das Postulat aufgestellt worden, die Kanzerogenese stehe in einem Zusammenhang mit einem bestimmten Mutationstypus, dem sogenannten »Frameshift«. Aber, wie Bryn Bridges berichtet, haben Experimente ganz klar die Unhaltbarkeit dieser Hypothese gezeigt. Einige Klassen chemischer Kanzerogene lösten die erwarteten Mutationen aus, andere Klassen hingegen lösten eine andere Kategorie von Mutationen aus, die sogenannte Base-pair-Substitution, und wiederum andere Klassen chemischer Substanzen verursachten beide Mutationstypen. Es fehlte an Einheitlichkeit, an einem gemeinsamen Nenner.[33] Auch 1980 hatte man auf diese Frage noch keine Antwort gefunden. Wie Bernard D. Davis von der Harvard Medical School konstatierte, ist es zwar gelungen, einen Zusammenhang zwischen Kanzerogenese und Mutagenese herzustellen, aber auf die meisten grundlegenden Fragen gibt es nach wie vor keine Antwort. Die erste dieser ungelösten Fragen ist nach seiner Aussage unsere Unfähigkeit, spezifische Mutationen zu benennen, die mit kanzerogenen Wirkungen in einem Zusammenhang stehen.[34]

Schließlich ist nur sehr wenig über die Wirkung mutagener chemischer Substanzen auf den Menschen bekannt. Lawrence Fishbein stellte 1972 fest: »...gegenwärtig gibt es keine Möglichkeit, die Folgen chronischer Mutageneinwirkung auf den Menschen zu bestimmen.« Sechs Jahre später konstatierten britische Wissenschaftler unter Berufung auf Fishbein, daß die Situation nach wie vor unverändert sei.[35] In diesem wissenschaftlichen Vakuum verließen sich manche Genetiker auf mehr oder weniger begründete Spekulationen. 1977 ließen Ames und McCann verlauten: »Nach unserer Überzeugung sind diese Schäden (der DNS durch umweltbedingte Mutagene), die sich im Laufe des menschlichen Lebens summieren, Ursache der meisten Krebserkrankungen des Menschen; sie haben darüber hinaus genetische Folgen, tragen höchstwahrscheinlich erheblich zum Alterungsprozeß bei... und verursachen Herzerkrankungen.« Solche Schäden können, wie die beiden Wissenschaftler meinten, in »fortgeschrittenen Gesellschaften« auch eine Ursache für »Gebrechlichkeit« und »Tod« sein.[36]

Es handelt sich bei alledem jedoch nur um »persönliche Überzeugungen«, und die Disziplin der Genetik hat sich darüber in zwei Gruppen aufgespalten, in jene, die auf der Grundlage derartiger »persönlicher Überzeugungen« einer staatlichen Reglementierung der Industrie das Wort reden, und in jene, die das für keine geeignete Lösung halten. Viele Genetiker, die sich aufs Spekulieren einlassen und auf der Basis ihrer Spekulationen für eine staatliche Reglementierungspolitik eintreten, arbeiten aktiv mit den entsprechenden amtlichen Stellen zusammen. Die beschränkten Möglichkeiten, etwaige für den Menschen bestehende Risiken richtig einzuschätzen, können sie nicht daran hindern, entsprechende Schätzungen dennoch anzustellen. Eine 1979 mit Unterstützung der EPA im Cold Spring Harbor Laboratory veranstaltete Konferenz publizierte einen Bericht unter dem Titel *Assessing Chemical Mutagens: The Risk to Humans*. Die Teilnehmer dieser Konferenz waren verzweifelt darum bemüht, einen Weg zu finden, wie sich die an Bakterien und an den Zellen der Drosophilafliege gewonnenen Testergebnisse auf dem Umweg über Mäuse und Klammeraffen auf den Menschen extrapolieren lassen. Auf diese Weise sollte es möglich sein, den Menschen betreffende Risikoschätzungen anzustellen, um auf diesem Weg den Behörden Zahlenmaterial zuzuspielen, das es diesen gestatten würde, mutagene Substanzen zu verbieten. Diese Gruppe von Genetikern setzte sich derart vehement für zusätzliche Forschungsmittel und für ein Verbot mutagener chemischer Substanzen ein, daß Victor K. McElheny, der Direktor des Banbury Center, in einem Vorwort zu dem Konferenzbericht, erklärt: »In der Konferenz wurde mehrfach daran erinnert, daß ausgedehnte Forschungsarbeiten nicht notwendig immer umfassendere und beschwerlichere staatliche Verbote nach sich ziehen müssen.«[37] Über den Zusammenhang zwischen dem Ruf nach immer mehr staatlichen Eingriffen und dem Mangel an wissenschaftlich gesicherten Tatsachen erklärte James V. Neel von der Universität von Michigan seinen Kollegen: »Sie haben sich selbst und die Öffentlichkeit in eine Art Psychose hineingeredet.«[38] Er sagte, die Berechnungen, an denen sie arbeiteten, seien gar nicht möglich, solange für den Menschen verbindliches genetisches Datenmaterial fehle, im übrigen verstießen sie gegen die wissenschaftliche Disziplin, wenn sie bedeutungsloses Zahlenmaterial an staatliche Stellen weiterreichten; schließlich erklärte er, er sehe keinen Grund dafür, weshalb »ich meinen Berufsstand prostituieren sollte«.[39] James D. Watson vom Cold Spring Harbor Laboratory erwiderte hierauf, Neel sei zu »akademisch« und sei im Grunde genommen nur der Ansicht, »wir sollten uns nicht exponieren«.[40] Moralische Empörung lag in der Luft, doch selbst die glühendsten Verfechter restriktiver gesetzlicher Bestimmungen konnten Neels Grundaussage, daß nämlich für den Menschen verbindliches genetisches Datenmaterial fehle, nicht entkräften.

Nicht alle Wissenschaftler sind der Meinung, es sei »akademisch« und feige, wenn man zunächst versucht, ein Problem zu verstehen, bevor man sich überstürzt daranmacht, es auf gesetzlichem Wege zu »lösen«. Es gibt Forscher, die wegen der unpräzisen Korrelationen zwischen Mutagenen und Kanzerogenen, der bedenklich hohen Falsch-Positiv- und Falsch-Negativ-Rate und unserem mangelnden Wissen über den Zusammenhang von Mutationen und Krebsentstehung der Meinung sind, die Idee, Mutagenitätstests sollten zur Feststellung von Kanzerogenität dienen, sei nicht gerade das Nonplusultra. 1976 erklärte ein Wissenschaftler: »Wenn wir diesen Test als Kanzerogenitätstest anwenden, so ist das ungefähr so, als wenn man – weil es dort gerade hell ist – unter einer Straßenlampe nach einer Münze sucht, die man einige Straßen entfernt verloren hat.« H. P. Burchfield und Eleanor Storrs schlossen sich 1977 dieser Kritik an.[41] Sie läßt sich wie folgt übersetzen: Es gibt Mutagentests; sie lassen sich schnell und billig durchführen – was jedoch noch lange nicht heißt, daß sich mit ihrer Hilfe auch Krebs prognostizieren läßt. Daran hatte sich laut Bernard Davis auch 1980 noch nichts geändert. Auf die entscheidenden Fragen gab es einfach keine Antwort.

Die Theorie

Inzwischen war am Horizont ein neues Problem aufgetaucht: Während die enthusiastischen Verfechter der Mutationstheorie der Krebsentstehung hinsichtlich des Wertes ihrer statistischen Berechnungen zunehmend verunsichert wurden, tauchte als zweites Problem eine biologische Anomalie auf, an der die Wissenschaft nicht vorbeigehen konnte. Ich möchte daher dem Leser zuvor einige Hintergrundinformationen geben. Zwar hatte die Mutationstheorie der Kanzerogenese niemals allgemeine Anerkennung gefunden; unter dem Eindruck von Ames' 90-Prozent-Korrelation war diese Tatsache jedoch fast in Vergessenheit geraten. Als die Wirkung dieses Eindrucks nachließ, zeigte sich, daß diese mangelnde Übereinstimmung von großer Bedeutung war. Angelpunkte der Kontroverse waren zwei verschiedene Theorien der Krebsentstehung. Die eine von beiden, die Mutationstheorie, wird auch als die »genetische« Theorie der Krebsentstehung bezeichnet; sie geht davon aus, daß Malignität von einer mutierten Zelle ausgelöst wird. Ihre Kontrahentin ist die »epigenetische« Theorie der Krebsentstehung, eine Theorie, derzufolge Malignität eher auf eine veränderte Regulierung der Gene als auf mutationsbedingte Veränderungen ihrer Struktur zurückzuführen ist. Die meisten Argumente der Verfechter der Mutations- oder der genetischen Theorie habe ich bereits referiert, aber zwecks Verdeutlichung der Streitpunkte werde ich sie an dieser Stelle noch einmal wiederholen. Hier also noch einmal in der gebotenen Kürze die Argumentation. Aus Gründen, die erst später verständlich werden, ist es in diesem Zusammenhang zunächst einmal wichtiger zu wissen, daß diese Argumente existieren, als sie völlig zu *verstehen.* Die folgenden Informationen verdanke ich P. N. Magee, einem prominenten Kanzerogeneseforscher:[42]

- Die Verfechter der genetischen Theorie der Krebsentstehung vertreten die Überzeugung, in Tumoren seien Aberrationen der Chromosomen weit verbreitet; die Vertreter der epigenetischen Theorie betonen hingegen, daß zahlreiche in einem frühen Stadium befindliche Tumoren keine chromosomalen Abnormitäten aufweisen.
- Die Vertreter der genetischen Krebstheorie behaupten, die meisten Kanzerogene seien Mutagene; die Verfechter der epigenetischen Theorie halten dagegen, nicht alle Mutagene seien Kanzerogene.
- Die Vertreter der genetischen Theorie stellen fest, daß chemische Kanzerogene und Strahlung gleichermaßen in Interaktion mit der DNS treten; die Vertreter der epigenetischen Theorie weisen darauf hin, daß chemische Kanzerogene und Strahlung ebenfalls mit der DNS und den Proteinen interagieren.
- Verfechter der genetischen Theorie behaupten, daß Krankheiten wie Xeroderma pigmentosum und Ataxia telangiectasis eindeutig auf einen mutationsbedingten Ursprung von Krebserkrankung hinweisen. Diese Krankheiten sind durch eine mangelhafte DNS-Reparatur gekennzeichnet; die betreffenden Menschen sind besonders anfällig für durch UV- und Röntgenstrahlen verursachte Krebserkrankungen. Die Vertreter der epigenetischen Theorie erklären demgegenüber, diese bei-

den Krankheiten seien möglicherweise einzigartige Beispiele für dieses Phänomen.

- Verfechter der genetischen Theorie behaupten, mit großer Wahrscheinlichkeit seien Tumoren Klone einer einzigen Zelle; die Vertreter der epigenetischen Theorie erklären hingegen, daß Tumoren nicht notwendigerweise Klone einer einzigen Zelle seien und durchaus Folge epigenetischer Veränderungen sein können.
- Die Verfechter der genetischen Theorie heben hervor, daß auf zellulärer Ebene sich vollziehende maligne Veränderungen unwiderruflich sind; die Vertreter der epigenetischen Theorie hingegen betonen, daß auf zellulärer Ebene sich vollziehende maligne Veränderungen nicht notwendig irreversibel sein müssen, daß spontane Rückbildungen durchaus möglich sind und daß maligne Zellen sich durchaus gelegentlich in normales Gewebe zurückentwickeln.

Jedes dieser zahlreichen Argumente ist in der Literatur ausführlich diskutiert worden; wir wollen uns hier jedoch nur mit den beiden Hauptfragen beschäftigen. Die erste bezieht sich auf die Beweisgrundlage der genetischen Theorie, die sich einzig und allein auf ein äußerst seltenes Krankheitsbild stützt. Die Hauptstütze der genetischen oder Mutationstheorie ist – wie bereits vorstehend ausführlich erläutert – die Entdeckung, daß an Xeroderma pigmentosum Erkrankte nur über ein mangelhaftes DNS-Reparatur-System verfügen und daher besonders empfindlich auf ultraviolette Strahlung reagieren. Diese Entdeckung verdanken wir den beiden Wissenschaftlern James Cleaver und James Trosko; sie galt manchen als unabweisbarer Beleg für die Richtigkeit der Mutationstheorie. 1979 sprach jedoch James Cleaver selbst die Warnung aus, die Ableitung einer allgemeinen Mutationstheorie aus nur einem Krankheitsbild sei eine unzulässige Verallgemeinerung. Er wies darauf hin, daß es andere genetisch bedingte Krankheiten gebe, für die ebenfalls eine defekte DNS-Reparatur charakteristisch sei, die deshalb jedoch noch lange nicht die gleiche Grundstruktur aufweisen. Einige davon könne man zwar durchaus mit mutagenen Vorgängen in Verbindung bringen, andere mit Malignität; leichtfertige Verallgemeinerungen seien jedoch unstatthaft.[43] Cleaver zufolge war das berühmte Beispiel der Xeroderma überstrapaziert worden, um die Mutationstheorie der Krebsentstehung zu »beweisen«.

Die Mutationstheorie der Krebsentstehung sollte aber noch einen weiteren, weit mächtigeren Stoß erhalten. Er bezog sich auf die These, die bei der Krebsinduzierung auftretenden Zellveränderungen seien irreversibel. P. N. Magee zufolge, der damit die allgemein anerkannte Lehrmeinung wiedergibt, ist eine Mutation eine »vererbliche« Veränderung innerhalb eines Mikroorganismus oder einer Körperzelle[44]; unter »vererblich« ist dabei eine dauerhafte, irreversible Veränderung zu verstehen. In der Theorie der Krebsentstehung steht dieser Begriff für die Fähigkeit solcher Zellen, sich selbst identisch zu reproduzieren. Die Vertreter der Mutationstheorie der Krebsentstehung konnten sich noch mit der Vorstellung abfinden, daß bereits voll ausgebildete Tumoren sich zurückentwickeln, daß Tumoren bzw. Tumorzellen sich sozusagen latent im Körper befinden und daß sich sogar im Anfangsstadium befindliche Neoplasien zurückentwickeln können. Sie zogen jedoch eine strikte Grenze: Vererbliche Zellveränderungen waren für sie irreversibel. Solche Veränderungen sind der Mutationstheorie der Krebsentstehung zufolge unwiderruflich. Für die Mutationstheoretiker war dies eine unumstößliche Gewißheit.

Doch ganz so unumstößlich war dieses Postulat leider nicht: Bereits in den vierziger Jahren war man auf Ausnahmen von dieser Regel gestoßen, zunächst nur vereinzelt, doch bis gegen Ende der siebziger Jahre auf zu viele, um noch darüber hinwegsehen zu können. Auch prominente Wissenschaftler und Forschungsinstitute steuerten entsprechende Entdeckungen bei:

- Es wurde beobachtet, daß sich Gallapfeltumoren, von denen Pflanzen befallen werden, gelegentlich zurückentwickeln. F. Meins von der Universität von Illinois zog darauf die Schlußfolgerung, daß Krebserkrankungen von Pflanzen nicht mutationsbedingt seien.[45]
- Maligne Zellen – wie Neuroblastome und Leukämiezellen – können sich, wie Wissenschaftler beobachtet haben, wieder in den Normalzustand zurückentwickeln. A. C. Braun von der Rockefeller Universität zog daraus den Schluß, jede Erklärung der Krebsentstehung müsse diese potentielle »Umkehrbarkeit« in Rechnung stellen.[46]
- Man führte maligne embryonale Zellen in die Bauchhöhle von Mäusen ein; aber anstatt sich unerbittlich identisch weiterzuentwickeln, bildeten diese Klone sowohl vierzehn voll ausdifferenzierte gutartige Gewebe wie auch embryonale Karzinome. L. J. Kleinsmith und Q. B. Pierce, die das Experiment durchführten, erklärten, dieses Ergebnis unterstütze weder das Postulat von der Irreversibilität der malignen Gewebeveränderung noch die Mutationstheorie der Krebsentstehung.[47]
- Wissenschaftler injizierten einzelne Teratokarzinome beziehungsweise embryonale Krebszellen in die Keimbläschen von Mäusen; die Keimbläschen wurden dann in den Uterus von fünfzehn weiblichen Mäusen

implantiert. Eine ganze Reihe dieser Keime entwickelte sich zu gesunden, krebsfreien jungen Mäusen. Die jungen Tiere wiederum produzierten Sperma, aus dem zahlreiche gesunde Nachkommen hervorgingen. Dieses Phänomen wurde über 200 Generationen hinweg verfolgt. Beatrice Mintz und K. Illmensee, die dieses Experiment durchführten, erklärten, dies sei »ein im Tierversuch gewonnener eindeutiger Beleg dafür, daß bösartige Gewebeveränderungen und ihre Zurückbildung nicht auf Mutationsvorgängen beruhen«.[48]

- Wissenschaftler injizierten die Kerne maligner Adenokarzinomzellen in Froschlaich. Aus diesem Laich entwickelten sich normale Frösche. R. McKinnell, der dieses Experiment gemeinsam mit seinen Mitarbeitern durchführte, meinte, aus dem Resultat könne man schließen, daß die transplantierten, für ein normales Wachstum unentbehrlichen Tumorgene nicht mutiert gewesen seien.[49]
- Leukämiezellen, die man in normales, gesundes Gewebe einbrachte, verursachten *keine* Leukämie, während normale Zellen, die man in ein leukämisch verändertes Gewebe einbrachte, durchaus fähig waren, ein leukämisches Zellwachstum zu verursachen. Nach Aussage von A. Z. Bluming von der Universität von Kalifornien widerspricht dieses Ergebnis dem Postulat, ein mutagenes Ereignis produziere sich selbst klonende Zellen.[50]

Wissenschaftler entdeckten darüber hinaus noch zwei Typen der Kanzerogenese, die mit der Mutationstheorie der Krebsentstehung nicht in Übereinstimmung zu bringen waren. Sowohl ein hormonales Ungleichgewicht als auch die Anwendung der nichtchemischen Stimuli eines unter die Haut eingebrachten Metall- beziehungsweise Plastikfilms verursachten Krebs. Keines der beiden Phänomene, so Isaac Berenblum[51] und John Cairns[52], lassen sich logisch auf mutationsbedingte Veränderungen in einer Zelle zurückführen.

Über Nacht gab es also, wenigstens für all jene Wissenschaftler, die mit der Literatur vertraut und um theoretische Konsistenz bemüht waren, einfach zu viele Unstimmigkeiten. Um es einmal in Thomas S. Kuhns Sprache auszudrücken: Die Mutationstheorie der Krebsentstehung befand sich in der Krise. Im Grunde genommen waren sämtliche damals vorherrschenden Theorien der Kanzerogenese schwer angeschlagen, denn sie alle hatten behauptet, eine zelluläre Initiation sei irreversibel.

In einer Veröffentlichung äußerte sich 1978 Isaac Berenblum über Fragen der Kanzerogenese. Er ging auch auf jenes Datenmaterial ein, das damals im Widerspruch zur gängigen Theorie einschließlich der Irreversibilitätstheorie stand. Er sprach die Vermutung aus, wahrscheinlich sei es ergiebiger, diese Widersprüche wissenschaftlich zu erforschen, als »plausibel klingende Theorien zu entwickeln, die mit einigen wissenschaftlich gesicherten Tatsachen übereinstimmen, andere Fakten jedoch einfach ignorieren«.[53]

Hinsichtlich der Mutationstheorie erklärte 1978 auch James Trosko, man dürfe die Widersprüche nicht länger außer acht lassen. Mit Hinweis auf die von McKinnell und Mintz und Illmensee durchgeführten Experimente erklärte Trosko, daß diese Ergebnisse »uns entweder zwingen, die Mutationstheorie der Krebsentstehung zu verwerfen oder die Theorie der Kanzerogenese so zu verändern, daß sie sowohl die mutations- als auch die epigenetisch bedingten Mechanismen der Kanzerogenese einschließen«.[54] Gemeinsam mit seinem ebenfalls an der Michigan State University arbeitenden Kollegen Chia-Cheng Chang schlug er deshalb eine derartige Modifikation vor. Sie kombinierten die genetische und die epigenetische Theorie der Kanzerogenese und der Initiations-Promotions-Theorie der Krebsentstehung und postulierten, die Mutagenese sei die Ursache der Initiation, während epigenetische Mechanismen für die »reversible Phase der Promotion« verantwortlich seien.[55] Das war eine sehr elegante Hypothese, denn sie gestattete es sowohl den Mutations- als auch den Kanzerogenesetheoretikern, sich verstärkt dem Initiationsvorgang zuzuwenden und das ganze irritierende Problem der Reversibilität – oder der Umkehrung genetischer Veränderungen – auf die Promotoren abzuwälzen. Unglücklicherweise ließ diese Theorie jedoch eine zentrale Tatsache außer acht, und man braucht sich nur ihr Entstehungsdatum anzusehen, um zu wissen warum. 1978 waren erst wenige Promotoren bekannt. Die Initiations-Promotions-Theorie war erst soeben aus ihrer dreißig Jahre alten Beschränkung auf Experimente an Mäusehaut, die mit Krotonöl bestrichen wurde, befreit worden. Ein Jahr früher, 1977, hatte P. N. Magee noch berichtet, der in der Forschung am meisten Verwendung findende Promotor sei das Krotonöl.[56] 1978 räumte auch Berenblum selbst ein, daß zum damaligen Zeitpunkt die meisten zur Stützung der Initiations-Promotions-Theorie dienenden Daten aus an der Haut von Mäusen vorgenommenen Experimenten stammten.[57] Um jedoch die Nonmutagenität sämtlicher Promotorsubstanzen zu beweisen, reichten eine allgemeine Idee und ein paar Beispiele nicht aus; es bedurfte dazu qualifizierter Untersuchungen, die einen zwischen Promotorstoffen und Nonmutagenität bestehenden hohen Korrelationsgrad eindeutig belegten. Aber solche Daten existierten überhaupt nicht. Trosko und Chang waren auf Widersprüche gestoßen und waren im Galopp herbeigeeilt, um eine ihnen lieb gewordene

Theorie zu retten, nämlich das Postulat, eine einmal erfolgte Initiation sei irreversibel, ihre Hypothese war jedoch nichts weiter als – eine Hypothese.

Viele Wissenschaftler, und zwar selbst solche, die der Mutationstheorie der Krebsentstehung Sympathien entgegenbrachten, waren dennoch vorsichtig genug, um auf die Grenzen dieser Theorie hinzuweisen. John Cairns erklärte beispielsweise, die Vorstellung, bereits die Initiation bewirke eine Mutation, habe »vieles für sich«, sie sei jedoch zugegebenermaßen nicht in ausreichendem Maße wissenschaftlich bestätigt; das Phänomen der Promotion nannte er »schemenhaft«.[58] Auch Berenblum war ein überzeugter Anhänger der Theorie; er schrieb jedoch mit der gebührenden Zurückhaltung, daß »in der Initiationsphase der Kanzerogenese« und daß die in der Promotionsphase sich vollziehenden Wirkungen »vermutlich epigenetischer Natur« seien. In seiner Analyse der dieser Theorie innewohnenden Widersprüche wies er darauf hin, daß beide Annahmen jedoch »bisher unbewiesen sind«.[59]

Andere Wissenschaftler haben darauf hingewiesen, die Annahme, die Initiation sei eine Mutation, sei möglicherweise falsch. Ihre Begründung ist im wesentlichen immer die gleiche. Sie verweisen nämlich übereinstimmend darauf, daß die Mechanismen der Kanzerogenese und die Mutationsmechanismen möglicherweise nicht identisch sind. Auch die Millers warnten davor, die zwischen mutagenen und kanzerogenen chemischen Substanzen bestehende Korrelation als Beweis für die Identität von Kanzerogenese und Mutagenese zu betrachten. Sie wiesen darauf hin, daß solche Korrelationen vielleicht nur »die nukleophilen Eigenschaften der Zielorte widerspiegelt, die der Muta- und der Kanzerogenese gemeinsam sind«.[60] So stellte auch Sugimura fest: »Möglicherweise sind die Kanzerogenese- und die Mutationsmechanismen verschieden, so daß wir beide Vorgänge getrennt betrachten müssen, wenngleich Kanzerogene und Mutagene sich teilweise überschneiden.«[61] In England haben N. Bishun und seine Mitarbeiter ähnliche Vorbehalte zum Ausdruck gebracht: »...es ist nicht selbstverständlich, daß eine mutagene chemische Substanz, die chromosomale Abnormalitäten auslöst, auch notwendigerweise kanzerogen ist, obwohl es hinsichtlich der Interaktion mit der DNS durchaus Parallelen geben mag...« Diese britischen Wissenschaftler behaupten sogar, daß es nicht nur schwierig sei, eine enge Korrelation zwischen Muta- und Kanzerogenese festzustellen, sondern »daß beinahe jede chemische reaktive Verbindung, wenn man sie unter Zuhilfenahme einer Vielzahl von Methoden testet, sich in der ein oder anderen Versuchsanordnung als mutagen erweisen wird«.[62] Wenn man sich einmal all die »Wenn und Aber« näher ansieht, so stellt man fest, daß sie sämtlich die Funktion haben, etwas über den Schleier der Unwissenheit, der den Mechanismus der Kanzerogenese nach wie vor verhüllt, auszusagen.

Schließlich gibt es noch eine Reihe von Wissenschaftlern, die es für nötig befunden haben, ausdrücklich auf die Unwissenheit hinzuweisen, die hinsichtlich der Mechanismen der Muta- und Kanzerogenese trotz aller Spekulationen immer noch herrscht. Auf einer in New York abgehaltenen Konferenz erklärte 1979 John Higginson, der Direktor der Internationalen Krebsforschungsbehörde (IARC), die Behauptung, die Initiation von Krebs sei irreversibel, sei völlig willkürlich: »Wir haben beschlossen, die Initiation sei per definitionem nonreversibel, und weil mit dem Wort Initiation der Krankheitsbeginn bezeichnet wird, ist sie angeblich nicht reversibel.« Er stellte fest, es gebe eine Tendenz, selbst angesichts weitgehender Unwissenheit »wissenschaftliche Antworten wie Gesetze zu verkünden« beziehungsweise »Definitionen zu erlassen«. Er sprach die Befürchtung aus, daß, falls der »amerikanische Kongreß oder andere« dieser Definition den Charakter einer gesetzlichen Bestimmung verleihen, diese Definition tatsächlich irreversibel werden könnte, jedoch auf eine Weise, wie es für die Wissenschaft wenig wünschenswert sei.[63]

Während Higginson seine Rede hielt, wurde auf den vom Amt für Sicherheit und Gesundheit am Arbeitsplatz (OSHA) durchgeführten Hearings genau eine solche Gesetzgebung gefordert. Dort wurden alle in den beiden vorhergehenden Kapiteln behandelten Standpunkte diskutiert und als Grundlage einer offiziellen Reglementierungspolitik anerkannt. William Lijinsky, ein prominenter Krebsforscher, der auch als Experte an diesen Hearings teilnahm, hat beschrieben, welches Ausmaß an Unwissenheit all diese Theorien, Spekulationen und Annahmen über den Mechanismus der Krebsentstehung zugrunde lag:

> Leider verstehen wir bis heute den Wirkmechanismus der Kanzerogene auf biochemischer Ebene nur sehr rudimentär. Die meisten der in den letzten fünfzig Jahren aufgestellten Hypothesen sind inzwischen widerlegt, und der Rest ist inadäquat. Während auf dem Gebiet der Stoffwechselforschung von den Millers ausgezeichnete Arbeit geleistet wurde... sowie hinsichtlich der polynuklearen chemischen Verbindungen von einer ganzen Reihe von Forschern und schließlich auch hinsichtlich der N-nitroso-Verbindungen von Magee und anderen, fehlt es uns an einem tieferen Einblick in jenen Mechanismus, durch den chemische Kanzerogene eine Neoplasie auslösen...
>
> Während die Theorie an sich vernünftig klingt, gibt es jedoch keine Beweise dafür, daß die Kanzerogenese eine Mutation des Zellchromatins einschließt, und der Vorgang ist vermutlich eher epigenetisch als genetisch. Der Zielort des Kanzero-

gens in der Zelle ist nicht bekannt; gelegentlich heißt es, es handle sich dabei um die DNS... Man kann natürlich daran glauben, daß eine Reaktion mit der DNS Bestandteil der Kanzerogenese ist, belegen läßt sich diese Überzeugung allerdings kaum. Es gibt folglich auch keine Beweisgrundlage für die These, daß ein Molekül eines Kanzerogens bereits ausreicht, um Krebs zu verursachen. Die vorliegenden Erkenntnisse sagen uns allerdings genausowenig, wie viele Moleküle eines Kanzerogens notwendig sind, um Krebs zu verursachen. Diese Zahl ist irgendwo zwischen 1 und unendlich anzusiedeln.[64]

Lijinsky deckte nicht nur die der Mutationstheorie der Krebsentstehung zugrundeliegende Ungewißheit auf, er fegte auch mit wenigen Worten das Phänomen der Antikanzerogene vom Tisch und stellte ebenso die Basis der Initiations-Promotions-Theorie in Frage. Er räumte ein, daß Promotoren durchaus möglich seien, »obwohl wir sehr wenig darüber wissen, was sie sein könnten und wodurch sie charakterisiert sind«. Er faßte dann die Initiations-Promotions-Theorie ganz knapp zusammen und sagte: »Obwohl dieses Modell interessant und auch philosophisch befriedigend ist, sind doch die Beweise dafür, daß es für andere Krebsarten als Hautkrebs von Bedeutung ist, nur sehr dürftig.«[65]

Lijinskys Feststellung entzieht mehr oder weniger allen in den vorstehenden beiden Kapiteln dargelegten Theorien die Grundlage, und in gewisser Hinsicht tut sie das tatsächlich. Was er sagen wollte, war, daß keine der Theorien eine solide biologische Grundlage aufweist, und das ist ja ganz offensichtlich tatsächlich der Fall. Immer wieder werden auf wissenschaftlichen Konferenzen die ungelösten Probleme dieses Forschungsbereiches analysiert. Sehr eloquent und lehrreich äußerte sich auf einer zu Ehren von Berenblum und Shubik veranstalteten Konferenz zu diesem Thema Frederick F. Becker von der Universität von Texas. Becker erklärte 1982 auf dieser Konferenz folgendes:

In vielerlei Hinsicht ist die Erforschung der chemischen Kanzerogenese dem Versuch verwandt, den gordischen Knoten zu lösen. Wenn man einen vielversprechenden Faden verfolgt, so stößt man unweigerlich auf eine beängstigende Zahl neuer Geheimnisse und Verwirrungen; denn obwohl wir akzeptieren, daß die chronische Einwirkung eine Reihe von chemischen Agenzien auf das Gewebe von Säugern häufig ein bösartiges Wachstum der betreffenden Zellen verursacht, gibt es dennoch keine Phase oder Facette dieses Vorgangs, angefangen von der ursprünglichen Einwirkung auf die Zelle bis hin zum Tod des betreffenden Lebewesens, die wir wirklich vollständig verstehen. Wir können nicht mit Sicherheit sagen, daß dieser Vorgang ausschließlich aus der Zusammenwirkung des »verdächtigen« chemischen Agens mit den Zielzellen resultiert. Dabei hilft uns auch nicht unser Wissen um die Wirkung der Kanzerogene oder der Promotoren, um die Veränderung im

Immunsystem beziehungsweise dem Hormonhaushalt des Wirtsorganismus und um die quälende Möglichkeit, daß die gemeinsame Ursache beider Vorgänge die Freisetzung einer genetischen Komponente sein könnte, eines Inkogens, das im Genom des Wirtsorganismus lauert, und zwar infolge eines weit zurückliegenden »Kontakts« eines mißratenen Virus, einer Art biologischer Erbsünde, die erst durch ein bestimmtes chemisches Agens ans Tageslicht gebracht wird...

Unser Hauptproblem, das immer wieder die unmittelbare Bedeutung all unserer experimentell gewonnenen Ergebnisse herabsetzt und sämtliche unserer Beobachtungen in den Schleier der Ungewißheit hüllt, ist unsere Unfähigkeit zu definieren, was eine maligne Zelle eigentlich genau ist, und darüber hinaus jenes makromolekulare Merkmal zu benennen, das die Grundlage jeglicher Malignität darstellt. Es gibt eine umfangreiche Literatur, in der wir genau beschrieben finden, was in einer solchen Zelle vor sich geht und wie diese Vorgänge ablaufen... das Warum entzieht sich jedoch unserer Kenntnis.[66]

Letztlich ist dieses *Warum* jedoch alles, worauf es ankommt. Dieses *Warum* allein gestattet es der Wissenschaft, Erklärungen und Prognosen abzugeben. Solange dieses *Warum* nicht bekannt ist, wissen wir in gewisser Hinsicht überhaupt nichts, beziehungsweise genauer ausgedrückt: Was immer wir scheinbar wissen oder für plausibel halten, kann über Nacht überholt sein. In der Krebsforschung können daher alle bis hierher beschriebenen Hypothesen und Entdeckungen durch die Entdeckung eines einzigen biologischen Mechanismus hinfällig werden, vorausgesetzt, dieser Mechanismus funktioniert auf eine bisher nicht bekannte Weise. Die Entdeckung komplexer Wirkungszusammenhänge und provozierender Korrelationen in unserer Zeit sowie die zahlreichen Theorien der Kanzerogenese, sie alle sind nur verschiedene Wege der Annäherung an ein zentrales Geheimnis. Und dieses Geheimnis ist das Warum des malignen Zellwachstums.

Gelegentlich wird die biologische mit der physikalischen Grundlagenforschung verglichen. Der Zweck dieses Vergleichs ist es, die Zurückgebliebenheit der Biologie besonders deutlich zu demonstrieren. Lewis Thomas hat konstatiert, es bestehe die allgemeine Annahme, daß Biologie und Medizin über einen viel reicheren Fundus an praktisch verwertbarem Wissen verfügen, als dies tatsächlich der Fall ist. Die biomedizinischen Wissenschaften, einschließlich der Krebsforschung, sind seiner Ansicht nach noch nicht einmal so weit entwickelt, daß ihre Erkenntnisse sich auf den Menschen und seine Krankheiten anwenden ließen. Er vergleicht die biologische und medizinische Grundlagenforschung mit der Physik des frühen zwanzigsten Jahrhunderts, »wie sie ungestüm in immer neue Bereiche vorstößt, ohne jedoch über ein Äquivalent der technischen Fertigkeiten jener

Zeit zu verfügen. Wie unangenehm es auch sein mag, wir müssen uns mit dem Umstand auseinandersetzen, daß wir möglicherweise genausowenig Einblick in die heute noch unverstandenen Krankheiten – beispielsweise Schizophrenie, Krebs oder das Phänomen des Schlaganfalls – haben, wie es 1875 hinsichtlich der Infektionskrankheiten der Fall war...«[67] Den gleichen Standpunkt vertritt auch Berenblum: Nach seiner Ansicht ist die Krebsforschung heute noch nicht einmal so weit wie die physikalische Grundlagenforschung zur Zeit des Ersten Weltkriegs, und diesbezüglich zum gegenwärtigen Zeitpunkt die Entstehung einer angewandten Wissenschaft zu erwarten, hält er schlichtweg für »irrational«.[68]

In gewisser Hinsicht wird die Grundlagenforschung jedoch auf den Menschen angewandt. In einem vom Amt für Sicherheit und Gesundheit am Arbeitsplatz (OSHA) herausgegebenen Papier heißt es: »Inzwischen ist ein wirksames Programm zum Schutz des Menschen vor der Vielzahl umweltbedingter Krebsrisiken in greifbare Nähe gerückt«[69] – und dieses Dokument erschien vor etwa einem Jahrzehnt. Neuerdings bezeichnen solche Behörden wie FDA, EPA und OSHA ihren Aufgabenbereich als »Krebsvorsorge«. Wenn man einmal die äußerst komplizierten Mechanismen der Kanzerogenese und unsere diesbezügliche Unwissenheit in Betracht zieht, so muß man sich wirklich fragen: Wie sind die Reglementierungsfetischisten in der Lage, die theoretischen Erkenntnisse der Grundlagenforschung in praktische Politik und gesetzliche Bestimmungen umzusetzen? Die Antwort auf diese Frage wird ziemlich kurz ausfallen. Aber bevor wir in die regierungsamtliche Welt der Krebsvorsorge eintreten, müssen wir uns noch kurz mit dem Zusammenhang zwischen Grundlagenforschung und dem staatlich behördlichen Gesundheitsapparat beschäftigen. Bereits ein oberflächlicher Blick auf die Haltung einer einzigen Behörde gegenüber der Grundlagenforschung ist ausreichend, um uns auf die nächste Etappe unserer Reise vorzubereiten.

Kapitel 7

Die Brücke zur Reglementierungspolitik

Das OSHA ist der Meinung... Das OSHA ist nicht der Ansicht... Das OSHA vertritt die Überzeugung... Das OSHA lehnt es ab... Das OSHA beabsichtigt... Das OSHA kommt zu dem Schluß... Das OSHA wird bestimmen... Das OSHA macht zur Auflage... Das OSHA schreibt...[1]

OSHA Dokumentation, 1980

Irgendwo zwischen der dem Alltag entrückten Welt der Grundlagenforschung und dem tagtäglichen Lärm der Schlagzeilen, die von den neuesten lebensbedrohenden Krebsrisiko künden, verläuft eine Verbindungslinie, die eine geistige Brücke zwischen diesen beiden Welten schlägt. Der Laie hat ein sehr allgemeines Wissen davon, daß mehr oder weniger geheimnisvolle amtliche Stellen diese Brücke bilden; und wenn er sich über diesen Zusammenhang überhaupt Gedanken macht, dann wird er vermutlich davon ausgehen, daß es Aufgabe dieser staatlichen Stellen und Behörden sei, die Erkenntnisse der Grundlagenforschung in praktische Politik umzusetzen. Zwar befindet sich der Laie diesbezüglich nicht völlig im Irrtum, aber sein Irrtum ist immerhin so groß, daß es an dieser Stelle angeraten erscheint, auf die Bedeutung dieser Brücke ein wenig näher einzugehen. Die zwischen den beiden Welten bestehende Verbindungslinie läßt sich am besten anhand einer Dokumentation aufzeigen – der ersten umfassenden Verlautbarung über die regierungsamtlich anerkannte Stellung der Grundlagenforschung. Es handelt sich um den 1980 vom Amt für Sicherheit und Gesundheit am Arbeitsplatz (OSHA) herausgegebenen Richtlinienkatalog.

Der zweite Teil dieser Dokumentation ist besonders interessant. Oberflächlich betrachtet wirken diese Ausführungen eher unwichtig. Kein Autor zeichnet für sie verantwortlich. Die Darlegungen sind langatmig; sie wimmeln von chaotisch dargebotenen technischen Details; sie sind so klein gedruckt, daß sie kaum zu entziffern sind; der Text ist sprachlich schlecht dargeboten; die Ausführungen sind pedantisch, anmaßend und wirken infolge unzähliger Wiederholungen ermüdend. Mit dieser Dokumentation ist sogar das seltene Kunststück gelungen, zugleich polemisch und langweilig zu sein. Es ist ein elendes Machwerk, und es gibt in den gesamten USA vermutlich nicht mehr als einige tausend Menschen, die länger als fünf Minuten in diesem Machwerk gelesen hätten. Und dennoch lohnt es sich, dieses Dokument zu lesen, ja sogar, es eingehend zu studieren, denn es enthüllt eine bemerkenswerte Geschichte. Es zeigt in aller Deutlichkeit, wie amtliche Stellen die großartig vielschichtigen, jedoch unbestimmten Erkenntnisse der Grundlagenforschung in »politische« Maßnahmen umsetzen.

Das OSHA ist nicht die einzige offizielle Behörde, die sich um die Formulierung einer »Krebspolitik« bemüht hätte. In einer Diskussion hat Richard Merrill, der ehemalige Justitiar der FDA die Kriterien genannt, von denen sich die mit der Krebsvorsorge befaßten staatlichen Stellen in ihrer Reglementierungspolitik leiten lassen. Als Ende der siebziger Jahre bekannt wurde, daß die verschiedenen Behörden und Institutionen in ihrer Reglementierungspolitik noch nicht einmal nach einheitlichen Maßstäben vorgingen, versuchten wenigstens, wie Merrill berichtet, einige dieser Stellen, ihre verschiedenen Haltungen aufeinander abzustimmen. Zwei solche Institutionen waren das Gesundheitsministerium und das dem Präsidenten direkt unterstellte Amt für Wissenschaft und Technik (OSTP), die bis dahin jeweils eine eigene Krebsvorbeugungspolitik betrieben hatten. Schließlich stellte Merrill fest: »Auch andere Instanzen fingen an, sich über die Konsistenz und Rationalität der Kanzerogene chemische Substanzen betreffenden offiziellen Bestimmungen Sorgen zu machen. Es wurde eine eigene Forschungsgruppe eingesetzt, deren Aufgabe es war, die hinsichtlich ihrer Krebsvorbeugungspolitik zwischen den einzelnen staatlichen Einrichtungen bestehenden Differenzen genau zu studieren.«[2]

Man kann praktisch jede dieser staatlichen Einrichtungen heranziehen, um die intellektuelle Brücke, die die Grundlagenforschung und die staatliche Krebsvorbeugung miteinander verbindet, sichtbar zu machen. Das Amt für Sicherheit und Gesundheit am Arbeitsplatz (OSHA) ist in diesem Zusammenhang jedoch ein besonders ergiebiges Studienobjekt, weil, wie Merrill feststellt, »das OSHA die größten Mühen unternommen hat, um zu einer konsistenten Krebspolitik zu gelangen. Im Oktober 1977 hat das OSHA ein Grundlagenprogramm entworfen. Darin werden Möglichkeiten aufgezeigt, wie sich viele der wissenschaftlichen Probleme lösen lassen, die sich bei der Einstufung der diversen chemischen Substanzen ergeben. Solche nicht eindeutig beantworteten Fragen sind beispielsweise: die Bedeutung von im Tierversuch gewonnenen Daten, die Möglichkeit einer Extrapolierung von hohen auf niedrige Dosierungen und das Problem der Schwellendosis... Obwohl das Amt letztlich doch flexiblere Bestimmungen eingeführt hat als ursprünglich vorgesehen, räumt es anderen staatlichen Stellen nicht das Recht ein, die wissenschaftlichen Hypothesen, auf denen die vom OSHA vorgenommene Einstufung toxischer chemischer Substanzen beruht, in Frage zu stellen.«[3]

Gerade weil das OSHA Möglichkeiten aufgezeigt hat, »wie sich viele der wissenschaftlichen Probleme lösen lassen«, die im Gefolge der noch jungen Krebsforschung auftreten, und gerade weil diese Behörde anderen das Recht abstreitet, die vom OSHA selbst aufgestellten »wissenschaftlichen Hypothesen in Frage zu stellen«, ist es besonders lohnenswert, die Haltung dieser staatlichen Einrichtung einmal genauer zu analysieren. Das OSHA hat in der Tat die Erkenntnisse der Grundlagenforschung bürokratischen Zwecken dienstbar gemacht und den detailliertesten »offiziellen« Wissenschaftsbegriff entwickelt, den es zum Zeitpunkt, da ich dieses Buch schreibe, überhaupt gibt.

Das derzeitige Vorgehen des OSHA läßt sich auf einen einfachen Nenner bringen, wenngleich das OSHA selbst an dieser Beschreibung vermutlich wenig Gefallen finden würde. Auf intellektueller Ebene ist dieser Vorgang der Herstellung von Apfelmus im täglichen Leben analog. Das heißt, die Ergebnisse der Grundlagenforschung werden durch ein Sieb gepreßt, und die Behörde nimmt sich das Durchgepreßte. Der gesetzliche Auftrag des OSHA besteht darin, die Fabrikarbeiter vor den kanzerogenen Substanzen zu schützen, die von der amerikanischen Industrie erzeugt werden. Dieser Auftrag beschränkt sich jedoch in der Praxis darauf, Vorschriften bezüglich der Produktion kanzerogener Substanzen zu erlassen. Der von der Behörde vorgenommene Umwandlungsprozeß läßt sich sogar noch einfacher und präziser beschreiben: Hat das OSHA die Ergebnisse der Grundlagenforschung erst einmal durch das Sieb gedrückt, so pickt die Behörde jene Elemente heraus, die am besten in ihr politisches Konzept passen; den Rest braucht man dann nur noch zu ignorieren, zu verwerfen oder zu ächten.

Zu den zahlreichen wissenschaftlichen Grundsatzfragen, denen das OSHA seine bürokratische Auslegung hat angedeihen lassen, gehören auch jene vier Probleme, die in den beiden vorstehenden Kapiteln bereits erörtert wurden, nämlich die von den Millers, von Berenblum und von Bruce Ames und anderen Genetikern gemachten Entdeckungen sowie die unentschiedene Kontroverse um die Mutationstheorie der Kanzerogenese. Welche Aspekte dieser Entdeckungen und der nicht entschiedenen Kontroverse hat sich nun aber das OSHA als für seine Zwecke geeignet beziehungsweise ungeeignet herausgesucht? Die in der Dokumentation von 1980 festgehaltenen Antworten auf diese Frage gewähren uns einen überraschenden Einblick in die Beziehung zwischen Bürokratie und »Wissenschaft«. Wir werden uns mit den Entdeckungen der Reihe nach beschäftigen und darüber Bericht erstatten, was das OSHA jeweils zu »glauben«, »nicht zu glauben«, »überzeugend« beziehungsweise »unakzeptabel« zu finden beliebte.

Artspezifische Reaktionen

Wie sich der Leser erinnern wird, hatten die Millers entdeckt, daß die aktiven Kanzerogene häufig Stoffwechselprodukte der getesteten Substanzen sind. Diese Entdeckung zeigte, daß verschiedene Arten von Säugetieren nicht unbedingt vergleichbar sind. Anläßlich der vom OSHA veranstalteten Hearings diskutierten die Wissenschaftler eingehend die Frage, ob es notwendig sei, die jeweiligen Stoffwechselvorgänge zu erforschen, um bestimmen zu können, ob im Tierversuch nachgewiesene Kanzerogene auch beim Menschen kanzerogen wirken. Das OSHA vertrat folgende Ansicht:

Gegenwärtig ist unsere Kenntnis der metabolischen und pharmakokinetischen Vorgänge wegen mangelnder Daten noch sehr unzureichend... Tatsächlich ist die Zahl der chemischen Substanzen, deren – letztlich – kanzerogener Metabolit im Tierversuch nachgewiesen werden konnte, sehr gering... Über die metabolische und pharmakokinetische Wirkung der Kanzerogene bei Tieren ist wenig, beim Menschen sogar überhaupt nichts bekannt...

Will man die qualitative Hypothese, daß im Tierversuch als kanzerogen nachgewiesene Substanzen auch ein Risiko für den Menschen darstellen, widerlegen, so müßte man zumindest nachweisen können, (a) daß der im Tierversuch letztlich als Kanzerogen nachgewiesene Metabolit vom menschlichen Körper nicht produziert wird und daß (b) andere Metaboliten einer solchen Substanz, die der menschliche Organismus produziert, nicht kanzerogen sind. Das OSHA geht davon aus, daß derartige Erkenntnisse bisher für kein Kanzerogen vorliegen, und das OSHA geht weiter davon aus, daß es derartige Erkenntnisse auch so bald nicht geben wird, und zwar wegen der großen Variationsbreite im Stoffwechsel verschiedener Kategorien und Exemplare von Organismen...

Das OSHA ist daher der Meinung..., daß... unser derzeitiges Wissen über die metabolischen und pharmakokinetischen Implikationen der Kanzerogenese gegenwärtig nur von geringer praktischer Bedeutung ist.[4]

Das Amt für Sicherheit und Gesundheit am Arbeitsplatz (OSHA) konstatiert also zusammenfassend, daß die Entdeckung der Millers wegen der nicht vergleichbaren artspezifischen Reaktionen für die Krebsvorbeugungspolitik unerheblich sei.

Kokanzerogene und Promotoren

Das OSHA hat auch in aller Ausführlichkeit Auskunft über Kokanzerogene und Promotoren eingeholt und seinen Standpunkt wie folgt zusammengefaßt:

> Es ist daher nur vernünftig, solche Agenzien (wie Kokanzerogene, Promotoren und Enhancer etc.) als ein einheitliches Phänomen zu betrachten, und sei es auch nur aufgrund der praktischen Erwägung, daß es unmöglich ist, experimentell zwischen ihnen zu unterscheiden...
>
> ...Das OSHA ist der Ansicht, daß es weder möglich noch gerechtfertigt ist, unterschiedliche Kriterien für die Identifizierung, Klassifizierung oder gesetzliche Erfassung sogenannter Initiatoren oder Promotoren einzuführen. Das OSHA stimmt der Auffassung bei..., daß »jeder Faktor oder jede Kombination von Faktoren, die ein für den Menschen bestehendes Krebsrisiko verstärken, unabhängig von ihrem Wirkungsmechanismus unserer besonderen Aufmerksamkeit bedürfen«.[5]

Das OSHA konstatiert also zusammenfassend, daß die von Berenblum entwickelten Unterscheidungen in der Krebsvorbeugungspolitik keine Berücksichtigung finden können.

Antikanzerogene

Das OSHA war von der Existenz von Antikanzerogenen »nicht überzeugt«. Im Verlauf der Hearings erwähnten verschiedene Sachverständige das Phänomen der Antikanzerogenese, politisch-praktische Erwägungen wurden jedoch gar nicht erst in Erwägung gezogen.

Mutagentestverfahren

Das OSHA räumte ein, daß es »substantielle wissenschaftliche Meinungsverschiedenheiten« über den Wert von »Kurzzeit«-Tests und die Eignung solcher Tests für die Krebsprognose gebe. Aber das Amt bezog sogleich zugunsten eines Standpunktes Stellung:

Bevor das OSHA eine neue Vorschrift erläßt, vergleicht es die Ergebnisse einer Reihe von Kurzzeittests miteinander, und setzt wiederum diese Resultate mit dem Ergebnis wenigstens eines Langzeittierversuchs in Beziehung. Die Wahrscheinlichkeit falsch-positiver Resultate wird durch einen solchen Vergleich weitgehend ausgeschlossen. Die Wahrscheinlichkeit, daß man nach der Durchführung systematischer Tierversuche *und* einer Reihe von Kurzzeittests zu falsch-positiven Befunden gelangt, ist äußerst gering.

Eine Reihe von Sachverständigen leugnete die Existenz einer zwischen Mutagenität und Kanzerogenität bestehenden Korrelation, aufgrund derer exakte Prognosen möglich sein sollen... Diese Experten konnten jedoch kein Datenmaterial vorweisen, das die von Purchase et al. (1976), Sugimura et al. (1976), McCann et al. (1975) und den anderen von Dr. Brusick zitierten Autoren nachgewiesenen Korrelationen widerlegt hätte. Deshalb geht das OSHA, obwohl es die erwähnten Meinungsverschiedenheiten nicht bestreitet, davon aus, daß es tatsächlich eine in Kurzzeittests und im Tierversuch nachgewiesene Korrelation zwischen Muta- und Kanzerogenität gibt, die bei über neunzig Prozent anzusetzen ist.

Da es kaum wissenschaftliche Argumente gegen die Annahme gibt, daß die meisten Kanzerogene zugleich mutagen sind, wäre ein Schutz der arbeitenden Menschen vor den mutagenen Wirkungen solcher Kanzerogene, die zugleich mutagen sind, ein zusätzlicher positiver Effekt einer Regulierung der Kanzerogene.[6]

Das OSHA stellte sich also letztlich auf den Standpunkt, die von Bruce Ames nachgewiesene 90-Prozent-Korrelation gewährleiste, daß Politiker und Bürokraten sich bei ihren Entscheidungen guten Gewissens auf Kurzzeittests stützen können.

Irreversibilität

Das OSHA ließ sich von Sachverständigen sowohl über die Reversibilität als auch über die Irreversibilität der Malignität berichten und gelangte zu der Schlußfolgerung:

Es gibt jedoch keinerlei Beweise dafür..., daß eine einmal initiierte Entartung einer Zelle rückgängig zu machen ist: Solche Transformationen bleiben im Zustand der Latenz während eines Großteils oder des ganzen Lebens des Versuchstiers bestehen. Die Bedeutung dieser Erkenntnisse für die gesetzliche und behördliche Behandlung der Kanzerogene besteht darin, daß bereits kurzfristige Einwirkungen kanzerogener Agenzien auf den Organismus vermutlich irreversibel sind und sich im weiteren Verlauf des Lebens als Krebserkrankung manifestieren können.[7]

Das OSHA nahm also den Standpunkt ein, daß die Möglichkeit der Reversibilität maligner Zelltransformationen für die Legislative und die Exekutive nicht von Belang ist.

Das OSHA ließ sich von Experten in aller Ausführlichkeit darüber berichten, welche Spekulationen über den Ursprung der Malignität in wissenschaftlichen Kreisen diskutiert werden.

Es gibt Hinweise darauf, daß das erste Initiationsstadium der Kanzerogenese aus der Interaktion eines Moleküls des Kanzerogens mit der DNS oder anderem genetischen Material der Zelle resultiert... Es würde daher aus der Tatsache, daß Krebs sich aus einer einzigen Zelle entwickelt, folgen, daß Krebs bereits durch die Interaktion eines einzigen Moleküls eines Kanzerogens mit dem kritischen Zielort in einer Zelle ausgelöst wird.[8]

Das OSHA vertrat daher den Standpunkt, daß die »Ein-Zellen-Theorie« der Kanzerogenese sowie die »Ein-Molekül-Theorie« der Krebsentstehung für gesundheitspolitisch begründete Vorschriften sehr wohl von Belang seien.

Diese Aufzählung von Standpunkten allein sollte bereits ausreichen, um zu belegen, daß das OSHA die Erkenntnisse der damaligen Grundlagenforschung nicht in ihrer ganzen Komplexität berücksichtigte. Wie wir gesehen haben, bezeichnete das OSHA viele der in Kapitel 5 dargestellten Theorien und Entdeckungen als irrelevant. Dem OSHA zufolge war es unmöglich, einen Großteil dessen, was Berenblum und seine Mitarbeiter über die äußerst komplexe biochemische Architektur der Kanzerogenese in Erfahrung gebracht hatten, in sinnvoller Weise in die in Tierversuchen übliche Versuchsanordnung zu integrieren. Kanzerogene, Kokanzerogene und Promotoren waren für das OSHA weitgehend identisch – für Laborratten angeblich ebenfalls. Und obwohl die Behörde Berenblums Entdeckung der Antikanzerogene anerkannte, hielt er sie einer weitergehenden Berücksichtigung nicht für wert. Hinsichtlich artspezifischer Stoffwechseldifferenzen, deren Bedeutung die Millers nachgewiesen hatten, konstatierte das OSHA, daß es keinerlei Möglichkeit gebe festzustellen, ob die Verwandlung von Kanzerogenen beim Menschen genauso verlaufe wie bei Ratten und Mäusen. Im übrigen sei es unwahrscheinlich, daß es jemals gelingen werde, diese Zusammenhänge ganz zu durchleuchten. Deshalb werde alles beim alten bleiben, und Ratten und Mäuse würden auch weiterhin der Kanzerogenitätsprognose dienen.

Die vom Amt für Sicherheit und Gesundheit am Arbeitsplatz (OSHA) abgesegneten praktischen Maßnahmen waren durch jedes konventionelle biologische Testverfahren einzulösen. Solche konventionellen Testverfahren kann man natürlich nicht am Menschen durchführen. Auch wenn der

Mensch chemische Substanzen anders metabolisiert als Nagetiere oder wenn der menschliche Organismus selbst (beispielsweise durch bestimmte Hormone oder genetisch fixierte Veranlagungen) oder ein bestimmtes menschliches Verhalten (wie Eßgewohnheiten) an der Kanzerogenese irgendwie beteiligt sind, so läßt sich das nicht im Labortest nachweisen. Solche Testverfahren eignen sich in der Tat nur zu einem: nämlich zur Untersuchung bestimmter Chemikalien, wobei in der Regel jeweils ein Wirkstoff untersucht wird. Das OSHA ging offenbar davon aus: Wenn die bizarre und äußerst komplizierte Struktur der Kanzerogenese in der Versuchsanordnung dieser Testverfahren nicht angemessen berücksichtigt werden kann, dann ist die bizarre und äußerst komplizierte Struktur der Kanzerogenese nur von akademischem Interesse. Für die amtlichen Krebsvorbeuger war diese Komplexität hingegen irrelevant.

Diese Haltung war jedoch ganz und gar nicht neu. Das Bild der Kanzerogenese war so tiefgreifend von den Zielen und praktischen Erfordernissen der Krebsvorbeugungsideologie bestimmt worden, daß viele Wissenschaftler von bestimmten in der Literatur seit Jahren beschriebenen Phänomenen noch nicht einmal Kenntnis genommen hatten. Das bemerkenswerteste Beispiel dafür ist die Antikanzerogenese. Hans Falk vom NCI äußerte sich 1976 zu dieser Frage. In einer Rede vor Kanzerogeneseforschern sagte er:

> ... viele von uns glauben, daß diese kleinen Mengen kanzerogener Substanzen, von denen wir heute noch nicht einmal genau wissen, wie wir sie identifizieren können, eine additive Wirkung ausüben. Solche Substanzen finden sich im Wasser, in der Luft, in der Nahrung; sie sind bei allem, was wir tun, gegenwärtig. Wir sind uns jedoch nicht bewußt, daß es aber auch andere Agenzien gibt, die einer Kanzerogenese entgegenwirken. Die Frage solcher, eine Kanzerogenese unterbindenden Faktoren ist so alt wie die Krebsforschung selbst. Dieses Phänomen wurde schon in den dreißiger Jahren beobachtet und galt damals als Kuriosität. Heutzutage weiß kaum jemand, daß es Vorgänge gibt, die eine Krebsentstehung verhindern ...[9]

Diese Ausführungen treffen auch heute noch zu. Es gibt militärische Geheimnisse, die einen größeren Bekanntheitsgrad genießen als die Tatsache, daß ein weites Spektrum synthetisch hergestellter, aber auch natürlich vorkommender chemischer Substanzen erwiesenermaßen imstande sind, die Wirkung von Kanzerogenen zu verzögern, zu unterbinden oder zu stoppen. Von »additiven« Wirkungen ist ständig die Rede, von »subtraktiven« Effekten hingegen kaum. Was den Politikern und Bürokraten nicht in den Kram paßt, darüber erfährt die Öffentlichkeit – einschließlich vieler Wissenschaftler – eben nichts.

Wenn sich damals die vom OSHA gesetzten praktischen Prioritäten offenbar an den technischen Möglichkeiten orientierten, so waren die theoretischen Prioritäten gleichermaßen durchschaubar. Man muß diese Prioritäten jedoch kennen, um ihre Funktion richtig zu verstehen:

- Das OSHA ließ sich von Experten – beispielsweise Lijinsky – über die zwischen den Anhängern der »genetischen« Theorie der Krebsentstehung auf der einen und den Verfechtern der »epigenetischen« Theorie der Kanzerogenese auf der anderen Seite bestehende Kontroverse berichten. Die Sachverständigen erklärten dabei rundheraus, daß die Mutationstheorie der Krebsentstehung einer wissenschaftlichen Basis entbehre. Das OSHA ignorierte jedoch derartige Stellungnahmen und erklärte, es gebe »kaum wissenschaftliche fundierte Argumente« gegen die Annahme, die »meisten« Kanzerogene seien Mutagene.[10]
- Das OSHA publizierte von Marvin Legator gewonnenes Datenmaterial, aus dem hervorgeht, daß zwischen Kanzerogenen und Mutagenen bestehende Korrelationen sich auf bestimmte chemische Klassen beschränkten und daß der Ames-Test bestimmte Klassen chemischer Substanzen einfach überspringt. Dennoch ignorierte das OSHA die von Legator vorgelegten Beweise für die Existenz falsch-negativer Befunde. Die Behörde stellte sich eindeutig auf die Seite jener Wissenschaftler, die hohe Korrelationsraten vermeldeten, und brachte ganz offiziell die Überzeugung zum Ausdruck, daß sie die von Ames zwischen Kanzerogenen und Mutagenen festgestellte Korrelation von 90 Prozent für richtig halte.
- Das OSHA verzichtete auf die Publikation solcher Daten, die eindeutig die Existenz falsch-positiver Befunde belegen; gemeint ist die Tendenz aller Mutagentests auch nichtkanzerogene Substanzen als kanzerogen nachzuweisen. Hingegen unterrichtete das Amt die Öffentlichkeit davon, daß Joyce McCann »persönlich das Gefühl« habe, das Problem falsch-positiver Befunde sei unwesentlich – wie wir bereits im vorhergehenden Kapitel berichtet haben.
- Das OSHA publizierte zwar auch die Meinung einiger Experten, die die Ansicht vertraten, die Kanzerogenese sei in gewissen Stadien reversibel[11], die Stellungnahme jener Wissenschaftler, die erklärt hatten, ihre Experimente hätten ganz klar die Reversibilität des Initiationsprozesses gezeigt, blieben jedoch unveröffentlicht. Statt dessen verkündete die Behörde, es gebe keine Beweise für die Reversibilität des Initiationsprozesses.
- Das OSHA veröffentlichte solche Stellungnahmen, in denen erklärt

wurde, bereits eine einzige bösartige Zelle reiche aus, um ein Krebswachstum auszulösen.[12] Die Berichte über die spektakulären Experimente, die erwiesen hatten, daß einzelne maligne Zellen auch gutartiges Gewebe, krebsfreie Organe und krebsfreie Versuchstiere hervorbringen können, blieben hingegen unerwähnt. Statt dessen machte sich das OSHA offiziell die »Ein-Zellen-Theorie« der Krebsentstehung zu eigen.

- Schließlich »folgt«, wie das OSHA feststellt, aus dem Ein-Zellen-Ursprung der Kanzerogenese, daß bereits »ein einziges Molekül« ausreicht, um in einer Zelle Krebs zu erzeugen – ein ziemlich eigenartiger Zirkel. Das OSHA machte sich die 1971 von Bruce Ames erstmals ins Gespräch gebrachte »Ein-Molekül-Theorie« zu eigen. Diesen Standpunkt rechtfertigte die Behörde nur in einer kurzen Fußnote.[13] In dieser Fußnote wurde auf eine 1977 von der Nationalen Akademie der Wissenschaften veröffentlichte Studie verwiesen, und wenn man sich einmal näher mit dieser Studie befaßt, so stößt man auf die folgende Passage:

Schwellen
Biologische Überlegungen

Ob eine bestimmte Wirkung notwendig aus einer Dosis-Reaktions-Beziehung folgt, die eine bestimmte Schwelle aufweist, hängt ausschließlich von dem Wirkmechanismus selbst ab. Viele Wirkungen haben Schwellen, beispielsweise das gastrointestinale Strahlungssyndrom, die akute Medikamentenvergiftung und die Bestrahlung beziehungsweise chemotherapeutische Behandlung bestimmter Tumoren...

Andere Wirkungen können jedoch durchaus dosis-reaktionsunabhängig, also ohne jegliche Schwelle auftreten. Wenn ein bestimmter Effekt bereits durch ein einziges Molekül oder die einmalige Einwirkung eines Agens ausgelöst werden kann, dann muß besagter Effekt innerhalb des Schemas der Dosis-Reaktions-Relation offensichtlich ohne Schwelle sein, und zwar ganz gleich wie unwahrscheinlich es auch sein mag, daß ein einziges Ereignis eine derartige Wirkung hervorruft. In prokaryotischen und eukaryotischen Zellen kann bereits eine einzige Gruppe von Ionenpaaren, wie sie von einem Strahl ionisierender Strahlung produziert werden, Mutationen verursachen. Wir gehen daher davon aus, daß bereits ein einziges Molekül oder eine Gruppe von Molekülen, wenn sie in Kontakt mit der DNS treten, ausreichen, um Mutationen zu verursachen. Daraus folgt, daß die durch Strahlung und chemische Substanzen verursachte Mutagenese durch eine schwellenlose Dosis-Reaktions-Relation gekennzeichnet ist, die, jedenfalls solange es sich um niedrige Dosen handelt, linear verläuft. Wenn wir eine Korrelation zwischen Mutagenese und Kanzerogenese annehmen, so gehen wir allerdings noch einen Schritt weiter. Dennoch sprechen viele Indizien für eine enge Verbindung zwischen beiden (McCann et al., 1975; McCann und Ames, 1976; Ames, 1976, DHEW, 1977).

Aus alledem ziehen wir den Schluß: Wenn es Beweise dafür gibt, daß die Wirkung eines bestimmten Kanzerogens unmittelbar in der Auslösung einer Mutation in der DNS besteht, dann ist es wahrscheinlich, daß die Dosis-Reaktions-Kurve auch hinsichtlich der Kanzerogenese keine Schwelle kennt und bei niedrigeren Dosen linear mit der Dosis verläuft.[14]

Wir wollen uns deshalb wenigstens mit dem vorstehend näher dargelegten Aspekt der »Ein-Molekül-Theorie« ein wenig ausführlicher auseinandersetzen. Da wir es uns zum Ziel gesetzt hatten, den exakten wissenschaftlichen Status jener Theorie zu verstehen, wollen wir kurz innehalten, um ein paar Überlegungen anzustellen. Die vorstehend zitierte Passage erhellt, daß die »Ein-Molekül-Theorie« im Grunde genommen ein hypothetisches Argument für die Nullschwellentheorie darstellt. Sie postuliert, man dürfe »erwarten«, daß eine Krebserkrankung, wenn sie aus einer Mutation resultiert, durch ein oder mehrere Moleküle einer chemischen Substanz verursacht sei. Sie beruht auf der weiteren Annahme, daß Strahlen und chemische Substanzen in der gleichen Weise wirken.

Da diese Postulate und Annahmen Bestandteil des intellektuellen Instrumentarismus einer jeden Risikoeinschätzung sind, möchte ich sie in diesem Kapitel nicht weiter diskutieren. Aber auch die bis hierher vorgetragenen Argumente gestatten uns einen gewissen Einblick in die Politik der OSHA. Mit Hilfe einer unscheinbaren Fußnote war es dieser Behörde gelungen, angeregt durch den Wirkmechanismus der strahlungsbedingten Mutagenese, eine Version des Nullschwellenarguments in ihrer Definition der wahrscheinlichen Krebsursache einzuschmuggeln. Für das OSHA resultierte aus diesem Vorgehen ein völlig neues Konzept der Malignität, demzufolge es überhaupt keine Schwellen gibt und bereits die durch ein Molekül in einer Zelle ausgelöste Mutagenese ausreicht, um ein bösartiges Zellwachstum auszulösen. Dieses Beispiel zeigt sehr deutlich, wie man eine erwünschte Schlußfolgerung bereits in die Definition eines Problems einbauen und diese Definition dann auf »legislativem« Weg an die Öffentlichkeit bringen kann. Als John Higginson von der Internationalen Krebsforschungsbehörde (IARC) vor Wissenschaftlern die Warnung aussprach, daß genau dies der Fall sei, befand er sich völlig im Recht.

Wenn man sich einmal ansieht, von welchen »Überzeugungen« das OSHA sich leiten ließ und wie es sämtliche Daten ignorierte, die diesen »Überzeugungen« widersprachen, dann wird deutlich, daß das OSHA im Streit zwischen der genetischen und der epigenetischen Theorie der Krebsentstehung ganz klar Partei ergriff und sich ganz eindeutig auf die Seite der Mutationstheorie stellte. Die Behörde stellte zwar pflichtschuldig fest, daß »zahlreiche chemische Substanzen, die beim Menschen nachweislich

Krebs auslösen, nicht mutagen sind, und nannte drei Beispiele: Asbest, Nickel und Diäthylstilböstrol«.[15] Aber offiziell erklärte das OSHA, die »Ein-Zellen-Theorie« der Mutationstheorie – einschließlich der »Ein-Molekül-Theorie« und der unumstößlichen Irreversibilität – beschreibe die »typischen Merkmale der Kanzerogenese«.[16] Das OSHA war keineswegs gezwungen, sich die Mutationstheorie der Krebsentstehung zu eigen zu machen. Es hätte an dem gesetzlichen Auftrag der Behörde nichts geändert, auch wenn eine veränderte Genregulierung oder die Freisetzung eines Onkogens die Ursache möglicher Krebserkrankungen sein sollten. Aber das OSHA beharrte auf dem Konzept, daß ein Molekül eines Kanzerogens bereits eine irreversible Krebserkrankung verursache. Und an dieser Priorität hielt das OSHA unbeirrbar fest, auch wenn es zu diesem Zweck erst eine Theorie der Malignität erfinden mußte.

An anderer Stelle habe ich bereits darauf hingewiesen, daß die vom OSHA aus »politischen« Gründen gesetzten Prioritäten die Vielfältigkeit der von der Grundlagenforschung gewonnenen Erkenntnisse nicht angemessen reflektierten. Doch diese Feststellung war sogar noch zurückhaltend. Wenn man die im vorhergehenden gegebenen Beispiele ernsthaft durchleuchtet, so zeigt sich sogar, daß die »Politik« der Reglementierung eine aktive Manipulation und willentliche Verdrehung der Theorien und Erkenntnisse der Grundlagenforschung darstellt. Die vom OSHA veranstalteten Hearings haben ganz klar gezeigt, daß namentlich nicht bekannte Vertreter der amerikanischen Bürokratie willkürlich darüber entschieden haben, was als wissenschaftlich und was als unwissenschaftlich zu gelten habe. Und eben diese Bürokraten haben unter dem Vorwand, »politisch verantwortlich« zu sein, der gesamten amerikanischen Öffentlichkeit ihre Meinung aufgedrängt und diese Öffentlichkeit hat diese Meinungsäußerungen gutgläubig für wissenschaftlich gesicherte Erkenntnisse genommen. Dem Leser erscheint dieser ganze Vorgang vielleicht zunächst reichlich unverständlich, und er fragt sich wahrscheinlich, warum ein so schätzbares Ziel wie die Vorbeugung gegen umweltbedingte Krebserkrankungen von seiten politischer und bürokratischer Instanzen derartig willkürliche Entscheidungen und gar die Verdrehung wissenschaftlicher Erkenntnisse erfordert. Dieser komplexe Zusammenhang wird sich erst im Laufe der weiteren Argumentation ganz erschließen; eine Ursache für dieses Element der Täuschung können wir jedoch bereits an dieser Stelle benennen, da sie nämlich sozusagen wissenschaftsimmanent ist. Eine der wichtigsten Dimensionen dieses kollektiven geistigen Unternehmens ist die *Zeit*. In erster Linie ist es die Zeit, die es gestattet, eine Reihe von – zunächst häufig ziemlich konfusen – Fragen aufzuwerfen, auf gut Glück bestimmte Aspekte näher zu untersuchen, zunächst unvereinbar erscheinende Ergebnisse zusammenzufügen, Experimente zu wiederholen und bestimmte Ergebnisse zu widerlegen, öffentliche Kritik zu provozieren, produktive Kontroversen auszutragen, Irrtümer, Illusionen und gar Manipulationen öffentlich zu entlarven. Es bedarf der Zeit, um die Rahmenbedingungen dafür zu schaffen, daß »plötzlich in der Reinheit eines musikalischen Motivs eine einzigartige neue Wahrheit über das Wirken der Natur an das Tageslicht tritt«.

In der politisch und bürokratisch bestimmten Welt hingegen gibt es keine Zeit in diesem Sinne. Genauer ausgedrückt, in dieser Sphäre bemißt sich Zeit nach Wahl- und Amtsperioden, nach der Häufigkeit der gegen reale oder nur eingebildete Mißstände geführten Pressekampagnen und nach den Abständen, die zwischen den einzelnen parlamentarischen Anhörungsverfahren liegen. Daher hat das OSHA wie im übrigen alle vergleichbaren Institutionen gerade genügend Zeit, um sich bestimmte »Überzeugungen« zu eigen zu machen, sich den gerade populären Personen und Trends in Politik und Wissenschaft anzupassen und die nötigen Argumente für eine strikte Reglementierung der Industrie zu liefern. Diese Institutionen haben keinerlei Eigeninteresse an einem langwierigen Prozeß der Wahrheitsfindung. Daher sind die von ihnen verkündeten Erkenntnisse häufig genug Halb- oder Pseudowahrheiten – oder, noch einfacher ausgedrückt, Mythen.

Wir gelangen nun an das Ende unserer rein theoretischen Auseinandersetzung mit der Kanzerogenese, die dem Leser hoffentlich die kontinuierliche Entwicklung dieses Wissenschaftszweiges vor Augen geführt hat. Wir werden uns nun direkt der angewandten oder »Reglementierungswissenschaft« zuwenden – das heißt dem Feld der »Krebsvorbeugung«. Auf diesem Feld müssen wir unsere Aufmerksamkeit auf eine Reihe völlig neuer Gesichtspunkte richten: die Durchführung von Tierversuchen, den Vorgang der Gewinnung des Datenmaterials, das Problem der Extrapolation im Tierversuch gewonnener Erkenntnisse auf den Menschen und die Prozedur der Risikoeinschätzung. Die allgemeinsten Fragen, vor die wir uns als Laien gestellt sehen, lauten: Erfüllen die verschiedenen praktischen Prozeduren die Bedingung der Wissenschaftlichkeit? – Wie sollen wir als Laien beurteilen, ob man uns die Wahrheit sagt oder nicht? In Teil IV dieses Buches werde ich berichten, welche Erkenntnisse ich bei dem Versuch, auf diese Fragen eine Antwort zu erhalten, gewonnen habe. Aber in gewisser Hinsicht hat dieser Lernprozeß bereits jetzt begonnen. In diesem Kapitel hat der Leser eine schmale Brücke passiert, die ihn in die Welt der Reglementierungspolitik hinübergeführt hat. Auf der anderen Seite jener Brücke steht eine Warntafel, deren Aufschrift er vielleicht schon gelesen hat. Sollte er aus irgendwelchen unerfindlichen Gründen die Aufschrift noch nicht gelesen haben, so möchte ich an dieser Stelle ihren Wortlaut noch einmal wiederholen: *Sie verlassen jetzt den Bereich der Grundlagenforschung und betreten das Reich der »Reglementierungswissenschaft«. Geben Sie acht bei jedem Schritt – das Gelände ist vermint.*

TEIL IV

Die »REGLEMENTIERUNGS-WISSENSCHAFT«

Kapitel 8

Die nicht zu beantwortende Frage

Es gibt bis heute keine publizierte Studie, die man nicht auseinandernehmen könnte, wenn man tatsächlich sämtliche Gesichtspunkte einer kritischen Prüfung unterziehen wollte.[1]

– Paul Newberne, MIT, zitiert
vom GAO, 1980

Selbst wenn die Ergebnisse dieser Studie widerlegt würden, wären die daraus resultierenden Konsequenzen noch lange nicht klar: den Medien und der Öffentlichkeit würde ein derartiger Vorgang erscheinen, wie solche Dinge unvermeidlich erscheinen – als reichlich unverständliche, verwirrende Debatte unter den Eingeweihten. Daher ist die Wahrscheinlichkeit einer wirklichen Blamage, selbst wenn wir mit unserer Einschätzung völlig falsch liegen sollten, verschwindend gering, und zwar ganz einfach deshalb, weil die Ergebnisse in einer derart verwirrenden Problematik niemals völlig eindeutig sind.[2]

– Donald Kennedy, FDA-Bevollmächtigter, in einem Brief
an Josef Califano, den
US-Gesundheitsminister;
zitiert vom GAO, 1980.

Erstmals seit wir uns auf diese intellektuelle Reise begeben haben, betreten wir jetzt wiederum jene Welt, die wir ursprünglich verlassen haben – die Welt jener Bürokratien, die mit Hilfe von Tierversuchen Kanzerogene identifizieren, deren Auswirkungen auf den Menschen prognostizieren und dann die notwendigen gesetzgeberischen Schritte einleiten, um den Menschen vor diesen Substanzen zu schützen. Es handelt sich um die Welt der endlosen Listen »potentieller« oder »mutmaßlicher« Kanzerogene, die Welt zermürbender Debatten über die Gültigkeit bestimmter wissenschaftlicher Daten und das Krebsrisiko, das mit bestimmten Substanzen verbunden ist. Es handelt sich um die Welt, in der die Ergebnisse der angewandten Kanzerogeneseforschung in Politik umgesetzt werden.

Die Öffentlichkeit hat noch nie etwas über den Unterschied zwischen der wissenschaftlichen Kanzerogeneseforschung und der politisierten Erscheinungsform dieser Wissenschaft erfahren, aber diesen Unterschied zu kennen ist unerläßlich. Da dieses Phänomen bisher nirgends beschrieben ist, werde ich in diesem Buch die politisierte Erscheinungsform dieser Wissenschaft als »jene Wissenschaft, die Tierversuche durchführt, um Humankrebs zu verhindern«, bezeichnen, oder aus praktischen Gründen einfach als »Reglementierungswissenschaft«. Man darf jedoch die Reglementierungswissenschaft nicht mit der Grundlagenforschung verwechseln. Obwohl viele Grundlagenforscher im Auftrag von Regierungen Chemikalien testen und klassifizieren, tun sie das meistens im Rahmen der Grundlagenforschung mit ganz konkreten wissenschaftlichen Zielsetzungen – und in diesem Sinne könnte man sie vielleicht als Reglementierungswissenschaft bezeichnen. Aber Grundlagenforschung und Reglementierungswissenschaft sind nicht mehr identisch; sie unterscheiden sich in ihrer Zielsetzung. Das Hauptziel der Grundlagenforschung besteht darin, die biologischen Mechanismen der Krebsentstehung zu erklären; sie will also verstehen. Die Reglementierungswissenschaft hingegen befaßt sich in erster Linie mit der gesetzlich verfügten Eliminierung aller in unserer Umwelt vorkommenden kanzerogenen Substanzen; ob die entsprechenden biologischen Vorgänge erforscht sind oder nicht, spielt dabei keine Rolle. Da eine Wissenschaft, die von der Suche nach einem Verständnis ihres Gegenstands Abstand nimmt, nicht den Anspruch erheben kann, eine *normale* Wissenschaft zu sein, werde ich sie in diesem Buch als »Reglementierungswissenschaft« bezeichnen.

In einem 1977 veröffentlichten Aufsatz über die für »Environmentaltoxikologen« verbindlichen ethischen Grundsätze verglich Umberto Saffiotti die Arbeit solcher Toxikologen mit der Tätigkeit der Wissenschaftler im Bereich der forensischen Medizin. Er erklärte: »Wenn wir ein mutmaßliches Umweltkanzerogen wissenschaftlich erforschen, so beschäftigen wir uns in der Tat mit dem Fall eines potentiellen Massenmörders.«[3] Seine Sprache ist deutlich, und soweit es sich bei dem »Verdächtigen« um die Industrie handelt, eindeutig ideologisch gefärbt, aber der Leser sollte sich diesen Satz gut einprägen, denn er zeigt in aller Klarheit den Unterschied zwischen Grundlagenforschung und Reglementierungswissenschaft. Der Grundlagenforscher – egal ob er an einer Universität oder im Auftrag des Staates arbeitet – ist auf der Suche nach der Wahrheit, und Manipulation gehört nicht zu seinem Repertoire. Der Reglementierungswissenschaftler hingegen – ganz gleich ob er an einer Universität oder im Auftrag des Staates arbeitet – ist ein intellektueller Polizist, dessen Urteil, wenn es von den zuständigen staatlichen Stellen akzeptiert wird, den gesamten Zwangsapparat des Staates hinter sich hat.

Die folgenden Kapitel beschäftigen sich daher mit der Arbeit dieses Polizisten-Wissenschaftlers beziehungsweise Reglementierungswissenschaftlers.

Wie wir bereits erfahren haben, gibt es einigen Grund, die wissenschaftliche Gültigkeit der Ergebnisse der Reglementierungswissenschaft anzuzweifeln. Wir haben bereits gehört, daß diese ganze »wissenschaftliche« Richtung ihre Entstehung der irrtümlichen Annahme verdankt, Kanzerogene seien etwa wie die Atomwaffen eine moderne Erfindung. Wir haben auch bereits gehört, daß diese ganze Richtung aufgrund ihrer falschen Grundannahmen nicht ganz frei ist von gewissen pathologischen Zügen und manche ihrer Anhänger dazu neigen, unhaltbare Behauptungen aufzustellen und auf der Basis unzureichender oder nicht vorhandener wissenschaftlicher Daten gegen die Industrie gerichtete rechtliche Maßnahmen zu verlangen. Wir haben auch Hinweise dafür entdeckt, daß die Reglementierungsfanatiker die Funktion der Grundlagenforschung in ihrem Sinne interpretieren. Wir stellen daher die Hypothese auf, daß die Reglementierungswissenschaft gewisse pathologische Züge aufweist.

Diese Hypothese läßt sich jedoch sehr schnell erhärten. Wenn man einmal die Literatur zum Thema Krebsprognose und -vorbeugung liest, so wird man sehr schnell bemerken, daß in diesen Disziplinen eine eigenartig mysteriöse Kontroverse ausgetragen wird. Die Reglementierungswissenschaft hat eine Vielzahl von Stellungnahmen zur Frage ihrer eigenen wissenschaftlichen Defizite hervorgebracht; es handelt sich dabei im wesentlichen um zwei Kategorien von Stellungnahmen: Die eine Haltung ist äußerst kritisch und bezichtigt die Reglementierungswissenschaft der mangelnden Qualität und fordert einen höheren wissenschaftlichen Standard. Die zweite Haltung bestreitet zwar nicht die Berechtigung dieser Vorwürfe, versucht diese Situation jedoch zugleich zu rechtfertigen, da das Problem angeblich unlösbar sei. Es lohnt sich, einmal beide Standpunkte näher zu untersuchen. Im folgenden nun eine Reihe kritischer Stimmen:

Die Internationale Krebsforschungsbehörde (IARC), die einflußreichste Krebsforschungseinrichtung der Welt, die auch über den Wert der von der Reglementierungswissenschaft vorgelegten Ergebnisse entscheidet, mahnte 1978 die Experten zur Vorsicht. Die IARC konstatierte, daß es in den biomedizinischen Wissenschaften eine Debatte über den Begriff der »sozialen Verantwortung« gebe, und zwar insbesondere hinsichtlich solcher Faktoren, die zu einer Erhöhung des Krebsrisikos beitragen. Die

IARC definierte dann ihren eigenen Standpunkt in dieser Debatte. Sie bezeichnete es als ihre Aufgabe, dafür Sorge zu tragen, daß die Diskussionsbeiträge Ausdruck einer »rationalen Bewertung« des vorhandenen Datenmaterials seien. Allerdings ging es zum damaligen Zeitpunkt, so die IARC, im Bereich der Reglementierungswissenschaft nicht gerade besonders rational zu: »Heutzutage ist eine emotionale Bewertung der Probleme weiter verbreitet als eine rationale Auseinandersetzung, wodurch das Vertrauen der Öffentlichkeit Schaden nimmt...« Manche Wissenschaftler, so die IARC, »überbewerten die Krebsrisiken« in einer Weise, die für den »Durchschnittsbürger« bereits einem Verstoß gegen »den gesunden Menschenverstand« gleichkommt. Die Behörde sprach daher die Warnung aus: »Wenn die Wissenschaft die Unterstützung und das Vertrauen der Öffentlichkeit nicht verlieren will, muß sie übertriebene Panikmache vermeiden und sich auf solche Aussagen beschränken, die sie auch durch Fakten belegen kann.«[4]

1980 rief auch Hermann Kraybill vom Nationalen Krebsforschungsinstitut der USA unter Berufung auf die IARC die Krebsforscher zu mehr Zurückhaltung auf. Besonders verwies er auf das Problem der Tierversuche. In diesem Bereich werde zuviel mit Emotionen und Meinungen gearbeitet, sagte er, und einige der auf diesem Feld wirksam werdenden Interessen »nehmen es mit der Wissenschaft und der wissenschaftlichen Wahrheit nicht mehr so genau«. Er forderte die Wissenschaftler auf, ihre Experimente und Versuchsanordnungen sehr sorgfältig zu entwickeln, damit ihre Ergebnisse und Schlußfolgerungen ein »Höchstmaß an wissenschaftlicher Gültigkeit« besitzen. Viele Untersuchungen werfen laut Kraybill hinsichtlich der Kanzerogenität bestimmter chemischer Substanzen nur Fragen auf, statt Antworten zu liefern. Er erklärte außerdem, daß die Veröffentlichung wissenschaftlich nicht haltbarer Ergebnisse sowie »die Tatsache, daß bestimmte chemische Substanzen zu Unrecht als kanzerogen eingestuft werden«, irreparable Schäden anrichten. Derartige Veröffentlichungen falscher Ergebnisse, so erklärte er, neigten dazu, das mit einzelnen angeblich kanzerogenen Substanzen verbundene Krebsrisiko zu sehr betonen, und hätten »eine nachteilige Auswirkung auf die öffentliche Meinung«.[5]

1978 schließlich erklärte der hervorragende Forscher Charles Heidelberger, der am Krebszentrum der University of Southern California in Los Angeles tätig ist, auf einer Krebskonferenz in aller Öffentlichkeit: »Ich glaube, es ist unsere Pflicht als Wissenschaftler, die volle Verantwortung für unseren Umgang mit wissenschaftlichen Daten zu übernehmen... Ich glaube, die Öffentlichkeit hat genug vom Kanzerogen der Woche... Ich glaube, die Öffentlichkeit hat genug von allzu offenkundiger Panikmache... Ich glaube, es ist unsere wissenschaftliche Pflicht..., bei der Präsentation unserer Ergebnisse sehr zurückhaltend vorzugehen... Ich finde es sehr peinlich, daß wissenschaftliche Streitfragen neuerdings offenbar vor Gericht ausgetragen werden. Ich hege die Hoffnung, daß, wenn die Wissenschaftler ein höheres Verantwortungsgefühl und außerdem präzisere experimentelle Verfahren entwickeln würden, es sich erübrigen würde, wissenschaftliche Kontroversen vor Gericht auszutragen.«[6]

Diese kritischen Bemerkungen haben es in der Tat in sich. Sie besagen, daß ein beträchtlicher Teil der auf dem Feld der Krebsvorsorge geleisteten Arbeit unzureichend ist, daß die Versuchsanordnungen unzureichend sind, daß die Interpretation der Ergebnisse sich nicht in ausreichendem Maße auf die Fakten stützt, daß Risikofaktoren übertrieben dargestellt werden und daß nicht wenige Wissenschaftler sich verantwortungslos, emotional und irrational verhalten. Diese Kritik enthält unausgesprochen nicht mehr und nicht weniger als die Feststellung, daß die wissenschaftliche Krebsvorsorge eindeutig pathologische Züge aufweist.

Lassen sich diese schweren Vorwürfe entkräften? Ganz offensichtlich nicht. – In den mehr als zehntausend Veröffentlichungen, die ich während der Vorarbeiten zu diesem Buch gelesen habe, habe ich an keiner Stelle eine positive Bemerkung über die wissenschaftlichen Qualitäten der Reglementierungswissenschaft gefunden. Ich fand hingegen Verteidigungen der wissenschaftlich-politischen Kooperation, und diese von Verfechtern der staatlichen Reglementierung verfaßten Apologien sagen sehr viel über die Qualität der wissenschaftlichen Ergebnisse, auf die sich die Reglementierungsfetischisten stützen. Hier nun einige derartige Apologien. In einem 1980 dem US-Präsidenten zugeleiteten Bericht des Toxic Substances Strategy Committee (TSSC), dessen Vorsitzender damals Gus Speth war, wird die Forderung aufgestellt, die staatliche Zulassung müsse auf eine »wissenschaftlich« solidere Basis gestellt werden:

Gelegentlich wird verlangt, die Öffentlichkeit müsse an den Zulassungsprozeduren in höherem Maße beteiligt werden. Eine weitere Forderung lautet, diese Prozedur müsse »wissenschaftlich« solider fundiert sein. Die Verfechter der zweiten Forderung verlangen eine Standardisierung der Zulassungsverfahren, die klare Unterscheidung von Fakten und Werturteilen und die organisatorische Trennung von Wissenschaftlern und politischen Interessenvertretern. Obwohl diese Forderung theoretisch einleuchtet, hält das TSSC sie für nicht realistisch, weil Wissenschaft und Politik in jedem Stadium des Entscheidungsprozesses unauflöslich zusammenhängen... Statt dessen sollte man eher Sorge dafür tragen, daß die Flexibilität des Entscheidungsprozesses gewahrt bleibt, und nicht künstliche Unterscheidungen zwischen Wissenschaft und Politik treffen.[7]

Alles in allem, so Speth und das TSSC, kann ein politischer Entscheidungsprozeß niemals strikt »wissenschaftlich« verlaufen, weil Werturteile und Fakten prinzipiell in einem unauflöslichem Verhältnis stehen. Diese Feststellung wurde jedoch wiederum sogleich durch die Empfehlung relativiert, man solle Werturteile und Fakten grundsätzlich auseinanderhalten: »Die Bedeutung aller Fakten, Theorien und Werturteile sollte in jedem Stadium einer öffentlichen Überprüfung und Einflußnahme unterworfen sein.« Das Komitee hat offenbar den Widerspruch zwischen den beiden Aussagen nicht bemerkt.

Ebenfalls 1980 veröffentlichte Steven D. Jellinek von der Umweltschutzbehörde (EPA), offenbar durch die kritischen Äußerungen einiger Wissenschaftler zu diesem Schritt veranlaßt, einen Artikel in der *Technology Review*. Er wandte sich in diesem Beitrag pauschal an »die Wissenschaftler« und war bemüht, die für die praktische Seite der Krebsvorsorge zuständigen Experten moralisch zu rechtfertigen. Die Überschrift seines Beitrages lautete: »Über die Zwangsläufigkeit von Irrtümern.« Jellinek zog eine scharfe Trennungslinie zwischen »Wissenschaftlern« und »Praktikern«, wobei er sich selbst den letzteren zurechnete. Diese beiden Gruppen, so erklärte er, behandeln chemische Probleme, beispielsweise auch die Kanzerogenese, notwendigerweise ganz unterschiedlich. »Wissenschaftler«, so sagte er, lassen große »Vorsicht« walten, bevor sie eine Aussage als bewiesen anerkennen: »Wenn sich eine Frage nicht eindeutig beantworten läßt, so halten sie sich in ihren Schlußfolgerungen zurück und verlangen statt dessen weitere sorgfältige Untersuchungen. Es besteht zwar immer die Möglichkeit, daß andere ihnen mit der Veröffentlichung von Ergebnissen zuvorkommen, aber bevor sie falsche oder irreführende Ergebnisse publizieren, nehmen sie dieses Risiko gerne in Kauf.« Die »Praktiker« stehen laut Jellinek vor einem ganz anderen Problem. Sie sind moralisch für die Gesundheit der Bevölkerung verantwortlich und »können sich nicht den Luxus erlauben, Entscheidungen so lange hinauszuschieben, bis letzte Gewißheit besteht«. Das gilt insbesondere für Krebserkrankungen, bei denen wegen ihrer langen Latenzzeit Ursache und Wirkung zeitlich häufig weit auseinanderliegen. Der Praktiker muß daher inmitten »einer enormen wissenschaftlichen Ungewißheit« Entscheidungen von großer gesellschaftlicher Bedeutung treffen. In diesem Umstand liegt laut Jellinek die »Zwangsläufigkeit« von Irrtümern begründet.[8]

Es gibt auch offizielle »wissenschaftliche« Rechtfertigungen für ein bürokratisches Eingreifen auf der Basis mangelhaften oder ganz fehlenden Datenmaterials. 1979 erklärten die wissenschaftlichen Mitarbeiter des Amtes für Wissenschaft und Technik (OST) hinsichtlich der Gültigkeitskriterien wissenschaftlicher Daten und der Einschätzung möglicher Krebsrisiken: »Ein vorurteilsfreies wissenschaftliches Urteil ist zur Ausübung dieser Funktionen unerläßlich, da die Vieldeutigkeit des Datenmaterials – oder gelegentlich ein gänzlicher Mangel an Daten – einen hohen Grad an wissenschaftlicher Kompetenz notwendig machen.«[9]

All diese Äußerungen dienen der Verteidigung. Keiner der vorstehend zitierten kritischen Wissenschaftler richtete sich mit seinen Attacken gegen die Bürokratie beziehungsweise die Regierung; ich bin in meiner Lektüre auch nirgendwo auf einen derartigen Angriff gestoßen. Alle diese Wissenschaftler kritisierten ausschließlich, was die Internationale Krebsforschungsbehörde (IARC) als in der Krebsforschung »weitverbreitete« Irrationalität beziehungsweise wissenschaftliche Inkompetenz bezeichnet. Aber, um es noch einmal zu wiederholen, auf solche Kriterien antworten niemals die Kollegen der Kritiker, sondern immer nur Regierungsstellen, die ihre Wissenschaftspolitik verteidigen. Und gerade diese von in dunkler Nacht vorbeiziehenden Schiffen abgefeuerten Kanonen, die jedoch den Gegner nicht treffen und keine Schlacht auslösen, sie entwerfen in allen Details ein realistisches Bild der Reglementierungswissenschaft:

- Diese Kritiker erheben den Vorwurf, daß die Wissenschaft, *soweit sie von Reglementierungswissenschaftlern betrieben wird,* unter subjektivistischen Vorzeichen steht, mit mangelhaftem oder gar nicht vorhandenem Datenmaterial arbeitet und häufig zu völlig unhaltbaren beziehungsweise falschen Schlußfolgerungen gelangt. Diesen Zustand bezeichnen die Kritiker als unerhört.
- Die Apologeten der Regierung sind übereinstimmend der Meinung, daß die Wissenschaft, *auf die sie sich in ihrer Politik stützen,* unter subjektivistischen Vorzeichen steht, mit mangelhaftem oder gar nicht vorhandenem Datenmaterial arbeitet und häufig zu völlig unhaltbaren beziehungsweise falschen Schlußfolgerungen gelangt. Diesen Zustand bezeichnen die Kritiker als unvermeidlich.

Wenn man jedoch gewisse regierungsamtliche Stellungnahmen einmal genauer betrachtet, so erkennt man, daß diese sich nicht nur mit politisch als notwendig erachteten Maßnahmen auseinandersetzen, sondern auch Aussagen über die Güte der Wissenschaft selbst enthalten. Jellinek von der EPA behauptet, die Wissenschaft als solche begehe zwangsläufig Irrtümer, und zwar weil die »Praktiker« inmitten »einer enormen wissenschaftlichen Ungewißheit« Entscheidungen treffen müssen, womit er sagen will, daß zum gegenwärtigen Zeitpunkt die Wissenschaft ihrer Aufgabenstellung nicht gewachsen ist. Das Amt für Wissenschaft und Technik (OST) erklärt, daß das »Datenmaterial nicht zuverlässig ist« und daß häufig auf einer unzureichenden Datenbasis Entscheidungen getroffen werden müssen – und weist damit ebenfalls auf die Unzulänglichkeit der heutigen Wissenschaft hin. Nur das Speth-Komitee ist weniger aufrichtig. Es behauptet, es sei schlichtweg undenkbar, daß es in irgendeiner Phase des politischen »Entscheidungsprozesses« möglich sein sollte, die wissenschaftlichen Fakten ganz von Werturteilen zu reinigen. Über solche wissenschaftlichen Fakten wie die lebensrettende Wirkung des Penizillins oder über die Gültigkeit des zweiten thermodynamischen Gesetzes hätte dasselbe Komitee einen derartigen Kommentar vermutlich nicht abgegeben. Daher vermittelt uns dieses Komitee indirekt ebenfalls den Eindruck, daß jene Wissenschaft, von der in jener Aussage die Rede ist, durch Werturteile beeinträchtigt ist.

Wir stehen daher vor einer Reihe verwirrender Fragen. Stimmt es, daß, wie manche Reglementierungswissenschaftler behaupten, die wissenschaftliche Krebsprognose und -vorsorge von bestimmten Wissenschaftlern desavouiert werden, die aus nicht näher genannten Gründen Opfer ihres Subjektivismus, ihrer Inkompetenz, Hysterie und Irrationalität geworden sind? – Immerhin impliziert diese Anklage doch die Existenz einer objektiven, wertfreien Wissenschaft. Oder ist es richtig, daß, wie Regierungsstellen durchblicken lassen, die Reglementierungswissenschaften derart mit »mangelhaftem Datenmaterial« und Werturteilen überschüttet werden, daß ihnen zwangsläufig Irrtümer unterlaufen müssen? Mit anderen Worten, handelt es sich bei alledem um einen Streit über den augenblicklichen Zustand der Krebsforschung? Dieser Eindruck drängt sich auf, doch sicher sein kann man auch wiederum nicht. Wenn es sich jedoch um einen derartigen Streit handelt, warum befleißigt man sich dann solch aggressiv vorgetragener Anschuldigungen gegen die Wissenschaft und erteilt den politisch Verantwortlichen sowie den Reglementierungsfetischisten von vornherein die Generalabsolution? All diese Fragen schreien geradezu nach einer Antwort.

Aber es erhebt sich noch eine andere Frage. Warum ist den in den Reihen der Reglementierungswissenschaftler beheimateten Kritikern so sehr daran gelegen, vor der Öffentlichkeit gerechtfertigt dazustehen? Physiker und Chemiker haben keine Angst davor, daß »der Mann auf der Straße« möglicherweise »genug hat« von ihren Ergebnissen und denken könnte, daß die von ihnen entdeckten Quarks, schwarzen Löcher und Antimaterie gegen den »gesunden Menschenverstand« verstoßen. Ebensowenig fürchten sie den Zorn »des Mannes auf der Straße«, wenn sich herausstellt, daß ihre bisherige Vorstellung von der Schwerkraft ganz falsch war. Warum aber zeigen dann die in der Krebsvorsorge tätigen Experten so viele Angstsymptome? Und warum zittern insbesondere gerade jene Experten, die als Kritiker hervortreten? Je mehr man sich in diesen ganzen Streit vertieft, um so unbegreiflicher wird er.

Wir können das Geheimnis nicht lüften, bevor wir auf die folgenden Fragen eine Antwort gefunden haben. Unter welchen Bedingungen arbeitet die Reglementierungswissenschaft? Handelt es sich dabei um eine solide Wissenschaft? Falls nicht, wie könnte man sie dann charakterisieren? Es gibt folglich für uns nur eine Vorgehensweise. Wir müssen den gesamten Komplex der Krebsvorsorge, von den Tests an Mäusen bis hin zu den Methoden der Risikoeinschätzung, genau unter die Lupe nehmen und die Ergebnisse all dieser Verfahren sorgfältig studieren. Unsere besondere Aufmerksamkeit wollen wir dabei den verschiedenen Kontroversen zuwenden, denn sie können uns vielleicht Aufschluß über die Ursachen des Streites geben – wenn die Ursachen des Streites tatsächlich sachlicher Natur sein sollten.

Wenn man die einschlägige Literatur durcharbeitet, so fällt einem als erstes auf, daß die Öffentlichkeit bis heute keine angemessenen Informationen über die wissenschaftliche Krebsvorsorge besitzt. Der medizinische Laie weiß über die gesamte Problematik so gut wie nichts. Wenn der Laie überhaupt eine Vorstellung davon hat, was beispielsweise in einem Tierversuch passiert, so verdankt er sein Wissen vermutlich ähnlichen Broschüren wie der vom NCI herausgegebenen, aus der wir im folgenden zitieren. Darin heißt es:

> Mäuse und Ratten beiderlei Geschlechts werden in Gruppen von fünfzig Tieren über einen Zeitraum von zwei Jahren verschieden hohen Dosierungen der Testsubstanz ausgesetzt. Andere Gruppen von Tieren, sogenannte Kontrollgruppen, werden in jeder anderen Hinsicht gleich behandelt, nur sind sie der Testsubstanz nicht ausgesetzt. Nach Abschluß des Experiments werden die Tiere sorgfältig von Pathologen (also Ärzten, die durch Krankheiten verursachte Veränderungen im Körpergewebe interpretieren) seziert und untersucht. Dann wird die Tumorhäufigkeit der Test- mit jener der Kontrollgruppe verglichen. Kanzerogene bewirken, daß die Tiere, die mit ihnen behandelt worden sind, eine höhere Tumorhäufigkeit aufweisen als die unbehandelten Tiere. Im Gegensatz dazu lösen Nonkanzerogene auch keine Tumoren aus.[10]

Dies ist eine durchaus vernünftige Kurzbeschreibung eines Tierversuchs, doch wenn dies im wesentlichen alles ist, was man über diesen Vorgang weiß, und wenn man über die anderen Aspekte der wissenschaftlichen

Krebsvorsorge ähnlich rudimentär informiert ist, so ist man absolut nicht gerüstet, um die Risiken, denen man als Mensch ausgesetzt ist, angemessen einzuschätzen. Im übrigen wird man außerstande sein, politisch motivierte von wissenschaftlich fundierten Risikoschätzungen zu unterscheiden.

Hierin besteht für den Laien ohnehin ein besonders diffiziles Problem, solange er von dem Phänomen der Kanzerogene ausschließlich in einem politischen Kontext gehört hat. 1976 erfuhren viele medizinische Laien erstmals, daß zur Feststellung der Kanzerogenität chemischer Substanzen Tierversuche durchgeführt wurden; zugleich erfuhren sie aber auch, daß die von der Industrie publizierten Daten unzuverlässig seien. Diese Nachricht verursachte einen politischen Skandal. Die Öffentlichkeit erfuhr von entsetzten Journalisten, die an den unter Leitung von Edward M. Kennedy veranstalteten Senatshearings teilgenommen hatten, daß die Industrie empörend unzulängliche Kanzerogenitätstests durchgeführt und den für die Zulassung chemischer Substanzen zuständigen staatlichen Stellen ungültiges und sogar gefälschtes Datenmaterial unterbreitet und solche Daten, die Hinweise darauf enthielten, daß bestimmte Produkte für die Gesundheit von Industriearbeitern und Bürgern gefährlich seien, einfach nicht zur Kenntnis genommen habe.[11] In den Jahren 1976 und 1977 wurden die verängstigten Fernsehzuschauer immer wieder von EPA- und FDA-Offiziellen, wissenschaftlichen Experten und Umweltschützern, in immer neuen Variationen über die Inkompetenz und Pflichtvergessenheit der Industrie und der in ihrem Auftrag tätigen Laboratorien und über deren willentliche Verletzung sämtlicher bindender Standards wissenschaftlicher Kanzerogentestverfahren aufgeklärt.[12] Eine Begleiterscheinung dieser Kampagne war es, daß die Öffentlichkeit immerhin darüber in Kenntnis gesetzt wurde, daß Kanzerogentests an eindeutige Standards gebunden waren. Niemand war so empört gewesen wie Senator Kennedy, niemand hatte jedoch auch mehr Vertrauen in die positive Wirkung dieser Standards gesetzt. Er erklärte daher voller Entrüstung: »Eine ungenaue und nachlässig gehandhabte Wissenschaft, eine betrügerische Wissenschaft – darin besteht die gefährlichste Bedrohung, der das amerikanische Volk ausgesetzt ist.«[13] Angriffe gegen in der Industrie beschäftigte Wissenschaftler wurden geradezu zu einer Modeerscheinung. Einzigartig nur in seiner Direktheit, nicht jedoch in seinen Empfindungen, überschüttete der Richter am U. S. District Court in Minnesota, Miles Lord, wie wir bereits gehört haben, die »ausgehaltenen Wissenschaftler und wissenschaftlichen Berater, die Söldner der wissenschaftlichen Welt« mit seinen Verwünschungen. Sie alle, so erklärte er, seien von der Industrie angestellt,

»um zu verdrehen und zu verfälschen, die Augen zuzudrücken und Lügengebäude zu errichten«.[14] Samuel Epstein war von seiner Vision der völligen kommerziellen Korrumpiertheit seiner eigenen wissenschaftlichen Zukunft derart überwäligt, daß die Denunziation des von der Industrie bereitgestellten Datenmaterials ihm gleichsam zur zweiten Karriere geriet – jedenfalls beschäftigt er sich in seinem Buch *The Politics of Cancer* fast ausschließlich mit diesem Thema. Ähnlich verzweifelt verlangte Umberto Saffiotti, kommerziell betriebene Laboratorien sollten künftig nur mit einer besonderen Lizenz und unter staatlicher Aufsicht arbeiten dürfen.[15] Er sprach den Verdacht aus, es handle sich um ein historisch einmaliges Verbrechen des »Massenmords«. Welchen Eindruck er der Öffentlichkeit vermitteln wollte, war ganz offenkundig. Die Öffentlichkeit sollte glauben, es gebe hochentwickelte wissenschaftliche Kanzerogentests und eine käufliche, sämtliche wissenschaftlichen Grundsätze schändende Industrie.

Zweifellos waren die meisten von der Industrie veröffentlichten Daten ungenau und unzuverlässig. Unter den Mängeln, die Epstein den von der Industrie durchgeführten Tests anlastete, waren: Die Tests waren angeblich an zu wenigen Tieren durchgeführt worden; die Tiere seien so hohen Dosierungen ausgesetzt worden, daß sie gestorben seien, bevor sich überhaupt Krebs entwickeln konnte; die Tests seien abgeschlossen worden, bevor ein Krebswachstum in Erscheinung treten konnte; die Tiere seien schlecht gehalten und ernährt worden und daher vorzeitig krank geworden und gestorben, wodurch die Ergebnisse der Experimente verfälscht worden seien; man habe tote Tiere soweit verwesen lassen, daß sich in der anschließenden Autopsie Krebs nicht mehr feststellen ließ; die Autopsien selbst seien unsachgemäß durchgeführt worden; Aufzeichnungen seien vernichtet worden. Derart gravierende Mängel waren laut Epstein jahrelang an der Tagesordnung gewesen.[16] Und gemessen an den Informationen, die von den staatlichen Stellen ausgestreut wurden, waren Epsteins Auskünfte völlig korrekt. Wenn man derart schockierende Informationen in Betracht zieht, so ist die unter Politikern, in der Presse und der Öffentlichkeit verbreitete Ablehnung der Industrie nur allzu verständlich.

Im Staatsdienst stehende Wissenschaftler berichteten von betrügerischen Angaben der Industrie, von gefälschten Testprotokollen, die von angesehenen Firmen und Laboratorien veröffentlicht worden seien. R. Jeffrey Smith berichtete in *Science* von drei besonders abstoßenden Fällen, die während der Kennedyhearings von der FDA und der EPA bekanntgegeben worden waren. Die drei beschuldigten Firmen waren: G. D. Searle und Co., Biometric Testing Inc. und die Industrial Biotest Laboratories Inc.[17] Diese Firmen und andere kommerzielle Laboratorien hatten laut Ernest Brisson von der FDA in von ihnen durchgeführten Tierversuchen aufgetretene schwere Schäden unbeachtet gelassen beziehungsweise unterschlagen und Experimentalanordnungen so gestaltet, daß sich mit ihrer Hilfe toxische Wirkungen verheimlichen ließen. Brisson erklärte weiter: »Wir stießen aber auch auf fachkundige Protokollfälschungen, die zur Folge hatten, daß Versuchstiere im Laufe einer Versuchsreihe je nach Bedarf auftauchten beziehungsweise verschwanden...«[18] Adrian Gross von der FDA berichtete, daß die Firma Searle, nachdem man sie auf Fehler in den von ihr veröffentlichten Daten hingewiesen habe, der FDA eine neuerlich frisierte Version derselben mangelhaften Studie unterbreitet habe. Gross fuhr fort: »Jedoch statt ihr Resümee so umzuschreiben, wie es nach der Datenlage notwendig gewesen wäre, hatten sie das Datenmaterial so verändert, daß es sich mit ihrem Resümee in Übereinstimmung befand.«[19] Die betroffenen Firmen bestritten die Berechtigung der gegen sie erhobenen Vorwürfe, im Fall von Industrial Biotest führten die Vorwürfe sogar zu einem Rechtsstreit. Aber weder damals noch heute war beziehungsweise ist es dem Laien möglich, die strittigen Fragen zu beurteilen. Er mußte sich auf die Berichte der EPA und der FDA verlassen. Derartige Informationen, die sich um zahlreiche Beispiele vermehren ließen, lassen die damals verbreitete Empörung über die Industrie nur allzu verständlich erscheinen.

Diese Enthüllungen hatten jedoch leider eine Schwachstelle – und von dieser Schwachstelle wußten weder die Politiker noch die Presse oder die Öffentlichkeit: Die gleichen Enthüllungen hätten sich auch über die an den Universitäten praktizierten Kanzerogentests machen lassen. Die Massenmedien hatten 1976 zwar ausführlich über die Kennedyhearings berichtet und verbreitet, was dort gesagt wurde, um sich dann wieder anderen Themen zuzuwenden. Aber sie kannten nur einen Teil der Geschichte. 1977 berichtete *Science* über die wissenschaftliche Unzulänglichkeit der an den Universitäten praktizierten Toxizitäts- und Kanzerogentests und enthüllte, daß die Situation an den Universitäten sogar noch schlimmer sei als in der Industrie. Carl Blozan, ein Forschungsexperte von der FDA, hatte 1977 in einer Pilotstudie 43 Laboratorien in verschiedenen Teilen der USA inspiziert und in seinem Bericht stand laut *Science* zu lesen, daß, an den Standards der FDA gemessen, die Qualität privatwirtschaftlich geführter Laboratorien am höchsten seien, an zweiter Stelle folgten die Vertragslabors und erst an dritter und letzter Stelle die Forschungseinrichtungen des akademischen Betriebs. Er hatte auch fünf Universitäten inspiziert, und der Verläßlichkeitsgrad der Testergebnisse hatte an keiner dieser Universitäten die 50-Prozent-Marke überschritten. Am schlimmsten bestellt war es um die Qualitätskontrolle, die Anwendung standardisierter Verfahrensweisen, die Datenspeicherung und die Protokollführung. Blozan gelangte zu der Schlußfolgerung, daß die Universitäten in ihren Testreihen die am wenigsten strengen Versuchsbedingungen einhalten. Auf der Grundlage dieser Studie entschied die FDA, die Universitäten seien an dieselben Standards gebunden wie die Industrie.[20] Der *Science*-Mitarbeiter Smith forschte nach den Ursachen dieser »widersinnig erscheinenden« Ergebnisse und gelangte so zu einer Vielzahl weiterer Entdeckungen. Laut Adrian Gross von der FDA beschäftigten sich viele wissenschaftliche Mitarbeiter der Universitäten gar nicht mit der Durchführung von Tierversuchen, auch wenn sie genau zu diesem Zweck engagiert worden waren. Sie ließen statt dessen diese Arbeit von Studenten in höheren Semestern durchführen, »die nur ihren Abschluß und ins Berufsleben hinaus wollen«.[21] Außerdem, so erfuhr Smith von Mitarbeitern der FDA, herrsche an Universitäten im allgemeinen nur eine »schwache Disziplin«. Privatfirmen und -labors hingegen könnten es sich leisten, da die von ihnen beschäftigten wissenschaftlichen Kräfte Angestellte und keine Studenten seien, rigoros die technischen Verfahren vorzuschreiben und deren Anwendung auch durchzusetzen; genau das sei an einer Universität jedoch nicht möglich.[22] Das Profitmotiv begünstigte, wie Smith entdeckte, sogar die wissenschaftliche Redlichkeit, statt sie zu korrumpieren. Er berief sich dabei unter anderem auf Gerald Laubach, den Präsidenten von Pfizer, der eine Erklärung dafür geliefert hatte, warum von der Industrie betriebene Labors wissenschaftlich verantwortungsbewußter arbeiten als Universitätslabors. Smith nannte den folgenden Grund: Die Industrie verliere Zeit und Geld, wenn ihre Testergebnisse unbrauchbar seien und die Versuchsreihen daher wiederholt werden müßten; die Universitäten hingegen trügen keinerlei Verlustrisiko.[23]

Die Tatsache, daß privatwirtschaftlich durchgeführte Testreihen zuverlässiger seien als an Universitäten vorgenommene Untersuchungen werde gewiß viele Experten überraschen, sagte Smith, der selbst sichtlich überrascht war.[24] Gewiß wären auch viele Bürger davon überrascht gewesen, wenn sie überhaupt etwas darüber erfahren hätten. Diese Ergebnisse machten jedoch keine Schlagzeilen, und ebensowenig tauchten Fernsehreporter auf, um darüber zu berichten, in welchem Maß die wissenschaftlichen Mitarbeiter der Universitäten Verrat an der Wissenschaftlichkeit von Kanzerogentestverfahren übten. Zu dem Zeitpunkt, da ich dieses Buch schreibe, ist vermutlich der Großteil der Presse immer noch nicht über diese »widersinnig erscheinenden Ergebnisse« informiert. Am 7. Dezember 1980 stellte das *New York Times Magazine* das Problem noch immer so dar, als ob es sich in erster Linie um Betrügereien der Industrie und um die Bestechung wissenschaftlicher Gutachter durch die Industrie handle.[25]

Schlecht ausgeführte Tierversuche sind aber nicht der einzige Makel, den sich die akademische Welt zugezogen hat. Auch in diesem Bereich häufte sich im Laufe der Jahre die Zahl der Betrugsfälle. Trotz der Ideale und der Disziplin der Wissenschaft ist sie von Unehrlichkeit niemals ganz verschont geblieben, und das gilt für alle Wissenschaften. Ewan Whitaker vom Lunar and Planetary Laboratory in Arizona stellte 1980 fest: »Die meisten von uns müßten wahrscheinlich zugeben, daß wir in unserem jeweiligen Forschungsbereich ein oder zwei Wissenschaftler nennen könnten, die ihre Zuflucht in ›Ausflüchten, leerer Rhetorik und Propaganda gesucht haben‹ ...«[26] Und Betrug gibt es in der Toxizitäts- und Krebsforschung gleichermaßen.

Im folgenden einige relativ aktuelle Beispiele:

1974 erhielt William T. Summerlin wegen seiner bemerkenswerten Experimente auf dem Gebiet der Transplantationsimmunität eine prestigeträchtige Stelle am Memorial Sloan-Kettering Cancer Center. Nur konnte leider niemand – einschließlich Summerlin selbst – diese Experimente erfolgreich wiederholen. Es hieß damals, er habe Daten gefälscht beziehungsweise auf die Haut seiner Versuchsmäuse Farbe aufgetragen. Er bestritt die Richtigkeit dieser Vorwürfe, wurde jedoch später vom Dienst suspendiert.[27] Die FDA berichtete 1979 von einer Reihe von Wissenschaftlern – die namentlich nicht genannt wurden –, die betrügerische Arbeit geleistet hatten. Constance Holden berichtete in *Science,* »angesehene Wissenschaftler« hätten »sich über Testprotokolle lustig gemacht, Daten gefälscht und fingierte Forschungsergebnisse weitergegeben«.[28] 1980 wurde Elias Alsabti von der Universität von Virginia bezichtigt, in fünf seiner insgesamt sechzig Veröffentlichungen gestohlenes Datenmaterial verwendet zu haben. Er hatte in europäischen, amerikanischen und japanischen Fachzeitschriften im großen Stil über Krebsforschung berichtet. Er wies die Vorwürfe zurück, trat jedoch später von seinem Posten zurück.[29] Ebenfalls 1980 trat John Long, der bis dahin an der Harvard University und dem Massachusetts General Hospital tätig gewesen war, von seinem Posten zurück, und zwar weil er, wie die *New York Times* meldete, zugegebenermaßen die »Ergebnisse eines Experiments gefälscht hatte«. Long hatte die Mechanismen der Hodgkinschen Krankheit untersucht. Die von ihm benutzten Zellstämme waren kontaminiert gewesen und im übrigen auch noch unecht; sie stammten nicht von unter der Hodgkinschen Krankheit leidenden Menschen, sondern von Nachtaffen. Nicholas Wade von *Science* faßte die Katastrophe folgendermaßen zusammen: »Ein am

Massachusetts General Hospital durchgeführtes mit 750000 Dollar dotiertes Forschungsprojekt brach in sich zusammen und hinterließ als Vermächtnis einen Haufen frei erfundener Daten und unbrauchbarer Zellstämme.«[30] Und wiederum 1980 entdeckte Nicola di Ferrante, ein Mitglied eines Wissenschaftlerteams, das sich die Erforschung gewisser Hautfibroblasten zum Ziel gesetzt hatte, daß gewisse ursprünglich von der Gruppe publizierte Daten »manipuliert« worden waren. Ferrante machte diese Tatsache in einem an *Science* gerichteten Brief öffentlich bekannt und entschuldigte sich dafür, daß »sie die ursprünglichen Ergebnisse derart enthusiastisch vorgetragen und nicht genügend Kritikfähigkeit aufgebracht habe, um den Wissenschaftsbetrug zu entdecken«. Es bestehe »die Möglichkeit«, so Ferrante, daß die Daten »gefälscht« worden seien.[31] Wiederum 1980 publizierte die *Oncology Times* den Brief eines Krebsforschers, dessen Name ungenannt blieb. Der Wissenschaftler kündigte in seinem Schreiben an, er werde aus der Krebsforschung ausscheiden. Eines seiner Hauptmotive für diesen Schritt bestand darin, daß die wissenschaftliche Ethik seit dem Zeitpunkt verkommen sei, da in diesen Forschungsbereich hohe Summen staatlicher Gelder geflossen seien. Infolge der Zuteilungspolitik dieser Geldmittel lebten die jungen Wissenschaftler in ständiger »Angst« und gerieten in Versuchung, hier und da »ein wenig nachzuhelfen«.[32] Tatsächlich wurden in der biomedizinischen Forschung 1980 so viele Betrugsfälle bekannt, daß sich der Herausgeber des Wissenschaftsteils der *New York Times,* Philip M. Boffey, veranlaßt sah, seinen Lesern beruhigend zu erklären, daß Wissenschaftsbetrug sich selbst verrät – weil, wenn eine Arbeit wirklich wichtig ist, andere Wissenschaftler versuchen, die Ergebnisse zu wiederholen und der Forschungsbetrieb selbst »Betrug ebenso wie Irrtümer letztlich ans Tageslicht bringt«. Betrug sei die Ausnahme, erklärte er, aber die Wissenschaft habe sich verändert; da die Zahl der Wissenschaftler gewachsen sei, seien auch mehr Betrugsfälle zu verzeichnen.[33]

Die Fälschung von Daten ist jedoch nicht der einzige Grund dafür, weshalb irreführende Informationen in Umlauf sind. Einer der erschreckendsten Fälle einer Publizierung irreführender Daten war nicht das Ergebnis einer Fälschung, sondern der Unterschlagung bestimmter Informationen. Laut William J. Broad von *Science* publizierten die beiden Radiobiologen Paul Todd und Paul S. Furcinitti von der University of Pensylvania 1976 in *Science* die Ergebnisse eines von ihnen durchgeführten Schwellenexperiments. Sie hatten untersucht, welche Auswirkungen Strahlen auf die Nierenzellen des Menschen ausüben, und berichteten, daß der Zelltod bereits eintritt, wenn man solche Zellen den geringsten Strahlendosen aussetzt.

Die Geschichte, die auf dem Höhepunkt der Kontroverse um die Bedeutung von Schwellendosen ausgetragen wurde, machte in der wissenschaftlichen Presse Schlagzeilen. Der *New Scientist* verkündete: »Niedrige Strahlendosen verursachen Krebs.« Alle Verfechter der Nullschwellentheorie beriefen sich auf das Experiment und sahen ihre Auffassung bestätigt. Leider hatten sie sich zu früh gefreut, denn es gab da noch eine Tatsache, die ihnen unbekannt war: Die in diesem berühmten Experiment benutzten Zellen stammten von einer krebskranken Frau; sie waren von vornherein bösartig gewesen. Laut Broad hatten die Autoren der Publikation aus den verschiedensten Gründen, die sich zum Teil aus der Kollision der technischen Perspektiven ergeben, wie sie zwischen Radiobiologen und Zellforschern besteht, die Tatsache, daß die Zellen von vornherein bösartig gewesen waren, unerwähnt gelassen. Als sie jedoch in späteren Veröffentlichungen auf diesen bedenklich stimmenden Umstand hinweisen wollten, wurden diese Anmerkungen von den Herausgebern dieser Publikationen gestrichen, da sie unwesentlich seien und der eigenen Argumentation schadeten. Auf diese Weise wurden Informationen, die bereits 1977 vorlagen, erst 1980 öffentlich bekannt, und zwar durch den Cytogenetiker Walter Nelson-Rees. Rees, der die ursprüngliche Veröffentlichung in *Science* gelesen hatte, hatte den Verdacht gehegt, daß die Zellen nicht normal gewesen seien. Er ging der Sache nach und publizierte das Ergebnis in *Science.* Zwangsläufig löste sein Bericht bei den Zellforschern Konsternation aus, da es für diese entscheidend auf die Malignität einer Zelle ankommt. In dem Bericht, den er über diese Vorgänge verfaßte und mit dem Titel »Der Fall der verschwiegenen Malignität« überschrieb, erklärte Broad, daß die Malignität der Zellen das ganze Experiment in eine dunkle Wolke gehüllt und eine heftige Kontroverse über wissenschaftliche Glaubwürdigkeit und Aufrichtigkeit ausgelöst habe.

Die Autoren dieser Publikation verteidigten sich vehement, sie erklärten, daß sie (1.) versucht hätten, die Malignität der von ihnen verwendeten Zellen publik zu machen, daß (2.) ihre Studie über die Tötung von Zellen ihre Gültigkeit unabhängig von der Malignität der Zellen besitze und daß (3.) Zellen aus eben demselben malignen Zellstamm – sogenannte He-La-Zellen – auch in der Molekularbiologie eine weite Verwendung gefunden hätten und daß viele der Prinzipien der DNS- und RNS-Synthese anhand von He-La-Zellen erforscht worden seien. Furcinitti und Todd hatten tatsächlich das Pech, von *Science* in die Schußlinie gestellt zu werden, denn schon bald zeigte sich, daß ihre Verwendung von He-La-Zellen nur die Spitze eines Eisbergs darstellte. Nelson-Rees hatte bereits jahrelang nach He-La-Zellen geforscht, die ihren Namen Henrietta Lacks verdankten –

aus deren Körper sie ursprünglich stammten –, weil die malignen Zellen der längst verstorbenen Frau in Laboratorien auf der ganzen Welt andere Zellstämme kontaminiert hatten. Im April 1981 veröffentlichte *Science* eine von Rees erstellte Liste aller Veröffentlichungen, in denen die Eigenschaften aller bekannten He-La- und anderer menschlicher Zellstämme, die mit dem Prädikat »He-La-kontaminiert« versehen waren, beschrieben wurden. Es fanden sich in dieser Aufstellung aber auch noch Beschreibungen weiterer kontaminierter Zellstämme, die in Laboratorien Verwendung gefunden hatten. Im gleichen Monat publizierte *Science 81* eine popularisierte Version der Geschichte unter dem Titel »Die Zellen, die nicht sterben wollen«: »Die auf eine seltsame Weise reinkarnierte Henrietta Lacks spukt in den Laboratorien der Welt herum und macht Jahre wissenschaftlicher Forschung zunichte...« Tatsächlich führt auch einer der vielen Fäden, aus denen die bereits erwähnte John-Long-Geschichte gewebt ist, zu He-La-Zellen. Wieviel Krebszellenforschung tatsächlich durch die malignen He-La-Zellen »zunichte« gemacht worden ist, kann der Laie nicht beurteilen, wahrscheinlich könnte es auch die Wissenschaft nicht genau sagen. Worauf es uns in unserem Zusammenhang jedoch ankommt, ist die Feststellung, daß Betrug nur selten die einzige Ursache für die Verbreitung falscher Daten in der Krebsforschung ist.[34]

Auch der Nichtfachmann sollte über derartige wissenschaftliche Skandale jedoch informiert sein, und zwar gerade deshalb, weil auf das Konto der Industrie gehende Irrtümer und Mißbräuche öffentlich soviel Staub aufwirbeln. Aber die beschriebenen dramatischen Fälle, ob sie nun zu Lasten der Industrie oder der an den Universitäten betriebenen Wissenschaft gehen, sind in einer ganz bestimmten Hinsicht irreführend: Sie lenken die Aufmerksamkeit von den eigentlichen Problemen der Krebsforschung ab – nämlich von der Tatsache, daß ein Großteil der in diesem Bereich geleisteten Arbeit nicht wegen moralischer Mängel auf seiten der Experimentatoren schlecht ist, sondern weil diese zuwenig wissen.

Was die theatralischen Schlagzeilen und die wissenschaftlichen Skandale verschleiern, ist ein Phänomen, das in der gesamten Literatur über Kanzerogenforschung sichtbar wird – nämlich die Existenz einer ungewöhnlich großen Zahl von ungelösten Problemen und unerledigten Kontroversen. Es gibt kaum Aspekte der Kanzerogenidentifikation, der Krebsprognose beim Menschen und der Risikoeinschätzung, über die die Wissenschaftler nicht völlig konträre Meinungen vertreten. Es ist gar nicht möglich, alle in diesem Bereich ausgetragenen Kontroversen zu beschreiben; sie sind schlichtweg zu zahlreich. Ganze Bibliotheken wissenschaftlicher Veröffentlichungen, von denen viele den Umfang von Büchern haben, liefern Analysen der verschiedenen hart umkämpften Positionen, und jede dieser Publikationen stellt die Probleme wieder etwas anders dar. Der Laie kann auf derart detaillierte Informationen jedoch verzichten. Er muß nur Kenntnis von diesen Streitigkeiten haben und ihren Gegenstand und Stellenwert annähernd begreifen. Ein leicht zugänglicher Prototyp solcher Kontroversen ist eine vom OSHA 1980 herausgegebene Dokumentation. Sie ist nicht vollständig, aber sie ist umfassend genug, und für den Laien ist es schon ausreichend, die Auflistung der kontroversen Publikationen zu lesen. Man darf jedoch nicht vergessen, daß dieser OSHA-Bericht nicht eine Kontroverse »Reglementierungsbefürworter gegen die Industrie« dokumentiert, sondern daß die damals angesetzten Hearings den Zustand der Reglementierungswissenschaften durchleuchten sollten. Universitätswissenschaftler nehmen in dieser Kontroverse die gegensätzlichsten Standpunkte ein. Im folgenden nun eine Aufstellung der am unerbittlichsten geführten Kontroversen nach dem Stand von 1978. Das OSHA präsentierte die einzelnen Kontroversen in Form von Fragen.[35]

Lassen sich Tierstämme mit einer hohen Inzidenzrate an spontan auftretenden Tumoren in Kanzerogenitätstests verwenden? Kann die Anwesenheit von Tumorviren im Mäusetest erzielte Ergebnisse aufheben?
Ist das spontane Auftreten von Tumoren in den Zellstämmen mancher Mäuse unstabil, und falls ja, werden dann an solchem Testmaterial erzielte Ergebnisse ungültig?
Lassen sich bei Mäusen Lebertumoren verläßlich und konsistent diagnostizieren?
Ist die an Mäusen vorgenommene Induktion von Tumoren mit einem Kanzerogen auch von prognostischer Verbindlichkeit für andere Spezies?
Lassen sich mittels durch Inzucht erzeugter Stämme von Nagetieren verläßliche Ergebnisse erzielen?
Gibt es andere charakteristische Merkmale der Nagetiere, die ihren Wert für Kanzerogenitätstests schmälern?
Sollten am Menschen gewonnene »nicht-positive« Ergebnisse höher bewertet werden als positive Resultate im Tierversuch? Sollten in bestimmten Tierversuchen erzielte »nicht-positive« Ergebnisse höher bewertet werden als in anderen Tierversuchen erzielte positive Resultate?
Welche Vorkehrungen wären geeignet, die Gefahren falsch-positiver Ergebnisse einzudämmen?
Wie soll das OSHA mit Daten unterschiedlicher Qualität verfahren?
Lassen biologische Erwägungen Maximaldosierungstests unangemessen erscheinen?
Welche Bedeutung sollte man der Induzierung gutartiger Tumoren im Tierversuch zwecks Feststellung für den Menschen bestehender kanzerogener Risikofaktoren einräumen?

Welche Bedeutung sollte man der Induktion eines Tumortypus, der auch bei unbehandelten Tieren spontan auftritt, beimessen?
Sind die Verabreichungsformen der Wirkstoffe im allgemeinen angemessen?
Welcher Grad von Bestätigung ist für positive Ergebnisse unerläßlich?
Lassen sich »sichere« oder »Unwirksamkeits«-Stufen für die Kanzerogeneinwirkung festlegen?
Weisen »Biobausteine« notwendigerweise Schwellen auf?
Gibt es theoretische Gründe, die zu der Erwartung Anlaß geben, es gebe auf zellulärer Ebene eine Schwelle?
Konnten bisher hinsichtlich bestimmter Kanzerogene Schwellen nachgewiesen werden?
Gibt es eine konsistente Beziehung zwischen Dosierung und Latenzphase, aus der sich auf eine bei niedriger Dosierung bestehende Schwelle schließen ließe?
Würde eine zwischen Kanzerogenen stattfindende Wechselwirkung den Begriff einer Schwelle hinfällig machen?
Sollten bestimmte für die Ausführung und Auswertung von an Tieren vollzogenen Kanzerogentests verbindliche Kriterien festgesetzt werden?
Sollte das OSHA die Protokolle solcher Tierversuche überprüfen, in denen die Beweise dafür festgehalten sind, daß eine bestimmte Substanz kanzerogen ist?
Sollte das OSHA eine Protokollierung der Versuchsanordnung und Durchführung von an Tieren vorgenommenen Kanzerogentests verbindlich vorschreiben?
Sollte das OSHA Standards für die Auswertung im Tierversuch gewonnener Daten vorschreiben?
Welche Faktoren muß das OSHA bei der Aus- und Bewertung von an Tieren vorgenommenen Kanzerogentests berücksichtigen?
Wie soll das OSHA entscheiden, ob Berichte über positiv ausgefallene Tierversuche wissenschaftliche Bedingungen erfüllen?
Sollten Tumor-»Promotoren« von Tumor-Initiatoren unterschieden und in der Gesetzgebung anders behandelt werden?
Sollten Erkenntnisse über metabolische Vorgänge sowie pharmakokinetische Informationen zwecks Identifizierung und gesetzlicher Klassifizierung potentieller Kanzerogene eingesetzt werden?
Unter welchen Umständen könnten Erkenntnisse über metabolische Vorgänge sowie pharmakokinetische Informationen dazu dienen, qualitative Risikoeinschätzungen zu widerlegen?
Reicht unser augenblickliches Wissen über metabolische und pharmakokinetische Vorgänge aus, um in der Praxis von Nutzen zu sein?
Lassen sich auf der Basis unseres augenblicklichen Wissens spezifische Verfahrensweisen und Kriterien für die Anwendung von Erkenntnissen über metabolische und pharmakokinetische Vorgänge vorschreiben?

Für den Laien sind einige dieser Fragen verständlich; einige von ihnen wurden bereits besprochen, und andere erscheinen außerordentlich mysteriös, aber die bloße Existenz eines derartigen Fragenkatalogs – der auf alle Aspekte der Reglementierungswissenschaften Bezug nimmt – ist schon für sich genommen aufschlußreich genug. Wir können daraus ersehen, daß die Wissenschaft auch sechzig Jahre nach der Entstehung der Krebsforschung, zwanzig Jahre nach dem Inkrafttreten der Delaney-Klausel und acht Jahre nach einer an den Surgeon General gerichteten Ankündigung des Ad-hoc-Komitees, in der es hieß, ein Programm, das geeignet wäre, die amerikanischen Bürger vor dem Massenansturm umweltbedingter Kanzerogene zu schützen, sei »in Sicht«, und zwei Jahre nach der Verabschiedung des Gesetzes zur Kontrolle toxischer Substanzen (TSCA) – daß also die Wissenschaft nach all diesen entscheidenden Ereignissen noch immer nicht hinsichtlich der grundlegendsten Aspekte der Kanzerogenidentifizierung, der Krebsprognose und der Risikoeinschätzung mit sich ins reine gekommen war. Im Kontext der »normalen« Wissenschaft, die in Permanenz im Zustand eines kreativen Chaos zu ihren Erkenntnissen gelangt, würde dieser Umstand nicht weiter auffallen. Aber wir beschäftigen uns hier nicht mit der »normalen« Wissenschaft, sondern mit der Reglementierungswissenschaft, also mit der Qualität jener Wissenschaft, die sich der Aufdeckung eines »mutmaßlichen Massenmordes« und der legislativen Krebsvorsorge verschrieben hat. In diesem Zusammenhang gewinnt das »Chaos« eine ganz andere Bedeutung, denn es löst nicht nur friedliche Debatten aus, die Jahrzehnte andauern können, sondern es zeitigt unmittelbare praktische Konsequenzen, die uns alle betreffen.

Ein Fragenkatalog ist jedoch immer noch zu abstrakt, um eine lebendige Vorstellung von dem Inhalt der Kontroversen zu gewinnen. Im folgenden möchte ich den Leser daher mit vier der wichtigsten Streitpunkte bekannt machen. Ich gehe auf diese Streitpunkte näher ein, weil ich dem Leser einen Eindruck von der Vielfältigkeit der Standpunkte vermitteln möchte.

Vergleiche zwischen Mensch und Tier

Die Wissenschaftler sind uneins darüber, inwieweit die Empfindlichkeit von Mensch und Tier gegenüber Kanzerogenen überhaupt vergleichbar ist. Das ist jedoch von Bedeutung, wenn Tiere stellvertretend für den Menschen herangezogen werden. Einige Wissenschaftler – zum Beispiel John Cairns[36], Richard Peto[37] und Robert Butler vom Nationalinstitut für Altersforschung[38] – stellen fest, daß langlebige Lebewesen wie Menschen und Elefanten viel mehr Zellen aufweisen. Peto bekennt in dieser Frage seine Unwissenheit, aber laut Cairns und Butler sind die Zellen langlebiger Säuger hinsichtlich der Umwandlung von chemischen Substanzen in

Kanzerogene viel weniger aktiv als die Zellen kurzlebiger Tiere. Wenn diese Annahme richtig ist, so ist der Mensch gegen Krebsrisiken weit besser gefeit als beispielsweise Mäuse. Andere Wissenschaftler hingegen bringen von der Stoffwechselforschung gewonnene Erkenntnisse vor, die belegen sollen, daß das Risiko, mit Kanzerogenen in Kontakt zu kommen um so größer ist, je größer der jeweilige tierische Organismus ist. Herman Kraybill konstatiert, daß Menschen und große Tiere Substanzen wesentlich langsamer als kleine Tiere metabolisieren und verteilen. Er weist deshalb darauf hin, daß eine toxische Substanz im Blut und den Organen des Menschen wesentlich länger erhalten bleibt, als das beispielsweise mit Nagern der Fall ist.[39] Ähnlich erklärt ein NAS-Komitee mit dem Hinweis darauf, daß der Mensch chemische Verbindungen langsamer ausscheidet als Mäuse, daß es folglich im menschlichen Organismus – »selbst bei einer nur geringfügigen täglichen Aufnahme – im Laufe vieler Jahre zu einer größeren Akkumulation bestimmter chemischer Verbindungen kommt«.[40] Wieder andere sind der Ansicht, daß die Empfindlichkeit des Menschen gegenüber Kanzerogenen individuell höchst unterschiedlich ausgeprägt ist. William Lijinsky stellt die folgende Spekulation an: »Da selbst in einer Gruppe von Versuchstieren die Empfindlichkeit der einzelnen, auch wenn sie nicht durch Inzucht gezeugt sind, dennoch genetisch eng verwandten Tiere höchst unterschiedlich ausgeprägt ist, besteht offensichtlich die Wahrscheinlichkeit, daß innerhalb der menschlichen Rasse die entsprechende Variationsbreite noch erheblich größer ist.«[41]

David Rall schließlich, jener Wissenschaftler, der jahrelang vor Fachkongressen die Ansicht vertrat, daß auf der Ebene des Metabolismus die Ähnlichkeit zwischen den verschiedenen Spezies aufhört, behauptete, daß »der Mensch eines der heterogensten biologischen Systeme auf Erden ist«. Er versicherte: »Würden wir das Augenmerk der Forschung mehr in diese Richtung lenken, so würde sich zeigen, daß der Stoffwechsel mancher Menschen ein ähnliches Muster erkennen läßt wie der von Ratten, während andere Individuen vielleicht das für Hunde charakteristische Stoffwechselmuster aufweisen und so fort.[42] Die beiden unterschiedlichen Positionen und die ihnen zugrundeliegenden Konzeptionen verdeutlichen, daß, solange wir über metabolische Unterschiede nicht Bescheid wissen, all diese Standpunkte rein spekulativer Natur sind.

Der Mensch = eine, zwei oder drei Spezies?

Die Wissenschaftler sind uneins darüber, wie viele Tierspezies getestet werden müssen, bevor man die Ergebnisse dieser Tests auf den Menschen extrapolieren kann. Isaac Berenblum behauptet, daß der Kanzerogenitätsnachweis an »wenigstens drei verschiedenen Spezies« erbracht sein muß, um »überhaupt verläßlich« zu sein.[43] Marvin Schneiderman vom NCI bezeichnet es als eine »pragmatische Orientierungshilfe«, davon auszugehen, ein Test müsse an »mindestens zwei Spezies« durchgeführt worden sein.[44] Norbert Page vom NCI erklärt, daß man mindestens zwei Spezies testen muß, um zu wissen, ob das Ergebnis metabolisch untypisch ist.[45] Das NCI verlangt offiziell zwei oder mehr Spezies[46], ein von der Nahrungs- und Landwirtschaftsorganisation (FAO) gemeinsam mit der Weltgesundheitsorganisation gebildetes Komitee stellt die gleiche Forderung auf.[47] Wieder andere stellen in ähnlicher Weise fest, daß eine an nur einer Tierspezies vorgenommene Untersuchungsreihe so gut wie nichts besagt. Kraybill vom NCI erklärt, daß »eine an Ratten oder Mäusen allein durchgeführte Testreihe, wenn sie nicht durch andere Ergebnisse bestätigt wird, von fraglichem Wert ist«.[48] Das Amt für Wissenschafts- und Technologiepolitik (OST) konstatiert, daß, wenn eine ausreichende Zahl von Tests durchgeführt werden, wenigstens einer davon statistisch signifikante Resultate erbringt, und zwar »ganz einfach aufgrund einer Zufallsvariation«; das Amt empfiehlt daher, daß Wissenschaftler »das Ergebnis jedes Einzeltests als ein potentielles Resultat der Chancenvariation betrachten sollten«. Im Grunde genommen, so das OST, müsse man einen einzelnen Test potentiell für bedeutungslos ansehen.[49]

Andere hingegen leugnen, daß es nötig sei, die Kanzerogenität chemischer Substanzen an verschiedenen Spezies zu testen, daß also eine Spezies ausreiche. Unter jenen, die während der OSHA-Hearings diesen Standpunkt einnahmen, waren der schwedische Wissenschafler Bo Holmberg, das Environmental Defense Fund, Lorenzo Tomatis von der IARC, die EPA, Dr. David Rall vom NIEHS, Harold Stewart vom Nationalinstitut für Gesundheit (NIH), Curtis Harris vom NCI, Samuel Epstein von der Universität Illinois und Philippe Shubik vom Eppley Institute.[50] Das EDF und Tomatis wiesen außerdem darauf hin, man mute den Arbeitern eine zusätzliche Risikoperiode zu, wenn man nach der Durchführung eines Kanzerogentests die Bestätigung seines Resultats durch weitere Tests abwarte.[51] Das OSHA teilte diesen Standpunkt. Das Amt berief sich auf Fears und dessen Mitarbeiter, die behaupteten, daß »sich aus den Ergebnissen eines Experiments statistisch verläßliche Folgerungen ableiten lassen«, und nahm diesen Standpunkt in seine Dokumentation auf: »Das OSHA kann sich nicht dem Argument anschließen, daß eine Substanz zunächst an zwei Spezies getestet werden muß, bevor es gestattet sein soll, Schlußfolgerungen hinsichtlich ihrer Gefährlichkeit für den Menschen zu ziehen.« Das OSHA betrachtet es als angemessen, daß »eine Substanz, wenn sie in einem ordnungsgemäß an einer Säugetierspezies durchgeführten Testverfahren als kanzerogen nachgewiesen worden ist, als höchstwahrscheinlich auch für den Menschen kanzerogen eingestuft wird...«[52]

Sind Mäuse für prognostische Zwecke geeignet?

Hinsichtlich des prognostischen Wertes von Versuchen an Mäusen, den am häufigsten verwendeten Labortieren, sind die Wissenschaftler uneins. Labormäuse weisen eine hohe Spontaninzidenz von Tumoren auf. Sie weisen häufig Substanzen (wie z. B. die organochlorinen Pestizide) als kanzerogen aus, die bei Ratten keine kanzerogene Wirkung auslösen. Die am meisten umstrittenen Mäusetumoren sind solche der Leber und Lungen, die Milchdrüsen sowie Lymphome. Viele Wissenschaftler halten es nicht für legitim, wenn in Tests mit Mäusen solche Tumoren auftreten, daraus irgendwelche verallgemeinernden Schlußfolgerungen zu ziehen. Zu den in diesem Zusammenhang am häufigsten genannten Kritikern gehören Paul Grasso und Reginals Crampton vom Gesundheitsbeirat der chemischen Industrie (CIHC)[53], aber auch andere teilen diese Befürchtung. Norbert Page vom NCI hält es für ein »besonders verwirrendes Problem«, die Signifikanz von bei Mäusen auftretenden Lebertumoren hinsichtlich ihrer Geltung für den Menschen zu beurteilen.[54] Philippe Shubik wies darauf hin, daß die Induzierung von Lebertumoren bei Mäusen, wenn sich bei Ratten und Hamstern mit derselben Substanz nicht dieselbe Wirkung erzielen läßt, »fraglos erklärungsbedürftig« ist.[55] In Frage gestellt wird die Signifikanz bestimmter Mäusetumoren auch von Robert Olson von der St. Louis University, James Jandl von der Harvard University und Johannes Clemmesen vom dänischen Krebsregisteramt, die sich während der OSHA-Hearings sämtlich in diesem Sinne äußerten.[56] Im übrigen haben wichtige wissenschaftliche Behörden und Komitees die Befürchtung geäußert, der prognostische Wert bestimmter Mäusetumoren sei wahrscheinlich ziemlich gering. Die Internationale Krebsforschungsbehörde (IARC) erklärte 1978, daß Lungen- und Lebertumoren bei Mäusen eine hohe Spontaninzidenz aufweisen »und ihre Malignität häufig schwierig festzustellen ist«. Die IARC betont, daß sich »strenge Richtlinien« nicht aufstellen lassen, und überläßt die wissenschaftliche Bewertung solcher Mäusetumoren den verschiedenen Arbeitsausschüssen, die für die Herausgabe der IARC-Monographien zuständig sind.[57] Eine ähnliche Unsicherheit hat auch das Nationale Krebsberatungskomitee (NCAB) an den Tag gelegt.[58] Und im Fall des Pestizids Dieldrin-Aldrin gelangten WHO-FAO-Arbeitsgruppen zu der Schlußfolgerung, daß die Induzierung von Leberkrebs bei Mäusen hinsichtlich des Menschen keine prognostische Bedeutung besitze.[59]

Andere Wissenschaftler wiederum haben bestritten, daß es irgendeinen Grund gebe, an der prognostischen Gültigkeit von Mäusetumoren hinsichtlich des Menschen zu zweifeln. Nach OSHA-Angaben nehmen die folgenden Wissenschaftler diesen Standpunkt ein: Lorenzo Tomatis von der IARC, die EPA, Umberto Saffiotti vom NCI, Samuel Epstein von der University of Illinois, Harold Stewart von NIH, Walter Heston von NIH, Malvin Reuber vom NCI, I. Nathan Dubin vom Medical College of Pennsylvania und Robert Squire vom Johns-Hopkins-Institut.[60] Das OSHA selbst ergriff sozusagen Partei für die Mäuse. Das Amt stellte fest, daß man sich der in weiten Kreisen gehegten Zweifel an der prognostischen Gültigkeit von Mäuselebertumoren bewußt sei »und daß zahlreiche von wissenschaftlichen Komitees in den letzten zwei Jahren herausgegebene Berichte diese Kontroverse widerspiegeln«. Nichtsdestoweniger »gelangt das OSHA nach eingehender Analyse dieser Feststellungen zu der Überzeugung, daß die mit der Identifizierung und Interpretation von in der Mäuseleber auftretenden Neoplasmen verbundenen Schwierigkeiten stark übertrieben werde. Das biologische Verhalten von Mäuseleberneoplasmen ist wissenschaftlich voll verstanden und läßt sich objektiv und zuverlässig identifizieren.«[61]

Selbst hervorragende Vorkämpfer des Mäusetests lassen sich nicht gerade zu Lobeshymnen über dieses Verfahren hinreißen. Tomatis von der IARC erklärte vor einer Gruppe von Krebsforschern anläßlich einer Cold-Spring-Harbor-Konferenz, daß es zwischen Lebertumoren bei Mäusen beziehungsweise bei anderen Nagetieren keine Korrelation gebe, daß es jedoch eine positive Korrelation zwischen Lebertumoren bei Mäusen und in anderen Körperzonen von Ratten und Hamstern auftretenden Tumoren gebe. Er verteidigte dann verdrießlich den Mäusetest und erklärte: »Wir alle sind uns einig, daß die Maus als Versuchstier durchaus entbehrlich wäre, wenn es uns gelingen würde, bessere experimentelle Modelle zu entwickeln.« Er fügte dann hinzu, daß Mäuse »nicht weniger geeignet« seien als beliebige andere Säugetiere, chemische Kanzerogene zu identifizieren und für den Menschen bestehende potentielle Krebsrisiken zu prognostizieren.[62]

Verursachen hohe Dosierungen Krebs?

Die Wissenschaftler sind hinsichtlich der »Angemessenheit der maximal tolerierbaren Dosis, an der sich Tierversuche im allgemeinen orientieren, uneins. Im Februar 1976, dem Jahr, da das Gesetz zur Kontrolle toxischer Substanzen (TSCA) verabschiedet wurde, veranstaltete das Staatliche Institut für Umwelthygienische Wissenschaften in Pinehurst, N. C., eine Konferenz, über die Wil Lepkowski vom Hastings Center später einen Bericht verfaßte. Darin heißt es: »Auch hinsichtlich der dubiosen Frage, ob es ratsam sei, Versuchstiere mit hohen Dosierungen kanzerogener Substanzen zu ›überschwemmen‹, wurden zahllose Argumente vorgetragen. Die Wirkungsweise dürfte bei einer hohen Dosierung eine andere sein als bei niedrigen Dosen, wodurch nicht nur die Kanzerogenesemechanismen verdunkelt, sondern auch Faktoren ins Spiel gebracht werden, die unter natürlichen Bedingungen gar nicht wirksam sind, denn normalerweise sind die Dosierungen eher niedrig.«[63] In dem Jahr, als das OSHA seine Politik-Hearings veranstaltete, war dieser Streit immer noch nicht beigelegt. Laut H. F. Kraybill vom NCI beschäftigte sich eine dreitägige Konferenz über Toxikologie, die 1978 in Washington stattfand, in erster Linie mit der Diskussion der maximal tolerierbaren Dosis.[64] Laut Lorenzo Tomatis vom IARC gibt es zwei mögliche Testverfahren: Entweder man testet mittels Dosierungen, die jene Dosierungen »imitieren«, denen der Mensch ausgesetzt ist, oder man kann mittels hoher Dosierungen testen, die alles übersteigen, dem der Mensch je ausgesetzt ist. Die zuletzt genannte Methode ist möglicherweise, wie er sagt, der Hauptgrund für die Tierversuchen entgegengebrachte Gleichgültigkeit.[65] Marvin Schneiderman vom NCI erklärt: »Das am häufigsten gegen ein auf Tierversuche sich stützende Verbot bestimmter angeblich kanzerogener Substanzen vorgebrachte Argument beruft sich darauf, daß die hohen Dosierungen, die Versuchstieren verabreicht werden, in keiner Weise das für den Menschen bestehende Krebsrisiko reflektieren.«[66] Wegen der Vehemenz, mit der diese Kontroverse geführt wird, und wegen ihres Echos in anderen Bereichen der Forschung möchte ich diese Auseinandersetzung ein wenig detaillierter beschreiben. Die beiden gegensätzlichen Standpunkte lassen sich in ihren wesentlichen Grundzügen schnell referieren, denn bis auf geringfügige Unterschiede greifen beide Parteien zur Darstellung ihrer jeweiligen Position auf fast identische Argumente zurück.

Die Argumente der Befürworter der Maximaldosierung trägt Marvin Schneiderman vom Nationalen Krebsforschungsinstitut (NCI) vor; er faßt seinen Standpunkt so zusammen:

Im allgemeinen sollte man Dosierungen verabreichen, die im Vergleich zu den üblicherweise auf den Menschen einwirkenden Dosierungen hoch angesetzt sind, weil wir nämlich in experimentellen Modellsystemen keine andere Wahl haben, als stellvertretend für die mehr oder weniger große Zahl von Menschen, die einer bestimmten Substanz ausgesetzt sind, nur einige wenige Versuchstiere zu testen.

Eine in einer Gruppe von Versuchstieren festgestellte Inzidenzrate von 10% repräsentiert eine niedrigere Reproduzierbarkeitsgrenze; 10% einer menschlichen Population ist ein sehr hoher Wert. So würde beispielsweise bei einer Gesamtpopulation von 10 Millionen Menschen eine Inzidenzrate von 0,01% tausend Menschen bedeuten, und eine solche Rate wird möglicherweise selbst angesichts meßbarer Vorteile als unakzeptabel betrachtet werden. Wollte man derart niedrige Inzidenzraten unmittelbar im Tierversuch nachweisen, so bräuchte man dazu Hunderttausende von Tieren. Aus diesem Grund bleibt uns gar nichts anderes übrig, als relativ kleinen Gruppen von Versuchstieren hohe Dosierungen zu verabreichen und dann biologisch vernünftig erscheinende Modelle anzuwenden, um die bei niedrigen Dosierungen bestehenden Risiken zu extrapolieren.[67]

Die gegen die Maximaldosierung vorgebrachten Argumente nennt Herman Kraybill, ebenfalls vom NCI. Sie sind biologischer und weniger statistischer Natur, und weil sie sich mit den politisch sanktionierten offiziellen Argumenten nicht decken, ist es durchaus möglich, daß der Leser noch nie von ihnen gehört hat. Kraybill sagt:

Mit dieser übertrieben hohen Dosis wird nun das Nagetier 18 bis 24 Monate lang behandelt, um, wenn möglich, eine kanzerogene Wirkung festzustellen. Derartige Testreihen schlagen daher sehr häufig fehl, da eine Überdosierung offenkundige Vergiftungserscheinungen bewirkt, die ihrerseits unvermeidlich Organirritationen auslösen, beispielsweise eine Überschwemmung der Leber mit mikrosomalen Enzymen. Außerdem kann eine metabolische Überlastung zur Folge haben, daß eine Substanz auf einem anderen Wege metabolisiert wird, der nicht notwendig mit jenen metabolischen Belastungen vergleichbar sein muß, denen der Mensch normalerweise ausgesetzt ist, oder die Substanz wird überhaupt nicht metabolisiert und im Körper abgelagert, oder sie wird unverändert ausgeschieden.

Der Organismus eines Säugetieres weist hinsichtlich der meisten chemischen Substanzen, Umweltgifte und Nährstoffe Schwellenwerte auf, unterhalb derer das ausgewogene metabolische und biochemische System Fremdstoffe assimilieren kann..., und jede ansonsten nützliche chemische Substanz hat ungünstige Auswirkungen, wenn sie dem Organismus im Übermaß zugeführt wird...

Dieses grundlegende pharmakologische Schwellenprinzip scheint vergessen, sobald man versucht, die Reaktionen auf eine kanzerogene oder auch nichtkanzerogene Substanz zu maximieren, wenn man also extrem hohe Dosierungen einer chemischen Substanz verabreicht.[68]

Dem medizinischen Laien mögen einige umgangssprachliche Erläuterungen an dieser Stelle dienlich sein. Kraybill will sagen, daß alle Säugetiere hinsichtlich der Verträglichkeit chemischer Substanzen »Schwellen« aufweisen, daß es Dosierungen gibt, die der Stoffwechsel entgiften kann, und daß die in Tierversuchen übliche Maximaldosierung, indem sie den Stoffwechsel mit Giften überschwemmt, gegen das grundlegende Prinzip der Toxikologie verstößt. Laut Kraybill kann ein Experiment infolge Überdosierung aus zwei Gründen falsche Ergebnisse liefern: Die Maximaldosierung kann entweder zu einer so starken Vergiftung der Zellen und Gewebe führen, daß sie die kanzerogene Wirkung, die andernfalls möglicherweise aufgetreten wäre, geradezu *verhindert,* oder sie kann den Metabolismus in einem Maße »überschwemmen« und verändern, daß sie eine kanzerogene Wirkung verursacht, die normalerweise nicht auftreten würde und die daher ein Laborprodukt ist.[69]

Kraybill ist schlicht und ergreifend über die Höhe der in vielen Experimenten üblichen Dosierung erschrocken. Er berichtet, daß für die Untersuchung eines Pestizides in einem auf die gesamte Lebenszeit der Versuchstiere angelegten Testverfahren die für diesen Zweck benötigte Menge der Substanz die Jahresproduktion eines Herstellers übersteigt.[70] In einer kritischen Betrachtung einer Reihe von Experimenten weist Kraybill auf den Unterschied hin, der zwischen den Dosierungen bestand, die den Tieren verabreicht wurden beziehungsweise denen der Mensch ausgesetzt ist. Er schildert zum Beispiel, wie in einem mit dem Süßstoff Cyclamat durchgeführten Experiment die Tiere täglich eine solche Menge der Substanz verabreicht bekamen, wie sie in 552 Flaschen eines bestimmten alkoholfreien Getränks enthalten sind; daß in zwei mit Trichloräthylen durchgeführten Experimenten, einem Stoff, der in koffeinfreiem Kaffee Verwendung findet, die Versuchstiere in einem Fall die in 5×10^7, im zweiten Fall die in 10×10^7 Tassen Kaffee enthaltene Menge verabreicht bekamen; daß in einem mit Diäthylstilböstrol durchgeführten Experiment den Versuchstieren eine solche Menge dieses Wirkstoffes verabreicht wurde, wie sie in Relation ein Mensch zu sich nehmen würde, der fünfzig Jahre lang täglich 5×10^6 Pfund Leber äße.[71] Kraybill gelangt zu der Schlußfolgerung, daß die Resultate solcher Tests nicht weit von »Science-fiction« entfernt sind.[72]

Da er sich bewußt ist, daß es unumgänglich ist, einen Sperrpunkt für die Dosierungshöhe festzulegen, schlägt Kraybill Versuche mit lebenswichtigen chemischen Substanzen vor, die er für nichtkanzerogen hält. Er empfiehlt, man solle solche Substanzen genauer untersuchen, die in natürlichem Zustand im Körper und im Stoffwechsel vorkommen, von denen manche in extrem hohen Dosen nachweislich kanzerogen wirken – beispielsweise solche Substanzen wie Xylit und Tryptophan, die Vitamine und die wichtigsten Minerale –, und sie zur Festlegung von zulässigen Höchstdosierungen verwenden.[73] Außerdem empfiehlt er vergleichende Metabolismusstudien sowie pharmakokinetische und immunologische Untersuchungen und eine spezifische Erforschung der Organfunktionen, um derart weiteres hilfreiches Datenmaterial zu gewinnen.[74]

Diese Ausführungen sind wesentlich für ein Verständnis der ganzen Kontroverse. Der von Kraybill vertretene Standpunkt hat eine Polarisierung zwischen führenden Wissenschaftlern ausgelöst. Schneiderman teilt seine Position mit solchen Wissenschaftlern und Organisatoren wie Arthur Upton, Richard Griesemer, Umberto Saffiotti, William Lijinsky und Harold Stewart, die sämtlich beim NCI beschäftigt sind; weiter Donald Millar, dem Direktor des NIEHS, Steven Jellinek und Roy Albert von der EPA sowie mit zahlreichen Komitees der Nationalen Akademie der Wissenschaften (NAS) und dem OSHA.[75] Tatsächlich äußert sich Upton, der Direktor des NCI, über das Problem der Maximaldosierung folgendermaßen: »Dieses Praxis wird von fast allen in diesem Bereich Tätigen gutgeheißen... und auch von nationalen und internationalen Expertengruppen empfohlen...«[76]

Da wir in dieser Sache über keine unter den Experten angestellte Meinungsumfrage verfügen, können wir auch nicht wissen, wo der tatsächliche Konsens liegt. Da es auf zwei wichtigen Fachkongressen in dieser Frage zu einer offenen Kontroverse gekommen ist, dürfen wir wohl annehmen, daß es diesbezüglich beträchtliche Meinungsverschiedenheiten gibt. Und neben Kraybill vom NCI gibt es noch zahlreiche andere reputierte Wissenschaftler, die gleichermaßen die Befürchtung ausgesprochen haben, daß hohe Dosierungen möglicherweise die in Tierversuchen gewonnenen Ergebnisse verfälschen, indem sie entweder die Kanzerogenese hemmen oder künstlich ein Krebswachstum auslösen. Die meisten Kritiker haben interessanterweise Hochdosistests nicht rundheraus abgelehnt, sondern nur vor den Gefahren dieser Praxis gewarnt. Unter ihnen finden sich Norbert Page vom NCI[77] und das Amt für Wissenschafts- und Technologiepolitik.[78] Außerdem haben auch zahlreiche außeramerikanische Wissenschaftler diese Warnung ausgesprochen. In England hat sich Richard Peto aus Oxford im Zusammenhang mit den zahlreichen Fragen, die die Technik des Tierversuchs aufwirft, zu diesem Problem folgendermaßen geäußert:

Jede chemische Substanz, die in einem Organ, das einem spontanen Tumorwachstum unterworfen ist, Gewebewucherungen oder eine Nekrose auslöst, modifiziert wahrscheinlich die Inzidenzrate der Tumoren in jenem Organ, und da es das Ziel der meisten Tierversuche ist, eine Dosis zu studieren, die beinahe, jedoch nicht ganz hinreichend ist, innerhalb von drei Monaten einen signifikanten Gewichtsverlust oder eine höhere Sterblichkeitsrate zu verursachen, überrascht es nicht, daß so viele Chemikalien in solchen Dosierungen im Tierversuch Krebs auslösen.[79]

Ian Munro vom Kanadischen Büro für chemische Sicherheit, einer der prominentesten Forscher jenes Landes kommt zu einer ähnlichen Analyse.[80] Einen vergleichbaren Standpunkt vertritt auch einer der prominentesten deutschen Krebsforscher, nämlich Prof. Dr. D. Schmähl vom Institut für Toxikologie und Chemotherapie am Deutschen Krebsforschungszentrum in Heidelberg.[81] David Rall vom NIEHS greift Argumente beider streitenden Parteien auf. Als ihn Thomas Maugh von *Science* bat, sich zu Leon Goldbergs kritischer Feststellung, daß Maximaldosistests »völlig unangemessen« seien, und zu der von vielen Wissenschaftlern vertretenen Ansicht, daß »das vollständige Spektrum der Absorption, der Verteilung und Biotransformation sowie der Ausscheidung einer chemischen Substanz bei der Bestimmung der in dem jeweiligen Tierversuch zu verwendenden Höchstdosis berücksichtigt werden müssen«, antwortete Rall laut Maugh, daß er dem nicht widersprechen könne. Er stellte dann jedoch weiter fest, daß »derartige Untersuchungen die Zahl der im Tierversuch erprobten chemischen Substanzen wahrscheinlich auf vier pro Jahr reduzieren würde«.[82]

Während sich der Laie in dieser Sache kein Urteil erlauben kann, kann er sehr wohl beurteilen, was ihm die politischen Instanzen über diese Kontroverse mitgeteilt haben: nämlich gar nichts! Tatsächlich hat man ihn sogar systematisch zu dem Glauben ermutigt, daß nur die wissenschaftlich ungebildete »Öffentlichkeit« Maximaldosistests mißtraut. Das heißt:

- Arthur Upton vom NCI behauptet: »Entgegen einer populären Meinung gibt es keine Beweise dafür, daß eine Substanz, die in hohen Dosen kanzerogen wirkt, in niederen Dosen nicht ebenfalls kanzerogen wirkt.«[83]
- Eula Bingham vom OSHA erklärt: »Aber für die mit Tierversuchen arbeitenden Wissenschaftler gibt es ein Problem, nämlich daß in der Öffentlichkeit grassierende Mißverständnis hinsichtlich des Wertes von Maximaldosistests. Es ist nicht wahr, daß beliebige Substanzen, die man Versuchstieren in massiven Dosen zuführt, Krebs auslösen.«[84]
- Das NCI erklärt in einer unter dem Titel »Nicht alles erzeugt Krebs« veröffentlichten Broschüre: »Die Öffentlichkeit mißversteht häufig die Motive für Hochdosistests und interpretiert die Ergebnisse falsch...

Viele in hohen Dosierungen verabreichte chemische Substanzen sind toxisch, ohne jedoch deshalb Tumoren zu verursachen.«[85]

- In einem Interview, das Thomas Maugh für *Science* mit David Rall vom NIEHS führte, heißt es: »Es gibt eine in der Öffentlichkeit verbreitete falsche Vorstellung, daß praktisch jede Substanz in einer entsprechend hohen Dosierung kanzerogen wirkt.« Maugh berichtet, Rall habe diese Idee für »völlig falsch« erklärt.[86]
- Sidney Wolfe, der medizinische Direktor der Ralph-Nader-Organisation sagte in einem unter Leitung von Edward Kennedy veranstalteten Senatshearings: »Viele Menschen sind aus Gründen des Selbstschutzes, aber auch durch die Propaganda der Industrie angeregt, zu der Überzeugung gelangt, daß eine in ausreichender Menge verabreichte Substanz bei Versuchstieren Krebs auslösen kann...«[87]

Niemand weiß natürlich genau, wie viele Mitglieder »der Öffentlichkeit« überhaupt von der Praxis der Maximaldosistests wissen und zu der Überzeugung gelangt sind, daß alle in Maximaldosen getesteten chemischen Substanzen kanzerogen sind. Auch weiß niemand, in welchem Ausmaß diese Vorstellung »durch die Propaganda der Industrie angeregt« ist. Klar ist jedoch, daß prominente Verfechter der Reglementierungswissenschaft, indem sie diese angeblich von »der Öffentlichkeit« eingenommene Haltung wiederholt vehement korrigiert haben, die existierende akademische Kontroverse sowie die Auseinandersetzungen in den Reihen des NCI selbst sehr wirksam verschleiert haben.

Im vorhergehenden haben wir vier für die Validität von Krebstests ausschlaggebende, bisher jedoch nicht gelöste Fragen behandelt. Derartige Kontroversen ließen sich hinsichtlich aller vom OSHA als bisher ungelöst aufgelisteten Fragen aufzeigen. Aber selbst diese vier Fragen reichen vollkommen aus, um einen lebendigen Eindruck von dem Ausmaß der Unsicherheit zu vermitteln, die an der intellektuellen Basis der Reglementierungswissenschaft herrscht. Allein schon der Umstand, daß sich die Wissenschaftler über solche Fragen wie das Maus-Mensch-Äquivalent, den Wert der Maus als Versuchstier, die Zahl der Spezies und Experimente, die notwendig sind, um den Kanzerogenitätsnachweis eindeutig zu führen, nicht einig sind und ebensowenig hinsichtlich der Frage, ob die Dosierungspraktiken die Ergebnisse von Experimenten verfälschen, dies alles zeigt schon deutlich genug, daß die Reglementierungswissenschaft – jene Wissenschaft, die sich gegenüber der Industrie eine Polizeifunktion herausnimmt und für die Krebsvorbeugung zuständig ist – sich nach wie vor in einer prekären Situation befindet.

Ungelöste Kontroversen sind jedoch nur ein Aspekt des Problems. Gleichermaßen wichtig ist die die gesamte Grundlagenforschung betreffende Schwierigkeit, wie Kanzerogene im Tierversuch denn nun eigentlich zu ermitteln seien. Das Problem des Tierversuchs, das in der kurzen, weiter oben zitierten NCI-Beschreibung so einfach erschien, ist eigentlich ein Alptraum an Komplexität, da in einem solchen Prozeß in jedem Moment zahllose Elemente den Erfolg des ganzen Unternehmens gefährden können. Wir sollten an dieser Stelle jedoch gleich anmerken, daß Dinge nur in solchen Situationen »mißlingen« können, da sie auch »gelingen« können. Und es gibt einen Katalog wissenschaftlicher Grundsätze – eine Sammlung von Beobachtungen, Praktiken, Dogmen und Regeln, sogenannte Richtlinien –, und dieser Verhaltenskatalog schreibt ganz allgemein vor, wie Krebstests, und insbesondere Krebstests, deren Ergebnisse letztlich auf den Menschen extrapoliert werden, durchzuführen sind. Dieses Corpus läßt sich, wie Arthur Upton, der Chef des NCI sagt, »nicht auf eine einzige Formel reduzieren«.[88] Es ist in ständiger Entwicklung begriffen und läßt sich nicht als ein Corpus authentischer wissenschaftlicher Prinzipien beschreiben, obwohl das Wort »Prinzip« gelegentlich sehr allgemein verwendet wird. Tatsächlich, gäbe es ein solches Corpus authentischer wissenschaftlicher Prinzipien, sähen wir uns nicht einer derart großen Zahl ungelöster Kontroversen gegenüber. Es existiert jedoch eher so etwas wie eine grobe Ansammlung von Kriterien, die laut OSHA bei den Experten eine »grundsätzliche« Zustimmung finden.[89] Um zu verstehen, welche Attribute diese Experten einem gelungenen Tierversuch zuweisen, muß man zugleich auch die Attribute eines mißlungenen Tierversuchs kennen. Einige der die Durchführung von Krebstests betreffenden Schwierigkeiten sind so technisch, daß nur Wissenschaftler sie verstehen und einordnen können; ich kann sie daher an dieser Stelle nicht beschreiben. Aber es gibt auch Schwierigkeiten, die der Laie verstehen und einordnen kann, und zehn solcher Beispiele möchte ich beschreiben. Sie werden dem Leser einen Eindruck von den Hauptfaktoren vermitteln, die ursächlich dafür sind, daß es in Krebstests ständig zu irrtümlichen, widersprüchlichen oder schlichtweg falschen Ergebnissen kommt, aber auch zu einer falschen Einstufung in unserer natürlichen Umwelt vorhandener angeblich kanzerogener Substanzen, und diese Faktoren müssen genau bekannt sein, wenn man die Qualität der Reglementierungswissenschaft jemals annähernd richtig bestimmen will.

Faktoren, die für im Tierversuch auftretende Fehler ursächlich sind

1. Fehlerquellenkataloge

Zahlreiche Dokumentationen zählen umfangreiche Listen von Irrtümern auf, die in Tierversuchen auftreten können. Ein besonders gutes Beispiel einer solchen Zusammenstellung ist eine Dokumentation, in der »Richtlinien« für die Durchführung von Kanzerogenitätstests festgehalten sind. Derartige Sammlungen von Richtlinien werden von wissenschaftlichen Einrichtungen wie dem NCI publiziert, und jede Richtlinie – und es gibt deren Hunderte – behandelt eine in jedem Experiment mögliche Irrtumsquelle. Die Richtlinien sind daher gleichsam an Wissenschaftler gerichtete Warnungen vor jenen potentiellen Irrtümern. Robert Page vom NCI zeichnet für die dreiundsechzig Seiten umfassenden Richtlinien für die Durchführung von Tierversuchen verantwortlich. Die gemeinsamen Verfasser dieser Richtlinien sind Page selbst sowie J. Sontag und Umberto Saffiotti. Laut Page gibt es viele Faktoren, die signifikante Wirkungen auf das Ergebnis eines Tests ausüben, beispielsweise durch Mikroben und Parasiten ausgelöste Krankheiten, des weiteren chemisch verseuchte Lebensmittel, verunreinigtes Wasser, verschmutzte Luft, verseuchte Schlaf- und Lagerplätze, außerdem Ungezieferbefall und unsachgemäße Fütterung.[90]

Jedem Besitzer eines Haustieres leuchtet nach der Lektüre dieser Liste ein, daß es sehr schwierig ist, in einem Experiment, in dem über einen Zeitraum von zwei Jahren mehrere hundert Mäuse Verwendung finden, all diese Faktoren unter Kontrolle zu halten. Laut Page hat die unsachgemäße Behandlung von Versuchstieren schon viele Toxizitätsexperimente ruiniert; er erklärt daher, daß für den Erfolg eines Kanzerogentests »die kompetente Haltung der Tiere von größter Wichtigkeit ist«.[91] Im Fall eines relativ glimpflichen Mißgeschicks werden die Versuchstiere krank und sterben in solcher Zahl, daß die statistische Basis des Experiments hinfällig wird; im schlimmsten Fall können Krankheiten sich in einer Weise auf biologische Prozesse auswirken, daß sie den physiologischen Effekt der Testsubstanz verändern und somit Ursache völlig falscher Ergebnisse sind.

Andere Wissenschaftler haben Listen noch anderer Faktoren aufgestellt, die die Qualität der Ergebnisse von Tierversuchen beeinträchtigen können. Der amerikanischen Krebsberatungsbehörde (NCAB) zufolge, deren wissenschaftlichem Beirat einige der hervorragendsten Krebsforscher angehören, gibt es gelegentlich in Experimenten solche Elemente, die für Kanzerogenitätsbefunde ursächlich sind, deren Nominalwert nicht als Indikator für das Krebsrisiko gelten kann, dem der Mensch ausgesetzt ist. Zu dieser Frage erklärte das NCAB 1977:

Bestimmte (weiter unten näher bezeichnete) Methoden sind wichtige Wegweiser zur Feststellung von Kanzerogenität und dürfen daher nicht vernachlässigt werden. Trotzdem können zusätzliche Studien notwendig sein, bevor man voreilig Schlußfolgerungen auf die Risiken zieht, denen der Mensch ausgesetzt ist. Beispiele solcher Methoden sind:

An durch Inzucht erzeugten Stämmen von Tieren, die auch in unbehandeltem Zustand eine hohe Tumorinzidenzrate aufweisen, vorgenommene Tests. Einige dieser Untersuchungen bedürfen wegen der besonderen Merkmale der Tiere und der daraus folgenden spezifischen Befunde möglicherweise zusätzlicher Bewertungskriterien...

Tierversuche, in denen die Tiere nicht nur mit der jeweiligen Testsubstanz behandelt werden, sondern gleichermaßen mit einem bekannten Kanzerogen beziehungsweise einer anderen potentiell kanzerogenen oder kokanzerogenen Substanz.

Tierversuche, in denen die Testtiere nicht nur die Testsubstanz verabreicht erhalten, sondern auch eindeutig unphysiologischen und unangemessenen Lebensbedingungen unterworfen sind, die von sich aus eine Tumorinduzierung verstärken können.

Tierversuche, in denen den Tieren die Testsubstanz auf ungewöhnlichem Weg (beispielsweise als Blasenimplantation) zugeführt wird und der berechtigte Verdacht besteht, daß die Tumoren nicht notwendig auf eine spezifische Wirkung der Testsubstanz zurückzuführen sind.[92]

Herman Kraybill vom NCI hat weitere Faktoren aufgeführt, die zu Unsicherheiten und Irrtümern in Tierversuchen führen können. Seine Liste verzeichnet ein oder zwei bereits genannte Elemente, es ist jedoch nützlich, sie in ihrer Gesamtheit zu betrachten. Er nennt folgende Faktoren: unangemessene »Kanäle« der Verabreichung; Verstärkung der Anfälligkeit der Tiere infolge der absichtlichen Unterdrückung von Abwehrmechanismen; in den Testsubstanzen zusätzlich enthaltene krankheitserregende Stoffe; Einwirkung anderer unkontrolliert das Resultat beeinflussender Substanzen; und, wie sich der Leser erinnern wird, die Einwirkung sehr hoher Dosen der Testsubstanz, die eine »metabolische Überschwemmung« verursachen und den Kanzerogenitätsbefund verfälschen können.[93]

Page weist im übrigen darauf hin, daß einige der in seiner Liste verzeichneten Faktoren die größte Bedeutung besitzen; vor allem die Ernährung der Tiere sowie krankheitserregende Substanzen, die die Luft, das Wasser, das Futter und die Lagerstätten der Tiere verseuchen und die kanzerogene Wirkung modifizieren können. Diese Faktoren, so behauptet er, »sind nicht mit hinreichender Gründlichkeit untersucht worden«.[94]

Schließlich sind alle im vorhergehenden aufgezählten potentiellen Fehlerquellen nicht nur auf eine Wissenschaft beschränkt, sondern gelten für eine ganze Reihe von wissenschaftlichen Disziplinen. Bisher haben wir von Tierversuchsexperten so geredet, als gehörten sie sämtlich einer wissenschaftlichen Disziplin an. Tatsächlich führen jedoch in vielen wissenschaftlichen Disziplinen tätige Spezialisten Kanzerogenitätstests durch beziehungsweise sind mit der Analyse derartiger Experimente oder der Interpretation der jeweiligen Befunde beschäftigt. Auf diese Weise entsteht ein völlig neues und komplexes System möglicher Fehlerquellen. Kraybill vertritt den Standpunkt, Tierversuche »müßten dem kritischen Urteil von Wissenschaftlern aus den verschiedensten Disziplinen standhalten, etwa Pharmakologen, Biochemikern, Toxikologen, Molekularbiologen, Pathologen, Ernährungsbiochemikern, Statistikern und anderen Spezialisten«. Leider gibt es jedoch, wie er hinzufügt, »einhellige Zustimmung« in der Praxis so gut wie nie. »... unvermeidlich kommt es immer wieder zu Debatten über Protokolle und/oder Versuchsanordnungen und über die schließlich nach Auswertung des Datenmaterials gezogenen Schlußfolgerungen.«[95] Mit anderen Worten: Bei der Durchführung und Auswertung eines Tierversuchs kann es in jedem einzelnen Fall von den Standpunkten sieben verschiedener wissenschaftlicher Disziplinen aus zu kritischen Einwendungen kommen. Und außerdem sind solche Einwendungen, wie Kraybill erklärt, »unvermeidlich«.

2. Fehlerquelle Ernährung

Einige spezifische Faktoren sind besonders geeignet, in Tierversuchen Irrtümer zu verursachen. Die Ernährung ist einer davon. Wegen der nachgewiesenen Kanzerogenität bestimmter natürlicher Nahrungsmittel hatten die Kanzerogenforscher mitunter die Befürchtung, daß sie ihren Versuchstieren unwissentlich Kanzerogene und Kanzerogenpromotoren zuführten, und zwar zusätzlich zu den unter kontrollierten Bedingungen getesteten chemischen Substanzen. 1975 erklärte Mark Hegsted von der Harvard University anläßlich eines wissenschaftlichen Fachkongresses: »Die Vorstellung, daß die Ergebnisse unserer extensiven Testprogramme wegen unerforschter diätetischer Wirkungen falsch sein könnten, ist erschreckend.«[96] 1977 erklärte Page vom NCI – um es noch einmal zu wiederholen –, es gebe »reichlich Beweise« dafür, daß die Ernährung Auswirkungen auf das Resultat von Kanzerogentests hat. 1979 berichtete J. R. Sabine von der Universität of Adelaide über die physiologischen, genetischen und metabolischen Faktoren, die den Prozeß der Kanzerogenese beeinflussen, und erklärte, jeder dieser Faktoren sei wiederum von ernährungsbedingten Variablen abhängig. Er wies darauf hin, jeder Tierversuch stelle auch gleichsam ein diätetisches Experiment dar und daß es nicht mehr genüge, die Versuchstiere nur zu füttern, sondern notwendig sei, sämtliche biologischen Faktoren zu erhellen, die durch die Ernährung beeinflußt werden.[97] Kraybill erklärte wiederum 1980, es bereite ihm Sorgen, daß bei der Durchführung von Tierversuchen so häufig die diätetischen Fragen »übersehen« werden, und wies darauf hin, daß auch die Quanitäten und Arten von Nährstoffen, die die Versuchstiere erhalten – z. B. Fette, Kohlehydrate, Protein, Vitamine, Minerale und mit der Nahrung aufgenommene Krankheitserreger – Einfluß auf die – kanzerogene oder nonkanzerogene – Wirkung einer chemischen Substanz ausüben.[98] Wie viele Kanzerogenitätsbefunde durch ernährungsbedingte Faktoren entstellt sind, kann niemand genau angeben.

3. Unkontrolliert mit der Nahrung verabreichte kanzerogene Substanzen als Fehlerquelle

Viele der vorstehend erwähnten Wissenschaftler einschließlich der NCAB weisen darauf hin, daß unwissentlich in Experimenten zur Anwendung gelangende kanzerogene Substanzen den Befund verfälschen können. Auch das ist keine ganz neue Befürchtung. 1971 stellte ein FDA-Ausschuß die Frage: »Worin besteht die Signifikanz des Auftretens von ... Tumoren in dafür anfälligen Stämmen von Versuchstieren, wenn man nicht genau weiß, ob die Tiere nicht ununterbrochen kanzerogen verseuchtes Futter erhalten haben?«[99] Diese Frage ist nicht spekulativ gemeint. In der Nahrung und dem Lebensraum von Versuchstieren konnten nämlich verschiedentlich kanzerogene Substanzen nachgewiesen werden. Hier ein paar Beispiele:

- Spezifische industriell hergestellte oder natürlich vorkommende kanzerogene Stoffe konnten im Futter von Labortieren nachgewiesen werden. 1977 berichtete H. P. Burchfield: »Der Großteil der an Labortiere verfütterten Nahrung enthält kleine, aber variable Mengen an Pestiziden, polychlorierten Biphenylen und giftigen Pilzen.«[100] Eine Gruppe von Wissenschaftlern entdeckte 1978, daß NIH-zugelassenes Laborfutter mit Nitrosaminen verseucht war.[101] Dieses Ergebnis wurde von Joseph J. Knapka vom NIH bestätigt, der mehrere Portionen Futter untersuchte und in verschiedenen Futtermitteln Nitrosaminanteile in Höhe von 1,1 ppb bis 172 ppb nachwies.[102] Ebenfalls 1978 meldete R. Schoental vom Royal Veterinary College in London, da eine Mycotoxinkontamination von Tierfutter – insbesondere durch die Fusariumspezies allein oder in Verbindung mit dem östrogenen Zearalenon – möglicherweise eine Erklärung dafür biete, warum bei ein und derselben Spezies die in verschiedenen Labors oder in einem Labor zu verschiedenen Zeiten erzielten Tumorinzidenzraten variieren.[103]

- Spezifisch kanzerogene Wirkstoffe sind auch in der Streu von Versuchstieren entdeckt worden. In einem in Australien mit einer bestimmten chemischen Substanz durchgeführten Experiment wiesen die einer Linie entstammenden Versuchsmäuse in einem Fall eine niedrige Leber- und Brustdrüsentumorinzidenzrate auf, im anderen Fall waren sie völlig tumorfrei, und zwar je nachdem welche von zwei Veröffentlichungen man liest. Als die gleiche Substanz in den USA an dem gleichen Stamm von Mäusen getestet wurde, wiesen die Versuchstiere eine hohe Tumorinzidenzrate auf. Der Unterschied ließ sich auf die in den USA verwendete Streu zurückführen – Zedernholzspäne, ein bis dahin nicht bekanntes natürliches kanzerogenes Material.[104]
- Wissenschaftler von hervorragenden Krebsforschungszentren in den USA, in England, Schweden und in den Niederlanden haben Virusinfektionen bei Labormäusen festgestellt. Wie sie berichten, haben diese Infektionen die Interpretation von Kanzerogeneseexperimenten beeinflußt. Das LDH-Virus, das in der Natur häufig vorkommt, ist ein bei Labormäusen verbreiteter Krankheitserreger und verstärkt vermutlich die Inzidenz- und Wachstumsrate bestimmter Tumoren.[105]
- Chemische Giftstoffe – ob kanzerogen oder nicht – können in ein Experiment »eingeschleppt« werden, während die Wissenschaftler zwischen den verschiedenen Räumen eines Laboratoriums, in denen sich noch andere als die Testchemikalien befinden, hin und her gehen. Eine Studie über Vergiftungsgefahren, die E. B. Sansone vom NCI 1979 anstellte, ergab, daß die beiden hauptsächlichsten Vergiftungsquellen der Laborfußboden und die Handschuhe der Forscher selbst waren.[106]
- Gleichermaßen konnten Substanzen nachgewiesen werden, die die Ergebnisse von Bakterien- und Zelltests verfälscht hatten. Barry Commoner und seine Mitarbeiter berichteten, daß die aus Rindfleischextrakt bestehenden Nährböden, auf denen Bakterien getestet werden, muta-

gen sind und daß die von Chemikalien auf bestimmte Salmonellengruppen, die auf solchen Nährböden gezüchtet werden, ausgeübte mutagenen Wirkung daher »erheblich verstärkt werden könnte«.[107]

Das Phänomen einer kanzerogenen Verseuchung eines Kanzerogentests wurde von Wissenschaftlern häufig mit der Begründung abgetan, daß in jedem Experiment sowohl die Kontrolltiere als auch die Versuchstiere gleichermaßen verseucht sind und daß diese Verseuchung gleichsam einen gemeinsamen »Hintergrund« bildet und daß das eigentliche Testverfahren die kritische Differenz zwischen den beiden Gruppen mißt und daß diese Differenz eben durch die Testsubstanz bestimmt ist. Daher erklärte Matthew Meselson von der Harvard University, während der OSHA-Hearings, es spiele keine Rolle, daß die in Mutagentests verwendeten Bakterien selbst mit Hilfe von Mutagenen gezüchtet werden, weil »das nur zu ihrem gemeinsamen Hintergrund beiträgt«.[108] Und Elizabeth Weisburger vom NCI argumentierte ähnlich hinsichtlich der vom NIH zugelassenen Verabreichung von nitrosaminverseuchtem Futter an Versuchstiere, da ja aller Voraussicht nach die Test- und die Kontrollgruppe das gleiche Futter erhalten. Sie erklärte daher gegenüber Jeffrey Smith von *Science:* »Solange die Testgruppe mit der Kontrollgruppe verglichen wird, besteht also kein Anlaß zur Sorge.«[109] Smith berichtete jedoch bezeichnenderweise, daß namentlich nicht genannte Wissenschaftler vom NCI »es sehr eilig gehabt hatten, darauf hinzuweisen, daß das vom NIH zugelassene Futter in den gegenwärtig vom NCI durchgeführten Kanzerogenitätstests keine Verwendung findet«.[110] Vermutlich hatten sie es so »eilig«, da ihnen die eine kritische Situation bewußt war, in der die Verseuchung der Versuchstiere doch eine Rolle spielt. Diese Verseuchung der Versuchstiere bietet nämlich eine Erklärung dafür, weshalb die in den USA und Australien auf unterschiedlicher Käfigstreu durchgeführten Mäusetests so völlig verschiedene Ergebnisse aufwiesen. Das ist auch einer der Gründe dafür, weshalb Wissenschaftler ganze Testreihen und deren Wiederholung in anderen Labors verlangen; nur so läßt sich nämlich feststellen, ob ein bestimmter Giftstoff auf die Ergebnisse einen signifikanten Einfluß genommen hat oder nicht. Die Alternative wäre, in *Science* rein spekulative Auseinandersetzungen darüber zu führen, ob ein bestimmter Giftstoff die Qualität der Ergebnisse beeinträchtigt hat oder nicht.[111] In einer Situation, da die verantwortlichen Behörden (z. B. EPA und OSHA) darauf bestehen, daß *ein* Experiment ausreicht, um potentielle Kanzerogenität nachzuweisen, und daß eine Wiederholung überflüssig sei, findet eine Suche nach zusätzlichen Giftstoffen einfach nicht statt.

4. Fehlerquelle »Streß«

Nach Aussage einer Reihe von Wissenschaftlern ist einer der diversen Faktoren, die die Ergebnisse von Kanzerogentests verfälschen können, Streß. Bei Versuchsmäusen treten infolge unsachgemäßer Haltung, aber auch aufgrund von Virusinfektionen »Ängstlichkeit« und Streß auf, die sich an zahlreichen hormonellen, zellulären und Organveränderungen ablesen lassen, die auftreten, wenn ein Tier innerlich verunsichert ist. Laut Vernon Riley von der Pacific North West Research Foundation und gleichermaßen nach Mitteilung des Fred Hutchinson Research Center in Seattle treten bei gestreßten Mäusen »auffallende Veränderungen und ein verstärktes Tumorwachstum auf«.[112] Glückliche Mäuse, so scheint es, entwickeln weniger Tumoren. (Eine andere, 1980 von Robert M. Nerem durchgeführte Feldstudie ergab, wie er in *Science* mitteilte, daß »sozio-psychologische« Faktoren das Ergebnis von Tierversuchen beeinflussen. Er berichtete, daß Versuchskaninchen, die mit einer zu erhöhten Blutcholesterinwerten führenden Diät gefüttert wurden, um mehr als 60 Prozent weniger Schäden an der Aortaoberfläche aufwiesen, wenn man sie regelmäßig streichelte, auf den Arm nahm, mit ihnen sprach und mit ihnen spielte. Diese Tatsache bietet, wie Nerem behauptet, auch eine Erklärung dafür, daß identische Versuchsanordnungen in verschiedenen Labors zu unterschiedlichen Ergebnissen führen, daß also Laboratorien mit »liebevollen« Wissenschaftlern andere Ergebnisse erzielen als solche Labors, in denen wenig liebevolle Wissenschaftler tätig sind.[113])

5. Fehlerquelle Autopsie

Die Untersuchung der Gewebe eines Versuchstieres auf Zeichen einer Tumorbildung ist der vielleicht wichtigste Vorgang innerhalb eines Kanzerogentests und birgt eine Reihe von Irrtumsmöglichkeiten. In diesem Zusammenhang bestehende qualitative Probleme sind für den Laien undurchschaubar, nicht hingegen Probleme quantitativer Natur. Nach den Forderungen des NCI muß in einem sachkundig durchgeführten Experiment der Wissenschaftler, der herausfinden will, ob eine Testsubstanz eine über die Zahl der in der Kontrollgruppe »spontan« aufgetretenen Tumoren hinausgehende Tumorinzidenzrate verursacht hat, jedes Gewebe und jedes Organ in den Körpern sämtlicher Tiere der Test- sowie der Kontrollgruppe untersuchen. Außerdem muß er diese Arbeit sowohl zwecks vorbereitender Toxizitäts- und Dosisstudien als auch im Hinblick auf die abschließende Studie leisten. Daher muß er laut NCI die folgenden Analysen durchführen. Er muß makroskopische Autopsien durchführen, und zwar von »mit bloßem Auge sichtbaren Schäden und Verletzungen, von Gewebemassen, möglichen Tumoren und regionalen Lymphknoten der Haut, des Unterkieferlymphknotens, der Brust- und Speicheldrüse, des Kehlkopfes, der Luftröhre, der Lungen und Bronchien, des Herzens, der Schilddrüse, der Nebenschilddrüse, der Speiseröhre, des Magens, des Zwölffingerdarms, des Jejunums oder Leerdarms, des Ileums oder Krummdarms, des Zökums, des Dickdarms, des Mastdarms, des mesenterialen Lymphknotens, der Leber, der Oberschenkelmuskulatur, des Ischiasnervs, der Rückenwirbel oder Oberschenkelknochen (plus Mark), der Rippenknorpel, der Rippen, der Thymusdrüse, der Gallenblase, der Bauchspeicheldrüse, der Milz, der Nieren, der Nebennieren, der Harnblase, der Samenblasen, der Prostata, der Hoden oder Eierstöcke, der Gebärmutter, der Nasenhöhle, des Gehirns, der Hypophyse, der Augen, des Rückenmarks«.[114] Er muß diese Gewebe und Organe sämtlich sezieren, Blutausstriche in Formalin fixieren und Querschnittspräparate auf Objektträger aufbringen. Danach muß er detaillierte histopathologische (Gewebe-)Analysen von den meisten dieser Organe erstellen. Dann muß er seine Entdeckungen schriftlich festhalten und schließlich die auf die Objektträger aufgebrachten Querschnittspräparate bei geeigneter Temperatur aufbewahren; und falls er für das NCI arbeitet, dar er »ohne vorherige Genehmigung des NCI« keines seiner Ergebnisse veröffentlichen.[115]

Wenn der betreffende Wissenschaftler nicht alle diese Untersuchungen im Verlauf eines Tierversuches mehrmals vornimmt, trifft ihn vielleicht der Vorwurf, er habe etwas Wesentliches übersehen. Wenn er sie sämtlich durchführt, steht er schließlich mit 50000 oder mehr Querschnittspräparaten da, die er niemals alle analysieren kann. Wenn er dieses Material nicht permanent unter geeigneten physikalischen Bedingungen aufbewahren kann, wirft man ihm vielleicht vor, seine Protokolle seien unvollständig. Und was immer er auch tut, ganz gewiß finden sich andere Wissenschaftler, die einige oder sogar zahlreiche seiner Analysen verwerfen. Das Projekt, die Wirkungen einer einzigen chemischen Substanz im Tierversuch zu eruieren, nimmt mindestens dreieinhalb Jahre in Anspruch[116] und kostete 1980 pro Substanz 500000 Dollar.[117] Und fast jede im Laufe dieser Jahre unternommene Handbewegung kann eine Fehlerquelle und in der Folge Anlaß zu Kontroversen sein.

6. Statistische Inkompetenz als Fehlerquelle

Da sowohl die Test- als auch die Kontrolltiere speziell gezüchtet sind und eine starke Tendenz aufweisen, unabhängig von den Testprozeduren Krebserkrankungen zu entwickeln, muß das Problem der Differenzierung zwischen Krebserkrankungen, die sie »ohnehin« bekommen würden, und solchen, die durch die Testsubstanz ausgelöst worden sind, mit den Mitteln der Statistik und der biologischen Analyse gelöst werden. Die Erstellung von Statistiken ist schon für sich genommen eine äußerst komplizierte wissenschaftliche Arbeit. Wie in allen Wissenschaften gibt es auch in dieser Disziplin hervorragende, kompetente, mittelmäßige und unehrliche Praktiker. So sind gelegentliche statistische Irrtümer unvermeidlich. Die Möglichkeit von Irrtümern ist um so größer, je einfacher die statistische Erklärung aussieht, die ein Experimentator für seine Ergebnisse ins Feld führt – wenn er also beispielsweise einfach Tumoren zählt und den statistisch signifikanten Überschuß solcher Tumoren berechnet, statt eine biologisch kohärente Analyse vorzunehmen. Obwohl diese Praktik als nicht sonderlich seriös gilt, begnügen sich zahlreiche Experimentatoren damit, einfach Tumoren zu zählen. 1977 stellte eine von der Federation of American Societies for Experimental Biology (FASEB) eingesetzte Kommission fest: »Die statistische Erfassung toxikologischer Testbefunde ist selbst unter optimalen Bedingungen von großer Dehnbarkeit.« Aber wie die Kommission fortfuhr, sind die Bedingungen nicht immer optimal; sie stellte daher warnend fest: »... in einschlägigen Veröffentlichungen werden immer kausale Verbindungen zwischen einer Substanz A und einem physiologischen Zustand B konstatiert; diese Behauptungen stützen sich nicht nur ausschließlich auf Statistiken überhaupt, sondern gleichermaßen ausschließlich auf solche Statistiken, die falsche Zahlen und unangemessene analytische Prozeduren enthalten.«[118] Der Staat selbst veröffentlicht über dieses wie über andere Gebiete statistische Erhebungen, und der Staat ist eine wenig verläßliche Quelle. 1971 verfaßte eine vom amerikanischen Präsidenten eingesetzte Kommission einen Bericht über die Qualität der von der amerikanischen Regierung herausgegebenen Statistiken. Ein Mitglied dieser Kommission, William Kruskal vom Institut für Statistik an der Universität von Chicago, stellte hinsichtlich aller von staatlichen Stellen herausgegebenen statistischen Erhebungen generell fest: »Ein Großteil jener gewaltigen Wolke aus mit Hilfe von Statistiken gerechtfertigten Gedanken und Taten, die uns umnebelt, wird nicht von systematisch ausgebildeten Statistikern erzeugt.«[119] Statistische Erhebungen, die von den zuständigen Behörden hinsichtlich der Toxizität beziehungsweise Kanzerogenität bestimmter chemischer Substanzen angestellt werden, sind erklärtermaßen besonders ungenau. Eine Studie des NRC hat ergeben, daß die meisten bekanntgegebenen Diebstähle und Verluste von Uran und Plutonium im Grunde genommen das Ergebnis einer Reihe theoretischer statistischer Irrtümer sind.[120] In einer von der National Science Foundation unterstützten Studie heißt es sogar: »Die zuständigen Gesundheitsbehörden haben häufig genug eine Überprüfung der Genauigkeit der von ihnen publizierten Daten mit allen Mitteln hinausgezögert. Wenn man einmal genau überprüft, wie die FDA, die Kommission zur Verhinderung unlauteren Wettbewerbs (FTC) und die Umweltschutzbehörde (EPA) zu ihren Informationen gelangen, wie sie mit diesen Informationen umgehen und zu welchen Zwecken sie ihre angeblichen Erkenntnisse benutzen, so stößt man auf eine Folge von Irrtümern, Fehlkalkulationen und manchmal auf direkten Betrug.«[121]

Es gibt selbst für Statistiker keine Möglichkeit, den für Toxizitäts- und Kanzerogenitätsstudien charakteristischen Prozentsatz an Irrtümern, der auf statistische Mängel zurückzuführen ist, genau zu berechnen.

7. Falsch-positive und falsch-negative Befunde als Fehlerquelle

Es gibt im übrigen auch zufallsbedingte Irrtümer. Selbst das beste Testverfahren wird gelegentlich nichtkanzerogene Substanzen als kanzerogen und Kanzerogene als nichtkanzerogen ausweisen. Kraybill vom NCI konstatiert, daß an »lebendigen Systemen« vorgenommene Experimente unvermeidlich sowohl falsch-positive als auch falsch-negative Ergebnisse ausweisen.[122]

Da Falsch-Positive die Öffentlichkeit völlig unnötigerweise beunruhigen und ganze Industrien sinnloserweise schädigen oder gar ruinieren können, bringen manche Wissenschaftler dem Phänomen des falschen Kanzerogens zunehmend größere Aufmerksamkeit entgegen. Frederick de Serres vom NIEHS stellt in diesem Zusammenhang fest: »Wenn man eine ausreichend große Zahl von Tests durchführt, dann wird man gelegentlich mehr aus statistischen als aus biologischen Gründen positive Testdaten erhalten. Ich weiß zwar nicht genau, wie das geschieht, aber es geschieht.«[123] In ähnlicher Weise stellt, wie bereits erwähnt, das Amt für Wissenschafts- und Technologiepolitik fest: »... wenn ausreichend viele Tests durchgeführt werden, so läßt sich prognostizieren, daß das Ergebnis eines dieser Tests von dem der übrigen ›in statistisch signifikanter Weise‹ abweichen wird ... und zwar einfach als Resultat einer Zufallsstreuung.« Aus diesem Grund empfiehlt das OSTP Wissenschaftlern: »Betrachten Sie das Ergebnis jedes Einzeltests als mögliches Resultat einer Zufallsstreuung.«[124] Und Thomas B. Fears vom NCI erklärt: »Es ist nicht ungefährlich, sich ausschließlich auf das Ergebnis statistischer Signifikanz zu verlassen« und warnt weiterhin vor dem Risiko falsch-positiver Resultate.[125]

In welchem Umfang derartige Irrtümer unterlaufen, bleibt eine Frage der Spekulation. Das OSHA hat dieses Problem heruntergespielt und behauptet unter Berufung auf Donald Kennedy von der FDA, daß es »nur selten« von Bedeutung ist. Kennedy erklärte, daß die Möglichkeit von Falsch-Positiven »nicht ausgeschlossen werden kann«, fügt jedoch hinzu, daß das »Gewicht wissenschaftlicher Beweise« es wahrscheinlich erscheinen lasse, daß Falsch-Positive »nur in Ausnahmefällen vorkommen«. Er stellte fest: »Es zeigt sich immer wieder, daß falsche Testergebnisse eine Substanz häufiger zu Unrecht als harmlos ausweisen und seltener als kanzerogen.«[126] Andererseits äußerte sich im Jahr der OSHA-Hearings Roy Albert von der NY-University zur Frage statistischer Zufallsergebnisse folgendermaßen: »Es besteht durchaus eine gewisse Wahrscheinlichkeit, daß man auf Zufallsbasis positive Ergebnisse erhält. Schwierig wird es, wenn sich im Tierversuch nur minimale Reaktionen nachweisen lassen. Man kann nie die Möglichkeit ausschließen, daß es sich in einem solchen Fall um ein falsch-positives Ergebnis handelt.«[127] Es gibt im übrigen auch keine Möglichkeit, die Häufigkeit von Irrtümern zu berechnen. In einer von Albert ein Jahr früher veröffentlichten Publikation schrieb er: »Man kann davon ausgehen, daß die an Nagetieren durchgeführten Experimente immer wieder falsch-positive Resultate ausweisen, auf die man sich stützen könnte, um zu beurteilen, wie häufig und bei welchen Klassen von Agenzien derartige falsch-positive Ergebnisse am ehesten vorkommen.«[128]

Die gleiche Unwissenheit herrscht hinsichtlich falsch-negativer Ergebnisse. Marvin Schneiderman und Charles C. Brown vom NCI haben erklärt: »Wie derartige Testsysteme genau funktionieren, ist nicht ganz klar. Das heißt, wir wissen nicht, wie oft ein System versagt, indem es nichtkanzerogenes Material als ›positiv‹ und kanzerogenes als ›negativ‹ ausweist.«[129] Zusammenfassend kann man also sagen: Wegen der Eigenarten statistischer Berechnung, aber auch der diversen Testsysteme selbst ist ein gewisser Prozentsatz dieser Tests außerstande, wirkliche Kanzerogene zu identifizieren, während wiederum ein anderer Prozentsatz falsche Kanzerogenitätsbefunde ausweist – die jeweiligen Prozentzahlen sind jedoch nicht bekannt.

8. Die voreilige Veröffentlichung von Datenmaterial als Fehlerquelle

Einige Kanzerogeneseforscher stehen unter dem Zwang, bereits den leisesten Verdacht, eine Substanz könne kanzerogen sein, an die große Glocke zu hängen, ohne zuvor die wissenschaftliche Bestätigung dieses Verdachts und den Ausgang der innerwissenschaftlichen Diskussion abzuwarten. Norbert Page und Umberto Saffiotti vom NCI bezeichnen diesen Standpunkt als »moralisch berechtigt«. Sie stellen fest: »Wissenschaftler stehen hinsichtlich der Wahl des für eine Veröffentlichung kanzerogener Befunde geeigneten Zeitpunkts vor einem ethischen Dilemma. Vorläufige Ergebnisse finden vielleicht keine Bestätigung und können deshalb wirtschaftliche Probleme und unnötige Ängste verursachen. Andererseits kann ein Hinauszögern der öffentlichen Bekanntgabe zu begründetem Verdacht Anlaß gebender Befunde bis zu deren endgültiger Verifizierung solche Präventativmaßnahmen verhindern, die gefährdete Menschen vor einem unnötigen Risiko schützen könnten.«[130] Eine Lösung sei es daher ihrer Meinung nach, vorläufige Ergebnisse im *Federal Register* zu veröffentlichen und den Medien zuzuleiten, »wenn die Beweislage erhärtet, daß in einem verbindlichen wissenschaftlichen Untersuchungsverfahren die Wahrscheinlichkeit eines positiven Befunds bestätigt wird«.[131] Einige haben sich diesem Lösungsvorschlag angeschlossen, und das Ergebnis ist bereits sichtbar: In der Leserbriefrubrik der *New York Times* liefern sich inzwischen Wissenschaftler Gefechte über die technischen Einzelheiten pathologischer Befunde, und zwar als Reaktion auf Presseverlautbarungen des NCI, in denen nicht verifizierte Daten an die Öffentlichkeit gebracht werden.[132]

Nicht alle NCI-Wissenschaftler sind von der Veröffentlichung nicht verifizierter Daten gleichermaßen begeistert. Kraybill erklärte warnend, diese Praxis führe zu unbegründeten legislativen Schritten und zu ebenfalls unbegründeten sozialen Reaktionen. Er tritt für substantiell höher angesetzte Standards ein, also dafür, daß die Daten vor ihrer Veröffentlichung mit aller notwendigen Sorgfalt überprüft und »einhellig von wissenschaftlichen Fachleuten aus zahlreichen Disziplinen abgesegnet werden müssen«.[133] Philip Abelson, der Herausgeber von *Science* hat sehr direkt die Gründe aufgezählt, die es ratsam erscheinen lassen, wissenschaftliche Befunde erst an die breite Öffentlichkeit zu bringen, nachdem sie in Fachzeitschriften veröffentlicht und in wissenschaftlichen Kreisen ausführlich diskutiert worden sind. In einer Diskussion über die Funktion wissenschaftlicher Fachzeitschriften sagte er: »Gleichermaßen wichtig oder gar wichtiger ist die Funktion, die den Fachzeitschriften hinsichtlich der Erhaltung der wissenschaftlichen Aufrichtigkeit zukommt. In privaten Gesprächen, aber auch in öffentlichen Vorträgen nehmen Wissenschaftler es häufig nicht so genau. Sie verkünden, ohne sich darüber weitere Gedanken zu machen, Ergebnisse von Experimenten, die nicht unter den notwendigen Kontrollbedingungen stattgefunden haben, nicht wiederholt oder noch gar nicht durchgeführt worden sind. Die meisten Wissenschaftler sind jedoch wesentlich vorsichtiger, wenn ihre wissenschaftlichen Aussagen im Druck erscheinen. Sie hegen die Befürchtung, daß andere Wissenschaftler ihre Arbeit genau überprüfen und es nur darauf abgesehen haben, ihnen Fehler nachzuweisen. Ein Wissenschaftler, der eine schlampige Arbeit publiziert, kann derart seine Reputation ruinieren, und das hat für einen Wissenschaftler sehr ernste Konsequenzen ... Diese Disziplin sorgt mehr als jeder andere Faktor dafür, daß der Wissenschaftsbetrieb relativ ehrlich funktioniert.«[134]

Wir sehen also, daß diese Differenz der Standpunkte ganz wesentlich einen Konflikt zwischen zwei unterschiedlichen ethischen Grundhaltungen darstellt – einer »neuen Ethik«, die der persönlichen Einschätzung, die der Wissenschaftler seiner Arbeit entgegenbringt, und seinen subjektiven Gefühlen den Vorrang vor dem klassischen wissenschaftlichen Ethos eingeräumt. Das klassische Wissenschaftsethos verläßt sich weder auf die Gefühle noch auf die Redlichkeit des einzelnen Wissenschaftlers, es verläßt sich nur auf die Disziplin der Überprüfung neuer Erkenntnisse durch andere Wissenschaftler und die Wiederholbarkeit solcher Befunde im Experiment. Die Zahl der voreiligen Ankündigungen kanzerogener Risiken durch die Verfechter der »neuen Ethik« ist nicht bekannt, aber diese Zahl gilt als nicht unbeträchtlich.

9. Fehlerquelle wissenschaftlicher Inkompetenz

Leider garantiert selbst die Tatsache einer Veröffentlichung in einer Fachzeitschrift noch nicht, daß ein Kanzerogenitätsbefund auch gültig ist. Wäre das der Fall, so könnten wir hier und jetzt davon ausgehen, daß die meisten der in den beiden in diesem Buch veröffentlichten Übersichten aufgezählten Kanzerogene zu Recht dort erwähnt sind, da die meisten von ihnen in wissenschaftlichen Veröffentlichungen erwähnt sind. Das Veröffentlichungsprinzip mag, wie Abelson behauptet, als Hauptfaktor die »relative Redlichkeit« der Wissenschaft gewährleisten – aber auch diese Aussage besitzt nur relative Gültigkeit; narrensicher ist auch dieses Prinzip nicht. Und auch auf diesem Gebiet hat in den vergangenen Jahren die Disziplin nachgelassen. Der explosionsartige Anstieg der Zahl der Wissenschaftler sowie jener, die sich selbst für Wissenschaftler halten, und die entsprechende Explosion der Zahlen wissenschaftlicher Veröffentlichungen haben nicht nur den Anstieg der Menge betrügerischer Veröffentlichungen, sondern sogar des veröffentlichten Unsinns rasant beschleunigt. J. M. Ziman von der Universität von Bristol schreibt in *Science:* »Viele führende Wissenschaftler haben den Eindruck, daß die Qualität der wissenschaftlichen Literatur in den vergangenen Jahren stark nachgelassen hat.«[135] Er stellt weiter fest, daß der in der Forschung tätige Wissenschaftler häufig von der Masse der »zweitklassigen« Literatur »überfordert« ist. Diese Literatur ist nach Ziman durch »die Trivialität der Ergebnisse« und einen »inkompetenten Umgang mit der Experimentaltechnik« charakterisiert.[136] Es ist daher, wie Derek J. de Solla Price, ein Wissenschaftshistoriker von der Yale-Universität es ausdrückt, zu »einem Renommeeverlust der Bezeichnung ›wissenschaftliche Literatur‹ gekommen«.[137] Zum Ausgleich dieser Tendenz hat sich eine »unsichtbare Gruppe« von Elitewissenschaftlern konstituiert, ein Netzwerk ausgewählter Wissenschaftler, die ihre schriftlichen Arbeiten zwecks sachkundiger Kritik nur innerhalb ihres eigenen Kreises zirkulieren lassen und sie schließlich nur in ganz bestimmten Fachzeitschriften publizieren, die sich an den höchsten Standards orientieren.[138] Die von einigen Mitgliedern dieser unsichtbaren Gruppen geleistete Arbeit gilt als herausragend. Leider bestehen für den Laien nur geringe Möglichkeiten, zwischen der Arbeit dieser unsichtbaren Gruppen und trivialen und wertlosen Arbeiten zu unterscheiden.

10. Fehlerquelle Datenerfassung

Schließlich gibt es noch eine Reihe anderer Probleme, deren Kenntnis für den Leser von Bedeutung ist. Probleme wirft nicht nur die Durchführung von Tierversuchen auf, sondern auch die Anwendung der auf diesem Weg gemachten Entdeckungen. Die einzige Form einer derartigen Anwendung, mit der wir uns hier beschäftigen wollen, ist die Suche nach im Tierversuch nachgewiesenen Kanzerogenen, die durch die verschiedenen Kanäle der »Umweltverschmutzung« in die Luft, das Wasser und den Erdboden gelangt sind; solche Stoffe sind beispielsweise DDT und Dioxin. Häufig hört der Laie nur in solchen Zusammenhängen von einem bestimmten Kanzerogen, und er verwechselt dessen Lokalisierung, über die die EPA meistens informiert, häufig mit dessen bereits früher datierender Entdekkung im Labor. Weil diese Verwechslung so allgemein ist, möchte ich diese spezielle Form der praktischen Anwendung näher erläutern.

Die Lokalisierung eines kanzerogenen Umweltgiftes birgt ähnlich zahlreiche Irrtumsmöglichkeiten wie der ursprüngliche Tierversuch selbst, allerdings sind diese Probleme anders gelagert. Zu diesem Zweck bedarf es solcher Hilfsmittel wie der Chemie und der Physik und des Ingenieurwesens, und die Probleme nehmen eine andere Gestalt an. Eines dieser Probleme ergibt sich aus dem Umstand, daß jeder Wissenschaftler sich auf die Arbeit anderer Wissenschaftler stützt, und ein Großteil der modernen Wissenschaft baut auf bereits früher angestellten Berechnungen auf, die sich in einer Reihe von Nachschlagewerken und Handbüchern finden. Wegen der in der Geschichte beispiellosen Anhäufung nicht kritisch ausgewerteter Daten, sind einige der grundlegendsten Ergebnisse der Physik und der Chemie, auf die sämtliche Zweige von Wissenschaft und Technik angewiesen sind, folglich auch die Krebsforschung, nicht mehr zuverlässig. Der Professor der Chemie Walter H. Stockmeyer warnte 1978 in *Science* seine Leser: »Ein besonders gefährlicher Aspekt dieses Problems bezieht sich auf numerische Daten... Leider enthält die wissenschaftliche Literatur viele falsche Angaben. Nur wenige Wissenschaftler oder Ingenieure haben sich über die Größenordnung dieses Problems Gedanken gemacht, und manche betrachten wahrscheinlich jede numerische Handbucheintragung als die geoffenbarte Wahrheit.«[139] Charles S. Tidball vom medizinischen Institut der George-Washington-Universität schrieb in einer von *Science* veröffentlichten Antwort auf diese Kritik, daß »der Bedarf nach qualifiziertem Datenmaterial in der Biologie und den medizinischen Wissenschaften nicht weniger groß« sei.[140] Eine von der Nationalen Akademie der Wissenschaften der USA (NAS) eingesetzte Kommission sprach bereits 1980 die Warnung aus: »Unzuverlässige Daten können schlimmer sein als fehlende Daten« und weisen unter anderem auf »schlecht ausgeführte Experimente« zurück.[141]

Der Direktor des Nationalen Forschungsrates (NRC) des NAS, Richard Carpenter, erklärte 1976: »Hinsichtlich der meisten Umweltfragen ist die Datenbasis unvollständig, ungenau, schwer zu interpretieren und häufig nicht frei von Vorurteilen.« Verglichen mit Physik und Chemie, so erklärte er, »besitzt die Ökologie keinen prognostischen Wert, und es gibt nur wenige allgemein anerkannte ökologische Prinzipien«.[142] Die EPA traf 1979 – wenngleich sehr zurückhaltend – die gleiche Feststellung.[143] Und 1979 erschien in *Science* ein von George S. Innis von der Utah State University verfaßter Bericht über die in der ökologischen Literatur in wissenschaftlichen und statistischen Fragen vorherrschende völlige Inkompetenz und Subjektivität.[144]

Außerdem nimmt die Zahl der für die Analyse kanzerogener und anderer toxischer Substanzen verwendeten technischen Geräte und analytischen Verfahren ständig zu und damit zugleich die Zahl möglicher Fehlerquellen. Laut Joseph Rodricks von der FDA ist die Unfähigkeit, repräsentative Proben zu entnehmen und diese in angemessener Weise für eine Analyse zu präparieren, wahrscheinlich die »Hauptursache für Fehler, die in dem schließlich analytisch gewonnenen Resultat auftreten«.[145] Wegen einer unsachgemäßen Gerätebedienung und Probenerhebung sind falsche analytische Daten weit verbreitet. Kenneth W. Gardiner von der University of California berichtet, daß »die analytischen Zahlen, die häufig umweltpolitischen Entscheidungen sowie der Grenzwertsetzung zugrunde liegen, auf mehr oder weniger großen Irrtümern beruhen«.[146] Vergleichbar warnt auch Marvin W. Skougstad vom U. S. Geological Survey vor Fehlern bei der Probenerhebung und betont, daß »das Risiko, auf diese Weise irreführende oder doch wenigstens atypische und nicht repräsentative Daten zu erhalten, zu groß ist, um darüber hinwegzusehen«.[147] Häufig finden vor Gericht regelrechte Debatten über die Verwendung von technischen Geräten statt. In mindestens einem Fall – EPA gegen Anaconda – wurden die gegen einen angeblichen industriellen Umweltverschmutzer vorgebrachten Beweise wegen fehlerhafter Daten zurückgewiesen. Ein Richter konstatierte: »Die in dem gegenwärtigen Verfahren vorgelegten Beweise belegen eindeutig, daß die von den Analysegeräten gelieferten Daten, auf die sich die gerichtliche Entscheidung stützen soll, völlig falsch sind, und die Beweislage ergibt eindeutig, daß die Testinstrumente weder funktionstüchtig noch geeicht waren.«[148]

Noch einmal: Die in den Laboratorien geleistete Grundlagenforschung ist häufig völlig unzureichend. Die EPA überprüfte 1978 die wissenschaftliche Qualifikation von 61 Labors, die Nitrat-, und von 166 weiteren Labors, die SO_2,-Tests durchführen. Laut John Taylor vom National Bureau of Standards ergab diese Überprüfung, daß nur ungefähr 10 Prozent der Laboratorien an EPA-Standards gemessen, als ›gut‹ klassifiziert werden konnten; 15 Prozent waren auf technische Unterstützung angewiesen; und die verbleibenden 75 Prozent gelangten zu »Mischergebnissen«;[149] eine Fehlerquote von 50 Prozent war nichts Außergewöhnliches.[150] Die Arbeit der Labors war in großem Maße inkonsistent, und »nur wenige sind imstande, sämtliche Proben innerhalb akzeptierbar enger Grenzen zu analysieren. Taylor erinnerte aber auch daran, daß diese Werte nur für den letzten Schritt des Meßverfahrens Gültigkeit besitzen: »Zu den aufgeführten Fehlern müßte man noch jene hinzurechnen, die bei der Probenerhebung und damit verbundenen Prozeduren hinzukommen.« Das übliche Datenmaterial dürfte seiner Ansicht nach also vermutlich noch weniger zuverlässig sein, als es die soeben genannten Zahlen zum Ausdruck bringen.[151]

Schließlich befindet sich die Erfassung der hinsichtlich der Kanzerogenität beziehungsweise Toxizität chemischer Substanzen von der Grundlagenforschung gelieferten Befunde in einem chaotischen Zustand. In einem für den US-Präsidenten verfaßten Bericht erklärte 1980 das Toxic Substances Strategy Committee: »...ein integriertes Datennetz besteht nicht.« Im Laufe der Jahre haben die zahlreichen Forschungs- und Verwaltungsinstitutionen »mehr als 200 verschiedene Systeme« entwickelt, einige davon ausgeklügelte Computersysteme, andere in Form von Handkarteien und alle zu verschiedenen Zwecken. »Die Befunde, so das Komitee, sind häufig in unvereinbaren Sprachen und Kategorien festgehalten und systematisiert.«[152] Die Erfassung chemischer Substanzen »variiert hinsichtlich ihrer Genauigkeit und ihres Informationsgehalts von System zu System«. Außerdem »kommt es bei der Übertragung von Daten von einem System in ein anderes immer wieder zu Fehlern«.[153]

Ich möchte an dieser Stelle die Aufzählung der zehn Kategorien möglicher Irrtümer abschließen, und zwar ganz einfach, weil zehn eine so schöne runde Zahl ist und weil man irgendwo aufhören muß. Dennoch vermitteln diese Beispiele in Verbindung mit der Auflistung der ungelösten Kontroversen einen Eindruck von dem verborgenen Gesicht der Reglementierungswissenschaft. Sie zeigen, daß diese Wissenschaft noch unausgereift ist, und im übrigen erschreckend kompliziert. Ein Verständnis dieser Komplexität und Konfusion einer wissenschaftlichen Großunternehmung, die ständig von der Möglichkeit des Irrtums bedroht ist, ist unerläßlich, um »den Stand der Dinge« beurteilen zu können – und doch hat die breite Öffentlichkeit in den westlichen Ländern über diese Zusammenhänge nie etwas erfahren.

Ganz offensichtlich sind die notwendigen Informationen nicht geheim. Sie sind in Wissenschaftsbibliotheken und in von der amerikanischen Regierung angeforderten Dokumentationen mühelos zugänglich; nur hat die Öffentlichkeit nie etwas von diesen Zusammenhängen erfahren. Die mit der Bewertung chemischer Substanzen befaßten Wissenschaftler und staatlichen Stellen haben zweifellos zu Recht angenommen, daß der Laie an solchen technischen Fragen vermutlich wenig oder gar kein Interesse zeigen werde, und ganz gewiß wäre jede aus dem Zusammenhang gerissene Präsentation solcher Informationen unaussprechlich langweilig. Trotzdem war es, wenn man die Gesetze und Bestimmungen berücksichtigt, die die Industrie in den Verdacht des Massenmordes bringen und dem

Bürger ein »Krebsvorsorge«-Programm versprechen, ein Fehler, diese Tatsachen nicht öffentlich bekannt zu machen. Die Unwissenheit des Laien sowie seine Annahme, der Staat werden nicht derartige Verdammungsurteile aussprechen und zugleich solch außerordentliche Versprechungen machen, wenn es dafür nicht substantielle Gründe gäbe, hat besagtem Laien den irrtümlichen Eindruck vermittelt, daß die Reglementierungswissenschaft wesentlich zuverlässiger sei, als sie es in Wirklichkeit ist; und dieser Eindruck hat wiederum viele Konsequenzen gezeitigt, von denen zwei besonders gravierend sind. Ein hohes Maß an Leichtgläubigkeit hat weite Kreise der gebildeten Öffentlichkeit sowie die Presse dazu verleitet anzunehmen, daß eine von einem Wissenschaftler, einer Fachzeitschrift oder einer amtlichen Stelle als kanzerogen bezeichnete Substanz, tatsächlich kanzerogen sei, oder daß die Verkündigung einer kanzerogenen Umweltverseuchung fraglos richtig sei. Begleitet war diese Leichtgläubigkeit von der mangelnden Bereitschaft, deutliche Anzeichen für die Fragwürdigkeit mancher »wissenschaftlicher« Behauptungen überhaupt zur Kenntnis zu nehmen. Tatsächlich war man sich im großen und ganzen darin einig, daß es für in diesem Bereich geleistete schlechte Arbeit und für Meinungsverschiedenheiten nur eine Erklärung geben könne: Derartige negative Erscheinungen können nur durch individuelle Fehler, bösartige Beweggründe oder Unredlichkeit bedingt sein. Jahrelang galten in den Vereinigten Staaten Beispiele unausgewogener Kanzerogentestprogramme und tendenziöser Studien zur Umweltverschmutzung als moralische und politische Skandale, die Kongreßhearings, Untersuchungsausschüsse, Schlagzeilen sowie Verunglimpfungen angeblicher Schurken durch wildgewordene Presseleute auslösten.

Wie bereits berichtet, ertönten daher 1976 Schreie der Entrüstung und der moralischen Empörung, als die schlechte Qualität vieler von der Industrie durchgeführter Kanzerogentests bekannt wurde. Diese von Senator Kennedy angeführte Kampagne der moralischen Empörung habe ich bereits erwähnt, und die amerikanische Industrie wurde mit dem Kainsmal des nationalen Bösewichts dekoriert.

So kam es 1977 und 1978 abermals zu Schreien der Entrüstung und der moralischen Empörung, als bekannt wurde, daß nirgendwo in der gesamten mit diesem Fragenkomplex befaßten amtlichen Welt ein Korpus von allgemein anerkannten Grundsätzen für die Durchführung von Kanzerogentests und die Interpretation der Daten existierte. Der amerikanische Kongreß ließ dieses scheinbar unerklärliche Phänomen in großem Stil durchleuchten. Gregory Ahart vom General Accounting Office sagte 1979 mit grimmiger Miene vor dem Kongreß aus, daß »es dem NIOSH und dem

OSHA an einheitlichen Kriterien für die offizielle Einstufung einer Substanz als kanzerogen ermangelt«.[154] Schlimmer noch, 1978 erklärte er, es bestehe zwischen den verschiedenen amtlichen Stellen keine Einigkeit darüber, welche Testmethoden zur Identifizierung eines Kanzerogens eigentlich geeignet sind«.[155] Die Diagnose des administrativen und politischen Betragens der zuständigen amtlichen und Forschungseinrichtungen fiel in diesem Falle eindeutig negativ aus.

So erhoben sich 1979 abermals Schreie der Entrüstung und der moralischen Empörung, als sich herausstellte, daß das amerikanische Nationale Krebsforschungsinstitut (NCI) selbst für eine Reihe von schlecht durchgeführten Kanzerogentests verantwortlich sei, die es von Vertragslabors hatte ausführen lassen. Wieder einmal konstituierte sich ein Untersuchungsausschuß. Diesmal informierte das General Accounting Office den Kongreß und die Presse über eine Reihe offenkundiger Monstrositäten: In dem Bericht hieß es, ungefähr 25 Prozent der vom NCI in Auftrag gegebenen Tierversuche[156] seien »entweder in Versuchsanordnung oder Ausführung fehlerbehaftet«[157]; weiter hieß es, daß »es keine standardisierten Methoden für die Durchführung von Langzeittierversuchen, für die Ausführung der pathologischen Analysen und die Erstellung des Ergebnisprotokolls gebe[158]; daß die in früheren Tierversuchen übliche pathologische Praxis so problematisch sei, daß das NCI anfangs annähernd 60 Prozent der Pathologieprotokolle zurückgewiesen habe[159]; daß in zahlreichen früheren Tierversuchen nur sehr kleine Gruppen von Kontrolltieren verwendet worden seien[160]; daß das NCI nicht in ausreichendem Maße darüber informiert gewesen sei, daß »die Laboratoriumsbedingungen insgesamt die Qualität eines Tierversuchs beeinflussen könnten«[161]; daß gelegentlich in einem Raum gleichzeitig verschiedene chemische Substanzen getestet würden[162]; daß die Labors nach wie vor zahlreiche Mängel aufwiesen, die die Qualität von Tierversuchen beeinträchtigen könnten.[163] Von der Illusion befangen, es gebe eine voll entwickelte Wissenschaft, war der demokratische Senator Henry D. Waxman aus Kalifornien über das offenkundige Fehlverhalten des NCI so bestürzt, daß er wenigstens indirekt den Vorwurf erhob, es solle vertuscht werden, daß die führende amerikanische Krebsforschungseinrichtung vor der Öffentlichkeit die Existenz krebserregender Substanzen verheimliche.[164] Zu den zahlreichen Individuen, die mit in den Skandal hineingerissen wurden, gehörte auch Philippe Shubik, der im Auftrag des NCI Forschungen anstellte. Ein Jahr nachdem Shubik gemeinsam mit Isaac Berenblum als eine der Koryphäen der Grundlagenforschung geehrt worden war, erhob *Science* ohne Nennung des Autors gegen ihn den Vorwurf, er habe sich »geweigert, die Richtlinien des NCI zu befolgen«[165]; dieser mysteriöse Vorwurf implizierte, daß Shubik – der in der Folgezeit an der Universität Oxford stets willkommen war – plötzlich unerklärlicherweise ein erklärter Feind der Wissenschaft geworden sei.

Es hat folglich seit der Gründung der EPA immer wieder empörte Klagen und wütende Vorwürfe über das wissenschaftliche Niveau dieser Behörde gegeben – es sind zu viele, um sie hier alle zu nennen. Ich werde nur noch einige Beispiele aus den siebziger Jahren anführen, die wissenschaftlichen Skandale der achtziger Jahre behandelt dann das letzte Kapitel. Als Reaktion auf die Erkenntnisse eines Anhörungsverfahrens, in dem es um die Durchleuchtung nachgewiesenermaßen betrügerischer EPA-Forschungspraktiken ging, verabschiedete der Kongreß den Environmental Research, Development and Demonstration Authorization Act, ein Gesetz, das dem Science Advisory Bord die Aufgabe übertrug, die Forschungspraktiken der EPA zu überwachen.[166] 1977 geriet diese Aufsichtsbehörde verschiedentlich mit der EPA aneinander[167], und Dr. James L. Whittenberger von der Harvard School of Public Health erklärte: »Die Gesundheitsrisikoeinschätzungen der EPA sind überwiegend spekulativ, unvollständig und in hohem Maße aus Untersuchungen abgeleitet, deren Wert fraglich ist.«[168] John Walsh erklärte 1978 in einem in *Science* veröffentlichten Beitrag über die Schwierigkeiten der EPA, »mit Ungewißheiten umzugehen«, daß »die Gültigkeit ihrer wissenschaftlichen Erkenntnisse für die EPA das ›alles oder nichts‹ ist. Die wissenschaftlichen Kapazitäten der EPA werden von eingeweihten Kritikern als chronisch schwach eingeschätzt... Es wird unablässig Klage darüber geführt, daß viele (EPA-)Labors weder wissenschaftlich Schritt gehalten noch eine ausreichende Kompetenz entwickelt haben...«[169]

Ende der siebziger Jahre waren schließlich Millionen »aufgeklärter« Amerikaner zu der Überzeugung gelangt, das ganze Land sei von einer Vielzahl erklärter Feinde der menschlichen Gesundheit unterwandert. Solche Feinde waren angeblich: die böse Industrie, die korrupten Bürokraten, die herzlosen Einrichtungen der Krebsforschung, die käuflichen Ärzte. Außerdem glaubte man, es gebe Hunderte, Tausende sonstiger Individuen, Berufsstände und Institutionen, die die wissenschaftliche Kompetenz besäßen, krebserregende Agenzien zu identifizieren, Prognosen über deren Wirkung anzustellen und die Menschen vor diesen Substanzen zu schützen. Und dennoch – infolge monströser Charakterfehler und wegen gravierender Mängel im gesellschaftlichen System – weigerten sich all diese »Eingeweihten« offenbar, den hilflosen Durchschnittsmenschen mit ihrem Wissen zur Hilfe zu kommen. Eine Einrichtung wurde jedoch in diesem bizarren Zustand sozialer Paranoia von jeglicher Kritik ausgenommen – und zwar die Reglementierungswissenschaft selbst. Diese Wissenschaft der Kanzerogenitätsidentifizierung, -prognose und -präventation war in der Tat so frei von allen Vorwürfen geblieben, daß sie der Industrie und dem staatlichen Gesundheitswesen sogar als Beispiel vorgehalten wurde. Und gemessen an den Standards dieser »Wissenschaft«, waren die USA inzwischen zu einer kanzerogenen Kloake verkommen, und sowohl die Industrie als auch das staatliche Gesundheitswesen galten wegen ihrer angeblichen Verantwortungslosigkeit in weiten Kreisen als geradezu kriminell.

1978 schließlich kamen die für die Gesundheitspolitik Verantwortlichen unter dem unerträglichen Druck der Öffentlichkeit überein, trotz in der wissenschaftlichen Welt bestehender tiefgreifender Meinungsverschiedenheiten in diesen Fragen einheitliche Standards für die Durchführung von Kanzerogentests und die Auswertung der so gewonnenen Daten festzulegen. So kamen unter anderem die 1978 veranstalteten OSHA-Hearings zustande, in deren Verlauf das OSHA eine willkürliche Entscheidung nach der anderen traf. Angesichts eines ganzen Geflechts von ungelösten Fragen blieb dem OSHA allerdings kaum eine andere Wahl. Aber auch diese Wahrheit wurde nicht eingestanden. Auch das OSHA fühlte sich bemüßigt, zur Begründung dieses plötzlichen politischen Aktivismus einen Sündenbock heranzuziehen. So erklärte Eula Bingham auf einer Pressekonferenz:

> Was uns in erster Linie daran hindert, den Schutz vor Kanzerogenen am Arbeitsplatz zu verstärken, ist, daß wir in jedem einzelnen Zulassungsverfahren neuerlich die Frage diskutieren müssen, welches Test- und Auswertungsverfahren angemessen ist. Es ist daher ein Hauptziel der von uns befürworteten einheitlichen Krebsvorsorgepolitik, diesen völlig überflüssigen Aufwand zu vermeiden...[170]

Die vom OSHA veröffentlichte Dokumentation bietet die gleiche Begründung an.[171] Leider war diese Erklärung bestenfalls eine Halbwahrheit. Tatsächlich stimmte es, daß jede Industrie, gegen die der Vorwurf erhoben wurde, sie produziere einen krebserregenden Wirkstoff, das ganze Arsenal ungelöster wissenschaftlicher Probleme in die Debatte warf, aber das war schließlich das gute Recht der Betroffenen. 1978 hatte das GAO bekannt gegeben, weder das NIOSH und das OSHA noch eine der anderen für die Krebsvorsorge zuständigen Stellen hätten je darin übereingestimmt, »welcher Beweise es bedarf, um eine chemische Substanz mit dem amtlichen Siegel ›kanzerogen‹ zu versehen«. Es stimmte also nicht, daß das OSHA seine Hearings nur veranstaltete, um »diesen völlig überflüssigen Aufwand zu vermeiden«. Niemand kannte nämlich bis dahin eine verbindliche wissenschaftliche Methode. Aber diese Tatsache und ihre Bedeutung waren in einer Fülle von »Skandalen« untergegangen.

Die bisher beschriebenen »Skandale« betrafen den wissenschaftlichen Wert der von den Laboratorien der Industrie und der zuständigen staatlichen Stellen veröffentlichten Daten. Aber es gibt noch einen anderen »Skandal«, dem sich die amerikanische Öffentlichkeit ausgesetzt sieht, und das ist der immer wieder ausbrechende »Skandal« wegen der gesetzlichen Einstufung gewisser Substanzen – z. B. Red Dye #2, Cyclamat, Saccharin, DDT, Nitrit – als kanzerogen. Aus bereits erwähnten Gründen wurden die von den Wissenschaftlern über den Status gewisser Substanzen ausgetragenen Kontroversen von der Öffentlichkeit wie spätmittelalterliche Moralitäten-Spiele aufgenommen. In diesen Darbietungen erhob die tugendhafte »Wissenschaft« das Schwert gegen die todbringende »Industrie«; meistens traten außerdem noch eine Gruppe moralisierender Laienschauspieler auf, empörte Journalisten, Untersuchungsausschüsse des Kongresses und Repräsentanten des General Accounting Office. Diese moralische Betrachtungsweise entbehrte jedoch weitgehend jeglicher Grundlage. Wenn man sich die einschlägige Literatur ansieht, so entdeckt man sehr bald, daß die grundlegenden Auseinandersetzungen im allgemeinen nicht zwischen *der* Wissenschaft und *der* Industrie stattfinden, sondern zwischen verschiedenen wissenschaftlichen Richtungen und der Industrie, die im Durchschnitt kaum eine unabhängige Kanzerogeneseforschung unterstützt und sich meistens jene akademischen Standpunkte zu eigen macht, die ihren Interessen am weitesten entgegenkommen. Wegen dieser im verborgenen ausgetragenen wissenschaftlichen Konflikte, die gewöhnlich von dem moralisch-politischen Getöse überdeckt werden – dem einzigen Aspekt, mit dem sich die Presse systematisch auseinandersetzt –, möchte ich diesen Zusammenhang anhand von drei Beispielen durchleuchten: Red Dye #2, DDT und Nitrit. Es ist nützlich, solche Fälle heranzuziehen, die ein starkes Pressecho ausgelöst haben, weil sie es dem Leser gestatten, seinen eigenen Eindruck von einigen notorischen »Skandalen« mit dem überaus komplizierten wissenschaftlichen Durcheinander, das hinter den Kulissen herrscht, zu vergleichen. Die drei folgenden Geschichten sind keine vollständigen Fallstudien oder Literaturüberblicke – die Hunderte von Testverfahren, denen die umstrittenen Substanzen unterzogen wurden, finden darin beispielsweise keine Erwähnung. *An dieser Stelle soll nicht im geringsten der Versuch unternommen werden, über die Kanzerogenität der in Frage stehenden Substanzen ein Urteil abzugeben.* Die Geschichten können jedoch die geradezu bizarre Komplexität dieser angeblich zwischen »Wissenschaft« und »Industrie«, Tugend und Laster, bestehenden Kontroverse beleuchten.

Drei verwickelte Geschichten

Red Dye #2

Die Geschichte, die sich hinter dem politischen »Skandal«, der wegen des synthetischen Lebensmittelfarbstoffes Red Dye #2 ausbrach, verbirgt, hat Philip Boffey in aller Ausführlichkeit sowohl in *Science* als auch in der *New York Times* erzählt.[172] Ralph Nader führte vier Jahre lang eine Kampagne gegen Red Dye #2, und da Boffey ein früherer Mitkämpfer Naders gewesen war, ist sein Bericht über die Geschehnisse hinter den Kulissen von besonderem Interesse. Red Dye #2 war laut Boffey zwischen 1970 und 1976 in circa 30 Tierversuchen getestet worden, und zwar von staatlichen Einrichtungen, unabhängigen Labors sowie der Industrie; die Ergebnisse widersprachen sich jedoch völlig.[173] Anfang der siebziger Jahre wurde die Situation noch komplizierter, als die Ergebnisse zahlreicher in Rußland vorgenommenen Red-Dye-#2-Tests bekannt wurden. Ob allerdings der in Rußland untersuchte Lebensmittelfarbstoff mit dem in den USA verwendeten Red-Dye-#2 identisch war, blieb offen. Laut Boffey »waren die russischen Untersuchungen jedoch so fehlerhaft, daß selbst die fanatischsten Red-Dye-#2-Bekämpfer ihnen nicht ganz trauten«.[174] Eine der russischen Studien stufte Red #2 als Teratogen ein – also als einen Wirkstoff, der Geburtsschäden verursacht. Diese Beschuldigung ließ die FDA, die bis dahin keinen entsprechenden Test durchgeführt hatte, nicht ruhen. Jacqueline Verrett von der FDA injizierte prompt Red #2 in eine große Zahl befruchteter Hühnereier und produzierte auf diese Weise tote und mißgebildete Küken.[175] Viele Wissenschaftler waren jedoch noch nicht davon überzeugt, daß diese Ergebnisse auch für den Menschen verbindlich seien, daher bemühte sich ein anderer FDA-Wissenschaftler, Thomas F. X. Collins, das Teratogenproblem durch Versuche an Ratten zu klären. Er leitete durch Schläuche Red #2 in die Mägen trächtiger Ratten und produzierte gleichermaßen Totgeburten und Mißbildungen. Dieses Ergebnis erregte Aufsehen, bis sich herausstellte, daß Collins seine eigenen Ergebnisse nicht experimentell bestätigen konnte – womit wieder alles beim alten war.[176]

Die FDA beschloß daher, eine verbindliche Versuchsreihe durchzuführen, und zwar an 500 Ratten. Das war ein ehrgeiziges Unternehmen. Leider verließen die für die Untersuchung der 500 Ratten zuständigen Wissenschaftler schon bald die FDA, und die Tiere standen in der Folgezeit für eine längere Periode nicht unter Beobachtung. Schließlich nahmen ein paar Wissenschaftler die Experimente wieder auf, leisteten jedoch schlampige Arbeit: Eine nicht bekannte Zahl von Kontrolltieren wurde mit den Testratten vermischt, und tote Ratten wurden nicht sofort seziert, sondern lagen verwesend in ihren Käfigen. »Folglich«, so berichtet Boffey, »waren praktisch alle im Laufe des Experiments verwendeten Ratten so stark verwest, daß sie für eine wissenschaftliche Auswertung nicht mehr zu gebrauchen waren. Nur jene Tiere, die bis zum Ende des Versuchs am Leben blieben und dann erst getötet wurden – insgesamt 96 – standen einer detaillierten histopathologischen Untersuchung zur Verfügung. ›Das war das lausigste Experiment, das ich in meinem Leben gesehen habe‹, erklärte ein Wissenschaftler, der das Datenmaterial überprüfte.«[177] In seinem Buch *The Politics of Cancer* erzählt Samuel Epstein beinahe die gleiche Geschichte und beschreibt das Experiment als »Fiasko«.[178] Der *Environmental Reporter* nannte das Experiment schlichtweg »stümperhaft«.[179]

Stümperhaft oder nicht, viele Organisationen und Wissenschaftler (beispielsweise die FDA[180], das OSHA[181] und Bernard Weinstein von der Columbia University [182]) sind der Meinung, daß selbst eine schlecht oder »mangelhaft« durchgeführte Studie signifikante Kanzerogenitätsbefunde erbringen kann (obwohl sie den Nachweis der Unschädlichkeit einer Substanz nicht erbringen kann), und deshalb gab es Versuche, aus dem katastrophalen Experiment dennoch Datenmaterial zu extrahieren. Gewisse FDA-Biostatistiker untersuchten eifrig ganze Haufen toter Ratten und gelangten, wie Boffey in der *New York Times* berichtete, zu der Schlußfolgerung, daß die Beweislage im Verhältnis von 2 zu 1 dafür spreche, daß die Substanz Red #2 nicht krebserregend sei.[183] Die Beweise, die in der *New York Times* nicht genannt waren, sind selbst für den Laien äußerst aufschlußreich. In dem Bericht, der dem FDA-Bevollmächtigten am 16. Januar 1976 vorgelegt wurde, heißt es:

Das Ergebnis des Experiments spricht aus zwei Gründen dafür, daß FDC&Red Nr. 2 kanzerogen ist:

1. Es erbringt den Nachweis, daß in den Hochdosisgruppen im Vergleich zu den Kontrolltieren ein statistisch signifikanter Anstieg maligner Tumoren bei den weiblichen Tieren auftritt.

2. Es erbringt den Nachweis, daß in sämtlichen Dosisgruppen bei den weiblichen Tieren eine mögliche Dosis-Wirkungs-Beziehung besteht.

Das Ergebnis des Experiments spricht aus vier Gründen gegen die Kanzerogenität von FDC&Red Nr. 2:

1. Bei den männlichen Tieren war eine statistisch signifikante Zunahme maligner Tumoren nicht zu verzeichnen.
2. Wenn man sämtliche Tumortypen zusammenrechnet, so ließen sich keine statistisch signifikanten Ereignisse konstatieren.
3. An den Testtieren konnten keine ungewöhnlichen oder einzigartigen Tumortypen nachgewiesen werden.
4. Kein einziger Tumortypus wies eine Zunahmerate auf, die über jener der Kontrolltiere lag.

Diese Beweisgrundlage reichte aus, Red #2 zu verbieten. Das stümperhaft durchgeführte Experiment hatte, so die FDA, die »Unbedenklichkeit« des Produkts nicht erwiesen.[184]

DDT

Bekanntlich löste das DDT einen der ersten und bemerkenswertesten »Skandale« aus und steht immer noch für viele als Symbol für den Krieg zwischen »Wissenschaft« und »Industrie«. Für die Umweltbewegung wurde es schon früh zu einer wichtigen Zielscheibe ihrer Angriffe, und Rachel Carson startete bereits 1962 eine Kampagne gegen diese chemische Verbindung. Sie hatte von Wilhelm Hueper vom NCI die Auskunft erhalten, er sei der Meinung, die Kanzerogenität des DDT sei eindeutig bewiesen.[185] Und seither herrscht in weiten Kreisen die Überzeugung, das berühmte Pestizid sei eine krebsverursachende Substanz. Weniger bekannt ist allerdings, daß fünfzehn Jahre nachdem DDT als kanzerogen eingestuft wurde, genau diese Behauptung in wissenschaftlichen Kreisen nach wie vor heftig umstritten ist.

Die erste und fundamentalste Kontroverse entstand wegen der Bedeutung der Maus als Versuchstier. Auch Innes und seine Mitarbeiter erklärten das DDT 1969 für kanzerogen, und seine Ergebnisse wurden 1970 und 72 von Samuel Epstein experimentell bestätigt, gleichermaßen 1972 von Tomatis. In allen diesen Fällen hatte DDT immer nur bei Mäusen Lebertumoren verursacht.[186] Laut Charles Wurster, einem der Anführer des vom Environmental Defense Fund veranstalteten Kreuzzugs gegen das DDT waren jene Mäusetumoren eines der Hauptargumente für das schließlich 1972 von dem EPA-Vorsitzenden William Ruckelshaus ausgesprochene DDT-Verbot.[187] Drei Jahre nach diesem Verbot, also 1975, führte Tomatis von der Internationalen Krebsforschungsbehörde (IARC) neuerlich eine Reihe von Versuchen durch, und wieder waren nur Mäuse betroffen. Tomatis meldete, daß DDT in verschiedenen Dosierungen bei männlichen und in hohen Dosierungen bei weiblichen Mäusen zweifellos Lebertumoren verursache und daß die zwei Hauptmetaboliten des DDT – DDE und DDD – Lebertumoren beziehungsweise Lungentumoren verursachen. Die DDT-induzierten Lebertumoren »metastasieren (jedoch) nur selten und verhalten sich nur in wenigen Fällen aggressiv...« Was andere Spezies betreffe, so erläuterte Tomatis, so habe DDT auf Hamster überhaupt keine Auswirkungen »und bei Ratten liege diese Wirkung im Grenzwertbereich, eine Beobachtung die von neueren Studien nicht bestätigt wird...«[188] Noch 1977 gab es nur äußerst kurzlebige Beweise dafür, daß DDT außer auf Mäuse noch auf andere Säugetiere Auswirkungen habe. In seinem 1977 erschienenen Buch stützte sich Thomas Corbett hinsichtlich des für Säugetiere bestehenden Risikos nach wie vor ausschließlich auf in Mäuseversuchen gewonnene Daten; er mußte dreißig Jahre zurückgehen, um auf ein unergiebiges Experiment mit Ratten verweisen zu können.[189]

Plötzlich – noch im gleichen Jahr – wendete sich das Blatt, so schien es jedenfalls. Das NIOSH, die Forschungsabteilung des OSHA, erklärte, die Frage sei gelöst; DDT verursache *sowohl* bei Mäusen als auch bei Ratten Krebs: »In zwei von drei an Ratten vorgenommenen Experimenten traten Lebertumoren auf.« Daraus folgerte das NIOSH: »Da DDT bei Mäusen und Ratten nachweislich Krebs auslöst, empfiehlt das NIOSH, daß DDT am Arbeitsplatz wie eine kanzerogenitätsverdächtige Substanz behandelt wird und entsprechende Schutzmaßnahmen getroffen werden...«[190] [Unglücklicherweise war die Rattenfrage jedoch nach wie vor ungeklärt. Genaugenommen war auch die Mäusefrage immer noch ohne Antwort. Ebenfalls 1978 – mehr als fünfzehn Jahre, nachdem Wilhelm Hueper Rachel Carson versichert hatte, DDT sei definitiv kanzerogen, und sechs Jahre nach dem Verbot der Substanz – veröffentlichte das NCI einen Bericht über DDT. Genauer ausgedrückt publizierte das NCI einen Bericht über »die mögliche Kanzerogenität von DDT«. Man hatte das DDT neuerlich im Tierversuch getestet, insbesondere das TDE, einen der Hauptgiftstoffe des DDT, und das p,p'-DDE, den wichtigsten Metaboliten des DDT. Die Versuche wurden mit verschiedenen Mäuse- beziehungsweise Rattenstämmen durchgeführt. Die Ergebnisse waren so seltsam, daß es am besten ist, den Bericht des NCI wörtlich zu zitieren:

Unter den Bedingungen dieses Tierversuchs konnte der Nachweis der Kanzerogenität von DDT an Osborne-Mendel-Ratten sowie an B6C3F1-Mäusen nicht erbracht werden. Ebensowenig wirkte TDE auf weibliche Osborne-Mendel-Ratten oder auf B6C3F1-Mäuse beiderlei Geschlechts kanzerogen; auch p,p'-DDE verursachte bei Osborne-Mendel-Ratten kein Krebswachstum, obwohl p,p'-DDE auf Osborne-Mendel-Ratten leberschädigend wirkte. Die Ergebnisse deuten auf eine mögliche kanzerogene Wirkung von TDE auf männliche Osborne-Mendel-Ratten, und zwar wegen des kombinierten Auftretens von Follikularzellenkarzinomen und Follikularzellenadenomen der Schilddrüse. Wegen der in dieser Studie verzeichneten variablen Inzidenzraten dieser Tumoren bei den männlichen Kontrollratten gestatten die Befunde keine verbindlichen Schlußfolgerungen. p,p'-DDE wirkte bei B6C3F1-Mäusen beiderlei Geschlechts kanzerogen und verursachte hepatozelluläre Karzinome.[191]

Diese Ergebnisse waren äußerst interessant; sie waren geradezu sensationell. Wenn der Leser die zitierte Stelle des NCI-Berichts näher betrachtet, so wird er feststellen, daß sie drei Informationen enthält:

A. In fünf Fällen – in denen auch mit Ratten experimentiert wurde – waren DDT, seine Giftstoffe und sein Metabolit *nicht* kanzerogen.
1. DDT übte auf Osborne-Mendel-Ratten *keine* kanzerogene Wirkung aus.
2. p,p'-DDE übte auf Osborne-Mendel-Ratten *keine* kanzerogene Wirkung aus.
3. TDE übte auf weibliche Osborne-Mendel-Ratten *keine* kanzerogene Wirkung aus.
4. DDT übte auf B6C3F1-Mäuse *keine* kanzerogene Wirkung aus.
5. TDE übte auf B6C3F1-Mäuse *keine* kanzerogene Wirkung aus.

B. In einem Fall wurde TDE mit einer »möglichen kanzerogenen Wirkung« auf männliche Osborne-Mendel-Ratten in Verbindung gebracht.

C. In nur einem Fall ließ sich eine konsistente kanzerogene Wirkung feststellen: p,p'-DDE verursachte bei B6F3C1-Mäusen Leberkrebs.

Es war dem NCI in geradezu bewundernswerter Weise gelungen, den wahren Sachverhalt zu verschleiern. Außerdem wurde das Rattenproblem immer rätselhafter. 1979 experimentierte T. Syrowatka in Polen mit Ratten vom Wistar-Stamm. Wenn man diesen Ratten DDT in Verbindung mit Dimethylnitrosaminen (DMNA) verabreichte, so verstärkte das DDT ganz offenbar die kanzerogene Wirkung des DMNA – es schien also als Promotor dieser chemischen Verbindung zu wirken. Allein verabreicht bewirkte DDT laut Syrowatka bei männlichen Wistar-Ratten überhaupt keine Schäden.[192] Über weibliche Ratten und Hamster, die sich als so standhaft DDT-resistent gezeigt hatten, wurde gar nicht mehr gesprochen.

Um die ganze Angelegenheit jedoch noch weiter zu komplizieren: Die DDT-Frage war immer mit der Hochdosierungskontroverse verknüpft gewesen, da man Versuchsmäusen enorme Dosen dieser Testsubstanz verabreichte, um bei diesen Tieren Lebertumoren zu induzieren. Wie sich der Leser vielleicht erinnert, erreichte die Hochdosierungskontroverse einen ihrer Höhepunkte im Zusammenhang mit den Pestizidtests. Und auf diesem Feld gab es, wie Herman Kraybill, ohne Namen zu nennen, erklärte, Wissenschaftler, die zu Testzwecken mehr als den gesamten Jahresausstoß eines Herstellers dieser Substanz verbrauchten. In einer anderen Veröffentlichung berichtete Kraybill über die Anwendung hoher Dosierungen in DDT-Tests, und diesmal nannte er Namen. Laut Kraybills Berechnungen hatte Innes in einer der von ihm durchgeführten Testreihen, in der er angeblich die Kanzerogenität von DDT nachgewiesen hatte, eine Dosierung verabreicht, die einer 853fachen Menge dessen äquivalent war, was der Mensch täglich mit der Nahrung an DDT zu sich nimmt. Ein anderer Wissenschaftler namens Loomis errechnete sogar, daß Innes seinen Versuchsmäusen ein Äquivalent der 160000fachen Menge an DDT verabreicht hatte, die der Mensch mit der Nahrung zu sich nimmt. Diese Berechnung sei zwar nicht bestätigt worden, so Kraybill, aber die von Innes durchgeführten Experimente verdeutlichen die »übersteigerten Dosierungen«, die Verwendung gefunden haben und der tatsächlichen Aufnahmemenge dieser Substanz durch den Menschen überhaupt nicht entsprechen und daher toxikologische Schlußfolgerungen »erschweren«.[193]

Zusätzlich zu all diesen Unklarheiten bestand noch das Problem der enttäuschenden Mutagenitätstests. Wenn DDT kanzerogen ist, so müßte es nach Auffassung der Genetiker gleichermaßen mutagen sein. Entsprechend äußerte sich Marvin Legator 1972 während der dem Verbot von DDT vorhergehenden Hearings. In Wursters Bericht über diese Hearings heißt es, Legator habe erklärt, DDT stelle für den Menschen ein potentielles genetisches Risiko dar, und habe im übrigen auf Ergebnisse eigener Experimente verwiesen, in denen die Substanz bei Ratten dominante, zum Tode führende Mutationen verursacht habe, nachdem die männlichen Tiere mit DDT behandelt worden seien.[194] In den vier Jahren nach dieser Feststellung Legators wurde die Frage der Mutagenität des DDT immer verworrener. Laut H. P. Burchfield und Eleanor E. Storrs vom Gulf South Research Institute, die einige der ersten DDT-Tests des NCI durchführten, ist der zwischen der Kanzerogenität und der Mutagenität chlorierter Kohlenwasserstoffpestizide bestehende Korrelationsgrad nur gering. In einigen Versuchsanordnungen erwiesen sich DDT und seine Metaboliten DDE, DDD und DDA sogar als nichtmutagen; wieder andere chlorierte Kohlenwasserstoffe (z. B. Aldrin, Dieldrin, Lindan und Heptachlor) erwiesen sich gleichermaßen als nonmutagen. Im Drosophilatest erwies sich

DDT jedoch als schwach mutagen. Es hat auch nachgewiesenermaßen Chromosomenaberrationen in menschlichen Lymphozyten verursacht; in dominanten Letaltests an Mäusen war ein eindeutiger Befund nicht auszumachen. Schließlich erwiesen sich die Metaboliten des DDT in einigen anderen Versuchsanordnungen als schwach mutagen. Burchfield und Storrs zufolge ist DDT also bestenfalls schwach mutagen.[195]

Nach Durchsicht des Datenmaterials erhoben die Autoren die folgenden Fragen: Sind die Ergebnisse von Mutagentests hinsichtlich der Kanzerogenität aller Klassen chemischer Substanzen aussagekräftig? (Nein.) Und haben Substanzen, die bei Mäusen Lebertumoren verursachen, die gleiche Wirkung auch beim Menschen?[196] So gelangten die Autoren schließlich wieder genau an unseren Ausgangspunkt zurück – nämlich zu der Frage, ob bei Mäusen auftretende Leber- und sonstige Tumoren von wissenschaftlichem Aussagewert sind. Auch 1977 wußten sie auf all diese Frage noch keine Antwort, außer der einen, daß nämlich Antworten unerläßlich seien, damit die Gesundheitsbehörden ihrem Auftrag nachkommen könnten. Genau diese Fragen wurden, um es noch einmal zu wiederholen, im folgenden Jahr während der OSHA-Hearings immer noch fieberhaft diskutiert. Hinsichtlich des DDT gelangten die Autoren zu dem Ergebnis, es sei ein »Grenzwert«-Mutagen.[197] Genau zum Zeitpunkt dieser Feststellung ließ Thomas Corbett die amerikanische Öffentlichkeit wissen, daß DDT möglicherweise »eine Bedrohung der menschlichen Rasse« darstelle.[198] Das NCI ließ 1978 verlauten, der Hauptmetabolit des DDT verursache ganz sicher Leberkrebs bei B6C3F1-Mäusen. Wir wissen natürlich nicht, ob der Mensch DDT in der gleichen Weise metabolisiert wie B6C3F1-Mäuse. Nach Aussage des OSHA ist diese Frage unbeantwortbar.

Diese Geschichte weist noch einen anderen Aspekt auf, den wir nicht vernachlässigen dürfen. Vor einigen Jahren waren zahlreiche US-Bürger direkt von dem DDT-Verbot betroffen. Sie wurden von einer Motten- und Würmerplage heimgesucht, die sie in ihre Häuser verbannte, ihre Sträucher und Bäume entblätterte und große Waldbestände in den Vereinigten Staaten plünderte. Da sie nicht wußten, wie sie der Plage Herr werden könnten, verlangten die betroffenen Bürger von der EPA mit allem Nachdruck, ihnen zur Beendigung der Plage und zur Rettung der Wälder die Verwendung von DDT zu gestatten. Die EPA willigte ein. Herman Kraybill von NCI fand diese Vorgänge nicht frei von einem »ironischen Beigeschmack«. Während dieser Ereignisse stellte er fest, die Weltgesundheitsorganisation (WHO) habe die Verwendung von DDT zwecks Gesunderhaltung eines Großteils der Weltbevölkerung gestattet.[199]

Nitrit

Während meiner Arbeit an diesem Buch kam es zu einem sogenannten Nitritskandal. Diese chemische Substanz findet als Konservierungsmittel für Schinken und Speck und andere Fleischsorten Verwendung und schützt den Menschen vor Botulinusbakterien. Die Geschichte dieser Substanz verlangt besonders viel Raum, weil sie ohne ein Wissen um gewisse politisch-bürokratische Vorgänge unverständlich wäre. Ich werde den politisch-bürokratischen Aspekt jedoch nur insoweit berühren, wie es notwendig ist, um die wissenschaftlichen Vorgänge zusammenzuhalten.

Die Geschichte dieses Skandals ist besonders bizarr, weil die FDA Nitrit innerhalb von zwei Jahren zunächst für kanzerogen erklärte und die Erklärung später zurückzog. Im August 1978 kündigte die FDA aufgrund der Ergebnisse einer von Paul Newberne vom Massachusetts Institute of Technology (MIT) durchgeführten Studie ein Nitritverbot an. Der FDA-Bevollmächtigte Donald Kennedy und der Staatssekretär im USDA informierten gemeinsam die Öffentlichkeit darüber, daß Nitrite für den Menschen ein Krebsrisiko darstellten und daher ein Verbot geplant sei.[200] Kennedy schickte daher am 11. September 1978 ein Memorandum an den damaligen Gesundheitsminister Joseph Califano, in dem es hieß: »Wir wissen mehr als genug über die Ergebnisse der Newberne-Studie, um davon überzeugt zu sein, daß sie alle wissenschaftlichen Kriterien erfüllt und die Hypothese bestätigt, daß Nitrite *per se* kanzerogen sind.«[201] Im August 1980, genau zwei Jahre später, erklärte die FDA jedoch, daß Nitrit ganz im Gegenteil nachgewiesenermaßen *nicht* kanzerogen sei. Gere Goyan, der neue FDA-Bevollmächtigte, und Carol Foreman vom Landwirtschaftsministerium erklärten bei dieser Gelegenheit: »Die FDA und das USDA sehen zur Zeit keinen Grund, Nitrit aus Nahrungsmitteln zu verbannen.«[202]

Die Gründe dieser Rücknahme sind vielfältig und werden in einem GAO-Bericht aufgezählt. Dieser Bericht ist in erster Linie eine Analyse der vielschichtigen Entscheidungsabläufe innerhalb der FDA – oder genau ausgedrückt eines vielschichtigen Vorgangs der Nichtentscheidungen, der durch halb ausgeführte und niemals beendete Testprojekte, rivalisierende Cliquen und wenigstens in einem Fall durch ein das eigene Gesicht wahrendes Memorandum charakterisiert ist. Es stellte sich nämlich heraus, daß der Bevollmächtigte Donald Kennedy von der Qualität der Newberne-Studie doch nicht ganz so überzeugt gewesen war, wie es den Anschein erweckt hatte. Er hatte in dem an den Gesundheitsminister Califano gerichteten Memorandum auch erklärt, warum, selbst wenn die Ergebnisse der Studie falsch seien, weder Califano noch er selbst eine »Bloßstellung« zu fürchten hätten. Erstens, so Kennedy, sei das Gesetz so allgemein gehalten, daß es strikter Beweise gar nicht bedürfe. Natürlich drückte er sich ein wenig anders aus:

Wegen der uns vom Kongreß auferlegten Pflicht, die Bürger in diesem Land vor Gesundheitsschäden zu schützen, müssen die zuständigen Behörden handeln, ohne zur Begründung ihres Vorgehens auf eine eindeutige Beweislage verwiesen zu sein. Natürlich können die zuständigen Behörden nicht beliebig aufgrund minimaler Indizien eingreifen. Trotzdem ergibt sich eindeutig aus der einschlägigen Gesetzgebung sowie aus der rechtlichen Handhabung dieser Gesetze, daß ein behördliches Eingreifen zum Schutz der Öffentlichkeit vor einem angenommenen Risiko angemessen ist, selbst wenn die Annahme dieses Risikos sich auf eine Mischung aus wissenschaftlich gesicherten Fakten und theoretischen Erwägungen stützt.[203]

Zweitens, fuhr Kennedy fort, würden die Presse und die Öffentlichkeit für den Fall, daß die Newberne-Studie sich als wertlos erweisen sollte, die dann folgende wissenschaftliche Kontroverse ohnehin nicht verstehen, so daß die Verantwortlichen ihr Gesicht jederzeit wahren könnten. Natürlich drückte er sich wiederum anders aus:

Selbst für den unwahrscheinlichen Fall, daß die Ergebnisse der Studie erfolgreich angefochten würden, wären die Konsequenzen immer noch nicht klar: Den Medien und der Öffentlichkeit würde der ganze Vorgang so erscheinen, wie diese Dinge unvermeidlich erscheinen – und zwar als mehr oder weniger mysteriöse Debatte unter den »Eingeweihten«. Daher ist die Möglichkeit einer Bloßstellung, selbst wenn die Studie ohne jeglichen Wert sein sollte, äußerst gering, weil die Ergebnisse in einer so komplexen Frage niemals eindeutig sind.[204]

Diese Passagen sind aus verschiedenen Gründen aufschlußreich, unter anderem auch, weil sie dem Laien eine der seltenen Gelegenheiten bieten, einmal zu sehen, wie er von einem prominenten Menschenfreund eingeschätzt wird, der ihn angeblich vor den Gefahren industriell erzeugter Kanzerogene schützen will. Aber ihre prinzipielle Bedeutung liegt in der Tatsache begründet, daß der FDA-Bevollmächtigte, der das Nitritverbot aussprach, weder wußte, ob die Substanz nachweislich kanzerogen sei oder nicht, noch sich über diese Frage überhaupt Gedanken machte.

Dabei hätte es Gründe genug zum Nachdenken gegeben. 1977, ein Jahr bevor E. Kennedy öffentlich kundtat, daß die Newberne-Studie »alle wissenschaftlichen Kriterien erfüllt«, hatte sich die FDA bereits mit der Newberne-Studie befaßt und erhebliche Zweifel an ihrem wissenschaftlichen Wert angemeldet. Nach Mitteilung des GAO hatten in jenem Jahr bei drei verschiedenen Gelegenheiten FDA-Inspektoren das MIT-Laboratium aufgesucht, um zu überprüfen, ob sich Newberne in seiner experimentellen Arbeit an die damals gerade bekanntgegebenen »Richtlinien für die Laboratoriumspraxis« halte. Sie hatten die »Haltung und Unterbringung der Tiere« überprüft, »die Nahrungsmittelzubereitung und Fütterung sowie die für die Nitritstudie unerläßlichen Autopsien«.[205] Außerdem hatten sie die Objektträger mit den histologischen Proben in Augenschein genommen, des weiteren Autopsieberichte, über die Nitritstudie angelegte Forschungsprotokolle und die bereits abgeschlossene Nitrit-Morpholin-Studie.[206] In dem anschließenden FDA-Bericht hieß es, man habe eine Reihe von »Mängeln« entdeckt, »die die Validität der Testergebnisse in Frage stellen«.[207] Die vom GAO veröffentlichte Zusammenstellung dieser Mängel liest sich wie folgt:

1. Ein Tierpfleger wurde dabei beobachtet, wie er einer Gruppe von Ratten das falsche Futter gab. Er verfütterte an die Tiere einer Kontrollgruppe, die eigentlich eine nitritfreie Nahrung hätten erhalten sollen, eine nitrithaltige Testdiät.
2. Die Tiere erhielten, ohne daß eine entsprechende Erlaubnis vorgelegen hätte, Vitaminstöße.
3. Test- und Kontrolldiäten wurden in ein und demselben Behälter angerichtet, ohne daß der Behälter zwischendurch gereinigt worden wäre.
4. Es wurden unberechtigterweise Tiere zwischen verschiedenen Testgruppen ausgetauscht, ohne daß diese Tatsache im Abschlußbericht (der Nitrit-Morpholin-Studie) Erwähnung gefunden hätte.
5. In der Nitrit/Morpholin-Studie gab es Differenzen hinsichtlich der im Abschlußbericht und im Zwischenbericht genannten Zahl der Versuchstiere. In einigen Fällen verzeichnet der Abschlußbericht höhere Zahlen als der Zwischenbericht.
6. Das MIT hatte kein für die Qualitätsprüfung zuständiges Team. Ein solches Team ist dafür verantwortlich, daß die technische Ausrüstung jederzeit gleich geeicht ist und daß das Personal, die Methoden und Kontrollmechanismen den »Richtlinien für die Laboratoriumspraxis« entsprechen; außerdem zeichnet es für die Qualität und Richtigkeit der Testergebnisse verantwortlich sowie für die Verläßlichkeit der Protokolle und die Einhaltung der standardisierten operativen Verfahren.
7. Das MIT verfügte nicht einmal über genaue Vorschriften hinsichtlich der standardisierten operativen Verfahren beim Labortest, der Aufbewahrung und Sicherung des Datenmaterials, der Beobachtung der Testsysteme und der Empfangsbestätigung von Testsubstanzen und deren Behandlung und Anwendung.
8. Der Umgang mit den Test- und Kontrollsubstanzen verstieß in den folgenden Punkten gegen die Vorschriften.

a) Die verschiedenen Diäten wurden alle in einem Raum zubereitet, in dem kein System zur Partikelmessung installiert war; außerdem wurden keinerlei Maßnahmen ergriffen, um eine wechselseitige Verunreinigung der verschiedenen Substanzen zu unterbinden.
b) Die positive Kontrollsubstanz Urethan (ein äußerst wirksames, rasch verfliegendes Kanzerogen) wurde auf einem Schrank aufbewahrt, der sich in einem Raum befand, der auch Versuchstiere beherbergte.

9. Gegen die Testvorschriften wurde in folgenden Punkten verstoßen:
   a) Nicht alle notwendigen Gewebe wurden ordnungsgemäß von einem Pathologen untersucht.
   b) Im Protokoll vorgenommene Änderungen wurden weder vermerkt noch vom Testleiter gegengezeichnet.
10. Die Luftqualität in den Räumen, in denen die Versuchstiere gehalten wurden, wurde keiner Überprüfung unterzogen, ebensowenig wurde das Trinkwasser regelmäßig auf schädliche Stoffe hin untersucht.
11. Test- und Kontrollsubstanzen können im Laufe der Zeit ihre chemischen Eigenschaften verändern. Die Test- und Kontrollsubstanzen wurden jedoch weder vor Beginn der Studie noch vor der Verabreichung an die Tiere auf ihre Stabilität hin untersucht.[208]

Dieser Bericht ging der FDA am 23. März 1977 zu und wurde dort von einem Expertengremium sorgfältig durchgesehen. Die Experten gelangten zu dem Schluß, daß die bisherigen Ergebnisse der Studie »von zweifelhafter Gültigkeit sind«.[209] Eine FDA-Kommission wollte daher die Studie wegen erheblicher Zweifel an ihrer Validität sofort abbrechen lassen. Der Direktor der toxikologischen Abteilung wünschte jedoch eine Fortsetzung der Studie, »weil er der Ansicht war, die pathologischen Befunde der Studie seien wertvoll«.[210] Der Konflikt wurde durch einen Kompromiß beigelegt. Die Studie sollte noch weitere fünf Monate lang fortgesetzt werden. In einem an Newberne gerichteten Brief hieß es dazu:

Solange wir keine Gewähr dafür haben, daß Sie die nötigen Korrekturmaßnahmen ergriffen haben, um zukünftig Abweichungen von der allgemein akzeptierten wissenschaftlichen Vorgehensweise auszuschließen, können wir uns nicht mehr auf die Ergebnisse weiterer Studien, die Sie zur Zeit durchführen oder durchzuführen planen, verlassen.

Im Fall der (Nitritstudie) geben uns unsere Nachforschungen Anlaß, die Gültigkeit der von ihnen gelieferten Daten in Frage zu stellen. Angesichts der bestehenden Diskrepanzen müssen wir diesen Fragenkomplex sehr ausführlich diskutieren. Wenn sich die Studie doch noch zu Ende führen läßt, so werden wir die Daten genau überprüfen..., um zu sehen, welche Schlußfolgerungen zulässig sind.[211]

Newberne antwortete der FDA, wies einige Vorwürfe zurück, widerlegte andere und behauptete, sein Vorgehen sei im allgemeinen angemessen gewesen. Es folgten weitere Vorwürfe, Gegenargumente, Zurückweisungen und Briefe – und dann bricht die Korrespondenz plötzlich aus unerklärlichen Gründen ab. Die von der FDA angestellten Nachforschungen über die Newberne-Studie wurden niemals abgeschlossen, und offiziell weiß niemand den Grund. Das GAO sagt nur soviel: »Der Leiter der Abteilung für Ernährungsfragen, der in dieser Angelegenheit verantwortlich zeichnete, ließ uns wissen, daß er sich nicht erinnern könne, warum die Nachforschungen nicht abgeschlossen wurden...«[212] Ein eigens zu diesem Zweck gebildetes Wissenschaftlerteam erklärte nach einer gründlichen Auswertung des vorhandenen Materials, die wichtigsten unbeantworteten Fragen seien die folgenden:

- Ob das für die Test- und Versuchstiere bestimmte Futter durch andere in den Testräumen vorhandene toxische Substanzen vergiftet worden sei.
- Ob insbesondere Urethan, ein leichtflüchtiges Kanzerogen, nicht die gesamten Testräumlichkeiten vergiftet habe.
- Ob die Kontrolltiere kanzerogen verseuchtes Futter erhalten hätten.
- Ob es Futtervermischungen gegeben habe, wodurch chemisch behandeltes Futter an die Kontrolltiere gelangt sei.
- Ob der Nitritgehalt des an die Testtiere verfütterten Futters und Wassers zuvor analysiert worden sei.[213]

Noch im gleichen Jahr und trotz der ungelösten Probleme gelangte der Bevollmächtigte Donald Kennedy zu der Entscheidung, die Ergebnisse der Newberne-Studie gutzuheißen. Zu diesem Schritt entschloß er sich, wie er dem GAO mitteilte, aufgrund einer »Besprechung«, die er als »eine intensive zweistündige Diskussion über die Testergebnisse« beschrieb. Am Ende dieser Diskussion war er »davon überzeugt, daß Nitrit Krebs verursacht«.[214] Kennedy traf dann eine Reihe von Entscheidungen, die sich als Bumerang erweisen und schließlich die GAO-Untersuchungen auslösen sollten. Er verzichtete auf die meisten von der FDA ansonsten vorgeschriebenen Kontrollverfahren und gab Informationen nur noch an eine kleine »Spezialtruppe« weiter.[215] Als Grund dafür, daß er seine Entscheidung in diesem Stil durchgedrückt habe, nannte Kennedy gegenüber dem GAO den Umstand, daß es sich um eine äußerst heikle Angelegenheit gehandelt habe, da das Verbot auch eine bekanntermaßen lebenserhaltende Substanz eingeschlossen habe; daß außerdem eine Industrie mit einem

Jahresumsatz von 12 Milliarden Dollar betroffen gewesen sei und daß eine offen geführte Diskussion möglicherweise die »Öffentlichkeit« verunsichert und eine »allgemeine Panik« ausgelöst hätte.[216] Der wichtigste Grund sei jedoch gewesen, so erklärte er, daß eine langwierige Überprüfung »mehr Zeit in Anspruch genommen hätte, als es die teilweise alarmierenden Befunde gestatteten«.[217] Mit anderen Worten, die Gefahr war so groß, daß nicht genügend Zeit blieb, um die Existenz dieser Gefahr einer eingehenden Prüfung zu unterziehen – oder wie es in einer Schlagzeile des GAO-Reports hieß: »FDA erklärt: Nitrit verursacht Krebs – nachträgliche Untersuchungen lassen Validität der MIT-Studie fraglich erscheinen.«[218] Die kleine »Spezialtruppe« verfaßte nun zunächst einmal ein »Positionspapier«, und dann wurden, wie das GAO später erfuhr, »Vorsichtsmaßnahmen zur Geheimhaltung aller internen Diskussionen und Erkenntnisse einschließlich der MIT-Studie und des Positionspapiers getroffen«.[219]

Es handelte sich um einen ungewöhnlichen Weg der wissenschaftlichen Urteilsfindung. Zahlreiche Wissenschaftler in verschiedenen Institutionen der Gesundheitsbürokratie fühlten sich durch diese Exklusivität der Urteilsfindung brüskiert, und erst recht brüskiert fühlten sich jene Mitarbeiter der FDA, die hinsichtlich der Validität der Newberne-Studie bereits erhebliche Zweifel hegten. Die Gerüchte über eine allgemeine Verärgerung gelangten bis in den Kongreß, und sieben Mitglieder des Parlaments fühlten sich daher bemüßigt, eine GAO-Untersuchung zu verlangen.[220] Diese GAO-Untersuchung brachte nicht nur die 1977 so geheimnisvoll im Sande verlaufene erste Untersuchung an den Tag, sondern lieferte auch Hinweise auf eine Reihe anderer Mängel, mit denen die Newberne-Studie behaftet war. Tatsächlich durchlief das MIT-Experiment in dem GAO-Bericht geradezu einen Jekyll-und-Hyde-Verwandlungsprozeß. Aus einer Botschaft der reinen Wahrheit, von deren Exzellenz sich Donald Kennedy in einer nur zweistündigen »Besprechung« hatte überzeugen lassen, verwandelte sich das Experiment in einen Titelanwärter für den Status der vielleicht verlogensten Kanzerogenesestudie, die jemals durchgeführt wurde.

Siebzehn an namhaften wissenschaftlichen Einrichtungen der USA tätige Wissenschaftler wurden gebeten, Durchführung und Ergebnisse des Experiments zu kommentieren. Ihre kritischen Anmerkungen nahmen in dem GAO-Bericht mehr als eine Seite ein und lauteten etwa so:

> Der Testbericht verzeichnete eine unzureichende Zahl an Autopsiebefunden und/oder beschrieb die Testprozeduren nur so unvollständig, daß eine umfassende Bewertung gar nicht möglich war (65 Prozent erwähnten diesen Punkt).

Die Praxis, bei der Berechnung statistischer Signifikanzen sämtliche Kontroll- mit sämtlichen nitritbehandelten Gruppen zu kombinieren, und zwar ungeachtet der Nitritdosis oder der Diät, stellt den wissenschaftlichen Wert der Studie in Frage (53 Prozent erwähnten diesen Punkt)...

Die statistische Signifikanz der Studie wurde in Frage gestellt (47 Prozent erwähnten diesen Punkt)...

Die Kontrollgruppen wiesen eine außergewöhnlich hohe Lymphominzidenz auf (35 Prozent erwähnten diesen Punkt)...

Die Tatsache, daß im Gegensatz zur allgemeinen Testerfahrung in diesem Fall die Tumorinzidenzrate der Ratten nicht proportional zu steigenden Nitritgaben zunahm, erregte Aufsehen (35 Prozent erwähnten diesen Punkt)...

Weitere Studien sind notwendig (41 Prozent erwähnten diesen Punkt).

Möglicherweise waren die Tumoren teilweise oder sämtlich durch Nitrosamine verursacht (24 Prozent erwähnten diesen Punkt). Wissenschaftler von der Iowa State University erklärten, es gebe keinerlei Beweise für die Richtigkeit der Behauptung, daß durch Nitrit verursachte Tumoren sich von solchen unterscheiden, die durch Nitrosamine bedingt sind. Der Nationale Forschungsrat (NRC) stellte fest, daß offenbar ein enger Zusammenhang zwischen Nitrosamineinwirkung und dem Auftreten von Lymphomen besteht.

Die dem Wissenschaftler am 23. Oktober 1974 gelieferten Tiere der Nitrittestgruppe 1 dienten in der Folge als Kontrolltiere der Nitrittestgruppen 5, 6, und 7. Die Tiere der zuletzt genannten Gruppen entstammten jedoch einer Lieferung vom 30. Oktober (12 Prozent erwähnten diesen Punkt)...[221]

Nach Mitteilung des GAO hatten FDA-Wissenschaftler sowie eine von verschiedenen Behörden bestellte Arbeitsgruppe (IAWG) viele der gleichen Einwände erhoben wie die zitierten siebzehn unabhängigen Wissenschaftler. Sie zeigten sich ebenfalls besorgt wegen »der Wirkung der Käfigstreu«, »mangelhafter Durchführung des Experiments«, »der Nichteinhaltung allgemein akzeptierter Laborabläufe« und ebenfalls wegen der Gefahr, daß die Tumoren durch Nitrosamine verursacht worden seien, und über »die hohe Inzidenzrate spontan in den Kontrollgruppen aufgetretener Lymphome«.[222]

Die härteste Kritik äußerte die »interbehördliche« Arbeitsgruppe (IAWG). Diese vermutlich renommierteste Gruppe umfaßte Vertreter der FDA, des Landwirtschaftsministeriums (USDA), des US-Krebsforschungsinstituts und des Nationalinstituts für umwelthygienische Wissenschaften. Unter diesen wissenschaftlichen Experten gab es Toxikologen, Pathologen, Chemiker, Fachleute für Risikoeinschätzung, Statistik und für die Berechnung chemischer Rückstände.[223] Die größte Sorge bereitete der IAWG »die Richtigkeit der Pathologiebefunde«. Zwei IAWG-Pathologen hatten von Newberne diagnostizierte Gewebequerschnitte überprüft und festgestellt, daß »diese Diagnosen grundsätzlich miteinander übereinstimmten, mit den Lymphomdiagnosen des Wissenschaftlers [Newberne] hingegen überhaupt nicht«.[224] Laut GAO ergab sich daraus, daß die Zahl maligner Tumoren sämtlicher Kategorien um 17 Prozent zurückging.[225] Aufgrund dieses Widerspruchs beschloß die IAWG, daß es notwendig sei, »von einer Gruppe unabhängiger national und international anerkannter Pathologiespezialisten eine gründliche, vollständige und unparteiliche Untersuchung durchführen zu lassen«.[226]

Die FDA wandte sich daher am 27. April 1979 in einer Presseerklärung an die bis dahin ahnungslose Öffentlichkeit. In dieser Presseerklärung hieß es, die FDA habe mit einer Reihe von Universitäten »zwecks Überprüfung der mehr als 50000 Gewebeproben, die sich im Laufe des Tierversuchs angesammelt haben«, einen 469000-Dollar-Forschungsvertrag geschlossen. Es sollte sich laut FDA um eine Blindstudie handeln, das heißt, keiner der beteiligten Pathologen sollte wissen, aus welcher Gruppe von Tieren die Gewebeproben jeweils stammten oder welche Diagnosen zuvor gestellt worden waren. Die FDA informierte die Öffentlichkeit ebenfalls darüber, daß Vertreter der beteiligten Universitäten am 19. April »eine öffentliche Tagung veranstaltet haben, um Kriterien für die Überprüfung der in der Studie gewonnenen pathologischen Befunde festzulegen«, und daß im Mai eine Pilotstudie durchgeführt wird, um den wissenschaftlichen Wert dieser Kriterien festzustellen«. Die Überprüfung »sämtlicher Proben«, so die FDA, »sollte dann im Juni beginnen«, und »vorläufige Ergebnisse sollten der FDA im September vorliegen; zu diesem Zeitpunkt wird die Behörde dann auch mit der statistischen Auswertung beginnen«. Abschließend konstatierte die FDA in ihrer Presseerklärung: »Vermutlich wird eine endgültige Bewertung der Newberne-Studie nicht vor Ende 1979/Anfang 1980 vorliegen.«[227]

Diese Presseerklärung war äußerst aufschlußreich, obwohl die Presse ihre Bedeutung nicht erkannte. Es erhob sich nämlich die Frage: Wenn es noch 50000 Gewebeproben zu überprüfen, Kriterien für die Überprüfung festzulegen und in einer Pilotstudie erst den Wert dieser Kriterien zu ermitteln galt – welche Kriterien für die Beurteilung pathologischer Befunde hatte die FDA dann bis zu jenem Zeitpunkt angewandt? Ganz sicher waren nicht nur Newbernes pathologische Befunde ohne Zuhilfenahme gültiger Kriterien beurteilt worden: Es hatte derartige Kriterien bis dahin überhaupt noch niemals gegeben. Vermutlich war es überhaupt das erste Mal, daß irgendein Wissenschaftler die Erfahrung machte, daß die sämtlichen 50000 Querschnittspräparate, die er entsprechend den NCI-Vorschriften angefertigt hatte, tatsächlich überprüft wurden. So offenbarte die gesamte

Episode nicht nur tatsächliche oder angebliche Fehler in dem von Newberne durchgeführten Experiment, sondern gleichermaßen erhebliche Mängel in der behördlichen Überprüfung und Bewertung von Kanzerogentests.

Wegen dieser Mängel sprach das GAO am Ende seines Berichts zwei Empfehlungen aus. Es empfahl dem Gesundheitsminister den FDA-Bevollmächtigten anzuweisen, »Richtlinien für die Durchführung von Experimenten und die Erfassung von Daten und die Protokollierung von Toxizitätsstudien zu erlassen sowie für die statistische Auswertung dieser Studien verbindliche Standards und Methoden vorzuschreiben«.[228] Das FDA antwortete darauf, es könne diesen Forderungen nicht nachkommen. Die Behörde erklärte, sie verfüge über eine Reihe unterschiedlicher Methoden der Bewertung von Testergebnissen, das Hauptargument gegen die vom GAO vorgebrachten Forderungen lautete jedoch:

FDA-Offizielle haben festgestellt, daß wissenschaftliche Kreise bereits seit Jahren um eine verantwortungsvolle Lösung des äußerst schwierigen und komplexen Problems der Versuchsanordnung und der statistischen Auswertung gerungen haben, und wiesen darauf hin, wie schwierig es sei, ein einziges Korpus von Richtlinien zu erstellen, das in wissenschaftlichen Kreisen allgemeine Zustimmung finden könnte.[229]

Das GAO empfahl dem Gesundheitsminister gleichermaßen, dem FDA-Bevollmächtigten die Entwicklung eines Systems vorzuschreiben, das die Richtigkeit solcher Befunde gewährleiste, von denen ein mögliches Verbot einer Substanz abhänge, und aus diesem Grund auch eine zusätzliche Überprüfung der Gewebediagnosen anzuordnen.[230] Die FDA erklärte ihre grundsätzliche Zustimmung, konstatierte jedoch, daß sie diesen Anforderungen nicht gewachsen sei. In der GAO-Darstellung liest sich die Begründung der FDA so:

Die FDA-Vertreter waren ebenfalls davon überzeugt, daß es notwendig sei, die pathologischen Befunde von der FDA in Auftrag gegebener Studien zu verifizieren. Sie erklärten jedoch, die Kosten einer zusätzlichen durchgehenden Verifizierung sämtlicher Befunde seien wahrscheinlich aus der Perspektive des Steuerzahlers nicht gerechtfertigt. Deshalb beabsichtigen sie nicht, eine solche Politik der *doppelten* Verifizierung zu verfolgen, sondern überprüfen die Möglichkeit, in jedem einzelnen Fall Stichproben zu erheben und verifizieren zu lassen. Sie wiesen weiter darauf hin, daß eine solche Überprüfung zu Lasten anderer Arbeiten gehen könnte, die entweder an Vertragspartner weitergegeben oder »im eigenen Haus« erledigt werden könnten, und daß die Zahl der ein zweites Mal verifizierbaren Gewebebefunde beschränkt sein würde, da es nur eine relativ kleine Anzahl von Wissenschaftlern gebe, die in der Lage seien, die Befunde mit geringen Tierzahlen durchgeführter Experimenten fachkundig auszuwerten.[231]

Es gab also weder genügend Zeit noch Geld oder entsprechend ausgebildetes Personal, um die Validität pathologischer Befunde zu überprüfen, die die FDA selbst in Auftrag gegeben hatte – und auch nicht, um Stichproben zu erheben. Außerdem existierten angeblich keine Kriterien für die Analyse kanzeröser Gewebe, die in wissenschaftlichen Kreisen allgemein anerkannt worden wären. Dennoch erklärten FDA-Offizielle, daß »die FDA zur Zeit solche pathologischen Befunde« auf einer Ad-hoc-Basis verifizieren läßt, wenn solche Befunde gewisse Unstimmigkeiten und Anomalitäten aufweisen.[232] Dazu äußerte sich das GAO überhaupt nicht.

Paul Newberne hingegen äußerte sich zu dieser Frage. Als man ihm vorwarf, er habe allgemein akzeptierte wissenschaftliche Standards vernachlässigt, konstatierte er, daß solche Standards erst festgelegt worden seien, nachdem er seine Testreihe bereits begonnen habe, daß diese Vorschriften im übrigen nicht frei von Widersprüchen seien[233] und daß das sogenannte Good-practices-Dokument sich überhaupt nicht mit der Frage befasse, wie die zwischen Pathologen hinsichtlich diagnostischer Interpretationen bestehenden Differenzen zu lösen seien.[234] In einem weiteren an die FDA gerichteten Brief erklärte Newberne: »Bis heute existiert keine veröffentlichte Studie, die man nicht auseinandernehmen kann, wenn man sämtliche Gesichtspunkte kritisch bewerten möchte.«[235] Diese Bemerkung diente der eigenen Rechtfertigung, sie trägt aber auch den Stempel der Wahrheit. Im August 1980, zwei Jahre nachdem der FDA-Bevollmächtigte nach einer zwei Stunden langen »Besprechung« die Newberne-Studie gutgeheißen hatte, widerrief der neue Bevollmächtigte Gere Goyan diese Zustimmung. Zu dem Zeitpunkt, da ich diese Zeilen schreibe, ist Nitrit noch immer nicht zu einem unmittelbaren Kanzerogen erklärt worden.

Diese drei Beispiele illustrieren die wissenschaftlichen – und bürokratischen – Probleme und Konflikte, die den zahlreichen »Skandalen« zugrunde liegen, die das politische Leben in Amerika immer wieder erschüttert haben. Es ist schon ausreichend, über diese wenigen Informationen zu verfügen, um klar zu sehen, daß sich diese »Skandale« fast ausschließlich auf Fehler beziehen, die bei der Durchführung von Kanzerogentests unterlaufen. Wann immer vergleichbare »Skandale« ausbrechen, handelt es sich immer um derartige Schwierigkeiten.

Erst wenn der Laie einen gewissen Einblick in die konkrete sowie die abstrakte Dimension dieser Schwierigkeiten hat und erst wenn er den gravierenden Mangel an objektiven Urteilskriterien begreift, kann er auch verstehen, wie lächerlich die verkürzende moralisierende Darstellung des Problems der Krebsvorsorge ist, wie sie uns in unserer Gesellschaft immer wieder geboten wird. Damit sollen eventuell auf seiten mancher Geschäftsleute, Wissenschaftler und Amtspersonen bestehende moralische Defekte nicht in Abrede gestellt werden, aber wie die beschriebenen Fälle zeigen, besteht das Grundproblem der Reglementierungswissenschaft eindeutig im »Handwerklichen«. In der Tat läßt sich diese Wissenschaft nur deshalb so leicht korrumpieren und politisch mißbrauchen, weil sie noch in den Kinderschuhen steckt. In weit höherem Maße als allgemein bekannt stellen die Ergebnisse von Krebstests Rorschachsche Farbkleckse dar, in die man hineininterpretieren kann, was man gerade möchte. Wenn man sich das einmal bewußt macht, so befreit man sich aus dem geistigen Gefängnis eines moralisierenden Vorurteils. »Tugend« und »Laster« weisen uns nicht den Weg zu einem Verständnis der Kanzerogenese.

Die Befreiung von dieser moralisierenden Sicht des Problems hat für den Laien jedoch etwas Beunruhigendes, da sie ihn gegenüber der tatsächlichen Ungewißheit der Situation verwundbar macht. Wenn man nicht mehr an die Wahrheit der neuesten wissenschaftlichen Ergebnisse glaubt, die Wissenschaftler, Zeitschriften, Gesundheitsbehörden und Schlagzeilen hinausposaunen – woran soll man dann überhaupt noch glauben? Wenn der Laie nicht mehr davon überzeugt ist, daß die für die Zulassung chemischer Substanzen zuständigen Wissenschaftler und Bürokraten eine verschworene Priesterschaft bilden, deren höchster Gott die Wissenschaft ist – woran soll er dann noch glauben? Wenn selbst 1980 die Experten auf dem Gebiet der Krebsprognose und -vorbeugung sich immer noch nicht über die grundlegendsten Kriterien hinsichtlich der Durchführung und Auswertung von Krebstests einig waren und wenn Wissenschaftler häufig selbst nicht genau wissen, was sie mit ihren eigenen Ergebnissen anfangen sollen – woran soll der Laie da noch glauben? Das bisher in diesem Kapitel Gesagte scheint nahezulegen, daß er prinzipiell nichts wissen kann und daß er – wie Donald Kennedy es so unverblümt zum Ausdruck gebracht hat – auf ewig dazu verurteilt ist, verständnislos staunend die Debatte der »Eingeweihten« zu verfolgen.

Diese Sicht der Dinge ist sicherlich nicht ganz falsch. Natürlich ist es für den Laien völlig aussichtslos, sich einen unabhängigen Eindruck von der Kanzerogenität einer Substanz verschaffen zu wollen. Dazu entbehrt er aller Voraussetzungen. Je mehr er sich also mit einem »mutmaßlichen« Kanzerogen beschäftigt, desto technischer werden die Fragen, bis er schließlich vom Auge des Hurrikan verschluckt wird, wo die »Eingeweihten« aus einem Dutzend Disziplinen in einem halben Dutzend unterschiedlicher Sprachen über Dinge streiten, für deren Beurteilung es nur wenige oder gar keine Kriterien gibt. Für den Laien sind nähere Nachforschungen unmöglich; für ihn ist die Frage »Ist die Substanz X kanzerogen?« ein für allemal unbeantwortbar. Aber es gibt eine alternative Möglichkeit – eine allgemeinere Form der Auseinandersetzung mit dem Problem –, die auch dem Laien nicht verschlossen ist. Mag er auch zunächst dazu verurteilt scheinen, den Wald vor lauter Bäumen nicht zu sehen, nichts kann ihn daran hindern, sich von einem Helikopter aus den ganzen Wald anzusehen. Das bleibt ihm unbenommen, und wenn er diese Perspektive wählt, so kann er eine Menge lernen. Um diese Metapher in die Alltagssprache zu übersetzen: Der Laie kann sich bemühen, die Qualität der Krebsprognose und -vorbeugung an ihren eigenen Standards zu messen; er kann herauszufinden versuchen, in welchem Maße diese Disziplinen die von ihnen selbst gesteckten Ziele erreichen. Und mit eben diesem Punkt wollen wir uns in den folgenden Kapiteln auseinandersetzen. Erst am Ende des erwähnten Helikopterflugs wird der Laie imstande sein, ein abschließendes Urteil über den Stand der Krebsforschung abzugeben und die kollidierenden Standpunkte der Kritiker und Befürworter der Reglementierungswissenschaft ganz zu begreifen. Und erst dann wird er entdecken, warum sich gerade die wirklich kritischen Reglementierungswissenschaftler vor dem gebildeten Laien in zunehmendem Maße fürchten.

Kapitel 9

Der Fall der nichtexistenten Nichtkanzerogene

Inzwischen ist bekannt, daß der Herringus rufus das beste Modell auch für Humankrebs darstellt. Alle bekannten Chemikalien verursachen bei diesem Tier Krebs – ein glücklicher Umstand, da es jetzt möglich ist, alle im vergangenen Jahrhundert vorgetragenen Theorien der Krebsentstehung miteinander zu versöhnen.

Die Histologie der Tumoren stimmt mit jener des Menschen überein, aber falls nötig, unterscheidet sie sich möglicherweise auch. Obwohl der rote Hering nur zwei Jahre lebt, haben auch korrigierende Faktoren Geltung, so daß ein achtzehn Monate alter Hering einem Menschen zwischen 20 und 70 Jahren entspricht: Die Tumorrate ist daher entweder identisch mit der des Menschen oder sie unterscheidet sich.

Die Untersuchung von Gewebekulturen des Herringus rufus hat wertvolle Resultate erbracht, und zwar trotz der Tatsache, daß diese Resultate von Grund auf wertlos sind, da eine augenblickliche Verwandlung aller Zellen in Fibroblasten stattfindet.[1]

– »Animals Models in Cancer Research«, anonym;
erstmals publiziert in *Lancet* 1974; 1975
auf einer Krebskonferenz mündlich vorgetragen
von Dr. Mark Hegsted von der Harvard Universität.

Die Ziele der wissenschaftlichen Krebsvorsorge sind nicht sehr zahlreich, sie lassen sich alle klar umreißen, und sie lassen sich nur mit Hilfe von Tierversuchen erreichen. Wie Lorenzo Tomatis von der Internationalen Krebsforschungsbehörde es ausdrückt: »Das erste Ziel aller Tierversuche besteht darin, Beweise dafür zu liefern, ob eine Substanz kanzerogen ist oder nicht; es handelt sich somit um ein qualitatives Ziel.«[2] In ähnlicher Weise spricht William Lijinsky von dem »Ziel, alle kanzerogenen chemischen Verbindungen aus der Gruppe der nichtkanzerogenen Substanzen auszuscheiden«.[3] In seinem Leitfaden für den Laien erklärt das NCI: »Kanzerogene verursachen bei den Versuchstieren eine größere Tumorhäufigkeit, als sie in der Kontrollgruppe zu verzeichnen ist. Nichtkanzerogene verursachen im Gegensatz dazu keine Tumoren.«[4] Im Prinzip gilt eine Substanz, deren Nichtkanzerogenität nachgewiesen ist, als »ungefährlich«, also nicht krebserzeugend. Die Befunde des Tierversuchs werden dann auf den Menschen extrapoliert und bilden die Grundlage der Risikoeinschätzung.

An diesen Standards werden wir deshalb in den folgenden Kapiteln die Effizienz der sich auf Tierversuche stützenden »Reglementierungswissenschaft« bemessen: 1. an der Fähigkeit, zwischen Nichtkanzerogenen und Kanzerogenen zu unterscheiden; 2. an der Fähigkeit, die kanzerogene Wirkung einer Substanz auf den Menschen richtig zu prognostizieren, und 3. an der Fähigkeit, das für den Menschen bestehende Krebsrisiko richtig einzuschätzen.

Ist nun die Reglementierungswissenschaft imstande, mit Hilfe von Tierversuchen zwischen Kanzerogenen und Nichtkanzerogenen zu unterscheiden? Die kurze, doch richtige Antwort lautet: »Nein.« Genaugenommen kann die Reglementierungswissenschaft Nonkanzerogene überhaupt nicht identifizieren. Vielleicht findet es der Leser unverständlich, daß jene Wissenschaft, die von sich behauptet, sie könne Krebserkrankungen verhindern, nicht einmal genau weiß, welche Substanzen *nicht* krebsverursachend sind. Möglicherweise erscheint es dem Leser aber auch unbegreiflich, daß jene wissenschaftliche Disziplin, die zur Überwachung eines gigantischen industriellen Systems ins Leben gerufen wurde, einem Unternehmer nicht sagen kann, welche Substanzen dieser herstellen kann, die *nicht* krebserregend sind. Und vielleicht überlegt der Leser weiter, wie es denn möglich ist, daß diese faszinierende Tatsache nie bekannt geworden ist. Die Antwort lautet, daß die beiden zuerst genannten Umstände wahr sind und daß die zuletzt genannte Tatsache bekannt *ist.* Sie ist unserer Sicht nur durch ein ganzes Sperrfeuer in sich widersprüchlicher »Informationen« entzogen und durch eine Form der Datenpräsentation, die den Zweck normaler Kommunikation schlichtweg umkehrt, verschleiert.

Tatsächlich ist der Leser dem Sperrfeuer dieser Widersprüche während der bisherigen Lektüre dieses Buches bereits ausgesetzt gewesen, aber er war mit seiner Aufmerksamkeit vielleicht zu sehr auf das einzelne fixiert, um dies wahrzunehmen. Wenn er mit voller Aufmerksamkeit bei der Sache gewesen ist, so wird ihm nicht entgangen sein, wie sich in diesem Buch die Informationen über nichtkanzerogene oder »negative« Befunde Schicht um Schicht aufgetürmt zu haben. Ich rekapituliere:

- Wir haben gesehen, daß es ein Verfahren zur Feststellung von Nonkanzerogenität nicht gibt. Als 1976 ein internationales Wissenschaftskomitee versuchte, in Mutagen- und anderen Kurzzeittests erzielte negative

Befunde mit im Tierversuch gewonnenen Nonkanzerogenitätsdaten in Beziehung zu setzen, standen die Wissenschaftler vor einer Wand. Iain Purchase, der wissenschaftliche Koordinator dieses Unternehmens erklärte 1979, es gebe nirgendwo eine wissenschaftlich gültige Definition des Begriffs der Nichtkanzerogenität: »Es ist uns trotz aller Bemühungen nicht gelungen, Veröffentlichungen oder auch nur schriftlich fixierte Gedanken zu finden, die eine Definition des Begriffs der Nichtkanzerogenität enthalten hätten.«[5] Das Komitee sollte einen kleinen Ausschuß internationaler Experten bilden und Kriterien für Nichtkanzerogenität festlegen sowie die Nichtkanzerogenität bestimmter Testchemikalien nachweisen.

- Wir haben gesehen, daß Bruce Ames und seine Mitarbeiter in ihrer berühmten Studie von 1975 versuchten, Nichtmutagenitätsbefunde mit Tierversuchsergebnissen in Beziehung zu setzen; dabei beobachteten sie, daß viele der im Tierversuch gewonnenen Nichtkanzerogenitätsbefunde qualitativ unzureichend waren. 1977 gingen Ames und Joyce McCann jedoch noch einen Schritt weiter: Auf einer Cold-Spring-Harbor-Konferenz erklärten sie Tierversuche für unzureichend. Dieser Mangel sei besonders auffällig, wenn es darum gehe, die Nichtkanzerogenität einer Substanz nachzuweisen. Es sei daher für die Bestimmung der Validität von Mutagentestverfahren von »vitaler Bedeutung«, Mutagentests nicht nur mit positiven Kanzerogenitäts-, sondern mit negativen Kanzerogenitätsbefunden in Beziehung zu setzen.[6] Sie schlugen daher ein paar Leitprinzipien für die Festlegung der noch fehlenden Kriterien vor.[7]
- Wir haben gesehen, daß Reglementierungswissenschaftler prinzipiell positive Ergebnisse höher bewerten als negative, die sie für unzureichend halten.
- Wir haben die praktischen Auswirkungen dieser Haltung gesehen: Bestimmte Substanzen wurden auf der Grundlage positiver Befunde, sogar unsicherer positiver Befunde, gelegentlich sogar unhaltbarer positiver Befunde verboten – während negative Befunde ignoriert wurden.
- Aber wir haben auch vom Gesundheitsministerium erfahren, daß nur ein geringer Prozentsatz der getesteten Chemikalien nachweislich kanzerogen war. Und wir haben auch gesehen, daß die EPA überall in Amerika die Nachricht in Umlauf setzte, daß nur sieben Prozent aller getesteten chemischen Substanzen nachweislich kanzerogen seien und daß die restlichen Substanzen größtenteils nonkanzerogen seien.

Diese Ansammlung von Informationen verdeutlicht uns eine Reihe völlig verschiedener Sachverhalte, nämlich: daß wir 1. ruhig in unseren Betten schlafen können, weil die meisten Chemikalien nicht krebserregend sind; daß 2. die meisten negativen Befunde unzuverlässig und ungenau sind; daß es 3. unmöglich ist, genau zu sagen, ob diese negativen Resultate wirklich negativ sind, weil nämlich der Begriff Nonkanzerogenität noch gar nicht definiert ist und es überhaupt keine Kriterien für einen Nonkanzerogenitätsnachweis gibt, und daß 4. die gleichen staatlichen Gesundheitseinrichtungen, die uns darüber informiert haben, daß die meisten chemischen Substanzen nicht kanzerogen seien, sich weigern, negativen Ergebnissen den gleichen Wert beizumessen wie positiven.

Als Laien brauchen wir nicht zu wissen, wie ein Kanzerogentest durchgeführt und wie die Ergebnisse ausgewertet werden, um zu verstehen, daß wir hier mit einem ganzen Knäuel von Widersprüchen konfrontiert sind. Wie kann man uns nur gleichzeitig erzählen, die meisten nonkanzerogenen Befunde seien unzuverlässig *und* daß wir uns unserer Sicherheit erfreuen sollen, da die meisten Befunde Nonkanzerogenität bestätigen? Und wie kann man uns nur gleichzeitig erzählen, die meisten nonkanzerogenen Resultate seien unzuverlässig *und* es gebe keine Kriterien, an denen sich Nichtkanzerogenität bemessen ließe.

Wenn man einmal die vom NCI und von der IARC getroffene Feststellung, daß es das Ziel von Tierversuchen sei, zwischen Kanzerogenen und Nonkanzerogenen zu differenzieren, in Betracht zieht, dann ist die Frage ohne weiteres durchschaubar: Entweder gibt es Substanzen, die *nicht* krebserregend sind und sich von Substanzen, die krebserregend *sind,* unterscheiden lassen – oder genau dies ist nicht möglich. Aber was ist dann wirklich der Fall? Der interessierte Laie braucht einige Zeit, um die jeweiligen Kontexte zu verstehen, innerhalb derer Nonkanzerogene einmal anerkannt und dann wieder verworfen werden. Im folgenden nun eine Darstellung dieser beiden »Positionen«:

Position I: »...die meisten chemischen Substanzen sind nicht krebserregend« (OSHA)

Es gibt in der Fachliteratur zahlreiche Feststellungen, in denen es heißt, daß die meisten getesteten chemischen Substanzen sich nicht als kanzerogen erwiesen haben. Hier nun William Lijinskys anläßlich der OSHA-Hearings vorgetragener Bericht über die vom NCI durchgeführten Testreihen:

Ziel von Kanzerogentests ist es, die Ungefährlichkeit der jeweiligen Substanz nachzuweisen beziehungsweise die Wahrscheinlichkeit einer solchen Ungefährlichkeit nachzuweisen. Es ist zu erwarten, daß das Testverfahren gelegentlich versagt und falsche Ergebnisse liefert. Solche Fehlbefunde sind jedoch relativ selten, wie das Tierversuchsprogramm des NCI gezeigt hat. Dabei konnte für die große Mehrzahl der in zwei verschiedenen Dosierungen an zwei Tierspezies getesteten Substanzen der Nichtkanzerogenitätsnachweis nicht erbracht werden. Diese Erfahrung gilt für sämtliche in den vergangenen Jahrzehnten durchgeführten Kanzerogentests. Viele dieser Tests wurden jedoch nicht mit der heute üblichen Strenge durchgeführt, und eine Reihe von ihnen kann nicht als verbindlich gelten; die große Mehrzahl der Substanzen wurde jedoch für nicht kanzerogen befunden. Einige der getesteten Substanzen waren Komponenten der Umwelt, der Nahrung (z. B. als Lebensmittelzusätze), von Medikamenten, in der Landwirtschaft und in der Industrie verwendete Chemikalien. Die meisten getesteten Verbindungen waren jedoch nur für den jeweiligen Wissenschaftler von Interesse und nur für die Erforschung der durch bestimmte Klassen chemischer Verbindungen ausgelösten Kanzerogenesemechanismen von Bedeutung. Dies gilt ganz gewiß für die vielen hundert getesteten polynuklearen Verbindungen, die in der Natur nur sehr selten auftreten und sich bei pyrolytischen Prozessen bilden. Trotzdem sollte der Umstand, daß so viele der unter Kanzerogenitätsverdacht geratenen Substanzen sich im Test als nichtkanzerogen erwiesen, all jene beruhigen, denen man immer wieder erklärt, daß unter den entsprechenden Bedingungen alles und jedes kanzerogen sei. Das ist einfach nicht wahr.[8]

Diese Stellungnahme ist von dem Wunsch geleitet, »beruhigend« zu wirken. Tatsächlich hat es geradezu einen Wettlauf gegeben, uns mit immer geringer werdenden Kanzerogenprozentanteilen zu »beruhigen«. Hier nun ein paar dieser »beruhigenden« Meldungen:

Nur 17 Prozent kanzerogen: Die 1980 erschienene OSHA-Dokumentation enthält ein mit »Die meisten Substanzen sind offenbar nicht krebserregend« betiteltes Unterkapitel. Das OSHA erklärte, »die vorliegenden Beweise« deuteten darauf hin, daß »die meisten Substanzen keinen Krebs verursachen«. Seine »vorliegenden Beweise« hatte das OSHA zwei Studien entnommen. Die erste, auf die ich mich hier beziehe, war vom Gesundheitsministerium herausgegeben worden und umfaßte nach OSHA-Darstellung die noch nicht ausgewerteten Daten über 7000 bis zu diesem Zeitpunkt getestete Substanzen. Laut OSHA belegte diese Studie, daß »nur 17 Prozent von 7000 Substanzen nachweislich tumorigen waren ...«[9] Die zweite Studie, auf die das OSHA sich berief, wird weiter unten behandelt werden.

Nur 10 bis 15 Prozent kanzerogen: In einer 1977 erschienenen Veröffentlichung erklärte Saffiotti: »Ein Großteil der bisher getesteten Chemikalien entwickelte keine kanzerogenen Wirkungen. Der Anteil der positiven Befunde (beträgt) 10–15% ...«[10]

Nur 10 Prozent kanzerogen: Diese Prozentangabe ist die populärste und fand sich am häufigsten in den Veröffentlichungen, die ich durcharbeitete, obwohl die Wissenschaftler und Institutionen, die diese Zahl nannten, bis 1969 zurückgehen mußten, um diese Prozentangabe zu finden. In jenem Jahr hatte Innes eine Reihe von Pestiziden und industriell erzeugten Chemikalien getestet und nur einen geringen Prozentsatz davon für kanzerogen befunden. Samuel Epstein[11], das OSHA[12], Norbert Page vom NCI[13], Matthew Meselson von der Harvard University[14], der 1979 vom NCI für Laien herausgegebene Leitfaden[15] und Judith Randal von der EPA (siehe unten)[16] erklärten übereinstimmend, der Kanzerogenanteil liege bei weniger als 10 Prozent.

Nur 7 Prozent kanzerogen: Im Januar 1980 tat sich die EPA mit einer neuen Zahl hervor. Sie versandte offiziell den Nachdruck eines von Judith Randal verfaßten Artikels. Den Artikel der Mitarbeiterin der *New York Daily News* hatte auch die *Washington Post* bereits am 22. Juli 1979 nachgedruckt.[17] In Randals Geschichte wurde auch Innes 10-Prozent-Schätzung erwähnt, am Ende wurde darin jedoch eine noch wesentlich niedrigere Zahl genannt. Sie schrieb: »Von circa 7000 (davon einige zugegebenermaßen weniger sachkundig als andere) getesteten Substanzen erwiesen sich bis auf 500 alle als ungefährlich.« Sie folgert daraus, daß »etwa 7 Prozent der getesteten chemischen Verbindungen im Tierversuch Krebs erzeugen«. Die Zahl der ungefährlichen Substanzen schätzte sie auf etwa 6500.[18]

Nur 2 Prozent kanzerogen: Im März 1979 erwarb Dr. Sidney Wolfe's Health Research Group das Verdienst, die weitaus niedrigste Prozentzahl zu nennen. Vor einem von Senator E. Kennedy geleiteten Kongreßausschuß erklärte er, daß er seine Zahl »einer von Dr. Bernhard Altshuler von der University of New York durchgeführten, noch unveröffentlichten Studie« verdankte. Die unveröffentlichte Studie wiederum stützte sich laut Wolfe auf eine »vom NCI finanzierte und von Tracor-Jitco durchgeführte Untersuchung« sowie auf von der Internationalen Krebsforschungsbehörde (IARC) veröffentlichte Zahlen und »auf von Dr. Altshuler auf der Basis noch nicht ausgewerteter IARC-Studien angestellte Schätzungen«.

Die abschließende Besprechung hatte Wolfe zufolge ergeben, daß »nur wenig mehr als 2 Prozent, also 220 von 10000 hinsichtlich ihrer Kanzerogenität getesteten chemischen Substanzen, definitiv krebserregend sind«.[19]

Der Eifer, die amerikanischen Bürger sowie den Kongreß mit möglichst kleinen Zahlenangaben zu »beruhigen«, scheint keine Grenzen zu kennen. Wenn es in diesem Tempo weitergeht, dann bedarf es nur noch zweier Studien, um von 2 auf 1 Prozent und schließlich auf 0,5 Prozent zu kommen. Zu dem Zeitpunkt, da dies Buch erscheint, sind wir vielleicht bereits wieder bei einer von Umberto Saffiotti 1973 angestellten Schätzung angelangt. Damals fühlten sich die amerikanische Industrie und der Kongreß durch eine rasche Folge von Pestizidverboten alarmiert. Saffiotti erklärte deshalb besänftigend:

> Entgegen einer wenig berechtigten allgemeinen Überzeugung verursachen nicht alle Chemikalien Krebs. Tatsächlich ist nur ein relativ geringer Teil der bisher untersuchten Klassen chemischer Verbindungen imstande, eine solche Aktivität zu entwickeln... Es steht zu erwarten, daß die Untersuchung Tausender weiterer in unserer Umwelt befindlicher chemischer Substanzen ergeben wird, daß nur ein paar hundert, vielleicht nur wenige Dutzend davon kanzerogen sind, so daß wir uns in unseren Präventivmaßnahmen ganz auf diese konzentrieren können.[20]

Diese geradezu rührend niedrige Schätzung wurde vom OSHA begierig aufgegriffen und den 1977 »vorläufigen Grundregeln« einverleibt, auf die sich die 1978 veranstalteten OSHA-Hearings maßgeblich stützten – und dieses Zitat findet sich auch noch in dem 1980 vom OSHA herausgegebenen politischen Maßnahmenkatalog. Das war eines der Argumente, die das OSHA heranzog, um den von dieser Behörde vertretenen Standpunkt, »die meisten Chemikalien erzeugten keinen Krebs«, zu untermauern.

Es handelt sich also um eine Ansammlung hervorragender Fachleute und Institutionen, die uns allesamt versichern, die meisten getesteten Substanzen seien nie als kanzerogen identifiziert worden: das NCI, das US-Gesundheitsministerium, die EPA und das OSHA, einmal ganz abgesehen von Umberto Saffiotti vom NCI, Samuel Epstein von der University of Illinois und Sidney Wolfe, dem wissenschaftlichen Sprecher der Ralph-Nader-Organisation. Wenn man sich diese Liste jedoch einmal genauer ansieht, so fällt einem ein eigenartiger Umstand ins Auge. Wir haben es hier mit einer Gruppe besonders exponierter wissenschaftlicher Aktivisten zu tun, die jahrelang herumposaunt haben, die meisten Krebserkrankungen seien von der Industrie verursacht – und mit einer Gruppe staatlicher, wissenschaftlicher und gesundheitspolitischer Institutionen, die sich in ihrem Kampf gegen den »Industriekrebs« einig sind – und sie alle versichern nun plötzlich, daß das durch die Industrie verursachte Krebsrisiko rapide abnimmt. Wir müssen daher zunächst einige Fragen klären:

1. Warum fühlten sich diese diversen Wissenschaftler und wissenschaftlichen Einrichtungen so plötzlich bemüßigt, diese so unglaublich beruhigenden Prozentzahlen zu veröffentlichen?
2. Warum war bei den Prozentangaben immer von *Kanzerogenen* und nicht von *Nichtkanzerogenen* die Rede, da es doch eigentlich um den Anteil der letztgenannten Substanzen ging? Vielleicht ist dem Leser diese Eigentümlichkeit aufgefallen. Schließlich hat uns keiner der Wissenschaftler die prozentualen Anteile der Nichtkanzerogene genannt. Die einzige, die überhaupt die Zahl der für »unbedenklich« erklärten chemischen Substanze nannte, war die Journalistin Judith Randal. Von zwei Ausnahmen einmal abgesehen war in den Veröffentlichungen niemals von »Nichtkanzerogenen« oder von Substanzen, die »nicht krebserregend sind«, die Rede. Diesbezüglich bilden nur das OSHA und William Lijinsky eine Ausnahme, beide verzichten jedoch auf Zahlen- und Prozentangaben. Jene Nichtmediziner, die die Berechnungen anstellten, waren sich der Bedeutung dieses Sprachgebrauchs vermutlich gar nicht bewußt. Im Grunde genommen haben wir von keinem der erwähnten Wissenschaftler überhaupt quantitative Informationen über Nichtkanzerogene erhalten. Warum wurden uns hinsichtlich des Prozentanteils der Nichtkanzerogene sämtliche Informationen vorenthalten?

Die erste Frage läßt sich leicht beanworten. Der Kontext, in dem diese Prozentzahlen genannt wurden, und der Zweck, den sie erfüllten, blieben sich stets gleich oder doch annähernd gleich. Entweder erklärten die Informanten, der Kanzerogenanteil liege – so Saffiotti – »unnatürlich hoch«, weil es sich bei den getesteten Substanzen meistens um solche handelt, die ohnehin schon kanzerogenverdächtig seien, oder besagte Informanten behaupteten, daß es bei so niedrigen Prozentanteilen undenkbar sei, daß die vorliegenden Kanzerogenitätsbefunde Folge manipulierter Experimente oder einer Hochdosierungspraxis seien. Die meisten vertraten beide Argumente. Das zweite Argument – die Rechtfertigung von Maximaldosistests – war jedoch das am häufigsten vorgetragene und das wichtigste Argument. Es war auch der entscheidende Punkt des in der 1980 erschienenen OSHA-Dokumentation enthaltenen Unterkapitels »Die meisten Substanzen sind offenbar nonkanzerogen«. Es war auch der Hauptgesichtspunkt der Überschrift von Judith Randals Artikel, den die EPA im ganzen Land verbreitete und der mit dem Bild einer großen toten Ratte geziert war. Diese Überschrift lautete: »Diese Ratte starb in einem Krebslabor, um Leben zu retten: Tierversuche zeigen, die meisten Chemikalie sind keine Killer.« Es war auch der Hauptgesichtspunkt in der vorstehend zitierten Stellungnahme William Lijinskys. Es war der Hauptgesichtspunkt in dem vom NCI herausgegebenen Leitfaden für den Laien, der unter dem Titel »Nicht alles erzeugt Krebs« erschienen war. Und es war der Hauptgesichtspunkt, der Sidney Wolfe von der Ralph-Nader-Organisation veranlaßte, so niedrige Prozentzahlen zu nennen. Ebenfalls in diesem Kontext muß man auch Wolfes Widerlegung einer von vielen Menschen gehegten und von der Industrie immer wieder neu entfachten Vorstellung sehen, und diese Vorstellung besagt, daß Hochdosierungstests Krebs verursachen.

Mit anderen Worten, diese ganze Informationsflut diente nur dem Zweck, den amerikanischen Kongreß sowie die amerikanische Öffentlichkeit zu beruhigen und somit Angriffe auf die Praxis der Hochdosierungstests abzuwehren. Offenbar war das Bedürfnis, die Nichtkanzerogenität der Mehrzahl chemischer Substanzen unter Beweis zu stellen, so stark, daß der NCI-Leitfaden, das OSHA, Epstein, Norbert Page und Matthew Meselson sämtlich auf eine kleine 1969 erschienene Studie zurückgriffen, in der je nach dem betreffenden Wissenschaftler die Zahl der Testsubstanzen zwischen 150, 140 und 120 betrug, um Werte unter 10 Prozent zu erzielen.[21] Diese Zahl war die niedrigste, bis Judith Randal/EPA mit ihren 7 Prozent und Ralph Naders wissenschaftlicher Berater mit seinen 2 Prozent daherkamen. Interessanterweise war das Experiment, das im allgemeinen herangezogen wurde, um den Vorwurf zu widerlegen, Maximaldosierungstests verursachten möglicherweise ein »künstliches« Krebswachstum, genau jener Tierversuch von 1969, den im übrigen Innes durchgeführt hatte, dem man nachsagte, daß er geradezu legendäre Mengen an DDT an seine Versuchsmäuse verfüttert habe. Wie sich der Leser vermutlich noch erinnert, wurde das ganze hinsichtlich der Wirkung von Maximaltests bestehende »Mißverständnis« damals auf die Unwissenheit der Öffentlichkeit zurückgeführt, obwohl es gerade in dieser Frage zu ernsthaften innerwissenschaftlichen Konflikten gekommen war, und zwar sowohl in Amerika wie in anderen Ländern.[22]

Warum, so fragt sich vielleicht der Leser, wenden wir uns an dieser Stelle noch einmal der Hochdosierungsfrage zu? Die Antwort lautet: Weil es genau um dieses Problem geht, sowenig das auch auf den ersten Blick zu erkennen sein mag. Genau wie die Nullschwellentheorie, die in allen möglichen Zusammenhängen immer wieder auftaucht, ist auch die Maximaldosierungstheorie niemals »erledigt«. Diese beiden Theorien sind gleichsam die beiden anfälligsten konzeptionellen Vorposten der gesamten Tierversuchspraxis. Aus diesem Grund waren auch die Parteigänger der Reglementierungswissenschaft stets auf der Hut. Sie hatten nicht ihre Meinung über »die krebserregende Industrie« geändert, sondern waren bemüht, in wissenschaftlichen Kreisen und im US-Kongreß auftretende Gegner abzuwehren. Vielleicht fragt sich der Leser, warum diese engagierten Wissenschaftler und öffentlichen Einrichtungen denn eigentlich in einem solchen Maße auf allgemeine Versicherungen und indirekte Aussagen zurückgreifen mußten. Warum legten sie nicht einfach eine Reihe echter nonkanzerogener Befunde vor? Die Antwort lautet ganz einfach: Weil sie es nicht konnten, jedenfalls nicht ohne der ganzen Reglementierungsphilosophie einen erheblichen Stoß zu versetzen. Eigentümlicherweise waren sie unfähig gewesen, ihre Behauptung, daß Hochdosistests meistens zu nichtkanzerogenen Befunden führen, zu belegen, denn genau genommen gibt es gar keine nichtkanzerogenen Befunde. Jedes negative Resultat, das erzielt wurde, war angesichts der erklärten Grundsätze der Reglementierungswissenschaft selbst schlichtweg illusorisch.

Position II: Es gibt keine Nichtkanzerogene

Wir wollen uns jedoch jetzt der zweiten Hälfte des Widerspruchs zuwenden. Welche Grundsätze vertritt denn die Reglementierungswissenschaft nun eigentlich? Wenn dem Leser die notwendige Geduld fehlt, um sich mit der Entstehungsgeschichte zu befassen, kann er auch einige Seiten überschlagen und unmittelbar bei dem mit »Nach Ansicht der US-Gesundheitsbehörden impliziert der Begriff ›wissenschaftliches Urteil‹ die Höherbewertung positiver gegenüber negativen Daten« überschriebenen Abschnitt weiterlesen. Aber wer sich über die Trockenheit der Darstellung hinwegsetzen kann, für den wird es interessant sein zu sehen, wie die Reglementierungswissenschaft sich zur Beschützerin der Menschheit aufgeschwungen hat und plötzlich begann, einer riesigen industriellen Zivilisation ihr Gesetz aufzuzwingen, ohne auch nur eine Definition jener Substanzen anbieten zu können, die *nicht* krebserregend sind. Sie erzeugte also gerade dort ein Vakuum, wo sie nonkanzerogene Befunde hätte vorlegen müssen.

Die Existenz eines solchen Vakuums war für die Genetiker völlig neu, da diese ihre Mutagentests nicht ohne positive *und* negative Kanzerogenitätsbefunde verifizieren konnten, die Reglementierungsenthusiasten hingegen waren sich dieses Vakuums durchaus bewußt. 1969 berichtete Isaac Berenblum, daß negativer Befunde nur selten veröffentlicht und von wissenschaftlichen Fachzeitschriften gar abgelehnt würden.[23] Acht Jahre später, 1977, nahm Robert Page vom NCI Berenblums Kritik und dessen Lösungsvorschläge wieder auf und stellte fest, daß die Situation nach wie vor identisch sei.[24] (Berenblums Kritik ist inzwischen Teil der 1980 entstandenen OSHA-Dokumentation, obwohl sie für das OSHA nur den Zweck hatte, als Begründung dafür zu dienen, daß wegen der spärlichen Veröffentlichungen negativer Befunde wahrscheinlich »der Prozentsatz positiver Ergebnisse in Wirklichkeit noch niedriger liegt, als es die gegenwärtig vorliegenden Daten vermuten lassen«.[25]) Auf keinen Fall ist das Vakuum jedoch neu. Tatsächlich hätte kein Biologe, dessen Arbeitsgebiet nicht gerade die Erforschung der chemisch bedingten Kanzerogenese war, die Existenz eines solchen Vakuums vermutet, hätten sich die Genetiker über diesen Zustand nicht derart aufgeregt. Ganz sicher jedoch ist der Durchschnittsbürger über diese Zusammenhänge nicht informiert.

Der Begriff eines biologischen Tests, dessen Resultate niemals negativ sein können, wird den Leser zweifellos befremden. Der Durchschnittsbürger unterzieht sich Dutzenden solcher Tests und erhält von seinem Arzt oder dem Krankenhaus oft genug negative Befunde, daß *keine* Schwangerschaft besteht, daß er oder sie *nicht* unter Bluthochdruck, TB, Syphilis, Magengeschwüren oder einer anderen Krankheit leidet. Solche negativen Befunde sind jedoch nicht absolut; streng logisch genommen läßt sich ein negativer Befund nicht beweisen, und der Arzt kann nicht die *Abwesenheit* eines bestimmten Gesundheitszustandes beweisen. Außerdem gibt es immer wieder Falsch-Negative und Falsch-Positive. Ein negatives Testergebnis basiert auf den Resultaten an vielen Menschen vorgenommener Tests und ist im Fall des einzelnen Patienten eigentlich eine *Wahrscheinlichkeitsaussage*. Je besser das Testverfahren, je häufiger es bereits praktiziert worden ist und je häufiger ein Test an einem Individuum wiederholt wird, um so höher ist die Wahrscheinlichkeit, daß ein negativer Befund signifikant ist. Auf einer gewissen Ebene begreift der Normalmensch, daß ein negativer Befund nur bedingte Gültigkeit beanspruchen kann, denn wir alle lassen bereitwillig ganze Testreihen über uns ergehen und akzeptieren auch die jährliche Generaluntersuchung. Wir verstehen aber auch die Bedeutung, ja die Denknotwendigkeit negativer Befunde. Gäbe es in den üblichen biologischen Tests keine negativen Ergebnisse, so könnte kein Mensch zu irgendeinem Zeitpunkt genau sagen, daß er keine Krankheitssymptome aufweise.

Im Gegensatz dazu gibt es in im Tierversuch vorgenommenen Kanzerogentests keine eindeutig negativen Befunde. Es gibt dort nur... das Vakuum.

Aber wie ist es zu diesem Vakuum gekommen? In der Literatur wird deutlich, die Reglementierungsfetischisten gaben die Konzeption des negativen Befundes nicht schlagartig auf. Tatsächlich bezogen sie in dieser Frage zu verschiedenen Zeiten die unterschiedlichsten Standpunkte. Diese Standpunkte lassen sich kategorisieren, und diese Kategorien sind äußerst aufschlußreich. Man könnte sie als ein System widersprüchlicher Ideen darstellen, wobei sich Wissenschaftler und Forschungseinrichtungen in sämtlichen widerstreitenden Lagern befinden. Wenn man die Ideen jedoch behandelt, als stellten sie Diskussionsbeiträge dar – gleichsam leitmotivisch –, so wird viel deutlicher sichtbar, wie sich die Reglementierungswissenschaft Stück für Stück auf jenes Vakuum hinbewegt hat, in dem es nonkanzerogene Befunde einfach nicht gibt.

»Im Tierversuch erzielte negative Befunde sind verifizierbar«

Es gibt wissenschaftliche Stellungnahmen, die ganz klar die Überzeugung ausdrücken, daß es möglich sei, negative oder nichtkanzerogene Befunde zu verifizieren. Saffiotti schrieb 1973: »...es gibt eindeutig negative Befunde.«[26] Und seine 1976 (siehe Kapitel 2) getroffene Feststellung, daß »eine chemische Substanz so lange als gefährlich zu gelten hat, wie nicht das Gegenteil bewiesen ist«, besagt eindeutig, daß es möglich ist, »das Gegenteil zu beweisen«.[27] Ähnlich behauptet laut OSHA Robert Squire von der Johns Hopkins University: »Wir müssen uns ein Urteil darüber bilden, ob die Befunde (eines Tierversuchs) negativ, positiv oder unbrauchbar sind.«[28] Wiederum eine Aussage, die eindeutig konstatiert, es gebe negative Befunde. Das OSHA selbst erklärt, daß ein Kanzerogen »in politischer und wissenschaftlicher Hinsicht als die menschliche Gesundheit bedrohender Risikofaktor zu gelten hat, solange nicht wissenschaftlich eindeutige Beweise für die betreffende Substanz das Gegenteil belegen«.[29] Auch diese Aussage impliziert wiederum die Möglichkeit, es gebe »wissenschaftlich eindeutige Beweise« dafür, daß eine bestimmte Substanz nichtkanzerogen ist.

»Leider lassen sich negative Befunde nach den Regeln der Logik nicht verifizieren«

Es gibt auch wissenschaftliche Behauptungen, die besagen, es sei schlichtweg logisch unmöglich, negative Befunde zu verifizieren. So sprach beispielsweise A. L. Brown von der May Clinic 1976 von »der logischen Unmöglichkeit, einen negativen Befund zu verifizieren«.[30] Richard Carpenter vom Nationalen Forschungsrat der USA (NRC) erklärte 1976: »Die wissenschaftliche Erfahrung ist niemals abgeschlossen; nicht auf alle denkbaren Fragen gibt es auch Antworten; negative Befunde lassen sich nicht verifizieren ...«[31] Richard Doll von der Oxford University erklärte 1977 über die Bedeutung epidemiologischer Studien: »Ihr Nachteil (sowie der Nachteil sämtlicher wissenschaftlicher Methoden) besteht darin, daß sie einen negativen Befund nicht verifizieren können.«[32] Richard Peto von der Universität Oxford spricht in einer 1978 erschienenen Publikation von »der allgemein bekannten Tatsache, daß Tierversuche Nichtkanzerogenität nicht einmal für Tiere nachweisen können«.[33] David Rall vom NIEHS erklärte 1980: »Es läßt sich einfach keine Versuchsanordnung entwickeln, die umfassend genug wäre, einen negativen Befund absolut zu verifizieren.«[34] In ähnlicher Weise erklärte der Epidemiologe Robert Hoover vom NCI: »Es ist ein allgemeines Prinzip jeglicher Wissenschaft, daß ein negativer Befund nicht verifizierbar ist. Man kann sich höchstens als unfähig erweisen, ein positives Faktum zu entdecken ...«[35] Der Epidemiologe Brian McMahon aus Harvard sprach 1980 von »der statistischen Unmöglichkeit, die Abwesenheit einer Abhängigkeit ›zu beweisen‹«.[36] Und das OSHA selbst erklärt: »Im Prinzip ist es unmöglich, in einer begrenzten Untersuchungsreihe einen negativen Befund zu verifizieren.«[37]

»Im übrigen reflektieren negative Befunde nur die jeweiligen experimentellen Bedingungen«

Manche Wissenschaftler verweisen darauf, daß ein nichtkanzerogener Befund immer nur das Ergebnis spezifischer und begrenzter Umstände ist. So erklärt beispielsweise Joyce McCann: »Aber es ist sehr schwierig, einen negativen Befund zu verifizieren ... Ein negativ verlaufener Kanzerogentest beweist nur, daß die Wirkung einer chemischen Substanz so schwach ist, daß sie oberhalb einer bestimmten Grenze nicht mehr registriert werden kann, und diese Grenze bemißt sich nach den konkreten Versuchsbedingungen.«[38] In seiner Definition des Begriffs der »chemischen Unschädlichkeit« erklärt Saffiotti, daß »negative Ergebnisse Gültigkeit nur innerhalb der Versuchsbedingungen besitzen...«[39]

»Das heißt selbstverständlich, daß negative Befunde nur vorläufige Gültigkeit besitzen«

Die Tatsache der nur begrenzten Gültigkeit nichtkanzerogener Befunde impliziert, daß ein neues Experiment jederzeit völlig andere Resultate erbringen könnte. Peter Goldman aus Harvard teilte diesbezüglich dem OSHA mündlich mit: »...ein positiver Befund ist bestätigt, ist *da,* wohingegen ein negativer Befund immer auch bedeuten könnte, daß irgendwo etwas schiefgelaufen ist und man nur die Versuchsanordnung ein wenig zu verändern bräuchte, um das richtige Ergebnis zu erhalten.«[40] Es hat in der Vergangenheit Beispiele derart veränderter Versuchsbedingungen gegeben, die einen ursprünglich negativen Befund als falsch auswiesen und in umfangreichen Testreihen die Kanzerogenität der betreffenden Substanz belegten (so z. B. das Furylfuramid in Japan und das DB(a,c)A).[41]

»Ja, all das ist richtig, und gewiß sind Positive verläßlicher als Negative, dennoch lassen sich Kriterien für Negative festlegen«

Wissenschaftler vertreten häufig den Standpunkt, daß positive Daten verläßlicher seien als negative, aber in der Folge geben sie dann Stellungnahmen ab, in denen sie mehr oder weniger explizit der Überzeugung Ausdruck verleihen, daß es dennoch Kriterien zur Beurteilung negativer Befunde gibt. Deshalb stellt eine von der EPA, der FDA und dem OSHA gemeinsam beschickte Arbeitsgruppe fest, daß positive Ergebnisse unter sehr begrenzten Bedingungen als Kanzerogenitätsnachweise gelten können, um dann fortzufahren: »Negative Ergebnisse jedoch gelten auf der anderen Seite nicht als Nachweis der Nichtexistenz einer kanzerogenen Wirkung, solange nicht gewisse Minimalbedingungen erfüllt sind.«[42] Unabhängig davon erklärt das OSHA: »Wenn ein Tierversuch mit zu wenig Tieren, einer zu geringen Dosis oder nur über einen zu kurzen Zeitraum durchgeführt worden ist, so wird dadurch der Wert eines negativen Befundes erheblich eingeschränkt, obwohl ein klarer positiver Befund dadurch in seiner Gültigkeit nicht berührt wird.«[43] Es wird auch immer wieder darauf hingewiesen, daß die Kriterien für die Gültigkeit negativer Befunde wesentlich strenger sein müssen, als das für positive Ergebnisse erforderlich ist. Auf einer Tagung der Internationalen Krebsforschungsbehörde (IARC) erklärte Saffiotti 1976, daß zur Stützung eines negativen Befundes

»besonders reichhaltiges« Datenmaterial vorliegen müsse.[44] 1980 erklärte das OSHA, daß »Kriterien für die Annehmbarkeit positiver Resultate nicht so streng zu sein bräuchten wie die Kriterien für die Akzeptabilität negativer Ergebnisse beziehungsweise eines Unschädlichkeitsnachweises«;[45] das Amt erklärte, diesen Standpunkt vertrete auch Donald Kennedy von der FDA.[46] In all diesen Fällen wird impliziert, daß trotz der größeren Gewißheit positiver Befunde auch Kriterien für die Beurteilung negativer Befunde existieren.

»Aber es gibt keine minimalen oder strikten Kriterien für die Bewertung negativer Befunde – überhaupt gibt es für die Bewertung von Tierversuchen keine expliziten Kriterien«

Wie bereits berichtet, behaupten wissenschaftliche Experten, es gebe keine expliziten, allgemein akzeptierten Kriterien für die Durchführung und Bewertung von Kanzerogenitätstests. Laut OSHA haben zahlreiche Gruppen von Wissenschaftlern Berichte über zum Nachweis der »Unbedenklichkeit« bestimmter Substanzen durchgeführte Tierversuche veröffentlicht. Das Amt erklärte in diesem Zusammenhang: »Diese Gruppen beschäftigen sich hauptsächlich mit dem Nachweis negativer Befunde. Trotz dieses Bemühens wurden jedoch in fast keinem Fall spezifische Empfehlungen ausgesprochen, wie die allgemeinen Überlegungen im einzelnen Eingang in konkrete Versuchsanordnungen und die Auswertung der Ergebnisse finden könnten.«[47] Im Grunde genommen gilt laut OSHA das gleiche allerdings ebenso für positive Befunde: »Es besteht ganz einfach keine Möglichkeit, Tierversuche zu standardisieren, und ebensowenig besteht eine Möglichkeit, die Interpretation der Ergebnisse von Tierversuchen zu standardisieren.«[48] Und, »das OSHA ist der Ansicht, daß es... weder ratsam noch möglich ist, bestimmte Richtlinien für die Durchführung von Kanzerogenitätstests zu erstellen. Die von wissenschaftlichen Einrichtungen erlassenen einschlägigen Vorschriften werden ständig dem neuesten Wissensstand angepaßt, weshalb eine endgültige Fixierung solcher Richtlinien undurchführbar ist.«[49] Nach Ansicht des OSHA, aber auch einer Reihe prominenter Reglementierungswissenschaftler wie David Rall vom NIEHS und Arthur Upton vom NCI[50] bleibt daher nichts anderes übrig, als auf das Urteil »kompetenter wissenschaftlicher Experten« zu vertrauen.[51] Die nicht spezifizierbaren Bewertungskriterien befinden sich also gleichsam in den Köpfen der »kompetenten Experten«. Tatsächlich gelang es auch einem NIOSH-Offiziellen, die ansonsten nicht vorhandenen Kriterien genau dort zu lokalisieren. In der 1980 erschienenen

OSHA-Dokumentation wird auch über ein kurzes Kreuzverhör berichtet, das am Rande der Hearings stattfand:[52]

Edward Baier vom NIOSH umriß die vom NIOSH in der Frage der verbindlichen Richtlinien für die Durchführung und Auswertung von Experimenten eingenommene Haltung wie folgt:

F: Das NIOSH verfügt über keine Kriterien zur Bewertung von Tierversuchen?
A: Jedenfalls nicht in schriftlicher Form.
F: Verfügt es denn über ungeschriebene Richtlinien und Vorschriften?
A: Ja. Wie bereits heute morgen in der Diskussion erwähnt, ließen sich wahrscheinlich eine Reihe von (schriftlich nicht fixierten) Kriterien aufzählen.
F: Dann existieren sie also in den Köpfen der Mitarbeiter des NIOSH?
A: Ja. Sozusagen als professionelles Urteilsvermögen.

»Nach Ansicht der zuständigen US-Gesundheitsbehörden ist der Begriff des ›wissenschaftlichen Urteils‹ identisch mit der Höherbewertung positiver gegenüber negativen Befunden«

Ob nun kompetent oder inkompetent, auch die »Experten« eines jungen Wissenschaftszweiges neigen zum Streit, und wenn es um die Festsetzung offizieller Richtlinien geht, so ist das Aufgabe der Theoretiker der Reglementierungswissenschaft. Sie verlangen eine grundsätzliche Präferenz zugunsten positiver Befunde, obwohl es Bestimmungen gibt, die die Untersuchung aller relevanten Daten verlangen. Im folgenden nun einige Bestimmungen und Feststellungen, in denen Wissenschaftlern angeraten wird, Daten, die die *Nicht*kanzerogenität bestimmter Substanzen belegen, einfach zu ignorieren.

Wenn Testergebnisse einander widersprechen, so die Theoretiker, haben kanzerogene Befunde den Vorrang vor nichtkanzerogenen Ergebnissen. Daher erklärte das unter dem Vorsitz von Umberto Saffiotti konstituierte Ad-hoc-Komitee 1970: »Wenn unter gleichen Testbedingungen in einem Fall negative, in einem anderen Fall jedoch positive Resultate erzielt werden, so ist den positiven Befunden ein Vorrang einzuräumen.«[53] Das National Cancer Advisory Board (NCAB) erklärte 1977: »Bei einer Art von Versuchstieren gewonnene negative Resultate ändern nichts an der Signifikanz eindeutig positiver Befunde, die bei Tests mit einer anderen Spezies gewonnen wurden.«[54] Das Amt für Wissenschafts- und Technologiepolitik (OSTP) konstatierte 1979: »Vorausgesetzt, die entsprechenden Tests werden sachkundig durchgeführt, so empfiehlt es sich im allgemeinen, wegen der unterschiedlichen Reaktionen der verschiedenen Spezies in Versuchen, die mehrere Arten von Versuchstieren einschließen, positiven vor negativen Ergebnissen den Vorrang einzuräumen.»[55] Arthur Upton, der Direktor des NCI soll, so das OSHA 1980, erklärt haben: »Ich bin der Ansicht, wenn sich bei einer *beliebigen* Spezies die Kanzerogenität einer Substanz nachweisen läßt, so ist das hinreichend, um die Testsubstanz als kanzerogen zu bezeichnen... An einer zweiten oder gar dritten Art von Versuchstieren erzielte negative Resultate geben nach meinem Dafürhalten keinen Anlaß zu der Annahme, daß das Testagens keine Gefahr für den Menschen darstellt.«[56] Das OSHA selbst verlangt, daß »im allgemeinen positive Befunde den Vorrang vor nonpositiven beziehungsweise negativen erhalten müssen« und meldet im übrigen, alle im Rahmen der OSHA-Hearings aufgetretenen Fachleute hätten diese Position »grundsätzlich unterstützt«.[57]

Auch andere Arten sind nach Ansicht der Reglementierungsfanatiker irrelevant. Ein aus Vertretern der EPA, des OSHA, der FDA und der Consumer Product Safety Commission (CPSC) gebildetes Komitee listet neben dem Fall einander widersprechender Tierversuchsdaten noch eine ganze Reihe von Situationen auf, in denen widersprüchliche Resultate oder eine mangelnde »Übereinstimmung« von Testergebnissen die Gültigkeit der Kanzerogenitätsbefunde überhaupt nicht berühren.

Wenn eine Substanz in einem einzigen angemessen durchdachten und ausgeführten Tierversuch positive Resultate gezeigt hat und wenn kein weiteres Datenmaterial verfügbar ist, so geht man im Normalfall davon aus, daß diese Substanz für den Menschen das Krebsrisiko erhöht. Dieses Ergebnis kann auch noch weiterhin durch Analysen der chemischen Struktur, In-vitro-Tests oder relevante biochemische Untersuchungen, die ebenfalls ein kanzerogenes Potential vermuten lassen, bestätigt werden. Sollten jedoch auf den drei letztgenannten Wegen negative Befunde zustande kommen, so haben diese kein Übergewicht über positive Daten, die in einem regulär durchgeführten Tierversuch erzielt wurden.[58]

Statistische Erwägungen erlauben Berechnungen hinsichtlich der Wahrscheinlichkeit der Entdeckung einer bestimmten Wirkung und folglich auch des Grades der Wahrscheinlichkeit, daß genau diese Wirkung bei Wiederholung des Tests bei einer gegebenen Anzahl von Versuchstieren nicht auftritt. Zwischen den Ergebnissen zweier Tests auftretende Widersprüche können schlicht Folge einer Zufallsvariation sein und daher durchaus mit einem einheitlichen Funktionsmechanismus und einem gleichermaßen einheitlichen Aktivitätsniveau der Testsubstanz vereinbar sein.[59]

Eine zwischen Resultaten, die unter unterschiedlichen Versuchsbedingungen (z. B. wegen der Verwendung verschiedener Spezies, wegen verschiedener Arten der Verabreichung oder wegen verschiedener Grundnahrungen) erzielt wurden, bestehende Übereinstimmung rechtfertigt ein größeres Maß an Vertrauen in das gewonnene Datenmaterial, seien die Resultate nun positiv oder negativ... Gibt es hinsichtlich der Ergebnisse unter verschiedenen Versuchsbedingungen durchgeführter Tests jedoch keine Übereinstimmung, so verlieren dadurch positive Befunde nicht automatisch ihre Gültigkeit.[60]

Das gleiche Vorurteil zugunsten eines Nachweises von Kanzerogenität ist nach Meinung der Reglementierungswissenschaftler berechtigt, wenn unterschiedliche Testverfahren zur Anwendung gelangen, beispielsweise Tierversuche, epidemiologische Untersuchungen oder In-vitro-Tests. Erbringt eines dieser Verfahren einen positiven Befund, so ist dieses Ergebnis höher zu werten als negative Ergebnisse der anderen Verfahren. Robert Hoover vom NCI sagt über die drei genannten Verfahren: »Wegen der ernstzunehmenden Beschränkungen, denen diese drei Verfahren sämtlich unterworfen sind, sollte eine fachkundig durchgeführte Untersuchung, die einen positiven Kanzerogenitätsbefund erbringt, höher bewertet werden als Untersuchungen, deren Ergebnis negativ ausfällt.«[61] Und das OSHA vertritt den Standpunkt, daß im großen und ganzen »epidemiologischen Untersuchungen, die zu negativen Ergebnissen gelangen«, wenn überhaupt, so nur geringe Bedeutung beigemessen werden kann. Es betrachtet daher im Tierversuch erzielte kanzerogene Befunde für wichtiger als am Menschen vorgenommene Untersuchungen, die den Nachweis einer kanzerogenen Wirkung nicht erbringen.[62]

Letztlich, so die Reglementierungswissenschaftler, sind nonkanzerogene Befunde »bedeutungslos«. Das NCAB drückt sich in diesem Zusammenhang folgendermaßen aus: »Wegen der allen Tierversuchen inhärenten Beschränkung kann ein in einem spezifischen Tierversuch erzieltes negatives Resultat nicht die Möglichkeit ausschließen, daß die betreffende chemische Verbindung beim Menschen Krebs verursacht.«[63] Und das von den großen Gesundheitsbehörden beschickte Fachkomitee (IRLG) erklärte: »Wenn es in einem Tierversuch nicht gelingt, eine Zunahme an Tumoren festzustellen, so kann eine unzureichende Zahl von Versuchstieren der Grund dafür sein; ein solches Ergebnis ist daher kein eindeutiger Beweis dafür, daß die betreffende Substanz kein Krebsrisiko darstellt.«[64] Mit anderen Worten: Die Tatsache, daß eine Substanz *kein* Krebswachstum verursacht, ist noch lange keine Garantie dafür, daß sie kein Kanzerogen ist.

So in etwa läßt sich der Entwicklungsgang jenes Denkens darstellen, das schließlich in die »Abschaffung« nonkanzerogener Befunde überhaupt einmündet. Von ihrer »Vernunft« geleitet, fanden die Reglementierungswissenschaftler immer neue Gründe, um eine Definition oder Anerkennung nichtkanzerogener Befunde immer wieder abzulehnen, und da diese Haltung sozusagen gesetzlich abgedeckt ist, kann man mit Fug und Recht sagen, daß in den USA per Gesetz festgelegt ist, daß es unmöglich ist, mit Gewißheit zu sagen, eine bestimmte Substanz sei nicht krebserregend.

Es ist kaum verwunderlich, daß diese institutionalisierte Verwerfung jeglicher nichtkanzerogener Befunde Kritiker auf den Plan gerufen hat. Irving Kessler, ein prominenter Epidemiologe schrieb 1977 aufgebracht: »Sollte eine positiv ausgefallene Studie unabhängig von ihrer Qualität sämtliche negativen Befunde einfach ausradieren? Oder sollten zwei (oder fünf oder zehn) negative Resultate mehr gelten als ein positives Ergebnis? Die heute geltenden gesetzlichen Bestimmungen ignorieren derartige Subtilitäten und schreiben ein staatliches Eingreifen vor, sobald irgendwelche positiven Befunde vorliegen, ohne die Zahl und Qualität möglicher negativer Resultate im geringsten zu berücksichtigen.«[65] Und der dänische Epidemiologe Johannes Clemmesen, einer der Väter der Erforschung umweltbedingter Krebserkrankungen, erklärte gegenüber dem OSHA, der Standpunkt, es sei zulässig, »negative epidemiologische Befunde angesichts positiver Tierversuchsergebnisse einfach zu ignorieren«, sei »nicht stichhaltig«. Er fand es »schwierig zu begreifen, wie man auch nur die Möglichkeit in Betracht ziehen könnte, relevante Humanbefunde einfach außer acht zu lassen«.[66] Es gibt auch Forscher auf dem Gebiet der chemisch bedingten Kanzerogenese (z. B. Herman Kraybill vom NCI[67]), die bemüht sind, wissenschaftliche Kriterien für die Identifizierung nonkanzerogener Substanzen zu entwickeln, aber im allgemeinen vertreten die Theoretiker der Reglementierungswissenschaft die Ansicht, allein kanzerogene Befunde seien von Bedeutung.

Diese von der »Vernunft« diktierte Weigerung, nonkanzerogene Befunde zu definieren oder anzuerkennen, hat eine Reihe eigenartiger Konsequenzen. Wenn ein Wissenschaftler außerstande ist, eine Trennungslinie zwischen Kanzerogenen und Nonkanzerogenen zu ziehen, oder wenn er aus irgendwelchen Gründen abgeneigt ist, Kriterien für »Unschädlichkeit« ebenso wie »Schädlichkeit« festzulegen, dann verändert sich unvermeidlich und kaum merklich das Ziel seiner Arbeit. Es geht ihm nicht mehr länger darum, zwischen Kanzerogenen und Nonkanzerogenen zu unterscheiden, da er ja nur die Existenz im Tierversuch nachgewiesener oder noch nicht nachgewiesener Kanzerogene anerkennt – und sein Hauptbestreben besteht darin, über die zuletzt genannten Agenzien zu triumphieren. Das Ergebnis ist ein Wissenschaftler, der – wie es in den diesem Kapitel vorangestellten Ausführungen über den Herringus rufus deutlich wird – davon träumt, das ideale Versuchstier zu entdecken, nämlich eines, das *sämtliche* Chemikalien als kanzerogen ausweist. Aber obwohl bis heute kein »ideales« Versuchstier entdeckt wurde, das alle Chemikalien als kanzerogen ausweist, so hat man doch inzwischen die zweitbeste »Lösung« gefunden. In der 1980 erschienenen Dokumentation der OSHA-Hearings wurden nichtkanzerogene Befunde schlichtweg für signifikant befunden. Das Amt erklärte, es sei nicht an »Unbedenklichkeit«, sondern nur an Krebsrisiken interessiert und gelangte zu der folgenden Feststellung:

Besonders wichtig ist der Hinweis, daß in Kanzerogenitätstests erzielte negative Befunde nur einen Grenzwert bezeichnen, jenseits dessen man eine kanzerogene Aktivität entdecken würde. Absolute Unbedenklichkeit läßt sich niemals nachweisen. Die für die Festsetzung von Sicherheitsstandards zuständigen Instanzen müssen die vergleichsweise unverbindlichen Ergebnisse von Tierversuchen gegen die hohen Kosten solcher Tests und gegen das infolge immer umfangreicher und komplizierter werdender Experimente zunehmende Fehlerrisiko abwägen. Wenn die Ergebnisse eines Tierversuchs Kanzerogenität nicht zu bestätigen scheinen, so ist es dennoch unmöglich, daß eine extensivere Überprüfung pathologischer oder anderer Kriterien vielleicht zu der Erkenntnis führen würde, daß die betreffende Substanz eigentlich kanzerogen ist. Wenn die vorliegenden Beweise darauf hindeuten, daß die betreffende Substanz nicht positiv kanzerogen ist, so ist die Sachlage für das OSHA so, als sei die Substanz niemals hinsichtlich ihrer Kanzerogenität getestet worden.[68]

Tatsächlich hat das OSHA somit erklärt, daß *nicht* krebserregende Agenzien überhaupt nicht existieren.

Das OSHA lebt vermutlich in der Vorstellung, daß es mit der von ihm dekretierten Abschaffung nonkanzerogener Befunde und der Leugnung ihrer schieren Existenz ein Höchstmaß an Idealismus und Sorge um das Gemeinwohl dokumentiert. Aber gerade durch diese Praxis hat sich das Amt in einem ganzen Netz von Widersprüchen verheddert. Einmal abgesehen von der Tatsache, daß – wie bereits aufgezeigt – das OSHA in der Frage negativer Befunde alle nur denkbaren Positionen zugleich bezieht, fallen vier besonders groteske Widersprüche ins Auge:

Widerspruch # 1: Das Gesetz zur Kontrolle toxischer Substanzen (TSCA) erhebt die Forderung, die Industrie solle dafür Sorge tragen, daß sie nicht »für die menschliche Gesundheit und die Integrität der natürlichen Umwelt ein unvernünftig hohes Risiko« darstellt.[69] Einige besonders betroffene Wirtschaftsbereiche könnten daher aus eigenem Antrieb oder aufgrund gesetzlicher Auflagen den Nachweis führen wollen, daß eine bestimmte Substanz nonkanzerogen ist. Das ist unter den gegebenen Bedingungen nur leider prinzipiell ausgeschlossen, da das OSHA negative Befunde prinzipiell nicht anerkennt. Für das OSHA ist die amerikanische Industrie in jedem Fall »schuldig«, und zwar einmal nachweislich und das andere Mal mangels Beweisen. Etwas Groteskeres könnte sich auch Kafka nicht ausdenken.

Widerspruch # 2: Das OSHA ist eifrig bemüht, die Öffentlichkeit glauben zu machen, daß »die meisten chemischen Substanzen *nicht* krebserregend sind«, das heißt, daß die meisten Substanzen nonkanzerogen sind. Zugleich aber leugnet das OSHA die Existenz von Nonkanzerogenen. Das OSHA verlangt also, daß die Öffentlichkeit an ein Phänomen glaubt, dessen Existenz das OSHA selbst leugnet. Weiter läßt sich die Absurdität wohl kaum noch auf die Spitze treiben.

Widerspruch # 3: Das OSHA vertritt die Überzeugung, Mutagentests seien geeignet, verbindliche Kanzerogenitätsprognosen zu begründen, und empfiehlt daher die Anwendung solcher Tests. Zugleich publiziert es eine von Joyce McCann geäußerte Kritik, in der es heißt, das vorliegende nonkanzerogene Datenmaterial sei wissenschaftlich so wenig abgesichert, daß eine Verifizierung von Mutagentests noch nicht möglich sei.[70] Das OSHA veröffentlichte auch eine kongeniale Stellungnahme Umberto Saffiottis, der in einem Augenblick geistiger Abwesenheit die Empfehlung aussprach, man solle zwecks einer derartigen Verifizierung sämtliche Kanzerogene und *Nonkanzerogene* systematisch registrieren.[71] Aber indem das OSHA die Existenz nonkanzerogener Substanzen leugnete, leugnete es zugleich auch die Möglichkeit, eine Verifizierung von Mutagentests vorzunehmen – wo doch das OSHA selbst die Anwendung solcher Tests gerade empfiehlt. Bruce Ames hat erklärt, daß ein Mutagentest nicht nur Kanzerogene positiv, sondern gleichermaßen Nonkanzerogene negativ nachweisen muß.[72] Das OSHA hat diesen Wissenschaftler, während es ihn wärmstens unterstützte, zugleich wissen lassen, daß Nichtkanzerogenität schlechthin nicht nachweisbar ist.

Widerspruch # 4: Das OSHA hat schließlich öffentlich erklärt, daß sich in Tierversuchen nur Kanzerogene, nicht jedoch Nonkanzerogene nachweisen lassen. Es hat daher das Hauptziel jeglicher Tierversuche, nämlich die

Unterscheidung zwischen Kanzerogenen und Nonkanzerogenen für nichtig erklärt. Das heißt, es hat die praktische Anwendbarkeit der im Tierversuch gewonnenen Ergebnisse bestritten, und das wiederum bedeutet, daß das OSHA sich selbst die rationale Basis für die von ihm aufgrund solcher Tests erlassenen Bestimmungen entzogen hat.

Wäre das OSHA ein einzelner Wissenschaftler, so würde man es bedenkenlos als verrückt bezeichnen. Aber das OSHA ist ein bürokratischer Apparat, und solche Apprate lassen sich mit einer derartigen Diagnose nicht zutreffend charakterisieren. Natürlich ist kein einzelner Mensch für die vom OSHA vertretene Politik verantwortlich, und diese Politik wurde bisher auch noch nie einer systematischen Analyse unterzogen. Wer immer jedoch eine solche Analyse vornehmen würde, der würde sich abwechselnd vor Lachen biegen und vor Gram die Haare raufen.

Und damit haben wir die 2. Position erschöpfend analysiert. Was also fällt uns besonders ins Auge, wenn wir die beiden Positionen miteinander vergleichen, von denen die eine besagt, daß die meisten getesteten Substanzen nicht kanzerogen sind (und diese Behauptung hatte nur die Funktion, unter dem Schlagwort »Nicht alles ist krebserregend« den US-Kongreß sowie die amerikanische Öffentlichkeit zu beruhigen und somit den gegen Hochdosierungstests vorgebrachten Argumenten die Spitze abzubrechen), während die andere Position das Argument vertritt, daß es überhaupt keine Nonkanzerogene gibt (und zwar immer im Hinblick auf die Reglementierung der Industrie)? Zunächst einmal fällt uns auf, daß die Reglementierungswissenschaft bar jeder elementarsten Logik argumentiert. Die zweite Schlußfolgerung, zu der wir gelangen, ist die folgende: Die Reglementierungswissenschaft und ihre Verteidiger werden jeden Standpunkt einnehmen, der ihnen geeignet erscheint, ihre Macht über die Industrie aufrechtzuerhalten, sei nun dieser Standpunkt rational einleuchtend oder nicht.

Im folgenden werden wir sehen, in welche weiteren Widersprüche sich die Reglementierungswissenschaftler verstricken, um ihre Machtposition nicht einzubüßen.

Kapitel 10

Der Fall der nichtexistenten Kanzerogene

Wissenschaft und Gesellschaft konnten sich bisher nicht auf eine verbindliche und gültige Definition von Kanzerogenen einigen, weder hinsichtlich der Humankanzerogene, noch was die im Tierversuch gefundenen Kanzerogene anbelangt.[1]

First Annual Report of Carcinogens,
Department of Health and Human
Services, 1980.

Der Laie ist möglicherweise der Ansicht, daß es viel einfacher ist, eine nichtkanzerogene Substanz zu identifizieren als ein Kanzerogen. Denn schließlich verursacht ein Kanzerogen ein real existierendes Krankheits-Bild, was bei Nichtkanzerogenen nicht der Fall ist. Darüber hinaus wird der Laie von der Annahme ausgehen, daß Wissenschaftler, die in behördlichen Institutionen tätig sind, wissen, wovon die Rede ist, wenn sie von Kanzerogenen sprechen. Doch leider entsprechen die an und für sich logischen Annahmen des Laien nicht der Realität. Für den Leser dieses Buches dürfte dies vermutlich keine große Überraschung sein, denn ihm ist inzwischen klargeworden, daß das gängige Konzept der Kanzerogenität äußerst umstritten und anfechtbar ist.

Der Leser hat inzwischen mehr Information zu diesem Thema in Händen, als ihm vielleicht bewußt ist. Deshalb an dieser Stelle eine kurze Zusammenfassung:

- Uns ist bekannt, daß dieselben Genetiker, die Schwierigkeiten mit der Definition von Nonkanzerogenen haben, auch bei der Definition von Kanzerogenen auf Probleme stoßen. In den Fußnoten und chiffrierten Symbolen der so hochgelobten McCann-Studie aus dem Jahr 1975, die eine Korrelation von 90 Prozent zwischen Mutagenen und Kanzerogenen angibt, gehen die Autoren auf die Schwierigkeiten ein, auf die sie bei der Definition der Kanzerogene wie auch der Nonkanzerogene stießen. An dieser Stelle zitiere ich zum besseren Verständnis noch einmal meinen eigenen Kommentar der Klassifikation von *Kanzerogenen* aus Kapitel 6:

> ...In einer der Fußnoten hieß es wörtlich, Kanzerogenitätstests seien im Tierversuch sehr schwierig durchzuführen, und besonders schwierig sei es, »Nichtkanzerogene« zu identifizieren. Die Kategorisierung der Kanzerogene zeigt schon, wo das Problem ihrer Klassifizierung liegt. Die Autoren arbeiteten eigentlich mit *drei* Kategorien von Kanzerogenen: 1. »Kanzerogenen«, 2. »schwachen Kanzerogenen« und 3. »Kanzerogenen, deren Status wegen mangelnder Daten wissenschaftlich noch nicht eindeutig geklärt ist«. Hinsichtlich der Nichtkanzerogene arbeiteten McCann und Ames sogar mit vier Kategorien: 1. »Nichtkanzerogenen«, 2. »Nichtkanzerogenen, deren Status wegen mangelnder Daten wissenschaftlich noch nicht geklärt ist«, 3. »in den meisten Testreihen als nichtkanzerogen identifizierte Stoffe«, die jedoch in anderen Versuchsreihen leicht kanzerogene Wirkungen entfalten, und 4. mit einer zusätzlichen Gruppe von sechsundvierzig Chemikalien, die als »nichtkanzerogen oder wahrscheinlich nichtkanzerogen« beschrieben wurden. Schließlich gab es noch eine Kategorie von Daten, die so »unzulänglich« waren, daß sich überhaupt nicht mehr sagen ließ, ob die entsprechenden chemischen Substanzen kanzerogen oder nichtkanzerogen sind.

Hieraus geht eindeutig hervor, daß sich die Autoren, die mit anderen Experten auf dem Gebiet der Kanzerogenese in regem Informationsaustausch standen und bemüht waren, ihre Mutagene mit seriösem und verläßlichem Datenmaterial zu korrelieren, dabei mit einigen unliebsamen Überraschungen konfrontiert sahen.

- Uns ist ebenfalls bekannt, daß das Internationale Komitee, das 1976 – also im selben Jahr, in dem das Gesetz zur Kontrolle toxischer Substanzen verabschiedet wurde – begonnen hatte, in einer Blindstudie die Validität der zwischen Kurzzeittests und Tierversuchen bestehenden Korrelation zu überprüfen, ebenfalls auf erhebliche Schwierigkeiten stieß. Es stellte sich z. B. heraus, daß man bei verschiedenen Testreihen zu einander widersprechenden Ergebnissen hinsichtlich der Kanzerogenität mancher Substanzen gekommen war. Das Komitee setzte sich aus drei Experten zusammen und war laut Aussage der Koordinatoren des internationalen Programms mit der Absicht gebildet worden, sich eine »unabhängige« Meinung zu bilden. Mit anderen Worten: Es bestand die Gefahr, dem Komitee könnte der Vorwurf der Voreingenommenheit gemacht werden, wenn es eine Substanz als kanzerogen klassifizierte. Wie man uns mitteilte, bereitete es den Experten keine Schwierigkeiten, zu einer übereinstimmenden Definition der Kanzerogenität zu gelangen. Doch wirft sich die Frage auf, weshalb es im Jahr der Verabschiedung des Gesetzes zur Kontrolle toxischer Substanzen so riskant war, eine chemische Substanz als kanzerogen zu *bezeichnen*, und aus welchem Grund es überhaupt notwendig war, ein Komitee zu gründen. Weshalb legten Ames et al. so großen Wert auf einen solch umfangreichen Informationsaustausch mit *Privatpersonen* bezüglich der Identifikation von Kanzerogenen? Jedermann, der an einem der beiden Projekte mitarbeitete, hatte freien Zugang zum Datenmaterial des National Cancer Institute oder der entsprechenden Krebsforschungsbehörde in anderen Industriestaaten. So war z. B. Lorenzo Tomatis von der IARC (Internationale Krebsforschungsbehörde) eines der Mitglieder des Expertenkomitees und Frederick de Serres und Michael Shelby, zwei der Koordinatoren, gehörten dem NIEHS an. Weshalb rief keiner der Genannten beim NCI oder dem IARC an oder beim NIEHS OSHA oder bei der EPA oder der FDA und verlangte die dort zur Verfügung stehenden Daten der im Tierversuch als Kanzerogene identifizierten Substanzen? Aus welchem Grund war es ein Jahr vor der Veröffentlichung des Gesetzes zur Kontrolle toxischer Substanzen eigentlich so schwierig, eine chemische Substanz eindeutig als kanzerogen zu klassifizieren?

- Wir kennen inzwischen die Antworten auf all diese Fragen: Bis 1978 konnte seitens der zahlreichen behördlichen Instanzen keine Übereinstimmung erzielt werden, nach welchen Kriterien Tierversuche durchgeführt und interpretiert werden sollten. Erst 1979 rief die FDA (Arzneimittelverwaltungsbehörde) unter dem Druck des »Nitritskandals« ein Komitee ins Leben, das die Kriterien für pathologische Untersuchungen, insbesondere für die Definition und Identifikation kanzerösen Gewebes, festsetzen sollte. Und bis 1980 existierten keinerlei Kriterien zur Klärung verfahrenstechnischer und methodischer Kontroversen.

Diese Tatsachen erklären, weshalb 1975 und 1976 niemand nach dem Telefonhörer griff und von den zuständigen Behörden die Liste der nachgewiesenen Kanzerogene verlangte. Es gab offenbar niemanden, den man anrufen konnte, und wenn man es doch versuchte, waren alle Leitungen belegt, da jeder verzweifelt bemüht war, genau diese Information zu erhalten.

Eine Frage mag sich dem Leser aufdrängen: Ist es möglich, daß die in den Behörden institutionalisierte Wissenschaft im Jahr der Verabschiedung des Gesetzes zur Kontrolle toxischer Substanzen gar nicht genau wußte, was ein Kanzerogen ist? Die Anwort auf diese Frage lautet: Die

»offizielle« Wissenschaft besaß zwar einige Kenntnisse, doch ausreichend oder gar erschöpfend waren diese Kenntnisse keineswegs. Die in behördlichen Institutionen tätigen Wissenschaftler, die sich der Aufgabe verschrieben hatten, durch präventive Maßnahmen, wie z. B. durch das Verbot gewisser in der Industrie gebräuchlicher chemischer Substanzen, Krebserkrankungen zu verhindern, sahen sich mit zwei schwerwiegenden Problemen konfrontiert. Man muß diese beiden Probleme verstehen, will man das Dilemma begreifen, in dem sich die »offizielle« Wissenschaft damals befand.

Eines dieser Probleme war die hinsichtlich der Zahlen herrschende Verwirrung, und wie sich der Leser erinnern wird, existieren drei verschiedene Kategorien von Zahlen: Es ging um die Zahl der gesamten existierenden chemischen Substanzen, um die Zahl der im Gebrauch befindlichen chemischen Substanzen und um die Zahl der Kanzerogene. Wie bereits dargestellt, nahmen diese Zahlen über die Jahre hinweg stetig zu.

Die Zahl, die die Gesamtheit der existierenden chemischen Substanzen bezifferten erhöhte sich mit geradezu atemberaubender Geschwindigkeit: 1976 nannte Russel E. Train von der EPA die Zahl 2000000; 1977, ein Jahr später bezifferte die EPA in dem von ihr herausgegebenen Kompendium *Potential Industrial Carcinogens and Mutagens* die Zahl der existierenden chemischen Substanzen mit 3500000. 1978 umfaßte das Computerverzeichnis des *Chemical Abstracts Service* bereits mehr als 4000000 Substanzen, und diese Zahl wuchs pro Woche um 6000 Verbindungen. Joseph E. Califano, damals Minister für Gesundheit, Erziehung und Soziales, nannte 1978 die Zahl von 7000000 existierenden chemischen Substanzen.

Auch die Zahl der im Gebrauch befindlichen chemischen Verbindungen nahm stetig zu. 1975 bezifferte David P. Rall, Direktor des NIEHS, diese Zahl mit etwa 10000 und fügte hinzu, daß jährlich 500–1000 neue chemische Verbindungen auf den Markt kämen, 1977 nannte die EPA in *Potential Industrial Carcinogens and Mutagens* bereits die Zahl 25000, die pro Jahr angeblich um etwa 700 wuchs. 1978 erklärte Samuel Epstein in *Politics of Cancer,* daß der *Chemical Abstracts Service* der EPA eine Liste von etwa 33000 im Handel befindlichen chemischen Substanzen vorgelegt habe. Noch im selben Jahr teilte David S. Sundin vom NIOSH der Öffentlichkeit mit, daß sein Institut ungefähr 46000 Formeln chemischer Produkte registriert habe. 1979 zitierte die Zeitschrift *Science* Douglas Costle vom EPA, der die Zahl im Handel befindlicher chemischer Substanzen mit 70000 bezifferte.

Die Zahl der als kanzerogen identifizierten chemischen Substanzen schließlich stieg innerhalb eines Jahrzehnts sogar um das Fünffache. 1967 noch hatte Isaac Berenblum in *Cancer Research Today* die Zahl der im Tierversuch krebserregenden synthetisch hergestellten Substanzen mit 500 angegeben. 1976 nannte Thomas Maugh, der Autor von *Seeds of Destruction,* ein in *Science* erschienener Bericht über den Stand der Krebsforschung, bereits die Zahl von 1000 kanzerogenen chemischen Substanzen und fügte hinzu, daß »ein Vielfaches dieser Zahl an Substanzen im Verdacht stehe, krebserregend zu sein«. 1976 veröffentlichte das Staatliche Institut für Sicherheit und Gesundheit am Arbeitsplatz (NIOSH), die Forschungsabteilung des Amts für Sicherheit und Gesundheit am Arbeitsplatz (OSHA), das Buch *Suspected Carcinogens,* in dem die Gesamtzahl der chemischen Substanzen, die neoplastisch (Verursachung von benignen Tumoren) oder kanzerogen wirken, mit 1905 und die der kanzerogenverdächtigen Substanzen mit 510 beziffert wird – insgesamt 2415.

Während die für die drei erwähnten Kategorien chemischer Substanzen genannten Zahlen unaufhaltsam in die Höhe schossen, war das politische Echo dieser Entwicklung allenthalben zu spüren: Sämtliche Medien waren bemüht, den Bürger zu überzeugen, daß Train recht hatte, als er behauptete, jeder Atemzug, jeder Bissen und jeder Schluck, den man zu sich nehme, sei bereits lebensgefährlich. Angesichts dieses alles umfassenden Universums an Gefahren versuchten einige Wissenschaftler, die Wolken des Unheils, die sie heraufbeschworen hatten, wieder in die Reagenzgläser zurückzubannen. So äußerte sich zum Beispiel 1979 James Miller, dem gemeinsam mit Elizabeth Miller die entscheidende Entdeckung der metabolischen Aktivierung der Kanzerogene gelungen war, kritisch zu der veröffentlichten Zahl der insgesamt existierenden chemischen Substanzen und der im Handel befindlichen Chemikalien. In einem Artikel, der für seine in der Krebsforschung tätigen Kollegen verfaßt war, erklärte er, daß diese Zahlen weitgehend mißverständlich gebraucht worden seien. Zwischen dem Jahr 1800 und dem Ende des Zweiten Weltkriegs seien tatsächlich etwa 1000000 chemischer Substanzen synthetisiert worden, in den Jahren von 1945 bis 1960 eine weitere Million und bis 1978 ungefähr weitere 2000000 – also alles in allem etwa 4000000. Doch, so betonte Miller und wollte sich als einer verstanden wissen, »der das hervorragende intellektuelle und praxisbezogene Fundament der Organischen Chemie bewundert«, müssen diese rapide zunehmenden Zahlen bekanntgewordener Substanzen differenzierter betrachtet werden. Sie seien zum Teil auf die »neuentwickelten hervorragenden spektroskopischen Erkennungsmethoden« zurückzuführen. Miller räumte ein, daß die Zahl der synthetisch hergestellten organisch-chemischen Verbindungen die Zahl der in der Natur existierenden chemischen Substanzen bei weitem übersteigt, und er nannte für die letztere Kategorie eine Zahl von etwa 100000. Die Mehrzahl der existierenden chemischen Verbindungen, so führte er weiter aus, seien Produkte der menschlichen Intelligenz und »werden in nur kleinen Mengen in Forschungslabors hergestellt und bleiben auch dort, so daß man sagen kann, daß die meisten der synthetisch hergestellten chemischen Substanzen nie in die Umwelt gelangen«. Miller bezweifelte die oft genannte Zahl von 63000 im Gebrauch befindlicher chemischer Substanzen: »... sind nach meiner Überzeugung berechtigte Zweifel anzumelden, daß sich alle oder auch nur die Hälfte der genannten Substanzen tatsächlich in ›allgemeinem Gebrauch‹ befinden; selbst wenn sie im Prinzip verfügbar sind.« Und er fügte hinzu: »Ich finde es äußerst interessant, daß ein Beamter des EPA diese Art von Listen chemischer Substanzen als ›Strohmannlisten‹ bezeichnet hat.«[2]

Parallel zu der vorstehend skizzierten Entwicklung stieg auch die Zahl der Kanzerogene unaufhörlich in die Höhe. 1978 wurde der Öffentlichkeit plötzlich bewußt, daß das auf Tierversuchen beruhende Kanzerogenesetestprogramm des NCI, das laut Norbert Page das wahrscheinlich umfangreichste Forschungsprojekt der Welt zur Identifizierung von Kanzerogenen[3] war, einen Großteil seiner Aufmerksamkeit auf relativ selten gebrauchte Substanzen konzentriert hatte. Wie Thomas Maugh von der Zeitschrift *Science* berichtete, werden viele der getesteten chemischen Substanzen in nur geringen Mengen hergestellt, und weder Industriearbeiter noch die Bevölkerung sind ihnen in signifikanten Mengen ausgesetzt.[4] Mit anderen Worten: Ein großer Prozentsatz der vom NCI als kanzerogen identifizierten Substanzen hat in der Praxis nur wenig oder gar keine Bedeutung. Auch James Miller setzte sich 1979 kritisch mit den veröffentlichten Zahlen der Kanzerogene auseinander. Er erklärte, die betreffenden Angaben seien durchweg übertrieben, und »die meisten der getesteten Chemikalien sind in der Analyse von bereits bekannten Kanzerogenen hinsichtlich ihrer strukturell bedingten Eigenschaften untersucht worden, und die große Zahl von Verbindungen, die in erster Linie zur Analyse strukturell bedingter Eigenschaften von chemischen Substanzen synthetisiert worden waren, haben die veröffentlichten Listen der Kanzerogene beträchtlich anschwellen lassen«.[5] Zweifellos hat die intensiv betriebene Entwicklung neuer chemischer Varianten bereits bekannter Kanzerogene seitens des NCI nicht unerheblich zu der Phobie vor chemischen Substanzen, die sich allenthalben breitmacht, beigetragen.

Doch während Miller und andere damit beschäftigt waren, den Schwelbrand, den die künstlich aufgeblähten Zahlen kanzerogener Substanzen im Bewußtsein der Öffentlichkeit verursacht hatten, wieder zu löschen, floß ein nicht versiegender Strom von staatlichen Subventionen in die Forschungslabors der Universitäten, um die Untersuchung der Kanzerogenität anderer chemischer Substanzen zu ermöglichen. 1980 veröffentlichte Tamas E. Doszkocs von der National Library of Medicine in *Science* einen Artikel, in dem er auf die Verbreitung und Computerisierung der wissenschaftlichen Literatur einging. Zahlreiche der Datenträger, die er erwähnte, speichern vor allem Veröffentlichungen auf dem Gebiet der Krebsforschung. So hatte zum Beispiel CANCERLIT, eine dieser zentralen Datenspeicherungsanlagen, von 1976 bis 1979 allein 183433 fachspezifische Neueingänge registriert, und CANCERPROJ, ein weiterer solcher Datenträger, hatte »16000 Projektbeschreibungen von gegenwärtig durchgeführten Krebsforschungsprojekten auf der ganzen Welt gespeichert.«[6] Nicht alle, doch wohl die Mehrzahl dieser Forschungsprojekte basierte auf Tierexperimenten, und die weltweit zusammengetragenen Informationen sind von relevanter Bedeutung für die Problematik, mit der sich jeder Wissenschaftler auseinanderzusetzen hat, der Tierversuche durchführt. Es existieren vergleichbare Datenspeicher auch für Fachbereiche wie Toxikologie, Pharmakologie und Chemie, die für die Krebsforschung relevante Informationen speichern. Obwohl der Computer inzwischen zu einem unverzichtbaren Hilfsmittel für alle, die auf dem Gebiet der Kanzerogene forschen, geworden ist, konnten damit nicht alle Probleme aus der Welt geschafft werden. Doszkocs stellte in diesem Zusammenhang fest: »Trotz der eindrucksvollen Schnelligkeit und Flexibilität, mit der die erwähnten Informations- und Abrufsysteme Datenmaterial zur Verfügung stellen, sind ihre Kapazität und Wirksamkeit bisher aufgrund mangelnder Inanspruchnahme der Datenspeicher, mangelnder Koordination der verschiedenen Speichersysteme und wegen des dringend benötigten, besonders geschulten Fachpersonals nicht voll zum Tragen gekommen.«[7] Der Artikel war als ein Versuch gedacht, die Wissenschaftler darauf aufmerksam zu machen, daß diese zentralen Datenträger existieren und wie mit ihrer Hilfe gearbeitet werden kann. 1980 hatte sich diese explosive Zunahme des zugänglichen Datenmaterials zu einem Problem für die Krebsforscher der ganzen Welt entwickelt, doch nur die Computer und vielleicht das »besonders geschulte Fachpersonal« wußten, wie viele chemische Substanzen mittlerweile als Kanzerogene identifiziert worden waren.

Den gleichen Problemen begegnen wir auf dem Gebiet der Mutagenforschung. Bereits 1969 stellte die damals gegründete »Environmental Mutagen Society« (Gesellschaft für Umweltmutagene) fest, daß »es für den einzelnen gar nicht mehr möglich ist, Zugang zu Forschungsergebnissen auf dem Gebiet der chemisch bedingten Mutagenese zu finden.«[8] Bereits 1972 existierten 8500 »Datenträger« und 1980 endlich wurden – nach Aussage von Robert S. Stafford vom »Environmental Mutagen Information Center« (Informationszentrum Umweltmutagene) – riesige Computer mit Datenmaterial aus 30000 Forschungsprojekten gefüttert. Bedenkt man jedoch die enormen Unterschiede hinsichtlich der Versuchsanordnungen und Testbedingungen – so Stafford weiter –, dann sei es unmöglich, bereits abzuschätzen, zu welchen Ergebnissen uns die überwältigende Menge von Datenmaterial bringen wird.[9]

Angesichts dieser Umstände läßt sich bereits erahnen, wie verwirrend die Situation für die »institutionalisierte« Wissenschaft allmählich wurde: Einerseits mußte ihren Vertretern bewußt werden, daß ihre apokalyptische Vision von der tödlichen Gefahr, die dem Menschen von den Abermillionen chemischer Substanzen drohte, nichts als eine Halluzination gewesen war, und andererseits verteilten die verantwortlichen Institutionen weiterhin großzügig Subventionen an nationale und internationale Forschungsprojekte. Dies wiederum hatte zur Folge, daß die Computer mit neuem Datenmaterial gefüttert wurden, und die ständig steigende Flut der Kanzerogene schwoll erneut beträchtlich an.

Doch die Zahlen an sich waren nur das vordergründige Problem; das wirklich Entscheidende war die Problematik der Validität des vorhandenen Datenmaterials. Denn nicht alle Experimente, die zur Identifikation von kanzerogenen chemischen Substanzen geführt haben, können als »gültig« oder »valide« bezeichnet werden – vorausgesetzt die Wissenschaftler könnten sich auf eine allerseits anerkannte Definition der Experimentalbedingungen für Tierversuche einigen; eine Voraussetzung, die, wie der Leser weiß, bislang nicht gegeben ist. Es stellt sich also die Frage, wie viele der Tausende bekanntgewordener Kanzerogene tatsächlich unter gültigen Versuchsbedingungen identifiziert wurden; eine berechtigte Frage, die allerdings von niemandem definitiv beantwortet werden kann. Roy Albert umschrieb die Problematik sehr taktvoll, als er 1978 bemerkte: »In den letzten Jahren ist eine Fülle von Datenmaterial aus Tierversuchen von sehr unterschiedlicher Qualität veröffentlicht worden.«[10] Wie bereits in Kapitel 3 (Zusammenstellung von industriell hergestellten Kanzerogenen) erwähnt, existieren unterschiedliche Schätzungen über die Zahl der kanzerogenen chemischen Substanzen. 1976 veröffentlichte das NIOSH eine Liste von 2415 kanzerogenverdächtigen Substanzen. Ein Jahr darauf erschien im Auftrag der EPA *Potential Industrial Carcinogens and Mutagens,* in dem 1000 Substanzen erwiesenermaßen benigne Tumoren verursachten und 100 als eindeutig krebserregend bezeichnet werden.

Die oberste US-Arbeitsschutzbehörde, das Amt für Sicherheit und Gesundheit am Arbeitsplatz (OSHA) beauftragte 1977 das Unternehmen Clement Associates mit der Überprüfung der 2415 Substanzen umfassenden Liste des NIOSH, wobei nur solche Substanzen als kanzerogen eingestuft werden sollten, die bei den ersten zwei Tests zu positiven Ergebnissen geführt hatten, während die Versuchsergebnisse der übrigen eventuell durchgeführten Tests, auch wenn sie negativ waren, unberücksichtigt blieben.[11] Unter Berücksichtigung dieser Richtlinien identifizierte die Studie von Clement Associates 269 »kanzerogene chemische Substanzen«[12] und mehrere hundert (unterschiedliche Zahlenangaben in der Literatur)[13] als »kanzerogenverdächtig«. Samuel Epstein wies darauf hin, daß diese Liste »eindeutig« kanzerogener Substanzen auch solche chemischen Verbindungen enthält, mit denen niemand in Berührung kommt, da sie lediglich für den Labortest entwickelt wurden und oft nur Varianten bestimmter gebräuchlicher chemischer Substanzen sind. Epstein schätzte die Zahl der Kanzerogene, deren Produktion durch gesetzliche Regelung erfaßt werden sollte, auf mehr als 100.[14] Innerhalb weniger Jahre war die Zahl auf 2415 kanzerogenverdächtiger Substanzen in drastischer Weise auf 269 »eindeutig« kanzerogene Chemikalien und schließlich auf 100 geschrumpft.

Auch Saffiotti veröffentlichte unterschiedliche Schätzungen darüber, wie viele der durchgeführten Tierversuche tatsächlich als gültig betrachtet werden können. 1976 wies er darauf hin, daß viele der 6000 hinsichtlich ihrer Kanzerogenität getesteten Substanzen unter unzureichenden Versuchsbedingungen untersucht worden seien. Er erklärte, daß zahlreiche Versuchsprotokolle den heutigen Ansprüchen der Validität nicht genügen, daß Tests mit unreinen Substanzen, an zu kleinen Testgruppen von Tieren oder ohne adäquate Kontrolle durchgeführt worden seien. Manche der Tests seien auch nicht über den für die Tumorentwicklung erforderlichen Zeitraum hinweg durchgeführt und andere wiederum von nur unzulänglichen pathologischen Untersuchungen begleitet worden. Saffiotti schätzte, daß nur etwa die Hälfte der untersuchten Substanzen unter adäquaten Versuchsbedingungen getestet, und von den etwa 1000 als kanzerogen bezeichneten Substanzen sei nur etwa für 500 der »mit der gebotenen Sorgfalt geführte Nachweis« ihrer Kanzerogenität erbracht worden.[15] Doch er fügte hinzu: »Die Zahl der als kanzerogen identifizierten Substanzen ist beträchtlichen Schwankungen unterworfen, abhängig von der Stringenz der Kriterien, die für eine Untersuchung der Kanzerogenität chemischer Substanzen festgelegt werden.«[16] Saffiottis Schätzungen wurden 1977[17] von Epstein übernommen, doch noch im selben Jahr wartete

Saffiotti bereits mit neuen Zahlen auf. Es gebe etwa 1000–1500 Chemikalien, erklärte er nun, die aufgrund der Ergebnisse von Tierexperimenten als kanzerogenverdächtig betrachtet werden müßten. Seiner Schätzung nach existierten für die Kanzerogenität von 600 bis 800 dieser Substanzen »stichhaltige Beweise«.[18] 1978 äußerte Saffiotti gegenüber Thomas Maugh von der Zeitschrift *Science* eine neue Variante seiner Schätzungen: Von 7000 getesteten chemischen Substanzen, so erklärte er, seien etwas mehr als 1500 als Kanzerogene identifiziert worden. Doch ungefähr die Hälfte davon sei unter unzureichenden Versuchsbedingungen nachgewiesen worden, so daß die tatsächliche Zahl der kanzerogenen Substanzen etwa bei 750 liege. Erneut wies Saffiotti darauf hin, daß die Zahl der »bekannten und anerkannten Kanzerogene« von der Stringenz der Kriterien abhängig ist, die einem Tierexperiment zugrunde gelegt werden.[19]

Aus den von Saffiotti veröffentlichten Zahlen geht recht eindeutig hervor, wie er zu den geschätzten Zahlen der »gültig nachgewiesenen« kanzerogenen Substanzen gelangte: Er teilte einfach die Gesamtzahl der identifizierten Kanzerogene durch zwei. Schätzungen dieser Art bringen einen jedoch in eine Situation, die der des verwirrten Bürgers von Peking, wie sie der Kolumnist George Will beschreibt, nicht unähnlich ist: »1978 verkündete eine Wandzeitung in Peking, daß Mao nur zu 70 Prozent recht habe, und 800 Millionen Chinesen zerbrachen sich den Kopf, welche 30 Prozent der ›Maobibel‹ denn nun falsch seien.«[20] Ähnlich ergeht es dem Laien, wenn er Saffiottis 50-Prozent-Schätzung betrachtet, und unwillkürlich stellt er sich die Frage, welche Hälfte der Kanzerogene nun unwesentlich ist. Bezieht man in die Überlegung Saffiottis Einschränkung mit ein, daß die Zahl der »bekannten und anerkannten Kanzerogene« von der »Stringenz« der Kriterien für die Identifizierung von Kanzerogenen abhängig ist, dann wird einem bewußt, daß Saffiottis 50 Prozent ebensogut 40 oder 60 Prozent eines anderen Schätzers sein könnten; oder auch 30 Prozent oder 70 Prozent. Oder möglicherweise auch 17 Prozent oder 10–15 Prozent oder 10 Prozent oder 7 Prozent oder 2 Prozent oder »vielleicht auch nur ein paar Dutzend« der noch zu untersuchenden chemischen Substanzen; insbesondere wenn man versucht, die Öffentlichkeit und den Kongreß zu beruhigen und die Einwände anderer Wissenschaftler gegen die Tests mit hohen Dosierungen abzuwehren.

1979, also ein Jahr nachdem Saffiotti die Zahl der existierenden Kanzerogene auf 750 geschätzt hatte, sprach Sidney Wolfe vor dem von Senator Edward Kennedy geleiteten Senatsausschuß und zitierte die unveröffentlichte Schätzung von Bernard Altshuler von der New York University: Von ungefähr 10000 getesteten chemischen Substanzen seien nur etwa 2

Prozent, d. h. 220 kanzerogen. Auf welche Weise Saffiottis 750 Kanzerogene auf Altshulers 220 zusammengeschmolzen waren, bleibt unklar und ist an dieser Stelle auch unwichtig. Wichtig jedoch bleibt, daß niemand zu sagen wußte, wie viele der durchgeführten Kanzerogentests als gültig und valide einzustufen seien. Niemand *konnte* dies wissen, denn die Validität der Tests hing von der »Stringenz« der Versuchskriterien ab. Da diese Kriterien nur in den Köpfen der »kompetenten Experten« existierten, mußte dies, wie Kraybill vom NCI richtig feststellte, »unweigerlich« zu Kontroversen führen. So betrachtete z. B. Isaac Berenblum eine Substanz nur dann als »hinreichend identifiziertes« Kanzerogen, wenn sie im Tierversuch bei »mindestens drei Tierarten Krebs hervorruft«, während David Rall, Direktor des NIEHS und des OSHA der Meinung ist, daß bereits ein einziges positives Testergebnis bei einer Tiergattung genügt, um eine Substanz als Kanzerogen zu bezeichnen. Bereits dieses eine Kriterium – nämlich wie viele Tierspezies nach Gaben einer chemischen Substanz Krebs entwickeln müssen, damit diese Substanz als Kanzerogen bezeichnet werden kann – verändert die Zahl der Kanzerogene beträchtlich. Genauer betrachtet entsprach also ein Kanzerogen fast – nicht ganz, aber doch fast – dem, was man jeweils hineininterpretieren wollte.

Mit anderen Worten: Es existierte gar keine allgemein gültige und anerkannte Liste von Tierkanzerogenen! Saffiotti analysierte 1978 das vorhandene Datenmaterial bezüglich identifizierter Kanzerogene wie folgt:

Die Dokumentation des Datenmaterials bezüglich der Kanzerogenität chemischer Substanzen stammt aus folgenden Quellen:

1. »IARC-Monographs on the Evaluation of Carcinogenic Risk of Chemicals to Man«. Diese von der Internationalen Krebsforschungsbehörde (IARC) herausgegebenen Monographien zur Beurteilung des kanzerogenen Risikos, das chemische Substanzen für den Menschen darstellen, sind gegenwärtig die einzigen umfassenden Belegquellen für Datenmaterial bezüglich Kanzerogenität chemischer Substanzen, die eine systematische und kritische Diskussion der experimentellen Versuchsbedingungen, der Versuchsprotokolle von Tierexperimenten sowie eine standardisierte Klassifikation der pathologischen Befunde bieten.
2. »Survey of Compounds Which Have Been Tested for Carcinogenic Activity.« Dieser vom Staatlichen Krebsforschungsinstitut der USA (NCI) herausgegebene Katalog von chemischen Substanzen, die hinsichtlich ihrer Kanzerogenität untersucht wurden, ist zwar eine der wichtigsten Belegquellen, doch bietet es keine kritische Diskussion des Datenmaterials.
3. »Suspected Carcinogens«, ein Unterverzeichnis des NIOSH-Verzeichnisses toxischer Substanzen, das etwa 1500 chemische Substanzen enthält, welchen in

der Literatur »neoplastische« oder »kanzerogene« Wirkung zugeschrieben wird; es enthält jedoch keine kritische Beurteilung der Befunde.
4. Weitere Zusammenstellungen von Kanzerogenen durch verschiedene andere Autoren oder Autorengruppen.

Ich bin der Ansicht, daß diese Quellennachweise mit großer Vorsicht verwendet werden sollten, besonders die Veröffentlichungen, die keine kritische Diskussion des Datenmaterials bieten.[21]

Saffiotti wies zwar darauf hin, daß »diese Quellennachweise mit großer Vorsicht« benutzt werden sollten, doch tatsächlich existierte nur eine Dokumentation des Datenmaterials, die die Ergebnisse der internationalen Krebsforschung kritisch beurteilte: die von der IARC herausgegebenen Monographien.

Ende der siebziger Jahre waren eine Menge Leute (einschließlich der Autorin dieses Buches) auf der Suche nach einer definitiv gültigen Liste eindeutig identifizierter und nachgewiesener Tierkanzerogene. Unter den Interessierten befand sich auch Andrew Maguire, Abgeordneter von New Jersey im Repräsentantenhaus, in dessen Heimatstadt hohe Krebsinzidenzziffern, die der chemischen Industrie zugeschrieben wurden, die Bevölkerung beunruhigten. Auf Betreiben Maguires verabschiedete der Kongreß 1978 eine Ergänzung zum National Cancer Act und forderte vom Ministerium für Gesundheit, Erziehung und Soziales (HEW) einen jährlichen Bericht, der »eine Liste aller Substanzen enthält, die eindeutig als Kanzerogene identifiziert sind oder für die eine solche Klassifizierung zu erwarten ist und mit denen ein signifikanter Teil der Bevölkerung der USA in Berührung kommt.«[22] Luther J. Carter begrüßte 1979 in der Zeitschrift *Science* diesen jährlichen Bericht des HEW begeistert als »eine der schärfsten Waffen gegen den Krebs«.[23] Solche Jahresberichte, so Carter, »könnten erheblichen politischen Druck ausüben, dem sich keine der an dem Kampf gegen den Krebs beteiligten Parteien entziehen könnte ... Ganz sicherlich waren diese Jahresberichte des HEW von Andrew Maguire, dem maßgeblichen Verfechter der im Jahr davor verabschiedeten Ergänzungen zum National Cancer Act, auch als eine Argumentationshilfe für die zuständigen Behörden gedacht.«[24]

Im Juli 1980 erschien die erste dieser »Argumentationshilfen«. Sie wurde vom Department of Health and Human Services herausgegeben und trug den Titel *The First Annual Report of Carcinogens.* Ihr Inhalt wirkte eher kleinlaut als überzeugend und bestand zu großen Teilen aus ausführlichen Erklärungen, weshalb nur eine Handvoll Kanzerogene – genauer gesagt sechsundzwanzig – in diesem Dokument aufgezählt seien und weshalb »einige Beschränkungen die volle Entwicklung und Nutzbarmachung des Jahresberichts verhindert hätten«.[25] In den vergangenen zwei Jahren – so war in dem Bericht weiter zu lesen – seien zwar gewisse Fortschritte erzielt worden, doch spezifische Daten über die gesundheitsschädigende Wirkung von Kanzerogenen für Menschen, die mit solchen Substanzen in Kontakt kommen, seien kaum verfügbar, eine Einschätzung der Risikofaktoren sei äußerst schwierig, und was das Schlimmste sei, niemand wisse mit Sicherheit, was ein Kanzerogen ist:

Wissenschaft und Gesellschaft konnten sich bisher nicht auf eine verbindliche und gültige Definition von Kanzerogenen einigen, weder hinsichtlich der Humankanzerogene, noch was die im Tierversuch getesteten Kanzerogene anbelangt. Oft kommt das Urteil der Wissenschaft über die Kanzerogenität einer Substanz einer Ermessensfrage gleich; dies wird besonders deutlich in Fällen, in denen die Ergebnisse der Tierversuche nicht eindeutig sind. Denn das Urteil der Wissenschaft beruft sich auf ein Wissen, das noch *keine* gesicherte Grundlage hat und erst im Entstehen begriffen ist.[26]

Die Klage zwischen den Zeilen ist nicht zu übersehen. Der Abgeordnete Andrew Maguire und das Gesetz hatten eine Liste der Kanzerogene gefordert, doch das National Toxicology Program (NTP) wußte nicht, wie ein Kanzerogen eindeutig zu identifizieren ist, denn das »Urteil der Wissenschaft« konnte sich lediglich auf Kenntnisse berufen, für die es »keine gesicherten Grundlagen« gibt. Die Erstellung einer Liste »eindeutig identifizierter Kanzerogene« war laut NTP »ein Vorstoß in unbekanntes Terrain«, und der veröffentlichte Bericht wurde als »Pionierleistung« gefeiert.[27] Im folgenden die sechsundzwanzig in dem Bericht genannten kanzerogenen Substanzen:

1. Aflatoxine
2. 4-Aminobiphenyl
3. Arsen und anorganische Arsenverbindungen
4. Asbest
5. Auramin
6. Benzol
7. Benzidin
8. N,N-Bis(2-chloräthyl)-2-naphthylamin
9. Bis(chlormethyl)äther
10. Cadmium und Cadmiumverbindungen
11. Chloramphenicol
12. Chlormethyläther
13. Chrom
14. Cyclophosphamid
15. Diäthylstilböstrol
16. Hämatit und Eisenoxide
17. Isopropylöle
18. Melphalan
19. Senfgas
20. 2-Naphthylamin
21. Nickel und Nickelverbindungen
22. Oxymetholon
23. Phenacetin
24. Phenythoin und Phenythoinnatrium
25. Ruß, Teere und Öle
26. Vinylchlorid

Der Bericht barg einige Überraschungen, denn er enthielt nicht die erwartete Liste von *Tier*kanzerogenen, sondern eine Liste der bekannten *Human*kanzerogene, die ausschließlich aufgrund epidemiologischer Untersuchungen zusammengestellt worden war.[28] Hinzu kam, daß die Liste der kanzerogenen Substanzen und Verbindungen direkt von der IARC, genauer aus der 1978 veröffentlichten Studie von Lorenzo Tomatis et al.[29] übernommen war. Bei der Mehrzahl der genannten Substanzen handelt es sich um am Arbeitsplatz gemessene toxische Schadstoffe, und einige sind medizinische Präparate bzw. Bestandteile von Arzneimitteln. Manche der Substanzen wie z. B. Senfgas waren bereits seit Jahrzehnten als Kanzerogene bekannt, und die kanzerogenen Eigenschaften von zumindest einer der Substanzen (Ruß) waren schon im 19. Jahrhundert erkannt worden.[30] Das National Toxicology Program teilte dem Kongreß mit, daß die IARC neuere Forschungsergebnisse veröffentlicht habe – zu spät, um im Jahresbericht des HEW gebührende Berücksichtigung zu finden –, doch die Verfasser des Berichts verpflichteten sich, sich in Zukunft auch mit solchen Substanzen zu befassen, die im Tierversuch als kanzerogen identifiziert wurden.[31] 1980 – also zehn Jahre nachdem dem Surgeon General versichert worden war, daß eine Krebsvorsorge auf der Basis von im Tierversuch gewonnenen Forschungsergebnissen in »greifbarer Nähe« sei, und vier Jahre nach der Verabschiedung des Gesetzes zur Kontrolle toxischer Substanzen – hatte die offizielle und behördliche Wissenschaft noch immer keine allgemein anerkannte Liste eindeutig nachgewiesener Tierkanzerogene in Händen. Diese Tatsache erschien mir so unglaublich, daß ich, ehe wir dieses Kapitel abschlossen, meine wissenschaftliche Assistentin Pamela Blanpied bat, die leitenden Herren der wichtigsten Forschungsinstitute und Behörden noch einmal anzurufen, um sich zu vergewissern, ob mittlerweile vielleicht doch eine solche Liste erarbeitet worden sei. Die verwirrten Vertreter der offiziellen Wissenschaft hatten keine Antwort auf unsere Fragen und verwiesen uns an Kollegen, die nicht minder ratlos waren. Für den interessierten Leser gebe ich hier einige Antworten wieder, die Pamela Blanpied auf ihre Frage nach einer Liste »eindeutig nachgewiesener und allgemein anerkannter Tierkanzerogene« erhielt und in ihren Aufzeichnungen notierte:

NIEHS: Das Büro David Ralls wies mich an Steven d'Arazien, den Pressereferenten des National Toxicology Programs. D'Arazien erklärte: »Eine solche Liste existiert nicht. Wir haben keine solche Liste.« Er empfahl die IARC-Studie von L. Tomatis aus dem Jahr 1978, die das National Toxicology Program als Grundlage für den First *Annual Report on Carcinogens* herangezogen hatte.

OSHA: Das Büro Eula Binghams verwies mich an Peter Infante. Ich sprach mit Infantes Assistentin Jolie Appel. Sie erklärte: »Wir haben keine Liste der Tierkanzerogene.« Nachdem sie mit Infante gesprochen hatte, rief sie mich zurück und teilte mir mit, Infante habe vorgeschlagen, die IARC zu konsultieren; besonders die Veröffentlichung von Tomatis, die die »jüngste und wohl auch beste« ihrer Art sei. Jolie Appel fügte hinzu: »Eine andere, allgemein anerkannte Liste gibt es nicht. Unsere Liste beruft sich ebenfalls auf die IARC-Liste.«

EPA: Das Büro von Douglas Costle verwies mich an Bob McGaughy, den Stellvertretenden Direktor der Cancer Assessment Group. McGaughy erklärte: »Die meisten Leute betrachten die IARC-Monographien als allgemein anerkannte und verbindliche Aussagen.« Er fügte hinzu, er sei ziemlich sicher, daß die Veröffentlichungen der IARC »den Anforderungen gerecht« werden und daß die EPA sie als valide und »exakt« betrachte.

Roy Albert, Berater und Gutachter bei der EPA, war selbst am Apparat und erklärte, ohne zu zögern: »Die IARC Tomatis, 1978, ist die beste Studie, die ich Ihnen empfehlen kann.«

NCI: Das Büro des Direktors verwies mich an Richard Adamson, den Leiter des Referats für Krebsursachen und Krebsvorsorge. Ich sprach mit seiner Assistentin Miß Quinn, die mir riet: »Rufen Sie Kraybill an. Er arbeitet mit der WHO zusammen und hat Beziehungen zur IARC.«

Die Aufzählung solcher Interviews ließe sich fortsetzen, doch ist dies nicht nötig, denn sämtliche Antworten stimmten in einer Aussage überein: Unser Institut besitzt keine Liste allgemein anerkannter Tierkanzerogene, doch Sie finden sie bei der IARC. Dies war allerdings merkwürdig, denn wenn Tomatis von der IARC eine solche Liste besaß, weshalb hatte sie das National Toxicology Program dann nicht veröffentlicht? Und weshalb stand diese Liste den Institutionen und Behörden nicht zur Verfügung? Weshalb war ich bisher nicht auf diese allgemein akzeptierte Liste gestoßen? Ich hatte zwar Tomatis' Studie aus dem Jahr 1978 aufmerksam gelesen, doch hatte ich möglicherweise etwas Wichtiges übersehen?

Die Antworten auf all diese Fragen gibt die Studie von Tomatis selbst: Überfliegt man sie ohne die gebührende Aufmerksamkeit für das Detail, glaubt man eine Liste der allgemein anerkannten Tierkanzerogene in Händen zu haben. Liest man jedoch die Studie genauer, das heißt Wort für Wort, einschließlich der Fußnoten, der Tabelle und der Differenzierungen zwischen Substanzen mit Stern und Substanzen ohne Stern und vor allem *die Überschrift der Tabelle,* wird man feststellen, daß die Untersuchung von Tomatis eben keine Liste eindeutig identifizierter Tierkanzerogene enthält. Im folgenden gebe ich die vollständige von Tomatis veröffentlichte Liste der Tierkanzerogene in Ergänzung zu der vom NTP veröffentlichten Liste der Humankanzerogene wieder:[32]

Liste der chemischen Substanzen, für deren Kanzerogenität im Tierversuch einige ernstzunehmende Hinweise gefunden wurden, bzw. der chemischen Substanzen, deren Kanzerogenität im Tierversuch nicht eindeutig nachgewiesen werden konnte (IARC-Monographien, Band 1–16).

1. Acetamid* α
2. Acridinorange
3. Acriflaviniumchlorid
4. Actinomycine*
5. Adriamycin
6. Aldrin
7. Amaranth
8. 5-Aminoacenaphthen
9. p-Aminoazobenzol*
10. o-Aminoazotoluol*
11. p-Aminobenzoesäure
12. 2-Amino-5-(nitro-2-furyl)-1,3,4-thiadiazol*
13. 4-Amino-2-nitrophenol
14. Amitrol*
15. Anilin
16. Anthranilsäure
17. Apholat
18. Aramit*
19. Arsen-(III)-oxid
20. Aurothioglucose*
21. Azaserin*
22. Aziridin*
23. 2-(1-Aziridinyl)-äthanol*
24. Aziridylbenzochinon*
25. Azobenzol*
26. Bariumchromat
27. Benz(a)acridin*
28. Benz(c)acridin*
29. Benzo(b)fluoranthen*
30. Benzo(j)fluoranthen*
31. Benzo(a)pyren*
32. Benzo(e)pyren*
33. Benzylchlorid*
34. Benzylviolett 4B*
35. Beryllium*
36. Berylliumoxid*
37. Berylliumphosphat*
38. Brylliumsulfat*
39. Beryllerz*
40. BHC (Benzolhexachlorid)*
41. Bis(1-aziridinyl)morpholinsphosphinsulfid*
42. Bis(chloräthyl)äther*
43. Bis(chlor-methoxy)äthan*
44. Bis(chlor-methoxymethyl)benzol*
45. Blau VRS*
46. Brillantblau FCF*
47. 1,4-Butandiol-dimethansulfonat (Mylercin)*
48. β-Butyrolacton*
49. γ-Butyrolacton
50. Cadmiumacetat
51. Cadmiumchlorid*
52. Cadmiumpulver*
53. Cadmiumsulfat*
54. Cadmiumsulfid*
55. Calciumarsenat
56. Calciumchromat*
57. Chantharidin*
58. Carbaryl
59. Tetrachlorkohlenstoff*
60. Carmoisin
61. Catechin
62. Chlorambucil*
63. Chlorierte Dibenzodioxine
64. Chlormadinonacetat*
65. Chlorbenzilat*
66. Chloroform
67. Chloropropham
68. Chlorochin
69. p-Chlor-o-toluidin-(hydrochlorid)
70. Cholesterin
71. Chromicchromat*
72. Chromacetat
73. Chrysen*
74. Chrysoidin*
75. C. I. Dispersionsgelb 3

76. Cinnamylanthranilat
77. Citrusrot 2*
78. Kupfer-8-Hydroxychrinolin
79. Cumarin*
80. Cycasin*
81. Cyclochlorotin*
82. 2,4-D und Ester
83. Daunomycin*
84. D & C Rot No. 9
85. Dichlordiphenyldichloräthan
86. 1,1-Dichlor-2,2-bis-(p-chlorphenyl)äthylen (DDE)
87. DDT*
88. Diacetylaminoazotoluol
89. N,N-Diacethylbenzidin*
90. Diallat
91. 2,4-Diaminoanisol-(sulfat)
92. 4,4'-Diaminodiphenyläther*
93. 1,2-Diamino-4-nitrobenzol
94. 1,4-Diamino-2-nitrobenzol
95. 2,6-Diamino-3-(phenylazo)-pyridin-(hydrochlorid)
96. 2,4-Diaminotoluol*
97. 2,5-Diaminotoluol-(sulfat)
98. Diazepam
99. Diazomethian*
100. Dibenz(a,h)acridin*
101. Dibenz(a,j)acridin*
102. Dibenz(a,h)anthracen*
103. Dibenzo(c,g)carbazol*
104. Dibenzo(h,rst)pentaphen*
105. Dibenzo(a,e)pyren*
106. Dibenzo(a,h)pyren*
107. Dibenzo(a,i)pyren*
108. Dibenzo(a,l)pyren*
109. 1,2-Dibrom-3-chlorpropan*
110. Dibutylnitrosamin*
111. o-Dichlorbenzol
112. p-Dichlorbenz
113. 3,3'-Dichlorbenzidin
114. trans-Dichlorbuten
115. 3,3'-Dichlor-4,4'-diaminodiphenyläther*
116. Dieldrin*
117. Diepoxybutan*
118. 1,2-Diäthylhydrazin*
119. Diäthylnitrosamin*
120. Diäthylsulfat*
121. Diglycidylresorcinäther*
122. Dihydrosafrol*
123. Dimethisteron
124. Dimethoxan*
125. 3,3'-Dimethoxybenzidin*
126. p-Dimethylaminoazobenzol*
127. p-Dimethylaminobenzoldiazonatriumsulfonat
128. trans-2-I(Dimethylamino)-methylamino-5-[2-(5-nitro-2-furyl)-vinyl]-1,3,4-oxadiazol*
129. 3,3'-Dimethylbenzidin*
130. Dimethylcarbamoylchlorid*
131. 1,1-Dimethylhydrazin
132. 1,2-Dimethylhydrazin*
133. Dimethylnitrosamin
134. Dimethylsulfat*
135. Dinitrosopentamethylentetramin
136. 1,3-Dioxan*
137. 2,4'Diphenyldiamin
138. Disulfiram
139. Dithranol*
140. Dulcin
141. Endrin
142. Eosin (Dinatriumsalz)
143. Epichlorhydrin*
144. 1-Epoxyäthyl-3,4-epoxycyclohexan*
145. 3,4-Epoxy-6-methylcyclohexylmethyl-3,4-epoxy-6-methylcarboxylat*
146. cis-9,10-Epoxystearinsäure
147. Östradiolsenf*
148. Acetenylöstradiol*
149. Äthionamid*
150. Äthylendibromid*
151. Äthylenoxid*
152. Äthylensulfid*
153. Äthylenthioharnstoff*
154. Äthylmethansulfonat*

155. Äthyl Selenac
156. Äthyl Tellurac
157. Ethynodioldiacetat
158. Evans Blau*
159. Echtgrün FCF*
160. Ferbam
161. 2-(2-Formylhydrazino)-4-(5-nitro-2-furyl)-thiazol*
162. Fusarenon-X
163. Glycidaldehyd*
164. Glycidyloleat
165. Glycidylstearat
166. Griseofulvin*
167. Guineagrün B*
168. Heptachlor
169. Hexamethylphosphoramid*
170. Hycanthon (Mesylat)*
171. Hydrazin*
172. Hydrochinon
173. 4-Hydroxyazobenzol
174. 8-Hydroxychinolin
175. Hydroxysenkirkin
176. Indeno(1,2,3-cd)pyren*
177. Eisendextran*
178. Eisendextrin*
179. Eisenoxid
180. Eisensorbit-Zitronensäure-Komplex
181. Isatidin*
182. Isonicotinsäurehydrazid*
183. Isopropylalkohol
184. Isosafrol*
185. Jacobin
186. Lasiocarpin*
187. Bleiacetat*
188. Bleiarsenat
189. Bleikarbonat
190. Bleichromat
191. Bleiphosphat*
192. Bleisubacetat*
193. Ledat
194. Lichtgrün SF*
195. Lindan*
196. Luteoskyrin*
197. Fuchsin*
198. Maleinsäurehydrazid*
199. Maneb
200. Mannomustin(dihydrochlorid)*
201. Medphalan
202. Medroxyprogesteronacetat*
203. Merphalan*
204. Mestranol*
205. Methoxychlor
206. 2-Methylaziridin*
207. Methylazoxymethanolacetat*
208. Methylurethan
209. N-Methyl-N,4-dinitroso-anilin*
210. 4,4'-Methylen-bis-(2-chloranilin)*
211. Methylen-bis-(2-methylanilin)*
212. 4,4'-Methylendianilin
213. Methyljodid*
214. Methylmethansulfonat*
215. N-Methyl-N'-nitro-N-nitrosoguanidin*
216. Methylrot
217. Methyl Selenac
218. Methylthiouracil*
219. Metronidazol*
220. Mirex*
221. Mitomycin C*
222. Monocrotalin*
223. Monuron*
224. 5-(Morpholino-methyl-3-[(5-nitrofurfuryliden)-amino]-2-oxazolidinon*
225. 1-Naphthylamin*
226. Natürliche Carrageenextrakte*
227. Nickelcarbonyl*
228. Nickelocen*
229. Nickeloxid*
230. Nickelstaub*
231. Nickelsubsulfid*
232. Niridazol*
233. 5-Nitroacenaphthen*
234. 4-Nitrobiphenyl*
235. Nitrofuraldehydsemicarbazon
236. 1-[(5-Nitrofurfuryliden)amino]-2-imidazolidinon*

237. N-[4-(5-Nitro-2-furyl)-2-thiazolyl]-acetamid*
238. Stickstoffsenf-(hydrochlorid)*
239. Stickstoffsenf-N-oxid-(hydrochlorid)*
240. Nitrosoäthylharnstoff*
241. Nitrosomethylharnstoff*
242. N-Nitroso-N-methylurethan*
243. Norethisteron*
244. Norethisteronacetat*
245. Norethynodrel*
246. Norgestrel
247. Ochratoxin A
248. 17β-Oestradiol*
249. Oestriol
250. Oestron*
251. Ölorange SS*
252. Orange G
253. Orange I*
254. Oxazepam*
255. Oxyphenbutazon
256. Parasorbinsäure*
257. Patulin*
258. Penicillinsäure*
259. Phenicarbazid*
260. Phenobarbitalnatrium
261. Phenoxybenzamin*
262. Phenylbutazon
263. m-Phenylendiamin(hydrochlorid)
264. p-Phenylendiamin(hydrochlorid)
265. N-Phenyl-2-naphtylamin*
266. Polychlorierte Biphenyle*
267. Ponceau MX*
268. Ponceau 3R*
269. Ponceau SX
270. Kaliumarsenit
271. Kalium-bis(2-hydroxyäthyl)-dithiocarbamat*
272. Progesteron*
273. Pronetalolhydrochlorid*
274. 1,3-Propansulton*
275. Propham
276. β-Propiolacton*
277. n-Propylcarbomat*
278. Propylenoxid*
279. Propylthiouracil*
280. Pyrimethamin*
281. p-Chinon
282. Quintozen*
283. Reserpin
284. Resorcin
285. Retrorsin*
286. Rhodamin B*
287. Rhodamin 6G*
288. Riddelliin
289. Eisenaccharat*
290. Safrol*
291. Scharlachrot
292. Selenverbindungen
293. Semicarbazid-(hydrochlorid)*
294. Seneciphyllin
295. Senkirkin
296. Natriumacetat
297. Natriumarsenit
298. Natriumdichromat
299. Natriumdiäthyl-(dithiocarbamat)
300. Sterigmatocystin*
301. Streptozotocin*
302. Strontiumchromat*
303. Styroloxid
304. Bernsteinsäureanhydrid*
305. Sudan I*
306. Sudan II*
307. Sudan III
308. Sudanbraun RR
309. Sudanrot 7B
310. Sunset gelb FCF
311. 2,4,5-T und Ester
312. Gerbsäure*
313. Polychlorierte Terpene*
314. Testosteron*
315. Bleitetráthyl und Bleitetramethyl
316. Thioacetamid*
317. 4,4'-Thioanilin*
318. Thiouracil*
319. Thioharnstoff*
320. Thiram

321. o-Toluidin-(hydrochlorid)
322. Trichloräthylen*
323. Trichlortriäthylaminhydrochlorid
324. Triäthylenglycoldiglycidäther*
325. Tris(aziridinyl)-p-benzochinon*
326. Tris(1-aziridyl)-phosphinoxid
327. Tris(1-aziridyl)-phosphinsulfid*
328. 2,4,6-Tris(1-aziridyl)-s-triazin*
329. 1,2,3-Tris(chlormethoxy)-propan*
330. Tris(2-methyl-1-aziridinyl)-phosphinoxid
331. Trypanblau*
332. Uracilsenf*
333. Urethan*
334. Vinylcyclohexan
335. 2,4-Xylidin-(hydrochlorid)
336. 2,5-Xylidin-(hydrochlorid)
337. Gelb AB
338. Gelb OB*
339. Zectran
340. Zinkchromat-hydroxid*
341. Zineb
342. Ziram

---

* Für die mit einem Stern bezeichneten Substanzen wurden im Tierversuch einige ernstzunehmende Hinweise für ihre Kanzerogenität gefunden.

Prüft der Leser diese Liste von 342 chemischen Substanzen, wird er bereits an der Tabelle an sich sowie an der Art der Darstellung erkennen, daß Tomatis et al. keineswegs eine Liste eindeutig nachgewiesener Kanzerogene veröffentlichten. Die Tabelle enthält 221 chemische Substanzen, »für deren Kanzerogenität sich im Tierversuch mit mindestens einer Tierart einige ernstzunehmende Hinweise« fanden (Substanzen, die mit einem Stern versehen sind). Dies sind annähernd 65 Prozent der erwähnten Chemikalien[33]. Für die restlichen Substanzen (ohne Stern) konnte im Tierversuch kein ausreichendes Datenmaterial für eine eindeutige Beurteilung ihrer Kanzerogenität gewonnen werden. Tomatis wirft in seiner Liste der Tierkanzerogene beide Kategorien von Substanzen sozusagen in einen Topf. Dieses Vorgehen legt die Vermutung nahe, daß Tomatis et al. nicht in der Lage waren, die Ergebnisse der Tierexperimente eindeutig voneinander abzugrenzen und zu klassifizieren, obwohl die Expertenkomitees der IARC das Datenmaterial bereits sorgfältig ausgewertet und festgestellt hatten, daß für die Mehrzahl der genannten chemischen Substanzen einige Hinweise auf deren kanzerogene Wirkung bei mindestens einer Tierspezies vorlagen.

Im Text der Studie von Tomatis et al. finden wir diese Vermutung bestätigt. Wie die Autoren erklären, hatten sie den Versuch unternommen, die Substanzen, für die sich in den ersten sechzehn Bänden der IARC-Monographien »einige ernstzunehmende Hinweise auf deren kanzerogene Wirkung« fanden, von den Substanzen zu trennen, für die die »Befunde nicht ausreichten, um eine Beurteilung ihrer Kanzerogenität« zu erlauben. Tomatis betonte, daß jedoch kein Versuch unternommen worden sei, zwischen »sehr« ernstzunehmenden und »weniger« ernstzunehmenden Beweisen der Kanzerogenität verschiedener Substanzen zu differenzieren oder jene Substanzen zu bezeichnen, für die vertiefende Untersuchungen notwendig seien.[34] Offenbar divergierten die Meinungen darüber, nach welchen Kriterien sich sehr ernstzunehmende Beweise in weniger ernstzunehmende Beweise verwandeln bzw. unter welchen Voraussetzungen die Beweise als unzureichend bezeichnet werden können. Tomatis' Liste war also alles andere als eine Zusammenstellung »bekannter und allgemein anerkannter« Kanzerogene, vielmehr bestätigte sie erneut, daß selbst bei der IARC, der einzigen Institution, die eine systematische Diskussion des Datenmaterials leistete, eindeutige Kriterien für eine Klassifizierung der experimentellen Forschungsergebnisse nicht existierten. Dabei handelte es sich laut Roy Albert von der EPA um »die beste Studie«, die zur Verfügung stand.

Nach genauerer Betrachtung der Untersuchung Tomatis' wird verständlich, weshalb das National Toxicology Program sich auf die Veröffentlichung der aufgrund epidemiologischer Studien identifizierten Humankanzerogene beschränkte und die Diskussion und Präsentation der Tierkanzerogene hinauszögerte. Offenbar war das NTP nicht gewillt, sich in das Dickicht von Sternchen und Fußnoten zu begeben, in dem zwar Tierversuche mit Mäusen, Ratten, Hamstern, Meerschweinchen, Kaninchen, Fischen, Enten, Spitzmäusen, Hunden, Krallenaffen und Affen en masse zu entdecken sein würden, doch *keine* Aussage darüber, welche chemischen Substanzen als eindeutig kanzerogen identifiziert werden konnten.

Wir können deshalb an dieser Stelle einhalten und uns wieder der ersten Frage zuwenden, die ich an die Reglementierungswissenschaft gestellt habe: Hat die Krebsforschung mit Hilfe des »Instruments Tierexperimente« das »erste Ziel« erreicht, das sie sich gesteckt hat: Die Differenzierung zwischen Kanzerogenität und Nonkanzerogenität? Setzt man für die Beantwortung dieser Frage eine klare Definition von Kanzerogenen und Nonkanzerogenen voraus, so folgt, daß das »erste Ziel« nicht erreicht wurde, denn den Tierexperimentatoren ist es offensichtlich nicht gelungen, klar zwischen kanzerogenen und nonkanzerogenen Substanzen zu differenzieren. Selbst die Internationale Krebsforschungsbehörde (IARC) in Frankreich – die einzige Institution, die das Datenmaterial der Tierversuche systematisch auf seine Validität hin diskutierte – war nicht in der Lage, eindeutige und gültige Kriterien bezüglich der Kanzerogenität einer Substanz im Tierversuch zu formulieren.

Dies sind im Grunde genommen dieselben Probleme, mit denen sich in den Jahren 1975 und 1976 die Genetiker konfrontiert sahen. Doch dessen waren sich die Bürger der USA nicht bewußt. Der Kreuzzug gegen den chemisch-induzierten Krebs war in vollem Gange. Der Kongreß hatte ein »Krebsvorsorgeprogramm« angekündigt, das gänzlich auf den Forschungsergebnissen der Tierversuche beruhte, und chemische Substanzen, die im Tierversuch als kanzerogen identifiziert worden waren, wurden restriktiven gesetzlichen Bestimmungen unterworfen und verboten. Nur wenige erkannten, daß dieser scheinbar große Schritt nach vorne nur durch ein Gesetz ermöglicht worden war, das die Vertreter der »Reglementierungswissenschaft« davor bewahrte, ihre Behauptungen auch beweisen zu müssen. Dieses Gesetz erlaubte – so Donald Kennedy –, Substanzen aufgrund eines »erkennbaren Risikofaktors« zu verbieten, selbst wenn dieser Risikofaktor nichts anderes war als »eine Mischung aus wissenschaftlich erhärteten Tatsachen, Theorien und Vermutungen«. Und wie dieselben »Reglementierungswissenschaftler« so treffend hinzufügten, brauchte niemand, der in diese gesetzgeberische Maßnahme involviert war, irgendwelche Komplikationen oder Behinderungen zu fürchten, denn die wissenschaftlich nicht Gebildeten (einschließlich der Mitglieder von Kongreß, Gerichtshöfen und Presse) konnten die Meinungsverschiedenheiten der »Eingeweihten« ohnehin nicht verstehen, und niemand würde jemals nachvollziehen können, ob die Entscheidungen und Urteile der Wissenschaft richtig gewesen waren oder nicht, »denn bei einem derart komplexen Sachverhalt sind die Ergebnisse niemals ganz klar und eindeutig«. Das Gesetz, das die Wissenschaft einer wissenschaftlich korrekten Beweisführung enthoben hatte, war die beste Tarnung für den desolaten Zustand, in dem sich die »Eingeweihten« der »reglementierenden« Wissenschaft befanden.

Die Situation der »Reglementierungswissenschaft« in den Jahren 1978 bis 1980 legt den Schluß nahe, daß sie meilenweit davon entfernt war, ihr zweites Ziel erreichen zu können, nämlich von den mit Hilfe der Tierexperimente erhaltenen Ergebnissen auf die Kanzerogenität einer Substanz beim Menschen zu schließen. Doch sollte man sich nicht allzusehr auf Schlußfolgerungen verlassen, denn die »Reglementierungswissenschaft« steckt voller Überraschungen; zumal wenn sie ganz legal jeder Beweispflicht enthoben ist. Zudem wurde der Kongreß allmählich ungeduldig, und v. a. der Abgeordnete Andrew Maguire übte Druck auf die mit der Krebsvorsorge befaßten Institutionen aus. Etwas mußte getan werden, auch wenn niemand wußte, wie oder was.

Kapitel 11

Der Fall der nichtexistenten Prognosen

Mäuse und Ratten sind sehr gut geeignet, Voraussagen hinsichtlich der für den Menschen bestehenden Kanzerogenität einer Substanz zu treffen.[1]

– David Rall, Direktor des NIEHS,
CBS-TV, 1976

Es gibt keine vernünftige biologische Methode, die Ergebnisse von Tierversuchen auf den Menschen zu extrapolieren.[2]

– John Higginson, Direktor des IARC, 1977

Der gebildete Laie würde es als absurd erachten, wenn die Wissenschaftler aus der Tatsache, daß sechsundzwanzig Heroinsüchtige früher Marihuana geraucht haben, die Folgerung ableiteten, »Marihuanarauchen führt zu Heroinabhängigkeit«. Selbst dem Laien ist klar, daß die untersuchte Gruppe zu klein ist, derart weitreichende und verallgemeinernde Vorhersagen zu treffen, und er würde mit Recht darauf verweisen, daß Tausende Marihuana rauchen und nicht heroinsüchtig werden; ein Umstand, der die Unrichtigkeit der getroffenen Vorhersage belegt. Eine ganz andere Relevanz hätte allerdings die Aussage, daß 90 Prozent einer wesentlich größeren untersuchten Gruppe von Marihuanarauchern (z. B. 5000) heroinsüchtig wurden. Auch der Laie würde eine derart hohe Korrelationsrate sehr ernst nehmen und würde sich die Frage stellen, weshalb ein solcher Zusammenhang besteht. In beiden Fällen läge den Überlegungen des Laien eine wissenschaftliche Denkweise zugrunde, selbst wenn er keine Ahnung von den wissenschaftlichen Grundsätzen statistischer Extrapolation hat.

Statistische Voraussagen beruhen auf den Gesetzen der Wahrscheinlichkeit. Wirft man eine Münze in die Luft, dann ist es durchaus möglich, daß sie sechsundzwanzigmal hintereinander mit der Zahl nach oben fällt. Unter Glücksspielern sind zwar Erzählungen von »Glückssträhnen« beliebt, in denen die Münze fünfzig- oder hundertmal mit der Zahl nach oben gefallen ist, doch wirft man die Münze hunderttausendmal, dann besagen die Gesetze der Wahrscheinlichkeit, daß sich das Verhältnis Zahl zu Kopf etwa bei 50 zu 50 bewegen wird. Führt ein Wissenschaftler ein durch Gegenversuche kontrolliertes Experiment durch, und ergeben sich Anzeichen dafür, daß die Hypothese, die er testet, der Wahrheit entspricht – d. h., das untersuchte Phänomen zeigt sich häufiger in der Testgruppe als in der Kontrollgruppe –, muß er mit Hilfe der statistischen Wahrscheinlichkeitsrechnung untersuchen, ob seine Resultate Zufallsergebnisse sind. An einem isoliert durchgeführten Experiment, vor allem wenn dabei nur relativ kleine Testgruppen untersucht werden, kann sich ein anscheinend signifikanter Unterschied zwischen der Testgruppe und der Kontrollgruppe als Zufallsprodukt erweisen, als bedeutungslose »Glückssträhne« sozusagen. Wird jedoch das Experiment mehrere Male wiederholt und nicht nur von einem, sondern von verschiedenen Wissenschaftlern durchgeführt, und bestätigt sich dabei die Abweichung von der – (maximalen) – Zufallsstreuung, dann besteht die Wahrscheinlichkeit, daß die entdeckte Relation tatsächlich existiert. Dabei kann es sich jedoch auch um eine relativ geringe Wahrscheinlichkeit handeln. Doch je öfter eine Hypothese getestet wird, und je größer die Versuchsgruppen sind, zwischen denen die Korrelation demonstriert wird, desto größer ist der Wahrscheinlichkeitsgrad, daß die entdeckte Relation tatsächlich existiert. Physiker, Chemiker und Biologen suchen sehr hohe Wahrscheinlichkeitsniveaus nachzuweisen, d. h., sie akzeptieren ein Versuchsergebnis nur dann als gültig, wenn ein Wahrscheinlichkeitsniveau von 98 Prozent dafür spricht, daß das Ergebnis *nicht* dem Zufall zuzuschreiben ist.

Das gleiche Prinzip findet in nahezu allen Wissenschaftsbereichen Anwendung. Es gilt für den Wissenschaftler, der die Wirkung eines Medikaments bei einer Testgruppe von Patienten und bei einer Kontrollgruppe mit derselben Krankheit untersucht; es gilt für den Toxikologen, der im Tierversuch die Wirkungen einer chemischen Substanz an einer Testgruppe von Versuchstieren und an einer Kontrollgruppe untersucht. Und es gilt ebenso für Wissenschaftler, die Reaktionen unterschiedlicher Testgruppen vergleichen; zum Beispiel für Genetiker, die herausfinden möchten, ob eine Korrelation zwischen den bei Bakterien von einer chemischen Substanz ausgelösten mutagenen Wirkungen und dem bei Versuchstieren von derselben Substanz verursachten Krebswachstum besteht. Schließlich ist diesem Prinzip auch der Wissenschaftler verpflichtet, der herausfinden möchte, ob die Reaktion von Menschen auf eine bestimmte Substanz mit der Reaktion von Nagetieren korreliert. In all den genannten Fällen werden die Versuche in der Hoffnung durchgeführt, vorhersagbare Gesetzmäßigkeiten zu entdecken, denn die Wissenschaft ist letztendlich die Suche nach dem Vorhersagbaren. In all den genannten Fällen ist der Wissenschaftler verpflichtet, seine Ergebnisse im Sinne der Wahrscheinlichkeitsgesetze zu analysieren, um festzustellen, zu welchem Grad seine Resultate von der maximalen Zufallsstreuung abweichen. Ein Wissenschaftler, der im Dienst von Institutionen der öffentlichen Gesundheitspflege steht, wird nicht unbedingt auf einer 98prozentigen Wahrscheinlichkeit, daß seine Ergebnisse kein Zufall sind, bestehen; er wird sich möglicherweise mit einem Wahrscheinlichkeitsniveau von 95 Prozent begnügen. Doch unabhängig von dem Prozentsatz, den er anstrebt, ist er den immer gleichen Grundsätzen verpflichtet: Um zu beweisen, daß seine Versuchsergebnisse kein Zufallsprodukt sind, muß er statistisch signifikante Korrelationen für seine Ergebnisse präsentieren. Wenn die Wissenschaft die Suche nach dem Vorhersagbaren ist, dann ist die Vorhersage die Suche nach der Korrelation und nach der wissenschaftlichen Erklärung für diese Korrelation.

Im Zusammenhang mit Tierexperimenten werden einige bestimmte allgemeine Prinzipien oft fälschlicherweise so verstanden, als beinhalteten sie bereits den Nachweis einer bestehenden positiven Korrelation. Doch die Annahme, daß zwischen den Reaktionen von Versuchstieren und den Reaktionen von Menschen auf bestimmte chemische Substanzen eine Beziehung bestehen könnte, ist nichts als eine leere Abstraktion. Diese Abstraktion ist so weitgefaßt und ist so wenig konkret, daß sie vergleichbar ist mit anderen, zu Beginn des Buches diskutierten abstrakten Aussagen wie »das Leben ist eine Einheit« oder »die Menschen sind sterblich«. Die weitgehenden Ähnlichkeiten des physiologischen Aufbaus aller Säugetiere, auf die sich die erwähnte abstrakte Aussage stützt, ist letztlich die Voraussetzung für jede biologische, medizinische, pharmakologische und toxikologische Forschung. Und jeder, der abstrakte Vermutungen von solcher Tragweite in die Welt setzt, sollte versuchen, sie mit konkreten wissenschaftlichen Ergebnissen zu belegen. Es geht nicht an, über Jahrzehnte hinweg die Vermutung, von der man ausgegangen ist, immer nur aufs neue zu wiederholen – nämlich daß Substanzen, die bei Versuchstieren Krebs erzeugen, *möglicherweise* auch für den Menschen kanzerogen sind. Die Annahme, eine solche Beziehung könnte existieren, mag der Anfang eines Forschungsprogramms sei, doch nicht sein Endergebnis. Eine vorhersagbare Gesetzmäßigkeit im Verhalten biologischer Systeme ist nur möglich durch eine nach wissenschaftlichen Maßstäben erwiesene Korrelation zwischen der Reaktion von Versuchstieren auf bestimmte chemische Substanzen und der Reaktion von Menschen auf die gleichen Substanzen; einer Korrelation, die die maximale Zufallsstreuung übersteigt.

Mit diesen kurz skizzierten Hintergrundinformationen ausgerüstet, können wir nun eine klar formulierte Frage stellen: Hatten die Reglementierungswissenschaftler ausreichendes Datenmaterial hinsichtlich der Kanzerogenese beim Menschen in Händen, um aufgrund von Korrelationen Vorhersagen zu machen? Laut Tomatis war dies eindeutig nicht der Fall, denn in seiner Veröffentlichung von 1978 – der »besten Studie«, die existierte – nannte er ganze sechsundzwanzig chemische Substanzen, die für den Menschen krebserregend sind; bei weitem keine ausreichende Datengrundlage, eine Korrelation nachzuweisen. Jocye McCann erklärte in den Hearings des OSHA, weshalb Mutagentests nicht durch Humandaten bestätigt werden konnten: »Es existieren zu wenige eindeutig nachgewiesene Humankanzerogene. Es dürften etwa fünfundzwanzig sein, doch diese Zahl reicht bei weitem nicht aus.[3] Dies sei der Grund, so Joyce McCann, weshalb man versucht, die Validität der Ergebnisse von Mutagentests mit Hilfe der Ergebnisse aus Tierversuchen zu sichern.

Dies war also die Problematik, mit der sich die Mitarbeiter der »Reglementierungswissenschaft« auseinanderzusetzen hatten. Einerseits wurden sie von gewissen Kongreßabgeordneten und Umweltschutzgruppierungen unter Druck gesetzt, Listen solcher Tierkanzerogene, die auch für den Menschen ein kanzerogenes Risiko darstellen, zusammenzustellen, und andererseits waren sie der Kritik seitens anderer Kongreßabgeordneter und wirtschaftsorientierter Gruppen ausgesetzt, die die Berechtigung kostspieliger Auflagen für ein ohnehin in Schwierigkeiten stehendes Wirtschaftssystem in Frage stellten, besonders wenn die Begründungen solcher Auflagen auf nichts anderem beruhten, als der Vermutung, chemische Substanzen, die bei Mäusen Krebs erzeugen, würden beim Menschen die gleiche Wirkung haben. Die »Reglementierungswissenschaftler« befanden sich in der verzweifelten Situation, nachweisen zu müssen, daß die Ergebnisse von Tierversuchen für den Menschen relevant sind, ohne die für diese Schlußfolgerung nötige positive Korrelation nachgewiesen zu haben. Es bedurfte schon eines Akts der Magie, sich aus dieser Situation zu retten.

Und dann – ziemlich unerwartet – geschah dieses Wunder. Als die Ratlosigkeit ihren Höhepunkt erreicht hatte, verkündete man, die Lösung des Problems sei gefunden. Eine bemerkenswerte Lösung übrigens, und da sie von der IARC entwickelt wurde, halte ich es für angebracht, ein paar erklärende Worte zu dieser Institution vorwegzuschicken. Der Laie sollte sich über die zentrale Rolle bewußt sein, die die IARC in der internationalen Krebsforschung spielt, und er sollte wissen, aus welchen Gründen sie allgemein als fachliche Instanz so hoch geschätzt wird; weshalb sie, wenn definitives Datenmaterial bezüglich Tierversuchen zusammengestellt wird, von allen Wissenschaftlern und behördlichen Institutionen zitiert wird.

Wie bereits erwähnt, ist die Internationale Krebsforschungsbehörde (IARC) in Lyon die einzige wissenschaftliche Institution, die sich ausschließlich mit der Diskussion und Bewertung des weltweit gewonnenen Datenmaterials der Krebsforschung befaßt. Die IARC entscheidet darüber, welche der durchgeführten Forschungsprojekte Validität, d. h. wissenschaftliche anerkannte Gültigkeit besitzen. Ende der siebziger Jahre hatte sie zwar erst einige hundert der mehrere tausend zählenden Studien ausgewertet, doch die von der IARC veröffentlichten Beurteilungen galten allgemein als verläßlich. Die IARC wurde von sämtlichen staatlichen Reglementierungsbehörden als die zentrale Beratungsstelle betrachtet. Finanziell massiv vom NCI der USA unterstützt, war sie 1978 auch zu einem intellektuellen Zentrum der Krebsforschung geworden; eine Rolle, die sie sich in einer ihrer Veröffentlichungen selbst bestätigte:

> Die IARC-Monographien sind weltweit als maßgebliche Informationsquelle bezüglich der Kanzerogenität chemischer Substanzen anerkannt. Die erste, aus dem Jahr 1976 stammende Benutzerumfrage beweist, daß die Monographien von verschiedenen Institutionen in 24 Ländern regelmäßig zu Rate gezogen werden.

Leider erwies sich die so hochgeschätzte Behörde während der siebziger Jahre als keine große Hilfe für die Belange der »reglementierenden Wissenschaft« in den USA. In diesem Umstand ist einer der Gründe zu suchen, weshalb die IARC in den USA relativ unbekannt ist. In mancher Hinsicht hatte sich die IARC sogar zu einem Störfaktor entwickelt, da sie nicht bereit war, die Behauptungen apokalyptischer Wissenschaftler zu stützen, die jene vor dem Kongreß und in aller Öffentlichkeit abgaben. So erklärte zum Beispiel David Rall, der Direktor des NIESH, 1976 in einer Sendung der CBS dem Publikum: »Mäuse und Ratten sind sehr gut geeignet, Voraussagen hinsichtlich der für den Menschen bestehenden Kanzerogenität einer Substanz zu treffen.«[5] Ein weiteres Beispiel für die Alleingänge amerikanischer Wissenschaftsinstitutionen ist die Verlautbarung, die ein von der Staatlichen Akademie der Wissenschaften zusammengerufenes Komitee im Jahre 1977 veröffentlichte. In dieser Publikation ist zu lesen, daß »zahlreiches, experimentell bestätigtes Datenmaterial existiert, das darauf hinweist, daß Substanzen, die für Tiere kanzerogen sind, auch für Menschen kanzerogen sind – und umgekehrt«.[6] Doch war bis dahin keine Erklärung seitens der IARC bekannt, die Ralls Behauptung unterstützt bzw. die »zahlreiches, experimentell bestätigtes Datenmaterial« erwähnt hätte, das eine Korrelation Tier/Mensch nachwies – wie es das NAS-Komitee behauptet hatte. Tatsächlich hatte es die IARC abgelehnt, in ihren Veröffentlichungen von der im Tierversuch nachgewiesenen Kanzerogenität chemischer Substanzen auf ein Gesundheitsrisiko für den Menschen zu schließen. 1971 bereits hatte die IARC ausdrücklich erklärt, daß eine solche Überlegung unzulässig sei: »Da es keine objektiven Kriterien dafür gibt, das im Tierversuch gewonnene Datenmaterial im Sinne eines möglichen Gesundheitsrisikos für den Menschen zu interpretieren, hat sich die IARC jeglicher Stellungnahme hinsichtlich der für den Menschen bestehenden Signifikanz solchen Datenmaterials enthalten...«[7] Von Band 1, aus dem Jahre 1971 bis hin zu Band 16 aus dem Jahre 1978, enthielten alle IARC-Monographien ein standardisiertes Vorwort, das folgenden Titel trug: »Grundlagen und Zweck des von der IARC durchgeführten Programms zur Beurteilung des kanzerogenen Risikos von chemischen Substanzen für den Menschen«. Im Text dieses Vorworts war stets folgender Hinweis enthalten:

> Jeder Versuch, Ergebnisse aus Tierversuchen unmittelbar im Sinne eines für den Menschen bestehenden Gesundheitsrisikos zu interpretieren, ist zum gegenwärtigen Zeitpunkt ausgeschlossen, da hierfür keinerlei objektive Kriterien verfügbar sind.[8]

Diesem Standpunkt verpflichtet, hatte sich die IARC darauf beschränkt, Datenmaterial systematisch zu sammeln und zu bewerten. Die Untersuchungen der IARC umfaßten die unterschiedlichsten Gruppen und Klassen von chemischen Substanzen, die in der Regel jedoch alle zur Kategorie der industriell hergestellten Chemikalien gehörten. Die IARC rief Expertenkomitees zusammen, die die Validität der im Tierversuch gewonnenen Resultate diskutierten und bewerteten; sie rief Expertenkomitees zusammen, die die Validität epidemiologischer Befunde diskutierten, und sie berichtete detailliert über die Befunde und Erkenntnisse beider Wissenschaftsdisziplinen. In zunehmendem Maße befaßte sich die IARC auch mit den Ergebnissen von Mutationstests und anderen indirekten Tests. Doch stets fügte die IARC ihren in den Monographien veröffentlichten Analysen zwei kurz gehaltene Zusammenfassungen hinzu, die sie »Animal Data« bzw. »Human Data« nannte – und *nie wurde ein Zusammenhang zwischen den beiden Gruppen von Datenmaterial hergestellt.* Zwar sammelte die IARC Datenmaterial, das letztlich als Basis für eine Tier/Mensch-Korrelation herangezogen werden konnte, die wiederum eine wissenschaftlich korrekte Prognose der humankanzerogenen Eigenschaften von chemischen Substanzen erlauben würde, doch zum gegenwärtigen Zeitpunkt, so die IARC, könne eine solche Vorhersage nicht getroffen werden, denn dafür fehle es an »objektiven Kriterien«.

Trotz der theoretischen Anerkennung der biologischen Hypothese, daß chemische Substanzen, die bei Tieren Krebs erzeugen, auch für den Menschen kanzerogen sind, verhielt sich die IARC aus *praktischen Erwägungen* nach dem Grundsatz, daß der Nachweis einer kanzerogenen Gefahr für den Menschen allein durch Untersuchungen am Menschen und nicht aufgrund von Tierexperimenten geführt werden kann. Und da die Anfälligkeit des Menschen für Krebs nur dann untersucht werden kann, wenn er an Krebs erkrankt ist, und nicht davor, verneinten die IARC-Monographien – sozusagen implizit – die Möglichkeit einer wissenschaftlich anerkannten Methode der Krebsvorsorge, die sich auf nicht am Menschen gewonnene Erkenntnisse beruft.

Wäre die IARC irgendeine unbedeutende Institution oder würde sie von der Industrie und nicht auch vom NCI finanziell mitgetragen, hätte man ihre entschlossene Weigerung, von der im Tierversuch nachgewiesenen Kanzerogenität von Substanzen auf ein Krebsrisiko für den Menschen zu schließen, möglicherweise als Voreingenommenheit oder gar als einen weiteren Beweis für die Macht der Industrie interpretiert. Doch die IARC war gegen die Vorwürfe dieser Art gefeit, denn das Ansehen, das sie international genoß, erlaubte ihren Mitarbeitern und Expertenkomitees allein das zu veröffentlichen, was ihrer Überzeugung nach aus dem Datenmaterial hervorging – und kein Wort mehr. Hierin ist auch der Grund zu suchen, *weshalb* die IARC weltweit wissenschaftliches Renommee genoß. Gerade wegen des hohen Standards, den sie an die Validität wissenschaftlicher Erkenntnisse anlegte, konnte die Internationale Krebsforschungsbehörde weder ignoriert noch verunglimpft werden. Für die »Reglementierungswissenschaftler« der staatlichen Behörden in den USA bedeutete die beharrliche Feststellung der IARC, es existierten keine objektiven Kriterien, die eine Extrapolation der Ergebnisse von Tierversuchen auf den Menschen zuließen, einen empfindlichen Rückschlag, und die Beziehungen zwischen den amerikanischen Krebsforschungsinstitutionen und der IARC können mit Fug und Recht als konfliktreich bezeichnet werden.

Auf diesen Konflikt gingen auch Tomatis et al. in ihrer 1978 erschienenen Arbeit ein. Obwohl die Bewertung internationaler Krebsforschungsprojekte durch die Expertenkomitees der IARC weltweit Anerkennung fand, provozierte – wie es Tomatis formulierte – das seitens der IARC hinsichtlich der Signifikanz von Tierkanzerogenen für den Menschen geübte

Schweigen auch Mißfallen. Im weiteren Verlauf der Studie kündigte Tomatis an, die IARC werde als Reaktion auf dieses Mißfallen ihre Kriterien revidieren, die sie bisher bei der Beurteilung eines eventuell existierenden Gesundheitsrisikos für den Menschen angewandt hatte. Mit anderen Worten, die IARC vollzog eine drastische Kursänderung ihrer Politik, die Tomatis mit folgenden Worten erkärte:

Trotz wachsenden Erfolgs und der weltweiten Billigung und Anerkennung unseres wissenschaftlichen Konzepts hat es natürlich auch Änderungsvorschläge und Kritik gegeben. Diese Kritik bezog sich im wesentlichen auf den Umstand, daß – von wenigen Beispielen abgesehen, in welchen ein eindeutiger Zusammenhang zwischen dem Kontakt mit einer chemischen Substanz und der Entstehung von Krebs beim Menschen nachgewiesen werden konnte – die Monographien der IARC keine eindeutige Stellung hinsichtlich der Schadenspotenzen von chemischen Substanzen für den Menschen bezogen haben. In den meisten Fällen evaluieren die Monographien lediglich die kanzerogene Wirkung von chemischen Substanzen im Tierversuch, ohne die Experimentalergebnisse hinsichtlich des für den Menschen möglicherweise vorhandenen Gesundheitsrisikos zu interpretieren.

Aus diesen Gründen wurde 1977 gemeinsam von der IARC und der WHO in Lyon eine Ad-hoc-Arbeitsgruppe gegründet, die damit befaßt war, die Kriterien zu überprüfen bzw. zu revidieren, auf die sich die Beurteilung der Kanzerogenität von chemischen Substanzen für Menschen und/oder Versuchstieren stützt, und die die Basis für die Evaluation eines möglichen kanzerogenen Risikos für den Menschen darstellen.

Der Bericht dieser Arbeitsgruppe erschien als Präambel von Band 17 der IARC-Monographien und ist anstelle des seit 1971 publizierten Vorworts »Grundlagen und Ziele des von der IARC durchgeführten Programms zur Beurteilung des kanzerogenen Risikos von chemischen Substanzen für den Menschen« erschienen.[9]

Ich fasse zusammen: 1. 1977, ein Jahr nach der Verabschiedung des Gesetzes zur Kontrolle toxischer Substanzen, wurde in den USA von nicht genannten Personen und Institutionen Kritik an der Weigerung der IARC laut, aus dem im Tierversuch gewonnenen Datenmaterial Schlußfolgerungen hinsichtlich des für den Menschen bestehenden Krebsrisikos zu ziehen. 2. Als Antwort auf diese Kritik zeigte sich die IARC bereit, die Kriterien zu revidieren, die der Beurteilung der Kanzerogenität von Substanzen im Tierversuch bisher zugrunde lagen, um eine Einschätzung des für den Menschen bestehenden Risikofaktors zu ermöglichen. 3. Die von der IARC über lange Jahre aufrechterhaltene Erklärung, »objektive Kriterien« für eine Extrapolation der in Tierversuchen erzielten Ergebnissen auf den Menschen seien nicht vorhanden, wurde in entsprechender Weise modifiziert.

Obwohl dies zweifellos nicht Tomatis' Absicht war, ging aus der 1978 publizierten Studie eindeutig hervor, daß der Kurswechsel der IARC nicht etwa aufgrund von neuesten wissenschaftlichen Erkenntnissen vollzogen wurde. Es wäre in der Tat einer wissenschaftlichen Sensation gleichgekommen, hätte Tomatis etwa erklärt, »objektive Kriterien« für die wissenschaftlich korrekte Extrapolation der Ergebnisse von Tierversuchen auf den Menschen seien inzwischen vorhanden. Mit Recht darf man annehmen, eine solche Entdeckung wäre voller Stolz und mit der gebührenden Ausführlichkeit präsentiert worden, und zweifellos wäre dem Wissenschaftler, dem dieser Durchbruch gelungen wäre, der Nobelpreis sicher gewesen, denn eine Entdeckung von dieser Tragweite würde bedeuten, daß die Krebsvorsorge sozusagen über Nacht zu einer prognostisch orientierten Wissenschaft geworden wäre und somit Krebs für alle Zukunft aus der Liste der Krankheiten der Menschheit gestrichen werden könnte. Doch dies war offenbar nicht der Fall, denn Tomatis und seine Mitarbeiter gaben eindeutig zu verstehen, daß sich vom wissenschaftlichen Standpunkt aus betrachtet, absolut nichts verändert hatte. Sie schrieben:

Mit der Anwendung der in der neuen Präambel der IARC-Monographien beschriebenen neuformulierten Kriterien für die Beurteilung der Kanzerogenität von chemischen Substanzen sowie mit der Erschließung weiteren Datenmaterials hinsichtlich der Kanzerogenität von chemischen Substanzen und neuer, zu erwartender Kenntnisse über die Mechanismen der *Kanzerogenese hoffen wir, daß trotz mangelnder epidemiologischer Befunde eine klarere Differenzierung zwischen chemischen Substanzen, für die Beweise einer möglichen kanzerogenen Wirkung auf den Menschen vorliegen, und Substanzen, für die solche Beweise nicht existieren, möglich wird.*

Wir hoffen, hiermit werden die kritische Analyse des aus Tierversuchen und Beobachtungen des Menschen gewonnenen Datenmaterials und die aus dieser Analyse folgende Beurteilung der in der Umwelt befindlichen chemischen Substanzen dazu beitragen, *die IARC-Monographien in Zukunft zu einem noch nützlicheren Instrument für die nationalen und internationalen Behörden hinsichtlich präventiver Maßnahmen zu machen.*[10]

Die traurige Wahrheit war jedoch, wie Tomatis hier einräumte, daß weder die IARC noch irgend jemand anderer wußte, wie von den Ergebnissen der Tierversuche ausgehend, eine für den Menschen gültige Prognose möglich sein sollte. Ohne genauere Kenntnisse über die Mechanismen der Krebsinduktion und ohne die Befunde epidemiologischer Studien konnte niemand vorhersagen, welche Substanzen für den Menschen kanzerogen sind. Niemand wußte also, wie aufgrund von Tierversuchen eine Prognose für den Menschen und somit Krebsvorsorge schlechthin möglich sein sollte. Und doch verkündete Tomatis quasi im gleichen Atemzug, daß die IARC genau dies zu tun beabsichtigte, daß die neudefinierten Kriterien zur Klassifikation des Datenmaterials von Tierversuchen eben diesen Schritt erlaubten. Tomatis erklärte hierzu:

Angesichts des vorhandenen, im Tierexperiment gesammelten Datenmaterials zur Kanzerogenität chemischer Substanzen und in Anbetracht der Tatsache, daß entsprechendes Datenmaterial für den Menschen nicht vorhanden ist, erscheint es vernünftig, chemische Substanzen, für deren Kanzerogenität »sehr ernstzunehmende« Beweise existieren, so einzustufen, *als wären* sie auch für den Menschen kanzerogen.[11]

Im neuformulierten Vorwort des 18. Bands der IARC-Monographien aus dem Jahr 1978 wurde dieser Schritt ebenfalls vollzogen:

Für zahlreiche der in den ersten siebzehn Bänden der IARC-Monographien diskutierten chemischen Substanzen, deren Kanzerogenität im Tierversuch *hinreichend bewiesen* wurde, existieren keine oder nicht hinreichende Beweise ihrer kanzerogenen Wirkung für den Menschen. Da adäquates Datenmaterial bezüglich ihrer Wirkung auf den Menschen nicht zur Verfügung steht, erscheint es aus praktischen Erwägungen vernünftig, solche chemischen Substanzen so einzustufen, *als wären* sie auch für den Menschen kanzerogen.[12]

So der Wortlaut der Erklärung, die nun an die Stelle der ehemals klar formulierten Aussage trat, es gebe keine »objektiven Kriterien«, die aufgrund des im Tierversuch gewonnenen Datenmaterials eine Prognose hinsichtlich des für den Menschen bestehenden Krebsrisikos gestatten würden. In diesen wenigen zitierten Worten manifestiert sich ein drastischer politischer Kurswechsel der IARC. Sieben Jahre lang hatte die Internationale Krebsforschungsbehörde betont, es existiere keine wissenschaftlich gesicherte Basis, um eine solche Prognose zu rechtfertigen. Die IARC nannte keine Gründe für diese politische Wende, außer den Wunsch, ihre Monographien »in Zukunft zu einem noch nützlicheren Instrumentarium für die nationalen und internationalen Behörden zu machen«. Die IARC, bisher eine Zitadelle der korrekten Wissenschaften, hatte vor dem Bedürfnis der »Reglementierungswissenschaftler« nach einem Akt der Magie kapituliert.

Wissenschaftliche Zauberei kann auf verschiedenste Art und Weise betrieben werden. Eine der Möglichkeiten wurde von John Higginson beschrieben und vorstehend bereits zitiert: Der Wissenschaftler baut die erwünschten Ergebnisse bereits in seine Definitionen ein. Eine andere Möglichkeit besteht darin, das Datenmaterial ganz offen in Form von endlosen und langweiligen Tabellen und Listen zu präsentieren; in einer Weise allerdings, die nur dem eifrigsten und gründlichsten Leser ermöglicht, ihren Inhalt zu verstehen und auf Daten und Kenntnisse zu stoßen, die die Zauberer am liebsten verstecken würde. Die dritte Möglichkeit befleißigt sich folgenden Vorgehens: Die notwendigen Konzessionen sind in den Text bzw. in die Fußnoten eingearbeitet, so daß die wissenschaftliche Integrität gewahrt bleibt. Wir haben im Verlauf des Buches bereits Beispiele für die meisten dieser Formen wissenschaftlicher Zauberei kennengelernt, doch in dem neuen Geschenk der IARC an die Reglementierungsbehörden finden wir sie alle wieder. Ist der Leser an einer Demonstration wissenschaftlicher Zauberei interessiert, möchte ich ihn auffordern, die folgenden Passagen aufmerksam zu verfolgen, denn sonst wird er die Erklärung der IARC nicht verstehen, mit der sie ihr Vorhaben rechtfertigte. Da die IARC ihren internationalen Ruf, eine wissenschaftlich integre Institution zu sein, nicht aufs Spiel setzen wollte, war sie gezwungen, eine Erklärung abzugeben.

Wir beginnen mit der kritischen Diskussion des Fundaments, das die IARC zur Absicherung ihrer »Ersatzprognosen« konstruierte: mit den Definitionen. Der Leser sollte seine Aufmerksamkeit auf die angebotenen Definitionen für »*hinreichende Beweise*« richten, denn sie setzen sich sehr strenge Kriterien für die *Beurteilung* wissenschaftlichen Datenmaterials fest; wesentlich strengere Kriterien als sie die Reglementierungsbehörden der USA anlegen. Die durch Anwendung dieser rigorosen Kriterien ermittelten Listen industriell synthetisierter Tier- und Humankanzerogene sind tatsächlich die besten, die weltweit verfügbar sind. Das Ungewöhnliche im Vorgehen der IARC lag nicht in der Definition der Kriterien, sondern in der Art, wie sie diese Kriterien anwandte. Wie vorstehend bereits zitiert, erklärte die IARC: »*Da adäquates Datenmaterial bezüglich der Wirkung den Menschen nicht zur Verfügung steht, erscheint es vernünftig, solche chemischen Substanzen (für die hinreichende Beweise existieren) so einzustufen, als wären* sie auch für den Menschen kanzerogen«. Die Kriterien erfüllten also eine *doppelte* Funktion: Einerseits waren sie strenge Bewertungskriterien, und andererseits wurden sie verwendet, »als wären« sie für eine wissenschaftlich korrekte Prognose geeignet.

Die folgende Darstellung der neuen IARC-Kriterien ist den IARC-Monographien, Ergänzungsband 1 entnommen, der von Ralph Althouse et al. zusammengestellt wurde und im September 1979 erschienen ist.[13] (Die IARC-Kriterien sind auch in einem im Januar 1980 in *Cancer Research* erschienenen Artikel von Althouse et al.[14] dargestellt und diskutiert). Die hier wiedergegebenen Informationen sind dem Ergänzungsband 1 entnommen. Zum besseren Verständnis des Lesers habe ich sie in eine von der IARC geprüfte und genehmigte konzentrierte und tabellarische Form zusammengefaßt.

IARC-Kriterien* für Tierkanzerogene[15]

»Hinreichende Beweise« der Kanzerogenität**: »Zunehmende Inzidenz maligner Tumoren: (a) bei mehreren Spezies oder Inzuchtstämmen; oder (b) bei mehreren Experimenten (vorzugsweise mit unterschiedlichen Verabreichungsarten und unterschiedlicher Dosierung); oder (c) bei ungewöhnlichen Ergebnissen hinsichtlich Inzidenz, Ort und Art des Tumors oder Alter bei Ausbruch. Zusätzliche Beweise können erbracht werden durch Beobachtungen hinsichtlich einer Dosis-Wirkung, Abhängigkeit, Mutagenität oder chemischer Struktur der Substanz.«

»Bedingt gültige Beweise« der Kanzerogenität**: »Das Datenmaterial weist auf kanzerogene Wirkung hin, ist jedoch begrenzt gültig, da: (a) die Untersuchung nur einzelne Spezies, Stämme oder Experimente umfaßt; oder (b) die Gültigkeit der Experimente begrenzt ist aufgrund inadäquater Dosierungen, inadäquater Dauer des Kontakts mit der Substanz, inadäquater Nachfolgeuntersuchung, zu geringer Zahl der Versuchstiere oder unzulänglicher Versuchsprotokolle; oder (c) die entstehenden Neoplasien oft spontan auftauchen oder mit Hilfe histologischer Kriterien allein nur schwer als maligen zu klassifizieren sind (z. B. Lungen- und Lebertumoren bei Mäusen).«

»Inadäquate Beweise« der Kanzerogenität: »Aus Gründen erheblicher qualitativer oder quantitativer Einschränkungen, können die Untersuchungen weder als Beweis für eine kanzerogene Wirkung noch als Beweis für nonkanzerogene Wirkung gewertet werden.«

* Fußnote der Autorin:
»Negative« Ergebnisse und »keine Ergebnisse« sind in der Darstellung der IARC ebenfalls als Kriterien genannt, doch werden sie fast nie gebraucht. Ich habe sie deshalb hier nicht wiedergegeben.

** Anmerkung der IARC:
»Die Kategorien ›hinreichende Beweise‹ und ›begrenzt gültige Beweise‹ beziehen sich nur auf den im Experiment erbrachten Nachweis, daß eine bestimmte Substanz kanzerogen ist (oder nicht); sie sagen nichts über das Ausmaß ihrer kanzerogenen Wirkung aus. Die Klassifikation der verschiedenen chemischen Substanzen kann aufgrund neu verfügbaren Datenmaterials geändert werden.«

IARC-Kriterien* für Humankanzerogene[16]

»Hinreichende Beweise der Kanzerogenität verweisen auf einen kausalen Zusammenhang zwischen dem Kontakt mit der Substanz und der Entstehung von Krebs beim Menschen.«

»Bedingt gültige Beweise der Kanzerogenität verweisen auf eine mögliche kanzerogene Wirkung für den Menschen, obwohl das Datenmaterial nicht ausreicht, einen kausalen Zusammenhang zu beweisen.«

»Inadäquate Beweise der Kanzerogenität sind dann gegeben, wenn die Daten qualitativ oder quantitativ unzureichend sind, um eine Aussage bezüglich der Kanzerogenität einer Substanz für den Menschen zu machen.«

* Fußnote der Autorin:
Eine Analyse der verschiedenen Datenkategorien aus epidemiologischen Untersuchungen stand der Darstellung dieser Kriterien voran; ich werde an anderer Stelle explizit darauf eingehen.

Tomatis' 1978 veröffentlichte Arbeit war ein zusammenfassender Bericht über die ersten sechzehn Bände der IARC-Monographien. Die von ihm publizierte Liste der Kanzerogene hatte auch chemische Substanzen umfaßt, für deren Kanzerogenität ernstzunehmende Beweise »bei mindestens einer Spezies« existierten. Dies hatte zur Folge, daß 65 Prozent der gesamten untersuchten Substanzen als möglicherweise kanzerogen klassifiziert wurden. Ende 1978 legte die IARC jedoch wesentlich strengere Kriterien als Maßstab für die Klassifizierung der Kanzerogenität der 442 chemischen Substanzen und technologischen Verfahren an, die in den bis dahin erschienenen zwanzig Bänden untersucht worden waren. Diesmal kamen die Expertenkomitees der IARC zu dem Ergebnis, daß »hinreichende Beweise« für die Kanzerogenität von Substanzen nur in 142 Fällen, d. h. bei 32 Prozent der untersuchten Agenzien erbracht worden seien.[17] Dies war eine drastische Reduzierung und gleichzeitig ein lehrreiches Beispiel dafür, wie Tierkanzerogene im gleichen Maße verschwinden, in welchem die »Stringenz« der Kriterien wächst. Im folgenden gebe ich die Liste der 142 chemischen Substanzen wieder, die die IARC als eindeutig kanzerogen für Tiere bezeichnet und die *»aus praktischen Erwägungen«* so einzustufen sind, *»als wären sie auch für den Menschen kanzerogen.«*[18] Die Liste beinhaltet auch Substanzen, für deren humankanzerogene Wirkung Befunde existieren, die jedoch gesondert diskutiert werden sollen:

IARC-Liste der Tierkanzerogene

Acrylonitril	Aflatoxine	Aramit
Actinomycine	ortho-Aminoazotolol	Asbest
Äthinylöstradiol	4-Aminobiphenyl	Azaserin
Äthylendibromid	2-Amino-5-(5-nitro-2-furyl)-1,3,4-thiadiazol	
Äthylenthioharnstoff		Benz(a)anthracen
Äthylmethansulfonat	Amitrol	Benzidin

Benzo(b)fluoranthen
Benzo(a)pyren
Benzylviolett 4B
Beryllium
Berylliumoxid
Berylliumphosphat
Berylliumsulphat
Bis(chlormethyl)äther
Bleiacetat
Bleiphosphat
Bleisubacetat
β-Butyrolacton

Cadmium
Cadmiumchlorid
Cadmiumoxid
Cadmiumsulfat
Cadmiumsulfid
Calciumchromat
Chlorambucil
Chlordecon (Kepon)
Chloroform
Chrom
Citrusrot No. 2
Cacasin
Cyclophosphamid

Daunomycin
N,N'-Diacetylbenzidin
1,2-Diäthylhydrazin
Diäthylstilböstrol
Diäthylsulfat
4,4'-Diaminodiphenyläther
2,4-Diaminotoluol
Dibenz (a,h)acridin
Dibenz(a,j)acridin
Dibenz(a,h)anthracen
7H-Dibenzo(c,g)carbazol
Dibenzo(a,e)pyren
Dibenzo(a,h)pyren
Dibenzo(a,j)pyren
1,2-Dibrom-3-chlorpropan
1,2-Dichloräthan
3,3'-Dichlorbenzidin
3,3'-Dichlor-4,4'-diaminodiphenyläther
Diepoxybutan
Dihydrosafrol
3,3'-Dimethoxybenzidin (ortho-Dianisidin)
para-Dimathylaminoazobenzol trans-2[(Dimethylamino)-methylamino]-5-[2-5-nitro-2-furyl)vingl]-1,3,4-oxadiazol
3,3'-Dimethylbenzidin
(ortho-Toluidin)
Dimethylcarbamoylchlorid
1,1-Dimethylhydrazin
1,2-Dimethylhydrazin
Dimethylsulfat
1,4-Dioxan

Eisendextran

2-(2-Formylhydrazino)-4-(5-nitro-2-furyl)-thiazol

Glyzidaldehyd

Hexachlorbenzol
Hexamethylphosphoramid
Hydrazin

Indeno (1,2,3-cd)pyren
Isosafrol

Lasiocarpin

Melphalan
Merphalan
Mestranol
2-Methylaziridin
Methylazoxymethanolacetat
4,4'-Methylen bis(2-chloranilin)
4,4'-Methylen bis(2-methylanilin)
Methyljodid
Methylmethansulfonat
N-Methyl-N'-nitro-N-nitrosoguanidin
Methyltiouracil
Mirex
Mitomycin C
Monocrotalin
5-(Morpholinomethyl)-3-[(5-nitrofurfuryliden)-amino]-2Oxazolidinon

2-Naphthylamin
Nickel
Nickelsubsulfid
Niridazol
5-Nitroacenaphthen
1-[(5-Nitrofurfuryliden)amino]-2-imidazolidinon
N-[4-(5-Nitro-2-furyl)-2-thiazolyl]acetamid
N-Nitrosodiäthanolamin
N-Nitrosodiethylamin
N-Notroso-N-butylamin
N-Nitrosodimethylamin
N-Nitrosodi-n-propylamin
N-Nitroso-N-äthylharnstoff
N-Nitrosomethyläthylamin
N-Nitroso-N-methylharnstoff
N-Nitroso-N-methylurethan
N-Nitrosomethylvinylamin
N-Nitrosomorpholin

N-Nitrosonornikotin	Propylthiouracil	Thioacetamid
N-Nitrosopiperidin		Thioharnstoff
N-Nitrosopyrrolidin	Ruße, Teere und Öle	Toxaphen
N-Nitrososarcostin		Tris(aziridinyl)phosphinsulfid(Thiotepa)
	Safrol	
Ölorange SS	Sterigmatocystin	Tris(2,3-dibrompropyl)-phosphat
Östradiol-17B	Stickstoffgas und sein Hydrochlorid	
Östron		Trypanblau
	Stickstoffsenfgas N-oxid und sein Hydrochlorid	
Polychlorierte Biphenyle		Uracilsenfgas
Ponceau MX	Streptozotocin	Urethan
Ponceau 3R		
1,3-Propansulton	Testosteron	Vinylchlorid
β-Propiolacton	Tetrachlorkohlenstoff	

So sah also die beste (1979–1980) Liste von industriell synthetisierten chemischen Substanzen aus, die im Tierversuch kanzerogen wirken. Durch das Anlegen der neuen Kriterien war sie auf etwa die Hälfte der Liste von Chemikalien zusammengeschmolzen, für deren Klassifikation als Kanzerogene bereits »ernstzunehmende Beweise« bei »mindestens einer Spezies« genügten. Hätte man zum Beispiel Berenblums Kriterium, daß die Kanzerogenität anhand von mindestens drei Tierspezies nachzuweisen ist, angelegt, wäre die Liste noch erheblich kürzer geraten. Bedenkt man jedoch, daß man die Durchführung eines Tierexperiment 1980 mit etwa 500000 Dollar veranschlagen mußte, drängt sich der Verdacht auf, daß die Liste von Tierkanzerogenen, die Berenblums Kriterien genügt hätte, auf einer Visitenkarte zu veröffentlichen gewesen wäre. Wie viele der genannten Substanzen sind jedoch »echte« Tierkanzerogene? Auf diese Frage wußte das National Toxicology Program 1980 nur bekümmert zu antworten: »Wissenschaft und Gesellschaft konnten sich bisher nicht auf eine verbindliche und gültige Definition von Kanzerogenen einigen, weder hinsichtlich der Humankanzerogene noch was die im Tierversuch getesteten Kanzerogene anbelangt.« Was hat die »Gesellschaft« mit der wissenschaftlichen Definition von krebsverursachenden Substanzen zu tun? Wobei mit »Gesellschaft« in diesem Zusammenhang der Kongreß, die Reglementierungsbehörden und die Gerichte gemeint sind. Sind überhaupt irgendwelche dieser Substanzen »echte« Tierkanzerogene? Fraglos sind sie das. Denn schließlich handelt es sich um die beste verfügbare Liste industriell synthetisierter chemischer Substanzen, die im Tierversuch kanzerogen wirken. Drehe ich mich hier etwa im Kreis? So ist es. Und weshalb? »Wissenschaft und Gesellschaft konnten sich bisher noch nicht ...« und so weiter. Um nicht wie ein verrücktgewordener Hund hinter meinem eigenen Schwanz herzujagen, werde ich von nun an diese Liste als die 1980 herausgegebene IARC-Liste der »nachgewiesenen« Tierkanzerogene bezeichnen. Im Verlauf dieses Kapitels wird uns die IARC selbst erklären, weshalb die »reglementierende« Wissenschaft in diesem Dilemma steckte. Doch bis dahin werden wir wieder zum Fortgang der Geschichte zurückkehren.

Die Experten der IARC hatten anhand der neuen Kriterien auch eine Bewertung der verfügbaren Forschungsergebnisse bezüglich der Humankanzerogene vorgenommen. Von den 442 bis dahin in den 20 Bänden der IARC-Monographien diskutierten chemischen Substanzen lagen jedoch nur für 60 Substanzen auf den Menschen bezogene Fallstudien oder epidemiologische Untersuchungen vor; wovon wiederum, aus verschiedenen Gründen, nur 54 von den Experten der Internationalen Krebsforschungsbehörden evaluiert worden waren.[19] Auch das hinsichtlich der humankanzerogenen Wirkung der Substanzen vorhandene Datenmaterial wurde in verschiedene Gültigkeitsgrade bezüglich seiner Beweiskraft unterteilt. An dieser Stelle möchte ich das Augenmerk des Lesers erneut auf die Kategorie »hinreichende Beweise« lenken, denn unter dieser Bezeichnung veröffentlichte die IARC ihre Liste der »nachgewiesenen« Humankanzerogene; vorbehaltlich einer Einschränkung der IARC, die andeutete, daß die humankanzerogenen Eigenschaften einiger dieser Substanzen doch nicht so ganz eindeutig nachgewiesen waren.

IARC-Liste der Humankanzerogene[20]

»Hinreichend«

In 18 Fällen befand das Komitee, daß »hinreichende Beweise für einen kausalen Zusammenhang zwischen dem Kontakt und der Bildung von Krebs existierten«: »Folgende chemische Substanzen, Gruppen von chemischen Substanzen oder technische Verfahren sind für Menschen kanzerogen:«

4-Aminobiphenyl; Arsen und bestimmte Arsenverbindungen; Asbest; Herstellung von Auramin; Benzidin; N,N-bis(2-chloräthyl)-2-naphthylamin (chlornaphazin); BCME und CMNE; Chrom und bestimmte Chromverbindungen;* Diäthylstilböstrol; Untertageabbau von Hämatit;* Herstellung von Isopropylalkohol im Säureverfahren; *Melphalan; Senfgas; 2-Naphthylamin; Nickelveredelung; *Ruße, Teere und Mineralöle; *Vinylchlorid.*

*IARC-Einschränkungen:

»In diesen Fällen ist es nicht möglich, die spezifische krebserregende Verbindung bzw. Verbindungen klar zu identifizieren, da auch Kontakt mit anderen Substanzen gegeben ist. Das ›verantwortliche Kanzerogen‹ kann deshalb nicht eindeutig identifiziert werden.«

»Vermutlich«

Eine weitere Gruppe chemischer Substanzen wurde als »vermutlich kanzerogen für Menschen« bezeichnet. In ihr wurden Substanzen aufgelistet, »für deren kanzerogene Wirkung beim Menschen ›nahezu hinreichende‹ Beweise existieren, sowie Substanzen, für deren humankanzerogene Eigenschaften lediglich Hinweise vorhanden sind«. Für beide Kategorien von Substanzen enthielt das Datenmaterial »keine hinreichenden Beweise, um einen kausalen Zusammenhang zu konstatieren«. Die IARC teilte diese Gruppe »bedingt gültig« nachgewiesener Kanzerogene deshalb in zwei Untergruppen:

Untergruppe A (bessere Beiweislage):

*Aflatoxine; Cadmium und bestimmte Cadmiumverbindungen; *Chlorambucil; Cyclophosphamid; Nickel und bestimmte Nickelverbindungen; *Tris-(l-aziri-dinyl)-phosphinsulfid(Thiotepa).*

Untergruppe B (schlechtere Beweislage):

*Acrylonitril; Äthylenoxid; Amitrol (Aminotriazol); Auramin; Beryllium und bestimmte Berylliumverbindungen; *Dimethylcarbamoylchlorid; Dimethylsulfat; Eisendextran; Oxymetholon; Phenacetin; Polychlorierte Biphenyle; Tetrachlorkohlenstoff.*

*IARC-Einschränkungen:

»In diesen Fällen ist es nicht möglich, die spezifische krebserregende Verbindung bzw. Verbindungen klar zu identifizieren, da auch Kontakt mit anderen Substanzen gegeben ist. Das ›verantwortliche‹ Kanzerogen kann deshalb nicht eindeutig identifiziert werden.«

»Unklassifizierbar«

Von chemischen Substanzen, hinsichtlich deren humankanzerogenen Eigenschaften Datenmaterial existiert, konnten 18 chemische Substanzen oder Gruppen von chemischen Substanzen bezüglich ihrer humankanzerogenen Wirkung nicht klassifiziert werden:

*Blei und bestimmte Bleiverbindungen; *Chloramphenicol; Chlordan – Heptachlor; Chloropren; DDT; Dieldrin; Epichlorhydrin; Hämatit; HCH(Hexychlorcyclohexan); Isoniazid; Isopropylöle; Phenobarbiton; N-Phenyl-2-naphthylamin; Phenytoin; Reserpin; Styrol; Trichloräthylen; Tris(aziridinyl-p-benzochinon.*

*IARC-Einschränkungen:

»In diesen Fällen ist es nicht möglich, die spezifische krebserregende Verbindung bzw. Verbindungen klar zu identifizieren, da auch Kontakt mit anderen Substanzen gegeben ist. Das ›verantwortliche‹ Kanzerogen kann deshalb nicht eindeutig identifiziert werden.«

Wir stellen also fest, daß lediglich 18 chemische Substanzen übriggeblieben sind, für deren humankanzerogene Eigenschaften das IARC-Komitee »hinreichende Beweise« entdecken konnte. Und selbst hier gilt die Einschränkung, daß in einigen Fällen die »spezifisch krebserregende« Verbindung nicht eindeutig zu identifizieren ist. Was die Gruppe der »vermutlich« humankanzerogenen Substanzen anbelangt, ist der Leser gezwungen, neueres Datenmaterial der IARC abzuwarten.

Wir können uns nun der interessantesten aller von der IARC veröffentlichten Listen zuwenden, die die Gültigkeitsgrade bezüglich der Beweiskraft des Datenmaterials sowohl für Tier- wie auch für Humankanzerogene berücksichtigt.[21] Hiermit sind wir an einem entscheidenden Punkt angelangt, denn in dieser Liste – so sollte man annehmen – müßten signifikante Korrelationen zwischen den Resultaten der Tierversuche und den auf den Menschen bezogenen Forschungsergebnissen sichtbar werden. Dies ist jedoch kaum der Fall.

Klassifizierung der für den Menschen bestehenden Kanzerogenität für chemische Substanzen oder technische Verfahren nach dem Gültigkeitsgrad der Beweisführung (IARC-Monographien, Band 1–20)

Chemische Substanz bzw. technisches Verfahren	Gültigkeitsgrad der Beweisführung: Mensch	Tierexperiment
1. Acrylonitril	bedingt gültig	hinreichend
2. Aflatoxine	bedingt gültig	hinreichend
3. 4-Aminobiphenyl	hinreichend	hinreichend
4. Amitrol (Aminotriazol)	inadäquat	hinreichend
5. Arsen und bestimmte Arsenverbindungen	hinreichend	inadäquat
6. Asbest	hinreichend	hinreichend
7. Auramin	bedingt gültig	bedingt gültig
8. Auraminherstellung	hinreichend	nicht anwendbar*
9. Benzidin	hinreichend	hinreichend
10. Benzol	hinreichend	inadäquat
11. Beryllium und bestimmte Berylliumverbindungen	bedingt gültig	hinreichend
12. Blei und bestimmte Bleiverbindungen	inadäquat	hinreichend (für einige lösliche Salze)
13. N, N-Bis (2-chloräthyl-2-naphthylamin (chlornaphazin)	hinreichend	bedingt gültig
14. Bis(chlormethyl) ether und Monochlordimethyl ether	hinreichend hinreichend	hinreichend bedingt gültig
15. Cadmium und bestimmte Cadmiumverbindungen	bedingt gültig	hinreichend
16. Chlorambucil	bedingt gültig	hinreichend

17.	Chloramphenicol	inadäquat	keine Ergebnisse
18.	Chlordan und Heptachlor	inadäquat	bedingt gültig
19.	Chloropren	inadäquat	bedingt gültig
20.	Chrom und bestimmte Chromverbindungen	hinreichend	hinreichend
21.	Cyclophosphamid	bedingt gültig	hinreichend
22.	DDT	inadäquat	bedingt gültig
23.	Dieldrin	inadäquat	bedingt gültig
24.	Diäthylböstrol	hinreichend	hinreichend
25.	Dimethylcarbamoyl-chlorid	inadäquat	hinreichend
26.	Dimethylsulfat	inadäquat	hinreichend
27.	Eisendextran	inadäquat	hinreichend
28.	Epichlorhydrin	inadäquat	bedingt gültig
29.	Äthylenoxid	bedingt gültig	hinreichend
30.	Hämatit	inadäquat	negativ
31.	Hämatituntertageabbau	hinreichend	nicht anwendbar*
32.	HCH	inadäquat	bedingt gültig
33.	Isoniazid	inadäquat	bedingt gültig
34.	Isopropylöle	inadäquat	inadäquat
35.	Isopropylalkoholherstellung	hinreichend	nicht anwendbar*
36.	Melphalan	hinreichend	hinreichend
37.	2-Naphthylamin	hinreichend	hinreichend
38.	Nickel und bestimmte Nickelverbindungen	bedingt gültig	hinreichend
39.	Nickelveredlung	hinreichend	nicht anwendbar*
40.	Oxymetholon	bedingt gültig	keine Ergebnisse
41.	Phenacetin	bedingt gültig	bedingt gültig
42.	Phenobarbiton	bedingt gültig	bedingt gültig
43.	N-Phenyl-2-naphthylamin	inadäquat	inadäquat
44.	Phenytoin	bedingt gültig	bedingt gültig
45.	Polychlorierte Biphenyle	inadäquat	hinreichend
46.	Reserpin	inadäquat	inadäquat
47.	Ruße, Teere und Mineralöle	hinreichend	hinreichend
48.	Senfgas	hinreichend	bedingt gültig
49.	Styrol	inadäquat	bedingt gültig
50.	Tetrachlorkohlenstoff	inadäquat	hinreichend
51.	Trichloräthylen	inadäquat	bedingt gültig
52.	Tris (aziridinyl)-p-benzochinon	inadäquat	bedingt gültig
53.	Tris (l-aziridinyl) phosphinsulfid (Thiotepa)	bedingt gültig	hinreichend
54.	Vinylchlorid	hinreichend	hinreichend

* Da es nicht möglich ist, Versuchstiere denselben Bedingungen auszusetzen, wie es die Arbeiter sind, existieren keine solche Daten.

Hat man einige Zeit damit verbracht, in der vorstehenden Liste die »Korrelationen« zu suchen, wird man feststellen, daß die Befunde für Mensch und Tier in den meisten Fällen nicht übereinstimmen. In der ganzen Liste wird man nur zehn Substanzen entdecken, deren kanzerogene Potenz für Mensch und Tier gleichermaßen als »hinreichend« bewiesen gilt.

Und doch betrachtete man 1980 diese nur sehr bedingt übereinstimmende Auflistung als das beste zur Verfügung stehende Beweismittel für die Hypothese, daß Substanzen, die für Tiere kanzerogen sind, auch für den Menschen ein kanzerorgenes Risiko darstellen.

chemische Substanz bzw. technisches Verfahren	Mensch	Tierexperiment
4-Aminobiphenyl	hinreichend	hinreichend
Asbest	hinreichend	hinreichend
Benzidin	hinreichend	hinreichend
Bis (chlormethyl) ether und Monochlordimethylether	hinreichend	hinreichend
Chrom und bestimmte Chromverbindungen	hinreichend	hinreichend
Diäthylstilböstrol	hinreichend	hinreichend
Melphalan	hinreichend	hinreichend
2-Naphthylamin	hinreichend	hinreichend
Ruße, Teere und Mineralöle	hinreichend	hinreichend
Vinylchlorid	hinreichend	hinreichend

Anhand der zehn erwähnten Fälle war es auf der Basis der neuen IARC-Kriterien gelungen, die Richtigkeit dieser Hypothese zu beweisen. Diese zehn Beispiele waren für die Krebsforschung von zentraler Bedeutung, denn sie nahmen jeden, der die Auffassung nicht teilte, daß Mensch und Tier potentiell gleichermaßen anfällig für die Entwicklung von Krebs seien, den Wind aus den Segeln. Und trotzdem kann ich mich des Eindrucks nicht erwehren, als hätte die IARC diese zehn so wichtigen Substanzen in ihrer Liste versteckt. Welche Gründe konnten die IARC bewegt haben, diese Handvoll epidemiologisch und im Tierversuch übereinstimmenden Ergebnisse nicht triumphierend zu verkünden? Fürchtete sie etwa, sie könnte dadurch das Augenmerk der interessierten Laien zu sehr auf die wesentlich größere Zahl von *nicht* übereinstimmenden Befunden lenken? War es möglich, daß die IARC – obwohl sie die fraglichen Tierkanzerogene einstufte, »*als wären* sie auch für den Menschen kanzerogen«

– gar nicht von ihrer eigenen Prognose überzeugt war? *Wie* eigentlich beurteilte die IARC selbst ihre neuen Kriterien und die aus deren Anwendung resultierende Klassifikation kanzerogener Substanzen? Eine Antwort auf diese Frage war allein von Althouse und dessen Mitarbeitern, also dem Ad-hoc-Komitee, das die Kriterien ausgearbeitet hatte, zu erwarten. *Und wir bekamen die Antwort.*

Mit verblüffender Offenheit erklärten Althouse et al., man dürfe – ist man an *wissenschaftlich gesicherten* Informationen interessiert – die umfangreiche Liste als hinreichend bewiesen genannten Tierkanzerogene keinesfalls als für den Menschen repräsentativ, d. h. als potentielle Humankanzerogene betrachten. Althouse et al. versuchten das Vorgehen der IARC mit folgenden Worten zu rechtfertigen:

> Im Oktober 1977 konstituierte sich eine Ad-hoc-Arbeitsgruppe, um die Kriterien zur Beurteilung des für Menschen durch den Kontakt mit chemischen Substanzen gegebenen kanzerogenen Risikos zu erarbeiten. Die Arbeitsgruppe entwarf die Richtlinien für weitere Arbeitsgruppen, deren Aufgabe es ist, die Bewertung von Krebsforschungsprojekten zu standardisieren. Angesichts der Ermangelung eines adäquaten Datenmaterials für die Kanzerogenese beim Menschen empfehlen diese Arbeitsgruppen aus praktischen Erwägungen, chemische Substanzen für deren Kanzerogenität im Tierversuch *hinreichende Beweise* erbracht wurden (d. h. ein kausaler Zusammenhang nachgewiesen wurde) so einzustufen, *als wären sie auch für den Menschen ein kanzerogenes Risiko. Formulierungen, wie »aus praktischen Erwägungen« und »als wären sie ein kanzerogenes Risiko« deuten an, daß zum gegenwärtigen Zeitpunkt keine wissenschaftlich fundierte Basis für die Feststellung einer zwischen Tierkanzerogenen und einem möglichen Risiko für den Menschen bestehenden Korrelation existiert; vielmehr sind es pragmatische Überlegungen, die uns geleitet haben; in der Absicht, den reglementierenden Behörden Entscheidungshilfen hinsichtlich präventiver Maßnahmen gegen den Krebs in die Hand zu geben.*[22] (Hervorhebung seitens der Autorin).

Dies bedeutet nichts anderes, als daß das Ad-hoc-Komitee der IARC – selbst als es sich wissenschaftlich ausdrückte – zugab, daß keine wissenschaftlich korrekte Möglichkeit bestand, von der im Tierversuch nachgewiesenen Kanzerogenität einer Substanz auf eine Krebsgefahr für den Menschen zu schließen. Als dieses Komitee dann »pragmatische« Überlegungen anstellte, gipfelte dies in der Empfehlung, nun doch das im Tierversuch gewonnene Datenmaterial heranzuziehen, um den Reglementierungsbehörden »Entscheidungshilfen« für die Krebsvorsorge an die Hand zu geben; d. h. die IARC plädierte für die Verwendung des Datenmaterials aus Tierversuchen als Ausgangspunkt für eine Prognose der Krebsgefahr für den Menschen – eine Extrapolation, die die IARC quasi im selben

Atemzug als wissenschaftlich unkorrekt bezeichnet hatte. Die IARC hatte also nicht die wissenschaftlichen Grundsätze geändert, sondern lediglich ihre politische Überzeugung.

Darüber hinaus finden wir in Althouses Publikation interessante Hinweise auf den wissenschaftlichen Status der neuformulierten Kriterien. Unter anderem hatten die Wissenschaftler der IARC eine neue analytische Kategorie eingeführt, die eine Beurteilung des kanzerogenen Risikos für den Menschen auch dann erlaubte, wenn »hinreichende Beiweise« für eine humankanzerogene Wirkung gar nicht vorhanden waren, und zwar auf der Basis von sowohl »epidemiologisch als auch experimentell gewonnenen Befunden«. Im Verlaufe der Diskussion dieser neuen Kategorie konstatierten sie, daß »die Bandbreite der Kategorien für die Beurteilung von Human- und Tierkanzerogenen (hinreichend-, bedingt gültig – und inadäquat bewiesen) beträchtlichen Spielraum innerhalb jeder Kategorie läßt«; wobei hinsichtlich der Klassifikation der Kanzerogene »dieser Spielraum Berücksichtigung gefunden hat«.[23] Diese reichlich nebulös formulierte Passage, die andeutet, daß den Wissenschaftlern der IARC die Dehnbarkeit ihrer Kriterien durchaus bewußt war, wurde eingeleitet von der Feststellung: »Zum gegenwärtigen Zeitpunkt existieren keinerlei objektive Kriterien, die eine Interpretation des im Tierversuch gewonnenen Datenmaterials im Sinne eines für den Menschen bestehenden Gesundheitsrisikos zuließen.«[24] Ein weiteres Mal wischte die IARC das vom Tisch, was sie eben noch behauptet hatte.

Für uns erhebt sich damit eine neue Frage: Wenn die Kategorien für die Beurteilung und Klassifizierung von Human- und Tierkanzerogenen eine derart große »Bandbreite« besitzen, der »Spielraum« innerhalb dieser Kategorien »beträchtlich« ist, und wenn dieser Spielraum hinsichtlich der Klassifikation »Berücksichtigung gefunden hat«, nach welchen Prinzipien ist das IARC-Komitee bei der »Berücksichtigung des vorhandenen Spielraums« vorgegangen? Auch auf diese Frage finden wir bei Althouse eine Antwort:

> Die Trennungslinie zwischen im Tierversuch gewonnenen hinreichenden Beweisen und bedingt gültigen Beweisen für die kanzerogene Potenz einer Substanz sowie die Trennungslinie zwischen inadäquaten und bedingt gültigen Beweisen für die kanzerogene Potenz für Mensch und Tier wurden in keinem Fall eindeutig festgelegt. Bestanden unter den Mitgliedern der Arbeitsgruppe diesbezüglich Meinungsunterschiede, wurde über die Klassifikation aufgrund eines Mehrheitsvotums entschieden.[25]

Sie haben richtig gelesen: Die Wissenschaftler stimmten über die Klassifikation ab! Der Umstand, daß Erkenntnisse der Wissenschaft durch Abstimmung zustande gekommen sind, macht es uns geradezu unmöglich, die aus solchen »Erkenntnissen« resultierenden Folgerungen ernst zu nehmen. Wissenschaftliche Erkenntnisse und Entdeckungen sind unabhängig von der Meinung der Mehrheit. Wissenschaftler sollten nur dann abstimmen, wenn sie es für notwendig erachten, aus politischen oder institutionellen Gründen eine gemeinsame Erklärung zu einem Problem abgeben zu müssen, jedoch grundsätzlich verschiedener Meinung sind. Althouse et al. geben uns in ihrer Arbeit genauen Einblick, an welchen konkreten Fragen sich die Kontroversen innerhalb des IARC-Komitees entzündeten und schließlich durch Abstimmung aus der Welt geschafft wurden:

- Die Wissenschaftler waren sich nicht immer einig, ob das anhand von Tierversuchen gewonnene Datenmaterial »hinreichende« oder »begrenzt gültige« Beweiskraft besitzt. Sie entschieden dies durch Abstimmung – ein Umstand, der die Gültigkeit der Liste der Tierkanzerogene in Frage stellt.
- Die Wissenschaftler waren sich nicht immer einig, ob das anhand von Tierversuchen gewonnene Datenmaterial und die Ergebnisse von humanepidemiologischen Studien (getrennt oder gemeinsam diskutiert) »hinreichende« oder »begrenzt gültige« Beweiskraft besitzen. Sie entschieden dies durch Abstimmung – ein Umstand, der die Gültigkeit der IARC-Liste der Tier- und Humankanzerogene in Frage stellt.

Dem Leser wird aufgefallen sein, daß die einzige Kategorie von Kanzerogenen die nicht umstritten war, die der »hinreichend« durch epidemiologische Studien belegte Liste der Humankanzerogene war. Zumindest erwähnt Althouse keine diesbezüglichen Meinungsverschiedenheiten. Wir können also annehmen, daß sich die Wissenschaftler zumindest hinsichtlich der achtzehn »chemischen Substanzen, Gruppen chemischer Substanzen und technischer Verfahren« und vor allem hinsichtlich der zehn so wichtigen Substanzen einig waren.

Dank der erhellenden Darstellungen Althouse ist uns klargeworden, daß sich die Befähigung der IARC, die Ergebnisse der Tierversuche auf den Menschen zu extrapolieren und somit eine Prognosenmöglichkeit der implizierten Krebsgefahr für den Menschen zu erhalten, objektiv gesehen um kein Jota geändert hat, seit der politische Druck von seiten ungenannter »Kritiker«, die IARC gezwungen hatte, neue Kriterien zu definieren. Vor der Formulierung dieser Kriterien, d. h. in den Jahren von 1971 bis

1978, waren sich die IARC-Komitees hinsichtlich der Beurteilung der Krebsgefahr für den Menschen nur dann einig, wenn sie auf epidemiologische Studien zurückgreifen konnten. Daran hatte sich auch nach der Definition neuer Kriterien offenbar nichts geändert. In den Jahren vor 1978 herrschte in den IARC-Komitees Unschlüssigkeit darüber, wie der Großteil der Tierkanzerogene zu klassifizieren sei. Auch nach 1978 bestand diese Unschlüssigkeit offenbar immer noch. Hinzu kam nun, daß sich die IARC-Wissenschaftler nicht darüber einigen konnten, wie die über Human- und Tierkanzerogene gewonnenen Erkenntnisse klassifikatorisch auf einen Nenner zu bringen seien. Eine wahre Flut beeindruckender »prognostisch verwertbarer« Befunde hatte sich aufgrund der neuen Kriterien über die Wissenschaftler ergossen, doch eine wirklich neue Erkenntnis, wie diese Ergebnisse aus Tierversuchen wissenschaftlich korrekt auf den Menschen zu extrapolieren sind, war in den neuen Kriterien nicht enthalten. Kein Wunder übrigens, denn eine wissenschaftlich fundierte Prognose ist weder durch neue Definitionen, noch durch Abstimmung zu erzielen. Die Expertenkomitees der IARC waren gar nicht mit der Erarbeitung einer Extrapolationsmöglichkeit der Ergebnisse von Tierexperimenten auf den Menschen befaßt, wie Althouse et al. so freimütig eingestanden, und die Vorgehensweise, deren sich die Internationale Krebsforschungsbehörde Ende der siebziger Jahre befleißigte, kann nur als »pragmatisch« und keinesfalls als wissenschaftlich bezeichnet werden.

Das einzige konkrete Ergebnis, das von den beklagenswerten Bemühungen der IARC übrigblieb, ist die von ihr im wahrsten Sinne des Wortes herbeigeredete Möglichkeit, aufgrund von Tierversuchen für den Menschen gültige Prognosen zu erstellen. Gerade rechtzeitig für die von der OSHA veranstalteten Hearings hatte die IARC ihren Sprachgebrauch den Gepflogenheiten der Reglementierungsbehörden der USA angepaßt. Doch selbst diese Art von Übereinstimmung war illusorisch, denn die Kriterien der IARC für den »hinreichend« erbrachten Beweis der Kanzerogenität einer Substanz, verlangen, daß die kanzerogene Wirkung anhand von mehreren Spezies und mehreren Experimentalreihen demonstriert wird, während das Amt für Sicherheit und Gesundheit am Arbeitsplatz (OSHA) und die EPA (wie aus Veröffentlichungen des OSHA eindeutig hervorgeht) die Stringenz dieser Kriterien ablehnten und wegen der praktischen Konsequenzen als zu überspitzt, zeitraubend und – obwohl niemand dies zugab – als viel zu kostspielig bezeichnete. Die Reglementierungsbehörden der USA waren lediglich an den Verlautbarungen der IARC hinsichtlich der prognostischen Verwertbarkeit der Ergebnisse von Tierversuchen, doch nicht an deren stringenten Kriterien interessiert. Und tatsächlich veröffentlichte das OSHA im Rahmen einer Besprechung der IARC-Monographien nur das, was ihm genehm war und ließ den Rest reichlich unelegant unter den Tisch fallen. Im Verlauf der Diskussion zum Thema prognostische Verwertbarkeit der Ergebnisse von Tierversuchen für den Menschen, zitiert das OSHA in seinem Richtlinienpapier aus dem Jahre 1980 folgenden Passus aus Band 17 der IARC-Monographien:

Für zahlreiche der in den ersten siebzehn Bänden der IARC-Monographien diskutierten chemischen Substanzen, deren Kanzerogenität im Tierversuch *hinreichend bewiesen* wurde, existieren keine oder nicht hinreichende Beweise ihrer kanzerogenen Wirkung für den Menschen. Da adäquates Datenmaterial bezüglich ihrer Wirkung auf den Menschen nicht zur Verfügung steht, erscheint es aus praktischen Erwägungen vernünftig, solche chemischen Substanzen so einzustufen, als wären sie auch für den Menschen kanzerogen (IARC 1978, Bd. 17, S. 20).[26]

Hier endete das vom OSHA in sein Richtlinienpapier übernommene Zitat. Und so lautet der direkt anschließende Absatz in Band 17 der IARC-Monographien:

Ein *hinreichender Beweis* der Kanzerogenität ist dann gegeben, wenn in Tierversuchen eine zunehmende Inzidenz maligner Tumoren gezeigt werden kann: (a) bei mehreren Spezies oder Inzuchtstämmen; und/oder (b) bei mehreren Experimenten (mit unterschiedlichen Verabreichungsarten und unterschiedlicher Dosierung); und/oder (c) bei ungewöhnlichen Ergebnissen (hinsichtlich Inzidenz, Ort und Art des Tumors und/oder Alter bei Ausbruch). Zusätzliche Beweise können erbracht werden durch Beobachtungen hinsichtlich einer Dosis-Wirkung, Abhängigkeit, Mutagenität oder chemischer Struktur der Substanz.

Das OSHA hatte den ersten Abschnitt über die prognostische Verwertbarkeit der Ergebnisse von Tierversuchen übernommen und die folgenden Kriterien der IARC für den »hinreichenden Beweis« der Kanzerogenität einer Substanz – so »pragmatisch« sie auch sein mögen – einfach verschwiegen. Statt dessen hatte das OSHA seine eigenen, wesentlich weniger stringenten Kriterien präsentiert, die von »Reglementierungswissenschaftlern« wie David Rall, dem Direktor des NIESH, kommentiert wurden. David Rall erklärte: »Es existieren in der Tat überwältigende Beweise dafür, daß chemische Verbindungen, die in Versuchstieren kanzerogene Wirkung besitzen – und hierbei kann es sich durchaus nur um eine Spezies handeln, vorausgesetzt das Experiment wurde korrekt durchgeführt –, mit *sehr hoher Wahrscheinlichkeit* auch für den Menschen kanzerogen sind.«[28]

Angesichts der sich uns in diesem Kapitel erschließenden Informationen, können wir keinen Grund erkennen, weshalb Dr. Rall von der Tier/Mensch-Korrelationen derart »überwältigt« war, oder mit welcher Berechtigung er von einer »sehr hohen Wahrscheinlichkeit« sprach. Doch da sich Dr. Rall bereits 1976 anläßlich einer CBS-Fernsehsendung veranlaßt sah zu behaupten, »Mäuse und Ratten sind sehr gut geeignet, Voraussagen hinsichtlich der Kanzerogenität einer Substanz für den Menschen zu treffen«, müssen wir annehmen, daß er generell leicht zu überwältigen ist und vergessen hat, welche wissenschaftlich gesicherten Erkenntnisse notwendig sind, um von einer »sehr hohen Wahrscheinlichkeit« zu sprechen. Den einzigen Versuch, kritisch evaluiertes Datenmaterial hinsichtlich einer Korrelation Mensch/Tier zu untersuchen, hat die IARC unternommen, und die Ergebnisse dieses Versuchs sind wohl kaum als »überwältigend« zu bezeichnen. Und von einer wissenschaftlich fundierten Wahrscheinlichkeitskalkulation ist in den Veröffentlichungen der IARC kein Wort zu lesen; die einzige Spekulation, bei der sich die IARC den Gesetzen der »Wahrscheinlichkeit« anvertraute, war, als ihre Mitarbeiter zur Abstimmung nach dem Mehrheitsprinzip Zuflucht nahmen.

Trotz des Pragmatismus der IARC, waren die von ihr publizierten Informationen wesentlich verläßlicher. In Band 17 ihrer Monographien erklärte die IARC, weshalb es so schwierig sei, Gültigkeit gerade hinsichtlich der Beweiskraft von Experimenten zu formulieren: »Sie können sich ändern, sobald neues Datenmaterial über chemische Substanzen verfügbar ist. Der Hauptgrund der gegen eine starre Klassifikation chemischer Substanzen hinsichtlich ihrer kanzerogenen Eigenschaften ins Feld geführt werden muß, ist unser noch immer mangelhaftes Wissen um die Mechanismen der Kanzerogenese.«[29] Letzten Endes wird – von einigen überaus starken Kanzerogenen abgesehen – der Nachweis eines kanzerogenen Prozesses so lange auf tönernen Füßen stehen, bis der Mechanismus oder die Mechanismen der Krebsentstehung nicht vollständig verstanden werden. Hierin ist der eigentliche Grund zu suchen, weshalb die Wirkung so vieler Tierkanzerogene auf den Menschen nicht definitiv geklärt werden kann. Deshalb hat sich auch die IARC, um ihren guten Ruf als wissenschaftliche Institution nicht gänzlich zu verlieren, bei ihrer »Hilfsaktion« für die Reglementierungsbehörden schließlich auf die Veröffentlichung von Listen beschränkt, in welchen sowohl Substanzen aufgeführt waren, deren Gefährlichkeit anhand von epidemiologischen Untersuchungen nachgewiesen war, wie auch Substanzen, deren Schadenspotenzen zwar im Tierversuch, nicht aber für den Menschen nachgewiesen waren.

Der Ausdruck »nicht nachgewiesene Schadenspotenzen« paßt nicht in den üblichen Sprachgebrauch der »Reglementierungswissenschaftler« der USA, die die Grenzen der prognostischen Möglichkeit stets etwas nebulöser darstellen. 1977 wurde das NCI sinngemäß so zitiert, daß es »keine absolute Sicherheit« gebe, inwieweit die Ergebnisse von Tierversuchen auf den Menschen zu extrapolieren seien.[30]. Und 1978 erklärte Arthur Upton, Direktor des NCI, »daß Ergebnisse, die allein auf Tierversuchen beruhen, keine endgültigen oder quantitativen Beweise eines für den Menschen existierenden Gesundheitsrisikos sind«.[31] Hinter diesen Äußerungen verbirgt sich das gegenüber der Öffentlichkeit uneingestandene Wissen, daß keine wissenschaftlich korrekten Extrapolationsmöglichkeiten existieren. Zu diesem Thema erklärten 1978 Curtis C. Harris und Umberto Saffiotti vom NCI folgendes:

> Seit Jahrzehnten bemühen sich Krebsforscher vergeblich, im Tierversuch gewonnenes Datenmaterial im Sinne einer Anwendbarkeit für den Menschen zu interpretieren ... Ein experimentelles Verfahren, die Kanzerogenese anhand von Humangewebekulturen und Zellkulturen direkt zu untersuchen, ist kürzlich entwickelt worden. Wir erwarten uns Aufschlüsse hinsichtlich der (a) Mechanismen der Kanzerogenese in menschlichen Zellen, (b) der unterschiedlichen Krebsanfälligkeit verschiedener Individuen und (c) der Validität von Extrapolationen des im Tierversuch gewonnenen Datenmaterials auf den Menschen.[32]

Saffiotti beschrieb die Ziele, die mit Hilfe dieses experimentellen Verfahrens erreicht werden sollte, wie folgt: »Mit diesen neuen Gewebe und Zellkulturen besitzen wir eine Methode, die uns erlaubt, vergleichbare Kontaktbedingungen für Tier- und Humangewebekulturen mit einer kanzerogenen Substanz zu schaffen. Es bietet sich hiermit die Möglichkeit, uns Schritt für Schritt an das alte Problem der ›Extrapolation von Mäusen auf Menschen‹ heranzutasten.«[33] Auch Thomas Maugh von der Zeitschrift *Science* betrachtete dieses Projekt als »einen Versuch, die in Tierexperimenten gewonnenen Erkenntnisse zu bestätigen.«[34] Doch die komplizierte Methode, Zellen des menschlichen Körpers zur Überprüfung der Gültigkeit der in Tierversuchen gewonnenen Ergebnisse hinsichtlich des Menschen zu benutzen, steckte – wie Roy Albert et al. und Maugh[35] bemerkten – noch in den Kinderschuhen. Laut Albert hatte auch das NCI trotz großer Hoffnungen auf die »sich in der Zukunft bietenden Möglichkeiten« darauf hingewiesen, daß »solche Tests zum gegenwärtigen Zeitpunkt noch keine adäquate Basis für die Identifikation von Tier- oder Humankanzerogen darstellen«.[36] Ob die auf diese Weise ermöglichte unmittelbare experimentelle Beobachtung von menschlichen Körperzellen – als Alternative zum Studium des gesamten menschlichen Organismus, mit seinen komplexen Aktivierungs-, Entgiftungs-, Reparatur- und Immunsystemen – jemals das skizzierte Problem lösen wird, kann der Laie nicht beurteilen. Was er jedoch sehr wohl beurteilen kann, ist die Tatsache, daß Wissenschaftler des NCI damit beschäftigt waren, die »Validität« von Tierversuchen zu »beurteilen« und eine »objektiv gültige« Methode der Tier/Mensch-Extrapolation zu entwickeln. Dies bedeutet schlichtweg, daß die »Validität« der Tierexperimente bisher nicht zu »beurteilen« war und daß die Verwendung der Ergebnisse von Tierexperimenten als Ausgangspunkt für eine Prognose des für den Menschen bestehenden Krebsrisikos nicht »objektiv gültig« ist. Sieben Jahre lang hatte die IARC nichts anderes behauptet, bis die »internationale Kritik« das Komitee zur Klassifizierung kanzerogener chemischer Substanzen zwang, diese Überzeugung aufzugeben.

Die Erkenntnis, daß Tierversuche keine gültige Basis für eine Vorhersage des Krebsrisikos beim Menschen sind, wurde der Öffentlichkeit lange genug vorenthalten. Eine Handvoll Wissenschaftler publizierte über Jahre hinweg die Behauptung, daß eine solche Prognose durchaus möglich sei. Wir haben diese wissenschaftlich unhaltbare Behauptung nun so oft gehört, daß es an der Zeit ist, ganz klar zu sagen, daß sie unrichtig ist. Darüber hinaus sollten wir zu verstehen versuchen, weshalb Wissenschaftler solche Behauptungen in die Welt setzten. Sie sind im Grunde genommen nichts anderes als die Folgen von Verfahrensfehlern, *insbesondere solcher Verfahrensfehler, die selektiv nur solches Datenmaterial berücksichtigen, das zur Stützung einer anvisierten Theorie diente, während das übrige Datenmaterial unberücksichtigt blieb.*

Sir Peter Medawer bezeichnete solche Verfahrensfehler als den typischen Trugschluß, den »Abergläubige« und jene, die an nicht bewiesene Theorien glauben, immer wieder begehen. Medawar, Nobelpreisträger für Medizin und Physiologie 1960, der sich selbst ganz offen zu dem Gedankengut der ökologischen Apokalypse bekannte, veröffentlichte unter anderem ein Buch mit dem Titel *Advise to a Young Scientist.* Er sparte in diesem Buch nicht mit Ratschlägen, und eine der Empfehlungen, die er dem Leser ans Herz legte, war, Debatten mit Leuten, die für sich solche Trugschlüsse erlauben, zu vermeiden. Er erwähnte ein Beispiel, das für den Laien sehr aufschlußreich ist:

Eine andere Möglichkeit, Freunde zu verlieren, bietet sich dem Wissenschaftler, wenn er sich die Gelegenheit nicht entgehen läßt, darauf hinzuweisen, welche Streiche die selektive Erinnerung der nüchternen Urteilskraft spielen kann. »Dreimal und nicht weniger habe ich von meiner Cousine Winifred geträumt, und am Tag darauf rief sie mich an. Wenn das kein Beweis dafür ist, daß Träume die Zukunft voraussagen, dann weiß ich nicht, was überhaupt ein Beweis ist!« Doch der junge Wissenschaftler protestiert aufs heftigste: »Wie oft haben sie zuvor von Ihrer Cousine geträumt, ohne daß diese daraufhin angerufen hätte? Und ist es nicht so, daß sie ohnehin fast jeden Tag anruft?«[37]

Medawar war sich durchaus bewußt, daß auch Wissenschaftler solchen Trugschlüssen zum Opfer fallen können, und warnte seine Kollegen: »Die noch so tief empfundene Überzeugung, daß eine bestimmte Hypothese richtig ist, hat absolut nichts mit der objektiven Richtigkeit dieser Hypothese zu tun.«[38] Vertreter der Reglementierungswissenschaften fielen diesem Trugschluß gleich reihenweise zum Opfer; übertragen auf deren Position lautet das Cousine-Winifred-Argument folgendermaßen: »Drei- (vier-, fünf-, sechs-)mal und nicht weniger haben wir festgestellt, daß Substanzen, die im Tierversuch kanzerogen wirken, auch beim Menschen Krebs erzeugen (oder umgekehrt). Wenn das kein Beweis dafür ist, daß die Ergebnisse von Tierversuchen eine Prognose des für den Menschen bestehenden Krebsrisikos erlauben, dann weiß ich nicht, was überhaupt ein Beweis ist!« Exakt dieser Verfahrensfehler, den Medawar als »Trugschluß« bezeichnet hat, ist in den Publikationen nahezu aller Repräsentanten der »Reglementierungswissenschaft« zu entdecken: in den Veröffentlichungen des OSHA[39], Samuel Epsteins[40], Arthur Uptons vom NCI[41], William Lijinskys vom Fredericks Cancer Research Center[42], David Ralls vom NIEHS[43], des National Cancer Advisory Board[44], Gus Speths, Vorsitzender des Toxic Substances Strategy Committee unter Präsident Jimmy Carter[45], des Toxic Substances Strategy Committee[46], Lorenzo Tomatis' von der IARC[47], Renate Kimbroughs vom Atlanta Center for Desease Control[48], John H. Weisburgers vom Naylo Dana Institute for Desease Prevention[49] und Cesare Maltonis.

Das Cousine-Winifred-Argument, daß Tierversuche Prognosen des für den Menschen bestehenden Krebsrisikos ermöglichen, taucht dabei in drei verschiedenen Versionen auf: (1) der Wissenschaftler präsentiert eine Liste von Tierkanzerogenen, deren humankanzerogene Wirkungen nachträglich in epidemiologischen Studien nachgewiesen wurden, (2) er präsentiert eine Liste humankanzerogener Substanzen, deren Kanzerogenität im Tierversuch bestätigt wurde (in der Regel mit einigen zugestandenen Ausnahmen), und (3) er präsentiert beides. Doch in keinem der beschriebenen Fälle wird der »Beweis« in einen Zusammenhang mit der verschwindend kleinen Liste der nachgewiesenen Humankanzerogene und der umfangreichen Liste der nachgewiesenen Tierkanzerogene, für die kein Beweis einer humankanzerogenen Wirkung existiert, gebracht. Die dargebotenen Ergebnisse werden nicht anhand des gesamten zur Verfügung stehenden Datenmaterials relativiert, sondern es wird stets – implizit oder explizit – verallgemeinert. Ein jeweils kurzes Beispiel für die drei Versionen wissenschaftlich unkorrekter Extrapolation ist leicht gefunden.

Version 1: 1977 stellte William Lijinsky von der NCI fest, daß die kanzerogenen Eigenschaften »verschiedener Verbindungen« – er nannte Vinylchlorid und Diäthylstilböstrol – »zunächst im Tierexperiment nachgewiesen wurden. Wie sich später anhand von epidemiologischen Untersuchungen herausstellte waren diese Ergebnisse geeignet, eine exakte Voraussage der für den Menschen bestehenden kanzerogenen Wirkung dieser Substanzen zu treffen.[51] Aufgrund dieser Ergebnisse, fühlte sich Lijinsky berechtigt zu versichern, daß »*Tierversuche geeignet sind, die kanzerogene Wirkung auf den Menschen vorherzusagen*, denn der Mensch ist in dieser Hinsicht gar keine so außergewöhnliche Spezies.«[52]

Version 2: 1980 präsentierte eine vom OSHA veröffentlichte Grundsatzerklärung die umgekehrte Argumentation.

Alle chemischen Substanzen oder Gemische chemischer Substanzen deren humankanzerogene Eigenschaften anhand epidemiologischer Studien bewiesen wurden, haben sich auch im Tierversuch als kanzerogen erwiesen (mit Ausnahme von Arsen und möglicherweise Benzol, das noch immer im Tierexperiment getestet wird).

Kombination beider Versionen: Samuel Epstein griff 1976 auf beide Argumentationsweisen zurück:

Alle chemischen Substanzen, die beim Menschen Krebs verursachen, wirken – mit Ausnahme des dreiwertigen Arsens – auch bei Versuchstieren, in der Regel Ratten, kanzerogen. Neuere Erfahrungen mit kanzerogenen Substanzen wie Bi(chlormethyl)ether, Diethylstilböstrol und dem Vinychlorid Monomer *bestätigen darüber hinaus den prognostischen Wert der im Tierversuch gewonnenen Erkenntnisse für die Kanzerogenese beim Menschen.*[54]

Die in den hier zitierten Beispielen unzulässigerweise vollzogenen Folgerungen unterscheiden sich nur in geringfügigen Details voneinander. Während Lijinsky und Epstein ganz explizit behaupten, Tierversuche seien als Basis für die Prognosen bezüglich Krebserkrankungen des Menschen geeignet, hielt sich die OSHA näher an die Wahrheit und schränkte ein, für eine solche Prognose existiere kein »absolut endgültiger Beweis«.

Eine weitere Variante des Cousine-Winifred-Arguments finden wir in der Behauptung, eine Korrelation Tier/Mensch sei mit hoher Wahrscheinlichkeit gegeben. Allerdings wird eine solche Behauptung niemals mit konkreten Daten belegt. So war zum Beispiel 1977 in einer Veröffentlichung eines National Academy of Sciences Committee zu lesen:

> ... es existiert eine Fülle experimentell gesicherten Datenmaterials, das darauf hinweist, daß Substanzen, die im Tierversuch kanzerogen sind, auch beim Menschen Krebs verursachen und umgekehrt.[55]

Wie nuancenreich die Variationen des Cousine-Winifred-Arguments auch sein mögen, im Prinzip ist der Verfahrensfehler stets der gleiche. Er zeigt sozusagen das Gegenstück des kleinen Tricks, dessen sich die IARC bediente, als es die zehn so bedeutenden, weil übereinstimmenden Tier-/Humankanzerogene in der umfangreichen Liste verbarg: Der Verfahrensfehler der dem Cousine-Winifred-Argument zugrunde liegt, stellt die weniger übereinstimmenden Befunde in den Vordergrund und verschweigt die nicht übereinstimmenden Ergebnisse.

In Anbetracht der Leichtigkeit, mit der die unzulässigen Folgerungen in der Argumentationsweise der »Reglementierungswissenschaftler« entlarvt werden können, stellt sich die Frage, was diese Wissenschaftler zu verlieren fürchten, wenn sie diesen Standpunkt aufgeben! Die Antwort auf diese Frage gibt Herman Kraybill vom NCI, selbst einer der Wortführer der institutionalisierten Krebsvorsorgepolitik: »Manche Wissenschaftler«, so konstatiert er, »führen als Beweis für die Gültigkeit einer Extrapolation der Ergebnisse von Tierversuchen auf den Menschen kanzerogene chemische Substanzen wie 4-Aminobiphenyl, Senfgas, Vinylchlorid und Aflatoxine an. Mit keinem Wort erwähnen sie jedoch die Vielzahl der kanzerogenverdächtigen oder schwachkanzerogenen Substanzen, für die eine Korrelation Tier/Mensch nicht nachweisbar ist. Trotz der recht vielversprechend klingenden Behauptung, eine Tier/Mensch Korrelation existiere, benötigen wir wesentlich stichhaltigeres Datenmaterial, ehe wir eine derart schwerwiegende Behauptung formulieren können.«[56] Herman Kraybill bestätigt mit dieser Formulierung, daß – sobald der Cousine-Winifred-Standpunkt aufgegeben wird – sich die Illusion, man könne von den Ergebnissen der Tierexperimente auf den Menschen extrapolieren, in nichts auflöst.

Wenn Tierversuche also nicht geeignet sind, gültige Prognosen hinsichtlich des für den Menschen bestehenden Krebsrisikos zu stellen, welcher Stellenwert ist ihnen dann zuzuschreiben? Die aufschlußreichste Antwort auf diese Frage veröffentlichte das Office of Science and Technology Policy im Jahr 1979: »Die verschiedenen, hier diskutierten Testmethoden

(Krebs- und Mutationstests) sind nicht geeignet, ein klares Ja oder Nein hinsichtlich der Zulässigkeit einer Projektion auf die Kanzerogenese beim Menschen zu erhalten. Allenfalls ist es erlaubt, von der Wahrscheinlichkeit, daß eine solche Projektionsmöglichkeit existieren könnte zu sprechen.«[57] Inzwischen ist nur noch von »der Wahrscheinlichkeit« einer solchen Projektionsmöglichkeit die Rede. Den Grund weshalb sich die »Reglementierungswissenschaftler« an die »Wahrscheinlichkeit einer Möglichkeit« klammern und selbst damit die Öffentlichkeit bis zur Grenze des Erträglichen bombardieren, ist in einer offiziellen Verlautbarung des OSHA aus dem Jahre 1980 nachzulesen:

> Das OSHA räumte ein, daß das zur Verfügung stehende Datenmaterial möglicherweise nicht den absolut endgültigen Beweis dafür erbringt, daß die Krebsbildung beim Menschen von Substanzen verursacht wird, deren Kanzerogenität im Tierversuch nachgewiesen wurde.
>
> Allerdings wies das OSHA darauf hin, daß es unverantwortlich wäre, deshalb anzunehmen, solche Substanzen würden überhaupt kein kanzerogenes Risiko für die Gesundheit des Menschen darstellen. Ein solcher Standpunkt könnte unter Umständen zu einer katastrophalen Entwicklung der Volksgesundheit führen.[58]

Mit anderen Worten: der Grund weshalb die Öffentlichkeit mit Pseudoprognosen überschwemmt wird, ist nicht wissenschaftlicher – sondern *moralischer* Natur. In ihrem Bemühen, dieses »Moralisieren« mit wissenschaftlichen Argumenten zu stützen, haben die »Reglementierungswissenschaftler« gegen grundlegende ethische Prinzipien der Wissenschaft verstoßen. Sie haben mit Hilfe von selektiver Berücksichtigung bzw. Nichtberücksichtigung von Forschungsergebnissen versucht, eine Prognostizierbarkeit des Krebsrisikos für den Menschen zu kreieren. Sie haben mit Hilfe von Behauptungen und Implikationen versucht, dieses Ziel zu erreichen. Sie haben mit Hilfe von Definitionen, ja sogar mit Hilfe des Mehrheitsvotums versucht, ihr Ziel zu erreichen. Sie haben es mit Verfügungen, und sie haben es mit Gesetzen versucht, doch eines haben sie nicht getan, sie haben das einzige, das vom wissenschaftlichen Standpunkt aus betrachtet Bedeutung und Beweiskraft besitzt, unterlassen: Sie haben keine signifikante *Korrelation* zwischen dem Datenmaterial der Tierkanzerogenese und dem Datenmaterial der Humankanzerogenese nachgewiesen.

Ein Blick auf die Krebsvorsorgepolitik anderer Industrienationen erlaubt uns, die Pseudoprognosen der behördlich organisierten Wissenschaft in den USA im richtigen Verhältnis zu sehen. 1977 publizierten Tomatis und Ruggero Montesano einen Artikel, der sich mit der Gesetzgebung hinsichtlich berufsbedingter Krebserkrankung in vierzehn Industriestaaten befaßte.[59] Sie untersuchen die Rechtslage in Australien, Belgien, in der Bundesrepublik Deutschland, in der Deutschen Demokratischen Republik, in Frankreich, in Großbritannien, Irland, Italien, Japan, in den Niederlanden, in Schweden, in der Schweiz, der UdSSR und in den USA. In nur acht der erwähnten Länder berief sich die Krebsvorsorgepolitik auf die Prognostizierbarkeit des Krebsrisikos für den Menschen aufgrund der in Tierversuchen gewonnenen Ergebnisse. In nur vier dieser Staaten existierten Gesetze, die die Herstellung oder den Import von kanzerogenen oder kanzerogenverdächtigen Substanzen verboten, wobei von Land zu Land verschieden, jeweils andere Kanzerogene mit gesetzlichem Verbot belegt wurden und unterschiedliche Definitionskriterien für Tierkanzerogen existierten. Sechs der Industrienationen waren offenbar gänzlich unbeeindruckt von den Pseudoprognosen der Wissenschaftler. Tomatis kam in dieser Studie zu dem Ergebnis, daß es nicht nur an einem Konsensus hinsichtlich der Extrapolationsmöglichkeit vom Tier auf den Menschen mangele, sondern auch an einem Konsensus hinsichtlich der Extrapolationsmöglichkeit von einer Bevölkerungsgruppe auf die andere.«[60]

Inwieweit sich die internationale Situation seit 1977 geändert hat, ist uns nicht bekannt, denn – wie uns Tomatis' Büro bei der IARC 1981 mitteilte[61] – wurde bisher keine neue Studie durchgeführt. Unzufrieden mit der Situation zeigte sich John Weisburger, Direktor des Bioassay Segment of the Carcinogenesis Program am NCI (Abteilung für Tierversuche), der im selben Jahr größeren internationalen Konsens bezüglich der Krebsvorsorgepolitik forderte.[62] Doch offensichtlich war noch immer kein Konsens hinsichtlich der Prognostizierbarkeit des für den Menschen bestehenden Krebsrisikos herzustellen.

Wir werden uns nun dem letzten Ziel zuwenden, das sich die »Reglementierungswissenschaft« selbst gesetzt hat: der Risikoeinschätzung. Unter Risikoeinschätzung verstehen wir den Versuch der Wissenschaftler, durch Extrapolation des im Tierversuch gewonnenen Datenmaterials das für den Menschen bestehende Krebsrisiko zu quantifizieren. Dem Leser dürfte bereits im voraus klar sein, daß dies ein hoffnungsloses Unterfangen ist. Denn es ist wohl kaum möglich, *quantitative* Risikomeßwerte aus biologischen Experimenten zu erhalten, deren Validität nicht gewährleistet ist, die weder objektive noch allgemeingültige Beurteilungskriterien besitzen, die ein Phänomen untersuchen, dessen Mechanismus unbekannt sind, die – je nach Zusammensetzung des Bewertungskomitees und je nach Institution – zu völlig unterschiedlichen Ergebnissen bei der selben untersuchten Substanz führen; Experimente, die nicht geeignet sind, ein

Nonkanzerogen zu identifizieren, und die kein ausreichend korrelierendes Datenmaterial erbracht haben, aufgrund dessen irgendeine gültige Prognose hinsichtlich des für den Menschen bestehenden Krebsrisikos möglich wäre.

Trotzdem werden wir die zugrundeliegende Theorie und die Praxis der Risikoeinschätzung genauer beleuchten, da sie von sämtlichen Wissenschaftlern und behördlichen Institutionen, die wir im Rahmen dieses Buches als Vertreter der »Reglementierungswissenschaft« bezeichnet haben, als das eigentliche Ziel ihrer Bemühungen betrachtet wird. Für sie bedeutet Risikoeinschätzung die Kalkulierbarkeit der Krebsgefahr und somit die Basis für präventive Schutzmaßnahmen gegen krebserregende Substanzen schlechthin. Es existieren zwei Modelle der Risikoeinschätzung, die in verschiedener Weise angewandt werden. Ich werde sie in zwei getrennten Kapiteln darstellen. Das erste dieser Modelle bezieht sich auf die No-Threshold Theorie der Kanzerogenese.

Kapitel 12

Der Fall der nichtexistenten Schwellen

Eine umsichtig betriebene Krebsvorsorgepolitik muß sich den Schutz deren, die am stärksten gefährdet sind zum Ziel setzen.[1]

Umberto Saffiotti, NCI, 1978

Vom wissenschaftlichen oder gesetzgeberischen Standpunkt aus betrachtet, ist die Schwellendosis diejenige Dosis, unterhalb derer eine Wirkung (Kanzerisierung) nicht möglich ist...[2]

OSHA, Grundsatzerklärung, 1980

Im August 1979 ist dem an den Skurrilitäten im Kulturleben interessierten Leser im Wissenschaftsteil der *New York Times* möglicherweise ein Artikel aufgefallen, der den Titel trug: *»Wie man winzige Spuren chemischer Elemente feststellen kann.«* Der Artikel zitierte Lawrence Garfinkle, Epidemiologe und Vizepräsident der Amerikanischen Krebsgesellschaft in folgender Weise: »... ein milliardstel Teil eines Ganzen scheint zu winzig, als daß man sich deshalb Sorgen zu machen brauchte. Und so mancher ist der Ansicht, sämtliche Instrumente, die chemische Substanzen und Konzentrationen jenseits eines Bereichs von 1:1000000 messen, sollten zertrümmert werden, ehe wir uns noch gänzlich verrückt machen.«[3] Was war geschehen? Hatte sich in den Zitadellen der Krebsforschung etwa eine neue Form des Luddismus breitgemacht? Welches Motiv mochte einen der führenden Krebsforscher des Landes bewegt haben, von der Zerstörung hochempfindlicher Instrumente zu sprechen? Und dies just zu der Zeit, als die Industrie bemüht war, die Forderungen der Krebsvorsorgetheoretiker zu erfüllen, unsere Umwelt vom geringsten Anzeichen eines kanzerogenen Moleküls zu befreien. Ohne diese hochempfindlichen Instrumente war dieses Vorhaben natürlich nicht durchzuführen. Was steckte also hinter dieser Bemerkung Garfinkles?

Was die meisten Leser des in der *New York Times* erschienenen Artikels möglicherweise nicht wissen konnten, war, daß die Aversion gegen das technische Instrumentarium, auf das die wissenschaftlich betriebene Krebsvorsorge angewiesen ist, keinesfalls neu war; sie hatte sich lediglich in den Reihen derer gesteigert, die erkannten, in welche Richtung sich die Entwicklung bewegte. Bereits 1976 beklagte Alexander Schmidt, damaliger Generalbevollmächtigter der FDA, die Entwicklung, die »hinter einer immer kleiner werdenden Null« herjagt, bis irgendein Fachidiot in irgendeinem Labor ein superempfindliches Instrument entwickelt, das auch noch Konzentrationen von Eins zu einer Quintillion messen kann. Und unsere Politik gebietet es uns, dieses Meßverfahren zu übernehmen.«[4] Wissenschaftler, wie Alexander Schmidt sahen sich ganz offensichtlich in einer Sackgasse, und Schmidts unwirsche Prophezeiung veranschaulicht sehr deutlich, daß es nicht die technologische Entwicklung war, die ihnen Qualen bereitete, sondern die »Politik«.

Gemeint war die »Politik« der No-Threshold-Theorie, derzufolge bereits die winzigste Dosis eines Kanzerogens, selbst ein einziges Molekül, Krebswucherung verursachen kann, derzufolge die einzig sichere Dosis die *Nulldosis* ist. Doch »Null« war ein Ziel, das in immer weitere Ferne rückte. Jahrelang waren einige Wissenschaftler, unter ihnen Herman Kraybill und Gary Flamm, davon ausgegangen, daß die »Nulldosis« die kleinste von den zur Verfügung stehenden Instrumenten meßbare Menge eines Kanzerogens ist. In dem Maße allerdings, in dem die Empfindlichkeit der Meßinstrumente zunahm, konnten auch immer winzigere Mengen von Kanzerogenen gemessen werden. Dies hatte zur Folge, daß sowohl das Konzept der »Schwellendosis« wie auch das Ziel der Festlegung einer »Null«-Schwelle immer unerreichbarer wurden.[5] Einsichten, wie die von Alexander Schmidt geäußerte, waren selten; und noch seltener folgte ihnen eine umfassende Analyse des Problems. Was jedoch schlimm ist: Manche der »Reglementierungswissenschaftler« machten für diese Misere die Technik und nicht etwa ihre Krebsvorsorgepolitik verantwortlich.

Um zu verstehen, weshalb sich hochgebildete Wissenschaftler als Luddisten, das heißt als Feinde der Technik, gebärdeten und die Technik als Ziel ihrer Aversion wählten, anstatt ihre eigenen Maßstäbe, an denen sich die Meßtechnik ja schließlich entwickelt hatte, bedarf es eines genaueren Verständnisses der No-Threshold-Theorie, als es bisher im Rahmen dieses Buches erarbeitet wurde. Die No-Threshold-Theorie ist die Prämisse für die Strategie der »reglementierenden« Wissenschaft, deren Ziel angeblich der Schutz des Bürgers vor der lauernden Krebsgefahr ist. Die Bedeutung dieser der gesamten Krebsvorsorgepolitik zugrundeliegenden Prämisse ist derart zentral, daß ihrer Diskussion ein ganzes Kapitel gewidmet werden soll. Der Leser wird aufatmen, denn im bisherigen Verlauf des Buches ist die No-Threshold-Theorie immer wieder nur kurz aufgetaucht, ohne in ihrer umfassenden Bedeutung diskutiert worden zu sein. Wir sind ihr in vorhergehenden Kapiteln, Kapitel 2, Kapitel 3, Kapitel 4, Kapitel 7 und Kapitel 8, begegnet, und nun, da wir versuchen, die Ziele der behördlichen Wissenschaft näher zu untersuchen, taucht sie wieder auf. An dieser Stelle will ich den Leser schon darauf vorbereiten, daß sie uns auch in den folgenden Kapiteln immer wieder beschäftigen und uns bis zum Schluß des Buches begleiten wird. Ihre Bedeutung ist einfach zu zentral. Die No-Threshold-Theorie ist die Basis jeglicher Risikoeinschätzung. Sie ist eine wesentliche Prämisse der quantitativen Risikoeinschätzung, sie ist eine wesentliche Prämisse der gesamten Krebsvorsorge, sie ist eine wesentliche Prämisse für die Verfügungen und gesetzlichen Regelungen der mit Krebsvorsorge befaßten Institutionen, sie ist wesentliche Prämisse der »Reglementierungswissenschaften« schlechthin und, wie der Leser erfahren wird, ist sie nach Ansicht der FDA eine wesentliche Prämisse für die Existenz des gesamten Universums. Wir haben es also mit einer Prämisse zu tun, die unseren Respekt erfordert. Sie ist der Fels, auf dem der Tempel der Krebsvorsorgepolitik errichtet wurde.

Diese Prämisse hat nur einen Fehler: Niemand weiß, ob sie richtig ist. Marvin Schneiderman vom NCI formulierte dieses Problem anläßlich der OSHA-Hearings wie folgt:

> Ein weiteres Problem – *und unglücklicherweise eines, für das keine wissenschaftliche Lösung in Sicht ist* – ist das Problem der Schwellendosis. Gibt es einen unteren Schwellenwert von Schadstoffen, unterhalb dessen normale Reparatur- und Erholungsprozesse Krebs zu verhindern vermögen? Dies ist vielleicht die dringlichste Frage, die sich die Gesundheitsbehörden zu stellen haben. Dies ist die Zuflucht für alle Verteidiger der Industrie, und sie wird von der traditionellen Toxikologie unterstützt.[6] (Hervorhebung seitens der Autorin)

Eine Prämisse, für die »keine wissenschaftliche Lösung in Sicht ist«, ist in der Tat ein Problem für das Bemühen der Wissenschaft, und es ist nicht weiter verwunderlich, daß sich gewisser Widerstand gegen die massive Inanspruchnahme dieser Prämisse seitens der reglementierenden Behörden regt. Dem Leser ist sicherlich nicht verborgen geblieben, daß die »Verteidiger der Industrie« der No-Threshold-Theorie ablehnend gegenüberstehen, doch daß die »traditionelle Toxikologie« die Theorie ebenfalls ablehnt, ist unter Umständen eine völlig neue Information. Dies besagt nicht mehr und nicht weniger, als daß ein großer Teil der »Reglementierungswissenschaftler« die No-Threshold-Theorie mit der gleichen Vehemenz ablehnt, mit der sie andere vertreten. In der Tat haben wir hier die Ebene innerhalb des theoretischen und wissenschaftlichen Gefüges der Reglementierungswissenschaften erreicht, auf der die hitzigsten Kontroversen ausgetragen werden.

Der akademische Streit über die No-Threshold-Theorie reicht so tief, daß sich verschiedenen Institutionen und Wissenschaftler veranlaßt sahen, eine Position vorsichtiger Neutralität zu beziehen. 1978 verbreitete das Amt für Wissenschafts- und Forschungspolitik (OSTP) einen Vorentwurf seiner Richtlinien zur Kontrolle kanzerogener Substanzen. Zahlreiche Wissenschaftler griffen die in dem Entwurf angesprochenen Probleme auf und äußerten ihre Meinung dazu; unter ihnen befanden sich: Roy Albert von der New York University, Douglas Castle von der EPA, Joseph Fraumeni vom NCI, Philip Handler von der National Academy of Sciences, D. Mark Hegsted vom Landwirtschaftsministerium, Norton Nelson von der New York University, David Rall vom NIEHS, Joseph Rodricks von der FDA und Arthur Upton vom NCI sowie der gesamte Mitarbeiterstab des NCI.[7] Aufgrund der Reaktionen seitens dieser Wissenschaftler entschloß sich das OSTP, das Thema Schwellendosis in seinem Richtlinienkatalog nicht zu erwähnen:

> Die meisten der Antworten bezogen sich auf den mangelnden Konsens, der unter den Wissenschaftlern hinsichtlich dieses Themas herrscht. Da eine umfassende Darstellung der Diskussion im Rahmen dieses Richtlinienpapiers nicht möglich ist, haben wir es vorgezogen, nicht näher auf das Thema Schwellendosis einzugehen.[8]

Auch Thomas Maugh, der noch im selben Jahr in einem Artikel der Zeitschrift *Science* versuchte, die Diskussion um die Existenz von Schwellenwerten kritisch zu beleuchten, zog es ebenfalls vor, neutral zu bleiben. Angesichts der Intensität der Kontroverse unter den Wissenschaftlern stellte Maugh, der in der Regel nicht zu Übertreibungen neigt, fest: »Die Diskussion zwischen jenen, die überzeugt sind, Kanzerogene können innerhalb eines gewissen Schwellenwerts enttoxifiziert, d. h. wirkungslos gemacht werden, und jenen, die diesen Standpunkt nicht teilen, wird seit Jahren mit der Erbitterung eines Dschihads oder Heiligen Krieges geführt. Der Vergleich mit einem Glaubenskrieg ist durchaus angebracht, da weder für die eine noch für die andere These eindeutige wissenschaftliche Beweise existieren... Die Argumentation beider Seiten besitzt in der Regel kaum mehr Gültigkeit, als die von Glaubensbekenntnissen, und dem unparteiischen Beobachter fällt es schwer zu entscheiden, welchem Standpunkt er mehr Glauben schenken soll.«[9]

Betrachtet man die No-Threshold-/Ein-Molekül-Theorie außerhalb ihres wissenschaftlichen Kontexts, zum Beispiel um ihre objektiv wissenschaftliche Gültigkeit zu beurteilen, muß man zwangsläufig scheitern, denn eine »wissenschaftliche Lösung ist nicht in Sicht«. Betrachtet man sie jedoch im Zusammenhang mit der Zielsetzung der Krebsvorsorgepolitik, wird man feststellen, daß die Kontroverse um die Existenz von Schwellenwerten bereits entschieden ist.

Offensichtlich haben sich die Verfechter der No-Threshold-Theorie durchgesetzt, denn das erklärte Ziel der Krebsvorsorgepolitik in den USA ist es, jeden einzelnen der 222000000 Bürger des Landes präventiv vor den potentiellen Gefahren kanzerogener Substanzen zu schützen. Zwar wird das gesetzte Ziel oft mit unterschiedlichen Formulierungen beschrieben, doch im Prinzip meinen alle dasselbe. Eine Gruppe von Wissenschaftlern des NCI, u. a. Charles C. Brown, Thomas R. Fears und Marvin A. Schneiderman, fordern, daß »alle Mitglieder einer heterogenen Population permanent geschützt werden müssen« und deshalb eine Reglementierungsbehörde »sowohl die niedrigsten für ein Individuum gültigen Schwellenwerte, bezogen auf die Dauer des Kontakt mit der kanzerogenen Substanz, wie auch die für die gesamte Bevölkerung gültigen niedrigsten Schwellenwerte festsetzen muß«.[10] Umberto Saffiotti, ebenfalls Mitarbeiter des NCI, formuliert dasselbe Ziel wesentlich knapper: »Eine umsichtig betriebene Krebsvorsorgepolitik muß sich den Schutz derer, die am stärksten gefährdet sind zum Ziel setzen.«[11] Ein lobenswertes Ziel, doch wirft es eine Reihe unlösbarer Probleme auf: Niemand ist jemals in der Lage, die biologischen Besonderheiten jedes einzelnen Individuums einer 222 Millionen Menschen umfassenden Bevölkerung zu ergründen. Doch genau dies wäre notwendig, um feststellen zu können, wer oder welche Gruppe am stärksten gefährdet ist, d. h. die höchste Anfälligkeit für eine Krankheit besitzt – vorausgesetzt man wüßte, welche physiologischen Mechanismen der Genese dieser Krankheit zugrunde liegen. Das einzige, was wir wissen, ist, daß Individuen tatsächlich ganz unterschiedlich auf Kanzerogene reagieren. Zahlreiche Wissenschaftler (z. B. Harold Stewart, NIH; William Lijinsky, NCI; Donald Kennedy, FDA; und Saffiotti selbst[12]) haben in den OSHA-Hearings bestätigt, daß »in der Bevölkerung große Unterschiede hinsichtlich der Anfälligkeit gegen Krebs existieren«.[13] Beim gegenwärtigen Stand der Wissenschaft ist es nicht möglich, den Grad der »Anfälligkeit« eines jeden Individuums zu bestimmen; vor allem nicht, wenn die »heterogene« Population 222000000 Individuen umfaßt.

Das größte Hindernis für die Bestimmung des für eine Kanzerisierung anfälligsten aller Individuen dürfte die erwähnte »Heterogenität« der Population sein. Eine »heterogene« Population ist eine Gruppe »nicht erbverwandter Individuen«, die ein sehr großes Reservoir genetischer Mannigfältigkeit akkumulieren konnte. Das Problem der individuell unterschiedlich hohen Anfälligkeit gegen Krebs innerhalb einer »heterogenen« Population ist für den Laien am leichtesten zu verstehen, wenn er sich die Beobachtungen David Ralls vom NIEHS ins Gedächtnis zurückruft. Nachdem Rall über Jahre hinweg auf Tagungen und Konferenzen erklärt hatte, die Ähnlichkeiten und Parallelen bezüglich der Kanzerogenese bei verschiedenen Spezies enden auf der Ebene des Stoffwechsels, löste er dieses unbequeme Problem, indem er zunächst konstatierte, daß »der Mensch eines der heterogensten biologischen Systeme der Welt« sei, und dann hinzufügte: »Würden wir das Augenmerk der Forschung mehr in diese Richtung lenken, so würde sich zeigen, daß der Stoffwechsel mancher Menschen ein ähnliches Schema erkennen läßt wie das von Ratten, während andere Individuen vielleicht das für Hunde charakteristische Stoffwechselschema aufweisen und so fort.« Dieses »und so fort« ist allerdings von größerer Bedeutung als der Rest, denn Rall erwähnte in seiner Aufzählung nur Labortiere. Doch mit dieser Behauptung will er eigentlich folgendes sagen: Verschiedene Menschen verwerten eine kanzerogene Substanz auf unterschiedliche Weise und entsprechen auf dieser Ebene möglicherweise verschiedenen Säugetierarten. Das heißt also, es wäre denkbar, daß ein Bürger oder eine Gruppe von Bürgern der USA kanzerogene Substanzen nach demselben Stoffwechselschema metabolisieren wie ein Gorilla oder ein Leopard oder ein Zebra oder ein Ameisenbär. Somit ist es das letzte Ziel einer Krebsvorsorge für eine heterogene Spezies, wie es der Mensch ist, unter 222000000 Individuen diesen unbekannten, für Krebs anfälligen Bürger ausfindig zu machen und zu schützen, der – ohne daß er oder sonst jemand eine Ahnung davon hat – kanzerogene Substanzen nach einem ähnlichen Schema wie der Ameisenbär metabolisiert. Dies sind die Voraussetzungen für eine Krebsvorsorge, die sich den Schutz des Schwächsten und Anfälligsten der Gemeinschaft zum Ziel gesetzt hat.

Aus schierer Lust, Dinge mit Namen zu belegen, will ich die erläuterten Zusammenhänge im folgenden das »Ameisenbär-Prinzip« nennen. Doch dieses »Prinzip« – zugegebenermaßen etwas boshaft umformuliert und übersetzt – gibt genau den Inhalt dessen wieder, was die Wissenschaftler des NCI als das Ziel der Krebsvorsorge definieren. Hat man das »Ameisenbär-Prinzip« verstanden, wird man auch begreifen, daß es absolut keine Möglichkeit gibt – weder heute noch irgendwann in ferner Zukunft –, als Basis für Präventivmaßnahmen die Schwellendosis eines Kanzerogens zu benennen, die für die gesamte Bevölkerung oder für einen Teil der Bevölkerung oder auch nur für ein einziges Individuum gültig ist.

Entsprechend die vom OSHA veröffentlichte Definition der Schwellendosis:

> Vom wissenschaftlichen oder gesetzgeberischen Standpunkt aus betrachtet, ist die Schwellendosis diejenige Dosis, unterhalb derer eine Wirkung (Kanzerisierung) nicht möglich ist. Es genügt nicht, die Schwelle dort anzusiedeln, wo eine Wirkung minimal ist – egal wie minimal.[14]

Es ist an der Zeit, darauf hinzuweisen, daß das »Ameisenbär-Prinzip« und die verschiedenen Definitionen der Ziele einer Krebsvorsorge seitens wissenschaftlicher Mitarbeiter des NCI, sowie die von der OSHA veröffentlichte Definition der Schwellendosis eines gemeinsam haben: Um eine Schwellendosis benennen zu können, ist ein negativer Beweis, d. h. der Beweis einer Nicht-Wirkung nötig; ein Unterfangen, das logisch unmöglich ist. Denn es ist schlichtweg unmöglich zu beweisen, daß ein nicht näher bekanntes Individuum einer Gesamtbevölkerung von 222 Millionen Bürgern *nicht* ungewöhnlich anfällig für eine Krankheit ist, deren Mechanismen nicht bekannt sind. Ebenso unmöglich ist es, zu beweisen, daß ein nicht näher bekanntes Individuum kanzerogene Substanzen *nicht* nach dem gleichen Stoffwechselschema wie ein Ameisenbär metabolisiert. Und schließlich ist es ebenfalls unmöglich, eine Stoffwechselwirkung zu identifizieren, die unterhalb einer Schwelle liegt, »unterhalb derer eine Wirkung (Kanzerisierung) nicht möglich ist«. Die Ziele der Krebsvorsorge mögen die besten Absichten erkennen lassen, doch ein Student der Logik im ersten Semester, der es wagen würde, vergleichbare Überlegungen und theoretische Konstrukte aufzustellen, würde mit Pauken und Trompeten durchfallen. Selbst wenn man die auf einer Reihe unlogischer Überlegungen basierenden Ziele der Krebsvorsorge als durchaus lobenswert akzeptiert, wird man feststellen, daß sie nicht zu verwirklichen sind. Denn der präventive Schutz des anfälligsten, doch unbekannten Individuums innerhalb einer heterogenen Bevölkerung von 222 Millionen vor einem einzigen Molekül einer kanzerogenen Substanz, die möglicherweise bei ihm eine Krankheit auslöst, deren Genese und pathogene Mechanismen nicht bekannt sind, ist schlichtweg unmöglich.

Zahlreiche, der in der Krebsvorsorge engagierten Wissenschaftler haben sehr wohl begriffen, daß es unmöglich ist, eine für die gesamte Bevölkerung gültige Schwellendosis zu benennen. Ihre Erklärungen zu diesem Problem unterscheiden sich zwar hinsichtlich Formulierung und Offenheit, doch im Prinzip meinen sie alle das gleiche. Einige geben sogar unumwunden zu, daß die der Krebsvorsorge zugrundeliegenden Überlegungen und Prämissen nicht zu realisieren sind. Sie nennen auch Gründe, weshalb dies nicht möglich ist, ohne jedoch die Logik ihrer Überlegungen in Frage zu stellen. So formulierte zum Beispiel Richard Bates vom NIEHS seine Bedenken wie folgt:

> Zum gegenwärtigen Zeitpunkt sind wir noch immer nicht in der Lage, eindeutig bestimmen zu können, ob Schwellenwerte existieren oder nicht – ob sie nun auf die Gesamtbevölkerung bezogen sind oder auf einzelne Individuen – oder festzustellen, welche Individuen innerhalb einer Population überdurchschnittlichen Kontakt mit kanzerogenen Substanzen vertragen und welche nicht.[15]

Ähnlich äußerte sich laut OSHA Harold Stewart:

> Im Falle der menschlichen Populationen, die sich durch – ihrem Wesen nach gänzlich unbekannte – Schwankungen hinsichtlich der Anfälligkeit für chemische Kanzerogene auszeichnen, sowie in Anbetracht unserer Unwissenheit hinsichtlich weiterer eventuell existierender Variablen, die die Empfänglichkeit gegenüber solchen Agenzien ebenfalls beeinflussen können, muß jeder Versuch, Schwellenwerte für die Kanzerogenität von Substanzen zu benennen, als unrealistisch bezeichnet werden.[16]

Das OSHA zitierte in diesem Zusammenhang u. a. auch William Nicholson von der Mt. Sinai School of Medicine, der die Festlegung von Schwellenwerten als nahezu »unmöglich« bezeichnete:

> Trotz beträchtlicher Anstrengungen der Forschung auf dem Gebiet der Wirkungsweisen kanzerogener Substanzen ... existiert keinerlei Datenmaterial, das geeignet wäre, die Schwellendosis eines Kanzerogens zu definieren. Der Wissenschaftler, der versucht, diejenige Schwellendosis zu definieren, unterhalb derer kein kanzerogenes Risiko für menschliche Populationen existiert, sieht sich mit einer praktisch unlösbaren Aufgabe konfrontiert.[17]

Andere Wissenschaftler, einschließlich gewisser Repräsentanten staatlicher Reglementierungsbehörden, sind diesbezüglich weniger offen und bemühen sich, die Unfähigkeit, Schwellendosen für eine Population zu benennen, so darzustellen, als sei sie Folge eines mangelnden Konsens, der jedoch eines Tages überwunden werden könnte. So erklärte 1979 die »Interagency Regulatory Liaison Group«, in der die CPSC (Verbraucherschutzkommission), die EPA (Umweltschutzbehörde), die FDA (Lebens- und Arzneimittel Verwaltungsbehörde) sowie das OSHA (Amt für Sicherheit und Gesundheit am Arbeitsplatz) vertreten waren:

Es existiert *zum gegenwärtigen Zeitpunkt keine akzeptierbare Möglichkeit*, verläßlich eine für eine Gesamtpopulation gültige Schwellendosis eines Kanzerogens zu bestimmen.[18] (Hervorhebung seitens der Autorin)

Hin und wieder findet man in Publikationen mancher Wissenschaftler auch den Versuch, die Unrealisierbarkeit irrationaler Überlegungen und Prämissen in einem Licht darzustellen, das diese Theorie wie ingeniöse wissenschaftliche Entdeckung erscheinen läßt. So teilte Samuel Epstein seinen Lesern mit, daß den Statistikern des NIEHS das Verdienst zukomme, die »wissenschaftliche Basis« der Delany-Klausel bestätigt zu haben – nämlich das »Unvermögen« der Wissenschaft, Schwellenwerte zu bestimmen.[19]

Wie immer die Wissenschaftler das Problem auch formulierten, sie sagen im Grunde genommen nichts anderes als die auf der Hand liegende Wahrheit: Niemand kann je die Schwellendosis eines Kanzerogens bestimmen oder berechnen, bei der auch für das anfälligste und am stärksten gefährdete Individuum einer Population von 222 000 000 Menschen jeder schädliche Effekt auszuschließen ist. Das Ameisenbär-Prinzip führt solche Überlegungen und Berechnungen ab absurdum.

Im Grunde genommen läßt sich alles Wissenswerte über die Kontroverse um die Schwellendosis in einem Satz zusammenfassen: Solange man sich zum Ziel setzt, jedes einzelne Individuum einer Bevölkerung vor einer Krankheit zu schützen, deren Mechanismen nicht bekannt sind, und solange nicht mehr Datenmaterial hinsichtlich der Reaktion des Menschen auf kanzerogene Substanzen existiert, ist es unmöglich, eine »sichere« Schwellendosis solcher Substanzen zu bestimmen. An dieser Tatsache können auch Formulierungskünste nichts ändern.

Wenn an dieser Tatsache nichts zu ändern ist, worum geht dann der Streit der Wissenschaftler, der laut Thomas Maugh mit der Erbitterung eines Dschihads geführt wird? Maugh gab sich in seinem Artikel in *Science* mit der Feststellung zufrieden, daß keine der streitenden Parteien wissenschaftliche Beweise für die Richtigkeit ihres jeweiligen Standpunktes in Händen hat, und die von ihnen bezogenen Positionen somit »Glaubensbekenntnissen« gleichkämen. Diese Beschreibung der Situation entbehrt sicherlich nicht der Richtigkeit, doch fraglos existieren in diesem Wissenschaftsstreit noch andere Faktoren, denn allein durch Glaubensdivergenzen ist ein gewisser, äußerst sonderbarer Aspekt dieser Auseinandersetzung nicht erklärbar. Die Rede ist von der Tatsache, daß keines der Argumente, die für oder gegen die Schwellentheorie ins Feld geführt werden, eine Relevanz für den Begriff der Schwelle besitzt, wie er als Ziel der

Krebsvorsorge definiert ist: nämlich als eine *Dosis* eines Kanzerogens, unterhalb derer eine Wirkung (Kanzerisierung) nicht möglich ist. Eine kurze Darstellung dieser Argumente wird deutlich machen, was gemeint ist.

Der Leser findet die wichtigsten Argumente für die No-Threshold-Theorie hier lediglich aufgelistet, denn sie wurden alle im Verlauf des Buches bereits diskutiert.

1. *Krebs kann mit der Transformation (möglicherweise mutagen) einer einzigen Zelle beginnen.*
   R. Truhaut, Université René Descartes, 1979; David Hoel vom NIEHS, Richard Peto von der Oxford University und Lorenzo Tomatis von der IARC, 1980; Edward P. Radford, University of Pittsburgh, 1980; OSHA, 1980[20]
2. *Bereits ein Molekül eines Kanzerogens oder Mutagens kann Krebs auslösen.*
   Bruce Ames, 1971; »Researchers from the Nationale Cancer Institute«, zitiert von Jacqueline Verrett, FDA, 1975; The Safe Drinking Water Committee, 1977; Eula Bingham, Ministerialdirektorin im Arbeitsministerium, 1977; OSHA, 1980.[21]
3. *Kanzeröse Zellen sind sich identisch verdoppelnde, sich vermehrende, sich durch Zellteilung fortpflanzende und wuchernde Gebilde.*
   Umberto Saffiotti, 1977; R. Truhaut, Université René Descartes, 1979; Harold Stewart, NIH, 1980; J. Nathan Dubin, Medical College of Pennsylvania, 1980; Emmanuel Farber, University of Toronto, 1980; OSHA, 1980.[22]
4. *Die Initiation des Prozesses der Kanzerogenese ist irreversibel.*
   Arthur Upton, Direktor, NCI, 1980; OSHA, 1980; Robert Squire, Johns Hopkins University, 1980; Marvin Schneiderman, NCI, 1980; Emmanuel Farber, University of Toronto, 1980.[23]
5. *Kanzerogene reagieren untereinander synergistisch*
   Samuel Epstein, 1978; William Lijinsky, 1980; Irving Selikoff, Mt. Sinai School of Medicin, 1980; Richard Griesemer, NCI, 1980; Robert Squire, Johns Hopkins University, 1980.[24]
   und »additiv« oder »summativ« oder »kumulativ«
   Arthur Upton, Direktor, NCI, 1978; Matthew Meselson, Harvard University, 1980; Donald Kennedy, FDA, 1980; William Lijinsky, NCO, 1980; David Rall, Direktor, NIEHS, 1980; OSHA, 1980.[25]
   das heißt, jede noch so winzige Dosis eines Kanzerogens summiert sich zu der »Hintergrunddosis«, wodurch sich das Krebsrisiko erhöht.
   Umberto Saffiotti, NCI, 1977; Richard Peto von der Oxford University, 1980; OSHA, 1980.[26]

Wie der Leser bemerkt haben wird, decken sich die erwähnten Argumente mit den wichtigsten Ansichten und Theorien, die das OSHA 1980 im Rahmen ihrer Grundsatzerklärung veröffentlichte und die laut OSHA den Konsensus der Wissenschaft repräsentieren.[27] Jeder dieser Punkte wird im übrigen in der von Truhaut zusammengestellten, einschlägigen Veröffentlichungen auch von der Gegenseite als Argument benutzt.[28] Doch sind die in den fünf Punkten geäußerten Ansichten lediglich Versuche, den hypothetischen Prozeß der Kanzerogenese zu beschreiben. Sie beweisen auf keinen Fall, daß es *keine* bestimmbare Dosis eines Kanzerogens gibt, unterhalb derer eine Kanzerisierung nicht möglich ist, denn – wie wir gesehen haben – ist eine solche Behauptung ebensowenig zu beweisen wie ihr Gegenteil – nämlich die Existenz von Schwellenwerten. Die erwähnten Ansichten sind lediglich als eine Zusammenstellung der interessantesten Aspekte der verschiedenen diskutierten Theorien zur Kanzerogenese zu verstehen, die allerdings in einer Form publiziert werden, *als wären* sie ein Beweis dafür, daß keine »sicheren« Schwellendosen existieren.

Genau dasselbe trifft umgekehrt auf die Kritiker der No-Threshold-Theorie zu. Die angeblichen Gegenbeweise für die Nichtexistenz einer »sicheren« Schwellendosis sind für das Ziel, das sich die Krebsvorsorge selbst gesteckt hat, allerdings ebenso irrelevant wie angebliche Beweise für die Richtigkeit der No-Threshold-Theorie. Im folgenden die der Literatur entnommenen Argumente gegen die No-Threshold-Theorie:

1. *Der Kontakt mit sehr niedrigen Dosen bzw. Konzentrationen von Kanzerogenen oder mit einem einzigen Molekül eines Mutagens oder Kanzerogens muß nicht unbedingt eine signifikante Gefahr darstellen; vorausgesetzt der Gesamtorganismus verfügt über eine Reihe von Reparatur-, Regenerations-, Deaktivierungs- und Entgiftungssystemen und andere biologische Abwehrmechanismen.*
P. N. Magee, Courtauld Institute of Biochemistry, 1977; Hans Falk, NIEHS, 1978; Philip Handler, Präsident der NAS, 1979; Herman Kraybill, NCI, 1980; Gio Batta Gori, NCI, 1980.[29]

2. *Ehe eine biologische Reaktion der Zelle, einschließlich einer Kanzerogenese, stattfinden kann, müssen zuvor zumindest eine minimale Anzahl von Molekülen der Zelle verändert sein.*
D. Henschler, 1974; Hans Falk, NCI, 1980; Robert Olson, St. Louis University, 1980.[30]

3. *Der Mensch ist ständig dem Kontakt mit zahlreichen Kanzerogenen ausgesetzt, doch auf der Zellebene des Organismus geschieht nichts: Die Zellen sterben und eine Kanzerogenese findet nicht statt.*

Isaac Berenblum, Weizmann Institute of Medicine, zitiert von John Higginson, Gründungsdirektor, IARC, 1979.[31] *Darüber hinaus sind menschliche Somazellen gegenüber Strahlung und chemischen Kanzerogenen wesentlich resistenter als die Zellen von Mäusen.*
H. B. Jones und A. Grendon, University of California in Berkeley, 1975; John Cairns, Direktor, Mill Hill Laboratory, London, 1978.[32]

4. *Der Prozeß der Kanzerogenese ist nicht notwendigerweise ein irreversibles No-Threshold-Phänomen, denn zahlreiche metabolische Variablen (einschließlich der Hochdosierungsexperimente) können die kanzerogene Wirkung hemmen oder aber verstärken.*
Herman Kraybill, 1977; Norbert Page, NCI, 1978.[33]

5. *Obwohl Beispiele für synergistische Wirkung bekannt sind, existiert kein wissenschaftlicher Beweis für die Theorie einer kumulativen oder summativen Wirkung von Kanzerogenen, daß winzige Dosen verschiedener, kombiniert wirkender Kanzerogene sich summieren und dadurch Krebs hervorrufen.*
K. Kay, 1974; Herman Kraybill, NCI, 1977 – 1980; Jerome Cornfield, 1977; Nathan Mantel, George Washington University, 1978; John Higginson, 1979.[34]
Tatsächlich sind bestimmte Kombinationen von Kanzerogenen weniger kanzerogen, als wenn dieselben Kanzerogene einzeln wirken.
R. Kroes, et al., Staatliches Institut für Volksgesundheit, Niederlande, 1973; Hans Falk, NCI, 1976; D. Schmähl, Deutsches Krebsforschungszentrum, 1978.[35]
Und schließlich existieren Antikanzerogene, die die Kanzerogenese verhindern oder hemmen.
Raymond Shamberger, Cleveland Clinic Foundation, 1978; Herman Kraybill, 1980;[36] und natürlich Isaac Berenblum und Lee Wattenberg.

Selbst wenn wir von der Annahme ausgehen, daß alle erwähnten Argumente richtig sind, sind sie im Grunde genommen lediglich als ein Versuch zu werten, den hypothetisch angenommenen Prozeß einer vorhandenen *Resistenz* gegen die Kanzerogenese zu beschreiben. Ganz gewiß sind sie *kein* Beweis dafür, daß eine Dosis eines Kanzerogens definiert werden kann, unterhalb derer eine Wirkung (Kanzerisierung) für den einzelnen auszuschließen ist. Auch diese Argumente werden in einer Form publiziert, *als wären* sie der Beweis für die Nichtexistenz eines für die Gesamtpopulation gültigen Schwellenwerts; doch zu beweisen, daß eine solche Schwelle nicht existiert, ist ebenso unmöglich wie der Beweis, daß sie existiert. Diejenigen Wissenschaftler, die einige oder manchmal auch alle der erwähnten Argumente ins Feld führen, haben natürlich Datenmaterial zur Stützung ihrer Position zusammengetragen, das allenfalls das von der Gegenseite präsentierte Datenmaterial entkräften kann. Doch für das Ziel, daß sich die Krebsvorsorge selbst gesteckt hat, sind die Argumente gegen die No-Threshold-Theorie ebenso irrelevant, wie es die Argumente der Befürworter dieser Theorie sind.

Noch verwirrender muß uns die Tatsache erscheinen, daß die Kritiker der No-Threshold-Theorie oft sozusagen ins Leere argumentieren, denn die meisten der Anhänger der No-Threshold-Theorie bestreiten gar nicht die Richtigkeit der zweiten, vorstehend aufgelisteten Gruppe von Argumenten; richtiger gesagt, sie bestreiten nicht die Existenz der erwähnten Phänomene. Sie bestreiten lediglich, daß sie gemessen werden können – eine Behauptung, der die Kritiker der No-Threshold-Theorie im übrigen gar nicht widersprechen! Zahlreiche Anhänger der No-Threshold-Theorie sind davon überzeugt – ebenso wie die Kritiker dieser Theorie –, daß die Ein-Molekül-Theorie der Krebsentstehung falsch ist. So erklärt zum Beispiel David Rall: »Die meisten Wissenschaftler dürften mit mir darüber übereinstimmen, daß auch äußerst potente Kanzerogene wie Aflatoxin, Nitrosamin und Chlormethyläther bei einer Wirkdosis von einem Molekül, zehn oder hundert Molekülen, vielleicht sogar bei einer Dosis von tausend Molekülen pro Maus, Ratte, Hund oder Mensch wahrscheinlich völlig unschädlich sind. Doch – und davon sind wir alle überzeugt – muß eine Wirkdosis von 10^{20}, 10^{21}, 10^{22} oder 10^{23} Molekülen derselben Verbindungen als beträchtliches Krebsrisiko betrachtet werden. Für die isolierte Situation eines Laborversuchs ist die Annahme durchaus berechtigt, die Wahrscheinlichkeit, daß sehr niedrige Konzentrationen gesundheitsschädigende Wirkung besitzen, als so gering zu betrachten, daß diese Wahrscheinlichkeit praktisch mit Null gleichzusetzen ist.«[37] Ähnlich äußert sich Lijinsky: »Während die meisten darin übereinstimmen, daß der Kontakt mit einem Molekül einer kanzerogenen Substanz wohl kaum ein Gesundheitsrisiko für den Menschen bedeutet, kann niemand sagen, wie viele Moleküle ein Gesundheitsrisiko darstellen. Selbst wenn man von der Annahme ausgeht, daß eine Wirkschwelle für Kanzerogene existieren muß – wie dies bei allen toxischen Phänomenen der Fall ist –, ist es nicht möglich, zu bestimmen, wo diese Schwelle liegt.«[38]

Um die Situation noch unübersichtlicher zu machen: Zahlreiche Anhänger der No-Threshold-Theorie bestreiten nicht, daß möglicherweise individuelle Schwellenwerte existieren. So erklärt zum Beispiel das OSHA: »Aus der Beobachtung, daß manche Menschen im Verlauf ihres Lebens offenbar keinen Krebs entwickeln, während andere nach dem Kontakt mit der gleichen Dosis desselben Kanzerogens Krebs entwickeln, geht klar hervor, daß eine von Individuum zu Individuum eindeutig unterschiedliche Reaktion auf Kanzerogene besteht.« Doch das OSHA fügte hinzu: »Obwohl diese Beobachtungen möglicherweise auf die Existenz unterschiedlicher Schwellen für verschiedene Individuen schließen lassen, sind sie jedoch nicht geeignet, eine ›Nicht-Wirkung‹, eine ›Schwelle‹ oder eine ›sichere Dosis‹ eines Kanzerogens für andere Individuen zu prognostizieren.«[39] Auch hinsichtlich der Existenz von Reparatur- und Entgiftungssystemen im Körper des Menschen, die ihn vor zahlreichen toxischen und kanzerogenen Einflüssen schützen, herrscht unter den Wissenschaftlern Einigkeit. Allerdings weiß niemand zu sagen, ab welchem Belastungswert diese Schutzmechanismen versagen. Schneiderman vom NCI bezeichnet diese körpereigenen Systeme als »höchstwahrscheinlich nicht perfekt oder vollkommen«[40], und Arthur Upton bemerkte zu diesem Thema: »Wir wissen, daß Reparaturmechanismen existieren..., doch wir wissen ebenfalls, daß sie nicht 100prozentig wirksam sind.«[41] Auch das OSHA räumt ein, »daß die DNS-Reparatur normalerweise nicht 100prozentig wirksam ist und daß es unsinnig wäre, dies zu erwarten. Demzufolge kann unser Wissen um die Existenz des DNS-Reparatur-Systems nicht als eine Bestätigung für die Annahme verstanden werden, es existierten für die Gesamtbevölkerung gültige Schwellenwerte.«[42]

Schließlich sollte noch erwähnt werden, daß keiner der Kritiker der No-Threshold-Theorie das Phänomen des Synergismus bestreiten wird; ebensowenig wie die überzeugten Anhänger der No-Threshold-Theorie bestreiten werden, daß Antikanzerogene und kanzerogenese-hemmende Faktoren existieren. So weist zum Beispiel David Rall von der Johns Hopkins University darauf hin, daß »zahlreiche Experimente, die zur Untersuchung der Kokanzerogenese durchgeführt wurden, darauf hinweisen, daß verschiedene Kanzerogene additiv, synergistisch oder *antagonistisch* im Organismus der Versuchstiere wirken können« (Hervorhebung seitens der Autorin). Doch er fügt einschränkend hinzu: »Es ist äußerst unwahrscheinlich, daß wir jemals in der Lage sein werden, vorauszusagen, welche der oben genannten Wirkungen bei einem Kontakt mit ganz bestimmten chemischen Substanzen eintreten werden...«[43] Niemand, der sich auf die Existenz von Antikanzerogenen und kanzerogenese-hemmenden Faktoren beruft, würde behaupten, er könne eine solche Voraussage treffen.

Wer die vorstehend dargestellte Kontroverse um die No-Threshold-Theorie sorgfältig prüft und überdenkt, wird feststellen, daß es sich gar nicht um einen hinsichtlich der Existenz oder Nicht-Existenz von Schwellen geführten Glaubenskrieg handelt. Es gibt keine Auseinandersetzungen über Schwellenwerte für die *Gesamtpopulation*. Keiner der Gegner der No-Threshold-Theorie hat jemals behauptet, er könne eine ›sichere‹ Dosis eines Kanzerogens angeben, die für die Gesamtbevölkerung, einschließlich der am stärksten gefährdeten Individuen, gültig ist. Darum geht es in diesem »Dschihad« der Wissenschaftler offensichtlich gar nicht. Der Grund für die erbitterten Kontroversen liegt offenbar auch nicht in den weiter oben aufgelisteten Argumenten und Gegenargumenten, denn bis hierhin stimmen die meisten Wissenschaftler ohnehin überein. Was also ist die Ursache des unter den Krebsforschern ausgetragenen »Glaubenskrieges«?

Eine Erklärung für diese äußerst eigentümliche Situation wurde bereits weiter oben – sozusagen in einem Nebensatz versteckt – gegeben. Marvin Schneiderman hatte davon gesprochen, daß die Kritiker der No-Threshold-Theorie Unterstützung aus den aus den Reihen der »traditionellen Toxikologie« erhalten hätten. Aus dieser Formulierung geht hervor, daß es also auch eine »nicht-traditionelle« Toxikologie gibt und daß diese beiden Lager der Toxikologie miteinander im Streit liegen. Uns stellt sich hiermit also die Frage, welcher Konflikt diesem Streit zugrunde liegt, an welchen Punkten die Meinungen auseinandergehen und weshalb diese Divergenzen die Toxikologen derart entzweien, daß sie sich in einen nutzlosen Streit einlassen, der für ihr gemeinsames Ziel der Krebsvorsorge gänzlich irrelevant und hinderlich ist.

Die Toxikologie ist eine traditionsreiche und äußerst komplexe Wissenschaft, und es ist gar nicht möglich, ihre Aufgabenstellungen und ihre Bedeutung in knapper Form wiederzugeben. Für unsere Zwecke genügt es allerdings, einen kurzen Blick auf ihre Geschichte zu werfen und ein oder zwei ihrer wichtigsten Grundbegriffe zu erläutern. Die Geschichte der Toxikologie reicht bis zu den Anfängen der Menschheitsgeschichte zurück, denn bereits der primitive Mensch war in gewissem Sinne ein Toxikologe. Durch die Beobachtung, daß seine Mitmenschen nach dem Genuß bestimmter Pflanzen, Beeren oder Fischarten starben, lernte er diese potentiellen Nahrungsmittel als »giftig« zu erkennen und sie zu vermeiden. In einer späteren Phase der Menschheitsgeschichte, als man schon über einen reichen Wissensschatz hinsichtlich der Wirkung von Giften verfügte, schreckte der Mensch auch nicht davor zurück, andere mit Hilfe natürlich vorkommender giftiger Substanzen zu töten. So wurde zum Beispiel Sokrates mit einem Gift getötet, das aus dem Schierling gebraut wird. Die Könige des Mittelalters verfügten über »Vorkoster«, die von den Speisen des Königs probieren mußten, ehe dieser selbst aß.

Diese barbarische Spielart des Experiments konnte jedoch nur ein

Schutz gegen sehr starke und sehr schnell wirkende Gifte sein, deren Wirkungen direkt beobachtet werden konnten. Im 16. Jahrhundert gelang einem deutschen Arzt, der Theophrastus Bombastus von Hohenheim hieß und als Paracelsus in die Geschichte einging, eine weitaus subtilere Entdeckung: Er stellte fest, daß jede Substanz giftig sein kann, wenn die Dosis nur hoch genug ist. Sein berühmter Lehrsatz lautete: »Was ist eigentlich nicht giftig? Alle Dinge sind giftig und nichts ungiftig. Nur die Dosis bestimmt, daß ein Ding nicht giftig ist.«[44] In einer lateinischen Übersetzung schrumpfte dieser Lehrsatz auf wenige Worte zusammen: *Dosis sola facit venenum*[45] (Nur die Dosis macht das Gift). Und auf dem Titelblatt des von Lonis J. Casarett und John Doull herausgegebenen Lehrbuchs *Toxicology: The Basic Science of Poisons* ist eine weitere Lesart von Paracelsus' Lehrsatz zu entdecken: »Alle Substanzen sind giftig; ungiftige Substanzen gibt es nicht. Der Unterschied zwischen Gift und Heilmittel besteht allein in der Dosierung.«[46] Unser Wissen über die Wirkung von Giftstoffen nimmt stetig zu und die Bibliotheken sind voll mit Untersuchungen zur Toxizität natürlich vorkommender Substanzen. Der deutsche Toxikologe Dr. Schmähl berichtete 1979 von einem interessanten Fall, der Paracelsus' Annahme bestätigte: »Ein junger Mann starb, weil er in kürzester Zeit 17 Liter Wasser getrunken hatte. Er starb an einem Cerebralödem und aufgrund von Störungen des Elektrolythaushalts. In diesem besonderen Fall wirkte sogar Wasser als tödliches Gift.«[47]

Von der Entdeckung, daß alle Substanzen ab einer gewissen Dosierung giftig sind und daß die Wirkungen von Giften dosisabhängig ist, war es nur mehr ein Schritt – ein großer Schritt zwar – zur Verwendung von Labortieren als »Vorkoster« für den Menschen. In den Labors der toxikologischen Forschung werden den Versuchstieren unterschiedliche Dosierungen von pharmazeutischen Präparaten oder anderen industriell hergestellten Substanzen verabreicht, wobei ihre Reaktionen auf die verschiedenen Dosierungen aufgezeichnet werden.[48] Die sogenannte Letaldosis – LD50 – ist die Dosis, bei der fünfzig Prozent der Versuchstiere sterben. Die sogenannte Dosis-Wirkungs-Kurve setzt die Wirkung mit der Höhe der Dosis in Beziehung.[49] Bei der Bestimmung der »sicheren« oder Schwellendosis für den Menschen legt die traditionelle Toxikologie einen winzigen Bruchteil derjenigen Dosis zugrunde, die im Tierversuch keinerlei Wirkung hervorruft.[50] Obwohl die toxikologische Forschung infolge der immer empfindlicher werdenden Meßtechnik, die inzwischen Wirkungen auf der molekularen Ebene erfassen kann, zu einer überaus komplexen Wissenschaft geworden ist, hat sich an der Gültigkeit der von Paracelsus erkannten Grundregel der Dosis-Wirkungs-Beziehung nicht geändert. So findet man zum

Beispiel in Casaretts Lehrbuch folgende Tabelle, die uns einen oberflächlichen Eindruck vermittelt, wie die relative Wirksamkeit und somit das implizierte Risiko toxischer Substanzen bzw. Gifte klassifiziert wird:[51]

Giftstoff-Kategorien bezogen auf ihre relative Toxizität*

Grad der Toxizität	**allgemeine Bezeichnung**	**wahrscheinliche Letaldosis für den Menschen bei 70 kg Körpergewicht**	
6	super toxisch	< 5 mg/kg	< 7 Tropfen
5	extrem toxisch	5–50 mg/kg	7 Tropfen – 1 Teelöffel voll
4	sehr toxisch	60–500 mg/kg	1 Teel. – 1 Unze (31,1 g)
3	mäßig toxisch	0,5–5 g/kg	1 Unze – 1 Pound (373 g)
2	leicht toxisch	5–15 g/kg	1 Pound – 1 Quart (1,1 Liter Trockenmaß)
1	praktisch nicht toxisch	> 15 g/kg	> 1 Quart

* Daten aus Hodge und Sterner, 1949; Gleason et al., 1969.

Niemand wird bestreiten, daß die Labormaus vor allem auf dem Gebiet der toxikologischen und pharmakologischen Forschung eine wichtige Rolle als »Vorkoster« für den Menschen spielt. Die Tatsache, daß der Mensch in einer aufgrund der industriellen Revolution hochtoxisch gewordenen Welt nicht an toxischen Chemikalien zugrunde gegangen ist, läßt den Schluß zu, daß Labortiere als »Vorkoster« durchaus geeignet sind.

Diese Feststellung bedeutet allerdings nicht, daß wegen der Tierversuche Untersuchungen am Menschen gänzlich überflüssig geworden wären. Denn es hat immer Irrtümer gegeben, und Menschen sind an gewissen Dosen von Giftstoffen gestorben, weil die auf den Erfahrungen mit Tierexperimenten basierenden Prognosen für den Menschen falsch gewesen waren. Doch auch daraus lernte der Mensch. So hilfreich Tierversuche auch sein mögen, mit Bestimmtheit weiß man über die Gefährlichkeit einer Substanz nur dann Bescheid, wenn man ihre Wirkung am Menschen beobachtet. Und umgekehrt gilt dies ebenso: Wie hilfreich eine Substanz für den Menschen ist, kann man nur am Menschen selbst feststellen. Um ein klassisches Beispiel zu nennen: Penizillin ist für Hamster und Meerschweinchen tödlich, für den Menschen aber ist es oft die *Rettung* vor dem Tod. Casarett erklärt in seinem Lehrbuch, daß auf die empirische Forschung am Menschen auch dann nicht verzichtet werden kann, wenn bereits auf Tierversuchen basierende Prognosen für den Menschen existieren. Denn die auf der Basis der im Tierversuch beobachteten Dosis-Wirkungs-Kurve festgesetzten Normen, so Casarett, seien »provisorisch«:

(Diese Normen) werden in der Regel modifiziert, sobald aufgrund praktischer Erfahrungen neue Erkenntnisse hinsichtlich der Wirkung auf den Menschen zur Verfügung stehen. Auch die Normen für die Gesamtbevölkerung werden auf die gleiche Weise entwickelt und anhand des aktuellen Kenntnisstandes modifiziert. Das Gefüge der Sicherheitsnormen ist also in keinem Falle feststehend und unveränderlich, vielmehr geben diese Normen lediglich den zur gegebenen Zeit bestehenden Wissensstand der toxikologischen Forschung hinsichtlich der relativen Schadlosigkeit eines Giftstoffes wieder.[52]

Mit der Verwendung von Tieren als »Vorkoster« wurden die direkt am Menschen durchgeführten Experimente zwar auf ein Minimum reduziert, doch gänzlich kann auf die empirische Forschung am Menschen selbst noch immer nicht verzichtet werden. Der Mensch bleibt für sich selbst noch immer das verläßlichste »Versuchstier«.

Bisher war nur von der chemischen Toxizität die Rede, doch interessiert uns vor allem eine bestimmte Form der chemischen Toxizität: die Kanzerogenität. Toxikologen untersuchen nicht nur die Toxizität, sondern auch die Kanzerogenität von Substanzen. Sowohl Paracelsus' fundamentale Erkenntnis ›*Dosis sola facit venenum*‹ als auch das Ziel der toxikologischen Forschung von heute, Dosis-Wirkungs-Kurven zu erstellen, sind gleichermaßen Gegenstand der Kanzerogeneseforschung. Wenn überhaupt einer der der Kanzerogenese zugrundeliegenden Mechanismen und Gesetzmäßigkeiten als wissenschaftlich gesichert bezeichnet werden kann, dann ist es Paracelsus' Lehrsatz von der Dosisabhängigkeit, eine Gesetzmäßigkeit, die für Tiere und Menschen gleichermaßen zutrifft. William Lijinsky erläuterte dieses Phänomen anläßlich der OSHA-Hearings, wobei er, zum Glück für den Laien mit einem leicht verständlichen Beispiel beginnt:

Im Fall des Zigarettenrauchens existiert eine eindeutige Dosis-Wirkungs-Beziehung, d. h. die Inzidenz von Lungenkrebs ist um so höher, je größer die Zahl der pro Tag gerauchten Zigaretten ist und je länger jemand bereits raucht. Wir können also feststellen, daß mit der Höhe der Dosis und mit der Dauer der Zeitspanne, in der sich ein Raucher den Wirkungen von Tabak aussetzt, auch das Risiko zunimmt, Lungenkrebs zu entwickeln...

Genau die gleiche Beobachtung haben wir bei der Untersuchung chemischer Kanzerogene im Tierversuch gemacht: Diejenigen Tiere, die eine höhere Dosierung verabreicht bekommen, bzw. diejenigen Tiere, die der Normaldosis über einen längeren Zeitraum ausgesetzt sind, sind wesentlich stärker gefährdet, Krebs zu entwickeln...

Aus den Erfahrungen, die wir in Tierexperimenten gemacht haben, läßt sich ein weiterer Aspekt der Dosis-Wirkungs-Beziehung ableiten: Je höher die Dosis des verabreichten Kanzerogens ist, desto früher bilden sich Tumoren... Darüber hinaus konnten wir feststellen, daß lediglich bei der Höchstdosis sämtliche Tiere einer Versuchsgruppe an den induzierten Tumoren starben, während bei niedrigeren Dosen die Tiere häufig keine Tumoren entwickelten und eine ganz normale Lebenserwartung hatten.

Bei der Untersuchung der Dosis-Wirkungs-Beziehung sind wir mit zwei meßbaren Dimensionen konfrontiert: die Zeit bis zum Eintreten des Todes aufgrund induzierter Tumoren... und die Anzahl der erkrankten Tiere im Vergleich mit der Gesamtzahl der Versuchstiere. Mit einer Dosissteigerung des Kanzerogens wird die Zeitspanne bis zum Eintreten des Todes kürzer, während die Anzahl der erkrankten Tiere steigt.[53]

Zu ähnlichen Schlußfolgerungen gelangte auch Jerzy Neyman von der University of California in Berkeley, der seine Experimentalergebnisse mit dem Kanzerogen Urethan wie folgt zusammenfaßte: »Wir stellten bei Mäusen einen auffallenden Unterschied zwischen den Versuchsgruppen mit hohen bzw. niedrigen Dosisgaben hinsichtlich der Inzidenz von Lungentumoren fest. In der Gruppe, die hohe Dosierungen verabreicht bekam, stellten wir wesentlich mehr Tumoren fest.«[54] Die Kanzerogenese ist also dosisabhängig, die durch Strahlung induzierte Kanzerogenese ebenso wie die chemische Kanzerogenese.

Henry Pilot von der University of Wisconsin faßt diese Erkenntnis mit folgenden Worten zusammen: »Wie es bei den meisten Agenzien, die auf biologische Systeme wirken, der Fall ist, existiert auch hinsichtlich der chemischen und physikalischen (d. h. durch Strahlung verursacht) Induktion einer neoplastischen Transformation der Zellen überwältigendes Beweismaterial, daß die Kanzerisierung von der Dosis des kanzerogenen Agens abhängig ist.«[55] Diese Aussage ist nicht mehr und nicht weniger als eine Umformulierung des Lehrsatzes von Paracelsus.

Worin besteht dann der Konflikt zwischen der »traditionellen Toxikologie« und der »nicht-traditionellen Toxikologie«? Eine Erläuterung der wichtigsten Punkte dieser Kontroverse finden wir bei Umberto Saffiotti, der 1977 die Geburt einer »Neuen Toxikologie« verkündete. Diese »Neue Toxikologie« unterschied sich in einem wesentlichen Punkt von der traditionellen Toxikologie, der jedoch der Ausgangspunkt für weitere Divergenzen war. Der wesentliche Unterschied zwischen der »neuen« und der »traditionellen Toxikologie« bestand darin, daß Saffiotti die – wie er es nannte – »traditionelle Methode der empirischen Forschung« am Menschen ablehnte.[56] Tierversuche spielen zwar in der Kanzerogeneseforschung eine ebenso wichtige Rolle, wie in der Pharmakologie und der Toxikologie, doch – so erklärte Saffiotti weiter – wenn es darum gehe, auf der Basis von Tierversuchen eine »sicher unwirksame Dosis« festzusetzen, die als Ausgangspunkt für eine Einschätzung des für den Menschen implizierten Krebsrisikos betrachtet wird, reicht die »empirische Methode« nicht aus, die Wirkung kanzerogener chemischer Substanzen zu erfassen. Der Grund hierfür ist laut Saffiotti in den Mechanismen der Kanzerogenese selbst zu finden, die sich insofern grundsätzlich von den Wirkmechanismen toxischer Substanzen unterscheiden, als sie durch eine »Veränderung im Regulationsmechanismus der befallenen Zelle« gekennzeichnet sind, »die eine identische Verdoppelung der geschädigten Zelle zur Folge hat«. Diese ursprüngliche Schädigung der Zelle auf molekularer Ebene, die durch den Kontakt mit einem Kanzerogen verursacht wurde, kann unter Umständen in ihren Auswirkungen begrenzt bleiben – möglicherweise »sogar auf ein paar Zellen«. Abhängig von der körperlichen Verfassung des einzelnen führte diese die Initialschädigung »zur Wucherung der veränderten Zellpopulation«. Diese der Kanzerogenese zugrundeliegenden Wirkmechanismen unterscheiden sich nach Ansicht Saffiottis grundsätzlich von Wirkmechanismen anderer toxischer Substanzen. Er nannte diese der Kanzerogenese zugrundeliegenden Mechanismen eine »sich selbst identisch verdoppelnde toxischer Wirkung«, und er erklärte, die »Neue Toxikologie« sei damit befaßt, die Kanzerogene zu kontrollieren, die eine solche »sich selbst identisch verdoppelnde Wirkung« besitzen. Er fügte hinzu, die »Neue Toxikologie« sei eine interdisziplinäre Wissenschaft, die auf die Mitarbeit anderer Disziplinen angewiesen sei. Saffiotti erwähnte in diesem Zusammenhang die Chemie, Physik, die Biologie, die Pathologie sowie die Ökologie, die Soziologie, die Jurisprudenz und die Wirtschaftswissenschaften.[57]

Zwei Aspekte der Erklärungen Saffiottis sind für uns von besonderem Interesse. Zum einen ist dies der Umstand, daß Saffiotti die Mechanismen der Kanzerogenese nicht so beschrieb, wie sie objektiv und de facto ablaufen, denn 1977 war kein Wissenschaftler der Welt in der Lage, die Mechanismen der Kanzerogenese zu erklären. Saffiotti bediente sich lediglich einer kunstvollen Konstruktion aus Worten, einschließlich des Postulats der »Ein-Zellen-Theorie«, um ein Phänomen zu beschreiben, das ohnehin jedermann bekannt war, nämlich daß etwas Unbekanntes – ob nun innerhalb oder außerhalb des Individuums oder beides – die Zellen veranlaßt, in die Proliferation(phase) einzutreten. Saffiotti unterbreitete nicht etwa neue Erkenntnisse der Grundlagenforschung, er formulierte lediglich einen neuen Moralkodex für die Toxikologie: Während bei der Erforschung von Arzneimitteln und anderen toxischen Substanzen »empirische Untersuchungen« am Menschen zulässig sind, sind sie die bei der Erforschung »potentieller« chemischer Kanzerogene nicht. Die Wirkung von Kanzerogenen auf den Menschen muß künftig also ohne Bezugnahme auf den Menschen erforscht werden.

Der zweite Aspekt in Saffiottis Grundsatzerklärung der »Neuen Toxikologie«, der unsere Aufmerksamkeit erregt, ist der Umstand, daß er in die Reihen der Toxikologen auch eine Gruppe ungewöhnlich unbedarfter Spezialisten berief, die von Biologie, Toxizität und Kanzerogenität absolut keine Ahnung haben: die Rede ist von Soziologen, Juristen und Wirtschaftswissenschaftlern. Weshalb Soziologen, Juristen und Wirtschaftswissenschaftler zur »Neuen Toxikologie« Zugang fanden, während die empirische Wissenschaft quasi zur Hintertür hinauskomplimentiert wurde, ist nicht schwer zu verstehen. Im selben Jahr, in dem Saffiotti für seine Kollegen die »Neue Toxikologie« definierte, hatte er bereits die ethischen Grundsätze der Tierexperimentatoren in der Kanzerogeneseforschung definiert: Sie seien Kronzeugen eines »mutmaßlichen Massenmords«. Bei einem auf diese Weise definierten Aufgabenbereich der »Neuen Toxikologie«, war für empirische Untersuchungen am Menschen wenig Bedarf – sie waren sogar ein Hindernis, denn in einer Wissenschaft, die sich auf empirische Studien stützt, können »Mutmaßungen« nicht gedeihen. Die »Neue Toxikologie« war im Grunde genommen nichts anderes als die Forderung nach einer neuen moralisch-politischen Dimension in der toxikologischen Forschung, die – mit Unterstützung von seiten der Soziologen, Juristen und Wirtschaftswissenschaftler – die Verfolgung »mutmaßlicher« industrieller »Massenmörder« vereinfachen sollte, ohne den durch empirische Forschung belegten Beweis einer für den Menschen bestehenden schädlichen Wirkung erbringen zu müssen, der in der »traditionellen Toxikologie« sowohl von der Wissenschaft selbst, als auch von der Gesetzgebung verlangt wird.

Obwohl wir zu diesem Thema hier allein Saffiotti – vor allem in seiner Eigenschaft als überzeugten Verfechter der Belange der »reglementierenden« Wissenschaft – zitieren, wird der Leser erkannt haben, daß Saffiottis Erläuterungen eine treffende Beschreibung der gegenwärtig in den USA praktizierten Methoden der Einschätzung des Krebsrisikos sind, über die letztlich Juristen und Gerichte entscheiden.

Die »Neue Toxikologie« setzte sich schließlich sowohl auf moralischer wie auch auf politischer Ebene durch und machte den Triumph derer perfekt, die davon überzeugt waren, der Großteil des umweltbedingten Krebses sei von der Industrie verursacht und die Krankheit könne durch gesetzliche Maßnahmen ausgemerzt werden. Doch dieser Triumph verlangte einen hohen Preis. Obwohl die Kanzerogeneseforschung sozusagen noch in den Kinderschuhen steckte, hatte sich die »Neue Toxikologie« gänzlich der Krebsvorsorge verschrieben, der Identifizierung »potentieller« Kanzerogene und der Einschätzung des für den Menschen implizierten Krebsrisikos, ohne jedoch ausreichendes Datenmaterial über die Wirkung dieser Kanzerogene beim Menschen in Händen zu haben. Wie anerkennenswert die Intention der »Neuen Toxikologie« vom moralischen Standpunkt aus betrachtet auch sein mag, durch die Tabuisierung der »empirischen Forschung am Menschen« hatte sich die »Neue Toxikologie« als Wissenschaft selbst paralysiert. Sie hatte sich selbst des traditionellen empirischen Forschungsansatzes beraubt und verharrte nun festgefahren in einer Pose moralischer Rechtschaffenheit – unfähig, etwas anderes zu erfassen, als das, was ihr bereits über die exogenen Ursachen von Humankrebs bekannt war. Sie hatte sich selbst die Möglichkeit versperrt zu entdecken, welche chemischen Substanzen und welche *Dosen* chemischer Substanzen Schadwirkungen besitzen oder nicht besitzen – außer bei Mäusen und Ratten. Doch das Ziel der Krebsvorsorge kann nicht der Schutz von Mäusen und Ratten sein; das Ziel der Krebsvorsorge ist der Schutz des Menschen. Um dieses Ziel nicht aus den Augen zu verlieren, blieb der »Neuen Toxikologie« nichts anderes übrig, als zu erklären – und zwar aus *moralischen* Beweggründen –, daß selbst die kleinste Dosis, ja sogar ein einziges Molekül eines Tierkanzerogens auch für den Menschen gefährlich sein kann. *Die No-Threshold-Theorie wurde geboren, und der Preis dafür war der Verzicht auf empirische Wissenschaft.*

Dies ist der Grund, weshalb die No-Threshold-Theorie, wie Marvin Schneiderman es formulierte, »keine wissenschaftliche Lösung in Aussicht« stellen kann. Im Grunde genommen war sie nie eine naturwissenschaftliche Theorie gewesen; allenfalls eine moralische oder eine politische Theorie, die der Interpretation seitens der Soziologen, Juristen und Wirtschaftswissenschaftler bedurfte – und noch immer bedarf.

Das Problem wurde noch größer, als die Politik der Krebsvorsorge ihr moralisches Ziel definierte: den Schutz des am stärksten gefährdeten Individuums einer heterogenen Population, das unter nicht näher bekannten Umständen Opfer eines einzigen Moleküls einer kanzerogenen Substanz werden könnte. Mit dieser Zielvorstellung und der Postulierung des »Ameisenbär-Prinzips« manövrierte sich die »Reglementierungswissenschaft« selbst in die Falle. Sie verkam zu einer »religiösen« Institution, die den Ameisenbär-Menschen anbetete und einen Dschihad heraufbeschwor, und »Glaubensbekenntnisse« traten schließlich an die Stelle empirischer Wissenschaft.

Doch den merkwürdigsten Aspekt dieser wissenschaftsinternen Kontroverse haben wir bisher noch gar nicht erwähnt. Die Wissenschaftler, die die No-Threshold-Theorie vertreten – die »Neuen Toxikologen« –, wissen ganz genau – dies beweisen ihre Aussagen bei den OSHA-Hearings –, daß das »Ameisenbär-Prinzip« Risikokalkulationen nicht zuläßt. Um ihre Theorie zu rechtfertigen, nehmen sie zu wissenschaftlich klingenden Wortkonstruktionen Zuflucht, doch der Kern ihrer Aussage ist trotzdem immer der gleiche: eine Bestimmung der Schwellendosen für eine gesamte Population ist nicht möglich. Die traditionellen Toxikologen – wie brillant sie ihre Ansichten auch formulieren mögen – begreifen offenbar nicht, daß mit der »Neuen Toxikologie« keine wissenschaftliche Diskussion möglich ist. So wiederholen die »traditionellen« Toxikologen nur immer wieder die klassischen Lehrsätze der Toxikologie, als wäre dieser Zweig der Wissenschaft niemals verstümmelt worden. Sie klammern sich hartnäckig an ihre Lehrsätze – vor allem an die Überzeugung, daß eine Schwellendosis existieren *muß* – und versuchen diesen Grundsatz auch auf die Kanzerogeneseforschung anzuwenden. Doch fordern die »Neuen Toxikologen« einen Negativbeweis, d. h. den Beweis einer Nicht-Wirkung – mit anderen Worten: die Bestimmung einer Schwelle für eine bestimmte Population, unterhalb derer eine Wirkung (Kanzerisierung) nicht möglich ist –, herrscht betretenes Schweigen und Ratlosigkeit.

Angesichts dieser Ratlosigkeit werden unwirsche Erklärungen verständlich, wie sie zum Beispiel Alexander Schmidt von der FDA abgab: »Wir jagen hinter einer ›immer kleiner werdenden Null‹ her, bis irgendein Fachidiot in irgendeinem Labor ein superempfindliches Instrument entwickelt, das auch noch Konzentrationen von Eins zu einer Quintillion messen kann. Und unsere Politik gebietet uns, dieses Meßverfahren zu übernehmen.« Ende der siebziger Jahre wurde Schmidts Prophezeiung auf derart dramatische Art und Weise zur Realität, daß er selbst wahrscheinlich am meisten überrascht war. Die Rede ist von einem gerichtlichen Verfahren, dessen Geschichte ich kurz schildern werde, um dem Leser die eigentliche Bedeutung und die Auswirkungen der No-Threshold-Theorie *noch einmal* vor Augen zu führen.

1973 stellte man fest, daß Acrylonitril – eine chemische Verbindung, die mittlerweile in den Listen der IARC als »erwiesenes« Kanzerogen geführt wird – aus Plastikflaschen und Plastikbehältern in Nahrungsmittel und Getränke gelangt. Die FDA strengte daraufhin ein gerichtliches Verfahren an, das die Verwendung von Acrylonitril bei der Herstellung von Plastikbehältern verbieten sollte. Der Hersteller dieser Plastikbehälter, die Monsanto Chemical Company, behauptete jedoch, das technische Herstellungsverfahren sei inzwischen so weit verbessert worden, daß bei den neuen Behältern keine austretenden Acrylonitrilmoleküle mehr festgestellt werden können. Die Monsanto Chemical Company verlangte deshalb die Erstellung eines neuen Gutachtens, was ihr nach einigen Schwierigkeiten von dem Gericht schließlich gewährt wurde. Die juristischen Etappen dieses Prozesses sind für uns von geringem Interesse, uns interessiert vor allem einer der zentralen Streitpunkte, an welchem sich die Gemüter erhitzten: Das Diffusionsgesetz. Sowohl die Vertreter der FDA, als auch Richard Wilson von der Harvard University, der von der Monsanto Chemical Company hinzugezogene Gutachter, kamen immer wieder auf dieses physikalische Gesetz zu sprechen, das die Molekularbewegungen bei der Vermischung von Flüssigkeiten, Gasen und Feststoffen in der Natur beschreibt.[58]

Dem Laien mag das Befremdliche dieser Diskussion um ein physikalisches Gesetz gar nicht bewußt werden, da er von physikalischen Gesetzen unter Umständen ebensowenig weiß, wie von der Kanzerogeneseforschung. Doch ist diese Diskussion in der Tat befremdlich, und um dies zu verdeutlichen, will ich dem Leser kurz die Grundzüge dieses Gesetzes anhand eines 1977 erschienenen Artikels des Pharmakologen George B. Koelle von der University of Pennsylvania erläutern. Der Artikel begann mit folgenden Worten:

> In einer Szene in Samuel Butlers *The Way of All Flesh** läßt der alte George Pontifex ein Fläschchen mit Jordanwasser fallen, das er seit vielen Jahren für die Taufe seines ersten Enkels aufbewahrt hatte. Das Fläschchen zerbricht, doch der geistesgegenwärtige Butler verhindert das Schlimmste: Er nimmt mit einem Schwamm die kostbare Flüssigkeit vom Boden auf und filtert sie durch ein Stück Löschpapier in ein Gefäß. Genau besehen, hätte er das gleiche Ergebnis erzielt, wenn er einfach den Wasserhahn aufgedreht und ganz normales englisches Trinkwasser verwendet hätte.

Im weiteren Verlauf seines Artikels erklärt Koelle, daß sich aus dem Jordan täglich etwa $6{,}5 \times 10^6$ Tonnen Wasser in das Rote Meer ergießen. Nachdem sich das Wasser des Jordans mit allen »Wassern der Erde« (geschätzte Wassermenge: $1{,}5 \times 10^{18}$ Tonnen) vermischt hat – ein Prozeß, der eine immense Zeitspanne in Anspruch nimmt –, »enthält jeder Liter aus irgendeiner beliebigen Wasserquelle etwa $7{,}5 \times 10^{12}$ Moleküle Jordanwasser«.

* Vermerk des Übersetzers: »Der Weg allen Fleisches«, Zürich: Büchergilde Gutenberg, 1946

Im folgenden erläutert Koelle, was er mit seinem Zahlenspiel ausdrükken wollte:

...Gießt man einen Liter Wasser ins Meer und wartet, bis er sich vollständig mit allem Wasser, das die Erde bedeckt, vermischt hat, befinden sich in jedem Liter, den man wieder aus dem Wasser schöpft, mehr als 10000 Moleküle des besagten ins Meer gegossenen Liter Wassers. Aus diesen Berechnungen läßt sich die allgemeingültige Schlußfolgerung ziehen, daß kein Stoff existiert, der nicht durch andere Stoffe »verunreinigt« ist.[59]

Diese »allgemeingültige Schlußfolgerung« gibt in anschaulicher Weise den Inhalt des Diffusionsgesetzes wieder, und wir können uns wieder dem Fall der aus Plastikbehältern austretenden Acrylonitrilmoleküle zuwenden.

Der Grund, weshalb zwischen den Vertretern der FDA und Richard Wilson eine Diskussion um das Diffusionsgesetz entbrannte, ist unschwer zu verstehen: Die FDA erklärte, es sei gänzlich unerheblich, ob die aus den neu entwickelten Behältern austretenden Acrylonitrilmoleküle gemessen werden können oder nicht, denn entsprechend dem Diffusionsgesetz sei es eine Tatsache, daß Acrylonitrilmoleküle austreten, und somit sei juristisch gesehen der Tatbestand erfüllt. Richard Wilson argumentierte, wenn in diesem Zusammenhang das Diffusionsgesetz geltend gemacht werde, könne es sich nur um verschwindend geringe Mengen (etwa in der Konzentration von 1:1 Milliarde) handeln, die toxikologisch nicht signifikant seien.[60] Hierauf entgegneten die Vertreter der FDA unter Berufung auf die Delaney-Klausel und die No-Threshold-Theorie, daß auch die winzigste Menge eines Kanzerogens toxikologisch signifikant sei.[61] Eine Zusammenfassung des Urteilsspruchs, den die Richter David Bazelon, Spottswood Robinson und Harold Leventhal am »District of Columbia Circuit Court« in Washington schließlich fällten, wurde von Peter Barton Hutt publiziert, einem ehemaligen Mitarbeiter der FDA und späteren Teilhaber desselben Anwaltsbüros, das die Belange der FDA vertrat. Wir klammern die Diskussion der übrigen Streitpunkte, die vor dem Gericht Gegenstand der Untersuchung waren, aus und beschränken uns auf die Wiedergabe dessen, was das Gericht zum Thema Diffusionsgesetz zu sagen hatte. Da die Urteilsbegründung überaus umfangreich und fachspezifisch ist, greifen wir auf Hutts Zusammenfassung dieser Urteilsbegründung zurück, die exakt und bündig ist:

...Da das von der FDA als Argument herangezogene »Diffusionsprinzip« lediglich eine Neuformulierung des zweiten Gesetzes der Thermodynamik ist, wurde es vom Gericht ausdrücklich zurückgewiesen.

...das Gericht befand, daß der Verweis auf das physikalische Prinzip der Diffusion nicht genüge, um den Umstand eines signifikanten Austretens von Molekülen als gegeben zu betrachten. Kurzum, das Gericht unterstützte den Antrag der Monsanto Chemical Company, daß der Kongreß nicht berechtigt sei, das zweite Gesetz der Thermodynamik als einen Teil der Definition für »Nahrungsmittelzusätze« zu verwenden.[62]

Dies bedeutet nicht etwa, daß das Gericht grundsätzlich das Austreten von Acrylonitrilmolekülen aus Verpackungsmaterialien toleriert. Vielmehr befand das Gericht, daß die nach dem herkömmlichen Verfahren hergestellte Plastikflasche, bei der nachweisbare Mengen von Acrylonitrilmoleküle in den Inhalt gelangt waren, nicht zugelassen werden könne, während die verbesserte Flasche als »akzeptabel« bezeichnet wurde. Dies war, wie Hutt es formulierte, »eines der wenigen Gerichtsverfahren, in dem beide Seiten recht behielten«.[63] Verständlicherweise ist der Nichtfachmann nicht in der Lage, die Sicherheit der Monsanto-Flaschen oder die Kanzerogenität von Acrylonitril zu beurteilen, doch eines kann er sehr wohl beurteilen: Die Verknüpfung der No-Threshold-Theorie mit dem Diffusionsgesetz. Obwohl die Richter dies in ihrer Urteilsbegründung nicht erwähnten, da es für die Rechtsfindung in diesem Prozeß zweifellos nicht von Belang war, sahen sie sich doch mit der eigentlichen Bedeutung der No-Threshold-/Ein-Molekül-Theorie bzw. der ihr innewohnenden Brisanz konfrontiert: In Anbetracht der Entwicklung von immer empfindlicheren und genaueren Meßinstrumenten, gerät diese Theorie ganz unvermeidlich immer weiter in die Dimension der Realität, die vom Diffusionsgesetz bestimmt wird.

Vielen Wissenschaftlern ist von Anbeginn an klargewesen, daß dies das unabwendbare Schicksal der No-Threshold-Theorie sein würde. Doch den Schülern der »Neuen Toxikologie« war dies ganz offensichtlich keineswegs klar. Dieses bemerkenswerte Gerichtsverfahren löste in der Welt der »Reglementierungswissenschaft« keine erkennbare Reaktion aus – ebensowenig in der Öffentlichkeit, die lediglich schockiert war, daß Moleküle eines Kanzerogens – dazu noch ein Kanzerogen, das von der chemischen Industrie produziert wird – aus Plastikbehältern in Lebensmittel gelangen können. Weder die Regierung noch die Presse oder die Öffentlichkeit zeigten sich an irgendwelchen anderen Aspekten dieses Falls interessiert. Soweit hinter den Kulissen der »Reglementierungswissenschaften« Unruhe oder gar Besorgnis laut wurden, wurde dies mit dem Mantel des Schweigens bedeckt. Die Öffentlichkeit hatte noch immer keine Ahnung von dem Problem der »immer kleiner werdenden Null«.

1979 jedoch veröffentlichte Garfinkle den bereits weiter oben erwähnten Artikel in der *New York Times*, in welchem er seine Befürchtungen – und die anderer Krebsforscher – zur Sprache brachte und mit der Vorstellung spielte, die neuen Instrumente zu zertrümmern, bevor die Wissenschaftler sich gänzlich »verrückt« machten. Wir wissen inzwischen, daß dies keine neue Erscheinungsform des Luddismus war, sondern der Ausdruck einer tiefempfundenen Frustration der Wissenschaftler, die sich unversehens in einer äußerst bizarren Falle gefangen sahen, aus der es keinen Ausweg gab. Ein Laie, der diese Situation ohne berufliches Engagement, ohne berufliche Verpflichtungen, und ohne sich Sorgen um das Urteil irgendwelcher Kollegen machen zu müssen, betrachtet, der, mit einem Wort, nichts zu verlieren hat, ist möglicherweise eher befähigt, die Beschaffenheit dieser Falle zu verstehen. Und es ist tatsächlich eine leicht durchschaubare Falle, denn es genügen fünf Gedankenschritte, ihren Mechanismus zu begreifen:

1. Wenn man aus *moralischen Gründen* die »Empirische Methode« aus der Toxikologie verbannt und man dann mit einer jungen Wissenschaft konfrontiert ist, die weder eine Theorie noch Datenmatrial bezüglich der Wirkdosis beim Menschen vorzuweisen hat, und
2. wenn man aus moralischen Gründen ein Ziel der Krebsvorsorge formuliert, das auf unlogischen Überlegungen basiert, die einen Negativbeweis bzw. den Beweis einer Nicht-Wirkung erfordern – d. h. die Festsetzung einer Dosis eines Kanzerogens, bei der eine Wirkung (Kanzerisierung) auch beim anfälligsten Individuum einer Gesamtbevölkerung nicht möglich ist, und
3. wenn man aus moralischen Gründen diesen Denkfehler akzeptiert, wird man feststellen müssen, daß es unmöglich ist, eine »sichere« Exposition eine Null-Exposition ist,
4. und wenn die Meßinstrumente immer empfindlicher und somit der Nullwert, hinter dem man herjagt, immer kleiner wird,
5. dann wird man in der Tat feststellen müssen, daß man sich in eine Falle manövriert hat und in eine Situation geraten ist, in der man am liebsten alle Meßinstrumente zertrümmern möchte.

Diese Mischung aus moralischer Rechtschaffenheit und unlogischen Überlegungen, die das nicht existierende Datenmaterial ersetzen sollen, dazu jedoch nicht in der Lage sind, sind Ausdruck einer intellektuellen Bankrotterklärung. Sie sind das unsichtbare Fundament, auf dem der gesamte Reglementierungsapparat, die Krebsvorsorge und die quantitative Risikoeinschätzung ruhen.

Im folgenden Kapitel werden wir sehen, wie die Wissenschaftler mit Hilfe toxikologischer Verfahren versuchen, das Risiko der Krebserkrankung zu quantifizieren, einer Krankheit, deren Mechanismen sie nicht verstehen, die möglicherweise von »potentiellen« Kanzerogenen verursacht wird, die dazu oft nicht eindeutig zu identifizieren sind. Den Leser wird es mittlerweile nicht mehr überraschen, daß das Ziel »quantitativer Risikoeinschätzung« – und somit das eigentliche Ziel der Reglementierungswissenschaft – unmöglich zu erreichen ist. Doch die Methodik, mit der es *nicht* erreicht wird, ist äußerst phantasiereich und Gegenstand des nächsten Kapitels.

Kapitel 13

Der Fall der nichtexistenten Risikoeinschätzung

An den Herausgeber: Wie in den meisten angewandten Wissenschaften kann es eine substantielle Kluft zwischen Theorie und wirklicher Welt sogar in einer solch exakten Disziplin wie der »Gespenster-Demographie« geben.

In seinem Brief vom 11. August an den Herausgeber, in dem er sich mit einer unendlichen Reihe von Gespenstern beschäftigt, macht Ethan Taub sich eines konzeptionellen Irrtums schuldig. An einem Punkt seiner unendlichen Reihe, schon ziemlich früh, stößt Mr. Taub auf ein Mengenäquivalent zu einem gewissen kleinsten Teilchen, das als ein Element der Gesamtmenge betrachtet werden kann. Dies soll die untere Grenze der Reihe definieren, die deshalb nicht mehr als unendlich angesehen werden kann. Dadurch verrückt sich Mr. Taubs obere Grenze der Gesamtmenge, insofern sie nicht mehr als unendlich angesehen werden kann und nicht mehr zweimal der Menge des »größten Gespenstes« entspricht. Selbst in Anbetracht der kleinsten Menge geht Adrian Berry richtig in seiner Annahme, einer Übervölkerung von Gespenstern, bei der eine unendliche Anzahl von Gespenstern vorausgesetzt wird.[1]

– Robert Bensetler, Cambridge, Mass.
Brief an die *New York Times,*
veröffentlicht am 18. August 1980.

Möglich, wahrscheinlich, meine schwarze Henne
Sie legt Eier im relativen Wann
Sie legt keine Eier im positiven Jetzt
Weil sie nicht sagen kann wie.[2]

– F. Winsor und M. Parry, zitiert
von Jeff Masten in »Epistemic
Ambiguity and the Calculus of Risk:
Ethyl Corporation vs. Environ
mental Protection Agency«, South
Dakota Law Review, 1976.

Am 16. Mai erschien in *Science* ein merkwürdiges Lamento. Es stammte von einem überforderten Nichtfachmann, der sich in der Lage sah, darüber entscheiden zu müssen, welche Gefahr von kanzerogenen Substanzen für die Volksgesundheit ausgeht. Der Name des Nichtfachmanns war David L. Bazelon, Richter am US Gerichtshof für Berufungsklagen für den Distrikt von Columbia in Washington, der jahrelang mit den wissenschaftlichen Streitigkeiten über Gesundheitsrisiken einer Anzahl von Kanzerogenen für den Menschen befaßt war. Er schrieb:

> Was die Exposition von Hormonen, Chromosomen u. ä. gegenüber chemischen Substanzen betrifft, gestehen die Experten ein, wie wenig sie übereinstimmen und wie wenig sie wissen. Über akzeptable Meßtechniken und über die Verläßlichkeit von Grunddaten gehen die Meinungen weit auseinander. Sie sind noch weit mehr uneins über die Folgerungen, die aus den Fakten zu ziehen sind. Oft können sie uns nur von den »Risiken der Risiken« berichten... Es kann von Gerichten nicht erwartet werden, daß sie solche Fragen lösen können. Welcher Richter hat schon genügend Fachwissen, um Streitfragen an der vordersten Front der Nuklearphysik, Toxikologie und anderer Spezialgebiete zu entscheiden, die maßgeblich sind für die Gesundheits- und Sicherheitsbestimmungen?[3]

Bei all seiner Verwirrung war Bazelon noch immer in einer besseren Position als die meisten anderen Nichtfachleute, weil er wenigstens die Bedeutung von »Risiko des Risikos« (oder der Wahrscheinlichkeit eines potentiellen Risikos) kannte und über die Jahre erfahren hatte, wie außergewöhnlich prekär dessen wissenschaftliche Basis war. Der Nichtfachmann wußte im allgemeinen weder, was dieser geheimnisvolle Typus des Risikos bedeutete, noch wußte er von dem Vakuum, in dem er hing. Um das Mysterium des »Risiko des Risikos« zu begreifen, hält man sich am besten an den Rat von John Higginson, Direktor des IARC, der erklärt: »Ich denke, wir müssen immer unterscheiden zwischen einem potentiellen und einem Realrisiko.« Higginson definiert ein »kalkulierbares Realrisiko« als eines, das man auf der Basis epidemiologischer Daten in Zahlen ausdrücken kann, und er definiert ein »potentielles oder theoretisches Risiko« als eines, das aus einem »in vivo oder in vitro Modell abgeleitet wird« und das nur begrenzt extrapolierbar ist.[4] Zur Klarstellung: Ein »Realrisiko«, sagt Higginson, ist ein Risiko, bei dem sich die Kalkulationen auf Humandaten stützen, und das »nicht-reale« oder potentielle Risiko, – das »Risiko des Risikos« oder die »Wahrscheinlichkeit eines potentiellen« Risikos ist eines, bei dem von den in Tierversuchen oder Bakterientests gewonnenen Daten auf den Menschen extrapoliert wird.

Wir werden nun den Unterschied zwischen einem »realen« und einem »nicht-realen« Risiko untersuchen. Im folgenden sind einige Beispiele für

Unfallrealrisiken genannt, wie sie Herman Kraybill vom NCI hinsichtlich des bestehenden Todesrisikos pro Million Personen im Jahr zieht. Das Risiko ist nach Kraybill 0,1 bei Blitzschlag im Vergleich zu 20000 bei Motorradunfällen; 1,7 bei Erdbeben in Kalifornien im Vergleich zu 12 bei Heimunfällen; 9 bei Flugreisen im Vergleich zu 20–30 Autounfällen, 70–90 bei Stürzen und 400 beim Kanusport.[5] Es ist offensichtlich, daß man ohne die Humandaten das Risiko solcher Unfälle nicht berechnen könnte. Es ist ebenso offensichtlich, obwohl es keinem Menschen bei klarem Verstand einfallen würde, dies zu tun, daß keine dieser Daten allein durch das Studium der *Gefahrenursache* selbst ermittelt werden könnten. Eine ganze Lebenszeit ausschließlich dem Studium von Blitzschlag, Kanusport oder schlüpfrigen Badewannen gewidmet, könnte einem doch nicht verraten, wie viele Menschen dadurch in Gefahr geraten.

Ebenso benötigen wir Humandaten zur Kalkulation von Krankheitsrisiken. Man kann aus dem Studium der Krankheitserreger allein noch keine Statistiken ableiten. Es gibt Zehntausende von Bakterien, Viren oder »Krankheitserregern« auf der Welt, aber verfügten wir über keine Humandaten, so hätten wir nicht die geringste Ahnung, welche dieser Krankheitserreger für den Menschen tödlich sind, welche ihm ein leichtes Unwohlsein bereiten und welche nur im Ohr eines Mungos sind und dort in aller Stille tun, was Bakterien so anstellen. Wenn man sich beispielsweise auf die Erregerjagd machte, so würde man zweifellos einen rutenförmigen Bazillus zwischen 3 bis 4 Mikronen Länge antreffen, aber wenn man keine Humandaten hätte, würde man niemals erfahren, daß er die Haupttodesursache in weiten Teilen der Erde ist; jährlich fordert er 15000000 Tote, aber für die meisten Amerikaner stellt er kein Risiko mehr dar; gemeint ist das *Mycobacterium tuberculosis*.[6] Noch einmal, wenn man sich in unseren westlichen Industriestaaten auf die Jagd nach Krankheitserregern machte, würde man rutenförmige Bazillen, die Ende an Ende zu Ketten verbunden sind, vorfinden, aber wenn man keine Humandaten hätte, würde man niemals erfahren, daß sie schätzungsweise 100000000 Menschen im Jahr 540, weitere 25000000 im 14. Jahrhundert und noch einmal 13000000 zwischen 1896 und 1917 zu Tode brachten – aber daß sie heutzutage fast niemanden mehr töten: Gemeint ist der *Pasteurella Pestis,* der Erreger der Pest.[7] Einen Krankheitserreger zu finden und keine Ahnung von seiner Wirkung auf den Menschen zu haben ist für die Risikoeinschätzung vollkommen nutzlos. Es sind die Befunde über die menschlichen Erkrankungen und Todesursachen, die dem Krankheitserreger seine medizinische Bedeutung geben und uns reale Berechnungen der von ihm ausgehenden Gefahren ermöglichen.

Schließlich noch ein drittes Beispiel, wir brauchen Humandaten zur Berechnung des von giftigen und kanzerogenen Substanzen ausgehenden Risikos. Im letzten Kapitel erfuhren wir, daß es eine große Menge von Humandaten für toxische Substanzen gibt, die sich im Laufe der Menschheitsgeschichte angesammelt haben. In neueren Zeiten ergaben sich Daten von zunehmender Genauigkeit über die Wirkungen, die chemische Substanzen in Form von Arzneimitteln und giftigen Industriesubstanzen auf den Menschen ausüben. In der Toxikologie werden alle Substanzen an Tieren getestet, bis die sichersten Dosierungen gefunden sind, die sich auf den Menschen projizieren lassen. Da das Wissen über Humanwirkungen nach und nach gewachsen ist, hat sich die Fähigkeit, die für den Menschen bestehenden Risiken richtig einzuschätzen, immer mehr verfeinert. Wir haben jedoch auch erfahren, daß im Bereich der Kanzerogeneseforschung eine »neue Toxikologie« entstand, die mit der empirischen Tradition der Toxikologie aus moralischen Gründen brach. Das Ergebnis war, wie schon erwähnt wurde, ein Triumph der moralischen und politischen Werte der »neuen Toxikologie«, aber ein Zusammenbruch der Toxikologie auf dem Gebiet der Humankanzerogenese. Somit gibt es keine Humandaten aus der Toxikologie selbst, mit deren Hilfe »reale« kanzerogene Risiken für den »realen« Menschen berechnet werden könnten.

Es ist offensichtlich, daß die Ansichten der Wissenschaftler von einer substantiellen Ambiguität beherrscht werden, wenn das Phänomen der Humandaten diskutiert wird. Da solche Daten nur ermittelt werden können, entweder indem man abwartet, bis Menschen Krebs bekommen, oder durch das Studium von Menschen, die unmittelbar der Einwirkung von Kanzerogenen ausgesetzt sind, haben Humandaten eine Aura von Immoralität bekommen. Und dennoch können die Wissenschaftler ohne sie nichts über die Krankheit erfahren und keine Risiken berechnen. So stößt man in vielen wissenschaftlichen Veröffentlichungen bei diesem Gegenstand auf eine merkwürdige emotionale Anspannung. Immer wieder wird eingestanden, daß der Mangel an Humandaten den Prozeß der Risikoeinschätzung behindert. Im Jahre 1978 beobachtete David Hoel, der eine solche quantitative Schätzung forderte: »Epidemiologische Kanzerogeneseuntersuchungen sind natürlicherweise geeigneter zur Einschätzung der für den Menschen bestehenden Risiken. Leider erfordern sie eine vorherige Langzeitexposition des Menschen, die im Falle von neueren chemischen Verbindungen nicht gegeben ist. Im Falle von älteren chemischen Verbindungen greifen Tier- und epidemiologische Untersuchungen in kreativer Weise ineinander.«[8] Im selben Jahr unterstrich Lijinsky vor dem OSHA die verwirrende Problematik solcher Versuche zur Untersuchung des Humankrebses aufgrund von Tierversuchen: »Wir haben keine Ahnung, wo der Mensch sich auf der Empfänglichkeitsskala für chemische Kanzerogene befindet, außer in den wenigen unglücklichen Fällen, in denen wir in der Lage waren, die Anzahl der Leute zu bestimmen, die nach bekannt gewordener Berührung mit industrie-chemischen Substanzen von Krebs befallen wurden.«[9]

Im Jahre 1979 erklärte David Rall vom NIEHS zum Problem der Risikoeinschätzung, insbesondere zum Thema »der quantitativen Beziehung zwischen der Menge von Kanzerogenen, die bei Versuchstieren und beim Menschen Krebs erzeugen«: »Dieses Problem ist besonders schwer zu lösen. Daten, die über die Dosis-Wirkungs-Beziehung Aufschluß geben, können leicht, wenn auch kostspielig im Tierversuch gewonnen werden. Für den Menschen sind vergleichbare Daten fast gar nicht verfügbar.«[10] Und 1979 schrieb auch Lorenzo Tomatis: »Ein schwieriges und wesentliches Problem bleibt die Bewertung der möglichen kanzerogenen Wirkung von chemischen Substanzen auf den Menschen, falls epidemiologische Untersuchungen oder Fallberichte nicht vorliegen: In diesem Kontext läßt sich die Frage nach der quantitativen Gültigkeit der experimentellen Befunde am schwersten beantworten, da gegenwärtig keine adäquaten Daten verfügbar sind, mit deren Hilfe experimentelle Kanzerogenitätsbefunde direkt ausgewertet werden können hinsichtlich ihres kanzerogenen Potentials für den Menschen.«[11]

So haben in den Jahren 1977, 1978 und 1979 bedeutende »Reglementierungswissenschaftler« einmütig die moralische Berechtigung von empirischen Versuchen an Menschen verurteilt. Sie beklagten das Schicksal der Menschen, denen sie die vorhandenen Humandaten verdankten und drückten ihre Hoffnung aus, daß die Humandaten hilfreich seien und bedauerten zugleich den leider herrschenden Mangel an solchen Daten. Wissenschaftler, die der empirischen Methode ihrer noch jungen Wissenschaft den Rücken kehren, neigen verständlicherweise dazu, sich verwirren zu lassen, da unklar bleibt, auf welche Fakten diese jungen Wissenschaft bauen könnte, besonders dann, wenn sie sich der Risikoeinschätzung zuwendet. Tatsächlich hatte die »neue Toxikologie«, die von ihrer hohen moralischen Bestimmung geleitet wird, die Kanzerogenese des Menschen zu erforschen, ohne dies an ihm selbst zu tun, etwas Schlimmeres angerichtet, als nur sich selbst verwirrt zu haben. Sie konnte sich nach alldem nur noch auf Tierversuche verlassen, und wie das »Amt für Wissenschafts- und Technologiepolitik« 1979 eingestand, stellte die »Extrapolation von Tierversuchen auf den Menschen so etwas wie eine Frage des Glaubens« dar.[12]

Dies ist also der Hintergrund, den man benötigt, um sich ein Bild von der »Reglementierungswissenschaft« zu machen, die es ablehnt, mit »realen« Risiken zu rechnen. Wie jene, die das Risiko der Menschen kalkuliert, vom Blitz getroffen zu werden, versucht auch die »Reglementierungswissenschaft«, das Risiko des Menschen zu berechnen, Opfer von Kanzerogenen zu werden. Aber es gibt einen entscheidenden Unterschied: *»Reglementierungswissenschaft« versucht diese Kalkulation* durchzuführen, ohne sich auf menschliche Krankheitserfahrung zu beziehen. »Reglementierungswissenschaft« hat auch ihre »Erregertheorie«, wie Wilhelm Hueper ursprünglich im Jahre 1964 feststellte: »Es sollte betont werden, daß das Dogma, daß es keinen Krebs ohne Kanzerogene gibt, immer noch gilt, geradeso, wie es keine Infektionskrankheiten ohne einen spezifischen Mikroorganismus gibt.«[13] Huepers Anschauung geistert immer noch herum; wie der Leser weiß, wurde diese Auffassung 1962 von Rachel Carson ausgesprochen, 1976[14] von Eula Bingham anerkennend vorgetragen und wiederum von Marvin Schneiderman vom NCI gegenüber der Reporterin Judith Randal im Jahre 1980 aufgenommen.[15] Aber die »Erreger«-Theorie der »Reglementierungswissenschaft« weicht in einer entscheidenden Hinsicht von der »Erreger«-Theorie der Bakteriologen ab: »Die Reglementierungswissenschaft« versucht, die den kanzerogenen »Erreger« inhärenten Risiken ohne Kenntnis von deren Wirkung auf den Menschen zu bestimmten. Schließlich, und dies ist das Wichtigste, ist »Reglementierungswissenschaft«, die chemische Kanzerogene untersucht, ein Zweig der Toxikologie und auch sie verwendet »Tier-Vorkoster«, um zu gültigen Prognosen für den Menschen zu gelangen. Aber auch hier gibt es einen bedeutenden Unterschied: »Reglementierungswissenschaft« bewältigt dies, ohne in der Lage zu sein, die aus Tierversuchen gewonnenen Voraussagen am Menschen zu überprüfen. Aus diesem Grund kann die »Reglementierungswissenschaft« keine »realen« Risiken berechnen. Das Endziel der »Reglementierungswissenschaften«, ihr tiefster Daseinsgrund, ist die Kalkulation des für den Menschen bestehenden Krebsrisikos und dessen Unterbindung. Aber die »neue Toxikologie« hatte sich der Fähigkeit beraubt, das »reale« Krebsrisiko berechnen zu können, sie konnte nur die Wahrscheinlichkeit der Möglichkeit eines Risikos berechnen – oder wie Richter Bazelon es ausdrückte: »das Risiko des Risikos«. Das »reale« Risiko kann *nur* auf der Grundlage von Humandaten berechnet werden.

Es ist unvermeidlich, daß Wissenschaftler, wenn sie die Wahrscheinlichkeit der Möglichkeit eines Risikos auf einem Gebiet ermitteln, das bereits von Kontroversen durchlöchert ist, sie sich auch auf dem Gebiet der quantitativen Risikoschätzung eine Schlacht liefern. Bei jeder der Auseinandersetzungen, die wir auf diesem Gebiet bisher betrachtet haben, gibt es immer etwas Besonders und Einzigartiges, doch diese Auseinandersetzung ist möglicherweise die außergewöhnlichste und einzigartigste von allen. Ein wahrer Sturm von Kontroversen wütet unausgesetzt, aber es ist fast unmöglich, die Fronten auszumachen, denn jedermann sagt im Grunde genommen dasselbe. Der Leser könnte annehmen, daß diese Debatten, weil sie »statistische« Auseinandersetzungen sind, für den Nichtfachmann zu abgehoben sind, um verstanden werden zu können. Es ist sicher wahr, daß die Profis auf diesem Gebiet in einem exotischen Jargon sprechen, und ich will dafür hier ein Beispiel anführen, um dem Leser eine Vorstellung davon zu geben:[16]

Ersetzt man die Polynome (7) und (12) durch (1) bis (4) und läßt die Faktoren außer acht, die nicht von α, β abhängen, kann der Logarithmus der Wahrscheinlichkeit, L, eines Tierversuchs (i) und/oder (ii) zusätzlich wie folgt ausgedrückt werden

$$\log p(t_{id}, \times_d;\alpha,\beta) = \log\left\{ \sum_{r=1}^{b} r\beta_r t_{id}^{r-1} \right\} + \log\left\{ \sum_{s=0}^{a} \alpha_s \times_d^s \right\} - \left\{ \sum_{r=1}^{b} \beta_r t_{id}^r \right\} \left\{ \sum_{s=0}^{a} \alpha_s \times_d^s \right\}$$

und

$$\log P\,(t_{jd}, \times_d;\alpha,\beta) = \log\left(1 - \exp\left\{ - \left(\sum_{r=1}^{b} \beta_r t_{jd}^r \right) \left(\sum_{s=0}^{a} \alpha_s \times {}_d^s \right) \right\} \right]$$

und

$$\log Q(t_{kd}, \times_d;\, \alpha,\beta) = \left(- \sum_{r=1}^{b} \beta_r t_{kd}^r \right) \left(\sum_{s=0}^{a} \alpha_s \times_d^s \right)$$

wobei x_d den d-fachen Dosiswert ($d=1, \ldots, D$) ausdrückt, t_{id}, t_{jd} und t_{kd} das Verhältnis Zeit zu Tumor t, Tod t oder Opfer T wie in den vorgenannten Tabellen (i) und (ii) ausgedrückt usw., usw., usw.

Dies ist jedoch nicht unbedingt ein Nachteil als der er hier erscheint, weil auch Statistiker ihre Muttersprache ständig sprechen. Wegen der Wichtigkeit dieser Frage, von deren Beantwortung der praktische Nutzen der »Reglementierungswissenschaften« letztlich abhängt, ist es für uns wichtig, die Stimmen der Wissenschaftler selbst zu hören, und im folgenden werden wir eine größere Anzahl von ihnen zu Wort kommen lassen als sonst.

Die erste Gruppe von Stimmen, der wir uns zuwenden müssen, ist die der Kritiker der quantitativen Risikoeinschätzung. Diese Gruppe ist besonders interessant, da sie Vertreter der »Reglementierungswissenschaften« umfaßt, die in den meisten Kontroversen kaum oder niemals auf derselben Seite angetroffen werden. Ihre Ansichten werden im folgenden in einer Zusammenstellung unter dem Titel »Kritische Einwände gegen das Verfahren der Risikoquantifikation« beschrieben, was bedeutet, daß sie dieses Verfahren als unwissenschaftlich oder undurchführbar betrachten und was auch bedeutet, *daß sie sich tatsächlich weigern, es anzuwenden.*

Kritische Einwände der Gegner der Risikoquantifikation
(Alle Hervorhebungen hinzugefügt)

1971: Hans L. Falk, NCI: »Die Gefahren solcher Tierversuche sind gewaltig. Selbst nach abgeschlossenem Versuch kann nicht mit Sicherheit garantiert werden, daß die Extrapolation dieser Daten von Tieren auf den Menschen oder von einem Typus von Kanzerogenen auf einen anderen korrekt ist.«[17]
1973: Das achtköpfige Ad-hoc-Komitee zur Erforschung von Umweltkanzerogenen, das vom NCI berufen wurde: »Angesichts der großen Unterschiede in der Frage der Anfälligkeit der verschiedenen Spezies, Zuchtstämme und selbst Individuen derselben Spezies gegenüber starken chemischen Karzinogenen, kann das Ausmaß des für den Menschen bestehenden Risikos unmöglich auf der Basis solcher Dosierungen betrachtet werden, die bei irgendwelchen anderen Spezies Krebs auslösen.«[18]
1976: R. H. Adamson vom NCI gab Ansichten wieder, die von Sydney Weinhouse von der Temple Universität im Verlauf eines Berichts über die Konferenz zum Thema Extrapolation von Tierversuchsbefunden auf den Menschen zusammengefaßt wurden. Adamson sagte: er »brüte über den vielen Problemen der Bewertung von artspezifischen Unterschieden ... Er sei der Ansicht, daß wir noch nicht in der Lage sind, von Tierversuchsergebnissen auf den Menschen zu extrapolieren«.[19]
1977: Umberto Saffiotti vom NCI (in derselben Veröffentlichung, in der er die »neue Toxikologie« beschreibt): »Es gibt keine Methode, die es uns erlaubte, genau und verläßlich die Dosierung eines Kanzerogens zu bestimmen, die beim Menschen Krebs auslöst, wenn wir uns dabei nur auf in Tierversuchen gewonnene Ergebnisse stützen.«[20]
1976–1977: John Higginson, Direktor der IARC, an C. S. Muir von der IARC (1976): »Leider bleibt die Extrapolation von Tierversuchsergebnissen auf den Menschen großenteils problematisch und kein noch so großer Aufwand an mathematischer Spitzfindigkeit kann eine solche Extrapolation sicherer machen, oder die Extrapolation einer Dosis-Wirkungs-Beziehung erlauben.«[21] Higginson sagte 1977 in seiner Ansprache vor der Konferenz für Umweltprobleme in Ballungsgebieten: »Es gibt keine rationale biologische Methode der Extrapolation von Tierversuchsergebnissen auf den Menschen, weder bezüglich der kanzerogenen Wirkung, noch bezüglich der Dosiswirkungen ...«[22]
1977: Das Komitee für Schädlingsbekämpfungsmittel Information, Kontrolle und Bewertung der NAS: »Die Existenz großer artspezifischer Unterschiede hinsicht-

lich der Reaktion auf chemische Kanzerogene führt zu einer fundamentalen Ungewißheit bei der Extrapolation von Kanzerogenitätsdaten, die aus Tierversuchen stammen, auf den Menschen ... Leider muß sich jede dieser Schätzungen großenteils auf eine subjektive Beurteilung der Bedeutung gewisser Zahlengrößenordnungen stützen, da es uns an genauer Kenntnis über die Relevanz von Dosiswirkungskurven mangelt, die über die in konkreten Tierversuchen getesteten Spezies hinaus, Aufschluß geben könnten (d. h. über die in der Umwelt normalerweise auftretende Vielfalt). Überdies müssen auch Annahmen gemacht werden über die unbekannten Wirkungen potentieller artspezifischer Unterschiede hinsichtlich der jeweils ablaufenden physiologischen, metabolischen und/oder kanzerogenen Prozesse. Es ist klar, daß dieser Schätzungsprozeß nicht völlig objektiv ist. Da das Komitee mit der Beantwortung von Fragen auf der Basis wissenschaftlich gesicherter Fakten beschäftigt war, wurde es als unangebracht angesehen, solch ein Beurteilungsverfahren zu übernehmen.«[23]
1978: William Lijinsky, NCI: »Es gibt im Augenblick keinen Weg, auf dem das Risiko auch nur annähernd quantifizierbar ist und keine Möglichkeit, das Zielorgan oder die Zielzelle im Menschen aufgrund der im Tierversuch erhaltenen Daten zu prognostizieren.« Und weiter: »Ich extrapoliere keine Risiken ... Ich denke, daß es unmöglich ist, Risiken überhaupt zu extrapolieren, außer man sagte, daß jede chemische Verbindung, die in einem gut durchgeführten Versuch bei Versuchstieren Tumoren induziert, auch ein Risiko für den Menschen darstellt, falls man ihn dieser Substanz aussetzte. Das ist alles, was man dazu sagen kann. Man kann das Risiko nicht messen.«[24]
1978: Arthur Upton, Direktor des NCI: »Das Problem [des in der Öffentlichkeit verbreiteten ›Widerstands‹] wird besonders kompliziert, sobald Befunde allein aus Tierversuchsergebnissen stammen, da solche Befunde keine verbindlichen quantitativen Rückschlüsse auf das für den Menschen bestehende Risiko zulassen.«[25]

1978: Samuel Epstein, Universität von Illinois (mündliche Aussage): »Wenn man dagegen versucht zu extrapolieren und Risikoeinschätzungen von einer Spezies auf die andere vornimmt, ist das ein furchtbar schwieriges Unterfangen. Mit anderen Worten, von der Maus auf die Ratte zu schließen, ist ein furchtbar schwieriges Spiel. Wenn man von der Maus auf den Menschen schließt, ... wird es eine noch schwierigere Angelegenheit zu sagen, ich nehme Dosiswirkungs-Ergebnisse von Tieren und schließe davon auf den Menschen.«[26]
1978: Richard Griesemer, NCI: Die allgemeinen Prinzipien der Toxikologie »kommen meiner Ansicht nach nicht zur Geltung, wenn man versucht, von der Wirkung höherer auf die Wirkung niedriger Dosen zu schließen. Ich glaube nicht, daß dies möglich ist, und zwar nicht einmal beim Tier ... Aber es ist um so mehr meine Auffassung, daß wir nicht versuchen sollten, von in Tierversuchen gewonnenen Werten auf den Menschen zu extrapolieren. Ich glaube nicht, daß das möglich ist.«[27]
1978: Harold Stewart vom NIH: »In Anbetracht der riesigen nichtdiagnostizierbaren Unterschiede hinsichtlich der artspezifischen und individuellen Verschiedenheiten bezüglich der Anfälligkeit gegenüber den meisten Kanzerogenen und der

Tatsache, daß der signifikante Faktor die Gesamtheit einer lebenslangen Exposition gegenüber einer großen Anzahl und Vielfalt von kanzerogenen Agentien und Kokanzerogenen umfaßt (die niemals genau geschätzt werden kann), von denen nur einige bekannt und viele unbekannt sind, hat es bei der Risikoeinschätzung für den Menschen wenig Sinn, wenn man versucht, das von einem bestimmten Kanzerogen für den Menschen ausgehende Risiko auf der Basis von Tierversuchen zu bestimmen. Auf diesem Standpunkt zu beharren, führt nicht nur in die falsche Richtung, sondern kann sogar schädlich sein.«[28]
1979: Curtis C. Harris vom NCI an Umberto Saffiotti: »Bis jetzt ist noch keine verläßliche Methode entdeckt worden für eine direkte quantitative Extrapolation der Resultate von Kanzerogenesestudien von einer oder verschiedenen für den Versuch verwendeten Spezies auf andere Spezies (besonders auf den Menschen)... Obwohl in den letzten 10 Jahren diesem Problem viel Aufmerksamkeit gewidmet worden ist, hat man keine Methode zur Herstellung einer angemessenen und verläßlichen quantitativen Einschätzung der menschlichen Risiken allein auf der Basis von tierexperimentellen Befunden entwickelt.«[29]
1980: Das Grundsatzdokument des OSHA: »OSHA zieht folgende Schlüsse... Die Ungewißheiten, die hinsichtlich der Extrapolation von Hochdosierungstierexperimenten auf Niedrigdosierungsrisiken für den Menschen bestehen, sind gegenwärtig noch viel zu groß, um diese Extrapolation als Basis für eine quantitative Risiko-/ Nutzen-Analyse heranzuziehen.«[30]

Nachdem man diesen Chor von Einwürfen gehört hat, wird man neugierig darauf, zu erfahren, was die Verfechter der Risikoeinschätzung an Schritten unternehmen, die dem oben angeführten Spektrum kritischer Äußerungen zufolge gar nicht unternommen werden können. Die Literatur zu diesem Thema gibt uns eine riesige Menge Informationen an die Hand. Sie kann jedoch auf fünf wesentliche Punkte zusammengefaßt werden.

1. Die Wissenschaftler sagen uns, daß sie verschiedene Arten von Extrapolation durchführen.

Wie Charles Brown von NCI erklärte: »Das Verfahren zur Einschätzung dieses Risikos besteht im wesentlichen aus zwei Schritten: (1.) der Extrapolation von Hochdosierungsbefunden auf Niedrigdosierungen für die getestete Tierspezies, von (2.) der Extrapolation der berechneten Niedrigdosisbefunde von Tieren auf Niedrigdosiswirkungen beim Menschen.«[31] Im Detail tun sie folgendes: Um »vernünftig« oder »konservativ« zu sein, wählen sie die Spezies, den Zuchtstamm oder das Geschlecht, die auf das Kanzerogen besonders empfindlich reagieren[32], zeichnen die Dosiswirkungspunkte auf, um eine Kurve zu erstellen, die von der höchsten im Protokoll festgehaltenen Dosis, bei der das Tier von Krebs befallen wurde, hinabreicht bis zur niedrigsten. Dann betrachten sie alles andere, was sie von den biologischen Wirkungen der getesteten Kanzerogene wissen, und führen artspezifische Konversionsfaktoren ein (oder durch graduelle Abstufungen bedingte Faktoren) und stürzen sich schon wieder auf die nächste Extrapolation, diesmal im Hinblick auf den Menschen.

Hier nun die genaue Beschreibung des zweiten Extrapolationsprozesses, wie sie von der »Interagency Regulatory Liaison Group« erarbeitet wurde, in der CPSC, FDA, EPA und OSHA vertreten sind: Diese Darstellung sollte in einem Stück gelesen werden, um verstehen zu können, warum so viele Wissenschaftler einfach sagen, diese zweite Form der Extrapolation sei undurchführbar. Diese zweite Extrapolation ist der Aspekt des Verfahrens, über den der Nichtfachmann so gut wie nichts hört, und es gibt dafür viele gute Gründe, denn dies ist die Phase des Verfahrens, da die Wissenschaftler einen kühnen Sprung ins Unbekannte und möglicherweise sogar Nichtfaßbare wagen. Hier wird beschrieben, wie man die an Mäusen gewonnenen Daten auf den Menschen »konvertiert« – und wiederum ist hier eine Warnung am Platz: Der Text ist unerträglich langweilig, was soviel heißt, daß man mit äußerster Konzentration lesen sollte, schon deshalb, weil die »Reglementierungswissenschaft«, je weniger sie weiß, sich meist um so eindrucksvoller liest.

Tier-Mensch-Korrelationen

Zahlreiche artspezifische Konversionsfaktoren sollten berücksichtigt werden, wenn man versucht, Risikoniveaus für den Menschen aufgrund von in Tierversuchen gewonnenen Befunden durchzuführen. Viele Variablen können solche artspezifischen Konversionsfaktoren beeinflussen, wie z. B. die Beschaffenheit der Körperoberfläche, Körpergewicht, Stoffwechselbahnen, Ernährungszustand, genetische Variabilität, Bakterienflora, genauso wie Gewebeverteilung, Ablagerung und Abbau von chemischen Substanzen usw. Bei der Bewertung von Expositionen, die die Gesamtbevölkerung betreffen, sollten alle Altersgruppen, transplazentale Expositionen, andere gleichzeitige Erkrankungen und Dispositionsgrade berücksichtigt werden.

Andere Konversionsfaktoren sollten auch berücksichtigt werden, wenn Beobachtungen der Expositionsbedingungen einer Testspezies vorliegen, die deutlich von den in der Gesamtpopulation herrschenden abweichen (z. B. verschiedene Expositionsformen, Trägersubstanzen, modifizierende Faktoren, Alters- und Geschlechtsunterschiede, vorgeburtliche Expositionen, Krankheitsstadien, Einzel- im Vergleich zu Mehrfachexpositionen usw.). Die Grenzen der Ungewißheit sollten, wo immer möglich, festgestellt werden.

Verschiedene Kanzerogene, die unter vergleichbaren Bedingungen getestet wurden, zeigen ein weites Wirkungsspektrum. Schließt man Extremfälle mit ein, so gibt es Millionen von Wirkungsmöglichkeiten... Auf der anderen Seite der Korrelationsbeziehung kann auch die Reaktion von Menschen auf Kanzerogene genauso wie auf viele andere chemische Substanzen und Arzneien großen quantitativen Schwankungen von Individuum zu Individuum unterworfen sein. Untersuchungen über Stoffwechselaktivierung und chemische Interaktion von Kanzerogenen im menschlichen Gewebe haben im In-vitro-Test gezeigt, daß je nach Individuum quantitative Schwankungen herrschen, die in einer relativ kleinen Zahl von Gewebeproben ein 100faches betragen können...

Es gibt eine Reihe von Variablen, die für die Bestimmung der Korrelation zwischen Mensch und Tier wichtig sind. Einige Probleme, die in Tierversuchen auftreten, müssen beachtet werden, wenn man Tierversuche für die Quantifizierung des kanzerogenen Potentials einer Substanz beim Menschen heranzieht. Eine genaue Benennung einiger dieser Faktoren ist in dem Aufsatz »Trinkwasser und Gesundheit« enthalten, der vom »Save Drinking Water Committee«, dem »Advisory Center on Toxicology«, dem »National Research Council« und der »National Academy of Sciences« herausgegeben wurde. Die in diesem Dokument erörterten Faktoren schließen die Absorptionsrate für chemische Substanzen mit ein, die Verteilung im Körper, Stoffwechselunterschiede zwischen den Testtieren, Wirkungen von Bakterien im Darmtrakt, Ausscheidungs- und Reabsorptionswerte, Unterschiede hinsichtlich der molekularen Wirkorte der Kanzerogene, umwelt- und genetisch bedingte Unterschiede und die Anzahl der Versuchstiere und der für Kanzerogene empfänglichen Zellen.

Metabolismus und Pharmakokinetik geben Aufschluß über größere artspezifische Unterschiede hinsichtlich der Anfälligkeit gegenüber Kanzerogenen. Im Prinzip können diese Erkenntnisse zur Schätzung der relativen Sensibilität von Menschen im Vergleich zu jener von Versuchstieren verwendet werden. In der Praxis sind die Stoffwechselbahnen vieler Kanzerogene im Menschen im einzelnen nicht bekannt und außerdem erfordern die auffälligen Unterschiede hinsichtlich des Metabolismus und der Sensitivität unter Individuen verschiedenen Alters, Gesundheitszustands u. a. biologischer Beschaffenheiten mehr Kenntnis über die Heterogenität von metabolischen und pharmakokinetischen Wirkungen beim Menschen, als normalerweise verfügbar sind. Es ist zu hoffen, daß die künftige Forschung diese wichtigen Korrelationen viel ausführlicher erhellen wird.[33]

Wenn der Leser den Mut aufgebracht hat, diese Passagen zu lesen, wird er bemerkt haben, daß es sich um nichts anderes als eine Liste handelt. Tatsächlich ist dies eine Liste, in der einige Faktoren mehr als einmal erwähnt wurden. Es ist eine Auflistung aller Erkenntnisse, von denen sich vorstellen läßt, daß sie auch nur im entferntesten von Bedeutung für die zahllosen Variablen der Kanzerogenese sind. Alle diese Erkenntnisse werden dann vermutlich von einem »Risiko-Schätzer« mit den vorhandenen Mäusebefunden kombiniert, *selbst wenn er zugeben muß, daß viele der notwendigen Erkenntnisse gar nicht existieren.* Dann quantifiziert er sie (irgendwie), und die Ergebnisse seiner Bemühungen werden auf den Menschen extrapoliert. Entsprechend der Anzahl der getesteten Mäuse kann laut David Rall vom NIEHS und Herman Kraybill vom NCI eine Maus etwa eine oder zwei Millionen Menschen repräsentieren.[34]

Dies genügt tatsächlich schon, um verständlich zu machen, warum die Risikoeinschätzung in Schwierigkeiten ist – aber für den Nichtfachmann, der hier Tiefen fürchtet, die er irgendwie nicht verstehen könnte, hier nun eine kritische Stellungnahme des Wissenschaftlers Richard Bates vom NIEHS und von der FDA, der sich vor dem OSHA zu diesem Gegenstand äußerte. Dies ist besonderes interessant, weil Bates offen sagt, daß die Toxikologen nicht wissen, wie sie das oben beschriebene Wunder vollbringen können – und genau deshalb, weil er sein Nicht-Wissen eingesteht, ist seine Sprache klar, trifft die Sache und ist verständlich.

Die Wissenschaft der Toxikologie würde einen immensen Sprung nach vorn machen, wenn sie die Fähigkeit entwickelte, die Ergebnisse von Tierversuchen für genaue Voraussagen des toxischen Risikos einer chemischen Substanz für jedes beliebige Individuum oder für jede beliebige Gruppe von Menschen zu verwenden. Leider sind wir noch nicht soweit. Das Problem ist sehr kompliziert. Die Absorption, die Stoffwechselrate und die Ausscheidung von aus der Umwelt aufgenommener chemischer Substanzen können artspezifisch verschieden sein. Verschiedene Spezies können sich hinsichtlich der Stoffwechselrate für die Metaboliten, in die jede chemische Substanz zerfällt sowie hinsichtlich der Anfälligkeit verschiedener Organsysteme gegenüber den toxischen Wirkungen dieser chemischen Stoffe unterscheiden. Individuen all dieser Spezies können hinsichtlich dieser Parameter weite Abweichungen zeigen, die von ihrem genetischen Status und von modifizierenden Umweltbedingungen abhängig sind. Die Anfälligkeit ein und desselben Individuums kann während der verschiedenen Phasen biologischer Zyklen fluktuieren. Obgleich wir wissen, daß diese Variablen existieren, haben wir nicht genug Kenntnis, um jeden der Faktoren in jedem einzelnen Fall abzuwägen und einen verläßlichen Multiplikator für die Konversion von Tierversuchsergebnissen hinsichtlich des für ein beliebiges menschliches Individuum unter seinen Lebensbedingungen bestehenden Risikos zu entwickeln ...[35]

Es ist besonders interessant, daß in beiden zitierten Passagen tatsächlich dieselbe Information vermittelt wird – aber der erste Passus beansprucht einen vernünftigeren Extrapolationsprozeß zu beschreiben, während er andererseits zugibt, voll von Unbekannten zu stecken, und der zweite sagt einfach, es kann nicht extrapoliert werden, da es zu viele Unbekannte gibt.

Der Unterschied zwischen den beiden Aussagen läßt sich auf einen Punkt reduzieren: Aufrichtigkeit. Soviel zu den beiden Ansatzversuchen von Tier-Mensch-Extrapolationen, die Punkt 1 konstituieren.

2. Die Wissenschaftler berichten uns von den ihren konkurrierenden Theorien zugrundeliegenden Postulaten, anhand derer sie Hochdosistests auf die Wirkungen von Niedrigdosen in Tierversuchen extrapolieren.

Es gibt ungefähr fünf herrschende Theorien. Nach Henry Pitot von der Universität von Wisconsin sind die meistverwendeten Modelle das Einfach-Dosis-Linear-Modell, das Mehrfachdosis-Modell, das Hochdosis-Modell (extrem value model), das Mehrphasen-Modell (multi stage model), und das »log-probit«-Modell.[36] Diese Bezeichnungen werden hier zur Kenntnisnahme angeboten. Man braucht sie hier nicht im Detail zu erklären, aber man sollte sagen: Sie stellen verschiedene mathematische Methoden zur Berechnung des Wahrscheinlichkeitsgrads dar, daß eine gegenüber Kanzerogenen ausgesetzte Bevölkerung Krebs bekommen wird, und sie können berechnen, wie schnell der Prozentsatz des Krebsbefalls sich erhöhen wird, wenn das Dosisniveau zunimmt. Der Nichtfachmann sollte allerdings wissen, daß alle diese Theorien auf gewissen Postulaten beruhen.[37] Nach einer NAS-Studie, die auch vom OSHA erwähnt wurde »ist allen diesen Theorien ein Konzept gemeinsam: nämlich daß es keine einheitliche Schwellendosis gibt, unterhalb derer für alle dem Risiko exponierten Individuen jede kanzerogene Wirkung auszuschließen ist«.[38] Manche Theorien übernehmen zusätzlich einige der anderen »Argumente« gegen die Existenz von Schwellen, d. h. die Irreversibilität der Induktion von Krebs und die additiv-kumulative Anhäufung eines kanzerogenen »Hintergrunds« (Summationstheorie).[39] Diese Theorien mögen die Mutationstheorie der Krebsentstehung implizieren oder auch nicht – aber alle nehmen die nicht-diskussionsfähige, nicht-beweisbare No-Threshold-Theorie an und damit auch die Ein-Molekül-Theorie – und *das* heißt, daß die Hauptprämisse der quantitativen Risikoeinschätzung *moralischer* Natur ist.

3. Die Wissenschaftler konstatieren den Mangel an dosisbezogenen Humandaten hinsichtlich der chemisch induzierten Kanzerogenese.

Es gibt zuwenig Dosis-Wirkungs-Daten für den Menschen, die mit den Dosis-Wirkungs-Befunden von Tieren verglichen werden könnten, und das ist der Weg, wie die toxikologische Dosisbestimmung normalerweise vorgenommen wird. Im Jahre 1975 untersuchte ein Komitee der NAS unter Mitwirkung von Matthew Meselson die einzigen existierenden Beispiele, sechs an der Zahl, nachgewiesener Kanzerogene, von denen einige Dosisdaten sowohl für Tiere als auch für Menschen verfügbar waren: Benzidin, Chlornaphazin, Zigarettenrauchen, Aflatoxin, Vinylchlorid und DES (Diäthylstilböstrol). Meselson und seine Kollegen versuchten einen Weg zu finden, um das Auftreten von Krebs beim Menschen aufgrund von befunden aus Tierversuchen zu prognostizieren. Sie postulierten, daß, benutzte man die Daten der anfälligsten Tiere und stützte seine Berechnungen auf die nach dem Körpergewicht umgerechnete Dosis, man die Krebsinzidenz beim Menschen prognostizieren könnte. Von den sechs durchgeführten Berechnungen führten drei zu auffallend übertriebenen Prognosen: Die Befunde von Tieren, denen Aflatoxin verabreicht worden war, ließen auf eine zehn mal höhere Krebsinzidenz schließen, als sie in Wirklichkeit bei Menschen auftrat. Junge Mäuseweibchen, denen eine einzige Dosis DES gegeben worden war, ließen eine 50mal höhere Krebsinzidenz vermuten, als bei den menschlichen DES-exponierten Töchtern auftrat; Tiere, die einer Dosis Vinylchlorid ausgesetzt wurden, ließen auf eine 500mal höheren Krebsbefall schließen, als er bei Menschen tatsächlich angetroffen wurde. Andererseits, erklärte das Meselson-Komitee, seien die Prognosen für Benzidin, Chlornaphazin und Zigarettenrauchen »annähernd korrekt«. Meselson und seine Kollegen folgerten daraus:

> Gibt es keine widersprechenden Beweise, so scheint es als Arbeitshypothese annehmbar, daß durch chronische kanzerogene Einwirkung einer bestimmten Substanz auf den Menschen der ausgelöste Krebsbefall genauso groß ist wie der durch die identische Substanz bei Tieren ausgelöste Krebsbefall, bei einer auf das Körpergewicht entsprechend umgerechneten Gesamtdosis.[40]

Der Nichtfachmann mag sich vielleicht vorwerfen, nicht verstanden zu haben, wie das Meselson-Komitee zu seiner »Arbeitshypothese« auf der Basis von nur drei der sechs Beispiele gekommen war. Je nachdem wer über die kleine Studie schreibt, heißt es einerseits, daß diese Studie den Nachweis erbringe, Tiere und Menschen seien sich hinsichtlich Sensitivität ziemlich ähnlich[41], oder sie gilt andererseits als unzuverlässig, weil die Daten zahlenmäßig zu gering und zu ungenau seien.[42] Und drittens wird gesagt, daß ihr Wert schwer zu beurteilen sei, weil es zu große »Komplikationen und Ungewißheiten« bei der Durchführung solcher Vergleiche gebe.[43] Andererseits ist jedoch nicht zu bestreiten, daß die Tatsache, daß eine

1975 durchgeführte Überprüfung von sechs Tier/Mensch-Vergleichen, die jahrelang ernsthaft diskutiert wurden, auf einen Mangel an Dosisbefunden hindeutet, wie sie zur Einschätzung des für den Menschen bestehenden Risikos notwendig sind.

Für den mit gutem Gedächtnis ausgestatteten Leser sind dies die vier chemischen Stoffe, die nach David Rall »eine definitive Beziehung zeigten zwischen der Menge, die in Versuchstieren Krebs verursachte und der Dosis, die Krebs im Menschen hervorrief«. Für Rall war dies nur ein weiterer Beweis dafür, daß aufgrund von Tierexperimenten eine für den Menschen gültige Prognose erstellt werden kann.[44] Wie schon oben bemerkt wurde, war Rall leicht zu überwältigen. Gegenüber 1979 hatte er sich jedoch soweit erholt, um einräumen zu können – wie schon ein paar Seiten vorher erwähnt –, daß der Mangel an Humandosisdaten ein ernsthaftes Problem darstellt.

4. Die Wissenschaftler sagen uns, daß die Atomexplosionen des Zweiten Weltkriegs die Hauptquelle hinsichtlich der für den Menschen vorliegenden Dosisdaten sind.

Die Aristokraten in der Welt der Extrapolation sind die Statistiker, die Strahlungsbefunde benutzen und die in der Regel die Mutationstheorie akzeptieren. Ihr Adel beruht auf der Tatsache, daß Radioaktivität, allgemein gesagt, beides ist: mutagen und kanzerogen[45], und daß eine große Menge Befunde von Überlebenden der Nuklearexplosionen von Hiroshima und Nagasaki existieren.[46] Die »Linear«-Theorie dieser Statistiker, so heißt es gegenwärtig, genieße in der Welt der »Reglementierungswissenschaften« die höchste Anerkennung. Die »Linear«-Theorie postuliert, daß eine ständig wachsende Wahrscheinlichkeit besteht, daß größere Strahlungs- oder Kanzerogendosen die Krebswahrscheinlichkeit erhöhen und daß bei keiner Dosis, wie gering sie auch sei, jegliches Risiko auszuschließen ist; womit wir wieder bei der Ein-Molekül-Theorie angelangt wären. Wie es die Interagency Regulatory Liaison Group 1979 formulierte:

> Das lineare No-Threshold-Dosis-Wirkungs-Modell findet im Augenblick allgemeine Anwendung. Von den verschiedenen Modellen scheint es die gesichertste wissenschaftliche Basis zu haben, und es neigt weniger dazu, das Risiko unterzubewerten als andere plausible Modelle. Es hat aus einer Reihe von Gründen eine lange Geschichte im Umgang mit dem Strahlenschutz.[47]

In ähnlicher Weise berichtet Thomas Maugh in *Science*, daß das von Wissenschaftlern am häufigsten vorgebrachte Argument für die »One-Hit«- oder »Ein-Molekül-Theorie« (lineare Dosis-Wirkungs-Kurve), sich auf Strahlungsdaten stütze. Das gelte beispielsweise für die Induzierung von Leukämie durch die bei einer Nuklearexplosion freiwerdende ionisierende Strahlung.[48] (Es ist dieselbe »One-Hit«-Theorie der Risikoeinschätzung, die das OSHA in Form einer Fußnote in seine hypothetische Beschreibung der Entstehung einer malignen Zelle einbaute.[49])

Da die Risiken, die in solchen Konzepten wie der »One-Hit«- oder »Ein-Molekül-Linear-Theorie« enthalten sind, dem Nichtfachmann wenig oder gar nichts sagen, muß man Gary Flamm dankbar sein, daß er ihre Implikationen in klaren Begriffen formuliert hat, die Bezug zur Wirklichkeit haben. Im Jahre 1976, als er Direktor für die Erforschung von Krebsursachen und Krebsvorsorge am NCI war, schrieb er:

> Nichtsdestoweniger – ob es nun nachweisbar ist oder nicht – behaupten Befürworter bestimmter biostatistischer und theoretischer Grundsätze, daß weniger als ein Zehntel eines Zugs aus einer Zigarette Krebswachstum auslösen kann. Tatsächlich nimmt die Anwendung dieser biomathematischen »One-Hit«-Hypothese für sich in Anspruch, daß wenn 100000000 Menschen jeweils dieses eine Zehntel in ihrem Leben inhalieren, ein Individuum dieser Population infolge dieser Exposition Lungenkrebs bekommen würde. Ob dies wahr ist oder nicht, werden wir niemals mit Gewißheit erfahren, aber diese Behauptung zeigt deutlich, wie außergewöhnlich komplex das Problem der chemisch induzierten Kanzerogenese ist, wenn sie aus der Sicht der »One-Hit«-Hypothese betrachtet wird.[50]

Im Jahr 1980 rekapitulierte Hermann Kraybill vom NCI Flamms Analyse und fügte hinzu: »In der Realität wird man niemals wissen, ob solche mathematischen Annahmen tatsächlich gültig sind.«[51]

5. Die Wissenschaftler sagen uns, daß auf ihrem Forschungsgebiet ein ständiger interner Krieg herrscht.

Jede bedeutende Schule der Statistik ist ein Gegenstand intensiver Kritik und genauso ist es mit den weniger bedeutenden Theorien. Die zuletzt genannten Theorien haben »pragmatische Schwellen« vorgeschlagen. Die eine war die Mantel-Bryon-Theorie, welche versuchte, eine »virtually safe dose« (tatsächlich »sichere« Dosis) einzuführen, eine Dosis, die nur bei einem unter 1 Million Menschen Krebs verursachen würde; die zweite war die Druckrey-Theorie, die eine Dosis berechnete, die im Verlauf des ganzen Lebens keinen Krebs auslösen würde. Diese Theorien wurden als nicht genügend »konservativ« bzw. »zurückhaltend« hart kritisiert. Wie Marvin Schneiderman im Jahre 1978, als er über die Theorie der »virtually safe dose« sprach, erklärte: Dieses Verfahren konnte nicht angegriffen werden, weil seine Verfechter gar nicht versuchten, zu extrapolieren. Die Delaney-Klausel besagt: »Es gibt keine ›sichere‹ Dosis.«[52] Leser, die besonders an der Bewertung der Kontroversen der verschiedenen Theorien interessiert sind – und an den über die verschiedenen Theorien geführten Kontroversen selbst – werden zusätzliche Informationen im Anhang finden.[53]

Von den vielen auf diesem Gebiet ausgetragenen Kontroversen werden hier nur zwei Aspekte einer einzigen Kontroverse erwähnt werden. Beide stellen die herrschende (und einfachste) Theorie, die auch vom Staat vertretene »lineare No-Threshold-/Ein-Molekül-Theorie« in Frage. Jerome Cornfield, ein bekannter Statistiker, bemerkt mit einem ironischen Unterton hinsichtlich dieser vom Staat bevorzugten Theorie:

> Die Niedrigdosis-Linearitätsannahme... ist in zweierlei Hinsicht berechtigt: Da die Kanzerogenese noch kaum erforscht ist, muß man zum Schutz der allgemeinen Sicherheit, von »zurückhaltenden« Annahmen ausgehen. Die Kanzerogenese wird inzwischen gut genug verstanden, um die Niedrigdosis-Linearitätsannahme wissenschaftlich vertretbar erscheinen zu lassen.[54]

Cornfield ist sowohl ironisch als auch im Recht. Es scheint den beiden Theoretikern der »Reglementierungswissenschaften« nicht aufzufallen, daß sich diese beiden Gemeinplätze hinsichtlich der Gültigkeit der »Linearen-No-Threshold-Theorie« logischerweise selbst aufheben.

Der zweite Kritikpunkt bezieht sich auf die verbreitete Verwendung von Strahlungsdaten zur Rechtfertigung der »linearen No-Threshold-Theorie« und auf die Annahme, daß die Dosis-Wirkungs-Kurve ionisierender Strahlung verglichen werden kann mit der Wirkungskurve chemisch verursachter Kanzerogenese. Es gibt starken Widerstand gegen diesen Vergleich, seitens Wissenschaftlern wie Herman Kraybill vom NCI und Edward E. Pochin vom »National Radiological Protection Board« in England. Folgt man diesen beiden Wissenschaftlern, könnte eine Strahlung, die physikalischen und statistischen Gesetzen gehorcht, einen direkten Treffer in einer Zielzelle landen, während ein chemisches Kanzerogen durch eine Serie von biochemischen Stadien gehen muß und metabolisiert wird. Für die Gleichsetzung dieser beiden Dosis-Wirkungs-Kurven, so sagen die Wissenschaftler, fehlt jede Grundlage.[55] John Cairns kommt hinsichtlich mutagener Wirkungen, je nachdem ob sie durch Strahlung oder durch chemische Substanzen ausgelöst werden, zu einem ähnlichen Ergebnis.[56]

Hier wird die Beschreibung der fünf Aspekte der Risikoeinschätzung abgeschlossen, die soviel Ablehnung bei so vielen Wissenschaftlern verschiedener Standpunkte gefunden hat. Aus diesem Zusammenhang wird klar, daß der Stand der Wissenschaft noch viel zu wünschen übrigläßt, und viele, wenn nicht alle wichtigen Forscher auf diesem Gebiet gestehen dies ein. Warum praktizieren sie dann die Risikoextrapolation? Die wesentliche Antwort ist, daß es einen essentiellen Bedarf dafür gibt und daß in einigen Bereichen sogar das Gesetz es so verlangt. Die Alternativen zur Risikoeinschätzung sind düster: Folgende Möglichkeiten bestehen: 1. Man kann jeden Amerikaner zu Tode erschrecken, wenn man nicht in der Lage ist, große von kleineren und zu vernachlässigenden Risiken oder von »Risiken der Risiken« zu unterscheiden, und 2. man kann kanzerogenverdächtige Substanzen verbieten oder dem amerikanischen Industriesystem Sicherheitsauflagen aufbürden, die nur von den finanzkräftigsten Firmen aufgefangen werden können und den Ruin der kleineren Firmen bedeuten. Der eindeutig vorhandene Bedarf nach einer Risikoeinschätzung wiegt die Mängel des Verfahrens nicht auf und die kritischen Einwände gegen diese Wissenschaft, die von ihren Förderern und Befürwortern vorgebracht werden, sind weit aufschlußreicher als die pragmatischen Apologien derer, die sie anwenden, weil diese uns mittels ungesicherter Begriffe weismachen wollen, daß die zwischen den Standpunkten von Vertretern und Gegnern der Risikoeinschätzung bestehenden Differenzen zu vernachlässigen seien. Im folgenden nun eine Auflistung einiger kritischer Anmerkungen der Förderer und Praktiker der Risikoeinschätzung zu diesem Problem: Abgesehen von dem Umstand, daß alle hier angeführten Wissenschaftler tatsächlich oder scheinbar Befürworter dieses Verfahrens sind, kann man sie kaum von den Gegnern unterscheiden.

Von Befürwortern der Risikoquantifikation geübte Kritik

1974: Daniel G. Greathouse, EPA: »Die Fähigkeiten der Wissenschaft hinsichtlich der Extrapolation von im Tierversuch gewonnenen Befunden auf den Menschen, befriedigt nicht annähernd die Anforderungen der Gesundheitsbehörden, denen es obliegt, die Grenzwerte für die die Umwelt verunreinigenden Schadstoffe festzusetzen. Angesichts der Unzulänglichkeit der zur Verfügung stehenden Mittel wäre es angebracht, größere Anstrengungen zur baldmöglichen Entwicklung besserer Techniken zu entwickeln.«[57]

1974: Leo Friedman, FDA: »Ich weiß natürlich nicht, ob diese berechneten Wahrscheinlichkeiten von Tumorinzidenz wirkliche Risiken darstellen, ob nun für Menschen oder für Mäuse. Ich zweifle daran, ob es jemals möglich sein wird, dies mit der gewünschten Sicherheit nachzuweisen.«[58]
1974: Weltgesundheitsorganisation (WHO): »... der Toxikologe muß die Risiken einschätzen, die mit verschiedenen Expositionsniveaus verbunden sind. Es werden für solche Bewertungen verschiedene Ansätze vorgeschlagen. Keiner der vorgeschlagenen Ansätze kann jedoch auf eine hinreichende Datenbasis verweisen, um seine Geltung nachweisen zu können.«[59]
1975: David Hoel und Kollegen, NCI: »Die Extrapolation von im Tierversuch erhaltenen Befunden auf den Menschen ist wahrscheinlich der schwierigste und am wenigsten verstandene Aspekt des gesamten Extrapolationsproblems. Die Schwierigkeit beginnt bei dem Versuch, quantitative Voraussagen aufgrund von im Tierversuch gewonnenen Daten für den Menschen zu machen.«[60]
1976: R. L. Dixon, NIEHS: »Es scheint weltweite Übereinstimmung betreffs der Tatsache zu existieren, daß die Extrapolation von im Tierversuch gewonnenen Toxizitätsbefunden auf den Menschen ein grundlegendes Problem der Toxikologie bleibt... Der Mangel an Wissen auf diesem Gebiet macht gegenwärtig die Erstellung mathematischer Extrapolationsmodelle zu einer fragwürdigen Angelegenheit. Der Nutzen von Tierversuchsbefunden für die Prognose irreversibler toxischer Wirkungen, wie z. B. Mutagenese und Kanzerogenese und die Extrapolation von Expositionsniveaus zwecks Schätzung von Humanrisiken stellen besonders schwierige Probleme dar...«[61]
1976: L. Tomatis, IARC, anerkannte, daß »es unmöglich ist, von experimentell gewonnenen Daten auf den Menschen zu extrapolieren«, aber er erkannte diese Unmöglichkeit nicht als ein Argument für allgemeine Inaktivität an: »Es gibt wirklich keine Rechtfertigung dafür, auf den Beweis zu warten, daß eine chemische Substanz Krebs im Menschen verursacht, bevor man Maßnahmen zur Verhinderung einer Exposition ergreift.«[62]
1978: Norton Nelson, Institut für Umweltmedizin, NYU: »Der Verlauf der Kurven, der das Verhältnis einer kanzerogenen Wirkung zur gegebenen Dosis angibt, hat große Aufmerksamkeit gefunden, und man kann in der Literatur Beispiele zur Unterstützung beinahe jeder postulierten Relation finden... Die praktische Anwendbarkeit solcher Modelle ist zur Zeit sehr begrenzt, da die notwendigen Daten kaum verfügbar sind.«[63]
1978: Marvin A. Schneiderman und Charles C. Brown vom NCI: »Die gegenwärtigen mathematischen Modelle, die Exposition und Risiko in Beziehung setzen, sind bestenfalls primitive Werkzeuge.«[64]
1978: Gary Flamm, NCI, verdammte, was er als einen Trend zur »blinden und geistlosen Anwendung von mathematischen Modellen erkannte«.[65]
1978: IARC, Band 17: »Daten, die hinreichende Beweise von Kanzerogenität bei Testtieren erbrachten, können deshalb für eine annähernde quantitative Bewertung des auf einem bestimmten Expositionsniveau für den Menschen bestehenden Risikos verwendet werden, sofern die chemische Substanz und die pharmakologi-

schen und toxikologischen Unterschiede zwischen den Testtieren und dem Menschen mit berücksichtigt werden. Jedoch sind im Moment noch keine akzeptablen Methoden zur Quantifizierung eines möglicherweise in einem solchen Verfahren unterlaufenden Irrtums verfügbar, ob sie nun dem Vergleich zwischen verschiedenen Spezies oder der Extrapolation von hohen auf niedrige Dosen dienen.«[66]
1978: Thomas Maugh von *Science* berichtete, daß »Befunde von Tierkanzerogenese gewöhnlich unter Anwendung hoher kanzerogener Dosierungen bei einer relativ kleinen Anzahl von Versuchstieren erzielt werden. Die Folgerungen aus diesen Resultaten müssen dann extrapoliert werden, um voraussagen zu können, was passiert, wenn eine große Anzahl von Menschen viel kleineren Mengen ausgesetzt ist. David B. Clayson vom Eppley Krebs Institut gibt die Standpunkte vieler Forscher wieder, wenn er einwendet, daß diese Extrapolation heute noch so unexakt ist, daß sie als Mittel zur Prognose so gut wie wertlos ist.«[67] In einer Veröffentlichung aus dem Jahre 1979 sagte D. B. Clayson auch: »Lassen Sie uns zum gegenwärtigen Zeitpunkt nicht so tun, als ob alle auf eine Dosis-Wirkungs-Extrapolation zielenden Bemühungen in irgendeiner Weise mehr taugen, als pragmatische Grenzwertsetzung.«[68]
1979: Philip Handler, Präsident der NAS: »Es ist schmerzlich zu erkennen, daß es kein chemisches Kanzerogen gibt, für das die mittlere Dosis, ganz zu schweigen von der kleinsten Dosis am unteren Ende der Dosis-Reaktions-Kurve verläßlich festgestellt worden ist.«[69] »Es ist an der Zeit, daß wir für Schadstoffe, für Nahrungsmittelzusätze und andere Substanzen glaubhafte Dosis-Reaktions-Kurven erhalten, die auch realistischere Niedrigdosierungen umfassen. Sicherlich sollten wir nicht unendlich über die wahrscheinliche Form einer Kurve streiten, die noch niemand gesehen hat.«[70]
1979: Henry Pitot, University of Wisconsin: »Keines der gemeinhin angewendeten mathematischen Modelle kann die Existenz einer Wirkschwelle beweisen oder verwerfen, und keines dieser Modelle kann auf der Basis biologischer Argumente verifiziert werden... Der Leser muß also feststellen, daß die quantitative Bestimmung des für den Menschen bestehenden Risikos auf der Basis von in Tierversuchen gewonnener Daten ein extrem schwieriges Verfahren darstellt, das zum gegenwärtigen Zeitpunkt jeder wissenschaftlichen Basis entbehrt.«[71]
1979: Amt für Wissenschafts- und Technologiepolitik: »Es gibt zwei größere Hindernisse für die Quantifizierung der kanzerogenen Potenz und Wirkung beim Menschen. Zunächst ist festzustellen, daß die Wirkung potentiell kanzerogener Chemikalien auf einer Vielfalt von Mechanismen beruht und die Dosis-Wirkungs-Kurven nicht notwendigerweise parallel verlaufen müssen. Aus diesem Grund ist ein direkter Vergleich chemischer Substanzen, wenn die Dosierung ein breites Spektrum umfaßt, schwierig... Im übrigen sind die meisten verfügbaren Daten, die Dosis und Tumorinzidenz in Beziehung setzen, aus Tierexperimenten abgeleitet. Extrapolationen der Ergebnisse von Tierversuchen auf den Menschen stellen so etwas wie eine Glaubensfrage dar.«[72]
1980: Gio Batta Gori, NCI: »Diese statistischen Praktiken wären gerechtfertigt, wenn die dabei verwendeten im Tierversuch erhaltenen Ergebnisse Risikobedin-

gungen widerspiegelten, die auch auf den Menschen zutreffen. Dies ist jedoch nicht der Fall; ebensowenig gibt es eine Basis für eine Entscheidung, unter welchem Aspekt diese Ergebnisse auf den Menschen angewandt werden sollten... Daraus folgt, daß die in der Vergangenheit und Gegenwart praktizierten Testverfahren Humankanzerogene nicht eindeutig identifizieren können und keine quantitativen Informationen hinsichtlich des für den Menschen bestehenden Risikos vermitteln. Auch biometrische Rechenkünste können an der begrenzten Gültigkeit solcher Befunde nichts ändern.«[73]
1980: Joseph Rodricks, FDA, in seiner Apologie des von der FDA als »vernünftig« bezeichneten »Linear-No-Threshold-Modells«: »Wir behaupten nicht, daß diese Form der Extrapolation geeignet ist, tatsächlich existierende Risiken vorherzusagen. Zur Zeit gibt es keine Möglichkeit, einen Nachweis dafür zu erbringen, daß eine solche Extrapolation geeignet ist, tatsächlich bestehende Risiken vorherzusagen...«[74]

Wenn man diese, von wirklichen oder angeblichen Befürwortern der Risikoeinschätzung getroffenen Feststellungen betrachtet, fühlt man sich an das alte Sprichwort erinnert »Wer hat bei solchen Freunden noch Feinde nötig?«. Trotz ihrer Überzeugung, daß die Risikoeinschätzung eine gesellschaftliche, politische, wirtschaftliche und rechtliche Notwendigkeit ist, sind sich auch die Wissenschaftler, die diese »Kunst« praktizieren – ebenso wie die Kritiker dieser Methode – der Tatsache bewußt, daß eine quantitative Berechnung des für den Menschen bestehenden Risikos auf der Basis von Tierdaten ein entweder undurchführbares Verfahren darstellt oder ein Verfahren, das derart auf subjektiven Erwägungen beruht, daß es allein deshalb als undurchführbar anzusehen ist. Die aufrichtigsten Vertreter dieser Gruppe geben unumwunden zu, daß sie nicht die geringste Ahnung haben, ob die von ihnen angestellten Risikoeinschätzungen auch nur den geringsten Bezug zur Wirklichkeit haben.

Letztlich entzieht sich der Nachweis der Undurchführbarkeit dieser Methode der sprachlichen Darstellung. Sichtbar sind nur die aufgrund statistischer Theorien produzierten Zahlen. So präsentiert zum Beispiel das OSHA in seinem 1980 publizierten Grundsatzprogramm einige von Vertretern der verschiedenen statistischen Schulen für zwei Kanzerogene durchgeführte Risikoeinschätzungen. Die beiden nachstehend wiedergegebenen Tabellen vermitteln uns einen lebhaften Eindruck davon, in welchem Maße das Ergebnis der Risikoeinschätzungen davon abhängt, auf welche Annahmen sich der jeweilige Statistiker stützt.[75] Als Begleittext zu diesen Tabellen präsentiert das OSHA die folgenden Ausführungen:

Aus Gründen der Vergleichbarkeit sind alle in diesem Bericht dargestellten Risikoeinschätzungen auf das während der Gesamtlebensphase gegebene Expositionsni-

Auf die Gesamtlebensspanne bezogene Risikoschätzung für die Exposition gegenüber 1 ppm Vinylchlorid

Quelle	Risikoschätzung per Lebenszeit	Extrapolationsmethode	Herkunft der Daten
Wilson (s. 53)	25×10^{-4}	Linear	Epidemiologische nicht genauer bezeichnete Quelle
Wilson (Exh 251 B)	5×10^{-4}	Linear	Epidemiologische und Maltoni (nicht genauer bezeichnet)
Crump and Guess (1977, exhibit to Hoel statement	2×10^{-4}	Multi-stage, obere Vertrauensgrenze	Maltoni (1975)
Guess et al. (1977), exhibit to Hiel statement	2×10^{-4}	Multi-stage, obere Vertrauensgrenze	Maltoni (1975)
	1×10^{-4}	Mantel-Bryan, obere Vertrauensgrenze	Maltoni (1975)
Claus (s. 38)	0	Schwelle angenommen bei 10^4 Molekülen pro Zelle, bei einem angenommenen Expositionsniveau von 4,9 ppm.	
Nisbet (post-hearing comment, p. 8)	4×10^{-3} to 1×10^{-2}	Linear	Maltoni (1977) Tabelle 12.
Gehring et al. (1978) p.	10^{-8}	Log-probit, Extrapolation der beobachteten Dosis-Wirkungskurve	Gehring et al. (1978), Dosis-Wirkungs-Kurve auf der Basis von nicht-metabolisiertem VC
Hooper and Ames	größer als 10^{-3} Ratten	Linear	Maltoni (1977), Leberangiosarkome.
	größer als 10^{-2} Ratten	Linear	Maltoni (1977), Brusttumoren.
	10^{-1} to 10^{-2} Menschen	Linear, auf den Menschen exptrapoliert.	Maltoni (1977)
Food Safety Council (1978)	10^{-2}	Multi-hit	Maltoni (1975)
Do	2×10^{-2}	Multi-hit, obere Vertrauensgrenze	Maltoni (1975)
Do	5×10^{-3}	Multi-stage	Maltoni (1975)
Do	8×10^{-3}	Multi-stage, obere Vertrauensgrenze	Maltoni (1975)
NAS (1977), exhibit to Hoel and Rall statements, p. 794.	2×10^{-2a}	Multi-stage, obere Vertrauensgrenze	Maltoni (1976)

* Aus einem angenommenen Atenvolumen von $15 m^3$/Tag zu errechnendes Expositionsniveau

Schätzung des für den Menschen bestehenden Risikos bei einer Aufnahme von 0,12 g Saccharin pro Tag (vgl. Nas 1978, S. 3–72)

	Gesamt Lebenszeit-fälle/Millionen	Fälle pro 50 Millionen/Jahr
Rattendosis umgerechnet auf Humandosis durch Körperoberflächen-Regel:		
Extrapolationsmethode vom Hoch- auf Niedrigdosierung:		
Einfachdosis-Modell (Hoel, 1977)	1200	840
Mehrphasen-Modell mit quadratischem Polinom	5	3,5
Mehrfachdosis-Modell (Scientific Committee of the Food Safety Council, 1978)	.001	0.0007
Mantel-Bryan-Probit-Modell (Brown 1978)	450	315
Rat dose adjusted to human dose durch mg/kg/Tag Äquivalenz:		
Method of high – to low-dose extrapolation:		
Single-hit Modell (Saccharin and lts Salts, 1977)	210	147
Multi-hit Modell (Scientific Committee of the Food Safety Council, 1978)	.001	0.0007
Mantel-Bryan probit Modell. (Brown, 1978)	21	14,7
Rat dose adjusted to human dose durch mg/kg/Lebenszeit Äquivalenz:		
Method of high – to low-dose extrapolation:		
Single-hit Modell (Brown, 1977)	5200	3640
Multi-hit Modell (Scientific Committee of the Food Safety Council, 1978)	.001	0.0007
Mantel-Bryan probit Modell (Brown, 1978)	4200	2940

veau von 1 ppm (Konzentrationen von 1 : 1000000) umgerechnet. In der ersten Tabelle werden siebzehn derartige Berechnungen präsentiert... (Vinylchlorid)... Die Ergebnisse dieser Berechnungen variieren sehr stark. Selbst wenn man die von Claus postulierte »Schwelle« außer acht läßt, variieren die Risikoeinschätzungen bei einer angenommenen Dosis von 1 ppm zwischen den Werten von 10^{-8} und 10^{-2}; d. h. um mehr als ein Millionenfaches...

Die zweite Tabelle... (Saccharin)... zeigt hinsichtlich der Kalkulation des für den Menschen errechneten Risikos Werte, die um ein Fünfmillionenfaches voneinander abweichen. Und dies, obwohl sich die Berechnungen auf die Befunde ein und desselben Experiments mit Ratten stützen...

Die für beide chemische Substanzen errechneten möglichen Risiken bei Expositionsniveaus, wie sie angeblich gesetzlich zugelassen sind, weichen um ein Ein- bis Zehnmillionenfaches ab.[76]

Die vom OSHA veröffentlichten Berechnungen mögen zwar völlig korrekt durchgeführt sein, aber selbst wenn sie übertrieben sein sollten, reichen sie immer noch aus, um dem Leser vor Augen zu führen, daß eine wissenschaftlich fundierte Quantifizierung des Krebsrisikos nicht möglich ist.

Die zwischen Statistikern verschiedener Schulen ausgetragenen Kontroversen zählen zu den härtesten innerhalb der »Reglementierungswissenschaften« geführten Auseinandersetzungen. Die Statistik ist zwar eine etablierte Wissenschaft, aber selbst wenn man bei den Statistikern Kompetenz und Ehrlichkeit voraussetzt, dann ist diese Disziplin dennoch immer nur so verläßlich wie die Daten, auf die sie sich stützt.

Als wir zuvor zu unserem »Helikopterflug« starteten, um uns einen Überblick über den gesamten Bereich der »Reglementierungswissenschaft« zu verschaffen und die Effizienz dieser Disziplin an ihren eigenen Zielen zu messen, sowie am Anfang dieses Kapitels, das den Abschluß dieses »Höhenflugs« darstellt, finden sich drei Zitate. Sie alle sind zwar amüsant, doch keines davon ist frivol gemeint.

Im ersten dieser Zitate war die Rede von *Herringus rufus*. Diese kleine Geschichte ist eine Satire auf den Wunsch gewisser Wissenschaftler nach einem Versuchstier, das alle Substanzen als kanzerogen ausweist. Wie wir gesehen haben, enthält diese Satire eine bittere Wahrheit: Für die »Reglementierungswissenschaft« gibt es trotz aller Einwände und in sich widersprüchlichen Annahmen keine nonkanzerogenen Substanzen.

Im zweiten des an den Anfang dieses Kapitels gesetzten Zitats war die Rede von einer Henne. Ich entdeckte dieses Zitat in einer juristischen Fachzeitschrift, in der eine Reihe von Gerichtsentscheidungen diskutiert wurden, die sich mit der Umweltverseuchung durch kanzerogene und toxische Substanzen befaßten. Wir lesen dort, daß die Henne ihre Eier nicht im »positiven Jetzt« legt, da sie »nicht sagen kann wie«. Dies ist eine einfache Umschreibung der Gründe, warum die Identifizierung von Nonkanzerogenen und Kanzerogenen, die aus Tierversuchen abgeleitete Prognose von Krebsrisiken, die Festlegung von Schwellen und »sicheren« Dosiswerten und die quantitativen Risikoeinschätzungen in einem Meer der Ungewißheit dahintreiben. Solange die der Kanzerogenese zugrundeliegenden Mechanismen nicht bekannt sind, solange also die Henne nicht »sagen kann wie« und insbesondere *weshalb,* werden die Probleme in all diesen Forschungsbereichen ungelöst bleiben.

Das dritte dieser Zitate, das sich ebenfalls am Anfang dieses Kapitels befindet, bezieht sich in humorvoller Weise auf die zwischen Statistikern verschiedener Schulen hinsichtlich der »im Universum existierenden Menge an Gespenstern« ausgetragenen Kontroverse. Doch auch dieser Passus hat einen ernsten Hintergrund. Zwischen Statistikern, die sich mit Kanzerogenen befassen und solchen, die sich mit imaginären Wesen beschäftigen, besteht im Grunde genommen kein wesentlicher Unterschied. Tatsächlich ist es eine heikle Frage, ob die gigantische Zweifachextrapolation von einer Maus auf einen bzw. zwei Millionen Menschen mehr oder weniger einer Realitätsflucht gleichzusetzen ist, als der versuchten Berechnung der Menge einer unbegrenzten Zahl an Geistern.

Diese drei Zitate veranschaulichen bestimmte Aspekte des von der »Reglementierungswissenschaft« praktizierten intelligenten Schwachsinns.

Wir können jetzt unsere Eindrücke in einem Satz zusammenfassen: Die »Reglementierungswissenschaft« kann *nichts* von alledem tun, was sie zu tun vorgibt.

Kapitel 14

Die Entdeckung des Paradigmas

1975, ein Jahr vor der Verabschiedung des Toxic Substances Control Act (TSCA), wütete der apokalyptische Typhoon noch immer in den Köpfen der Presseleute und der »Elite«. Die vorstehenden Zitate belegen eindeutig, daß die Apokalypse sozusagen den geistigen Rahmen dafür bot, einer ganzen Flut von chemischen Substanzen das Prädikat »kanzerogen« anhängen zu können. Und diese Flut ging über uns nieder, und um es noch einmal zu wiederholen: Wissenschaftler aller Kategorien waren dabei behilflich, diese Interpretation zu legitimieren.

– Kapitel 2 dieses Buches

Die wissenschaftliche Methode stützt sich im wesentlichen auf zwei Grundvoraussetzungen – eine Hypothese oder Idee und auf die technischen Mittel, die Richtigkeit der jeweiligen Hypothese zu überprüfen...[1]

– Leon Rosenberg, Genetiker
Yale Universität, 1981 vor
einem US-Senatsausschuß

Nachdem wir nun die amerikanische »Reglementierungsszene« kennengelernt haben, können wir eine Reihe von Tatsachen mit Gewißheit konstatieren:

Wir wissen, weil dies von *Toxikologen* nämlich wiederholt nachgewiesen wurde, daß sich im *Tierversuch* mittels der Anwendung künstlich hergestellter, aber auch unmittelbar in der Natur vorhandener chemischer Substanzen Krebserkrankungen induzieren lassen.

Wir wissen, weil dies laut IARC in mindestens achtzehn Fällen *epidemiologisch* nachgewiesen worden ist, daß auch beim Menschen durch die Einwirkung künstlich hergestellter, aber auch unmittelbar in der Natur vorhandener chemischer Substanzen Krebserkrankungen induziert werden können.

Wir wissen, weil dies pharmakologisch wie toxikologisch nachgewiesen ist, daß toxische Substanzen, die in einem Tier biologische Wirkungen verursachen, *möglicherweise* eine solche Wirkung auch auf den Menschen ausüben; dieses allgemeine biologische Prinzip gilt auch für Krebserkrankungen, die auch eine Form der Toxizität darstellen. Für dieses Phänomen gab es 1980 zehn Beispiele.

Hinsichtlich der Reglementierungswissenschaft selbst verfügen wir jedoch über eine Reihe ganz anders gearteter Gewißheiten. Wir wissen, daß diese »wissenschaftliche« Disziplin bis 1980 keines ihrer Ziele erreichen konnte. Und wir wissen, daß die von Saffiotti 1970 aufgestellte Behauptung, ein Großteil aller umweltbedingten Krebserkrankungen werde sich bereits »in Kürze« durch die Extrapolierung von im Tierversuch erzielten Ergebnissen auf den Menschen verhindern lassen, in der folgenden Dekade keinerlei Bestätigung erfuhr. Von allen die völlige Machtlosigkeit der Reglementierungswissenschaft konstatierenden Äußerungen sind vier besonders prägnant. Sie stammen von John Higginson, einem der Mitbegründer der Internationalen Krebsforschungsbehörde (IARC), Umberto Saffiotti vom NCI, David Clayson vom Eppley Institut für Krebsforschung (EIRC) und schließlich unmittelbar aus IARC-Quellen. Sie enthalten sämtlich das klare Eingeständnis, daß hinter der Reglementierungsfassade gähnende wissenschaftliche Leere herrscht.

- 1977, sieben Jahre nach der Ankündung des Krebsvorsorgeprogramms, dementierte John Higginson von der IARC schlichtweg den prognostischen Wert von Tierversuchen. Er erklärte: »Es gibt keine rational begründete Methode, die hinsichtlich der kanzerogenen Aktivität wie der Dosiswirkung Rückschlüsse vom Tier auf den Menschen zuließe...«
- Ebenfalls 1977 erklärte Umberto Saffiotti auf einem Krebskongreß, daß die Validität von Tierversuchen und Kurzzeitstudien für die Krebsprognose beim Menschen bisher niemals nachgewiesen worden sei. Er rief daher dazu auf, die Korrelation zwischen Tierversuchsbefunden, Kurzzeitstudien und epidemiologischen Ergebnissen gründlich zu erforschen, »damit wir deren Validität und prognostischen Wert richtig einschätzen können«. Nachdem er über eine neue Art von Kurzzeitstudien gesprochen hatte, in denen menschliche Zellen Verwendung finden, gab er abschließend der Hoffnung Ausdruck, diese Tests könnten in Zukunft hilfreich sein. Er sagte: »...wir hoffen, daß es uns gelingt, auf dem Feld der Extrapolation vom ›Tier auf den Menschen‹ immer größere Teile Fiktion durch Fakten zu ersetzen.«[2]
- 1978, acht Jahre nach der Ankündigung des Krebsvorsorgeprogramms, erläuterte David B. Clayson vom Eppley Institut die »zentralen Mythologeme der wissenschaftlichen Erforschung chemisch bedingter Krebserkrankungen«:

Zur Zeit herrscht die allgemeine Überzeugung, eine chemische Verbindung, die im Tierversuch nachweislich eine kanzerogene Wirkung ausübt, müsse auch beim Menschen Krebs erregen. Diese Annahme impliziert drei Voraussetzungen:

1. Daß Rückschlüsse von Nagetieren auf den Menschen immer möglich und daher die höchstmögliche wissenschaftliche Gewähr bieten.
2. Daß eine Extrapolation von Maximaldosierungen, wie sie in Tierversuchen Verwendung finden, auf niedrige Dosierungen, denen der Mensch in seiner Umwelt ausgesetzt ist, wissenschaftliche Gültigkeit beanspruchen könne.
3. Daß die derzeit allgemein akzeptierte Auffassung, derzufolge ein Kanzerogen ein Agens ist, das innerhalb einer gegebenen Population die Malignitätsrate signifikant ansteigen läßt, generell Geltung besitzt.

   Wenn wir diese Grundannahmen noch um den Glaubenssatz ergänzen,
4. daß Kanzerogene keine Wirkschwelle aufweisen, so sehen wir uns mit einer Anzahl wissenschaftlich kaum bestätigter Annahmen konfrontiert, die die zentralen Mythen der wissenschaftlichen Erforschung chemisch bedingter Krebserkrankungen darstellen. Mythen gehören jedoch eigentlich dem Bereich persönlichen Werthaltungen und Überzeugungen an und sollten daher nicht mit der wissenschaftlichen Methode vermischt werden.[3]

- 1979 und 1980, eine Dekade nach der Ankündigung des Krebsvorsorgeprogramms, stellte die IARC im Zusammenhang mit der Frage der Tier-Mensch-Extrapolation in dem dieser Behörde eigenen nicht-»pragmatischen« wissenschaftlichen Sprachgebrauch fest:
  ... gegenwärtig gibt es keine wissenschaftliche Grundlage für die Behauptung, daß es eine Korrelation zwischen einer im Tierversuch nachgewiesenen kanzerogenen Wirkung und dem für den Menschen bestehenden Krebsrisiko gibt ... (vgl. Kapitel 11).

Über die Quantifizierbarkeit dieses Risikos hieß es dort:

... gegenwärtig verfügen wir über keine angemessenen Methoden, um die solchen Berechnungen innewohnenden Irrtumsmöglichkeiten quantitativ zu erfassen, ob man sie nun hinsichtlich eines Vergleichs zwischen verschiedenen Spezies oder zwecks Extrapolation von hohen auf niedrige Dosierungen anwendet (vgl. Kapitel 13).

Trotz unterschiedlicher Akzentuierung finden sich in diesen verschiedenen Zitaten jedoch übereinstimmend zwei Eingeständnisse: nämlich, daß (1.) bisher niemals wissenschaftlich nachgewiesen werden konnte, daß es möglich ist, auf der Grundlage von Tierversuchen Berechnungen darüber anzustellen, welchem quantitativen beziehungsweise qualitativen Krebsrisiko der Mensch ausgesetzt ist; und (2.) daß die Reglementierungswissenschaft auf der Basis »irrationaler«, »mythischer« und »fiktionaler« Annahmen operiert.

Aber die zitierten Wissenschafler waren beileibe nicht die einzigen Fachleute, die erkannten, daß die Reglementierungswissenschaft weder ihren eigenen Ansprüchen noch ihrer politischen Verantwortung gewachsen sei. 1977 ließ Lorenzo Tomatis von der IARC durchblicken, die meisten im Bereich der chemisch bedingten Krebserkrankungen forschenden Wissenschaftler seien sich ihres eigenen Vorgehens nicht sicher. Er beschrieb die überwiegend bedrückte Stimmung seiner Kollegen. Er erklärte, in diesen Kreisen herrsche die Meinung, man dürfe nicht leichtfertig aus den Ergebnissen von Tierversuchen auf den Menschen Rückschlüsse ziehen. Außerdem, so Tomatis, sei es »klar«, daß hinsichtlich der Verwendung im Tierversuch gewonnener Befunde zur Prognostizierung des den Menschen betreffenden Krebsrisikos »kein allgemeiner Konsens« bestehe. Im übrigen vermeldete er eine »diffuse Unzufriedenheit mit und ein ebenso diffuses Mißtrauen« gegenüber Tierversuchen.[4] Vieles spricht dafür, die Beobachtungen Tomatis' ernst zu nehmen. Im folgenden nun ein paar Beispiele der »Unzufriedenheit und des Mißtrauens«, die in wissenschaftlichen Kreisen immer mehr grassieren:

- 1977 schrieb Philip Abelson, der Herausgeber von *Science* einen bemerkenswerten Leitartikel, in dem er sich mit der wissenschaftlich unzureichenden Beweisgrundlage befaßte, die zu einem Verbot der für die Feuerschutzbeschichtung verwendeten Substanz TRIS geführt hatte, mit der Kinderpyjamas feuersicher gemacht wurden. Bemerkenswert war der Artikel deshalb, weil Abelson, obwohl er das Verbot aus moralischen Gründen unterstützte, im Verlauf seiner Analyse stillschweigend die meisten grundlegenden Dogmen der Reglementierungswissenschaft in Frage stellte: Die zuständigen Behörden, so erklärte er, hätten nicht den »Beweis« dafür erbracht, daß TRIS beim Menschen Krebs verursache; sie hätten sich auf in sich widersprüchliche Tierversuche gestützt; es gebe keine Möglichkeit zu sagen, an welchen Tieren in bezug auf den Menschen die größte prognostische Untersuchung vorgenommen werden könne; im übrigen habe man so gut wie keinen Versuch unternommen, die tatsächliche Wirkung von TRIS auf den Menschen zu erforschen.[5] Oberflächlich betrachtet kritisierte Abelson nur dieses eine Verbot, im Grunde genommen stellte er jedoch die Grundannahmen der Reglementierungswissenschaften in Frage – ein Umstand, der Robert Harris vom Environmental Defense Fund nicht entging. In einem Leserbrief umriß Harris die Grundpositionen, die das NCI, die Gesundheitsbehörden, aber auch die Rechtsprechung in diesen Fragen vertraten.[6]

- 1978 referierte Ian Munro, ein prominenter kanadischer Wissenschaftler, auf einem Krebskongreß die wichtigsten der im Zusammenhang mit Tierversuchen und der Beurteilung von deren Ergebnissen auftretenden Probleme. Seine Analyse fiel so kritisch aus, daß er sich verpflichtet fühlte, sein Referat mit den folgenden Worten zu schließen: »Ich möchte Sie nicht mit dem Eindruck zurücklassen, daß Tierversuche ohne jeden Nutzen seien, aber es gibt noch viele Hindernisse zu bewältigen... für die Durchführung solcher Versuche gibt es bereits Richtlinien; jetzt fehlen uns noch Richtlinien für die Interpretation...«[7]
- 1979 berichtete William Burrows in der *New York Times,* daß Irving Selikoff, der maßgeblich an dem epidemiologisch durchgeführten Nachweis der Kanzerogenität von Asbest beteiligt war, zwar grundsätzlich für Tierversuche eintrete, in der Praxis jedoch wenig Zutrauen in deren Zuverlässigkeit setze: »Es besteht kein Grund zu der Annahme, daß eine Substanz, die bei Tieren Krebs erzeugt, dieselbe Wirkung auch auf den Menschen ausübt... Wenn sich Befunde noch nicht einmal von der Maus auf die Ratte extrapolieren lassen, wie soll man dann von der Maus auf den Menschen Rückschlüsse ziehen können?«[8] Selikoff hatte bereits in einem 1977 von Thomas Corbett veröffentlichten privaten Brief Zweifel an der Möglichkeit einer Tier-Mensch-Extrapolation angemeldet.[9]
- 1980 äußerte Richard Peto von der Universität Oxford, er zweifle daran, daß die aufgrund von Tierversuchen erlassenen Verbote bestimmter chemischer Substanzen dem Wohl der Allgemeinheit besonders zuträglich seien. Er stellte fest, »daß wir hinsichtlich der meisten toxischen Substanzen sowohl in quantitativer als auch in qualitativer Hinsicht über die positiven gesundheitlichen Folgen eines Verbots so gut wie gar nichts wissen... Die Ergebnisse von Tierversuchen stellen nicht einfach einen Patentschlüssel für die Berechnung des Risikos dar, dem der Mensch ausgesetzt ist.« Und er schlußfolgerte, wenn man bestimmte Tiere, die in manchen Organen relativ häufig »ein spontanes Krebswachstum« aufweisen, Hochdosistests unterziehe..., »so ist es nicht verwunderlich, daß so viele in Maximaldosen verabreichte chemische Substanzen im Tierversuch Krebs erregen«.[10]
- 1980 warnte Gio Batta Gori vom NCI vor der irrtümlichen Annahme, eine Methode, die von Grundlagenforschern einzig und allein zu dem Zweck entwickelt worden sei, um in Stämmen von Versuchstieren, de-

nen eine Neigung zur Entwicklung eines besonders intensiven Krebswachstums geradezu angezüchtet worden sei, die Mechanismen der Krebsentstehung besser erforschen zu können, lasse sich trotz aller Warnungen auf solche Tierversuchsreihen anwenden, deren Befunde auf menschliche Verhältnisse übertragen werden. Das Ergebnis sei, so Gori, die »Einschleusung eines willkürlichen Vorurteils« in sämtliche technische Aspekte an Tieren vorgenommener Kanzerogentests, angefangen von der Versuchsanordnung selbst bis hin zur Datenauswertung; und dieses Vorurteil führe pausenlos zu übertriebenen Kanzerogenzahlen und zu ebenso übertriebenen Risikoeinschätzungen.[11]

Es hat auch nicht an kritischen Stimmen gefehlt, die die Irrationalität »wissenschaftlicher« Kriterien angeprangert haben, deren Elastizität grenzenlos zu sein scheint. Einer dieser Kritiker war Jerome Cornfield, der prominente Statistiker, den ich bereits erwähnte. Er wies als erster auf einen der Reglementierungswissenschaft inhärenten geradezu absurden Widerspruch hin; diese »Wissenschaft« verteidigt nämlich einmal die Nullschwellentheorie mit dem Hinweis auf bisher nicht geklärte wissenschaftliche Fragen *und* zugleich mit dem Hinweis auf bestimmte wissenschaftliche Erkenntnisse. Cornfield wollte jedoch letztlich auf etwas anderes hinaus – er zielte auf die angeblich so »konservative Haltung« in Fragen der Risikoeinschätzung ab. Nachdem er den »Konservatismus« jeder Risikoeinschätzung als eine bloße Frage der jeweils zur Anwendung kommenden statistischen Theorie oder der Annahme dieses oder jenes »artspezifischen Konversionsfaktors« beschrieben hatte, stellte Cornfield die rhetorische Frage, wo denn der »Konservatismus« aufhöre, um dann festzustellen, daß eben das Problem darin bestehe, daß er nirgendwo aufhöre:

Warum sollte man sich also damit begnügen, nur die anfälligsten Spezies zu verwenden, den anfälligsten Stamm innerhalb einer Spezies oder das anfälligste Geschlecht? Warum sollte man nicht gleich die anfälligsten Einzeltiere verwenden und derart bei allen Dosierungshöhen eine Inzidenzrate von 100 Prozent erzielen. In der Praxis gibt es natürlich Grenzen; dann wird es jedoch schwierig zu verstehen, was der Begriff »konservativ« noch bedeuten soll.[12]

Das ist so »schwierig zu verstehen«, daß Cornfield gar nicht erst versuchte, es zu erklären, sondern nur seinen Spott über diese Frage ausgoß. Er ging dann gleich zu anderen Fragen über, die die Statistiker der Reglementierungswissenschaft faszinieren, und überließ den »Konservatismus« dessen eigenem Schicksal.

Auch Gary Flamm vom NCI machte eine ähnliche Beobachtung. Im Rahmen eines Kongresses erläuterte er die in biologischen Tests übliche

Protokollierungspraxis. »Das Protokoll wird ständig modifiziert«, erklärte er. »Wenn einem die Testergebnisse nicht gefallen, so modifiziert man das Protokoll so lange, bis die Befunde stimmen.« Das Problem werde jedoch aufgrund der Empfindlichkeit der neuen Instrumente noch weiter kompliziert, sagte er: »Analytische Chemiker«, so Flamm, »können in *allem* kleinste Mengen gefährlicher Substanzen aufspüren.« Und er fuhr fort: »Bei derartigen Dosierungen findet man, was immer man gerade finden möchte.«[13]

Diese Ausführungen maßgeblicher Fachleute sowie die vorhergehenden Ausführungen belegen zur Genüge, daß die sogenannte Krebsvorsorge sowie die Tierversuchspraxis und die Tier-Mensch-Extrapolation in wissenschaftlichen Kreisen schon seit längerem auf Skepsis und Mißtrauen gestoßen sind. Aber auch die auf der Grundlage undefinierbarer, nicht objektiver und beliebig dehnbarer Kriterien gewonnenen Resultate stießen auf Mißtrauen, und angesichts der *Herringus-rufus*-Mentalität entwickelte sich ein hohes Maß an Skepsis. Wo diese Mentalität vorherrschend ist, werden nur solche Wissenschaftler in Ehren gehalten, publiziert und als Menschheitsretter gefeiert, die etwas »Verdächtiges« gefunden haben.

Der medizinische Laie ist nicht daran gewöhnt, die Praxis der Tier-Mensch-Extrapolation angeprangert zu finden. Sein Wissen über die Reglementierungswissenschaft verdankt er im allgemeinen der Tages- oder Wochenpresse, die sich wiederum auf amtliche Verlautbarungen und Stellungnahmen publizitätssüchtiger Wissenschaftler stützt, die ihre realen oder eingebildeten Entdeckungen an die Öffentlichkeit bringen, bevor diese Resultate in wissenschaftlichen Kreisen überprüft beziehungsweise einer kritischen Diskussion unterzogen worden sind. Von Kritik hat der Durchschnittsbürger daher normalerweise noch nie etwas gehört. In der Öffentlichkeit wird im allgemeinen von regierungsamtlichen Sprechern die Tier-Mensch-Extrapolation nachdrücklich verteidigt und mehr oder weniger ausdrücklich der Eindruck erweckt, nur die Industrie opponiere gegen Tierversuche. Die intellektuellen Voraussetzungen selbst, unter denen solche Aussagen getroffen werden, werden in solchen Erklärungen jedoch meistens nicht vermittelt. Die nach außen hin apologetisch auftretenden Kritiker halten nach innen, das heißt in bezug auf ihre eigenen Kollegen, jedoch mit Kritik nicht zurück. In der wissenschaftsinternen Diskussion verweisen sie durchaus auf innerhalb ihrer Disziplin bestehenden Unvollkommenheiten und ungelöste Probleme. Ein Argument ist für sie jedoch unumstößlich – nämlich, daß es trotz mangelnden Wissens zu *handeln* gilt. Einige dieser Apologeten sind Gestalten wie Steven Jellinek von der EPA, der ausdrücklich auf den Titel »Wissenschaftler« verzichtet und sich als »Reglementierer« bezeichnet, wobei er den Unterschied zwischen den beiden Rollen darin erblickt, daß ein »Reglementierer« aus moralischen Gründen, auch wenn sein Wissen dazu eigentlich nicht ausreicht, umgehend handelt, sei er nun im Recht oder im Unrecht. Anderer Apologeten nennen sich zwar Wissenschaftler, vertreten jedoch ansonsten den gleichen Standpunkt und sind ebenfalls nicht bereit, sich durch die Grenzen ihres Wissens von staatlich-bürokratischen Übergriffen abhalten zu lassen. Einige von ihnen bringen ihre Verachtung wissenschaftlicher Disziplin ganz offen zum Ausdruck.

Wir müssen uns jetzt mit einer besonders grundlegenden Frage auseinandersetzen. In welchem Ausmaß repräsentieren die Kritiker der Reglementierungswissenschaften auf der einen und deren Apologeten auf der anderen Seite den im Bereich der Reglementierungswissenschaft bestehenden wissenschaftlichen Konsens? Wenn wie Tomatis berichtet, 1977 »Unzufriedenheit und Mißtrauen« die in bezug auf Tierversuche vorherrschenden Einstellungen waren, dann würde sich die Schlußfolgerung aufdrängen, daß die Wissenschaftler, die 1970 die Behauptung aufstellten, ein effizientes Krebsvorsorgeprogramm sei in erreichbare Nähe gerückt, diesen wissenschaftlichen Konsens nicht repräsentierten. Wenn, wie das OSHA von sich behauptete, 1978 die von dieser Behörde vertretenen Standpunkte den Konsens darstellten, so muß sich dieser Konsens innerhalb eines Jahres auf wundersame Weise umgekehrt haben – vorausgesetzt, Tomatis hat die Verhältnisse korrekt wiedergegeben. Es fällt schwer, der Behauptung des OSHA so unmittelbar Glauben zu schenken, da das Amt in der ganzen Auseinandersetzung zu eindeutig Stellung bezogen hat. Ich habe nur einen weiteren Bericht gefunden, der behauptete, die Apologeten repräsentierten den Konsens, und dieser Bericht stammt von David Rall, dem Direktor des NIEHS. Er wurde 1979 veröffentlicht und war nicht weniger optimistisch als Tomatis' Bericht pessimistisch gewesen war. Rall erklärte darin:

Diese Beispiele wecken in mir die Überzeugung, daß die Kanzerogenidentifizierung in einer geradezu revolutionären Wandlung begriffen ist. Im Jahre 1775 bediente sich Sir Percival Pott epidemiologischer Mittel, um Kanzerogene zu identifizieren. In den sechziger und siebziger Jahren dieses Jahrhunderts führten Wissenschaftler wie Nelson van Duuren, Maltoni und viele andere Tierversuche durch, um chemische Substanzen zu untersuchen, die später auch als Humankanzerogene nachgewiesen wurden. Wir haben in den vergangenen 200 Jahren eine Menge dazugelernt.

Die Wissenschaft, aber auch die Zeichen der Zeit erkennende Juristen und Politiker fangen an, daran zu glauben, daß die Ergebnisse von Tierversuchen durchaus dazu herangezogen werden können, kanzerogene Wirkungen auch beim Menschen zu prognostizieren.[14]

In einer bezeichnenden Hinsicht bestätigte Ralls Freude Tomatis' Bekümmerung: Wenn »die« Wissenschaft 1979 gerade erst anfing zu glauben, »daß die Ergebnisse von Tierversuchen durchaus dazu herangezogen werden können, kanzerogene Wirkungen auch beim Menschen zu prognostizieren«, dann hatte »die« Wissenschaft zuvor an diese Möglichkeit offenbar nicht geglaubt. Aber Ralls Feststellung war auch noch in einer anderen Hinsicht interessant – er selbst war sozusagen abtrünnig geworden. Wenn man seine Feststellung sorgfältig durchliest, so fällt auf, daß er sich selbst nirgendwo zu der Aussage bekennt, »daß die Ergebnisse von Tierversuchen durchaus dazu herangezogen werden können, kanzerogene Wirkungen auch beim Menschen zu prognostizieren«; er schließt dies zwar nicht aus, bekennt sich allerdings auch nirgendwo ausdrücklich zu diesem Standpunkt. Zu einem eindeutigen Bekenntnis fehlte ihm vermutlich angesichts des Forums, vor dem er sprach, der Mut.

Es gibt aber noch einen anderen Grund zu der Annahme, daß »die« Wissenschaft Tierversuchen äußerst skeptisch gegenübersteht, und zwar die mysteriöse Auseinandersetzung über den wissenschaftlichen Status der Krebsvorsorge. Dieser Status ist nämlich ein Hirngespinst. Es scheint sich bei dieser Auseinandersetzung also wieder einmal um eine der zahlreichen so täuschend echt wirkenden Kontroversen zu handeln, die in reglementierungswissenschaftlichen Kreisen an der Tagesordnung sind. Kein Fachmann, egal was er vor dem Kongreß, der Presse oder in der Öffentlichkeit auch sagen mag, um die traurige Wahrheit zu verschleiern, würde es wagen, in einer *wissenschaftlichen* Veröffentlichung die Qualität der Reglementierungswissenschaft zu loben oder zu bestreiten, daß sie ganz wesentlich auf Unwissenheit, subjektiven Überzeugungen und Werturteilen basiert.

Was aber läßt dann so nachdrücklich den Eindruck entstehen, daß zwischen den Befürwortern und den Kritikern der Reglementierungswissenschaft ein Streit über theoretische und praktische Grundvoraussetzungen ihrer Arbeit im Gange sei? Wiederum drängt sich der Eindruck auf, daß der Streit sich eigentlich um etwas anderes dreht, das die streitenden Parteien jedoch nicht beim Namen nennen wollen. Hinter den Kulissen dieser Welt wird ein harter Kampf ausgefochten, der auch in allen spezifischen sachlichen Auseinandersetzungen sichtbar wird. Welchen Standpunkt dabei die Beteiligten im einzelnen einnehmen, hängt davon ab, ob sie für mehr oder weniger Reglementierung eintreten. Es gibt allen Grund zu der

Annahme, daß die Wurzel dieser tiefgreifenden und namenlosen Auseinandersetzung in politischen Überzeugungen zu suchen ist – und insbesondere in der Haltung der jeweiligen Kontrahenten gegenüber der Industrie.

Fraglos ist – da das Phänomen der Kanzerogenität nicht strittig ist – die Nullschwellentheorie die in dieser Auseinandersetzung am heftigsten umkämpfte Position. Mit dem Problem der »No-Threshold-Theorie«, für das eine wissenschaftliche Lösung nicht in Sicht ist, weil es auf moralische Entscheidungen zurückzuführen ist, steht und fällt das ganze Krebsvorsorgeprogramm. Die »No-Threshold-Theorie« stellt außerdem einen Pauschalangriff auf die industrielle Produktionsweise sowie jegliches Wirtschaftswachstum dar. Die diversen für oder gegen diese unbeweisbare Theorie vorgebrachten wissenschaftlichen Argumente sind dem Leser dieses Buches inzwischen bekannt, aber es gibt drei grundlegende politische Aspekte des Schwellenproblems:

- Lewis Thomas vom Sloan-Kettering-Institut nennt diesen Konflikt »eine ideologische Auseinandersetzung und eine Glaubensfrage« und stellt weiter fest, daß das Dilemma, vor das dieser Streit die US-Gesundheitsbehörden sowie die amerikanische Industrie insgesamt, insbesondere jedoch die chemische Industrie stellt, »fast unlösbar« sei. Er geht davon aus, daß diese Kontroverse innovationshemmend wirkt, weil, »wenn es Schwellen grundsätzlich nicht gibt, dann gibt es auch keine unbedenklichen chemischen Substanzen«.[15]
- Elizabeth Miller, die gemeinsam mit ihrem Ehemann James die für die Grundlagenforschung bedeutungsvolle Entdeckung machte, daß Kanzerogene häufig erst Produkte metabolischer Aktivierung seien, sprach vor der Amerikanischen Vereinigung für Krebsforschung (AACR) über die Probleme hochindustrialisierter Gesellschaften. Sie trat für eine Nutzen-Risiko-Philosophie ein und erklärte: »Allein die Tatsache, daß eine bestimmte *in sehr hohen Dosierungen* im Tierversuch verwendete chemische Substanz Krebs verursacht, dürfte noch kein hinreichender Grund dafür sein, der Allgemeinheit ihre nützlichen Wirkungen vorzuenthalten.«[16]
- Samuel Epstein nahm in dieser Frage einen genau entgegengesetzten Standpunkt ein. Er erklärte vor dem OSHA, daß nur »Delaneys Null-Toleranz-Konzept« wissenschaftlichen Ansprüchen genüge, das heißt, daß eine »sichere« Dosis nicht existiere und daß alle, die das Null-Toleranz-Konzept kritisieren, »dies ganz eindeutig zum Schutz industrieller Interessen tun«; und daß diese Kritiker vor allem »durch Inkompetenz und mangelnde wissenschaftliche Anerkennung in Fachkreisen« charakterisiert seien.[17]

Diese drei Stellungnahmen gegenüber der Nullschwellentheorie – jener Theorie, die behauptet, daß bereits ein Molekül eines Kanzerogens möglicherweise ausreiche, um Krebs zu verursachen, und daß man diese Theorie daher allein schon aus Gründen der Moral akzeptieren müsse – reflektieren die drei Standpunkte, die in wissenschaftlichen Kreisen, allerdings unter Ausschluß der Öffentlichkeit, gegenüber der staatlichen Reglementierungspolitik eingenommen werden. Die Öffentlichkeit lernt jedoch im allgemeinen nur die Argumente der Reglementierungsbefürworter kennen. Diese drei Positionen beinhalten jedoch noch mehr als nur einen Streit über den Sinn und die Berechtigung staatlicher Bevormundung. Sie zeigen den pathologischen Zustand einer Pseudowissenschaft auf, die in der Praxis nur auf eines abzielt: nämlich Unterminierung unserer industriellen Zivilisation im Namen der Ignoranz und der Ideologie. Und sie bieten auch eine Erklärung dafür, warum Ignoranz und Ideologie gesiegt haben.

Es bedarf schon einer sehr lebhaften Vorstellungskraft, um dies zu begreifen. Man muß sich nur einmal vorstellen, die drei Wissenschaftler hätten diese Stellungnahmen am selben Tag und am selben Ort abgegeben und hätten sich während ihres jeweiligen Vortrags gegenseitig in die Augen sehen können, wobei Jerome Cornfield die Funktion eines Moderators übernommen hätte. Samuel Epstein hätte es vermutlich blitzschnell die Sprache verschlagen. Seine Stellungnahme ist schlicht und ergreifend eine Beleidigung: Er erklärt, daß jeder, der hinsichtlich der Ein-Molekül-Theorie anders denkt als Epstein selbst, von der Industrie gekauft und im übrigen hinsichtlich der chemisch bedingten Kanzerogenese ein Ignorant sei. Wenn er derartiges gegenüber Lewis Thomas und Elizabeth Miller äußern würde, so würde vermutlich selbst Ralph Nader erbleichen. Epstein könnte sich in dem Fall nur noch auf eine Position zurückziehen. Er könnte erklären, man müsse die Nullschwellentheorie *einerseits* wegen der heute noch bestehenden Unwissenheit und andererseits wegen sämtlicher »wissenschaftlicher« Argumente, die für diese Theorie sprechen, akzeptieren. Und bei dieser Gelegenheit würde Jerome Cornfield vor Lachen vom Stuhl fallen und seine Vermittlerdienste beenden. Und Lewis Thomas und Elizabeth Miller würden sich abwenden und ihre Unterhaltung fortsetzen und etwa sagen:

Elizabeth Miller: Ich bin für eine Nutzen-Risiko-Abwägung. Lewis Thomas: Und wie wollen Sie diese Faktoren berechnen?

Und Elizabeth Miller würde verstummen, denn auf diese Frage gibt es keine Antwort. Wenn man die Risiken nicht berechnen kann, dann kann man auch den Nutzen nicht berechnen. Und an Samuel Epstein könnte man nur die Frage richten: »Woher nehmen Sie das *Recht,* auf der Basis einer völlig unwissenschaftlichen persönlichen Überzeugung unsere ganze industrielle Zivilisation anzugreifen?« Und keiner der erwähnten Wissenschaftler würde sich trauen, diese Frage öffentlich zu beantworten.

Gibt es denn eigentlich Wissenschaftler, die im privaten Gespräch auf diese Frage eine Antwort geben? – Ja, sogar viele. Aber genau weil diese Gespräche vertraulich waren, kann ich sie hier nicht wiedergeben. Wir müssen uns daher auf offizielle Stellungnahmen stützen. In diesem Buch finden sich zahlreiche derartige Erklärungen. Sie deuten darauf hin, daß es viele Wissenschaftler gibt, die davon überzeugt sind, daß die Tier-Mensch-Extrapolation allein keinerlei Gewähr für eine wissenschaftlich glaubwürdige Krebsvorsorgepolitik darstellt. Die Tier-Mensch-Extrapolation ist von Anfang bis Ende ein Ratespiel, denn die diesem Vorgehen zugrunde liegenden Hypothesen sind wissenschaftlich unbeweisbar. Während der vergangenen sieben Kapitel haben wir eine bittere und völlig sinnlose Auseinandersetzung verfolgen können. Zur Charakterisierung dieser Auseinandersetzung ist am besten eine Passage aus dem ersten Kapitel dieses Buches geeignet, die ich an dieser Stelle noch einmal einfügen möchte:

Es gibt heutzutage tatsächlich Wissenschaftler, die von einem tiefen Mißtrauen, ja sogar von Feindseligkeit gegenüber Wissenschaft und Technologie erfüllt sind. Sie lassen sich von der Überzeugung leiten, die industrielle Zivilisation der westlichen Welt zerstöre das Leben auf der Erde und müsse gebremst und zur Umkehr gezwungen werden.

Die apokalyptische Idee besitzt größeren Einfluß auf diese Wissenschaftler als alle klassischen Grundsätze der Wissenschaft. Sie sind bereit, im Namen dieser Vorstellung alle Regeln der Wissenschaft zu verwerfen. Selbst wenn ihnen völlig klarsein muß, daß das zur Verfügung stehende Datenmaterial nicht ausreicht, die apokalyptische Idee aufrechtzuerhalten, sind sie nicht bereit, die von der Vernunft diktierten Grenzen ihrer Verallgemeinerungen zu akzeptieren. Sie erheben Unkenntnis zu einer Art von Pseudowissen, welches Myrdal einmal als »Quasi-Gelehrtheit« bezeichnet und das Nagel ein »verschleierndes Surrogat echten Wissens« genannt hat. Dieses Pseudowissen ziehen sie immer wieder heran, um ihre Erwartung der Katastrophe rational zu erklären. Die Charakteristika dieses Pseudowissens sind: inhaltlose Begriffe, unzulässige Extrapolationen, Schlußfolgerungen auf der Basis nichtexistierenden oder unzureichenden Datenmaterials, Absage an die Logik. Die Integration von moralisch-ethischen Positionen in ihr »wissenschaftliches« Denken ist in einem Maße standardisiert, daß sie bereits ein pseudo-wissenschaftliches Paradigma darstellt. Im folgenden werde ich es als das »apokalyptische Paradigma« bezeichnen.

Seit dieses »apokalyptische Paradigma« existiert, besteht ein unvereinbarer Widerspruch zwischen der »traditionellen« und der apokalyptischen Wissenschaftsauffassung, die sich an eben diesem »apokalyptischen Paradigma« immer wieder neu entzündet.

Wir haben auf unserer Reise allenthalben Spuren dieses pseudowissenschaftlichen Paradigmas entdeckt. Wir können daher auch sagen, wo es seine größte Wirksamkeit entfaltet, und *zwar im Rahmen des offiziellen Krebsvorsorgeprogramms.* Tatsächlich spielt das »apokalyptische Paradigma« in der Krebsforschung die gleiche Rolle, die es auch in der allgemeinen Umweltbewegung gespielt hat: Zwar ist dieses Paradigma zur Erzeugung brauchbaren Datenmaterials völlig ungeeignet und kann auch hinsichtlich menschlicher Krebserkrankungen keinerlei seriöse Prognosen gewährleisten, aber es behauptet, wir seien von einer schrecklichen Katastrophe bedroht, so daß uns für Fakten, Logik und für die allmähliche und gründliche Entwicklung einer wirklichen prognostischen Wissenschaft keine Zeit mehr bleibt – *falls* eine solche prognostische Wissenschaft überhaupt möglich ist.

Wo es einmal die Oberhand gewonnen hat, dort entfaltet das »apokalyptische Paradigma« ein geradezu pathologisches Eigenleben. Es läßt nur noch Raum für Hysterie, für »Mißtrauen«, wissenschaftliche »Fiktionen«, »Mythen« und Demagogie – und für die Anwendung politischer Macht, die dazu dient, der Industrie und der Allgemeinheit – in erster Linie jedoch der akademischen Opposition – anstelle strikter Wissenschaftlichkeit moralische und politische Standpunkte aufzuzwingen. Es stellt einen offenen Angriff gegen jegliche Innovation, Produktivität und wirtschaftliche Entfaltung dar; das zu erkennen ist nicht schwierig, da die apokalyptischen Wissenschaftler diesbezüglich kein Blatt vor den Mund nehmen. Worüber sie jedoch nicht reden, ist die bedeutungsvolle Tatsache, daß dieses Paradigma den freien Ideenaustausch behindert. Wir haben es also mit einem zutiefst antiintellektuellen beziehungsweise antiwissenschaftlichen Phänomen zu tun.

Charakteristischerweise herrscht innerhalb der Grenzen der aus diesem Paradigma abgeleiteten wissenschaftlichen Modelle ein unüberschaubares argumentatives Chaos. Wir haben Hunderter von Buchseiten bedurft, um dem Leser einen Eindruck von der über das Problem der Tier-Mensch-Extrapolation geführten Debatte zu vermitteln. Aber diese Kontroverse hat weder die Presse noch die Öffentlichkeit erreicht. In einer Situation, da der Presse und der Öffentlichkeit regierungsamtliche Erklärungen als Wissenschaft verkauft werden, wissen Presse und Öffentlichkeit über die wirkliche wissenschaftliche Auseinandersetzung so gut wie nichts. Sie sind nur mit der Stimme der »offiziellen« Wissenschaft vertraut – also mit der Stimme der staatlich verordneten Wissenschaft. Wann immer in einer Gesellschaft die Stimme einer staatlich verordneten Wissenschaft vernehmbar wird, verstummt die wissenschaftliche Opposition – die ohne den Schutz des Staates kaum überlebensfähig ist – und wird aus dem öffentlichen Bewußtsein verdrängt. Letztlich führt das »apokalyptische Paradigma« zu einem abgemilderten Lysenkoismus – abgemildert deshalb, weil es den »oppositionellen« Wissenschaftlern freigestellt ist, in Spezialzeitschriften zu veröffentlichen, die die Presse oder eine breitere Öffentlichkeit so gut wie nie zu Gesicht bekommen. Es ist ihnen schlichtweg nicht gestattet, in Situationen, da die Presse und die Öffentlichkeit davon Wind bekommen könnten, Kritik an der staatlich sanktionierten Wissenschaft zu üben. Die einzige gegen die »offizielle« Wissenschaft gerichtete Kritik, von der wir als Laien unterrichtet sind, stammt von für die Industrie tätigen Wissenschaftlern, denen jedoch Bestechlichkeit vorgeworfen wird. So hat man der Öffentlichkeit nicht nur die zwischen verschiedenen wissenschaftlichen Richtungen bestehenden tiefgreifenden Meinungsverschiedenheiten vorenthalten, sondern zugleich gepredigt, die staatlich verordneten wissenschaftlichen »Wahrheiten« seien moralisch und intellektuell unanfechtbar und jede abweichende Meinung stelle nur einen Beweis für moralische und intellektuelle Korrumpiertheit dar.

Wir wissen inzwischen, wie es zu dieser kulturellen Fehlentwicklung gekommen ist. Ich habe zwei Zitate an den Anfang dieses Kapitels gestellt. Das erste bezieht sich auf den historischen Ursprung dieses Zerrbilds, der in der apokalyptischen Bewegung zu suchen ist. Das zweite stammt von dem Genetiker Leon Rosenberg und umreißt noch einmal in aller Kürze den Begriff der Wissenschaft. Es heißt dort: »Die wissenschaftliche Methode stützt sich im wesentlichen auf zwei Grundvoraussetzungen – eine Hypothese oder Idee und auf die technischen Mittel, die Richtigkeit der jeweiligen Hypothese zu überprüfen.« Wie das IARC und das National Toxicology Program widerstrebend zugeben, ist die Toxikologie gegenwärtig kaum imstande, die Hypothese, eine spezifische Substanz sei in einem gegebenen Stamm von Versuchstieren krebserregend, zu verifizieren. Und wie die Reglementierungswissenschaft immer wieder selbst erklärt, ist sie außerstande, ohne Humandaten, das heißt ohne Zuhilfenahme epidemiologischer Befunde die Hypothese zu beweisen, daß in sich widersprüchliche und inkohärente Tierversuchsergebnisse Rückschlüsse auf den Menschen zulassen. Eine ausschließlich sich auf die Ergebnisse von Tierversuchen stützende Krebsvorsorge ist eine wissenschaftliche Disziplin, die ihre Wissenschaftlichkeit erst noch zu beweisen hat. Sie ist eine moralische Illusion und verdankt ihre Entstehung dem »apokalyptischen Paradigma«, einer »neuen Toxikologie«, die auf empirische Befunde keine Rücksicht mehr nimmt, der Erfindung von Ersatzformen einer wissenschaftlichen Prognostik und den gesetzlichen Bestimmungen, die strikte wissenschaftliche Disziplin für entbehrlich erklären. Jenseits dieser moralischen Illusion tut sich ein Vakuum auf – und in diesem Vakuum arbeitet eine große Zahl von schweigenden Wissenschaftlern, die, wenn man Lorenzo Tomatis vom IARC Glauben schenken darf, niemals ernsthaft davon überzeugt gewesen sind, daß es überhaupt möglich sei, von Versuchstieren auf den Menschen zu schließen.

Im letzten Kapitel dieses Buches werde ich nun zwei Krisen beschreiben, die auf die schließliche Auflösung des »apokalyptischen Paradigmas« vorausweisen. In diesem Zusammenhang werde ich auch eine Antwort auf die letzte noch nicht geklärte Frage geben, und diese Frage lautet: Warum haben manche Reglementierungswissenschaftler Angst vor der Öffentlichkeit?

TEIL V

DER PLANET ERSCHEINT

Kapitel 15

Ein Paradigma in der Krise

Wenn niemand Bescheid weiß, irgendwer sich jedoch den Anschein des Wissens geben muß, so gewinnt das Handeln einer öffentlichen Institution etwas Theatralisches. Die Menschen, die für eine solche Institution arbeiten, beschäfgtigen sich dann zunehmend mit der Erscheinung der Dinge, mit dem Eindruck, den die Dinge erwecken, und weniger mit deren angeblicher Bedeutung.[1]

– Lewis Lapham, Herausgeber
von Harper's, 1978

Wie außergewöhnlich!... Die reichste, am besten geschützte, technisch am höchsten entwickelte Zivilisation, die über den höchsten Grad an Einsicht in ihre eigene Technologie verfügt, ist dabei, sich völlig der Angst hinzugeben.[2]

– Aaron Wildarsky, Politologe,
Universität von Kalifornien,
New York Times, 1979

Die kanzerogene Wirkung von aus Tryptophanpyrolysat isolierten mutagenen Verbindungen bei Mäusen.[3]

– Norio Matsukura, Takashi Kawachi,
Kazuhide Morino, Hiroko Ohgaki,
Takashi Sugimura, und
Shozo Takyama, Science, 1981.

Wenn man auf der Basis grundlegend falscher Berechnungen ein Gebäude errichtet, so wird dieses Gebäude schließlich in sich zusammenkrachen. Das gleiche gilt auch für bürokratisch-politische Strukturen und für wissenschaftliche Konzeptionen, obwohl der Prozeß hier viel langsamer verläuft, weil er durch unerschütterliche Gläubigkeit, politische Machtverhältnisse und materielle Interessen jahrzehntelang am Leben gehalten werden kann. Das von der Reglementierungswissenschaft aus gesetzlichen und begrifflichen Bestimmungen errichtete Gebäude weist inzwischen infolge von zwei Krisen erhebliche Risse auf. Die erste ist eine praktische Krise – nämlich die Lähmung des Krebsvorsorgesystems. Die zweite beruht auf einem philosophischen Problem – nämlich der Erkenntnis, daß auch die *Natur* kanzerogen sein kann, wodurch die apokalyptischen Prämissen der Reglementierungswissenschaft erheblich ins Wanken geraten.

Die praktische Krise

Um die praktische Krise zu verstehen, müssen wir einen Schritt zurückgehen und die hinsichtlich der chemisch bedingten Kanzerogenese gemachten Entdeckungen in ihrer historischen Reihenfolge betrachten. Diese Reihenfolge widersprach den Gesetzen der Logik, und diesen Mangel an Logik erläuterte Isaac Berenblum 1974 auf höchst aufschlußreiche Weise:

Die Reihenfolge, in der Entdeckungen gemacht werden, richtet sich nicht immer nach den Gesetzen der Logik. So werden die grundlegenden Prinzipien normalerweise nicht als erste und die sachlich weniger bedeutenden Faktoren an zweiter Stelle entdeckt, sondern das Gegenteil ist meistens der Fall. Auf dem Feld der Kanzerogeneseforschung wäre es beispielsweise wesentlich sinnvoller gewesen, wenn die Entdeckungen in der folgenden Reihenfolge gemacht worden wären: (a) die natürlich vorkommenden Kanzerogene, (b) die künstlich hergestellten Kanzerogene, die in der Umwelt des Menschen anzutreffen sind, und (c) die »exotischen« Kanzerogene (angefangen von den simplen Modellen bis hin zu den komplizierten Strukturen), die im Labor synthetisiert werden. Die historische Reihenfolge war jedoch (b) – (c) – (a).

Aber man darf den historischen Ansatz nicht ganz außer acht lassen. Die Auswahl der Experimente beruht gewöhnlich auf Arbeitshypothesen, die aus dem bisher angesammelten Wissen abgeleitet werden, und die Interpretation der Ergebnisse läßt sich nicht von der historischen Entwicklung des Forschungsgebietes trennen.[4]

Berenblum beschränkte sich 1974 noch auf die Aussage, es wäre »sinnvoller gewesen«, wenn der Erkenntnisfortschritt sich in logischen Bahnen vollzogen hätte; aber bereits fünf Jahre später bezeichnete John Higginson diese den Gesetzen der Logik zuwiderlaufende Entdeckungsgeschichte als äußerst problematisch: »... das ganze Problem der umweltbedingten Kanzerogenese ist durch die Tatsache nur noch mehr verwirrt worden, daß zunächst die am Arbeitsplatz bestehenden Risiken entdeckt wurden und daß einzig und allein dieser Umstand das Denken seither geprägt hat...«[5] Das »ganze Problem der umweltbedingten Kanzerogenese« rührt jedoch nicht von der zufälligen Reihenfolge der ursprünglichen Entdeckungen her, die im Leben wie in der Wissenschaft unvermeidlich ist, sondern von der Tatsache, daß lange nachdem der zwischen den einzelnen Entdeckungen bestehende logische Zusammenhang offenbar war, der konzeptionelle Grundansatz der Reglementierungswissenschaft eingefroren und per Gesetz dekretiert wurde.

Das Problem läßt sich am besten verstehen, wenn man sich vorstellt, was geschehen wäre, wenn die Krebsforscher ihre Entdeckungen zufällig in der richtigen Reihenfolge gemacht hätten. Sie hätten sich dann zunächst (a) mit der Natur beschäftigt – einem radioaktiv-kanzerogen-mutagenen Planeten. Nach einer – wahrscheinlich Jahrzehnte dauernden – Phase intensivster Naturerforschung hätten sie sich (b) vermutlich darangemacht zu untersuchen, wie durch den einfachen Umstand der Manipulation von bestimmten Substanzen und Molekülen der Mensch auf unserem Planeten das Spektrum natürlicher Radioaktivität, Kanzerogenität und Mutagenität erweitert hat. Während es schwierig ist zu mutmaßen, was die Krebsforscher in der Folge tun würden, so läßt sich (c) doch mit Sicherheit feststellen, daß sie viel Zeit damit verbracht hätten, über den Zusammenhang zwischen Humankanzerogenese und unserem Planeten beziehungsweise dem Universum nachzudenken. Aber man kann mit Sicherheit sagen, daß sie vor dem Surgeon General und dem US-Kongreß nicht in der Pose der Unfehlbarkeit verkündet hätten, daß bereits ein Molekül von Spinat möglicherweise ausreichend sei, um Krebs zu erzeugen.

Die Entdeckungen wurden jedoch nicht in logischer Folge gemacht. Unter den gegebenen Umständen war es völlig vernünftig, daß die Wissenschaftler, als sie feststellten, daß vom Menschen hergestellte Substanzen kanzerogen seien, anfingen, das gesamte Spektrum synthetisch hergestellter chemischer Substanzen systematisch zu durchforsten. Aber es sprach, wie wir bereits gesehen haben, gegen jede Vernunft, die Behauptung aufzustellen, die Natur sei ein Garten Eden, Kanzerogene seien überwiegend »unheilvolle« Artefakte der Nachkriegswissenschaft und -technik und man könne die meisten Krebserkrankungen durch ein Verbot der »Industriekanzerogene« verhindern.

Die offizielle Übernahme der Theorie von der Alleinschuld der Industrie läßt sich nicht auf die Logik der Wissenschaft selbst zurückführen. Sie läßt sich nur durch den Zeitgeist jener Periode erklären.

Wir müssen daher noch einmal kurz auf jenes kulturelle Phänomen zu sprechen kommen, daß die Geschichte der Erforschung der chemisch bedingten Kanzerogenese so stark beeinflußt und die Krebsforschung in ihrer gegenwärtigen Form hat erstarren lassen. Es handelt sich um den apokalyptischen Wahnsinn, der von wissenschaftlich gebildeten Ökologen entfacht und legitimiert wurde – das heißt um die sogenannte Umweltbewegung. Diese Massenbewegung ermutigte die auf dem Gebiet der umweltbedingten Krebserkrankungen forschenden Wissenschaftler, sich zu der völlig irrationalen Ansicht zu bekennen, Krebserkrankungen seien in erster Linie das Ergebnis der modernen Wissenschaft und Technik, und der Schlüssel zu einer effizienten Krebsvorsorge liege in der Jagd nach »Industriekanzerogenen«. Vor dem damaligen kulturellen Hintergrund mag die irrationale Haltung verständlich erscheinen, aber zweifelsohne wurde zu jenem Zeitpunkt ein fataler Irrtum begangen. Die Jagd nach Industriekanzerogenen wurde gesetzlich festgeschrieben und löste unmittelbar eine Non-stop-Serie von Krisen aus, weil niemand genau wußte, *wie* diese Jagd eigentlich vonstatten gehen solle. Ein aus der Zeit unmittelbar vor der Verabschiedung des TSCA stammendes Dokument vermittelt eine Vorstellung von dem Druck, den das NCI auf andere, diesem Institut nicht angehörende Wissenschaftler ausübte, die sich noch gar nicht darüber im klaren waren, ob die Ergebnisse der Tierversuche, die die Grundlagenforschung zwecks Erforschung der Kanzerogenesemechanismen anstellte, überhaupt direkt auf den Menschen übertragbar seien. 1975 schrieb Frank J. Rauscher, der Direktor des Nationalen Krebsprogramms der USA, einen Brief an Philippe Shubik, Berenblums langjährigen Mitarbeiter. Darin hieß es:

> Wie Sie wissen, zielen unsere gegenwärtigen Aktivitäten mit voller Unterstützung des NCI darauf ab, Erkenntnisse über umweltbedingte Krebserkrankungen, insbesondere über die chemisch bedingte Kanzerogenese zu gewinnen... Der auf uns und den übrigen Gesundheitsbehörden lastende Druck wird in erster Linie vom NCI ausgeübt, und wir müssen daher auf die unvermeidlichen Fragen vorbereitet und imstande sein, mit verantwortungsvollem Rat zur Verfügung zu stehen. Deshalb bitte ich Sie als den Vorsitzenden des Komitees für umweltbedingte Krebserkrankungen innerhalb des Nationalen Krebsbeirates, mit allen notwendigen Mitteln herauszufinden, ob der gegenwärtige Stand der Wissenschaft die Aufstellung definitiver Richtlinien der Interpretation gestattet, insbesondere hinsichtlich des Dosierungsproblems und des Risiko-Nutzen-Aspektes.[6]

Es mag dem Leser so erscheinen, als sei der Direktor des Nationalen Krebsprogramms aus irgendeinem Grund über die bemerkenswerten Fortschritte der Toxikologie nicht informiert gewesen. Es spricht jedoch nur wenig für diese Annahme. Ebenfalls 1975 erklärte David Rall, der Direktor des NIEHS, vor einem Senatsausschuß, es müßten umgehend gesetzliche Regelungen getroffen werden, um durch gefährliche Chemikalien, einschließlich kanzerogener Substanzen, verursachte Schäden zu verhindern; eine solche Gesetzgebung verglich er mit »medizinischer Prophylaxe«, und er sprach sich nachdrücklich dafür aus, um dann fortzufahren:

Ich sollte jedoch noch darauf hinweisen, daß die Toxikologie noch erhebliche Wissenslücken aufweist, und zwar nicht nur in den Vereinigten Staaten, sondern in der ganzen Welt. Diese Wissenschaft kann auf ihrem gegenwärtigen Entwicklungsstand mit den Problemen, vor die sie sich gestellt sieht, noch nicht Schritt halten.[7]

Rall erklärte weiter, daß »uns die geringe Zahl kompetenter Toxikologen Sorgen bereitet«, und bezifferte diese Zahl für die USA mit 900, »eine sehr kleine Gruppe angesichts der großen Zahl chemischer Verbindungen«. Senator John Tunney zeigte sich tief beeindruckt: Er tat sein Interesse an der Ausbildung zusätzlicher Toxikologen kund und sagte dann zu Rall: »Ich möchte Ihnen meinen Dank dafür sagen, daß Sie uns diesen zusätzlichen Einblick in die Problematik des Gesundheitsschutzes gegeben haben.«[8] Es fiel dem Senator offenbar gar nicht ein, Rall eine sehr einfache Frage zu stellen: Wenn die Toxikologie »auf ihrem gegenwärtigen Entwicklungsstand mit den Problemen, vor die sich sich gestellt sieht, noch nicht Schritt halten kann« und wenn es zum damaligen Zeitpunkt (1975) in den USA nur 900 Toxikologen gab, wie gelangte Rall dann zu der Einschätzung, man könne angesichts einer Zahl von 50000 bis 60000 noch zu testenden industriell hergestellten chemischen Substanzen »Prävention« betreiben, von den jährlich neu hinzukommenden Verbindungen einmal ganz abgesehen? Er hätte auch fragen können, ob es eigentlich genügend Labors, Mäuse und Geld gebe, um dieser Aufgabe gewachsen zu sein. Aber derartige Fragen wurden nicht gestellt. Auf solche Informationen kam es dem Senator offenbar nicht an.

Das neue Gesetz war kaum verabschiedet, da stand die Reglementierungswissenschaft bereits wieder vor einem schwerwiegenden sowohl praktischen als auch theoretischen Problem. Die Frage, die Senator Tunney zu stellen unterlassen hatte, erwies sich nun doch als äußerst wichtig. Und ebenso wie bekannt war, daß es eine wissenschaftliche Methode, wie man auf der Basis von Tierversuchen Prognosen hinsichtlich der kanzerogenen Wirkung der jeweiligen Testsubstanzen auf den menschlichen Organismus aufstellen könne, nicht gibt, so waren auch in allen anderen Bereichen die praktischen Probleme im voraus bekannt, und sämtliche der folgenden Krisen waren daher vorhersagbar gewesen.

Die erste vorhersagbare Krise stellte sich ein, als man sich der schieren Zahl der als »kanzerogenverdächtig« geltenden Substanzen bewußt wurde. Allein die damals existierende Literatur verzeichnete Tausende dieser Substanzen, und die industrielle Produktion und Emission war dabei noch gar nicht berücksichtigt – eine Tatsache, auf die Thomas Maugh und Jean Marx in ihrem Buch *Seeds of Destruction* bereits ein Jahr vor der Verabschiedung des TSCA hingewiesen hatten.[9] Auf die von den Nationalen Gesundheitsinstituten eingesetzte Fachkommission wirkten diese Zahlen jedoch wie ein Schock, und Gary Flamm, ein Mitglied dieser Kommission, erklärte: »Es gibt mehr Kanzerogene, als wir jemals angenommen haben, und sie sind weiter verbreitet und schwieriger unter Kontrolle zu bringen, als wir bisher vermutet haben.«[10] Zwei Jahre später berichtete John Walsch in *Science,* das »offensichtlichste Problem« der EPA sei die Tatsache, daß 63000 Chemikalien in Umlauf seien und daß jedes Jahr 1000 neue chemische Verbindungen hinzukommen. Daher »tauchte zwei Jahre nach Verabschiedung des TSCA die Frage auf, ob das Gesetz überhaupt durchführbar ist...«[11] Drei Jahre nach der Verabschiedung des Gesetzes erklärte Isaac Berenblum ohne nähere Begründung, die Durchführung angemessener Tierversuche sei bei jährlich 1000 neu hinzukommenden chemischen Substanzen »unmöglich«.[12] Und vier Jahre nach der Verabschiedung des TSCA erklärte Gus Speth, der Vorsitzende der Strategiekommission zur Kontrolle toxischer Substanzen gegenüber dem damaligen Präsidenten Carter in feierlichem Erstaunen: »Bis vor kurzem haben offenbar alle Verantwortlichen – Parlamentarier, Behörden, Wissenschaftler und Industrievertreter – den Umfang des Forschungs- und Verwaltungsaufwandes unterschätzt...«[13] Die Kommission erklärte außerdem: »Sämtliche Daten und Informationen zu sammeln, deren es bedarf, um die Wirkmechanismen toxischer Substanzen zu verstehen, und effiziente Methoden zur Reduzierung oder gar Eliminierung dieser Substanzen zu entwickeln, ist eine herkulische Aufgabe. Es ist noch nicht bekannt, wie viele zehntausend im Handel befindliche chemische Substanzen ein Gesundheitsrisiko darstellen, und noch weniger, in welchen ›Dosierungen‹ und unter welchen Umständen.«[14] Warum die Speth-Kommission auf alle diese Fragen mit einem solchen Erstaunen reagierte, ist unmöglich zu sagen, da diese Fragen bereits seit Jahren offenkundig waren.

Aber die »Reglementierungswissenschaft« sah sich nicht nur durch die schiere Zahl existierender Chemikalien und angeblicher Kanzerogene vor fast unüberwindliche Schwierigkeiten gestellt, sondern gleichermaßen durch die ökonomischen und zeitlichen Beschränkungen, denen Tierversuche unterworfen sind, sowie durch Laborknappheit. 1975, ein Jahr vor der Verabschiedung des Gesetzes, hatten Maugh und Marx außerdem berichtet, daß Tierversuche teuer seien – 70000 Dollar zum damaligen Zeitpunkt – und daß ihre Durchführung jeweils drei Jahre in Anspruch nehme.[15] Außerdem war bereits damals abzusehen, daß diese Kosten weiter steigen würden, da das NCI ausgerechnet in einer Zeit der Inflation immer höhere technische Ansprüche an Tierversuche stellte (beispielsweise die Anfertigung von 50000 Querschnittpräparaten verlangte). 1980 betrugen die durch einen einfachen Tierversuch verursachten Kosten in manchen Fällen bereits 500000 Dollar, wie sich der Leser erinnern wird.

Maugh und Marx wußten ebenfalls bereits 1975, daß Laboratorien, in denen Tierversuche durchgeführt werden können, nur in begrenzter Zahl existieren: »Selbst wenn wir sämtliche Testanlagen in den USA mobilisieren würden, so könnten dennoch nur circa 70 chemische Substanzen pro Jahr getestet werden.« Sie gelangten daher bereits vor der Verabschiedung des Gesetzes zu der Schlußfolgerung, daß es viele Jahre dauern werde, alle chemischen Substanzen, die in einem beliebigen Jahr in Umlauf gelangen, zu untersuchen, und noch viel länger, sämtliche Chemikalien zu testen, die bereits in Umlauf sind.[16] Zwei Jahre nach der Verabschiedung des TSCA wurden die hinsichtlich der Leistungsfähigkeit der bestehenden Laboreinrichtungen angestellten Schätzungen bereits stark nach unten korrigiert. Maugh erklärte unter Berufung auf Saffiotti in *Science,* es sei unmöglich, mehr als 500 Substanzen pro Jahr zu testen und daß, selbst wenn es gelinge, alle 1000 jährlich in Umlauf gelangenden chemischen Verbindungen zu untersuchen, es unmöglich sei, die bereits in der Umwelt befindlichen Chemikalien auch noch Tests zu unterziehen.[17] In demselben Artikel wurden die Arbeitsbedingungen der »Reglementierungswissenschaft« gleichsam in einem Satz zusammengefaßt: *»Es gibt einfach nicht genügend Toxikologen, Pathologen, Versuchstierzüchter und Laboreinrichtungen, um alle Chemikalien testen zu können.«*[18]

Aus bestimmten Gründen empfanden manche den Mangel an Toxikologen als besonders gravierend, obwohl Rall bereits anläßlich der der Verabschiedung des TSCA vorhergehenden Hearings auf diesen Mangel hingewiesen hatte. 1979, drei Jahre nach der Verabschiedung des Gesetzes, berichtete das US-General Accounting Office über einen Mangel an Fachkräften: »Der Mangel an Toxikologen ist unter anderem auf die Neuheit dieses Fachgebietes zurückzuführen – es gibt in dieser Disziplin noch keine einheitliche Studienordnung. Häufig ... sind sie in Bereichen, die für das NCI-Programm von Belang sind, nicht qualifiziert. So bat das NCI beispielsweise zwecks Besetzung einiger toxikologischer Positionen 16 Toxikologen zu Vorstellungsgesprächen. Acht von diesen verfügten nicht über die erforderlichen Sachkenntnisse.« Das konsternierte GAO wiederholte noch einmal, daß »es genaugenommen ein eindeutiges Berufsbild des Toxikologen noch gar nicht gibt«. Wer aber waren dann die Tierversuchsexperten, die ein ganzes Trommelfeuer Schrecken erregender Daten auf die Öffentlichkeit abfeuerten? »Häufig«, so das GAO, lernten sie erst in und durch die Praxis.[19]

Fassen wir zusammen: Seit der Verabschiedung des von seinen Befürwortern so vehement geforderten Gesetzes hatte die »Reglementierungswissenschaft« eine Reihe massiver Rückschläge erlitten; sie waren sämtlich auf die Unfähigkeit dieser Disziplin zurückzuführen, alle in den USA vorhandenen kanzerogenen »Erreger« aufzuspüren und unschädlich zu machen und somit der Entstehung von Krebserkrankungen vorzubeugen. Und keiner dieser Rückschläge war notwendig, da sie alle bereits vor der Verabschiedung des Gesetzes abzusehen waren. Aber das ganze Krebsvorsorgeprogramm war tatsächlich von vornherein eine wissenschaftlich-legalistische Fiktion gewesen, ein Ausdruck des gegen die Industrie aufgestauten Ärgers; und gegen diese Industrie wurde der Vorwurf erhoben, sie sei die Hauptverursacherin aller Krebserkrankungen. Es hätte jedoch keiner genialen Begabung bedurft, um zu erkennen, daß das dem amerikanischen Kongreß präsentierte Projekt ein reines Phantasiegebilde war. Dazu hätte es nur einer gewissen Realitätsnähe bedurft. Über diese Qualität verfügte zumindest ein NCI-Wissenschaftler. 1971, in der Gründungsphase des amerikanischen Krebsprogramms, schrieb Hans Falk unter Hinweis auf die damals bekannten Fakten:

Der Versuch, 200 Millionen Menschen während eines Großteils ihres Lebens vor allen potentiellen Umweltkanzerogenen zu schützen, erscheint als ein hoffnungsloses Unterfangen, es sei denn, man verhängt über eine Reihe ökonomisch lebenswichtige, jedoch gesundheitsschädliche chemische Substanzen ein generelles Verbot. Aber auch dann ist das von den in unserer *natürlichen* Umwelt vorkommenden Kanzerogenen ausgehende Risiko noch nicht gebannt. Die Chancen, ein jegliches für den Menschen bestehende Krebsrisiko völlig auszuschalten, stehen ziemlich schlecht.«[20]

Es heißt nicht, Falks Intelligenz in Frage zu stellen, wenn man konstatiert, daß diese Argumentation noch relativ einfach ist. Falk steht als Beweis dafür, daß man bereits 1971 wissen konnte, daß die Jagd nach einzelnen kanzerogenen »Erregern« ein »hoffnungsloses Unterfangen« darstellt.

Bis zur Verabschiedung des Gesetzes zur Kontrolle toxischer Substanzen (TSCA) im Jahre 1976 war die Hilflosigkeit des Krebsvorsorgeestablishments noch nicht sonderlich deutlich zu erkennen. Nach der im Zusammenhang mit der Verabschiedung des TSCA praktizierten Panikmache erschienen Taten angesagt. Die wildesten Auswüchse dieser Panikmache waren nun vorüber, und der Kongreß, die Presse und die Öffentlichkeit waren gebührend eingeschüchtert worden, und die »Reglementierungswissenschaft«, die nur ein Jahr zuvor noch nicht wußte, ob Tierversuche der Krebsprognose dienen können, mußte jetzt ihr einmal gegebenes Wort einlösen. Natürlich war sie dazu nicht in der Lage.

Spätestens 1978 war, wie wir gesehen haben, sich das Krebsvorsorge-establishment der eigenen chaotischen Situation voll bewußt. Zwar herrschte hinsichtlich sämtlicher wissenschaftlicher Grundbegriffe die größte Uneinigkeit, aber ein Sündenbock stand ja bereits zur Verfügung: die Industrie. Anläßlich der OSHA-Hearings (1978) erklärte Eula Bingham vor der Presse, »die Industrie« zwinge die Gesundheitsbehörden, gleichsam »das Rad« neu zu erfinden. Und in demselben Jahr wurden dem damaligen US-Gesundheitsminister Joseph Califano von ungenannten Mitarbeitern Zahlen unterbreitet, die man schlichtweg als »erlogen« bezeichnen müßte, wenn man sich nicht des ganzen Ausmaßes der hinter den Kulissen herrschenden Unwissenheit und Konfusion bewußt wäre. Aus welchen Gründen auch immer, in einer Rede wies Califano auf eine beispiellose Gefahr hin; er erklärte, die Gesundheit der Amerikaner sei durch die Existenz von 7000000 chemischen Substanzen bedroht, und er kündigte an, man werde zwecks Bekämpfung dieser Gefahr eine ganz neue Bürokratie schaffen, die eine Lösung dieses Problems in Angriff nehmen solle. Die wesentlichen Passagen dieser Rede wurden in einer Presseerklärung des US-Gesundheitsministeriums publiziert und im ganzen Land bekanntgemacht. Allerdings bestand weder eine Gefahr, noch gab es eine Lösung. Hier ein Auszug aus der Presseerklärung:

> Gesundheitsminister Joseph Califano kündigte heute die Durchführung eines großangelegten Programms zum Schutz der Volksgesundheit vor der zunehmenden Bedrohung durch chemische Umweltgifte an…
>
> »Die phänomenalen technischen Fortschritte, die wir in diesem Land erzielt haben, zeitigen ebenfalls unliebsame und unvorhergesehene Nebenwirkungen, die – wie im Fall des Asbests – eine ernstliche Bedrohung der Gesundheit darstellen können«, erklärte der Minister.
>
> »Wir müssen rasch handeln und mit allen uns zur Verfügung stehenden Mitteln die zahlreichen toxischen Substanzen, von denen die Gesundheit der amerikanischen Bürger bedroht ist, identifizieren und die entsprechenden Schutzmaßnahmen treffen.«
>
> Er erklärte: »Nur ein relativ geringer Teil der mehr als sieben Millionen vorhandenen chemischen Verbindungen ist bisher hinsichtlich kanzerogener Wirkungen getestet worden. Wissenschaftliche Berichte über deren Wirkung in Tierversuchen gibt es bisher nur für 15000 Chemikalien.«

Seit dem Ende des Zweiten Weltkriegs haben die Herstellung und der Verbrauch chemischer Substanzen in den Vereinigten Staaten dramatisch zugenommen. Etwa 60000 dieser Substanzen waren in der Vergangenheit oder sind in der Gegenwart in Umlauf. Schätzungsweise 600 bis 700 neue Chemikalien gelangen jährlich in Umlauf.[21]

Califanos Erklärung war ein Meisterwerk der Desinformation. Im folgenden Jahr stellte der Grundlagenforscher James Miller fest, die Bürger Amerikas seien gewiß *nicht* durch Millionen – getestete oder ungetestete – chemische Substanzen bedroht. Was noch schlimmer war, das einzige Beispiel für die angeblich 7000000 Gifte war das *Asbest* – ein bekanntes Humankanzerogen. Schließlich wird im letzten Absatz der Erklärung deutlich, daß ihre anonymen Verfasser sich durchaus des Unterschieds zwischen der Zahl aller in *Laboratorien hergestellten* chemischen Substanzen, die der organischen Chemie bekannt sind, und der Zahl der *in Umlauf* befindlichen chemischen Verbindungen bewußt waren. Es wurden zwei verschiedene Zahlen genannt. Der zwischen beiden Zahlen bestehende Unterschied war jedoch für den Nichtfachmann schwer zu ersehen. In der Rede und der Presseerklärung hieß es, das amerikanische Volk sei von 7000000 potentiell kanzerogenen Substanzen bedroht. 1976 hatte Russel Train die Zahl der chemischen Umweltgifte, die möglicherweise kanzerogen seien, noch mit 2000000 beziffert. Innerhalb von nur zwei Jahren sollte sich somit das Krebsrisiko mehr als *verdreifacht* haben. Und in beiden Fällen wurde angedeutet, die amerikanische Industrie habe die Bevölkerung des Landes in eine monströse Katastrophe geführt.

Aber das war noch nicht alles. Laut Califano machte diese unglaubliche Gefahr die Schaffung einer neuen Superbürokratie erforderlich, die dieses Problem lösen sollte. Dieser bürokratische »Überbau« sollte fortan von David Rall geleitet werden, hieß es in der Pressemitteilung. Die spezifischen Einzelheiten des Problems sowie die entsprechenden Lösungsansätze wurden folgendermaßen dargestellt; sie bezogen sich wiederum ausschließlich auf Kanzerogentests:

Ein Mangel an Laboreinrichtungen und ausgebildetem Fachpersonal beschränken die Testkapazitäten der USA. Die gegenwärtig für Kanzerogenität geeigneten privaten und öffentlichen Einrichtungen lassen insgesamt nur Tests an etwa 500 chemischen Substanzen pro Jahr zu. Man geht davon aus, daß jeder Tierversuch circa drei bis sechs Jahre dauert und wenigstens 300000 Dollar kostet. Califano erklärte: »Unsere begrenzten technischen Mittel sowie die hohen Unkosten verweisen deutlich auf die Notwendigkeit dieses Programmes, damit es gelingt, hinsichtlich der Gefährlichkeit der einzelnen chemischen Substanzen Dringlichkeitsstufen festzustellen und die öffentlichen Testeinrichtungen so effizient wie möglich zu nutzen.«[22]

Diese Erklärung bedeutet nicht mehr und nicht weniger, als daß die unter Druck geratene »Reglementierungswissenschaft« mehr oder weniger vage als »kanzerogenverdächtig« geltende chemische Substanzen testen mußte und daß das Ziel des Programms darin bestand, Tierversuche zwecks Feststellung von Prioritäten anzustellen. Aber Mäuse können nicht dazu dienen, Prioritäten zu setzen. Mäuse sind noch nicht einmal geeignet, festzustellen, *ob* eine Substanz beim Menschen krebserregend wirkt, noch viel weniger, um herauszufinden, welche der Substanzen für den Menschen mehr oder weniger gefährlich sind. Die einzigen korrekten Angaben der Rede und der Pressemitteilung bezogen sich auf den Mangel an Laboratorien, die Zeitangaben und die bei Tierversuchen anfallenden Unkosten. Nur die Fakten, die die völlige Handlungsunfähigkeit der »Reglementierungswissenschaft« belegten, waren richtig wiedergegeben.

Es handelte sich also bei dieser Darstellung um ein zutiefst apokalyptisches Dokument, das fraglos von solchen Mitarbeitern Califanos verfaßt worden war, denen die »Industrie«, das heißt Wissenschaft, Technik, Produktivität und vor allem die organische Chemie, als metaphysisches Übel galten. Hätten die Reglementierungsfetischisten auch nur im geringsten die Absicht gehabt, vor der Öffentlichkeit die Wahrheit zu sagen, so hätten die Gesundheitsbehörden ihrem Sprachrohr andere Worte in den Mund gelegt. Califano hätte dann vermutlich gesagt: »Wir wissen bereits seit fünf Jahren, daß es unmöglich ist, alle chemischen Substanzen zu testen; ein ›Prioritätensystem‹ wie das vom NCI entwickelte ist eine rein hypothetische Konstruktion. Wir wissen daher eigentlich nicht, was zu tun ist.« Genau das war der Fall, und die Informationen, aufgrund derer man sich dieses Urteil hätte bilden können, waren ein Jahr vor Califanos Rede von dem NCI-Mitarbeiter Norbert Page veröffentlicht worden.

Laut Page war bereits 1973 bekannt gewesen, daß es nicht genügend Testeinrichtungen gebe, um alle Chemikalien zu testen, und daß es eines planvoll durchgeführten Differenzierungsprozesses bedürfe, der »eine Vielzahl von Faktoren« systematisch berücksichtige. Diese »Vielzahl«, so Page, sei vom NCI inzwischen identifiziert worden. Dieses erste »Prioritätensystem« umfasse elf Kriterien, von denen das wichtigste, die sogenannte Humanexposition, wiederum sieben Unterkriterien aufweise. Leider, so Page, gebe es da ein paar Probleme: Die Validität der Kriterien lassen sich jedoch, da für viele chemische Verbindungen empirische Befunde noch nicht vorliegen, in manchen Fällen nicht nachweisen.[23] Tatsächlich existieren, wie der Leser inzwischen weiß, bis heute keine empirischen Erkenntnisse über die Humanexposition oder über die Dosis-Wirkung-Relation. Bis 1975 hatte Matthew Meselson aus Harvard unter sechs Fällen nur drei Beispiele ermitteln können, in denen im Tierversuch nachgewiesene Dosis-Wirkung-Relationen auch auf den Menschen zutrafen. Diese winzige Zahl genügte ihm und seinen Kollegen, um auf der Grundlage des Körpergewichts eine glänzende Theorie der zwischen Mensch und Tier hinsichtlich ihrer Empfindlichkeit gegenüber Kanzerogenen bestehenden Übereinstimmung zu entwickeln. Die von Page 1977 vorgetragenen NCI-Kriterien waren zweifellos theoretisch ausgezeichnet, sie waren jedoch völlig sinnlos, weil die wichtigsten Daten, anhand derer man das »Prioritätensystem« hätte überprüfen können, zum Großteil gar nicht existierten.

Ein Jahr nach Califanos unzutreffender Erklärung, also 1979, wurde in einem Bericht des Nationalen Forschungsrates (NRC) die Erstellung einer Prioritätenliste aller umweltbedingten Gesundheitsrisiken gefordert. Diesmal war die Zahl der Kriterien erheblich zurückgegangen. Genaugenommen waren es nur mehr drei, und sie wurden außerdem in einem Jargon der Ignoranz dargeboten, der sich in der Pose des Wissens gefiel; sie bedürfen daher einiger Erläuterungen. Aber hier zunächst das Original: »Zunächst gilt es den Stellenwert des jeweiligen Umweltproblems abzuschätzen, dann muß man feststellen, bis zu welchem Grad sich Unklarheiten wissenschaftlich ausräumen lassen, und schließlich einschätzen, in welchem Ausmaß die Forschungsergebnisse für den Entscheidungsprozeß relevant sind.«[24] Das heißt ungefähr: Finde heraus, wie gefährlich das betreffende Umweltproblem ist, stelle anschließend fest, ob irgendwer sich auf diesem Gebiet auskennt, und überlege schließlich, ob in Anbetracht des notwendigen Zeit-, Geld- und Personalaufwands eine eingehende Erforschung des Problems überhaupt lohnenswert erscheint.

Diese beiden »Prioritätensysteme« sind sehr rasch wieder in der Versenkung verschwunden. Heutzutage gilt der In-vitro- oder Kurzzeittest, auch bekannt als Ames-Test, als probates Mittel zur Feststellung von Prioritäten. Und in den Augen vieler seiner Befürworter stellt dieses Verfahren die Lösung aller Probleme der »Reglementierungswissenschaft« dar. Der bereits ausführlich beschriebene Ames-Test (vgl. Kapitel 6) ist sehr preisgünstig und kann sehr rasch kanzerogene »Erreger« aufspüren, vorausgesetzt natürlich, daß Mutagentests überhaupt verbindliche Kanzerogenitätsbefunde liefern können. Gary Flamm erklärte 1978 auf einem Kongreß: Mutagentests stellen »die einzige Möglichkeit dar, Zehntausende von Chemikalien zu testen. Die Befunde könnte man verwenden, um Prioritäten festzulegen.«[25]

Ursprünglich hatte man Mutagentests nur zur »Vorauswahl« verwenden wollen, das heißt, man wollte mit ihrer Hilfe solche chemischen Substanzen aussondern, bei denen es erforderlich schien, sie anschließend in kostspieligen und zeitaufwendigen Tierversuchen genauer zu testen. Der markanteste Verfechter dieser Position war Bruce Ames. Gemeinsam mit seiner Mitarbeiterin Joyce McCann hat er seit 1975 – als er seine berühmte 90-Prozent-Korrelation öffentlich bekanntmachte – eine solche Verwendung des von ihm entwickelten »Vorauswahl«-Tests immer wieder gefordert.[26] Auch 1977 trat er noch einmal ausdrücklich für eine derartige Praxis ein.[27] 1979 trug Ames jedoch in der Prioritätenfrage einen neuen Standpunkt vor. Er löste dadurch eine bis heute nicht geklärte Kontroverse aus. Da dieser Standpunkt die einzige Möglichkeit darstellt, die »Reglementierungswissenschaft« aus ihrer Stagnation zu befreien, werde ich ihn hier ausführlicher referieren.

In einem in *Science* veröffentlichten Beitrag erläuterte Ames die quantitativen Probleme, vor denen die »Krebsvorsorge« steht. Er sprach von einigen Naturkanzerogenen und von den »50000 synthetischen Kanzerogenen«, die in »signifikanten Quantitäten in Verwendung« seien, von denen bisher jedoch nur ein kleiner Teil hinsichtlich ihrer Kanzerogenität oder Mutagenität getestet worden seien. Aus Zeit- und Geldgründen, so erklärte er, seien Tierversuche und epidemiologische Studien dieser Aufgabe nicht gewachsen. Er schlug daher den Einsatz einer ganzen Reihe von Kurzzeittestverfahren, darunter auch Mutagentests vor, und erklärte, Mutagene müßten aus verschiedenen Gründen ernst genommen werden, so auch wegen ihrer »wahrscheinlichen Kanzerogenität« (1979 behauptete Ames also nicht mehr: »Kanzerogene sind Mutagene«).[28] Grundlegend war jedoch seine Erklärung, daß er auf der Grundlage einer von Matthew Meselson durchgeführten Studie weiterarbeite und mutagene Potenzen dazu verwende, um die relativen Potenzen kanzerogener Agenzien zu messen. Sein Team habe bereits entdeckt, so sagte er, daß die kanzerogene Potenz je nach Substanz »um mehr als ein Millionenfaches variieren kann«. Außerdem, so erklärte er, sei er damit beschäftigt, eine Lösung für das ungelöste Problem der nonexistenten Nonkanzerogene zu entwickeln. Zu diesem Zweck messe er *negative* Ergebnisse, indem er der jeweiligen chemischen Substanz einen maximalen Potenzwert zuordne. Auf diese Weise sei es ihm gelungen, den langentbehrten Parameter zu entwickeln, dessen es zur Definition negativer biologischer Testbefunde bedürfe. Er verwende also nicht mehr den »in quantitativer Hinsicht bedeutungslosen Terminus ›Nonkanzerogene‹«.[29]

Die Schlußfolgerung war klar: Wenn die mutagene Potenz Rückschlüsse auf die kanzerogene Potenz zuläßt, dann hatte Ames das Prioritätenproblem tatsächlich gelöst. Aber worin bestand die von Meselson geschaffene Grundlage, auf die Ames sich stützte? Meselson hatte gemeinsam mit Kenneth Russel 1977 auf der Cold-Spring-Harbor-Konferenz seine neueste Theorie vorgetragen, aber seine Thesen bedürfen einiger klärender Worte, da Meselson aus einem Minimum an gesicherten Daten gigantische theoretische Schlußfolgerungen abzuleiten pflegt. Sollte es sich diesmal wiederum ähnlich verhalten?

Ja, es war auch diesmal nicht anders. Diesmal verfügte er jedoch über eine geradezu enorme Datenbasis, wenigstens im Vergleich zu jener Datenbasis, aufgrund derer er hinsichtlich ihrer Sensibilität gegenüber Kanzerogenen eine große Ähnlichkeit zwischen dem Menschen und Nagetieren postuliert hatte. Damals konnte er nur auf sieben Beispiele verweisen, diesmal immerhin auf vierzehn. Und diesmal stützte er sich in seinen theoretischen Erwägungen nicht auf das Körpergewicht, sondern auf die Lebenserwartung. Im Anschluß an eine langwierige technische Analyse berichteten Meselson und sein Koautor Kenneth Russel, es gebe »wichtige unkontrollierte Variablen«, die möglicherweise die zwischen einer kanzerogenen und einer mutagenen Potenz bestehende Beziehung beeinflussen. Sie vertraten daher mit aller gebotenen Zurückhaltung die Auffassung, daß sich unter Berücksichtigung der Lebenserwartung der jeweiligen Spezies wahrscheinlich erweisen werde, daß die Möglichkeit besteht, daß die kanzerogene Potenz der Mutagene für Menschen und Nagetiere annähernd gleich ist...« Sie vertraten weiter die Ansicht, daß es nützlich wäre, weitere Beispiele heranzuziehen, anhand derer sich diese »Möglichkeit« erforschen lasse.[30]

Diese Hypothese versuchte Ames zu bestätigen. Ein Jahr später erklärte er, daß, obwohl Meselsons Studie nur »Versuchscharakter« besitze, dessen an vierzehn Chemikalien durchgeführte Tests eine »gute, wenn auch nicht perfekte Korrelation« ergeben hätten. Er deutete an, daß er einen Erfolg des Projektes erwarte, und erklärte, für die meisten der bis dahin getesteten chemischen Substanzen hätten sich »überzeugende Korrelationen« nachweisen lassen. Außerdem, so berichtete er, hätten andere Kurzzeittests ähnliche Potenzwirkungen nachgewiesen, wie sie auch in seinem Salmonellentest aufgetreten seien. In Kurzzeittests an menschlichen Zellen vorgenommene Potenzmessungen lägen bisher nur für sechzehn chemische Substanzen vor, und auch diese Tests hätten gezeigt, daß die Schadenspotenzen um ein Millionenfaches variieren können; im übrigen hätten die Ergebnisse dieser Tests eine »bemerkenswert gute« Übereinstimmung mit den Resultaten seiner Salmonellentests ergeben.[31]

Aber bereits bevor Ames seine Studie abgeschlossen hatte, vollzog sich die unvermeidliche Polarisierung. Das Thema war auch während des OSHA-Hearings angesprochen worden, und sofort bildeten sich Parteien, die für oder wider die Behauptung Stellung nahmen, es sei möglich, Risikoprioritäten festzustellen, indem man mit Hilfe von Mutagentests die kanzerogene Potenz bestimmt. Joyce McCann (Ames' Kollegin) und Matthew Meselson unterstützten das Projekt.[32] Meselson erklärte enthusiastisch: »Auch wenn wir Chemikalien nur verläßlich beispielsweise in vier Kategorien kanzerogener Substanzen unterteilen können – sehr stark, stark, medium und schwach..., so wären wir schon einen großen Schritt weiter als heute. Wenn wir sie in zehn Kategorien unterteilen können, so wäre das schon enorm.«[33] Auch andere fanden diese Aussichten enorm. David Hoel vom NIEHS empfahl in Anlehnung an Meselson/Russel, solche Potenzmessungen zu verwenden, um zu einer »rationalen Standardisierung und Methodologie« zu gelangen.[34] Philippe Shubik erklärte: »Der Versuch, die Kanzerogene in starke und schwache Agenzien zu unterteilen, ist von grundlegender Bedeutung.«[35]

Andere waren jedoch aus verschiedenen Gründen weniger enthusiastisch. Gary Flamm vom NCI konstatierte, »daß die Humanexposition und die Frage der kanzerogenen Potenz auf völlig verschiedenen Ebenen liegen«. Zwar sei es »beeindruckend«, daß Potenzwerte um ein Millionenfaches variieren können, »eine im In-vitro-Test nachgewiesene hohe Potenz« bedeute jedoch, »daß entweder jeder Krebs bekommt oder daß von einer Million Menschen nur einer von Krebs befallen wird oder einer von Millionen Menschen in einem Erdzeitalter«.[36] Maugh dokumentierte in *Science* einige der von Ames beigebrachten Potenzdaten, aus denen beispielsweise hervorging, daß natürliches Aflatoxin eine Million mal so potent ist wie die synthetische Verbindung Saccharin. Er forderte jedoch »äußerste Vorsicht« bei der Durchführung solcher Potenzberechnungen, und zwar wegen der unstabilen Testbedingungen und der artspezifischen Reaktionen der jeweiligen Versuchstiere. Aflatoxin, so Maugh, ist zwar bei Ratten ein potentes Kanzerogen, bei erwachsenen Mäusen ist es jedoch ohne jede kanzerogene Wirkung. Fluorenylacetamid wirkt bei dem einen Rattenstamm stark kanzerogen, bei einem anderen hingegen überhaupt nicht. Und 2-Naphtylamin ist nachweislich ein potentes Humankanzerogen, hat jedoch bei Ratten keine krebserregende Wirkung.[37] Einen ähnlichen Standpunkt vertraten auch Saffiotti[38] und Berenblum.[39]

Robert Hoover vom NCI wies gleichermaßen auf »artspezifische« Unterschiede hin, wandte dieses Konzept jedoch auf die Menschheit insgesamt an. Der Versuch, Kanzerogene nach ihrer jeweiligen Potenz einzustufen, setzt laut Hoover voraus, daß man die großen Unterschiede, die zwischen den Menschen bestehen, einfach ignoriert.[40] Isaac Berenblum bestritt – wie bereits seit Jahren – wiederum die Möglichkeit einer Quantifizierung der kanzerogenen Potenz, da diese je nach den Testbedingungen variieren.[41] Und Saffiotti trug während des OSHA-Hearings eine umfangreiche technische Argumentation vor[42], erläuterte jedoch bei anderer Gelegenheit seinen Standpunkt sehr knapp, indem er die wesentlichen biologischen und logischen Einwände darlegte:

> Der Begriff der Potenz beinhaltet den Versuch, eine Interaktion zu messen, nämlich die Wirkung, die ein bestimmtes Agens auf ein biologisches System ausübt. Die Definition einer Potenz kann sich daher nicht allein auf dies Agens beziehen. Einige Kanzerogene scheinen bei gewissen Individuen, Spezies oder Arten von Gewebe ein besonders hohes Wirkungsniveau aufzuweisen, nicht jedoch bei anderen. Es ist jedoch nicht die Potenz, die sich verändert, sondern die auf verschiedene Wirtsorganismen ausgeübte Wirkung.[43]

Einige Wissenschaftler nahmen die dem Begriff der Potenz inhärenten Beschränkungen zur Kenntnis, ohne deshalb auf ihn verzichten zu wollen; zu diesen gehören beispielsweise Donald Lassiter von der Stanford-Universität und Herman Kraybill.[44] Sie vertraten den Standpunkt, wenn sich auch Potenzen nicht *absolut* bestimmen lassen, so doch vielleicht *relativ*. Und das Amt für Wissenschafts- und Technologiepolitik (OSTP) befürwortete ganz eindeutig die Einbeziehung von Potenzberechnungen in das Verfahren der Risikoeinschätzung.[45]

Auf der gleichen Konferenz, anläßlich derer Meselson seine ursprüngliche Hypothese vorgetragen hatte, zeigte sich Lorenzo Tomatis als glühender Verfechter des Gesetzes der Widerspruchsfreiheit. Vor den anwesenden Wissenschaftlern stellte er fest, daß es wenig Sinn habe, die Augen vor ihrer gegenüber Tierversuchen bestehenden »Skepsis« zu verschließen, um als »unkritischer« Befürworter von Mutagen- und anderen Kurzzeittests sein Glück zu versuchen. Der Wert solcher Tests werde nämlich üblicherweise gerade an ihrer Eignung bemessen, Korrelationen mit den Befunden von Tierversuchen nachzuweisen. Weiter stellte er fest: »Wir brauchen unbedingt eine Übereinstimmung hinsichtlich der Validität der Befunde, die wir in unseren Experimenten erhalten, ganz gleich, ob es sich um Langzeit- oder Kurzzeittests handelt.«[46]

Ein Jahr später verwarfen sowohl das NIOSH[47] als auch das OSHA die gesamte »Prioritäten«-Konzeption. Das OSHA erklärte in seinem 1980 erschienenen Grundsatzpapier zu dieser Frage:

> Die hinsichtlich der Festlegung von »Prioritäten« unterbreiteten Vorschläge wiesen drei Schwachstellen auf:
>
> 1. Die meisten der zur Festlegung von Prioritäten vorgeschlagenen Systeme waren bei weitem zu kompliziert. Viele dieser Systeme würden eine Überprüfung sämtli-

cher über die betreffenden Testsubstanzen vorliegenden Daten erforderlich machen; darüber hinaus komplizierte Verfahren der Risikoeinschätzung, und in manchen Fällen wäre hinsichtlich sämtlicher Substanzen die Erstellung von Kosten-Nutzen-Analysen unerläßlich. Erst dann könnte man eine Einstufung vornehmen.

2. Die meisten Befürworter einer Prioritätensetzung gingen davon aus, daß hinsichtlich der Humanexposition und des für den Menschen bestehenden Risikos bereits eine Fülle von Datenmaterial vorliegen, und waren sich nicht darüber im klaren, daß hinsichtlich der meisten Substanzen nur in sehr begrenztem Umfang solche Daten existieren.

3. Zahlreiche der vorgeschlagenen Verfahren setzten bereits existierende Risikoquantifizierungen voraus, gingen also von der Annahme aus, daß es möglich sei, für alle Substanzen zu verläßlichen und konsistenten Risikoeinschätzungen zu gelangen.

Die Qualität eines Verfahrens zur Feststellung von Prioritäten bemißt sich danach, ob es geeignet ist, den Gesundheitsbehörden die notwendigen Informationen zu liefern, die diese instand setzen, die »gefährlichsten« Schadstoffe möglichst rasch zu erkennen. Wenn ein solches Verfahren jedoch zu kompliziert ist, so reduziert es im Grunde genommen die Effizienz der Gesundheitsbehörden, da es für die Behörden eine zusätzliche finanzielle und personelle Belastung darstellt und somit die Durchführung der notwendigen Maßnahmen nur hinauszögert.[48]

Im Anschluß an diese offene Darlegung präsentierte das Amt seine eigene »Kandidatenlisten«, also Listen jener Substanzen, die, soweit aus den vorliegenden Daten ersichtlich, »einer genaueren wissenschaftlichen Überprüfung bedürfen oder möglicherweise als potentielles kanzerogenes Risiko am Arbeitsplatz zu gelten haben«.[49] Dies bedeutet jedoch nicht einmal notwendigerweise, daß die betreffenden Substanzen, gemessen an OSHA-Standards, überhaupt nachweislich kanzerogen sind. Das OSHA betonte insbesondere diesen Punkt: »Das OSHA weist darauf hin, daß die Kandidatenliste nicht besagt, eine der aufgeführten Substanzen sei nachgewiesenermaßen kanzerogen...«[50] Aber welche Art von Prioritätensystem stellen diese Listen denn dann eigentlich dar? Die Antwort lautet: gar keines. Dieses System zeigt nur, daß das OSHA entschlossen war, die Jagd auf kanzerogene »Erreger« um dieser Jagd selbst willen fortzusetzen, und zwar ganz unabhängig von der Frage nach dem wissenschaftlichen Sinn eines solchen Unternehmens.

Andere Behörden hingegen, allen voran die EPA, waren sich durchaus bewußt, daß preiswerte und rasch durchzuführende Mutagentests die einzige bekannte Möglichkeit darstellten, das System der Krebsvorsorge insgesamt vor einem völligen Zusammenbruch zu bewahren. 1980 wurde angekündigt, die EPA habe zwecks Erforschung des Mutagentestverfahrens ein Komitee gebildet. In dem von diesem Komitee verfaßten Bericht heißt es:

Obwohl es klar ist, daß in der Umwelt des Menschen vorhandene mutagene Substanzen ein Risiko darstellen, sind das Ausmaß und die Art dieses Risikos sowie der Grad der gegenüber dieser Gefahr bestehenden Exposition nicht hinreichend bekannt. Die Gefahr einer Einwirkung einer Reihe von synthetisierten chemischen Verbindungen, die vermutlich oder nachweislich mutagen sind, ruft natürlich die Gesundheitsbehörden auf den Plan. Hinsichtlich der mutagenen Substanzen selbst, des Mutationsprozesses, des Problems der Kanzerogenität und solcher Mutationen, die erbliche Krankheiten verursachen, sind jedoch noch viele Fragen offen. Die Dosis-Wirkung-Beziehung ist hinsichtlich der Mutagene nach wie vor ungeklärt. Ein vom Nationalen Forschungsrat eingesetztes Komitee untersucht die hier aufgeworfenen Fragen und ist bemüht, den Grad der Wahrscheinlichkeit dafür zu ermitteln, daß eine gegenüber Mutagenen bestehende Exposition ursächlich für die Kanzerogenese oder gar für erbliche Krankheiten ist. Es soll also unter anderem auch erforscht werden, ob Krebs möglicherweise erblich ist.

Zunächst beschäftigt sich das Komitee daher mit den experimentellen Techniken und Methoden selbst – also mit Tierversuchen, Mutagentests und den Bewertungskriterien –, die dem Zweck dienen, die Potenz offenbar mutagener Verbindungen zu ermitteln...

In der zweiten Phase wird sich das Komitee mit der Frage befassen, ob möglicherweise eine Beziehung zwischen der mutagenen und kanzerogenen Potenz solcher Verbindungen besteht. Das Komitee wird sich schließlich mit der Frage auseinanderzusetzen haben, ob Mutagentests überhaupt geeignet sind, Kanzerogenität festzustellen.[51]

Damit der Leser nicht den Eindruck bekommt, dem EPA-Komitee habe es an Informationen gefehlt, möchte ich kurz einfügen, daß ein zur Untersuchung der Pestizide vom Nationalen Forschungsrat (NCR) eingesetztes Komitee erklärte, es gebe nur relativ wenige Daten hinsichtlich der den Menschen betreffenden mutagenen Wirkungen und »daß es eine wissenschaftliche Basis, die es gestatten würde, aus Tierversuchen auf solche Wirkungen Rückschlüsse zu ziehen, nicht gibt«.[52] Auch auf der Banbury-Konferenz, deren Thema die Bedeutung der Genetik für die Krebsvorsorge war, nahmen die anwesenden Genetiker kein Blatt vor den Mund. Die Teilnehmer der Konferenz, so Victor K. McElheny in dem von ihm herausgegebenen Konferenzbericht, »neigten zu der Ansicht«, daß die genetische Forschung hinsichtlich des Schutzes von Fabrikarbeitern, aber auch der übrigen Bevölkerung vor chemischen Substanzen und genetischen Risiken gute Dienste leisten könne. Die anwesenden Fachleute betonten aber auch, daß in weiteren Bereichen Unwissenheit vorherrsche; sie sprachen sich daher wiederholt dafür aus, »bei der Quantifizierung durch Chemikalien verursachter mutagener Risiken äußerste Zurückhaltung walten zu lassen«.[53]

Die Aufgabe des EPA war es jedoch, Amerika frei von »Erregern« zu halten. Sie konnte es sich deshalb gar nicht erlauben, kritisch zu sein. 1980 wurde daher die EPA von einem NAS-Komitee höflich, jedoch vernichtend kritisiert. Dieses Komitee hatte die von der EPA benutzten Daten sowie die von der Umweltbehörde angestellten Risikoeinschätzungen einer eingehenden Untersuchung unterzogen. Obwohl die von der EPA angestellten Risikoeinschätzungen bereits in der Vergangenheit immer wieder in Frage gestellt worden waren, erklärte das Komitee, es habe keine Berechnungen gefunden, die den Eindruck vermittelt hätten, daß die Risikoschätzungen Fehlerquoten von 1000 bis 10000 Prozent aufwiesen. Die von der EPA zur Extrapolation angewandten Methoden seien völlig korrekt – so das Komitee –, nur seien die Methoden der Risikoeinschätzung insgesamt noch so unvollkommen, daß trotz korrekter Extrapolationen Fehlergebnisse in dieser Größenordnung die Folge sind.[54] Das Komitee kritisierte die von der EPA unternommenen Versuche, aufgrund von Tierversuchsbefunden die für den Menschen verbindliche Krebsinzidenzrate zu bestimmen. Dieses Verfahren werde gelegentlich »mißbraucht«, erklärte es, und »unsere gegenwärtige Kenntnis der Mechanismen der Krebsentstehung« seien nicht ausreichend, um es uns zu gestatten, »von den üblicherweise vorliegenden Tierversuchbefunden verläßliche numerische Schlußfolgerungen auf den Menschen abzuleiten ...«[55] Wegen all dieser Vorwürfe suchte die EPA fieberhaft nach einer Lösung, und diese Lösung schienen die Mutagentests zu sein.

Zwischen 1980 und 1982 nahm das Bedürfnis nach in kurzer Zeit durchführbaren Testverfahren immer mehr zu. In ihrem »Gene-Tox«-Programm überprüfte die EPA 23 Kurzzeittests hinsichtlich ihrer Eignung zur Kanzerogenitätsprognose. Aber 1982 war die unverstandene Beziehung zwischen Muta- und Kanzerogenese immer noch bestimmend für den prognostischen Wert der Mutagentestverfahren. Diese Tests wurden zwar hinsichtlich ihrer Eignung, »genotoxische« Substanzen zu identifizieren, immer mehr verfeinert.[56] Aber sie waren nach wie vor zur Identifizierung zahlreicher Kanzerogentypen – wie des DDT und anderer chlorierter Kohlenwasserstoffe – ungeeignet; ebensowenig konnten sie natürliche Hormone und synthetische Hormone, wie etwa das Diäthylstilböstrol, identifizieren; und auch bei Asbest versagten sie sowie im allgemeinen bei Immunosuppressoren, Kokanzerogenen und Promotoren.[57] Alle diese Substanzen erhielten nun von vielen Wissenschaftlern das Prädikat »epigenetisch«.[58] Es war vorherzusehen, daß einige »Reglementierungswissenschaftler« schließlich auf die Idee kommen würden zu behaupten, daß jene Kanzerogene, für die die Mutagentestbefunde stimmten, als besonders gefährlich zu gelten hätten – und 1982 trat genau dies ein. Roy Albert von der New York Universität stellte in einer Veröffentlichung die Frage, ob es nicht angebracht sei, »genotoxische« gegenüber den »epigenetischen« Kanzerogenen als die gefährlicheren einzustufen, und daß daher hinsichtlich der erstgenannten besonders strikte behördliche Auflagen notwendig seien.[59] Es war ebenfalls vorhersagbar, daß prominente Verfechter von Tierversuchen sich plötzlich der Tatsache erinnern würden, daß niemand im Grunde genommen die zwischen »genetisch« und »epigenetisch« bestehende Dichotomie und die Mechanismen der Kanzerogenese wirklich verstehe und daß sich daher niemand einer verstärkten »Reglementierungspolitik« der EPA entgegenstellen werde. Doch genau dies tat Arthur Upton.[60]

Im Dezember 1982 erklärte der demokratische Kongreßabgeordnete Albert Gore Jr. gegenüber dem *Science*-Reporter Eliot Marshall, er habe von »befremdlichen« Vorgängen Kunde erhalten. Gore sagte:

> Die für die Wissenschaftspolitik Verantwortlichen haben eine krasse, berechnete und zynische Wende der traditionellen Politik der Krebsvorbeugung durchgeführt.[61]

Diese Wende in der Krebsvorsorgepolitik werde, so prophezeite Gore, »wahrscheinlich Hunderte oder Tausende von Menschen zusätzlich dem Krebstod ausliefern«. Und Gore erhob dramatisch den Vorwurf, daß die republikanische Regierung die Kontrolle über die Wissenschaft ganz wesentlich verstärkt hat. Offenbar geht diese Regierung davon aus, daß sie nur die Wissenschaft unter Kontrolle zu bringen braucht, um auch die Kontrolle über die Ergebnisse und damit über Verbot oder Zulassung der getesteten Substanzen in die Hand zu bekommen. Diese Politik verdient keine Unterstützung.[62]

Gore ging offenbar – gleich Edward Kennedy – davon aus, die Krebsvorsorge habe bis dahin auf einer wissenschaftlichen Basis beruht. Er glaubte offenbar, die neue Regierung verlasse den »traditionellen« Weg der Krebsvorsorge, um es der amerikanischen Industrie zu gestatten, die von ihr produzierten Gifte hemmungslos in die Umwelt zu leiten. Vielleicht glaubte Gore aber auch, es sei wissenschaftlich, wenn die Demokraten die Aufsicht über eine Nichtwissenschaft ausüben, wohingegen es unwissenschaftlich sei, wenn die Republikaner diese Funktion erfüllen. Aber das TSCA wäre unter *keiner* Regierung durchführbar gewesen. Aus diesem Grund übte auch das Verfahren der Mutagentests auf »Reglementierungswissenschaftler« wie Roy Albert eine derart starke Anziehungskraft aus. Welchen Einschränkungen der prognostische Wert von Mutagentests auch immer unterworfen sein möchte, auf sie gründete sich die gesamte Hoffnung der »Reglementierungswissenschaft« hinsichtlich der Befreiung von den ihr angelegten Fesseln.

Bis 1982 verstärkten sich jedoch diese Fesseln noch in geradezu grotesker Weise. Laut John Weisburger waren zu diesem Zeitpunkt Tiermedizin und -pathologie noch kaum »spezialisiert«.[63] Jene Wissenschaft, in deren Verantwortung es fiel, die kanzerösen Gewebe zu analysieren, die das Ergebnis von Tierversuchen sind, war noch kaum entwickelt. Um das Problem jedoch noch weiter zu komplizieren, hatten »Umweltschützer« die Entdeckung gemacht, daß die »Reglementierungswissenschaft« selbst an einem Massenmord mitwirkte – und zwar an Mäusen. 1981 wurde im Kongreß ein Gesetzentwurf (CR 556) für die Einrichtung eines Nationalen Zentrums für Alternativforschung eingebracht. Dieses Zentrum sollte Forschungs- und Testmethoden entwickeln, die ohne die Verwendung lebender Tiere auskommen würden. Diese »Ethik« machten sich auch einige »Reglementierungswissenschaftler«, unter ihnen Weisburger, zu eigen.[64]

Weisburger, der den Standpunkt vertritt, Tierversuche dürfen nur als letztes Mittel dienen, schlägt vor, die Kanzerogenforschung solle ihre Versuchsanordnungen auf der Grundlage des Ames-Tests, des Hsie-Säugetier-Mutagenesetests und des William-DNS-Reparaturtests entwickeln. Er erklärt dazu:

> Besonders wegen deren Komplementarität kann man mittels der von Ames und Williams entwickelten Testverfahren erzielte positive Befunde als starken, *möglicherweise unumstößlichen* Kanzerogenitätsnachweis betrachten.[65]

Nach Ansicht vieler »Reglementierungswissenschaftler« können allein Kurzzeittests die zwölf Jahre währende, jedoch nie eingestandene Stagnation dieser »Wissenschaft« überwinden helfen.

An dieser Stelle mag sich der Leser fragen: »Und was ist an alledem neu?« Und die Antwort lautet: Es gibt *phantastische* Neuigkeiten. Glücklicherweise ist leicht zu verstehen, wohin die neue Entwicklung steuert. Wenn man dafür eintritt, die Genetiker sollten die neue Speerspitze der »Reglementierungswissenschaft« bilden, so begibt man sich in die Hände einer Gruppe aktivistischer Möchtegern-Reglementierer, die geradezu utopische Pläne zur Rettung der Menschheit vor industriell erzeugten Mutagenen auf den Tisch legen. Nur leider wissen sie nicht genau zu sagen, was das ist, wovor sie die Menschheit retten möchten. Die mit der Erforschung der chemisch bedingten Kanzerogenese befaßten Experten haben uns immerhin noch erklärt, daß die Krebsgefahr Gegenstand ihrer Arbeit sei. Aber mit welchen Gefahren beschäftigen sich nun die Genetiker? Oder genauer gefragt, mit welchen Gefahren beschäftigen sie sich eigentlich *nicht?* Ihre Spekulationen beginnen mit der Degeneration der Spezies und beschäftigen sich dann mit dem Tod, dem Alterungsprozeß, mit Herz- und Krebserkrankungen; sie befassen sich mit seltenen ebenso wie mit verbreiteten Krankheiten und kulminieren in dem Baby, das mit einer Hammerzehe (Digitus malleus) auf die Welt kommt.

Die seriösen dieser aktivistischen Genetiker gehen immerhin noch davon aus, daß man Humandaten braucht, um bestimmte Berechnungen anzustellen. Einige von ihnen, beispielsweise James Neel von der University of Michigan, möchten mittels einer Reihe von Techniken die für die Gesamtbevölkerung der USA verbindliche Mutationsrate feststellen. 1973 hat Neel angeblich die Vermutung ausgesprochen, man könne eine 50prozentige Zunahme der Mutationsrate des Menschen innerhalb eines Jahres nachweisen.[66] Und er verlangt daher eine ständige Beobachtung der Bevölkerung hinsichtlich derartiger Mutationen.[67] Neels Beharren auf Humandaten verdient unsere Anerkennung. Andere Genetiker haben ihn jedoch wegen der Implikationen seiner Forderungen kritisiert, so beispielsweise 1971 James Crow von der University of Wisconsin[68] und John L. Drake von der University of Illinois. Wenn man die Gesamtbevölkerung hinsichtlich ihrer Mutationsrate beobachtet, so wird man laut Drake bestenfalls eine Krise ausmachen, ohne jedoch die Mittel zu ihrer Überwindung zu besitzen.[69] So könnten also eines Tages die Zeitungen diese Schlagzeilen hinausposaunen: *Mutationsrate um 50 Prozent gestiegen.* In der nun folgenden Panik würden die Epidemiologen vermutlich jahrelang nach den Ursachen der Katastrophe suchen, bevor sie – wenn überhaupt – Abhilfe schaffen könnten. Die Kritiker einer ständigen Beobachtung der Bevölkerung möchten die Bevölkerung jedoch schon von vornherein durch Prävention vor einer Bedrohung schützen, die sie gar nicht kennen. 1975 empfahl ein von der US-Environmental Mutagen Society eingesetztes Komitee, für die amerikanische Industrie ein »Mutagenbudget« festzusetzen. Es erklärte: ». . . kein einzelnes mutagenes Agens sollte an dem Gesamtbudget einen Anteil von mehr als 10 Prozent aufweisen dürfen.« Dieser Bericht wurde 1978 von Drake veröffentlicht, der diese Empfehlung für durchaus erwägenswert hielt.[70] Welch eine Katastrophe eine derartige Regelung für das Wirtschaftsleben bedeuten würde, ist leicht auszumachen.

Die philosophische Krise

Wie der Leser bereits weiß (siehe auch die Übersicht in Kapitel 4), konnten im Tierversuch die Kanzerogenität und Mutagenität einer großen Zahl in der Natur vorkommender Substanzen nachgewiesen werden. Die Öffentlichkeit hat jedoch über diese Befunde nicht annähernd so viel erfahren wie über »mutmaßliche« Industriekanzerogene. Dieser Mangel an Informationen läßt sich nicht damit erklären, daß diese »natürlichen« Befunde nicht genügend wissenschaftliche Anerkennung besäßen. Die meisten im vergangenen Jahrzehnt in der Presse erschienenen Befunde hinsichtlich industriell erzeugter Kanzerogene stützten sich auf eine nur dünne wissenschaftliche Basis. Die in Frankreich ansässige Internationale Krebsforschungsbehörde (IARC) wendet als einzige aller vergleichbaren Institutionen sehr strikte Maßstäbe an, bevor sie eine Substanz mit dem Prädikat »kanzerogen« versieht. Die von dieser Behörde veröffentlichte Liste »nachgewiesener« Kanzerogene erschien erst 1979–80. Wie viele der sogenannten natürlichen Kanzerogene der Kritik der IARC standhalten würden, ist nicht bekannt.

Daß in der Presse von den »natürlichen« Kanzerogenen nur selten die Rede ist, bedeutet nicht etwa, daß die entsprechenden Befunde geheimgehalten worden wären. Sie sind umfassend dokumentiert und jedermann zugänglich, der sich für sie interessiert. Man könnte sie jedoch zu Recht als ein »institutionalisiertes« Geheimnis bezeichnen. Es gibt in den USA keine staatliche Forschungseinrichtung, deren Aufgabe es wäre, systematisch »natürliche« Kanzerogene aufzuspüren. Für die von der apokalyptischen Bewegung geschaffenen Institutionen sind die »natürlichen« Kanzerogene und Mutagene philosophisch völlig irrelevant. Infolge des apokalyptischen Postulates, die »Natur« sei praktisch völlig nichtkanzerogen und beim Menschen auftretende Krebserkrankungen seien fast ausschließlich Folge künstlich hergestellter chemischer Substanzen, verbot es sich sozusagen von allein, eine staatliche Einrichtung zu begründen, die für die Erforschung der Kanzerogenität und Mutagenität unserer *natürlichen* Umwelt und die entsprechende Öffentlichkeitsarbeit zuständig wäre.

Wie die in Kapitel 4 präsentierte Übersicht über die »natürlichen« Kanzerogene zeigt, sammelt auch auf diesem Gebiet die Forschung beständig neue Erkenntnisse. Die meisten dieser Erkenntnisse sind noch nicht ins öffentliche Bewußtsein gedrungen, aber selbst die geistigen Erben Rachel Carsons können inzwischen nicht mehr umhin, einige dieser Befunde zur Kenntnis zu nehmen. Drei Ergebnisse waren für sie besonders schockierend:

Vinylchlorid gilt geradezu als *das* chemische Kanzerogen schlechthin. In einer unter dem Titel »Carcinogenic Natural Products« erschienenen Veröffentlichung berichtete E. K. Weisburger vom NCI, daß Vinylchlorid auch Bestandteil des Tabaks ist. Wenn diese Behauptung richtig ist, dann haben *alle* Menschen, die mit Rauchern Umgang pflegen, während ihres gesamten Lebens beständig Vinylchloridmoleküle eingeatmet. Das ist allein schon durch das Diffusionsgesetz garantiert.

Benzo(a)pyren ist nachgewiesenermaßen ein Tierkanzerogen. Besonders gefährdet sind durch dieses Kanzerogen die in der Öl- und Automobilindustrie Beschäftigten. Aber viele – in der Übersicht in Kapitel 4 genannte – Wissenschaftler berichten, daß Benzo(a)pyren in der Natur auch von Bakterien, im Wachstum befindlichen Pflanzen und vor allem durch Pyrolyse freigesetzt wird. Dieses Kanzerogen wird beim Kochen von Speisen, beim Verbrennen von Holz, Kohle oder Petroleum, bei jeder Grillparty, bei Waldbränden und in vergleichbaren Situationen freigesetzt. In diesem Fall gibt es überhaupt keine Frage: *Alle* Menschen haben während ihres gesamten Lebens beim Atmen, Essen und Trinken Benzo(a)pyrenmoleküle aufgenommen.

Asbest ist nachweislich kanzerogen, und während des der Verabschiedung des TSCA vorhergehenden Anhörungsverfahrens erklärte Russell Peterson, der Präsident des Rates für Umweltqualität (CEQ): »Es gibt keine ›sichere‹ Asbestdosis. Eine einzige Faser kann bereits eine Wirkung verursachen.«[72] Aber Asbest ist eine »natürliche« Substanz und damit Teil unserer natürlichen Umwelt. 1977 stellte ein NAS-Komitee in einer mit *Drinking Water and Health* betitelten Veröffentlichung Schätzungen hinsichtlich der in Luft und Wasser enthaltenen Asbestmengen an. Das Komitee erklärte, daß »saubere« Luft (das heißt die Luft in industriefernen Regionen) zirka 0,01 Faser pro Kubikzentimeter enthalte und »sauberes« Wasser etwa 10^4 bis 10^6 Fasern pro Liter.[73] Wenn diese Angaben auch nur annähernd zutreffen, so sind wiederum *alle* Menschen diesem Kanzerogen lebenslänglich ausgesetzt.

Derartige Daten befinden sich ganz offensichtlich in eklatantem Widerspruch zur Naturauffassung der Apokalyptiker. Um das Maß vollzumachen, wurde 1980 »entdeckt« – und in der *New York Times* als »Neuigkeit« gemeldet –, daß nicht nur Atomkraftwerke Radioaktivität an die Umwelt abgeben, sondern daß auch Granit und Gestein und sogar der Erdboden Radioaktivität abstrahlen.[74]

Aber die für die »Reglementierungswissenschaft« schockierendste Entdeckung war es, als sich herausstellte, daß auch der menschliche Organismus selbst kanzerogene Komponenten enthält.

Drei dieser Substanzen wurden auch von der IARC als »eindeutig« kanzerogen eingestuft:

In der *Nickel- und Chrom*industrie beschäftigte Arbeiter weisen wissenschaftlichen Berichten zufolge besonders hohe Krebsinzidenzraten auf, die aber auch für das Wachstum des menschlichen Organismus essentielle Baustoffe sind.[75]

Diäthylstilböstrol, ein Östrogen, erzeugt gelegentlich bei den Töchtern von Müttern, die diese Substanz eingenommen haben, Vaginalkrebs. Aber laut Band 6 der IARC-Monographien sind auch natürliche Östrogene und andere Sexualhormone kanzerogen (siehe Übersicht, Kapitel 4). Geschlechtshormone sind jedoch unentbehrlich für den menschlichen Organismus.

Zum Einpökeln von Speck verwendetes *Nitrit* ist ein chemisches Präparat, das in Verbindung mit den in industriell hergestellten Substanzen enthaltenen Aminen und einem weiten Spektrum natürlicher Lebensmittel – beispielsweise Proteinen, Getreide und Gemüse – im Körper N-Nitroseverbindungen produziert. Solche Verbindungen konnten für achtzehn Spezies als Kanzerogene nachgewiesen werden. Aber wie das IARC 1978 erklärte, wird 70 Prozent des Nitrits, das in den Magen gelangt, im Speichel gebildet.[76] Steven Tannenbaum, Professor für Lebensmittelchemie am MIT, teilte 1980 mit: »Wahrscheinlich wird im Verdauungstrakt ein paar Tausend mal mehr Nitrit gebildet, als in der Nahrung, die dort hingelangt, enthalten ist.«[77] Ganz offensichtlich ist der menschliche Körper also gleichsam eine »natürliche« Nitrit- und Nitrosaminfabrik.

Angesichts solcher Befunde flammten unvermeidlich neue wissenschaftliche Kontroversen auf. Innerhalb des NCI selbst halten Hans Falk[78] und Herman Kraybill[79] die Existenz für den Menschen lebenswichtiger Kanzerogene für einen Beweis dafür, daß solche Substanzen in niedrigen Dosierungen *nicht* krebserzeugend sind. Die NCI-interne Opposition hält dem entgegen, die Tatsache, daß der Mensch diese Substanzen brauche, stelle keinen Beweis dafür dar, daß die Substanzen in niedrigen Dosierungen *nicht* kanzerogen sind. (Wie immer berufen sich diese Theoretiker bei Bedarf auf die Unmöglichkeit, Nonkanzerogenität nachzuweisen, um bei anderen Gelegenheiten diesen Umstand für irrelevant zu erklären.) Arthur Upton von NCI stellte fest: »Ich sehe nicht ein, daß die Lebensnotwendigkeit bestimmter Spurenelemente mit der Möglichkeit unvereinbar sein soll, dieselben Substanzen seien in minimalen Mengen kanzerogen.«[80] Umberto Saffiotti erklärte gleichermaßen, es bestehe kein logisch zwingender Grund zu der Annahme, daß Substanzen wie Selen, Chrom und Nickel, weil sie lebensnotwendig seien, nicht zugleich kanzerogen sein könnten.[81] Marvin Schneiderman vertrat gegenüber Thomas Maugh im *Science*-Magazin hinsichtlich der östrogenen Hormone einen ähnlichen Standpunkt.[82] Und David Rall vom NIEHS äußerte im Zusammenhang mit den kanzerogenen Geschlechtshormonen die Ansicht, es gebe keinen Grund zu der Annahme, daß es im Körper »sichere« oder Schwellendosen gebe: »Mir ist kein biochemisches oder physiologisches Prinzip bekannt, das von uns verlangen würde, solche Schwellen anzunehmen. Mir scheint es wissenschaftlich eher vertretbar, anzunehmen, diese Substanzen seien tatsächlich kanzerogen, und zwar nötigenfalls auch in jener biologisch notwendigen Konzentration.«[83]

Ausgerechnet das OSHA nannte jenen Standpunkt, der behauptet, für den Körper lebenswichtige chemische Substanzen könnten in niedrigen Dosierungen nicht kanzerogen sein, eine »Hypothese«, die auf der Annahme beruht, »die Natur würde uns doch so etwas nicht antun«.[84] Die komische Wirkung dieses Satzes war vermutlich vom OSHA nicht beabsichtigt. Die Potentaten der »Reglementierungswissenschaft« nähmen nicht ihre heutige Machtposition ein, wenn sie nicht dem apokalyptischen Grunddogma, »die Natur würde uns doch so etwas nicht antun«, anhingen. Genau dieses Dogma brachte sie an Macht.

Elizabeth Miller erklärte 1978 vor der Amerikanischen Gesellschaft für Krebsforschung (AACR): »Eine Fülle von Datenmaterial belegt eindeutig, daß die chemisch bedingte Kanzerogenese ein ganz wesentlich dosisabhängiges Phänomen ist ... Diese eindeutig nachgewiesene Dosisabhängigkeit wird in der Diskussion über die für den Menschen von mutagenen und/oder kanzerogenen Substanzen ausgehenden Gefahren häufig bagatellisiert.«[85] Und Kraybill konstatierte 1980 ebenfalls, daß die Frage der Dosisabhängigkeit von Krebsrisiken in der Öffentlichkeit praktisch keine Rolle spiele.[86]

In dem endlosen Hin und Her um Schwellen und minimale Dosen klangen hin und wieder Stimmen auf, die den Spott kaum im Zaum halten konnten. Diese Stimmen kamen aus den Reihen der Strahlenbiologen, die immer gewußt haben, daß die Natur kanzerogen ist, die nie vergessen hatten, daß der Mensch in seinem natürlichen Lebensraum unabweislich permanenter radioaktiver Strahlung verschiedenen Ursprungs ausgesetzt ist. So erklärte die Nobelpreisträgerin Rosalyn S. Yalow im Rahmen einer 1979 veranstalteten Konferenz: »Wie der Körper eines jeden erwachsenen Menschen besitzt auch mein Körper eine natürliche Radioaktivität, und zwar 0,1 Mikrocurie Kalium-40 und 0,1 Mikrocurie Kohlenstoff-14. Wäre ich ein Labortier und mit einer solchen im Körper noch feststellbaren Dosis gestorben, dürfte ich den gegenwärtigen Bestimmungen des NRC zufolge weder begraben, verbrannt noch auf den Müll geworfen werden.«[87] Und R. H. Mole, ein britischer Radiobiologe schrieb: »Jedesmal, wenn jemand ein Kohlblatt auf seinen Komposthaufen wirft, belastet er die Umwelt mit radioaktiven Stoffen, deren Halbwertszeit 50000mal länger ist als die von Plutonium.«[88] Peter Beckmann, der Herausgeber von *Access to Energy* wurde bekannt, weil er Meinungsstickers mit der Aufschrift »Ralph Nader ist radioaktiv« in Umlauf brachte. Er erklärte: »Es gibt einfach keinen Müll, der *nicht* radioaktiv wäre. Dann dürfte nicht einmal mehr Wasser in den Ausguß gegossen werden, denn selbst destilliertes Wasser enthält Tritium.«[89] Angeblich soll Beckmann auch darauf aufmerksam gemacht haben, daß sich selbst Senatoren am Rande der Gesetzlosigkeit bewegen, denn in manchen amerikanischen Bundesstaaten könne das Urinieren als Beseitigung und Lagerung radioaktiven Mülls bestraft werden.

Die späten Erkenntnisse während der letzten Jahre auf dem Gebiet der Kanzerogenitätsforschung, daß nämlich eine Exposition gegenüber natürlichen Kanzerogenen nicht zu vermeiden ist, sind an den »Reglementierungswissenschaften« nicht spurlos vorübergegangen: In den staatlichen Gesundheitsbehörden macht sich ein gewisser philosophischer Revisionismus breit, über den auch der ironische Kommentar des OSHA, »die Natur würde uns doch so etwas nicht antun«, nicht hinwegtäuschen kann. Wir sind Augenzeugen des unabwendbaren Zerfalls der apokalyptischen Prämissen, die über Jahre hinweg den Charakter der Forschung auf dem Gebiet der chemischen Kanzerogenese, den ideologischen Überbau der »Reglementierungswissenschaften« und die öffentliche Meinung bestimmt haben. Hätte Rachel Carson die Erklärungen der NCI-Wissenschaftler anläßlich der OSHA-Hearings zur potentiellen Kanzerogenität der Natur hören können, sie hätte sich mit Grauen im Grabe umgedreht. Hinsichtlich der bisher kaum erforschten der Natur inhärenten Kanzerogenität und Mutagenität bestehen kaum mehr Zweifel; ein Umstand, der die Wissenschaftler der staatlichen Gesundheitsbehörden zu einem dramatischen Kurswechsel zwingt, auf den sie nicht vorbereitet sind. Nur widerstrebend sind sie bereit, die in ihrem Denken tiefverwurzelten Überzeugungen Huepers – ihre Mission sei die Identifikation sämtlicher vom Menschen synthetisierter kanzerogener »Erreger« – aufzugeben. Doch der größte Schock steht ihnen noch bevor, denn in Anbetracht der radioaktiven, kanzerogenen und mutagenen Dimension unseres Planeten sowie in Anbetracht des ihrerseits ins Feld geführten Diffusionsgesetzes und der so vehement propagierten Ein-Molekül-Theorie der Krebsentstehung, müssen sich die Wissenschaftler der amerikanischen Gesundheitsbehörden – wollen sie ihre Glaubwürdigkeit nicht verlieren – weiterhin der Jagd nach sämtlichen kanzerogenen »Erregern« widmen – einschließlich der Kanzerogene, die Bestandteil des menschlichen Körpers sind. Noch sind den »Reglementierungswissenschaftlern« die praktischen Implikationen nicht bewußt, die der Krise ihres theoretischen Überbaus auf dem Fuße folgen werden.

Die philosophische Krise der »Reglementierungswissenschaft« steht in direktem Zusammenhang mit der letzten Frage, die wir noch nicht beantwortet haben: Weshalb haben die Vertreter der staatlichen Gesundheitsbehörden Angst vor der »Öffentlichkeit«? Der Leser wird sich an die in Kapitel 8 erwähnten kritischen Mahnungen erinnern, die in den Reihen der »Reglementierungswissenschaftler« selbst laut wurden und die vor der Publikation wissenschaftlich nicht abgesicherter Befunde, der Preisgabe wissenschaftlicher Grundsätze und Normen sowie der Politisierung der Wissenschaft warnten. Dies waren eindeutig Proteste gegen die erkennbare Manifestation des »apokalyptischen Paradigmas« in der Politik der amerikanischen Gesundheitsbehörden. Obwohl nicht explizit beim Namen genannt, verbargen sich hinter diesen Mahnungen auch andere Beweggründe als der, die Öffentlichkeit könnte irritiert auf Erscheinungsformen »unkorrekter Wissenschaft« reagieren. Denn von einer »Öffentlichkeit«, die weitgehend keine Vorstellung von »korrekter Wissenschaft« hat, die sich von Mystizismus, Astrologie und Telepathie vereinnahmen läßt und der das Erziehungsministerium »eine Entwicklung in Richtung auf wissenschaftliches und technisches ›Analphabetentum‹ «[90] bescheinigt, war kaum eine epistemologische Rebellion zu befürchten. Die oben erwähnten kritischen Einwendungen sind vor allem als Ausdruck der Sorge jener Wissenschaftler um das Ethos der Wissenschaft zu verstehen und nicht unmittelbar auf die Reaktion der Öffentlichkeit gemünzt. Es gibt allerdings einen Wissenschaftler, dessen Besorgnis eindeutig den Reaktionen der Öffentlichkeit gilt. Sein Name ist Joseph Rodricks, Mitarbeiter der FDA, dessen Analyse der Situation im vorliegenden Rahmen interessant und wichtig ist, da der Leser ja schließlich ein Teil der sogenannten

Öffentlichkeit ist. Ich werde Rodricks Ansichten auf zwei Ebenen darstellen: zum einen auf der rein wissenschaftlichen Ebene, die einen Einblick in seine Arbeit gewährt, und zum anderen schließlich unter dem Aspekt, wie nach seiner Meinung die Öffentlichkeit auf die neuesten Erkenntnisse der Wissenschaft auf seinem Forschungsgebiet reagieren wird.

Da Rodricks vor allem auf dem Gebiet der Nahrungsmittelchemie arbeitet, besitzt er ein breiteres Wissensspektrum bezüglich des Phänomens der chemischen Kanzerogenität, als dies die meisten seiner Kollegen der Kanzerogeneseforschung für sich geltend machen können, die in erster Linie mit der Untersuchung synthetischer chemischer Substanzen befaßt sind. Rodricks ist sich der Beschaffenheit unseres Planeten und der ihm inhärenten kanzerogenen Dimension ebenso bewußt wie der »unlogischen« Reihenfolge der Entdeckungen auf dem Gebiet der Kanzerogeneseforschung. Rodricks beginnt einen 1978 veröffentlichten Artikel mit dem Titel *Food Hazards of Natural Origin* mit folgenden spekulativen Überlegungen:

> Lassen Sie uns einmal annehmen, die revolutionäre Entwicklung des 19. Jahrhunderts auf dem Gebiet der organischen Chemie hätte nie stattgefunden und unsere Gesellschaft wäre nicht von den Erscheinungsformen der technologischen Zivilisation bestimmt, die letztendlich auf den Errungenschaften der organischen Chemie basieren, und lassen Sie uns eine zweite – eine zugegebenermaßen mit der ersten nicht vereinbare – Annahme machen, die medizinischen Wissenschaften könnten sich trotzdem auf den augenblicklichen Wissensstand bezüglich der chemischen Kanzerogenese stützen und hätten darüber hinaus die hochentwickelten Verfahrenstechniken der modernen Chemie und Toxikologie zur Verfügung, dann wäre in einer solchen imaginären Gesellschaft ein Wissenschaftler – suchte er ein Forschungsgebiet, dem er sich ein ganzes Leben lang widmen kann – gut beraten, sein Augenmerk auf die Nahrungsmittel zu richten.[91]

Daran anschließend nannte er die Gründe, weshalb er empfiehlt, die Wissenschaft sollte ihr Augenmerk besonders auf die Nahrungsmittel richten: Durch die Nahrung seien die Menschen ständig äußerst komplexen chemischen Verbindungen ausgesetzt; diese Verbindungen seien jedoch bisher im großen und ganzen nicht eindeutig identifiziert worden, die toxischen Wirkungen der Nahrungsmittel – ob nun einzeln betrachtet oder in ihrer Zusammenwirkung – seien bisher nicht untersucht und die Risiken, die eine Exposition gegenüber solchen chemischen Verbindungen mit sich bringe, seien im wesentlichen unbekannt. Mit anderen Worten – so Rodricks weiter – gebe es keinerlei Berechtigung für die weitverbreitete Annahme, unsere Nahrungsmittel seien »ungefährlich«. Rodricks betonte nachdrücklich, daß er damit nicht etwa der Suspension toxikologischer Untersuchungen chemischer Nahrungsmittelzusätze das Wort rede, vielmehr wolle er darauf hinweisen, der Volksgesundheit wäre mehr gedient, würden die Wissenschaftler das den Nahrungsmitteln inhärente Gesundheitsrisiko chemischer Natur klarer erkennen und versuchen, es zu reduzieren oder ganz auszuschalten. Wenn es um die Gefährdung unserer Gesundheit gehe, sei es von sekundärer Bedeutung, ob »eine in den Nahrungsmitteln enthaltene chemische Substanz natürlichen oder synthetischen Ursprungs ist, ob es sich um bewußt hinzugefügte Nahrungsmitteladditive, natürliche Bestandteile oder um zufällige Schadstoffaktoren handelt«. Jede andere Sicht dieses Problems sei in unzulässiger Weise »simplifizierend«. Schließlich forderte er, es sei an der Zeit »Prioritäten« für die Untersuchung der gesamten Risikoquellen zu setzen; unabhängig davon, welchen Ursprungs sie seien. Im letzten Teil seines Artikels ging Rodricks explizit auf einige Beispiele natürlich vorkommender toxischer Nahrungsmittel, natürlich vorkommender kanzerogener Schimmel und östrogener Substanzen in pflanzlichen Nahrungsmitteln ein, die alle bereits erwähnt wurden.

Im übrigen zeichnete sich Rodricks Arbeit aus dem Jahr 1978 durch Zurückhaltung sowie auch durch eine sehr begrenzte Dokumentation aus. So fand zum Beispiel die ein Jahr zuvor erschienene Studie Takashi Sugimuras, an der elf führende japanische Krebsforscher beteiligt waren und die die neuesten Forschungsergebnisse über mutagene und kanzerogene Bestandteile von Nahrungsmitteln bzw. die bei der Nahrungsmittelzubereitung entstehenden toxischen Agenzien untersuchte[92], bei Rodricks keine Berücksichtigung (vgl. hierzu Kapitel 4). Im selben Jahr veröffentlichte Peter Hutt im *Food Drug Cosmetic Law Journal* einen Artikel, der wesentlich weniger Zurückhaltung an den Tag legt. In diesem Artikel erklärt Hutt unter anderem: »Praktisch jedes Nahrungsmittelprodukt, das sich auf dem Markt befindet, enthält Spuren von kanzerogenen Substanzen, die im Tierversuch bei zumindest einer Spezies Krebswachstum verursacht haben... Es ist nahezu unmöglich, auch nur für einen Tag ein Menü zusammenzustellen, das keine kanzerogenen Substanzen enthält. Und gänzlich unmöglich ist es, auch nur eine kurze Zeitspanne zu überleben, wenn man versucht, sich von kanzerogenfreier Kost zu ernähren.«[93] Um diese Behauptung zu untermauern, präsentierte Hutt eine lange Liste nachgewiesener Kanzerogene, die in Nahrungsmitteln und ihren Bestandteilen – essentiellen Vitaminen und Mineralstoffen, in Lactose und Maltose sowie in gegrillten Steaks etc. enthalten sind. 1979 erschien in der *New York Times* ein Interview, das James und Elizabeth Miller Jane Brody gaben.

Auf das Thema natürlich vorkommender Kanzerogene in Nahrungsmitteln angesprochen, erklärten die Millers: »Die uns zum gegenwärtigen Zeitpunkt vorliegenden Kenntnisse weisen darauf hin, daß es möglicherweise in der Natur ebenso viele Kanzerogene gibt wie in den Labors der Industrie.« Und James Miller fügte hinzu: »In Form von pflanzlichen Nahrungsmitteln nehmen wir täglich wesentlich mehr östrogene Substanzen zu uns als die im Fleisch enthaltenen Konzentrationen von Diäthylstilböstrol.« Darüber hinaus erwähnte James Miller im Rahmen des Interviews, das in nitratreichem Gemüse enthaltene Aflatoxin, das, wenn es mit in anderen Nährstoffen enthaltenen Aminen in Berührung kommt, kanzerogene Nitrosamine im Verdauungstrakt des Menschen bilden kann.[94]

Die Lebens- und Arzneimittelverwaltungsbehörde der USA (FDA), die das Diffusionsgesetz zum Gegenstand eines Gerichtsverfahrens erhoben hatte, erwähnte gegenüber der Öffentlichkeit nur einen Bruchteil der rasch wachsenden Forschungsergebnisse hinsichtlich natürlicher kanzerogener Bestandteile unserer Nahrungsmittel. Peter Hutt und Richard Merrill, zwei ehemalige Mitarbeiter der FDA, die die Reglementierungspolitik ihres ehemaligen Arbeitgebers von recht verschiedenen Standpunkten aus beurteilten, geben uns in ihren Veröffentlichungen[95] eine Erklärung für das Schweigen der FDA zu diesem Thema. Sie kommentieren in mehreren Artikeln die Politik der FDA zur Frage natürlich vorkommender Kanzerogene und natürlicher kanzerogener Schadstoffe in Nahrungsmitteln, die die FDA 1979 im *Federal Register* wie folgt beschreibt:

> Tatsächlich würde ein warnender Hinweis, daß in Nahrungsmitteln kanzerogene Bestandteile oder kanzerogene Schadstoffe (zu unterscheiden von bewußt hinzugefügten kanzerogenen Nahrungsmittelzusätzen) enthalten sein können, für viele, wahrscheinlich für die meisten in Supermärkten verkauften Produkte nötig sein. Solche Hinweise wären jedoch derart zahlreich und verwirrend, daß sie nicht als Entscheidungshilfe für den Konsumenten oder als eine Verbesserung der allgemeinen Gesundheitssituation betrachtet werden können.[96]

Diese Erklärung war inmitten einer langatmigen Diskussion über ein kanzerogenes Haarfärbemittel verborgen. Der Grund, weshalb die FDA nicht offen zur Existenz natürlicher Kanzerogene in Nahrungsmitteln Stellung bezog, liegt laut Merrill auf der Hand: »Die Zahl der natürlichen kanzerogenen Bestandteile unserer Nahrungsmittel ist derart groß, daß entsprechende Hinweise den Konsumenten geradezu überrollen würden.«[97] Die FDA beschränkt sich also auf die Bekanntmachung bewußt hinzugefügter Nahrungsmittelzusätze und enthielt der Öffentlichkeit weiterhin die Existenz einer immer größer werdenden Anzahl bekannt gewordener natürlicher kanzerogener Bestandteile unserer Nahrung vor. Die Gesundheitsbehörden der USA schwiegen beharrlich zu diesem Thema.

Es dauerte bis 1980, ehe Joseph Rodricks, damals Leiter der Abteilung für das Gesundheitswesen bei der FDA, vor einem Auditorium von Wissenschaftlern das Wort ergriff und seine Bedenken formulierte. Erneut war er äußerst zurückhaltend, um nicht zu sagen vorsichtig, und vermied jeglichen Hinweis auf die Öffentlichkeitspolitik der FDA, die bewußt dem Konsumenten »verwirrende« Informationen vorenthielt. Doch anläßlich eines Vortrags, den er vor der New Yorker Akademie der Wissenschaften zum Thema Risikoeinschätzung für kanzerogene Substanzen hielt, äußerte er sich wie folgt:

> Es steht außer Frage, daß wir uns – sobald die uns zur Verfügung stehenden Methoden zur Feststellung kanzerogener Risiken bei der Untersuchung der in unserer Nahrung zahllos enthaltenen natürlichen chemischen Verbindungen zur Anwendung kommen – mit großer Wahrscheinlichkeit einer beängstigenden Anzahl chronisch gefährlicher Substanzen gegenübersehen. Obwohl dies niemanden überraschen wird, der eine Vorstellung von der chemischen Komplexität unserer Nahrungsmittel hat, müssen wir davon ausgehen, daß die Öffentlichkeit um so mehr überrascht sein wird. Ich hege den Verdacht, daß uns daraus zumindest zwei immense Probleme erwachsen werden:
>
> 1. Die Skepsis der Öffentlichkeit hinsichtlich der Zugänglichkeit der uns zur Verfügung stehenden Verfahren zur Risikoeinschätzung wird wachsen.
> 2. Wenn wir unser Vertrauen in die von uns angewendeten Verfahren zur Risikoeinschätzung setzen und wenn wir auf der Basis dieser Meßverfahren entschlossen sind, das synthetischen chemischen Verbindungen innewohnende Risiko zu bewältigen, wie können wir dann rechtfertigen, weshalb wir nicht mit derselben Entschlossenheit versuchen, das natürlichen Bestandteilen unserer Nahrung innewohnende Risiko in den Griff zu bekommen?
>
> Ich hoffe, meine Vermutung, wir werden uns bald mit einer Vielzahl von bisher unbekannten auf natürliche Bestandteile unserer Nahrungsmittel zurückzuführenden Risiken konfrontiert sehen, ist voreilig und falsch. Doch ich befürchte, daß ich leider recht behalten werde.[98]

Es ist zwar von geringer historischer Bedeutung, doch von großer praktischer Wichtigkeit, daß die im vorliegenden Buch veröffentlichten Recherchen über natürlich vorkommende kanzerogene und mutagene Nahrungsmittel schon nahezu zwei Jahre abgeschlossen waren, ehe Rodricks seine Warnung aussprach, es sei »äußerst wahrscheinlich«, daß für die Zukunft »eine beängstigende Zahl chronisch gefährlicher« Substanzen als Bestandteile unserer Nahrungsmittel oder als Folgeerscheinungen der Nahrungsmittelzubereitung zu befürchten sei. Doch Rodricks »fürchtete« nicht nur, daß er recht behalten könnte, er *wußte,* daß er recht hatte.

Im selben Jahr, in dem Rodricks seine Vermutung aussprach, erschien in einer wissenschaftlichen Zeitschrift ein kurzer Artikel mit dem Titel *Formation of Mutagens in Cooked Foods. III. Isolation of a Potent Mutagen from Beef*. Zahlreiche Autoren zeichneten für den Artikel verantwortlich, und einige der Namen sind für uns von besonderem Interesse: Takashi Sugimura, Direktor des Japanischen Krebsforschungsinstituts und John H. Weisburger, ehemaliger Leiter der Abteilung zur Untersuchung von Kanzerogenen und Direktor der Abteilung für Tierversuche im Rahmen des Kanzerogeneseprogramms am NCI. Die Zusammenfassung des Artikels war kurz, aber prägnant:

> Der wichtigste mutagene Bestandteil in gebratenem Fleisch konnte mit Hilfe einer Reihe chromatographischer Verfahren isoliert werden. Die chemisch reine Verbindung konnte analysiert werden... Unsere Ergebnisse besagen, daß das Molekulargewicht dieser extrem mutagenen Verbindung 198 beträgt. Sie ist mit der Formel $C_{11}H_{10}N_4$ zu umschreiben. Diese Verbindung unterscheidet sich von den bisher bekannten mutagenen Pyrolyseprodukten der Aminosäuren oder der Proteine.[99]

Dieses sehr starke Mutagen konnte sowohl aus gebratenem Fleisch wie aus Fleischextrakt isoliert werden. Der extrem fachspezifisch formulierte Artikel beschrieb ausführlich die chemotechnischen Verfahren, die zur Isolation der Verbindung geführt hatten, und vom Standpunkt des Nicht-Fachmanns sind die Fußnoten von größerem Interesse als die verfahrenstechnischen Details. Nachstehend einige dieser Anmerkungen in Kurzform:

Commoner, B., et al., 1978, »Formation of Mutagens in Beef and Beef Extract in Cooking«

Matsumoto, T., et al., 1977, »Mutagenic Activity of Amino Acid Pyrolysates in *Salmonella thphimurium* TA98«

Nagao, et al., 1977, »Mutagenicity of Protein Pyrolysates«

Nagao, et al., 1977, »Mutagenicities of Smoke Condensates and the Charred Surfaces of Fish and Meet«

Spingarn, N. E., et al., 1979, »Formation of Mutagens in Sugar-Ammonia Model Systems«

Spingarn, N. E., et al., 1980, »Formation of Mutagens in Cooked Foods, II. Starchy Foods«

Spingarn, N. E., et al., 1979, »Formation of Mutagens in Cooked Foods, I. Beef«

Sugimura, T., et al., 1977, »Mutagen-Carcinogens in Food with Special Reference to Highly Mutagenic Pyrolytic Products in Broiled Foods«

Yamaizumi, Z., et al., 1980, »Detection of Potent Mutagens, Trp-P-1 and Trp-P-2 in Boiled Fish«[100]

Unter den Koautoren finden sich führende japanische Wissenschaftler, die am Japanischen Krebsforschungsinstitut tätig sind: Takashi Sugimura, Direktor, und Takashi Kawachi, Vizedirektor. Ebenso wie Weisburger waren sie mit Experimenten befaßt, die die Untersuchung der mutagenen Wirkung des Kochens zum Gegenstand hatten. Da eine große Anzahl Kanzerogene auch bereits als Mutagene identifiziert worden war, doch der Beweis, daß eine große Anzahl Mutagene zugleich auch Kanzerogene sind, noch nicht erbracht war, konnte man erwarten, daß die Genetiker, die mit diesen experimentellen Mutagentests befaßt waren, an einem bestimmten Punkt ihres Forschungsprojektes diese starken Mutagene auch im Tierversuch testen würden, um festzustellen, ob sie zugleich auch Kanzerogene sind. Bereits anhand der Fußnoten und der Serienbezeichnungen I, II, III ihrer Forschungsprojekte kann man vermuten, daß sowohl Genetiker wie alle anderen Wissenschaftler, die sich der Erforschung »ernährungsbedingter Krebserkrankungen« widmeten, den Atem anhielten.

1981, also ein Jahr darauf, wurden zwei Aufsätze veröffentlicht, die von den Ergebnissen dieser Forschungsprojekte berichteten. Einer dieser Aufsätze – er war von einer Gruppe von Wissenschaftlern am japanischen Krebsforschungsinstitut, unter anderem auch Takashi Sugimura, verfaßt worden – trug den Titel *Structure of a Potent Mutagen Isolated from Fried Beef*. Auch in diesem Fall war die Zusammenfassung des Artikels kurz, doch sehr prägnant:

> Ein neues, sehr potentes Mutagen konnte aus gebratenem Fleisch isoliert werden. Durch exakte Massenbestimmung konnte die Molekularformel mit $C_{11}H_{11}N_4$ bestimmt werden. Die chemische Struktur dieses Mutagens... (usw., usw.)[101]

In dem Artikel wurde dem Leser mitgeteilt, daß es kürzlich gelungen war, zwei äußerst potente Mutagene aus gekochtem Fisch zu isolieren. Und eines dieser Mutagene war nun auch aus *»erhitztem Fleischextrakt und gebratenem Fleisch«* isoliert worden; »ein Umstand, der die Vermutung nahelegte, daß diese mutagene Substanz auch Bestandteil anderer gekochter Nahrungsmittel ist«.[102]

Der zweite Artikel war ebenfalls ziemlich kurz und wurde unter dem Titel *Carcinogenicity in Mice of Mutagenic Compounds from Tryptophan Pyrolyzate* in *Science* veröffentlicht, und zwar ebenso wie der erste von einer Gruppe von Wissenschaftlern des Japanischen Krebsforschungsinstituts verfaßt, zu der unter anderem auch der Direktor des Instituts, Sugimura, sowie Kawachi, der Vizedirektor, gehörten. Der Aufsatz berichtete von der Entdeckung zweier mutagener chemischer Verbindungen in gekochtem Fisch. Eine dieser Verbindungen ist nach Aussagen der Autoren um ein Vielfaches toxischer als Aflatoxin B_1, *d. h., es handelt sich um das potenteste Mutagen, das je isoliert werden konnte.* Die Autoren berichteten, daß sie diese chemischen Substanzen im Tierversuch an Mäusen getestet hätten. Bei Konzentrationen von 200 : 1000000 (200 ppm), so erklärten sie, verursachten diese Substanzen bei den Versuchstieren Lebertumoren. Die Substanzen waren den Mäusen nicht etwa in großen Dosierungen zugeführt oder durch operative Eingriffe direkt in die inneren Organe implantiert worden; drei Versuchstiere hatten die Substanzen lediglich als minimal dosierte Beimischung ihrer Futterrationen erhalten. An dieser Stelle muß ein äußerst wichtiger Umstand betont werden: nur *eine* der untersuchten Mäuse wurde von Leberkrebs befallen. Obwohl diese äußerst toxische Verbindung ein wesentlich potenteres Mutagen als Aflatoxin B_1 ist, so erklärten die Autoren, »ist ihre kanzerogene Potenz mit der von 2-Acetylamino-fluoren zu vergleichen«.[103] Die Kanzerogenität eines Mutagens war bewiesen worden; lediglich die Potenz der mutagenen bzw. kanzerogenen Eigenschaften der Substanz stimmten nicht überein. Die Schlußfolgerungen, die die Wissenschaftler daraus zogen, sind kurz und denkwürdig:

> Hiermit erbringen wir den Beweis der Kanzerogenität bei oraler Verabreichung einer mutagenen Verbindung, die beim Kochen von Fisch entsteht.[104]

Es handelte sich um die Erstentdeckung eines bei der thermischen Behandlung von Nahrungsmitteln entstehenden Mutagens, und es war zugleich als krebserregend identifiziert worden.

Im selben Jahr erhielt Takashi Sugimura, wie vor ihm bereits Miller und Berenblum, den Ernst-W.-Bertner-Gedächtnispreis für seine Forschungen auf dem Gebiet der »natürlich vorkommenden Mutagene und Kanzerogene in Nahrungsmitteln«.[105] Der Preis war mit 100000 Dollar dotiert, die Sugimura laut *New York Times* für seine »hervorragenden Leistungen in der Krebsforschung« überreicht wurden.[106] Der Durchschnittsbürger hatte weder eine Ahnung, was der Grund dafür war, noch sah er sich veranlaßt, sich dafür zu interessieren.

Noch im gleichen Jahr schrieb ich an Dr. Sugimura, um ihn zu fragen, ob er – oder ein anderer, den er empfehlen könnte – bereit wäre, das Manuskript meines Buches zu beurteilen, insbesondere den Teil, der sich mit natürlich vorkommenden Kanzerogenen befaßt, und bat ihn zugleich, mir einige Fragen zu beantworten. Um eine lange Geschichte kurz zu machen:

1982 erhielt ich von Dr. Kawachi, der sich bereit erklärt hatte, das Manuskript zu redigieren, einen langen Brief, in dem er auf das bereits präsentierte Material Bezug nahm und auch über das am Japanischen Krebsforschungsinstitut durchgeführte Forschungsprojekt über Mutagene und Kanzerogene in Nahrungsmitteln berichtete. Angesichts der sich möglicherweise ergebenden »diplomatischen Verwicklungen« mit der FDA möchte ich erneut betonen, daß weder Dr. Kawachi noch Dr. Sugimura wußten, in welchem größeren Kontext der von ihnen redigierte Auszug meines Buches stand, da ich lediglich Kapitel 4 sowie die von mir formulierten Fragen nach Japan geschickt habe. Da Dr. Kawachi in seinem Brief auch auf die von mir gestellten Fragen einging, will ich an dieser Stelle seine Antworten wiedergeben, ehe ich mich erneut dem Forschungsprojekt des Japanischen Krebsforschungsinstituts zuwende.

Meine erste Frage lautete: Können Sie mir in etwa sagen, wieviel Prozent der von mir genannten natürlich vorkommenden kanzerogenen Substanzen als nachgewiesene Humankanzerogene bezeichnet werden können? Er antwortete, daß er in Anbetracht der zahlreichen Kategorien natürlich vorkommender Kanzerogene keine definitive Aussage hinsichtlich des für den Menschen bestehenden Krebsrisikos machen könne.

Meine zweite Frage lautete: Können Sie mir bestätigen, daß in unseren Nahrungsmitteln kanzerogene Substanzen enthalten sind? Er antwortete, daß dies »ganz sicherlich der Fall« sei.

Meine dritte Frage war epidemiologischer Natur: Sind die am Japanischen Krebsforschungsinstitut tätigen Wissenschaftler noch immer der gleichen Ansicht wie 1977, als sie konstatierten, daß die in den Nahrungsmitteln enthaltenen Kanzerogene als Ursache der »meisten beim Menschen beobachteten Krebsformen« zu betrachten sind? Er antwortete – nachdem er zunächst kurz die jüngsten »Komplikationen« in der Kanzerogeneseforschung, d. h. das Phänomen der Kanzerogenesepromotoren, diskutiert hatte –, die Wissenschaftler des Japanischen Krebsforschungsinstituts seien noch immer überzeugt, »daß ein wahrscheinlicher Zusammenhang besteht zwischen Ernährungsfaktoren und den meisten beim Menschen beobachteten Krebsformen, daß jedoch die Beweisführung, durch die Umstände bedingt, nach wie vor nur einem ›Indizienbeweis‹ gleichkommt«.

Zusammenfassend bestätigte Dr. Kawachi noch einmal die kanzerogene Dimension der Natur sowie die gegenwärtig nicht gegebene Möglichkeit, aufgrund der Befunde von Tierversuchen allein ein für den Menschen gegebenes Krebsrisiko zu prognostizieren.

Dann ging Dr. Kawachi noch einmal kurz auf den Stand der japanischen Forschungsprojekte ein:

Bereits 1977 hatten wir mehrere Mutagene aus verschiedenen Nahrungsmitteln isoliert. (Wir wußten) bereits damals, daß nahezu alle Kanzerogene (80 bis 90 Prozent) auch mutagen sind, während Mutagene natürlich nicht unbedingt auch kanzerogen wirken. Die Mutagene jedoch, die wir in Pyrolyseprodukten von Aminosäuren, Proteinen und anderen Nahrungsmitteln identifiziert haben – bisher vierzehn –, sind äußerst potente Mutagene. Bisher haben wir sieben dieser mutagenen Substanzen in Langzeit-Kanzerogentests untersucht; sechs der sieben Verbindungen erwiesen sich dabei als *hepatokanzerogen*. Quercetin jedoch, das sehr oft in pflanzlicher Nahrung enthalten ist, ist zwar mutagen, doch nicht kanzerogen.[107]

1982, im gleichen Jahr, in dem ich Dr. Kawachis Brief erhielt, berichtete Shiochi Katayama, daß er und seine Mitarbeiter (u. a. John H. Weisburger) eine chemische Substanz isoliert hatten, die bei Ratten sowohl Prostatakrebs wie auch Colon- und Brustkrebs induzierte. Es handelte sich um DMAB, eine synthetisch hergestellte Verbindung, die »große chemische Ähnlichkeiten« mit den aus »gekochtem Fisch und Fleisch« isolierten Mutagenen aufwies.[108] (Synthetische Varianten natürlich vorkommender Substanzen werden häufig in Tierversuchen verwendet, z. B. bei Forschungsprojekten, die das Antikanzerogen Vitamin A untersuchen.) Das gemeinsame Auftreten von Prostata-, Colon- und Brustkrebs ist vom biologischen Standpunkt betrachtet äußerst interessant, da diese Formen von Krebs beim Menschen mit genetisch bedingten Syndromen in Verbindung stehen.[109] Auch für die epidemiologische Theorie der ernährungsbedingten Krebserkrankung ist dieser Befund von Bedeutung. Wie Katayama erklärte, »... besteht ein Zusammenhang zwischen der Inzidenz von Colon-, Brust- und Prostatakrebs und fleischreicher Kost«.[110] Und Weisburger formulierte die Hypothese, daß die in gebratenem und gekochtem Fleisch bzw. Fisch identifizierten Mutagene »möglicherweise als genotoxische Kanzerogene bei der Bildung von Colonkrebs wirken«.[111]

Das Jahr 1982 war ein Jahr, in dem die Öffentlichkeit mit warnenden Hinweisen auf ernährungsbedingte Gesundheitsrisiken geradezu überhäuft wurde. Ein Komitee des Nationalen Forschungsrates (NRC) hatte in einer Presseverlautbarung die Empfehlung ausgesprochen, man solle den Konsum von fettem Fleisch, Molkereiprodukten, frischem Obst und Gemüse vermeiden und statt dessen mehr Getreideprodukte essen.[112] Dies – so klärte man den Bürger auf – werde das Risiko vermindern, an Colon-,

Brust- oder Prostatakrebs zu erkranken. Über die Befunde der japanischen Wissenschaftler und über die Tatsache, daß eine den isolierten Mutagenen strukturell verwandte Verbindung in den Labors von John H. Weisburger bei Ratten zu Krebserkrankungen geführt hatte, wurde die Öffentlichkeit allerdings nicht informiert. Erneut wurde von den amerikanischen Behörden eine unbewiesene und zum gegenwärtigen Zeitpunkt unbeweisbare Hypothese, nämlich die der ernährungsbedingten Kanzerogenese, an die Öffentlichkeit gebracht, während die Befunde japanischer Wissenschaftler über den Kanzerogengehalt von gekochtem bzw. gebratenem Fleisch bzw. Fisch der Presse und der breiten Öffentlichkeit vorenthalten wurden.

Zwar ist eine chemische Substanz, die im Tierversuch Krebswucherungen auslöst, nichts weiter als eine chemische Substanz, die im Tierversuch Krebswucherungen auslöst, doch wenn man von der Hypothese ausgeht – und dies tut die »Reglementierungswissenschaft« –, daß bereits ein Molekül einer solchen Substanz auch beim Menschen Krebswachstum induzieren kann, dann muß man auch unterstellen, daß die Zubereitung von Nahrungsmitteln ein Krebsrisiko für den Menschen darstellt – vorausgesetzt die FDA entschließt sich nicht, die Beziehungen mit Japan abzubrechen und sämtliche Befunde über natürlich vorkommende Kanzerogene in einem unterirdischen Bunker zu verschließen, werden die oben genannten so überaus interessanten Forschungsergebnisse irgendwann einmal auch ins Bewußtsein der breiten Öffentlichkeit gelangen.

Während die »Reglementierungswissenschaft« der USA damit beschäftigt war, falsche Zahlenangaben bezüglich der industriell hergestellten Chemikalien in Umlauf zu bringen, die in der Natur vorkommenden kanzerogenen Substanzen irgendwie aus der Welt zu zaubern und den prognostischen Wert von Mutagentests zu untersuchen, war man in Japan – das von der apokalyptischen Bewegung verschont geblieben war – mit der Untersuchung natürlich vorkommender wie auch industriell hergestellter Chemikalien ebenso befaßt wie mit der Untersuchung des prognostischen Wertes von Mutagen- und anderen Kurzzeittests. Und die wissenschaftlichen Ergebnisse, die aus Japan vermeldet wurden, machten die in den Gesundheitsbehörden der USA grassierende »philosophische Krise« um so deutlicher erkennbar.

Bruce Ames, einer der alten Kämpfer an der apokalyptischen Front – der Ein-Molekül-Theoretiker – suchte 1982 Zuflucht in der »Öffentlichkeit«:

Im Rahmen eines Entwurfs für ein Prioritätensystem für die Einstufung der Gefährlichkeit industriell hergestellter Substanzen hatte Ames eine Korrelationsstudie der mutagenen und kanzerogenen Wirkungen von chemischen Substanzen durchgeführt. Im Verlauf dieses Projekts hatte er die ideologische Mauer der »Reglementierungswissenschaften« durchbrochen und war auf dem harten Boden unseres Planeten gelandet.

In einem in *Science* veröffentlichten Artikel informierte Ames den staunenden Leser, daß die Natur gar nicht so gütig sei wie angenommen, daß in unseren Nahrungsmitteln eine ungeheuere Vielzahl komplexer und toxischer chemischer Verbindungen enthalten sei, daß die in der Nahrung identifizierten Kanzerogene, Mutagene und genotoxischen Substanzen so zahlreich seien, daß er im gegebenen Rahmen nur ein paar Beispiele erwähnen könne. Die von ihm genannten sind die nach seiner Überzeugung wichtigsten; sowohl hinsichtlich ihrer Potenz wie auch hinsichtlich ihrer Verbreitung.

Seine Liste potentiell gesundheitsgefährdender Nahrungsmittelbestandteile umfaßte auch die Entdeckungen der japanischen Wissenschaftler, daß gekochte und gebratene Proteine, Aminosäuren und Zucker mutagen und kanzerogen sind. Ames wies darauf hin, daß oxidierte Fette und Speiseöle mutagene und kanzerogene Eigenschaften besitzen und daß diese Eigenschaften durch die Nahrungsmittelzubereitung, wie zum Beispiel Kochen und Braten, noch potenziert werden. Er erwähnte den Umstand, daß diese Nahrungsmittel im Körper des Menschen zu gefährlichen Sauerstoffradikalen metabolisiert werden, die bereits Philip Handler und andere mit der Entstehung von Tumoren in Verbindung gebracht hatten. (Ames' Artikel war übrigens Philip Handler gewidmet.) Er diskutierte auch in Nahrungsmitteln wie zum Beispiel in Karotten enthaltene natürliche Antikanzerogene, die möglicherweise als Antioxidationsmittel wirken. Dann ging er auf die Bildung von Nitrosoverbindungen ein, die sich im Verdauungstrakt nach dem Genuß von nitratreichem Gemüse nachweisen lassen, und er erwähnte schwarzen Pfeffer und gewisse Pilzsorten, die starke Kanzerogene enthalten. Er stellte fest, daß in handelsüblichen Gemüse- und Obstsorten und allgemein in pflanzlichen Nahrungsmitteln kanzerogene und mutagene Substanzen, wie zum Beispiel Pyrrolizidin, Alkaloide, Phenole und Flavonoide vorkommen, daß verschiedene natürliche Schimmelpilze, zum Beispiel Aflatoxin, in zahlreichen pflanzlichen und tierischen Nahrungsmitteln enthalten sind, daß das Mutagen und Kokanzerogen Acetaldehyd bei der Verwertung von alkoholischen Getränken entsteht, daß Kaffee mutagen ist und daß Kaffee, Tee und Kakao genotoxisch wirken. Auf der Grundlage dieser Forschungsergebnisse sowie angesichts epidemiologischer Befunde, die den Schluß zuließen, daß die durchschnittliche Lebenserwartung der amerikanischen Bürger in einem Anstieg begriffen sei und die steigenden Krebsinzidenzraten wahrscheinlich vor allem auf Tabakkonsum zurückzuführen seien – so erklärte Ames –, seien die signifikantesten Faktoren von Krebserkrankung sowohl auf natürlich wie auf kulturell bedingte Umstände zurückzuführen. Allein der Tabak sei für etwa 30 Prozent der Todesursache Krebs verantwortlich zu machen; wobei der Inzidenzhöhepunkt bei Frauen noch nicht einmal erreicht sei. Auch Ernährungsfaktoren trügen wahrscheinlich einen wesentlichen Teil zu der Gesamtkrebsinzidenz bei, stellte Ames fest. Zu dem Problem der Risikoeinschätzung konstatierte Ames sehr lapidar, daß sie eine große Herausforderung für die Kanzerogeneseforschung sei, und das Wort »Molekül« erwähnte der Theoretiker der Ein-Molekül-Theorie nicht ein einziges Mal.[113]

Den Leser dieses Buches werden nicht so sehr die Befunde bezüglich der kanzerogenen Dimension der Natur überraschen, sondern vielmehr die Tatsache, daß es Ames war, der sie der Öffentlichkeit zugänglich machte. Er hatte zwar keineswegs den industriell verursachten Krebs von seiner Problemliste gestrichen, er hatte auch nicht aufgehört, an die »Vernunft« zu appellieren, doch hatte er ganz offensichtlich seine Position als »Reglementierungswissenschaftler« revidiert. Der erste Abtrünnige aus den Reihen der Apokalyptiker hatte in aller Öffentlichkeit seinen bisherigen Ansichten abgeschworen.

Und gerade weil er als ehemaliger Apokalyptiker »vertrauenswürdig« war, wirkte er vor der Presse »glaubwürdig« und fand Gehör. Ein oder zwei Tage lang erschienen in der Tagespresse gewichtige Diskussionen und Kommentare der führenden Herausgeber wissenschaftlicher Literatur zum Thema der »neuentdeckten« natürlichen kanzerogenen Bestandteile in unserer Nahrung. Einige Leser begriffen sicherlich, daß das Problem »umweltbedingter Krebs« wesentlich komplizierter ist, als sie bisher angenommen hatten. Und zweifellos entschloß sich mancher Leser, ab nun überhaupt nichts mehr zu essen – außer allenfalls ein paar Karotten. Doch die Mehrzahl der amerikanischen Bürger registrierte Ames' Veröffentlichung vermutlich überhaupt nicht. Ein Artikel in einer Fachzeitschrift, eine kurze Notiz in der Tageszeitung reichten nicht aus, die Meldung in das Bewußtsein der gesamten Nation zu rücken. Ein Abtrünniger war zu wenig, das Bewußtsein der Öffentlichkeit zu verändern, das jahrzehntelang von den Schlagworten der Apokalyptiker geprägt worden war.

Trotzdem war etwas Entscheidendes geschehen: Die Mauer aus Ideologie und Stillschweigen, die um die Natur errichtet worden war, zeigte breite Risse. Für einen kurzen Moment hatte eine unbekannte Zahl von wissenschaftlich interessierten Lesern einen Einblick in die Natur dieses radioaktiv-toxischen, kanzerogenen und mutagenen Feuerballs gewonnen, der, von einer gigantischen Explosion in den Raum geschleudert, noch immer, langsam abkühlend, seine Bahn im Universum zieht und den der Mensch als seine Heimat betrachtet. Für einen kurzen Moment hoben sich die dichten Schleier des apokalyptischen Dogmas und gaben den Blick auf den Planeten Erde frei. Durch die Bresche, die Ames geschlagen hatte, werden andere folgen, und allmählich wird das Wissen um die beängstigende kanzerogene und mutagene Beschaffenheit unserer Nahrungsmittel ein Teil der Allgemeinbildung werden, und Rodricks Befürchtungen werden sich bewahrheiten.

In jeder Kultur kommt der Nahrung eine enorme symbolische Bedeutung zu, und jeder ist sich der zentralen Rolle bewußt, die sie in unser aller Leben einnimmt. Manche werden die Erkenntnisse der Wissenschaft hinsichtlich der kanzerogenen Dimension der Natur als ein weiteres Horrorgespenst abtun, doch jene, die die Behauptungen der Gesundheitsbehörden und »Reglementierungswissenschaft« ernst genommen haben, werden es mit der Angst zu tun bekommen. Und viele werden sich fragen, ob sie nicht täglich ihre Kinder vergiften.

Doch darauf wird ihnen niemand eine Antwort geben können, da niemand die Antwort weiß. Niemand kann sagen, ob eine Substanz, die bei Bakterien Mutationen verursacht und bei Versuchstieren Krebs erzeugt, auch beim Menschen krebserregend ist. Niemand kann auf der Basis der verfügbaren Daten eine Prognose abgeben. Niemand kann das mögliche Risiko quantifizieren. Doch eines ist sicher: Wären diese chemischen Substanzen von seiten der Industrie den Nahrungsmitteln zugefügt worden, sie würden unter Berufung auf die Delaney-Klausel und das TSCA als »potentiell« giftig verboten.

Und noch etwas anderes ist angesichts dieser Entwicklung sicher: Die amerikanische Öffentlichkeit wird die Fragen stellen, die Rodricks so fürchtet.

Und wie er vorausgesehen hat, werden die Fragen vor allem um zwei zentrale Probleme kreisen. Ein Teil der Fragen wird darauf zielen, welche Bedeutung das anhand von Tier- und Bakterientests gewonnene Datenmaterial für den Menschen hat. Die Menschen werden entdecken, daß sie und ihre Kinder ständig die potentesten Mutagene, die die Wissenschaft je eindeutig fixiert hat, in Form von Nahrung zu sich nehmen. Sie werden entdecken, daß sie und ihre Kinder dieselben Substanzen zu sich nehmen, die im Tierversuch positive Befunde erzielen, chemische Substanzen, die

Bakterien mutieren lassen und die bei Tieren Krebs erzeugen. Die Öffentlichkeit wird entdecken, daß in den Nahrungsmitteln ungewöhnlich potente genotoxische »Erreger« enthalten sind, deren Folgen für den Menschen niemand voraussagen kann. Die Menschen werden entdecken, welch ungeheuere Distanz zwischen der Labormaus und den ein oder zwei Millionen Bürgern existiert, deren Stelle sie – in den Köpfen der Statistiker – vertritt. Die Öffentlichkeit wird entdecken, daß die Risikoeinschätzung absolut keinen Bezug zur biologischen Wirklichkeit hat. Die Öffentlichkeit wird entdecken, daß »das eine Molekül«, das jedermann zu fürchten gelernt hat, eine moralische Fiktion ist, die lediglich den Zweck verfolgt, gesundheitspolitische Maßnahmen – ohne die Existenz entsprechender epidemiologischer Erkenntnisse – zu rechtfertigen; Maßnahmen, die auf einer Hypothese beruhen, die nicht überprüfbar ist. Die Menschen werden erkennen, daß sie vor dem Hintergrund dieser moralischen Fiktion ebenfalls als »Massenmörder« bezeichnet werden können, und sie werden verstehen, was es bedeutet, Industrieller zu sein.

Und ein zweiter Teil der Fragen wird sich, wie Rodricks ebenfalls vorausgesehen hat, darauf beziehen, aus welchem Grund Industrie und Natur mit zweifachem Maß gemessen werden. Und die Menschen werden entdecken, daß sie die Verfechter der Krebsvorsorgepolitik – mit industriellen Gefahrenquellen und Gesundheitsrisiken geradezu überhäuft haben, während sie die in der Natur existierenden Gefahren mit keinem Wort erwähnten. Die amerikanische Öffentlichkeit wird entdecken, daß sie mit Hilfe dieser einseitigen Taktik gegen ihr eigenes Wirtschaftssystem aufgebracht worden ist. Die Öffentlichkeit wird erfahren, daß die höchstentwickelte und kreativste Zivilisation unseres Planeten, die Gesellschaft mit der fortschrittlichsten Technologie, systematisch in Mißkredit gebracht wurde.[114]

Das Resultat wird eine schwerwiegende Krise sein. Eine Krise, die ihren Anfang bereits vor zwanzig Jahren nahm, als Rachel Carson den Bürgern einer hochentwickelten industriellen Zivilisation ein Schauermärchen präsentierte, das ihr ein alter Mann vom NCI ins Ohr geflüstert hatte: Das Märchen, die Natur sei ein Garten Eden, Krebs sei eine Novität auf dem Planeten Erde, die Folgeerscheinung eines neuen »Erregers«, den die Chemiker und die bösen Kapitalisten entwickelt haben, eines »Krankheitserregers«, der in der Lage ist, alles Leben auf der Erde zu zerstören.

Zweifellos sind dieses Märchen und der bleibende Eindruck, den es im Bewußtsein der Menschen hinterlassen hat, nur ein Symptom einer sehr viel tiefer reichenden kulturellen Krise; einer überaus komplexen Krise, deren Geschichte noch nicht geschrieben ist, da wir alle von ihr betroffen sind. Obwohl diese Krise zahllose kulturelle Komponenten besitzt, lassen sich doch einige dieser Komponenten benennen:

Die sogenannten Schöngeister, die nichts Neues über die industrielle Revolution und den Kapitalismus hinzugelernt haben, seit William Blake die »Vernunft«, die »Wissenschaft« und die »teuflischen Fabriken« angeprangert hat, wollen ihren Anteil an dem großen »kapitalistischen Kuchen«, und sie verspeisen die Kapitalisten gleich mit.

Die Biologen, deren Wissenschaft noch unausgereift ist, nehmen begierig jeden religiösen, kulturellen und politischen Trend auf. Dies war unter Hitler der Fall ebenso wie unter Stalin. Und dies ist auch im Amerika von heute der Fall: Die biologischen Wissenschaften haben sich die Ideologie der linken Gegenkulturbewegung der sechziger Jahre zu eigen gemacht.

Jene Generation, die von dem Glauben besessen ist, daß jedes Problem lösbar, daß jede Fehlentwicklung korrigierbar ist und daß der Kongreß und die Gesetzgebung selbst die Naturgesetze aufheben können.

Die »intellektuelle Massenelite«, einschließlich der Biologen, die – als die moderne Technologie den Menschen den ersten Schritt in den Weltraum ermöglichte – in zwei Gruppen von Mystikern zerfiel: Die eine Gruppe saß vor den Fernsehapparaten und sank auf die Knie, um den Planeten anzubeten. Die andere Gruppe saß über die Mikroskope gebeugt und bestritt schlichtweg die Existenz des Planeten. Und beide Gruppen hatten eines gemeinsam: die Uberzeugung, daß eine metaphysische Katastrophe bevorstehe, deren Ursachen im amerikanischen Wirtschaftssystem zu suchen seien.

Die Mehrheit der Wissenschaftler, die diese Ansichten zwar nicht teilen, die jedoch an den Subventionen für die Wissenschaft teilhaben und somit die wissenschaftliche Mißwirtschaft ihrer Kollegen erst ermöglichen.

Die Krise wird nicht leicht zu lösen sein, doch betrachtet man die vorstehend genannten Komponenten der Krise, wird man feststellen, daß sie sich im Grunde genommen in nichts von den anderen Krisen, die wir kennengelernt haben, unterscheidet. Ihr liegen dieselben Strukturen und Regeln zugrunde, die unsere gesamte Gesellschaft charakterisieren. Die bizarren Eigentümlichkeiten der »amerikanischen Kultur« haben auch Einzug in die Biologie gehalten. Daß dem so ist, beweist die Tatsache, daß keine andere Nation vor vergleichbaren Problemen steht, obwohl manche Wissenschaftler ihr Bestes versucht haben, die Apokalypse zu exportieren. Zumindest in Japan konnte sie nicht Fuß fassen, und keinem der international renommierten japanischen Genetiker und Krebsforscher wäre angesichts der Tatsache, daß Spuren von Tumoren in Dinosaurierknochen festzustellen sind, eingefallen zu behaupten, Krebs sei im wesentlichen eine von der Industrie verursachte Krankheit. Doch genau dies war die »Erkenntnis«, die Saffiottis Ad-hoc-Komitee dem Surgeon General unterbreitete, dies war »die Nachricht des Tages«, die das NCI den amerikanischen Medien zuspielte.

Nicht die Suche nach Krankheitsursachen an sich ist »bizarr«, denn ohne die Identifizierung von »Erregern« gäbe es keine Fortschritte in der Medizin. Doch von noch zentralerer Bedeutung ist die Beobachtung der Menschen, die von den »Erregern« befallen sind, sowie das Studium der Wirkmechanismen im Organismus des Menschen. Ohne empirische Wissenschaften jedoch, die der Prüfstein sind, an dem Hypothesen gemessen werden, gibt es keinen Fortschritt in der Krebsforschung. Die Identifizierung und das Studium kanzerogener »Erreger« sind sicherlich notwendig und von größter Wichtigkeit für unsere Gesundheit. Doch sollten wir nicht übersehen, daß sich gerade aus dem Bestreben, »Erreger« zu entdecken, eine destruktive Hetzjagd entwickelte, die die im Krebsvorsorgeestablishment gehegten Animositäten erst ermöglichte.

So komplex diese Situation auch erscheinen mag, bin ich doch sicher, daß der Leser begreifen wird, welchem gigantischen Wissenschaftsbetrug die Öffentlichkeit aufgesessen ist und wie unglaubwürdig die Behauptungen apokalyptischer Wissenschaftler im Licht der »neuen« Erkenntnisse sind. Und derjenige, dem klargeworden ist, daß sich hinter dem Schlagwort »umweltbedingter Krebs« ein religiös-politisch motiviertes Märchen verbirgt, wird weitere Fragen stellen: Wo waren die kritischen Wissenschaftler und Augenzeugen dieser Entwicklung? Und wo war unsere so wachsame und hellhörige Presse?

Diese Fragen ließen mir keine Ruhe, als ich das vorliegende Buch abgeschlossen hatte. Der Epilog bietet dem Leser die Antworten, die ich auf diese Fragen fand.

Epilog

... es ist mittlerweile allgemein bekannt, daß 60 bis 90 Prozent aller Krebserkrankungen des Menschen durch vom Menschen hergestellte toxische Chemikalien der verschiedensten Art verursacht werden.[1]

– James Biskop, jun., Korrespondent
für Energie- und Umweltfragen
der *Newsweek*, 1976

Es ist gesagt worden, daß wir unter einer Krebsepidemie zu leiden haben, die im Zeitlupentempo um sich greift.[2]

– Dan Rather, CBS-TV Nachrichten-
redaktion, »The American Way
of Death«, 1975

Wir sind Zeugen des Ausbruchs einer landesweiten Krebsepidemie, einer Epidemie schrecklichen Ausmaßes, einer Krebsseuche. Die Zahlen und Tendenzen künden eindeutig von dem Unheil, das über uns hereingebrochen ist.[3]

– Larry Agram, Journalist,
The Cancer Connection, 1977

Dr. Umberto Saffiotti vom NCI erklärte hierzu: »Im letzten Viertel des 20. Jahrhunderts kann Krebs als eine die gesamte Gesellschaft betreffende Krankheit betrachtet werden, eine Krankheit, deren Ursachen und deren Prävention in der Technologie und der Wirtschaft unserer Gesellschaft verwurzelt sind.«[4]

– »Die Krankheit des Jahrhunderts«
Artikel in: *Time*, 1975

Die Nachricht des Abends lautet: Die Vereinigten Staaten sind die Nummer eins in der Krebsstatistik. Das Nationale Krebsforschungsinstitut (NCI) schätzt, daß das Krebsrisiko in den USA höher ist als in irgendeinem anderen Land.[5]

– Dan Rather, CBS-TV Nachrichten-
redaktion, »The American Way
of Death«, 1975

Die USA haben eine der höchsten Krebsinzidenzraten der Welt; vor allem für Krebsarten, die mit Umweltverschmutzung im Zusammenhang stehen.[6]

– »Die Krankheit des Jahrhunderts«,
Artikel in: *Time*, 1975

Wo waren unsere kritischen Wissenschaftler, als das ganze Land einem Märchen aufsaß? Und wo war unsere so wachsame und hellhörige Presse? Dies sind nur einige der vielen Fragen, die einem in den Sinn kommen, wenn man überlegt, wie es möglich war, daß sich eine ganze Nation ohne erkennbaren Widerstand von purer Wissenschaftsmythologie vereinnahmen ließ. Da dies nur unter Beihilfe der Presse geschehen sein konnte, beschloß ich, mein Augenmerk erst einmal auf die Presse zu richten. Zunächst untersuchte ich den Inhalt der »Axiome« der Apokalyptiker, jene Konstruktion aus falschen und jeder Basis entbehrenden Vorstellungen, in denen behauptet wurde, Krebs sei umweltbedingt. Diese »Axiome« eroberten die Presse und haben sich inzwischen als tiefverwurzelte Überzeugungen in den Köpfen des Bürgers festgesetzt. Bei sämtlichen dieser »Axiome«, die ich zu Beginn dieses Kapitels noch einmal in Form von Zitaten wiederholt habe, handelt es sich um die Behauptung, hinreichende Erkenntnisse hinsichtlich der Krebserkrankung des Menschen in Händen zu haben – Erkenntnisse, die nur aus dem Bereich der epidemiologischen Forschung stammen konnten. Ich studierte deshalb die Geschichte der Krebsepidemiologie, um schwarz auf weiß zu lesen, was die Epidemiologen zu diesem Thema berichteten. Im folgenden werde ich erläutern, was ich beim Studieren der epidemiologischen Literatur in Erfahrung gebracht habe, und im Anschluß daran werde ich ein paar Worte zur amerikanischen Presse zu sagen haben und zur Rolle derjenigen Wissenschaftler, die sich der Presse bedienten oder die bestenfalls schwiegen und ihre Hände in Unschuld wuschen.

Die Garten-Eden-Theorie des umweltbedingten Krebses

Das erste »Axiom« der Apokalyptiker ist die Theorie des umweltbedingten Krebses, eben jene Theorie, mit der Wilhelm Hueper vom NCI Rachel Carson inspirierte und die besagte, daß die Natur ihrem Wesen nach ein Garten Eden ohne nennenswerte Kanzerogenität sei und daß vor allem mit den nach Ende des Zweiten Weltkrieges produzierten chemischen Substanzen die kanzerogene Hölle über die Menschheit hereingebrochen sei. Wir wissen bereits, daß diese Theorie falsch war, und selbst zu der Zeit, als diese Theorie verkündet wurde, existierte schon eine umfassende wissenschaftliche Literatur, die von natürlich vorkommenden Kanzerogenen berichtete. Befaßt man sich mit der Geschichte der Epidemiologie, wird man jedoch feststellen, daß diese Theorie auch aus ganz anderen Gründen falsch war. Bereits in den dreißiger Jahren, also drei Jahrzehnte bevor die Krebsapokalypse von der NCI lanciert wurde, war es für geschulte Krebsepidemiologen offensichtlich ganz klargewesen, daß die Vorstellungen, die hinter der Garten-Eden-Theorie des umweltbedingten Krebses stehen, ein purer Mythos sind.

Dies geht bereits ganz eindeutig aus der Themenstellung einer 1968 in Israel tagenden Konferenz hervor. Besagte Tagung hätte nie stattgefunden, wenn die Theorie der erst nach dem Zweiten Weltkrieg entstandenen kanzerogenen Hölle richtig gewesen wäre. Die Konferenz hatte nämlich die eingehende Untersuchung des Krebsproblems in vorindustriellen Gesellschaften zum Thema. Nachdem er sich ein Referat von John Higginson angehört hatte, auf das ich im folgenden noch zurückkommen werde, meldete sich Isaac Berenblum, der Grundlagenforscher, der die Antikanzerogene und die Kokanzerogene entdeckte und einer der Väter der Initiations-Promotions-Theorie ist, zu Wort. Der immense Berg von Literatur über Krebserkrankungen des Menschen in vorindustrieller Zeit, so führte er aus, habe die geltenden Anschauungen über diese Krankheit verändert. Zahlreiche der »liebgewonnenen Ansichten« über Krebs müßten »drastisch revidiert« werden. Als Beispiel nannte er unter anderem »die tiefverwurzelte Vorstellung, Krebs sei vorwiegend eine Krankheit wirtschaftlich hochentwickelter Länder«. Ein weiteres Beispiel sei »die weitverbreitete Vermutung, umweltbedingte Ursachen menschlicher Krebserkrankung seien notwendigerweise industrieller Herkunft«.[7] Eben jene Vorstellungen, die laut Berenblum »drastisch revidiert« werden sollten, waren es, die zu jener Zeit wie Fieberträume durch die amerikanischen Medien geisterten.

Eine Reihe verblüffender Entdeckungen und Erkenntnisse über Krebs in präindustriellen Epochen hatten diese »tiefverwurzelten Vorstellungen« über Krebs entscheidend angeschlagen. Als Higginson auf jener Konferenz 1968 in Israel versuchte, die Entdeckungen und Erkenntnisse der Epidemiologie, die sich seit den dreißiger Jahren angesammelt hatten, zu schildern und zusammenzufassen, tat er dies anhand eines Beispiels. Er beschrieb die Inzidenzraten von elf weltweit auftretenden Krebstypen und unterschied dabei Gebiete hoher Inzidenz von solchen mittlerer bzw. niedriger Inzidenz. Im folgenden einige der von ihm angeführten Beispiele:[8]

- Eine *hohe* Inzidenz von Nasopharyngealkrebs (bei Männern) wurde in Singapur (v. a. unter Chinesen) und im südlichen China beobachtet;

eine *mittlere* Inzidenz entdeckte man in Malaysia, Thailand, Indonesien und Kenia; eine *niedrige* Inzidenz stellt man in Europa, in weiten Teilen Afrikas und in Indien fest.

- Eine *hohe* Inzidenz von Mundkrebs (ohne Lippenkrebs) wurde in Ceylon und in Indien beobachtet; eine *mittlere* Inzidenz ermittelte man in Frankreich; eine *niedrige* Inzidenz lag in »den meisten Ländern« vor.
- Eine *hohe* Inzidenz von Speiseröhrenkrebs wurde in Japan, China, dem südlichen Afrika, Jamaika, Iran, der südlichen UdSSR und in der Karibik festgestellt; eine *mittlere* Inzidenz wurde in Frankreich, der Schweiz, Singapur, Indien und Chile beobachtet; eine *niedrige* Inzidenz wurde in Nordamerika, in »den meisten europäischen Ländern« und in Israel ermittelt.
- Eine *hohe* Inzidenz von Magenkrebs wurde in Japan, Chile, Island, Kolumbien, Finnland, Neufundland und in der UdSSR beobachtet; eine *mittlere* Inzidenz wurde in »den meisten europäischen Ländern« festgestellt, ferner in Kanada und in der Karibik; eine *niedrige* Inzidenz war in Afrika, in den USA und in Indien zu beobachten.
- Eine *hohe* Inzidenz von Leberkrebs (bei Männern) wurde in Mozambique und im südlichen Afrika festgestellt; eine *mittlere* Inzidenz war in Japan, Singapur (unter Chinesen), Nigeria und Uganda zu ermitteln; eine *niedrige* Inzidenz lag in Nordamerika, Europa, Jamaika, Südamerika und Indien vor.
- Eine *hohe* Inzidenz von Gebärmutterhalskrebs wurde in Kolumbien, Puerto Rico, im südlichen Afrika, in Jamaika und unter der farbigen Bevölkerung der USA beobachtet; eine *mittlere* Inzidenz war in West- und Ostafrika, in Japan, Singapur (unter Chinesen), Indien und Europa zu erkennen; eine *niedrige* Inzidenz wurde in Großbritannien, bei weißen US-Amerikanerinnen und in Neuseeland festgestellt, und in Israel war diese Krebsform sehr selten.

Genau dieser Art waren die Erkenntnisse und Informationen, die die »liebgewonnenen Ansichten«, Krebs sei in erster Linie eine Krankheit der hochentwickelten Industriestaaten und die Kanzerogenese sei industriell bedingt, seit geraumer Zeit erschütterten.

Allerdings sind die von Higginson zitierten Fakten nur eine kleine Auswahl aus der Fülle des Datenmaterials, das Epidemiologen weltweit zusammengestellt haben und das in jeder guten medizinischen Fachbibliothek vorliegt. Zu den wichtigsten Kompendien – den Bibeln der internationalen Epidemiologie – zählen einige mehrbändige Studienreihen, unter anderem so grundlegende Werke wie *Cancer Incidence in Five Continents*

(Krebsinzidenz auf fünf Kontinenten), herausgegeben von Richard Doll u. a., *Cancer Mortality for Selected Sites in 24 Countries,* herausgegeben von Mitsui Segi et al., und auch eine Reihe internationaler Komiteeberichte der Weltgesundheitsorganisation.[9] Diese Werke enthalten nicht nur Daten über Inzidenz und Mortalität der verschiedenen Tumorarten, sondern auch eine große Menge an technischen Unterlagen über die biologischen Merkmale der verschiedenen weltweit verbreiteten Krebsformen. Aus dieser immensen, über Jahrzehnte hinweg gesammelten Datenmenge hatte Higginson seine Beispiele ausgewählt.

Es handelt sich um Beispiele für »umweltbedingten Krebs«, wie ihn die Epidemiologen entdeckt und beschrieben hatten. Das Ergebnis war eine globale Konzeption, die aus den unterschiedlichen Krebshäufigkeitsraten der verschiedenen Regionen der Erde abgeleitet worden war, und dieses Konzept umfaßte sowohl nichtindustrialisierte wie auch hochindustrialisierte Staaten. Die Epidemiologen hatten nicht nur entdeckt, daß Menschen, die in präindustriellen Gesellschaftssystemen leben und in einer »ausgeglichenen Beziehung mit der Natur« stehen, eine Vielzahl von Krebsformen entwickeln, sie hatten auch herausgefunden, daß diese Krebsarten in manchen präindustriellen Ländern mit weitaus größerer Häufigkeit auftreten als bei den Industrievölkern; und was fast noch schwerer wiegt, die Epidemiologen kamen zu der Erkenntnis, daß auch zwischen den Industriestaaten beträchtliche Unterschiede hinsichtlich der Krebshäufigkeit existieren. Higginson hatte dem Auditorium der Konferenz von 1968 u. a. mitgeteilt, daß in Singapur lebende Chinesen etwa zwanzigmal häufiger an Nasopharyngealkarzinomen erkranken als die Menschen in den »meisten anderen Ländern«, daß in Mozambique die Häufigkeitsrate von Leberkrebs etwa hundertmal so hoch ist, wie z. B. in Nordamerika oder in Europa, daß Kanadierinnen etwa zehnmal so oft an Brustkrebs erkranken wie Japanerinnen, daß Dänen und US-Amerikaner sieben- bis achtmal häufiger Rektumkarzinome entwickeln als Japaner oder Kolumbianer und daß die Häufigkeit von Magenkrebs in Ländern mit hoher Inzidenz – Japan, Island und Chile – siebenundzwanzig- bis fünfundvierzigmal so groß ist wie in Ländern mit niedriger Inzidenz, wie zum Beispiel Uganda, Mozambique und die Vereinigten Staaten. In den USA wurden für manche Krebsformen (z. B. Colonkarzinome) die höchsten Inzidenzraten der Welt festgestellt, während für andere Krebsarten (z. B. Magen- und Leberkrebs) sehr niedrige Inzidenzraten ermittelt wurden.[10] In den sechziger Jahren war der »umweltbedingte Krebs«, wie ihn die Epidemiologen entdeckt und beschrieben hatten, ein unerklärliches und rätselhaftes Phänomen.

Einer der Gründe, weshalb dies so war, ist in der vorsichtigen und gewissenhaften Denk- und Vorgehensweise der führenden Epidemiologen der Welt zu suchen, die sich die Erforschung der Ursachen des Krebses zur Aufgabe gemacht hatten. Dabei gingen sie nicht von einer vorgefertigten Kausaltheorie aus, sondern begannen ganz von vorne – sozusagen bei der Konstatierung ihrer eigenen Unwissenheit. Folglich hatten sie auch keine Daten ausgewählt, die geeignet gewesen wären, irgendwelche vorgefaßten Theorien zu bestätigen; sie hatten sämtliche verfügbaren Einzelinformationen gesammelt, die sie über Krebshäufigkeitszahlen beim Menschen finden konnten, ohne dabei eventuell unliebsame Daten zu ignorieren. Ihre Umwelttheorie schloß auch keineswegs die Theorie der Krebsentstehung durch Industriechemikalien aus, denn allen Epidemiologen war klar, daß bestimmte Krebsformen beim Menschen in der Tat von Industriechemikalien hervorgerufen werden; schließlich waren es Epidemiologen gewesen, die solche Zusammenhänge aufgedeckt hatten. Ihre Theorie ignorierte auch nicht das Phänomen Brustkrebs oder die durch Medikamente bzw. durch Strahlung induzierte Krebsentstehung, denn es waren ebenfalls Epidemiologen gewesen, die diese Entdeckungen am Menschen gemacht hatten. Auch sahen sie keineswegs über die Tatsache hinweg, daß in Industrieländern (z. B. in den USA) die Krebshäufigkeit ingesamt gesehen höher ist als in vorindustriellen Ländern (z. B. in Thailand) oder daß Amerikaner selten an Infektionskrankheiten sterben, während die Thais (noch bis 1974) durch Infektionskrankheiten dezimiert wurden und eine mittlere Lebenserwartung von nur 16 Jahren hatten, was etwa der Lebenserwartung einer verhätschelten amerikanischen Hauskatze entspricht. Ihnen war auch klar, daß die Krebshäufigkeitsraten vor allem in jenen Ländern in die Höhe geschnellt waren, in denen eine ganze Reihe von Faktoren wie sanitäre Anlagen, ausreichende Nahrungsmittelversorgung oder die erfolgreiche Bekämpfung von Infektionskrankheiten dazu beigetragen hatten, die Lebenserwartung der Menschen zu erhöhen. Sie erfaßten die Krebshäufigkeit bei Dschungelbewohnern ebenso wie bei Bewohnern von Wolkenkratzern. Sie hatten nichts ausgeschlossen und alle Informationen gesammelt, die über die verschiedenen Krebsformen in den verschiedensten Ländern, Gesellschaften und Regionen existierten. Und gerade weil sie nichts ausgelassen hatten, entsprach das auf diese Weise gewonnene Datenmaterial keiner der bestehenden »liebgewonnenen Vorstellungen« vom Wesen des Krebses und war entsprechend chaotisch und komplex.

Diese gewissenhafte weltweit betriebene Suche erbrachte darüber hinaus noch ein weiteres sehr wichtiges Ergebnis: Mit ihren Befunden hatten die Epidemiologen jenen den Wind aus den Segeln genommen, die die Ursachen der Krebserkrankung des Menschen schlicht und einfach auf wenige oder einen Faktor reduzieren möchten. Dies war geschehen, Jahrzehnte *bevor* Wilhelm Hueper vom NCI und seine geistigen Erben mit ihren Märchen eine der am höchsten entwickelten industriellen Zivilisationen in Angst und Schrecken versetzten. Das Studium der Epidemiologie lehrt, weshalb die Krebsapokalypse in Amerika ganz zwangsläufig den Charakter eines Märchens annahm. Auf Tatsachen konnten sie sich nicht berufen, denn die Epidemiologen hatten das erste *Axiom* der Apokalyptiker wissenschaftlich desavouiert.

90 Prozent der Krebserkrankungen werden durch Industriechemikalien verursacht

Das zweite *Axiom* der Krebsapokalypse gründete sich auf jenen berühmt gewordenen Bericht, den Journalisten und Politiker anonymen Quellen im NCI zuschrieben, die Mitte bzw. Ende der siebziger Jahre behaupteten, 90 Prozent aller Krebserkrankungen seien »umweltbedingt« – und mit »umweltbedingt« meinte(n) der (oder die) anonyme(n) Informant(en) die »vom Menschen geschaffene« oder *industrielle* Umwelt. Wir können nicht in Erfahrung bringen, wer dieser anonyme Informant war, es sei denn, die Journalisten würden sich entschließen, es uns zu sagen. Es ist allerdings kein Geheimnis, daß einige Wissenschaftler des NCI ähnliche Auffassungen vertraten. Huepers Doktrin besagt sicherlich das gleiche, ebenso auch Saffiottis Erklärung aus dem Jahr 1976, in der er seiner Überzeugung Ausdruck verlieh, Krebs entstehe »im wesentlichen« aufgrund »extremer Wirkstoffe« industriellen Ursprungs. Es ist gar nicht so wichtig zu erfahren, wer jener »Anonymus« im NCI war; viel wichtiger ist es, zu begreifen, daß auch leitende Wissenschaftler des Staatlichen Krebsforschungsinstituts solche Auffassungen verbreiteten. Ein Beweis dafür, daß die Journalisten nicht etwa irgend etwas falsch verstanden hatten, sondern ganz genau begriffen hatten, wovon die Rede war.

Dieser den Apokalyptikern so sehr ans Herz gewachsene Schätzwert von 90 Prozent stammte tatsächlich aus den Reihen der Wissenschaft, und zwar aus dem Wissenschaftsbereich der Epidemiologie. Doch er bedeutete *nicht*, was »das NCI« in ihn hineininterpretierte. Eine umfassende Erklärung der Bedeutung dieser 90 Prozent lag bereits, lange bevor die anonyme Information lanciert wurde, vor. Auf der vorstehend erwähnten

Konferenz in Israel hatte John Higginson 1968 folgende auf die USA bezogene Erklärung abgegeben:

> Wir kennen zwar bei vielen Krebsformen nicht die ätiologischen Faktoren, doch können wir auf theoretischer Grundlage den Anteil aller Krebstypen schätzen, der auf umweltbedingte Faktoren zurückzuführen ist. Aus den Berechnungen würde sich ergeben, daß in den Vereinigten Staaten annähernd 80 Prozent aller malignen Tumoren wahrscheinlich umweltbedingt sind und somit theoretisch verhindert werden können.[12]

In einer weiteren wesentlich umfangreicheren Veröffentlichung aus demselben Jahr, schätzte Higginson, daß 90 Prozent aller Krebserkrankungen theoretisch verhindert werden können.[13]

Um die Bedeutung dieser 90-Prozent-Schätzung richtig zu verstehen, müssen wir allerdings wissen, wie die Berechnungen durchgeführt wurden. Dies setzt jedoch voraus, daß wir etwas weiter ausholen, denn ohne Vorkenntnisse über die in den verschiedenen Teilen der Welt unterschiedlichen Inzidenzraten ist das Ganze schwer zu verstehen. Die Epidemiologen hatten entdeckt, daß sich ihnen bei der kartographischen Darstellung der – weltweit betrachtet – außerordentlich großen Schwankungen der Krebsinzidenzraten ein Bild bot, das an die Häufigkeitsverteilung epidemischer Krankheiten erinnerte. Dies warf eine brennende Frage auf: Waren diese Flecken auf der Karte Ausdruck einer vererbten Prädisposition bestimmter Bevölkerungsgruppen für die Erkrankung an bestimmten Krebsformen, oder handelte es sich um regional begrenzte Ausbrüche der Krankheit, die durch äußere Faktoren verursacht oder beeinflußt worden waren – also um ein umweltbedingtes Phänomen? Der erste ernsthafte Versuch, diese Frage zu beantworten, war bereits 1944 – also 24 Jahre vor Higginsons Rede in Israel – von Sir Ernest Kennaway, einem der hervorragendsten Wissenschaftler Großbritanniens, unternommen worden. Kennaway, der 1932 als erster Wissenschaftler ein chemisches Kanzerogen im Labor im Reinzustand synthetisiert hatte[14], erkannte, daß die gewaltsame Verschleppung einer riesigen Zahl von Schwarzen nach Amerika ein natürliches Experimentierfeld geschaffen hatte, auf dem die Frage »Vererbung oder Umwelt als Ursache von Krebs?« untersucht werden konnte. Er führte eine Vergleichsuntersuchung über primären Leberkrebs bei der Bantu-Bevölkerung in Südafrika und bei den Schwarzen in den Vereinigten Staaten durch. Er stellte fest, daß die Bantus außerordentlich häufig an dieser Krebsform erkranken, die Schwarzen in Nordamerika jedoch nicht. Er folgerte daraus, daß »Leberkrebs nicht rein rassisch bedingt« ist und daß die hohen Inzidenzraten bei den Bantus auf einen von außen wirkenden Faktor zurückzuführen seien, der einer Untersuchung bedürfe.[15] In dieser grundlegenden Studie wurde zum erstenmal in der Geschichte der Krebsforschung die Ansicht geäußert, daß die Krebserkrankungen in einer ganzen Bevölkerungsgruppe durch die geographische Lage, den Wohnort – also durch die Umwelt bestimmt werden könnten.

Aus dieser einen Studie ergaben sich atemberaubende Folgerungen, und es war klar, daß diese Frage einer eingehenderen Untersuchung bedurfte. Von 1953 bis 1955 führte John Higginson, der damals an der Fakultät für Pathologie und Onkologie des Medical Center of Kansas University zusammen mit A. G. Oettlé arbeitete, eine weitaus komplexere Untersuchung durch. Die beiden Forscher verglichen die Häufigkeit einer Reihe von Krebserkrankungen bei den Bantus in Johannesburg mit der Inzidenz der gleichen Krebsformen bei schwarzen Amerikanern. Bei den untersuchten Krebsarten handelte es sich um Magen-Darm-Krebs, Oesophagus- und Leberkrebs, Urogenitalkrebs (einschließlich Hoden-, Penis-, Uterus- und Brustkrebs), Weichteilkarzinome, Leukämie sowie bei Kindern auftretende Krebsformen, wie zum Beispiel das Retinoblastom und das Nephroblastom. Abgesehen von den bei Kindern auftretenden Krebsformen, »deren Häufigkeit bei den Bantukindern sich nicht signifikant von den in den USA beobachteten Inzidenzraten unterschied«, waren die Inzidenzraten für jede dieser Gruppen von Krebserkrankungen bei Bantus und bei Schwarzen in den USA völlig verschieden. In einigen Fällen trat ein bestimmter Krebstyp bei den Bantus wesentlich häufiger auf als bei den schwarzen Bürgern der USA, in anderen Fällen wesentlich seltener; ganz offensichtlich ein Hinweis darauf, daß die Ursache einiger dieser Unterschiede in kulturell bedingten Gewohnheiten zu suchen war – zum Beispiel in der Praxis der Beschneidung, in Sexual- und Fortpflanzungsgewohnheiten und in der Ernährungsweise.[16]

In seinem 1960 erschienenen Artikel, in dem Higginson über diese bemerkenswerten Unterschiede berichtete, kam er zu dem Schluß, daß keine der von ihm untersuchten Krebsformen erblich bedingt sei; vielmehr sei die Kanzerogenese in den meisten Fällen »umweltbedingt« – eine Vorstellung, die ganz eindeutig und ausdrücklich auch natürliche Faktoren und kulturelle Verhaltensmuster einschloß. Die Schlußfolgerungen dieses Artikels lauteten:

> Wird anhand der niedrigsten aus den Zahlen für Amerikaner oder Bantus hervorgehenden Quote die Krebsinzidenz für eine hypothetische Population berechnet, so müßten bei westlichen Bevölkerungsgruppen wahrscheinlich wenigstens zwei Drittel aller Krebsarten (mit Ausnahme des Hautkrebses) ihrem Ursprung nach umweltbedingt und damit theoretisch verhinderbar sein.[17]

Einige Jahre später erläuterte C. S. Muir von der epidemiologischen Abteilung der IARC, der im übrigen gemeinsam mit Richard Doll das Werk *Cancer Incidence in Five Continents* herausgegeben hat, anläßlich einer wissenschaftlichen Tagung in New York Higginsons Überlegungen. Higginson habe – so Muir – die unterschiedlichen Inzidenzraten bestimmter Krebsformen verglichen und daraus folgende Überlegungen abgeleitet:

> In der Annahme (erklärte Muir), die geringste Häufigkeit stelle einen Wert dar, der als genetisch bedingt betrachtet werden kann, postulierte er (Higginson), die Differenz zwischen dieser Quote und der höchsten beobachteten Quote entspreche wahrscheinlich dem Anteil der Krebserkrankungen, der auf exogene Faktoren zurückzuführen ist.[18]

Auf diese Weise gelangte Higginson zu seinen ständig höher werdenden Schätzungen von 65, 80 und schließlich 90 Prozent.

Obwohl ein spezifischer Prozentsatz keine allgemeine Anerkennung fand, hatte der revolutionäre Gedanke, die »meisten« Krebserkrankungen seien umweltbedingt, also theoretisch zu verhindern, binnen kürzester Zeit die Welt der epidemiologischen Krebsforschung erobert. Die fünfziger und sechziger Jahre waren ganz allgemein eine Zeit intellektueller Gärungsprozesse und rühriger Tätigkeit auf diesem Gebiet der Wissenschaft, und Higginsons Studie hatte dazu wesentlich beigetragen. Zwischen 1962 und 1969 hatten Segi, Kurihara und andere die Krebsmortalität in 48 Ländern und in 15 Sowjetrepubliken untersucht.[19] Anfang und Mitte der sechziger Jahre waren mehrere Ausschüsse der Weltgesundheitsorganisation zu dem Ergebnis gelangt, daß für die meisten Krebserkrankungen des Menschen Umweltfaktoren unmittelbar oder mittelbar verantwortlich seien und die Mehrzahl der Krebsarten somit theoretisch verhinderbar sei.[20] Ende der sechziger Jahre waren die ersten umfassenden Veröffentlichungen, die eine Übersicht der Ergebnisse epidemiologischer Forschung sowie deren Interpretation leisteten, bereits in Druck: die beiden klassischen Werke der Erforschung umweltbedingter Krebserkrankungen von Johannes Clemmesen aus Dänemark (1965)[21] und von Richard Doll aus Großbritannien (1967).[22]

Die Epidemiologen waren sich der Notwendigkeit, ihre eigenen revolutionären Folgerungen zu überprüfen, durchaus bewußt, und im Zuge dieses Unterfangens ergab sich eine weitere zu untersuchende Hypothese. Wenn es stimmte, daß die Mehrzahl der Krebserkrankungen des Menschen umweltbedingt war und sich – wie es bei der schwarzen Bevölkerung der USA nach der Verschleppung nach Amerika der Fall war – in Art und

Häufigkeit verändert hatten, dann sollte es möglich sein, bei ausgewanderten Bevölkerungsgruppen den Prozeß der sich ändernden Krebshäufigkeit zu beobachten. W. Haenszel und M. Kurihara (der gemeinsam mit Segi weltweit Datenerhebungen durchgeführt hatte) unternahmen den Versuch, diese Hypothese zu prüfen. Zu diesem Zweck untersuchten sie die Sterblichkeitsziffern für mehrere Krebsarten bei japanischen Einwanderern in den USA und stellten fest, daß unter den Immigranten und ihren Nachkommen die in Japan typischen hohen Inzidenzziffern wesentlich gesunken waren und sich den in den USA bekannten niedrigen Werten angeglichen hatten. Umgekehrt stiegen die für Japaner an und für sich typischen niedrigen Inzidenzziffern an Colonkrebs und glichen sich den in den USA typischen hohen Häufigkeitswerten an.[23] Es war gelungen, dem Prozeß der sich verändernden Krebshäufigkeit auf die Spur zu kommen. Diese 1968 veröffentlichte grundlegende Studie bewies erneut in aufsehenerregender Weise die aufgestellte Hypothese.

Im Laufe der Jahre bestätigten weitere Untersuchungen an Einwanderern – Indern, die nach Natal und auf die Fidji-Inseln ausgewandert waren, Europäern, die nach Nordamerika, Australien oder in die Tropen gezogen waren[24] – wiederholt die Erkenntnis, daß sich die Krebshäufigkeitsmuster beim Menschen mit den geographischen und kulturellen Gegebenheiten ändern. Die Theorie der umweltbedingten Krebserkrankung war geboren. Es handelte sich um eine umfassende, ja globale Theorie, die sowohl natürlich vorkommende wie auch industriell hergestellte Kanzerogene einschloß und die aufgrund der außerordentlich hohen Schätzwerte für den Anteil menschlicher Krebserkrankungen, von dem man annahm, er sei »umweltbedingt« – vor allem John Higginsons 90 Prozent – für geradezu dramatische Veränderungen der internationalen Krebsforschung sorgte.

Es kann nicht nachdrücklich genug betont werden, daß sowohl das Phänomen Natur wie auch der Begriff Kultur – also die Sexual- und Fortpflanzungspraktiken, die Eßgewohnheiten, aber auch Trinken, Rauchen und Sonnenbaden usw. ausdrücklich in den weiter gefaßten Terminus »umweltbedingt« eingeschlossen waren, und zwar nicht nur bei Higginson, sondern in der gesamten grundlegenden Literatur. Die von Epidemiologen entwickelte Theorie der »umweltbedingten« Krebsentstehung war aufgrund von Untersuchungen von vorindustriellen wie auch in industriellen Ländern entwickelt worden. Diese globale Theorie hatte »umweltbedingt« nie gleichgesetzt mit »synthetisch hergestellten Chemikalien« oder »Industriechemikalien«, das heißt, die von Higginson erwähnten 90 Prozent waren niemals auf »vom Menschen produzierte Faktoren« beschränkt gewesen. Doch genau diese Fehlinterpretation der 90 Prozent war der amerikanischen Öffentlichkeit vermittelt worden.

Es mangelte nicht an Versuchen, diese »Geschichtsfälschung« zu korrigieren; so bemühte sich zum Beispiel Elizabeth Miller anläßlich einer 1978 gehaltenen Rede vor der Amerikanischen Gesellschaft für Krebsforschung (American Association for Cancer Research), eine Erklärung für die Entstehung der berüchtigten 90 Prozent zu geben.[25] Auch John Higginson selbst wies 1979 in Interviews, die er der Zeitschrift *Science* und *Washington Post* gab, darauf hin, daß seine Theorie des umweltbedingten Krebses von »Ökologen«, von »Verfechtern einer chemisch bedingten Kanzerogenese« und »Arbeitsmedizinern«[26] falsch interpretiert worden sei, und er bezeichnete die in der amerikanischen Öffentlichkeit kursierenden irrigen Vorstellungen über umweltbedingten Krebs schlicht und einfach als »gesellschaftliche, politische und quasi-wissenschaftliche Dogmen«.[27]

Mit einigen Korrekturen ließ sich diese »Fehldeutung« allerdings nicht aus der Welt schaffen. Man hatte eine eindeutig politisch orientierte Doktrin geschaffen, indem man aus John Higginsons Arbeit die berüchtigten 90 Prozent einfach herausgelöst und sie in die Theorie der industriell verursachten Krebserkrankungen eingebaut hatte. Und mit dieser Theorie hatte man das ganze Land infiltriert. Sämtliche Medien beteiligten sich an der Verbreitung des zweiten »Axioms« der Apokalyptiker; und wie wir wissen, haben zahlreiche Wissenschaftler ihre gesamte Karriere auf diesem »Axiom« aufgebaut. Die wichtigste Informationsquelle war jedoch das NCI, da die Presse diesem Institut uneingeschränkt Glauben schenkte.

Die große Krebsepidemie ist ausgebrochen/ wird ausbrechen

Die beiden ersten »Axiome« der Apokalyptiker kreierten ein weiteres »Axiom«. Denn wer an die Theorie glaubte, umweltbedingter Krebs sei erst nach dem Zweiten Weltkrieg durch synthetische/industrielle Kanzerogene verursacht worden, war zwangsläufig auch davon überzeugt, daß die Krebsraten bald abrupt in die Höhe schnellen würden. Angesicht der Latenzzeit von Krebserkrankungen, die fünf bis dreißig Jahre betragen kann, war diese Logik unanfechtbar. Für die Apokalyptiker war die zu erwartende große Epidemie sogar eine ideologische Notwendigkeit, denn nur sie allein konnte ihre Überzeugungen bestätigen. Ein plötzlicher steiler

Anstieg der Krebshäufigkeit Mitte bis Ende der siebziger Jahre würde beweisen, daß die Theorie über die industrielle Nachkriegsentwicklung als auslösender Faktor zutreffend war.

Aus zahlreichen Quellen war zu hören und zu lesen, daß eine Krebsepidemie bevorstehe, wobei das NCI einmal mehr die einflußreichste dieser Institutionen war. 1975 berichtete Umberto Saffiotti vom NCI im *Time*-Magazin, daß »im Verlauf der letzten 25 Jahre des 20. Jahrhunderts« das industrielle System die Krebsepidemie gebären werde.[28] Im gleichen Jahr ließ das NCI in einer CBS-TV-Nachrichtensendung verbreiten, daß die Epidemie bereits im Anmarsch sei.

Wie es scheint, existieren innerhalb des NCI jedoch geteilte Meinungen, denn die einzige zur Verfügung stehende Informationsquelle, die Krebsmortalitätsraten der letzten 40 Jahre sowie drei vom NCI veröffentlichte statistische Krebserhebungen (National Cancer Surveys), die die Inzidenzraten von 1930 bis 1971 enthielten, ließen keine solche zu erwartende Epidemie erkennen. Die Gesamtzahl der Krebstodesfälle hatte zwar in den vergangenen 40 Jahren erheblich zugenommen, doch auch die Bevölkerungszahl der USA war immens gewachsen. Einer Analyse dieses Datenmaterials durch die Biostatistiker des NCI Susan Devesa und Marvin Schneiderman zufolge war der quantitative Anstieg der statistischen Zahlen vor allem auf folgende Faktoren zurückzuführen: (1) auf den Anstieg der Bevölkerungszahl, (2) auf die seither ständig gestiegene Lebenserwartung der Bevölkerung und (3) auf ein »Zusammenwirken« beider Faktoren. Die »tatsächliche« Zunahme des Krebsrisikos bezifferten sie mit 0,24 Prozent pro Jahr, wobei der wesentliche Anteil des gestiegenen Krebsrisikos zwischen 1930 und 1940 zum Tragen gekommen war.[29] Einer zweiten Analyse desselben Datenmaterials durch Devesa und Debra Silverman vom NCI zufolge konnten bei einigen Krebsformen in verschiedenen Bevölkerungsgruppen (Männer, Frauen, Weiße, Farbige) eine leichte Zunahme der Inzidenzrate konstatiert werden, während bei anderen Krebsformen eine leichte Abnahme der Inzidenzrate zu verzeichnen war. Doch über die gesamten untersuchten 40 Jahre hinweg betrachtet, war lediglich die Inzidenzrate von Lungenkrebs wirklich drastisch gestiegen und die von Magenkrebs drastisch gefallen.[30] Im folgenden einige Beispiele, wie die Entwicklungstendenz der Krebserkrankungen in den Jahren nach 1975, also nach den Prophezeiungen Saffiottis, in der wissenschaftlichen Literatur beurteilt wurde:

- 1977 berichtete die WHO, daß in zahlreichen Ländern die Sterblichkeitsraten für alle Krebsformen außer für Lungenkrebs »entweder gleichbleibend oder fallend« seien, und zwar bei Frauen und bei Männern. Die Studie nannte folgende Länder: Ägypten, Australien, Chile, Costa Rica, Dänemark, Israel, Japan, Kanada, Mexiko, Neuseeland, Norwegen, Österreich, Schweden, Schweiz und Venezuela.[31]

- 1978 berichtete das Amt für Gesundheitsstatistik, daß die Sterblichkeitsraten aller »Todesursachen« seit 1940 ständig im Fallen begriffen seien, daß die Lebenserwartung sowohl für Neugeborene als auch für Fünfundvierzigjährige gestiegen sei und daß – abgesehen von den Krebserkrankungen der Atmungsorgane – die Inzidenzrate aller Krebsformen insgesamt betrachtet abgenommen habe; und zwar von 117 pro 100000 Einwohner im Jahr 1940 auf 98 pro 100000 Einwohner im Jahr 1976.[32]
- 1979 berichtete die American Cancer Society, daß die »Inzidenzgesamtziffern für Krebs in den vergangenen 25 Jahren leicht gefallen« seien; daß bei Männern die Sterblichkeitsrate allerdings ansteigende Tendenz zeige, was in erster Linie auf Lungenkrebs zurückzuführen sei; und daß bei »farbigen Frauen die Sterblichkeitsrate seit 1950 um etwa 8 Prozent, bei weißen Frauen um 10 Prozent gefallen ist«.[33]
- 1980 veröffentlichte das US-Gesundheitsministerium eine Studie mit dem Titel *Health, U.S.: 1980,* die zwischen 1950 und 1977 einen leichten Anstieg der Krebsinzidenzziffern konstatierte, der vor allem auf Krebserkrankungen der Atmungsorgane zurückzuführen sei.[34]
- 1982 berichtete die von der American Public Health Association herausgegebene Zeitschrift *The Nation's Health:* »Die Inzidenzraten für Lungenkrebs verderben die Krebsstatistik: In den vergangenen 18 Jahren stieg die Gesamtsterblichkeitsrate für alle Krebsformen von 157,0 auf 169,0 pro 100000 Einwohner; ohne Lungenkrebs wären sie im selben Zeitraum von 144,0 auf 128,7 gesunken.«[35]
- 1982 publizierte ein Komitee des Nationalen Forschungsrats (National Research Council) eine Pressemitteilung. Sie enthielt unter anderem die Feststellung, daß »die altersbezogenen Gesamtinzidenzraten in den vergangenen 30 bis 40 Jahren im großen und ganzen gleichgeblieben sind, obwohl die Inzidenzgesamtziffer aufgrund des Bevölkerungszuwachses gestiegen ist. Ausnahme hierbei sind der Anstieg der Häufigkeitsziffern für Krebserkrankungen der Atmungsorgane aufgrund von Zigarettenkonsum sowie der Rückgang der Inzidenz von Magen- und Gebärmutterkrebs.[36]

In den sieben Jahren, die seit der Prophezeiung der großen Krebsepidemie im Jahre 1975 vergangen sind, haben sich die Berichte der Epidemiologen inhaltlich kaum verändert. Es gab Anlaß zu Hoffnung aufgrund der fallenden Tendenzen, und es gab Anlaß zu Besorgnis aufgrund der steigenden Tendenzen, doch im wesentlichen blieben die Krebshäufigkeitsraten in den USA zwischen 1930 und 1982 stabil. Mehr als 40 Jahre sind seit Ende des Zweiten Weltkriegs vergangen, und von einer großen Krebsepidemie ist weit und breit noch immer nichts zu bemerken.

Doch trotz der inhaltlich konstant bleibenden Berichte seitens der statistischen Institutionen und Behörden des Landes und der ganzen Welt wurden die Apokalyptiker auch in den Jahren von 1975 bis 1980 nicht müde, den Ausbruch der verheerenden Epidemie zu verkünden. So berichtete 1976 die Nachrichtenredaktion von CBS, ohne jedoch eine Quelle für diese Information zu nennen, daß die Krebsinzidenzraten in die »Höhe schießen«[37], und 1980 meldete die *New York Times* unter Berufung auf die »Schätzungen der US-Bundesregierung« den epidemischen Anstieg von beruflich bedingtem Krebs.[38] Da die US-Bundesregierung tatsächlich die Quelle dieses Berichts war und die Presse und die Öffentlichkeit in dem Glauben an die »explodierenden Krebsinzidenzraten« stärkte, sollten wir den Sachverhalt etwas genauer durchleuchten. Genau besehen hatte die Bundesregierung zwei verschiedene »Epidemien« vorausgesagt, eine große, die gesamte Bevölkerung betreffende Epidemie (1976) und eine Epidemie des beruflich bedingten Krebses (1978). Obwohl sich die beiden Kampagnen zeitlich überschnitten, werde ich sie im folgenden getrennt diskutieren.

Die Kunde von der großen, die gesamte Nation heimsuchenden Epidemie erreichte die Öffentlichkeit 1976. Sie wurde von einer Arbeitsgruppe des Nationalen Krebsforschungsinstituts (NCI) in die Welt gesetzt, die an einem Programm, dem sogenannten »Surveillance, Epidemiology and End Results Program« (im folgenden SEER) arbeitete, das die drei vorangegangenen epidemiologischen Krebserhebungen (National Cancer Surveys) des NCI zusammenfaßte und aufgrund neuerer Daten für die Jahre 1973–1976 auf den aktuellen Stand bringen sollte. Noch ehe das Datenmaterial in einer wissenschaftlichen Fachzeitschrift veröffentlicht und der Diskussion eines wissenschaftlichen Forums zugänglich gemacht werden konnte, trat Marvin Schneiderman anläßlich der OSHA-Hearings damit an die Öffentlichkeit. Die neuen Daten, so erklärte er, deuteten darauf hin, daß die Krebsinzidenz sowohl bei Weißen wie auch bei Farbigen beiderlei Geschlechts – in erschreckendem Maße ganz plötzlich in die Höhe geschossen sei. Selbst wenn man die ohnehin steigenden Mortalitätsraten für Lungenkrebs außer acht ließe, so fuhr er fort, hätten die Krebsinzidenzraten bei Weißen männlichen Geschlechts zwischen 1970 und 1975 um 0,9 Prozent, bei Farbigen männlichen Geschlechts sogar um 2,7 Prozent zugenommen, bei Frauen weißer Hautfarbe um 1,8 Prozent und bei farbigen Frauen sogar um 5,7 Prozent.[39] Die offizielle Publikation der SEER-Daten ließ bis 1980 auf sich warten; sie erschienen im *Journal of the National Cancer Institute,* und als Autoren zeichneten Earl S. Pollack und John W. Horm vom Ressort für Biometrie des NCI verantwortlich. Sie verglichen die Krebsinzidenzraten der Jahre 1969 bis 1971 mit den aktuellen SEER-Raten für 1973 bis 1976 und stellten einen jährlichen Anstieg von 1,3 Prozent bei Weißen männlichen Geschlechts und einen jährlichen Anstieg von 2,0 Prozent bei Weißen weiblichen Geschlechts fest.[40] Endlich hatten sie ihre »Epidemie« – gerade zur rechten Zeit, um die Theorie, seit dem Zweiten Weltkrieg beschwöre die Entwicklung der chemischen Industrie den Untergang der Menschheit herauf, zu belegen.

Die Veröffentlichung dieses Artikels zog fieberhafte Extrapolationsversuche seitens einiger Wissenschaftler nach sich. Brian E. Henderson von der University of Southern California in Los Angeles veranschaulichte anläßlich einer Krebskonferenz, wie diese Extrapolationen durchzuführen sind. Das Datenmaterial des SEER-Programms, so erklärte er, deute an, daß die Krebshäufigkeitsraten innerhalb eines Jahrzehnts – selbst wenn man Lungenkrebs unberücksichtigt lasse – »um etwa 25 Prozent steigen« werden und daß bis 1990 »die Krebssterblichkeit für alle Krebsformen bei Männern um 17 Prozent und bei Frauen um 18 Prozent gestiegen sein wird«. Im Anschluß an diese Ausführungen zerpflückte er die Daten und stellte fest, die »Epidemie« existiere nur »auf dem Papier«.[41]

Die Katastrophe existierte lediglich in den Köpfen der Apokalyptiker. Nur wenige hatten die erste Fassung der Veröffentlichung des SEER-Programms (DHEW Publikation Nr. (NIH) 78–1837) zu Gesicht bekommen. Darin hieß es unter anderem: »... die vom SEER-Programm ausgewählten Regionen können nicht als repräsentativ für die Gesamtbevölkerung der USA betrachtet werden...« Die Verfasser erläuterten auch, weshalb nicht:

> Die Teilnehmer am SEER-Programm wurden aufgrund ihrer nachgewiesenen Fähigkeit, systematische Krebsgutachten für Gesamtpopulationen zu erstellen, ausgewählt sowie aufgrund der Populationsuntergruppen, die sie jeweils anzubieten hatten. Die Auswahl der Teilnehmer wurde also vor allem im Hinblick auf epidemiologisch interessante Untergruppen innerhalb der definierten Populationen getroffen und nicht mit der Absicht, repräsentative Untergruppen für die gesamte Bevölkerung der USA zu erhalten.[42]

Die Verfasser der SEER-Studie wiesen darauf hin, daß die Auswahl dieser »epidemiologisch interessanten« Untergruppen mehr als 10 Prozent der

Gesamtbevölkerung umfaßte und »einigermaßen repräsentativ« hinsichtlich der Altersgruppen sei. Im weiteren schränkten sie jedoch ein:

Schwarze sind etwas unterrepräsentiert, während andere farbige Bevölkerungsgruppen (Chinesen, Japaner, Hawaiianer und Indianer) etwas überrepräsentiert sind. Die ländliche Bevölkerung (besonders Farbige) ist ebenfalls unterrepräsentiert.[43]

Mit anderen Worten: das NCI hatte gar nicht beabsichtigt, eine für die Gesamtbevölkerung repräsentative Datenerhebung durchzuführen. Das Ergebnis war entsprechend.

Auch Pollack und Horm schränkten ein, daß die drei vorausgegangenen statistischen Krebserhebungen, die 40 Jahre umfaßten, und die SEER-Erhebung, die drei Jahre umfaßte, diskontinuierlich seien und jeweils unterschiedliche Gruppen der US-Bevölkerung repräsentierten.

Auch verschiedene Regierungsbehörden reagierten mittlerweile nervös, sobald die »SEER-Epidemie« zur Diskussion stand. So übernahm 1978 das Gesundheitsministerium in seiner Publikation *Health, United States: 1978* zwar einige der Zahlen der SEER-Studie, sah sich jedoch veranlaßt, gleich eine Rechtfertigung für diesen Schritt einzufügen.[44] Und 1980 erklärte das Toxic Substances Strategy Committee unter Vorsitz von Gus Speth, er würde zwar gerne an die Existenz einer Krebsepidemie glauben, sehe sich dazu jedoch nicht in der Lage. Das Komitee löste das Problem in typischer Weise: Es widersprach sich selbst. Die aus der SEER-Studie übernommene Behauptung, die Krebsraten seien im Steigen begriffen, war von einer siebeneinhalb Seiten umfassenden Rechtfertigung begleitet.[45] Im *letzten Satz* dieser Erläuterungen nahm das Komitee das Gesagte wieder zurück: Die Nonkomparabilität der SEER-Daten mit dem zuvor erhobenen Datenmaterial erlaube keine sicheren Schlußfolgerungen.[46] In der Presse der Vereinigten Staaten war jedoch Land auf Land ab zu lesen, das Speth-Komitee teile die Ansicht, zu der das SEER-Programm gelangt war, und lediglich *Science* gab zu bedenken, daß der Presse kein vollständiges Protokoll der Komiteesitzungen vorgelegen habe.[47] In den Jahren 1980 und 1981 sah sich die Amerikanische Krebsgesellschaft (ACS), die alljährlich Berichte über Krebstrends in den USA herausgibt, mit einem ungewöhnlichen Problem konfrontiert: Da keine anderen aktuellen Daten verfügbar waren, mußte die ACS auf die Inzidenzziffern der SEER-Studie zurückgreifen. Doch rückte die ACS von der in der SEER-Studie proklamierten Behauptung, eine Krebsepidemie kündige sich an, ab und stellte ihren Krebstrendanalysen von 1980 und 1981 folgende Einschränkungen voran:

Durch die Einführung einer neuen Datenbasis zur Ermittlung von Inzidenzziffern kann es zu erheblichen Schwankungen der Werte kommen. Diese Schwankungen sind nicht als Anzeichen einer Krebsepidemie zu werten.[48]

Da ein Vergleich von Werten, die anhand unterschiedlicher Datenbasen gewonnen wurden, nicht zulässig ist, sind unsere Veröffentlichungen (*Cancer Fact and Figures*) von 1978 nur mit dem vorhergehend veröffentlichten Datenmaterial und die *Cancer Fact and Figures* von 1979 nur mit den darauffolgenden Veröffentlichungen vergleichbar.[49]

1981 übten auch Richard Doll und Richard Peto von der Oxford University heftige Kritik an den Trendanalysen der SEER-Studie. In ihrer detaillierten Untersuchung über umweltbedingten Krebs, die zunächst im *Journal of the National Cancer Institute* und später in Buchform unter dem Titel *The Causes of Cancer* erschien, lehnten sie die Gültigkeit der SEER-Daten rundweg ab. Die SEER-Quoten, so erklärten sie, seien mit den bis dato im Rahmen der National Cancer Surveys veröffentlichten Raten nicht vergleichbar, und sie bezeichneten sie als »extrem abweichend von den bisher vorliegenden verläßlichen Ergebnissen«.[50] Die Krebsinzidenzraten in den USA deuteten auf keinerlei »außergewöhnliche Entwicklung« hin, konstatierten Doll und Peto weiter und kamen zu dem Schluß, daß – »abgesehen von der Zunahme der Krebserkrankungen der Atmungsorgane – keine Anhaltspunkte für den Anstieg der Krebshäufigkeit existieren«.[51]

Auch Marvin Schneiderman, der eine zentrale Rolle bei der Publikmachung der SEER-Daten gespielt hatte und der inzwischen seine Mitarbeit beim NCI eingestellt hatte, erklärte 1981 in der *New York Times,* daß von einer Epidemie nicht die Rede sein könne.[52]

In der Folge dieser Entwicklung wurden eine Reihe wissenschaftstechnischer Kontroversen ausgetragen. Eine dieser Kontroversen entbrannte zwischen den Wissenschaftlern, die die Inzidenzraten des SEER-Programms nicht im Zusammenhang mit Mortalitätsziffern verwendeten (z. B. John Berg[53]) und jenen, die erklärten, dies sei nicht zulässig, solange das SEER-Programm keine standardisierten Informationen biete, die über einen hinreichend »langen Zeitraum« gewonnen seien (z. B. Richard Doll).[54] Eine weitere Kontroverse entwickelte sich aus der nächsten, 1981 veröffentlichten SEER-Studie, die plötzlich fallende Mortalitätsraten für bestimmte Krebsformen, vor allem für Magen-, Brust-, Colon- und Gebärmutterhalskrebs sowie für Leukämie und die Hodgkinsche Krankheit konstatierte. Einige Wissenschaftler (z. B. Emil Frei vom Dana-Farber Krebsinstitut) waren der Ansicht, dies sei primär auf die Chemotherapie zurückzuführen, während andere (z. B. John Cairns und Peter Boyle von der Harvard School für öffentliche Gesundheitspflege) überzeugt waren, dies sei eine Folge der zurückgehenden Inzidenzraten in jüngeren Altersgruppen.[55] Der Laie besitzt natürlich nicht die Möglichkeit, zu entscheiden, welche der Erklärungen den tatsächlichen Sachverhalt wiedergibt. Doch eines kann er sehr wohl: Er kann feststellen, daß es bei dieser Kontroverse um *fallende* Mortalitätsraten und um *fallende* Inzidenzraten geht und nicht um den Ausbruch einer »Epidemie«.

Doch die verantwortlichen Regierungsbehörden und Institutionen erkannten eine zweite »Epidemie«, die ihr drohendes Haupt erhob: die große Epidemie des Arbeitskrebses. Diese »Epidemie« nahm einen noch weitaus skurrileren Verlauf als die erste für die gesamte Bevölkerung prophezeite Epidemie und war sogleich nach ihrer Propagierung von Skandalen begleitet.

Zum erstenmal wurde die große Epidemie unter den Arbeitern 1978 verkündet. Zunächst lag nur ein fotokopierter Bericht vor, ein »Entwurf einer Zusammenfassung«, der den Titel »Schätzungen des auf berufsbedingte Faktoren zurückzuführenden Anteils der Krebsinzidenz in den Vereinigten Staaten« trug.[56] Als »Verfasser« wurden das NCI und das NIEHS genannt; was bedeutete, daß kein Autor persönlich verantwortlich zeichnete. Der Bericht nannte neun Beispiele für Kanzerogene am Arbeitsplatz – Asbest, Arsen, Benzol, Kohlenteer, Pech und Koksofenemissionen, Vinylchlorid, Chrom, Eisenerz, Nickel und Erdöldestillate[57] – und fuhr fort, nach den Hochrechnungen sei anzunehmen, daß allein die durch die genannten neun Kanzerogene verursachten Fälle von berufsbedingtem Krebs in »den folgenden Jahrzehnten« für möglicherweise 20 bis 38 Prozent oder mehr der gesamten Krebsinzidenz verantwortlich sein würden.[58] Größte Beunruhigung verursachte die Hochrechnung, die die Zahl der Asbesttoten prognostizierte. Nicht mehr rückgängig zu machende Asbestexpositionen, so war in dem Bericht, der keinen Verfasser hatte, zu lesen, »dürfte in den folgenden dreißig Jahren zu mehr als 2 Millionen Krebstoten führen« bzw. »etwa 17 Prozent der gesamten, während dieses Zeitraums zu erwartenden Krebsinzidenzzahlen ausmachen«.[59] Die vor dieser Veröffentlichung errechneten Sterblichkeitsziffern für asbestinduzierten Krebs waren bereits katastrophal gewesen: etwa 2000 Todesfälle aufgrund Lungenkrebs bei Asbestisolierarbeiten waren bis dahin registriert worden, *von denen die meisten außerdem starke Raucher gewesen waren.*[60] Doch nie zuvor waren Schätzwerte vorgelegt worden, die von 2000000 Asbesttoten sprachen.

Noch am selben Tag, am 11. September 1978, an dem dieser »Entwurf einer Zusammenfassung« der Presse vorgelegt wurde, spielte der US-Gesundheitsminister Joseph Califano diese Zahl von 2000000 voraussichtlichen Asbesttoten Gewerkschaftsvertretern zu. Mit dieser Mitteilung schockte Califano, der bereits im selben Jahr gegenüber der Presse von möglicherweise 7000000 kanzerogenen chemischen Substanzen gesprochen hatte, die Teilnehmer einer Bundestagung der AFL-CIO zum Thema Sicherheit und Gesundheit am Arbeitsplatz.[61] Er teilte den Vertretern der Gewerkschaften mit, die beruflichen Gefährdungen würden »ständig größer«, und brachte sie direkt mit synthetisch hergestellten chemischen Substanzen in Verbindung: »Alleine die industrielle Produktion synthetischer Chemikalien sei von 500 Millionen Kilogramm im Jahre 1940 auf 150 Milliarden Kilogramm im letzten Jahr, also um das 300fache gestiegen, wobei es sich in vielen Fällen um neue, noch nicht getestete Substanzen handelt.«[62] Er zitierte eine von Wissenschaftlern des NCI und des NIEHS verfaßte neue Studie, die noch in derselben Woche dem OSHA vorgelegt werden sollte, und unterbreitete den Gewerkschaftsvertretern eine dieser Studie entnommene Datenauswahl, unter anderem die Schätzung, daß »fünf Millionen Amerikanerinnen und Amerikaner... tagtäglich signifikante Mengen an Asbestformen« einatmen. Ein weiteres der Studie entnommenes Zitat war die Hochrechnung, derzufolge »17 Prozent der jährlichen Krebstodesfälle in den USA mit einem vorherigen Kontakt mit Asbest in Zusammenhang stehen«.[63] Damit entfachte Califano einen wahren Steppenbrand, dessen Widerschein noch immer durch die Etagen der amerikanischen und internationalen Gewerkschaften geistert.

Vier Tage später wurde dieselbe Studie – diesmal 39 Seiten und einen elfseitigen Anhang umfassend – der Presse und dem Kollegium der Wissenschaftler vorgelegt. Diese Version der Studie unterschied sich in mehrfacher Hinsicht von dem zunächst präsentierten »Entwurf einer Zusammenfassung«. Auch der Titel war etwas verändert worden; er lautete jetzt: »Schätzungen des mit berufsbedingten Faktoren zusammenhängenden Anteils der Krebserkrankungen in den Vereinigten Staaten«; aus der einen kausalen Zusammenhang postulierenden Formulierung »auf... zurückzuführen« war »mit... zusammenhängend« geworden. Die Zahl der Berufskanzerogene, die angeblich 38 Prozent der Krebsfälle in Amerika verursachen, war urplötzlich erheblich geschrumpft: es waren nur mehr sechs Kanzerogene, die angeblich derart katastrophale Folgen nach sich ziehen – Asbest, Arsen, Benzol, Chrom, Nickeloxide und Erdölfraktionen.[64] Und der Zeitraum, innerhalb dessen sich die Katastrophe in der Arbeitswelt ereignen sollte, war nur mehr vage umschrieben: man sprach inzwischen von »bald« und »in Zukunft«.[65] Die wissenschaftlichen Institutionen, die für diese Studie verantwortlich zeichneten, hatten sich plötzlich vermehrt, denn nun war auch das NIOSH als Mitverfasser genannt. Nach vier Tagen trug die Studie plötzlich die Namen einer ganzen Reihe hervorragender wissenschaftlicher »Mitarbeiter«. In alphabetischer Reihenfolge lautete die Liste der »Mitarbeiter« wie folgt:

Kenneth Bridbord, NIOSH
Pierre Decoufle, NCI
Joseph F. Fraumeni, jun., NCI
David E. Hoel, NIESH
Robert N. Hoover, NCI
David P. Rall, NIEHS (Direktor)
Umberto Saffiotti, NCI
Marvin A. Schneiderman, NCI
Arthur C. Upton, NCI (Direktor)

Der »Entwurf einer Zusammenfassung« hatte sich binnen kürzester Zeit zu einer imposanten Studie entwickelt, die die Namen einiger der bedeutesten Wissenschaftler der US-Gesundheitsbehörden trug, doch sie besaß noch immer keinen verantwortlich zeichnenden Autor.

Die Studie war auch noch in anderer Hinsicht ungewöhnlich: Sie war niemals in einer wissenschaftlichen Zeitschrift veröffentlicht oder von anderen Wissenschaftlern rezensiert worden. Sie war aus einem Fotokopiergerät der US-Bundesregierung direkt zu den Gewerkschaften gelangt, nachdem sie von Califano »publiziert« worden war; das Wort »publiziert« wurde von der Pressestelle des Leiters des OSHA in seiner Antwort auf Briefe interessierter Bürger ganz unbefangen verwendet.

Schließlich fällt noch ein weiterer ungewöhnlicher Aspekt bei dieser Studie auf: Sie prognostizierte nicht nur die unerhörte Zahl von 2 Millionen Krebstoten, sondern warf auch alle früheren Schätzungen bezüglich des auf berufsbedingte Faktoren zurückzuführenden Anteils aller Krebsfälle völlig über den Haufen. Mit diesem Artikel wurde sogar ausdrücklich die Absicht verfolgt, frühere Schätzungen in Frage zu stellen.[67] Während des vorangegangenen Jahrzehnts war dieser Anteil von einigen der renommiertesten Krebsforscher der Welt als recht klein angesehen worden – so zum Beispiel von Johannes Clemmesen aus Dänemark[68], Richard Doll aus Großbritannien[69] und John Higginson vom IARC[70], allesamt Mitbegründer der Theorie des umweltbedingten Krebses. Darüber hinaus hatten auch L. M. Shabad aus der UdSSR[71] und Wissenschaftler des NCI selbst den berufsbedingten Anteil der Krebserkrankungen als relativ klein beschrieben. 1974 hatten Levin, Devesa, Godwin und Silverman von der

Biometrischen Abteilung des NCI, die damals von Haenszel, einem weiteren Vater der Theorie des umweltbedingten Krebses, geleitet wurde, über berufsbedingte Krebserkrankungen ausgeführt: »...ist nur ein kleiner Anteil der Bevölkerung unmittelbar exponiert, und diese Exposition kann oft eingeschränkt oder ausgeschaltet werden, wenn die Gefahr erkannt wird.«[72] Allgemein hatte man den berufsbedingten Anteil der gesamten Krebsbelastung auf 1–5 Prozent geschätzt; und nur gelegentlich hatten Wissenschaftler Zahlen von 10 oder 15 Prozent genannt. Die neue Schätzung von 40 Prozent oder mehr seitens der renommierten »Nicht-Autoren« der drei genannten Gesundheitsbehörden lag dagegen in schwindelerregender Höhe.

Die Schätzung von 40 Prozent oder mehr stand auch im Widerspruch zu anderen Schätzungen, die gemeinhin über den Anteil anderer krebsauslösender Faktoren angestellt worden waren. Auf Zigarettenraucher hatte man bisher 30 bis 40 Prozent aller Krebserkrankungen bei Männern zurückgeführt; so auch Guy Newell am NCI[73] und Richard Doll in England.[74] Wissenschaftler wie Robert Flamant vom INSERM in Frankreich führten sogar 50 Prozent aller Krebserkrankungen bei Männern und Tabak und Tabakkonsum in Zusammenwirkung mit Alkohol zurück.[75] Wissenschaftler wie Ernst Wynder von der American Health Foundation[76] oder Paul Newberne vom MIT[77] hatten Ernährungsfaktoren für 30 Prozent aller Krebserkrankungen bei Männern und für einen möglicherweise noch höheren Prozentsatz bei Frauen verantwortlich gemacht. Einen weiteren Anteil der gesamten Krebsinzidenz hatte man auf sexuelle Gepflogenheiten und Fortpflanzungsgebräuche zurückgeführt; so nahm man zum Beispiel an, daß Infektionen, möglicherweise auch Herpes, einen Risikofaktor für die Entwicklung von Gebärmutterhalskrebs darstellen[78]; geringe Häufigkeit von Schwangerschaften war mit einer hohen Inzidenz von Brustkrebs korreliert worden[79], und die Ernährungsweise, möglicherweise in Kombination mit Entzündungskrankheiten, hatte man in Zusammenhang mit Prostatakrebs gebracht[80]. Bei Übernahme der neuen Schätzwerte, die 40 Prozent oder mehr sämtlicher Krebserkrankungen auf eine Exposition am Arbeitsplatz zurückführten, hätten die anderen erwähnten Faktoren erheblich an Bedeutung verloren, und so ist es nicht weiter verwunderlich, daß die NCI-NIEHS-NIOSH-Studie – im weiteren als HEW-Studie bezeichnet – viele Epidemiologen geradezu erschütterte.

Und in der Tat verursachte die HEW-Studie ein Erdbeben in allen Bereichen der involvierten Wissenschaften. Der erste Protest – und vielleicht der einzige, der auch dem Laien bewußt wurde – erhob sich von seiten des American Industrial Health Council (AIHC, Amerikanischer Rat für Gesundheit am Arbeitsplatz), der lautstark Kritik an der Studie übte. David Rall vom NIEHS wies die Kritik, verbunden mit einem persönlichen Angriff, zurück und erklärte, »etwas anderes sei von seiten der Industrie nicht zu erwarten gewesen«.[81] Doch nicht nur die »Industrie« reagierte schokkiert. Thomas Maugh von *Science* analysierte sowohl die HEW-Studie wie auch die Kritik seitens der Industrie und konstatierte: »Wie es scheint, weist der AIHC-Bericht einige recht gravierende Fehler in der HEW-Studie nach.«[82] Maugh erläuterte auch den seiner Meinung grundlegenden »Fehler« der HEW-Studie:

In jedem Fall wählte die Studie die höchsten zur Verfügung stehenden Risikoquoten aus; so zog sie zum Beispiel Risikoquoten für solche Arbeiter heran, die starken Kanzerogenkonzentrationen ausgesetzt sind, und rechnete diese Quoten auf die Gesamtzahl der Arbeiter um, die dem Kanzerogen möglicherweise ausgesetzt waren, *obwohl die meisten oder alle der Arbeiter niemals solchen Konzentrationen ausgesetzt waren, auf die sich die Risikoquoten beziehen*... Die Studie hat darüber hinaus in recht nachlässiger Weise Todesfälle mit Inzidenzzahlen gleichgesetzt, obwohl die Zahl der an einem bestimmten Tumor gestorbenen Individuen nur einen Teil der Krebsinzidenz darstellt – je nach Art des Tumors. Kurz gesagt: Die Hochrechnungen der HEW-Studie sind eindeutig übertrieben.[83] (Hervorhebungen seitens der Verfasserin).

Bei einer kritischen Analyse der HEW-Studie, so erklärt Maugh weiter, »gelangt man notwendigerweise zu dem Schluß, daß dort getroffene Vorhersagen unzutreffend sind.«[84]

Nur wenige Tage nach dem Erscheinen der veränderten und geschönten HEW-Studie schlossen sich auch Wissenschaftler an den Universitäten des Landes dem Protest an. Einige der renommiertesten amerikanischen Epidemiologen, unterstützt durch den Molekularbiologen John Cairns, wandten sich an das NCI und forderten eine Befragung der an der Studie beteiligten »Mitarbeiter«. Das vereinbarte Treffen fand im Sheraton International Conference Center in Reston, Virginia, statt. Doch nur einer der »Mitarbeiter« der Studie war anwesend: Umberto Saffiotti vom NCI, der zwar kein Epidemiologe ist, doch nichtsdestoweniger als Vorsitzender des Meetings fungierte. Die Diskussion wurde auf Tonband aufgezeichnet.[85] Diesem Tonbandprotokoll sind die im folgenden zitierten kritischen Anmerkungen der teilnehmenden Wissenschaftler zur HEW-Studie entnommen – kritische Anmerkungen, die nie an die Öffentlichkeit gelangt sind:

- Peter Greenwald, ein Epidemiologe der Gesundheitsbehörde des Staates New York, wies höflich darauf hin, daß es keine Verfasser, sondern nur eine Liste von neun Mitarbeitern in alphabetischer Reihenfolge gebe, doch keiner von ihnen übernehme wirklich die Verantwortung. Er fügte hinzu, er erhoffe sich eine Erklärung dieses Umstands.[86]

- Cuyler Hammond, der in Zusammenarbeit mit Irving Selikoff die wohl grundlegendste und auch gründlichste Untersuchung über Asbestisolierer – die eindeutig am stärksten exponierte Arbeitergruppe – durchgeführt hatte, bekannte, er sei »ein wenig ratlos«, auf welche Weise man zu der Hochrechnung von 2 000 000 Asbesttoten gekommen sei. Er bemerkte: »Die einzige Vermutung, die ich anstellen kann, ist die, daß wir für eine kurze Zeit eine Zunahme der asbestbedingten Todesfälle erleben werden, auf die wieder ein Rückgang folgt.« Er fügte hinzu, für die Erstellung der Studie seien »recht komplizierte Rechenkunststücke« vollführt worden.[87]
- Richard Peto aus Oxford machte sich über die Höhe der geschätzten Sterblichkeitsziffer für asbestinduzierten Krebs lustig. Er bemerkte, sie lägen »möglicherweise um das Tausendfache« über den von Hammond und Selikoff angenommenen 2000 Todesfällen, und er stellte fest, daß in der Studie »sämtliche 4 Millionen Beschäftigte der gesamten Asbestindustrie so behandelt werden, als hätten sie jahrelang als Asbestisolierer gearbeitet. Dies ist geradezu komisch.«[88]
- John Berg stellte ganz lapidar fest, die Studie »lade zur massiven Kritik geradezu ein«.[89]
- John Weisburger erklärte, irritiert von dem präsentierten Datenmaterial über Schadstoffexposition, das vorliegende Dokument bedürfte einer kritischen Neubewertung und einer sorgfältigen Überprüfung der genannten Zahlen.«[90]
- Michael Shimkin wies darauf hin, die Schätzungen lägen »ein gutes Stück höher, als sich auf der Grundlage der uns verfügbaren wissenschaftlichen Erkenntnisse mit Recht sagen ließe«, und er fügte hinzu: »Ich bin etwas überrascht, (daß) Wissenschaftler der Bundesbehörden zulassen, daß ein solches Dokument an die Öffentlichkeit gelangt und in den Zeitungen erscheint, ehe es von Fachkollegen ausreichend lange geprüft werden konnte.« Er bezeichnete die Veröffentlichung der ungeprüften Studie als »einen tragischen Fehler«.[91]

Auch andere Teilnehmer des Meetings ergriffen das Wort, doch die vorstehend zitierten Kommentare vermitteln einen treffenden Eindruck vom allgemeinen Tenor der Tagung. Die Rolle, die Saffiotti als Vorsitzender und zugleich als Verteidiger der HEW-Studie übernahm, ist besonders aufschlußreich. Er äußerte die Besorgnis, daß die niedrigen Schätzwerte für berufsbedingte Krebserkrankung auf das Basis einer unzureichenden Datengrundlage erhalten worden seien, doch räumte er ein, daß es ein Fehler gewesen sei, die HEW-Studie nicht zuvor in einer wissenschaftlichen Fachzeitschrift veröffentlicht zu haben. Er gab zu bedenken, daß der Bericht ursprünglich als Beitrag zu den OSHA-Hearings gedacht war, und er versicherte den anwesenden Wissenschaftlern, »die Gruppe von Personen, die an dem Dokument gearbeitet haben, werden weiter daran arbeiten, um es für die Veröffentlichung in einer Fachzeitschrift vorzubereiten«.[92] Diese Formulierung kommt dem Eingeständnis gleich, daß die HEW-Studie wissenschaftlichen Kriterien nicht gerecht wird. Angesichts der auf ihn einstürmenden Kritik bewahrte Saffiotti Stillschweigen, doch eine der hier noch nicht zitierten Bemerkungen setzte ihm sehr zu. John Cairns, der damalige Leiter des Mill Hills Laboratory in London hatte die HEW-Studie besonders verächtlich kommentiert und erklärt, einige Passagen der Untersuchung kämen ihm »ausgesprochen einfältig« vor, und jeder der rechnen könne, könne ermessen, »wie dumm sie ist«.[93] Am Ende der Tagung erklärte Saffiotti, er sei über Cairns Ausdruck »ausgesprochen einfältig« betroffen; dies seien ausgesprochen »starke Worte«, und Saffiotti benutzte diese Gelegenheit für einen erneuten Versuch, aus einem Desaster einen Quell wissenschaftlicher Inspiration zu machen:

> Die vorliegende Studie gibt, um es noch einmal zu betonen, lediglich eine Frühphase der Analyse wieder. Die Studie gelangte aufgrund seltsamer Umstände viel früher an die Öffentlichkeit, als dies ursprünglich geplant war. Ich hoffe, daß diese Tagung zumindest diejenigen, deren Namen in der Studie genannt sind, zu dem Versuch ansporonen wird, dem Problem mit Fakten und Daten zu begegnen...[94]

Vom wissenschaftlichen Standpunkt aus betrachtet wurde der Regierungsstudie bereits auf der durch private Initiative zustande gekommenen Tagung das Lebenslicht ausgeblasen, doch war dies eine Tat ohne jedes »Blutvergießen«, denn die Kritiker verloren kein Wort über die eindeutig politische Dimension der HEW-Studie. Keiner der anwesenden Wissenschaftler äußerte Bedenken darüber, daß die gesamte Nation falsch informiert und die Gewerkschaften ohne jede Notwendigkeit in Angst und Schrecken versetzt worden waren. Man beklagte lediglich den Schaden, den die Wissenschaft selbst durch diese Studie genommen hatte. In staatsmännischer Betrübnis erklärte Norton Nelson von der University of New York, er sei »tief besorgt« darüber, daß »die getroffenen Aussagen nicht gestützt werden können und in sich zusammenfallen werden« und somit »dem Unterfangen, dem sich so viele von uns verschrieben haben, Schaden zugefügt wird«.[95]

Die Nachricht von der Verurteilung der HEW-Studie verbreitete sich wie ein Lauffeuer in den Kreisen der Wissenschaft und gab Anlaß zur Entstehung von Gerüchten. Eines dieser Gerüchte besagte, daß einer der »Mitarbeiter« der Studie versucht habe, seinen Namen aus der Studie entfernen zu lassen, woraufhin ihm der Leiter einer Bundesbehörde gedroht hatte, dies würde das Ende seiner Karriere als Krebsforscher bedeuten. Eine recht dramatische Variante dieses Gerüchts gelangte schließlich doch an die Öffentlichkeit: In verschiedenen Zeitungen und Zeitschriften wurde berichtet, die HEW-Studie sei von »einigen«[96], »sieben«[97] bzw. »allen«[98] der an ihr beteiligten »Mitarbeiter« verworfen worden; ein Umstand, der den Gedanken an eine Revolte der Wissenschaftssklaven gegen ihre politischen Herren nahelegt. Doch es gab keine solche Revolte; kein im Dienst einer Bundesbehörde stehender Wissenschaftler verwarf die HEW-Studie *öffentlich.*

Die Reaktion der amerikanischen Epidemiologen erschöpfte sich damals in Klatsch hinter vorgehaltener Hand. Offene Kritik an der Studie war nur selten zu hören. Einer der Wissenschaftler, die ihre Kritik offen aussprachen, war Irving Kessler, der anläßlich einer Toxikologiekonferenz seiner Überzeugung Ausdruck verlieh, Informationen über berufsbedingte Krebserkrankungen seien nur von ernsthaften epidemiologischen Untersuchungen am Menschen zu erwarten, nicht aber von der Auswertung alter Totenscheine oder der Verfütterung hochdosierter chemischer Substanzen an Nagetieren.[99] Er warnte, die Epidemiologie werde nie zu einer bedeutsamen medizinischen Fachdisziplin werden, wenn sie »zu hirnloser statistischer Manipulation« entarte. Besonders herablassend äußerte er sich über die HEW-Studie:

> Besonders besorgt stimmen mich die politischen Implikationen, die eine spekulative Aufzählung von Krebsrisiken auf der Grundlage erbärmlich geringer empirischer Befunde nach sich zieht.[100]

Philippe Shubik, ein renommierter Grundlagenforscher, konstatierte auf der gleichen Tagung, die HEW-Studie sei inzwischen gründlich diskreditiert, und er teilte den Zuhörern mit, daß einige der »Mitarbeiter« aufgefordert worden seien, an der Konferenz teilzunehmen, um ihre Arbeit zu erläutern, doch keiner habe die Einladung angenommen.[101] Da die breite Öffentlichkeit nichts von der Ablehnung der HEW-Studie erfahren hatte, nutzten einige ihrer Befürworter jede Gelegenheit, die Gültigkeit der Studie weiterhin zu propagieren. Im Oktober 1978 veranstaltete das OSHA ein »Presseseminar« zum Thema Berufskrankheiten und wiederholte die

Daten der HEW-Studie. Auch David Rall, der an dem Seminar teilnahm, verteidigte die Schätzwerte der Studie.[102]

Auch Philip Abelson, der Herausgeber von *Science,* griff in einem Leitartikel die Gültigkeit der HEW-Studie an. Er verurteilte die »Opportunisten« und Publizitätssüchtigen, die behaupteten, es gebe eine durch Chemikalien verursachte Krebsepidemie. Er kritisierte die Wissenschaftler von NCI, NIEHS und NIOSH, die, wie er sagte, Califano die alarmierenden Schätzwerte zugespielt hatten, die dieser in seiner Rede vor den Gewerkschaftlern wiederholt habe. Er teilte seinen Lesern mit, der NCI-NIEHS-NIOSH-Bericht sei von Epidemiologen weitgehend verurteilt worden, Richard Doll aus Oxford habe ihn sogar als »wissenschaftlichen Unfug« bezeichnet, und die britische Zeitschrift *Lancet* habe das Erscheinen einer derart unzureichenden Studie »unter dem Namen so renommierter Mitarbeiter« bedauert.[103]

Im September 1979 bezeichnete René Truhaut von der Universität Paris die HEW-Studie als einen »Skandal«. Auf der Internationalen Konferenz für chemische Toxikologie in München unterstützte er die Schätzung der British Royal Society, derzufolge nur etwa 1 Prozent aller Krebsfälle berufsbedingt sind.[104]

Im Jahr 1980 waren aus dem Ausland weitere Reaktionen auf die HEW-Studie zu vernehmen. Ich werde mich damit begnügen, drei Beispiele zu zitieren, die besonders bemerkenswert sind. Die erste Reaktion ist eine Veröffentlichung in der Zeitschrift *Nature,* die von Richard Peto aus Oxford verfaßt war und den Titel *Distorting the Epidemiology of Cancer* (Eine Entstellung der Epidemiologie des Krebses) trug. Peto erörterte die politischen wie auch die wissenschaftlichen Aspekte der Studie und kritisierte Califanos »absurde« Rede vor den Gewerkschaftsvertretern.[105] Er bezeichnete die Studie als »ein Dokument, das seit geraumer Zeit inoffiziell in Umlauf ist und überaus großen Einfluß ausübt.«[106] Anhand von Details[107, 108] stellte er die Gültigkeit der Studie in Frage, wobei er einmal mehr den auffälligsten Trugschluß – die Übertragung der von der größten Exposition abgeleiteten Risikoberechnung auf nicht in diesem Umfang exponierte Personen – herausarbeitete. Die auf diese Weise erlangten Schätzwerte für berufsbedingte Todesfälle entbehrten »jeder Basis«, auch wenn sie inzwischen in der Tagespresse und in wissenschaftlichen Zeitschriften immer wieder gedruckt würden.[109] Diese Schätzwerte beunruhigten mittlerweile den Internationalen Gewerkschaftsbund in Genf und die Gewerkschaften in Großbritannien. Die britische Association of Scientific, Technical and Managerial Staffs (ASTMS) hatte an ihre Mitglieder ein Papier versandt, das die Daten der NCI-NIEHS-NIOSH-Studie übernommen und auf die Verhältnisse Großbritanniens umgerechnet habe, und nun behauptet diese Gewerkschaft, »20–40 Prozent der derzeitigen Krebstodesfälle in Großbritannien seien durch berufsbedingte Kanzerogene verursacht«.[110] Peto wies darauf hin, daß die wesentlichen Ursachen für die Kanzerogenese beim Menschen das Zigarettenrauchen und die Ernährung sind.[111]

Obwohl Peto beträchtliche Anstrengungen unternahm, sich in den politischen Kontroversen um umweltbedingte Krebserkrankungen als neutral darzustellen, war er doch ganz offensichtlich verärgert. Der »Gerechtigkeit halber« griff er Samuel Epstein an, dessen Buch *The Politics of Cancer* zur Bibel der englischsprachigen Gewerkschaften geworden war[112], anstatt die Wissenschaftler an der Spitze der US-Bundesbehörden, die für die Veröffentlichung der Daten der HEW-Studie verantwortlich waren, zu kritisieren. Ein bemerkenswertes Beispiel von Loyalität zwischen Kollegen, das vermutlich auf den Umstand zurückzuführen ist, daß *Nature* eine Zeitschrift ist, die auch von Laien gelesen wird. Renommierte Wissenschaftler greifen andere renommierte Wissenschaftler nicht an, wenn Laien zuhören.

Die zweite, hier erwähnte Reaktion aus dem Ausland war nüchtern und betont unpolitisch gehalten, doch angesichts des Autors, der in *Preventive Medicine* einen Artikel mit dem Titel *Proportion of Cancer Due to Occupation* (Der Anteil berufsbedingter Krebserkrankungen) veröffentlichte, handelte es sich um einen wirkungsvollen Gegenangriff. Der Artikel stammte aus der Feder eines der Väter der Theorie des umweltbedingten Krebses: John Higginson von der IARC.[113] Im Vorspann des Artikels waren die Namen der Mitglieder eines »Prüfungsausschusses« von Wissenschaftlern genannt, die das veröffentlichte Manuskript geprüft und für gut befunden hatten. Diesem Ausschuß gehörten einige führende amerikanische Wissenschaftler an: Lawrence Garfinkel von der ACS, David Schottenfield von der Epidemiologischen Abteilung des Sloane Memorial Hospitals und John C. Bailar vom *Journal of the National Cancer Institute.* Noch wichtiger war aber möglicherweise, daß auch Johannes Clemmesen vom Dänischen Institut für Krebsepidemiologie dem Ausschuß angehörte, sowie Takeshi Hirayama vom Staatlichen Japanischen Krebsforschungsinstitut. Higginson schätzte in seinem Artikel den Anteil des berufsbedingten Krebses an der gesamten Krebsinzidenz auf höchstens 6 Prozent; 88 Prozent, so schätzte er, seien auf »andere, in der Lebensweise begründete Faktoren« zurückzuführen.[114] Er sei sich – so Higginson weiter – durchaus des Problems der Promotion der Förderung eines Kanzerogens durch ein anderes, sowie der multifaktoriellen Natur der Kanzerogenese bewußt, doch seien grobe Schätzungen – wenn sie auf bekanntem Datenmaterial basieren – ohne weiteres möglich. Seine Schätzungen der anteiligen Bedeutung verschiedener Umweltfaktoren beruhten auf Daten, die in der englischen Industriestadt Birmingham gewonnen wurden: Zigarettenrauchen, so führte er aus, sei möglicherweise für 30 Prozent der Krebserkrankungen bei Männern verantwortlich; Zigarettenrauchen in Verbindung mit Alkoholgenuß für 5 Prozent; die Sonneneinstrahlung für 10 Prozent; die Ernährungsweise, das Sexualverhalten usf. für 30 Prozent; Strahlung für 1 Prozent; medizinische Heilverfahren für 1 Prozent; 2 Prozent seien angeboren und 15 Prozent von unbekannter Ursache.[115] Der Prüfungsausschuß, so erklärte Higginson, sei zu der Überzeugung gelangt, daß gegenwärtig keine Daten existieren, die die Schätzung des Anteils der berufsbedingten Krebserkrankung von 6 Prozent »ernsthaft in Frage stellen könnten«.[116]

1981 schließlich erschien der detaillierteste aller Angriffe gegen die HEW-Studie im Druck. Die Verfasser Richard Doll und Richard Peto präsentierten eine außerordentlich gelungene Übersicht über das verfügbare Datenmaterial. Da diese sogenannte Doll-Peto-Studie in Buchform erschienen ist, kann der interessierte Leser fachliche Einzelheiten nachschlagen. In dieser für Wissenschaftler geschriebenen Studie ist von Petos Höflichkeit gegenüber den Wissenschaftlern amerikanischer Regierungsbehörden nichts mehr zu spüren. Sie bedenkt die HEW-Studie mit vernichtendem Spott und bedient sich einer Sprache, wie sie gegenüber US-Gesundheitsbehörden bisher noch nie verwendet worden ist. Da die HEW-Studie für die 1978 stattfindenden OSHA-Hearings geschrieben worden war und das OSHA sich seither der Schätzungen der HEW-Studie bedient, bezeichneten sie Doll und Peto als »das OSHA-Papier«. Sie erklärten, die Schätzungen seien »derart fehlerhaft, daß kein auch nur im entferntesten darauf aufbauendes Argument ernst genommen werden sollte«.[117] Sie wiederholten den grundlegenden Vorwurf, die Risikoeinschätzung für alle Beschäftigten – unabhängig von ihrer Exposition und deren Dauer – sei nach Kriterien erfolgt, die anhand von verhältnismäßig wenigen Arbeitern gewonnen wurden, deren Exposition über Jahre hinweg besonders extrem gewesen war.[118] »Diese Mißachtung der Expositionsdosis und -dauer«, so fügten Doll und Peto hinzu, »ist unvertretbar und führt zu Risikoeinschätzungen, die um mehr als das Zehnfache zu hoch liegen«.[119] Bezüglich eines bestimmten, die Nickelexposition betreffenden Schätzwerts konstatierten sie: »Diese Berechnung kann man zutreffend mit der Bezeichnung Bauernfängerei umschreiben.«[120] Doch die Doll-Peto-Studie ließ es damit nicht genug sein und fuhr fort:

Wer immer das OSHA-Papier geschrieben hat (es enthält zwar ein Verzeichnis von Mitarbeitern, führt jedoch keine Autoren an), hat dies wohl eher aus politischen denn aus wissenschaftlichen Gründen getan, und es besteht kein Zweifel, daß das Dokument – ebenso wie bisher – auch in Zukunft von denjenigen für politische Zwecke verwendet wird, die die Bedeutung berufsbedingter Faktoren hervorheben wollen; womit das Strategiekomitee für Toxische Substanzen (Toxic Substances Strategy Committee) mit seinem Bericht an den Präsidenten der USA aus dem Jahre 1980 ebenso gemeint ist wie zahlreiche Autoren von Zeitungsartikeln und der Großteil des Wissenschaftsjournalismus. Obschon die Ergebnisse und Schlußfolgerungen des OSHA-Papiers weiterhin oft zitiert werden, sind die entscheidenden Teile der Argumentation, auf welche sich diese Schlußfolgerungen gründen, vielleicht aus gutem Grunde nie in einer wissenschaftlichen Zeitschrift oder in einer der periodischen Reihen amtlicher Regierungsveröffentlichungen erschienen. Solange dies nicht der Fall ist – solange also die verantwortlichen Autoren nicht genannt werden – sollte man die Empfehlung aussprechen, das OSHA-Papier nicht als ernstzunehmenden Beitrag zum wissenschaftlichen Denken anzusehen und es dementsprechend auch nicht als solches zu zitieren. Darüber hinaus sollte jede Andeutung, die unmittelbar oder mittelbar daraus abgeleitet ist und geltend macht, daß 20, 23, 38 oder 40 Prozent der Krebssterblichkeit auf berufsbedingte Faktoren zurückzuführen sind, zurückgewiesen werden.[121]

In dieser für die Krebsepidemiologen der ganzen Welt erarbeiteten Analyse war den US-Gesundheitsbehörden der Vorwurf gemacht worden, ein politisch motiviertes Dokument erstellt und dabei »Bauernfängermethoden« verwendet zu haben.

Doll und Peto relativierten die HEW-Schätzungen und erklärten, es ließen sich – trotz aller Überschneidungen und Ungewißheiten – sehr wohl bestimmte Schätzungen über den Anteil der Krebserkrankungen anstellen, der auf verschiedene Umweltfaktoren zurückzuführen ist. Ihren Schätzungen zufolge werden etwa 30 Prozent der Krebserkrankungen in den USA durch Zigarettenrauchen verursacht, 35 Prozent sind auf Ernährungsfaktoren, 3 Prozent auf Alkohol, 7 Prozent auf Fortpflanzungs- und Sexualverhalten, 3 Prozent auf »geophysikalische Faktoren«, z. B. UV-Strahlung, und möglicherweise 10 Prozent auf Infektionen zurückzuführen. Im Hinblick auf den Beitrag industrieller Faktoren zur Krebserkrankung schätzten sie, daß ungefähr 1 Prozent durch Lebensmittelzusatzstoffe, 2 Prozent durch Verschmutzung der Umwelt, etwa 1 Prozent durch »Industrieprodukte«, 1 Prozent durch Arzneimittel und medizinische Maßnahmen – und 4 Prozent aller Krebserkrankungen durch berufsbedingte Faktoren verursacht werden.[122]

Die Mitbegründer der Theorie der umweltbedingten Krebsentstehung bekannten sich also zu ihren niedrigen Schätzwerten berufsbedingter

Krebsinzidenz, deren Erschütterung das eigentliche Ziel des »OSHA-Papiers« gewesen war, und erläuterten und rechtfertigten ihre relativ niedrigen Schätzwerte.

Der entschlossenste Verteidiger des »OSHA-Papiers« ist David Rall. Zwei kritische Bemerkungen von Rall über Wissenschaftler, die niedrige Schätzwerte für berufsbedingte Krebserkrankungen angeben, sind erwähnenswert. Beide sind dem OSHA-Grundsatzdokument aus dem Jahr 1980 entnommen:

In erster Linie beruhen die Schätzungen der Anteile von Krebserkrankungen, die durch berufsbedingte Faktoren verursacht werden, nur auf den *bekannten* Beispielen für berufsbedingte Kanzerogene..., doch nur eine begrenzte Anzahl beruflicher Expositionsfälle sind jemals auf das ihnen eigene Kanzerogenitätsrisiko hin untersucht worden.[123]

Und hier die zweite:

Angesichts der Erkenntnis, daß die Kanzerogenese einen in mehreren Phasen verlaufenden Prozeß darstellt, dessen Fortschreiten durch eine Anzahl von Faktoren beeinflußt wird, hat die Behauptung »nur« 1 bis 5 Prozent der Krebserkrankungen seien auf einen einzigen Faktor zurückzuführen, wenig Sinn. Es würde mit unserem Kenntnisstand übereinstimmen, wenn behauptet würde, daß *alle* Krebserkrankungen auf die eine oder andere Weise mit beruflichen Faktoren verbunden sind; genauso wie sie wahrscheinlich alle mit Ernährungsfaktoren, genetischen Faktoren und hormonellen Faktoren zusammenhängen.[124]

Der ersten Stellungnahme Ralls ist zu entnehmen, daß er ganz unbefangen die Epidemiologen kritisiert, die ihre Analysen »nur« auf Kenntnissen aufbauen. Aus der zweiten Stellungnahme geht hervor, daß Rall im Endeffekt selbst die Gültigkeit des »OSHA-Papiers« in Frage stellt. Seine oben angeführte Kritik besagt im Grunde genommen, daß zwischen den Hauptdeterminanten des Krebses beim Menschen keine analytische Differenzierung möglich ist. Trifft diese »holistische« Beschreibung der Kanzerogenese zu, dann ist eine wissenschaftliche Analyse der ursächlichen Faktoren umweltbedingter Krebserkrankung nicht möglich und wird es auch niemals sein. Der Stimmigkeit halber hätte Rall dem »OSHA-Papier« den neuen Titel »Schätzungen des auf eine Wechselwirkung zwischen berufsbedingten, ernährungsbezogenen, genetischen und hormonalen Faktoren zurückzuführenden Anteils der Krebserkrankungen in den Vereinigten Staaten« geben und dann in den Reißwolf werfen müssen. Und anschließend hätte er sich zur nächsten Plakatwand begeben und hundertmal schreiben müssen: »Wer im Glashaus sitzt, sollte nicht mit Steinen werfen.« Dies kam dem Direktor des NIEHS allerdings nicht in den Sinn, denn offenbar war er sich nicht darüber im klaren, daß er sich selbst kritisiert hatte. Bei einer polarisierten Kontroverse wird gemeinhin angenommen, daß – wenn die eine Seite eine auf einem Trugschluß basierende Position einnimmt –, die andere Seite sozusagen »automatisch« recht hat. Nichts dergleichen soll hier angedeutet werden. Kein Laie besitzt die Voraussetzung, sich eine Meinung über den geschätzten Anteil der mit einem bestimmten Umweltfaktor zusammenhängenden Krebserkrankungen zu bilden. Dem Laien bleibt wahrscheinlich nichts anderes übrig, als eine Frage zu bedenken, die Kessler 1979 formulierte: »Was hilft es uns, wenn wir wissen, welcher Prozentsatz der Krebserkrankungen auf nichtspezifische und nichtermittelbare Faktoren zurückzuführen ist?«[125] Ein solches Wissen besitzt eine eindeutig politische Dimension. Epidemiologen sind sich – ebenso wie die Wissenschaftler, die die Ergebnisse von Tier- und Bakterienversuchen auf die Verhältnisse des Menschen extrapolieren – der Tatsache bewußt, daß sie in einem politischen Spannungsfeld arbeiten. Sie sind sich über die praktischen Folgewirkungen ihrer verschiedenen Schätzungen völlig im klaren und wissen nur zu gut, daß sie ihre Kontroversen über den Trümmern der industriellen Zivilisation ausfechten.

In der Frage der berufsbedingten Krebserkrankungen besteht der Unterschied zwischen den Wissenschaftlern der Regierungsbehörden und ihren Kritikern darin, daß die »Reglementierungswissenschaftler« mit nur wenigen am Menschen gewonnenen Daten und mit Hilfe grober logischer Trugschlüsse eine katastrophale Epidemie ins Unbekannte hinein extrapolieren, während ihre Kritiker diese Extrapolation ins Unbekannte mit solchen Schätzungen hartnäckig in Frage stellen, die sich ausschließlich auf die wenigen bekannten Daten stützen. Da die epidemiologische Untersuchung berufsbedingter Krebserkrankungen ein relativ junger Zweig der Wissenschaft ist, da die Theorie des ernährungsbedingten Krebses zwar sehr ansprechend, aber unbewiesen ist und da schließlich für die Mehrzahl der wichtigsten Krebsarten noch keine eindeutigen kausalen Erklärungen erkennbar sind – von den meisten der weniger bedeutenden Krebsarten ganz zu schweigen –, ist zu vermuten, daß die ganze Auseinandersetzung hätte vermieden werden können, wenn alle Beteiligten zu dem Eingeständnis bereit gewesen wären: »Ich weiß es nicht.« Der einzige Wert, den prozentuale, auf der Grundlage *nachgewiesener* Humankanzerogene angestellte Schätzungen industriell bedingter Krebsformen besitzen, ist der, daß sie die ungezügelte Phantasie apokalyptischer Wissenschaftler zügeln. Dies ist möglicherweise der einzige Grund, weshalb nichtapokalyptische Epidemiologen weiterhin solche Schätzungen vornehmen; einen prognostischen Wert besitzen sie sicherlich nicht.

Eine erhellende Interpretation dieser Auseinandersetzung um Prozentzahlen ist uns überliefert. Zum Abschluß einer Tagung über Krebsvorsorge im Jahre 1980 machte Guy Newell vom NCI vier Bemerkungen, die auch für den Laien von Interesse sind. Angesichts der »Vielzahl ins Feld geführter Prozentzahlen« riet er zur »Vorsicht« und fuhr fort:

> Mir bereitet es keinerlei Schwierigkeiten, die zusätzlichen Krebsfälle unter Zigarettenrauchern zahlenmäßig zu erfassen, denn dies ist ohne weiteres möglich – sie lassen sich quantifizieren... Ich bin mir sehr sicher, daß rund 35 Prozent aller Krebserkrankungen bei Männern mit dem Zigarettenrauchen in Verbindung stehen. Die Gefahr besteht jedoch in der Versuchung, diese Methodik auf Gebiete zu übertragen, wo mir angesichts unseres derzeitigen Kenntnisstandes eine Quantifizierung unmöglich zu sein scheint. Diese Neigung, auf weitgehend unbekanntem Gebiet hochrechnen zu wollen, führt, wie Dr. Rothman es nennt, zu einer »unlogischen Deduktion«, und ich glaube, daß diese unlogische Deduktion von einigen auf dem Gebiet der berufsbedingten Krebserkrankung und von praktisch allen auf dem Gebiet ernährungsbedingter Krebserkrankung vorgenommen wird.[126]

Newells zweite Bemerkung bezog sich auf die Tatsachen, daß eine bestimmte Krebsart mehr als eine Ursache haben kann (z. B. können sowohl Asbest als auch Zigarettenrauchen Lungenkrebs verursachen) und daß verschiedene Ursachen in Wechselwirkung zueinander treten können (wie dies bei Asbest und Tabak auch der Fall ist). Dieser Umstand, so erklärte er, lasse die Verwendung von Prozentzahlen fragwürdig erscheinen. Und drittens bemerkte er, die Verwendung von Prozentzahlen habe eine politische Dimension und führe im Kongreß und in der Öffentlichkeit zu »übersteigerten Befürchtungen«. Schließlich wies er noch darauf hin, daß Prozentzahlen oft mit Geld gleichgesetzt werden; insbesondere mit der Höhe des NCI-Budgets.

Ob nun das einzige Ziel dieses »Prozentkriegs« in der Erweckung »übersteigerter Befürchtungen« und in der Zuteilung des »NCI-Budgets« besteht, darf bezweifelt werden. Denn zu viele ausländische Wissenschaftler haben daran teilgenommen, und die ideologische Dimension dieser Auseinandersetzung ist dafür einfach zu offenkundig. Doch Newells Erläuterung der Unzulässigkeit einer »Extrapolation ins Unbekannte« ist informativ – und sie gilt für beide Seiten dieser Kontroverse.

Endete die erste, von seiten der »Bundesbehörden« kreierte große Epidemie in fallenden Mortalitätsraten und fallenden Inzidenzzahlen, so führte die zweite für Industriearbeiter prognostizierte Krebsepidemie in einen erschreckenden internationalen Wissenschaftsskandal, in Scham, Zorn und Verbitterung, die allerdings nur hinter den Kulissen zum Ausdruck kommen. Das dritte »Axiom« der Apokalyptiker – die Theorie, daß 90 Prozent der Krebserkrankungen durch die Entwicklung der organischen Chemie nach dem Zweiten Weltkrieg bedingt sind und somit eine ungeheuere Epidemie zu erwarten ist – hat sich nicht bewahrheitet. Von Lungenkrebs einmal abgesehen, wurden sowohl zunehmende wie auch abnehmende Krebsinzidenzziffern festgestellt. Die beinahe weltweit verbreitete Überzeugung, die große Epidemie sei bereits ausgebrochen, ist ein Produkt einiger weniger, eindeutig politisch motivierter Männer in den Gesundheitsbehörden der US-Regierung.

Die USA sind die »Nummer Eins« in der Krebsstatistik

Aus den Annahmen und Überzeugungen der Apokalyptiker läßt sich ein weiteres, drittes »Axiom« ableiten: die apokalyptische Hypothese, daß Krebs im wesentlichen eine neue, im Grunde genommen politisch bedingte Krankheit ist, die von der Innovationssucht und Produktivität des Menschen heraufbeschworen wurde. Nach Ansicht der Apokalyptiker sind 90 Prozent aller Krebserkrankungen auf den »Faustischen Sündenfall« des Menschen zurückzuführen, auf die Fortschritte der Wissenschaft, auf Technologie, Wirtschaftswachstum und Überflußgesellschaft, auf die Errungenschaften der industriellen Revolution, auf die westliche Zivilisation und nicht selten auf Marktwirtschaft, Profitdenken und Kapitalismus. Von dieser Denkweise ist es nur mehr ein kleiner Schritt zu der Vorstellung, das Land, in dem all diese Eigenschaften am extremsten entwickelt sind, sei Amerika. Vom Blickpunkt der Apokalyptiker aus betrachtet, gerieten die USA also ganz zwangsläufig in den Geruch, die übelste Krebskloake der Erde zu sein.

Ziemlich unvermittelt tauchten dann 1975 in der Presse auch die ersten entsprechenden Meldungen auf: Man hatte »entdeckt«, daß in den USA die höchsten Krebsinzidenzraten der Welt existieren, daß in Amerika die höchsten Inzidenzraten für Krebserkrankungen aufgrund von industrieller Verschmutzung existieren und daß die meisten aller Krebserkrankungen auf die Verschmutzung der Umwelt zurückzuführen sind. Offenbar waren diese »Entdeckungen« von Epidemiologen gemacht worden, denn sie bezogen sich ausschließlich auf den Menschen und nicht auf Tiere. Und noch etwas hatten diese drei »Entdeckungen« gemeinsam: Sie entbehrten jeder Grundlage. Da diese Behauptungen verschiedene Sachverhalte umschreiben, ist es auch notwendig, verschiedene Kategorien epidemiologischen Datenmaterials zu untersuchen, wenn man ihre Unrichtigkeit beweisen will. Aus diesem Grunde werden die drei »Entdeckungen« getrennt diskutiert.

1975 eröffnete Dan Rather einen CBS-Bericht mit den sensationellen Worten: »Die Nachricht des Tages lautet: Die Vereinigten Staaten liegen bei den Krebserkrankungen an erster Stelle. Nach Schätzungen des National Cancer Institute ist die Gefahr, Krebs zu bekommen, in Amerika größer als irgendwo sonst auf der Welt.« Der Titel des Berichts lautete: *The American Way of Death* (Die amerikanische Art zu sterben).

Diese Sensationsmeldung war purer Nonsens. Meinte Dan Rather, als er von »Krebs bekommen« sprach, die Krebssterblichkeit – und der Titel des Berichts legt diese Vermutung nahe –, dann war seine Behauptung aus der Luft gegriffen. Denn Veränderungen im statistischen Vergleich der weltweiten Mortalitätsraten sind nicht über Nacht errechnet und dem damals verfügbaren Datenmaterial zufolge (statistische Erhebung von 1973) lagen die USA nicht »an erster Stelle« der Krebsstatistik.

Was die epidemiologische Fachliteratur zum damaligen Zeitpunkt zu dieser Problematik zu sagen hatten, entnehmen wir Mitsui Segis 1973 veröffentlichter Zusammenstellung altersstandardisierter Krebsmortalitätsraten für 52 Länder. Diese Veröffentlichung erlaubt eine tabellarische Reihung der Krebsmortalitäten verschiedener Länder sowohl für bestimmte Krebsarten wie auch für die Gesamtkrebssterblichkeit. Die zugrunde liegenden Daten können keinen Anspruch auf Vollkommenheit erheben, doch waren sie die besten 1975 verfügbaren Informationen. Segis Untersuchung umfaßt die Sterblichkeitsraten für neun verschiedene Krebsarten: Mund-, Oesophagus-, Colon- und Rektum-, Lungen-, Magen-, Brust-, Prostata- und Gebärmutterkrebs sowie Leukämie. Segis Befunde wurden u. a. von der American Cancer Society zum Nachdruck übernommen. Im folgenden die altersstandardisierten Gesamtsterblichkeitsraten sämtlicher Industrieländer für die oben genannten Krebsarten auf 100000 Einwohner berechnet:[127]

Luxemburg	219.63	Uruguay	197.86
Tschechoslowakei	210.37	Österreich	197.35
Belgien	204.07	Frankreich	196.55
Niederlande	199.03	USA (Farbige)	193.51

England und Wales	191.19	Kanada	160.39
Ungarn	189.28	Irland	160.08
Bundesrepublik Deutschland	188.33	USA (Weiße)	155.90
Finnland	187.12	Japan	149.37
Italien	182.79	Schweden	146.47
Schweiz	182.74	Spanien	141.43
Hongkong	173.67	Kuba	137.83
Dänemark	171.65	Norwegen	137.78
Neuseeland	168.97	Griechenland	137.69
Nordirland	168.45	Bulgarien	134.32
Polen	168.24	Rumänien	132.81
Australien	161.48	Portugal	131.33
Chile	160.55	Israel	126.69
		Jugoslawien	124.76

Nach Jugoslawien folgen einige nur zum Teil industrialisierte Länder wie Island, Costa Rica und Puerto Rico. In Anbetracht der schnellen Verbreitung wissenschaftlicher, technologischer und industrieller Innovationen in sämtlichen Industriestaaten und angesichts des in etwa vergleichbaren Niveaus der medizinischen Betreuung sind die Unterschiede der Krebsmortalitätsraten doch erheblich. Die Rede ist nicht von Unterschieden, die im Bereich von 1 oder 2 Punkten liegen, sondern von extremen Abweichungen. So ist in Luxemburg die Gesamtmortalitätsrate fast doppelt so hoch wie in Jugoslawien. Und in Dänemark liegt die Mortalitätsrate wesentlich höher als in den benachbarten Ländern Schweden, Norwegen und Finnland. Was die Position der USA in der internationalen Krebsstatistik anbelangt, so geht aus Segis Studie eindeutig hervor, daß die USA hinsichtlich der Krebssterblichkeit ganz entschieden *nicht* die »Nummer Eins« sind.

Doch die Mehrzahl der Bürger der USA hatte im Jahre 1975 keine Ahnung von der tatsächlichen Position des Landes in der internationalen Krebsstatistik, und daran änderte sich auch 1977 nichts, als neuere Forschungsergebnisse der Weltgesundheitsorganisation die USA unter 44 untersuchten Staaten erst an achtzehnter Stelle in der Krebshäufigkeitsstatistik nannten.[128] Auch die 1979 von der WHO veröffentlichten neuesten Krebshäufigkeitsstatistiken, die die USA unter 44 Ländern erst an zweiundzwanzigster Stelle plazierten[129], konnten die vom NCI lancierte und von der CBS ausgestrahlte Behauptung nicht aus der Welt schaffen, Krebs sei die in der ganzen Welt beispiellose und typische »amerikanische Art zu sterben«.

Es ist allerdings möglich, daß Dan Rather – als er von der Gefahr sprach,

»Krebs zu bekommen« – die Krebsinzidenz meinte, daß er also nicht von der Krebssterblichkeitsrate in den USA, sondern von der Krebserkrankungsrate sprach, die in den USA angeblich die höchste der Welt sein soll. Doch auch eine solche Behauptung ist aus der Luft gegriffen. 1974, zehn Monate vor der Ausstrahlung des CBS-Berichts, hatte C. S. Muir, einer der führenden Epidemiologen der IARC anläßlich einer vom NCI veranstalteten Konferenz eine statistische Erhebung bezüglich der weltweiten Krebsinzidenzraten präsentiert. Dieser Vergleich weltweit erhobener Daten gibt die höchsten Inzidenzraten für die neun bzw. zehn oben erwähnten verschiedenen Krebsarten wieder[130]:

Mund und Hals: Die höchsten Inzidenzraten für Zungenkrebs bei Männern wurden in Bombay festgestellt; die höchsten Inzidenzraten für Lippenkrebs bei Männern wurden in Neufundland entdeckt; die höchsten Inzidenzraten für Larynx- und Pharynxkrebs bei Männern ermittelte man in Bombay. (Statistische Erhebungen für diese Krebsformen bei Frauen lagen nicht vor)

Oesophagus: Die höchsten Inzidenzraten für Speiseröhrenkrebs bei Männern entdeckte man in Bulawayo und bei Bantufrauen in Südafrika.

Colon: Die höchsten Inzidenzraten für Colonkrebs fand man bei Chinesen (Männern) in Hawaii und bei Frauen in Saskatchewan.

Rektum: Die höchsten Inzidenzraten für Rektumkrebs bei Männern und Frauen ermittelte man in Saskatchewan.

Lunge: Die höchsten Inzidenzraten für Lungenkrebs bei Männern wurden in Liverpool, England, bei Frauen unter den Marois in Neuseeland festgestellt.

Magen: Die höchsten Inzidenzraten für Magenkrebs bei Männern wurden in Miyagi, Japan und bei Frauen unter den Inderinnen in Natal angetroffen.

Brust: Die höchsten Inzidenzraten für Brustkrebs stellte man unter den weißen Frauen auf Hawaii fest.

Prostata: Die höchsten Inzidenzraten für Prostatakrebs fand man bei Schwarzen in Alameda, Kalifornien.

Gebärmutter: Die höchsten Inzidenzraten für Gebärmutterkrebs entdeckte man bei den Maorifrauen in Neuseeland.

Leukämie: Von Muir nicht erwähnt.

Weitere interessante Ergebnisse der Untersuchung waren die Höchstraten für Gehirntumoren, die bei israelischen Juden (Männer und Frauen), die in Europa geboren waren, festgestellt wurden. Die höchsten Inzidenzraten für Harnblasenkrebs entdeckte man bei männlichen Einwohnern Connecticuts, während die Höchstrate bei Frauen in Rhodesien angetroffen wurde. Die niedrigsten Inzidenzraten der ganzen Welt für Magenkrebs wurden bei Frauen in Nevada gefunden.

Soviel zu den verläßlichsten, Mitte der siebziger Jahre verfügbaren statistischen Erhebungen hinsichtlich der weltweiten Krebsinzidenzraten. Da Krebs eine Krankheit mit langer Latenzzeit ist, dürfte sich die Gültigkeit der von Muir zitierten Quoten in der relativ kurzen Zeit, die zwischen seinem Vortrag und der Ausstrahlung des CBS-Berichts lag, wohl kaum in signifikanter Weise verändert haben.

Offenbar hatte der anonyme Informant im NCI Dan Rather verschwiegen, daß Richard Doll bereits 1970 festgestellt hatte, daß in nahezu allen untersuchten Bevölkerungsgruppen die Hälfte der Gesamtkrebsinzidenz auf nur vier oder fünf Krebsarten zurückzuführen ist.[131] Der Informant hat Dan Rather auch nicht gesagt, daß es – um John Bergs Formulierung zu gebrauchen – Wohlstandskrebs und Armutskrebs gibt.[132] Ein Vergleich internationaler Inzidenzraten veranschaulicht diese Beobachtung in geradezu dramatischer Weise: In den USA (vor allem im Westen des Landes) sind die vorherrschenden Krebsarten Lungen- und Colonkrebs sowie verschiedene hormonell bedingte Krebsformen wie Brust-, Eierstock- und Prostatakrebs.[133] Während in Uganda, einem verarmten und industriell unterentwickelten Land Penis- und Gebärmutterhalskrebs, Tumoren der Augenhöhlen sowie kanzeröse Hautgeschwüre an Armen und Beinen die vorherrschenden Krebsformen sind.[134] Hätte der Informant aus den Reihen des NCI der CBS die gesamten weltweit erhobenen Daten dieser Jahre zukommen lassen, ob nun die Mortalitätsziffern oder die Inzidenzziffern, so hätte der Sender die Gelegenheit gehabt, einen fesselnden Bericht über die *tatsächliche* Bedeutung des Begriffs »umweltbedingter Krebs« zu produzieren, nämlich über die – weltweit betrachtet – faszinierenden Verteilungsmuster und Häufigkeitsschwankungen, die zu der Schlußfolgerung Anlaß gaben, daß die unterschiedlichen Verteilungsmuster und Häufigkeitsquoten von Krebsformen ein Ausdruck unterschiedlicher kultureller Verhaltensweisen und Bedingungen sind.

Es besteht natürlich auch die Möglichkeit, daß Dan Rather seine Sensationsmeldung, die die gesamte amerikanische Nation in Angst und Schrekken versetzte, nur deshalb so reißerisch formuliert hatte, weil er von der Existenz der SEER-Studie und der darin prognostizierten großen Krebsepidemie gehört hatte. Ist das der Fall, dann wurde Dan Rather entweder von irgend jemanden informiert, der die SEER-Studie nicht kannte, oder Rather wurde hinters Licht geführt. Denn die SEER-Studie, die bemüht war, so viele rassische Minderheiten wie möglich in die Inzidenzstatistik des NCI einzubringen, hatte von Anbeginn ihrer Datenerhebung darauf hingewiesen, daß die in einer Region erhobenen Daten nicht repräsentativ für das gesamte Land sein können. Dieser Umstand war 1974 beim NCI kein Geheimnis, und Marvin Schneiderman hatte in einer Krebskonferenz sogar öffentlich darauf hingewiesen.[134a] Doch eben dieser Umstand gelangte nicht zur Kenntnis der CBS – aus unbekannten Gründen.

Nun können wir uns der Betrachtung der verbleibenden Interpretationsvarianten der Behauptung zuwenden, in den USA bestünde das höchste Krebsrisiko der Welt. Die Rede ist von Berichten, ebenfalls vom NCI lanciert, die behaupteten, die USA hätten eine der höchsten Mortalitätsraten der Welt für durch Umweltverschmutzung bedingten Krebs und die Mehrzahl der in den USA üblichen Krebsformen sei auf Umweltverschmutzung zurückzuführen.

Besonders 1975, kurz nach der Veröffentlichung des ersten Krebsatlasses für die USA, erlebte die amerikanische Öffentlichkeit eine wahre Schwemme solcher Berichte. Zwei Jahre später erinnerte sich Robert Hoover, Direktor der Environmental Studies Division des NCI, vergnügt dieser Geschehnisse. Anläßlich einer Konferenz der Umweltschutzbewegung sagte er:

> Vor einigen Jahren stellten wir alters- und geschlechtsstandardisiertes Datenmaterial zusammen, das die Krebsraten aufgeschlüsselt nach rassischer Zugehörigkeit sowie nach den 3056 Counties der USA für die Zeit zwischen 1950 und 1970 umfaßte. Das Ergebnis schlug sowohl in Kreisen der Wissenschaft wie auch in der Öffentlichkeit wie eine Bombe ein, vor allem, da wir eine überschaubare kartographische Darstellung der rassen-, geschlechts- und altersstandardisierten Inzidenzraten der verschiedenen Krebsformen für sämtliche 3056 Counties erarbeiteten.[135]

Nach diesem 1974 »wie eine Bombe einschlagenden« Krebsatlas veröffentlichten die Epidemiologen des NCI im darauffolgenden Jahr einen zweiten Band des Krebsatlasses, der ebenfalls eine Reihe von Karten enthielt und vor allem jene Gebiete des Landes hervorhob, die die höchsten Raten bestimmter Krebsformen zu verzeichnen hatten. Diese Regionen waren durch häßliche schwarze Flecken gekennzeichnet, die vor den Vertretern der Presse als »Brennpunkte« bezeichnet wurden. In Windeseile verbreiteten die Medien die Nachricht, die Mehrzahl dieser »Brennpunkte«, vor allem die im Nordosten des Landes gelegenen, seien laut NCI als eine Folge der industriellen Umweltverschmutzung zu betrachten. Der zweite Krebsatlas des NCI schlug in der Öffentlichkeit nicht mehr nur »wie eine Bombe« ein – er verbreitete Hysterie.

Belege dieser hysterischen Reaktion auf den neuen NCI-Krebsatlas seitens der Medien und der Öffentlichkeit besitzen wir zur Genüge. Es ist äußerst aufschlußreich, auf welche Weise diese Hysterie entstand und wie sie transportiert wurde, deshalb werde ich dem Leser nachstehend einige der damals publizierten Darstellungen des Problems in chronologischer Reihenfolge anbieten.

Im Februar 1975 erschien in der *Washington Post* der folgende Artikel von Peter Bernstein:

> Die akribische Detektivarbeit der Wissenschaftler unserer Gesundheitsbehörden fördert immer mehr Beweismaterial dafür zutage, daß die Verschmutzung und Verunreinigung des menschlichen Lebensraumes als die primäre Ursache der meisten Krebserkrankungen zu betrachten ist...
>
> ...Die Wissenschaftler des Nationalen Krebsforschungsinstituts schätzen, daß 60 bis 90 Prozent der beim Menschen auftretenden Krebserkrankungen auf umweltbedingte Faktoren wie ultraviolette Strahlung, Kunststoffe und Pestizide zurückzuführen sind...
>
> Mit Hilfe von Computerprogrammen analysierten die NCI-Wissenschaftler die Krebssterblichkeitsquoten und ermittelten auf diese Weise gewisse »Brennpunkte« der Krebshäufigkeit in den Industriegebieten des Nordostens, von Boston bis Washington, und in manchen Städten des Mittelwestens, von Chicago bis New Orleans. Diese Befunde verlangen seitens der Umweltschutzbehörde dringlichst die Festsetzung von Grenzwerten für die Verwendung von krebserregenden chemischen Substanzen.
>
> Der Großteil der Forschungsergebnisse befaßt sich mit der Exposition des Menschen gegenüber solchen chemischen Substanzen. In verschiedenen Regionen des Landes durchgeführte Untersuchungen weisen nach, daß zahllose vom Menschen hergestellte Kanzerogene in die Luft, das Wasser und den Boden gelangen. Man schätzt, daß im letzten Jahr 355000 amerikanische Bürger an den verschiedenen Erscheinungsformen von Krebs gestorben sind, das sind 5000 mehr als im Jahr davor.
>
> In immer stärkerem Maße bedienen sich die Wissenschaftler des NCI in Bethesda technischer Hilfsmittel, um das Rätsel Krebs zu entschlüsseln. *So stellten sie mit Hilfe der Computeranalyse der Sterbeurkunden aus der Zeit von 1950–1969 fest, daß die verbreitetsten Formen des Krebses vorwiegend in solchen Regionen zum Ausbruch kommen, in denen kanzerogene chemische Substanzen die Umwelt belasten, in Regionen also, die deshalb als »Brennpunkte« des Krebses bezeichnet werden können.*
>
> Wie die rassen-, geschlechts- und altersstandardisierten Krebsinzidenzraten erkennen lassen, sind erwachsene Männer weißer Hautfarbe besonders anfällig, Krebs zu entwickeln...[136] (Hervorhebung seitens der Autorin)

Anläßlich der Hearings zur Verabschiedung des Gesetzes zur Kontrolle toxischer Substanzen schloß sich auch Senator John Tunney der allenthalben grassierenden Hysterie an. Im Oktober 1975 eröffnete er eine der Debatten zu diesem Gesetz mit folgenden Worten:

Während der vergangenen vier Jahre starben mehr als eine Million Bürger dieses Landes an Krebs, und die gesetzgebenden Instanzen der USA sahen dieser Entwicklung untätig zu. Und die Krebsraten steigen weiter. Um konkrete Zahlen zu nennen: In den vergangenen 25 Jahren stieg die Krebsmortalitätsrate in unserem Land um 20 Prozent.

Dabei belegen die Untersuchungen des Nationalen Krebsforschungsinstituts ganz eindeutig, daß Krebs eine Begleiterscheinung unserer hochindustrialisierten Gesellschaft ist. Bis zu 90 Prozent der Gesamtkrebsinzidenz sind auf Schadstoffe zurückzuführen, die wir in unsere Umwelt leiten. Dies beweisen die vom NCI veröffentlichten Zahlen, die einen Zusammenhang zwischen Krebshäufigkeit und Industriekonzentration in Ballungsgebieten aufzeigen.[137] (Hervorhebung durch die Autorin)

Im weiteren Verlauf seiner Rede bezog sich Senator Tunney auf einen Artikel, der am 20. Oktober 1975 unter dem Titel *The Desease of the Century* (Die Krankheit des Jahrhunderts) im *Time*-Magazin veröffentlicht wurde. Im folgenden ein Auszug aus diesem Artikel, den Tunney zitierte:

In den USA sehen wir uns mit einer der höchsten Inzidenzraten umweltbedingter Krebserkrankung konfrontiert. Wie eine kürzlich veröffentlichte Studie des NCI belegt, sind vor allem im hochindustrialisierten und durch Umweltgifte stark belasteten Nordosten des Landes besonders hohe Inzidenzzahlen für Lungenkrebs zu beobachten; das gleiche gilt für Regionen, in denen Gummi- und Bleiverhüttungsindustrien angesiedelt sind. Während Höchstinzidenzraten für Harnblasen- und Leberkrebs für solche Regionen typisch sind, in welchen große Betriebe der chemischen Industrie liegen, vor allem solche Betriebe, die Gummi, Chemikalien, Kosmetika, Waschmittel und Druckereifarben herstellen...[138] (Hervorhebung durch die Autorin).

Im gleichen Monat, also im Oktober 1975, strahlte die CBS den bereits mehrfach erwähnten Sonderbericht von Dan Rather aus, in dem dieser die USA als »Nummer Eins« der weltweiten Krebsstatistik bezeichnete.

Zwei Monate später, im Dezember 1975, lancierten Carl A. Craft von der *Associated Press* und Bill Richards von der *Washington Post* die Meldung, daß Ralph Nader in einem Hearing vor dem Kongreß in Washington den Abgeordneten die theoretischen Grundlagen der Theorie der umweltbedingten Krebserkrankungen erläutert und bei dieser Gelegenheit vom Anbruch des »kanzerogenen Jahrhunderts« gesprochen und Krebs, aufgrund der Umweltbelastung durch kanzerogene Substanzen, als »Industriekrebs« bezeichnet hatte. Richards berichtete in seinem Artikel auch von der Stellungnahme Samuel Epsteins, der vor den versammelten Kongreßabgeordneten verkündet hatte, daß »die Mehrzahl der im vergangenen Jahr registrierten Krebserkrankungen auf industrielle Schadstoffemissionen zurückzuführen seien«.[139]

Im April 1976 profilierte sich James Bishop, Korrespondent der *Newsweek* für Energie- und Umweltfragen, in der CBS-Sendung *Face the Nation* als gewandter Diskussionsteilnehmer und erklärte der vor den Bildschirmen versammelten Nation, daß es »... gemeinhin als gesichert gilt, daß 60 bis 90 Prozent der Krebserkrankungen der Menschen von toxischen chemischen Substanzen, die der Mensch produziert, verursacht werden«.[140]

1977 erschien Larry Agrans Buch *The Cancer Connection,* in dem der Autor die vom NCI veröffentlichte Schätzzahl von »bis zu 90 Prozent« umweltbedingter Krebsinzidenz wiederholt.[141]

Unterzieht man sich der Mühe, die konkreten Aussagen der Journalisten genauer zu überprüfen, so wird man feststellen, daß es sich dabei um eine Wiederholung der gesamten Palette apokalyptischer Ansichten handelt: die berüchtigten »90 Prozent«, vie Vorstellung, daß Krebs eine vom Menschen geschaffene Krankheit ist, die Verkündigung der großen Krebsepidemie und die schwindelerregenden Krebsraten in den USA. Und noch etwas fällt dabei ins Auge: alle diese Behauptungen stehen in irgendeiner Weise mit dem NCI in Verbindung.

Verfolgt man die Entstehungsgeschichte der Theorie, Krebs sei eine Folge der Umweltverschmutzung, bis zu ihren Anfängen zurück, so stößt man auf den Beginn der apokalyptischen Bewegung. Sie entstand 1975, und wie das Quellenstudium der Presseberichte beweist, ist der Ursprung in den Reihen des NCI zu suchen.

Sie fand auch Eingang in die Arbeiten bestimmter Wissenschaftler. So schrieb zum Beispiel Thomas Corbett in seinem 1977 erschienenen Buch *Cancer and Chemicals*: »Wie statistische Erhebungen belegen, sind wir in den USA mit einer der höchsten Inzidenzraten der Welt für Krebserkrankungen konfrontiert, die auf Umweltverschmutzung zurückzuführen sind.«[142] Und Samuel Epstein berichtet in der 1977 herausgegebenen revidierten Fassung von *The Politics of Cancer*, daß etwa 30 bis 40 Prozent der Krebserkrankungen in den USA auf durch die Industrie verursachte Umweltverschmutzung beruhen. Epsteins wissenschaftliche Autorität bzw. die wissenschaftliche Gültigkeit seiner Aussagen wurde durch die lange Liste der Wissenschaftler, die das Manuskript seines Buches redigiert hatten, erheblich aufpoliert. In der Danksagung Epsteins finden wir Namen wir Arthur Upton, Direktor des NCI, David Rall, Direktor des NIEHS,

Umberto Saffiotti und Marvin Schneiderman vom NCI, Kenneth Bridbord vom NIOSH und Donald Kennedy von der EPA.[143]

Inzwischen hatten die bei jeder Gelegenheit öffentlich abgegebenen Behauptungen höchster amerikanischer Regierungsbeamter, es existierten 2300 kanzerogenverdächtige Substanzen, 7000000 gefährliche chemische Verbindungen, eine durch die Umweltverschmutzung heraufbeschworene Krise und zwei unser Leben bedrohende Krebsepidemien, ihre Wirkung auf den Bürger nicht verfehlt: Einer Umfrage des Meinungsforschungsinstituts Yankelovich, Skelly und White zufolge waren 59 Prozent der Bevölkerung der USA davon überzeugt, daß »Industrieabfälle«, d. h. Boden- und Wasserverschmutzung, die größte Gefahr für ihre Gesundheit darstellen, und 58 Prozent glaubten, die »Luftverschmutzung« sei das Gesundheitsrisiko Nummer eins.[144] Das apokalyptische Gedankengut hatte die öffentliche Meinung entscheidend geprägt.

Angesichts der Tatsache, daß ein Großteil der apokalyptischen Hypothesen einer wissenschaftlichen Überprüfung nicht standhalten, müssen wir uns die Frage stellen, wie es geschehen konnte, daß die vom NCI lancierten und jeglicher Basis entbehrenden Behauptungen in der Presse und in der Öffentlichkeit eine derart um sich greifende Hysterie auslösen konnten.

Wie war es möglich, daß renommierte Zeitschriften wie das *Time*-Magazin, angesehene Tageszeitungen wie die *Washington Post*, daß Journalisten und Senatoren die vom NCI verbreiteten Unwahrheiten so bereitwillig und so kritiklos übernahmen?

Um diese Frage zu beantworten, wenden wir uns zunächst der Untersuchung der Hypothese zu, ein Großteil der Krebserkrankungen in den USA sei auf die hohe Umweltverschmutzung zurückzuführen. Eine solche Behauptung ist nicht nur falsch, sie ist schlichtweg ein Ding der Unmöglichkeit. Um eine solche Feststellung treffen zu können, müßte zunächst der Anteil der Gesamtkrebserkrankungen identifiziert werden, der weltweit gesehen auf niedrige Verschmutzungswerte der Umwelt zurückzuführen ist; so dann müßten die weltweit erhobenen Quoten für Krebserkrankungen aufgrund von Umweltverschmutzung miteinander verglichen werden. Nur wenn dies geschehen ist, ist die Analyse möglich, daß irgendein Land, zum Beispiel die USA, die höchsten Inzidenzziffern für umweltbedingte Krebserkrankungen zu verzeichnen hat. Doch solche Daten existierten weder 1975 noch existieren sie heute, und der Grund dafür liegt auf der Hand: Wenn es selbst dann nicht möglich ist, den Anteil der verschiedenen berufsbedingten Krebserkrankungen zu bestimmen, wenn Menschen über einen langen Zeitraum hohen Dosierungen von Kanzerogenen ausgesetzt sind und wenn adäquate Kontrollgruppen zur Verfügung stehen, dann ist es noch viel weniger möglich, den Anteil der Krebserkrankungen zu bestimmen, der auf die »Umweltverschmutzung«, das heißt auf die allgemein existierende Exposition gegenüber winzigen Mengen kanzerogener Substanzen in Luft, Wasser und Boden zurückzuführen ist. Niemand ist in der Lage genau zu bestimmen, welche Wirkung diese winzigen Mengen möglicherweise ausüben.

Beim damaligen Stand der Wissenschaft waren solche Berechnungen nicht durchführbar; eine Tatsache, die in der Fachliteratur jener Jahre explizit erwähnt ist. Im folgenden werde ich einige Beispiele zitieren, wie Epidemiologen dieses Problem damals beurteilten. Anläßlich einer 1974 veranstalteten Krebskonferenz erklärte Malcom C. Pike, der in Zusammenarbeit mit mehreren Kollegen eine Untersuchung zur Luftverschmutzung durchgeführt hatte, daß er und seine Mitarbeiter zu der »Annahme« gelangt seien, daß kanzerogene Schadstoffe in der Luft Lungenkrebs verursachen[145]; Beweise für seine Annahme konnte Pike jedoch nicht erbringen. Auf derselben Konferenz erklärte John Berg, seiner Ansicht nach sei es »vom epidemiologischen Standpunkt aus betrachtet wahrscheinlich hoffnungslos, spezifische Krebsrisiken auf spezifische Schadstoffe in der Umwelt zurückführen zu wollen«, obwohl er – wie er hinzufügte – die Hoffnung nicht aufgebe, daß es in Zukunft möglich sein werde, eine Korrelation zwischen hohen Verschmutzungsgraden der Umwelt und hohen Krebsinzidenzraten festzustellen.[146] Und 1977 stellten der Epidemiologe C. R. Buncher et al. bezüglich der damals vorliegenden Untersuchungen über Wasserverunreinigung fest: »...die Forschung, die den möglicherweise bestehenden Zusammenhang zwischen Krebs und Trinkwasserverunreinigung untersucht, steckt noch in den Kinderschuhen.«[147]

1980 erklärte Brian MacMahon von der Harvard Universität in einer Studie des Nationalen Forschungsrats mit dem Titel *Epidemiology's Strengths, Weaknesses and Environmental Health Issues*, weshalb die Epidemiologie nicht in der Lage sei, von den in der Umwelt festgestellten chemischen Schadstoffen, d. h. von den kanzerogenen »Erregern«, auf deren Auswirkung für den Menschen zu schließen. Die Folgerichtigkeit seiner Erklärung trifft sowohl für organische wie auch für anorganische »Erreger« zu und soll hier kurz wiedergegeben werden. Bei der Erforschung einer Krankheit – so MacMahon – frage man in der Regel: Was verursacht die Krankheit? Dies sei unter Umständen schwer zu beantworten, doch, so fügte er hinzu: *»Ist der Gegenstand der Forschung ein Krankheitsbild, so weiß man zumindest, daß die Krankheit existiert und daß es Ursachen dafür geben muß.«* Beginne man mit seinen Untersuchungen jedoch beim »Erreger« – im vorliegenden Fall also bei den Umweltschadstoffen – so stelle sich die Frage umgekehrt: Wie wirkt der Erreger im menschlichen Organismus – falls er überhaupt wirkt? Dies sei, so MacMahon, eine wesentlich schwierigere Frage, denn *»wenn man die Exposition untersucht, weiß man noch nicht, ob überhaupt ein Problem, eine Krankheit existiert.«* Doch was noch schwerer wiege, so fuhr MacMahon fort, sei der Umstand, daß die so gestellte Frage den Gegenbeweis erfordere, also den Beweis, daß eine Krankheit nicht induziert wird, den Negativbeweis, was jedoch logisch unmöglich sei. Schließlich wies MacMahon darauf hin, daß selbst die Gewißheit oder der Verdacht, daß eine bestimmte Substanz bei einem bestimmten Expositionsniveau eine Krankheit verursacht, noch keine Aussage darüber erlaube, »welche Wirkungen die Substanz auf dem *niedrigsten*, für den Menschen tatsächlich oder möglicherweise bestehenden Expositionsniveau hat«[148] (Hervorhebungen durch die Autorin).

Dies sind kurz zusammengefaßt die Gründe, weshalb in der Fachliteratur der letzten vierzig Jahre ein solch heilloses Durcheinander von divergierenden Schätzwerten hinsichtlich des durch Umweltverschmutzung bedingten Risikos existiert. Hierin sind die Gründe zu suchen, weshalb es schlichtweg unmöglich ist zu beweisen, daß Humankrebs auf Umweltverschmutzung zurückzuführen ist. Aus denselben Gründen ist auch die Behauptung, Amerika weise die höchste Inzidenrate für umweltbedingten Krebs auf, eine Absurdität.

Die Behauptung der NCI-Epidemiologen, sie hätten festgestellt, daß die meisten Krebserkrankungen in den USA auf Umweltverschmutzung zurückzuführen seien, waren noch absurder – wenn das überhaupt möglich ist. Dies geht eindeutig aus einer Studie hervor, die 1980 – als die Umweltapokalypse die Medien des Landes beherrschte – von Cuyler Hammond und Lawrence Garfinkel von der Amerikanischen Krebsgesellschaft (ACS) unter dem Titel *General Air Pollution and Cancer in the United States* veröffentlicht wurde. Die Autoren hatten die Daten von 500000 Männern ausgewertet, die mindestens zehn Jahre den typischen Luftschadstoffbelastungen einer Industrieregion ausgesetzt gewesen waren. Hammond und Garfinkel standardisierten die Lungenkrebsraten nach Altersgruppen und Rauchgewohnheiten. Nachdem sie auf diese Weise das Zigarettenrauchen als Krebsverursachungsfaktor eliminiert hatten, blieben nur noch die berufsbedingten Faktoren übrig. Die Epidemiologen stellten fest, daß bei Arbeitern, die am Arbeitsplatz Staub- und Rauchentwicklung oder hohen Faser- bzw. Partikelkonzentrationen der Luft ausgesetzt waren, die Inzidenzrate für Lungenkrebs um 14 Prozent höher lag als bei anderen Versuchspersonen. Die Autoren faßten die Ergebnisse der

Studie zusammen und kamen zu dem Schluß, »... daß zum gegenwärtigen Zeitpunkt die allgemeine Luftverschmutzung keinen oder nur geringen Einfluß auf die Inzidenzrate für Lungenkrebs hat«.[149] Dem Fachausschuß, der sich zur kritischen Beurteilung der Studie konstituierte, gehörte unter anderem auch Joseph F. Fraumeni jun. an, einer der Autoren des NCI-Krebsatlasses. Fraumeni billigte die Ergebnisse der Hammond-Garfinkel-Studie, die eindeutig belegten, daß die Luftverschmutzung kein wesentlicher Faktor der Gesamtkrebsinzidenz in den USA sei. Man darf wohl davon ausgehen, daß er dies nicht getan hätte, wenn der fünf Jahre zuvor publizierte NCI-Krebsatlas tatsächlich bewiesen hätte, daß der Großteil der Krebserkrankungen auf Umweltschadstoffe zurückzuführen ist.

Der Leser wird bemerkt haben, daß sich hiermit die beiden Varianten des letzten der apokalyptischen »Axiome« – das heißt, die Behauptung, in den USA existierten die höchsten Inzidenzraten der Welt für Krebserkrankungen aufgrund von industrieller Umweltverschmutzung und die Mehrzahl aller Krebserkrankungen seien auf umweltbedingte Faktoren zurückzuführen – in Luft aufgelöst hatten. Keine der beiden Behauptungen konnte mit konkretem Datenmaterial belegt werden.

Uns bleibt also nur noch die Frage zu beantworten, ob der Krebsatlas selbst Belege für die Behauptungen der NCI-Epidemiologen enthält. Doch auch diese Möglichkeit kann ausgeschlossen werden.

Kartographierte Krebsverteilungsmuster geben geographische Korrelationen wieder, sie korrelieren Krebsinzidenzraten mit dem Wohnort. In einem 1978 veröffentlichten Artikel erläutert Johannes Clemmesen, einer der Mitbegründer der epidemiologischen Theorie der umweltbedingten Krebsentstehung, die beschränkte Gültigkeit geographischer Darstellung der Mortalitätsziffern:

> In der Krebsforschung verwenden wir in der Regel geographische Darstellungen, solange wir die Ursachen nicht kennen; dasselbe trifft auf sozioökonomische Gruppierungen mit hohen Risiken zu.[150]

Um es einfach auszudrücken: Ein Krebsatlas gibt nur Auskunft über die geographische Verteilung der Krebshäufigkeitsraten, läßt jedoch keine Aussagen bezüglich der *Ursachen* von Krebs zu.

Wenden wir uns also der genaueren Betrachtung der nach Countys aufgeschlüsselten Krebssterblichkeitsziffern des NCI-Krebsatlasses zu und der Frage, inwieweit die veröffentlichten Karten Ursachen der Krebserkrankung erfassen können. Die nach Countys (Verwaltungsbezirken) aufgeschlüsselten Karten geben Mortalitätsziffern wieder, die auf der Basis der Todesursachenstatistik von 1950–1969 errechnet wurden. Der Atlas präsentierte County/Industrie-Korrelationen. Zeigen solche Konstruktionen kausale Zusammenhänge auf? Die Antwort lautet: Nein. Selbst wenn sie statistisch signifikant sind? Die Antwort lautet: Nein. Es besteht auch zum Beispiel eine extrem hohe Korrelation zwischen der zunehmenden Zahl von Fernsehgeräten und der Zunahme von Lungenkrebs, doch dies beweist noch lange nicht, daß Fernsehen Lungenkrebs verursacht. Es besteht eine ebenso hohe Korrelation zwischen steigendem Wohlstand und *fallender* Magenkrebsinzidenz. Doch dies beweist ebensowenig, daß Wohlstand Magenkrebserkrankungen verhindert. Eine statistische Korrelation zeigt lediglich eine möglicherweise existierende Beziehung zwischen verschiedenen Faktoren... oder auch nicht. Doch es ist die *Verbindung*, die zwischen den Faktoren besteht, die eine kausale Abhängigkeit beschreibt. Im vorliegenden Fall muß ein kausaler Faktor biologischer Natur sein, und er muß durch entsprechende Befunde in der Kontrollgruppe bestätigt werden können. Doch existieren keine solchermaßen unter kontrollierbaren Bedingungen durchgeführten Untersuchungen, die geeignet wären, eine gültige Aussage hinsichtlich der umweltbedingten Ursachen der Krebserkrankungen des Menschen zu treffen.

In Anhang C wird der Leser unter dem Titel: »Datenkatalog: Atlas der Krebssterblichkeit – aufgeschlüsselt nach den Verwaltungsbezirken der USA: 1950–1969« einen Auszug aus dem 1975 vom US-Gesundheitsministerium (HEW), von den Staatlichen Gesundheitsbehörden (NIH) und vom Staatlichen Krebsforschungsinstitut (NCI) veröffentlichten Krebsatlas finden. Dieser Datenkatalog, der dem Atlas beigefügt war, ist mehr als nur eine wertfreie Darstellung der geographischen Verteilung von Krebshäufigkeitsraten. Er vermittelt dem Leser den Eindruck, es bestehe ein kausaler Zusammenhang zwischen hohen Krebsmortalitätsraten in manchen Regionen und der seitens der Verfasser in die Untersuchungsergebnisse hineininterpretierten Aussagegültigkeit der Ergebnisse.

An dieser Stelle unserer Untersuchungen möchte ich den Leser auffordern, den Anhang C aufmerksam zu studieren, denn nur unter dieser Voraussetzung wird er die folgende Diskussion des von der US-Regierung veröffentlichten Krebsatlasses mitvollziehen können.

In der Annahme, daß der Leser Anhang C gelesen hat, fahre ich mit meiner Darstellung fort. Sollte der Leser im Datenkatalog der Gesundheitsbehörden apokalyptische Aussagen und Prognosen erwartet haben, wurde er sicherlich enttäuscht. Der Datenkatalog behauptet keinesfalls, die USA verzeichneten die höchsten Krebsinzidenzraten der Welt; er behauptet auch keineswegs, in den USA existieren die höchsten Inzidenzraten der

Welt für Krebserkrankungen, die auf Umweltverschmutzung zurückzuführen sind.

Der Datenkatalog erwähnt das Wort »Umweltverschmutzung« nicht einmal.

Dies ist allerdings nicht die einzige Unterlassung, die bei der Durchsicht des HEW-NIH-NCI-Datenkatalogs auffällt. Dieser Datenkatalog zeichnet sich vor allem dadurch aus, daß er gewisse Tatsachen *nicht* erwähnt und gerade aufgrund dieser Weglassung seine Wirkung erzielt. Der Datenkatalog der US-Gesundheitsbehörden ließ eine derart große Anzahl von vorhandenen Fakten und Informationen unerwähnt, daß es sich geradezu anbietet, einen alternativen Datenkatalog zu verfassen, der die Ansichten anderer renommierter Wissenschaftler zu diesem Thema wiedergibt.

Nachstehend biete ich diesen »Alternativen Datenkatalog« dem Leser an, der sich sein eigenes Urteil bilden mag. Bei der Ausarbeitung des alternativen Datenkatalogs habe ich mich vor allem auf die Ergebnisse einer 1974 vom Staatlichen Krebsforschungsinstitut (NCI) und der Amerikanischen Krebsgesellschaft (ACI) veranstalteten Konferenz gestützt. Diese Konferenz hatte sich seinerzeit das hohe Ziel gesteckt, die damals verfügbaren Kenntnisse der gesamten epidemiologischen Krebsursachenforschung zu berücksichtigen und zusammenzustellen. Zahlreiche am NCI tätige Wissenschaftler nahmen daran teil, unter anderem auch die Verfasser des NCI-Krebsatlasses. Die Ergebnisse dieser Konferenz wurden allgemein als derart wichtig und umfassend beurteilt, daß sie 1975 von Joseph F. Fraumeni jun. vom NCI unter dem Titel *Persons at High Risk of Cancer: An Approach to Cancer Etiology and Control*[151] in Buchform veröffentlicht wurde. Bereits 1974 war eine weitere umfassende Studie epidemiologischer Forschungsergebnisse erschienen, die von David L. Levin, Susan S. Devesa, J. David Godwin II und Debra T. Silverman verfaßt wurde und den Titel *Cancer Rates and Risks*[152] trug. Diese Studie wurde ein Jahr nach ihrer Veröffentlichung auf eine handliche Broschüre reduziert, die unter dem Titel *Cancer Questions and Answers about Rates and Risks*[153] publiziert wurde. Vor allem auf diese drei Veröffentlichungen sowie auf die in *Cancer Research*, Bd. 35, 1975[154], veröffentlichten Protokolle einer im Mai 1975 vom NCI und der ACI veranstalteten Konferenz zum Thema »Ernährung und Krebsursachen« habe ich mich bei der Ausarbeitung meines »Alternativen Datenkatalogs« gestützt.

Im folgenden also eine Zusammenstellung und Diskussion der zum Zeitpunkt der Veröffentlichung des HEW-NIH-NCI-Krebsatlasses verfügbaren Erkenntnisse der epidemiologischen Forschung, die jedoch im US-Krebsatlas nicht erwähnt wurden.

ALTERNATIVER DATENKATALOG 1974–1975

Vereinigte Staaten

Todesursachen USA:
In Amerika sind Todesfälle aufgrund von Infektionskrankheiten nur mehr von geringer statistischer Bedeutung; die meisten Todesfälle werden durch Unfälle, Morde und Selbstmord verursacht (Shimkin, 1974).[155] Krebs findet man selten bei jungen Menschen, es ist die Krankheit des mittleren und höheren Lebensalters. Die größte Anzahl an Krebserkrankungen findet man bei über 70jährigen (NCI Q&A, 1975).[156]

1975 starb annähernd 1 Prozent der US-Gesamtbevölkerung, und unter denjenigen, die an Krebs starben, waren folgende Krebserkrankungen vorherrschend: Atemwegs- vor allem Lungenkrebserkrankungen, Krebserkrankungen des Verdauungstraktes, vor allem des Colons; und die hormonell beeinflußten Krebsarten, die bei Frauen hauptsächlich die Brust, den Uterus oder die Ovarien, bei Männern die Prostata, betreffen.[157] Dies sind die vorherrschenden Krebsarten der wohlhabenden westlichen Länder (Doll, 1975; Hudson, 1974).[158]

USA: Farbige:
In den USA erkranken die Farbigen am sogenannten »Krebs der Armut«. Schwarze: Lunge, Oesophagus, Magen und Gebärmutterhals (Cutler und Young, 1974).[159] Puertoricaner: Mund, Pharynx, Oesophagus, Magen, Gebärmutterhals, Vulva und Penis (Martinez et. al., 1975).[160] In Mexiko geborene Mexiko-Amerikaner: Nasenwege, Gallenblase, Leber, männliche Geschlechtsorgane, Gebärmutterhals (Wakefield, 1974; Menck, 1975).[161]

USA: Krebserkrankungen der weißen Unterschicht
Die Angehörigen der ländlichen Unterschicht im Südosten der USA zeigen Mund- und Kehlkopferkrankungen, Melanome, Hautkrebs und Gebärmutterhalskrebs (Hoover et. al., 1974).[162] Krebserkrankungen des Oesophagus und des Magens stehen gleichfalls mit einem niederen sozioökonomischen Status in Verbindung (NCI Q&A, 1975).[163]

Einige Grundsätze

Kontrast
Die Epidemiologie untersucht nicht Individuen, sondern ausgewählte Gruppen. Die klassische epidemiologische Sichtweise besteht, wie Cedric Davern bemerkt,

»in dem Grundsatz das Besondere hervorzuheben«. Diese Wissenschaft gründet sich, wie er sagt, auf die Tatsache, daß Menschen sich spontan zu unterschiedlichen Gruppen formieren, die sich auffallend in ihrem Verhalten voneinander unterscheiden.[164] So untersuchen Epidemiologen Männer und Frauen, Arme und Reiche, Dicke und Dünne, Schwarze und Weiße, Raucher und Nichtraucher, Menschen die einer Substanz ausgesetzt sind und solche, die dieser Substanz nicht ausgesetzt sind, etc. – immer auf der Suche nach Extremfällen, die möglicherweise auf Kausalfaktoren hinweisen.

Kontrollen

Irving Kessler führt an, daß, wie in jeder anderen Wissenschaft nur kontrollierbare Studien sorgfältig ausgewählter Gruppen von wissenschaftlichem Wert sind. Eine auf routinemäßig gesammelten Daten beruhende statistische Korrelation stellt lediglich eine zu prüfende Hypothese dar.[165] C. S. Muir ist der Auffassung, daß Korrelationen »ein sehr stumpfes Werkzeug« sind und daß »deren Ergebnisse niemals ohne weitere Überprüfung angenommen werden sollten.«[166]

Wiederholung

Um eine Hypothese zu überprüfen, müssen, so Kessler, viele Untersuchungen durchgeführt werden. Es bemerkt: »Die Wahrheit in der Medizin wird asymptotisch erreicht – durch die Vielzahl der Untersuchungen, durch die Vielzahl der Beobachtungen«.[167] Auch Brian MacMahon sagt, daß korrelierende Untersuchungen ständig wiederholt werden müssen, bis so viel Information erhältlich ist, daß alternative Erklärungen unwahrscheinlich werden.[168]

Ausnahme von der Regel

Nach Richard Doll gibt es zumindest ein Problem, das die Epidemiologen sehr schnell lösen können. Diese Wissenschaft kann einen ungewöhnlichen Krebstypus bis zu seiner Ursache zurückverfolgen: z. B. ein Leberangiosarkom bis zum Vinylchlorid und ein Lungenmesotheliom bis zum Asbest.[169]

Einige Probleme

Zeitsprung

Beruhen Korrelationsstudien auf Sterblichkeitsraten, so sieht man eigentlich die Vergangenheit. Auch Schneiderman vom NCI hob 1974 hervor: »Die heutigen Krebserkrankungen spiegeln die Bedingungen von vor 20 oder 30 Jahren wieder.«[170] Oder von vor 30 oder 40 Jahren (Selikoff, Hammond, 1974),[171] Oder von vor 5 bis 50 Jahren (Higginson, 1974).[172]

Beschönigung der sozialen Wirklichkeit

Ein anderes Problem ist die von Schneiderman so benannte »Beschönigung der sozialen Wirklichkeit«. So meint er, daß berufsbezogene Daten unzuverlässig sein können, da der Sekretär zum Vorstand avanciert, der Heizer zum Ingenieur und der Pförtner zum Wartungsinspektor.[173] Werden Sterbedaten derart aufpoliert, liefern sie entstellte Informationen.

Ärztliche Berichte

Falsche Diagnosen oder falsche Autopsieergebnisse können, so Higginson (1974) in die Irre führen, wenn ein Kausalfaktor identifiziert werden soll.[174] Die Unzuverlässigkeit der Diagnosen, ganz zu schweigen vom Auswahlvorgang bei Autopsien (Schneiderman, 1974)[175], stellt für den Epidemiologen ein beträchtliches Problem dar.

Krebserkrankungen

Haut und Melanome: Hervorgerufen durch Bestrahlung mit ultraviolettem Sonnenlicht (Jablon, 1974)[176].

Angeborene und genetische: Nach Johan Mulvihill (1974) »können sogar die verbreitetsten Krebserkrankungen – des Colons, der Brust, der Haut – Teil eines genetischen Syndroms sein.«[177]

Familiäre Disposition: Für Verwandte 1. Grades eines an z. B. Brust-, Colon- oder Lungenkrebs Erkrankten besteht ein erhöhtes Risiko. Beinahe alle Krebsarten kommen sowohl als erbliche wie auch als nicht-erbliche Form vor (Anderson, 1974).[178]

Multiple Primärtumoren: Für Menschen mit einem an einer Stelle lokalisierten Primärtumor ist die Wahrscheinlichkeit, an dieser oder einer anderen Stelle einen anderen Primärtumor zu entwickeln, erhöht. Es wurde über eine Verbindung zwischen Brust-, Uterus-, Ovarial- und Colonkrebserkrankungen bei Frauen berichtet. Nonnen zeigen ein erhöhtes Risiko für die Entwicklung eines Brust-, Colon-, Uterus- und Ovarialkrebses gegenüber der Normalbevölkerung (Schoenberg, 1974).[179] 1975 berichtete das NCI über ähnliche Zusammenhänge, z. B. zwischen Colon und Brust, oder Colon und Endometrium (NCI, Q & A, 1975).[180]

In Verbindung mit Krankheit: 1974 veröffentlichte A. C. Templeton eine Liste von Krankheiten, die zu einem erhöhten Krebsrisiko führen können. Beispiele: Herpesvirus Typ 2 steht in Verbindung mit Gebärmutterhalskrebs; Hepatitis B mit Lungenkrebs; Gastritis mit Magenkrebs; Colitis ulcerosa mit Colonkrebs; Diabetes mit Pankreaskrebs und perniziöse Anämie mit Magenkrebs. Traumata – z. B. Narben, Verbrennungen, Bisse – werden mit Hautkrebs in Verbindung gebracht.[181]

In Verbindung mit Tabak: 1974 wurde eine erschreckende Anzahl von Krebserkrankungen auf Tabakrauchen zurückgeführt: Mund, Lippen und Zunge; Larynx, Pharynx; Oesophagus, Niere, Harnblase (Hammond, Hoover, Muir, Shimkin, Schneiderman, Selikoff, Wynder, MacMahon, 1974).[182]

In Verbindung mit Alkohol: Alkohol hat sich als ein starker Risikofaktor für Krebserkrankungen des Mundes, Pharynx, Larynx, Oesophagus und der Leber erwiesen (Rothman, 1974; Templeton, 1974; Hammond, 1974; Vitale, 1975).[183]

In Verbindung mit Ernährungsfaktoren: Wynder et. al. stellten 1967 eine positive Korrelation für Krebserkrankungen der Brust und des Colon bei Frauen in 21 Ländern fest, und sie stellten die Hypothese auf, daß Ernährungsgewohnheiten dabei eine Rolle spielen.[184] 1974 sah Schneiderman Ernährungsfaktoren als ätiologisch bedeutsam für die Entstehung von Brust-, Colon-, und Rektumkrebserkrankungen an.[185] 1974–1975 wurden Fettleibigkeit, Überernährung und eine Ernährung mit einem hohen Anteil an Rindfleisch/Fett in Verbindung mit Brust-, Ovarial-, Uterus- und Prostatakrebserkrankungen gebracht (Henderson, 1974; Berg, 1974, 1975).[186] Diese Krebserkrankungen sowie auch Colon- und Rektumkrebs weisen in über 21 Ländern eine hohe Korrelation mit dem Pro-Kopf-Verzehr von Fleisch und Fett auf (Armstrong & Doll, 1975).[187] Magenkrebs steht in Verbindung zu einer Mangelernährung (z. B. zu wenig frisches Gemüse); die Anzahl von Magenkrebserkrankungen in den USA hat deutlich abgenommen (Haenszel, 1974).[188]
In Verbindung mit Geschlecht und Sexualverhalten: Frühzeitiger Menstruationsbeginn gilt als Risikofaktor für das Entstehen von Brustkrebs (Henderson, 1974)[189], und es wurde wiederholt gezeigt, daß eine früher Schwangerschaft hingegen als Schutzfaktor für die Entstehung von Brustkrebs angesehen werden kann (MacMahon et al., 1970, 1973).[190] Uteruskrebs (Endometrium) wurde wiederholt mit Fettleibigkeit assoziiert (Henderson, Berg, Templeton, 1974).[191] Gebärmutterhalskrebs wurde in der ganzen Welt mit Promiskuität in Verbindung gebracht und – wie angenommen wird – durch Infektion begünstigt; möglicherweise durch das Herpesvirus Typ 2 (Heath, Henderson, Shimkin, 1974).[192] Peniskrebs wurde in der ganzen Welt mit einem Mangel an Hygiene und fehlender Beschneidung in Verbindung gebracht (Henderson, 1974).[193] Hodenkrebs gehört zur hormonellen Krebsgruppe; er ist häufiger bei höheren sozioökonomischen Gruppen anzutreffen (Henderson, 1974; Berg 1975).[194] Bevölkerungsschichten mit einem erhöhten Risiko für Brust-, Colon- und Uterus-(Endometrium)krebserkrankungen zeigen ein erhöhtes Risiko für das Entstehen eines Prostatakrebses (Berg, 1975; Armstrong & Doll, 1975).[195]
In Verbindung mit Medikamenten: 1974 berichteten Hoover und Fraumeni vom NCI über eine Vielzahl von Krebserkrankungen (z. B. Leukämie, Nebenhöhlen, Leber, Haut, Harnblase, Vagina, Gebärmutterhals, Endometrium und Brust), die mit der Einnahme von Medikamenten in Verbindung gebracht werden. Beispiele: Radioisotope (Radium, Thorotrast); cytotoxische Medikamente (z. B. Cyclophosphamid und Melphalan), synthetische Östrogene und Steroide.[196]
In Verbindung mit der beruflichen Tätigkeit: 1974 berichteten Selikoff und Hammond, daß Lungenkrebs durch Chromate, Nickel, Asbest, Hämatitabbau und Bischlormethyläther verursacht wird.[197] 1974 veröffentlichten Cole und Goldman eine Tabelle mit kanzerogenen Stoffen, denen Arbeiter in verschiedenen Berufen ausgesetzt sind. Sie stellten eine Liste mit kanzerogenen Stoffen zusammen z. B. Produkte der Kohlenverbrennung, Petroleum, Benzol, aromatische Amine, Senfgas, Isopropylöl, Vinylchlorid, Bischlormethyläther, Arsen, Chrom, Eisenoxid, Nickel, Asbest, Holz, Leder, UV-Strahlen, Röntgenstrahlen. Viele Krebsarten werden mit diesen Stoffen in Verbindung gebracht: Krebserkrankungen der Haut, des Gehirns, der Nasenhöhlen, der Nebenhöhlen, des Larynx, der Lunge, Meso-

theliome, der Leber (Angiosarkom) und der Harnblase.[198] 1974 untersuchten Hoover et. al. die hohe Anzahl an Harnblasenkrebserkrankungen bei männlichen Personen in Industriegebieten. Sie berechneten den jeweiligen Prozentsatz von Arbeitern in 41 verschiedenen Industriezweigen, verglichen die Zahl der Harnblasenkrebserkrankungen bei diesen Personen mit denen der gesamten Bevölkerung, nicht mitgerechnet die Raucher (auch Rauchen verursacht Harnblasenkrebs), und fanden nur für 6 der 41 Industriezweige statistische signifikante Ergebnisse. In drei Industriezweigen lag der Prozentsatz an Harnblasenkrebserkrankungen niedriger als in der gesamten Bevölkerung.[199]

In Verbindung mit Umweltverschmutzung: 1974 stellten Pike et. al. eine Vielzahl von Berechnungen hinsichtlich der in der Luft enthaltenen Konzentrationen von Benzo(a)pyren an und kamen zu dem Schluß, daß Luftverschmutzung »eine geringe, aber nicht zu vernachlässigende« Größe für das Entstehen von Lungenkrebs darstellt. Sie fanden heraus, daß dieser Einfluß gering sein muß, da selbst in stark verschmutzten Regionen die Anzahl der Lungenkrebserkrankungen bei Nichtrauchern und bei Frauen immer schon gering war.[200] 1974 bemerkte Knudson, daß die Untersuchungen über die Umweltverschmutzung viele Ungenauigkeiten aufwiesen, wie z. B. die Fluktuation der Bevölkerung zwischen städtischen und ländlichen Gebieten, Änderungen der industriellen Verfahrensweisen, der enorme Zuwachs an Automobilen in Städten und die lange Lantenzzeit, die bis zum Ausbruch der Krebserkrankung vergeht – alles Faktoren, die die Analyse hinsichtlich der Rolle, die die Luftverschmutzung bei der Entstehung von Krebs spielt, erschweren. Der eindeutigste Nachweis eines Kanzerogens in verschmutzter Luft gelang, wie er sagte, in Regionen, in denen Kohle verwendet wurde. Er betrachtete dieses Problem als ungelöst.[201]

An dieser Stelle hat der Leser einen Überblick über den alternativen Datenkatalog erhalten – eine kurze Zusammenfassung der Befunde und der Hypothesen über verbreitete und weniger verbreitete Krebsarten, die zu der Zeit, als die Apokalyptiker die Umweltverschmutzung auf ihr Banner schrieben, vorherrschten. Er hat – so hoffe ich, einen tiefen Einblick in die Komplexität des Problems der umweltbedingten Krebserkrankungen gewonnen. Genetische Faktoren, Krankheit, physikalische sowie chemische Agenzien, biologische Faktoren, natürliche Substanzen und kulturelle Bräuche werden mit der Krebsentstehung beim Menschen in Verbindung gebracht. Der Leser hat also das ganze Geheimnis der »multifaktoriellen« Krebsentstehung erfaßt, das heißt, jede Krebserkrankung kann durch mehr als eine Ursache bedingt sein. Hautkrebs wird durch Sonnenbestrahlung hervorgerufen, aber auch durch Narben, genetische Disposition und berufsbedingten Kontakt mit schädigenden Stoffen. Tabak ist sicher der mörderischste Stoff – keine andere Substanz verursacht mehr Krebserkrankungen beim Menschen – aber auch Stoffe, die am Arbeitsplatz vorhanden sind, verursachen Lungen- und Harnblasenkrebs. Betrachtet man die sich an vielen Stellen überschneidenden Ursachen, die zur Krebsentstehung führen, kann man leicht verstehen, daß die Welt der Epidemiologie gespalten wurde und es zu einem Krieg um Prozentsätze kam; die eine Partei kämpfte darum, die hauptsächlichen Krebserkrankungen der westlichen Welt nach der Hormon-Ernährungsmethode zu deuten, die andere Partei kämpfte darum, die meisten Krebserkrankungen der westlichen Welt auf berufsbedingten Kontakt mit Industriestoffen und Umweltverschmutzung zurückzuführen.

Dies waren die Argumente, die man in der Literatur jener Zeit fand. Wenn die US-Gesundheitsbehörden Mortalitätsraten und Krebsstatistiken der Vereinigten Staaten den Amerikanern in der Absicht präsentieren wollten, unvoreingenommene Interpretationen und Befunde über Krebs zu liefern, dann waren dies die wichtigsten Interpretationen und Befunde. Wie wir aber anhand des Datenkatalogs der Regierung in Anhang C gesehen haben, fehlten im Krebsatlas der Gesundheitsbehörden die meisten dieser Interpretationen und Befunde.

Mit diesem Hintergrundwissen kann der Leser nun mit einem zweiten und besser informierten Blick den Datenkatalog der Regierung ein zweites Mal betrachten. Nun wird der Leser sehr bald bemerken, auf welche Weise die vorherrschenden und weitverbreiteten Ideen über die todbringende Umweltverschmutzung – Ideen, die von der Presse aufgegriffen wurden – entstanden sind. An dieser Stelle findet der Leser nun eine Analyse aus dem Datenkatalog der Regierung aufgeschlüsselt nach Krebsarten und nach deren bekannten und unbekannten Ursachen:

Sonne: Der Datenkatalog der Regierung unterrichtet den Leser genau darüber, daß die Sonne ein Hauptgrund für die Entstehung von Hautkrebs und Melanom ist.

Tabak- und Alkoholbedingte Krebserkrankungen: Der Datenkatalog der Regierung bietet einen Leitfaden, anhand dessen man die US-Krebsstatistiken betrachten sollte:

> Ähnliche geographische Verteilungsmuster einer bestimmten Krebserkrankung bei Männern und Frauen lassen an gewöhnliche Umweltfaktoren, die zur Verursachung von Krebs beitragen, denken: *unterschiedliche Verteilungsmuster bei den Geschlechtern hingegen lassen an die Wirkung berufsbedingter Faktoren denken* (Hervorhebung seitens der Autorin).

Die zweite Hälfte dieses »Leitfadens« ist jedoch unvollständig. Berufsbedingte Faktoren differenzieren tatsächlich die Geschlechter voneinander, aber auch die durch Alkohol oder Tabak hervorgerufenen Krebserkrankungen lassen dies zu. Der Datenkatalog der Regierung versuchte dem Leser einen epidemiologischen Leitfaden an die Hand zu geben, doch *im weiteren Verlauf der Regierungsstudie wurden Alkohol und Tabak außer acht gelassen.*

Im Datenkatalog der Regierung ist zu lesen:

> Die hohe Anzahl an Krebserkrankungen des Oesophagus, des Larynx, des Mundes, der Kehle und der Harnblase bei Männern im Nordosten deutet auf den Einfluß berufsbedingter Faktoren hin.

Und wieder wurden weder Alkohol noch Tabak erwähnt.

Im Datenkatalog der Regierung ist zu lesen: »Die Wissenschaftler des NCI sind sich so gut wie sicher, daß der Kontakt mit Industriestoffen für diese auffallende geographische Konzentration an Todesfällen aufgrund von Harnblasenkrebs bei Männern im Osten verantwortlich zu machen ist.« *Und wieder gab es keinen Hinweis auf Tabak.*

Der Datenkatalog der Regierung berichtet über »eine unerwartet überdurchschnittlich hohe Anzahl an Krebserkrankungen der Lippen, des Mundes und des Kehlkopfes bei Frauen im Süden der USA. Diese Arten von Tumoren findet man auch bei durch Alkohol oder Tabak verursachten Krebserkrankungen. *Aber auch in diesem Zusammenhang fehlt jeder Hinweis darauf.*

Der Datenkatalog der Regierung erwähnt Rauchen als Ursache für Krebserkrankungen nur ganz beiläufig: »...umweltbedingte Faktoren können, neben dem Zigarettenrauchen, zu der Entstehung von Lungenkrebs beitragen...« Diese Umweltfaktoren werden entlang der Golfküste von Texas bis hin nach Florida gefunden. Sie existieren in 38 Verwaltungsbezirken in Louisiana; sie haben in 13 Countys von Louisiana zu den höchsten Sterblichkeitsziffern in den gesamten USA geführt; und diese Umweltfaktoren sind auch für eine große Anzahl an Lungenkrebstodesfällen in 7 anderen Countys entlang der Golfküste und der Atlantikküste von Nord-Florida bis Charleston, Süd-Carolina verantwortlich. Dies ist ein ungeheuer großes geographisches Gebiet, und dieser Sachverhalt deutet auf irgendwelche rätselhaften Faktoren hin, die bei den Menschen in Louisiana und offensichtlich bei beiden Geschlechtern gleichermaßen Krebs auslösen. Tabak (nur zwischen zwei Kommata erwähnt) scheint lediglich ein beiläufiger Faktor in diesem riesigen geographischen Todesstreifen zu sein. Es gibt keinen Hinweis darauf, welche Faktoren für die beschriebene Verbreitung von Krebsinzidenz verantwortlich sein könnten. *Im Datenkatalog der Regierung ist dies der einzige Hinweis auf Tabak.*

»Ernährung«: Der Datenkatalog der Regierung gibt an, daß irgend etwas im Zusammenhang mit der »Ernährung« zu höheren Quoten an Colon- und Rektumkrebserkrankungen in fünf Staaten in Nordosten und in fünf Städten im Gebiet der Großen Seen führte. Was auch immer in bezug auf die »Ernährung« von Bedeutung war, es fand sich nicht mehr oder mit einem bedeutend geringeren Einfluß in den südlichen und zentralen Teilen der Vereinigten Staaten. Darüber hinaus sollte dieser irgendwie mit der »Ernährung« in Verbindung stehende Faktor eine ähnliche Rolle bei der Entstehung von Brustkrebs spielen, so daß – sehr zur Überraschung der Autoren des Datenkataloges – ein gemeinsamer Umweltfaktor sowohl für die Entstehung von Darm- als auch von Brustkrebs vorhanden zu sein schien. Keine Erwähnung fand die Rindfleisch/Fett-Theorie für die Entstehung von Krebserkrankungen der hormonabhängigen Organe und des Colons. Keine Erwähnung fand die Tatsache, daß Brustkrebs mit einer niedrigen Schwangerschaftsrate, wie sie in Großstadtgebieten üblich ist, in Verbindung gebracht worden war. Keine Erwähnung fand die Tatsache, daß schon seit beinahe einem Jahrzehnt die Verbindung von Brust- und Colonkrebserkrankungen wiederholt in der Literatur aufgezeigt worden war. So blieb nur die Schlußfolgerung, daß irgendein in der »Ernährung« zu findendes furchterregendes Kanzerogen – ein Lebensmittelzusatz oder Umweltgift – für dieses Massaker verantwortlich sein mußte.

Der Datenkatalog der Regierung berichtet über eine hohe Anzahl von Magenkrebserkrankungen in Dakota, Minnesota, Wisconsin und im oberen Michigan. Die NCI-Wissenschaftler machen ethnische Faktoren dafür verantwortlich. Sie kommen bei beiden Geschlechtern bei Nachfahren immigrierter Österreicher, Russen und Skandinavier vor. Keine Erwähnung findet die Tatsache, daß eine hohe Anzahl von Magenkrebserkrankungen in den Ländern auftritt, in denen wenig frische Früchte und Gemüse verzehrt werden. Keine Erwähnung findet die Tatsache, daß in den Vereinigten Staaten die Anzahl der Magenkrebserkrankungen seit drei Jahrzehnten rapide gesunken ist und daß irgend etwas aus der »Umwelt« die Amerikaner vor Magenkrebs schützt. Es blieb bei der Schlußfolgerung, daß jene Menschen eine Art »ethnisches« Kanzerogen zu sich nehmen.

Geschlecht: Der Datenkatalog der Regierung erwähnt keine geschlechtsspezifischen Krebserkrankungen. Der einzig erwähnte Geschlechtsunterschied ist der Beruf.

Beruf: Der Datenkatalog der Regierung fordert zusätzliche Untersuchungen, die berufliche Risiken in Gebieten mit hoher Beschäftigungsrate in der chemischen Industrie abklären sollen. In diesen Gebieten wurde ein hoher Anteil an Krebserkrankungen der Lunge, Leber und Harnblase gefunden. Es ist nicht klar, warum zusätzliche berufsbezogene Untersuchungen gemacht werden. Wenn in ganzen Landstrichen durch die chemische Industrie Lungen-, Leber- und Harnblasenkrebserkrankungen verursacht werden, sind sicherlich auch die in den Fabriken arbeitenden Arbeiter davon betroffen. Auf der Basis dieser Informationen braucht kein Leser darauf zu warten, mehr über weitere berufliche Risiken zu erfahren. Nicht erwähnt wird die Untersuchung von Hoover et. al., die »den prozentualen Anteil der Arbeiter« in einundvierzig verschiedenen Industriezweigen in bezug auf das Auftreten von Harnblasenkrebs ermittelten; in drei von den einundvierzig Industriezweigen lag das Risiko unter und nur in sechs über dem nationalen Durchschnitt. Hatten sie etwa vergessen, die in der chemischen Industrie beschäftigten Arbeiter in ihre Untersuchung miteinzubeziehen?

Der Datenkatalog der Regierung berichtet über einen hohen Anteil an Oesophagus-, Larynx-, Mund- und Harnblasenkrebserkrankungen im Nordosten der USA, die vornehmlich Männer befallen; dieser Sachverhalt deutet auf den Einfluß berufsbedingter Faktoren hin.

Umweltverschmutzung: Der Datenkatalog der Regierung sagt, legt nahe oder impliziert, daß die Anwesenheit von Industrien die Menschheit in den USA in hohem Maße dezimiert. Eine Art Verseuchung der Nahrungsmittel schien verantwortlich zu sein für die hohe Anzahl an Brust-, Colon- und Rektumkrebserkrankungen in New Jersey, im südlichen New York, Connecticut, Detroit, Chicago und Milwaukee. Ein monströses Umweltgift schien die Golfküste von Texas bis hin nach Florida überschwemmt zu haben und dabei seine größte Kraft auf die achtunddreißig von Louisianas vierundsechzig Countys konzentriert zu haben und auf zusätzlich sieben Bezirke entlang der Golf- und Atlantikküste, vom südlichen Florida bis hin nach Charleston, Südkarolina. Eine unbekannte Anzahl von Menschen in ungenannten Gegenden, in denen chemische Industrie angesiedelt ist, entwickelte in hohem Maße Lungen-, Leber- und Blasenkrebs. Menschen in unbekannten Gegenden, in denen Industrien angesiedelt sind, die Kupfer, Erz und Zink verarbeiten, litten in einem höheren Maße an Lungenkrebs, offensichtlich weil Arsen, ein bekanntes Kanzerogen für den Menschen, die Luft verpestete. Irgendein Kanzerogen griff Lippen, Mund und Kehlkopf der Frauen im Süden der USA an. Ein ungeheuerlich großer Teil der Vereinigten Staaten schien aufgrund der Umweltverschmutzung an Krebs zu erkranken.

Grundsätze der Epidemiologie: Der Datenkatalog der Regierung gibt an, daß auffallend verschiedene Geschlechtsverteilungsmuster auf »berufsbedingte Faktoren«, ähnliche geographische Verteilungsmuster hingegen auf »Umweltfaktoren« zurückzuführen seien. Zu den »berufsbedingten Faktoren« zählen eindeutig die *innerhalb* der Fabriken vorhandenen Kanzerogene. In einem Land, das zu glauben gelernt hatte, daß »Umweltfaktoren« gleichbedeutend mit »synthetischen« oder »industriellen Faktoren« seien, können »Umweltfaktoren« nur industrielle Kanzerogene, d. h. Umweltgifte, *außerhalb* der Fabriken bedeuten.

Der Datenkatalog der Regierung versäumte, seinen Lesern die folgenden Grundsätze mit auf den Weg zu geben: (1) daß Korrelationen zu prüfende Hypothesen sind; (2) daß sie nur mit einem geeigneten Testverfahren und mit Kontrollgruppen, die sich aus lebenden Menschen zusammensetzen, überprüft werden können; (3) daß, wenn man Sterblichkeitsdaten betrachtet, die unter geographischen Gesichtspunkten kartographiert worden sind, man blind in die Vergangenheit schaut.

Ganz zum Schluß der Dokumentation weist der Datenkatalog der Regierung warnend darauf hin, daß die Häufung von Todesfällen in einem bestimmten Gebiet »Bevölkerungsbewegungen, wie z. B. die von Rentnern, die sich auf ihren Altersruhesitz zurückgezogen haben«, widerspiegeln können. Offensichtlich können die Todesfälle, die einem Pesthauch gleich die Spitze Floridas überziehen, nicht auf Umweltverschmutzung zurückgeführt werden.

Dieses außergewöhnliche Dokument wurde 1975 für im Gesundheitsbereich tätige Personen sowie für Laien, die wahrscheinlich nur in Ausnahmefällen epidemiologisch vorgebildet waren, herausgegeben. Dieses Dokument hat die Theorie der ernährungsbedingten Krebserkrankungen der hormonabhängigen Organe und des Colons verhüllt, es hat die Krebserkrankungen der Genitalien außer acht gelassen, es hat die durch Alkohol und Tabak bedingten Krebserkrankungen in die Kategorie der berufsbedingten Krebserkrankungen aufgenommen, und es hat den Leser um viele, der für mehr als zwanzig Krebserkrankungen geläufigen Erklärungen betrogen. Zu der Zeit, als die Verfasser ihre Arbeit beendet hatten, dominierte vor allem eine Erklärung den gesamten Datenkatalog. »Berufsbedingte« Kanzerogene, die offensichtlich aus den Fabrikschornsteinen quollen, riefen eine Unmenge von »umweltbedingten« Krebserkrankungen hervor – ungeheuer große Inzidenzziffern für »umweltbedingte« Krebserkrankungen fanden sich nun in weiten Teilen der Vereinigten Staaten. Für jeden Leser, der die übrige epidemiologische Literatur nicht kannte, ob nun Laie oder im Gesundheitsbereich tätig, stellt der HEW-NIH-NCI-Datenkatalog so etwas wie ein kleines Brevier der akpokalyptischen Umweltverschmutzung dar.

Gehörte der Leser zu jenen Personen, die den *Atlas* erhalten hatten, war er in der Lage, die dargestellten Sterblichkeitsdaten sogleich im Hinblick auf ihre relative Bedeutung für jede mögliche Krebsart zu deuten. Hatte er hingegen die Karten und den Originalband mit den nach einzelnen Bezirken aufgeschlüsselten Tabellen in Händen und nur den Datenkatalog der Regierung als Leitfaden, war er, um genaue Informationen zu erhalten gezwungen, nach anderen Quellen Ausschau zu halten. Hätte er z. B. nach der geschätzten Gesamttodeszahl an unterschiedlich lokalisierten Krebserkrankungen gesucht, wäre er auf Zahlen wie diese gestoßen:[202]

Mund und Kehlkopf	8 200	Colon	38 600
Oesophagus	6 500	Rektum	10 600
Lunge	81 100	Harnblase	9 400
Brust	32 600	Leber	9 800
Magen	14 400	**Gesamt:**	214 450

Welche Quelle er auch immer studiert hätte, er hätte stets die gleiche Entdeckung hinsichtlich der proportionalen Bedeutung der verschiedenen Krebserkrankungen, die im Datenkatalog der Regierung aufgeführt werden, gemacht: der Katalog führt die am meisten verbreiteten Krebserkrankungen auf, nämlich die der Lunge, der Brust, des Colons und des Rektums (Eingeweide). Er hätte auch noch eine andere Entdeckung gemacht: dieser Datenkatalog nennt lediglich die Mehrzahl der in den USA auftretenden Krebserkrankungen. Der Katalog bietet als Erklärungen nur industrielle Schadstoffaktoren an, explizit oder implizit, weit entfernt von einem Hinweis auf die Sonne und die Finnen. Das Versäumnis natürliche Lebensgewohnheiten berücksichtigende und andere Erklärungsmodelle für die Entstehung von Krebs beim Menschen mit einzubeziehen, läßt dem Laien, der von diesen Versäumnissen nichts weiß und die mörderischsten Krebserkrankungen auf der Liste findet – vor allem die der Lunge, der Brust und des Colon-Rektum-Bereichs – nur eine Interpretationsmöglichkeit. Angesichts der gebotenen Informationen muß der Laie schlußfolgern, daß das NCI im Begriff ist, zu entdecken – oder bereits entdeckt hat – daß die Mehrzahl der bei Amerikanern anzutreffenden Krebserkrankungen »auf Umweltverschmutzung zurückzuführen ist«.

Es ist ziemlich offensichtlich, daß dieser Datenkatalog, der ja den Distriktatlas begleiten sollte, ebenso sowie bemerkenswert ähnlichen Presseverlautbarungen, sich spontan an Higginsons berühmt-berüchtigten 60 bis 90 Prozent anlehnen, und diese Zahlen werden stets mit der Umweltverschmutzung verknüpft. Die HEW-NIH-NCI-Studie verführte den

Leser zu derselben Interpretation, wie man sie aus der Presse kennt... ohne das Wort »Umweltverschmutzung« als Begründung dafür zu nennen.

Wir können jedoch diesen Datenkatalog – voller ungelöster Rätsel – nicht beiseite legen, wenn doch einige dieser Rätsel geklärt werden können. 1977, zwei Jahre nach Veröffentlichung der Karten, veranstalteten William Blot, T. J. Mason, Robert Hoover und Joseph Fraumeni jun. anläßlich einer der größten Krebskonferenzen, die jemals abgehalten wurde, eine Seminar. Das Protokoll dieses Seminars wurde veröffentlicht und trägt den Titel: *Cancer by County: Etiologic Implications* (Distriktbezogene Krebserkrankungen: Ätiologische Implikationen). Nachstehend werden einige der dort gegebenen Informationen zitiert:

– Die hohe Anzahl an Krebserkrankungen der Lippen und des Mundes/Kehlkopfes bei den Frauen im Süden der USA sind, wie die Autoren behaupten, beinahe sicher auf die bei den Frauen der ländlichen Südbevölkerung anzutreffende Gewohnheit, Tabak zu kauen und zu schnupfen, zurückzuführen. Wie aus den Fußnoten der Veröffentlichung ersichtlich ist, waren diese Krebserkrankungen bereits mehrfach von Epidemiologen in den sechziger Jahren beschrieben worden.[203]

– Die Distrikte Louisianas mit einer hohen Rate an Lungenkrebserkrankungen sind Zentren der petrochemischen Industrie.[204]

– Die Distrikte an der südöstlichen Atlantikküste mit extrem hohen Raten an Lungenkrebserkrankungen sind Zentren der Papierindustrie.[205]

– In diesen breiten Schneisen, die der Lungenkrebs längs der Küstendistrikte geschlagen hatte, waren während des 2. Weltkrieges Schiffe gebaut worden, und die Schiffsbauer waren während dieser Zeit Asbeststaub ausgesetzt gewesen.[206] Blot et. al. sind der Meinung, daß Asbest einen »Teil« dieser Lungenkrebserkrankungen verursacht hat. Das Wort »Teil« spiegelt wohl die Verbindung von Tabak und Asbest wider, wie Selikoff und Hammond bemerkten.[207] Tabak war der »Umweltfaktor«, der Asbest zu einem virulenten Killer machte. Der Tabak war das Ungeheuer, das »die Küste Amerikas entlangkroch«.

– Blot et. al. erörterten die hohe Anzahl von Colonkrebserkrankungen im Nordosten. Colonkrebs findet sich, wie sie sagen, kaum in vorindustriellen bzw. halbindustrialisierten Ländern, sein Auftreten sei charakteristisch für westliche Industriegesellschaften. Sie berichteten über die Fleisch/Fett-Theorie und vermuteten auf der Basis ihrer geographischen Korrelationen, daß ein Vorhandensein kanzerogener Schrittmacher (Promotor) für die Entstehung von Colonkrebs im Nordosten verantwortlich ist bzw. eines Schutzfaktors (Inhibitor), der die niedrigen Quoten in den risikoarmen Gebieten erklärt.[208] In dieser Abhandlung findet sich weder ein Hinweis auf einen Schrittmacher für die Entstehung von Brust- oder Rektumkrebserkrankungen im Nordosten noch ein Hinweis auf eine frühere Arbeit der Autoren, in der – bei Beachtung der sozial unterschiedlichen Klassen – Brustkrebs eher bei Frauen der Oberschicht und Colonkrebserkrankungen gleichmäßig in allen sozialen Schichten des gesamten Landes gefunden werden.[209] In einem im selben Jahr gehaltenen Vortrag erwähnte Hoover Brust-, Colon- oder Rektumkrebs mit keinem Wort, während Blot, Fraumeni und Stone eifrig die Verbindung zwischen Tabakgenuß und Pankreaskrebs untersuchten.[210]

So viel zu den größeren Rätseln. Bis 1977 verschwanden die meist verbreiteten Krebserkrankungen (abgesehen von Lungenkrebs) allmählich aus der öffentlichen Diskussion und den Krebslisten der NCI-Epidemiologen. Der mächtige Schrittmacher (Promotor) im Nordosten, der – je nach statistischer Analyse – aus dem Computer hervorgezaubert oder wieder in diesen zurückgezaubert wurde, beeinflußte nun nach Belieben die Häufigkeit der vornehmlichen Krebsarten.

Zurück bleibt eine quälende Ungewißheit über den Verbleib berufsbezogener Daten aus der chemischen Industrie. Und sie erweckt ein lebhaftes Interesse an den Gründen, aus denen sich der HEW-NIH-NCI-Datenkatalog weigert, das Wort »Umweltverschmutzung« zu gebrauchen. In der Tat sind wir uns nun noch über etwas anderes im unklaren. Da ja offensichtlich aus dem Datenkatalog hervorgeht, daß die NCI-Epidemiologen 1975 nichts über Tabak im Zusammenhang mit den Frauen der Landbevölkerung im Süden der USA oder im Zusammenhang mit den Asbestarbeitern der Küstenbezirke wußten, und da Tabak nur einmal, zwischen Kommata, erwähnt wurde ... mußte wohl irgend etwas mit den Tabak-Recherchen nicht stimmen? Diese Fragen blieben nicht lange unbeantwortet, denn – sobald wir die Unterlagen der NCI-Epidemiologen näher betrachten, springen die Antworten förmlich ins Auge.

Im folgenden werde ich dem Leser diese Entdeckungen näher erläutern. 1974 begannen Hoover, Blot, Fraumeni, Mason und McKay mit dem einen oder anderen ihrer Kollegen und in verschiedenen Kombinationen Artikel zu veröffentlichen, in denen die Verbindung zwischen hohen Krebserkrankungsquoten und in bestimmten Gebieten angesiedelten Industrien aufgezeigt wird. Wiederholt wiesen sie darauf hin, »daß es gefährlich sein könne, unter diesem Gesichtspunkt einen einzelnen Distrikt oder gar eine kleine Gruppe von Distrikten zu betrachten«, daß sie mit dem »Entwurf von Hypothesen« beschäftigt seien (was bedeutet, daß ihre Korrelationsbefunde und -zahlen nichts als ungeprüfte Hypothesen waren) und daß ihre Korrelationsstudien lediglich als ein erster Schritt zu betrachten seien.[211]

Dies war allerdings nicht die einzige Einschränkung, die sie hinsichtlich ihrer Veröffentlichungen machten. Wiederholt wiesen sie im Rahmen ihrer Artikel darauf hin, daß sie keine Daten bezüglich der Wirkungen von Tabak berücksichtigten.

Für die extrem hohen Lungenkrebsinzidenraten in den Counties an der Südküste des Landes können industrielle Faktoren verantwortlich gemacht werden. Die petrochemische Industrie überwiegt in Louisiana eindeutig andere Industriezweige, während entlang der Südostküste des Atlantiks vor allem Zentren der papierherstellenden Industrie angesiedelt sind... Diese Erkenntnisse sollten allerdings mit Vorsicht interpretiert werden, da für die erwähnten Regionen keine Daten bezüglich der Rolle des Tabaks bei der Krebsentstehung berücksichtigt sind. Für die Ätiologie des Lungenkrebs ist Tabak als der wichtigste Faktor bekannt.[212]

Darüber hinaus stand den Epidemiologen des NCI kein ausreichendes Datenmaterial bezüglich der Berufe der Verstorbenen zur Verfügung und auch hinsichtlich der Richtigkeit der in den Sterbeurkunden vermerkten Diagnosen und Autopsieberichte herrschten Zweifel. In einer Veröffentlichung der New York Academy of Sciences zum Thema Berufskrebs, die von Saffiotti und anderen redigiert worden war, wurden auch die kartographisch dargestellten Verteilungshäufigkeiten diskutiert und mit der folgenden Einschränkung wiedergegeben:

Das NCI weist darauf hin, daß diese Befunde nur mit den folgenden Einschränkungen betrachtet werden sollten: die Berufe der Krebstoten waren nicht bekannt, es existierte keine Möglichkeit, die Auswirkungen des Tabakrauchens zu berücksichtigen, und unter Umständen gibt es regionale Abweichungen hinsichtlich der Qualität der Krankheitsdiagnose.[213]

Und schließlich besaßen die Epidemiologen des NCI keine Informationen, die Aufschluß über den Wohnort jener Verstorbenen, die in der Industrie gearbeitet hatten, ermöglicht hätten. Außerdem wußten die Mitarbeiter des NCI nicht, wie alt die Industriearbeiter gewesen waren und wie lange sie in den Industriebetrieben der jeweiligen Countys gearbeitet hatten.[214]

Diese zahlreichen Hinweise und Einschränkungen, die die Autoren hinsichtlich der Gültigkeit ihrer Aussagen so freimütig machten, sind zwar aufrichtig, doch sie stellen eines klar: Die Epidemiologen des NCI hatten weder Berufskrebsanalysen noch Umweltkrebsanalysen durchgeführt. Ohne Daten, die die Konsumgewohnheiten von Rauchern wiedergegeben, und ohne Daten über Dauer und Niveau der berufsbedingten Exposition sind Untersuchungen der umweltbedingten Faktoren der Krebserkrankungen nicht möglich. Um dies zu veranschaulichen, genügt ein kurzes Zitat von Pike et. al.:

Das zentrale Problem bei der Beurteilung des Faktors Luftverschmutzung als Ursache von Lungenkrebs besteht darin, daß – ohne adäquate Daten bezüglich eines der stärksten bekannten Lungenkrebs-Kanzerogene – nämlich das Zigarettenrauchen – eine solche Beurteilung nicht möglich ist... Ein weiterer beunruhigender Faktor ist die berufsbedingte Exposition gegenüber Lungenkrebskanzerogenen.[215]

Wenn sie also gar keine gültigen Untersuchungen der umweltbedingten Faktoren der Krebserkrankungen produzieren konnten, was war dann Sinn und Ziel der Veröffentlichungen der NCI-Epidemiologen? Wie sie es bereits 1974 formuliert und seither des öfteren wiederholt hatten: Die Jagd nach Countys mit überdurchschnittlich hohen Krebsmortalitätsraten und die Jagd nach Industriebetrieben, die in solchen Countys ansässig sind. Sie suchten nach »Anhaltspunkten«. Fraumeni formulierte es in einem seiner Artikel so: »Das Ziel dieser Analysen ist die Formulierung von Problemen der Krebsätiologie und nicht deren Lösung. Die Analysen sollten mit Vorsicht und mit dem Wissen um die Grenzen ihrer Gültigkeit verwendet werden.«[216] Den Epidemiologen des NCI kam es also nicht auf die Ergebnisse und Befunde ihrer Untersuchung der überdurchschnittlich hohen Mortalitätsraten an; sie waren vor allem an Korrelationen mit den Standorten der Industrie interessiert – sie waren mit der Formulierung von »Problemen« befaßt.

Mit diesem Eingeständnis erschließt sich uns ein weiterer Aspekt der – fiktiven – Krebsapokalypse. Die Krise der Umweltverschmutzung ist ein Märchen, das auf wissenschaftlichen Abnormitäten und Sonderfällen beruht. Es entspricht nicht den wissenschaftlichen Gepflogenheiten, epidemiologische Studien auf überdurchschnittlich hohen Krebsinzidenzraten von Countys, einschließlich der Städte, die in diesen Verwaltungsbezirken liegen, aufzubauen und diese hohen Krebsinzidenzquoten dann mit der dort ansässigen Industrie zu korrelieren. Es entspricht nicht den wissenschaftlichen Gepflogenheiten, ungeprüfte und anfechtbare bzw. unüberprüfbare Hypothesen über die Entstehung von Krebsmortalitätsraten in isoliert betrachteten Regionen zu veröffentlichen – schon gar nicht, wenn die untersuchten Krebserkrankungen vor dreißig oder vierzig Jahren an anderen, nicht mehr eruierbaren Orten initiiert worden waren. Die Veröffentlichung solcher Hypothesen widerspricht den wissenschaftlichen Gepflogenheiten in einer derart krassen Weise, daß die Schlußfolgerung, es handle sich dabei um eine politische Entscheidung auf höchster Ebene, durchaus berechtigt ist. Wie die vorstehenden Ausführungen immer wieder gezeigt haben, gelten im Einflußbereich der »Krebspolitik« wissenschaftliche Gepflogenheiten und Standards wie Überprüfbarkeit der Hypothesen, Wiederholbarkeit und Widerlegbarkeit der Experimente nicht sehr viel. Nur im Einflußbereich der »Krebspolitik« werden umstrittene

Ergebnisse, die einer Prüfung durch Fachkollegen bedürften, ohne Bedenken veröffentlicht. Nur im Einflußbereich der »Krebspolitik« tritt Ersatzwissen ganz ungeniert an die Stelle objektiver Erkenntnis. Unter solchen Voraussetzungen ist es nicht weiter verwunderlich, daß die Veröffentlichung ungeprüfter Korrelationen zwischen den Befunden einzelner Countys und dort ansässigen Industriebetrieben sowie die gleichzeitige Nichtveröffentlichung durchschnittlicher Ergebnisse und solcher Hypothesen, die die Rolle der Industrie nicht in den Vordergrund stellen, in der Öffentlichkeit eine Umweltverschmutzungshysterie auslösen.

In diesem Zusammenhang müssen auch die Äußerungen Russel Trains in der EPA verstanden werden, als er vor den versammelten Pressevertretern in Washington die Zahl von 2000000 chemischen Substanzen nannte, die jeden Atemzug, jeden Bissen und jeden Schluck, den wir zu uns nehmen, als gesundheitsgefährdendes Risiko bezeichnet. Die Zahl von 2000000 im Handel befindlichen chemischen Substanzen war ebenso falsch wie die Zahl von 7000000 chemischen Substanzen, die Joseph Califano nannte; doch solche Behauptungen waren nur dazu angetan, die Krise zu schüren.

Die Krebsapokalypse nahm ihren Lauf; eine dramatisierte Legende über Umweltverschmutzung und Umweltkrebs, eine dramatisierte Legende, die »Probleme« in einer Weise formulierte und darstellte, als seien sie die Antworten auf die Probleme. Die von den NCI-Epidemiologen veröffentlichten Korrelationszahlen waren nicht nur für medizinische Laien verwirrend. Viele Wissenschaftler hatten gar nicht begriffen, daß in bestimmten Städten angesiedelte Industrien mit Countys in Beziehung gesetzt worden waren, in denen es auch zahlreiche andere Städte gab, und ebensowenig war diesen Wissenschaftlern bekannt gewesen, daß die NCI-Epidemiologen weder über Arbeitsplatzdaten im allgemeinen noch über Wohnortdaten insbesondere verfügten, mit deren Hilfe sich die Fabrikarbeiter von den übrigen in diesen Countys ansässigen Menschen hätten unterscheiden lassen. Viele Wissenschaftler hatten die ursprünglichen Veröffentlichungen überhaupt nicht gelesen. 1979 hatten jedoch viele von ihnen inzwischen diese Publikationen gelesen, und die Falschmeldungen taten ihre Wirkung, und so erfuhr die Öffentlichkeit, die NCI-Epidemiologen hätten in »wissenschaftlichen« Publikationen die Behauptung aufgestellt, die Industrie verursache bei den dort beschäftigten Arbeitern sowie ganz allgemein in Industriegebieten und -zonen Krebs, eine Behauptung, für deren Stützung das NCI jedoch die nötigen Daten nicht zur Verfügung hatte. In jenem Jahr sah sich William Blot mit einer Gruppe von 70 Wissenschaftlern konfrontiert, die von ihm wissen wollten, wie er zu der

County-Korrelation gelangt sei. Auf der gleichen Tagung erklärte Irving Kessler, daß »geistlose statistische Manipulation« und aus alten Sterbeurkunden abgeleitete Quoten und Befunde echte epidemiologische Studien nicht ersetzen können. Im Zusammenhang mit der zwischen Ölraffinerien und Krebshäufigkeit bestehenden Beziehung sagte Kessler:

> Möglicherweise hat keines der in einem County, in dem es eine Raffinerie gibt, angeführten Krebsopfer überhaupt in der Stadt gelebt, in der die Raffinerie angesiedelt ist. Dies ist der schwerwiegendste Einwand gegen derartige Befunde.[217]

Viele Wissenschaftler waren wegen der angekündigten Krebsanalyse zutiefst aufgebracht, und einige äußerten sich auch öffentlich zu dieser Frage. John Higginson sprach von »engagierten« arbeitsmedizinischen Wissenschaftlern, forderte diese jedoch auf, ihre Abwehrhaltung aufzugeben, und plädierte für eine »sachliche Atmosphäre«.[218] Weisburger, Cohen und Wynder setzten sich 1977 in einer Publikation mit dem Bedeutungswandel des Wortes »umweltbedingt« auseinander, das inzwischen soviel bedeutete wie »chemisch oder industriell verursacht«. Diesen Bedeutungswandel führten sie darauf zurück, daß seit Jahren nur mehr die Rede von Industriekanzerogenen gewesen sei.[219] So ging es jahrelang weiter, nur die politische Dimension des Problems wurde totgeschwiegen. 1979 griff Higginson die Apokalyptiker an und bezeichnete ihre Vorstellungen über die chemisch bedingte Kanzerogenese sowie die Umweltverschmutzung im allgemeinen als »gesellschafts- und wissenschaftspolitische Dogmen«. Und 1980 und 1981 warfen Richard Doll und Richard Peto von der Universität Oxford den US-Gesundheitsbehörden vor, sie manipulierten aus politischen Gründen die für arbeitsplatzbedingte Krebserkrankungen vorliegenden Daten.

Die Verbreitung der apokalyptischen Kanzerogenesetheorie vollzog sich mit solcher Geschwindigkeit, daß sie einen NCI-Wissenschaftler unvorbereitet traf. Noch 1974 war Umberto Saffiotti derart beeindruckt von den damals neuen Erkenntnissen über durch die Lebensweise bedingte Krebserkrankungen, daß Vincent Guinee Saffiottis damalige Ausführungen wie folgt umschreibt:

> Dr. Saffiotti drängte darauf, die Bevölkerung in einer öffentlichen Kampagne auf krebsfördernde Lebensgewohnheiten aufmerksam zu machen. Die entsprechenden Slogans sollten etwa lauten: »Schützen Sie sich vor Krebs: Stellen Sie das Rauchen ein; trinken Sie keine hochprozentigen alkoholischen Getränke; überprüfen Sie Ihre Ernährungsgewohnheiten; vermeiden Sie (falls Sie hellhäutig sind) übertriebene Sonnenbestrahlung; informieren Sie sich über möglicherweise an Ihrem Arbeitsplatz bestehende Krebsrisiken.«[220]

Aber obwohl er bei dieser Gelegenheit das arbeitsplatzbedingte Krebsrisiko noch an letzter Stelle nannte, hatte sich Saffiottis Standpunkt bereits im folgenden Jahr völlig geändert. 1975 meldete das Time-Magazin, Saffiotti habe erklärt, Krebs sei das Produkt des amerikanischen Wirtschaftssystems.[221] Und 1976 behauptete Saffiotti bereits, die in den USA verbreiteten Krebserkrankungen seien großenteils Folge der modernen Technik und durch die in unserer Gesellschaft vorherrschende Lebensweise mitbedingt – eine erhebliche Akzentverschiebung gegenüber seinen früheren Äußerungen.[222] In seiner berühmten Veröffentlichung von 1976 war von natürlich und kulturell bedingten Risikofaktoren überhaupt keine Rede mehr.

Diese kritische Auseinandersetzung mit der epidemiologischen Basis der für die Krebsapokalyptiker bezeichnenden vier Axiome legt einen Schluß nahe. Sämtliche vier Axiome wurden mehr oder weniger anonym von US-Gesundheitsbehörden an die Öffentlichkeit gebracht. Sie tauchten ganz plötzlich während der Kampagne für die Verabschiedung des Gesetzes zur Kontrolle toxischer Substanzen (TSCA, 1976) und während der OSHA-Hearings (1978) auf. Und wie immer wurden unausgegorene oder schlichtweg falsche wissenschaftliche Ergebnisse von ungenannten Mitarbeitern der Gesundheitsbehörden weitergegeben.

Bereits im Vorwort zu diesem Buch habe ich erwähnt, daß 1980 der damalige Präsident der amerikanischen Akademie der Wissenschaften Philip Handler die Wissenschaftler aufforderte, sich gegen die in der allgemeinen sowie in der wissenschaftlichen Kultur vorherrschenden antirationalen und antiwissenschaftlichen Tendenzen zur Wehr zu setzen. Das gelte insbesondere, so Handler, für die mit Umweltfragen befaßten Wissenschaften. Er forderte die Wissenschaftler auf, Wissenslücken einzugestehen und nicht Anspruch auf ein Wissen zu erheben, das sie in Wirklichkeit gar nicht besitzen – und sich den in ihrer Mitte tätigen »Scharlatanen« entgegenzustellen. Es sei an der Zeit, so erklärte er, daß sie sich von jahrelanger Einschüchterung befreiten; es sei an der Zeit »dem Ethos und den Normen der Wissenschaft« wieder Geltung zu verschaffen.[223]

Dieser Rat war 1980 bitter nötig, und auch heutzutage müssen wir uns immer wieder auf diese Worte besinnen. Wenn ein wissenschaftliches Großunternehmen dazu dienen muß, der Bevölkerung eines ganzen Landes groteske Lügenmärchen zu erzählen, und wenn zehn Jahre lang die renommiertesten Wissenschaftler angesichts solcher Lügen schweigen, dann kann man in der Tat von einer kulturell bedingten »Krebsepidemie« sprechen. Und wenn anständige Wissenschaftler wegen des von den Irrationalisten ausgehenden Drucks nicht mehr offen zu sprechen wagen, dann kann man zu Recht bereits von einem lebensbedrohlichen »Krebsbefall« der Kultur sprechen.

Gerade die besten Wissenschaftler stehen ihren unfähigen Standesgenossen häufig gleichgültig gegenüber, da sie von den Selbstreinigungskräften der Wissenschaft überzeugt sind ebenso wie davon, daß außerordentliche wissenschaftliche Leistungen mittelmäßige Leistungen nicht zu fürchten haben und daß eine *echte* Entdeckung das Potential besitzt, Jahrzehnte wissenschaftlichen Dilettantismus auszulöschen. Das alles mag für die Wissenschaft selbst seine Berechtigung haben, nicht jedoch für eine ganze Gesellschaft. Gesellschaften verfügen über keine automatisch funktionierenden Selbstreinigungsmechanismen. Die Lügen und Halbwahrheiten finden Eingang in die Gesetzgebung; sie türmen sich auf, sie werden mit der Kultur identisch.

Im Verlauf der »normalen« wissenschaftlichen Entwicklung verwandeln sich Irrtümer und Fehldarstellungen ganz einfach in Altpapier. Handelt es sich jedoch um das Problem der Kanzerogenität, so gibt es immer Ignoranten und manipulierende Zyniker, die derartige Irrtümer und Fehldarstellungen zur Grundlage politischer und rechtlicher Entscheidungen machen und sie damit in die elementaren Kommunikationssysteme der Gesellschaft einschleusen. Es ist daher an der Zeit, der Verbreitung derartiger Irrtümer und Fehldarstellungen einen Riegel vorzuschieben.

1975 verlangte der Ethiker Joseph Fletcher von allen Wissenschaftlern, deren Studienobjekt der Mensch ist, sie müßten ihre Ergebnisse vor deren Veröffentlichung von kompetenten Fachkollegen prüfen lassen und nicht von wissenschaftlichen Stümpern oder Journalisten der Boulevardpresse.[224] 1978 äußerte sich der Genetiker Bernard Davis über die Neigung mancher Wissenschaftler, ihre von ideologischer Voreingenommenheit geprägten Hypothesen über »mutmaßliche Gefahren« ungeprüft an die Öffentlichkeit zu bringen. Er empfahl, die jeweiligen wissenschaftlichen Disziplinen sollten sich hinsichtlich derartiger Fragen zunächst das bestmögliche Gesamturteil bilden, bevor solche Hypothesen als völlig »haltlose Schreckensmeldungen« durch die Presse noch einmal aufgebauscht an die Öffentlichkeit gelangten.[225]

Diese Stellungnahmen beinhalten die Forderung einer Rückkehr zu »dem Ethos und den Normen echter Wissenschaft«; sie sind somit moralischer Natur. Die kritischen Wissenschaftler kämpfen also einen Kampf gegen das »neue Ethos«. Dieses »Ethos« vertreten jene, die behaupten, die Bedrohung der Volksgesundheit sei so immens, daß keine Zeit mehr bleibe herauszufinden, ob diese Bedrohung auch wirklich bestehe. »Die haltlosen Schreckensmeldungen« werden immer mit moralischen Argumenten verteidigt. Aber die wissenschaftlichen Kritiker dieser Propagandaschlacht sind sich kaum einmal der Tatsache bewußt, daß sie es mit einem »neuen Ethos« zu tun haben oder daß es eigentlich darum geht, dieses »neue Ethos« dingfest zu machen und einer kritischen Prüfung zu unterziehen.

Um dieses Ethos richtig beurteilen zu können, muß man sich nur einmal vor Augen halten, daß dieses »Ethos« seine Hauptaufgabe ohnehin verfehlt hat. Seine Verfechter haben versäumt, die Öffentlichkeit über die wahren Krebsursachen aufzuklären, damit jeder einzelne Bürger tun kann, was in seinem eigenen gesundheitlichen Interesse liegt. Die Aufgabe zu erfüllen wäre nicht schwierig gewesen:

1975, als die Apokalypse ihren Anfang nahm, hätte jeder Amerikaner über die wichtigste Entdeckung informiert sein können, die in der Geschichte der Erforschung der umweltbedingten Krebserkrankungen zu verzeichnen ist. Alle Amerikaner hätten zu diesem Zeitpunkt jene Krebserkrankung kennen können, die in engem Zusammenhang mit dem Rauchen und dem Trinken (von Alkohol) auftreten.

1980, als schließlich zahlreiche Wissenschaftler gegen die von der US-Regierung vorgelegten falschen Daten mobil machten, hätte jeder Amerikaner die Namen sämtlicher nachweislich kanzerogener Wirkstoffe sowie der Berufskanzerogene und der am besten dokumentierten »natürlichen« Faktoren kennen können.

Eine derartige offizielle Informationspolitik hat es in den Vereinigten Staaten jedoch nie gegeben. Es gibt in den gesamten USA auch keine Einrichtung, deren Aufgabe es wäre, sämtliche Krebsstudien kritisch zu bewerten und notwendige Informationen an die Öffentlichkeit weiterzuleiten. Die einzige derartige Institution ist die Internationale Krebsforschungsbehörde (IARC). Die Daten der IARC von 1979–1980 möchte ich an dieser Stelle nachdrucken; eine leicht erweiterte Aufstellung erschien im IARC-Jahresbericht von 1981. Die IARC hat sich jedoch zunächst primär auf die Erfassung von Industriekanzerogenen konzentriert, und erst 1981 hat diese Behörde begonnen, auch »kulturelle« Faktoren der Krebsentstehung – beispielsweise Rauchen und Alkoholgenuß – zu dokumentieren. Auf den Folgeseiten eine von Richard Doll 1981 publizierte aktualisierte Version der IARC-Liste. Er berücksichtigt darin kulturelle Faktoren ebenso wie industriell bedingte. Die hier aufgeführten Ursachen können nach seiner Ansicht als »wissenschaftlich« gesichert gelten.[226]

Diese Ursachen und Faktoren waren den Krebsepidemiologen laut Doll 1981 definitiv bekannt. Zum damaligen Zeitpunkt war die Doll-IARC-Liste »industrieller«, »natürlicher« und »kultureller« Krebsursachen das zuverlässigste derartige Dokument. Inwieweit diese Ergebnisse in Zukunft möglicherweise noch einmal in Frage gestellt werden, kann man als Laie nicht beurteilen. Aber die meisten der von Doll angeführten Ursachen genießen doch im allgemeinen wissenschaftliche Anerkennung.

Wie viele US-Bürger 1981 von der Existenz und dem Inhalt dieser Liste Kenntnis hatten, hat niemand festgehalten. In meinem eigenen überwiegend aus Akademikern zusammengesetzten Freundes- und Bekanntenkreis jedenfalls kennt auch heute kaum jemand diese Liste. Ich habe sogar zufällig eine Gruppe von Asbestisolierern kennengelernt; diese Arbeiter rauchen alle und wissen nicht, daß sie durch das Rauchen das für sie bestehende Krebsrisiko drastisch erhöhen. Ich bin gerne bereit, gegenüber Gewerkschaftsvertretern oder auch gegenüber den Gesundheitsbehörden

Richard Doll's Liste »Wissenschaftliche Gesicherter« Ursachen für Krebserkrankungen des Menschen

Berufsbedingte Exposition

Agens oder Expositionsmodalitäten	*Topographie der Krebsentstehung im menschlichen Organismus*
Aromatische Amine:	
4-Aminodiphenyl	Harnblase
Benzidin	Harnblase
2-Naphtylamin	Harnblase
Arsen	Haut, Lunge
Asbest	Lunge, Pleura, Peritoneum
Benzol	Knochenmark
Bis(chlormethyl)äther	Lunge Prostata
Cadmium	Lunge
Chrom	
ionisierende Strahlung	Knochenmark und möglicherweise der gesamte Organismus
Isopropylalkoholherstellung	Nasennebenhöhlen
Lederwarenfabrikation	Nasennebenhöhlen
Möbelfabrikation	Nasennebenhöhlen
Nickel	Nasennebenhöhlen, Lunge
Polyzyklische Kohlenwasserstoffe	Haut, Hoden, Lunge
Senfgas	Larynx, Lunge
UV-Strahlung	Haut, Lippen
Vinylchlorid	Leber (Angiosarkome)

Medizinisch bedingte Exposition

Agens oder Expositionsmodalitäten	*Topographie der Krebsentstehung im menschlichen Organismus*
Alkylierende Agenzien:	
Cyclophosphamid	Harnblase
Melphalan	Knochenmark
Arsen	Haut, Lunge
Busulphan	Knochenmark
Chlornaphazin	Harnblase
Immunosuppressiva	Retikulo-endotheliales System
ionisierende Strahlung	Knochenmark und möglicherweise der gesamte Organismus
Östrogene	
unbehindert	Endometrium
transplazental (Diätyhlstilböstrol)	Vagina
Phenacetin	Nieren (Pelvis)
Polyzyklische Kohlenwasserstoffe	Haut, Hoden, Lunge
Steroide:	
Anabolisch (Oxymetholon)	Leber
Verhütungsmittel	Leber (Hamartome)

Sozialbedingte Exposition

Agens oder Expositionsmodalitäten	*Topographie der Krebsentstehung im menschlichen Organismus*
Aflatoxin	Leber
alkoholische Getränke	Mund, Pharynx, Larynx, Ösophagus, Leber
Kauen (Betel, Tabak)	Mund
Überernährung (Fettleibigkeit)	Endometrium, Gallenblase
Parasiten	
Schistosoma haematobinum	Harnblase
Chlonorchis sinensis	Leber (Cholangiome)
Schwangerschaftsverlauf (z. B. hohes Alter bei der ersten Schwangerschaft)	Brust, Eierstöcke
Sexuelle Promiskuität	Gebärmutterhals
Tabakrauchen	Mund, Pharynx, Larynx, Lunge, Oesophagus, Harnblase
UV-Strahlung	Haut, Lippen
Viren (Hepatitis B)	Leber (Hepatome)

ihre Namen zu nennen; es ist jedoch unwahrscheinlich, daß ich auf geradezu wundersame Weise ausgerechnet an die einzigen diesbezüglich völlig unaufgeklärten Asbestisolierer in den Vereinigten Staaten geraten bin. Die für diese Männer lebenswichtigen Erkenntnisse liegen seit 1976 vor – als die apokalyptische Bewegung ihren Höhepunkt erreicht hatte. Ob nun Arbeiter oder Universitätsprofessoren, wir alle unterliegen dieser Unwissenheit, da niemand uns über die wahren Zusammenhänge aufklärt.

Inzwischen scheint auch die Presse sich endlich des seit dreißig Jahren bekannten Zusammenhangs zwischen dem Tabakgenuß und Lungenkrebs bewußt geworden zu sein; jedenfalls wurde 1980 in den Medien auf diesen Zusammenhang nachdrücklich hingewiesen. Aber viel mehr ist in der Öffentlichkeit auch nicht bekannt. Man »kennt« die apokalyptischen »Axiome« oder deren Varianten. Man »kennt« die zuletzt in den Medien genannten Kanzerogene – seien diese Befunde nun gültig oder nicht –, bis man ihre »Namen wieder vergessen hat«. Die Menschen »wissen«, daß ihr Leben durch die »Umweltverschmutzung« bedroht ist. Was sie jedoch »wissen«, ist zumeist falsch oder unbewiesen – die wahren Bedrohungen ihres Lebens jedoch kennen sie nicht. Auch das ist ein Ergebnis der von den »Moralisten« verbreiteten »haltlosen Schreckensmeldungen«; diese Menschheitsretter nehmen es mit »dem Ethos und den Normen echter Wissenschaft« halt nicht so genau. Sie haben es zu verantworten, daß die meisten Menschen heutzutage nicht mehr zwischen bekannten und unbekannten Risiken zu unterscheiden wissen. Folglich haben diese selbsternannten Menschheitsretter den Menschen mehr geschadet als genützt.

In diesem Zusammenhang möchte ich noch einmal Bernard Davis zitieren, der angesichts ähnlich gelagerter Probleme der Genetik erklärt:

> Genau wie ein verantwortungsbewußter Arzt einem Patienten nicht erklären würde, die diagnostischen Möglichkeiten reichten in seinem Fall von einer Neuritis bis zum Krebs, so unterliegen auch Wissenschaftler der Verantwortung... bei der Vermittlung bloßer Vermutungen an eine leicht zu verunsichernde Öffentlichkeit äußerste Zurückhaltung zu übern.[227]

Aber der Punkt, um den es geht, läßt sich noch klarer herausarbeiten, wenn man dieses Prinzip einmal auf Krebserkrankung überträgt:

Ein Arzt, der einen Patienten zehn Jahre lang terrorisiert, indem er ihm unaufhörlich erklärt, er leide unter einer nicht näher bezeichneten unheilbaren Krankheit, während er jedoch darauf verzichtet, den Patienten wegen dessen wirklicher Krankheiten zu behandeln, würde zu Recht als inkompetenter Sadist gelten.

Aber in diesem Stil hat das Krebsvorsorgeestablishment das amerikanische Volk jahrelang behandelt. Und das ist eine Folge der von den apokalyptischen Wissenschaftlern vertretenen »neuen Ethik«. Gemessen an allgemein menschlichen wie auch an wissenschaftlichen Standards ist diese Ethik in geradezu flagranter Weise unmoralisch. Zu diesem Urteil gelangt man zwangsläufig, vorausgesetzt, man nimmt die Gesundheitsaufklärung der Öffentlichkeit als Maßstab. Solange die wissenschaftlichen Kritiker der Apokalyptiker diesen Maßstab nicht in den Vordergrund stellen und solange sie sich nicht in anderen Teilen der Gesellschaft nach Bundesgenossen umsehen, werden sie weiterhin auf der Verliererstraße sein. Und dies wird so lange geltend, wie sie nicht aufhören, die Apokalyptiker »an das Ethos und die Normen echter Wissenschaft« zu gemahnen, was ungefähr dasselbe ist wie der Versuch, einen hungrigen Fuchs mit Argumenten der Vernunft zum Verlassen des Hühnerstalls zu bewegen. Und dies wird solange gelten, wie sie nicht ausdrücklich die Moral dieser »Moralisten« in Frage stellen, deren Möglichkeit, Schaden anzurichten, sich direkt proportional zu dem Glauben ihres Opfers verhält, die Apokalyptiker seien besonders moralische Wesen. Und dies wird geltend, solange die Kritiker der apokalyptischen Wissenschaft ihre Argumente den Opfern der »neuen Ethik« nicht lautstark aufzählen und diesen Opfern klarmachen, daß die »neue Ethik« bereits Teil der Gesetzgebung geworden ist und aus eigenem Antrieb niemals aufhören wird, Wissenschaft und Kultur zu korrumpieren und uns Durchschnittsbürger in Unwissenheit zu halten.

ANHANG

Anhang A

Industriell hergestellte Kanzerogene

Quellennachweise

Abelson, Philip H.: Methyl Mercury. Erstveröffentlichung in: *Science* Nr. 169, 1970. Neudruck in: J. Calvin Giddings, Manus B. Monroe (Hrgs.): *Our Chemical Environment.* San Francisco: Canfield Press, 1972. »Quecksilber verursacht Chromosomenaberrationen und pränatale Mißbildungen.« S. 146–147.

Adamson, Richard: Administration of Therapeutic Agents. In: *Cancer Symposium: An Academic Review of the Environmental Determinants of Cancer Relevant to Prevention.* In Zusammenarbeit mit der American Cancer Society. New York City, 28. Februar, 1. und 2. März 1979. Manuskript. Keine Seitenzahlen; vgl. Tabelle 9.

Adamson, R. H.; Sieber, S. M.: Antineoplastic Agens as Potential Carcinogens. In: Hiatt, H. H.; Watson, J. D.; Winsten, J. A. (Hrsg.): *Origins of Human Cancer.* Buch A, *Incidence of Cancer in Humans.* New York: Cold Spring Harbor Laboratory, 1977. »Potentiell kanzerogene Arzneimittel: Busulfan, Cytoxan, Melphalan, Stickstoffsenf, Thio-TEPA, Triäthylenmelamin (TEM)«, Tabelle 1, S. 430; »Imuran, 6-Merkaptopurin«, Tabelle 2, S. 431; »Actinomycin D, Daunomycin«, Tabelle 3, S.433.

Allen, J. R.; Norback, D. H.: Carcinogenic Potential of the Polychlorinated Biphenyls. In: Hiatt, H. H.; Watson, J. D.; Winsten, J. A. (Hrsg.): *Origins of Human Cancer.* Buch A, *Incidence of Cancer in Humans.* New York: Cold Spring Harbor Laboratory, 1977. »Polychlorierte Biphenyle sind potentielle Kanzerogene.« S. 173–180.

Althoff, J.; Grandjean, C.; Gold, B.: Diallylnitrosamine: A Potent Respiratory Carcinogen in Syrian Golden Hamsters: Brief Communication. In: *Journal of the National Cancer Institute* Nr. 59, 1977. S. 1569.

Anderson, Henry A.; Lilis, Ruth; Daum, Susan M.; Fischbein, Alf S.; Selikoff, Irving J.: Household-Contact Asbestos Neoplastic Risk. In: Saffiotti, Umberto; Wagoner, Joseph K. (Hrsg.): *Annals of The New York Academy of Sciences.* Bd. 271. New York: New York Academy of Sciences, 1976. »Asbest verursacht bei

Arbeitern, die mit Asbeststaub in Berührung kommen, Mesotheliome sowie kaanzeröse Geschwülste im Gastrointestinaltrakt und in der Lunge.« S. 311–312.

Battelle Memorial Institute, Dartmouth Medical School: Trace Metals: Unknown, Unseen Pollution Threat. In: Chemical & Engineering News Nr. 49, 1971, S. 29–30. Neudruck in: Giddings, J. Calvin; Monroe, Manus B. (Hrsg.): *Our Chemical Environment.* San Francisco: Canfield Press, 1972. »Yttrium wirkt bei Mäusen kanzerogen.« S. 132.

Batzinger, Robert P.; Ou, Suh-Yun L.; Bueding, Ernest: Saccharin and Other Sweeteners: Mutagenic Properties. In: *Science* Nr. 198, 1977. »Saccharin als mutagener Wirkstoff identifiziert.« S. 944–946.

Bencko, Vladimir: Carcinogenic, Teratogenic, and Mutagenic Effects of Arsenic. In: *Environmental Health Perspectives* Nr. 19, 1977. »Arsen besitzt kanzerogene, mutagene und teratogene Wirkung.« S. 179-180.

Berenblum, I.: *Cancer Research Today.* London: Pergamon, 1967. »Etwa 500 synthetisch hergestellte chemische Substanzen wirken bei Tieren kanzerogen.« S. 45.

Bridbord, Kenneth: New Horizons in Occupational Medicine. National Institute for Occupational Safety and Health, Center for Disease Control. 1. Mai 1978. Manuskript. »Vinylchlorid verursacht Angiosarkome in der Leber und Gehirntumoren.« Tabelle 1, A3.

Bridbord, Kenneth; French, Jean G.: Carcinogenic and Mutagenic Risks Associated with Fossil Fuels. In: Jones, Peter W.; Freudenthal, Ralph I. (Hrsg.): *Carcinogenesis: A Comprehensive Survey.* Bd. 3, *Polynuclear Aromatic Hydrocarbons.* New York: Raven, 1978. »Kohlevergasung und Kohleverflüssigung: Die in der ›Wirbelschicht‹ freiwerdenden Kanzerogene können sich mit chemischen Substanzen der Luft zu Nitrosaminen verbinden.« Tabelle 2, S. 457.

Brubaker, Paul E.; Moran, John P.; Bridbord, Kenneth; Hueter, F. Gordon: Noble Metals: A Toxicological Appraisal of Potential New Environmental Contaaminants. In: *Environmental Health Prespectives* Nr. 10, 1975. »In Kfz-Katalysatoren verwendete Palladiumverbindungen wurden in Auspuffgasen festgestellt. Sie wirken bei Mäusen krebserregend. Schwefeldioxid wirkt als Promotor für die kanzerogenen Eigenschaften der polyzyklischen aromatischen Kohlenwasserstoffe, einschließlich des weitverbreiteten Kanzerogens Benzo(a)pyren.« S. 50.

Califano, Joseph E., Minister für Gesundheit, Erziehung und Soziales, *HEW News,* 13. November 1978. »Es gibt 7000000 verschiedene chemische Substanzen.« S. 2.

Carter, Luther J.: Yearly Report on Carcinogens Could Be a Potent Weapon in the War on Cancer. In: *Science* Nr. 203, 1979. »Äthylendibromid, ein Bestandteil des verbleiten Benzins, wirkt kanzerogen.« S. 527.

Chambers, Robert: siehe GAO [General Accounting Office], 1978. (Hearings.)

Chemical Abstracts Computer Registry: siehe Samuel S. Epstein, 1978.

Chiazze, L. jun.; Nichols, W. E.; Wong, O.: Mortality Among Employees of PVC Fabricators. In: *Journal of Occupational Medicin* Nr. 19, 1977. »Weiße Arbeite-

rinnen, die in Vinylchloridpolymerisierungsbetrieben beschäftigt sind, erkranken häufiger an Brustkrebs und an Tumoren der Harnwege.« S. 623.
Chrisp, C. E.; Fisher, G. L.; Lammert, J. E.: Mutagenicity of Filtrates from Respirable Coal Fly Ash. In: *Science* Nr. 199, 1978. »Möglicherweise wirken Partikel der Kohleflugasche mutagen.« S.73.
Cleary, Stephen F.: Biological Effects of Microwave and Radiofrequency Radiation. In: *CRC Critical Reviews in Environmental Control* Nr. 7, 1977. »Elektrische Felder und elektromagnetische Strahlung, wie sie beim Betrieb von Radar-, Rundfunk- und Fernsehstationen auftreten, verursachen Wachstumsstörungen in der embryonalen Entwicklung.« S. 142.
Cohen, Bernard L.: The Disposal of Radioactive Wastes from Fission Reactors. In: *Scientific American* Nr. 236, 1977. »Bei der Verbrennung von Kohle wird Uran frei.« S. 12.
–: High-level Radioactive Waste from Light-Water Reactors. In: *Review of Modern Physics* Nr.49, 1977. Tabelle II.: »Langlebige Spaltprodukte«, S. 3.
(CPSC) Consumer Product Safety Commission. 16. August 1974: CPSC Issues Ban on Vinyl Chloride in Aerosols. News Release, S. 1–2.
–: 7. April 1977: CPSC Bans Tris-Treated Children's Garments. News Release. »Tris(2,3-dibrompropyl)phosphat (TRIS), das bei der Feuerschutzbeschichtung von Kinderkleidung verwendet wird, ist kanzerogen.« S. 1.
Costle, Douglas M.: zu PCBs, vgl. EPA, 22. Mai 1977; zu Pestiziden, vgl. R. Jeffrey Smith.
Cuddeback, John E.; Donovan, James R.; Burg, William R.: Occupational Aspects of Passive Smoking. In: *American Industrial Hygiene Association Journal* Nr. 37, 1976. »Mit dem Zigarettenrauch gelangen kanzerogene Partikel in die Luft.« S. 263, 264.
Davis, Devra Lee; Magee, Brian: Cancer and Industrial Chemical Production. In: *Science* Nr. 206, 1979. »Mehr als 20 Prozent von 7000 getesteten chemischen Substanzen wurden als Kanzerogene identifiziert.« S. 1358.
Dutra, Frank R.; Largent, Edward J.: Osteosarcoma Induced by Beryllium Oxide. In: *American Journal of Pathology* Nr. 26, 1950. »Metallische Kanzerogene: Arsen (bewiesen), Beryllium (potentiell).« S. 197.
Eisenbud, Merril: *Environment, Technology, and Health: Human Ecology in Historical Perspective.* New York: New York University Press, 1978. »Kondensatoren, Transformatoren und fluoreszierendes Licht geben polychlorierte Biphenyle an die Umwelt ab.« S. 236–237.
–: *Environmental Radioactivity.* New York: Academic Press, 1973. »Hoher Urangehalt in handelsüblichem Phosphatdünger entdeckt.« S. 166.
Eisenbud, Merril; Kneip, Theodore J.: *Trace Metals in the Atmosphere.* New York State Department of Environmental Conservation, Environmental Quality, Research and Development Unit. Technical paper, 16. Juli 1971. Manuskript. »In Erdöl und Kohle: Chrom, Blei, Nickel (Tabelle I, S. 5); Beryllium und Quecksilber in geringer Konzentration (vgl. S. 4 und S. 6 sowie Tabelle VI).
Eisenbud, Merril; Petrow, Henry G.: Radioactivity in the Atmospheric Effluents

of Power Plants. That Use Fossil Fuels. In: *Science* Nr. 144, 1964. »Die Emissionen von Kohlekraftwerken enthalten mehr radioaktive Stoffe als die von Ölkraftwerken.« S. 288.

(EPA) Environmental Protection Agency: *Mitteilungen an die Presse:*

29. März 1974: EPA Seeks Immediate End to Reserve Mining Discharge into Lake Superior. *Environmental News.* »EPA warnt die Reserve Mining Co vor einer weiteren Belastung des Oberen Sees durch asbesthaltige Takonitflotationsabgänge, die eine Gefahr für die Gesundheit darstellen.

24. Mai 1974: EPA Releases Additional Brand Names of Pesticides Containing Vinyl Chloride. *Environmental News.* »Vinylchlorid, das in Pestiziden Verwendung findet, wurde aus dem Handel genommen.« S. 1.

16. September 1974: EPA to Set Vinyl Chloride Emissions Standard. *Environmental News.* »Das Humankanzerogen Vinylchlorid kommt in der Luft vor.« S. 1.

18. April 1975: EPA Releases Results of National Drinking Water Survey. *Environmental News.* »Bei der Chlorierung von Wasser entstehen kanzerogene chemische Substanzen (Bromoform, Bromdichlormethan, Chloroform, Dibromchlormethan).« S. 1–2.

26. Februar 1976: Train Urges Preventive Medicine to Curb Chemical Threat. *Environmental News.* »Es existieren 2000000 chemische Substanzen.« S. 1.

22. Mai 1977: EPA Proposed Regulations for Labeling, Disposal of PCB's. *Environmental News.* »Polychlorierte Biphenyle sind kanzerogenverdächtig.« S. 1.

17. Juni 1977: EPA Reports Finding of PBB Residues in Northern New Jersey, Staten Island. *Environmental News.* »PBB als Schadstoffe im Trinkwasser.« S. 1.

15. Juli 1977: EPA, FDA, CPSC Form Task Force to Investigate Safety of Glasses Decorated with Lead-Containing Glazes. *Environmental News.* »Aus Gläsern mit bleihaltiger Glasur können Schadstoffe in Nahrungsmittel und Getränke gelangen.« S. 1.

13. September 1977: Confirmatory Tests Show Only Trace Levels of PBB's in Ohio River Catfish. *Environmental News.* »PBB sind kanzerogenverdächtig.« S. 2.

20. November 1977: EPA Investigates Potential Asbestos Hazards from Crushed Stone. *Environmental News.* »Beim Straßenbau verwendetes Serpentingestein enthält krebserregenden Asbest.« S. 1.

21. November 1978: Statement by Environmental Protection Agency Administrator, Douglas M. Costle, on the Regional Survey of Hazardous Waste Dump Sites. *Environmental News.* »Die EPA schätzt, daß jährlich etwa 30 bis 40 Millionen Tonnen Giftmüll produziert werden.« S. 1

EPA Environmental Protection Agency: *Andere Veröffentlichungen* Memo from Acting Assistant Administrator for Research and Development, Stephen J. Gage: Precautionary Notice on Laboratory Handling of Exhaust Products from Diesel Engines. Meine Kopie vom 4. November 1977. »Dieselpartikel besitzen kanzerogene und mutagene Eigenschaften.« S. 1.

Office of Energy, Minerals and Industry: Potential Environmental Impacts of

Solar Heating and Cooling Systems. Interagency, Energy-Environment, Research and Development Program Report. EPA 600/7-76-014: Oktober 1976. »Diphenyl, Diphenyloxide, vgl. Tabelle 4, Teil 2: Wärmespeichersubstanzen bei Solarenergieanlagen; Natriumchromat, vgl. Tabelle 4, Teil 3: Absorptionskälteflüssigkeiten«.

Office of Solid Waste Management Programs: Report to Congress – Disposal of Hazardous Wastes. U. S. EPA Report SW–115, 1974. In: David Gordon Wilson (Hrsg.): *Handbook of Solid Waste Management.* New York: Van Nostrand, Reinhold, 1977. »Tabelle 3.14: Typische gesundheitsgefährdende Substanzen im Industrieabfall.« S. 77.

Office of Water Supply: Statement of Basis and Purpose for an Amendment to the National Interim Primary Drinking Water Regulations on Trihalomethanes. Januar 1978. Manuskript. »Das als Kanzerogen identifizierte Chloroform kommt auch in der Luft vor.« S. 12.

Potential Industrial Carcinogens and Mutagens. Zusammengestellt für das Office of Toxic Substances von Lawrence Fishbein. EPA 560/5-77-005. Washington, D. C., 5. Mai 1977.

Chemische Substanzen, die bei der Herstellung und Verarbeitung von Büchern, Zeitschriften, Zeitungen, Papier und Papierprodukten verwendet werden: Acetaldehyd, das als Lösungsmittel bei der Papierverarbeitung verwendet wird, ist mutagen (S. 113–114); Acrolein, das ebenfalls bei der Papierverarbeitung gebraucht wird, ist mutagen (S.112–113); Aziridine, die als Zusätze bei der Papierherstellung verwendet werden, sind kanzerogen und mutagen (S. 61–63); Azofarbstoffe, die bei der Papierfärbung, bei der Entwicklung von Farbfotografien und der Herstellung von Druckerschwärze benötigt werden, sind mutagen und möglicherweise auch kanzerogen (S. 263–265); Chloroform, das bei der Filmentwicklung verwendet wird, ist kanzerogen (S. 164); Epichlorhydrin, das bei der Herstellung von Papierleimungsmitteln Verwendung findet, ist mutagen (S. 45); Wasserstoffperoxide werden als Entkeimungsmittel bei der Papierherstellung gebraucht und sind mutagen (S. 125); Hydroxylamin ist Bestandteil der Papierpulpe und wird als Farbentwickler für Farbfotos verwendet; Hydroxylamin besitzt mutagene Eigenschaften (S. 212); Polychlorierte Biphenyle (PCB) sind in kohlefreien Kopierpapier und in Druckerschwärze enthalten. Sie verursachen bei Nagetieren Krebswucherungen (S. 174, 178–179).

Chemische Substanzen, die bei der Bearbeitung, Imprägnierung und Färbung, bei der Schutzbeschichtung gegen Feuer, Wasser und Pilzbefall sowie bei der Trokkenreinigung von Textilfasern und Textilstoffen verwendet werden, sind kanzerogen oder kanzerogenverdächtig: 2-(1-Aziridinyl)-äthanol (S. 63); 2-Methylaziridin (S. 62–63); Azofarbstoffe (S. 263); Benzidinfarbstoffe (S. 245–246); Bis-(chlormethyl)äther (BCME) (S. 97); Chloroform (S. 164); Kupfer-8-hydroxychinolin (S. 270, 272); Epichlorhydrin (S. 45); Lactone (z. B. β-Propiolacton) (S. 56); Perchoräthylen (S. 148–149); Trichloräthylen (S. 145–146); Urethan (S. 220).

Chemische Substanzen, die bei der Bearbeitung, Imprägnierung und Färbung, bei der Schutzbeschichtung gegen Feuer, Wasser und Pilzbefall sowie bei der Trok-

kenreinigung von Textilfasern und Textilstoffen verwendet werden, sind mutagen, mutagenverdächtig oder verursachen Chromosomenaberrationen: Acetaldehyd (S. 113–114); Acrolein (S.112–113); Anthrachinone – Nitroanthrachinone (S. 286–287); Aziridin (S. 61–63; Azobenzol-azo-Farbstoffe (S. 263); Benzidinfarbstoffe (S. 245–246); Bis(chlormethyl)äther (BCME) (S. 96, 97, 99); Chloropren (S. 151–152); Diäthyl- und Dimethylsulfat (S. 66–67; Epichlorhydrin (S. 45); Äthylendichlorid (S. 87); Äthylenoxid (S. 43–44); Formaldehyd (S. 107); Glycidol (S. 47); Hydrazin (S. 198); Wasserstoffperoxid (S. 125); Hydroxylamin (S. 212); Lactone (z. B. β-Propiolacton) (S. 56); Peressigsäure (S. 123–124); Semicarbazid (S. 200); Styroloxid (S. 48); Trichloräthylen (S. 145, 147); Urethan (S. 220). Weitere identifizierte Kanzerogene: 100 chemische Substanzen »eindeutig kanzerogen« (S. 3); 1000 chemische Substanzen »verursachen Tumorwachstum«, 3500000 chemische Substanzen bekannt, 25000 chemische Substanzen auf dem Markt, jährlich werden 700 neue Chemikalien synthetisiert (S. 1); Klassen der industriell hergestellten Kanzerogene und Mutagene (S. 315); Zitat: Von der Industrie verwendete kanzerogene/mutagene Wirkstoffe (S. 315–316); Chloroform, das zur Herstellung von Arzneimitteln verwendet wird, ist kanzerogen (S. 164); Natriumazid, das als gastreibendes Agens zum Aufblasen von Luftkissen verwendet wird, die zum Schutz gegen Verletzungen im Innenraum von Kraftfahrzeugen angebracht werden, ist mutagen (S. 313); Vinylchloridmonomere verursachen bei Versuchstieren die Bildung von Angiosarkomen in der Leber, von Lungenadenomen, von Gehirnneuroblastomen und Lymphomen. Beim Menschen können Vinylchloridmonomere zu Krebsgeschwülsten im Lymph- und Hämatopoesesystem führen. Die kanzerogenen und mutagenen Vinylchloridmonomere verursachen Chromosomenbrüche (S. 134–135). Vinylchlorid tritt aus PVC-Wasserleitungen aus (S. 133).

Epler, J. L.; Larimer,F. W.; Rao, T. K.; Nix, C. E.; Ho, T.: Energy-Related Pollutants in the Environment: Use of Short-Term Tests for Mutagenicity in the Isolation and Identification of Biohazards. In: *Environmental, Health Perspectives* Nr. 27, 1978. »Bei der Kohleverflüssigung bzw.-vergasung entstehen Mutagene.« S.16.

Epstein, S. S.: The Carcinogenicity of Organochlorine Pesticides. In: Hiatt, H. H.; Watson, J. D.; Winsten J. A. (Hrsg.): *Origins of Human Cancer.* Book A, *Incidence of Cancer in Humans.* New York: Gold Spring Harbor Laboratory, 1977. »Kanzerogene Kohlenwasserstoffpestizide«, Tabelle 1, S. 244–245.

Epstein, Samuel S., M. D.:*The Politics of Cancer.* San Francisco: Sierra Club Books, 1978. »Im Computerverzeichnis des Chemical Abstracts Service sind 4000000 chemische Substanzen registriert; 33000 Substanzen befinden sich im Handel (S. 32, 34). Miles Ford, Richter in Minnesota, erläßt für die Reserve Mining Co. das Verbot, asbesthaltige Takonitflotationsabgänge in den Oberen See zu leiten (S. 95). Die kanzerogenen Eigenschaften von Nitrosaminen sind bei über zwanzig Tierspezies nachgewiesen (S. 283). Farben, die von Künstlern und Anstreichern verwendet werden, enthalten kanzerogene Substanzen (z. B. metallische Kanzerogene und Vinylchlorid) (S. 456).

Epstein, Samuel S.; Legator, Marvin S.: *The Mutagenicity of Pesticides: Concepts and Evaluation.* Cambridge, Mass.: MIT Press, 1971. »Nahrungsmittelzusätze verursachen Mutationen und Chromosomenaberrationen.« S. 17–18.

Falk, Hans L.; Jurgelski, William jun.: Health Effects of Coal Mining and Combustion, Number 7: Carcinogens and Cofactors. National Institute of Environmental Health Sciences, 27. April 1979. Manuskript. »Kohleabgase und -partikel reagieren mit in der Luft enthaltenen Substanzen oder mit körpereigenen Substanzen von Tieren und bilden Nitrosamine (Teil 2C; in Elementarform vorkommende Kanzerogene (Tabelle 4); polyzyklische und heterozyklische aromatische Verbindungen (Teil 2); polynukleare aromatische Verbindungen (Tabelle 3).

Fine, D. H.; Rounbehler, D. P.; Fan, T.; Ross, R.: Human Exposure to N-Nitroso Compounds in the Environment. In: Hiatt, H. H.; Watson, J. D.; Winsten, J. A. (Hrsg.): *Origins of Human Cancer.* Book A, *Incidence of Cancer in Humans.* New York: Cold Spring Harbor Laboratory, 1977. »Nitrosamine, besonders das kanzerogene N-Nitrosodiäthylamin, wurden als Bestandteile industrieller Schadstoffemissionen identifiziert.« S. 294–295.

Fischer, G. L.; Chrisp, C. E.; Raabe, O. G.: Physical Factors Affecting the Mutagenicity of Fly Ash from a Coal-Fired Power Plant. In: *Science* Nr. 204. 1979. »In der Kohleflugasche enthaltene Partikel gelangen in die Atemorgane. Je kleiner diese Partikel sind, desto größer ist ihre mutagene Wirkung.« S. 879.

Flessel, C. Peter: Metals as Mutagens. In: Schrauzer, G. N. (Hrsg.): *Inorganic and Nutritional Aspects of Cancer.* New York: Plenum, 1978. »Metalle, Minerale und/oder ihre Verbindungen sind mutagen und/oder verursachen Chromosomenaberrationen.« S. 117, 125–126.

(FDA) Food and Drug Administration: *Mitteilungen an die Presse:*

10. Februar 1972: (Diethyl pyrocarbonate: DEPC) *HEW News* »Die FDA empfahl das Verbot von Diäthylpyrocarbonat (DEPC).« S. 1.

9. Mai 1973: Polyvinyl Chloride (PVC). *HEW News.* »Polyvinylchlorid gelangt aus Behältern in alkoholische Getränke.« S. 1.

25. März 1977: PCBs in Foods. *Talk Paper.* »Kanzerogene polychlorierte Biphenyle verunreinigen Lebensmittel.« S. 1–2

27. September 1977: (Trichloroethylene) *HEW News.* »Die FDA empfiehlt das Verbot von Trichloräthylen (TCE), das als Kanzerogen identifiziert wurde und bei der Herstellung von Arzneimitteln, Lebensmitteln und Getränken sowie als Lösungsmittel bei Instantkaffee verwendet wird.« S. 1.

8. Juni 1979: (Methapyrilene) *HEW News.* »Das Arzneimittel Methapyrilen ist kanzerogen.« S. 1.

26. Juli 1979: (Medroxyprogesterone acetate) *HEW News.* »Das Arzneimittel Medroxyprogesteronacetat ist möglicherweise kanzerogen.« S. 1.

(FDA) Food and Drug Administration: Silver-Plated Hollowware. *Federal Register 40:30,* 12. Februar 1975. »Aus versilbertem Geschirr tritt Blei aus.« S. 6523–6524.

Ford, Robert S.: Drinking Water: New Health Problem. In: *Science* Nr. 197, 1977.

Brief. »Städtische Wasserzisternen und Wasserleitungen sind mit kanzerogenem Asbest und Kohlenteer beschichtet.« S. 1322.
Gegiou, D.; Botsivali, M.: Atomic-Absorption Spectrophotometric Determination of Lead in Beverages and Fruit Juices and of Lead Extracted by Their Action on Glazed Ceramic Surfaces. In: *Analyst.* Nr. 100, 1975. S. 234–237.
(GAO) General Accounting Office. Anhang in: Cancer-Causing Chemicals in Food. Bericht des »Subcommittee on Oversight and Investigations of the Committee on Interstate and Foreign Commerce«, House of Representatives, Ninetyfifth Congress, Second Session, Committee Print 95-67. Dezember 1978. »Mutagene Pestizide«, Anhang 1, S. 45.
–: Cancer-Causing Chemicals – Teil 2: Chemical Contamination of Food. Hearings Before the Subcommittee on Oversight and Investigations of the Committee of Interstate and Foreign Commerce. House of Representatives. Ninetyfifth Congress, Second Session. Serial No. 95-118. 14., 16. und 24. Februar 1978. »Aussage von Robert Chambers: Unter den Pestiziden gibt es etwa 30 Kanzerogene.« S. 10. GAO: »Bei der Mastviehhaltung werden kanzerogene Präparate verwendet« (S. 198).
Getschow, George: Indoor Air Pollution Worries Experts as Buildings Are Sealed to Save Fuel. In: *Wall Street Journal,* 15. August 1979. »In Wohnwagen wurde der Schadstoff Formaldehyd festgestellt.« S. 6.
Gold, Marion D.; Blum, Arlene; Ames, Bruce N.: Another Flame Retardant, Tris-(1,3-Dichloro-2-Propyl)-Phosphate, and Its Expected Metabolites Are Mutagens. In: *Science* Nr. 200, 1978. »Substanzen, die in Kinderschlafanzügen für Feuerschutzbeschichtung verwendet werden, können durch die Haut absorbiert werden.« S. 785–787.
Goldman, P.; Ingelfinger, J. A.; Friedman, P.A.: Metronidazole, Isoniazid, and the Threat of Human Cancer. In: Hiatt, H. H.; Watson, J. D.; Winsten, J. A. (Hrsg.): *Origins of Human Cancer.* Book A, *Incidence of Cancer in Humans.* New York: Cold Spring Harbor Laboratory, 1977. »Die Arzneimittel Isoniazid und Metronidazol wurden im Tierversuch als kanzerogen identifiziert.« S. 471.
Goldstein, B.; Webster, I.; Rendall, R. E. G.; Skikne, M. I.: The Effects of Asbestos-Cement Dust Inhalation on Baboons. In: *Environmental Research* Nr. 16, 1978. »Paviane, die Asbeststaub einatmeten, entwickeln Anzeichen von Bronchial- und Alveolarzellkarzinomen.« S. 216, 224.
Handler, Philip, Präsident der Staatlichen Akademie der Wissenschaften, in einem Brief an Joseph A. Califano jun., Minister für Gesundheit, Bildung und Soziales, veröffentlicht in: Teil 1 der NAS-Study of Saccharin and Food S. P., 6. November 1978. »In extrem hoher Dosierung verursacht Saccharin bei männlichen Ratten Blasentumoren.« S. 1.
HEW (Ministerium für Gesundheit, Bildung und Soziales). DHEW Subcommittee on Health Effects of PCBs and PBBs: General Summary and Conlusions. In: *Environmental Health Perspectives* Nr. 24, 1978. »Große Teile der amerikanischen Bevölkerung kommen mit polychlorierten Biphenylen in Berührung.« S. 194.
–: Interagency Task Force on Ionizing Radiation: Summary of Work Group Re-

ports. 27. Februar 1979. »Schätzwerte der Strahlendosis, der die Bevölkerung ausgesetzt ist«, 1978, Tabelle 1, S. 20.
–: *Survey of Compounds which Have Been Tested for Carcinogenic Activity.* Bände I–VII, 1974–76. Zitiert vom Amt für Sicherheit und Gesundheit am Arbeitsplatz (OSHA), US-Arbeitsministerium: *Identification, Classification, and Regulation of Potentional Carcinogens.* Teil VII. Buch 2; Federal Register 45:15 (22. Januar 1980). »Von 7000 zwischen 1974 und 1976 untersuchten chemischen Substanzen wurden etwa 17% als tumorerzeugend identifiziert.« S. 5028.
–: *We Want You to Know About Television Radiation.* HEW Publication (FDA) 76-8041, 1976. »Fernsehröhren geben ionisierende Strahlung ab; Gesundheitsrisiko ist nicht auszuschließen; die Bundesregierung legt Grenzwerte für Röntgenstrahlenemission fest.« Broschüre.
Health, Clark W., jun.; Dumont, Cheryl R.; Gamble, John; Waxweiler, Richard: Chromosomal Damage in Men Occupationally Exposed to Vinyl Chloride Monomer and Other Chemicals. In: *Environmental Research* Nr. 14, 1977. »Vinylchloridmonomer ist wahrscheinlich mutagen und kanzerogen.« S. 68.
Health, J. C.; Daniel M. R.; Dingle, J. T.; Webb, M.: Cadmium as a Carcinogen. In: *Nature* Nr. 193, 1962. »Cadmium und Kobalt im Tierversuch mit Ratten kanzerogen.« S. 592–593.
Henderson, Richard W.; Andrews, D.: Lead Extraction from Aluminium. In: *Bulletin of Environmental Contamination & Toxicology* Nr. 13, 1975. »Aus Aluminiumbehältern gelangt Blei in Getränke und Nahrungsmittel.« S. 330.
Higgins, G. M.; Levy, Barnet M.; Yollick, Bernard L.: A Transplantable Beryllium-Induced Chondrosarcoma of Rabbits. In: *Journal of Bone and Joint Surgery* 46-A, 1964. »Berylliumverbindungen verursachen bei Kaninchen Knochenkrebs.« S. 789–796.
Hoffmann, Dietrich; Schmeltz, Irwin; Hecht, Stephen S.; Brunnemann, Klaus D.; Wynder, Ernst L.: Volatile Carcinogens: Occurence, Formation and Analysis. In: Nieburgs, Herbert E. (Hrsg.): *Prevention and Detection of Cancer.* Teil 1: *Prevention.* Vol. 2: *Etiology, Prevention Methods.* New York: Marcel Dekker, 1978. »Im Raketentreibstoff enthaltene Hydrazine sind kanzerogen.« Tabelle 1, S. 1952.
Hooper, N. Kim; Ames, Bruce N.; Saleh, Mahmud Abbas; Casida, John E.: Toxaphene, a Complex Mixture of Polychloroterpenes and a Major Insecticide, Is Mutagenic. In: *Science* Nr. 205, 1979. »Das Pestizid Toxaphen ist mutagen.« S. 591.
IARC (Internationale Krebsforschungsbehörde): *IARC Monographs on the Evaluation of the Carcinogenic Risk of Chemicals to Man.* Lyon: IARC.
Band 1. (Monographie ohne Titel), 1972: *Auramintextilfarbstoffe* sind kanzerogen (S. 70, 72). Benzidinfarbstoffe für Nagetiere und Menschen kanzerogen (S. 81, 84). Beryll, Beryllium, Berylliumsalze und Berylliumsulfat sind für Ratten, Affen und Kaninchen kanzerogen (S. 25). Tetrachlorkohlenstoff für Mäuse, Hamster und Ratten kanzerogen (S. 57); wird als Getreidedesinfektionsmittel verwendet (S. 54). Bleiverbindungen sind im Tierversuch mit Ratten und Mäu-

sen kanzerogen (S. 47–48); Bleiverbindungen werden vor allem als Zusatzstoffe für Benzin und bei der Herstellung von Batterien verwendet (S. 42).

Band 6: Sex Hormones, 1974: Hormonpräparate, z. B. Diäthylstilböstrol, wirken bei Tieren krebserregend (S. 69); Humankanzerogen (S. 70); Äthinylöstradiol (S. 79, 83); Progesteron (S. 137, 143).

Band 7: Some Anti-Thyroid and Related Substances, Nitrofurans and Industrial Chemicals, 1974. Polyvinylchlorid: Die aus dem Polyvinylchloridmonomer hergestellten Polyvinylchloridharze spielen im Baugewerbe eine wichtige Rolle (S. 294, 309); PVC-Harze werden bei der Herstellung von Schallplatten verwendet (S. 309); das Vinylchloridmonomer ist für Nagetiere und Menschen kanzerogen (S. 305). Weitere Substanzen: Das Medikament Methylthiouracil (MTU) ist für Nagetiere kanzerogen (S. 55, 62); die als Kanzerogene identifizierten polychlorierten Biphenyle gelangen aus Verpackungsmaterialien in Nahrungsmittel (S. 271–272, 281); das Medikament Propylthiouracil wirkt im Tierversuch mit Nagern kanzerogen (S. 69, 73).

Band 9: Some Aziridines, n-, s- & o-Mustards and Selenium, 1975. Kanzerogene Arzneimittel: 2,4,6-Tris(1-aziridinyl)-s-triazin (S. 95, 97, 102); Bis(2-chloräthyl)äther, eine Verbindung, die zur Herstellung eines Anästhetikums verwendet wird (S. 119, 121); Thio-TEPA (S. 90); Tris-(aziridinyl)-para-benzochinon (S. 67, 68, 71). Weitere Kanzerogene: 2-Methylaziridin, das bei der Raffinierung von Erdöl und in Raketentreibstoff verwendet wird (S. 62–64); Aziridin, das zur Papierherstellung gebraucht wird (S. 39, 43); Selen, das von verschiedenen Industriezweigen verarbeitet wird und u. a. in Form von Selengleichrichtern in Stereoanlagen eingebaut ist (S. 247).

Band 11: Cadmium, Nickel, Some Epoxides, Miscellaneous Industrial Chemicals and General Considerations on Volatile Anaesthetics, 1976: 1,4-Dioxan, das als Lösungsmittel in Ölen verwendet wird, ist kanzerogen (S. 249, 252); Cadmiumverbindungen als Kanzerogene identifiziert (S. 64); Cadmium in Phosphatkunstdüngern entdeckt (S. 49); Epichlorhydrin, das bei der Papierherstellung gebraucht wird, ist kanzerogen (S. 133, 137); das Anästhetikum Isofluran ist kanzerogen (S. 285, 289); Nickelverbindungen als Kanzerogene identifiziert (S. 103, 104); Zitat (S. 55); das Anästhetikum Trichloräthylen ist kanzerogen (S. 271, 285).

Band 12: Some Carbamates, Thiocarbamates and Carbazides, 1976: Diallat und Monuron sind kanzerogen (S. 70, 73, 169, 174); N-propylcarbamat, das zur Herstellung pflegeleichter Stoffe verwendet wird, ist kanzerogen (S. 202, 206).

Band 14: Asbestos, 1977: Im Tierversuch mit Mäusen, Hamstern, Kaninchen und Ratten verursacht Asbest Lungenkrebs und Mesotheliome. Asbestarbeiter und ihre Familien sind von der kanzerogenen Wirkung von Asbest ebenfalls betroffen (S. 80); industriell hergestellte Nahrungsmittel sind unter Umständen durch Asbestfilter und asbesthaltigen Talk verunreinigt (S. 35).

Band 16: Some Aromatic Amines and Related Nitro Compounds – Hair Dyes, Coloring Agens and Miscellaneous Industrial Chemicals, 1978: Kanzerogene Nahrungsmittelzusätze: Fast green FCF (S. 188, 194); Guinea green B von der

FDA verboten (S. 201, 205); Light green SF aus dem Handel gezogen (S. 211, 216); Rhodamin B (S. 221–228). Weitere Kanzerogene: Ergebnisse von Tierversuchen belegen die Kanzerogenität von N-phenyl-2-naphtylamin (S. 336); N-phenyl-2-naphtylamin ist durch 2-Naphtylamin verunreinigt (NIOSH, 1976) S. 326.

Janes, Joseph M.; Higgins, George M.; Herrick, J. F.: Beryllium-Induced Osteogenic Sarcoma in Rabbits. In: *Journal of Bone and Joint Surgery* 36-B, 1954. S. 543–551.

Kelly, Henry: Photovoltaic Power Systems: A Tour Through the Alternatives. In: *Science* Nr. 199, 1978. »Arsen- und Cadmiumverbindungen werden in manchen Sonnenbatterien verwendet.« S. 637; Zitat, S. 637.

Kelly, Patrick J.; Janes, Joseph M.; Peterson, Lowell F. A.: The Effect of Beryllium on Bone. In: *Journal of Bone and Joint Surgery* 43-A, 1961. »Berylliumverbindungen verursachen im Tierversuch mit Kaninchen Knochenkrebs.« S. 829–843.

Kraybill, Herman F.: Unintentional Additives in Foods. In: White, Philip L.; Robbins, Diane (Hrsg.): *Environmental Quality and Food Supply*. Mount Kisco, New York: Futura Publishing Company, 1974. »Klassen synthetisch hergestellter chemischer Substanzen und Verbindungen, die in die Nahrungskette.« S. 173; Zitat, S. 173.

Larsen, R. P.; Oldham, R. D.: Plutonium in Drinking Water: Effects of Chlorination on its Maximum Permissible Concentration. In: *Science* Nr. 201, 1978. »Plutonium wird im chlorierten Trinkwasser oxidiert und wird deshalb leichter resorbiert.« S. 1008, 1009.

Lee, Milton L.; Later, Douglas W.; Rollins, David K.; Eatough, Delbert J.; Hansen, Lee D.: Dimethyl and Monomethyl Sulfate: Presence in Coal Fly Ash and Airborne Particulate Matter. In: *Science* Nr. 207, 1980. »Laut Druckrey, Hollaender, Lowley und Couch sind in der Asche verbrannter Kohle enthaltene Partikel und chemische Substanzen kanzerogen und mutagen.« S. 186; Fußnote 4, S. 187.

Lijinsky, William: Nitrosamines and Nitrosamides in the Etiology of Gastrointestinal Cancer. In: *Cancer* 40:3, 1977. »N-Nitrosoverbindungen verursachen Wachstum von nahezu allen Tumorarten in fast jedem Organ der Versuchstiere.« S. 2446; »Nitrit, das zur Behandlung von Fleisch verwendet wird, reagiert mit in Lebensmitteln enthaltenen Aminen, und es entstehen kanzerogene N-Nitrosoverbindungen.« S. 2446–2447.

Loewengart, Gordon; Van Duuren, Benjamin L.: Evaluation of Chemical Flame Retardants for Carcinogenic Potential. In: *Journal of Toxicology and Environmental Health* 2, 1977. »Pyroset TKP und Tetrakis(hydromethyl)phosphoniumchlorid (THPC) wirken als Tumorpromoter.« S. 539.

Marino, Andrew A.; Becker, Robert O.: High Voltage Lines: Hazard at a Distance. In: *Environment* Nr. 20, 1978. »Werden Ratten elektrischen Feldern ausgesetzt, entwickeln sie Knochentumoren.« S. 11.

Marshall, Eliot: Governor Ray Relents, Opens Waste Site. In: *Science* Nr. 206,

1979. »Etwa ein Drittel des schwachaktiven Atommülls stammt aus den Versuchslabors der biochemischen Industrie und aus den Abteilungen für Strahlenmedizin der Krankenhäuser.« S. 1165.

Maugh, Thomas H.: Toxic Waste Disposal a Growing Problem. In: Science Nr. 204, 1979. »Vergleich verschiedener Mülldeponien« S. 819; Zitat: In elementarer Form vorkommende Kanzerogene wie z. B. Beryllium oder Cadmium werden für immer eine Gefahrenquelle sein. Von diesem Gesichtspunkt aus betrachtet erscheint das Problem der Halbwertszeiteen radioaktiver Abfallstoffe als relativ gering.« S. 821.

Maugh, Thomas H. II; Marx, Jean L.: *The Seeds of Destruction: The Science Report on Cancer Research.* New York: Plenum, 1975. »1000 chemische Substanzen verursachen Tumorwachstum in Menschen oder Tieren.« S. 9; Zitat S. 9. (Deutsche Ausgabe: *Zerstörendes Wachstum: Entstehung und Behandlung des Krebses.* Stuttgart: Thieme, 1979)*

McCann, Michael: The Impact of Hazards in Art on Female Workers. In: *Preventive Medicine* Nr. 7, 1978. »Künstler arbeiten mit toxischen, oft kanzerogenen Stoffen.« S. 340–341.

Merrill, Richard A.: FDA Use of the Delaney Clause. Appendix B in *Food Safety Policy: Scientific and Societal Considerations,* Teil 2. Washington, D. C.: Institute of Medicine, NAS, 1979. »Die von der FDA verbotenen Präparate, die bisher zur Mast von Schlachtvieh oder als Lebensmittelzusatzstoffe verwendet wurden.« Anhang B, S. B1–B5.

Miller, Sanford A.: Additives in Our Food Supply. In: Moss, N. Henry; Mayer, Jean (Hrsg.): *Food and Nutrition in Health and Diseases. Annals of the New York Academy of Sciences,* Band 300. New York: New York Academy of Sciences, 1977. »Klassifizierung von Lebensmittelzusatzstoffen.« S. 400.

Morgan, Robert W.; Shettigara, P. T.: Occupational Asbestos Exposure, Smoking, and Laryngeal Carcinoma. In: Saffiotti, Umberto; Wagoner, Joseph K. (Hrsg.): *Occupational Carcinogenesis.* In: *Annals of the New York Academy of Sciences,* Band 271. New York: New York Academy of Sciences, 1976. »Bei Arbeitern die rauchen, verursacht Asbest die Entstehung von Kehlkopfkrebs.« S. 308–310.

Murthy, G. K.; Rea, U. S. of USHEW and FDA: Cadmium, Copper, Iron, Lead, Manganese, and Zinc in Evaporated Milk, Infant Products and Human Milk. Eingereicht beim *Journal of Dairy Science,* 18. Januar 1971. »Aus Konservendosen gelangt Blei, Cadmium, Eisen, Kupfer, Mangan und Zink in Lebensmittel und Babynahrung.«

(NAS) Veröffentlichungen der National Academy of Sciences: Committee on the Biological Effects of Ionizing Radiations (BEIR): *The Effects on Populations of Exposure to Low Levels of Ionizing Radiation: 1980.* Washington, D. C.: National Academy Press, 1980. »Fernsehgeräte geben ionisierende Strahlung ab.« S 57.

* Anmerkung des Übersetzers

–: Committee on Biologic Effects of Atmospheric Pollutants: *Particulate Polycyclic Organic Matter.* Washington, D. C.: National Academy of Sciences, 1972. »Zigaretten enthalten kanzerogene Substanzen wie Arsen, Nitrosamine, Polonium und polycyklische Kohlenwasserstoffe, z. B. Benzo(a)pyren.« S. 1.
–: Report by the Panel on Low Molecular Weight Halogenated Hydrocarbons: *Chloroform, Carbon Tetrachloride, and Other Halomethanes: An Environmental Assessment.* Washington, D. C.: National Academy of Sciences, 1978. »Wie die EPA berichtet, enthält das Trinkwasser in den USA Bromoform, Bromdichlormethan, Chloroform und Dibromchlormethan« S. 102–103.
–: Report by the Panel on Nitrates: *Nitrates: An Environmental Assessment.* Washington, D. C.: National Academy of Sciences, 1978. »N-Nitrosoverbindungen; kanzerogen in jeder untersuchten Tierspezies (S. 458); verursachen Tumorwachstum in vielen Organen.« Tabelle 9.4, S. 455.
–: Safe Drinking Water Committee: *Drinking Water and Health.* Washington, D. C.: National Academy of Sciences, 1977. »Das Pestizid Oxylchlordan verursacht Leberkrebs (S. 568); im Tierversuch mit Ratten wurden Selen und Selenverbindungen als kanzerogen identifiziert (S. 359); in 380 Wasserproben in den U.S.A. wurden Spuren von Metallen festgestellt (Tabelle V-6, S. 211).
(NCRP) National Council on Radiation Protection, 1960. Zitiert vom »X-Radiation Ad Hoc Committee of the Electronics Industries Association«: Evaluation of Television Contribution to the Annual Genetically Significant Radiation Dose of the Population. *Radiological Health Data and Reports,* Band 12, Washington, D. C.: EPA, 1971. »Röhren in TV-Geräten geben ionisierende Strahlung ab.« S. 363.
(NIOSH) National Institute for Occupational Safety and Health. Christensen, Herbert E.; Fairchild, Edward J.; Lewis, Richard J. sen. (Hrsg.): *Suspected Carcinogens.* Cincinnati: NIOSH, 1976. »1905 chemische Substanzen als kanzerogen identifiziert, 510 Substanzen sind kanzerogenverdächtig«, Vorwort von John F. Finklea, S. »Identifizierte Kanzerogene: Actinomycin D, Adriamycin (S. 11); Beryllium (S. 47); Borsäure (S. 53); Busulfan (S. 54); Chlorambucil (S. 65); Diphenyl (S. 98); Diphenyloxid (S. 99); Formaldehyd (S. 116); Menthol, Quecksilber (S. 140); Mitomycin C (S. 148); Nickelverbindungen (S. 159–160); Stickstoffsenf (S. 161); Nickelverbindungen (S. 159–160); Stickstoffsenf (S. 161); Penizillin (S. 171); Phtalatester (S. 185); Prednison (S. 190); Natriumchromat (S. 204); Streptozotocin (S. 190); Natriumchromat (S. 204); Streptozotocin (S. 208; Sulfapräparate (S. 210–211); Thio-TEPA (S. 217); Triäthylenmelamin (TEM) (S. 226).
Natusch, D. F. S.: Potentially Carcinogenic Species Emitted to the Atmosphere by Fossil-Fueled Power Plants. In: *Environmental Health Perspectives* Nr. 22, 1978. »Kanzerogene und kanzerogenverdächtige Substanzen in der Luft, einschließlich bekannter Kanzerogene und kanzerogenverdächtiger Substanzen, die bei der Verbrennung von fossilen Brennstoffen emittiert werden (Tabelle 1, S. 80–81); in der Luft enthaltene Stickoxide potenzieren die Kanzerogenese« (S. 80).

Nebert, Daniel W.; Levitt, Roy C.; Pelkonen, Olavi: Genetic Variation in Metabolism of Chemical Carcinogens Associated with Susceptibility to Tumorigenesis. In: Griffin, A. Clark; Shaw, Charles R. (Hrsg.): *Carcinogens: Identification and Mechanisms of Action.* New York: Raven, 1979. »Im Tierversuch mit Mäusen wirkt TCDD möglicherweise als Ko-Kanzerogen.« S. 166.

Neill, Robert H.; Youmans, Harry D.; Wyatt, John L.: Estimates of Potential Doses to Various Organs from X-radiation Emissions from Color Television Picture Tubes. In: *Radiological Health Data and Reports,* Band 12. Washington, D. C.: EPA, 1971. »Die Röhren von TV-Geräten geben ionisierende Strahlung ab, die als gesundheitsschädigender Risikofaktor betrachtet werden müssen.« S. 1, 4–5.

The New York Academy of Sciences: *Cancer and the Worker.* (Dieses populärwissenschaftliche Buch basiert auf Band 271 der Jahrbücher der Akademie: *Occupational Carcinogenesis,* herausgegeben von der New York Academy of Sciences, Mai 1976). »Bleisalze im Tierversuch kanzerogen...« S. 35.

Newberne, Paul M.: Nitrite Promotes Lymphoma Incidence in Rats. In: *Science* Nr. 204, 1979, S. 1079.

Nicholson, William J.: Cancer Following Occupational Exposure to Asbestos and Vinyl Chloride. In: *Cancer* 39:4, 1977. »Asbest verursacht bei Arbeitern, die mit ihm in Berührung kommen, Peritoneal- und Pleuralmesotheliome sowie Colon-, Oesophagus-, Rektal-, Lungen- und Magenkrebs und stellt auch für die Angehörigen dieser Arbeiter ein erhöhtes Gesundheitsrisisko dar.« S. 1792–1793.

Norseth, T.: Industrial Viewpoints on Cancer Caused by Metals as an Occupational Disease. In: Hiatt, H. H.; Watson, J. D.; Winsten, J. A. (Hrsg.): *Origins of Human Cancer.* Buch A, *Incidence of Cancer in Humans.* New York: Cold Spring Harbor Laboratory, 1977. »Kanzerogenverdächtige Metalle: Antimon, Arsen, Cadmium, Kobalt.« S. 160.

(OSHA) Occupational Safety and Health Administration: ASHA Takes Emergency Action to Reduce Worker Exposure to Acrylonitrile. U. S. Department of Labor News, 16. Januar 1978. »Acrylonitril, das bei der Herstellung von Textilfasern verwendet wird, ist kanzerogen.« S. 1.

Olajos, E. J.: Biological Interactions of N-Nitroso Compounds: A Review. In: *Ecotoxicology and Environmental Safety* Nr. 1, 1977. »N-Nitrosoverbindungen sind mutagen« S. 175.

Padgett, Joseph, EPA: Brief an Roger Strelow, Assistent Administrator for Air and Waste Management. 13. November 1975. »Stickoxide (NO_x) können in der Luft mit Aminen reagieren und kanzerogene Nitrosamine bilden.« S. 1.

Pott, F.; Huth, F.; Friedrichs, K. H.: Tumorigenic Effect of Fibrous Dusts in Experimental Animals. In: *Environmental Health Perspectives* Nr. 9, 1974. »Fiberglas und andere fibröse Substanzen verursachen im Tierversuch mit Ratten Mesotheliome.« S. 313–315.

Prival, Michael J.; McCoy, Elena C.; Gutter, Bezalel; Rosenkranz, Herbert S.: Tris(2,3-Dibromopropyl)Phosphate: Mutagenicity of a Widely Used Flame Retardant. In: *Science* Nr. 195, 1977. »Feuerschutzbeschichtete Kleidung einschließlich Kinderschlafanzüge...« S. 76–78.

Rall, David R.: Researching Health Hazards in the Environment. In: *American Water Works Association Journal* Nr. 67, 1975. »10000 chemische Substanzen im Handel...« S. 447.

Reeves, Andrew L.: Beryllium Carcinogenesis. In: Schrauzer, G. N. (Hrsg.): *Inorganic and Nutritional Aspects of Cancer.* New York: Plenum, 1978. »Berylliumverbindungen führen bei Kaninchen zur Bildung von Knochenkrebs (S. 13–14). Adenokarzinome in der Lunge von Ratten und Affen« (S. 14).

Sawicki, E.: Analysis of Atmospheric Carcinogens and Their Cofactors. In: Rosenfeld, Claude; Davis, Walter (Hrsg.): *Environmental Pollution and Carcinogenic Risks.* Lyon: IARC Scientific Publications Nr. 13, 1976. »Auf Rollbahnen von Flughäfen, in Asphalt- und Teerschichten von Straßen und Autobahnen, in Tunnels und in Auspuffgasen von Automobilen wurden besonders hohe Konzentrationen von Benzo(a)pyren und anderen zyklischen aromatischen Kohlenwasserstoffen gemessen.« S. 299, 309, Tabelle III., S. 344.

Schuphan, Ingolf; Rosen, Joseph D.; Casida, John E.: Novel Activation Mechanism for the Promutagenic Herbicide Diallate. In: *Science* Nr. 205, 1979. »Das Herbizid Diallat als Promutagen identifiziert« S. 1013.

Selikoff, Irving J.: Cancer Risk of Asbestos Exposure. In: Hiatt, H. H.; Watson, J. D.; Winsten, J. A. (Hrsg.): *Origins of Human Cancer.* Buch C, *Human Risk Assessment.* New York: Cold Spring Harbor Laboratory, 1977. »Asbest verursacht bei Industriearbeitern Peritonealmesotheliome und erhöht auch bei ihren Angehörigen die Krebsgefahr.« S. 1765–1782.

Selikoff, Irving J.; Hammond, E. Cuyler: Asbestos-Associated Disease in United States Shipyards. In: *Cancer Journal for Clinicians* Nr. 28, 1978. »Das im Tierversuch als Kanzerogen identifizierte Asbest kann auch beim Menschen zur Bildung von Peritoneal- und Pleuralmesotheliomen sowie zu Colon-Rektum-, Oesophagus-, Nieren-, Kehlkopf-, Oropharynx- und Magenkrebs führen.« S. 87–99.

Shabad, L. M.; Smirnov, G. A.: Aviation and Environmental Benzo(a)pyrene Pollution. In: Rosenfeld, Claude; Davis, Walter (Hrsg.): *Environmental Pollution and Carcinogenic Risks.* Lyon: IARC Scientific Publications Nr. 13, 1976. »Benzo(a)pyren wird von Turbojet- und Turbomotoren abgegeben.« S. 53.

Shibko, Samuel I.: Toxicology of Phtalic Acid Esters. In: White, Philip L.; Robbins, Diane (Hrsg.): *Environmental Quality and Food Supply.* Mount Kisco, New York: Futura, 1974. »Verpackungsmaterialien für Lebensmittel scheiden Phtalatester aus.« S. 219.

Shimkin, M. B.; Stoner, G. G.; Theiss, J. C.: Lung Tumor Response in Mice to Metals and Metal Salts. In: Schrauzer, G. N. (Hrsg.): *Inorganic and Nutritional Aspects of Cancer.* New York: Plenum, 1978. »Blei-, Mangan- und Molybdänverbindungen lösen in Mäusen schwachkanzerogene Reaktionen aus.« S. 85.

Shirasu, Y.; Moriya, M.; Kato, K.; Lienard, F.; Tezuka, H.; Teramoto, S.; Kada, T.: Mutagenicity Screening on Pesticides and Modification Products: A Basis of Carcinogenicity Evaluation. In: Hiatt, H. H.; Watson, J. D.; Winsten, J. A. (Hrsg.): *Origins of Human Cancer.* Buch A, *Incidence of Cancer in Humans.*

New York: Cold Spring Harbor Laboratory, 1977. »Mutagene Pestizide«, Tabelle 1, S. 268, 269.

Shubik, Philippe: Identification of Environmental Carcinogens: Animal Test Models. In: Griffin, A. Clark und Shaw, Charles R. (Hrsg.): *Carcinogens: Identification and Mechanisms of Action.* New York: Raven, 1979. »Der Süßstoff Xylit ist als Kanzerogen identifiziert.« S. 44.

Skougstad, Marvin W.: Minor Elements in Water. In: Cannon, Helen L.; Hopps, Howard C. (Hrsg.): *Environmental Geochemistry in Health and Disease.* Boulder, Colorado: Geological Society of America, 1971. »Alles Wasser in freier Natur enthält Radioisotope (S 45); in über 100 Städten der USA wurden in aufbereitetem Trinkwasser Spuren von Metallen gefunden.« S. 51.

Smith, R. Jeffrey: Toxic Substances: EPA and OSHA Are Reluctant Regulators. In: *Science* Nr. 203, 1979. »Laut Douglas Costle von der EPA befinden sich etwa 70000 chemische Substanzen im Handel, davon werden 20% als kanzerogenverdächtig eingestuft; 25 Prozent der etwa 1500 chemisch aktiven Bestandteile der registrierten Pestizide sind kanzerogen.« S. 28.

–: Xylitol: Another Sweetener Turns Sour. In: *Science* Nr. 199, 1978. »Der Süßstoff Xylit wurde im Tierversuch mit Mäusen und Ratten als kanzerogen identifiziert.« S. 670.

Snodin, D. J.: Lead and Cadmium in Baby Foods. In: *Journal of the Association of Public Analysts* Nr. 11, 1973. »Aus Konservendosen gelangt Cadmium und Blei in Babynahrung.« S. 112.

Solon, Leonard R.: A Public Health Approach to Microwave and Radiofrequency Radiation. In: *Bulletin of the Atomic Scientists* Nr. 35, 1979. »Mikrowellen- und Hochfrequenzstrahlung verursachen Schädigungen des Zentralnervensystems, Wachstumsstörungen und Chromosomenanomalien bei Hamstern und Fruchtfliegen.« S. 51–52.

Sterling, Theodor D.; Kobayashi, Diane M.: Exposure to Pollutants in Enclosed Living Spaces. In: *Environmental Research* Nr. 13, 1977. »Kanzerogene Schadstoffe in der Luft geschlossener Räume sind auf mehrere Ursachen zurückzuführen. Die Schadstoffbelastung der Zimmerluft übersteigt oft die der Luft im Freien.« S. 1–6, 8, 9–12, 16, 17.

Sunderman, F. William, jun.: Carcinogenic Effects of Metals. In: *Federation Proceedings* 37:1, 1978. »Metalle und/oder ihre Verbindungen, die im Tierexperiment als kanzerogen identifiziert wurden: Beryllium, Blei, Cadmium, Chrom, Hämatit (Eisenerz), Nickel, Titan, Zink (S. 40); identifizierte Mutagene: Rhodium und Ruthenium.« Tabelle 5, S. 44.

–: The Current Status of Nickel Carcinogenesis. In: *Annals of Clinical Laboratory Science* Nr. 3, 1973. »Nickel ist für Mensch und Tier kanzerogen.« S. 156–175.

–: Mechanisms of Metal Carcinogenesis. In: *Biological Trace Element Research* Nr. 1, 1979. »Blei als Kanzerogen ›erkannt‹.« S. 77.

–: Metal Carcinogenesis in Experimental Animals. In: *Food and Cosmetics Toxicology* Nr. 9, 1971. »Metallverbindungen, die bei Tieren kanzerogen wirken:

Blei, Cadmium, Chrom, Hämatit (Eisenerz), Kobalt, Selen, Titan, Zink.« S. 105.

–: Pulmonary Carcinogenesis from Exposure to Toxic Agents. In: *Laboratory Diagnosis of Diseases Caused by Toxic Agents,* herausgegeben von Sunderman, F. William und Sunderman, F. William, jun. St. Louis, Missouri: Warren H. Green, 1970. »Nickel, ein Kanzerogen, wurde in Zigarettenrauch und als Luftschadstoff festgestellt«, Tabelle 7, S. 499, Tabelle 9, S. 500; »Kanzerogene Substanzen in der Atemluft (im Tierversuch nachgewiesen)«, Tabelle 3, S. 497.

–: A Review of the Carcinogenicities of Nickel, Chromium and Arsenic Compounds in Man and . In: *Preventive Medicine* Nr. 5, 1976. »Osswald and Goettler wiesen im Januar 1971 nach, daß Arsen im Tierversuch mit Mäusen kanzerogen ist.« S. 287. Vgl. auch Fußnote 109, S. 292.

Sundin, David S., National Insitute for Occupational Safety and Health: Brief an Rick Grawey. Manpower and Housing Committee, 14. April 1977. »Das NIOSH hat 46000 chemische Substanzen registriert.« S. 2.

Surgeon General of the United States: *Healthy People: The Surgeon General's Report on Health Promotion and Disease Prevention.* HEW (PHS) 79-55-71, 1979. »Zitat: ›Mehr als 2300‹ chemische Substanzen sind kanzerogenverdächtig.« S. 7-9.

Thomas, Barry; Edmunds, John W.; Curry, S. Joanne: Lead Content of Canned Fruit. In: *Journal of the Science of Food and Agriculture* Nr. 26, 1975. »Aus Konservendosen gelangt Blei in die eingemachten Früchte.« S.1.

Thomas, Barry; Roughan, John A.; Watters, Evelyn D.: Lead and Cadmium Content of Some Canned Fruit and Vegetables. In: *Journal of the Science of Food and Agriculture* Nr. 26, 1973. »Aus Konservendosen gelangen Blei und Cadmium in die eingemachten Früchte und Gemüse.« S. 447.

Train, Russel: siehe EPA, 26. Februar 1976.

Turk, Amos; Turk, Jonathan; Wittes, Janet T.; Wittes, Robert E.: *Environmental Science.* Philadelphia: Saunders, 1978. »Die am häufigsten untersuchten Pestizide sind chlorierte Kohlenwasserstoffe, Organophosphate und Carbamate.« S. 359.

Upton, Arthur C., National Cancer Institute Position Paper: Human Health Considerations of Carcinogenic Organic Chemical Contaminants in Drinking Water. 10. April 1978. Vorgelegt bei Dr. Douglas M. Costle, Administrator of the Environmental Protection Agency. *Federal Register* 43:130, 6. Juli 1978. »NCI-Liste der im Trinkwasser der USA enthaltenen Kanzerogene, kanzerogenverdächtigen Substanzen und kanzerogenen Promotoren.« S. 29148–29150.

Vaught, J. B.; King, C. M.: Phenacetin Studies. In: *Science* Nr. 206, 1979. »Das Medikament Phenacetin besitzt kanzerogene Eigenschaften oder kann synergetisch bei der Tumorbildung wirken.« S. 639.

Vianna, Nicholas J.; Polan, Adele K.: Non-Occupational Exposure to Asbestos and Malignant Mesothelioma in Females. In: *Lancet,* 20. Mai 1978. »Die weiblichen Angehörigen von Asbestarbeitern sind der Gefahr ausgesetzt, Mesotheliome zu entwickeln.« S. 1061, 1063.

Wagner, J.; Berry, Geoffrey; Skidmore, J. W.: Studies of the Carcinogenic Effect of Fibre Glass of Different Diameters Following Intrapleural Inoculation in Experimental Animals. In: *Occupational Exposure to Fibrous Glass.* Tätigkeitsbericht eines vom NIOSH unterstützten Symposiums. University of Maryland, 26.–27. Juni 1974. HEW Pub. Nr. (NIOSH) 76-151. »Asbestfasern und Fiberglas verursachen bei Ratten Mesotheliome; je feiner die Fasern, desto größer die kanzerogene Wirkung.« S. 193.

Wildenberg, Judith: An Assessment of Experimental Carcinogen-Detecting Systems with Special Reference to Inorganic Arsenicals. In: *Environmental Research* Nr. 16, 1978. »Es besteht ein Zusammenhang zwischen dem Kontakt mit Asbest und der Entstehung von Hautkrebs und Krebs der Atemwege beim Menschen.« S. 139–151.

Wolff, Sheldon, Rodin, Brita: Saccharin-Induced Sister Chromatid Exchanges in Chinese Hamster and Human Cells. In: *Science* Nr. 200, 1978. »Saccharin als Mutagen identifiziert.« S. 543.

(WHO) World Health Organization, Geneva: *Environmental Health Criteria Series*:

Environmental Health Criteria 2: *Polychlorinated Biphenyls and Terphenyls.* Copyright 1976. »PCB: möglicherweise kanzerogen (S. 64); Bestandteil von Kopierpapier«, (S. 26).

Environmental Health Criteria 3: *Lead.* Copyright 1977. »Bleiverbindungen wirken im Tierversuch mit Mäusen und Ratten kanzerogen.« S. 94.

Environmental Health Criteria 5: *Nitrates, Nitrites, and N-Nitroso Compounds.* Copyright 1978. »Bei Ratten rufen N-Nitroverbindungen Krebswucherungen in verschiedenen Organen hervor.« Tabelle 3, S. 60.

Environmental Health Criteria 7: *Photochemical Oxidants.* Copyright 1979. »Ozon, das aus ozonisiertem Benzin entsteht, ist ein bekanntes Kanzerogen und Bestandteil unserer Atemluft.« S. 48.

(WHO) World Health Organization: *Health Implications of Nuclear Power Production.* Bericht einer Arbeitsgemeinschaft. Brüssel, 1.–5. Dezember 1975. Kopenhagen: World Health Organization, Europäisches Büro. WHO Regional Publications, European Series Nr. 3. Copyright 1977. »Aus brennender Kohle treten Zerfallsprodukte des Radiums, Thorium und Uran aus; durch Kohleflugasche gelangt mehr Radium in die Umwelt als durch die Emission von erdölbetriebenen Kraftwerken.« S. 61; Zitat, S. 61.

Yoon, Soo-Choon; Krefft, Gerda B.; McLaren, Malcolm G.: Lead Release from Glazes and Glasses in Contact with Acid Solutions. In: *American Ceramic Society Bulletin* Nr. 55, 1976. »Aus Glas und glasiertem Geschirr tritt Blei aus.« S. 508.

Young, Ronald J.; McKay, William J.; Evans, James M.: Coal Gasification and Occupational Health. In: *American Industrial Hygiene Association Journal* Nr. 39, 1978. »In Elementarform vorkommende Kanzerogene, polyzyklische Aromaten (Benzol).« S. 991.

Anhang B

Natürlich vorkommende Kanzerogene

Quellennachweise

Abraham, S. K.; Kesavan, P. C.: Evaluation of Possible Mutagenicity of Ginger, Turmeric, Asofoetida, Clove and Cinnamon Administered Alone and in Combination with Coffeine or Theophylline in *Drosophila melanogaster.* In: *Mutation Research* Nr. 53, 1978. Abstract 2, S. 142.

Ackerknecht, Erwin H.: *A Short History of Medicine.* Verbesserte Aufl. New York: Ronald, 1968. »Riesenreptilien (S. 4.), Mumien (S. 6–7.)« [Originalausgabe: *Kurze Geschichte der Medizin.* (Stuttgart: Enke, 1967.]*

Adams, John A. S.: The Geological Origins of Radioactive Anomalies. In: *International Symposium on Areas of High Natural Radioactivity,* herausgegeben von der Academia Brasiliera de Ciências. Rio de Janeiro: R. J., 1977. »Primordiale Nukleide.« S. 5.

Ames, Bruce N.: The Detection of Chemical Mutagens with Enteric Bacteria. In: Hollaender, Alexander (Hrsg.): *Chemical Mutagens, Principles and Methods for Their Detection.* Vol. I. New York: Plenum, 1971. »UV-Strahlung ist mutagen.« S. 279.

–: Identifying Environmental Chemicals Causing Mutations and Cancer. In: *Science* Nr. 204, 1979. Zitat, S. 591.

Anaise, D.; Steinitz, R.; Ben Hur, N.: Solar Radiation: A Possible Etiological Factor in Malignant Melanoma in Israel. A Retrospective Study (1960–1972). In: *Cancer* Nr. 42(1), S. 299–304, 1978. Zitiert in: *Cancerogenesis Abstracts* Nr. 16, 1979. Abstract 78-3264.

Anders, A.: Etiology of Cancer as Studied in the Platfish-Swordtail System. In: *Biochim Biophys Acta* Nr. 516(1), 1978, S. 61–95. Zitiert in: *Carcinogenesis Abstracts* Nr. 16, 1979, Abstract 78-6059.

Archer, Victor E.; Gilliam, J. Dean; Wagoner, Joseph K.: Respiratory Disease Mortality Among Uranium Miners. In: Saffiotti, Umberto; Wagoner, Joseph K. (Hrsg.): *Occupational Carcinogenesis.* Annals of the New York Academy of Sciences, Vol. 271. New York: New York Academy of Sciences, 1976. »Radon und Radontochternukleide.« S. 280.

Arenaz, P.: Vig, B. K.: Somatic Mosaicism Induced by Some Carcinogens in Soy-

*Anmerkung des Übersetzers

bean (Glycine max). (Meeting abstract). In: *Mutat Res* Nr. 53(2), 1978, S. 147. Zitiert in: *Carcinogenesis Abstracts* Nr. 16, 1979. Abstract 78-5664, S. 2085.

Asp, N. G.; Bauer, H.; Dahlqvist, A.; Fredlund, P.; Oste, R.: Dieatary Fibre and Experimental Colon Cancer in the Rat. In: *Nutr Cancer* Nr. 1(2), 1979. S. 70–73. Zitiert in: *Carcinogenesis Abstracts* Nr. 17, 1979. Abstract 79–3328. »Citrus-Pektin verstärkt die Kanzerogenese.«

Auerbach, C.: History of Research on Chemical Mutagenesis. In: Hollaender, Alexander (Hrsg.): *Chemical Mutagens, Principles and Methods for Their Detection.* Band 3. New York: Plenum, 1973. »Senföl ist mutagen (S. 5.); Pyrrolizidinalkaloide sind mutagen (S. 9)«.

Bababunmi, E. A.: Toxins and Carcinogens in the Environment: An Observation in the Tropics. In: *J. Toxicol Environ Health* Nr. 4(5/6), 1978, S. 691–699. Zitiert in: *Carcinogenesis Abstracts* Nr. 17, 1979. Abstract 79–1231. »Roter Pfeffer ist möglicherweise für den Menschen kanzerogen.«

Bamburg, James R.; Strong, F. M.; Smalley, E. B.: Toxins from Moldy Cereals. In: *Journal of Agricultural and Food Chemistry* Nr. 17, 1969. »Gelber Reis ist von Penicillium islandicum verunreinigt.« S. 433, 444.

Battelle Memorial Institute, Dartmouth Medical School. Datenmaterial von Mitarbeitern der *Chemical & Engineering News:* Trace Metals: Unknown, Unseen Pollution Threat. In: *Chemical & Engineering News* Nr. 49, 1971. S. 29-33. Neudruck in: Giddings, Calvin J.; Monroe, Manus B. (Hrsg.): *Our Chemical Environment.* San Francisco: Canfield, 1972. »Kanzerogene Metalle: Arsen, Beryllium, Nickel, Selen, Yttrium.« Tabelle, S. 132.

Beauford, W.; Barber, J.; Barringer, A. R.: Heavy Metal Release from Plants into the Atmosphere. In: *Nature* Nr. 256, 1975. »Erbsen und grüne Bohnen sowie Pinienschößlinge scheiden Zink aus.« S. 35–36.

–: Release of Particles Containing Metals from Vegetation into the Atmosphere. In: *Science* Nr. 195, 1977. »Erbsen und Pinienschößlinge scheiden Blei und Zink aus.« S. 571–573.

Beninson, D. J.; Bouville, A.; O'Brien, B. J.; Snihs, J. O.: Dosimetric Implication of the Exposure to the Natural Sources of Irradiation. In: *International Symposium on Areas of High Natural Radioactivity,* herausgegeben von der Academia Brasilera de Ciências. Rio de Janeiro: R. J., 1977. »Externe und interne Strahlenbelastung des Menschen (S. 103); In großer Höhe ist der Mensch vermehrt radioaktiver Strahlung ausgesetzt (S. 78); Kalium-40 ist lebensnotwendig (S. 91); radioaktive Luft (S. 81, 82, 83, 84, 86, 87, 89); radioaktiver Boden (S. 81); Zitat: Alles ist radioaktiv (S. 75, 79); Zitat: Natürliche radioaktive Strahlung ist die Hauptursache der Strahlenbelastung für den Menschen (S. 75)«.

Berenblum, Isaac: *Carcinogenesis as a Biological Problem.* In: Neuberger, A.; Tatum, E. L. (Hrsg.): *Frontiers of Biology,* North-Holland Research Monographs. Band 34. New York: Elsevier, 1974. »Natürlich vorkommende Amine sind Bestandteil unserer Nahrungsmittel.« S. 179.

Bharucha, K. R.; Cross, C. K.; Rubin, L. J.: Mechanism of N-Nitrosopyrrolidine Formation in Bacon. In: *J. Agric. Food Chem.* Nr. 27(1), 1979, S. 63–69. Zitiert in: *Carcinogenesis Abstracts* Nr. 17, 1979. Abstract 79-1387. »Kanzerogene, die in rohem Speck nicht enthalten sind, bilden sich beim Braten.«

Bjeldanes, L. F.; Chang, G. W.: Mutagenic Activity of Quercetin and Related Compounds. In: *Science* Nr. 197, 1977. »Quercetin in Obst und Gemüse (S. 577); Quercetin ist mutagen (S. 577, 578)«.

Blumer, M.: Benzpyrenes in Siol. In: *Science* Nr. 134, 1961.

–: Polycyclic Aromatic Compounds in Nature. In: *Scientific American* Nr. 234, 1976. Zitat, S. 45.

Blumer, M.; Dorsey, T.; Sass, J.: Azaarenes in Recent Marine Sediments. In: *Science* Nr. 195, 1977. Zitat, S. 284.

Boyd, Michael, R.: Role of Metabolic Activation in Extrahepatic Target Organ Alkylation and Cytotoxicity by 4-Ipomeanol, a Furan Derivative from Moldy Sweet Potatoes; Possible Implication for Carcinogenesis. In: *Naturally Occurring Carcinogens-Mutagens and Modulators of Carcinogenesis.* Neuntes Internationales Symposium des Princess Takamatsu Cancer Research Fund, 23.-25. Januar 1979. Tokyo, Japan, Abstract, S. 15.

Branda, Richard F.; Eaton, John W.: Skin Color and Nutrient Photolysis: An Evolutionary Hypothesis. In: *Science* Nr. 201, 1978. S. 625–626.

Brubaker, Paul E.; Moran, John P.; Bridbord, Kenneth; Hueter, F. Gordon: Noble Metals: A Toxicological Appraisal of Potential New Environmental Contaminants. In: *Environmental Health Perspectives* Nr. 10, 1975. »Schwefeldioxid ist ein Kanzerogenpromotor.« S. 50.

Bruce, W. R.; Varghese, A. J.; Furrer, R.; Land, P. C.: A Mutagen in the Feces of Normal Humans. In: Hiatt, H. H.; Watson, J. D.; Winsten, J. A. (Hrsg.): *Origins of Human Cancer.* Buch C, *Human Risks Assessment.* New York: Cold Spring Harbor Laboratory, 1977. »N-Nitrosoverbindungen im Kot entdeckt.« S. 1641, 1643, 1645–1646.

Burchfield, H. P.; Storrs, Eleanor E.: Organohalogen Carcinogens. In: Mehlman, Myron A. (Hrsg.): *Advances in Modern Toxicology.* Band 3, *Environmental Cancer,* herausgegeben von Kraybill, H. F. und Mehlman, Myron A. Washington, D. C.: Hemisphere, 1977. »Brennende Bäume und Holz, Cycadales (S. 319); Zitat: Dinosaurierkrebs (S. 319).«

Busch, F. W.; Seid, D. A.; Wei, E. T.: Mutagenic Activity of Marihuana Smoke Condensates. In: *Cancer Lett* Nr. 6(6), 1979, S. 319–324. Zitiert in: *Carcinogenesis Abstracts* Nr. 17, 1980. Abstract 79-5014.

Buys, Donna: Chinese Scientist Shows Fungus Active in Pharyngeal Carcinoma. In: *Oncology Times,* Mai 1980. »Oesophaguskrebs mit Pilzen in Verbindung zu bringen.« S. 1, 9.

Campbell, A. D.; Food Mycotoxins Survay and Monitoring Programs. In: *Pure and Applied Chemistry* Nr. 49, 1977. »Eßbare Nüsse sind mit Aflatoxinen verseucht.« S. 1704.

Campbell, W. J.; Blake, R. L.; Brown, L. L.; Cather, E. E.; Sjoberg, J. J.: *Selected Silicate Minerals and Their Asbestiform Varieties.* Bureau of Mines Information Circular 8751. Washington, D. C.: US Department of the Interior, 1977.

»Fast die Hälfte des Bodens der USA enthält asbestiforme Minerale.« S. 2.
Cannon, Helen L.; Anderson, Barbara M.: The Geochemist's Involvement with the Pollution Problem. In: Cannon, Helen L.; Hopps, Howard C. (Hrsg.): *Environmental Geochemistry in Health and Disease.* Boulder, Colo.: Geological Society of America, Inc., 1971. »Kanzerogene Metalle in den Flüssen der USA.« S. 171.
Carcinogenesis Abstracts: Monatsschrift des National Cancer Institute. Herausgegeben von Studzinski, G. P., und Saukkonen, J. J., NCI-Berater; Weisburger, E.; Chase, J. W., Philadelphia: Franklin Research Center.
Carter, Luther: Uncontrolled SO_2 Emissions Bring Acid Rain. In: *Science* Nr. 204, 1979. »Bei der Verbrennung von fossilen Brennstoffen wird SO_2 frei.« S. 1179.
Chameides, W. L.; Stedman, D. H.; Dickerson, R. R.; Rusch, D. W.; Cicerone, R. J.: NO_x Production in Lightning. In: *Journal of the Atmospheric Sciences* Nr. 34, 1977. »Bei Blitzschlag entsteht NO_x (S. 143–149); es bilden sich Millionen von Tonnen NO_x pro Jahr (S. 143).«
Cleaver, James: Mechanisms of DNA Damage and DNA Repair Systems. Krebssymposium; Ein Wissenschaftsbericht über Umweltfaktoren der Krebsentstehung unter dem Gesichtspunkt der Krebsvorsorge, 28. Febr.–2. März 1979, New York City. In Zusammenarbeit mit der American Cancer Society, Inc. Manuskript. »Meine Kopie ohne Seitenangaben; Zitat: anfangs des Vortrages.«
Clement Associates, Inc., Washington, D. C.: *Clement's Lists of Carcinogenic Chemicals Found in American Workplaces.* Zusammengestellt für Occupational Safety and Health Administration. Washington, D. C.: US-Wirtschaftsministerium, 10. Juli 1978. PB-295978. »Sexualhormone sind kanzerogen: Östradiol (S. 1–6); Östron (S. 1–7); Progesteron (S. 1–11); Testosteron (S. 1–12).«
Coleman, M. H.: A Model System for the Formation of N-Nitrosopyrrolidine in Grilled or Fried Bacon. In: *J. Food Technol. Nr. 13(1), 1978, S. 55-69. Zitiert in: Carcinogenesis Abstracts* Nr. 16, 1979. Abstract 78-2118. »In rohem Schinken sind keine Kanzerogene enthalten, sie bilden sich erst beim Braten.«
Comar, D. L.; Rust, J. H.: Natural Radioactivity in the Biosphere and Foodstuffs. In: *Toxicants Occurring Naturally in Foods,* 2. Aufl., Washington, D. C.: National Academy of Sciences, 1973. »Wasser in freier Natur enthält Radium-226, Radon-222 und Uran-238.« S. 94–95.
Commoner, Barry; Vithayathil, Antony, J.; Dolara, Piero; Nair, Subhadra; Madyastha, Prema; Cuca, Gregory C.: Formation of Mutagens in Beef and Beef Extract During Cooking. In: *Science* Nr. 201, 1978. S. 913–916.
Corbett, Thomas H., M. D.: *Cancer and Chemicals.* Chicago: Nelson-Hall, 1977. »Gartenpflanzen enthalten Kokanzerogene.« S. 105.
Cranmer, Morris F.: *Final Report on Saccharin.* Presented to Commissioner, Food and Drug Administration, 7. Juni 1978. »Sucrose ist ein kanzerogener Risikofaktor.« S. 0–9.
Cruse, J. P.; Lewin, M. R.; Ferulano, G. P.; Clark, C. G.: Co-carcinogenic Effects of Dietary Cholesterol in Experimental Colon Cancer. In: *Nature* Nr. 276, 1978.

Cruse, Peter; Clark, Charles G.; Lewin, Michael: Dietary Cholesterol Is Co-carcinogenic for Human Colon Cancer. In: *Lancet,* 7. April 1979.

Cummings, J. H.: Dietary Factors in the Aetiology of Gastrointestinal Cancer. In: *J. Hum. Nutr.* Nr. 32(16), 1978. S. 455–465. Zitiert in: *Carcinogenesis Abstracts* Nr. 17, 1979. Abstract 79-1294. »Zusammenhang zwischen Krebs und proteinreicher Ernährung festgestellt.«

Debrunner, Peter G.: Oxygen Biochemistry. In: *Science* Nr. 208, 1980. »Die lebenswichtigen, doch lebensgefährlichen Eigenschaften des Sauerstoffs«, S. 590–591.

Deinzer, M. L.; Thomson, P. A.; Burgett, D. M.; Isaacson, D. L.: Pyrrolizidine Alkaloids: Their Occurrence in Honey from Tansy Ragwort *(Senecio jacobaea L.).* In: *Science* Nr. 195, 1977. »Kanzerogen, mutagen, teratogen.« S. 497.

Der Marderosian, Ara: Medicinal Teas – Boon or Bane? In: *Drug Therapy,* Februar 1977. »Phenole; Tamin als Bestandteil des Tees wird mit der Entstehung von Krebs in Zusammenhang gebracht.« S. 178.

DiPaolo, Joseph A.; Kotin, Paul: Teratogenesis-Oncogenesis: A Study of Possible Relationships. In: *Arch Path* Nr. 81, 1966. »Sauerstoff ist kanzerogen.« S. 3.

Dolara, P.; Commoner, B.; Vithayathil, A.; Cuca, G.; Tuley, E.; Madyastha, P.; Nair, S.; Kriebel, D.: The Effect of Temperature on the Formation of Mutagens in Heated Beef Stock and Cooked Ground Beef. In: *Mutat Res* Nr. 60(3), 1979. S. 231-237. Zitiert in: *Carcinogenesis Abstracts* Nr. 17, 1980. Abstract 79-4506. »Je höher die Temperatur, desto größer die Mutagenität.«

Dorange, J. L.; Delaforge, M.; Janiaud, P.; Padieu, P.: Mutagenicity of the Epoxide-Diol Metabolities of Safrole and Their Analogs in *Salmonella typhimurium.* In: *C. R. Soc. Biol.* (Paris), Nr. 171(5), 1977. S. 1041–1048. Zitiert in: *Carcinogenesis Abstracts* Nr. 16, 1979. Abstract 78–1945.

Dutra, Frank R.; Largent, Edward J.: Osteosarcoma Induced by Beryllium Oxide. In: *American Journal of Pathology* Nr. 26, 1950. Fußnote S. 197; »Entdeckungen in den vierziger Jahren.«

Ehrenberg, L.: Higher Plants. In: Hollaender, Alexander (Hrsg.): *Chemical Mutagens, Principles and Methods for Their Detection.* Band 2. New York: Plenum, 1971. »Autoxidierbare pflanzliche Öle sind mutagen.« S. 375.

Ehrlich, Paul R.; Ehrlich, Anne H.; Holdren, John P.: *Ecoscience: Population, Resources, Environment.* San Francisco: Freeman, 1977. »Tetrachlorkohlenstoff ist ein natürlicher Bestandteil der Luft (S. 675); lebenswichtige chemische Substanzen (S. 68); im Tabak wurde radioaktives Polonium gefunden (S. 588).«

Eisenbud, Merrill: *Environment, Technology, and Health: Human Ecology in Historical Perspective.* New York: New York University Press, 1978. »Die radioaktive Strahlung ist von der Bodenbeschaffenheit abhängig (S. 318); überall auf der Erde enthält das Erdreich die meisten der chemischen Elemente (S. 174); Zitat, (S. 314–315).«

–: *Environmental Radiocactivity,* 2. Aufl., New York: Academic Press, 1973. »Radioaktivität: Trinkwasser (S. 173); Nahrungsmittel (S. 174); natürliche Radioaktivität (S. 159–196); Radon (S. 198); Boden (S. 19); Zitat: Alles ist radioaktiv

(S. 159); Zitat: Strahlenbelastung aufgrund von chromosphärischen Eruptionen (S. 193).«
–: Persönliche Mitteilungen, 1979, Zitat.
Eklund, G.; Malec, E.: Sunlight and the Incidence of Cutaneous Malignant Melanoma. Effect of Latitude and Domicile in Sweden. In: *Scand J. Plast Reconstr Surg* Nr. 12(3), 1978, S. 231–241. Zitiert in: *Carcinogenesis Abstracts* Nr. 17, 1979. Abstract 79-1498.
El-Zawahri, M.; Moubasher, A.; Morad, M.; El-Kady, I.: Mutagenic Effect of Aflatoxin B_1. In: *Ann Nutr Aliment* Nr. 31 (4/5/6), 1977. S. 859–866. Zitiert in: *Carcinogenesis Abstracts* Nr. 16, 1979. Abstract 78-3680.
Endo, H.; Ishizawa, M.; Endo, T.; Takahashi, K.; Utsunomiya, T.; Kinoshita, N.; Hidaka, K.; Baba, T.: A Possible Process of Conversion of Food Components to Gastric Carcinogens. In: Hiatt, H. H.; Watson, J. D.; Winsten, J. A. (Hrsg.): *Origins of Human Cancer*. Buch C, *Human Risk Assessment*. New York: Cold Spring Harbor Laboratory, 1977. »Bei gleichzeitiger Aufnahme von Nitrit und Aminen entstehen N-Nitrosoverbindungen: kanzerogen (S. 1591, 1592); mutagen (S. 1592, 1602–1604).«
Engel, Ronald E.: Nitrites, Nitrosamines, and Meat. In: *Journal of the American Veterinary Medical Association* Nr. 171, 1977. »Beim Braten entstehen Kanzerogene, die im rohen Schinken nicht enthalten sind.« S. 1158.
(EPA) Environmental Protection Agency: *Criteria for Lead*. Zusammenfassung aus »Air Quality Criteria for Lead«, herausgegeben von der EPA, Dezember 1977. Washington, D. C.: Bureau of National Affairs, 1978. »Waldbrände, Radonzerfall, Meeressalz, vulkanische Asche, Erosion durch Wind und Regen belasten die Luft mit Blei.« S. 9.
–: Office of Water Planning and Standards: *National Water Quality Inventory: 1976 Report to Congress*. Washington, D. C., 1976. »Aus dem Grundgestein gelangt Arsen in hohen Konzentrationen in den Yellowstone River; hohe Metallgehalte im Wasser sind in erster Linie auf Bodenerosionen zurückzuführen.« S. 10.
–: *Potential Industrial Carcinogens and Mutagens*. Für das Office of Toxic Substances von Lawrence Fishbein zusammengestellt. EPA 560/5-77-005. Washington D. C., Mai 1977. »Methylchlorid (S. 163); 2-Naphtylamin (S. 251–252); 2-Nitropropan (S. 311); Acetaldehyd (S. 114)«.
Evans, I. A.: The Bracken Carcinogen. In: Searle, Charles E. (Hrsg.): *Chemical Carcinogens*. Washington, D. C.: American Chemical Society, 1976. S. 693–694.
Falk, Hans L.; Jurgelski, William, jun.: *Health Effects of Coal Mining and Combustion*. Nr. 7, *Carcinogens and Cofactors*. Research Triangle Park, North Carolina: National Institute of Environmental Health Sciences, 27. April 1979. Manuskript. »Kanzerogene Verbindungen in Kohle.« Vgl. Tabelle 3 und Tabelle 4.
Ferrando, R.; Guilleux, M. M.; Guerrillot-Vinet, A.: Oestrogen Content of Plants as a Function of Conditions in Culture. In: *Nature* Nr. 192, 1961. »Der Östrogengehalt in Karotten ist mit dem Östrogengehalt in Diäthylstilböstrol vergleichbar.« S. 1205.
Fine, D. H.; Rounbehler, D. P.; Fan, T.; Ross, R.: Human Exposure to N-nitroso

Compounds in the Environment. In: Hiatt, H. H.; Watson, J. D.; Winsten, J. A. (Hrsg.): *Origins of Human Cancer.* Buch A, *Incidence of Cancer in Humans.* New York: Cold Spring Harbor Laboratory, 1977. »Nach dem Genuß herkömmlicher Nahrungsmittel können im Blut Nitrosamine nachgewiesen werden (S. 300); Nitrosamine im Tabakrauch (S. 294).«

Fishbein, Lawrence: Atmospheric Mutagens. In: Hollaender, Alexander (Hrsg.): *Chemical Mutagens, Principles and Methods for Their Detection.* Band 4. New York: Plenum, 1976. »Polyzyklische aromatische Kohlenwasserstoffe sind kanzerogen und mutagen.« S. 231–238; Zitat: NO_x, S. 227.

–: *Environmental Sources of Chemical Mutagens. I. Naturally Occurring Mutagens.* In: Mehlman, Myron A. (Hrsg.): *Advances in Modern Toxicology.* Band 5, *Mutagenesis,* herausgegeben von Flamm, W. Garry, und Mehlman, Myron A., Washingotn, D. C.: Hemisphere, 1978. »Aflatoxin (S. 180); Cycasin (S. 193); NO_2 (S. 219, 224); Nitrit in Pflanzen (S. 204); Ozon (S. 229); SO_2 (S. 218–220).«

Ford, R. E.; Jacobsen, B. J.; White, D. G.: Mycotoxins – Environmental Contaminants in Nature. In: *Illinois Research,* Winter 1978. »Die Aflatoxine B_{2a}, G_{2a}, M_1, M_2 sind kanzerogen.« S. 11.

Freese, Ernst: Molecular Mechanisms of Mutations. In: Hollaender, Alexander (Hrsg.): *Chemical Mutagens, Principles and Methods for Their Detection.* Band 1. New York: Plenum, 1971. »Cycasin wird von Bakterien des Verdauungstrakts aktiviert (S. 38); N-Nitrosoverbindungen sind mutagen (S. 36); Streptomyces produzieren kanzerogene und mutagene N-Nitrosoverbindungen (S. 38).«

Friberg, Lars; Cederlöf, Rune: Late Effects on Air Pollution with Special Reference to Lung Cancer. In: *Environmental Health Perspectives* Nr. 22, 1978. Tabelle, S. 49.

Friberg, Tom: *Naturally Occurring Volatile Hydrocarbons in the Atmosphere.* Department of Civil Engineering, University of Washington, 23. Mai 1972. »Manuskript. Zitat, vgl. Teil ›Laubemissionen‹«.

Fritz, W.: Zur Bildung kanzerogener Kohlenwasserstoffe bei der thermischen Behandlung von Lebensmitteln. 7. Mitteilung: Untersuchung zur Kontamination beim Räuchern. In: *Arch Geschwulstforsch.* Nr. 47(8), 1977. S. 685–613. Zitiert in: *Carcinogenesis Abstracts* Nr. 16, 1979. Abstract 78-0734. »Der Benzo(a)pyrengehalt ist in geräuchertem Fisch höher als in geräuchertem Fleisch oder in Wurst.«

Fukuoka, M.; Kuroyanagi, M.; Yoshihira, K.; Natori, S.; Nagao, M.; Takahashi, Y.; Sugimura T.: Chemical and Toxicological Studies in Bracken Fern, *Pteridum aquilinum Var. Latiusculum.* IV. Surveys on Bracken Constituents by Mutagen Test. In: *J Pharmacobio Dyn* Nr. 1(5), 1978. S. 324-331. Zitiert in: *Carcinogenesis Abstracts* Nr. 17, 1980. Abstract 79–4439. »Bestandteile des Farnkrauts sind mutagen.«

Furst, Arthur: Inorganic Agents as Carcinogens. In: Mehlman, Myron A. (Hrsg.): *Advances in Modern Toxicology.* Band 3. Washington, D. C.: Hemisphere, 1977. »Metallische Kanzerogene: Aluminium, Quecksilber, Silber.« S. 211, 221.

–: An Overview of Metal Carcinogenesis. In: Schrauzer, G. N. (Hrsg.): *Inorganic*

and Nutritional Aspects of Cancer. New York: Plenum, 1978. »Metallische Kanzerogene: Cadmium, Kobalt, Nickel.« S. 3.
–: Trace Elements Related to Specific Chronic Diseases: Cancer. In: Cannon, Helen L.; Hopps, Howard C. (Hrsg.): *Environmental Geochemistry in Health and Disease.* Boulder, Colo.: Geological Society of America, 1971. »Lebenswichtige Kanzerogene: Eisen, Kupfer, Magnesium, Mangan, Molybdän, Zink.« S. 109.
Fushimi, K.; Kato, K.; Kato, T.; Matsubara, N.: Carcinogenicity of Flower Stalks of *Petasites japonicus* Maxim in Mice and Syrian Golden Hamsters. In: *Toxicol Lett* Nr. 1(5/6), 1978. S. 291–294. Zitiert in: *Carcinogenesis Abstracts* Nr. 16, 1979. Abstract 78–3077.
Galvan Aguilera, A. S.: Skin Cancer. In: *Patol Quir Citol Esfoliativa* Nr. 4(4), 1978. S. 145–153. Zitiert in: *Carcinogenesis Abstracts* Nr. 17, 1979. Abstract 79-0617. »Es besteht ein Zusammenhang zwischen der Entstehung von Hautkrebs und der Hautfarbe sowie dem geographischen Wohnort.«
Gesell, Thomas F.; Cook, Lewis M.: Environmental Radioactivity in the South Texas, USA, Uranium District. In: *International Symposium on Areas of Hight Natural Radioactivity,* herausgegeben von der Academia Brasileira de Ciências. Rio de Janeiro: R. J., 1977. »Das Wasser von Südtexas weist hohe Radonkonzentrationen auf.« S. 184.
Gibel, W. et al.: Experimentelle Untersuchung zur kanzerogenen Wirkung höherer Alkohole am Beispiel von 3-Methyl-1-butanol (Isoamylalkohol), 1-Propanol (Propylalkohol) und 2-Methyl-1-propanol (Isobutylalkohol). In: *Z. Exper. Chirurg.* Nr. 7, 1974. S. 235–239. »Alkoholische Getränke enthalten kanzerogene und mutagene Öle.« S. 5.
Goldberg, Leon: The Amelioration of Foods: The Milroy Lectures. In: *Journal of the Royal College of Pohysicians of London* Nr. 1, 1967. »Aflatoxine in der Milch (Nabney, 1967, und Mickelsen, 1964, von Goldberg zitiert), S. 398; Cumarin im Obst, S. 400.«
Goldberg, E. D.; Broecker, W. S.; Gross, M. G.; Turekian, K. K.: Marine Chemistry. In: *Radioactivity in the Marine Environment.* National Research Council. Washington, D. C.: National Academy of Sciences, 1971. »In den Ozeanen kommen sämtliche chemischen Elemente vor.« S. 139–140.
Grasso, P.; O'Hare, C.: Carcinogens in Food. In: Searle, Charles E. (Hrsg.): *Chemical Carcinogens.* Washington, D. C.: American Chemical Society, 1976. »Bakterien des Verdauungstrakts besitzen nitrosierende Wirkung (S. 713); Pflanzen synthetisieren polyzyklische aromatische Kohlenwasserstoffe, einschließlich Benzo(a)pyren (S. 707).«
Greden, John F.: Coffee, Tea and You. In: *Science* Nr. 19, 1979. »Koffein in Kakaobäumen, Kaffeebohnen, Kolanüssen, Teeblättern.« S. 6.
Green, M.; Mackey, J. K.: Are Oncogenic Human Adenoviruses Associated with Human Cancer? Analysis of Human Tumors for Adenovirus Transforming Gene Sequences. In: Hiatt, H. H.; Watson, J. D.; Winsten, J. A. (Hrsg.): *Origins of Human Cancer.* Buch B, *Mechanism of Carcinogenesis.* New York: Cold Spring

Harbor Laboratory, 1977. »Adenoviren des Menschen wirken bei Hamstern kanzerogen.« S. 1027.

Grigg. G. W.: Genetic Effects of Coumarins. In: *Mutat Res* Nr. 47(3/4), 1978. S. 161–181. Zitiert in: *Carcinogenesis Abstracts* Nr. 16, 1979. Abstract 78-5433. »Cumarin ist mutagen.«

Grimmer, G. von; Hildebrandt, A.: Der Gehalt polycyclischer Kohlenwasserstoffe in Kaffee und Tee, Kohlenwasserstoffe in der Umgebung des Menschen, 4. Mitteilung. In: *Deutsche Lebensmittel-Rundschau,* Heft 1, 1966. »Bei hohen Temperaturen geben Kaffeebohnen und Teeblätter Benzo(a)pyren ab.« S. 19–21.

Griner, L. A.: Neoplasms in Tasmanian Devils (Sarcophilus harrisii). In: *J Natl Cancer Inst.* Nr. 62(3), 1979, S. 589-595. Zitiert in: *Carcinogenesis Abstracts* Nr. 17, 1979. Abstract 79-1155.

Gruener, N.: Mutagenicity of Ozonated, Recycled Water. In: *Bull Environ Contam Toxicol* Nr. 20(4), 1978. S. 522-526. Zitiert in: *Carcinogenesis Abstracts* Nr. 16, 1979. Abstract 78-6105.

Hammond, E. Cuyler: *Testimony. Hearings Before the Subcommittee on Labor of the Committee on Human Resources.* United States Senate, Ninety-fifth Congress, First Session. Zur Untersuchung des Ausmaßes industriell bedingter Krankheiten in unserer Gesellschaft. 28., 29., 30. Juni 1977. Herausgegeben im Auftrag des Committee on Human Resources. Washington, D. C.: US Government Printing Office, 1978. Zitat, S. 19.

Hancock, R. L.; Dickie, M. M.: Biochemical, Pathological, and Genetic Aspects of a Spontaneous Mouse Hepatoma. In: *Journal of the National Cancer Institute* Nr. 43, 1969. »Fettreiche Ernährung begünstigt die Entstehung von Leberkrebs.« S. 407–408.

Handler, Philip: Dedication Address. In: *Northwestern University Cancer Center.* 18. Mai 1979. Manuskript. »Sauerstoff ist mutagen.« S. 15; Zitat, S. 15.

Hardigree, A. A.; Epler, J. L.: Mutagenicity of Plant Flavonols in Microbial Systems. In: *Mutation Research* Nr. 53, 1978. Abstract 41. »Das Flavonoid Quercetin ist mutagen.« S. 89.

Harley, N. H.; Cohen, B. S.; Pasternack, B. S.; Fisenne, I. M.; Rohl, A. N.: Radioactivity in Asbestos. In: *Environ Int* Nr. I(4), 1978. S. 161–165. Zitiert in: *Carcinogenic Abstracts* Nr. 17, 1979, Abstract 79-1511, S. 534.

Harvey, George R.; Requejo, Adolfo G.; McGillivary, Philip A.; John, M.: Observation of a Subsurface Oil-Rich Layer in the Open Ocean. In: *Science* Nr. 205, 1979. S. 999-1000; Zitat, S. 1000.

(HEW) Ministerium für Gesundheit, Bildung und Soziales: *Summary Work Group Reports of the Interagency Task Force on Ionizing Radiation.* Washington, D. C.: Department on Health, Education, and Welfare, 27. Februar 1979. »Schätzung der natürlichen Strahlenbelastung, der die Bevölkerung ausgesetzt ist.« S. 20.

Heath, J. C.; Daniel, M. R.; Dingle, J. T.; Webb, M.: Cadmium as a Carcinogen. In: *Nature* Nr. 193, 1962. »Kobalt ist kanzerogen.« S. 592.

Hecht, S. S.; Chen, C. B.; Hirota, N.; Ornaf, R. M.; Tso, T. C.; Hoffmann, D.: Tobacco-Specific Nitrosamines: Formation from Nicotine In Vitro and During

Tobacco Curing and Carcinogenicity in Strain A Mice. In: *J Nat. Cancer Inst* Nr. 60(4), 1978. S. 819–824. Zitiert in: *Carcinogenesis Abstracts* Nr. 16, 1979. Abstract 78–2694.

Hecker, E.: Co-carcinogene oder bedingt krebsauslösende Faktoren. Aktuelle neue Aspekte der Ätiologie menschlicher Tumoren und des molekularen Mechanismus der Krebsentstehung. In: *Naturwissenschaften* Nr. 65(12), 1978. S. 640–648. »Kräutertee enthält co-cancerogene Diterpenester.«

–: Co-Carcinogens of the Diterpene Ester Type – Actual New Findings Concerning the Etiology of Human Tumors and the Molecular Mechanism of Carcinogenesis. In: *Naturally Occurring Carcinogens – Mutagens and Modulators of Carcinogenesis.* Ninth International Symposium of the Princess Takamatsu Cancer Research Fund, 23.–25. Januar 1979. Tokyo, Japan. Abstract. »Co-cancerogene Diterpenester in Gartenpflanzen.« S. 50.

Henderson, James Stuart; Jenks, Irving Harris: Guest Editorial: Sun, Light, and Human Health. In: *Photochemistry and Photobiology* Nr. 29, 1979. »Sauerstoff ist ein Giftstoff (S. 1–3); Ozon ist mutagen (S. 3); Sonnenstrahlung und Ozon (S. 3).«

Hendricks, J. D.; Sinnhuber, R. O.; Loveland, P. M.; Pawlowski, N. E.; Nixon, J. E.: Hepatocarcinogenicity of Glandless Cottonseads Oil to Rainbow Trout (Salmo gairdnerii). In: *Science* Nr. 208, 1980.

Henry, Paul S.: A Simple Description of the 3K Cosmic Microwave Background. In: *Science* Nr. 207, 1980. »Urknalltheorie.« S. 939.

Hernberg, S.: Incidence of Cancer in Population with Exceptional Exposure to Metals. In: Hiatt, H. H.; Watson, J. D.; Winsten, J. A. (Hrsg.): *Origins of Human Cancer.* Buch A, *Incidence of Cancer in Humans.* New York: Cold Spring Harbor Laboratory, 1977. »Arsen (S. 147); Beryllium (S. 148); Cadmium (S. 149); Chrom (S. 150); Eisen, Nickel (S. 151).«

Herriott, Roger M.: Effects on DNA: *Chemical Mutagens, Principles and Methods for Their Detection.* Band 1. New York: Plenum, 1971. »Ultraviolette Strahlung ist mutagen.« S. 188.

Herrmann, W. P.: Melanome und Sonnenstrahlung. In: *Dtsch Med Wochenschr* Nr. 103(29), 1978. S. 1155-1156. »Die ultraviolette Strahlung ist möglicherweise ein Co-Faktor bei der Bildung maligner Melanome.«

Hewer, T.; Rose, E.; Chadirian, P.; Castegnaro, M.; Bartsch, H.; Malaveille, C.; Day, N.: Ingested Mutagens from Opium and Tobacco Pyrolysis Products and Cancer of the Oesophagus. In: *Lancet* Nr. 2(8088), 1978, S. 494–496. Zitiert in: *Carcinogenesis Abstracts* Nr. 16, 1979. Abstract 78-5049.

Higginson, John: Chronic Toxicology – An Epidemiologist's Approach to the Problem of Carcinogenesis. In: Hayes, Wayland J. jun. (Hrsg.): *Essays in Toxicology.* Band 7. New York: Academic, 1976. »Kanzerogene Fossilstoffe: Antracen, Lignit, Erdöl.« S. 61.

Hirono, Iwao; Mori, Hideki; Haga, Masanobu; Yamada, Koyoyuki; Hirata, Yoshimasa: Edible Plants Containing Carcinogenic Pyrrolizidine Alkaloids in Japan. In: *Naturally Occurring Carcinogens – Mutagens and Modulators of Carci-*

nogenesis. Ninth International Symposium of the Princess Takamatsu Cancer Research Fund, 23.–25. Januar 1979. Tokyo, Japan. Abstract. »Pyrrolizidinalkaloide in pflanzlichen Nahrungsmitteln: kanzerogen (S. 20); mutagen (S. 21).«

Ho, J. H. C.; Huang, D. P.; Fong, Y. Y.: Salted Fish and Nasopharyngeal Carcinoma in Southern Chinese. In: *Lancet,* 16. September 1978. »Gesalzener Fisch ist kanzerogen und mutagen, steht möglicherweise in Zusammenhang mit Krebsentstehung.« S. 626.

Hoffmann, D.; Adams, J. D.; Brunnemann, K. D.; Hecht, S. S.: Assessment of Tobacco-specific N-Nitrosamines in Tobacco Products. In: *Cancer Res* Nr. 39(7, Teil 1), 1979. S. 2505–2509. Zitiert in: *Carcinogenesis Abstracts* Nr. 17, 1980. Abstract 79-4409.

Holden, Constance: Big Future for Synthetics. In: *Science* Nr. 208, 1980. Zitat, S. 576.

Homburger, F.; Boger, Eliahu: The Carcinogenicity of Essential Oils, Flavors, and Spices: A Review. In: *Cancer Research* Nr. 28, 1968. »Öle der Grapefruit, Zitrone, Limone, Orange.« S. 2372.

Hopps, Howard C.: Cancer: The Geochemical Environment and Cancer. In: *Geochemistry and the Environment,* Band III. Washington, D. C.: National Academy of Sciences, 1978. »Kanzerogene Metalle: Arsen, Beryllium, Blei, Cadmium, Chrom, Eisen, Kobalt, Kupfer, Nickel, Quecksilber, Selen, Silber, Titan, Zink (S. 82); Bodenpartikel in der Luft vom Menschen eingeatmet (S. 84).«

Howard, John W.; Fazio, Thomas: A Review of Polycyclic Aromatic Hydrocarbons in Foods. In: *Journal of Agricultural and Food Chemistry* Nr. 17, 1969. »Benzo(a)pyren entsteht bei der thermischen Behandlung von Aminosäuren, Kohlehydraten, Fettsäuren, Stärke (S. 530); verkohltes Gebäck (Kuratsune, 1956) (S. 530); Räuchern von Lebensmitteln (S. 528–529).«

Hueper, Wilhelm C.: Some Comments on the History and the Experimental Exploration of Metal Carcinogens and Cancers. In: *Journal of the National Cancer Institute* Nr. 62, 1979. »Kanzerogene Metalle: Beryllium, Blei, Cadmium, Gold, Kobalt, Nickel, Quecksilber, Selen, Zink; Chromat.« S. 723; Zitat, S. 723.

Il'nitskii, A. P.; Vinogradov, V. N.; Riabchun, V. K.; Mishchenko, V. S.; Gvil'dis, V. Iu.; Chernen'kii, B. I.; Belitzkii, G. A.; Shabad, L. M.: Analysis of Prehistoric Levels of Benzo(a)pyrene in Permafrost Soil. In: *Dokl Akad Nauk SSSR* Nr. 245(1), 1979. S. 254–257. Zitiert in: *Carcinogenesis Abstracts* Nr. 17, 1979. Abstract 79-2529.

Ilnitsky, A. P.; Belitsky, G. A.; Shabad, L. M.: On the Carcinogenic Polycyclic Aromatic Hydrocarbon Benzo(a)pyrene in Volcano Exhausts. In: *Cancer Letters* Nr. 1, 1976.

Ilnitsky, A. P.; Mishchenko, V. S.; Shabad, L. M.: New Data on Volcanoes as Natural Sources of Carcinogenic Substances. In: *Cancer Letters* Nr. 3, 1977. »Vulkane belasten die Biosphäre mit Benzo(a)pyren.« S. 227.

Interagency Task Force on Ionizing Radiation. Arbeitsgruppe zur Reduzierung der Strahlenbelastung. Arbeitsbericht: *Draft Report.* Atlanta, Georgia: Center for Disease Control, 20. Februar 1979. »Tabakpflanzen enthalten radioaktives Polonium.« S. 142–143.

IARC (Internationale Krebsforschungsbehörde): *IARC Monographs on the Evaluation of the Carcinogenic Risk of Chemicals to Man.* Lyon: IARC.
Band 6: Sex Hormones. 1974. »Kanzerogene Hormone: Östradiol (S. 111); Östron (S. 129–130); Progesteron (S. 143); Testosteron (S. 245). Synthetische und natürliche Hormone besitzen denselben Metabolismus (S. 39). Natürliche Östrogene: Östradiol (S. 111); Östron (S. 129–130); natürliche Hormone (S. 19). Synthetische Östrogene: Diäthylstilböstrol (S. 69–70); Äthinylöstradiol (S. 83–84).«
Band 7: Some Anti-thyroid and Related Substances, Nitrofurans and Industrial Chemicals. 1974. »Acetamide: kanzerogen (S. 201); in überoxidiertem Wein (S. 199); Thioharnstoff: kanzerogen (S. 104); in Goldregensträuchern festgestellt (S. 99).«
Band 10: Some Naturally Occurring Substances. 1976
Kanzerogene, die von Bakterien und Pilzen synthetisiert werden: Actinomycin D (S. 31, 37); Aflatoxine (S. 53–54, 63, 64), Zitat (S. 53–54); Azaserin (S. 74, 76); Chloramphenicol (S. 89, 92–93); Daunomycin (S. 147, 150); Griseofulvin (S. 155, 158); Mitomycin C (173–176); Patulin (S. 206, 208); Penicillinsäure (S. 212, 214); Sterigmatocystin (S. 246, 249).
Kanzerogene, die von Bäumen und anderen Pflanzen synthetisiert werden: Carageen (S. 181, 187); Cumarin (S. 115, 117); Cycasin (S. 129); Pyrrolizidinalkaloide (S. 339); Tannin (S. 256, 259).
Kanzerogene, die im Gewebe höherer Tierarten, in tierischen Fetten und Ölen vorkommen: Cholesterin (S. 101); Cholesterin ein kanzerogener Promotor (S. 103); Cholesterin ein Kokanzerogen (S. 104).
Band 11: Cadmium, Nickel, Some Epoxides, Miscellaneous Industrial Chemicals, and General Considerations on Volatile Anaesthetics. 1976. »Cadmium in der Tabakpflanze und im -rauch festgestellt (S. 48); Nickel im Tabakrauch (S. 85); Sonnenblumenöl (S. 176, 179).«
Band 14: Asbestos. 1977. »Erdkruste (S. 28); fibröse Silikate (S. 11); mineralische Schadstoffe (S. 80); Schadstoffe im Talk (S. 32).«
Band 17: IARC Monographs on the Evaluation of the Carcinogenic Risk of Chemicals to Humans. Some N-Nitroso Compounds. 1978. »Streptomyces, Mikroorganismen des Erdreichs, produzieren Streptotoxin, dessen Molekularstruktur Ähnlichkeiten mit N-Nitrosoverbindungen aufweist (S. 35, 339); kanzerogen (S. 344); mutagen (S. 343); in der Natur sind nitrosierbare Substanzen weitverbreitet (S. 37).«

Ivankovic, S.: Experimental Prenatal Carcinogenesis. In: Tomatis, L.; Mohr, U. (Hrsg.): *Transplacental Carcinogenesis.* IARC Scientific Publications No. 4. Lyon: IARC, 1973. »Einige N-Nitrosoverbindungen wirken als transplazentale Kanzerogene.« S. 97–98.

–: Gastric Cancer in Rats after Chronic Intraperitoneal Application of Sap of Green Parts of Potatoes (Solanum tuberosum L.). In: *Experientia* Nr. 34(5), 1978. S. 645. Zitiert in: *Carcinogenesis Abstracts* Nr. 16, 1979. Abstract 78-6210.

Jones, C. Allan; Rasmussen, Reinhold, A.: Production of Isoprene by Leaf Tissue. In: *Plant Physiology* Nr. 55, 1975. S. 982.

Joseph, A. B.; Gustafson, P. F.; Russel, I. R.; Schuert, E. A.; Volchok, H. L.; Tamplin, A.: Sources of Radioactivity and Their Characteristics. In: *Radioactivity in the Marine Environment.* Washington, D. C.: National Academy of Sciences, 1971. »In den Ozeanen finden sich sämtliche auf der Erde und im Kosmos vorkommenden Radionuklide.« S. 7–9.

Jukes, T. H.: Des in Beef Production: Science, Politics, and Emotion. In: Hiatt, H. H.; Watson, J. D.; Winsten, J. A. (Hrsg): *Origins of Human Cancer.* Buch C, *Human Risk Assessment.* New York: Cold Spring Harbor Laboratory, 1977. »Tier- und Pflanzenöstrogene sind durchaus mit Diäthylstilböstrol vergleichbar.« S. 1657–1658.

Kahn, H.: Toxicity of Oil Shale Chemical Products. A Review. In: *Scand J Work Environ Health* Nr. 5(1), 1979. S. 1–9. Zitiert in: *Carcinogenesis Abstracts* Nr. 17, 1980. Abstract 79-4246. »Schieferöl ist kanzerogen.«

Kakvan, M.; Greenberg, S. D.: Cigarett Smoking and Cancer of the Lung: A Review. In: *RI Med J* Nr. 60(12), 1977. S. 588–591, 606. Zitiert in: *Carcinogenesis Abstracts* Nr. 16, 1979. Abstract 78-0610. »Die im Teer des Zigarettenrauchs enthaltenen Kohlenwasserstoffe sind kanzerogen.«

Kapadia, Govind J.; Chung, E. B.; Ghosh, B.; Shukla, Y. N.; Basak, S. P.; Morton, J. F.; Pradhan, S. N.: Carcinogenicity of Some Folk Medicinal Herbs in Rats. In: *Journal of the National Cancer Institute* Nr. 60, 1978. »Pflanzliche Extrakte sind kanzerogen.« S. 684.

Karler, Ralph: Toxicological and Pharmacological Effects. In: Petersen, Robert C. (Hrsg.): *Marijuana Research Findings: 1976.* Rockville, Md.: U. S. Department of Health, Education, and Welfare; National Institute on Drug Abuse, July 1977. »Marihuanarauch enthält mehr kanzerogene Kohlenwasserstoffe als Tabakrauch.« S. 67.

Keller, Edward A.: *Environmental Geology.* Columbus, Ohio: Charles E. Merrill, 1976. »Vulkane stoßen Selen aus (S. 283); Vulkane, geographische Lage, Eruptionssubstanzen (S. 151–152).«

Kessler, I. I.: *Journal of the National Cancer Institute* Nr. 44, 1970. Zitiert in: H. F. Kraybill: The Question of Benefits and Risks. In: *Sweeteners, Issues and Uncertainties.* Washington, D. C.: National Academy of Sciences, 1975. »Diabetiker anfällig für Pankreaskrebs.« Tabelle, S. 72.

Kihlamn, B. A.: Root Tips for Studying the Effects of Chemicals on Chromosomes. In: Hollaender, Alexander (Hrsg.): *Chemical Mutagens, Principles, and Methods for Their Detection* Band 2. New York: Plenum, 1971. »Koffein ist mutagen.« S. 507.

Kimura, Shuichi; Suwa, Junichi; Ito, Michiko; Sato, Haruo: Experimental Studies on the Development of Malignant Goiter with Defatted Soybean. In: *Naturally Occuring Carcinnogens – Mutagens and Modulators of Carcinogenesis.* Ninth International Symposium of the Princess Takamatsu Cancer Research Fund, 23.–25. Januar 19.« Tokyo, Japan. Abstract. »Sojabohnen enthalten Kanzerogene und Mutagene.« S. 24.

Klein, D.; Gaconnet, N.; Poullain, B.; Debry, G.: Effect of a Nitrate Test Meal on

Salivary and Gastric Nitrite Levels in Humans. In: *Food Cosmet Toxicol* Nr. (16(2), 1978. S. 111–115. Zitiert in: *Carcinogenesis Abstracts* Nr. 16, 19.«. Abstract 78-3111. »Im Speichel reduzieren Bakterien Nitrat zu Nitrit.«

Kraybill, Herman F.: Carcinogenesis Induced by Trace Contaminants in Potable Water. In: *Bulletin of the New York Academy of Medicine* Nr. 54, 1978. »Natürliche Erdölvorkommen sickern in die Ozeane; Küste Südkaliforniens.« S. 415.

–: Conceptual Approaches to the Assessment of Nonoccupational Environmental Cancer. In: Mehlman, Myron A. (Hrsg.): *Advances in Modern Toxicology,* Band 3, Kraybill, H. F.; Mehlman, Myron A. (Hrsg): *Environmental Cancer.* Washington, D. C.: Hemisphere, 1977. »Kanzerogene Arzneimittel, die aus Bakterien und Pilzen gewonnen werden; Actinomycin D, Griseofulvin, Mitomycin C, Penicillin.« Tabelle, S. 53.

–: The Question of Benefits and Risks. In: *Sweetener, Issues, and Uncertainties.* Washington, D. C.: National Academy of Sciences, 1975. »Bei Diabetikern kann Sucrosegenuß die Bildung von Pankreaskrebs zur Folge haben.« S. 61, 72.

Kroes, R.: Food: A Carcinogenic Hazard? In: Nieburgs, Herbert E. (Hrsg.): *Prevention and Detection of Cancer.* Teil I, *Prevention.* Band 1, *Etiology*. New York: Marcel Dekker, 1977. »Zusammenhang zwischen proteinreicher Ernährung und Krebs (S. 600); Nitrat in Lauch, Portulak und Spinat (S. 659–660); beim Räuchern von Nahrungsmitteln bildet sich Benzo(a)pyren (S. 661).«

Kröplien, Udo: Monosaccharides in Roasted and Instant Coffees. In: *Journal of Agricultural and Food Chemistry* Nr. 22, 1974. »Kaffee enthält Fructose.« S. 110.

Kubota, J.; Holmgren, George S.; Lakin, Hubert W.: Soils: Their Distribution, Uses, and Trace-Element Concentration. *Geochemistry and the Environment.* Band III. Washington, D. C.: National Academy of Sciences, 1978. »Spurenelemente im Boden und in lebenden Organismen enthalten.« Tab. 10, S. 55.

Kuczuk, Maureen H.; Benson, Paul M.; Health, Harry; Hayes, A. Wallace: Evaluation of the Mutagenic Potential of Mycotoxins Using *Salmonella Typhimurium* and *Saccharomyces Cerevisiae.* In: *Mutation Research* Nr. 53, 1978. »Aflatoxin B_1 und Sterigmatocystin sind mutagen.« S. 17–18.

Kuhlmann, Wilhelm; Fromme, Hans-Georg; Heege, Eva-Maria; Ostertag, Wolfram: The Mutagenic Action of Coffeine in Higher Organisms. In: *Cancer Research* Nr. 28, 1968. »Koffein besitzt mutagene Wirkung in Bakterien, Drosophila, Pilzen, In-vitro-Gewebszellen des Menschen, Mäusen, Pflanzen; Beweise für Kanzerogenität.« S. 2375.

Laqueur, G. L.: Oncogenicity of Cycads and Its Implications. In: Mehlman, Myron A. (Hrsg): *Advances in Modern Toxicoloy.* Band 3: Kraybill, H. F.; Mehlman, Myron A. (Hrsg): *Environmental Cancer.* Washington, D. C.: Hemisphere, 1977. »Cycadales sind kanzerogen (S. 231–250); mutagen (S. 255–256).«

Laqueur, G. L.; Spatz, Maria: Transplacental Induction of Tumours and Malformations in Rats with Cycasin and Methylazoxymethanol. In: Tomatis, L.; Mohr, U. (Hrsg.): *Transplacental Carcinogenesis.* IARC Publications No. 4. Lyon: IARC, 1973. »Cycasin: kanzerogen (S. 59); transplazentales Kanzerogen, vgl. gesamten Artikel.«

–: Toxicology of Cycasin. In: *Cancer Research* Nr. 28, 1968. »Cycadales sind Kanzerogen (S. 2263–2269); mutagen (S. 2265).« Lave, Lester B.; Seskin, Eugene P.: *Air Pollution and Human Health.* Baltimore; Johns Hopkins University Press, 1977. »Vulkane stoßen Schwefeloxide aus.« S. 3; Zitat, S. 3.

Lee, D. J.; Wales, J. H.; Ayres, J. L.; Sinnhuber, R. O.: Synergism between Cyclopropenoid Fatty Acids and Chemical Carcinogens in Rainbow Trout *(Salmo gairdnerii).* In: *Cancer Research* Nr. 28, 1968. »S.-foetida-Öl ist ein kanzerogener Promotor.« S. 2312.

Lee, L. S.; Weinstein, I. B.: Tumor-promoting Phorbol Esters Inhibit Binding of Epidermal Growth Factor to Cellular Receptors. In: *Science* Nr. 202(4365), 1978, S. 313–315. Zitiert in: *Carcinogenesis Abstracts* Nr. 16, 1979. Abstract 78-6306. »Phorbolester und verwandte pflanzliche Diterpense sind Tumorpromotoren.«

Léonard, Alain: Observations on Meiotic Chromosomes of the Male Mouse as a Test of the Potential Mutagenicity of Chemicals in Mammals. In: Hollaender, Alexander (Hrsg.): *Chemical Mutagens, Principles, and Methods for Their Detection.* Band 3. New York: Plenum, 1973. »Koffein verursacht Chromosomenbrüche.« S. 47.

Leopold, A. Carl; Ardrey, Robert: Toxic Substances in Plants and the Food Habits of Early Man. In: *Science* Nr. 176, 1972. »Das Kochen von pflanzlichen Nahrungsmitteln ist eine neuere Errungenschaft der Menschheit.« Zitat S. 512.

Levin, W.; Lu, A. Y. H.; Ryan, D.; Wood, A. W.; Kapitulnik, J.; West, S.; Huang, M.–T.; Conney, A.–H.; Thakker, D.–R.; Holder, G.; Yagi, H.; Jerina, D. M.: Properties of the Liver Microsomal Monoxygenase System and Epoxide Hydrase: Factors Influencing the Metabolism and Mutagenicity of Benzo(a)pyrene. In: Hiatt, H. H.; Watson, J. D.; Winsten, J. A. (Hrsg.): *Origins of Human Cancer.* Buch B: *Mechanisms of Carcinogenesis.* New York: Cold Spring Harbor Laboratory, 1977. Zitat S. 659.

Lewis, Walter, H.; Elvin-Lewis, Memory P. F.: *Medical Botany: Plants Affecting Man's Health.* New York: Wiley, 1977. »E. coli produziert Äthionin (S. 118); Mineralöl (S. 116); roter Pfeffer (Chili) (S. 121).«

Liener, Irvin E.: Miscellaneous Toxic Factors. In: Liener, Irvin E. (Hrsg.): *Toxic Constituents of Plant Foodstuffs.* New York: Academic, 1969. »Östrogene in Getreide, Obst, pflanzlichen Ölen und Gemüse.« S. 411.

Lijinsky, W.; Shubik, P.: Benzo(a)pyrene and Other Polynuclear Hydrocarbons in Charcoal-Broiled Meat. In: *Science* Nr. 145, 1964. »Polynukleare Kohlenwasserstoffe in gegrillten Steaks.« Vgl. Tabelle 1, S. 54.

Lijinsky, William; Shubik, Philippe: The Detection of Polycyclic Aromatic Hydrocarbons in Liquid Smoke and Some Foods. In: *Toxicology and Applied Pharmacology* Nr. 7, 1965. »Geräucherter Schellfisch und geräucherter Lachs enthalten Benzo(a)pyren.« S. 341.

Lindroth, S.; Niskanen, A.: Comparison of Potential Patulin Hazard in Homemade and Commercial Apple Products. In: *Journal Food Sci* 43(2), 1978. S. 446–448. Zitiert in: *Carcinogenesis Abstracts* Nr. 16, 1979. Abstract 78–2128.

»Selbstgemachtes Apfelgelee und selbstgepreßter Apfelsaft enthalten Patulin.«
Lorenz, O. A.; Weir, B. L.: Nitrate Accumulation in Vegetables. In: White, Philip L.; Robbins, Diane (Hrsg.): *Environmental Quality and Food Supply*. Mount Kisco, New York: Futura, 1974. »Nitrate in Gemüse.« S. 95.
Lovelock, James; Epton, Sidney: The Quest for Gaia. In: *New Scientist* Nr. 65, 1975. »Tetrachlorkohlenstoff kommt in natürlicher Form vor (S. 305); Sauerstoff spielt eine wichtige Rolle in der Evolution (S. 305).«
Lovelock, James E.; Maggs, R. J.; Wade, R. J.: Halogenated Hydrocarbons in and over the Atlantic. In: *Nature* Nr. 241, 1973. »Tetrachlorkohlenstoff in der Natur synthetisiert.« S. 194–196.
McDonald, Gordon A.; Hubbard, Douglass H.: *Volcanoes of the National Parks in Hawaii*. Honolulu, Hawaii: Tongg, 1970. Verbesserte Ausgabe. »Kanzerogene Metalle; Schwefeldioxid ist ein kanzerogener Promotor.« Tabelle, S. 10.
Macgregor, J. T.; Jurd, L.: Mutagenicity of Plant Flavonoids: Structural Requirements for Mutagenic Activity in Salmonella typhimurium. In: *Mutat Res* Nr. 54(3), 1978. S. 297–309. Zitiert in: *Carcinogenesis Abstracts* Nr. 17, 1979. Abstract 79-0149. »Kampferol und Quercetin sind mutagen.«
Magee, P. N.: Mechanisms of Transplacental Carcinogenesis by Nitroso Compounds. In: Tomatis, L.: Mohr, U. (Hrsg.): *Transplacental Carcinogenesis*. IARC Scientific Publications No. 4. Lyon: IARC, 1973. »Transplazental wirkende N-Nitrosoverbindungen.« S. 143.
–: N-Nitrosodiethanolamine. In: *Some N-Nitroso Compounds*. IARC Monographs on the Evaluation of the Carcinogenic Risk of Chemicals to Humans. Band 17. 1978. S. 365, 77–82. Zitiert in: *Carcinogenesis Abstracts* Nr. 16, 1979. Abstract 78-4823. »N-Nitrosodiäthanolamin in Tabak.«
Magee, P. N.; Montesano, R.; Preussmann, R.: N-Nitroso Compounds and Related Carcinogens. In: Searle, Charles E. (Hrsg.): *Chemical Carcinogens*. Washington, D. C.: American Chemical Society, 1976. »N-Nitrosoverbindungen sind kanzerogen (S. 491); N-Nitrosoverbindungen sind transplazental wirkende Kanzerogene (S. 502); natürliche Amine in fast allen Nahrungsmitteln (S. 587).«
Mancuso, Thomas F.: Prevention and Control of Occupational Exposures; An Overview. In: Nieburgs, Herbert E. (Hrsg.): *Prevention and Detection of Cancer*. Teil I, *Prevention*. Band 2, *Etiology, Prevention Methods*. New York: Marcel Dekker, 1978. Zitat, S. 1851.
Mandel, M.; Ichinotsubu, D.; Mower, H.: Nitroso Group Exchange as a Way of Activation of Nitrosamines by Bacteria. In: *Nature* Nr. 267, 1977. »Bakterien des Verdauungstrakts (E. coli), die mit Aminen und Amiden reagieren, verursachen möglicherweise Mutationen und Krebs.« S. 249.
Markus, R. L.: Fern Leaves and Cancer. (Brief an den Herausgeber.) In: *Chem Eng News* Nr. 56(15), 1978. S. 4. Zitiert in: *Carcinogenesis Abstracts* Nr. 16, 1979. Abstract 78-1134. »Die Blätter des Farnkrauts, die in Japan und Wales ein Nahrungsmittel sind, sind kanzerogen.«
Marshall, Eliot: Carcinogens in Scotch. In: *Science* Nr. 205, 1979. »In Scotch und

Bier wurden Nitrosamine entdeckt (S. 768); Rote-Bete-Saft und Karottensaft in Verbindung mit Nitrosaminen gebracht (S. 769).«

Matsumoto, Hiromu: Metabolic and Carcinogenic Effects of Methylazoxymethanol (MAM), MAM-Glucoside (Cycasin), and MAM-Glucosiduronic Acid. In: *Naturally Occurring Carcinogens-Mutagens and Modulators of Carcinogenesis.* Ninth International Symposium of the Princess Takamatsu Cancer Research Fund, 23.–25. Januar 1979. Tokyo, Japan. Abstract. »Cycadelen enthalten kanzerogenes Cycasin.« S. 18.

Mayer, Vernon W.; Legator, Marvin S.: Production of Petite Mutants of *Saccharomyces cerevisiae* by Patulin. In: *Journal of Agricultural and Food Chemistry* Nr. 17, 1969. »Patulin verursacht Chromosomenaberrationen und Mutationen.« S. 454–456.

Mayneord, W. V.; Radley, J. M.; Turner, R. C. (1958): The Alpha-Ray Activity of Humans and Their Environment. In: *Proc. 2nd Int. Conf. Peaceful Uses At. Energy,* 1958. United Nations, N. 4. »Radium in Lebensmitteln.« (Vgl. auch: Eisenbud.)

McKey, Doyle; Waterman, Peter G.; Mbi, C. N.; Gartlan, J. Stephen; Struhsaker, T. T.: Phenolic Content of Vegetation in Two African Rain Forests: Ecological Implications. In: *Science* Nr. 202, 1978. »Flavonide, Polyphenole, Tannine.« S. 61; Zitat, S. 61.

McLean, A. E. M.: Diet and the Chemical Environment as Modifiers of Carcinogenesis. In: Doll, R.; Vodopija, I. (Hrsg.): *Host Environment Interactions in the Etiology of Cancer in Man.* IARC Scientific Publications No. 7. Lyon: IARC, 1973. »Weniger Protein reduziert die Krebsinzidenz bei Tieren.« S. 224.

McMillian, W. W.; Tifton, G. A.; Wilson, D. M.; Widstrom, N. W.: Insect Damage, *Aspergillus flavus* Ear Mold and Aflatoxin Contamination in South Georgia Corn Fields in 1977. In: *J Environ Qual* Nr. 7(4), 1978. S. 564–566. Zitiert in: *Carcinogenesis Abstracts* Nr. 17, 1979. Abstract 79-0551. »In Georgia enthielten 90 Prozent der Proben von reifem Mais den Schadstoff Aflatoxin.«

Meins, F.: Reversal of the Neoplastic State in Plants. In: *Amer J Pathol* Nr. 89(3), 1977. S. 687–702. Zitiert in: *Carcinogenesis Abstracts* Nr. 16, 1978. Abstract 78–0066. »Pflanzentumoren, Mechanismen.«

Miller, B.; Strohmeyer, G.: Divertikulose und Karzinom des Dickdarms als Faserstoffmangelkrankheiten: Tatsache oder Hypothese? In: *Internist* Nr. 20(4), 1979. »Aus Gallensäuren und Cholesterin können Darmbakterien Substanzen bilden, die als Ko-Kanzerogene wirken können.« S. 195–200.

Miller, Elizabeth C.; Miller, James A.: The Mutagenicity of Chemical Carcinogens: Correlations, Problems, and Interpretations. In: Hollaender, Alexander (Hrsg.): *Chemical Mutagens, Principles, and Methods for Their Detection.* Band I. New York: Plenum, 1971. »Tetrachlorkohlenstoff ist kanzerogen.« S. 89.

Miller, James A.: Concluding Remarks on Chemicals and Chemical Carninogenesis. In: Griffin, A. Clark; Shaw, Charles R. (Hrsg.): *Carcinogens: Identification and Mechanisms of Action.* New York: Raven, 1979. »Zitat: Möglicherweise haben Kanzerogene eine gewisse Rolle bei der Evolution der Bioformen gespielt.« S. 456.

–: Naturally Occurring Substances That Can Induce Tumors. In: *Toxicants Occurring Naturally in Foods,* 2. Aufl. Washington, D. C.: National Academy of Sciences, 1973. »Benzo(a)pyren wird von Bakterien auf natürlichem Weg synthetisiert (S. 525–526); Mutterkorn als Schadstoff im Getreide (S. 515).
Miller, James A.; Miller, Elizabeth C. In einem Interview mit Jane Brody. *New York Times,* 13. März 1979. »Pflanzliche Östrogene mit Diäthylböstrol verglichen.« S. C2.
Miller, James A.; Swanson, Anne B.; Miller, Elizabeth D.: The Metabolic Activation of Safrole and Related Naturally Occurring Compounds in Relation to Carcinogenesis. In: *Naturally Occurring Carcinogens-Mutagens and Modulators of Carcinogenesis.* Ninth International Symposium of the Princess Takamatsu Cancer Research Fund, 23.–25. Januar 1979, Tokyo, Japan. Abstract. »Safrol ist ein Kanzerogen.« S. 26.
Mohr, U.: Effects of Diethylnitrosamine on Fetal and Suckling Syrian Golden Hamsters. In: Tomatis, L.; Mohr, U. (Hrsg.): *Transplacental Carcinogenesis.* IARC Scientific Publications No. 4. Lyon: IARC, 1973. »Diäthylnitrosamin ist ein transplazental wirkendes Kanzerogen.« S. 65–69.
Moore, W. E.; Cato, E. P.; Holdeman, L. V.: Some Current Concepts in Intestinal Bacteriology. In: *Am J Clin Nutr* Nr. 31(10), 1978. S. 33–42. Zitiert in: *Carcinogenesis Abstracts* Nr. 16, 1979. Abstract 78-6033. »Bakterien des Verdauungstrakts metabolisieren Kanzerogene.«
Morton, I. D.: Toxic Substances in Foods. In: *Journal of Human Nutrition* Nr. 31, 1977. »Benzo(a)pyren synthetisiert von Bakterien, Linsen und Sojabohnen.« S. 55.
Mottram, D. S.; Patterson, R. L.; Edwards, R. A.; Gough, T. A.: The Preferential Formation of Volatile N-Nitrosamines in the Fat of Fried Bacon. In: *J Sci Food Agric* Nr. 28(11), 1977. S. 1025–1029. Zitiert in: *Carcinogenesis Abstracts* Nr. 16, 1979. Abstract 78-1436. »Beim Braten von rohem Schinken entstehen Nitrosamine.«
Muir, C. S.; Nectoux, Janine: Epidemiology of Cancer of the Testis and Penis. Anläßlich des: Second Symposium of Epidemiology and Cancer Registries in the Pacific Basin, Maui, Hawaii, 16.–20. Januar 1978. *National Cancer Institute Monograph* Nr. 53, 1979. »Die Kanzerogenität des menschlichen Smegma muß genauer untersucht werden (S. 157); Pferdesmegma ist für Mäuse kanzerogen (S. 163).«
Nagao, Minako; Honda, Masako; Seino, Yuko; Yahagi, Takie; Sugimura, Takashi: Mutagenicities of Smoke Condensates and the Charred Surface of Fish and Meat. In: *Cancer Letters Nr. 2, 1977. »Extrakte von angekohltem oder gekochtem Fisch und Fleisch sind mutagen.« S. 221.*
Nagao, Minako; Sugimura, Takashi; Matsushima, Taijiro: Environmental Mutagens and Carcinogens. In: Annual Review of Genetics Nr. 12, 1978. »Mutagene und/oder Kanzerogene: Medikamente, die aus Bakterien gewonnen werden, wie z. B. Daunomycin, Mitomycin C, Actinomycin D (S. 133). Extrakte aus Farnkraut (Kühe, Ratten) (S. 125). Flavonoide in Obst, Pflanzen, Gemüse (S. 126).

Kochen bei hohen Temperaturen: Aminosäuren, Rindfleisch, Fisch, Knoblauch, Zwiebeln, Proteine, Gemüse, Zucker (S. 128–130). Malonaldehyd (S. 127). Pyrrolizidinalkaloide in Pflanzen (S. 125). Safrol in Gewürzen (S. 127). Hydrazine im Tabak (S. 126, 127); Hydrazine in Pilzen (S. 126, 127).«

Nagao, Minako; Yahagi, Takie; Kawachi, Takashi; Seino, Yuko; Honda, Masako; Matsukura, Norio; Sugimura, Takashi; Wakabayashi, Keiji; Tsuji, Kuniro; Kosuge, Takuo: Mutagens in Foods, and Especially Pyrolysis Products of Proteins. In: Scott, D.; Bridges, B. A.; Sobels, F. H. (Hrsg.): *Progress in Genetic Toxicology.* New York: Elsevier/North-Holland: Biomedical Press, 1977. »Mutagene Teere von Aminosäuren.« Tabelle 3, S. 261.

–: On Mutagens in Foods, Especially on Compounds from Pyrolysis of Protein. In: *Mutation Research* Nr. 53, 1978. Abstract 155. »Gekochte Kohlehydrate und pflanzliche Öle sind nicht mutagen.« S. 239.

(NAS) National Academy of Sciences – Veröffentlichungen: Committee on Biologic Effects of Atmospheric Pollutants: *Particulate Polycyclic Organic Matter.* Washington, D. C.: National Academy of Sciences, 1972. »Vergleich Natur/Mensch: Aerosole in der Atmosphäre (S. 37); Polyaromatische Kohlenwasserstoffe: Wirkung (S. 5, 6, 9, 10); Terpene aus der Vegetation bilden den größten Teil der atmosphärischen Aerosole (S. 36).«

–: Committee on Food Protection, Food and Nutrition Board: *Radionuclides in Food.* Washington, D. C.: National Academy of Sciences, 1973. »Die bedeutendste natürliche radioaktive Strahlenquelle für den Menschen ist das in Lebensmitteln enthaltene Kalium-40.« S. 17.

–: Panel on Nitrates of the Coordinating Committee for Scientific and Technical Assessments of Environmental Pollutants: *Nitrates: An Environmental Assessment.* Washington, D. C.: National Academy of Sciences, 1978. »Waldbrände sind toxisch (S. 282). Eingeatmete Nitrosamine (S. 32). Blitzschlag: verursacht möglicherweise 50 Prozent der weltweit vorhandenen NO_x-Konzentrationen (Schätzung von Chameide), verursacht Ozonbildung (S. 282). NO- und NO_2-Messungen (S. 275). N-Nitrosoverbindungen sind kanzerogen und mutagen (S. 454, 455, 458). NO_x entstehen durch atmosphärischen Influx, Brände, Waldbrände, Vulkane (S. 276). Nitrat, Nitrit, Stickoxide und N-Nitrosoverbindungen werden von Bakterien und Pflanzen gebildet (S. 36, 37). Stickstoffoxid entsteht durch kosmische Strahlung und Blitzschlag (S. 68). 90 Prozent des vom Menschen aufgenommenen Nitrats stammt aus Gemüsepflanzen (S. 436, 438). UV-Strahlung und helle Haut (S. 461). Waldbrände (S. 282–283).«

–: Workshop on Inputs, Fates, and the Effects of Petroleum in the Marine Environment: *Petroleum in the Marine Environment.* Washington, D. C.: National Academy of Sciences, 1975. »In Rohöl und in raffiniertem Öl sind dieselben kanzerogenen Kohlenwasserstoffe enthalten (S. 20); Polynukleare aromatische Kohlenwasserstoffe werden von Bakterien, Land- und Wasserpflanzen synthetisiert (S. 20); Zitat: Polynukleare aromatische Kohlenwasserstoffe sind überall zu finden (S. 20).«

–: Safe Drinking Water Committee: *Drinking Water and Health.* Washington,

D. C.: National Academy of Sciences, 1977. »Acetaldehyd ist der Hauptmetabolit von alkoholischen Getränken (S. 687). Auch Tiere, Fische, Insekten und Pflanzen können an Krebs erkranken (S. 53); Zitat (S. 53). Kanzerogene Asbestfasern in Wasserläufen (S. 152); kanzerogene Metalle, die aus verfaulenden Pflanzen stammen oder durch den Regen aus dem Erdreich ausgewaschen werden, gelangen in das Trinkwasser (S. 205); kanzerogene Metalle in Trinkwasserproben in den USA entdeckt (S. 207, 209, 210, 211, 212, 301–343). Nitrat in Selleriesaft (S. 416); Nitrit plus Amine bilden im Magen N-Nitrosoverbindungen (S. 421–422). Kalium-40 ist der Hauptgrund für die Radioaktivität des Trinkwassers (S. 896).«

–: Workshop on Tropospheric Transport of Pollutants to the Ocean Steering Committee: *The Trophospheric Transport of Pollutants and Other Substances to the Oceans*. Washington, D. C.: National Academy of Sciences, 1978. »Meersalzflux (S. 135, 136); inadäquates Datenmaterial über die vom Menschen verursachte Verschmutzung (S. 1, 2, 5, 6); Metalle in der Luft, pflanzliche Metallpartikel (S. 134); Radionuklide in der Luft (S. 17); SO_2 in der Luft (S. 182); vulkanische Metallpartikel (S. 132, 133); Zitat (S. 135).«

(NCRP) National Council on Radiation Protection and Measurements: *Natural Background Radiation in the United States*. NCRP Report No. 45. Washington, D. C.: National Council on Radiation Protection and Measurements. Veröffentlicht am 15. November 1975. »Kosmogene Radionuklide und Halbwertzeiten, Tabelle (S. 27); der Mensch ist kosmogenen Radionukliden ausgesetzt (Kohlenstoff-14, Tritium (3_H), Beryllium-7, Natrium-22) (S. 25). Radioaktivität des Bodens und des Wassers hängt von der Radioaktivität des Grundgesteins ab (S. 54). Der Mensch absorbiert Radionuklide aus der Atmosphäre und aus dem Boden (S. 66); Radionuklide kosmischen Ursprungs (S. 6-7, 17-22, 24, 25, 41–43). Kalium-40 in zahlreichen lebenswichtigen Nahrungsmitteln enthalten (S. 91). Radioaktivität in der Luft (S. 66–89); in Pflanzen (S. 37, 39, 40, 56); in Gestein (S. 2, 3, 42, 44, 60); in Wasser (S. 56–58, 91–93). Zitat: Natürliche Strahlung ist die Hauptquelle der Strahlenbelastung des Menschen (S. 1).«

(NIOSH) National Institute for Occupational Safety and Health: *Suspected Carcinogens*. 2. Aufl. Herausgegeben von Herbert Christensen, Edward J. Fairchild, Richard J. Lewis, sen. Cincinnati, Ohio: National Institute for Occupational Safety and Health, 1976. »Aceton (S. 8); Aflatoxin G_1, G_2, B, B_1, B_2 (S. 11–12); Amarant (S. 13); Anilin (S. 17); Arsen (S. 23); Benzo(a)pyren (S. 44); Beryllerz, Beryllium (S. 47); Farnkraut (S. 53); Cadmium (S. 57); Tetrachlorkohlenstoff (CCl_4) (S. 63); Carrageen, Irisches Moos (S. 64); Chlorit (S. 65); Cholesterin (S. 69); Chromit (Eisenchromat), Chrom (S. 70); Kobalt (S. 73); Maisöl, Mazola, Cumarin (S. 74); Krotonharz und -öl, Rohöl (S. 76); kristalline Kieselerde (Achat, Amethyst, Chalcedon, Feuerstein, Onyx, reiner Quarz, Rosenquarz, Sand) (S. 204); Daunomycin (S. 80); Äthylakohol (Äthanol) (S. 109); Fructose (S. 117); Hämatit (Eisenerz) (S. 122); Insulin (S. 131); Eisen-III-oxid (Bauxitrückstände, gebrannte Siena, gebrannte Umbra, natürliche Eisenoxide, Ocker, Polierrot, gelbes Eisenoxid) (S. 132); Laktose (S. 136); Limonit (brauner Hämatit, Brauneisenerz, brauner Eisensteinlehm) (S. 137); Magnetit (Eisenglimmer, Eisenmohr, Eisenschwarz, verschiedene Eisenoxide); Maltose (S. 138); Menthol, Quecksilber (S. 140); Methylchlorid, 3-Methylbutan-1-ol (S. 145); 2-Methylpropan-1-ol (S. 147); Naphthalen (S. 149); Nikotin (S. 160); Ozon, Patulin (S. 171); Penicillin (S. 13, 171); Petroleum (S. 172); Phenol (S. 173); 2-Phenyläthanol (S. 178); Raton (S. 199); Safrol, Sali (S. 201); Natriumchlorid: Kochsalz und andere Salze (S. 204); Sand, Kieselerde (kristallin) (S. 201, 204); Silber (S. 204); Sorsaka (S. 205); Tantal (S. 213); Terpene (S. 214); o-Toluidin (S. 220); Harnstoff (S. 229).«

Natusch, D. F. S.: Potentially Carcinogenic Species Emitted to the Atmosphere by Fossil-Fueled Power Plants. In: *Environmental Health Perspectives* Nr. 22, 1978. »Beim Verbrennen von fossilen Brennstoffen werden Radionuklide frei; Stickoxide und Schwefeloxide wirken möglicherweise als kanzerogene Promotoren.« S. 79, 80.

Nawar, M. M.; Hamza, H. A.: Effects of Mixtures of Ethyl Methanesulfonate and Coffeine or Maleic Hydrazine on Lethal Frequencies in *Drosophila melanogaster*. In: *Mutation Research* Nr. 53, 1978. Abstract 157. »Koffein ist mutagen.« S. 240.

Nesheim, S.; Trucksess, M. W.: Mycotoxins. Thin Layer Chromatographic Determination of Aflatoxin B_1 in Eggs; Collaborative Study. In: *Carcinogenesis Abstracts* Nr. 16, 1979. Abstract 78-4958. »Aflatoxin B_1 in Eiern gefunden.«

Newberne, P. M.: The Influence of a Low Lipotrope Diet on Response of Maternal and Fetal Rats to Lasiocarpine. In: *Cancer Research* Nr. 28, 1968. »Pyrrolizidinalkaloide sind kanzerogen.« S. 2327.

Nishizuka, Y.: Biological Influence of Fat Intake on Mammary Cancer and Mammary Tissue: Experimental Correlates. In: *Prev Med* Nr. 7(2), 1978. S. 218–224. Zitiert in: *Carcinogenesis Abstracts* Nr. 16, 1979. Abstract 78-5025. »Fettreiche Ernährung fördert die Entstehung von Brustkrebs.«

Norseth, T.: Industrial Viewpoints on Cancer Caused by Metals as an Occupational Disease. In: Hiatt, H. H.; Watson, J. D.; Winsten, J. A. (Hrsg.): *Origins of Human Cancer*. Buch A, *Incidence of Cancer in Humans*. New York: Cold Spring Harbor Laboratory, 1977. »Metalle, deren kanzerogene Wirkung erwiesen ist oder vermutet wird: Antimon, Arsen, Beryllium, Cadmium, Kobalt, Nickel.« S. 160–161 (vgl. Tabelle 1).

Oberley, Larry W.; Buettner, Garry R.: Role of Superoxide Dismutase in Cancer: A Review. In: *Cancer Research* Nr. 39, 1979. »Peroxidradikale in Verbindung mit Krebs gebracht.« S. 1141, 1143–1144.

Office of Consumer Inquiries, FDA: Consumer Information and Questions About... Food Additives. Rockwille, Md., 1978. »Nitrate in Kohl und Brokkoli.« S. 3.

O'Sullivan, Dermot A.: Air Pollution. In: Giddings, J. Calvin; Monroe, Manus B. (Hrsg.): *Our Chemical Environment*. San Francisco; Canfield, 1972. »Terpene und andere natürlich vorkommende Substanzen bilden blaue Dunstschleier über Waldgebieten.« S. 46.

Pamukcu, A. M.: Bracken Fern (BF), A Natural Urinary Bladder Carcinogen. In: *Naturally Occurring Carcinogens-Mutagens and Modulators of Carcinogenesis.* Ninth International Symposium of the Princess Takamatsu Cancer Research Fund, 23.–25. Januar 1979. Tokyo, Japan. Abstract. »Farnkraut verursachte Krebsbildung bei Kühen, Ratten, Mäusen, Meerschweinchen und Japanischen Wachteln.« S. 22–23.

Panel on Chemicals and Health of the President's Science Advisory Committee: *Chemicals and Health.* Report. Science and Technology Policy Office. National Science Foundation, September 1973. »Kanzerogene polyzyklische aromatische Kohlenwasserstoffe, einschließlich Benzo(a)pyren, in Gemüsepflanzen festgestellt.« Zitat, S. 64.

Patterson, J. M.; Haidar, N. F.; Smith, W. T.; Benner, J. F.; Burton, H. R.; Burdick, D.: Benzo(a)pyrene Formation in the Pyrolysis of Selected Amino Acids, Amines, and Maleic Hydrazide. In: *J Agric Food Chem* Nr. 26(1), 1978. S. 268–270. Zitiert in: *Carcinogenesis Abstracts* Nr. 16, 1979. Abstract 78-0735.

Pearson, David: *The Chemical Analysis of Foods.* 7. Aufl. New York: Chemical Publishing, 1977. »In handelsüblichen Alkoholika wurden chemische Substanzen in signifikanten Mengen gefunden.« S. 335.

Pitts, J. N.; Van Cauwenberghe, K. A.; Grosjean, D.; Schmid, J. P.; Fitz, D. R.; Belser, W. L.; Knudson, G. B.; Hynds, P. M.: Atmospheric Reactions of Polycyclic Aromatic Hydrocarbons: Facile Formation of Mutagenic Nitro Derivates. In: *Science* Nr. 202(4367), 1978. S. 515–519. Zitiert in: *Carcinogenesis Abstracts* Nr. 16, 1979. Abstract 78-5568. »Benzo(a)pyren und natürlicher bzw. simulierter photochemischer Smog bilden mutagene Nitro-Derivate.«

Pool, R. A. F.: Determination of Patulin in Apple Juice Products as in the 2,4-Dinitrophenylhydrazone Derivative. In: *Journal of Agricultural and Food Chemistry* Nr. 25, 1977. »Patulin in Apfelsaft.« S. 1220.

Price, J. M.; Pamukcu, A. M.: The Induction of Neoplasms of the Urinary Bladder of the Cow and the Small Intestine of the Rat by Feeding Bracken Fern *(Pteris aquilina).* In: *Cancer Research* Nr. 28, 1968. S. 2247.

Rapp, Fred; Howett, Mary K.: Oncogenesis and Viruses. In: *Proceedings of the Eleventh Canadian Cancer Research Conference.* Neudruck. Im Auftrag des National Cancer Institute of Canada. Toronto, Ontario, 6.–8. Mai 1968. »Krebs und Viren bei Tieren.« Tabelle 1, S. 177–179.

Rasmussen, R. A.: Emission of Biogenic NO from Soil. In: *EOS Transactions American Geophysical Union* Nr. 56, 1975. »Natürliche Ursachen der Stickoxidbildung.« S. 176.

Rasmussen, R. A.; Holdren, M. W.: Analysis of C_5 to C_{10} Hydrocarbons in Rural Atmospheres. Anläßlich der 65. Jahreskonferenz der Air Pollution Control Association. Miami Beach, Florida, 18.–22. Juni 1972. »Pflanzliches Gewebe scheidet Terpene und andere flüchtige organische Substanzen aus.« S. 3.

Rasmussen, Reinhold A., zitiert in: Volcanoes May Emit Chemicals Believed to Harm Ozone Layer, *New York Times,* 17. Dezember 1978. »Beim Ausbruch des Kilauea wurde auch Methylchlorid ausgestoßen.« S. 83.

–: What Do the Hydrocarbons from Trees Contribute to Air Pollution? In: *Journal of the Air Pollution Control Association* Nr. 22, 1972. »Terpene: östliche und westliche Waldgebiete (S. 540); weltweite Kohlenwasserstoffproduktion (S. 537).«

Rasmussen, Reinhold A.; Went, F. W.: Volatile Organic Material of Plant Origin in the Atmosphere. In: *Proceedings of the National Academy of Sciences* Nr. 53, 1965. »Terpene als Ursache des blauen Dunstschleiers über Waldgebieten, natürlicher photochemischer Smog (S. 215, 218); Terpene gebildet von: fallendem Herbstlaub (S. 218, 219); trocknendem Heu (S. 220); Bäumen (S. 215, 216).«

Rawson, R. W.: Inorganic Carcinogens. In: *Prevention and Detection of Cancer. Proceedings of the Third International Symposium on Detection and Prevention of Cancer Held by the International Study Group for the Detection and Prevention of Cancer in New York, 26. April–1. Mai 1976.* Band 2, Teil 1. S. 2404, 1893–1906; 1978. Zitiert in: *Carcinogenesis Abstracts* Nr. 16, 1979. Abstract 78-6631. »Metallische Kanzerogene: Arsen, Beryllium, Blei, Cadmium, Chrom, Nickel.«

Rhodes, Martha E.: ›Natural‹ Food Myth. In: *Science* Nr. 19, 1979. »Kaffee enthält Acetaldehyd.« S. 30.

Rodricks, Joseph V.: Food Hazards of Natural Origin. In: *Federation Proceedings* Nr. 37, 1978. »Schadstoffe in Fleisch und Milchprodukten: Farnkraut, östrogensynthetisierende Pflanzen und Pilze, Patulin, Pyrrolizidinalkaloide (S. 2589); Patulin in Äpfeln und Apfelprodukten, 37 Prozent der Produktproben durch Patulin verseucht, Patulin als Kanzerogen identifiziert (S. 2591).«

Rose, Elizabeth F.: The Role of Demographic Risk Factors in Carcinogenesis. In: Nieburgs, Herbert E. (Hrsg.): *Prevention and Detection of Cancer*. Teil 2, *Detection.* Band 1, *High Risk Markers: Detection Methods and Management.* New York: Marcel Dekker, 1978. Zitat S. 31.

Sadeghi, Ahmad; Behmard, Shahla; Vesselinovitch, Stan D.: Opium: A Potential Urinary Bladder Carcinogen in Man. In: *Cancer* Nr. 43. 1979. »Das Essen bzw. Rauchen von Opium wird mit der Entstehung von Krebs in Zusammenhang gebracht.« S. 2315.

Sander, Johannes: The Formation of N-Nitroso Compounds in the Stomach of Animals and Man and in the Diet. In: Tomatis, L.; Mohr, U. (Hrsg.): *Transplacental Carcinogenesis.* IARC Scientific Publications No. 4. Lyon: IARC, 1973. »Bakterien des Magens: bilden kanzerogene Nitrosamine (S. 159, 160, 161); reduzieren Nitrat zu Nitrit (S. 161).«

Sax, Karl; Sax, Hally J.: Radiomimetic Beverages, Drugs, and Mutagens. In: *Proceedings of the National Academy of Sciences* Nr. 55, 1966. »Koffein ist mutagen.« S. 1433.

Schoental, R.: Toxicology and Carcinogenic Action of Pyrrolizidine Alkaloids. In: *Cancer Research* Nr. 28, 1968. »Pyrrolizidinalkaloide verursachen im Tierversuch Leberkrebs.« S. 2237.

Schopf, J. William: The Evolution of the Earliest Cells. In: *Scientific American* Nr. 239, 1978. »Das Auftreten von Sauerstoff während der Präkambrischen Evolution.« S. 111.

Schwartz, Morton K.: Role of Trace Elements in Cancer. In: *Cancer Research* Nr. 35, 1975. »Lebenswichtige chemische Elemente: Chrom, Eisen, Fluor, Jod, Kobalt, Kupfer, Mangan, Molybdän, Selen, Vanadium, Zinn, Zink; und möglicherweise Silicium und Nickel (S. 3481); Blei, Chrom, Mangan, Nickel und Titan in Asbest entdeckt.« S. 3485.

Scott, E. L.; Straf, M. L.: Ultraviolet Radiation as a Cause of Cancer. In: Hiatt, H. H.; Watson, J. D.; Winsten, J. A. (Hrsg.): *Origins of Human Cancer.* Buch A, *Incidence of Cancer in Humans.* New York: Cold Spring Harbor Laboratory, 1977. »Geographie, Hautfarbe, Faktoren des Hautkrebses.« S. 530.

Seifter, E.; Rettura, G.; Liu, S.; Levenson, S. M.: Citral Promotes BW10232 Tumor Groth: Vitamin A Antagonizes This (Meeting Abstract). In: *Fed Proc* Nr. 38(3, Teil 1), 1979. S. 714. Zitiert in: *Carcinogenesis Abstracts* Nr. 17, 1979. Abstract 79-2084.

Seino, Y.; Nagao, Yahagi, T.; Sugimura, T.; Yasuda, T.; Nishimura, S.: Identification of a Mutagenic Substance in a Spice, Sumac, as Quercetin. In: *Mutat Res* Nr. 58(3), 1978. S. 225–229. Zitiert in: *Carcinogenesis Abstracts* Nr. 17, 1979. Abstract 79-0151.

Seitz, H. K.; Garro, A. J.; Lieber, C. S.: Effect of Chronic Ethanol Ingestion on Intestinal Metabolism and Mutagenicity of Benzo(a)pyrene. In: *Biochem Biophys Res Commun* Nr. 85(3), 1978. S. 1061–1066. Zitiert in: *Carcinogenesis Abstracts* Nr. 17, 1979. Abstract 79-0888. »Äthanol wirkt bei Ratten als kanzerogener Promotor; möglicherweise besteht ein Zusammenhang mit der Krebsbildung bei Alkoholikern.«

Selikoff, Irving J.: Occupational Lung Diseases. In: Lee, Douglas H. H. (Hrsg.): *Environmental Factors in Respiratory Disease.* New York: Academic, 1972. »Ein Großteil der Erdkruste besteht aus Silikaten.« S. 201.

Shabad, L. M.: Data on Environmental Carcinogenic Polycyclic Aromatic Hydrocarbons. In: *Magy Onkol* Nr. 23(1), 1979. S. 3-11. Zitiert in: *Carcinogenesis Abstracts* Nr. 17, 1979. Abstract 79-2405. »Polynukleare aromatische Kohlenwasserstoffe einschließlich Benzo(a)pyren werden von Pflanzen während der Keimphase synthetisiert.«

Shamberger, Raymond, jr.: Antioxidants and Cancer VII. Presence of Malonaldehyde in Beef and Other Meats and Its Epidemiological Significance. In: Hemphill, Delbert D. (Hrsg.): *Trace Substances in Environmental Health – XI,* Proceedings of University of Missouri's 11th Annual Conference on Trace Substances in Environmental Health. Columbia, Mo.: University of Missouri-Columbia, 7., 8. und 9. Juni 1977. »Malonaldehyd: kanzerogen und mutagen (S. 36); das Kochen hat Einfluß auf die Menge (S. 36–39); in Fett nur geringe Mengen enthalten (S. 38); festgestellt in Käse, gehackten Walnüssen, getrockneten Rosinen, Erdnußbutter, Meeresfrüchten (S. 40); festgestellt in magerem rohen Fleisch und Geflügel (S. 38); Tabelle (S. 39).«

Shepard, Thomas, H.: *Catalog of Teratogenic Agents.* 2. Aufl. Baltimore, Md.: Johns Hopkins University Press, 1976. »Teratogene Metalle: Antimon (S. 18); Arsen (S. 19); Barium (S. 24); Blei (S. 135); Cadmium (S. 33); Caesium (S. 40);

Chrom (S. 51); Fluor (S. 102); Indium (S. 126); Jod (S. 130); Kobalt (S. 54); Lithium (S. 137); Nickel (S. 164); Quecksilber (S. 164); Quecksilber (S. 146); Rhodium (S. 197); Selen (S. 204); Tellur (S. 214); Thallium (S. 221). Zuviel Sauerstoff (Hyperoxie) kann Geburtsfehler verursachen (S. 120). Zitat: Einleitung.«

Shimkin, M. B.; Stoner, G. D.; Theiss, J. C.: Lung Tumor Response in Mice to Metals and Metal Salts. In: Schrauzer, G. N. (Hrsg.): *Inorganic and Nutritional Aspects of Cancer.* New York: Plenum, 1978. »Kanzerogene Metalle: Chrom, Kobalt, Selen, Zink.« S. 90–91.

Shubik, Philippe: Identification of Environmental Carcinogens: Animal Test Models. In: Griffin, A. Clark; Shaw, Charles A. (Hrsg.): *Carcinogens: Identification and Mechanism of Action.* New York: Raven, 1979. »Xylol ist kanzerogen.« S. 44.

Singleton, V. L.; Kratzer, F. H.: Plant Phenolics. In: *Toxicants Occurring Naturally in Foods.* 2. Aufl. Washington, D. C.: National Academy of Sciences, 1973. »Tannin ist kanzerogen.« S. 329.

Smith, R. Jeffrey: Xylitol: Another Sweetener Turns Sour. In: *Science* Nr. 199, 1978. »Xylol ist für Ratten kanzerogen.« S. 670.

Soos, K.; Fritz, W.: Comparative Studies of the Carcinogenic Polycyclic Aromatic Hydrocarbon Levels in Smoked Foodstuffs in Hungary and in East Germany. In: *Egészségtudomány* Nr. 21(3), 1978. S. 277–285. Zitiert in: *Carcinogenesis Abstracts* Nr. 16, 1979. Abstract 78-5555. »Geräucherter Käse und geräucherter Fisch enthalten Benzo(a)pyren.«

Sorrell, Charles A.: *Minerals of the World.* New York: Golden, 1973. »Periodensystem.« S. 271–273.

Stedman, R. L.: The Chemical Composition of Tobacco and Tobacco Smoke. In: *Chemical Reviews* Nr. 68, 1968. »Tabakblätter und Tabakrauch: Phenole und verwandte Verbindungen (S. 174); radioaktive Substanzen (S. 186); identifizierte kanzerogene Metalle (S. 183); Zucker (S. 180).«

Stein-Werblowsky, R.: On the Etiology of Cancer of the Prostate. In: *Eur Urol* Nr. 4(5), 1978. S. 370–373. Zitiert in: *Carcinogenesis Abstracts* Nr. 16, 1979. Abstract 78-7143. »Sperma, das in Prostatagewebe von Ratten eindringt, verursacht Krebs.«

–: On the Etiology of Testicular Tumors, an Experimental Study. In: *Eur Urol* Nr. 4(1), 1978. S. 57–59. Zitiert in: *Carcinogenesis Abstracts* Nr. 16, 1979. Abstract 78-7143. »Sperma, das in Hodengewebe von Ratten eindringt, verursacht Krebs.«

Stephany, R. W.; Schuller, P. L.: The Intake of Nitrate, Nitrite and Volatile N-Nitrosamines and the Occurrence of Volatile N-Nitrosamines in Human Urine and Veal Calves. In: *Environmental Aspects of N-Nitroso Compounds,* herausgegeben von E. A. Walker; L. Gricuite; M. Castegnaro; R. E. Lyle. IARC Scientific Publications No. 19. Lyon: IARC, 1978. »Das Nitrit in der Speichelflüssigkeit beeinflußt die Nitratbildung durch die Konsumption von Gemüse.« S. 450, 457.

Stob, Martin: Estrogens in Foods. In: *Toxicants Occuring Naturally in Foods,* 2. Aufl. Washington, D. C.: National Academy of Sciences, 1973. »Östrogen in

beschädigtem Gemüse (S. 554); Zitat: Kanzerogenität ist eine Funktion der Dosis (S. 554); Zearalenon (S. 553).«
Sugimura, Takashi: Carcinogens in Foods and Food Products. In: *Proceedings of the Eleventh Canadian Cancer Research Conference.* Im Auftrag des National Cancer Institute of Canada. Toronto, Ontario, 6.–8. Mai 1976. »Salz, Vitamin A fördert die Kanzerogenese.« S. 72.
–: Naturally Occurring Genotoxic Carcinogens. In: *Naturally Occuring Carcinogens-Mutagens and Modulators of Carcinogenesis,* Ninth International Symposium of the Princess Takamatshu Cancer Research Fund, 23.–25. Januar 1979. Tokyo, Japan. Abstract. »Maispflanzen enthalten Mutagene, Pyrrolizidin-Alkaloide sind mutagen.« S. 49.
Sugimura, Takashi; Kawachi, Takashi; Nagao, Minako; Yahagi, Takie; Seino, Yuko; Okamoto, Toshihiko; Shudo, Koichi; Kosuge, Takuo; Tsuji, Kuniro; Wakabayashi, Keiji; Iitaka, Yoichi; Itai, Akiko: Mutagenic Principle(s) in Tryptophan and Phenylalanine Pyrolysis Products. In: *Proceedings of the Japan Academy* Nr. 53, 1977. »Pyrolisierte Kohlenhydrate und pflanzliche Öle sind nonmutagen; pyrolysierte Proteine sind mutagen.« S. 58.
Sugimura, T.; Nagao, M.; Kawachi, R.; Honda, M.; Yahagi, T.; Seino, Y.; Sato, S.; Matsukura, N.; Matsushima, T.; Shirai, A.; Sawamura, M.; Matsumoto, H.: Mutagen-Carcinogens in Food, with Special Reference to Highly Mutagenic Pyrolytic Products in Broiled Foods. In: Hiatt, H. H.; Watson, J. D.; Winsten, J. A.: *Origins of Human Cancer.* Buch C, *Human Risk Assessment.* New York: Cold Spring Harbor Laboratory, 1977. »Angekohltes Fleisch und angekohlter Fisch sind mutagen (S. 1567); werden Proteine bei hohen Temperaturen gekocht, entwickeln sie mutagene Eigenschaften (S. 1568).«
Sundermann, F. William, jun.: The Current Status of Nickel Carcinogenesis. In: *Annals of Clinical Laboratory Science* Nr. 3, 1973. »Kanzerogenes Nickel im Zigarettenrauch.« S. 156.
–: Mechanisms of Metal Carcinogenesis. In: *Biological Trace Element Research* Nr. 1, 1979. »Metalle in Bakterien- und Zelltest reaktiv (S. 77); ›identifizierte‹ metallische Kanzerogene: Arsen, Beryllium, Blei, Cadmium, Chrom, Kobalt, Mangan, Nickel, Zink.« S. 77.
–: Metal Carcinogenesis in Experimental Animals. In: *Food and Cosmetics Toxicology* Nr. 9, 1971. »Metallische Kanzerogene: Blei, Selen.« S. 115.
–: Pulmonary Carcinogenesis from Exposure to Toxic Agents. In: Sunderman, F. William; Sunderman, F. William jun. (Hrsg.): *Laboratory Diagnosis of Diseases Caused by Toxic Agents.* St. Louis: Warren H. Green, 1970. »Kanzerogenes Nickel und andere metallische Spurenelemente sind Bestandteil des Asbest.« S. 499.
Suskind, Raymond R.: Environment and the Skin. In: *Environmental Health Perspectives* Nr. 20, 1977. »Ultraviolette Strahlung und Krebsformen.« S. 32.
Szepsenwol, J.: Carcinogenic Effect of Egg White, Egg Yolk and Lipids in Mice. In: *Proceedings of the Society for Experimental Biology and Medicine* Nr. 112, April 1963. S.1073, 1075–1076.

Szepsenwol, J.; Fletcher, J.; Toro-Goyco, E.: Mammary Cancer in Mice Receiving Weekly Subcutaneous Injections of Sesame Oil (Meeting Abstract). In: *Proc Am Assoc Cancer Res* Nr. 20, 1979. S. 56. Zitiert in: *Carcinogenesis Abstracts* Nr. 17, 1980. Abstract 79-4450, S. 1736.

Tannenbaum, S. R.: Steven Tannenbaum Replies. In: *Sciences,* Mai/Juni 1980. »Beim Braten von Speck entsteht N-Nitrosopyrrolidin.« S. 3.

Tannenbaum, S. R.; Archer, M C.; Wishnok, J. S.; Correa, P.; Cuello, C.; Haenszel, W.: Nitrate and the Etiology of Gastric Cancer. In: Hiatt, H. H.; Watson, J. D.; Winsten, J. A. (Hrsg.): *Origins of Human Cancer.* Buch C, *Human Risk Assessment.* New York: Cold Spring Harbor Laboratory, 1977. »Die meisten der N-Nitrosoverbindungen sind kanzerogen.« S. 1609.

Tannenbaum, Steven R.; Archer, Michael C.; Wishnok, John S.; Bishop, Walter W.: Nitrosamine Formation in Human Saliva. In: *Journal of the National Cancer Institute* Nr. 60, 1978. »Die Bakterien der Speichelflüssigkeit reduzieren Nitrat zu Nitrit.« S. 251.

Tannenbaum, S. R.; Fett, D.; Young, V. R.; Land, P. D.; Bruce, W. R.: Nitrite and Nitrate Are Formed by Endogenous Synthesis in the Human Intestine. In: *Science* Nr. 200, 1978. »Bakterien reduzieren Nitrat zu Nitrit, Bildung von N-Nitrosoverbindungen.« S. 1487–1488.

Tannenbaum, S. R.; Sinskey, A. J.; Weisman, M.; Bishop, W.: Nitrite in Human Saliva. Its Possible Relationship to Nitrosamine Formation. In: *Journal of the National Cancer Institute* Nr. 53, 1974. »Bakterien verursachen die Bildung von Nitrit in der Speichelflüssigkeit.« S. 79–81.

Temcharoen, P.; Anukarahanonta, R.; Bhamarapravati, N.: Influence of Dietary Protein and Vitamin B_{12} on the Toxity and Carcinogenity of Aflatoxins in Rat Liver. In: *Cancer Res* Nr. 37(7), 1978. S. 2185–2190. Zitiert in: *Carcinogenesis Abstracts* Nr. 16, 1979. Abstract 78-5470. »Vitamin B_{12} potenziert oder verstärkt die Wirkung von Kanzerogenen.«

Thomas, Lewis: *The Lives of a Cell: Notes of a Biology Watcher.* New York: Bantam, 1975. »Bei der Sauerstoffmetabolisierung entstehen Mutagene.« S. 172; Zitat S. 3. [Dt. Ausgabe: *Das Leben überlebt: Geheimnis der Zellen.* Köln: K & W]., 1976*

Tóth, Béla: The Large Bowel Carcinogenic Effects of Hydrazines and Related Compounds Occurring in Nature and in the Environment. In: *Cancer* Nr. 40, 1977. »Kanzerogene Hydrazine: in Speisepilzen, in Tabakpflanzen.« S. 2427.

–: Mushroom Hydrazines: Occurrence, Metabolism, Carcinogenesis and Environmental Implications. In: *Naturally Occurring Carcinogens-Mutagens and Modulators of Carcinogenesis.* Ninth International Symposium of the Princess Takamatsu Cancer Research Fund, 23.–25. Januar 1979. Tokyo, Japan. Abstract. »Speisepilze enthalten kanzerogene Hydrazinverbindungen.« S. 16–17.

Tóth, Béla; Nagel, D.: Mushroom Toxin: N-Methyl-N-formylhydrazine (MFH) Carcinogenesis in Mice (Meeting Abstract). In: *Proc Am Assoc Cancer Res* Nr.

* Anmerkung des Übersetzers

19, 1978. S. 42. Zitiert in: *Carcinogenesis Abstracts* Nr. 16, 1979. Abstract 78-1906.

Trefil, James S.: Missing Particles Cast Doubt on Our Solar Theories. In: *Smithsonian* Nr. 8, 1978. »Im Zentrum der Sonne befindet sich ein gigantischer ›Kernfusionsreaktor‹.« S. 75.

Turk, Amos; Turk, Jonathan; Wittes, Janet T.; Wittes, Robert E.: *Environmental Science.* 2. Aufl. Philadelphia: Saunders, 1978. »Natürliche ›Schadstoffe‹ der Luft: Flugasche von Vulkaneruptionen (S. 402); Salz aus der Meeresgischt, Bodenpartikel, Schwefeldioxid aus aktiven Vulkanen (S. 400).«

Underwood, E. J.: Trace Elements. In: *Toxicants Occurring Naturally in Foods.* 2. Aufl. Washington, D. C.: National Academy of Sciences, 1973. »Nahrungsmittel enthalten: Kobalt (S. 54); Kupfer (S. 51); Eisen (S. 49); Blei (S. 61); Mangan (S. 67); Quecksilber (S. 57); Nickel (S. 55); Selen (S. 60).«

–: *Trace Elements in Human and Animal Nutrition.* New York: Academic, 1971. »Nahrungsmittel enthalten: Chrom (S. 262); Kupfer (S. 100); Zink (S. 240). Gemüsepflanzen enthalten hohe Konzentrationen von Kobalt, Kupfer, Eisen, Nikkel, Zink (S. 468).«

United Nations: Report of the United Nations Scientific Committee on the Effects of Atomic Radiation. General Assembly Official Records. Seventeenth Session. Supplement No. 16(A/5216). New York: United Nations, 1962. Zitat S. 208.

Upadhyay, R. R.; Bakhtavar, F.; Ghaisarzadeh, M.; Tilabi, J.: Cocarcinogenic and Irritant Factors of *Euphorbia Esula* L. Latex. In: *Tumori* Nr. 64(1), 1978. S. 99–102. Zitiert in: *Carcinogenesis Abstracts* Nr. 16, 1979. Abstract 78-2608. »Ingenol-3-dodecanoat ist ein kokanzerogener Bestandteil von Pflanzen.«

Upton, A. C.: Radiating Effects. In: Hiatt, H. H.; Watson, J. D.; Winsten, J. A. (Hrsg.): *Origins of Human Cancer.* Buch A, *Incidence of Cancer in Humans.* New York: Cold Spring Harbor Laboratory, 1977. »Es besteht ein Zusammenhang zwischen der Entstehung von Hautkrebs, der geographischen Lage des Wohnorts und der ultravioletten Strahlung.« Tabelle 1, S. 478.

Van Duuren, B. L.: Tobacco Carcinogenesis. In: *Cancer Research* Nr. 28, 1968. »Kanzerogene in Zigarettenteer (Tabelle 3, S. 2359); aromatische Kohlenwasserstoffe im Zigarettenrauch: Kanzerogene und kanzerogene Promotoren (S. 2358).«

Varghese, A. J.; Land, P. C.; Furrer, R.; Bruce, W. R.: Non-Volatile N-Nitroso Compounds in Human Feces. In: *IARC Sci Publ* Nr. 19, 1978. S. 257–264. Zitiert in: *Carcinogenesis Abstracts* Nr. 16, 1979. Abstract 78-5629.

Vithayathil, Antony J.; Commoner, Barry; Nair, Subhadra; Madyastha, Prema: Isolation of Mutagens from Bacterial Nutrients Containing Beef Extract. In: *Journal of Toxicology and Environmental Health* Nr. 4, 1978. »Kraftbrühe aus Fleischextrakt enthält Mutagene, die die Mutationsrate in Salmonellenbakterien erhöhen.« S. 189.

Vizthum, Otto G.; Werkhoff, Peter; Hubert, Peter: New Volatile Constituents of Black Tea Aroma. In: *Journal of Agricultural and Food Chemistry* Nr. 23, 1975. »Schwarzer Tee enthält Anilin und o-Toluidin.« Tabelle 1, S. 1000–1001.

Vogel, E.; Sobels, F. H.: The Function of *Drosophila* in Genetic Toxicology Testing. In: Hollaender, Alexander (Hrsg.): *Chemical Mutagens, Principles, and Methods for Their Detection.* Band 4. New York: Plenum, 1976. »Mutagene Pyrrolizidinalkaloide: Echinatin, Echimidin, Fulvin, Heliotrin, Jacobin, Lasiocarpin, Monocrotalin, Platyphyllin, Retrorsin, Senecionin, Supinin.« Tabelle 5, S. 111.

von Nieding, Giselher: Possible Mutagenic Properties and Carcinogenic Action of the Irritant Gaseous Pollutants NO_2, O_3, and SO_2. In: *Environmental Health Perspectives* Nr. 22, 1978. »Ozon ist mutagen, NO_2 ist möglicherweise mutagen.« S. 91.

Wagoner, Joseph K.; Miller, Robert W.; Lundin, Frank E.; Fraumeni, Joseph F.; Haij, Marian E.: Unusual Cancer Mortality Among Group of Underground Metal Miners. In: *New England Journal of Medicine* Nr. 269, 1963. »Das Einatmen von kanzerogenen Luftpartikeln in Bergwerken steht in direktem Zusammenhang mit Krebserkrankungen.« S. 288.

Waldbott, George L.: *Health Effects of Environmental Pollutants.* 2. Aufl. St. Louis: Mosby, 1978. »Kanzerogene oder kokanzerogene Schadstoffe in ›reiner‹ Luft: Silikate als Bestandteile des Sands, in ländlichen Gegenden sind 42,5 Prozent der in der Luft befindlichen Partikel Silikate (S. 18). Mikroorganismen der Meere produzieren NO (S. 18). Milliarden von Tonnen Meeressalz, die in Form von Aerosolen von der Meeresoberfläche abgegeben werden, fallen in Form von Niederschlägen auf die Erde (S. 17–18). Vulkanischer Flugstaub, vulkanische Aerosole (S. 17).«

Wang, T.; Kakizoe, T.; Dion, P.; Furrer, R.; Varghese, A. J.; Bruce, W. R.; Volatile Nitrosamines in Normal Human Faeces. In: *Nature* Nr. 276, 1978. »Über die Nahrung aufgenommene Nitrite und Amine bilden im Verdauungstrakt Nitrosamine (S. 280); mutagene N-Nitrosoverbindung im Stuhl von Gesunden festgestellt (S. 280–181).«

Ward, Barbara; Dubos, René: *Only One Earth: The Care and Maintenance of a Small Planet.* New York: Norton, 1972. »Das Vorkommen von Sauerstoff ermöglichte die Entwicklung komplexer Bioformen auf der Erde.« S. 37. (Deutsche Ausgabe: *Wie retten wir unsere Erde? Umweltschutz, Bilanz und Prognose.* Freiburg i. B.: Herder, 1972)*

Weinberger, M. A.; Friedman, L.; Farber, T. M.; Moreland, F. M.; Peters, E. L.; Gilmore, C. E.; Khan, M. A.: Testicular Atrophy and Impaired Spermatogenesis in Rats Fed High Levels of the Methylxanthines, Caffeine, Theobromine, or Theophylline. In: *J Environ Pathol Toxicol* Nr. 1(5), 1978, S. 669–688. Zitiert in: *Carcinogenesis Abstracts* Nr. 16, 1979. Abstract 78-6123.

Weisburger, Elizabeth K.: Natural Carcinogenic Products. In: *Environmental Science* Nr. 13, 1979. »Das kanzerogene Mutterkorn in Roggen (S. 281); fermentierte Nahrungsmittel enthalten die Kanzerogene Äthylcarbamat oder Urethan (S. 280).«

* Anmerkung des Übersetzers

Weisburger, John H.: Bioassays and Tests for Chemical Carcinogens. In: Searle, Charles E. (Hrsg.): *Chemical Carcinogens*. Washington, D. C.: American Chemical Society, 1976. »Kanzerogene Metalle: Beryllium, Blei, Cadmium, Chrom, Kobalt, Mangan, Nickel, Titan.« S. 3.

Went, F. W.: Organic Matter in the Atmosphere, and Its Possible Relation to Petroleum Formation. In: *Proceedings of the National Academy of Sciences* Nr. 46, 1960. »Terpene und andere Isoprenderivate, die von Pflanzen abgegeben werden, bilden blauen Dunstschleier.« S. 212–217.

–: Plants and the Chemical Environment. In: Sondheimer, Ernest; Simeone, John B. (Hrsg.): *Chemical Ecology*. New York: Academic, 1970. »Pflanzen entwikkeln Tumoren, die von anderen Bioformen verursacht werden.« S. 79–81.

Whanger, P. D.; Weswig, P. H.; Stoner, J. C.: Arsenic Levels in Oregon Waters. In: *Environmental Health Perspectives* Nr. 19, 1977. »Hohe Arsenkonzentrationen aufgrund vulkanischer Ablagerungen.« S. 139–140.

Whittaker, R. H.: The Biochemical Ecology of Higher Plants. In: Sondheimer, Ernest; Simeone, John B. (Hrsg.): *Chemical Ecology*. New York: Academic, 1970. »Blätter geben Terpene in die Atmosphäre ab.« S. 45.

Winter, Ruth A.: *A Consumer's Dictionary of Food Additives*. New York: Crown, 1978. »Acetaldehyd in Obst.« S. 18.

Wogan, G. N.: Naturally Occurring Carcinogens. In: *The Physiopathology of Cancer*. Band 1, *Biology and Biochemistry*. Basel: S. Karger, 1974. »Cholesterin als Kanzerogen identifiziert, kanzerogener Promotor (S. 98); Safrol ist kanzerogen (S. 95); Safrol in den Ölen von Ingwer, Muskat und Sternanis (S. 95).«

Wong, C. S.: Atmospheric Input of Carbon Dioxide from Burning Wood. In: *Science* Nr. 200, 1978. »Blitzschlag verursacht häufiger Waldbrände als der Mensch.« Tabelle 1, S. 197.

Wood, H. N.; Binns, A. N.; Braun, A. C.: Differential Expressions of Oncogenicity and Nopaline Synthesis in Intact Leaves Derived from Crown Gall Teratomas of Tobacco. In: *Differentiation* Nr. 11(3), 1978. S. 175–180. Zitiert in: *Carcinogenesis Abstracts* Nr. 17, 1979. Abstract 79-0146. »Auch Tabak bekommt Krebs.«

(WHO) Weltgesundheitsorganisation, Genf: Environmental Health Criteria Series: Environmental Health Criteria 1. *Mercury*, 1976. »Vulkanische Gase sind eine der Ursachen für das Vorkommen von Quecksilber in der Atmosphäre.« S. 42; Zitat S. 42.

Environmental Health Criteria 3. *Lead*. »Die Belastung der Luft mit Blei hat auch verschiedene natürliche Ursachen, vulkanische Aerosole enthalten Blei.« S. 32.

Environmental Health Criteria 4. *Oxides of Nitrogen*, 1977. »NO und NO_2 werden von Bakterien gebildet, sie entstehen auch durch Blitzschlag und bei Vulkanausbrüchen (S.10); auf natürlichem Wege entsteht wesentlich mehr NO und NO_2 als durch die Aktivitäten des Menschen.« S. 10–11.

Environmental Health Criteria 5. *Nitrates, Nitrites, and N-Nitroso Compounds*. 1978. »Bakterielle Reduktion von Nitrat zu Nitrit in Pflanzen (S. 14); bei der Lagerung frischen Gemüses (S. 36); die meisten der N-Nitrosoverbindungen sind mutagen (S. 18); NO_x wirken wahrscheinlich nitrosierend (S. 19); Nitrosamin in Tabak und Tabakprodukten (S. 49).«

(WHO) Weltgesundheitsorganisation: *Health Hazards of the Human Environment.* Genf: World Health Organisation, 1972. »Benzo(a)pyren ist das am häufigsten untersuchte polynukleare Kanzerogen, beim Verbrennungsprozeß entsteht Benzo(a)pyren (S. 222); Schieferöl (S. 220).« Zitat S. 222.

Wyllie, Thomas D.; Morehouse, Lawrence G. (Hrsg.): *Mycotoxic Fungi, Mycotoxins, Mycotoxicoses: An Encyclopedic Handbook.* Band 2, *Mycotoxicoses of Domestic and Laboratoy Animals, Poultry, and Aquatic Invertebrates and Vertebrates.* 1978. Band 3, *Mycotoxicoses of Man and Plants: Mycotoxin Control and Regulatory Aspects.* 1978. New York: Marcel Dekker. »Aflatoxinverseuchte Eier (Bd. 1, S 195); aflatoxinverseuchte Lebensmittel (Bd. 1, S. 190–196); Getreide und Gras von Mutterkorn verseucht (Bd. 1, S. 84–85; Bd. 2, S. 150; Bd. 3, S. 2).«

Yamazaki, H.; Minami, J.; Ichikawa, T.; Kondo, M.: Analysis of Polycyclic Aromatic Hydrocarbons in Raw and Broiled Fish. In: *J Food Hyg Soc Jpn* Nr. 18(4), 1977. S. 368–374. Zitiert in: *Carcinogenesis Abstracts* Nr. 17, 1979. Abstract 79-0894.

Yang, M. G.; Mickelsen, O.: Cycads. In: Liener, Irvin E. (Hrsg.): *Toxic Constituents of Plant Foodstuffs.* New York: Academic, 1969. »Cycadales sind in fast allen Teilen der Welt Bestandteil der Nahrung (S. 159–163); Cycasin ist ein Kanzerogen und Mutagen (S. 163–164).«

Yoshida, D.; Matsumoto, T.; Yoshimura R.; Matsuzaki, T.: Mutagenicity of Amino-α-Carbolines in Pyrolysis Products of Soybean Globulin. In: *Biochemical and Biophysical Research Communications* Nr. 83, 1978. »Es existiert ein Zusammenhang zwischen der Proteinkonzentration in geschnittenem Tabak und der Mutagenität von Zigarettenrauch.« S. 915.

Yoshihira, K.; Fukuoka, M.; Kuroyanagi, M.; Natori, S.; Umeda, M.; Moroshi, T.; Enomoto, M.; Saito, M.: Chemical and Toxicological Studies on Bracken Fern, *Pteridium aquilinum Var. Latiusculum.* I. Introduction: Extraction and Fractionation of Constituents, and Toxicological Studies Including Carcinogenicity Tests. In: *Chem Pharm Bull* (Tokyo) Nr. 26(8), 1978. S. 2346–2364. Zitiert in: *Carcinogenesis Abstracts* Nr. 16, 1979. Abstract 78-6717. »Extrakte aus Blättern des Farnkrauts sind kanzerogen.«

Yudkin, John: *Sweet and Dangerous.* New York: Wyden, 1972. »Es besteht ein Zusammenhang zwischen dem Konsum von Sucrose und der Entstehung von Krebs.« S. 141. [Deutsche Ausgabe: *Süß aber gefährlich: der Zuckerreport.* Hamburg: Hoffmann und Campe, 1974.]*

* Anmerkung des Übersetzers

Anhang

DATENKATALOG: ATLAS DER KREBSSTERBLICHKEIT – AUFGESCHLÜSSELT NACH DEN VERWALTUNGSBEZIRKEN DER USA: 1950–1969

US-Ministerium für Gesundheit, Erziehung und Soziales
Staatliche Gesundheitsbehörden
Nationales Krebsforschungsinstitut (NCI)
Bethesda, MD 20014

Das Nationale Krebsforschungsinstitut (NCI) der USA veröffentlichte einen Atlas der Krebssterblichkeit, aufgeschlüsselt nach den Verwaltungsbezirken (Counties) der USA und basierend auf der Todesursachenstatistik von 1950–1969. Der Atlas bietet Einblick in die geographisch bedingten unterschiedlichen Krebssterblichkeitsraten für 35 verschiedene Krebsformen.

Die Wissenschaftler des NCI sind überzeugt, daß der Atlas aufschlußreiche Hinweise hinsichtlich der Arbeitsplatz- und Umweltfaktoren bietet, die bei der Entstehung von Krebs eine Rolle spielen. Der Atlas bietet die Möglichkeit, solche Gemeinden und Regionen zu lokalisieren, in welchen durch eingehendere Untersuchungen diese Faktoren eventuell genauer bestimmt werden können.

Die Autoren dieses Atlas der Krebslandschaft sind: Thomas J. Mason, Ph. D., Frank W. McKay, Robert Hoover, M. D., William J. Blot, Ph. D., und Joseph F. Fraumeni jun., M. D., vom Fachbereich der Epidemiologie des NCI.

Der Atlas enthält nach Verwaltungsbezirken der USA aufgeschlüsselte Karten, die die Häufigkeitsverteilung der 16 bekanntesten Krebsformen wiedergeben. Die übrigen 19 Tumorarten, die in den Jahren 1950–1969 weniger Todesopfer forderten, sind nach sog. State Economic Areas (SEA) aufgeschlüsselt. Ein SEA umfaßt laut Statistischem Bundesamt der USA einen oder mehrere Verwaltungsbezirke, die durch ähnliche wirtschaftliche und soziale Bedingungen charakterisiert sind und deren Größenordnung in der Regel unterhalb der eines Bundesstaates liegen.

Die Karten geben die durchschnittlichen jährlichen Sterblichkeitsraten (Todesfälle pro 100000 Einwohner) wieder, die aufgrund statistischer Erfassung der Krebstoten in der Zeit von 1950–1969 errechnet wurden. Diese Erhebung stützt sich auf Datenmaterial, das vom Zentrum für Gesundheitsstatistik des US-Ministeriums für Gesundheit, Erziehung und Soziales zur Verfügung gestellt wurde und das äauf der Auswertung von Totenscheinen basiert. Die Sterblichkeitsraten für Weiße und Farbige sowie die für Frauen und Männer wurden getrennt dargestellt.

Das Ergebnis der statistischen Erhebungen war ein 729 Seiten umfassendes Übersichtswerk, das das NCI 1974 der Öffentlichkeit vorstellte.

In dem neuen Kartenwerk ist die geographisch unterschiedliche Verteilung der Krebssterblichkeit für Frauen und Männer getrennt dargestellt; es umfaßt allerdings nur die Sterblichkeitsraten für Weiße. An der kartographischen Darstellung der geographisch unterschiedlichen Krebssterblichkeitsraten für die farbige Bevölkerung der USA wird gegenwärtig noch gearbeitet.

Die vorliegenden Karten werden durch tabellarische Häufigkeitsverteilungen aller Krebsformen ergänzt, die sowohl die Mortalitätsraten wie auch die Sterblichkeitsziffer wiedergeben. Mit Hilfe dieser Tabellen und der nach Verwaltungsbezirken aufgeschlüsselten Karten ist der Leser in der Lage, die Häufigkeit bestimmter Krebsformen in sämtlichen Verwaltungsbezirken (Counties) zu bestimmen. Darüber hinaus sind in dem vorliegenden Werk die Sterblichkeitsraten für alle Krebsformen nach Altersgruppen tabellarisch wiedergegeben.

Nach Ansicht der Wissenschaftler vom NCI liegt der besondere Vorteil der kartographischen Darstellung der Krebslandschaft der USA darin, daß Wissenschaftlern und Mitarbeitern der Gesundheitsbehörden damit eine Möglichkeit in die Hand gegeben wird, signifikante Verteilungsmuster bestimmter Krebsformen zu analysieren. Geographisch übereinstimmende Höchstraten für eine bestimmte Krebsform bei Männern und Frauen weisen darauf hin, daß möglicherweise Umweltfaktoren als Krebsursache nicht auszuschließen sind, während signifikante Unterschiede in den Mortalitätsraten der Männer und Frauen auf krebserregende Faktoren am Arbeitsplatz hinweisen können.

Für manche Krebsarten, wie z. B. das Melanom (seltene Form des Hautkrebses), konnten die Wissenschaftler des NCI geographische Schwerpunkte hinsichtlich der Häufigkeit, mit der diese Krebsart auftritt, feststellen. Als Todesursache treten Melanome vorwiegend im Süden der USA auf; im Südwesten, an der Grenze zu Mexiko, ist die Sterblichkeit an Melanomen etwas geringer. Diese Beobachtungen bestätigen die Erkenntnisse der Wissenschaft, daß Sonnenlicht als eine der Hauptursachen von Hautkrebs betrachtet werden muß und daß dunkelhäutige Personen weniger anfällig für Hautkrebs sind.

Überdurchschnittlich hohe Sterblichkeit an Colon- und Rektumkrebs bei Männern wie auch bei Frauen wurden im Nordosten der USA (New Jersey, südliches New York, Connecticut, Rhode Island, Massachusetts) sowie in städtischen Ballungszentren im Gebiet der Seenplatte (Buffalo, Cleveland, Detroit, Chicago, Milwaukee) festgestellt. Niedrige Sterblichkeitsziffern hingegen sind für die zentralen und südlichen Regionen der USA typisch. Überraschenderweise wurden für Brustkrebs ähnliche Verteilungsmuster festgestellt, was die Schlußfolgerung nahelegt, daß bei der Entstehung von Brustkrebs sowie bei der Entstehung von Colon- und Rektumkrebs dieselben Umweltfaktoren ursächlich beteiligt sein könnten.

Die hohen Mortalitätsraten bei Männern im Nordosten der USA für Oesophagus-, Larynx-, Mund-, Pharynx- und Blasenkrebs weisen auf gesundheitsschädigende Faktoren am Arbeitsplatz hin. In einer Korrelationsstudie haben die Wissenschaftler des NCI hohe Sterblichkeitsraten für Lungen-, Leber- und Blasenkrebs in solchen Gebieten errechnet, in denen eine signifikante Zahl von Arbeitern in der chemischen Industrie tätig ist. Um arbeitsplatzbedingte Krebsrisiken abzuklären, sind jedoch weitere Analysen und Untersuchungen erforderlich.

Doch die Wissenschaftler des NCI betrachten es als nahezu gesichert, daß die auffallend zahlreichen Todesfälle bei Männern aufgrund von Blasenkrebs im Osten der USA auf industrielle Ursachen zurückzuführen sind.

Ferner stellten die Wissenschaftler des NCI eine überdurchschnittlich hohe Lungenkrebs-Mortalitätsrate in Regionen fest, in denen ein großer Teil der Arbeiter in Betrieben beschäftigt ist, die die Verhüttung und Veredlung von Kupfer-, Blei- und Zinkerzen betreiben. Bei der Verhüttung der genannten Erze werden in der Luft hohe Konzentrationen von Arsen, einem bekannten Kanzerogen, gemessen. Die Tatsache, daß in solchermaßen belasteten Regionen auch bei Frauen überdurchschnittlich hohe Sterblichkeitsziffern festgestellt wurden, legt die Vermutung nahe, daß die angesprochenen Schadwirkungen nicht auf den Arbeitsplatz beschränkt bleiben.

Besonders hohe Mortalitätsraten für Lungenkrebs wurden entlang der Golfküste, von Texas bis Florida, festgestellt. Dieses geographische Verteilungsmuster deutet auf möglicherweise umweltbedingte Faktoren hin, die gemeinsam mit dem Zigarettenkonsum als Ursachen für die Entstehung von Lungenkrebs in den vorwiegend ländlichen Gebieten des Südens verantwortlich sein könnten.

Hohe Mortalitätsraten für Magenkrebs sind für die nördlichen Staaten des Mittelwestens (Nord- und Süddakota, Minnesota, Wisconsin, Michigan) festgestellt worden. Die NCI-Wissenschaftler nehmen an, daß hierfür ethnische Faktoren ausschlaggebend sind. Hohe Sterblichkeitsziffern bei beiden Geschlechtern werden vor allem in geographischen Regionen beobachtet, die von Nachkommen österreichischer, russischer und skandinavischer Einwanderer bewohnt werden. Die Sterblichkeitsraten für Magenkrebs sind in diesen europäischen Ländern signifikant höher als in den USA.

Eine unerwartet hohe Sterblichkeitsrate für Lippen- und Mundtumoren entdeckten die NCI-Wissenschaftler bei Frauen in den Südstaaten der USA. Für einige Krebsformen (Pankreas-, Gehirn-, Nasen- und Stirnhöhlen- und Speicheldrüsentumoren) sind keine eindeutig feststellbaren geographischen Verteilungsmuster zu erkennen.

Die Autoren des Krebsatlas weisen den Leser darauf hin, daß die angegebenen Krebsmortalitätsraten von komplexen demographischen Faktoren beeinflußt werden und nicht eindeutig als direkter Spiegel der in bestimmten Regionen gegebenen Krebsgefahr betrachtet werden können. So können Bevölkerungsbewegungen, wie zum Beispiel die Übersiedlung von Pensionären in südliche Staaten, Krebssterblichkeitsraten ergeben, die zwar auf gewisse, für die erfaßte Region jedoch untypische Umweltfaktoren schließen lassen. Im wesentlichen allerdings deckt sich die geographische Häufigkeitsverteilung bestimmter Krebsformen mit bestehenden und bekannten Krebsrisikofaktoren; ein Umstand, der den Wissenschaftlern, die sich mit der bisher kaum bekannten »Geographie des Krebses« befassen, Vertrauen in die eigene Arbeit gegeben hat.

Anmerkungen

Vorwort

[1] Ernest Nagel: *The Structure of Science: Problems in the Logic of Scientific Explanation* (New York: Hackett and Harcourt, Brace and World, 1961), S.445–446.
[2] Ann Mozley Moyal: Studies of Science. In: *Science* Nr. 200, 1979. S. 755.
[3] Bernard D. Davis: Limits in the Regulation of Scientific Research. In: Torgny Segerstedt (Hrsg.): *Ethics für Science Policy: Report from a Nobel Symposium.* (New York: Pergamon, 1978), S. 213.
[4] Philip H. Ableson: Scientific Communication. In: *Science* Nr. 209, 1980. S. 61–62.
[5] Philip Handler: Public Doubts About Science. In: *Science* Nr. 208, 1980. S. 1093.
[6] James D. Watson, in einem Vortrag, den er am 27. Mai 1982 an der Rockefeller University in New York zum Thema »Krebsforschung – gegenwärtige und zukünftige wissenschaftliche Perspektiven« hielt.
[7] Roy E. Albert, Brief, erschienen in: *Science* Nr. 219, 1983. S. 796.

Kapitel 1

[1] J. O'M. Bockris: Environmental Chemistry. In: *Environmental Chemistry*, herausgegeben von J. O'M. Bockris (New York: Plenum Press, 1977), S. 6.
[2] William D. Carey: A Very Human Business. In: *Science* Nr. 199, 1978. S. 1161.
[3] Irving Selikoff: Perspectives in the Investigation of Health Hazards in the Chemical Industry. – Tagung des Wissenschaftlichen Komitees über Arbeitsmedizin, Mailand, 12. Dezember 1975. (Sezione: Medicina del Lavoro, Igiene Ambientale; Comitato Scientifico, Fondazione Carlo Erba), S. 79.
[4] Carl C. Craft: Cancer-Environment. In: *Associated Press*, 13. Januar 1976; Bill Richards: U. S. Action Urged to Curb Cancer-Causing Agents. In: *Washington Post*, 13. Januar 1976, S. A–2.
[5] Ebd.
[6] Russel E. Train, in einer Rede vor dem Nationalen Presseclub am 26. Februar 1976 in Washington, D. C. Zitiert in: *Environmental News*, U. S. Environmental Protection Agency, 26. Februar 1976; vgl. auch Formulierung des Gesetzes zur Kontrolle toxischer Substanzen, P. L. 94–469, Senate Report No. 94–698, Legislative History, 16. März 1976.
[7] Thomas H. Corbett, M. D.: *Cancer and Chemicals* (Chicago: Nelson-Hall, 1977), vgl. Umschlagkommentar von Corbett und S. 12.
[8] John Cairns: *Cancer: Science and Society* (San Francisco: Freeman, 1978), S. 164.

[9] Samuel S. Epstein, M. D.: *The Politics of Cancer* (San Francisco: Sierra Club Books, 1978), S. 21; Corbett: *Cancer and Chemicals*, S. x.

[10] Dr. Elizabeth Whelan: *Preventing Cancer* (New York: Norton, 1977), S. 38–39. (Deutsche Veröffentlichung: *Krebs vorbeugen: Neue Erkenntnisse über Ursachen und Verhütung*. Wien, München: Molden, 1981.)*

[11] Philip M. Boffey: *The Brain Bank of America: An Inquiry Into the Politics of Science* (New York: McGraw-Hill, 1975), S.xii

[12] Philip Handler, Interview in »The Enemies of Growth«. In: *Search of the Real America*, produziert für PBS von WGBH-TV, Boston, Mass., 1. Juni 1978; *Kopie*.

[13] David L. Sills: The Environmental Debate. Vortrag vor der »American Association for the Advancement of Science«, in Washington, D. C., 13. Februar 1978; *Manuskript*, S. 1–2.

[14] Paul R. Ehrlich; Anne H. Ehrlich und John P. Holdren: *Ecoscience: Population, Resources, Environment* (San Francisco: Freeman, 1977), S. 819–820.

[15] Robert Cameron Mitchell: Silent Spring/Solid Majorities. In: *Public Opinion*, August/September 1979. Dieser Artikel faßt zwei, zu einem früheren Zeitpunkt in *Resources for the Future* (Newsletter) und in *Resources* erschienene Artikel des Autors zusammen. Mitchell berichtet darin, daß Umfragen zufolge die Öffentlichkeit an Umweltschutz stark interessiert ist.

[16] Margaret Mead, Auszug aus einer Buchbesprechung, vgl. Klappentext der Taschenbuchausgabe von Rachel Carsons *Silent Spring* (Greenwich, Conn.: Fawcett, 1962).

[17] Barry Commoner: *Science and Survival* (New York: Viking Press, 1962), Neuauflage unter dem Titel: To Survive on the Earth. In: *The Ecological Conscience: Values for Survival*, herausgegeben von Robert Disch (Engelwood Cliffs, N. J.: Prentice-Hall, 1970), S. 118–119.

[18] Lynn White jun.: The Historical Roots of Our Ecologic Crisis. In: *Sience* Nr. 155, 1967, S. 1204, 1206.

[19] Don K. Price: Purists and Politicans. In: *Science* Nr. 163, 1969. S. 31.

[20] Alan W. Watts: The Individual as Man/World. In: *The Subversive Science: Essays Toward an Ecology of Man*, herausgegeben von Paul Shepard, Daniel McKinley (Boston: Houghton Miffin, 1969), S. 142.

[21] Lewis Mumford: *The Pentagon of Power: The Myth of the Machine* (New York: Harcourt Brace Jovanovich, Inc., 1970), S. 413. (Deutsche Ausgabe: *Mythos der Maschine: Kultur, Technik und Macht*. München: Europa, 1974)*

[22] Robert Disch, in *The Ecological Conscience*, S. xiii–xiv.

[23] Ralph Nader: Einführung in: *Ecotactics: The Sierra Club Handbook for Environmental Activists*, herausgegeben von John G. Mitchell und Constance L. Stallings (New York: Simon and Schuster, 1970), S. 13.

[24] Senator Gaylord Nelson, zitiert von Tony Wagner: The Ecology of Revolution. In: *Ecotactics*, S. 43.

[25] Murray Bookchin: Toward an Ecological Solution. In: *Ramparts*, Mai 1970, S. 10, 14.

* Vermerk des Übersetzers

[26] G. Evelyn Hutchinson: The Biosphere. In: *Scientific American* Nr. 223, 1970, S. 53.

[27] Lee Loevinger, zitiert in: Melvin J. Grayson und Thomas R. Shepard jun.: *The Disaster Lobby: Prophets of Ecological Doom and Other Absurdities* (Chicago: Follett, 1973), S. 133–134.

[28] Michael McCloskey, Vorwort in *Ecotactics*, S. 11.

[29] William O. Douglas: *The Three Hundred Year War: A Chronicle of Ecological Disaster* (New York: Random House and Alfred A. Knopf, 1972), S. 225.

[30] Charles E. Lindblom: *Politics and Markets: The World's Political-Economic Systems* (New York: Basic Books, 1977), S. 3. (Deutsche Ausgabe: *Jenseits von Markt und Staat: eine Kritik der politischen und ökonomischen Systeme*. Stuttgart: Klett 1980.)*

[31] Albert Szent-Györgyi: Snakes Do It. So Must Man. In: *New York Times*. 29. März 1975.

[32] P. B. Medawar; J. S. Medawar: *The Life Science*: *Current Ideas of Biology* (New York: Harper and Row, 1977), S. 173.

[33] Albert Schweitzer, Zitat auf der Titelseite von Rachel Carson: *Silent Spring* (Greenwich, Conn.: Fawcett, 1962).

[34] Carson: *Silent Spring*, S. 13–15. (Deutsche Ausgabe: *Der stumme Frühling*. München: Biederstein, 1962)*

[35] Ebd., S. 157, 158, 160.

[36] Ebd., S. 164–165.

[37] Ebd., S. 16–17.

[38] Ebd., S. 24.

[39] Ebd., S. 30.

[40] Ebd., S. 157–165.

[41] Ebd., S. 167.

[42] Ebd., S. 22.

[43] Ebd., S. 19.

[44] Ebd., S. 261.

[45] Ebd., S. 168–169.

[46] Paul R. Ehrlich: *The Population Bomb* (New York: Ballantine, 1968), S. 21, 44. (Deutsche Ausgabe: *Die Bevölkerungsbombe*. München: , 1971.)*

[47] Ebd., S. 18–19.

[48] Ebd., S. 38.

[49] Ebd., S. 37–38.

[50] Ebd., S. 47, 48, 51, 60–62.

[51] Ebd., S. 66–67.

[52] Ebd., S. 166–167.

[53] Ebd., S. 135, 136, 137, 138.

[54] Ebd., S. 131.

[55] Ebd., S. 158–161.

[56] Ebd., S. 170–171.

[57] Ehrlich, Ehrlich und Holdren: *Ecoscience*, S. 846, 850.

* Vermerk des Übersetzers

[58] Paul R. und Anne H. Ehrlich, Artikel in: *Stanford Magazine*. Zitiert in: »Notable and Quotable«, *Wall Street Journal*, 24. Juli 1978.

[59] Paul R. Ehrlich, zitiert in: Fred Warshoky: *Doomsday: The Science of Catastrophe* (New York: Reader's Digest, 1977), S. 229.

[60] »To Establish a Select Senate Committee on Technology and the Human Enviroment.« Hearings vor dem ›Subcommittee on Intergovernmental Relations of the Committee on Goverment Operations‹, United States Senate, Ninety-first Congress, First Session, 4., 5. und 6. März, 24. April und 7. Mai 1969. Commoner, S. 222–250; Ferry, S. 250–261.

[61] Dokumentation, die anläßlich der 1969 stattgefundenen Nationalen Konferenz der U. S.-amerikanischen UNESCO-Kommission herausgegeben wurde. Sie wurde auch unter dem Titel »The Ecological Facts of Life« in *The Ecological Conscience*, S. 16, veröffentlicht.

[62] Barry Commoner: *The Poverty of Power: Energy and the Economic Crisis* (New York: Alfred A. Knopf, 1976), S. 262. (Deutsche Ausgabe: *Energieeinsatz und Wirtschaftskrise: Die Grundlagen für den radikalen Wandel.* Reinbek b. Hamburg: Rowohlt, 1977)*

[63] Rae Goodell: *The Visible Scientists* (Boston: Little, Brown, 1977). Vgl. vor allem S. 60–69.

[64] René Dubos: *Man Adapting* (New Haven: Yale University Press, 1965), S. 366–367. Eine Zusammenfassung seiner in *Man Adapting* formulierte These erscheint auch in Dubos' Buch *Of Human Diversity* (Worcester, Mass.: Clark University Press with Barre Publishers, 1974), S. 58.

[65] René Dubos: The Limits of Adaptability. In: Garett DeBell, comp.: *Environmental Handbook* (New York: Ballantine, 1970), S. 28.

[66] René Dubos, zitiert in Ehrlich et al.: *Ecoscience*, S. 805.

[67] René Dubos: A Theology of the Earth. In: *Audubon*, Juli 1972, S. 34.

[68] René Dubos: *A God Within* (New York: Scribner's, 1972), S. 40–41.

[69] Ebd., S. 266.

[70] Ebd., S. 289.

[71] Maurice Strong: Vorwort. In: Barbara Ward und René Dubos: *Only One Earth: The Care and Maintenance of a Small Planet* (New York: Norton, 1972, S. vii. (Deutsche Ausgabe: *Wie retten wir unsere Erde? Bilanz und Prognose*. Freiburg i. B.: Herder, 1972)*

[72] Ward und Dubos: *Only One Earth*, S. 11.

[73] Ebd., S. 40–43.

[74] Ebd., S. 44.

[75] Ebd., S. 45.

[76] Ebd., S. 45.

[77] Ebd., S. 28.

[78] Ebd., S. 92–93.

[79] Ebd., S. 20.

[80] Ebd., S. 142–143

* Vermerk des Übersetzers

[81] Vorwort von William Watts, Präsident der »Potomac Associates«, Herausgeber von Donella H. Meadows; Dennis L. Meadows; Jørgen Randers; William W. Behrens III: *The Limits to Growth: A Report for the Club of Rome's Projekt on the Predicament of Mankind* (New York: A Potomac Associates Book, New American Library, 1974), S. ix–x. (Deutsche Ausgabe: *Die Grenzen des Wachstums: Bericht des Club of Rome zur Lage der Menschheit.* Stuttgart, 1972.)*

[82] Meadows et al.: *The Limits to Growth*, S. 29.

[83] Ebd., S. 194–195.

[84] »Club of Rome Revisited«, in: *Time*, 26. April 1976. S. 56.

[85] Charles Horner: Redistributing Technology. In: *Commentary, Januar 1979, S. 52. Charles Horner war Rechtsberater von Senator Daniel P. Moynihan.*

[86] George Wald: There Isn't Much Time. In: *Progressive*, Dezember 1975, S. 22–23.

[87] Ebd., S. 24.

[88] Ebd.

[89] Ebd.

[90] *Man's Impact on the Global Environment: Assessment and Recommendations für Action*, Report of the Study of Critical Environmental Problems (SCEP), herausgegeben mit der Unterstützung des ›Massachusetts Institute of Technology‹ (Cambridge, Mass.: MIT Press, 1970), S. xi–xii, xiv.

[91] Ebd., S. 6–7.

[92] Ebd., S. 47.

[93] Ebd., S. 13.

[94] Ebd., S. 15.

[95] Ebd., S. 15–16.

[96] Ebd., S. 18.

[97] Ebd., S. 19.

[98] Ebd., S. 27.

[99] Ebd., S. 117.

[100] Ebd., S. 168–170.

[101] Ebd., S. 17, 136.

[102] Ebd., S. 11.

[103] Ehrlich, Ehrlich und Holdren: *Ecoscience*, S. 731.

[104] Norman Macrae, zitiert in: *The Disaster Lobby*, S. 135.

[105] Gunnar Myrdal: Economics of an Improved Environment. In: *Who Speaks for Earth?* Dieser Beitrag basiert auf einer Vorlesungsreihe, die vom ›International Institute for Environmental Affairs‹ in Zusammenarbeit mit dem ›Population Institute‹ in Stockholm anläßlich der UN-Konferenz für Umweltfragen im Juni 1972 in Stockholm veranstaltet wurde; herausgegeben von Maurice F. Strong (New York: Norton, 1973), S. 70–71, 76.

[106] *Models of Doom*. Herausgegeben von H. Cole, C. Freeman, M. Jahoda, K. Pravitt (New York: Universe Books, 1973). Zitiert in: Ecoscience, S. 733.

[107] M. Mesarovic und E. Pestel: Mankind at the Turning Point: The Second Report to the Club of Rome, 1974. Zitiert in: *Ecoscience,* S. 733.

* Vermerk des Übersetzers

[108] Lord Zuckerman: Science, Technology, and Environmental Management. In: *Who Speaks for Earth?*, S. 138–139.

[109] Ward und Dubos: *Only One Earth*.

[110] Ebd., S. 202.

[111] Ebd., S. 193.

[112] Ebd., S. 194.

[113] Ebd., S. XIV.

[114] Ebd.

[115] Ebd., S. 86.

[116] Ebd., S. XIV, XVI.

[117] Ebd., S. XII.

[118] Ebd., S. 213.

[119] Barbara Ward: Only One Earth: Speech for Stockholm. In: *Who Speaks for Earth?*, S. 23–24.

[120] René Dubos, zitiert von Gunnar Myrdal: Economics of an Improved Environment. In: *Who Speaks for Earth?*, S. 70–71.

[121] Dubos: *A God Within*, S. 288.

[122] Ebd., S. 289.

[123] Ehrlich, Ehrlich und Holdren; *Ecoscience*, S. 170.

[124] Ernest Nagel: *The Structure of Science: Problems in the Logic of Scientific Explanation* (New York: Hackett and Harcourt, Brace and World, 1961), S. 445–446.

[125] Loren Eiseley: *The Star Thrower* (New York: Times Books, 1978). Laut Eiseley war Charles Darwin der Ansicht, daß »die Tiere unsere Mitbrüder und Leidensgenossen in Not, Krankheit und Hunger (seien), unsere Sklaven für die schwersten Arbeiten und unsere Spielgefährten in den Stunden der Zerstreuung, mit denen wir möglicherweise durch eine gemeinsame Abstammung verbunden sind, so daß wir in gewisser Weise alle miteinander verwandt sind.« Eiseley zitierte Darwin sehr frei und fabulierte: »... sind wir möglicherweise alle durch die Struktur unserer Welterfahrung miteinander verknüpft... wir sind in einem mystischen Sinne ein einziges diffus ineinander verwobenes Lebewesen...« (S. 187).

[126] Dr. James Lovelock, F. R. S.; Dr. Sidney Epton: The Quest for Gaia. In: *New Scientist* Nr. 65, 1975. Lovelock stellt die Hypothese auf, daß »die belebte Materie, die Luft, die Ozeane und die Erdoberfläche Bestandteile eines riesigen Systems sind, das in der Lage ist, die Temperatur, die Zusammensetzung der Luft und des Wassers, den pH-Wert des Bodens usf. in einer Weise zu kontrollieren, die die besten Voraussetzungen für das Überleben der gesamten Biosphäre garantiert. Dieses System läßt das Verhalten eines Einzelorganismus, ja sogar eines Lebewesens erkennen... Etwas, das derart gewaltige Kräfte besitzt, verdient auch einen angemessenen Namen, und der Schriftsteller William Golding schlug »Gaia« vor – den Namen, mit dem die alten Griechen ihre Erdgottheit benannten.« (S. 304).

[127] Eric Ashby: *Reconciling Man with the Environment* (Stanford, Calif.: Stanford University Press, 1978), S. 82, 84, 86, 87.

[128] Ebd., S. 82–83.

[129] Ebd., S. 85

[130] Ebd., S. 83.

[131] Ebd.

[132] Ebd., S. 13.

[133] James E. Krier und Edmund Ursin: *Pollution and Policy: A Case Essay on California and Federal Experience with Motor Vehicle Air Pollution 1940–1975* (Berkeley, Calif.: University of California Press, 1977), S. 299–300.

[134] Ward: Only One Earth: Speech for Stockholm. In: *Who Speaks for Earth?* S. 21–22.

[135] John Denver: *Rocky Mountain Suite (Cold Nights in Canada*, Cherry Lane Music Co., 1973.

[136] Daniel Patrick Moynihan: United States in Opposition. In: *The First World and the Third World: Essays on the New International Economic Order*, herausgegeben von Karl Brunner (Rochester, N. Y.: University of Rochester Policy Center Publications, 1978), S. 119, 131.

[137] Paul Johnson: *Enemies of Society* (New York: Atheneum, 1977), S. 88.

[138] Charles Frankel: Sociobiology and Its Critics. In: *Commentary*, Juli 1979. S. 39.

[139] Charles Kadushin: Who Are the Elite Intellectuals? In: *Public Interest*, Herbst 1972, S. 114; vgl. auch Fußnote, S. 117.

[140] Edward O. Wilson: *On Human Nature* (Cambridge, Mass.: Harvard University Press, 1978), S. 203. (Deutsche Ausgabe: *Biologie als Schicksal: die soziologischen Grundlagen menschlichen Verhaltens.* Frankfurt a. M., 1980)*

[140] Edward O. Wilson: *On Human Nature* (Cambridge, Mass.: Harvard University Press, 1978), S. 203.

[141] »Occupational Safety and Health Act of 1970«, P. L. 91–596, Senate Report No. 91–1282, »Legislative History, Background«, S. 5178.

[142] »Clean Air Act as Amended«, 1977, P. L. 95–95, Part A Section 101, Part B Section 151.

[143] »Toxic Substances Control Act of 1976«, P. L. 94–469, Section 2(a), Section 3(5).

[144] »Endangered Species Act of 1973«, P. L. 93–205, Section 2.

[145] Eine Zusammenfassung dieser Veröffentlichungen ist bisher nicht geleistet worden, und ich war gezwungen, sämtliche Presseveröffentlichungen der EPA, der FDA, der CPSC und des OSHA zwischen 1967 (bzw. dem jeweiligen Gründungsjahr der Behörden) und 1977 zu sammeln und durchzulesen.

[146] U. S. Department of Health, Education and Welfare (US-Ministerium für Gesundheit, Erziehung und Soziales), in: *HEW News*, 8. April 1970.

[147] U. S. Environmental Protection Agency (US-Umweltschutzbehörde): EPA Reports Seizure of Two Pesticide Products. In: *Environmental News*, 13. Februar 1972.

Kapitel 2

[1] Samuel S. Epstein M. D.: Cancer and the Environment. In: *Bulletin of the Atomic Scientist,* März 1977, S. 22.

* Vermerk des Übersetzers

[2] Lewis Thomas: *The Medusa and the Snail: More Notes of a Biology Watcher* (New York: Viking Press, 1979), S. 48. (Deutsche Ausgabe: *Die Medusa und die Schnecke: Gedanken eines Biologen über die Mysterien von Mensch und Natur.* Köln: Kiepenheuer und Witsch, 1981)*

[3] Fernsehanstalten

- CBS-Bericht: »The American Way of Death«, 15. Oktober 1975.
- CBS-Nachrichtenredaktion: »Face the Nation«. Gast: Russel E. Train von der EPA (Environmental Protection Agency), am 18. April 1976.
- CBS-Sonderbericht: »The Politics of Cancer«, am 22. Juni 1976.
- NBC-Nachrichten: »What Is This Thing Called Food?«, am 8. September 1976.

Zeitschriften

- Samuel S. Epstein, M. D.: Cancer and the Environment. In: *Bulletin of the Atomic Scientists*, März 1977.
- »The Chemicals Around Us«, In: *Newsweek*, 21. August 1978.

Bücher

- Larry Agran: *The Cancer Connection: And What We Can Do About It* (New York: St. Martin's, 1977).
- John Cairns: *Cancer: Science and Society* (San Francisco: Freeman, 1978).
- Thomas H. Corbett M. D.: *Cancer and Chemicals* (Chicago: Nelson-Hall, 1977).
- Samuel S. Epstein, M. D.: *The Politics of Cancer* (San Francisco: Sierra Club Books, 1978).
- Samuel S. Epstein, M. D.: *The Politics of Cancer.* Verbesserte Auflage. (Garden City, N. Y.: Anchor Press/Doubleday, 1979).

Konferenz für Laien

Environmental Cancer: Causes, Victims, Solutions. Zusammenfassung des Abschlußberichts einer Konferenz zum Thema »Umweltkrebs: Ursachen, Opfer und Lösungsvorschläge«, die am 21. und 22. März 1977 von der »Urban Environment Conference Inc.« veranstaltet und vom NCI [National Cancer Institute], vom NIEHS [National Institute for Environmental Health Sciences] sowie von der EPA [Environmental Protection Agency] subventioniert wurde. [Washington, D. C.: Urban Environment Conference, Inc., 1978]

[4] Dan Rather: The American Way of Death, CBS, 1975, Abschrift.

[5] James Bishop jun., Diskussionsteilnehmer in der Sendung »Face the Nation«, DBS, 1976, Abschrift.

[6] Agran: *The Cancer Connection.*

[7] »The Chemicals Around US«. In: *Newsweek*, 21. August 1978, S. 25.

[8] Anthony Mazzocchi in »The Politics of Cancer«, CBS, 1976, Abschrift.

[9] Rather: The American Way of Death. CBS, 1975, Abschrift.

[10] Lesley Stahl: The Politics of Cancer. CBS, 1976, Abschrift.

[11] Betty Furness: What Is This Thing Called Food? NBC, 1976, Abschrift.

[12] Agran: *The Cancer Connection.*

[13] Corbett: *Cancer and Chemicals.* Vgl. Corbetts Klappentext und S. 7.

[14] Barry Commoner: The Carcinogen Problem. Urban Environment Conference, S. 35, 37, 38.

* Vermerk des Übersetzers

[15] Samuel S. Epstein, M. D.: Proposed Scientific and Societal Response. Urban Environment Conference, S. 21–22.

[16] Cobett: *Cancer and Chemicals*.

[17] Douglas Costle, zitiert in »The Chemicals Around Us«, *Newsweek*, 21. August 1978, S. 28.

[18] Epstein: *The Politics of Cancer* (1978), S. 21.

[19] Agran: *The Cancer Connection*. Vgl. Klappentext.

[20] Miles Lord zitiert im Klappentext von Corbetts *Cancer and Chemicals*.

[21] Miles Lord: Political Issues. Urban Environment Conference, S. 33, 34.

[22] George Wald, Nobelpreisträger, Harvard Universität: »Ein hervorragendes Buch zu einem Thema von grundlegender Wichtigkeit für die Öffentlichkeit und die Medizin.« Klappentext zu Samuel Epsteins *The Politics of Cancer* (verbesserte Auflage, 1979).

[23] Corbett: *Cancer and Chemicals*.

[24] Douglas Costle, zitiert in »The Chemicals Around US«, *Newsweek*, 21. August 1978, S. 26.

[25] Epstein: *The Politics of Cancer* (1978), S. 24.

[26] Marvin Legator, in: »What Is This Thing Called Food?«, NBC, 1976, Abschrift.

[27] David Rall: Extrapolating Animal and Microbiological Tests to Humans. Urban Environmental Conference, S. 9.

[28] Russel Train: Face the Nation. CBS, 1976, Abschrift.

[30] Rall: Extrapolating Animal and Microbiological Tests to Humans. Urban Environment Conference, S. 8–9.

[31] Marvin Schneiderman in »The American Way of Death«, CBS, 1975, Abschrift.

[32] »... Wissenschaftler des Staatlichen Krebsforschungsinstituts (NCI) ...« gegenüber Lesley Stahl. In der Sendung »The Politics of Cancer«, CBS, 1976, Abschrift.

[33] Marvin Schneiderman, Ph. D.: Extrapolating Animal and Microbiological Tests to Humans. Urban Environment Conference, S. 10.

[34] Eula Bingham, Ph. D.: Regulatory Issues. Urban Environment Conference, S. 31.

Kapitel 3

[1] Umberto Saffiotti: Risk-Benefit Considerations in Public Policy on Environmental Carcinogenesis. Tätigkeitsbericht der vom Staatlichen Kanadischen Krebsforschungsinstitut (National Cancer Institute of Canada) in Zusammenarbeit mit der Kanadischen Krebsgesellschaft (Canadian Cancer Society) veranstalteten 11. Kanadischen Krebsforschungskonferenz. Toronto, Ontario, 6.–8. Mai 1976, S. 135.

[2] »The Chemicals Around Us«, *Newsweek*, 21. August 1978, S. 26.

[3] Samuel S. Epstein, M. D.: *The Politics of Cancer* (San Francisco: Sierra Club Books, 1978), S. 24.

[4] Jacqueline Verrett und Jean Carper: *Eating May Be Hazardous to Your Health* (Garden City, N. Y.: Anchor/Doubleday, 1975), S. 101.

[5] Ebd., S. 2–3, 101.

[6] Umberto Saffiotti: Risk-Benefit Considerations in Public Policy on Environmental Carcinogenesis. Tätigkeitsbericht der 11. Kanadischen Krebsforschungskonferenz (Eleventh Canadian Cancer Research Conference). Vgl. Fußnote 1, in der Saffiotti J. Sontag, N. Page und sich selbst als Autoren von *Guidelines for Carcinogenesis Bioassay in Small Rodents*, National Cancer Institute Carcinogenesis Technical Report Series No. 1, 1976, identifiziert.

[7] Epstein: *The Politics of Cancer* (1978), S. 254, 267–268.

[8] Saffiotti: Risk-Benefit Considerations in Public Policy on Environmental Carcinogenesis. Tätigkeitsbericht der 11. Kanadischen Krebsforschungskonferenz, S. 13–14.

[9] Larry Agran: *The Cancer Connection: And What We Can Do About It* (New York: St. Martin's, 1977), S. 195.

[10] Bil Gilbert: All in Favor of Cancer, Say ›Aye‹. In: *Audubon*, März 1979, S. 60.

[11] Saffiotti: Risk-Benefit Considerations in Public Policy on Environmental Carcinogenesis. Tätigkeitsbericht der 11. Kanadischen Krebsforschungskonferenz, S. 15–16.

[12] David P. Rall: Researching Health Hazards in the Environment. In: *American Water Works Association Journal* Nr. 67, 1975. S. 447.

[13] Saffiotti: Risk-Benefit Considerations in Public Policy on Environmental Carcinogenesis. Tätigkeitsbereich der 11. Kanadischen Krebsforschungskonferenz, S. 21.

[14] CBS-Sonderbericht: The Politics of Cancer. Am 22. Juni 1976. Abschrift.

[15] »The Chemicals Around Us«. *Newsweek*, S. 26.

[16] Umberto Saffiotti: The Laboratory Approach to the Identification of Environmental Carcinogens. In: *Proceedings of the Ninth Canadian Cancer Research Conference 1971*, herausgegeben von P. G. Scholefield (University of Toronto Press, 1972), S. 23–26); zitiert in: *Federal Register* 42:192, 4. Oktober 1977, S. 54152.

[17] Office of Science and Technology Policy, Executive Office of the President (Amt für Wissenschafts- und Technologiepolitik, Exekutivbüro des Präsidenten): *Identification, Characterization, and Control of Potential Human Carcinogens. A Framework for Federal Decision-Making*, 1. Februar 1979, S. 8. (Dieser Bericht war eine umgearbeitete Fassung des offiziellen Dokuments, die für die Veröffentlichung im *Journal of the National Cancer Institute* Nr. 64, 1980, vorbereitet war; als verantwortlich zeichneten: D. R. Calkins, R. L. Dixon, C. R. Gerber, G. S. Omenn und D. Zarin.)

[18] Ebd., S. 9.

[19] (NAS) Committee on Biologic Effects of Atmospheric Pollutants: *Particulate Polycyclic Organic Matter* (Washington, D. C.: National Academy of Sciences, 1972), S. 91.

[20] Umberto Saffiotti: Comments on the Scientific Basis for the ›Delaney Clause‹. In: *Preventive Medicine* Nr. 2, 1973. S. 127.

[21] Ebd., S. 127–128.

[22] R. E. Albert und F. J. Burns: Carcinogenic Atmospheric Pollutants and the Nature of Low-level Risks. In: Hiatt, H. H.; Watson, J. D.; Winsten, J. A.: *Origins*

of Human Cancer. Buch A, *Incidence of Cancer in Humans* (New York: Cold Spring Harbor Laboratory, 1977), S. 289, 291, 292.

[23] Epstein: *The Politics of Cancer* (1978), S. 60–61.

[24] Verrett und Carper: *Eating May Be Hazardous to Your Health*, S. 148–149.

[25] Arthur M. Langer und Mary S. Wolff: Asbestos Carcinogenesis. In: Schrauzer, G. N. (Hrsg.): *Inorganic and Nutritional Aspects of Cancer* (New York: Plenum, 1978), S. 29.

[26] General Accounting Office, Bericht des Präsidenten des Rechnungshofes der USA: *Does Nitrite Cause Cancer? Concerns About Validity of FDA-Sponsored Study Delay Answer,* 31. Januar 1980, S. 29.

[27] Bericht an den Surgeon General, USPHS, 22. April 1970, ›Ad-Hoc-Komitee zur Evaluation niedriger Dosierungen von in der Umwelt vorkommenden chemischen Kanzerogenen‹, ›National Cancer Institute‹: *Evaluation of Environmental Carcinogens.* Anlage 10 in »Chemicals and the Future of Man«, Hearings vor dem ›Subcommittee on Executive Reorganization and Government Research of the Committee on Government Operations‹, United States Senate, 92. Kongreß, Erste Sitzung, 6. und 7. April 1971, S. 181. Laut Samuel Epstein, der diesen Bericht im Anhang II seines *Politic of Cancer* (1978, S. 475) übernahm, ist dieser Bericht auch im »Federal Environmental Pesticide Control Act«, Hearings vor dem ›Subcommittee on Agriculture and Forestry‹, US-Senat, 23.–26. März 1971, enthalten.

[28] Saffiotti: Comments on the Scientific Basis for the ›Delaney Clause‹, S. 130.

[29] Bericht an den Surgeon General, USPHS, 22. April 1970, Ad-hoc-Komitee zur Evaluation niedriger Dosierungen von in der Umwelt vorkommenden chemischen Kanzerogenen, Anlage 10. in »Chemicals and the Future of Man«, Hearings, US-Senat, S. 180.

[30] Verrett und Carper: *Eating May Be Hazardous to Your Health*, S. 50–51.

[31] Office of Science and Technology Policy (Amt für Wissenschafts- und Technologiepolitik): *Identification, Characterization, and Control of Potential Human Carcinogens: A Framework for Federal Decision-Making,* übernommen von Calkins et al., S. 9.

[32] General Accounting Office, Bericht des Präsidenten des Rechnungshofes der USA: *Does Nitrite Cause Cancer? Concerns About Validity of FDA-Sponsored Study Delay Answer*, S. 72.

[33] Barry Commoner: Hiroshima at Home. In: *Hospital Practice,* April 1978, S. 63.

[34] Samuel S. Epstein, M. D.: *The Politics of Cancer*. Verbesserte Auflage. (Garden City, N. Y.: Anchor/Doubleday, 1979), S. 510.

[35] Irving Selikoff, zitiert von Gilbert in »All in Favor of Cancer, Say ›Aye‹«, S. 59.

Kapitel 4

[1] Barry Commoner: *The Closing Circle: Nature, Man and Technology* (New York: Bantam, 1972), S. 37. (Deutsche Ausgabe: *Wachstumswahn und Umweltkrise*. München: Bertelsmann, 1971.)*

* Vermerk des Übersetzers

[2] Wilhelm Hueper, zitiert in Rachel Carson: *Silent Spring* (Greenwich, Conn.: Fawcett, 1962), S. 213–215. Hueper korrigiert Carsons Manuskript, vgl. hierzu: Frank Graham, jun.: *Since Silent Spring* (Boston Houghton Mifflin, 1970), S. 33. (Deutsche Ausgabe: Frank Graham jun.: *Seit dem »stummen Frühling«*. München: Biederstein, 1971)* vgl. auch: Fußnote 24.

[3] Carson: *Silent Spring*, S. 195.

[4] Ebd., S. 17.

[5] Ebd., S. 195.

[6] Ebd., S. 16.

[7] Ebd., S. 17.

[8] Ebd., S. 213.

[9] Ebd., S. 162–167.

[10] Ebd., S. 17.

[11] Ebd., S. 27–28.

[12] Ebd., S. 71–72.

[13] Ebd., S. 71.

[14] Ebd., S. 213–215.

[15] Ebd., S. 215.

[16] Ebd., S. 213, 216.

[17] Commoner: *The Closing Circle*, S. 37.

[18] Ebd., S. 39.

[19] Ebd., S. 40.

[20] Ebd.

[21] Ebd., S. 138–144.

[22] Barry Commoner: *The Poverty of Power: Energy and the Economic Crisis* (New York: Alfred A. Knopf, 1976), S. 262–263. (Deutsche Ausgabe: *Energieeinsatz und Wirtschaftskrise: Die Grundlagen für den radikalen Wandel.* Reinbek b. Hamburg: Rohwolt, 1977.)*

[23] Barry Commoner: The Carcinogen Problem. In: *Environmental Cancer: Causes, Victims, Solutions.* Arbeitsbericht einer am 21. und 22. März 1977 von der ›Urban Environment Conference Inc.‹ veranstalteten und vom NCI, vom NIEHS sowie von der EPA subventionierten Tagung. (Washington, D. C.: Urban Environment Conference Inc., 1978), S. 36–38.

[24] In *Since Silent Spring* bietet Frank Graham jun. eine detaillierte Zusammenfassung der wissenschaftlichen Kontroverse, die der Publikation von *Silent Spring* folgte. Doch keiner der Streitpunkte bezog sich auf die zentrale Prämisse von Carsons Buch: das »Axiom« der Nonkanzerogenität der Natur.

[25] John R. Quarles jun. Aussage: »Toxic Substances Control Act«, Hearings vor dem ›Subcommittee on Consumer Protection and Finance of the Committee on Interstate and Foreign Commerce‹, Repräsentantenhaus, 94. Kongreß, Erste Sitzung. H. R. 7229, H. R. 7548 und H. R. 7664, 16. Juni, 9., 10. und 11. Juli 1975, Serien-Nr. 94–41, S. 213.

* Vermerk des Übersetzers

[26] »From Microbes to Men: The New Toxic Substances Control Act and Bacterial Mutagenicity/Carcinogenicity Tests«. In: *Environmental Law Reporter* Nr. 6., 1976. S. 10251–10252.

[27] *Point of View*: »DDT and the Limits of Toxicology«. Auszug aus dem Bericht Samuel S. Epsteins, der anläßlich des EPA-Hearings über DDT im Namen des ›Environmental Defense Fund‹ aussagte.
Science Nr. 175, 1972, S. 610; Charles F. Wurster: DDT Proved Neither Essential Nor Safe.
Bio Science Nr. 23, 1973, S. 106; William D. Ruckelshaus: *Consolidated DDT Hearings: Opinion and Order of the Administrator*, Environmental Protection Agency. *Federal Register* 37:131, 7. Juli 1972, S. 13369–13371, besonders S. 13371.

[28] William D. Ruckelshaus: *Consolidated DDT Hearings: Opinion and Order of the Administrator.* Environmental Protection Agency, S. 13371.

[29] Ralph Nader, zitiert in Thomas C. Hunter: *Beginnings* (New York: T. Y. Crowell, 1978), S. 187–188.

[30] Natural Resources Defense Council, Inc.: Cancer: The Price of Technological Advancement? In: *NRDC Newsletter* Nr. 5(2), Sommer 1976. Zitiert von Merril Eisenbud: *Environment, Technology and Health: Human Ecology in Historical Perspective* (New York: New York University Press, 1978), S. 187.

[31] Lawrence Fishbein: Environmental Metallic Carcinogens: An Overview of Exposure Levels. In: *Journal of Toxicology and Environmental Health* Nr. 2, 1976. S. 77.

[32] Norton Nelson, Direktor, Institute of Environmental Medicine (Institut für Umweltmedizin), New York University Medical Center: Introduction. In: *Research in Environmental Health Sciences*, 14. Jahresbericht für das ›National Institute for Environmental Health Sciences Center‹ unter NIEHS Grant ES00260, 31. Dezember 1977, S. 1.

[33] Gene Lyons: Politics in the Woods. In: *Harper's*, Juli 1978, S. 27.

[34] Thomas H. Corbett, M. D.: Naturally Occuring Carcinogens. Kapitel 8, *Cancer and Chemicals* (Chicago: Nelson-Hall, 1977), S. 103–107.

[35] Samuel S. Epstein, M. D.: *The Politics of Cancer*. Verbesserte Auflage. (Garden City, N. Y.: Anchor/Doubleday, 1979), S. 18–20, 486–487, 522–525.

[36] Ebd., S. 18.

[37] Larry Agran: *The Cancer Connection* (New York: St. Martin's, 1977), S. xiv.

[38] Ebd., S. xv.

[39] Minako Nagao, Takashi Sugimura und Taijiro Matsushima: Environmental Mutagens and Carcinogens. In: *Annual Review of Genetics* Nr. 12, 1978. S. 118.

[40] Marvin Schneiderman, zitiert von Judith Randal: This Rat Died in a Cancer Lab to Save Lives. Neudruck des in der *Washington Post* erschienenen Artikels »Outlook« am 22. Juli 1979, veröffentlicht von der ›United States Environmental Protection Agency‹, OPA 15/80, Januar 1980. Meine Kopie ohne Seitenangabe; siehe Absatz 4. des Artikels.

[41] R. Jeffrey Smith: Toxic Substances: EPA and OSHA Are Reluctant Regulators. In: *Science* Nr. 203, 1979, S. 28.

[42] Randal: This Rat Died in a Cancer Lab to Save Lives. Meine Kopie ohne Seitenangaben; siehe Absatz 2. und 3.

[43] H. F. Kraybill und Myron A. Mehlman: Vorwort zu *Advances in Modern Toxicology*, herausgegeben von Myron A. Mehlman, Band 3, *Environmental Cancer*, herausgegeben von H. F. Kraybill und Myron A. Mehlman (Washington: Hemisphere, 1977), S. xi.

[44] Ebd.

[45] (NAS) Ausschuß zur ›Beurteilung von Halogenkohlenwasserstoffen mit niedrigem Molkulargewicht‹ des Komitees zur wissenschaftlichen und technischen Beurteilung von Umweltschadstoffen: *Chloroform, Carbon Tetrachloride, and Other Halomethanes: An Environmental Assessment* (Washington, D. C.: National Academy of Sciences, 1978), S. 97, 117–119.

[46] Ebd., S. 6; James Lovelock and Sidney Epton: The Quest for Gaia, in: *New Scientist* Nr. 65, 1976, S. 305; J. E. Lovelock, R. J. Maggs und R. J. Wade: Halogenated Hydrocarbons in and over the Atlantic, in: *Nature* Nr. 24, 1973, S. 195.

[47] A. M. Pamukcu: Bracken Fern (BF). A Natural Urinary Bladder Carcinogen. In: *Naturally Occurring Carcinogens-Mutagens and Modulators of Carcinogenesis*. 9. Internationales Symposium des ›Princess Takamatsu Cancer Research Fund‹, Tokyo, Japan, 23.–25. Januar 1979, Abstract, S. 22, 23.

[48] George Claus und Karen Bolander: *Ecological Sanity (New York: McKay, 1977), S. 511; William Tucker: Of Mites and Men. In: Harper's*, August 1978, S. 54.

[49] Tom Frieberg, Abteilung für ›Civil Engineering, Air and Water Resources‹, University of Washington: Naturally Occurring Volatile Hydrocarbons in the Atmosphere. 23. Mai 1972, Manuskript, meine Kopie ohne Seitenangaben; Reinhold A. Rasmussen: Isoprene: Identified as a Forest-Type Emission to the Atmosphere. In: *Environmental Science and Technology* Nr. 4, 1970, S. 667; F. W. Went: Organic Matter in the Atmosphere, and Its Possible Relation to Petroleum Formation. In: *Proceedings of the National Academy of Science* Nr. 46, 1960, S. 213.

[50] E. K. Weisburger (National Cancer Institute): Carcinogenic Natural Products. In: *Structural Correlates of Carcinogenesis and Mutagenesis. A Guide to Testing Priorities?* Bericht des 2. Sommersymposiums des ›Food and Drug Administration Office of Science‹, das vom 31. August bis 2. September 1977 in Annapolis stattfand. Office of Science, FDA (Annapolis, MD) HEW Publication No. (FDA) 78–1046:241 S. 184–192; 1978, zitiert in: *Carcinogenesis Abstracts: A Monthly Publication Sponsored by the National Cancer Institute* Nr. 17, herausgegeben von G. P. Studzinski, J. J. Saukkonen; NCI-Berater, E. Weisburger, J. W. Chase (Philadelphia, Pennsylvania: Franklin Research Center, 1979), Abstract 79–0045.

[51] Samuel I. Shibko: Toxicology of Phthalic Acid Ester. In: *Environmental Quality and Food Supply*, herausgegeben von Philip L. White, Diane Robbins (Mount Kisco, New York: Futura: 1974), S. 207; Paul R. Graham: Phthalates: A Story in the Making. In: *Environmental Quality and Food Supply*, S. 204–205.

[52] Irving Selikoff, zitiert von Bill Gilbert: All in Favor of Cancer Say ›Aye‹. In: *Audubon*, März 1979, S. 59.

Kapitel 5

[1] Frederick F. Becker: Keynote Address: Evolution, Chemical Carcinogenesis, and Mortality: The Cycle of Life. In: *Carcinogens: Identification and Mechanisms*

of Action, herausgegeben von A. Clark Griffin und Charles R. Shaw (New York: Raven, 1979), S. 5.

[2] Lewis Thomas: *The Lives of a Cell: Notes of a Biology Watcher* (New York: Bantam, 1975), S. 119. (Deutsche Ausgabe: Das Leben überlebt: Geheimnis der Zellen. Köln: Kiepenheuer und Witsch, 1976)*

[3] Gary Flamm, Vortrag. *Seminar on Government Regulation of Cancer-Causing Chemicals*, veranstaltet vom ›National Center for Administrative Justice‹. Washington, D. C., 7.–8. Dezember 1978.

[4] Umberto Saffiotti; Carcinogenesis, 1957–77: Notes for a Historical Review. In: *Journal of the National Cancer Intitute* Nr. 52:2 (Anhang), 1977, S. 618.
P. N. Magee: Metabolic Activation. Tätigkeitsbericht der 11. Kanadischen Krebsforschungskonferenz, veranstaltet vom Staatlichen Krebsforschungsinstitut Kanadas in Zusammenarbeit mit der Kanadischen Krebsgesellschaft. Toronto, Ontario, 6.–8. Mai 1976, S. 135.
P. N. Magee: Extrapolation of Cellular and Molecular Level Studies to the Human Situation. In: *Journal of Toxicology and Environmental Health* Nr. 2, 1977, S. 1418.

[5] Elizabeth C. Miller und James A. Miller: Biochemical Mechanisms of Chemical Carcinogenesis. In: Harris Busch (Hrsg.): *The Molecular Biology of Cancer* (New York: Academic, 1974), S. 382–383.

[6] Ebd., S. 382.

[7] Ebd., S. 391.

[8] Norbert P. Page: Concepts of a Bioassay Program in Environmental Carcinogenesis. In: *Advances in Modern Toxicology*, herausgegeben von Myron A. Mehlman. Band 3, *Environmental Cancer*, herausgegeben von H. F. Kraybill und Myron A. Mehlman (Washington: Hemisphere, 1977), S. 117.

[9] Stephan L. DeFelice, M. D.: *Drug Discovery: The Pending Crisis* (New York: Medcom Learning Systems, 1972), S. 49.

[10] Knut Schmidt-Nielsen: Energy Metabolism, Body Size, and Problems of Scaling. In: *Federation Proceedings* Nr. 29, 1970. S. 1524.

[11] David P. Rall: Problems of Low Doses of Carcinogens. In: *Journal of the Washington Academy of Sciences* Nr. 64, 1974. S. 65.

[12] Richard R. Johnston; Thomas H. Cromwell; Edmond I. Eger; David Cullen; Wendell C. Stevens; Thomas Joas: The Toxicity of Fluroxene in Animals and Man. In: *Anesthesiology* Nr. 38, 1973. S. 313.
W. M. Wardell: Fluroxene and the Penicillin Lesson. In . *Anesthesiology* Nr. 38, 1973, S. 309.

[13] Wardell: Fluroxene and the Penicillin Lesson. S. 310.

[14] Curtis C. Harris: Erklärung vor dem ›United States Department of Labor, Occupational Safety and Health Administration‹ (Amt für Sicherheit und Gesundheit am Arbeitsplatz), In: *OSHA Docket No. 090*, Washington D. C., 4. April 1978, S. 6. D. B. McGregor: Cotton Rat Anomaly. In: *Nature* Nr. 274, 1978, S. 21.

[15] A. L. Reeves; Beryllium Carcinogenesis. In: *Adv Exp Med Biol* Nr. 91, S. 13–27. Zitiert in: *Carcinogenesis Abstracts: A Monthly Publication Sponsored by the National Cancer Institute* Nr. 16, herausgegeben von G. P. Studzinski, J. J.

* Vermerk des Übersetzers

Saukkonen, NCI-Berater E. Weisburger und J. W. Chase (Philadelphia: Franklin Research Center, 1979), Abstract 78–0637.

[16] J. R. Cabral; R. K. Hall; S. A. Bronczyk und P. Schubik: A Carcinogenicity Study of the Pesticide Dieldrin in Hamsters. In: *Cancer Letter* Nr. 6(4), 1979, S. 241–246. Zitiert in: *Carcinogenesis Abstracts* Nr. 17, 1979, Abstract 79–3720, S. 1441.

[17] Environmental Protection Agency: *Potential Industrial Carcinogens and Mutagens,* erstellt von Lawrence Fishbein für das ›Office of Toxic Substances‹ (Washington, D. C.: 5. Mai 1977), S. 149.

[18] D. P. H. Hsieh; J. J. Wong; Z. A. Wong; C. Michas; B. H. Ruebner: Hepatic Transformation of Aflatoxin and Its Carcinogenity. In: *Origins of Human Cancer*, herausgegeben von H. H. Hiatt, J. D. Watson und J. A. Winsten. Buch B, *Mechanisms of Carcinogenesis* (New York: Cold Spring Harbor Laboratory, 1977), S. 705.

[19] H. L. Marks; R. D. Wyatt: Genetic Resistance to Aflatoxin in Japanese Quail. In: *Sience* Nr. 206, 1979, S. 1329.

[20] John H. Weisburger: Bioassays and Tests for Chemical Carcinogens. In: *Chemical Carcinogens*, herausgegeben von Charles E. Searle (Washington, D. C.: American Chemical Society, 1976), S. 8.

[21] Marvin A. Schneiderman und Charles C. Brown; Estimating Cancer Risks to a Population. In: *Environmental Health Perspectives* Nr. 22, 1978, S. 117.

[22] P. Shubik und D. B. Clayson: Application of the Results of Carcinogen Bioassays to Man. In: *Environmental Pollution and Carcinogenic Risks*, herausgegeben von Claude Rosenfeld und Walter Davis (Lyon: IARC Scientific Publications No. 13, 1976), S. 244.

[23] Isaac Berenblum: Carcinogenicity Testing for Control of Environmental Tumor Development in Man. In: *Israel Journal of Medical Science* Nr. 15, 1979, S. 476.

[24] Nagasawa: The Cause of Species Differences in Mammary Tumorigenesis: Significance of Mammary Gland DNA Synthesis. In: *Med Hypotheses* Nr. 5(4), 1979, S. 499–509. Zitiert in: *Carcinogenesis Abstracts* Nr. 17, 1979; Abstract 79–3046.

[25] Benjamin L. Van Duuren: Carcinogenicity of Hair Dye Components. In: *Cancer Symposium, An Acadamic Review of the Environmental Determinants of Cancer Relevant to Prevention.* Veranstaltet in Zusammenarbeit mit der Amerikanischen Krebsgesellschaft, New York City, 28. Februar und 1.–2. März 1979. Manuskript, S. 6.

[26] OSHA, *Federel Register* Nr. 45:15. 22. Januar 1980. S. 5067.

[27] David P. Rall: Role of Pharmacological Disposition in Drug Action. In: *Importance of Fundamental Principles in Drug Evaluation*, herausgegeben von David H. Tedeschi und Ralph E. Tedeschi (New York: Raven, 1968), S. 175.

[28] David P. Rall: Difficulties in Extrapolating the Results of Toxicity Studies in Laboratory Animals to Man. In: *Environmental Research* Nr. 2, 1969, S. 361.

[29] David P. Rall: Pharmacokinetic and Other Factors Related to Mutagenicity Testing: Quantitative Analysis of the Testing Procedures. In: *Environmental Health Perspectives,* Dezember 1973, S. 67.

[30] Rall: Problems of Low Dosis of Carcinogens, S. 65.

[31] R. T. Williams: Species Variations in the Pathways of Drug Metabolism. In: *Environmental Health Perspectives* Nr. 22, 1978, S. 133.

[32] Ebd., S. 134.

[33] Marcus M. Reidenberg: Species Similarities and Differences in Drug Metabolism. In: *Hospital Pharmacy* Nr. 10, 1975, S. 256.

[34] P. N. Magee: Thoughts on the Prevention of Cancer. In: *Fundamentals in Cancer Prevention*, herausgegeben von Peter N. Magee, Shozo Takayama, Takashi Sugimura und Taijiro Matsushima (Baltimore: University Park Press, 1976), S. 2. Weisburger: Bioassays and Tests for Chemical Carcinogens. In: *Chemical Carcinogens*, S. 3.

[35] Isaac Berenblum: Sequential Aspects of Chemical Carcinogenesis: Skin. In: *Cancer: A Comprehensive Treatise*, herausgegeben von Frederick F. Becker. Band 1, *Etiology: Chemical and Physical Carcinogenesis* (New York: Plenum, 1975), S. 336.

[36] H. Bartsch: Mutagenicity Tests in Chemical Carcinogenesis. In: *Environmental Pollution and Carcinogenic Risks*, S. 229.

[37] Charles Heidelberger: Mammalian Cell Transformation and Mammalian Cell Mutagenesis *(in vitro)*. In: *Cancer Symposium, An Academic Review of the Environmental Determinants of Cancer Relevant to Prevention. Manuskript*, S. 5.

[38] H. V. Malling zitiert von Bryn A. Bridges: Short Term Screening Test for Carcinogens. In: *Nature* Nr. 261, 1976, S. 196.

[39] Bruce N. Ames; William E. Durston; Edith Yamasaki und Frank D. Lee: Carcinogens Are Mutagens: A Simple Test System Combining Liver Homogenates for Activation and Bacteria for Detection. In: *Proceedings of the National Academy of Sciences* Nr. 70, 1973, S. 2281.

[40] Joyce McCann; Edmund Choi; Edith Yamasaki und Bruce N. Ames: Detection of Carcinogens as Mutagens in the *Salmonella*/Microsome Test: Assay of 300 Chemicals. In: *Proceedings of the National Academy of Sciences* Nr. 72, 1975, S. 5135.

[41] Magee; Extrapolation of Cellular and Molecular Level Studies to the Human Situation. S. 1420.

[42] Thomas H. Maugh II und Jean L. Marx: *Seeds of Destruction: The Science Report on Cancer Research* (New York: Plenum, 1975), S. 12. (Deutsche Ausgabe: *Zerstörendes Wachstum: Entstehung und Behandlung des Krebses.* Stuttgart: Thieme, 1979)*

[43] Center for the Biology of Natural Systems (Zentrum für die Biologie natürlicher Systeme), Washington University, St. Louis, Mo.: *News Summary*, 16. Mai 1978, S. 2.
»Reliability of Bacterial Mutagenesis Techniques to Distinguish Carcinogenic and Noncarcinogenic Chemicals«, verfaßt von Barry Commoner und Mitarbeitern am Zentrum für die Biologie natürlicher Systeme, Washington University, für die EPA (Environmental Protection Agency), Washington, D. C., Office of Health and Ecological Effects (U. S. Department of Commerce, National Technical Information Service, PB-259 934), April 1976, S. 43.

* Vermerk des Übersetzers

[44] T. Sugimura: Review of Submammalian Systems für Detecting Mutagens and Carcinogens. In: *Mutation Research* Nr. 53, 1978, Abstract 204, S. 270–271.

[45] Minako Nagao; Takashi Sugimura; Taijiro Matsushima: Environmental Mutagens and Carcinogens. In: *Annual Review of Genetics* Nr. 12, 1978, S. 144.

[46] James E. Trosko und Chia-Cheng Chang: Environmental Carcinogenesis: An Integrative Model. In: *Quarterly Review of Biology* Nr. 53, 1978, S. 121–123.

[47] Richard B. Setlow, zitiert von Jean L. Marx: New Clues to Cancer's Causes. In: *New York Times Magazine*, 25. November 1979, S. 138.

[48] Magee: Thoughts on the Prevention of Cancer. In: *Fundamentals in Cancer Prevention*, S. 2.

[49] Flamm, Vortrag: *Seminar on Government Regulation of Cancer-Causing Chemicals*.

[50] Bruce N. Ames: The Detection of Chemical Mutagens with Enteric Bacteria. In: *Chemical Mutagens: Principles and Methods for Their Detection*, herausgegeben von Alexander Hollaender, Band 1. (New York: Plenum, 1971), S. 271.

[51] Lee W. Wattenberg: Inhibition of Chemical Carcinogenesis by Antioxidants and Some Additional Compounds. In: *Fundamentals In Cancer Prevention*, S. 154. Isaac Berenblum: The Modifying Influence of Dichloroethyl Sulphide on the Induction of Tumours in Mice by Tar. In: *Journal of Pathology and Bacteriology*, The Official Journal of the Pathological Society of Great Britain and Ireland, herausgegeben von A. E. Boycott. Band 32, Teil I (Edinburgh: Oliver and Boyd, 1929).

[52] Wattenberg: Inhibition of Chemical Carcinogenesis by Antioxidants and Some Additional Compounds. In: *Fundamentals in Cancer Prevention*, S. 154.

[53] Ebd., S. 154–156.

[54] Lee W. Wattenberg: Inhibition of Chemical Carcinogenesis. In: *Journal of the National Cancer Institute* Nr. 60, 1978, S. 11.

[55] Lee W. Wattenberg: Inhibitors of Chemical Carcinogens. In: *Cancer Symposium, An Academic Review of the Environmental Determinants of Cancer Relevant to Prevention*. Manuskript, S. 1.

[56] Lee W. Wattenberg: Inhibitors of Carcinogenesis. In: *Carcinogens: Identification and Mechanismus of Action*, S. 312.

[57] H. L. Falk: Anticarcinogenesis – an Alternative. In: *Progress in Experimental Tumor Research*, herausgegeben von F. Homburger. Band 14, *Inhibition of Carcinogenesis*, herausgegeben von B. L. van Duuren und B. A. Rubin (Basel: S. Karger, 1971), S. 119.

[58] Ebd., S. 108.

[59] Thomas H. Maugh II: Vitamin A: Potential Protection from Carcinogens. In: *Science* Nr. 186, 1974, S. 1198.

[60] Wattenberg: Inhibition of Chemical Carcinogenesis by Antioxidants and Some Additional Compounds. In: *Fundamentals in Cancer Prevention*, S. 155.

[61] Michael Sporn: Retinoids in Cancer Prevention. In: *Cancer Symposium, An Academic Review of the Environmental Determinants of Cancer Relevant to Prevention*. Manuskript, Tabelle 4.

[62] Wattenberg: Inhibition of Chemical Carcinogenesis by Antioxidants and Some Additional Compounds. In: *Fundamentals in Cancer Prevention*, S. 155.

[63] Sporn: Retinoids in Cancer Prevention. In: *Cancer Symposium, An Academic Review of the Environmental Determinants of Cancer Relevant to Prevention*. Manuskript, Tabelle 4.

[64] Maugh: Vitamin A: Potential Protection from Carcinogens. S. 1198.

[65] Elizabeth W. Chu und Richard A. Malmgren: An Inhibitory Effect of Vitamin A on the Induction of Tumor of Forestomach and Cervix in the Syrian Hamster by Carcinogenic Polycyclic Hydrocarbons. In: *Cancer Research* Nr. 25, 1965, S. 884.

[66] Ilse Lasnitzki und DeWitt S. Goodman: Inhibition of the Effects of Metyhlcholanthrene on Mouse Prostate in Organ Culture by Vitamin A and Its Analogs. In: *Cancer Research* Nr. 34, 1974, S. 1564.

[67] Michael B. Sporn; Robert A. Squire; Charles C. Brown; Joseph M. Smith; Martin L. Wenk und Stephen Springer: 13–*cis*-Retinoic Acid: Inhibition of Bladder Carcinogenesis in the Rat. In: *Science* Nr. 195, 1977, S. 487.

[68] B. T. Mossman; J. E. Craighead; B. V. MacPherson: Asbestos-Induced Epithelial Changes in Organ Cultures of Hamster Trachea: Inhibition by Retinyl Methyl Ether. In: *Science* Nr. 207, 1980, S. 311.

[69] Sporn: Retinoids in Cancer Prevention. In: *Cancer Symposium, An Academic Review of the Environmental Determinants of Cancer Relevant to Prevention*. Manuskript, Tabelle 4.

[70] Maugh: Vitamin A: Potential Protection from Carcinogens. S. 1198.

[71] J. H. Weisburger und G. M. Williams: Metabolism of Chemical Carcinogens. In: *Cancer: A Comprehensive Treatise*, Band 1, S. 197.

[72] Wattenberg: Inhibition of Chemical Carcinogenesis. S. 11.

[73] Isaac Berenblum: Historical Perspective. In: *Carcinogenesis: A Comprehensive Survey*. Band 2, *Mechanisms of Tumor Promotion and Cocarcinogenesis*, herausgegeben von Thomas J. Slaga; A. Sivak und R. K. Boutwell (New York: Raven. 1978), S. 1.

[74] Sanford A. Miller, zitiert in »Who Decides What We Eat?« In: *Technology Review*, März/April 1980, S. 72.

[75] M. Nagao; T. Kawachi; T. Yahagi; Y. Takahashi; O. Tsuda; T. Sugimura; T. Matsushima; K. Umezawa; T. Kawakami; A. Shirai; M. Sawamura: Our View on the Relation Between Mutagens and Carcinogens. In: *Naturally Occurring Carcinogens – Mutagens and Modulators of Carcinogenesis*. Ninth International Symposium of the Princess Takamatsu Cancer Research Fund, 23.–25. Januar 1979, Tokyo, Japan. Abstract, S. 63.

[76] John Higginson und Calum S. Muir: The Role of Epidemiology in Elucidating the Importance of Environmental Factors in Human Cancer. In: *Cancer Detection and Prevention* 1, (1976); siehe »Summary«.

[77] Wattenberg: Inhibitors of Chemical Carcinogens. In: *Cancer Symposium, An Academic Review of the Environmental Determinants of Cancer Relevant to Prevention*. Manuskript, S. 5.

[78] Joseph V. Rodricks: Measurement of Exposure. Vortrag, *Seminar on Government Regulation of Cancer-Causing Chemicals*.

[79] Flamm, Vortrag, *Seminar on Government Regulation of Cancer-Causing Chemicals*.

[80] Maugh: Vitamin A: Potential Protection from Carcinogens. S. 1198.

[81] Jean L. Marx: Tumor Promoters: Carcinogenesis Gets More Complicated. In: *Science* Nr. 201, 1978. S. 515.

[82] Berenblum: Historical Perspective. In: *Carcinogenesis: A Comprehensive Survey*. Band 2, S. 1; siehe auch Fußnoten S. 7.

[83] Berenblum: Sequential Aspects of Chemical Carcinogenesis: Skin. In: *Cancer: A Comprehensive Treatise*, Band 1, S. 323.

[84] Ebd., S. 324.

[85] Marx: Tumor Promoters: Carcinogenesis Gets More Complicated. S. 515.

[86] , OSHA, *Federal Register* Nr. 45:15, 22. Januar 1980, S. 5150.

[87] Benjamin L. Van Duuren: Tumor-Promoting and Co-Carcinogenic Agents in Chemical Carcinogenesis. In: *Chemical Carcinogens*, S. 25.

[88] Erich Hecker: Cocarcinogenic Principles from the Seed Oil of *Croton tiglium* and from Other Euphorbiaceae. In: *Cancer Research* Nr. 28, 1968, S. 2338.

[89] Isaac Berenblum: Cocarcinogenesis. In: *British Medical Bulletin*, herausgegeben von N. Howard-Jones. Band 4 (1946–1947) (London: British Council, 1947), S. 344.

[90] Berenblum: Sequential Aspects of Chemical Carcinogenesis: Skin. In: *Cancer: A Comprehensive Treatise*, Band 1, S. 324.

[91] *British Medical Journal*, Leitartikel: »Is Cancer Irreversible?« 26. August 1978. S. 585.

[92] OSHA, *Federal Register* Nr. 45:15, 22. Januar 1980, S. 5150.

[93] Berenblum: Sequential Aspects of Chemical Carcinogenesis: Skin. In: *Cancer: A Comprehensive Treatise*, Band 1, S. 323–324.

[94] Ebd.

[95] Berenblum: Socarcinogenesis: In: *British Bulletin*, Band 4, S. 344.
Berenblum: Sequential Aspects of Chemical Carcinogenesis: Skin. In: *Cancer: A Comprehensive Treatise*, Band 1, S. 324.

[96] Ebd., S. 327.

[97] Van Duuren: Tumor-Promoting and Co-carcinogenic Agents in Chemical Carcinogenesis. In: *Chemical Carcinogens*, S. 30–31.

[98] Berenblum: Sequential Aspects of Chemical Carcinogenesis: Skin. In: *Cancer: A Comprehensive Treatise*, Band 1, S. 327.

[99] Van Duuren: Tumor-Promoting and Co-carcinogenic Agents in Chemical Carcinogenesis. In: *Chemical Carcinogens*, S. 31–32.

[100] Marx: Tumor Promoters: Carcinogenesis Gets More Complicated. S. 515.
Van Duuren: Tumor-Promoting and Co-carcinogenic Agents in Chemical Carcinogenesis. In: *Chemical Carcinogens*, S. 24–25.

[101] Berenblum: Sequential Aspects of Chemical Carcinogenesis: Skin. In: *Cancer: A Comprehensive Treatise*, Band 1, S. 332.

[102] Van Duuren: Tumor-Promoting and Co-carcinogenic Agents in Chemical Carcinogenesis. In: *Chemical Carcinogens*, S. 27.

[103] R. E. Albert und F. J. Burns: Carcinogenic Atmospheric Pollutants and the Nature of Low-level Risks. In: *Origins of Human Cancer*, Buch A, S. 291.

[104] *British Medical Journal*: Is Cancer Irreversible? S. 585.

[105] Berenblum: Historical Perspective. In: *Carcinogenesis: A Comprehensive Survey*, Band 2, S. 3.

[106] Charles Heidelberger und Sukdeb Mondal: In Vitro Chemical Carcinogenesis: In: *Carcinogens: Identification and Mechanisms of Action*, S. 88–89.

[107] Neal K. Clapp: Interactions of Ionizing Radiation, Nitrosamines, Sulfonoxyalkanes and Antioxidants as The Affect Carcinogenesis and Survival in Mice. In: *American Industrial Hygiene Association Journal* Nr. 39, 1978, S. 448.

[108] R. Lee Clark: Introduction of the Ernst W. Bertner Memorial Award Recipients. In: *Carcinogens: Identification and Mechanisms of Action*, S. 21–23.

[109] »Names in the News« in: *Oncology Times*, September 1980, S. 11.

[110] Van Duuren: Tumor-Promoting and Co-carcinogenic Agents in Chemical Carcinogenesis. In: *Chemical Carcinogens*, S. 24.

[111] Berenblum: Historical Perspective. In: *Carcinogenesis: A Comprehensive Survey*. Band 2, S. 2.

[112] P. Armitage und R. Doll: The Age Distribution of Cancer and a Multi-Stage Theory of Carcinogenesis. In: *British Journal of Cancer*, Band VIII, Nr. 1, 1954. S. 9

[113] Berenblum: Sequential Aspects of Chemical Carcinogenesis: Skin. In: *Cancer: A Comprehensive Treatise,* Band 1, S. 330.

[114] Armitage und Doll: The Age Distribution of Cancer and a Multi-Stage Theory of Carcinogenesis. S. 9.

[115] Berenblum: Sequential Aspects of Chemical Carcinogenesis: Skin. In: *Cancer: A Comprehensive Treatise*, Band 1, S. 330.

[116] Ebd., S. 330.

[117] Richard Peto: Epidemiology, Multi-stage Models and Short-term Mutagenicity Tests. In: *Origins of Human Cancer,* Buch C, *Human Risk Assessment*, S. 1418.

[118] Ebd., S. 1415.

[119] *British Medical Journal:* Is Cancer Irreversible? S. 585.

[120] Marx: Tumor Promoters: Carcinogenesis Gets More Complicated. S. 518.

[121] *British Medical Journal*: Is Cancer Irreversible? S. 585.

[122] Ebd.

[123] R. Peto: Epidemiology, Multi-stage Models and Short-term Mutagenicity Tests. In: *Origins of Human Cancer*, Buch C, S. 1415.

[124] Berenblum: Sequential Aspects of Chemical Carcinogenesis: Skin. In: *Cancer: A Comprehensive Treatise*, Band 1, S. 328.

Kapitel 6

[1] Bruce N. Ames; William E. Durston; Edith Yamasaki und Frank D. Lee: Carcinogens Are Mutagens: A Simple Test System Combining Liver Homogenates for Activation and Bacteria for Detection. In: *Proceedings of the National Academy of Sciences* Nr. 70, 1973. S. 2281.

[2] William Lijinsky: Erklärung vor dem »United States Department of Labor, Occupational Safety and Health Administration«. *OSHA Docket No. 090,* 4. April 1978, S. 18.

[3] Frederick F. Becker: Keynote Address: Evolution, Chemical Carcinogenesis, and Mortality: The Cycle of Life. In: *Carcinogens: Identification and Mechanismus of Action*, herausgegeben von A. Clark Griffin und Charles R. Shaw (New York: Raven, 1979), S. 6–7.

[4] John Higginson: Multiplicity of Factors Involved in Cancer Patterns and Trends. In: *Cancer Symposium, An Academic Review of the Environmental Determinants of Cancer Relevant to Prevention*, veranstaltet in Zusammenarbeit mit der »American Cancer Society, Inc.«, New York City, 28. Februar, 1.–2. März 1979. Manuskript, S. 4.

[5] (OSHA) Occupational Safety and Health Administration, U. S. Department of Labor: *Identification, Classification and Regulation of Potential Occupational Carcinogens*, Teil VII, Buch 2, in: *Federal Register* Nr. 45:15, 22. Januar 1980, S. 5169.
Bryn A. Bridges: Short Term Screening Tests for Carcinogens. In: *Nature* Nr. 261, 1976, S. 196.
H. S. Rosenkranz und L. A. Poirier; Evaluation of the Mutagenicity and DNA-Modifying Activity of Carcinogens and Noncarcinogens in Microbial Systems. In: *J Natl Cancer Inst* Nr. 62(4), 1979, S. 873–892, zitiert in: *Carcinogenesis Abstracts: A Monthly Publication Sponsored by the National Cancer Institute* Nr. 17, herausgegeben von G. P. Studzinski und J. J. Saukkonen, NCI-Berater, E. Weisburger und J. W. Chase (Philadelphia: Franklin Research Center 1979), Abstract 79–2512.
T. Sugimura: Review of Submammalian Systems for Detecting Mutagens and Carcinogens. In: *Mutation Research* Nr. 53, 1978, Abstract 204, S. 721.
L. A. Poirier und F. J. de Serres: Initial National Cancer Institute Studies on Mutagenesis as a Prescreen for Chemical Carcinogens: An Appraisal. In: *J Natl Cancer Inst*, Nr. 62(4), 1979, S. 919–926, zitiert in: *Carcinogenesis Abstracts* Nr. 17, 1979, Abstract 79–2513.
Bridges: Short Term Screening Tests for Carcinogens. S. 198. I. Chouroulinkov: Experimental Carcinogenesis and Mutagenesis. In: *Ann Mines* Nr. 184(7/8), 1978, S. 51–56, zitiert in: *Carcinogenesis Abstracts* Nr. 16, 1979, Abstract 78–5418.
Joyce McCann; Edmund Choi; Edith Yamasaki; Bruce N. Ames: Detection of Carcinogens as Mutagens in the *Salmonella*/Microsome Test: Assay of 300 Chemicals. In: *Proceedings of the National Academy of Sciences* Nr. 72, 1975, S. 5135.
Center for the Biology of Natural Systems, Washington University, St. Louis, Mo.: *New Summary*. 16. Mai 1978, S. 2.
»Reliability of Bacterial Mutagenesis Techniques to Distinguish Carcinogenic and Noncarcinogenic Chemicals«, erstellt von Barry Commoner und Mitarbeiter am »Center for the Biology of Natural Systems«, Washington University, für die »Environmental Protection Agency«, Washington, D. C., Office of Health and Ecological Effects (U. S. Department of Commerce, National Technical Information Service, PB-259 934), April 1976, S. 43.

[6] Thomas H. Maugh II.: Chemical Carcinogens: The Scientific Basis for Regulation: In: *Science* Nr. 201, 1978, S. 1203.

[7] OSHA, *Federal Register* Nr. 45:15, 22. Januar 1980, S. 5169–5170.

[8] Ebd., S. 5169.

[9] Gary Flamm, zitiert von Wil Lepkowski: Extrapolation of Carcinogenesis Data. In: *Environmental Health Perspectives* Nr. 22. 1978, S. 174.

[10] T. Sugimura, zitiert von Frederick J. de Serres: Strenght and Weaknesses of Microbial Test Results for Predicing Human Response. In: *Journal of Environmental Pathology and Toxicology* Nr. 1, 1977, S. 46.

[11] Bruce N. Ames: Identifying Environmental Chemicals Causing Mutations and Cancer. In: *Science* Nr. 204, 1979, S. 589.

[12] OSHA, *Federal Register* Nr. 45:15, 22. Januar 1980. S. 5171.

[13] International Agency for Research on Cancer (Internationale Krebsforschungsbehörde): IARC Monographs on the Evaluation of Carcinogenic Risk of Chemicals to Humans. Band 17: *Some N-Nitroso Compounds* (Lyon: IARC, 1978), S. 27.

[14] McCann et al.: Detection of Carcinogens as Mutagens in the *Salmonella*/Microsome Test: Assay of 300 Chemicals. S. 5135. Chouroulinkov: Experimental Carcinogenesis and Mutagenesis. Zitiert in: *Carcinogenesis Abstracts* Nr. 17, 1979, Abstract 78–5418.
Bridges: Short Term Screening Tests for Carcinogens. S. 198. Rosenkranz et al.: Evaluation of the Mutagenicity and DNA-Modifying Activity of Carcinogens and Noncarcinogens in Microbial Systems. Zitiert in: *Carcinogenesis Abstracts* Nr. 17, 1979. Abstract 79–2512.

[15] J. McCann; B. N. Ames: The *Salmonella*/Microsome Mutagenicity Test: Predictive Value for Animal Carcinogenicity. In: *Origins of Human Cancer*, herausgegeben von H. H. Hiatt, J. D. Watson und J. A. Winsten. Buch C, *Human Risk Assesment* (New York: Cold Spring Harbor Laboratory, 1977), S. 1436, 1443.

[16] OSHA, *Federal Register* Nr. 45:15, 22. Januar 1980, S. 5168–5169.

[17] McCann et al.: Detection of Carcinogens as Mutagens in the *Salmonella*/Microsome Test: Assay of 300 Chemicals, S. 5135, 5138.

[18] OSHA, *Federal Register* Nr. 45:15, 22. Januar 1980, S. 5169.

[19] Ebd., S. 5165.

[20] H. V. Malling: Laboratory of Environmental Mutagenesis: Summary Statement. In: *Environmental Health Perspectives* Nr. 20, 1977, S. 206.

[21] »Veröffentlichte Mitschrift« der Öffentlichen Informationstagung über die vorläufigen Ergebnisse des Internationalen Programms zur Auswertung von Kanzerogenitäts-Kurzzeittests, veranstaltet von den »National Institutes of Health«, Bethesda, Md., 3. Dezember 1979, S. 5.

[22] *Oncology Times*: Short-Term Tests for Carcinogenicity Seen Needed. Januar 1980, S. 8.

[23] »Veröffentlichte Mitschrift« über die vorläufigen Ergebnisse des Internationalen Programms zur Auswertung von Kanzerogenitäts-Kurzzeittests, siehe Titelseite und Tagesordnung.

[24] Ebd., S. 14–15, 16–18.

[25] »Veröffentlichte Mitschrift« der öffentlichen Informationstagung über die vorläufigen Ergebnisse des Internationalen Programms zur Auswertung von Kanzerogenitäts-Kurzzeittests, S. 13.

[26] Ebd., S. 28–30, 46.

[27] Ebd., S. 33.

[28] Der an der öffentlichen Informationstagung verteilte einleitende Bericht über die Ergebnisse des Internationalen Programms zur Auswertung von Kanzerogenitäts-Kurzzeittests, 3. Dezember 1979, »Conclusions« (Schlußfolgerungen), S. 3.

[29] Ebd.

[30] Ebd. und »Veröffentlichte Mitschrift« über die vorläufigen Ergebnisse des Internationalen Programms zur Auswertung von Kanzerogenitäts-Kurzzeittests, S. 52.

[31] de Serres: Strength and Weaknesses of Microbial Test Results for Predicting Human Response. S. 46–47.

[32] OSHA, *Federal Register* Nr. 45:15, 22. Januar 1980, S. 5168.

[33] Bridges: Short Term Screening Tests for Carcinogens. S. 198.

[34] Bernard D. Davis:Frontiers of the Biological Sciences. In: *Science* Nr. 209, 1980. Der Artikel diskutiert die Fortschritte in der biologischen Forschung, die im Verlauf des Jahres erzielt wurden. Der Passus, der sich mit den Fortschritten in der Krebsforschung befaßt, ist bezeichnend kurz (nur ein Kapitel) und besteht in erster Linie aus einer Reihe offener Fragen.

[35] L. Fishbein, zitiert in: N. Bishun; N. Smith und D. Williams: Mutations, Chromosome Aberrations and Cancer. In: *Clinical Oncology* Nr. 4, 1978, S. 257.

[36] McCann et al.: The *Salmonella*/Microsome Mutagenicity Test: Predictive Value for Animal Carcinogenicity. In: *Origins of Human Cancer*, Buch C, S. 1447.

[37] Victor K. McElheny; Seymour Abrahamson (Hrsg.): *Banbury Report 1, Assessing Chemical Mutagens: The Risk to Humans*. New York: Cold Spring Harbor Laboratory, 1977, S. xii.

[38] Ebd., S. 217.

[39] Ebd., S. 225–227.

[40] Ebd., S. 229–230.

[41] H. P. Burchfield und Eleanor E. Storrs: Organohalogen Carcinogens. In: *Advances in Modern Toxicology,* herausgegeben von Myron A. Mehlman. Band 3, *Environmental Cancer*, herausgegeben von H. F. Kraybill und Myron A. Mehlman (Washington: Hemisphere, 1977), S. 328.

[42] P. N. Magee: The Relationship Between Mutagenesis, Carcinogenesis and Teratogenesis. In: *Progress in Genetic Toxicology*, herausgegeben von D. Scott, B. A. Bridges und F. H. Sobels (New York: Elsevier/North-Holland Biomedical Press, 1977), S. 19.

[43] James Cleaver: Mechanisms of DNA Damage and DNA Repair Systems. In: *Cancer Symposium, An Academic Review of the Environmental Determinants of Cancer Relevant to Prevention.* Manuskript, S. 6.

[44] P. N. Magee: The Relationship Between Mutagenesis, Carcinogenesis and Teratogenesis. In: *Progress in Genetic Toxicology*, S. 15.

[45] F. Meins: Reversal of the Neoplastic State in Plants. In: *American Journal of Pathology* Nr. 89(3), 1977, S. 687–702. Zitiert in: *Carcinogenesis Abstracts* Nr. 16, 1978, Abstract 78–0066, S. 13.

[46] A. C. Braun: Cancer as A Problem in Development. In: *Cancer Outlaw Cell*, 1978, S. 47–59. Zitiert in: *Carcinogenesis Abstracts* Nr. 17, 1980, Abstract 79–4296.

[47] Magee: The Relationship Between Mutagenesis, Carcinogenesis and Teratogenesis. In: *Progress in Genetic Toxicology*, S. 24.

[48] Ebd., sowie James E. Trosko und Chia-Cheng Chang: Environmental Carcinogenesis: An Integrative Model. In: *Quarterly Review of Biology* Nr. 53, 1978, S. 126.

[49] Trosko et al.: Environmental Carcinogenesis: An Integrative Model. S. 126.

[50] A. Z. Bluming: Cancer: The Eighth Plaque – A Suggestion of Pathogenesis. In: *Isr J Med Sci* Nr. 14(1), 1978, S. 192–200. Zitiert in: *Carcinogenesis Abstracts* Nr. 16, 1979, Abstract 78–0660.

[51] Isaac Berenblum: Established Principles and Unresolved Problems in Carcinogenesis. In: *Journal of the National Cancer Insitute* Nr. 60, 1978, S. 725.

[52] John Cairns: *Cancer: Science and Society* (San Francisco: Freeman, 1978), S. 96.

[53] Isaac Berenblum: Established Principles and Unresolved Problems in Carcinogenesis. S. 725.

[54] Trosko et al.: Environmental Carcinogenesis: An Integrative Model. S. 126.

[55] Ebd. sowie James E. Trosko und Chia-Cheng Chang: Genes, Pollutants and Human Diseases. In: *Quarterly Reviews of Biophysics* Nr. 11, 1978, S. 609.

[56] Magee: The Relationship Between Mutagenesis, Carcinogenesis and Teratogenesis. In: *Progress in Genetic Toxicology,* S. 16.

[57] Isaac Berenblum: Historical Perspective. In: *Carcinogenesis – A Comprehensive Survey.* Band 2, *Mechanisms of Tumor Promotion and Carcinogenesis*, herausgegeben von T. J. Slaga, A. Sivak und R. K. Boutwell (New York: Raven: 1978), S. 3.

[58] Cairns: *Cancer: Science and Society*. S. 91, 94.

[59] Berenblum: Established Principles and Unresolved Problems in Carcinogenesis. S. 723.

[60] Elizabeth C. Miller und James A. Miller: Biochemical Mechanisms of Chemical Carcinogenesis. In: *The Molecular Biology of Cancer*, herausgegeben von Harris Busch (New York: Academic, 1974), S. 394–395.

[61] Takashi Sugimura; Shigeaki Sato; Minako Nagao; Takie Yahagi; Taijiro Matsushima; Yuko Seino; Micko Takeuchi und Takashi Kawachi: Overlapping of Carcinogens and Mutagens. In: *Fundamentals in Cancer Prevention*, herausgegeben von Peter N. Magee, Shozo Takayama, Takashi Sugimura und Taijiro Matsushima (Baltimore: University Park, 1976), S. 209.

[62] Bishun et al.: Mutations, Chromosome Aberrations and Cancer. S. 252.

[63] Higginson: Multiplicity of Factors Involved in Cancer Pattern and Trends. In: *Cancer Symposium, An Academic Review of the Environmental Determinants of Cancer Relevant to Prevention.* Manuskript, S. 4.

[64] William Lijinsky, Erklärung vor dem ›United States Department of Labor, Occupational Safety and Health Administration‹, 4. April 1978, *OSHA Docket No. 090,* S. 18, 19.

[65] Ebd., S. 16, 17.

[66] Fredrick F. Becker: Keynote Address: Evolution, Chemical Carcinogenesis, and Mortality. In: *Carcinogens: Identification and Mechanisms of Action*, S. 5–7.

[67] Lewis Thomas: *The Lives of a Cell: Notes of a Biology Watcher* (New York: Bantam, 1975), S. 135–137. (Deutsche Ausgabe: *Das Leben überlebt: Geheimnis der Zellen.* Köln: Kiepenheuer und Witsch, 1976)

[68] Isaac Berenblum: Cancer Research in Historical Perspective: An Autobiographical Essay. In: *Cancer Research* Nr. 37, 1977, S. 4.

[69] OSHA, *Federal Register* Nr. 45:15, 22. Januar 1980, S. 5007.

Kapitel 7

[1] Occupational Safety and Health Administration (OSHA), U. S. Department of Labor: *Identification, Classification and Regulation of Potential Occupational Carcinogens*. Teil VII, Buch 2, in: *Federal Register* Nr. 45:15, 22. Januar 1980, S. 5095, 5154, 5158, 5118, 5093, 5067, 5075, 5078, 5083, 5105, 5159 usw.

[2] Richard A. Merrill: Regulation of Toxic Chemicals: I. Background: The Growing Importance of Toxic Chemical Regulation. – Ein Aufsatz, der eine Analyse der Regulationstheorie und -praxis bietet; im Rahmen der Besprechung und Diskussion von *A Nation of Guinea Pigs* von Marshal Shapo, Professor für Jurisprudenz an der Northwestern University. In: *Texas Law Review* Nr. 58:463, 1980, S. 465, 466.

[3] Ebd., S. 465, Fußnote 8.

[4] OSHA, *Federal Register* 45:15, 22. Januar 1980, S. 5154 und 5158.

[5] Ebd., S. 5161, 5022, 5152.

[6] Ebd., S. 5170, 5172.

[7] Ebd., S. 5024–5025.

[8] Ebd., S. 5024.

[9] Hans Falk: Biologic Evidence for the Existence of Thresholds in Carcinogenesis. – Vortrag anläßlich der Konferenz über Extrapolation, Pinehurst, N. C., 10.–12. März 1976. Manuskript. Meine Kopie ohne Seitenangaben.

[10] OSHA, *Federal Register* 45:15, 22. Januar 1980, S. 5172.

[11] Ebd., S. 5129, 5024, 5150.

[12] Ebd., S. 5023–5024.

[13] Ebd., S. 5024.

[14] Safe Drinking Water Committee: *Drinking Water and Health* (Washington, D. C.: National Academy of Sciences, 1977), S. 37–38.

[15] OSHA, *Federal Register* 45:15, 22. Januar 1980, S. 5152.

[16] Ebd., S. 5023.

Kapitel 8

[1] General Accounting Office, Bericht des Präsidenten des U. S.-Bundesrechnungshofs: *Does Nitrite Cause Cancer? Concern about Validity of FDA-Sponsored Study Delay Answer.* 31. Januar 1980, S. 24.

[2] Ebd., S. 36.

[3] Umberto Saffiotti: Scientific Bases on Environmental Carcinogenesis and Cancer Prevention: Developing an Interdisciplinary Science and Facing Its Ethical Implications. In: *Journal of Toxicology and Environmental Health* Nr. 2, 1977, S. 1445.

[4] International Agency for Research on Cancer (Internationale Krebsforschungsbehörde): IARC: Working Towards the Prevention of Cancer. In: *WHO Chronicle* Nr. 32, 1978, S. 142.

[5] H. F. Kraybill: Assessment of Current Approaches in the Evaluation of Carcinogenicity in Animal Models and Their Relevance to Man. – Als Kapitel VII. vor-

gesehen in: Monograph on Environmental Carcinogenesis von R. E. Olson (Hrsg.) (New York: Marcel Dekker, Inc.), Manuskript, zugesandt von Krybill, 1980, S. 4, 79. Siehe auch H. F. Kraybill: By Appropriate Methods: The Delaney Clause. In: *Regulatory Aspects of Carcinogenesis and Food Additives: The Delaney Clause* (New York: Academic, 1979), S. 61–80.

[6] Charles Heidelberger: Mammalian Cell Transformation and Mammalian Cell Mutagenesis (in vitro). In: *Cancer Symposium, An Academic Review of the Environmental Determinants of Cancer Relevant to Prevention.* Veranstaltet in Zusammenarbeit mit der Amerikanischen Krebsgesellschaft, New York City, 28. Februar und 1.–2. März 1979. Manuskript, S. 7.

[7] Toxic Substances Strategy Committee: *Toxic Chemicals and Public Protection.* Ein Bericht an den Präsidenten. 1980.

[8] Steven D. Jellinek: On the Inevitability of Being Wrong. In: *Technology Review*, August/September 1980, S. 8–9.

[9] Office of Science and Technology Policy, Executive Office of the President: *Identification, Characterization, and Control of Potential Human Carcinogens: A Framework for Federal Decision-Making.* 1. Februar 1979, S. 21.

[10] National Cancer Institute (NCI): *Everything Doesn't Cause Cancer* (Washington, D. C.: NIH Pub. No. 79–2039, September 1979), S. 5–6.

[11] R. Jeffrey Smith: Creative Penmanship in Animal Testing Prompts FDA Controls. In: *Science* Nr. 198, 1977, S. 1227.

[12] Melvin Reuber, Krebsforscher, und Jeffrey Howard, Frank Sizemore und William Reukauf, Anwälte der EPA, anläßlich des CBS-Sonderberichts »The Politics of Cancer« am 22. Juni 1976. Mitschrift.
Senator Gaylord Nelson in der NBC-Dokumentation »What Is This Thing Called Food?« am 8. September 1976. Mitschrift. Russel Train von der EPA in der CBS-Sendung »Face the Nation« am 18. April 1976. Mitschrift.
William Wells, EPA und Robert Harris, Environmental Defense Fund, im MacNeil/Lehrer-Bericht »DBCP« am 20. Oktober 1977. Mitschrift.

[13] Senator Edward Kennedy, zitiert von Smith: Creative Penmanship in Animal Testing Prompts FDA Controls. S. 1227.

[14] Miles W. Lord: Political Issues. In: *Environmental Cancer: Causes, Victims, Solutions.* Eine Zusammenfassung des Abschlußberichts einer Konferenz zum Thema »Umweltkrebs: Ursachen, Opfer und Lösungsvorschläge«, die am 21. und 22. März 1977 von der ›Urban Environment Conference Inc.‹ veranstaltet und vom NCI, vom NIEHS sowie von der EPA subventioniert wurde. (Washington, D. C.: Urban Environment Conference, Inc., 1978), S. 33 und »Acknowledgments« (Danksagung).

[15] Saffiotti: Scientific Bases of Environmental Carcinogenesis and Cancer Prevention: Developing an Interdisciplinary Science and Facing Its Ethical Implications. S. 1445.

[16] Samuel S. Epstein: *The Politics of Cancer* (San Francisco: Sierra Club Books, 1978), S. 330–302.

[17] Smith: Creative Penmanship in Animal Testing Prompts FDA Controls. S. 1227.

[18] Ebd.

[19] Ebd., S. 1228.
[20] Ebd., S. 1229.
[21] Ebd.
[22] Ebd.
[23] Ebd.
[24] Ebd.
[25] Lynne McTaggart: Putting Drug Testers to the Test. In: *New York Times Magazine*, 7. Dezember 1980, S. 176–178.
[26] Ewan A. Whitaker; Galileo's Lunar Observations. In: *Science* Nr. 208, 1980, S. 446.
[27] Walter Reich: The Force of Diagnosis. In: *Harper's*, Mai 1980, S. 26–28. William J. Broad: Fraud and the Stucture of Science. In: *Science* Nr. 212, 1981, S. 140.
[28] Constance Holdren: FDA Tells Senators of Doctors Who Fake Data in Clinical Drug Trials. In: *Science* Nr. 206, 1979, S. 432.
[29] William J. Broad: Would-Be Academician Pirates Papers. In: *Science* Nr. 208, 1980, S. 1438–1440.
William J. Broad: Jordanian Accused of Plagiarism Quits Job. In: *Science* Nr. 209, 1980, S. 886–887.
[30] Michael Knight: Doctor at Harvard Quit After Faking Research Data. In: *New York Times*, 28. Juni 1980, S. 22. Nicholas Wade: A Diversion of the Quest for Truth. In: *Science* Nr. 211. 1981, S. 1022.
[31] Nicola Di Ferrante: N-Acetylglucosamine-6-Sulfate Sulfatase Deficiency Reconsidered. In: *Science* Nr. 210, 1980, S. 448.
[32] (Autor nicht genannt): Veteran Labsman Unhappy over the New Grantsmanship. In: *Oncology Times*, April 1980, S. 22.
[33] Philip M. Boffey: Piltdown Papers. In: *New York Times*, 18. August 1980, S. A–14.
[34] William J. Broad: The Case of the Unmentioned Malignancy. In: *Science* Nr. 210, 1980, S. 1229.
Paul S. Furcinitti und Paul Todd, Brief: Gamma Rays and the Concept of a Treshold Dose. In: *Science* Nr. 210, 1980, S. 806–807.
Paul S. Furcinitti und Paul Todd, Brief: Radiosensitivity of Human Cells in vitro. In: *Science* Nr. 212, 1981, S. 6.
W. A. Nelson-Rees, D. W. Daniels und R. R. Flandermeyer: Cross-Contamination of Cells in Culture. In: *Science* Nr. 212, 1981, S. 446–452.
Michael Gold: The Cells That Would Not Die. In: *Science* Nr. 81, April 1981, S. 29–35.
[35] Occupational Safety and Health Administration (OSHA), U. S. Department of Labor: *Identification, Classification and Regulation of Potencial Occupational Carcinogens*. Teil VII, Buch 2, in: *Federal Register* Nr. 45:15, 22. Januar 1980, S. 5002–5003.
[36] John Cairns: *Cancer: Science and Society* (San Francisco: Freeman, 1978), S. 101.
[37] R. Peto: Epidemiology, Multistage Models, and Short-term Mutagenicity Tests. In: *Origins of Human Cancer*, herausgegeben von H. H. Hiatt, J. D. Watson

und J. A. Winsten. Buch C, *Human Risk Assessment* (New York: Cold Spring Harbor Laboratory, 1977), S. 1413.

[38] Robert N. Butler, Aussage: »Frontiers in Cancer Research for the Elderly«. Hearings vor dem ›Select Committee on Aging‹, Repräsentantenhaus, 96. Kongreß, Erste Sitzung. Am 19., 20. und 21. Juni 1979. (Comm. Pub. No. 96–188), S. 323.

[39] Kraybill: Assessment of Current Approaches in the Evaluation of Carcinogenicity in Animal Models and Their Relevance to Man. S. 19. Siehe auch: By Appropriate Methods: The Delaney Clause. S. 70.

[40] Safe Drinking Water Committee (Komitee zur Erhaltung sauberen Trinkwassers): *Drinking Water and Health* (Washington, D. C.: National Academy of Sciences,1977), S. 36.

[41] William Lijinsky: Erklärung vor dem ›United States Department of Labor‹, Occupational Safety and Health Administration: *OSHA Docket No. 090,* 4. April 1978, S. 15.

[42] John H. Weisburger und David P. Rall: Do Animal Models Predict Carcinogenic Hazards for Man? In: *Environment and Cancer* (Baltimore: Williams and Wilkins, 1972), S. 439.

[43] Isaac Berenblum: Carcinogenicity Testing for Control of Environmental Tumor Development in Man. In: *Israel Journal of Medical Sciences* Nr. 15, 1979, S. 473.

[44] Marvin A. Schneiderman und Charles C. Brown: Estimating Cancer Risks to a Population. In: *Environmental Health Perspectives* Nr. 22, 1978, S. 118.

[45] Norbert P. Page: Concepts of a Bioassay Program in Environmental Carcinogenesis. In: *Advances in Modern Toxicology*, herausgegeben von Myron A. Mehlman. Band 3, *Environmental Cancer*, herausgegeben von H. F. Kraybill und Myron A. Mehlman (Washington: Hemisphere, 1977), S. 113.

[46] Ebd., S. 111.

[47] OSHA, *Federal Register* Nr. 45:15, 22. Januar 1980, S. 5064.

[48] Kraybill: Assessment of Current Approaches in the Evaluation of Carcinogenicity in Animal Models and Their Relevance to Man. S. 98. Siehe auch: By Appropriate Methods: The Delaney Clause. S. 63.

[49] Office of Science and Technology Policy (Amt für Wissenschafts- und Technologiepolitik): *Identification, Characterization, and Control of Potential Human Carcinogens: A Framework for Federal Decision-Making*. S. 13.

[50] OSHA, *Federal Register* Nr. 45:15, 22. Januar 1980, S. 5116–5117.

[51] Ebd., S. 5117.

[52] Ebd., S. 5118.

[53] Page: Concepts of a Bioassay Program in Environmental Carcinogenesis. In: *Advances in Modern Toxicology*, Band 3, *Environmental Cancer*, S. 146.
Kraybill: Assessment of Current Approaches in the Evaluation of Carcinogenicity in Animal Models and Their Relevance to Man. S. 38.
Kraybill: By Appropriate Methods: The Delaney Clause. S. 66–67.

[54] Page: Concepts of a Bioassay Program in Environmental Carcinogenesis. In: *Advances in Modern Toxicology*, Band 3, *Environmental Cancer*, S. 146.

[55] Philippe Shubik: Identification of Environmental Carcinogens: Animal Test

Models. In: *Carcinogens: Identification and Mechanisms of Action*, herausgegeben von A. Clark Griffin und Charles R. Shaw (New York: Raven, 1979), S. 43.

[56] OSHA, *Federal Register* Nr. 45:15, 22. Januar 1980, S. 5069–5070.

[57] International Agency for Research on Cancer: IARC Monographs on the Evaluation of the Carcinogenic Risk of Chemicals to Humans, Band 17, *Some N-Nitroso Compounds* (Lyon: IARC, 1978), S. 21.

[58] OSHA, *Federal Register* Nr. 45:15, 22. Januar 1980, S. 5075–5076.

[59] Ebd., S. 5076.

[60] Ebd., 5071, 5074, 5076, 5077.

L. Tomatis: The Value of Long-term Testing for the Implementation of Primary Prevention. In: *Origins of Human Cancer*, Buch C, S. 1354.

[61] OSHA, *Federal Register* Nr. 45:15, 22. Januar 1980, S. 5075.

[62] Tomatis: The Value of Long-term Testing for the Implementation of Primary Prevention. In: *Origins of Human Cancer* Buch C, S. 1349–1350.

[63] Wil Lepkowski: Extrapolation of Carcinogenesis Data. In: *Environmental Health Perspectives* Nr. 22, 1978, S. 175.

[64] Kraybill: Assessment of Current Approaches in the Evaluation of Carcinogenicity in Animal Models and Their Relevance to Man. S. 15.

[65] Tomatis: The Value of Long-term Testing for the Implementation of Primary Prevention. In: *Origins of Human Cancer* Buch C, S. 1349.

[66] Schneiderman et al.: Estimating Cancer Risks to a Population. S. 117.

[67] Ebd.

[68] H. F. Kraybill: Conceptual Approaches to the Assessment of Nonoccupational Environmental Cancer. In: *Advances in Modern Toxicology,* Band 3, *Environmental Cancer*, S. 35–36. Auch: By Appropriate Methods: The Delaney Clause. S. 70–73.

[69] Kraybill: Assessment of Current Approaches in the Evaluation of Carcinogenicity in Animal Models and Their Relevance to Man. S. 14.

[70] Ebd., S. 57–58.

[71] Ebd., Tabelle 3.

[72] H. F. Kraybill: Biochemical Intermediates as Research Probes in Carcinogenesis Methodology. Vorgelegt am 19. Dezember 1977 anläßlich der Tagung des ›Clearinghouse of Environmental Carcinogens, Chemical Selection Subgroup‹. Manuskript, S. 3.

[73] Kraybill: Assessment of Current Approaches in the Evaluation of Carcinogenicity in Animal Models and Their Relevance to Man. S. 58. Siehe auch: By Appropriate Methods: The Delaney Clause. S. 74–78.

[74] Kraybill: Assessment of Current Approaches in the Evaluation of Carcinogenicity in Animal Models and Their Relevance to Man. S. 23. Siehe auch: By Appropriate Methods: The Delaney Clause. S. 75.

[75] OSHA, *Federal Register* Nr. 45:15, 22. Januar 1980, S. 5084–5087, 5090, 5093–5094.

[76] Ebd., S. 5085.

[77] Page: Concepts of a Bioassay Program in Environmental Carcinogenesis. In: *Advances in Modern Toxicology*. Band 3, *Environmental Cancer*, S. 126, 137.

[78] Office of Science and Technology Policy: *Identification, Characterization, and Control of Potential Human Carcinogens: A Framework for Federal Decision-Making*, S. 8, 9.

[79] Richard Peto: Distorting the Epidemiology of Cancer: The Need for a More Balanced Overview. In:*Nature* Nr. 284, S. 300.

[80] I. C. Munro, Vortrag: *Seminar on Government Regulation of Cancer-Causing Chemicals*. Veranstaltet vom ›National Center for Administrative Justice‹, Washington, D. C., 7.–8. Dezember 1978.
I. C. Munro: Considerations in Chronic Toxicity Testing: The Chemical, The Dose, The Design. In: *Journal of Environmental Pathology and Toxicology* Nr. 1, 1977, S. 183–197.

[81] D. Schmähl: Problems of Dose-Response Studies in Chemical Carcinogenesis with Special Reverance to N-Nitroso Compounds. In: *CRC Critical Reviews in Toxicology* Nr. 6, 1979, S. 268.

[82] Thomas H. Maugh II.: Chemical Carcinogens: The Scientific Basis for Regulation. In: *Science* Nr. 201, 1978, S. 1201.

[83] OSHA, *Federal Register* Nr. 45:15, 22. Januar 1980, S. 5085.

[84] OSHA-Presseerklärung: Remarks by Assistent Secretary Eula Bingham at Cancer Policy News Briefing. Publiziert in: *Federal Regulation of Carcinogens in the Workplace: OSHA's Cancer Policy*, Vorsitzende Peter Barton Hutt und Anson M. Keller (New York: Law & Business, Inc., Harcourt Crace Jovanovich, 1980), S. 51.

[85] National Cancer Institute (NCI): *Everything Doesn't Cause Cancer*, S. 6–7.

[86] Maugh: Chemical Carcinogens: The Scientific Basis for Regulation. S. 1201.

[87] Sidney Wolfe: National Cancer Program 1979. Erklärung anläßlich des Hearings vor dem ›Subcommittee on Health and Scientific Research of the Committee on Labor and Human Resources‹, US-Senat, 96. Kongreß, Erste Sitzung. Washington, D. C., 5., 7. März 1979, S. 195.

[88] OSHA, *Federal Register* 45:15, 22. Januar 1980, S. 5140.

[89] Ebd., S. 5138, 5139.

[90] Page: Concepts of a Bioassay Program in Environmental Carcinogenesis. In: *Advances in Modern Technology*, Band 3, *Environmental Cancer*, S. 118.

[91] Ebd.

[92] »General Criteria for Assessing the Evidence for Carcinogenicity of Chemical Substances: Report of the Subcommittee on Environmental Carcinogenesis, National Cancer Advisory Board«. In: *Journal of the National Cancer Institute* Nr. 58, 1977, S. 462.

[93] H. E. Kraybill in: *Human Epidemiology and Laboratory Correlations in Chemical Carcinogenesis*, herausgegeben von F. Coulston und P. E. Shubik (Norwood, N. J.: Ablex, 1980). Zitiert von G. B. Gori: The Regulation of Carcinogenic Hazards. In: *Science* Nr. 208, 1980, S. 258, 261. Siehe auch Kraybill: Assessment of Current Approaches in the Evaluation of Carcinogenicity in Animal Models and Their Relevance to Man.

[94] Page: Concepts of a Bioassay Program in Environmental Carcinogenesis. In: *Advances in Modern Toxicology*, Band 3, *Environmental Cancer*, S. 118.

[95] Kraybill: Assessment of Current Approaches in the Evaluation of Carcinogenicity in Animal Models and Their Relevance to Man. S. 2. Ebenso in: By Appropriate Methods: The Delaney Clause. S. 63.

[96] D. Mark Hegsted: Relevance of Animal Studies to Human Disease. In: *Cancer Research* Nr. 35, 1975, S. 3539.

[97] J. R. Sabine: Susceptibility to Cancer and the Influence of Nitrition. In: *Nutr Cancer* Nr. 1(3), 1979, S. 52–57. Zitiert in: *Carcinogenesis Abstracts: A Monthly Publication Sponsored by the National Cancer Institute 17*, herausgegeben von G. P. Studzinski, J. J. Saukkonen; NCI-Berater, E. Weisburger, J. W. Chase (Philadelphia: Franklin Research Center, 1980). Abstract 79–6026.

[98] Kraybill: Assessment of Current Approaches in the Evaluation of Carcinogenicity in Animal Models and Their Relevance to Man. S. 29. Siehe auch: By Appropriate Methods: The Delaney Clause. S. 67–69.

[99] Beratender Ausschuß der Lebens- und Arzneimittelverwaltungsbehörde zur Risiko/Sicherheits-Beurteilung: Gremium für Kanzerogenese-Befunde bei Krebstests zur Risiko/Sicherheits-Einschätzung von Lebensmittelzusätzen und Pestiziden in: *Toxicology and Applied Pharmacology* Nr. 20, 1971, S. 427. Zitiert von Gori: The Regulation of Carcinogenic Hazards. S. 258, 261.

[100] H. P. Buchfield, Eleanor E. Storrs und E. E. Green: Role of Analytical Chemistry in Carcinogenesis Studies. In: *Advances in Modern Toxicology,* Band 3, *Environmental Cancer*, S. 184.

[101] R. Jeffrey Smith: Nitrosamines Found in NIH-Approved Animal Feed. In: *Science* Nr. 202, 1978, S. 192.

[102] Joseph J. Knapka, Brief: Laboratory Animal Feed. In: *Science* Nr. 204, 1979, S. 1367.

[103] R. Schoental: Mycotoxins in Food and the Variations in Tumor Incidence Among Laboratory Rodents. In: *Nutrition and Cancer* Nr. 1(1), 1978, S. 13–14. Zitiert in: *Carcinogenesis Abstracts* Nr. 17, 1979, Abstract 79–0552, S. 125.

[104] J. R. Sabine, B. J. Horton, M. B. Wicks: Spontaneous Tumors in C3H-A^{vy} and C3H-A^{vy}fB Mice: High Incidence in the United States and Low Incidence in Australia. In: *Journal of the National Cancer Insitute* Nr. 50, 1973, S. 1237.
George Vlahakis: Possible Carcinogenic Effects of Cedar Shavings in Bedding of C3H-A^{vy}fB Mice. In: *Journal of the National Cancer Insitute* Nr. 58, 1977, S. 149.
W. E. Heston: Testing for Possible Effects of Cedar Wood Shavings and Diet on Occurrence of Mammary Gland Tumors and Hepatomas in C3H-A^{vy}fB Mice. In: *Journal of the National Cancer Institute* Nr. 54, 1975, S. 1011.
James G. Fox: Clinical Assessment of Laboratory Rodents on Long Term Bioassay Studies. In: *Journal of Environmental Pathology and Toxicology* Nr. 1, 1977, S. 203.
P. N. Magee: Extrapolation of Cellular and Molecular Level Studies to the Human Situation. In: *Journal of Toxicology and Environmental Health* Nr. 2, 1977, S. 1420.

[105] Vernon Riley, Darrel H. Spackman, George A. Santisteban, Gilbert Dalldorf, Ingegerd Hellstrom, Karl-Eric Hellstrom, Eugene M. Lance, K. E. K. Rowson, B. W. J. Mahy, Peter Alexander, C. Chester Stock, Hans O. Sjogren, Vincent P. Hollander und M. C. Horzinek: The LDH Virus: An Interfering Biological Contaminant. In: *Science* Nr. 200, 1978.

Abner L. Notkins: Lactic Dehydrogenase Virus. In: *Bacteriological Reviews* Nr. 29, 1965.

Abner L. Notkins, Suellen Mahar, Christina Scheele und Joel Goffman: Infectious Virus-Antibody Complex in the Blood of Chronically Infected Mice. In: *Journal of Experimental Medicine* Nr. 124, 1966.

[106] E. B. Sansone und A. M. Losikoff: Potential Contamination from Feeding Test Chemicals in Carcinogen Bioassay Research: Evaluation of Single- and Double-Corridor Animal Housing Facilities. In: *Toxicol Apl Pharmacol* Nr. 50(1), 1979, S. 115–121.

[107] Antony J. Vithayathil, Barry Commoner, Subhadra Nair und Prema Madyastha: Isolation of Mutagens from Bacterial Nutrients Containing Beef Extract. In: *Journal of Toxicology and Environmental Health* Nr. 4, 1978, S. 190.

[108] OSHA, *Federal Register* Nr. 45:15, 22. Januar 1980, S. 5166.

[109] Smith: Nitrosamines Found in NIH-Approved Animal Feed. S. 192.

[110] Ebd.

[111] Briefwechsel: William Lijinsky: Nitrosamines in Animal Feed. In: *Science* Nr. 202, 1978, S. 1034; und Gordon S. Edwards mit James G. Fox: Significance of Nitrosamines in Animal Diets. In: *Science* Nr. 203, 1979, S. 6.

[112] Vernon Riley: Stress and Cancer: Fresh Perspectives. In: *Prevention and Detection of Cancer*, herausgegeben von Herbert E. Nieburgs. Teil I, *Prevention*, Band 2, *Etiology: Prevention Methods* (New York: Marcel Dekker, 1978), S. 1771. Siehe auch Vernon Riley: Psychoneuroendocrine Influences on Immunocompentence and Neoplasia. In: *Science* Nr. 212, 1981, S. 1100–1101; Vernon Riley, Darrel Spackmann: Melanoma Enhancement by Viral-Induced Stress. In: *Pigment Cell*, Band 2, *Melanomas: Basic Properties and Clinical Behavior,* herausgegeben von V. Riley (Basel: S. Karger, 1976), S. 163–164.

[113] Robert M. Nerem, Murina J. Levesque und Fredrick Cornhill: Social Environment as a Factor in Diet-Induces Atherosclerosis. In: *Science* Nr. 208, 1980, S. 1475–1476.

[114] National Cancer Institute: *Guidelines for Carcinogen Bioassay in Small Rodents* (Washington, D. C.: U. S. Department of Health, Education and Welfare, Februar 1976), S. 52–53.

[115] Ebd., S. 53–56.

[116] Maugh: Chemical Carcinogens: The Scientific Basis for Regulation. S. 1200.

[117] Judith Randal: This Rat Died in a Cancer Lab to Save Lives. Neudruck in der *Washington Post* »Outlook«, 22. Juli 1979, in Umlauf gebracht von der U. S. Environmental Protection Agency (U. S. Umweltschutzbehörde), OPA 15/80, Januar 1980. Meine Kopie ohne Seitenangaben; siehe Kapitel mit dem Titel »Bad News in a Rush«.

[118] Select Committee on GRAS Substances, Life Sciences Research Office, FASEB: Evaluation of Health Aspects of GRAS Food Ingredients: Lessons Learned and Questions Unanswered. In: *Federation Proceedings* Nr. 36, 1977, S. 2535.

[119] William Kruskal, zitiert von Ida R. Hoos: Problems in Futures Research. In: *The Study of the Future: An Agenda for Research*, herausgegeben von Wayne I. Boucher (Washington, D. C.: National Science Foundation NSF-RA-770036, 1977), S. 124.

[120] Eliot Marshall: Nuclear Fuel Account Books in Bad Shape. In: *Science* Nr. 211, 1981, S. 147–148.

[121] Hoos: Problems in Futures Research. In: *The Study of the Future: An Agenda for Research*, S. 125.

[122] Kraybill: Conceptual Approaches to the Assessment of Nonoccupational Environmental Cancer. In: *Advances in Modern Toxicology*, Band 3, *Environmental Cancer*, S. 57.

[123] »Veröffentlichte Mitschrift« der Öffentlichen Informationstagung über die vorläufigen Ergebnisse des Internationalen Programms zur Auswertung von Kanzerogenitäts-Kurzzeittest, veranstaltet von den ›National Institutes of Health‹, Bethesda, Md., 3. Dezember 1979, S. 52.

[124] Office of Science and Technology Policy (Amt für Wissenschafts- und Technologiepolitik): *Identification, Characterization, and Control of Potential Human Carcinogens: A Framework for Federal Decision-Making*, S. 13.

[125] Thomas R. Fears, Robert E. Tarone und Kenneth C. Chu: False-Positive and False-Negative Rates for Carcinogenicity Screens. In: *Cancer Research* Nr. 37, 1977, S. 1941.

[126] OSHA, *Federal Register* Nr. 45:15, 22. Januar 1980, S. 5140.

[127] Roy Albert, Vortrag: *Seminar on Government Regulation of Cancer-Causing Chemicals.*

[128] R. E. Albert, R. E. Train und E. Anderson: Rationale Developed by the Environmental Protection Agency for the Assessment of Carcinogenic Risks. In: *Journal of the National Cancer Institute* Nr. 58, 1977, S. 1537.

[129] Schneiderman et al.: Estimation Cancer Risks to a Population. S. 117.

[130] Umberto Saffiotti und Norbert P. Page: Releasing Carcinogenesis Test Results: Timing and Extent of Reporting. In: *Medical and Pediatric Oncology* Nr. 3, 1977, S. 159.

[131] Ebd., S. 165.

[132] Marvin Moser, New York Medicinal College; H. Mitchell Perry, Washington University School of Medicine; W. McFate Smith, University of California School of Medicine: The Dangers of the Early Release of Drug Study Data. Brief. In: *New York Times*, 24. Juli 1979, S. A–14.

[133] Kraybill: Conceptual Approaches to the Assessment of Nonoccupational Environment Cancer. In: *Advances in Modern Toxicology*, Band 3, *Environmental Cancer*, S. 57.

[134] Philip H. Abelson: Scientific Communication. In: *Science* Nr. 209, 1980, S. 61–62.

[135] J. M. Ziman: The Proliferation of Scientific Literature: A Natural Process. In: *Science* Nr. 208, 1980, S. 371.

[136] Ebd., S. 369, 370.

[137] Derek J. DeSolla Price: *Little Science, Big Science* (New York: Columbia University Press, 1963), S. 86. (Deutsche Ausgabe: *Little science, big science: Von der Studierstube zur Großforschung.* Frankfurt a. M.: Suhrkamp, 1974.)*

[138] Ebd., S. 83–86.

* Vermerk des Übersetzers

[139] Walter H. Stockmayer: Data Evaluation: A Critical Activity. In: *Science* Nr. 201, 1978, S. 9.

[140] Charles S. Tidball: Data Evaluation in Biology. In: *Science* Nr. 202, 1978, S. 576.

[141] Committee on Data Needs: *National Needs for Critically Evaluated Physical and Chemical Data* (Washington, D. C.: National Academy of Science, 1978), S. 3.

[142] Richard A. Carpenter: Scientific Information, Expert Judgment and Political Decision Making. In: *Journal of Occupational Medicine* Nr. 18, 1976, S. 293.

[143] Environmental Protection Agency: EPA and the Academic Community: Partners in Research. (EPA-600/8-80-010), Dezember 1979, S. 11.

[144] George S. Innis: Statistical Quality. In: *Science* Nr. 204, 1979, S. 242.

[145] Joseph V. Rodricks, Vortrag: Measurement of Exposure. *Seminar on Government Regulation of Cancer-Causing Chemicals.*

[146] Kenneth W. Gardiner, Professor an der University of California, Riverside, Department of Soil and Environmental Sciences; *persönliche Korrespondenz*, 12. September 1978.

[147] Marvin W. Skougstad: Minor Elements in Water. In: *Environmental, Geochemistry in Health and Disease*, herausgegeben von Helen L. Cannon und Howard C. Hopps (Boulder, Colo.: Geological Society of America, 1971), S. 49.

[148] Richter F. W. Winner, Rechtsgutachten: The Anaconda Company vs. William D. Ruckelshaus, EPA, abgelegt beim U. S. District Court des Districts of Colorado, Denver, colo.: 19. Dezember 1972, S. 10.

[149] John K. Taylor: The Status of Chemical Analysis in Environmental Research and Control. 31. August 1978, Manuskript, S. 11. Diese Abhandlung wurde vom U. S. National Bureau of Standards aufgrund eines Antrages der Zeitschrift *Lung* verfaßt.

[150] John K. Taylor: The Role of analytical Measurements in the Environmental Regulatory Process. Stellungnahmen anläßlich der ›Engineering Foundation Conference 1978‹: *Examination of the Scientific Basis for Government Regulations*, Franklin Pierce College, Rindge, N. H., 10. Juli 1978, S. 2.

[151] Taylor: The Status of Chemical Analysis in Environmental Research and Control. S. 11.

[152] Toxic Substances Strategy Committee: *Toxic Chemicals and Public Protection*. Ein Bericht an den Präsidenten. 1980. S. 1.

[153] Ebd., S. 27.

[154] Gregory Ahart, GAO, Stellungnahme: Occupational Diseases, 1977. Hearings vor dem ›Subcommittee on Labor‹ des ›Committee on Human Resources‹, U. S.-Senat, 95. Kongreß, Erste Sitzung, 28., 29. und 30. Juni 1977, S. 104.

[155] Gregory Ahart, GAO, Stellungnahme: Cancer-Causing Chemicals – Part 2: Chemical Contamination of Food. Hearings von dem ›Subcommittee on Oversight and Investigations‹ des ›Committee on Interstate and Foreign Commerce‹, Repräsentantenhaus, 95. Kongreß, Zweite Sitzung, 14., 16., und 24. Februar 1978, S. 120.

[156] Gregory Ahart, GAO, Brief an den Abgeordneten Henry A. Waxman, U. S. Repräsentantenhaus, 30. März 1979. Anlage II, S. 14.

[157] Ebd., S. 15.

[158] Ebd., S. 19.
[159] Ebd.
[160] Ebd.
[161] Ebd., S. 27.
[162] Ebd., S. 29.
[163] Ebd.
[164] R. Jeffrey Smith: Congress Says Bioassay Reports Are Stalled. In: *Science* Nr. 204, 1979, S. 1288.
[165] Ebd.
[166] Phyllis J. Mullenix, Stellungnahme anläßlich der Konferenz ›Air Quality‹ in San Francisco, California, am 16. Januar 1979. Manuskript, S. 3.
[167] Ebd., S. 4–7
[168] Ebd., S. 5.
[169] John Walsh: EPA and Toxic Substances Law: Dealing with Uncertainty. Siehe auch: Office of Toxic Substances‹ Spot on the Learning Curve. In: *Science* Nr. 202, 1978, S. 598, 601.
[170] OSHA Presseerklärung: Remarks by Assistent Secretary Eula Bingham at Cancer Policy News Briefing. – Neudruck in: *Federal Regulation of Carcinogenesis in the Workplace: OSHA's Cancer Policy,* S. 49.
[171] OSHA, *Federal Register* Nr. 45:15. 22. Januar 1980, S. 5005.
[172] Philip M. Boffey: Color Additives: Botched Experiment Leads to Banning of Red Dye No. 2. In: *Science* Nr. 191, 1976, Death of a Dye, in: *New York Times Magazine*, 29. Februar 1976.
[173] Boffey: Death of a Dye. S. 9.
[174] Ebd., S. 49.
[175] Ebd.
[176] Ebd., S. 49–50.
[177] Boffey: Color Additives: Botched Experiment Leads to Banning of Red Dye No. 2., S. 450.
[178] Epstein: *The Politics of Cancer* (1978), S. 183.
[179] *Environmental Law Reporter*: D. C. Circuit Sustains Food and Drug Administration's ›Anticipatory‹ Ban of Red (Dye) Nr. 2., Band 6, 1976, S. 10198.
[180] General Accounting Office, Bericht des Präsidenten des US-Bundesrechnungshofs: *Does Nitrite Cause Cancer? Concerns About Validity of FDA-Sponsored Study Delay Answer*, S. 72.
[181] OSHA, *Federal Register* Nr. 45:15, 22. Januar 1980, S. 5140.
[182] Ebd.
[183] Boffey: Death of a Dye. S. 9.
[184] *Environmental Law Reporter:* D. C. Circuit Sustains Food and Drug Administration's ›Anticipatory‹ Ban on Red No. 2., S. 10197–10198.
[185] Wilhelm Hueper, zitiert von Rachel Carson in *Silent Spring* (Greenwich, Conn.: Fawcett, 1962), S. 200.
[186] Charles F. Wurster: DDT Proved Neither Essential Nor Safe. In: *BioScience* Nr. 23, 1973, S. 106.
[187] Ebd.
[188] Lorenzo Tomatis and Vladimir Turosov: Studies on the Carcinogenicity of

DDT. In: *GANN Monograph on Cancer Research*, Nr. 17, *Recent Topics in Chemical Carcinogenesis*, herausgegeben vom Shigeyoshi Odashima, Shozo Takayama, Haruo Sato; Japanese Cancer Association (Baltimor-London-Tokyo: University Park Press, 1975), S. 219.

[189] Thoma H. Corbett, M. D.: *Cancer and Chemicals* (Chicago: Nelson-Hall, 1977), S. 82–83.

[190] National Insitute for Occupational Safety and Health (NIOSH), Division of Criteria, Documentation and Standards Development: *Special Occupational Hazard Review for DDT* (Rockville, Md.: U. S. Department of Health, Education and Welfare, Public Health Services, Center for Disease Control, September 1978).

[191] National Cancer Institute: *Bioassays of DDT, TDE, and p,p'-DDE for Possible Carcinogenicity*. Carcinogenesis Technical Report Series No. 131 (Washington, D. C.: U. S. Department of Health, Education and Welfare, 1978).

[192] T. Syrowatka, E. Tykiel und T. Nazarewicz: Effect of Simultaneous Administration of DDT on the Toxicity of Dimethylnitrosamine in Rats in a Long-term Experiment. In: *Rocz Panstw Zakl Hig* Nr. 30(1), 1979, S. 67–69. Zitiert in: *Carcinogenesis Abstracts* Nr. 17, 1980, Abstract 79–4375.

[193] Kraybill: Conceptual Approaches to the Assessment of Nonoccupational Environmental Cancer. In: *Advances in Modern Toxicology*, Band 3, *Environmental Cancer*, S. 37.

[194] Wurster: DDT Proved Neither Essential Nor Safe. S. 106.

[195] H. P. Burchfield und Eleanor E. Storrs: Organohalogen Carcinogens. In: *Advances in Modern Toxicology,* Band 3, *Environmental Cancer*, S. 355–356.

[196] Ebd., S. 356.

[197] Ebd.

[198] Corbett: *Cancer and Chemicals*, S. 83.

[199] Kraybill: Assessment of Current Approaches in the Evaluation of Carcinogenicity in Animal Models and Their Relevance to Man. S. 80.

[200] R. Jeffrey Smith: Nitrites: FDA Beats a Surprising Retreat. In: *Science* Nr. 209, 1980, S. 1100.

[201] Ebd.

[202] Karen DeWitt: U. S. Will Not Seek to Ban Nitrite from Foods as a Cause of Cancer. In: *New York Times*, 20. August 1980, S. 1.

[203] General Accounting Office, Bericht des Präsidenten des US-Bundesrechnungshofs: *Does Nitrite Cause Cancer? Concerns About Validity of FDA-Sponsored Study Delay Answer.* 31. Januar 1980, S. 36.

[204] Ebd.

[205] Ebd., S. 69.

[206] Ebd., S. 70.

[207] Ebd., S. 68.

[208] Ebd., S. 70–71.

[209] Ebd., S. 71–72.

[210] Ebd., S. 73.

[211] Ebd.

[212] Ebd., S. 75.

[213] Ebd., S. 76–77.
[214] Ebd., S. 14.
[215] Ebd., S. 14, 19.
[216] Ebd., S. 14, 16.
[217] Ebd., S. 16.
[218] Ebd.
[219] Ebd., S. 18.
[220] Ebd., Einleitung.
[221] Ebd., S. 22–24.
[222] Ebd., S. 21, 24, 26.
[223] Ebd., S. 21–22.
[224] Ebd., S. 24–25.
[225] Ebd., S. 25.
[226] Ebd.
[227] FDA-Diskussionspapier: Nitrite Update. 27. April 1979.
[228] General Accounting Office, Bericht des Präsidenten des US-Bundesrechnungshofs: *Does Nitrite Cause Cancer? Concerns About Validity of FDA-Sponsored Study Delay Answer.* S. 66.
[229] Ebd.
[230] Ebd., S. 59.
[231] Ebd., S. 59–60.
[232] Ebd., S. 60.
[233] Ebd., Brief von Paul Newberne, S. 88–89.
[234] Ebd., S. 89.
[235] Ebd., Brief von Paul Newberne, S. 24.

Kapitel 9

[1] Anonym: Animal Models in Cancer Research. In: *Lancet* Nr. 2, 1974. Zitiert von Mark Hegsted: Relevance of Animal Studies to Human Disease. In: *Cancer Research* Nr. 35, 1975, S. 3537.
[2] L. Tomatis: The Value of Long-Term Testing for the Implementation of Primary Prevention. In: *Origins of Human Cancer*, Buch C, *Human Risk Assessment*, herausgegeben von H. H. Hiatt, J. D. Watson und J. A. Winsten (New York: Cold Spring Harbor Laboratory, 1977), S. 1349.
[3] William Lijinsky: Erklärung vor dem ›United States Department of Labor‹, Occupational Safety and Health Administration: *OSHA Docket No. 090,* 4. April 1978, S. 23.
[4] National Cancer Institute: *Everything Doesn't Cause Cancer* (Washington, D. C.: U. S. Department of Health, Education and Welfare, Public Health Service, National Institutes of Health, NIH Pub. Nr. 79–2039, September 1979), S. 6.
[5] »Veröffentlichte Mitschrift« der Öffentlichen Informationstagung über die vorläufigen Ergebnisse des Internationalen Programms zur Auswertung von Kanzerogenitäts-Kurzzeittest, veranstaltet von den ›National Institutes of Health‹, Bethesda, Md., 3. Dezember 1979, S. 15.

[6] J. McCann und B. N. Ames: The *Salmonella*/Microsome Mutagenicity Tests: Predictive Value for Animal Carcinogenicity. In: *Origins of Human Cancer*, Buch C, S. 1436.

[7] Ebd., S. 1443.

[8] William Lijinsky: Erklärung vor dem ›United States Department of Labor‹, Occupational Safety and Health Administration: *OSHA Docket No. 090*, 4. April 1978, S. 22–23.

[9] Occupational Safety and Health Administration (OSHA), U. S. Department of Labor: *Identification, Classification and Regulation of Potential Occupational Carcinogens*. Teil VII, Buch 2, in: *Federal Register* Nr. 45:15, 22. Januar 1980, S. 5028.

[10] Umberto Saffiotti: Carcinogenesis, 1957–77: Notes for a Historical Review. In: *Journal of the National Cancer Institute* 59:2, 1977, S. 618.

[11] Samuel S. Epstein: The Carcinogenicity of Organochlorine Pestizides: In: *Origins of Human Cancer*, Buch A, *Incidence of Cancer in Humans*, S. 263.

[12] OSHA, *Federal Register* Nr. 45:15, 22. Januar 1980, S. 5028.

[13] Norbert P. Page: Concepts of a Bioassay Program in Environmental Carcinogenesis. In: *Advances in Modern Toxicology,* herausgegeben von Myron A. Mehlmann. Band 3, *Environmental Cancer*, herausgegeben von H. F. Kraybill und Myron A. Mehlman (Washington: Hemisphere, 1977), S. 110.

[14] Matthes S. Meselson: Erklärung vor dem ›United States Department of Labor‹, *OSHA Docket No. 090,* 2. April 1978, S. 3–4.

[15] National Cancer Institute: *Everything Doesn't Cause Cancer*, S. 7.

[16] Judith Randall: This Rat Died in Cancer Lab to Save Lives. Neudruck in der *Washington Post* »Outlook«, am 22. Juli 1979, Pressemitteilung der EPA, Januar 1980. Meine Kopie ohne Seitenangaben: vgl. die beiden letzten Absätze des Kapitels »Bad News in Rush«.

[17] Ebd., siehe Fußnote, zweite Seite.

[18] Ebd., siehe die beiden ersten Absätze des Artikels.

[19] Sidney Wolfe, Stellungnahme: National Cancer Program 1979. Hearings vor dem ›Subcommittee on Health and Scientific Research of the Committee on Labor and Human Recources‹, US-Senat, 96. Kongreß, Erste Sitzung, am 5. und 7. März 1979, S. 195.

[20] OSHA, *Federal Register* Nr. 45:15, 22. Januar 1980: *Proposed Rulemaking: Identification, Classification and Regulation of Toxic Materials Posing a Potential Occupational Cancer Risk to Workers*. OSHA, Januar 1977. Zitiert in: *Toxic Substances Control Sourcebook*, herausgegeben von Alexander McRea, Leslie Whelchel (Germantown, Md.: Aspen Systems Corporation, Center for Compliance Information, 1978), S. 325–329; Zitat S. 328.

[21] National Cancer Institute: *Everything Doesn't Cause Cancer*, S. 7.
OSHA, *Federal Register* Nr. 45:15, 22. Januar 1980, S. 5028. S. S. Epstein: The Carcinogenicity of Organochlorine Pesticides. In: *Origins of Human Cancer*, Buch A, S. 263.
Page: Concepts of a Bioassay Program in Environmental Carcinogenesis. In: *Advances in Modern Toxicology*, Band 3, S. 110. M. S. Meselson: Erklärung vor dem ›U. S. Department of Labor‹, *OSHA Docket No. 090,* 4. April 1978, S. 3–4.

[22] Richard Peto: Distorting the Epidemiology of Cancer: The Need for a More Balanced Overview. In: *Nature* Nr. 284, 1980, S. 300.

[23] Issac Berenblum, zitiert in OSHA, *Federal Register* Nr. 45:15, 22. Januar 1980, S. 5028.

[24] Page: Concepts of a Bioassay Program in Environmental Carcinogenesis. In: *Advances in Modern Toxicology*, Band 3, S. 156, 159.

[25] OSHA, *Federal Register* Nr. 45:15, 22. Januar 1980, S. 5028.

[26] Umberto Saffiotti: Comments on the Scienctific Basis for the ›Delaney Clause‹. In: *Preventive Medicine* Nr. 2, 1973, S. 131.

[27] Umberto Saffiotti: Risk-Benefit Considerations in Public Policy on Environmental Carcinogenesis. Tätigkeitsbericht der ›Eleventh Canadian Cancer Research Conference‹, veranstaltet vom ›National Cancer Institute of Canada‹ in Zusammenarbeit mit der ›Canadian Cancer Society‹, Toronto, Ontario, 6.–8. Mai 1976, S. 16.

[28] OSHA, *Federal Register* Nr. 45:15, 22. Januar 1980, S. 5098.

[29] Ebd., S. 5004.

[30] A. L. Brown: Evaluation of Environmental Carcinogens for Cancer in Man. In: *Oncology* Nr. 33, 1976, S. 59.

[31] Richard A. Carpenter: Scientific Information, Expert Judgment and Political Decision Making. In: *Journal of Occupational Medicine* Nr. 18, 1976, S. 294.

[32] Erklärung von Sir Richard Doll, in seiner Abwesenheit vorgetragen von Dr. Philip Cole, Department of Epidemiology, Harvard School of Public Health, anläßlich des *Congressional Briefing on Saccharin*. Washington, D. C., 15. September 1977. Mitschrift, S. 32.

[33] Richard Peto: Carcinogenic Effects of Chronic Exposure to Very Low Levels of Toxic Substances. In: *Environmental Health Perspectives* Nr. 22, 1978, S. 158.

[34] OSHA, *Federal Register* Nr. 45:15, 22. Januar 1980, S. 5081.

[35] Ebd., S. 5051.

[36] Brian MacMahon: Strength and Limitations of Epidemiology. In: *Current Issues and Studies*, National Research Council 1979, ausschnittweise veröffentlicht unter dem Titel »Epidemiology's Strengths and Weaknesses in Environmental Health Issues« in: *New Report*, monatlicher Rechenschaftsbericht der ›National Academy of Engineering, Institute of Medicine, and National Research Council‹, April 1980, S. 5.

[37] OSHA, *Federal Register* Nr. 45:15, 22. Januar 1980, S. 5048.

[38] Ebd., S. 5080.

[39] Umberto Saffiotti: Identifying and Defining Chemical Carcinogens. In: Origins of Human Cancer, Buch C. S. 1314.

[40] OSHA, *Federal Register* Nr. 45:15, 22. Januar 1980, S. 5156.

[41] Joyce McCann über Furylfuramid, zitiert in: OSHA, *Federal Register* Nr. 45:15, 22. Januar 1980, S. 5081.

Umberto Saffiotti über DB(a,c)A, in einer Diskussion einer Veröffentlichung von Bruce N. Ames und Joyce McCann: Carcinogens Are Mutagens: A Simple Test System. In: *Screening Tests in Chemical Carcinogenesis*, herausgegeben von R. Montesano, H. Bartsch und L. Tomatis (Lyon: IARC Publications No. 12, 1976), S. 503–504.

[42] Interagency Regulatory Liaison Group (IRLG), Arbeitsgruppe ›Risikoeinschätzung‹, beauftragt von der ›Consumer Product Safety Commission‹, der ›Environmental Protection Agency‹, der ›Food and Drug Administration‹ und von dem ›Occupational Safety and Health Administration‹: Scientific Bases for Identification of Potential Carcinogens and Estimation of Risks. In: *Journal of the National Cancer Institute* Nr. 63, 1979, S. 248.

[43] OSHA, *Federal Register*: Nr. 45:15, 22. Januar 1980, S. 5145.

[44] Umberto Saffiotti: Validation of Short-Term Bioassays as Predictive Screens for Chemical Carcinogens. In: *Screening Tests in Chemical Carcinogenesis*, S. 9.

[45] OSHA, *Federal Register* Nr. 45:15, 22. Januar 1980, S. 5144.

[46] Ebd.

[47] Ebd., S. 5148.

[48] Ebd., S. 5149.

[49] Ebd., S. 5142.

[50] Ebd., S. 5143.

[51] Ebd., S. 5142.

[52] Ebd., S. 5149.

[53] Ebd., S. 5079.

[54] »General Criteria for Assessing the Evidence for Carcinogenicity of Chemical Substances: Report of the Subcommittee on Environmental Carcinogenesis, National Cancer Advisory Board«. In: *Journal of the National Cancer Institute* Nr. 58, 1977, S. 463.

[55] Office of Science and Technology Policy, Executive Office of the Präsident: *Identification, Characterization, and Control of Potential Human Carcinogens: A Framework for Federal Decision-Making*, 1. Februar 1979, S. 9.

[56] OSHA, *Federal Register* Nr. 45:15, 22. Januar 1980, S. 5068.

[57] Ebd., S. 5079, 5080.

[58] IRLG: *Identification of Potential Carcinogens and Risk Estimation*, S. 258.

[59] Ebd., S. 252.

[60] Ebd., S. 253.

[61] OSHA, *Federal Register* Nr. 45:15, 22. Januar 1980, S. 5079.

[62] Ebd., S. 5038, 5036.

[63] »General Criteria for Assessing the Evidence for Carcinogenicity of Chemical Substances: Report of the Subcommittee on Environmental Carcinogenesis, National Cancer Advisory Board«, S. 463.

[64] IRLG: *Identification of Potential Carcinogens and Risk Estimation*, S. 255.

[65] Irving I. Kessler: Putting Reason Reason into Regulation. (Rochester, New York: Center for the Study of Drug Development, University of Rochester Medical Center, School of Medicine and Dentistry, Publ. Series 7705, Oktober 1977), siehe Abschnitt 5.

[66] OSHA, *Federal Register* Nr. 45:15, 22. Januar 1980, S. 5037.

[67] H. F. Kraybill: Assessment of Current Approaches in the Evaluation of Carcinogenicity in Animal Models and Their Relevance to Man. – Als Kapitel VII vorgesehen in: Monograph on Environmental Carcinogenesis, herausgeben von R. E. Olson (New York: Marcel Dekker). Manuskript, erhalten von Kraybill, 1980, S. 21.

[68] OSHA, *Federal Register* Nr. 45:15, 22. Januar 1980, S. 5145.

[69] »Toxic Substances Control Act«, Hearings vor dem ›Subcommittee on Consumer Protection and Finance, Committee on Interstate and Foreign Commerce‹, Repräsentantenhaus, 94. Kongreß, Erste Sitzung, 16. Juni, 9., 10. und 11. Juli 1975, S. 2.

[70] OSHA, *Federal Register* Nr. 45:15, 22. Januar 1980, S. 5168–5169.

[71] Ebd., S. 5165.

[72] McCann und Ames: The *Salmonella*/Microsome Mutagenicity Test: Predictive Value for Animal Carcinogenicity. In: *Origins of Human Cancer*, Buch C, S. 1436.

Kapitel 10

[1] Department of Health and Human Services, USA.: *First Annual Report on Carcinogens*, Band 1, Juli 1980, S. v.

[2] James A. Miller: Concluding Remarks on Chemicals and Chemical Carcinogenesis. In: *Carcinogens: Identification and Mechanisms of Action*, herausgegeben von A. Clark Griffin und Charles R. Shaw (New York: Raven, 1979), S. 457–459.

[3] Norbert P. Page: Concepts of a Bioassay Program in Environmental Carcinogenesis. In: *Advances in Modern Toxicology*, herausgegeben von Myron A. Mehlman. Band 3, *Environmental Cancer*, herausgegeben von H. F. Kraybill und Myron A. Mehlman (Washington: Hemisphere, 1977), S. 95.

[4] Thomas H. Maugh II: Who Chooses Chemicals for Testing? In: *Science* Nr. 201, 1978, S. 1202.

[5] Miller: Concluding Remarks on Chemicals and Chemical Carcinogenesis. In: *Carcinogens: Identification and Mechanisms of Action*, S. 456.

[6] Tamas E. Doszkocs, Barbara A. Rapp und Harold M. Schoolman: Automated Information Retrieval in Science and Technology. In: *Science* Nr. 208, 1980, S. 26.

[7] Ebd., S. 25.

[8] John S. Wassom: The Literature of Chemical Mutagenesis. In: *Chemical Mutagens: Principles and Methods for Their Detection,* herausgegeben von Alexander Hollaender (New York: Plenum, 1973) Band 2, S. 282.

[9] Interviews von Pamela Wharton Blanpied, Assistentin von Edith Efron, 10. und 14. Oktober 1980.

[10] Roy Albert, Vortrag: *Seminar on Government Regulation of Cancer-Causing Chemicals*, veranstaltet vom ›National Center for Administrative Justice‹, Washington, D. C., 7.–8. Dezember 1978.

[11] Begleitschreiben an Grover C. Wrenn, Director, Health Standards Programs, OSHA, von Jay Turim, Vizepräsident, Clement Associates, Inc., Washington, D. C., zu: *Clement's Lists of Carcinogenic Chemicals Found in American Workplaces,* US Department of Commerce National Technical Information Service, PB–295 978. 10. Juli 1978, S. ii.

[12] Ebd., S. III.

[13] Samuel S. Epstein, M. D.: *The Politics of Cancer*. Verbesserte Auflage (Garden City, N. Y.: Anchor/Doubleday, 1979), S. 375.
L. Embler: OSHA on the Move, In: *Environ. Sci., Technol.*, Nr. 11(3), 1977,

S. 1142–1147 in: *Carcinogenesis Abstracts: A Monthly Publication Sponsored by the National Cancer Institute* Nr. 16, herausgegeben von G. P. Studzinski, J. J. Saukkonen; NCI-Berater E. Weisburger, J. W. Chase (Philadelphia: Franklin Research Center, 1979), Abstract 78–0811.

[14] Samuel S. Epstein: *The Politics of Cancer*, S. 374, 375.

[15] Umberto Saffiotti: Validation of Short-Term Bioassays as Predictive Screens for Chemical Carcinogens. In: *Screening Tests in Chemical Carcinogenesis,* herausgegeben von R. Montesano, H. Bartsch und L. Tomatis (Lyon: IARC Scientific Publications No. 12, 1976), S. 6–7.

[16] Ebd., S. 7.

[17] Samuel S. Epstein: The Carcinogenicity of Organochlorine Pesticides. In: *Origins of Human Cancer*, herausgegeben von H. H. Hiatt, J. D. Watson und J. A. Winsten. Buch A, *Incidence of Cancer in Humans* (New York: Cold Spring Harbor Laboratory, 1977), S. 263.

[18] Umberto Saffiotti: Carcinogenesis, 1957–77: Notes for a Historical Review. In: *Journal of the National Cancer Institute* Nr. 59:2, 1977, S. 618.

[19] Thomas H. Maugh II: Chemical Carcinogens: The Scientific Basis for Regulation. In: *Science* Nr. 201, 1978, S. 1200.

[20] George F. Will: The Mind Reels, In: *Newsweek*, 25. Dezember 1978, S. 13.

[21] Umberto Saffiotti: Experimental Identification of Chemical Carcinogens, Risk Evaluation, and Animal-to-Human Correlations. In: *environmental Health Perspectives* Nr. 22, 1978, S. 108.

[22] Luther J. Carter: Yearly Report on Carcinogens Could Be a Potent Weapon in the War on Cancer. In: *Science* Nr. 203, 1979, S. 525.

[23] Ebd., S. 525.

[24] Ebd.

[25] Department of Health and Human Services, USA.: *First Report on Carcinogens.*

[26] Ebd.

[27] Ebd., S. VI.

[28] Ebd., S. 9.

[29] Ebd., S. 8.

[30] John H. Weisburger: Chemical Carcinogenesis. In: *Toxicology: The Basic Science of Poisons*, herausgegeben von Louis J. Casarett und John Doull (New York: Macmillan, 1976), S. 333.

[31] Department of Health and Human Services, USA.: *First Annual Report on Carcinogens,* S. 8, 10.

[32] Lorenzo Tomatis, Claus Agthe, Helmut Bartsch, James Huff, Ruggero Montesano, Rodolfo Saracci, Ernest Walker und Julian Wilbourn: Evaluation of the Carcinogenicity of Chemicals: A Review of the Monograph Program of the International Agency for Research on Cancer (1971–1977). In: *Cancer Research* Nr. 38, 1978, Tabelle 3, S. 882–883.

[33] Ebd., S. 881. – Die »fast 65 Prozent« sind meiner eigen Schätzwert. Da Tomatis die Zahlen angibt, kann der Leser seine eigene Berechnungen anstellen.

[34] Ebd., S. 881.

Kapitel 11

[1] CBS-Sonderbericht: The Politics of Cancer. 22. Juni 1976. Mitschrift.

[2] John Higginson: Overview. In: *Environmental Cancer: Causes, Victims, Solutions.* Zusammenfassung des Abschlußberichts einer Konferenz, die am 21. und 22. März 1977 von der ›Urban Environment Conferenzce, Inc.‹ veranstaltet, und vom NCI (National Cancer Institute), vom NIEHS (National Institute for Environmental Health Sciences) sowie von der EPA (Environmental Protection Agency) subventioniert wurde (Washington, D. C.: Urban Environmental Conference Inc., 1978), S. 2.

[3] OSHA, U. S. Department of Labor: *Idendification, Classification and Regulation of Potential Occupational Carcinogens,* Teil VII, Buch 2, in: *Federal Register* Nr. 45:15, 22. Januar 1980, S. 5168.

[4] IARC: Monographs on the Evaluation of the Carcinogenic Risk of Chemicals in Humans. Band 17: *Some N-Nitroso Compounds* (Lyon: IARC, 1978), S. 12.

[5] CBS-Sonderbericht: The Politics of Cancer. 22. Juni 1976, Mitschrift.

[6] Safe Drinking Water Committee: *Drinking Water and Health* (Washington, D C.: National Academy of Sciences, 1977). Zitiert in: OSHA, *Federal Register* Nr. 45:15, 22. Januar 1980, S. 5066.

[7] IARC Monographs, Band 1 (ohne Titel), 1972, S. 6.

[8] IARC Monographs on the Evaluation of the Carcinogenic Risk of Chemicals to Man. Band 1–16, 1972–1978.

[9] Lorenzo Tomatis et al.: Evaluation of the Carcinogenicity of Chemicals: A Review of the Monograph Program of the International Agency for Research on Cancer (IARC) (1971–77). In: *Cancer Research* Nr. 38, 1978, S. 883.

[10] Ebd., S. 884.

[11] Ebd., S. 883.

[12] IARC Monographs, Band 17, S. 20.

[13] *Chemicals and Industrial Processes Associated with Cancer in Humans: ARC Monographs, Band 1–20.* Ergänzungsband 1, Bericht einer Ad-hoc-Arbeitsgruppe der IARC, die von 15. bis 17. Januar 1979 in Lyon tagte. Erstellt von Ralph Althouse, James Huff, Lorenzo Tomatis und Julian Wilbourn (Lyon: IARC, September 1979).

[14] Bericht einer IARC-Arbeitsgruppe, erstellt von Ralph Althouse, James Huff, Lorenzo Tomatis und Julian Wilbourn, IARC: An Evaluation of Chemicals and Industrial Processes Associated with Cancer in Humans Based on Human and Animal Data: IARC Mongraphs Band 1–20. In: *Cancer Research* Nr. 40, 1980.

[15] *Chemicals and Industrial Processes Associated with Cancer in Humans:* IARC Monographs, Band 1–20. Ergänzungsband 1, erstellt von Ralph Althouse et al., S. 9–10.

[16] Ebd., 10–11.

[17] Ebd., S. 4.

[18] Ebd., S. 4–8.

[19] Ebd., S. 4.

[20] Ebd., S. 11–14.

[21] Ebd., Tabelle 3, S. 15–18.

[22] Ebd., S. 3.
[23] Ebd., S. 11.
[24] Ebd.
[25] Ebd.
[26] OSHA, *Federal Register* Nr. 45:15, 22. Januar 1980, S. 5066.
[27] IARC Monographs, Band 17, S. 20.
[28] OSHA, *Federal Register* Nr. 45:15, 22. Januar 1980, S. 5012–5013.
[29] IARC Monographs, Band 17, S. 21.
[30] »The National Cancer Institute«, zitiert in R. E. Albert, R. E. Train und E. Anderson: Rationale Developed by the Environmental Protection Agency for the Assessment of Carcinogenic Risks. In. *Journal of the National Cancer Institute* Nr. 58, 1977, S. 1538.
[31] Arthur C. Upton: Progress in the Prevention of Cancer. In: *Preventive Medicine* Nr. 7, 1978, S. 483.
[32] Curtis C. Harris, Umberto Saffiotti und Benjamin F. Trump: Carcinogenesis Studies in Humans Cells and Tissues. In: *Cancer Research* Nr. 38, 1978, S. 474.
[33] Umberto Saffiotti: Scientific Bases of Environmental Carcinogenesis and Cancer Prevention: Developing an Interdisciplinary Science and Facing Its Ethical Implications. In: *Journal of Toxicology and Environmental Health* Nr. 2, 1977, S. 1440.
[34] Thomas H. Maugh II: Chemical Carcinogens: The Scientific Basis for Regulation. In: *Science* Nr. 201, 1978, S. 1201.
[35] Albert et al.: Rationale Developed by the Environmental Protection Agency for the Assessment of Carcinogenic Risks. S. 1538.
[36] Ebd.
[37] P. B. Medawar: Advice to a Young Scientist. – Auszugsweise veröffentlicht in: *Harper's,* September 1979, S. 44.
[38] Ebd., S. 43.
[39] OSHA, *Federal Register* Nr. 45:15, 22. Januar 1980, S. 5061.
[40] Samuel S. Epstein: Regulatory Aspects of Occupational Carcinogens: Contrasts with Environmental Carcinogens. In: *Environmental Pollution and Carcinogenic Risk,* herausgegeben von Claude Rosenfeld und Walter Davis (Lyon: IARC Scientific Publications No. 13, 1976), S. 393.
[41] Upton: Progress in the Prevention of Cancer. S. 482.
[42] William Lijinski: U. S. Health will Be Jeopardized if Delaney Clause Is Abandoned. In: *Chemical & Engineering News,* 27. Juni 1977, S. 26–27.
[43] D. P. Rall: The Role of Laboratory Animal Studies in Estimating Carcinogenic Risks for Man. In: *Carcinogenic Risks: Strategies for Intervention*, herausgegeben von W. Davies und C. Rosenfeld (Lyon: IARC Scientific Publ. No. 25, 1979), S. 134–184.
D. P. Rall: Extrapolating Animal and Microbiological Tests to Humans. – Urban Environment Conference, S. 8.
D. P. Rall: Species Differences in Carcinogenic Testing. In: *Origins of Human Cancer*, herausgegeben von H. H. Hiatt, J. D. Watson und J. A. Winsten, Buch C, *Human Risk Assessment* (New York: Cold Spring Harbor Laboratory, 1977), S. 1389.
[44] OSHA, *Federal Register* Nr. 45:15, 22. Januar 1980, S. 5053.

[45] Gus Speth: Science and Prudence in Cancer Prevention. In: *New York Times*, 9. März 1978, S. A-21.

[46] Toxic Substances Strategy Committee: *Toxic Chemicals and Public Protection*. – Ein Bericht an den Präsidenten, 1980.

[47] L. Tomatis: The Predictive Value of Rodent Carcinogenicity Tests in the Evaluation of Human Risks. In: *Annual Review of Pharmacology and Toxicology* Nr. 19, 1979, S. 516.

[48] Renate D. Kimbrough, Stellungnahme vor dem ›United States Department of Labor‹, OSHA *Docket No. 090*, 4. April 1978, S. 4.

[49] John H. Weisburger; Bioassays and Tests for Chemical Carcinogens. In: *Chemical Carcinogens,* herausgegeben von Charles E. Searle (Washington, D. C.: American Chemical Society, 1976), S. 7.

[50] Cesare Maltoni: Occupational Chemical Carcinogenesis: New Facts, Priorities and Perspektives. In: *Environmental Pollution and Carcinogenic Risks*, S. 128.

[51] Lijinsky: U. S. Health Will Be Jeopardized if Delaney Clause Is Abandoned, S. 26.

[52] Ebd., S. 27.

[53] OSHA, *Federal Register* Nr. 45:15, 22. Januar 1980, S. 5061.

[54] Epstein: Regulatory Aspects of Occupational Carcinogens: Contrasts with Environmental Carcinogens. In: *Environmental Pollution and Carcinogenic Risks,* S. 393.

[55] Safe Drinking Water Committee: *Drinking Water and Health* (Washington, D. C.: National Academy of Sciences, 1977). Zitiert in: OSHA, *Federal Register* Nr. 45:15, 22. Januar 1980, S. 5066.

[56] H. F. Kraybill: Assessment of Current Approaches in the Evaluation of Carcinogenicity in Animal Models and Their Relevance to Man. – Als Kapitel VII. vorgesehen in: Environmental Carcinogenesis, herausgegeben von R. E. Olson (New York: Marcel Dekker). Manuskript, erhalten von Kraybill, 1980, S. 76.

[57] Office of Science and Technology Policy, Executive Office of the President: *Identification, Characterization, and Control of Potential Human Carcinogens: A Framework for Federal Decision-Making.* 1. Februar 1979, S. 12.

[58] OSHA, *Federal Register* Nr. 45:15, 22. Januar 1980, S. 5061.

[59] L. Tomatis: The Value of Long-Term Testing for the Implementation of Primary Prevention. In: *Origins of Human Cancers,* Buch C, SC. 1353.
Ruggero Montesano und Lorenzo Tomatis: Legislation Concerning Chemical Carcinogens in Several Industrialized Countries. In: *Cancer Research* Nr. 37, 1977.

[60] Tomatis: The Value of Long-Term Testing for the Implementation of Primary Prevention. In: *Origins of Human Cancer.* Buch C, S. 1353–1354.

[61] Anläßlich einer an Dr. Tomatis gerichteten Bitte um aktuelleres Datenmaterial, sandte dieser mir eine Kopie derselben Studie von Montesano und Tomatis, auf der die Verallgemeinerungen basierten.

[62] John H. Weisburger und Gary M. Williams: Carcinogen Testing: Current Problems and New Approaches. In: *Science* Nr. 214, 1981, S. 406, 407.

Kapitel 12

[1] OSHA, U. S. Department of Labor: *Identification, Classification and Regulation of Potential Occupational Carcinogens.* Teil VII, Buch 2, in: *Federal Register* Nr. 45:15, 22. Januar 1980, S. 5155.

[2] Ebd., S. 5122.

[3] Lawrence Garfinkle, zitiert von Malcolm W. Browne: How Tiny Chemical Traces Are Found. In: *New York Times*, 14. August 1979, S. C1, C2; Zitat S. C2.

[4] Alexander Schmidt zitiert von T. H. Jukes: DES in Beef Production: Science, Politics, and Emotion. In: *Origins of Human Cancer*, herausgegeben von H. H. Hiatt, J. D. Watson und J. A. Winsten, Buch C. *Human Risk Assessment* (New York: Cold Spring Harbor Laboratory, 1977), S. 1658–1659.

[5] Gary Flamm, Erste Tagung der ›Chemical Selection Subgroup‹ des ›Clearinghouse on Environmental Carcinogens‹, veranstaltet im ›National Insitutes of Health‹ in Bethasda, Md., 8. November 1976. Mitschrift, S. 173–174.
Arthur L. Robinson: Analytical Chemistry: Using Lasers to Detect Less and Less. In: *Science* Nr. 199, 1978, S. 1193.
Mitchell H. Bradley: Zero – What Does It Mean? In: *Science* Nr. 208, 1980, S. 7.
Richard C. Atkinson: Environmental Regulation. In: *Science* Nr. 209, 1980, S. 969.
H. F. Kraybill: Assessment of Current Approaches in the Evaluation of Carcinogenicity in Animal Models and Their Relevance to Man. – Vorgesehen als Kapitel VII in: Monograph on Environmental Carcinogenesis, herausgegeben von R. E. Olson (New York: Marcel Dekker). Manuskript, erhalten von Kraybill, 1980, S. 88.

[6] OSHA, *Federal Register* Nr. 45:15, 22. Januar 1980, S. 5119.

[7] Office of Science and Technology Policy, Executive Office of the President: *Identification, Characterization, and Control of Potential Human Carcinogens: A Framework for Federal Decision-Making.* 1. Februar 1979, Anhang B.: Summary of Comments Received Regarding 20. Oktober 1978 Draft Staff Discussion Paper, S. 28.

[8] Ebd., S. 32.

[9] Thomas H. Maugh II.: Chemical Carcinogens: How Dangerous Are Low Doses? In: *Science* Nr. 202, 1978, S. 37.

[10] Charles C. Brown, Thomas R. Fears, Mitchel H. Gail, Marvin A. Schneiderman, Robert E. Tarone und Nathan Mantel, Brief: Models for Carcinogenic Risk Assessment, In: *Science* Nr. 202, 1978, S. 1105.

[11] OSHA, *Federal Register* Nr. 45:15, 22. Januar 1980, S. 5155.

[12] Ebd., S. 5123.

[13] Ebd.

[14] Ebd., S. 51, 22.

[15] Ebd.

[16] Ebd., S. 5119.

[17] Ebd.

[18] Interagency Regulatory Liaison Group (IRLG), Arbeitsgruppe ›Risikoeinschätzung‹, beauftragt von der ›Consumer Product Safety Commision‹, der ›Environmental Protection Agency‹, der ›Food and Drug Administration‹ und von dem ›Occupational Safety and Health Administration‹: Scientific Bases for Identifica-

tion of Potential Carcinogens and Estimation of Risks. In: *Journal of the National Cancer Institute* Nr. 63, 1979, S. 265.

[19] Samuel S. Epstein, M. D.: *The Politics of Cancer.* Verbesserte Auflage (Garden City, N. Y.: Anchor/Doubleday, 1979), S. 359.

[20] R. Truhaut: An Overview of the Problem of Threshold for Chemical Carcinogens. In: *Carcinogenic Risks: Strategies for Intervention*, herausgegeben von W. Davis und C. Rosenfeld (Lyon: IARC Scientific Publications No. 25, 1979), S. 192. D. Hoel, R. Peto und L. Tomatis, zitiert in OSHA, *Federal Register* Nr. 45:15, 22. Januar 1980, S. 5023.

Edward P. Radford: Statement Concerning the Current Version of Cancer Risk Assessment in the Report of the Abvisory Committe on the Biological Effects of Ionizing Radiations (BEIR III Committee). In: *The Effects on Populations of Ecposure to Low Levels of Ionizing Radiation: 1980*, Committee on the Biological Effects of Ionizing Radiations (Washington, D. C.: National Academy, 1980), S. 231.

OSHA, *Federal Register* Nr. 45:15, 22. Januar 1980, S. 5137.

[21] Bruce N. Ames und Charles Yanofsky: The Detection of Chemical Mutagens with Enteric Bacteria. In: *Chemical Mutagens: Principles and Methods for Their Detection*, herausgegeben von Alexander Hollaender, Band 1. (New York: Plenum, 1971), S. 271. Jacqueline Verrett und Jean Carper: *Eating May Be Hazardous to Your Health* (Garden City, N. Y.: Anchor/Doubleday, 1975), S. 148–149.

Safe Drinking Water Committee: *Drinking Water and Health* (Washington, D. C.: National Academy of Sciences, 1977), S. 37–38. Eula Bingham: Regulatory Issues. In: *Environmental Cancer: Causes, Victims, Solutions.* – Zusammenfassung des Arbeitsberichts einer Konferenz, die vom 21. bis 22. März 1977 von der ›Urban Environment Conference, Inc.‹ veranstaltet, und von dem NCI, von dem NIEHS sowie von der EPA subventioniert wurde. (Washington, D. C.: Urban Environment Conference, Inc., 1978), S. 31.

OSHA, *Federal Register* Nr. 45:15, 22. Januar 1980, S. 5024.

[22] Umberto Saffiotti: Scientific Bases of Environmental Carcinogenesis and Cancer Prevention: Developing an Interdisciplinary Science and Facing Its Ethical Implications. In: *Journal of Toxicology and Environmental Health* Nr. 2, 1977, S. 1437–1439.

Truhaut: An Overview of the Problem of Threshold for Chemical Carcinogens. In: *Carcinogenic Risks: Stretegies for Intervention.* S. 192.

OSHA, *Federal Register*, 45:15, 22. Januar 1980, siehe H. Stewart, I. N. Dubin, E. Farber und OSHA: The Nature of the Disease. S. 5016–5017.

[24] Samuel S. Epstein, M.D.: *The Politics of Cancer* (San Francisco: Sierra Club Books, 1978), S. 61.

William Lijinsky, Stellungnahme vor dem ›United States Department of Labor‹, OSHA *Docket No. 090,* 4. April 1978, S. 15.

I. Selikoff, R. Griesemer, R. Squire, zitiert in: OSHA, *Federal Register* Nr. 45:15, 22. Januar 1980, S. 5136.

[25] Arthur C. Upton: Progress in the Prevention of Cancer. In: *Preventive Medicine* Nr. 7, 1978, S. 482.

OSHA, *Federal Register* Nr. 45:15, 22. Januar 1980, M. Meselson, S. 51351

D. Kennedy, S. 5137; W. Lijinsky, S. 5137; D. Kaufman, S. 5137; D. Rall, S. 5136, 5137; OSHA, S. 5137.

[26] Umberto Saffiotti: Identifying and Defining Chemical Carcinogens. In: *Origins of Human Cancer,* Buch C, S. 1315.
OSHA, *Federal Register* Nr. 45:15, 22. Januar 1980, R. Peto, S. 5136; OSHA, S. 5138.

[27] OSHA, *Federal Register* Nr. 45:15, 22. Januar 1980, S. 5137.

[28] Truhaut: An Overview of the Problem of Thresholds for Chemical Carcinogens. In: *Carcinogenic Risks: Strategies for Intervention*, S. 191–202.

[29] P. N. Magee: Extrapolation of Cellular and Molecular Level Studies to the Human Situation. In: *Journal of Toxicology and Environmental Health* Nr. 2, 1977. S. 1422.
Hans L. Falk: Biologic Evidence for the Existence of Thresholds in Chemical Carcinogenesis. In: *Environmental Health Perspectives* Nr. 22, 1978, S. 167.
Philip Handler, Widmung. Northwestern University Cancer Center, 18. Mai 1979, Manuskript, S. 13.
H. F. Kraybill: Assessment of Current Approaches in the Evaluation of Carcinogenicity in Animal Models and Their Relevance to Man. S. 46.
Gio Batta Gori: The Regulation of Carcinogenic Hazards. In: *Science* Nr. 208, 1980, S. 257.

[30] D. Henschler: New Approaches to a Definition of Threshold Values for Irreversible Toxic Effects. In: *Archives of Toxicology* Nr. 32, 1974, S. 63–67, zitiert von Kraybill: Assessment of Current Approaches to the Evaluation of Carcinogenicity, S. 51.
Falk: Biologic Evidence for the Existence of Thresholds in Chemical Carcinogenesis. 1978, S. 167–170.
R. Olson, zitiert in: OSHA, *Federal Register* Nr. 45:15, 22. Januar 1980, S. 5131.

[31] John Higginson, interviewt von Thomas H. Maugh II: Cancer and Environment: Higginson Speaks Out. In: *Science* Nr. 205, 1979, S. 1364.

[32] H. B. Jones und A. Grendon: Environmental Factors in the Origin of Cancer and Estimation of the Possible Hazard to Man. In: *Food and Cosmetics Toxicology* Nr. 13, 1975, S. 251.
John Crains: *Cancer: Science and Society* (San Francisco: Freeman, 1978), S. 132.

[33] H. F. Kraybill: Biochemical Intermediates as Research Probes in Carcinogenesis Methodology. Präsentiert am 19. Dezember 1977, *Meeting of the Clearinghouse on Environmental Carcinogens, Chemical Selection Subgroup*. Manuskript, S. 2. Norbert P. Page: Concepts of a Bioassay Program in Environmental Carcinogenesis. In: *Advances in Modern Toxicology,* herausgegeben von Myron A. Mehlman. Band 3, *Environmental Cancer,* herausgegeben von H. F. Kraybill und Myron A. Mehlman (Washington, D. C.: Hemisphere, 1977), S. 135.

[34] K. Kay: Occupational Cancer Risks for Pesticide Workers. In: *Environmental Research* Nr. 7, 1974, zitiert von J. F. Kraybill: Conceptual Approaches to the Assessment of Nonoccupational Environmental Cancer. In: *Advances in Modern Toxicology*, Band 3, S. 46.
Kraybill: Assessment of Current Approaches in the Evaluation of Carcinogenicity in Animal Models and Their Relevance to Man. S. 92.

Jerome Cornfield: Carcinogenic Risk Assessments. In: *Science* Nr. 198, 1977, S. 695.
Nathan Mantel: Letter to the Editor. In: *Cancer Research* Nr. 38, 1978, S. 1835.
Higginson, interviewt von Maugh: Cancer and Environment. S. 1364.

[35] R. Kroes, G. J. Van Esch und J. W. Weiss: Philosophy of ›No Effect Level‹ for Chemical Carcinogens. In: *Proceeding of an International Symposium on Nitrite in Meat Products, Zeist,* 1973, S. 230.
Hans L. Falk: Biologic Evidence for the Existence of Thresholds in Carcinogenesis. – Extrapolation Conference, Pinehurst, N. C. 10.–12. März 1976. Manuskript. Meine Kopie ohne Seitenangaben.
D. Schmahl und M. Habs: Experimental Carcinogenesis of Antitumor Drugs. In: *Cancer Treat Rev* Nr. 5(4), 1978, S. 175–184.

[36] Raymond J. Shamberger, zitiert von Maugh: Chemical Carcinogens: How Dangerous Are Low Doses? S. 40.
Kraybill: Assessment of Current Approaches in the Evaluation of Carcinogenicity in Animal Models and Their Relevance to Man. S. 83. – Siehe auch Kraybill: Conceptual Approaches to the Assessment of Nonoccupational Environmental Cancer. In: *Advances in Modern Toxicology,* Band 3, S. 46.

[37] David P. Rall: Thresholds? In: *Environmental Health Perspectives* Nr. 22, 1978, S. 163.

[38] Lijinsky, Erklärung vor dem ›United States Department of Labor‹, OSHA *Docket No. 090,* S. 30–31.

[39] OSHA, *Federal Register* Nr. 45:15, 22. Jan. 1980, S. 5138.

[40] Ebd., S. 5124.

[41] Ebd., S. 5128.

[42] Ebd.

[43] Ebd., S. 5136.

[44] Paracelsus, zitiert von Herbert E. Stockinger in: An Acceptable Level of Exposure. – Vortrag, 1977. Veröffentlicht in: *American Industrial Hygiene Association Journal* Nr. 38, 1977, S. 426.

[45] Ebd.

[46] Titelblatt von *Toxicology: The Basic Science of Poisons,* herausgegeben von Louis J. Casarett und John Doull (New York: Macmillan, 1975).

[47] D. Schmähl: Problems of Dose-Response Studies in Chemical Carcinogenesis with Special Reference to N-Nitroso Compounds. In: *CRC Critical Reviews in Toxicology* Nr. 6, 1979, S. 258.

[48] Louis J. Casarett: Toxicologic Evaluation. In: *Toxicology: The Basic Science of Poisons*, S. 17–18, 24.

[49] Ebd., S. 18.

[50] Ebd., S. 24.

[51] Ebd.,

[52] Ebd., S. 27.

[53] Lijinsky, Erklärung vor dem ›United States Department of Labor‹, OSHA *Docket No. 090,* S. 13–14.

[54] Jerzy Neyman: Public Health Hazards from Electricity-Producing Plants. In: *Science* Nr. 195, 1977, S. 755.

[55] Henry C. Pitot: Relationships of Bioassay Data on Chemicals to Their Toxic and Carcinogenic Risk for Humans. In: *Cancer Symposium, An Academic Review of the Environmental Determinants of Cancer Relevant to Prevention.* Veranstaltet in Zusammenarbeit mit der ›American Cancer Society, Inc.‹, New York City, 28. Februar und 1.–2. März 1979, Manuskript, S. 13.

[56] Umberto Saffiotti: Identifying and Defining Chemical Carcinogens. In: *Origins of Human Cancer*, Buch C, S. 1311.

[57] Ebd., S. 1311-1312. Saffiotti hielt diesen Vortrag anläßlich der vierten der »Konferenzen über Zellproliferation«, die das Cold Spring Harbor Laboratory veranstaltete. Die Ergebnisse dieser Konferenzen wurden 1977 vom Cold Spring Harbor Laboratory unter dem Titel *Origins of Human Cancer* publiziert und von H. H. Hiatt, J. D. Watson und J. A. Winsten herausgegeben.

[58] Richard Wilson, Stellungnahme vor der ›Food and Drug Administration of the Department of Health, Education, and Welfare‹ zum Thema: *Acrylonitrile Copolymers Used to Fabricate Beverage Containers, Exhibit M-90, Docket No 76N-0070.*

Peter Barton Hutt: Monsanto: Important for Food, Cosmetic Problems. In: *Legal Times of Washington,* Band II, Nr. 25. 26. November 1979. Neudruck in: *Federal Regulation of Carcinogens in the Workplace: OSHA's Cancer Policy*, Vorsitzende Peter Barton Hutt und Anson M. Keller (Lew & Business, Inc., Harcourt Brace Jovanovich, 1980), S. 158–159.

[59] George B. Koelle: The Zero-Tolerance Concept. In: *Perspectives in Biology and Medicine* Nr. 20, 1977, S. 507.

[60] Wilson, Erklärung vor der ›Food and Drug Administration of the Department of Health, Education, and Welfare‹, *Exhibit M–90, Docket No. 76N-0070,* S. 21.

[61] Hutt: Monsanto: Important for Food, Cosmetic Problems. S. 159.

[62] Ebd., S. 160–161. Zur ersten Gerichtsentscheidung siehe: Monsanto Co. gegen (vs.) Kennedy, United States Court of Appeals, District of Columbia Circuit. Verhandlung am 15. März 1979, Urteilsspruch am 6. November 1979, 613 F.2d 947, 1979. Beachte vor allem Absatz 1, 3, 7, 8, 9, 10.

[63] Hutt: Monsanto: Important for Food, Cosmetic Problems, S. 160–161.

Kapitel 13

[1] Robert Bensetler: Re-counting Ghosts. Brief vom 11. August 1980, in: *New York Times* veröffentlicht am 18. August 1980, S. A22.

[2] F. Winsor und M. Parry, zitiert von Jeff Masten in: Epistemic Ambiguity and the Calculus of Risk: Ethyl Corporation vs. Environmental Protection Agency. In: *South Dakota Law Review* Nr. 21, Frühjahr 1976.

[3] David Bazelon: Science, Technology, and the Court. In: *Science* Nr. 208, 1980, S. 661.

[4] John Higginson: Multiplicity of Fators Involved in Cancer Patterns and Trends. In: *Cancer Symposium, An Academic Review of the Environmental Determinants of Cancer Relevant to Prevention*, veranstaltet in Zusammenarbeit mit der ›American Cancer Society, Inc.‹, New York City, 28. Februar und 1.–2. März 1979. Manuskript, S. 3.

[5] H. F. Kraybill: Assessment of Current Approaches in the Evaluation of Carcinogenicity in Animal Models and Their Relevance to Man. Vorgesehen als Kapitel VII in: Monograph on Environmental Carcinogenesis, herausgegeben von R. E. Olson (New York: Marcel Dekker). Manuskript, erhalten von Kraybill, 1980, siehe Tabelle 18.

[6] Richard Gallagher: *Diseases That Plague Modern Man* (Dobbs Ferry, N. Y.: Oceana, 1969), S. 176–177.

[7] Ebd., S. 123, 125, 129, 131.

[8] David G. Hoel, Erklärung vor dem ›United States Department of Labor‹, *OSHA Docket No. 090*, 4. April 1978, S. 1–2.

[9] William Lijinsky, Erklärung vor dem ›United States Department of Labor‹, *OSHA Docket No. 090*, 4. April 1978, S. 19.

[10] D. P. Rall: The Role of Laboratory Animal Studies in Estimating Carcinogenic Risks for Man. In: *Carcinogenic Risks: Strategies for Intervention*, herausgegeben von W. Davis und C. Rosenfeld (Lyon: IARC Scientific Publ. No. 25, 1979), S. 184.

[11] L. Tomatis: The Predictive Value of Rodent Carcinogenicity Test in the Evalutation of Human Risks. In: *Annual Review of Pharmacology and Toxicology* Nr. 19, 1979, S. 522.

[12] Office of Science and Technology Policy, Executive Office of the President: *Identification, Characterization, and Control of Potential Human Carcinogens: A Framework for Federal Decision-Making.* 1. Februar 1979, S. 14.

[13] Wilhelm Hueper, zitiert von Eula Bingham, Richard W. Niemeier und Jon B. Reid: Multiple Factors in Carcinogenesis. In: *Annals of The New York of Sciences*, Band 271, *Occupational Carcinogenesis*, herausgegeben von Umberto Saffiotti und Joseph K. Wagoner (New York: New York Academy of Sciences, 1976), siehe Fußnote, S. 14.

[14] Ebd.

[15] Judith Randal: This Rat Died in a Cancer Lab to Save Lives. Neudruck in: *Washington Post* »Outlook« am 22. Juli 1979, in Umlauf gebracht von der EPA, OPA 15/80, Januar 1980. Meine Kopie ohne Seitenangaben; siehe 4. Absatz.

[16] H. O. Hartley und R. L. Sielken jun.: Estimation of ›Safe Doses‹ in Carcinogenic Experiments. Vortrag anläßlich einer Tagung der ›Eastern North American Region, Biometric Society for Regional Meeting‹, 8.–10. März 1976. Manuskript. Meine Kopie ohne Seitenangaben: siehe die der Grafik folgende Diskussion.

[17] H. L. Falk: Anticarcinogenesis – an Alternative. In: *Progress in Experimental Tumor Research*, herausgegeben von F. Homburger. Band 14, *Inhibition of Carcinogenesis*, herausgegeben von B. L. Van Duuren und B. A. Rubin (Basel: S. Karger, 1971), S. 107.

[18] Ad-hoc-Komitee über Testverfahren zur Bestimmung von chemischen Umweltkanzerogenen, NCI, zitiert von Harold L. Stewart, Erklärung vor dem ›U. S. Department of Labor‹, *OSHA Docket No. 090,* 4. April 1978, S. 2.

[19] Sidney Weinhouse: Conference on Extrapolation of Data from Animals to Man. In: *Cancer Research* Nr. 36, 1976, S. 3854.

[20] Umberto Saffiotti: Indentifying and Defining Chemical Carcinogens. In: *Origins of Human Cancer*, herausgegeben von H. H. Hiatt, J. D. Watson und J. A.

Winsten. Buch C, *Human Risk Assessment* (New York: Cold Spring Harbor Laboratory, 1977), S. 1315, 1320–1321.

[21] John Higginson und Calum S. Muir: The Role of Epidemiology in Ellucidating the Importance of Environmental Factors in Human Cancer. In: *Cancer Detection and Prevention, 1,* 1976, S. 81.

[22] John Higginson: Overview. In: *Environmental Cancer: Causes, Victims, Solution.* Zusammenfassung des Arbeitsberichts einer Konferenz, die am 21. und 22. März 1977 von der ›Urban Environment Conference, Inc.‹ veranstaltet und von dem NCI, vom NIEHS und von der EPA subventioniert wurde. (Washington, D. C.: Urban Environment Conference Inc., 1978), S. 2.

[23] ›Pesticide Information, Review and Evaluation Committee‹ (NAS, 1977), zitiert von OSHA in: *Identification, Classification and Regulation of Potential Occupational Carcinogens,* Teil VII, Buch 2, in: *Federal Register* Nr. 45:15, 22. Januar 1980, S. 5182.

[24] Lijinsky, Erklärung vor dem ›U. S. Department of Labor‹, *OSHA Docket No. 090,* 4. April 1978, S. 22.
Lijinsky, zitiert ebd., S. 5182.

[25] Arthur C. Upton: Progress in the Prevention of Cancer. In: *Preventive Medicine* Nr. 7, 1978, S. 483.

[26] Samuel S. Epstein, zitiert in OSHA, *Federal Register* Nr. 45:15, 22. Januar 1980, S. 5194.

[27] Richard Griesemer, zitiert ebd., S. 5181.

[28] Harold L. Stewart, Erklärung vor dem ›U. S. Department of Labor‹, *OSHA Docket No. 090,* 4. April 1978, S. 4–5.

[29] Umberto Saffiotti und Curtis C. Harris: Carcinogenesis Studies on Organ Cultures of Animal and Human Respiratory Tissues. In: *Carcinogens: Identification and Mechanisms of Action,* herausgegeben von A. Clark Griffin und Charles R. Shaw (New York: Raven, 1979), S. 66.

[30] OSHA, *Federal Register* Nr. 45:15, 22. Januar 1980, S. 5200.

[31] Charles C. Brown: Statistical Aspects of Extrapolation of Dichotomous Dose-Response Data. In: *Journal of the National Cancer Institute* Nr. 60, 1978, S. 101.

[32] Interagency Regulatory Liaison Group (IRLG), Arbeitsgruppe ›Risikoeinschätzung‹, im Auftrag von der ›Consumer Product Safety Commission‹, der ›Environmental Protection Agency‹, der ›Food and Drug Administration‹ und des ›Occupational Safety and Health Administration‹: Scientific Bases for Identification of Potential Carcinogens and Estimation of Risks. In: *Journal of the National Cancer Institute* Nr. 63, 1979, S. 259.
Roy E. Albert und Bernard Altshuler: Considerations Relating to the Formulation of Limits for Unavoidable Population Exposures to Environmental Carcinogens. In: *Radionuclide Carcinogenesis,* herausgegeben von C. L. Sanders, R. H. Busch, J. E. Ballou und D. D. Mahlum. Arbeitsbericht des ›Twelfth Annual Hanford Biology Symposium‹ in Richland, Washington, am 10.–12. Mai 1972, veranstaltet vom ›Battelle Memorial Institute, Pacific Northwest Laboratories, U. S. Atomic Energy Commission‹ (Veröffentlicht von: U. S. Atomic Energy Commission Office of Information Services, Conf-720505, Juni 1973), S. 244.

[33] IRLG: Scientific Bases for Identification of Potential Carcinogens and Estimation of Risks. S. 264.

[34] David Rall: Extrapolating Animal and Microbiological Tests to Humans. Urban Environmental Conference, S. 9.
Kraybill: Assessment of Current Approaches in the Evaluation of Carcinogenicity in Animal Models and Their Relevance to Man. S. 19.

[35] OSHA, *Federal Register* Nr. 45:15, 22. Januar 1980, S. 5122.

[36] Henry C. Pitot: Relationships of Bioassay Data on Chemicals to Their Toxic and Carcinogenic Risk for Humans. In: *Cancer Symposium, An Academic Review of the Environmental Determinants of Cancer Relevant to Prevention.* Manuskript, siehe Tabelle 5.

[37] Hoel, Erklärung vor dem ›U. S. Department of Labor‹, *OSHA Docket No. 090,* S. 2.
OSHA, *Federal Register* Nr. 45:15, S. 5184, siehe Nr. 3, »Methods of extrapolating dose-response data to low dose-levels«.

[38] Committee for a Study of Saccharin and Food Safety Policy (NAS, 1978), zitiert in OSHA, *Federal Register* 45:15, S. 5184.

[39] Pilot: Relationships of Bioassay Data on Chemicals to Their Toxic and Carcinogenic Risk for Humans. In: *Cancer Symposium, An Academic Review of the Environmental Determinants of Cancer Relevant to Prevention.* Manuskript, S. 18–19.
Richard Peto, zitiert in OSHA, *Federal Register* 45:15, S. 5136.

[40] Rall: The Role of Laboratory Animal Studies in Estimating Carcinogenic Risks for Man. In: *Carcinogenic Risks: Strategies for Intervention,* S. 184–186; Zitat, S. 186. – In diesem Artikel spricht Rall von dem Bericht als den NAS/NRC (1975) -Bericht. Umfassender geht Rall auf diesen Bericht in seinem Cold-Spring-Harbor-Aufsatz »Species Differences in Carcinogenesis Testing« ein, in: *Origins of Human Cancer,* Buch C, siehe Bibliographie, S. 1390: *National Academy of Sciences (NAS) NRC Environmental Studies Board, 1975: Contemporary pest control practices and prospects. The Report of the Executive Committee. I. Pest control: An assessment of present and alternative technologies. NAS, Washington, D. C.* – In der Fachliteratur wird dieser Bericht mit dem beeindruckend langen Titel oft unterschiedlich zitiert, z. B. als »The Meselson Committee«, »The Meselson Report«, »The Pest Control Committee«, »The NAS Analysis« oder als eine Studie, die als Teil des »NAS Pest Control Report« von Matthew Meselson (Harvard University) und Dr. Donald Kennedy (Commissioner, FDA), veröffentlicht wurde. (Vgl. auch Fußnoten 41, 42, 43 unten.)

[41] Rall: Species Differences in Carcinogenesis Testing. In: *Origins of Human Cancer,* Buch C, S. 1388–1389.
Marvin Schneiderman vom NCI, zitiert von Weinhouse: Conference on Extrapolation of Data from Animals to Man. S. 3854.
Pitot: Relationships of Bioassay Data on Chemicals to Their Toxic and Carcinogenic Risk for Humans. In: *Cancer Symposium, An Academic Review of the Environmental Determinants of Cancer Relevant to Prevention.* Manuskript, S. 4.

[42] OSHA, *Federal Register* 45:15, S. 5189–5190.
D. B. Clayson, zitiert von Weinhouse: Conference on Extrapolation of Data from Animals to Man. S. 3854.

[43] M. Schneiderman, H. L. Falk, D. Clayson, D. Rall und J. M. Brown, zitiert von Weinhouse: Conference on Extrapolation of Data Animals to Man. S. 3854.

[44] Rall: Extrapolating Animal and Microbiological Tests to Humans. Urban Environmental Conference, S. 9.

[45] Safe Drinking Water Committee: *Drinking Water and Health* (Washington, D. C.: National Academy of Sciences, 1977), zitiert in OSHA, *Federal Register* 45:15, S. 5120.
R. E. Albert und F. J. Burns: Carcinogenic Atmospheric Pollutants and the Nature of Low-level Risks. In: *Origins of Human Cancer,* Buch A, *Incidence of Cancer in Humans,* S. 290.
Arthur C. Upton: Radiation. In: *Bulletin of the New York Academy of Medicine* Nr. 54, 1978, S. 429.

[46] Komitee über die Biologischen Wirkungen Ionisierender Strahlen (BEIR): *The Effects on Populations of Exposure to Low Levels of Ionizing Radiation: 1980* (Washington, D. C.: National Academy Press, 1980). Siehe Abschnitt: The Experience of the Atomic Bomb Survivors as a Source of Data on the Late Somatic Effects of Ionizing Radiation. S. 150–157.

[47] IRLG: *Scientific Bases for Identifikation of Potential Carcinogens and Estimation of Risks,* S. 259.

[48] Thomas H. Maugh II: Chemical Carcinogens: How Dangerous Are Low Doses? In: *Science* Nr. 202, 1978, S. 37.

[49] Zur Übernahme der aus der Strahlungstheorie abgeleiteten No-Threshold/Ein-Molekül-Theorie des OSHA in die von der Behörde postulierten Ätiologie der Malignizität siehe Kapitel VII; vgl. auch (NAS) Safe Drinking Water Committee: *Drinking Water and Health,* S. 37–38.

[50] Garry Flamm: The Need for Quantifying Risk from Exposures to Chemical Carcinogens. In: *Preventiv Medicine* Nr. 5, 1976, S. 5.

[51] Kraybill: Assessment of Current Approaches in the Evaluation of Carcinogenicity in Animal Models and Their Relevance to Man. S. 49.

[52] Marvin Schneiderman, Vorlesung: *Seminar on Government Regulation of Cancer-Causing Chemicals,* veranstaltet vom ›National Center for Administrative Justice‹, Washington, D. C., 7.–8. Dezember 1978.

[53] Übersicht der statistischen Theorien: allgemein David G. Hoel, David W. Gaylor, Ruth L. Kirschstein, Umberto Saffiotti, Marvin A. Schneiderman: Estimation of Risks of Irreversible, Delayed Toxicity. In: *Journal of Toxicology and Environmental Health* Nr. 1, 1975.
C. C. Brown: Mathematical Aspects of Dose-Response Studies in Carcinogenesis – The Concept of Thresholds. In: *Oncology* Nr. 33, 1976.
D. G. Hoel: Some Problems in Low-dose Extrapolation. In: *Origins of Human Cancer,* herausgegeben von H. H. Hiatt, J. D. Watson, J. A. Winsten, Buch C, *Human Risk Assessment* (New York: Cold Spring Harbor Laboratory, 1977).
Marvin A. Schneiderman und Charles C. Brown: Estimating Cancer Risks to a Population. In: *Environmental Health Perspectives* Nr. 22, 1978.
E. Scherer und P. Emmelot: Multihit Kinetics of Tumor Cell Formation and Risk Assessment of Low Doses of Carcinogen. In: *Carcinogens: Identification and Me-*

chanisms of Action, herausgegeben von A. Clark Griffin und Charles R. Shaw (New York: Raven, 1979).
Interagency Regulatory Liaison Group (IRLG), Arbeitsgruppe ›Risikoeinschätzung‹, beauftragt von der ›Consumer Product Safety Commission‹, der ›Environmental Protection Agency‹, der ›Food and Drug Administration‹ und von dem ›Occupational Safety and Health Administration‹: Scientific Bases for Identification of Potential Carcinogens and Estimation of Risks. In: *Journal of the National Cancer Institute* Nr. 63, 1979, S. 258–265.
Occupational Safety and Health Administration (OSHA), US Department of Labor: *Identification, Classification and Regulation of Potential Occupational Carcinogens.* Teil VII, Buch 2, in: *Federal Register* Nr. 45:15, 22. Januar 1980, S. 5184–5188.
PRAGMATISCHE SCHWELLEN: DIE MANTEL-BRYAN-THEORIE
Nathan Mantel und W. R. Bryan: ›Safety‹ Testing of Carcinogenic Agents. In: *Journal of the National Cancer Institute* Nr. 27, 1961.
Committee on Safe Drinking Water (Komitee zur Reinhaltung des Trinkwassers): *Drinking Water and Health* (Washington, D. C.: National Academy of Sciences, 1977), zitiert in OSHA, *Federal Register* Nr. 45:15, 22. Januar 1980, S. 5120–5121.
Joyce McCann, zitiert ebd., S. 5186.
Adrian M. Gross, FDA, zitiert ebd., S. 5186–5187.
H. F. Kraybill: Assessment of Current Approaches in the Evaluation of Carcinogenicity in Animal Models and Their Relevance to Man. Vorgesehen als Kapitel VII. in: Monograph on Environmental Carcinogenesis, herausgegeben von R. E. Olson (New York: Marcel Dekker). Manuskript, erhalten von Kraybill, 1980, S. 46–48. Siehe auch H. F. Kraybill: By Appropriate Methods: The Delaney Clause. In: *Regulatory Aspects of Carcinogenesis and Food Additives: The Delaney Clause* (New York: Academic, 1979), S. 61–80.
PRAGMATISCHE SCHWELLEN: DIE H. DRUCKREY-THEORIE
H. Druckrey: Quantitative Aspects in Chemical Carcinogenesis. In: *Potential Carcinogenic Hazards from Drugs: Evaluation of Risks,* herausgegeben von Rene Truhaut, UICC Monograph Series, Band 7 (New York: Springer-Verlag, 1967).
H. B. Jones und A. Grendon: Environmental Factors in the Origin of Cancer and Estimation of the Possible Hazard to Man. In: *Food and Cosmetics Toxicology* Nr. 13, 1975.
Harry A. Guess und David G. Hoel: The Effect of Dose on Cancer Latency Period. In: *Journal of Environmental Pathology and Toxicology* Nr. 1, 1977.
Hardin Jones: Dose-Effect Relationships in Carcinogenesis and the Matter of Threshold of Carcinogenesis. In: *Environmental Health Perspectives* Nr. 22, 1978.
Marvin Schneiderman, zitiert in OSHA, *Federal Register* Nr. 45:15, 22. Januar 1980, S. 5134–5135.
David Hoel, zitiert ebd., S. 5134.
Richard Peto, zitiert ebd., S. 5134.

[54] Jerome Cornfield: Carcinogenic Risk Assessment. In: *Science* Nr. 198, 1977, S. 695.

[55] Kraybill: Assessment of Current Approaches in the Evaluation of Carcinogenicity in Animal Models and Their Relevance to Man. S. 45.

Edward E. Pochin, zitiert von Maugh: Chemical Carcinogens: How Dangerous Are Low Doses? S. 37.

[56] John Cairns: *Cancer: Science and Society* (San Francisco: Freeman, 1978), S. 104.

[57] Memorandum Daniel G. Greathouses, Water Supply Research Laboratory, NERC, EPA, an David Hoel, National Institute of Environmental Health Services. – Besprechung des für das Subkomitee zur Untersuchung von Kanzerogenen verfaßten Dokuments. 10. April 1974, S. 3.

[58] Leo Friedman: A Proposed Procedure for the Assessment of Health Hazards of Carcinogens at Very Low Levels of Exposure. In: Bericht einer Arbeitsgruppe der WHO: *Assessment of the Carcinogenicity and Mutagenicity of Chemicals,* Technical Report Series 546 (Genf: World Health Organisation, 1974), S. 18.

[60] Hoel et al.: Estimation of Risks of Irreversible, Delayed Toxicity. S. 145.

[61] R. L. Dixon: Problems in Extrapolating Toxicity Data for Laboratory Animals to Man. In. *Environmental Health Perspectives* Nr. 13, 1976, S. 43, 45.

[62] Lorenzo Tomatis: The IARC Program on the Evaluation of the Carcinogenic Risk of Chemicals to Man. In: *Annals of The New York Academy of Sciences,* Band 271, *Occupational Carcinogenesis,* S. 401.

[63] Norton Nelson: Comments on Extrapolation of Cancer Response from High Dose to Low Dose. In: *Environmental Health Perspectives* Nr. 22, 1978, S. 94.

[64] Schneiderman et al.: Estimating Cancer Risks to a Population. S. 122.

[65] Gary Flamm, Vorlesung: *Seminar on Government Regulation of Cancer-Causing Chemicals.*

[66] *International Agency for Research on Cancer, IARC Monographs on the Evaluation of the Carcinogenic Risk of Chemicals to Humans. Band 17, Some N-Nitroso Compounds* (Lyon: IARC, 1978), S. 20.

[67] David B. Clayson, zitiert von Maugh: Chemical Carcinogens: How Dangerous Are Low Doses? S. 37.

[68] D. B. Clayson: Chemical Carcinogenesis: Dose-Response Extrapolation. In: *Science* Nr. 203, 1979, S. 1068, 1069.

[69] Philip Handler: Dedication Address, Northwestern University Cancer Center. 18. Mai 1979. Manuskript, S. 6.

[70] Philip Handler: Basic Research in the United States. In: *Science* Nr. 204, 1979, 477.

[71] Pitot: Relationships of Bioassay Data on Chemicals to Their Toxic and Carcinogenic Risk for Humans. In: *Cancer Symposium, An Academic Review of the Environmental Determinants of Cancer Relevant to Prevention.* Manuskript, S. 17, 20.

[72] Office of Science and Technology Policy: *Identification, Characterization, and Control of Potential Human Carcinogens: A Framework for Federal Decision-Making,* S. 14.

[73] Gio Batta Gori: The Regulation of Carcinogenic Hazards. In: *Science* Nr. 208, 1980, S. 259.

[74] Joseph V. Rodricks: Regulation of Carcinogens in Food. Vorgelegt anläßlich des *Workshop on Management of Assessed Risk for Carcinogens,* New York Academy of Sciences, New York, 17., 18., 19. März 1980. Neudruck in: *Federal Regulation of Carcinogens in the Workplace: OSHA's Cancer Policy,* Vorsitzende Peter

Barton Hutt und Anson M. Keller (New York: Law & Business, Inc., Harcourt Brace Javanovich, 1980), S. 67.

[75] OSHA, *Federal Register* Nr. 45:15, 22. Januar 1980, S. 5200.

[76] Ebd., S. 5198.

Kapitel 14

[1] Auszug aus Rosenbergs Stellungnahme vor dem US-Senat: Leon Rosenberg on the ›Human Life‹ Bill. 23.–24. April 1981. In: *Science* Nr. 212, 1981, S. 907.

[2] Umberto Saffiotti: Identifying and Defining Chemical Carcinogens. In: *Origins of Human Cancer,* herausgegeben von H. H. Hiatt, J. D. Watson und J. A. Winsten. Buch C, *Human Risk Assessment* (New York: Cold Spring Harbor Laboratory, 1977), S. 1314, 1320–1321.

[3] David B. Clayson: Overview, Fact, Myth and Speculation. In: *Journal of Environmental Pathology and Toxicology* Nr. 2, 1978, S. 1.

[4] Lorenzo Tomatis: The Value of Long-term Testing for the Implementation of Primary Prevention. In: *Origins of Human Cancer,* Buch C, S. 1352.

[5] Philip H. Abelson: The Tris Controversy. In: *Science* Nr. 197, 1977, S. 113.

[6] Robert H. Harris: The Tris Ban. – Brief. In: *Science* Nr. 197, 1977, S. 1132–1133.

[7] Ian Munro, Vorlesung: *Seminar on Government Regulation of Cancer-Causing Chemicals,* veranstaltet vom ›National Center for Administrative Justice‹, Washington, D. C., 7.–8. Dezember 1978.

[8] Irving Selikoff, zitiert von William E. Burrows: The Cancer Safety Controversy. In: *New York Times Magazine,* 25. März 1979, S. 85.

[9] Brief Irving Selikoffs an E. I. Eger II vom ›University of California Medical Center‹, San Francisco, in welchem er auf mehrere Studien von Thomas Corbett Bezug nimmt. 13. März 1975. – Zitiert in Thomas H. Corbett: *Cancer and Chemicals* (Chicago: Nelson-Hall, 1977), S. 186–188.

[10] Richard Peto: Distorting the Epidemiology of Cancer: The Need for a More Balanced Overview. In: *Nature* Nr. 284, 1980, S. 300.

[11] Gio Batta Gori: The Regulation of Carcinogenic Hazards. In: *Science* Nr. 208, 1980, S. 257–258; Zitat, S. 257.

[12] Jerome Cornfield: Carcinogenic Risk Assessment. In: *Science* Nr. 198, 1977, S. 695–696.

[13] Gary Flamm, Vorlesung: *Seminar on Government Regulation of Cancer-Causing Chemicals.*

[14] D. P. Rall: The Role of Laboratory Animal Studies in Estimating Carcinogenic Risks for Man. In: *Carcinogenic Risks: Strategies for Intervention,* herausgegeben von W. Davis und C. Rosenfeld (Lyon: IARC Scientific Publications No. 25, 1979), S. 179–184; Zitat, S. 184.

[15] Lewis Thomas: Tolerance Issue Bedevils Scientists, Solons. Originalartikel veröffentlicht vom ›Department of Public Affairs, Memorial Sloan-Kettering Cancer Center‹, Winter 1979, auszugsweise erschienen in: *Oncology Times,* April 1980.

[16] Elizabeth C. Miller: Some Current Perspectives on Chemical Carcinogenesis

in Humans and Experimental Animals: Presidential Address. In: *Cancer Research* Nr. 38, 1978, S. 1491.

[17] Samuel S. Epstein, Erklärung vor dem ›US Department of Labor, Occupational Safety and Health Administration‹, *OSHA Docket No. 090,* 4. April 1978, S. 34.

Kapitel 15

[1] Lewis H. Lapham: The American Courtier. In: *Harper's,* Oktober 1978, S. 16.

[2] Aaron Wildavsky, zitiert in: Scientists Debate Acceptable Risk (ohne Nennen des Autoren). *New York Times,* 27. Februar 1979, S. CI.

[3] Norio Matsukura, Takashi Kawachis, Kazuhide Morino, Hiroko Ohgaki, Takashi Sugimura und Shozo Takayama: Carcinogenicity in Mice of Mutagenic Compounds from a Tryptophan Pyrolyzate. In: *Science* Nr. 213, 1981.

[4] Isaac Berenblum: Author's Preface. In: *Frontiers of Biology*, herausgegeben von A. Neuberger und E. L. Tatum, Band 34, *Carcinogenesis as a Biological Problem* (New York: Elsevier, 1974).

[5] John Higginson: Multiplicity of Factors Involved in Cancer Patterns and Trends. In: *Cancer Symposium, An Academic Review of the Environmental Determinants of Cancer Relevant to Prevention,* in Zusammenarbeit mit der ›American Cancer Society, Inc.‹ veranstaltet am 28. Februar, 1., 2. März 1979, New York City. Manuskript, S. 1.

[6] Frank N. Rauscher, Direktor, ›National Cancer Program‹, Brief an Philippe Shubik, Direktor, ›Eppley Institute for Research in Cancer‹, Zusammenfassung der »General Criteria for Assessing the Evidence of Chemical Substances: Report of the Subcommittee on Environmental Carcinogenesis, National Cancer Advisory Board«. In: *Journal of the National Cancer Institute* Nr. 58, 1977, S. 464.

[7] David Rall, Stellungnahme: Toxic Substances Control Act. Hearings vor dem ›Subcommittee on the Environment of the Committee on Commerce‹, US-Senat, 94. Kongreß, Erste Sitzung, 3., 5., 10. März und 15. April 1975, Serial No. 94–24, S. 222.

[8] Ebd., S. 222–223.

[9] Thomas H. Maugh II und Jean L. Marx: *Seeds of Destruction: The Science Report on Cancer Research* (New York: Plenum, 1975), S. 9. (Deutsche Ausgabe: *Zerstörendes Wachstum; Entstehung und Behandlung des Krebses.* Stuttgart: Thieme, 1979)*

[10] Gary Flamm, Erste Tagung der ›Chemical Selection Subgroup of the Clearinghouse on Environmental Carcinogens, National Institutes of Health‹, Bethesda, Md., 8. November 1976. Mitschrift, S. 175.

[11] John Walsh: EPA and Toxic Substances Low: Dealing with Uncertainty. In: *Science* Nr. 202, 1978, S. 598.

[12] Isaac Berenblum: Carcinogenicity Testing for Control of Environmental Tumor Development in Man. In: *Israel Journal of Medical Science* Nr. 15, 1979, S. 474.

* Vermerk des Übersetzers

[13] Toxic Substances Strategy Committee: *Toxic Chemicals and Public Protection.* – Ein Bericht an den Präsidenten, 1980, S. 16.

[14] Ebd., S. XXVI.

[15] Maugh und Marx: *Seeds of Destruction,* S. 20.

[16] Ebd.

[17] Thomas H. Maugh II: Chemical Carcinogens: The Scientific Basis for Regulation. In: *Science* Nr. 201, 1978, S. 1202.

[18] Ebd.

[19] Gregory J. Ahart, Direktor, ›Human Resources Division, General Accounting Office‹, Brief vom 30. März 1979 (B-16403 (2)) an Henry A. Waxman, U. S. Repräsentantenhaus, Anlage I des Berichts zum Programm, S. 8–9.

[20] H. L. Falk: Anticarcinogenesis – an Alternative. In: *Progress in Experimental Tumor Research,* herausgegeben von F. Homburger. Band 14, *Inhibition of Carcinogenesis,* herausgegeben von B. L. van Duuren und B. A. Rubin (Basel: S. Karger, 1971), S. 106.

[21] U. S. Department of Health, Education and Welfare: *HEW News,* 13. November 1978.

[22] Ebd.

[23] Norbert P. Page: Concepts of a Bioassay Program in Environmental Carcinogenesis. In: *Advances in Modern Toxicology,* herausgegeben von Myron A. Mehlman. Band 3, *Environmental Cancer,* herausgegeben von H. F. Kraybill und Myron A. Mehlman (Washington, D. C.: Hemisphere, 1977), S. 104–106.

[24] »Needs for Environmental Research: Which Are Most Important?« – Analyse eines Berichts des ›Committee on Environmental Research and Development, Environmental Studies Board, Commission on Natural Resources, National Research Council‹, an den Direktor des ›Office of Science and Technology Policy, Executive Office of the President‹, am 31. Mai 1979. In: *News Report,* ein monatliches Verzeichnis der Projekte der ›NAS‹, der ›National Academy of Engineering, Institute of Medicine‹ und des ›National Research Council‹. September 1979, S. 6.

[25] Gary Flamm, Vorlesung, *Seminar on Government Regulation of Cancer-Causing Chemicals,* veranstaltet vom ›National Center for Administrative Justice‹, Washington, D. C., 7.–8. Dezember 1978.

[26] Joyce McCann, Edmund Choi, Edith Yamasaki und Bruce N. Ames: Detection of Carcinogens as Mutagens in the *Salmonella*/Microsome Test: Assay of 300 Chemicals. In: *Proceedings of the National Academy of Sciences* Nr. 72, 1975, S. 5135.

[27] J. McCann und B. N. Ames: The Salmonella/Mutagenicity Test: Predictive Value for Animal Carcinogenicity. In: *Origins of Human Cancer,* herausgegeben von H. H. Hiatt, J. D. Watson und J. A. Winsten. Buch C, *Human Risk Assessment* (New York: Cold Spring Harbor Laboratory, 1977), S. 1447.

[28] Bruce N. Ames: Identifying Environmental Chemicals Causing Mutations and Cancer. In: *Science* Nr. 204, 1979, S. 587, 591.

[29] Ebd., S. 591.

[30] M. Meselson und K. Russell: Comparisons of Carcinogenic and Mutagenic Potency. In: *Origins Cancer,* Buch C, S. 1474, 1479.

[31] Bruce Ames und Kim Hooper: Does Carcinogenic Potency Correlate with Mutagenic Potency in the Ames Assay? In: *Nature* Nr. 274, 1978, S. 19.

[32] Occupational Safety and Health Administration (OSHA), U. S. Department of Labor: *Identification, Classification and Regulation of Potential Occupational Carcinogens.* Teil VII, Buch 2, in: *Federal Register* Nr. 45:15, 22. Januar 1980, S. 5181, 5194.

[33] Ebd., S. 5194.

[34] Ebd., S. 5181.

[35] Ebd., S. 5180.

[36] Flamm, Vortrag, *Seminar on Government Regulation of Cancer-Causing Chemicals.*

[37] Thomas H. Maugh II: Estimating Potency of Carcinogens Is an Inexact Science. In: *Science* Nr. 202, 1978, S. 38.

[38] Umberto Saffiotti, Vortrag: *Seminar on Government Regulations of Cancer-Causing Chemicals.*

[39] Isaac Berenblum: Carcinogenicity Testing for Control of Environmental Tumor Development in Man. In: *Israel Journal of Medical Sciences* Nr. 15, 1979, S. 476.

[40] OSHA, *Federal Register* 45:15, 22. Januar 1980, S. 5193.

[41] Berenblum: Carcinogenicity Testing for Control of Environmental Tumor Development in Man. S. 476.
Berenblum: *Frontiers of Biology,* Band 34. *Carcinogenesis as a Biological Problem,* S. 335.

[42] OSHA, *Federal Register* 45:15, S. 5184.

[43] Saffiotti, Vortrag: *Seminar on Government Regulation of Cancer-Causing Chemicals.*

[44] Donald V. Lassiter: Occupational Carcinogenesis. In: *Advances in Modern Toxicology,* Band 3, *Environmental Cancer,* S. 75.
H. F. Kraybill: Assessment of Current Approaches in the Evaluation of Carcinogenicity in Animal Models and Their Relevance to Man. – Vorgesehen als Kapitel VII in: Monograph on Environmental Carcinogenesis, herausgegeben von R. E. Olson (New York: Marcel Dekker). Manuskript, erhalten von Kraybill, 1980, S. 11, 73.

[45] Office of Science and Technology Policy, Executive Office of the President: *Identification, Characterization, and Control of Potential Human Carcinogens: A Framework for Federal Decision-Making.* 1. Februar 1979, S. 14, 15, 16.

[46] Lorenzo Tomatis: The Value of Long-Term Testing for the Implementation of Primary Prevention. In: *Origins of Human Cancer,* Buch C, S. 1352.

[47] OSHA, *Federal Register* 45:15, S. 5197.

[48] Ebd., S. 5208.

[49] Ebd.

[50] Ebd., S. 5209.

[51] »Risks in Exposure to Mutagens.« In: *News Report,* ein monatliches Verzeichnis der Projekte der ›National Academy of Sciences‹, der ›National Academy of Engineering, Institute of Medicine‹ und des ›National Research Council‹. Januar 1980, S. 1.

[52] Gerard S. Schatz: Pesticides, Benefit-Cost Analysis, and the Burden of Regulation. In: *News Report,* August 1980, S. 5.

[53] Victor K. McElheny, Vorwort zum: *Banbury Report 1, Assessing Chemical Mutagens: The Risk to Humans,* herausgegeben von Victor K. McElheny und Seymour Abrahamson (New York: Cold Spring Harbor Laboratory, 1979), S. XII.

[54] Schatz: Pesticides, Benefit-Cost Analysis, and the Burden of Regulation. In: *News Report,* S. 4.

[55] Ebd., S. 5.

[56] John H. Weisburger und Gary M. Williams: Carcinogen Testing: Current Problems and New Approaches. In: *Science* Nr. 214, 1981, S. 402.

[57] Ebd., S. 403.

[58] Ebd., S. 403–404.

[59] Eliot Marshall: EPA's High-Risk Carcinogen Policy. In: *Science* Nr. 218, 1982, S. 975.

[60] Ebd.

[61] Ebd.

[62] Ebd.

[63] Weisburger und Williams: Carcinogen Testing: Current Problems and New Approaches. S. 401.

[64] Ebd., S. 402.

[65] Ebd., S. 405.

[66] John W. Drake: Some Guidelines for Determining Maximum Permissible Levels of Chemical Mutagens. In: *Advances in Modern Toxicology*, herausgegeben von Myron A. Mehlman, Band 5, *Mutagenesis,* herausgegeben von W. G. Flamm und Myron A. Mehlman (Washington, D. C.: Hemisphere, 1978), S. 17.

[67] *Banbury Report 1, Assessing Chemical Mutagens: The Risk to Humans.* Veröffentlichte Diskussion von Genetikern, in deren Verlauf James Neel auf den Mangel von Humandaten hinwies. S. 20, 217, 225.
J. V. Neel, T. O. Tiffany und N. G. Anderson: Approaches to Monitoring Human Populations for Mutation Rates and Genetic Disease. In: *Chemical Mutagens: Principles and Methods for Their Detection,* herausgegeben von Alexander Hollaender (New York: Plenum, 1973). Band 3, S. 121.

[68] James F. Crow: Human Population Monitoring. In: *Chemical Mutagens: Principles and Methods for Their Detection.* Band 2, 1971, S. 591.

[69] Drake: Some Guidelines for Determing Maximum Permissible Levels of Chemical Mutagens. In: *Advances in Modern Toxicology,* Band 5, *Mutagenesis,* S. 17.

[70] Ebd., S. 18–23; Zitat S. 22.

[71] E. K. Weisburger: Carcinogenic Natural Products. In: *Structural Correlates of Carcinogenesis and Mutagenesis. A Guide to Testing Priorities? Proceedings of the Second Food and Drug Administration Office of Science Summer Symposium held in Annapolis, 31. August – 2. September 1977.* Office of Science, FDA (Annapolis, Md.), HEW Publication No. (FDA)78–1046, 1978, S. 184–192. Zitiert in: *Carcinogenesis Abstracts: A Monthly Publication Sponsored by the National Cancer Institute* Nr. 17, herausgegeben von G. P. Studzinski und J. J. Saukkonen; NCI Berater E. Weisburger und J. W. Chase (Philadelphia: Franklin Research Center, 1979), ABstract 79–0045.

[72] Brief von Russell W. Peterson, Vorsitzender, ›Council on Environmental Quality, Executive Office of the President‹, an Wallace H. Johnson, stellvertretender Generalstaatsanwalt, ›Land and Natural Resources Division, U. S. Department of Justice‹, am 16. Juli 1974, aufgenommen in das Protokoll: Burdens of Proof in Environmental Litigation. Hearing vor dem ›Subcommittee on Environment of the Committee on Commerce‹, US-Senat, 93. Kongreß, Zweite Sitzung. 19. November 1974, Serial No. 93–126, S. 8–10; Zitat S. 10.

[73] Safe Drinking Water Committee: *Drinking Water and Health* (Washington, D. C.: National Academy of Sciences, 1977), S. 152–153.

[74] Walter Sullivan: Radiation Danger Seen in Seeplage of Radon in Homes. In: *New York Times,* 7. Oktober 1980, S. C1, C4.

[75] Morton K. Schwartz: Role of Trace Elements in Cancer. In: *Cancer Research* Nr. 35, 1975, S. 3481.
OSHA, *Federal Register* Nr. 45:15, 22. Januar 1980, vgl. Diskussion über Bionährstoffe, S. 5129–5131.

[76] International Agency for Research on Cancer: IARC Monographs in the Evaluation of the Carcinogenic Risks of Chemicals to Humans. Band 17, *Some N-Nitroso Compunds* (Lyon: IARC, 1978), S. 36.

[77] Steven R. Tannenbaum: Ins and Outs of Nitrites. In: *Sciences,* Januar 1980, S. 7.

[78] Hans L. Falk: Biologic Evidence for the Existence of Thresholds in Chemical Carcinogenesis. In: *Environmental Health Perspectives* Nr. 22, 1978, S. 169.

[79] Kraybill: Assessment of Current Approaches in the Evaluation of Carcinogenicity in Animal Models and Their Relevance to Man. S. 60.

[80] OSHA, *Federal Register* Nr. 45:15, 22. Januar 1980, S. 5130.

[81] Ebd.

[82] Thomas H. Maugh II: Chemical Carcinogens: How Dangerous Are Low Doses? In: *Science* Nr. 202, 1978, S. 39.

[83] OSHA, *Federal Register* Nr. 45:15, S. 5130.

[84] Ebd., S. 5129.

[85] Elizabeth C. Miller: Some Current Perspectives on Chemical Carcinogenesis in Humans and Experimental Animals: Presidential Address. In: *Cancer Research* Nr. 38, 1978, S. 1491.

[86] Kraybill: Assessment of Current Approaches in the Evaluation of Carcinogenicity in Animal Models and Their Relevance to Man. S. 84.

[87] Rosalyn S. Yalow zitiert in P. Beckmann: Nuclear Notes. In: *Access to Energy,* März 1980.
Rosalyn S. Yalow: Fear of Rediation. In: *New York Times,* 31. Januar 1981, S. 28.

[88] R. H. Mole: Anxieties and Fears About Plutonium. In: *British Medical Journal* Nr. 2, 1977, S. 743.

[89] Petr Beckmann: Protecting the Environment. In: *Access to Energy,* März 1979.

[90] Diane Ravitch: The Schools We Deserve. In: *New Republic,* 18. April 1981, S. 25.

[91] Joseph V. Rodricks: Food Hazards of Natural Origin. – Symposium: *Prinzipal*

Hazards in Food Safety and Their Assessment, Federation Proceedings Nr. 37, 1978, S. 2587.

[92] T. Sugimura, M. Nagao, T. Kawachi, M. Honda, T. Yahagi, Y. Seino, S. Sato, N. Matsukura, T. Matsushima, A. Shirai, M. Sawamura, H. Matsumoto: Mutagen-carcinogens in Food, with Special Reference to Highly Mutagenic Pyrolytic Products in Boiled Foods. In: *Origins of Human Cancer,* Buch C, S. 1561–1574.

[93] Peter Barton Hutt: Public Policy Issues in Regulating Carcinogens in Food. In: *Food Drug Cosmetic Law Journal* Nr. 33:10, 1978, S. 548–549.

[94] James und Elizabeth Miller, interviewt von Jane E. Brody: Two Biochemists Did Pioneering Work the Hard Way. In: *New York Times,* 13. März 1979, S. C2.

[95] Peter Barton Hutt: Hair Dye Regs: A Narrowing of FDA ›No Risk‹ Policy. In: *Legal Times of Washington* Nr. 2:22, 1979. Neudruck in: *Federal Regulation of Carcinogens in the Workplace: OSHA's Cancer Policy,* Vorsitzende: Peter Barton Hutt und Anson M. Keller (New York: Law & Business, Inc., Harcourt Brace Jovanovich, 1980), S. 155–156.
Richard A. Merrill: Regulation of Toxic Chemicals. In: *Texas Law Review* Nr. 58:463,1980, S. 478–479.

[96] Food and Drug Administration, 21 CFR Part 740 (Docket No. 77P-0353), FDA Cosmetic Product Warning Statements: Coal Tar Hair Dyes Containing 4-Methoxy-M-Phenylenediamine (2, 4-Diaminoanisole) or 4-Methoxy-M-Phenylenediamine Sulfate (2, 4-Diaminoanisole Sulfate), *Federal Register* Nr. 45:201, 16. Oktober 1979, S. 59513.

[97] Merrill: Regulation of Toxic Chemicals. In: *Texas Law Review,* S. 479.

[98] Joseph V. Rodricks: Regulation of Carcinogens in Food. – Vorgetragen an der ›New York Academy of Sciences‹, *Workshop on Management of Assessed Risk for Carcinogens*. 17., 18. und 19. März 1980. Neudruck in: *Federal Regulation of Carcinogens in the Workplace: OSHA's Cancer Policy,* S. 71–72.

[99] Neil E. Spingarn, Hiroshi Kasai, Loretto L. Vuolo, Susumu Nishimura, Ziro Yamaizumi, Takashi Sugimura, Taijiro Matsushima und John H. Weisburger: Formation of Mutagens in Cooked Foods. III. Isolation of a Potent Mutagen From Beef. In: *Cancer Letters* Nr. 9, 1980, 1977.

[100] Ebd., S. 182–183.

[101] Hiroshi Kasai, Ziro Yamaizumi, Tomoko Shiomi, Shigeyuki Yokoyama, Tatsuo Miyazawa, Keiji Wakabayashi, Minako Nagao, Takashi Sugimura und Susumu Nishimura: Structure of a Potent Mutagen Isolated from Fried Beef. In: *Chemistry Letters,* The Chemical Society of Japan, 1981, S. 485.

[102] Ebd.

[103] Norio Matsukura, Takashi Kawachi, Kazuhide Morino, Hiroko Ohgaki, Takashi Sugimura und Shozo Takayama: Carcinogenicity in Mice of Mutagenic Compounds from a Tryptophan Pyrolyzate. In: *Science* Nr. 213, 1981, S. 347.

[104] Ebd.

[105] »Names in the News«, Takashi Sugimura, in: *Oncology Times,* April 1981, S. 24. – Selbst der anonyme Autor von »Names in the News« schien sich der universellen Gültigkeit von Sugimuras Ergebnissen, nämlich daß durch das Kochen und Braten von Fleisch Mutagene und Kanzerogene entstehen, nicht bewußt zu sein. Sugimura, so der Autor, habe in Nahrungsmitteln Kanzerogene entdeckt, »die

durch die traditionelle japanische Art der Lebensmittelzubereitung verstärkt werden«.

[106] Harold M. Schmeck, jun.: 4 Cancer Researches Win General Motors Awards. In: *New York Times,* 17. Juni 1981, S. A 18.

[107] Ich schrieb am 22. Dezember 1981 an Dr. Takashi Sugimura, Direktor des japanischen Krebsforschungsinstituts; er antwortete am 4. Januar 1982 und teilte mir mit, daß der Vizedirektor des Instituts, Dr. Takashi Kawachi, das Kapitel über natürlich vorkommende Kanzerogene und Mutagene prüfen werde. Am 13. Januar 1982 wandte ich mich an Dr. Kawachi und erhielt von ihm zwei Antwortschreiben – das eine datiert vom 12. April 1982, das andere vom Mai (ohne genaues Datum) 1982.

[108] Shoichi Katayama, Emerich Fiala, Bandaru S. Reddy, Abraham Rivenson, Jerald Silverman, Gary M. Williams und John H. Weisburger: Prostate Adenocarcinoma in Rats: Iduction by 3,2'-Dimethyl-4-aminobiphenyl. In: *Journal of the National Cancer Institute* Nr. 68, 1982, S. 867.

[109] John W. Berg: Can Nutrition Explain the Pattern of International Epidemiology of Hormone-dependent Cancers? In: *Cancer Research* Nr. 35, 1975, S. 3345–3347.
H. T. Lynch, A. J. Krush und H. Guirgis: Genetic Factors in Families with Combined Gastrointestinal and Breast Cancer. In: *American Journal of Gastroenterology* Nr. 59, 1973, S. 31–40.

[110] Katayama et al.: Prostate Adenocarcinoma in Rats. S. 867.

[111] John H. Weisburger, Neil E. Spingarn, Yi Y. Wang und Loretto L. Vuolo: Assessment of the Role of Mutagens and Endogenous Factors in Large Bowel Cancer. In: *Cancer Bulletin* Nr. 33, 1981, S. 126.

[112] Committee on Diet, Nutrition, and Cancer, National Research Council: *Diet, Nutrition and Cancer* (Washington, D. C.: National Academy Press, 1982). – Diese Untersuchung wurde der Presse in *News from the National Research Council* vorgestellt mit dem Titel »Interim Guidelines Recommended for Reducing Risks through Diet«, 16. Januar 1982. Die Pressemitteilung enthielt keine Hinweise auf Laborbefunde.

[113] Bruce N. Ames: Dietary Carcinogens and Anticarcinogens: Oxygen Radicals and Degenerative Diseases. In. *Science* Nr. 221, 23. September 1983, S. 1256–1264.

[114] Wildavsky, zitiert in *New York Times,* 27. Februar 1979, S. C1.

EPILOG

[1] James Bishop jun., Diskussionsteilnehmer der Sendung »Face the Nation«, CBS, 1976. Mitschrift.

[2] Dan Rather, in »The American Way of Death«, CBS. 1975. Mitschrift.

[3] Larry Agran: *The Cancer Connection: And What We Can Do About It* (New York: St. Martin's, 1977), S. XVI.

[4] *Time:* The Disease of the Century. 20. Oktober 1975. Zitiert von Senator John Tunney in seiner Erklärung zum »Toxic Substances Control Act«, *Hearing Before the Subcommittee on the Environment of the Committee on Commerce,* US-Senat, 94. Kongreß, 24. Oktober 1975, Part 2, Serial No. 94–24, S. 1.

[5] Rather: The American Way of Death. Mitschrift.

[6] *Time:* The Disease of the Century. 20. Oktober 1975. Neudruck in »Toxic Substances Control Act«, *Hearing,* 24. Oktober 1975, S. 2.

[7] Isaac Berenblum, in: *Israel Journal of Medical Sciences* Nr. 4, 1968, S. 466.

[8] John Higginson: Distribution of Different Patterns of Cancer. Ebd., S. 460.

[9] Doll, Payne und Waterhouse (Hrsg.): *Cancer Incidence in Five Continents, A Technical Report* (Berlin: Springer, 1966, 1970, 1976).
Segis Reihe über *Cancer Mortality for Selected Sites in 24 Countries* (Segi, 1960; Segi und Kurihara, 1962, 1964, 1966; Segi et al., 1969), (Tokyo: Japan Cancer Society).
World Health Organisation (WHO): *Mortality from Malignant Neoplasms,* 1955–1965, *Number of Death by Site, Sex and Age.* Band I und II (Genf: WHO, 1970).

[10] Higginson: Distribution of Different Patterns of Cancer. S. 459.

[11] *Syncrisis: The Dynamics of Health, An Analytic Series on the Interactions of Health and Socioeconomic Development, XII: Thailand.* Government Document OŞ 74-50008 (Washington, D. C.: U. S. Department of Health, Education and Welfare, 1974), S. 2.

[12] Higginson: Distribution of Different Patterns of Cancer. Siehe Abschnitt mit dem Titel »Theoretical Implications of Prevention« im Anschluß an Tabelle 4.

[13] Higginson: Present Trends in Cancer Epidemiology. In: *Canadian Cancer Conference: Proceedings of the Eighth Canadian Cancer Research Conference,* Ontario, 1968 (New York: Pergamon, 1969), S. 43.

[14] Richard Doll: Strategy for Detection of Cancer Hazards to Man. In: *Nature* Nr. 263, 1977, S. 589.

[15] C. S. Muir: Epidemiological Identification of Cancer Hazards. In: *Prevention and Detection of Cancer,* Teil II, Band 1, herausgegeben von Herbert E. Nieburgs (New York: Marcel Dekker, 1978), S. 6.

[16] John Higginson: Population Studies in Cancer. *ACTA,* Unio Internationalis Contra Cancrum, Nr. 16, 1960, S. 1668–1669.

[17] Ebd., S. 1669.

[18] Muir: Epidemiological Identification of Cancer Hazards. S. 6.

[19] Richard Doll: *Prevention of Cancer: Pointers from Epidemiology* (Nuffield Provincial Hospitals' Trust, 1967), S. 33.

[20] WHO: *Mortality from Malignant Neoplasms,* 1955–1965, *Number of Death by Site, Sex and Age.* Band I und II (Genf: WHO, 1970).

[21] Johannes Clemmesen: *Statistical Studies in Malignant Neoplasms, I. Review and Results* (Kopenhagen: Munksgaard, 1965).

[22] Richard Doll: *Prevention of Cancer: Pointers from Epidemiology.*

[23] William Haenszel und Minoru Kurihara: Studies of Japanese Migrants: I. Mortality from Cancer and Other Diseases Among Japanese in the United States. In. *Journal of the National Cancer Insitute* Nr. 40, 1968, S. 43–68. Siehe auch Muir: Epidemiological Identification of Cancer Hazards. S. 8–9.

[24] Richard Doll: The Epidemiology of Cancer. In: *Cancer* Nr. 45, 1980, S. 2477.

[25] Elizabeth C. Miller: Some Current Perspectives on Chemical Carcinogenesis in Humans and Experimental Animals: Presidential Address. In: *Cancer Research* Nr. 38, 1978, S. 1491.

[26] John Higginson, interviewt von Thomas Maugh II: Cancer and Environment: Higginson Speaks Out. In: *Science* Nr. 205, 1979, S. 1363.

[27] John Higginson, interviewt von Daniel S. Greenberg: Cancer: The Difference Life-Style Makes. In: *Washington Post,* 17. Juli 1979, S. A-17.

[28] Umberto Saffiotti, zitiert in: *Time*: The Disease of the Century. 20. Oktober 1975. Neudruck in »Toxic Substances Control Act«, *Hearing«,* 24. Oktober 1975.

[29] Susan S. Devesa und Marvin A. Schneiderman: Increase in the Numer of Cancer Death in the United States. In: *American Journal of Epidemiology* Nr. 106, 1977, S. 1–2.

[30] Ebd., S. 4. Siehe auch Susan S. Devesa und Debra T. Silverman: Cancer Incidence and Mortality Trends in the United States: 1935–74. In: *Journal of the National Cancer Institute* Nr. 60, 1978, S. 545. Tabellen S. 555–558.
Vgl. auch *1977, Cancer Facts and Figures,* American Cancer-Society, Trends, 1952–54 bis 1972–74, S. 13.
Ebd., 1953–55 bis 1973–75, S. 13.

[31] Lawrence K. Altman: W. H. O. Study Finds Lung Cancer Deaths Are Rising. In: *New York Times,* 9. Oktober 1977.
Vgl. auch John Higginson: Multiplicity of Factors Involved in Cancer Patterns and Trends. In: *Cancer Symposium, An Academic Review of the Environmental Determinants of Cancer Relevant to Prevention,* veranstaltet in Zusammenarbeit mit der American Cancer Society, Inc., New York City, 28. Februar, 1.–2. März 1979. Manuskript, S. 4–5.

[32] National Heart, Lung and Blood Institute, National Institutes of Health: *Proceedings of the Conference on the Decline in Coronary Heart Disease Mortality*. Bethesda, Md., 24.–25. Oktober 1978, NIH publication No. 79–1610, Tabelle 1, Trends 1920–1076. Zusammengestellt von der Abteilung für Bevölkerungsstatistik, Staatliches Zentrum für Gesundheitsstatistik, Juni 1978.

[33] American Cancer Society: *Cancer Facts and Figures,* 1979, S. 6.

[34] U. S. Department of Health and Human Services: *Health, United States: 1980, with Prevention Profile.* DHHS Publication (PHS) 81–1232, 1980.

[35] *The Nation's Health,* die offizielle Monatschrift der ›American Public Health Association‹, April 1982, S. 12.

[36] »Interim Guidelines Recommended for Reducing Cancer Risks through Diet. In: *News from the National Research Council,* 16. Januar 1982, S. 4.

[37] Lesley Stahl: The Politics of Cancer. CBS, 1976, Mitschrift.

[38] »Fighting Cancer in the Work Place«. In: *New York Times,* Sunday Review of the Week, 20. Januar 1980.

[39] Marvin A. Schneiderman, Erklärung vor dem ›U. S. Department of Labor‹, OSHA *Docket No. 090*, 4. April 1978, S. 3.

[40] Earl S. Pollack und John W. Horm: Trends in Cancer Incidence and Mortality in the United States, 1969–76. In: *Journal of the National Cancer Institute* Nr. 64, 1980, S. 1095.

[41] Brian E. Henderson: Descriptive Epidemiology and Geographic Pathology. – Beitrag zu: *Cancer 1980: Achievements, Challenges and Prospekts,* Symposium veranstaltet vom ›Memorial Sloan-Kettering Cancer Center‹, mitveranstaltet von der ›American Cancer Society‹, New York City, 13.–18. September 1980. Manuskript, S. 5–6.

[42] *Cancer Incidence and Mortality in the United States,* SEER, 1973–1976, erstellt von ›Biometry Branch, Division of Cancer Cause and Prevention Sektion für Biometrie, Abteilung für Krebsursachen und Krebsvorsorge), National Cancer Institute, herausgegeben von John L. Young, jun., Ardyce J. Asire und Earl S. Pollack. DHEW Publication No. (NIH) 78-1837 (Bethesda, Md.: National Cancer Institute), siehe Einleitung, S. II.

[43] Ebd., S. I.

[44] United States Department of Health, Education and Welfare: *Health, United States: 1978.* DHEW Publication (PHS) 78–1232, 1978, S. 232.

[45] *Toxic Chemicals and Public Protection, A Report to the President by the Toxic Substances Strategy Committee* (Washington, D. C.: Government Printing Office, 1980), S. 146–153.

[46] Ebd., S. 153.

[47] »Government Says Cancer Rate Is Increasing. But Are the Data Really There? and Are Chemicals Really the Cause?« In: *Science* Nr. 209, 1980, S. 998–999.

[48] American Cancer Society: *Cancer Facts and Figures, 1980*, S. 4.

[49] American Cancer Society: *Cancer Facts and Figures, 1981*, S. 4.

[50] Richard Doll and Richard Peto: Avoidable Risks of Cancer in the U. S. In: *Journal of the National Cancer Institute* Nr. 66, 1981, S. 1210, 1274–76, 1280–1281. Vgl. auch die JNCI-Veröffentlichung *The Causes of Cancer* (New York: Oxford, 1981), selbe Seitenangabe.

[51] Ebd., Abstract, S. 1194.

[52] Philip M. Boffey: Cancer Experts Lean Toward Steady Vigilance, but Less Alarm, on Environment. In: *New York Times* 2. März 1982, S. C-1. C-2.

[53] John Berg, Erklärung vor dem ›U. S. Department of Labor, Occupational Safety and Health Administration‹. *OSHA Docket No. 090,* 4. April 1978, S. 4, 5, 6.

[54] Doll und Peto: Avoidable Risks of Cancer in the U. S. S. 1256, 1274–1277.

[55] SEER: *Incidence and Mortality Data:* 1973–77: National Cancer Institute Monograph No. 57 (Washington, D. C.: Department of Health and Human Services, 1981).
Emil Frei III, John Crains und Peter Boyle, Brife in: *Science* Nr. 220, 1983, S. 252–256.

[56] Draft Summary: Estimates of the Fraction of Cancer Incidence in the United States Attributable to Occupational Factors. National Cancer Institute und National Institute of Environmental Health Sciences. – Bei diesem hektographierten Dokument handelt es sich um eine Presseerklärung, auf deren erste Seite der folgende Hinweis stand: »Nicht vor 15 Uhr 30, 11. September 1978 zu verwenden«.

[57] Ebd., S. 1–3.

[58] Ebd., S. 4.

[59] Ebd., S. 1–2.

[60] I. J. Selikoff: Cancer Risks of Asbestos Exposure. In: *Origins of Human Cancer*, Buch C, *Human Risk Assessment*, herausgegeben von H. H. Hiatt, J. D. Watson und J. A. Winsten (New York: Cold Spring Harbor Laboratory, 1977), Tabelle 11, S. 1777.

[61] *Remarks of Secreaty Joseph A. Califano, jun., Department of Health, Educa-*

tion and Welfare, to the AFL-CIO National Conference on Occupational Safety and Health. Sheraton Park Hotel, Washington D. C., 11. September 1978, S. 3. – Es handelt sich um eine hektographierte Rede, auf deren erste Seite der folgende Hinweis stand: »Nicht vor 15 Uhr 30, 11. September 1978, zu verwenden.«

62 Ebd., S. 2.

63 Ebd., S. 13–14.

64 National Cancer Insitute, National Insitute of Environmental Health Sciences, National Institute of Occupational Safety and Health: Estimates of the Fraction of Cancer in the United States Related to Occupational Factors. – Hektographiertes Manuskript, Tabelle 2, S. 33.

65 Ebd., S. 1.

66 Brief an meinen wissenschaftlichen Assistenten, Henry Constantine, von James F. Foster, dem Leiter der ›New Media Services‹, U. S. Department of Labor, OSHA, 19. Oktober 1978.

67 »Estimates of the Fraction of Cancer in the United States Related to Occupational Factors. S. 5–7.

68 Clemmesen: Statistical Studies in Malignant Neoplasms. S. 177–178.

69 Doll: *Prevention of Cancer: Pointers from Epidemiology,* S. 63, 64, 67, 100. Doll: Strategy for Detection of Cancer Hazards to Man. In: *Nature* Nr. 265, 1977.

70 J. Higginson und C. S. Muir: The Role of Epidemiology in Elucidating the Importance of Environmental Factors in Human Cancer. In: *Cancer Detection and Prevention 1*, S. 86.

71 L. M. Shabad: Methodology of the Study of Carcinogens in Human Populations. In: *Journal of Toxicology and Environmental Health* Nr. 4, 1978, S. 638.

72 David L. Levin, Susan S. Devesa, J. David Godwin II und Debra T. Silverman, *Cancer Rates and Risks.* 2. Auflage, 1974, DHEW Publication No. (NIH) 76–691, S. 73.

73 Guy R. Newell: A Case for the Support of Treatment and Prevention Research in the Control of Cancer. In: *Journal of the National Cancer Institute* Nr. 59, 1977, S. 1581–1582.

74 Doll: Strategy for Detection of Cancer Hazards to Man. S. 591.

75 Robert Flamant: Epidemiological Research on the Relationship between Tobacco, Alcohol and Cancer. In: *Prog. Biochem. Pharmacol.,* Band 14 (Basel: S. Karger, 1978), S. 45.

76 Ernst L. Wynder: Dietary Habits and Cancer Epidemiology. In: *Cancer* Nr. 43 (Beilage Mai 1979), S. 1955.

77 Paul M. Newberne: Diet and Nutrition. In: *Cancer Epidemic? A Symposium on Carcinogens,* veranstaltet vom ›Blue Cross and Blue Shield of Greater New York at the New York Academy of Medicine‹, 25. Mai 1977, veröffentlicht in« *Bulletin of the New York Academy of Medicine* Nr. 54, 1978, S. 385.

78 Veröffentlichungen, die Gebärmutterhalskrebs in Verbindung mit Infektionskrankheiten, Geschlechtskrankheiten oder mit Herpes-Typ-2-Infektionen betrachten:

I. D. Rotkin: A Comparison Review of Key Epidemiological Studies in Cervical Cancer Related to Current Searches for Transmissible Agents. In: *Cancer Research* Nr. 33, 1973.

Andre J. Nahmias, Zuher M. Naib und William E. Josey: Epidemiologycal Studies Relating Genital Herpetic Infection to Cervical Carcinoma. In: *Cancer Research* Nr. 34, 1974.
Clark W. Heath, Glyn G. Caldwell und Paul C. Feorino: Viruses and Other Microbes. In. *Persons at High Risk of Cancer,* herausgegeben von Joseph F. Fraumeni, jun. (New York: Academic, 1975), S. 243–244.
Michael Shimkin: Overview. In: *Persons at High Risk of Cancer*, 1975, S. 438.
J. W. Berg: World-Wide Variations in Cancer Incidence as Clues to Cancer Origins. In: *Origins of Human Cancer*, Buch A, *Incidence of Cancer in Humans,* S. 16.
Laure Aurelian, Bruce C. Strnad und Marie F. Smith: Immunodiagnostic Potential of a Virus-Coded, Tumor-Associated Antigen (AG-4) in Cercical Cancer. In: *Cancer* Nr. 39 (April-Beilage 1977).
Richard Doll: Introduction, in: *Origins of Human Cancer,* Buch A, S. 9.
Doll: An Epidemiological Perspective of the Biology of Cancer. In: *Cancer Research* Nr. 38, 1978, S. 3575.

[79] Veröffentlichungen zum Thema: Brustkrebs bei Frauen ohne Kinder:
Clemmesen: *Statistical Studies in Malignant Neoplasms,* 1965, S. 253–256, 261–266, 271.
Doll: *Prevention of Cancer: Pointers from Epidemiology,* 1967, S. 40.
Levin, Devesa, Godwin und Silverman: *Cancer Rates and Risks*, 1974, S. 55, 57, 58, 68.
Shimkin: Overview. In. *Persons at High Risk of Cancer,* 1975, S. 437.
Higginson und Muir: The Role of Epidemiology in Elucidating the Importance of Environmental Factors in Human Cancer. 1976, S. 98.

[80] Veröffentlichungen, die Prostatakrebs in Verbindung mit Infektions- und ernährungsbedingten Krankheiten betrachten:
R. Steele, R. Lees, A. S. Kraus et al.: Sexual Factors in the Epidemiology of Cancer of the Prostate. In: *J. Chron, Dis.* Nr. 24, 1971.
L. Krain: Epidemiologic Variables in Prostatic Cancer. In: *Geriatrics* Nr. 28, 1973.
Brian Henderson: Sexual Factors and Pregnancy. In: *Persons at High Risk of Cancer*, 1975, S. 277.
H. K. Armenian, A. M. Lilienfeld, E. L. Diamond und I. D. J. Boss: Epidemiologic Characteristics of Patients with Prostatic Neoplasms. In: *American Journal of Epidemiology* Nr. 102, 1975.
Berg: World-Wide Variations in Cancer Incidence as Clues to Cancer Origins. 1977, S. 18.
Berg: Can Nutrition Explain the Pattern of International Epidemiology of Hormone-Dependent Cancers? In: *Cancer Research* Nr. 35, 1975, S. 3349.

[81] Thomas H. Maugh II: Industry Council Challenges HEW on Cancer in the Workplace. In: *Science* Nr. 202, 1978, S. 602.

[82] Ebd., S. 602.

[83] Ebd., S. 603.

[84] Ebd., S. 604.

[85] *Conference on Cancer Prevention – Quantitative Aspects,* veranstaltet vom Büro des Direktors, National Cancer Institute, Sheraton International Conference Center, Reston, Va., 26. September 1978. – Im Vorwort der hektographierten Mit-

schrift ist zu lesen: »Inoffizielle Abschrift der Diskussion zum Artikel ›Estimates of the Fraction of Cancer in the United States Related to Occupation‹, die am Nachmittag des 26. September stattfand. Die Tonbandaufzeichnung der Diskussion beginnt auf Band 10A und endet auf Band 11A.

[86] Ebd., S. 4

[87] Ebd., S. 9–10, 12.

[88] Ebd., S. 11.

[89] Ebd., S. 20–21.

[90] Ebd., S. 25.

[91] Ebd., S. 27–28.

[92] Ebd., S. 2.

[93] Ebd., S. 21.

[94] Ebd., S. 25–26.

[95] Ebd., S. 18–19.

[96] »Cancer and Government« (Autor nicht genannt) in: *Washington Post*, 13. August 1981, S. C-1.

[97] William Havender: Politicians Make Bad Scientists. In: *American Enterprise Institute Journal on Government and Society,* November–Dezember 1981, S. 47.

[98] »Needed: Better Studies of Links to Cancer.« In: *Chemical Week*, 14. Februar 1979, Zitat von Philippe Shubik, S. 39.

[99] Ebd.

[100] Ebd.

[101] Ebd.

[102] Clive Cookson: OSHA and Industry Clash on Workplace Safety. Und ... Rall Defends Carcinogenesis Estimates. In: *Science and Government Report* Nr. 9, 1. Oktober 1979, S. 4–5.

[103] Philip H. Abelson: Cancer – Opportunism and Oppertunity. Leitartikel in: *Science* Nr. 206, 1979.

[104] Truhaut zitiert von Richard Wilson vom ›Energy and Environmental Policy Center‹, Harvard University, in einem Brief vom 26. September 1976, S. 5, 9, an Gus Speth, Vorsitzender des ›Council on Environmental Quality‹.

[105] Richard Peto: Distorting the Epidemiology of Cancer: The Need for a More Ballanced Overview. In: *Nature* Nr. 204, 1980, S. 299.

[106] Ebd., S. 299.

[107] Ebd., S. 298.

[108] Ebd., S. 297.

[109] Ebd., S. 300.

[110] Ebd.

[111] Ebd.

[112] Ebd., S. 297–300.

[113] John Higginson: Proportion of Cancers Due to Occupation. In: *Preventive Medicine* Nr. 9, 1980, S. 180–188.

[114] Ebd., S. 180.

[115] Ebd., S. 184.

[116] Ebd., S. 187.

[117] Doll und Peto: Avoidable Risks of Cancer in the United States. S. 1240.

[118] Ebd.
[119] Ebd., S. 1240–1241.
[120] Ebd., S. 1305.
[121] Ebd., S. 1241.
[122] Ebd., (Tabak) S. 1222; (Ernährung) S. 1235; (Industrieprodukte) S. 1251; (Luftverschmutzung) S. 1248; (berufsbedingte Expositionen) S. 1245; Schätzwerttabelle S. 1256.
[123] David Rall, in: OSHA: *Identification, Classification and Regulation of Potential Occupational Carcinogens.* Teil VII, Buch 2, in *Federal Register* Nr. 45:15, 22. Januar 1980, S. 5044.
[124] Ebd., S. 5028.
[125] Kessler, zitiert in »Needed: Better Studies of Links to Cancer«, S. 39.
[126] Guy R. Newell: Prevention of Cancer. In: *Preventive Medicine* Nr. 9, 1980, S. 317.
[127] American Cancer Society: *Cancer Facts and Figures for Black Americans 1979.* Tabelle »Cancer Around the World, 1973«. Quelle: M. Segi's Age Adjusted Death Rates for Cancer for Selected Sites in 52 Countries in 1973. S. 25.
[128] American Cancer Society: *Cancer Statistics, 1977.* Tabelle »Cander Around the World, 1970–1971«. Quelle: *World Health Statistics Annual, 1970–1971,* S. 16–17.
[129] American Cancer Society: *Cancer Statistics, 1979.* Tabelle »Cancer Around the World, 1972–1973«. Quelle: *World Health Statistics Annual, 1972–1973,* S. 18–19.
[130] C. S. Muir: International Variations in High-Risk Populations. – Arbeitsbericht einer Konferenz in Key Biscayne, Florida, 10.–12. Dezember 1974, veranstaltet vom ›National Cancer Insitute‹ und der ›American Cancer Society‹, veröffentlicht unter dem Titel *Persons at High Risk of Cancer: An Approach to Cancer Etiology and Control*, herausgegeben von Joseph F. Fraumeni, jun. (New York: Academic Press, 1976), S. 295–296.
[131] Richard Doll, Calum Muir, J. A. H. Waterhouse (Hrsg.): *Cancer Incidence in Five Continents* (Berlin: Springer, 1970), zitiert von John Berg in: World-Wide Variations in Cancer Incidence. In: *Origins of Human Cancer,* Buch A, S. 15.
[132] John Berg: Diet. In: *Persons at High Risk of Cancer,* S. 216.
[133] Sidney J. Cutler und John L. Young, jun.: Demographic Pattern of Cancer Incidence in the United States. In: *Persons at High Risk of Cancer,* S. 310, 312–321.
John Weisburger: Cancer Prevention. In: *Chemtech* Nr. 7, 1977, Siehe Tabelle »Estimated Deaths for All Sites« in: E. Silverburg und A. Holleb: Major Trends in Cancer: 25-Year Survey. In: *Cancer Journal for Clinicians* Nr. 25, 1975, S. 735.
Bruce Armstrong und Richard Doll: Environmental Factors and Cancer Incidence and Mortality in Different Countries with Special Reference to Dietary Practices. In: *International Journal of Cancer* Nr. 15, 1975, S. 617–637.
John Berg: Can Nutrition Explain the Patterns of International Epidemiology of Hormon-dependent Cancers? In: *Cancer Research* Nr. 35, 1975, S. 3348–3349.
Brian Henderson, Veeba R. Gerkins und Malcolm C. Pike: Sexual Factors and Pregnancy. In: *Persons at High Risk of Cancer,* S. 267.

[134] J. N. P. Davies: Overview: Geographic Opportunities and Demographic Leads. In: *Persons at High Risk of Cancer*, S. 375.

[134a] Marvin Schneiderman: Sources, Resources and Tsouris. – Vortrag anläßlich der Konferenz von 1974, vgl. hierzu Fußnote 130, veröffentlicht in: *Persons at High Risk of Cancer,* S. 462.

[135] Robert Hoover: Cancer Epidemiology. In: *Environmental Cancer: Causes, Victims, Solutions*. Zusammenfassung des Arbeitsberichts einer Konferenz, die am 21. und 22. März 1977 von der ›Urban Environmental Conference, Inc.‹ veranstaltet, und vom ›National Cancer Insitute‹ subventioniert wurde. S. 5.

[136] Peter T. Bernstein: Cancer Pollution Link Is Seen. In: *Washington Post*, 16. Februar 1975, Neudruck in: Toxic Substances Control Act, *Hearings before the Subsommittee on the Environment of the Committee on Commerce,* U. S.-Senat, 94. Kongreß, Erste Sitzung, 3., 5., 10. März und 15. April 1975. Serial No. 94–24, S. 223.

[137] Senator John Tunney, in »Toxic Substances Control Act«, *Hearing*, 24. Oktober 1975, S. 1.

[138] *Time*: The Disease of the Century, 20. Oktober 1975. Neudruck in: Toxic Substances Control Act, *Hearing*, 24. Oktober 1975, S. 2.

[139] Carl C. Craft: Cancer-Environment. Associated Press, 13. Januar 1976. Bill Richards: U. S. Action Urged to Curb Cancer-Causing Agents. In: *Washington Post*, 13. Januar 1976.

[140] James Bishop, jun., Diskussionsteilnehmer der Sendung »Face the Nation«, CBS, 1976. Mitschrift.

[141] Larry Agran: *The Cancer Connection: And What We Can Do About It* (New York: St. Martin's Press, 1977).

[142] Thomas Corbett: *Cancer and Chemicals* (Chicago: Nelson-Hall, 1977), S. X.

[143] Samuel S. Epstein: *The Politics of Cancer*. Verbesserte Auflage. (New York: Anchor Books, 1979), S. 26, und Danksagung.

[144] U. S. Department of Health and Human Services: *Health, United States 1980, with a Prevention Profile*. DHHS Publ. No. (PHS) 81–1232. S. 292.

[145] Malcolm C. Pike, Robert J. Godon, Brian E. Henderson, Herman R. Menck und Jennie Soohoo: Air Pollution. In: *Persons at High Risk of Cancer*, S. 225.

[146] John Berg: Diet. Ebd., S. 209.

[147] C. R. Buncher, R. J. Kuzma und C. M. Forcade: Drinking Water as an Epidemiologic Risk Factor for Cancer. In: *Origins of Human Cancer*, Buch A, S. 347.

[148] Brian McMahon: Epidemiology's Strenths, Weaknee in Environmental Health Issues. – Ausschnitte aus: Strengths and Limitations of Epidemiology. In: The National Research Council: *Current Issues and Studies*, 1979. Veröffentlicht in: *News Report*, monatlicher Rechenschaftsbericht der ›National Academy of Sciences‹, ›National Academy of Engineering, Institute of Medicine‹, und ›National Research Council‹. Band XXX, No. 4, April 1980.

[149] E. Cuyler Hommond und Lawrence Garfinkel: General Air Pollution and Cancer in the United States. In: *Preventive Medicine* Nr. 9, 1980, S. 206–211.

[150] Johannes Clemmesen: Parameters for Identification on High-Risk Groups. – Beitrag zum ›International Symposium on Detection and Prevention of Cancer‹,

New York, 1976. Veröffentlicht in: Herbert E. Nieburgs (Hrsg.): *Prevention and Detection of Cancer* (New York: Marcel Dekker, 1978), S. 1514.

151 Vgl. Fußnote 130, genaue Bezeichnung der Konferenz und von *Persons at High Risk of Cancer.*

152 Vgl. Fußnote 72, genaue Bezeichnung von *Cancer Rates and Risks.*

153 *Cancer Questions – And Answers About Rates and Risks,* gestützt auf *Cancer Rates and Risks*, 2. Aufl., erstellt vom ›Biometry Branch of the National Cancer Institute‹, DHEW Publ. No. (NIH) 76–1040 (früher PHS Nr. 1514). Revidiert 1975; US DHEW, Public Health Service, National Institutes of Health.

154 *Nutrition in the Causation of Cancer*. Ein vom ›American Cancer Society‹ und vom ›National Cancer Institute‹ am 19.–22. Mai 1975 in Key Biscayne, Florida, veranstaltetes Symposium. Die Beiträge wurden veröffentlicht in: *Cancer Research* Nr. 34, Teil 2, November 1975.

155 Michael B. Shimkin: Overview: Preventive Oncology. In: *Persons at High Risk of Cancer,* S. 441.

156 *Cancer Questions – And Answers About Rates and Risks*, S. 11.

157 Cutler und Young: Demographic Patterns of Cancer Incidence in the United States. In: *Persons at High Risk of Cancer*, S. 310, 312–321.
John Weisburger: Cancer Prevention. Tabelle, S. 735.

158 Armstrong und Doll: Environmental Factors and Cancer Incidence and Mortality in Different Countries with Special Reference to Dietary Practices. S. 617–637.
Henderson et al.: Sexual Factors and Pregnancy. In: *Persons at High Risk of Cancer*, S. 267.

159 Cutler und Young: Demographic Patterns of Cancer Incidence in the United States. In: *Persons at High Risk of Cancer*, S. 339.
John L. Young, jun., Susan S. Devesa und Sidney J. Cutler: Incidence of Cancer in US Blacks. In: *Cancer Research* Nr. 35, 1975, S. 3524.

160 Isidro Martinez, Raquel Torres und Zenaida Frias: Cancer Incidence in the United States and Puerto Rico. In: *Cancer Research* Nr. 35, 1975, S. 3265.
Nelson A. Fernandez: Nutrition in Puerto Rico. In: *Cancer Research* Nr. 35, 1975, S. 3289.

161 John Wakefield: Education of the Public. In: *Persons at High Risk of Cancer,* S. 417.
Herman R. Menck: Cancer Incidence in the Mexican American. In: *National Cancer Institute Monograph* Nr. 47, 1977, S. 103.

162 Robert Hoover, Thomas J. Mason, Frank W. McKay und Joseph F. Fraumeni, jun.: Geographic Patterns of Cancer Mortality in the United States. In: *Persons at High Riskk of Cancer*, S. 352.

163 *Cancer Questions – And Answers About Rates and Risks*, S. 17.

164 Cedric Davern: *Summary, Banbury Report 4, Cancer Incidence in Defined Populations* (New York: Cold Spring Harbor Laboratory, 1980), S. 453, 455.

165 Irving Kessler, Vortrag, *Seminar on Government Regulation of Cancer-Causing Substances,* veranstaltet vom ›National Venter for Administrative Justice‹, 7.–8. Dezember 1978, Washington, D. C.

[166] C. S. Muir: Epidemiological Identification of Cancer Hazards. In: *Prevention and Detection of Cancer,* S. 11.
[167] Kessler, Vorlesung, *Seminar on Government Regulation of Cancer-Causing Substances.*
[168] Brian MacMahon: Epidemiology's Strength, Weaknesses in Environmental Health Issues. S. 6
[169] Richard Doll: *Comments for Congressional Briefing,* Rayburn House Office Building, Washington, D. C., 15. September 1977.
[170] Marvin Schneiderman: Sources, Resources and Tsouris. In: *Persons at High Risk of Cancer,* S. 465.
[171] Irving Selikoff und E. Cuyler Hammond: Multiple Risk Factors in Environmental Cancer. In: *Persons at High Risk of Cancer,* S. 474.
[172] John Higginson: Cancer Etiology and Prevention. In: *Persons at High Risk of Cancer,* S. 389, 391.
[173] Schneiderman: Sources, Resources and Tsouris. In: Persons at High Risk of Cancer, S. 464.
[174] John Higginson, in: Discussion. Im Anschluß an A. C. Templeton: Acquired Diseases. In: *Persons at High Risk of Cancer,* S. 84.
[175] Schneiderman: Sources, Resources and Tsouris. In: *Persons an High Risk of Cancer,* S. 464.
[176] Seymour Jablon: Radiation. In: *Persons at High Risk of Cancer,* S. 16.
[177] John Mulvihill: Congenital and Genetic Disease. In: *Persons at High Risk of Cancer,* S. 4–15, 16.
[178] David E. Anderson: Familial Susceptibility. In: *Persons at High Risk of Cancer,* S. 40.
[179] Bruce S. Schoenberg: Multiple Primary Neoplasms. In: *Persons at High Risk of Cancer,* S. 106–108, 111.
[180] *Cancer Questions – And Answers About Rates and Risks,* S. 15.
[181] A. C. Templeton: Acquired Diseases. In: *Persons at High Risk of Cancer,* S. 70–72, 75.
[182] E. C. Hammond: Tobacco, S. 133.
Hoover et al.: Geographic Patterns of Cancer Mortality in the United States. S. 352.
Muir: International Variation in High-Risk Populations. S. 300.
Shimkin: Preventive Oncology. S. 437.
Schneiderman: Sources, Resources and Tsouris. S. 452.
Selikoff und Hammond: Multiple Risk Factors in Environmental Cancer. S. 468, 470.
Ernst Wynder: Discussion. Im Anschluß an: Hammond: Tobacco, S. 138.
Brian MacMahon: Environmental Factors. S. 286–287. – Alle Beiträge in: *Persons at High Risk of Cancer.*
[183] Kenneth J. Rothman: Alcohol. S. 140–144.
Hammond: Tobacco, S. 132.
Templeton: Acquired Diseases. S. 71.
– Alle Beiträge in: *Persons at High Risk of Cancer.*

Joseph J. Vitale und Leonard S. Gottlieb: Alcohol and Alcohol-Related Deficincies as Carcinogens. In: *Cancer Research* Nr. 35, 1975, S. 3336.

[184] E. L. Wynder, L. Hyams und T. Shigematsu: Correlations of International Cancer Rates: An Epidemiological Exercise. In: *Cancer* Nr. 20, 1967, S. 113–126.

[185] Schneiderman: Sources, Resources and Tsouris. In: *Persons at High Risk of Cancer,* S. 452.

[186] Brian Henderson: Sexual Factors in Pregnancy. In: *Persons at High Risk of Cancer,* S. 274, 275.
Berg: Can Nutrition Explain the Patterns of International Epidemiology of Hormone-dependent Cancers? In: *Cancer Research* Nr. 35, 1975, S. 3348–3349.
Berg: Diet. In: *Persons at High Risk of Cancer,* S. 215–215.

[187] Armstrong and Doll: Environmental Factors and Cancer Incidence and Mortality in Different Countries with Special Reference to Dietary Practices. S. 617–637.

[188] William Haenszel: Migrant Studies. In: *Persons at High Risk of Cancer,* S. 366.

[189] Henderson et al.: Sexual Factors and Pregnancy. In: *Persons at High Risk of Cancer,* S. 270.

[190] B. MacMahon, P. Cole und J. Brown: Etiology of Human Breast Cancer: A Review. In: *Journal of the National Cancer Insitute* Nr. 50, 1973, S. 21–42.
B. MacMahon, P. Cole, T. M. Lin, et al.: Age At First Birth and Breast Cancer Risk. In: *Bulletin of the World Health Organization* Nr. 43, 1974, S. 209–221.

[191] Henderson et al.: Sexual Factors and Pregnancy. S. 2274.
Berg: Diet. S. 213; Templeton: Acquired Diseases. S. 71. – Alle Beiträge in: *Persons at High Risk of Cancer.*

[192] Clark W. Heath: Viruses and Other Microbes. S. 243–244.
Henderson et al.: Sexual Factors and pregnancy. S. 274–275.
Shimkin: Preventive Oncology, S. 438.
– Alle Beiträge in: *Persons at High Risk of Cancer.*

[193] Henderson et alt.: Sexual Factors and Pregnangcy, In: *Persons at High Risk of Cancer,* S. 275.

[194] Ebd., S. 277.
Berg: Can Nutrition Explain the Patterns of International Epidemiology of Hormone-dependant Cancers? S. 3348–3349.

[195] Berg: Can Nutrition Explain the Patterns of International Epidemiology of Hormone-dependent Cancers? S. 3348–3349.
Armstrong und Doll: Environmental Factors and Cancer Incidence and Mortality in Different Countries with Speciel Reference to Dietary Practices. S. 617–637.

[196] Robert Hoover und Joseph Fraumeni, jun.: Drugs. In: *Persons at High Risk of Cancer,* S. 187.

[197] Selikoff und Hammond: Multiple Risks in Environmental Cancer. In. *Persons at High Risk of Cancer,* S. 478.

[198] Philip Cole und Marlene Goldman: Occupation. In: *Persons at High Risk of Cancer,* S. 172–176, 178.

[199] Hoover, Mason, McKay und Fraumeni: Geographic Patterns of Cancer Mortality in the United States. In. *Persons at High Risk of Cancer,* S. 355–358.

[200] Pike et al.: Air Pollution. In: *Persons at High Risk of Cancer,* S. 225–234, 236.

[201] Alfred G. Knudson, jun.: Towards the Understanding and Control of Cancer. In: *Persons at High Risk of Cancer,* S. 506–507.

[202] Weisburger: Cancer Prevention. Tabelle, S. 735.

[203] W. J. Blot, T. J. Mason, R. Hoover und J. F. Fraumeni, jun.: Cancer by County: Etiologic Implications. In: *Origins of Human Cancer,* Buch A, S. 29.

[204] Ebd., S. 25.

[205] Ebd.

[206] Ebd.

[207] Selikoff und Hammond: Multiple Risk Factors in Environmental Cancer. In: *Persons at High Risk of Cancer,* S. 468.

[208] Blot et al.: Cancer by County: Etiologic Implications. In: *Origins of Human Cancer,* Buch A, S. 26.

[209] Hoover et al.: Geographic Patterns of Cancer Mortality in the United States. In: *Persons at High Risk of Cancer,* S. 344.

[210] Robert Hoover: Cancer Epidemiology.–Beitrag zur ›Urban Environmental Conference‹: *Environmental Cancer: Causes, Victims, Solutions.* – Zusammenfassung der Sitzungsberichte einer Konferenz vom 21.–22. März 1977, S. 4–6.
Willliam J. Blot, Joseph F. Fraumeni, jun., und B. J. Stone: Geographic Correlates of Pancreas Cancer in the United States. In: *Cancer* Nr. 42, 1978, S. 373–380. (Die Studie wurde am 12. September 1977 zur Veröffentlichung angenommen.)

[211] Robert Hoover, Thomas J. Mason, Frank W. McKay und Joseph Fraumeni, jun.: Geographic Pattern of Cancer Mortality in the United States. In. *Persons at High Risk of Cancer,* S. 355, 359.
W. J. Blot et al.: Cancer by County: Etiologic Implications. In: *Origins of Human Cancer,* Buch A, S. 21.
Joseph F. Fraumeni, jun.: Epidemiological Studies of Cancer. In: *Carcinogens: Identification and Mechanisms of Action,* herausgegeben von A. Clark Griffin und Charles R. Shaw (New York: Raven Press, 1979), S. 53.

[212] W. J. Blot et al.: Cancer by County: Etiologic Implications. In: *Origins of Human Cancer,* Buch A, S. 25.

[213] *Cancer and the Worker* (New York: New York Academy of Sciences, 1977), S. 67. (*Cancer and the Worker* stützt sich auf *Occupational Carcinogens,* Band 271 der Jahresberichte der ›New York Academy of Sciences‹, 1976, einer Sammlung von Aufsätzen, die anläßlich einer von Umberto Saffiotti (NCI) und Joseph Wagoner (NIOSH) geleiteten Konferenz 1975 vorgelegt wurden.)

[214] B. J. Stone, W. J. Blot, J. F. Fraumeni, jun.: Geographic Patterns of Industry in the United States. In: *Journal of Occupational Medicine* Nr. 20, 1978, S. 477.

[215] Pike et al.: Air Pollution. In: *Persons at High Risk of Cancer,* S. 229–230.

[216] Fraumeni: Epidemiological Studies of Cancer. In: *Carcinogens: Identification and Mechnisms of Action.* S. 53.

[217] Irving Kessler, zitiert in: Needed: Better Studies of Links to Cancer. In: *Chemical Week,* 14. Februar 1979, S. 39.

[218] John Higginson: Overview. – Vorgelegt anläßlich der ›Urban Environmental Conference‹, in: *Environmental Cancer: Causes, Vitims, Solutions.* – Zusammen-

fassung des Arbeitsberichts einer am 21. und 22. März 1977 veranstalteten Konferenz, S. 3.

[219] J. H. Weisburger, L. A. Cohen und E. L. Wynder: On the Etiology and Metabolic Epidemiology of the Main Human Cancers. In: *Origins of Human Cancer*, Buch A, S. 567.

[220] Umberto Saffiotti, interpretiert vom wissenschaftlichen Berichterstatter Vincent Guinee, im Anschluß an den Beitrag »Education of the Public« von John Wakefield. In: *Persons at High Risk of Cancer*, S. 434.

[221] Saffiotti, zitiert in: *Time:* Disease of the Century. 20. Oktober 1975.

[222] Saffiotti: Risk-Benefit Considerations in public Policy on Environmental Carcinogenesis. – Arbeitsbericht der ›Eleventh Canadian Cancer Research Conference‹, veranstaltet vom ›National Cancer Institute of Canada‹ in Zusammenarbeit mit der ›Canadian Cancer Society‹. Toronto, Ontario, 6.–8. Mai 1976, S. 135.

[223] Philip Handler: Public Doubts About Science. In: *Science* Nr. 208, 1980, S. 1093. – Auszug aus dem Vortrag »Science and the American Future«, vorgetragen an der Duke University, Durham, North Carolina, am 6. März 1980.

[224] J. Fletcher: Ethical Considerations in Biomedical Research Involving Human Beings. In: *Proceedings of the International Conference on the Role of the Individual and the Community in the Research, Development, and Use of Biologicals* (Genf: World Health Organization, 1976).

[225] Bernard Davis: Limits in the Regulation of Scientific Research. In: *Ethics for Science Policy: Report from a Nobel Symposium* (New York: Pergamon Press, 1978), S. 206–208, 212–213.

[226] Doll und Peto: Avoidable Risks of Cancer. S. 1203.

[227] Davis: Limits in the Regulation of Scientific Research. S. 208.